AF817501

Das Bayerische Forstgesetz

mit den Vollzugsvorschriften, dem Aufforstungsgesetz und dem Pfälzischen Forststrafgesetz

unter Mitwirkung von

Wilhelm Mantel

Direktor der Regierung von Oberbayern, Kammer der Forsten,

erläutert von

Dr. Wunibald Wonhas

Bezirksamtmann in Pfaffenhofen a. d. Ilm.

1931

München, Berlin, Leipzig

J. Schweitzer Verlag (Arthur Sellier)

Druck von Dr. F. P. Datterer & Cie., Freising-München

Vorwort.

Die Aufgabe, diese Erläuterungen zu liefern, habe ich während meiner Tätigkeit im Referat des Staatsministeriums des Innern für Forstpolizei übernommen. Umfang, Schwierigkeit und Vielseitigkeit des Stoffes ließen über der Arbeit weit mehr Zeit vergehen, als vorgesehen war. Für den forsttechnischen Teil war es mir beschieden, in Regierungsdirektor Wilhelm Mantel einen hervorragenden Mitarbeiter zu gewinnen. Weiter habe ich für wertvolle Unterstützung und Förderung der Arbeit zu danken in erster Linie dem I. Staatsanwalt im Bayerischen Staatsministerium der Justiz Max Denzler, ferner Regierungsdirektor Dr. Gabler, Direktor des bayerischen Landtagsarchivs, und Oberregierungsrat von Schelling der oberbayerischen Regierungsforstkammer.

Das Werden des Waldes überdauert ein Menschenalter; am Walde begangene Fehler rächen sich bis ins dritte und vierte Geschlecht. Tagesmeinungen dürfen daher in die Forstgesetzgebung und Forstwirtschaft keinen Eingang finden; Verstöße hiegegen wären Vergehen am deutschen Land und Volk.

Pfaffenhofen a. d. Ilm, im März 1931.

W. Wonhas.

Inhaltsverzeichnis

---

[1]) Fundorte der Vollzugsvorschriften: Allg. VollzV. 1879: MB. v. 10. Okt. 1879 (FMBl. S. 321, JMBl. S. 1625, Weber Bd. 14 S. 163); Allg. VollzV. 1885: MB. v. 20. 6. 1885 (FMBl. S. 539, JMBl. S. 125, Weber Bd. 17 S. 297); Allg. VollzV. 1896: MB. v. 18. 7. 1896 (FMBl. S. 163, MABl. S. 230, Weber Bd. 24 S. 18); Bes. VollzV. 1897: MB. v. 12. Mai 1897 (FMBl. S. 79, MABl. S. 209, KMBl. S. 161, Weber Bd. 24 S. 500); Allg. VollzV. 1908: MB. v. 4. April 1908 (GVBl. S. 256, JMBl. S. 96, Weber Bd. 36 S. 18).

[2]) §§ 1, 4, 7, 10, 11 u. 14 wurden durch § 20 der MB. vom 18. 7. 1896 (FMBl. S. 230) aufgehoben.

[3]) ist nicht abgedruckt, da er nur auf die besonderen Vollzugsvorschriften (jetzt 1897) verweist.

Besondere Vollzugsvorschriften 1897 [1]):

[1]) Siehe Fußnote 1 auf S. IV.

Abkürzungen und Literaturverzeichnis.

a. A.	=	anderer Ansicht.
a. a. O.	=	am angegebenen Ort
Abg.	=	Verhandlungen der Kammer der Abgeordneten.
Abs.	=	Absatz.
AG.	=	Ausführungsgesetz.
allg.	=	allgemein.
Anm.	=	Anmerkung.
Art.	=	Artikel.
b.	=	bayerisch oder besondere.
bay.	=	bayerisch.
BayGemVZ.	=	Bayerische Gemeinde- und Verwaltungszeitung.
BayZfR.	=	Bayerische Zeitschrift für Rechtspflege.
Bd.	=	Band.
Begr.	=	Begründung zum Gesetzentwurf.
Beil.	=	Beilage(n)
bes.	=	besondere.
BezO.	=	Bezirksordnung.
BGB.	=	Bürgerliches Gesetzbuch.
Bl.	=	Bayerische Verwaltungsblätter oder Blätter für administrative Praxis.
BlfRA.	=	Blätter für Rechtsanwendung.
BR.	=	Beschwerderegister.
Brater	=	Brater, Kommentar zum Forstgesetz in Dollmanns Sammlung II. Teil 1. Bd. S. 391 ff. (1855).
DienstAnw.	=	Dienstanweisung.
Döll. od. Döllinger	=	Gesetz- und Verordnungssammlung von Döllinger.
Dyroff	=	Dyroff, Kommentar zum Bayerischen Verwaltungsgerichtsgesetz. 5. Auflage.
E.	=	Entschließung oder Entscheidung.
Ebermayer	=	Kommentar zum Strafgesetzbuch von Ebermayer u. A. (1929).
EG.	=	Einführungsgesetz.
FG.	=	Forstgesetz.
FMBl.	=	Finanzministerialamtsblatt.
FME.	=	Finanzministerialentschließung.
Forstl. Mitt.	=	Forstliche Mitteilungen der Bayerischen Staatsforstverwaltung.
Frank	=	Franks Kommentar zum Strafgesetzbuch. 16. Auflage.
FStG.	=	pfälzisches Forststrafgesetzbuch.
Ganghofer	=	von Ganghofer-Weber, Kommentar zum Forstgesetz. 4. Auflage (1904).
GBO.	=	Grundbuchordnung.
GemO.	=	Gemeindeordnung.
Geret	=	Gesetz- und Verordnungssammlung von Geret.
GeschAnw.	=	Geschäftsanweisung.
Goltd.	=	Goltdammers Archiv.
GVBl.	=	Gesetz- und Verordnungsblatt.
GVG.	=	Gerichtsverfassungsgesetz.
HGB.	=	Handelsgesetzbuch.
Hümmer	=	Hümmer, Systematische Darstellung des bayerischen Forstrügeverfahrens (1908).
HW.	=	Wert des Holzes.
InnME.	=	Entschließung des Staatsministeriums des Innern.
JMBl.	=	Justizministerialblatt.
JugGG.	=	Jugendgerichtsgesetz.
JustME.	=	Justizministerialentschließung.
JW.	=	Juristische Wochenschrift.
Kahr I	=	Kommentar zur Gemeindeordnung von Kahr, Band I (1896).
K. d. F.	=	Kammer der Forsten.
K. d. J.	=	Kammer des Innern.
KG.	=	Kammergericht.
KGO.	=	Kirchengemeindeordnung.

KK(H). = Gerichtshof für Kompetenzkonflikte.
KMBl. = Kultusministerialblatt.
KO. = Konkursordnung.
KompKGH. = Gerichtshof für Kompetenzkonflikte.
KostG. = Bayerisches Kostengesetz.
KrABl. = Kreisamtsblatt.
KreisO. = Kreisordnung.
Laforet = Kommentar zur neuen Gemeindeordnung von Dr. Laforet- von Jan-Schattenfroh (1929).
LR. = Landrecht.
MABl. = Ministerialamtsblatt der inneren Verwaltung.
MB. = Ministerialbekanntmachung.
ME. = Ministerialentschließung.
Meisner = Meisner, Nachbarrecht, 3. Auflage.
n. O. = neuer Ordnung.
OAG. = Oberappellationsgericht.
ObLG. = Bayerisches Oberstes Landesgericht.
oberstr. = oberstrichterlich.
OGH. = Oberster Gerichtshof.
OLGM. = Oberlandesgericht München (als Vorläufer des Obersten Landesgerichts).
OrgVO. = Organisationsverordnung.
pf. = pfälzisch.
Pr. E(rl). = Sammlung prinzipieller Erlasse.
Prot. = Protokolle.
PStGB. = Polizeistrafgesetzbuch.
R(eg)Bl. = Regierungsblatt.
Reger = Regers Sammlung von Entscheidungen auf dem Gebiete des Verwaltungsrechts.
RG. = Reichsgericht.
RGBl. = Reichsgesetzblatt.
RGKG. = Reichsgerichtskostengesetz.
RJA. = Entscheidungen in Angelegenheiten der freiwilligen Gerichtsbarkeit und des Grundbuchrechts, zusammengestellt im Reichsjustizamt.
Roth = Bayerisches Zivilrecht von Roth, 1. Auflage.
RR. = Revisionsregister oder Kammer der Reichsräte.
rrh. = rechtsrheinisch.
RV. = Reichsverfassung.
RW. = Wert der Rinde.
S. = Seite oder Sammlung.
Schiedermair = Schiedermair, Kommentar zu den strafrechtlichen Nebengesetzen Bayerns.
Schwaiger = Handausgabe zum Forstgesetz von Schwaiger (Ansbach 1897).
SeuffBl. = Seufferts Blätter für Rechtsanwendung.
Seydel = Bayerisches Staats- und Verwaltungsrecht von Seydel, 3. Auflage.
St. = Strafsachen.
StA. = Staatsanzeiger.
StAnz. = Staatsanzeiger.
St(en)B. = Stenographische Berichte.
StGB. = Reichsstrafgesetzbuch.
S. pr. E. = Sammlung prinzipieller Erlasse.
S. w. E. = Sammlung wichtiger Erlasse.
Str. = Strafsachen.
VGG. = Verwaltungsgerichtsgesetz.
VGH. = Verwaltungsgerichtshof.
VollzB. = Vollzugsbekanntmachung.
VO. = Verordnung.
VU. = Verfassungsurkunde.
ÜbgG. = Übergangsgesetz zum Bürgerlichen Gesetzbuch.
VollzV. = Vollzugsvorschriften.
VV. = Vollzugsvorschriften.
W. = Wert.
Weber = Gesetz- und Verordnungssammlung von Weber.
Z. = Zivilsachen oder Zeitschrift für Gesetzgebung und Rechtspflege des Kgr. Bayern.
ZPO. = Zivilprozeßordnung.
ZVG. = Zwangsversteigerungsgesetz.

I. Text des Forstgesetzes

für das rechtsrheinische Bayern vom 28. März 1852 in der Fassung der Bek. vom 4. Juli 1896 (GVBl. S. 325) unter Berücksichtigung der späteren Änderungen.

Erste Abteilung.

Forstwirtschaftliche Bestimmungen.

I. Allgemeine Bestimmungen.

Artikel 1. ($^1/_1$).[1] Jedem Waldbesitzer steht die freie Benützung und Bewirtschaftung seines Waldes zu, vorbehaltlich der Rechte Dritter, sowie der Bestimmungen des gegenwärtigen Gesetzes.

II. Besondere Bestimmungen.

1. In Ansehung der Staatswaldungen.

Freiheit des Waldbesitzers.

Artikel 2. ($^2/_2$). Die Forstwirtschaft in den Staatswaldungen hat die Nachhaltigkeit der Nutzung als obersten Grundsatz zu befolgen, und ihre Wirtschaftspläne auf sorgfältige Ertragsermittlungen zu stützen.

Artikel 3. ($^3/_3$). Ihre Aufgabe ist es, unter Berücksichtigung der vorhandenen Rechte die höchstmögliche Produktion in den dem Bedürfnisse der Gegend und des Landes entsprechenden Sortimenten zu erzielen.

Artikel 4. ($^4/_4$). Auch der Abgewährung von Nebennutzungen ist unbeschadet der Bestimmungen in Art. 2 und 3 entsprechend Bedacht zuzuwenden.

Artikel 5. ($^5/_5$). Auf die Bedürfnisse der Landwirtschaft und der Gewerbe ist möglichst Rücksicht zu nehmen.

2. In Ansehung der Gemeinde-, Stiftungs- und Körperschafts-Waldungen.

Staatsaufsicht.

Artikel 6. ($^6/_6$). Die Bewirtschaftung der Gemeinde- und Stiftungswaldungen steht unter der Oberaufsicht der Staatsregierung.

Wirtschaftspläne.

Artikel 7. ($^7/_7$). I Diese Bewirtschaftung muß auf Wirtschaftspläne gestützt sein, und es finden bei derselben die Vorschriften der Art. 2 und 4 Anwendung, wobei jedoch die besonderen Bedürfnisse der betreffenden Gemeinden und Stiftungen vorzugsweise zu berücksichtigen sind.

II Die Wirtschaftspläne sind auf Veranlassung der Verwaltungen und auf Kosten der einschlägigen Gemeinden und Stiftungen durch Sachverständige herzustellen und für Waldungen von mehr als 10 Hektar Gesamtfläche der Genehmigung der Forstpolizeistelle, außerdem der Genehmigung der Forstpolizeibehörde zu unterwerfen.

---

[1] Bei den in Bruchform den Artikelnummern beigefügten Ziffern bedeutet die Ziffer des Zählers die Artikel-Nr. des Gesetzes vom 28. März 1852 (GBl. S. 69 ff.) und die Ziffer des Nenners die Artikel.-Nr. der Textierung des Ges. vom J. 1879 (GVBl. S. 1314 ff.).

III Die Wahl der Sachverständigen geschieht durch die Verwaltungen, und unterliegt der Bestätigung der Forstpolizeibehörde.

IV Von Wirtschaftsplänen kann nur bei denjenigen Waldungen Umgang genommen werden, welche einer regelmäßigen Bewirtschaftung nicht fähig sind. Die Bestimmung hierüber steht für Waldungen von 10 Hektar Gesamtfläche und darunter der Forstpolizeibehörde, außerdem der Forstpolizeistelle zu.

Betriebsausführung.

Artikel 8. (8/8). I Zur Ausführung des Betriebes nach den Wirtschaftsplänen haben die Gemeinden und Stiftungen entweder eigene Förster aufzustellen, oder dieselbe einem benachbarten Sachverständigen zu übertragen. Die Einen wie die Andern müssen die erforderliche Befähigung in der Konkursprüfung für den Staatsforstdienst nachgewiesen haben.

II Ausnahmsweise kann die Forstpolizeistelle jenen Förstern, welche bei Einführung des gegenwärtigen Gesetzes bereits im Forstdienste stehen, und ihre Befähigung praktisch bewährt haben, den Nachweis der Konkursprüfung erlassen.

Artikel 9. (9/9). Die Gemeinden und Stiftungen können auch mit der k. Staatsforstverwaltung wegen Übernahme der Betriebsausführung durch das Forstamt gegen verhältnismäßigen Besoldungsbeitrag übereinkommen, sowie sich mehrere Gemeinden und Stiftungen zur Aufstellung eines gemeinschaftlichen Försters vereinigen können.

Forstschutz.

Artikel 10. (10/10). Auch für die Handhabung des Forstschutzes haben die Gemeinden und Stiftungen zu sorgen, und das erforderliche Schutzpersonal aufzustellen.

Artikel 11. (11/11). Bei kleineren Waldungen von geringerem Ertrage, und bei Waldungen, welche einer regelmäßigen, auf Wirtschaftspläne gegründeten Bewirtschaftung nicht fähig sind, kann mit Genehmigung der Forstpolizeistelle die Betriebsausführung mit dem Forstschutze vereinigt werden.

Artikel 12. (12/12). Befinden sich diejenigen, welchen die Ausführung des Betriebes oder die Handhabung des Forstschutzes übertragen werden soll, bereits in anderen Dienstverhältnissen, so ist die Zustimmung der ihnen vorgesetzten Behörde erforderlich.

Artikel 13. (13/13). I Die Wahl der Förster und Sachverständigen (Art. 8) unterliegt der Bestätigung der Forstpolizeistelle, jene des Schutzpersonales der Bestätigung der Forstpolizeibehörde.

II Unterlassen die Gemeinden und Stiftungen das nötige Forstbetriebs- und Schutzpersonal zu wählen, so sind sie hierzu im ersten Falle durch die Forstpolizeistelle, im letzteren durch die Forstpolizeibehörde unter Vorsetzung einer zweimonatlichen Frist aufzufordern, nach deren fruchtlosem Ablaufe die Besetzung im ersteren Falle von der Forstpolizeistelle, im letzteren von der Forstpolizeibehörde vollzogen wird.

III Diese Folge der Fristversäumung ist in der Aufforderung ausdrücklich zu erwähnen.

Zuständigkeit des Forstamts.

Artikel 14. (14/14). I Die der Staatsregierung nach Art. 6 zustehende Oberaufsicht wird zunächst von den k. Forstämtern ausgeübt.

II Diese Behörden sind verbunden und ermächtigt, den Gemeinde- und Stiftungsverwaltungen über ihren Forstbetrieb Erinnerungen zu machen, und, wenn sie nicht befolgt werden, der vorgesetzten Forstpolizeibehörde oder Stelle darüber Anzeige zu erstatten, — in dringenden Fällen provisorische Verfügungen selbst zu treffen.

Kosten.

Artikel 15. (15/15). Die Kosten der Ausführung des Betriebes und der Handhabung des Forstschutzes werden von den Gemeinden und Stiftungen getragen. Die durch die Ausübung der der Staatsregierung zustehenden Oberaufsicht erwachsenden Kosten sind aus Staatsmitteln zu bestreiten.

Artikel 16. (16/16). In denjenigen Gebietsteilen des Regierungsbezirkes von Unterfranken und Aschaffenburg, in welchen nach den daselbst zur Zeit bestehenden Gesetzen und Verordnungen die Bestellung der Gemeinde-Oberförster durch landesherrliche Ernennung und die teilweise Besoldung derselben aus der Staatskassa gegen gewisse Leistungen von Seite der Gemeinden und Stiftungen erfolgt, verbleibt es bei dieser Einrichtung.

Artikel 17. ($^{17}/_{17}$). Die Verfügung über die Erträgnisse der Gemeinde- und Stiftungswaldungen, sowie über die Verteilung der Gemeindewaldungen richtet sich nach den einschlägigen besonderen Gesetzen.

Körperschaftswaldungen.

Artikel 18. ($^{18}/_{18}$). Die Bestimmungen der Artikel 6 bis 17 finden auch auf die sogenannten Körperschaftswaldungen Anwendung, insofern diese nicht Privatwaldungen sind.

3. In Ansehung der Privat-Waldungen.

Artikel 19. ($^{19}/_{19}$). Die Privatwaldbesitzer sind hinsichtlich der Benützung und Bewirtschaftung ihrer Waldungen an die forstpolizeilichen Bestimmungen des gegenwärtigen Gesetzes gebunden.

Artikel 20. ($^{20}/_{20}$). I Zur Verteilung gemeinschaftlicher Privatwaldungen auf gesondertes Eigentum mit dem Zwecke der fortzusetzenden Forstbenützung ist die Zustimmung der Forstpolizeistelle erforderlich.

II Diese Zustimmung darf nicht verweigert werden, wenn die einzelnen Teile auch noch nach der Verteilung einer regelmäßigen Bewirtschaftung fähig bleiben.

Artikel 21. ($^{21}/_{21}$). I Auf die Waldungen jener Lehengüter, welche nach Art. 2 des Gesetzes vom 4. Juni 1848, die Ablösung des Lehenverbandes betreffend, von der Allodifikation ausgeschlossen sind, finden außer den für die Privatwaldungen überhaupt geltenden forstpolizeilichen Vorschriften die betreffenden Bestimmungen des Ediktes über die Lehenverhältnisse vom 7. Juli 1808 Anwendung.

II Der Besitzer solcher Waldungen ist verbunden, dieselben auf Grund von Wirtschaftsplänen unter genügender technischer Leitung nachhaltig zu bewirtschaften und hierüber nach näherer Anordnung der Forstpolizeistelle den Nachweis zu liefern.

Artikel 22. ($^{22}/_{22}$). Die Bestimmungen des Artikels 21 gelten auch von anderen Lehenwaldungen, insolange diese noch nicht in Gemäßheit des angeführten Gesetzes vom 4. Juni 1848 allodifiziert worden sind.

Zweite Abteilung.

Forstberechtigungen.

Ausübung.

Artikel 23. ($^{23}/_{23}$). I Der Forstberechtigte ist bei der Ausübung seiner Berechtigung an die genaue Befolgung der forstpolizeilichen Bestimmungen des gegenwärtigen Gesetzes gebunden.

II Streitigkeiten über die Art und Weise der Ausübung einer Forstberechtigung werden von den Forstpolizeibehörden entschieden, jedoch mit Vorbehalt des Rechtsweges, insoferne ein Beteiligter sich durch die Entscheidung in seinem Rechte oder dessen Umfange für verletzt erachtet.

Artikel 24. ($^{24}/_{24}$). Forstberechtigungen können den Waldbesitzer in der nachhaltigen Bewirtschaftung des Waldes, sowie in den durch die Boden- und klimatischen Verhältnisse gebotenen Veränderungen der Holz- und Betriebsarten nicht hindern.

Ermäßigung.

Artikel 25. ($^{25}/_{25}$). I Forstberechtigungen, welche die nachhaltige Bewirtschaftung des Waldes beeinträchtigen, sind auf Antrag des Verpflichteten für einen bestimmten Zeitraum entsprechend zu ermäßigen.

II Stehen mehreren Personen Forstberechtigungen gleicher Gattung an dem Walde zu, so kann der Waldbesitzer den Antrag auf Ermäßigung nur gegen alle diese Berechtigte verbunden stellen.

III Ein Anspruch auf Entschädigung für eine solche Ermäßigung findet bloß dann statt, wenn die Ermäßigung durch unnachhaltige Bewirtschaftung von Seite des jetzigen oder der früheren Waldbesitzer veranlaßt worden ist.

IV Sowohl über die Ermäßigung, als auch über die Statthaftigkeit und den Betrag der Entschädigung wird von der Forstpolizeibehörde, vorbehaltlich jedoch der Betretung des Rechtsweges, entschieden.

V Betritt der Waldbesitzer den Rechtsweg, so ist er befugt, die Klage gegen alle, welchen Forstberechtigungen an dem Walde zustehen, zu verbinden, und in derselben die Ermäßigung der auf dem Walde ruhenden Forstberechtigungen jeder Gattung zu verlangen. Ebenso können die Berechtigten, welche gegen den Ausspruch der Forstpolizeibehörde den Rechtsweg betreten, selbst wenn ihre Forstberechtigungen nicht gleicher Gattung sind, eine Streitgenossenschaft bilden.

VI In jedem Falle sind bei Berufungen alle Beträge, welche den Gegenstand der Beschwerden bilden, zur Bemessung der Berufungssumme zusammenzurechnen.

Änderung der Holz- oder Betriebsart.

Artikel 26. ($^{26}/_{26}$). I Beabsichtigt der Waldbesitzer eine Abänderung der Holz- oder Betriebsart (Art. 24), in deren Folge eine Forstberechtigung nicht mehr in der bisherigen Weise ausgeübt werden kann, so ist er verpflichtet, vor der Ausführung die Forstpolizeibehörde davon in Kenntnis zu setzen, welche zwischen den Beteiligten eine gütliche Übereinkunft zu versuchen hat. Kommt diese nicht zu Stande, so hat die Forstpolizeibehörde darüber zu entscheiden, ob die beabsichtigte Abänderung statthaft, und in welcher Weise die Berechtigten zu entschädigen seien, und zwar über die erste Frage ohne, über die zweite mit Vorbehalt des Rechtsweges.

II Die Entschädigung ist, wenn und soweit die Verhältnisse es gestatten, durch Umwandlung des bisherigen in einen anderen entsprechenden Forstnutzungsbezug, andernfalls in Geld zu leisten.

III Wird der Rechtsweg betreten, so finden die Bestimmungen der Absätze 5 und 6 des Artikels 25 auch hier Anwendung.

Fixierung.

Artikel 27. ($^{27}/_{27}$). I Sowohl der Waldbesitzer als der Forstberechtigte ist befugt, die Umwandlung ungemessener Forstberechtigungen in gemessene zu verlangen.

II Die Art und Weise dieser Umwandlung ist zunächst der freien Übereinkunft der Beteiligten überlassen.

III Kommt eine solche nicht zu Stande, so hat die Forstpolizeibehörde die Umwandlung vorzunehmen und zwar nach folgenden Bestimmungen:

1. wenn die Natur der Berechtigung es gestattet, so hat die Umwandlung durch Festsetzung eines bestimmten jährlichen Maßes zu geschehen.

   Diese erfolgt auf den Grund der der Forstpolizeibehörde vorzulegenden Rechnungsnachweisungen, insoferne dieselben von keinem Beteiligten beanstandet oder von der Behörde als richtig anerkannt werden, und zwar nach dem Durchschnitte der vorhergehenden zehn Jahre.

   Fehlt es an solchen Nachweisungen, so hat die Forstpolizeibehörde ihre Entscheidung auf das Gutachten von Sachverständigen zu gründen.

2. Ist nach der Natur der Berechtigung die Festsetzung eines bestimmten jährlichen Maßes nicht möglich, weil deren Ausübung von dem Eintritte gewisser Voraussetzungen abhängt, so geschieht die Umwandlung durch genaue Feststellung, sowohl der Voraussetzungen, unter welchen die Ausübung der Berechtigung eintritt, als auch der Größe, der Zeit und der Art der Ausübung.

   Bei dieser Feststellung wird derjenige Maßstab angewendet, nach welchem die Berechtigung ausgeübt werden könnte, wenn die Voraussetzungen zur Geltendmachung derselben zur Zeit der Umwandlung gegeben wären.

   Die Kosten sind zur einen Hälfte von dem Waldbesitzer, zur anderen von den Berechtigten zu tragen.

IV Wird bei der Verhandlung vor der Forstpolizeibehörde das Recht selbst, oder dessen Umfang streitig, so sind die Beteiligten zur Erledigung dieser Streitpunkte auf den Rechtsweg zu verweisen.

Bauholzrechte.

Artikel 28. ($^{28}/_{28}$). I Bei Bauholzberechtigungen, welche nicht auf ein bestimmtes jährliches Maß festgesetzt sind, ist der Berechtigte gehalten, jedesmal vorerst den Bedarf, und nachfolgend die wirkliche Verwendung auf Verlangen des Verpflichteten genügend nachzuweisen.

II Wenn über diesen Bedarf zwischen dem Berechtigten und Verpflichteten Streitigkeiten entstehen, so hat hierüber vorbehaltlich des Rechtsweges die Forstpolizeibehörde zu entscheiden.

III Das infolge einer solchen Berechtigung abgegebene Bauholz muß innerhalb zweier Jahre, von der Abgabe an gerechnet, dem Zwecke gemäß verwendet werden.

IV Zuwiderhandeln begründet, — außer der im Artikel 97 festgesetzten Strafe, wenn das Holz veräußert wurde, — die Verbindlichkeit zum Ersatze des Wertes, welcher nach dem Zeitpunkte der Abgabe des Holzes zu bemessen ist. Über diesen Ersatz haben, vorbehaltlich der durch Art. 64 in dem Falle der geschehenen Veräußerung begründeten Zuständigkeit der Forstrügegerichte, die Zivilgerichte zu entscheiden.

Umwandlung in jährliche Geldleistungen.

Artikel 29. ($^{29}/_{29}$). I Umwandlung einer Forstberechtigung in eine bestimmte jährliche Geldleistung kann, außer dem Falle des Art. 26, nur durch freie Übereinkunft der Beteiligten stattfinden.

II Solche Geldleistungen können von dem Verpflichteten mit dem fünfundzwanzigfachen Betrage abgelöst werden, soweit nicht eine anderweitige Übereinkunft vorliegt.

Ablösung.

Artikel 30. ($^{30}/_{30}$). I Die Ablösung von Forstberechtigungen jeder Art ist lediglich im Wege der Übereinkunft beider Teile statthaft.

II Im Falle einer teilweisen Ablösung steht dem Besitzer des belasteten Waldes die Befugnis zu, diejenigen Nutzungen selbst zu beziehen, welche den Inhalt des abgelösten Rechtes bildeten.

Frohnen.

Artikel 31. ($^{32}/_{32}$). I Natural-, Holz- oder Waldfrohnen, welche die Eigenschaft von Gegenleistungen für forstrechtliche noch bestehende oder bereits durch Entschädigung abgelöste Nutzungen an sich tragen, sind durch gütliche Übereinkunft oder in Ermangelung einer solchen auf Anrufen eines Beteiligten durch die Forstpolizeibehörde in eine bestimmte jährliche Geldabgabe umzuwandeln.

II Diese Behörde hat hiebei nach den Bestimmungen des Art. 27 zu verfahren.

III Die Kosten sind von dem Waldbesitzer zur einen und von den Berechtigten zur andern Hälfte zu tragen.

IV Die in solcher Weise bestimmten jährlichen Geldabgaben können von den Verpflichteten mit dem fünfundzwanzigfachen Betrage abgelöst werden.

V Natural-, Holz- oder Waldfrohnen, welche nicht die Eigenschaft von Gegenleistungen für forstrechtliche Nutzungen an sich tragen, sind mit dem Tage der Verkündung des gegenwärtigen Gesetzes ohne Entschädigung aufgehoben.

VI Streitigkeiten über das Recht oder den Umfang oder die Eigenschaft einer Natural-, Holz- oder Waldfrohne gehören vor die Gerichte.

Rechtsweg.

Artikel 32. ($^{33}/_{33}$). I In allen Fällen, in welchen gegen die Entscheidung der Forstpolizeibehörde die Betretung des Rechtsweges vorbehalten ist (Art. 23, 25, 26 und 28), muß derselbe innerhalb drei Monaten von dem Tage der Eröffnung der forstpolizeilichen Entscheidung zweiter Instanz an gerechnet bei Vermeidung des Verlustes dieses Rechtes betreten und die Klage bei dem Zivilgerichte eingereicht werden.

II Die Betretung des Rechtsweges bewirkt keinen Aufschub der Vollstreckung des Ausspruches der Forstpolizeibehörde.

Verbot neuer Forstberechtigungen.

Artikel 33. ($^{34}/_{34}$). Neue Forstberechtigungen können vom Tage der Verkündung des gegenwärtigen Gesetzes an nicht mehr erworben werden.

Dritte Abteilung.

Forstpolizeiliche Bestimmungen.

Rodungsvoraussetzungen.

Artikel 34. ($^{35}/_{35}$). Gänzliche oder teilweise Rodungen (Ausstockungen) sind erlaubt, wenn

1. die auszustockende Fläche zu einer besseren Benützung, insbesondere für Feld-, Garten-, Wein- oder Wiesenbau, unzweifelhaft geeignet,
2. das Fortbestehen des Waldes nicht zum Schutze gegen Naturereignisse notwendig ist, und
3. die Forstberechtigten in die Rodung eingewilligt haben.

Schutzwaldbegriff.

Artikel 35. ($^{35}/_{36}$). Schutzwaldungen, deren Rodung nach Art. 34 Ziff. 2 unzulässig ist, sind die Waldungen:

1. auf Bergkuppen und Höhenzügen, an steilen Bergwänden, Gehängen und sogenannten Leiten;
2. auf Steingerölle des Hochgebirges, auf Hochlagen der Alpen und in allen Örtlichkeiten, wo die Bewaldung zur Verhütung von Bergstürzen und Lawinen dient, oder wo durch die Entfernung des Waldes den Sturmwinden Eingang verschafft würde;
3. in Ortslagen, wo von dem Bestehen des Waldes die Verhütung von Sandschollen oder die Erhaltung der Quellen oder Flußufer abhängig ist.

Rodungsgenehmigung.

Artikel 36. ($^{37}/_{37}$). Das Vorhaben der Rodung ist dem Forstamte anzuzeigen, welches von dem Sachverhalte sogleich Kenntnis zu nehmen und den Befund, unter Beifügung des geeigneten Antrages, an die Forstpolizeibehörde zur weiteren Behandlung und Beschlußfassung zu übersenden hat.

Kultur gerodeter Waldungen.

Artikel 37. ($^{38}/_{38}$). I Wer eine Waldung ausgerodet hat, ist verpflichtet, den gerodeten Boden der im Art. 34 Ziffer 1 erwähnten Benützung zuzuwenden.

II Zur Ausführung der hienach erforderlichen Kulturen hat die Forstpolizeibehörde sogleich bei Genehmigung der Rodung eine angemessene Frist zu bestimmen.

Artikel 38. ($^{39}/_{39}$). Hinsichtlich der Rodung von Gemeinde-, Stiftungs- und solchen Körperschaftswaldungen, welche nicht Privatwaldungen sind, finden außer den Vorschriften der Artikel 34 bis 37 des gegenwärtigen Gesetzes die einschlägigen besonderen Gesetze Anwendung.

Kahlhiebe in Schutzwaldungen.

Artikel 39. ($^{40}/_{40}$). I In Schutzwaldungen ist der kahle Abtrieb oder eine diesem in der Wirkung gleichkommende Lichthauung nur mit forstpolizeilicher Genehmigung und unter den bei Erteilung derselben festgesetzten Bedingungen zulässig.

II Die Genehmigung ist wegen drohenden Eingangs von Sturmwinden nur dann zu versagen, wenn infolge des Kahlhiebes oder der Lichthauung für Ortschaften, Gehöfte und Ortsfluren oder für angrenzende Waldungen ein unverhältnismäßiger Nachteil zu befürchten ist.

III Die Genehmigung kann an die Einhaltung von Bedingungen zum Schutze der Gebäude, Ortsfluren und angrenzenden Waldungen geknüpft werden.

Feststellung der Schutzwaldeigenschaft; Genehmigung von Kahlhieben in Schutzwaldungen.

Artikel 40. (*/*). I Waldbesitzer, welche im Zweifel sind, ob ihren Waldungen die Eigenschaft von Schutzwaldungen zukommt oder nicht, können jederzeit eine bezügliche Feststellung bei der Forstpolizeibehörde beantragen.

II Derartige Anträge, sowie Gesuche um Erteilung der nach Art. 39 erforderlichen Genehmigung zur Vornahme von Kahlhieben oder Lichthauungen in Schutzwaldungen sind, und zwar in der Regel durch Vermittlung der Gemeindebehörde, bei dem zuständigen Forstamte anzubringen, welches den Sachverhalt prüft und den Befund unter Beifügung seines Antrages der Forstpolizeibehörde mitteilt.

III Erachtet die Forstpolizeibehörde weitere Verhandlungen nicht für notwendig, so ist sie befugt, sofort Beschluß zu erlassen, welcher lediglich im Wege des Einspruches angefochten werden kann. Zur Erhebung des Einspruches sind das Forstamt und der Antragsteller, sowie dritte Personen, welche an der Erhaltung des betreffenden Waldes als Schutzwald unmittelbar interessiert sind, innerhalb einer unerstrecklichen Frist von 14 Tagen berechtigt.

IV Wird Einspruch erhoben oder ist eine förmliche Verhandlung ausdrücklich beantragt oder aus sonstigen Gründen veranlaßt, so hat die Forstpolizeibehörde dieselbe unter Zuziehung eines Vertreters des Forstamtes, sowie des Waldbesitzers und etwaiger amtsbekannter dritter Personen, welche an der Erhaltung des betreffenden Waldes als Schutzwald unmittelbar interessiert sind, zu pflegen und hierauf Entscheidung zu treffen.

V Gegen diese Entscheidung steht außer den Beteiligten auch dem Forstamte das Recht der Berufung an die Forstpolizeistelle zu.

VI Rechtskräftig gewordene Beschlüsse und Entscheidungen können wieder aufgehoben werden, wenn sich in den Voraussetzungen, auf Grund deren dieselben erlassen worden sind, wesentliche Veränderungen ergeben haben.

Abschwendung.

Artikel 41. (41/41). I Die der Holzzucht zugewendeten Grundstücke müssen stets in Holzbestand erhalten, und dürfen nicht abgeschwendet werden.

II Unter Abschwendung soll jede den Wald ganz oder auf einem Teile seiner Fläche verwüstende, sein Fortbestehen unmittelbar gefährdende Handlung verstanden werden.

Aufforstungsgebot.

Artikel 42. (42/42). I Waldblößen, welche nach der Verkündung des gegenwärtigen Gesetzes entstehen und kulturfähig sind, müssen aufgeforstet, und wo nach erfolgtem Holzschlage die natürliche Wiederbestockung unvollständig bleibt, muß nachgeholfen werden.

II Zur Ausführung dieser Kulturen ist von der Forstpolizeibehörde eine angemessene Frist zu bestimmen, nach deren fruchtlosem Ablaufe das Amtsgericht neben der verwirkten Strafe zu verordnen hat, daß die Ausführung der Kulturen auf Kosten des Säumigen durch das Forstamt bewirkt werde.

Güterhändler: a) Anzeigepflicht;

Artikel 42 a. I Wenn ein gewerbsmäßiger Händler mit ländlichen Grundstücken im eigenen Namen oder als Vertreter eines anderen ein Waldgrundstück erwirbt oder veräußert, so hat er hievon binnen acht Tagen nach dem Abschlusse des Vertrags der Distriktsverwaltungsbehörde, in deren Bezirk das Waldgrundstück gelegen ist, Anzeige zu erstatten.

II Die Anzeige hat zu enthalten:

a) die Bezeichnung des Waldgrundstücks nach der Steuergemeinde, der Plannummer, dem Namen und der Fläche;
b) Namen, Stand und Wohnort des Veräußerers und des Erwerbers des Waldgrundstücks;
c) ob das Grundstück mit dem Holz auf dem Stamme oder ohne dieses veräußert worden ist.

b) Genehmigungspflicht;

Artikel 42 b. I Wenn ein gewerbsmäßiger Händler mit ländlichen Grundstücken im eigenen Namen oder als Vertreter eines anderen ein Waldgrundstück erworben oder veräußert hat und der Güterhändler oder derjenige, für welchen er es erworben, oder derjenige, an welchen er es veräußert hat, den Wald ganz oder teilweise abholzen oder eine der Abholzung in der Wirkung gleichkommende Lichthauung vornehmen will, so ist zur Abholzung oder Lichthauung forstpolizeiliche Genehmigung erforderlich.

II Die Forstpolizeibehörde hat die Genehmigung von der Erfüllung der zur Sicherung der Wiederaufforstung erforderlichen Bedingungen abhängig zu machen, insbesondere das Maß der zulässigen Lichthauung zu bestimmen und für die Kosten der Wiederaufforstung Sicherheitsleistung zu verlangen. Sie darf jedoch die Genehmigung nicht versagen, wenn die Wiederaufforstung hinreichend gesichert ist. Bei Jungholzbeständen des Hochwaldbetriebes ist die Genehmigung in der Regel zu versagen, wenn nicht mindestens 75 Prozent der Stämme auf Brusthöhe eine Stärke von 12 cm besitzen.

III Für die Sicherheit gelten die Vorschriften der §§ 232 bis 240 des Bürgerlichen Gesetzbuchs. Die geleistete Sicherheit ist zurückzugeben, wenn die Wiederaufforstung hinreichend gesichert ist.

IV Die Forstpolizeibehörde hat sich vor der Erteilung oder Versagung der Genehmigung mit dem Forstamte zu benehmen.

c) Erwerb u. Veräußerung des Holzbestandes.

Artikel 42 c. Die Vorschriften der Art. 42 a und 42 b finden auch Anwendung, wenn ein gewerbsmäßiger Händler mit ländlichen Grundstücken lediglich den Holzbestand eines Waldgrundstücks erwirbt oder veräußert.

Waldweide.

Artikel 43. (43/43). I Die Weide in den Waldungen darf nur unter der Aufsicht eines Hirten oder Hüters ausgeübt werden.

II Junghölzer, Schläge und Holzanflüge sind mit dem Eintreiben von Weidevieh insolange zu verschonen, bis die Beweidung ohne Schaden für den Nachwuchs geschehen kann.

III Bei Fehmel- (plänterweisem) Waldbetriebe ist von der Forstpolizeibehörde die höchste Zahl des einzutreibenden Weideviehes zu bestimmen.

IV Die Weide nach Sonnen-Untergang und vor Sonnen-Aufgang (Nachtweide) ist verboten.

Alpenweide u. besondere Waldweide.

Artikel 44. (44/44). I Die Alpenweide richtet sich nach den bestehenden Rechtsverhältnissen und Alpenordnungen.

II Gleiches gilt hinsichtlich der Weide in jenen Waldungen, wo derartige Rechtsverhältnisse und Ordnungen bestehen.

III Hinsichtlich der Erweiterung von Alpen-Angern und Lichtungen kommen die Bestimmungen der Art. 34 bis 36 zur Anwendung.

Feuerpolizei.

Artikel 45. (45/45). I Das Feuermachen in den Waldungen oder in einer Nähe derselben von dreihundert bayerischen Schuhen (87,6 m) darf nur unter Beobachtung der zur Verhütung von Waldbränden nötigen Vorsichtsmaßregeln geschehen.

II Bei besonders trockener Witterung kann das Feuermachen von der Forstpolizeibehörde gänzlich verboten werden.

III Wer Feuer anzündet, ist verbunden, dasselbe, ehe er sich entfernt, vollständig auszulöschen.

IV Die Vorschrift des Abs. 1 findet auch auf das Verkohlen von Holz Anwendung.

Insektenbekämpfung.

Artikel 46. (46/46). I Zeigen sich Spuren schädlicher Insekten, so sind die Vertilgungs- und Sicherheitsmaßregeln, welche die Forstpolizeibehörde auf Antrag des Forstamtes anzuordnen hat, unweigerlich zu befolgen.

II Beschwerden gegen solche Anordnungen bewirken keinen Aufschub.

III Werden dieselben nicht ungesäumt vollzogen, so hat die Forstpolizeibehörde zu verfügen, daß die Ausführung auf Kosten des Säumigen durch das Forstamt bewirkt werde.

Bauten.

Artikel 47. (47/47) Wenn in Waldungen oder in einer Nähe derselben von 1500 bayerischen Schuhen (437,8 m) was immer für Gebäude, insbesondere zum Zwecke neuer Ansiedelungen oder zur Errichtung von Ziegelbrennereien, Teeröfen oder anderen feuergefährlichen Anlagen aufgeführt werden wollen, so ist vor Erteilung der baupolizeilichen Genehmigung das Forstamt mit seiner Erinnerung zu vernehmen.

Vierte Abteilung.

Forstpolizeiübertretungen und Forstfrevel.

I. Allgemeine Bestimmungen.

Begriff der Forstpolizeiübertretung.

Artikel 48. (48/48). Zuwiderhandlungen gegen die forstpolizeilichen Bestimmungen des gegenwärtigen Gesetzes, welche von dem Waldbesitzer oder von Personen, deren Handlungen derselbe nach Art. 69 zu vertreten hat, in seinem eigenen Walde begangen werden, sind als Forstpolizeiübertretungen nach Maßgabe der Art. 75 bis 78 zu bestrafen.

Begriff des Forstfrevels.

Artikel 49. (49/49). I Alle durch das gegenwärtige Gesetz in den Artikeln 79 bis 105 bezeichneten Entwendungen, Beschädigungen, Zuwiderhandlungen gegen die forstpolizeilichen Bestimmungen und andere Gefährden, welche in fremdem Walde begangen werden, sind, ohne Rücksicht auf den Wert des entwendeten Gegenstandes und den Betrag des verursachten Schadens, als Forstfrevel zu betrachten, und nach Maßgabe obiger Artikel zu bestrafen.

II Die Bestimmung des Absatzes 1 gilt insbesondere auch von Handlungen der bezeichneten Art, welche ein Forstberechtigter durch Überschreitung seiner Berechtigung oder bei Ausübung derselben begeht.

III Wenn die Bewirtschaftung und wirtschaftliche Ausnützung eines Waldes ausschließlich dritten Personen zusteht, sind auch Handlungen der in den Art. 79 bis 105 bezeichneten Art, welche der Eigentümer des Grund und Bodens unter Verletzung jenes Rechtes vornimmt, als Forstfrevel nach den Bestimmungen der erwähnten Artikel zu bestrafen.

IV Bayerische Staatsangehörige können auch wegen der außerhalb des bayerischen Staatsgebietes von ihnen verübten Forstfrevel nach den in Abs. 1 erwähnten Artikeln bestraft werden.

Begriff der Forstrügesachen.

Artikel 50. (*/₅₀). Die Forstpolizeiübertretungen, die Forstfrevel, sowie die auf Forstfrevel bezüglichen Zuwiderhandlungen gegen § 361 Ziff. 9 des Strafgesetzbuches für das Deutsche Reich bilden die Forstrügesachen.

Strafarten.

Artikel 51. ($^{50}/_{51}$). I Wegen Forstpolizeiübertretungen kann nur auf Geldstrafe erkannt werden.

II Die wegen Forstfrevel zulässigen Strafen sind:

1. Geldstrafe;
2. Haft.

Mindestgeldstrafe bei Entwendungsfreveln.

Artikel 52. ($^{51}/_{52}$). Die Geldstrafe darf bei Forstfreveln durch Entwendung, auch wenn der einfache Wert des Entwendeten geringer ist, nicht unter dreißig Reichspfennig betragen.

Artikel 53. ($^{52}/_{53}$). Aufgehoben.

Umwandlung.

Artikel 54. ($^{53}/_{54}$). An die Stelle einer uneinbringlichen Geldstrafe tritt, gleichgültig, ob es sich um Forstpolizeiübertretungen oder um Forstfrevel handelt, Haft nach Maßgabe des Strafgesetzbuchs für das Deutsche Reich.

Artikel 55. ($^{54}/_{55}$). Aufgehoben.

Zusammenwirken: a) bei Forstfreveln;

Artikel 56. ($^{55}/_{56}$). I Wird ein Forstfrevel durch das Zusammenwirken mehrerer Personen verübt, diese mögen als Miturheber oder als Gehilfen erscheinen, so ist die volle Strafe gegen jeden derselben auszusprechen.

II Für Wert- und Schadenersatz, sowie für Auslagen haften sie samtverbindlich.

III Die Bestimmung des Absatzes 1 findet keine Anwendung auf mehrere zur nämlichen Familie gehörige Personen (Art. 69 Ziff. 1 bis 5), welche gemeinschaftlich einen Forstfrevel nach Art. 80, 84 oder 85 begehen. Solche Personen werden miteinander, jedoch samtverbindlich in die treffende Geldstrafe verurteilt. In demselben Urteile ist auszusprechen, gegen welchen oder welche Frevler die Umwandlung der Geldstrafe in Haftstrafe einzutreten hat, wenn erstere nicht beigetrieben werden kann. Geschieht die Umwandlung gleichzeitig gegen mehrere dieser Frevler, so darf dennoch die von den Einzelnen zu erstehende Haft zusammengerechnet die gesetzlich festgesetzte höchste Dauer der Haftstrafe nicht überschreiten.

IV Ist gegen einen oder mehrere Familienangehörige wegen ausgezeichneten Rückfalls oder Gewohnheitsfrevels Haft- oder Gefängnisstrafe auszusprechen (Art. 101 bis 105), so sind die übrigen zur Familie gehörigen Personen dennoch samtverbindlich in die Geldstrafe zu verurteilen.

b) bei Forstpolizeiübertretungen.

Artikel 57. ($^{56}/_{57}$). Waldbesitzer, welche gemeinschaftlich im gemeinschaftlichen Walde eine Forstpolizeiübertretung begehen, sind samtverbindlich in die treffende Geldstrafe zu verurteilen. In demselben Urteile ist auszusprechen, gegen welchen oder welche Waldbesitzer die Umwandlung der Geldstrafe in Haftstrafe einzutreten hat, wenn erstere nicht beigetrieben werden kann. Geschieht die Umwandlung gleichzeitig gegen mehrere Waldbesitzer, so darf dennoch die von den Einzelnen zu erstehende Haft zusammengerechnet die gesetzlich festgesetzte höchste Dauer der Haftstrafe nicht überschreiten.

Artikel 58. ($^{57}/_{58}$). Aufgehoben.

Allgemeine Strafschärfungsgründe.

Artikel 59. ($^{58}/_{59}$). Bei Forstfreveln ist es, vorbehaltlich der in den einzelnen Artikeln bezeichneten besonderen Strafschärfungsgründe, als allgemeiner Schärfungsgrund anzusehen:

1. wenn der Frevel vor Sonnen-Aufgang oder nach Sonnen-Untergang,
2. wenn er an Sonn- oder gesetzlichen Feiertagen,
3. wenn er mit Unkenntlichmachung des Frevlers verübt wird;
4. wenn der Frevler Feuerwaffen mit sich führt;
5. wenn der Frevler sich der Säge statt der Axt bedient, oder stehendes Holz ausgräbt;
6. wenn der von den im Art. 115 Nr. 1—3 erwähnten Personen zum Stehenbleiben aufgeforderte Frevler sich gleichwohl entfernt;
7. wenn der Frevler die Angabe des Namens oder Wohnortes verweigert, oder hierüber eine falsche Angabe macht;

8. wenn der Frevler mit vorsorglichem Beschlage belegte Gegenstände hinwegnimmt;
9. wenn der betroffene Frevler den angefangenen Frevel trotz der Warnung fortsetzt;
10. wenn der Frevler zur Zeit, da er den Frevel verübt, als Holzhauer, Holzsetzer, Köhler, Kulturarbeiter, oder mit einer sonstigen Waldarbeit, oder auch in Ausübung einer Forstberechtigung im Walde beschäftigt war;
11. wenn eine Entwendung in Verbindung mit dem Aushauen des Waldhammerzeichens, Waldeisens oder eines vom Käufer am stehenden Stamme angebrachten Zeichens begangen wird;
12. aufgehoben;
13. wenn der Frevel in der Absicht verübt wird, um die Walderzeugnisse in Natur oder verarbeitet ganz oder teilweise zu veräußern; diese Absicht wird gesetzlich vermutet, wenn nach Beschaffenheit der entwendeten Walderzeugnisse und der persönlichen oder häuslichen Verhältnisse des Frevlers jene Gegenstände nicht wohl zur eigenen Verwendung bestimmt sein konnten.

Wirkung der Strafschärfungsgründe.

Artikel 60. ($^{59}/_{60}$). I Die Wirkung eines oder mehrerer bei einem Forstfrevel zusammentreffender Strafschärfungsgründe besteht darin, daß die einfache Strafe um die Hälfte erhöht werden muß, und bis zu ihrem dreifachen Betrage erhöht werden kann.

II Hiebei darf jedoch die gesetzlich festgesetzte höchste Dauer der Haftstrafe und in denjenigen Fällen, in welchen für die Geldstrafe ein niedrigstes und ein höchstes Maß festgesetzt ist, auch nicht das höchste Maß der Geldstrafe überschritten werden.

Notstand.

Artikel 61. ($^{60}/_{61}$). Ist jemand im Walde oder in dessen Nähe durch einen Unfall oder durch ein Naturereignis erweislich in die Notwendigkeit versetzt, eine durch das gegenwärtige Gesetz mit Strafe bedrohte Handlung zu begehen, so ist er zwar zum Ersatze des Wertes und des Schadens verpflichtet, unterliegt jedoch keiner Bestrafung, wenn er den Vorfall innerhalb 24 Stunden einer der im Art. 115 bezeichneten Personen oder dem Waldbesitzer anzeigt.

Notfrevel.

Artikel 61 a. Ist ein Forstfrevel aus dringender Not begangen oder liegen andere besonders erhebliche Milderungsgründe vor, so kann mit Ausnahme der Fälle des Art. 101 die gesetzlich bestimmte Strafe bis zur Hälfte, jedoch abgesehen von den Fällen der Art. 88 und 89 nicht unter 50 Reichspfennig, bei Forstfreveln durch Entwendung nicht unter 30 Reichspfennig herabgesetzt werden.

Wert- und Schadenersatz.

Artikel 62. ($^{61}/_{62}$). Der Straffällige haftet, außer der Strafe, für den Schaden, welchen er durch die Übertretung oder den Frevel verursacht hat, und bei Forstfreveln auch für den Ersatz des Wertes.

Artikel 63. ($^{62}/_{63}$). In Bezug auf Forstfrevel richtet sich der Ersatz des Wertes, sowie des Schadens nach den Bestimmungen des gegenwärtigen Gesetzes.

Artikel 64. ($^{63}/_{64}$). I Der durch eine Forstpolizeiübertretung begründete Entschädigungsanspruch kann nur bei dem Zivilgerichte, — der durch einen Forstfrevel begründete Entschädigungsanspruch dagegen entweder bei dem Zivilgerichte oder bei dem Forstrügegerichte verfolgt werden.

II Erklärt sich der durch einen Forstfrevel Beschädigte für die zivilgerichtliche Verfolgung seines Anspruches nicht schon vor der Aburteilung des Frevels, so wird über die Entschädigung von dem Forstrügegerichte in dem Strafurteile erkannt, unbeschadet jedoch der durch Art. 67 vorbehaltenen Zivilklage auf den etwaigen Mehrbetrag.

Wertbestimmungstabellen.

Artikel 65. ($^{64}/_{65}$). I Zur strafgerichtlichen Bemessung:
1. des Wert- und Schadenersatzes, insoferne derselbe nicht schon durch das Gesetz bestimmt ist;
2. der Geldstrafe in denjenigen Fällen, in welchen der Betrag derselben durch den Wert des Gegenstandes der Übertretung oder des Frevels bestimmt wird,

sind für jeden Distrikt, in welchem die Preise der zu tarierenden Gegenstände merklich verschieden sind, nach den Lokalpreisen bemessene Wertbestimmungstabellen ohne Anschlag der Fabrikations- und Transportkosten von der betreffenden Regierungsfinanzkammer gemeinschaftlich mit der Kammer des Innern alle drei Jahre aufzustellen und bekannt zu machen.

II Ist ein gegebener Fall in der Wertbestimmungstabelle nicht vorgesehen, so wird dem Strafurteile die Tarierung des betreffenden Forstamts zugrunde gelegt.

Artikel 66. ($^{65}/_{66}$). Bei Forstfreveln durch Entwendung ist der Beschädigte verpflichtet, sich den Wert des zurückempfangenen Gegenstandes entsprechend anrechnen zu lassen.

Artikel 67. ($^{66}/_{67}$). Glaubt sich der durch einen Forstfrevel Beschädigte mit dem gemäß den Bestimmungen des gegenwärtigen Gesetzes oder den Wertbestimmungstabellen ihm zuerkannten Wert- und Schadenersatze nicht zufrieden stellen zu können, so kann er seinen Anspruch auf den Mehrbetrag im Zivilrechtswege verfolgen.

Kosten.

Artikel 68. ($^{67}/_{68}$). Der Straffällige ist in die Kosten, welche auf die Verfolgung und Aburteilung der Übertretung oder des Frevels sowie auf die Strafvollstreckung erlaufen, zu verurteilen.

Zivilverantwortlichkeit bei Forstfreveln.

Artikel 69. ($^{68}/_{69}$). I Als zivilverantwortlich sind außer dem Forstfrevler vorzuladen und als haftbar für Geldstrafe, Wert- und Schadenersatz, dann für die Kosten — vorbehaltlich des Rückgriffes, wo ein solcher statthat, mit zu verurteilen:

1. die Ehemänner wegen der Frevel ihrer bei ihnen wohnenden Ehefrauen;
2. die Väter und nach ihrem Tode die Mütter wegen der Frevel ihrer bei ihnen wohnenden und noch unverheirateten Kinder (leibliche Kinder, Stief-, Adoptiv- und Pflegekinder);
3. die Vormünder und Kuratoren, sowie überhaupt diejenigen, welchen Minderjährige in Pflege gegeben sind, wegen der Frevel der bei ihnen wohnenden Pflegebefohlenen;
4. die Dienstherrschaften wegen der Frevel ihrer bei ihnen wohnenden Dienstboten;
5. die Lehrmeister und Gewerbsleute wegen der Frevel ihrer Zöglinge, Gesellen und Gehilfen, solange diese Personen unter ihrer Aufsicht stehen;
6. die Geschäftsgeber wegen der Frevel ihrer Arbeiter und Geschäftsträger, wenn der Frevel in oder bei der Ausführung der aufgetragenen oder anvertrauten Verrichtungen geschah;
7. die Dienstherrschaften wegen der Frevel der aufgestellten Hirten oder Hüter, insoferne der Frevel bei deren Dienstverrichtung geschah.

II Wenn die in den vorhergehenden Bestimmungen als zivilverantwortlich erklärten Personen beweisen, daß sie nicht imstande waren, den Frevel zu verhindern, so sind sie von jeder Haftung frei.

III Von der Haftung für die erkannten Geldstrafen sind die als zivilverantwortlich erklärten Personen frei, wenn sie aus Anlaß des betreffenden Frevels selbst auf Grund des § 361 Ziff. 9 des Strafgesetzbuches bestraft werden.

Drittverantwortlichkeit bei Forstpolizeiübertretungen.

Artikel 70. ($^{69}/_{70}$). Hinsichtlich der Forstpolizeiübertretungen hat der Waldbesitzer — vorbehaltlich des Rückgriffes, wo ein solcher statt hat, — die Handlungen der im Art. 69 genannten Personen in der Art zu vertreten, daß ihn allein die Strafe, sowie der Schadenersatz und die Kosten treffen, ausgenommen, wenn er beweist, daß die Übertretung ohne sein Vorwissen geschah, in welchem Falle die Übertreter allein nach Maßgabe der einschlägigen Strafbestimmungen wider den Forstfrevel zu bestrafen sind, und allein für den Schadenersatz sowie für die Kosten haften.

Tod.

Artikel 71. ($^{70}/_{71}$). Mit dem Tode des Schuldigen geht die Verbindlichkeit zur Zahlung der rechtskräftig zuerkannten Geldstrafe, sowie die Verbindlichkeit zur Zahlung der Entschädigungen und Kosten auf den Nachlaß über.

Verjährung: a) der Strafverfolgung;

Artikel 72. ($^{71}/_{72}$). I Die Strafbarkeit der Forstpolizeiübertretungen und Forstfrevel erlischt durch Verjährung, wenn vor Ablauf eines Jahres, vom Tage der Begehung an gerechnet, ein erstrichterliches Endurteil nicht erfolgt.

II Ist ein solches Erkenntnis zwar binnen obiger Frist erlassen, hiegegen aber ein Rechtsmittel ergriffen worden, so läuft vom Tage der Einlegung des Rechtsmittels eine neue sechsmonatliche Verjährungsfrist, welche durch jedes weiter erfolgende Erkenntnis unterbrochen wird, und vom Tage desselben von neuem zu laufen beginnt.

III Wenn bei den im Art. 75 bezeichneten Forstpolizeiübertretungen in Schutzwaldungen der Aburteilung das im Art. 168 bezeichnete Verfahren vorauszugehen hat, bleibt bis zur Mitteilung der forstpolizeilichen Entscheidung an das Gericht (Art. 168 Abs. 2) die Verjährung der forststrafgerichtlichen Verfolgung unterbrochen.

b) der Strafvollstreckung.

Artikel 73. ($^{72}/_{73}$). Die Verjährung der wegen einer Forstpolizeiübertretung oder wegen eines Forstfrevels erkannten Strafe tritt ein nach Ablauf von 2 Jahren vom Tage des Straferkenntnisses, oder wenn ein Rechtsmittel ausgeführt wurde, vom Tage des hierüber erlassenen Erkenntnisses.

Artikel 74. ($^{73}/_{74}$). Die Verjährung der Strafe wird unterbrochen:
1. bei Haftstrafen durch Verhaftung des Verurteilten zum Zwecke des Strafvollzuges;
2. bei Geldstrafen durch die vorgesetzte oder verlängerte Zahlungsfrist.

II. Besondere Bestimmungen.

A. Forstpolizeiübertretungen.

Verstöße gegen Art. 34, 36, 39, 41, 42b, 42c.

Artikel 75. ($^{74}/_{75}$). I Wer ohne forstpolizeiliche Genehmigung eine Rodung oder eine Erweiterung von Alpenängern oder Alpenlichtungen oder in einem Schutzwalde einen Kahlhieb oder eine diesem in der Wirkung gleichkommende Lichthauung unternimmt, oder wer den bei Erteilung der forstpolizeilichen Genehmigung gemäß Art. 39 festgesetzten Bedingungen, oder wer dem Verbote der Abschwendung zuwiderhandelt, oder wer ohne die nach dem Art. 42 b oder 42 c erforderliche Genehmigung mit der Abholzung oder einer der Abholzung in der Wirkung gleichkommenden Lichthauung beginnt oder bei der Abholzung oder Lichthauung den auferlegten Bedingungen zuwiderhandelt, wird mit einer Geldstrafe belegt, welche mit 200 Reichsmark bis 3000 Reichsmark für das Hektar der in Betracht kommenden Waldfläche zu bemessen ist, in keinem Falle aber weniger als 10 Reichsmark beträgt. Hat der Täter durch die Straftat einen Vermögensvorteil erlangt, so kann der Höchstbetrag überschritten und auf eine Geldstrafe bis zum zehnfachen Werte des Vermögensvorteils erkannt werden.

II Die Bestimmungen in Abs. 1 gelten gleichmäßig gegenüber demjenigen, welchem die Holzgewinnung an dem betreffenden Waldteil überlassen wurde, auch wenn er nicht als Waldbesitzer im Sinne des Art. 48 zu erachten ist.

III Erfolgt eine Verurteilung auf Grund des vorstehenden Abs. 2, so ist der Waldbesitzer als zivilverantwortlich haftbar für die Geldstrafe mit zu verurteilen, soferne er nicht nachweist, daß er außer Stande war, die Forstpolizeiübertretung zu verhindern. Von dem für haftbar erklärten Waldbesitzer ist jedoch die Geldstrafe nur dann einzuheben, wenn sie nicht von dem auf Grund des Abs. 2 Verurteilten beigetrieben werden kann. Die Geldstrafe ist gegen letzteren in Haftstrafe umzuwandeln, wenn sie weder von diesem noch von dem für haftbar erklärten Waldbesitzer beigetrieben werden kann.

IV Die Bestimmungen des Abs. 3 finden keine Anwendung, wenn wegen der betreffenden Forstpolizeiübertretung auch der Waldbesitzer als Miturheber oder als Gehilfe bestraft wird. In diesem Falle sind der Waldbesitzer und der auf Grund des Abs. 2 zu Verurteilende samtverbindlich in Strafe und Kosten zu verfällen und ist im Urteile auszusprechen, gegen wen die Umwandlung der Geldstrafe in Haftstrafe einzutreten hat, wenn erstere nicht beigetrieben werden kann.

Verstöße gegen Art. 37.

Artikel 76. ($^{75}/_{76}$). Wer die im Art. 37 angeordneten Kulturen innerhalb der von der Forstpolizeibehörde bestimmten Frist auszuführen unterläßt, verfällt in eine Geldstrafe von *neun* bis *hundertachtzig Mark*.

Verstöße gegen Art. 42a u. 42c.

Artikel 76a. Wer die im Art. 42a oder 42c vorgeschriebene Anzeige unterläßt, verfällt in eine Geldstrafe bis zu *einhundertfünfzig Mark*.

Verstöße gegen Art. 42, 46, 43, 44 Abs. I u. II, 45.

Artikel 77. ($^{76}/_{77}$). I Wer es unterläßt, innerhalb der von der Forstpolizeibehörde vorgesetzten Frist die kulturfähigen Waldblößen aufzuforsten, oder da, wo nach erfolgtem Holzschlage die natürliche Wiederbestockung unvollständig bleibt, nachzuhelfen, ebenso, wer den auf Art. 46 gestützten Anordnungen der Forstpolizeibehörde über die Vertilgungs- und Sicherheitsmaßregeln gegen schädliche Insekten nicht Folge leistet, wird mit einer Geldstrafe von *einer Mark achtzig Pfennig* bis *neunzig Mark* bestraft.

II Einer Strafe von *neunzig Pfennig* bis *fünfundvierzig Mark* unterliegt derjenige, welcher den Vorschriften der Art. 43, 44 Abs. 1 und 2, dann Art. 45 oder den darauf gestützten Anordnungen der Forstpolizeibehörde über die Weide, über das Anmachen oder Auslöschen von Feuer oder über das Holzverkohlen zuwiderhandelt.

III Wer einen Wald ganz oder teilweise abgeholzt oder eine der Abholzung in der Wirkung gleichkommende Lichthauung vorgenommen hat, so daß eine nach Art. 42 aufzuforstende Waldblöße entsteht, haftet dem Staate für die Kosten der vom Forstamte bewirkten Wiederaufforstung auch dann, wenn er nach dem Abs. 1 nicht strafbar ist; der Anspruch des Staates verjährt in fünf Jahren von der Entstehung der Waldblöße an. Die gleiche Haftung trifft denjenigen, welcher eine nach Art. 42 aufzuforstende Waldblöße erwirbt; die Verjährungsfrist berechnet sich vom Erwerbe an.

Einstellung der Arbeiten.

Artikel 78. ($^{77}/_{78}$). I In den Fällen der unerlaubten Rodung oder Erweiterung von Alpenängern und Alpenlichtungen oder des unerlaubten Kahlhiebes oder einer diesem in der Wirkung gleichkommenden Lichthauung in Schutzwaldungen, ferner in den Fällen der Abschwendung oder einer nach Art. 42b oder 42c unerlaubten Abholzung oder ihr in der Wirkung gleichkommenden Lichthauung kann von der Forstpolizeibehörde das weitere verbotwidrige Verfahren sofort eingestellt werden. Im Falle der Zuwiderhandlung gegen eine solche Anordnung der Forstpolizeibehörde kann die nach Art. 75 auszusprechende Strafe bis zu 6000 Reichsmark für das Hektar der ganzen in Betracht kommenden Waldfläche bemessen werden; Art. 75 Abs. 1 Satz 2 gilt auch in diesem Falle.

II Außerdem kann die Forstpolizeibehörde für die Erhaltung und beziehungsweise Wiederherstellung des Waldes auf Kosten des Beteiligten Fürsorge treffen.

B. Forstfrevel.

1. Forstfrevel durch Entwendung.

Stehendes grünes u. gefälltes, noch nicht zugerichtetes Holz.

Artikel 79. ($^{78}/_{79}$). I Die Entwendung von gefälltem, aber noch nicht zum Verkaufe oder Verbrauche zugerichtetem Holze, oder von stehendem grünen Holze wird neben dem Ersatze des Wertes und eines Dritteiles desselben für Schaden mit einer der Summe beider Beträge gleichkommenden Geldstrafe belegt.

II Für Reifstangen, Hopfenstangen, Bohnenstangen, Erbsenreiser, Bindwieden, Besenreiser, Floßwieden, Flechtgerten oder Korbwieden soll, wenn die Entwendung an stehendem grünen Holze stattfand, außer der im Absatz 1 bestimmten Geldstrafe der Ersatz des Wertes und dessen voller Betrag für Schaden zuerkannt werden.

III Waren Samenbäume, Hegenreiser, grüne Laubholzstöcke in Niederwaldungen oder stehende grüne Eichen, Eschen, Ahorne, Ulmen oder Lärchen unter vierzig Jahren Gegenstand der Entwendung, so besteht die Geldstrafe in dem doppelten Werte, und nebstdem ist auf Ersatz des Wertes und auf einen demselben gleichkommenden Betrag für Schaden zu erkennen.

Stehendes dürres u. niedergeworfenes, noch nicht zugerichtetes Holz.

Artikel 80. ($^{79}/_{80}$). Die Entwendung von solchen liegendem Holze, welches der Wind oder ein sonstiges Naturereignis zur Erde niedergeworfen hat, und welches noch nicht verarbeitet ist, ebenso die Entwendung von völlig abgestorbenen noch stehenden Stämmen oder

Ästen wird neben dem Ersatze des Wertes mit einer demselben gleichkommenden Geldstrafe belegt.

Holzdiebstahl.

Artikel 81. ($^{80}/_{81}$). Die Entwendung an aufgearbeitetem, zum Verkaufe oder Verbrauche bereits zugerichtetem Holze, auch wenn es sich noch im Walde befindet, — ebenso die Entwendung des an die Floßbäche oder Abladeplätze verbrachten Holzes, oder des Holzes, welches eben getriftet wird, ist nach den allgemeinen gesetzlichen Bestimmungen über den Diebstahl zu bestrafen.

Holzpflänzlinge.

Artikel 82. ($^{81}/_{82}$). I Ist die Entwendung an Holzpflänzlingen von was immer für einer Art in natürlichen Besamungen unter zehn Jahren begangen worden, so ist der Wert, wenn derselbe nicht mehr beträgt, mit $1^1/_2$ *Pfennig* für jede Pflanze zu ersetzen, und ebensoviel als Schadenersatz zuzuerkennen.

II Diese Ansätze werden verdoppelt, wenn die Entwendung in künstlichen Ansaaten oder Pflanzungen unter zehn Jahren geschehen ist.

III In dem einen, wie in dem anderen Falle soll die Geldstrafe dem doppelten Betrage des Wertes gleich sein.

Rinde.

Artikel 83. ($^{82}/_{83}$). I Wer zur Gewinnung von Lohrinde stehende Stämme schält, und sich die Rinde zueignet, wird mit einer Geldstrafe belegt, welche dem Werte des geschälten Holzes und der Rinde gleich ist. Derselbe Betrag wird als Ersatz des Schadens und nebstbei der Wert der Rinde zuerkannt.

II Wer liegende Stämme schält und sich die Rinde zueignet, unterliegt außer dem Ersatze des Wertes der Lohrinde einer diesem Betrage gleichen Geldstrafe.

III Wer bereits geschälte Lohrinde entwendet, wird nach Art. 81 behandelt.

Lese- u. Stockholz.

Artikel 84. ($^{83}/_{84}$). I Wer unbefugter Weise oder in den hiezu nicht angewiesenen Waldorten dürres oder angefaultes zur Erde liegendes Holz, oder Stockholz holt, wird, neben dem Ersatze des Wertes, mit einer demselben gleichen Geldstrafe belegt.

II Ist das Stockholz aus jungen oder frischbesamten Schlägen geholt worden, so wird neben der bezeichneten Strafe und neben dem Ersatze des Wertes ein Schadenersatz von einem Dritteile des Wertes zuerkannt.

Futter- u. Streuwerk.

Artikel 85. ($^{84}/_{85}$). I Wer unbefugter Weise oder in den hiezu nicht angewiesenen Waldorten grünes oder trockenes Laub, Nadeln oder Moos holt, wird neben dem Ersatze des Wertes und eines Dritteiles desselben für Schaden, mit einer dem Werte gleichen Geldstrafe belegt.

II Besteht der Gegenstand dieser unerlaubten Zueignung in Gras oder anderem Streuwerke, als: Heide, Sumpfmoos, Heidelbeerstauden, Besenpfriemen, Farrenkräutern und dergleichen, so tritt dieselbe Strafe nebst Werterſatz ein, — der Schadenersatz von einem Dritteile weiter aber nur dann, wenn der Frevel in jungen, in Schonung befindlichen oder in verhängten haubaren Waldungen geschah.

III Wurden die in den Absätzen 1 und 2 erwähnten Frevel unter Anwendung von Hau- oder Schneidewerkzeugen, eisernen Rechen oder Steigeisen verübt, so soll außer der Strafe und dem Werterſatze auch der Schadenersatz in dem vollen Betrage des Wertes zuerkannt werden.

Waldsamen.

Artikel 86. ($^{85}/_{86}$). I Die Entwendung von Eicheln, Bücheln oder anderen Waldsamen wird neben dem Ersatze des Wertes mit einer dem Werte gleichkommenden Geldstrafe belegt.

II Wenn der Same abgeschlagen, abgerissen oder zusammengekehrt wurde, oder die Entwendung in eingehegten Orten geschah, so soll überdies auf Schadenersatz in dem einfachen bis zu dem doppelten Betrage des Wertes erkannt werden.

Harz.

Artikel 87. ($^{86}/_{87}$). I Wer unbefugter Weise, oder in den hiezu nicht angewiesenen Waldorten pechelt, verfällt neben dem Ersatze des Wertes in eine dem doppelten Werte des Harzes gleichkommende Geldstrafe, und ist überdies zum Ersatze des Schadens nach dem einfachen Werte des entwendeten Harzes zu verurteilen.

II Das Anreißen neuer oder die Vergrößerung alter Lacken (Pechrisse) wird nach Art. 95 bestraft.

2. Forstfrevel durch Beschädigung, Übertretung forstpolizeilicher Bestimmungen und andere Gefährden.

Wald- u. Alpenweide: a) unbefugte;

Artikel 88. ($^{87}/_{88}$). I Derjenige, welcher unbefugt Vieh im Walde hütet oder weiden läßt, erleidet, vorbehaltlich des Rückgriffes gegen den Hirten oder Hüter, je nach Beschaffenheit des Frevels folgende Strafen:

für ein Pferd, ein Stück Rindvieh, einen Esel oder eine Ziege sechzig Reichspfennig, für dergleichen junges Vieh unter einem Jahre oder für ein Schaf die Hälfte, für ein Schwein in der Mastzeit fünfundvierzig Reichspfennig, und außer der Mastzeit dreißig Reichspfennig.

II Wurden mehrere Stücke Vieh oder eine ganze Herde betreten, so dürfen die erwähnten Strafen den Betrag von zweiundzwanzig Reichsmark fünfzig Reichspfennig nicht übersteigen.

III Hatte die Weide in verhängten Orten statt, so beträgt die Strafe das Doppelte; jedoch darf sie den Betrag von fünfundvierzig Reichsmark nicht übersteigen.

IV Werden wegen eines und desselben Weidefrevels mehrere Personen gleichzeitig verurteilt, so sind dieselben nur einmal, aber samtverbindlich in die Strafe zu verfällen. Dies gilt im besonderen auch dann, wenn Vieh von einer verschiedenen Eigentümern gehörigen Herde unbefugt zur Weide gekommen ist. Hiebei finden die Bestimmungen des Art. 56 Abs. 3 Satz 3 und 4 gleichmäßige Anwendung.

V Das Weiden von Gänsen in verhängten Orten wird mit einer Strafe von drei Reichspfennig für jedes Stück belegt; jedoch darf die Strafe in keinem Falle den Betrag von drei Reichsmark sechzig Reichspfennig überschreiten. Gegebenenfalls haben die Bestimmungen des Abs. 4 gleichmäßige Anwendung zu finden.

VI In allen vorhin bezeichneten Fällen sind die Eigentümer des Viehes, und zwar in den Fällen des Abs. 4 und 5 samtverbindlich, in den Ersatz des verursachten Schadens zu verurteilen, welcher nicht unter der Hälfte des Strafbetrages zuerkannt werden darf.

b) forstpolizeiwidrige.

Artikel 89. ($^{88}/_{89}$). I Die Bestimmungen des Art. 88 finden auch alsdann Anwendung, wenn die Weide entweder:

1. ohne Aufsicht eines Hirten oder Hüters (Art. 43 Abs. 1); oder
2. zur Nachtzeit (Art. 43 Abs. 4); oder
3. bei plänterweisem Waldbetriebe mit einer die festgesetzte höchste Anzahl des einzutreibenden Weideviehes überschreitenden Menge (Art. 43 Abs. 3); oder
4. den im Art. 44 Abs. 1 und 2 erwähnten Ordnungen zuwider ausgeübt wird.

II In dem unter Ziffer 3 bezeichneten Falle kommt jedoch die Vorschrift des Art. 88 Abs. 1 nur hinsichtlich der überzähligen Stücke zur Anwendung.

Holen von Lese- u. Stockholz u. Streuwerk außer der festgesetzten Zeit; verbotene Werkzeuge.

Artikel 90. ($^{89}/_{90}$). I Mit einer Geldstrafe von *fünfundvierzig* bis *neunzig Pfennig* wird bestraft, wer Leseholz oder Stockholz, Gras oder Streuwerk, welches ihm zu beziehen erlaubt ist, außer der dafür festgesetzten Zeit aus den angewiesenen Waldorten holt.

II Geschieht dies mittelst eines bespannten Fuhrwerkes, so trifft ihn eine Geldstrafe von *neunzig Pfennig* bis *neun Mark*.

III Gleicher Strafe unterliegt, wer bei dem Leseholz- oder Streusammeln eiserne Rechen, Haken, Hau- oder Schneide-Werkzeuge anwendet, sowie derjenige, welcher den ihm ausgestellten Leseholz-, Gras- oder Streuzettel, oder das betreffende Zeichen einem Andern zur Benützung überläßt.

Holen höherwertigen Holzes außerhalb der festgesetzten Tage; verspätete Abfuhr; Abfuhr ohne Zettel.

Artikel 91. ($^{90}/_{91}$). Mit einer Geldstrafe von *neunzig Pfennig* bis *neun Mark* wird bestraft, wer anderes Holz als Lese- oder Stockholz, obgleich zum Bezuge befugt, außer den hiezu festgesetzten Tagen aus dem Walde holt, ebenso wer erkauftes oder angewiesenes Holz nicht innerhalb der hiefür festgesetzten Zeit abführt, oder ohne Abfuhrzettel oder Zeichen aus dem Walde bringt.

Verbotenes Fahren u. Holzschleifen; Betreten von Schonungen; Veränderungen der Zeichen.

Artikel 92. ($^{91}/_{92}$). Mit einer Geldstrafe von *neunzig Pfennig* bis *neun Mark* wird, neben dem Ersatze des etwa verursachten Schadens oder neben der auf Kosten des Täters zu bewirkenden Wiederherstellung des früheren Zustandes, bestraft:

1. das Fahren außer den erlaubten Waldwegen oder den in den Schlägen angewiesenen Holzabfuhrwegen, — das unerlaubte Holzschleifen oder Holzstürzen, — das unbefugte Betreten künstlicher Ansaaten oder Pflanzungen unter sechs Jahren und besonders das Betreten derselben mit Pferden oder anderem Viehe;
2. das Abreißen oder Beschädigen, das Hinwegnehmen oder Zerstören eines Hege- oder Wehrzeichens oder einer Einfriedigung, welche nicht zugleich Grenzzeichen ist;
3. die Beschädigung oder sonstige Veränderung von Grenzzeichen oder irgendeiner anderen Grenzeinfriedigung aus Fahrlässigkeit.

Beschädigungen u. Gefährdungen des Waldes u. seiner Einrichtungen; Zuwiderhandlungen gegen die Anweisungen für Waldarbeiten.

Artikel 93. ($^{92}/_{93}$). Die Strafbestimmungen des Art. 92 finden auch Anwendung:

1. gegen diejenigen, welche einen Schlagstock, Schlagstein, Kultur- oder Bestandspfahl, Signale, Stations- oder Distanzmarken, oder Wegweiser umhauen, auswerfen, einen Entwässerungs-, Hege- oder Wehrgraben zuwerfen oder sonst beschädigen oder zerstören;
2. gegen diejenigen, welche das Zeichen des Waldhammers an stehendem oder gefälltem Holze oder an frischen Stöcken in den Jahresschlägen aushauen, oder die Nummern, Namen oder Zeichen auf einem abgegebenen oder zur Abgabe bestimmten Gegenstande ändern, auslöschen oder in anderer Weise vertilgen;
3. gegen diejenigen, welche in Waldungen unbefugt Wasser einleiten;
4. gegen diejenigen, welche zur Nachtzeit Holz hauen oder verarbeiten, oder ohne Erlaubnis oder außerhalb der angewiesenen Plätze Bau- oder Nutzholz im Walde beschlagen oder verarbeiten, — außerhalb der angewiesenen Plätze Kohlen oder Kienruß brennen, Pech aussieden, Teer schwelen, Schneid- oder andere Gruben, Holzlager, Zimmerplätze u. dgl. anlegen; — die zu solchen Unternehmungen getroffenen Vor- und Einrichtungen, Öfen und dergleichen sollen auf Kosten des Schuldigen niedergerissen oder zugeworfen werden;
5. gegen Hut- und Weideberechtigte, welche ihr Vieh nicht in ganzen Herden, wo solche bestehen oder gebildet werden können, sondern einzeln in die ihnen angewiesenen Walddistrikte eintreiben;
6. gegen Holz- oder Rottmeister, Holzhauer, Köhlermeister, Kohlenbrenner, Fuhrleute, Flößer und andere Waldarbeiter, welche bei Ausführung eines Holzhiebes, bei der Köhlerei, bei der Holzverbringung oder bei anderen Waldarbeiten den erteilten besonderen Vorschriften zuwiderhandeln.

Weitere Beschädigungen u. Gefährdungen des Waldes, seiner Einrichtungen u. seines Betriebes; Wegnahme von Bodenbestandteilen.

Artikel 94. ($^{93}/_{94}$). Einer Geldstrafe von *neunzig Pfennig* bis *fünfundvierzig Mark* unterliegen, neben dem etwa eintretenden Schadenersatze oder der auf Kosten des Täters zu bewirkenden Wiederherstellung des früheren Zustandes:

1. diejenigen, welche aus Trift- oder Floßbächen während des Triftens oder Flößens, ohne dazu berechtigt zu sein, ihr Eigentum bewässern, ebenso diejenigen, welche aus solchen Bächen mittelst unbefugt angelegter Gräben wässern, oder welche die Ufer oder Dämme dieser Bäche auf irgendeine Weise beschädigen;
2. diejenigen, welche sich irgendeine Zuwiderhandlung gegen Bach-, Trift- oder Floßordnungen zuschulden kommen lassen;

3. diejenigen, welche in den Waldungen oder an Trift- oder Floßbächen bestehende Brücken, Stege, Leit-, Zieh- oder Schlittwege, Holz- oder Wasser-Riesen, Wasserstuben oder Klausen, Schleusen, Holzrechen oder andere Holzbring- oder Triftanstalten beschädigen;
4. die Besitzer von Säg- oder Schneidmühlen, welche Sägblöcke ohne das Zeichen des Waldhammers oder ein anderes Zeichen des Waldbesitzers annehmen;
5. diejenigen, welche unbefugt Erde, Erz, Ton, Mergel, Gips, Lehm, Kies, Steine, Rasen oder andere Bodenbestandteile hinwegnehmen oder darnach graben, oder Steine oder Schutt in die Waldungen führen, oder Torf stechen.

Beschädigung stehenden u. gefällten Holzes.

Artikel 95. ($^{94}/_{95}$). I Gleichfalls einer Geldstrafe von *neunzig Pfennig* bis *fünfundvierzig Mark* unterliegen Beschädigungen an grünem stehenden Holze durch An- oder Abhauen, Sägen, Schneiden oder Reißen, Abschälen, Ringeln, Anspänen, Anbohren, Abästen, Entgipfeln, Kienholzaushauen, Öffnen neuer oder Aufreißen und Erweitern alter Harzrisse, An- oder Abhauen von Wurzeln oder auf irgend eine andere Weise.

II Der Ersatz des Schadens soll nach dem Werte der beschädigten Stangen oder Stämme ausgesprochen werden, und zwar von dem vollen Betrage dieses Wertes bis zu dem zwanzigsten Teile herab, je nachdem die Stangen oder Stämme mehr oder weniger in ihrem Wachstume gestört oder ganz zugrunde gerichtet wurden.

III Ist mit der Beschädigung eine Entwendung verbunden, so ist außerdem auf die durch die letztere verwirkte Strafe und auf den Ersatz des Wertes des entwendeten Gegenstandes zu erkennen.

IV Geschah die Beschädigung an Holzpflanzen in natürlichen Besamungen oder in künstlichen Ansaaten oder Pflanzungen unter zehn Jahren, so sind, außer der wegen dieser Beschädigung auszusprechenden Strafe von *neunzig Pfennig* bis *fünfundvierzig Mark*, die Bestimmungen des Art. 82 über den Ersatz des Schadens, und wenn mit der Beschädigung eine Entwendung verbunden ist, für diese auch in Ansehung der Strafe und des Werterſatzes anzuwenden.

V Wer aber solche junge Holzpflanzen oder anderes stehendes grünes oder gefälltes Holz, um dieses für seine Bestimmung ganz oder teilweise untauglich zu machen, aus Mutwillen oder Bosheit beschädigt, kann außer dem Schadenersatze statt der Geldstrafe oder neben ihr mit Haft bestraft werden.

Verstöße gegen die Feuerpolizei.

Artikel 96. ($^{95}/_{96}$). I Mit einer Geldstrafe von *neunzig Pfennig* bis *fünfundvierzig Mark* werden, neben dem Ersatze des etwa verursachten Schadens, diejenigen bestraft, welche den Bestimmungen des Art. 45 oder den darauf gestützten Anordnungen der Forstpolizeibehörde über das Anmachen oder Auslöschen von Feuer oder über das Verkohlen von Holz zuwiderhandeln.

II Ist das Feuer angemacht worden, um Bäume anzubrennen, oder um unerlaubter Weise Holz, Laub oder anderes Streuwerk zur Gewinnung von Asche zu verbrennen, so kann der Frevler, außer dem Schadenersatze und außer dem Ersatze des Wertes bei unbefugter Zueignung, anstatt der Geldstrafe oder neben ihr zu Haft verurteilt werden.

Verbotene Veräußerung von Berechtigungs- u. Begünstigungsbezügen.

Artikel 97. ($^{96}/_{97}$). I Wer Holz- oder sonstige Walderzeugnisse, in deren Besitz er zu seinem Bedarfe infolge Berechtigung, Verteilung oder Vergünstigung gekommen ist, ohne Genehmigung der Forstpolizeibehörde veräußert, unterliegt einer Geldstrafe von *fünfzig Pfennig* bis zum vollen Betrage des Wertes der veräußerten Gegenstände.

II Diese Bestimmung findet auf die in ein jährliches Maß umgewandelten Forstberechtigungen keine Anwendung.

Verbotener Erwerb von Berechtigungs- oder Vergünstigungsgut.

Artikel 98. ($^{97}/_{98}$). Die im vorhergehenden Artikel auf die Veräußerung gesetzten Strafen treffen ebenso den Käufer oder sonstigen Erwerber von Holz oder anderen Walderzeugnissen der bezeichneten Art, wenn aus den Umständen die Überzeugung begründet wird, der Käufer oder sonstige Erwerber habe bei der Erwerbung gewußt, daß die Veräußerung jener Gegenstände nicht erlaubt war.

Veräußerung von Frevelgut.

Artikel 99. ($^{98}/_{99}$). I Wer Holz oder andere Walderzeugnisse, welche er durch Frevel erlangte, veräußert, unterliegt — unbeschadet der Strafe, welche er durch den Frevel selbst verwirkte — einer Geldstrafe, welche dem doppelten Werte der veräußerten Gegenstände gleich ist, und in keinem Falle weniger als *eine Mark achtzig Pfennig* betragen darf.

II Hat der Frevler wegen des Frevels selbst in Anwendung des Art. 59 Ziff. 13 und des Art. 60 bereits früher einen Strafzusatz erlitten, so soll dieser Zusatz von der nach Absatz 1 des gegenwärtigen Artikels verwirkten Strafe in Abzug gebracht werden.

Forsthehlerei.

Artikel 100. ($^{99}/_{100}$). Der Käufer oder sonstige Erwerber solcher Walderzeugnisse, von welchen er wußte oder nach Beschaffenheit der Umstände wissen konnte, daß sie durch Frevel erlangt wurden, wird mit einer dem doppelten Werte jener Gegenstände gleichen Geldstrafe belegt, welche in keinem Falle weniger als *eine Mark achtzig Pfennig* betragen darf.

3. Rückfälle und Gewohnheitsfrevel.

Artikel 101. I Auf erhöhte Strafe ist zu erkennen, wenn jemand wegen Forstfrevels rechtskräftig zu einer Strafe verurteilt worden ist und innerhalb eines Jahres seit der Verurteilung abermals einen Forstfrevel begeht. Zu diesem Zwecke kann die Geldstrafe, soweit sie in dem Mehrfachen, dem Einfachen oder dem Bruchteil eines bestimmten Betrags besteht, bis zu ihrem dreifachen Betrag erhöht werden. Art. 60 Abs. 2 gilt auch für diese Fälle.

II Statt der Geldstrafe oder neben ihr kann auf Haft erkannt werden, wenn jemand im Laufe eines Jahres dreimal rechtskräftig auf Grund der Artikel 79, 83, 85, 87, des Art. 59 Ziff. 13 oder des Art. 99 verurteilt worden ist und sich binnen Jahresfrist vom Tage der letzten Verurteilung an abermals nach einer dieser Vorschriften strafbar macht.

III Statt der Haft kann auf Gefängnisstrafe bis zu sechs Monaten erkannt werden, wenn jemand auf Grund des Abs. 2 bereits dreimal rechtskräftig zu Haftstrafe verurteilt worden ist und binnen Jahresfrist vom Tage der letzten dieser Verurteilungen an sich abermals gegen die im Abs. 2 bezeichneten Vorschriften verfehlt.

4. Besondere Bestimmungen.

Ursprungszeugnisse.

Artikel 106. ($^{105}/_{106}$). I Wenn in einem Bezirke die Verübung von Forstfreveln durch Entwendung in außergewöhnlicher Weise überhand nimmt, so kann durch königliche Verordnung für einen bestimmten Zeitraum verfügt werden, daß sowohl innerhalb derjenigen Bezirke, in welchen die Forstfrevel vorfallen, als auch innerhalb derjenigen, in welchen die gefrevelten Gegenstände verkauft zu werden pflegen, jeder Verkäufer von Walderzeugnissen mit einem von dem Gemeindevorstande seines Wohn- oder Aufenthaltsortes ausgestellten, auf fünf Tage giltigen und bei dem Verkaufe an die Ortspolizeibehörde abzuliefernden Zeugnisse über den rechtmäßigen Erwerb der nach Art und Größe, Zahl oder Maß bestimmten Verkaufsgegenstände versehen sein müsse.

II Eine solche Anordnung ist durch das Gesetz- und Verordnungsblatt, durch das betreffende Kreisamts-Blatt und auf sonstige geeignete Art in den betreffenden Bezirken, sowie in deren Nachbarschaft allgemein bekannt zu machen.

Artikel 107. ($^{106}/_{107}$). I Wer innerhalb der bestimmten Bezirke Walderzeugnisse ohne das durch Art. 106 vorgeschriebene Zeugnis, oder mit einem durch Zeitablauf wirkungslos gewordenen Zeugnisse verkauft oder zum Verkaufe anbietet, ist von dem Amtsgerichte zu einer Geldstrafe von *einer Mark achtzig Pfennig* bis *neun Mark* zu verurteilen, vorbehaltlich der weiteren Bestrafung wegen Forstfrevels, wenn sich ergibt, daß die verkauften oder feilgebotenen Walderzeugnissen gefrevelt wurden.

II Die bezeichneten Walderzeugnisse selbst sind bis auf weitere Verfügung des Amtsgerichtes mit vorsorglichem Beschlage zu belegen, und von dem dem Betretungsorte zunächst wohnenden Gemeindevorstande in Verwahrung zu nehmen.

III Hiebei finden die allgemeinen Bestimmungen über die Forstpolizeiübertretungen und Forstfrevel (Abteilung IV des gegenwärtigen Gesetzes) Anwendung.

Artikel 108. ($^{107}/_{108}$). Gemeindevorstände oder deren Stellvertreter, welche bei Ausstellung des im Art. 106 bezeichneten Zeugnisses nicht mit der notwendigen Vorsicht verfahren, sind auf dem Disziplinarwege zu verfolgen.

Fünfte Abteilung.

Zuständigkeit und Verfahren.

I. In Ansehung der Forstpolizeibehörden.

Forstpolizeibehörde u. Forstpolizeistelle; Begriff u. Zuständigkeit.

Artikel 109. ($^{108}/_{109}$). I Insoweit nicht das gegenwärtige Gesetz besondere Bestimmungen enthält, wird die Forstpolizei ausgeübt:

1. in erster Instanz durch die Distriktspolizeibehörden und in den Bezirken jener größeren Städte, welche einer Kreisregierung unmittelbar untergeordnet sind, durch den Magistrat (Forstpolizeibehörden);
2. in zweiter und letzter Instanz durch die Kreisregierungen, Kammern des Innern (Forstpolizeistellen).

II In denjenigen Fällen, wo die Kreisregierungen als Forstpolizeistellen in erster Instanz entscheiden, geht die Berufung an das Staatsministerium des Innern.

Forstpolizeikommission.

Artikel 110. (*/*). I In den Fällen der Art. 23, 25—28, 31 und 40 Abs. 4 erfolgt die Entscheidung der Forstpolizeibehörde durch eine Kommission, welche aus dem Vorstande der Forstpolizeibehörde oder dessen Stellvertreter als Vorsitzenden und zwei Beisitzern besteht. Den Beisitzern steht das gleiche Stimmrecht wie dem Vorsitzenden zu. Die Entscheidungen werden mit Stimmenmehrheit getroffen. Beisitzer, welche bei dem Gegenstande der forstpolizeilichen Verhandlung beteiligt sind, können bei der Entscheidung nicht mitwirken.

II Von jedem der in einem Distriktspolizeibezirk bestehenden Distriktsräte, erstmals von den betreffenden Distriktsratsausschüssen, werden und zwar vorzugsweise aus den im Distrikte mit land- und forstwirtschaftlichem Grundbesitz ansässigen Personen mehrere Beisitzer und die entsprechende Anzahl von Ersatzmännern gewählt. Die gewählten Beisitzer und Ersatzmänner gelten für den ganzen Distriktspolizeibezirk bestellt.

III Die Wahlen erfolgen erstmals auf die Dauer der Funktion der beim Inkrafttreten des gegenwärtigen Gesetzes gewählten Distriktsausschüsse und sodann je auf die Dauer von drei Jahren. Wenn erforderlich, haben für die Dauer der betreffenden Wahlperiode Ersatzwahlen stattzufinden.

IV Die Wahl zum Amte eines Beisitzers darf nur von den in § 35 des Reichs-Gerichtsverfassungsgesetzes vom 27. Januar 1877 aufgeführten Personen abgelehnt werden. Die Bestimmungen in den §§ 32, 33 und 52 Abs. 2 des angeführten Gesetzes finden auf die Beisitzer sinngemäße Anwendung.

V Aus der Mitte der gewählten Beisitzer werden in einer auf die Dauer der Wahlperiode von der Forstpolizeibehörde im voraus festzusetzenden Reihenfolge jeweils zwei Beisitzer zur Mitwirkung bei der Entscheidung der im Abs. 1 bezeichneten Fälle berufen.

VI Die Beisitzer werden bei ihrer ersten Dienstleistung vereidigt. Dieselben erhalten Vergütung der Reisekosten. Im Falle des unentschuldigten Ausbleibens von einer Sitzung der Kommission können die Beisitzer von der Forstpolizeibehörde in eine Ordnungsstrafe bis zu *hundert Mark* und in die Kosten der durch das Ausbleiben vereitelten Tagfahrt verurteilt werden. Gegen die Verurteilung steht dem Verurteilten innerhalb 14 Tagen die Beschwerde zur Forstpolizeistelle offen.

VII Alle sonstigen zum Vollzuge dieses Artikels erforderlichen Bestimmungen, insbesondere über die Zahl der in jedem Distrikte zu wählenden Beisitzer, über das bei der Wahl zu beobachtende Verfahren, über die Einberufung der Beisitzer zur Dienstleistung, über die Art der Vereidigung und über die Höhe der Vergütungssätze, sowie über das Verfahren in Fällen, in denen die Mitwirkung von Beisitzern vorgeschrieben ist, werden im Verordnungswege getroffen.

Artikel 111. ($^{109}/_{110}$). Die oberste Aufsicht und Leitung der Forstpolizei steht den einschlägigen Staatsministerien zu.

Forstpolizeiliches Verfahren.

Artikel 112. ($^{110}/_{111}$). I Die Verhandlungen sind mit Ausschluß jeden Schriftwechsels und in den in Art. 110 Abs. 1 aufgeführten Fällen unter Zulassung von Rechtsanwälten zu führen.

In diesen Fällen sind die Parteien berechtigt, die Zuziehung von Auskunftspersonen sowie die Einvernahme von Sachverständigen auch dann zu beantragen, wenn nach den Bestimmungen des gegenwärtigen Gesetzes die Entscheidung sich nicht auf das Gutachten von Sachverständigen zu gründen hat. Die Bestimmung der Zahl der Auskunftspersonen und der Sachverständigen und die Beeidigung der letzteren erfolgt durch die Forstpolizeibehörde.

II Für die Berufung gegen Beschlüsse der Forstpolizeibehörden, beziehungsweise Stellen erster Instanz, läuft eine unerstreckliche Frist von vierzehn Tagen, — von der Eröffnung des Beschlusses an gerechnet.

III Eine Ausnahme findet in den durch Art. 25 bis 28 und 31 bezeichneten Fällen statt, in welchen für die Berufung eine Frist von 30 Tagen festgesetzt wird.

Artikel 113. ($^{111}/_{112}$). I Hat sich nach den Bestimmungen des gegenwärtigen Gesetzes eine Entscheidung auf das Gutachten von Sachverständigen zu gründen, so sind deren drei zu wählen, falls die Beteiligten sich nicht über eine geringere Zahl vereinigen.

II Die Wahl der Sachverständigen ist zunächst der Übereinkunft der Beteiligten überlassen. Kommt eine solche innerhalb einer von der Forstpolizeibehörde zu bestimmenden Frist nicht oder nur teilweise zu Stande, so ernennt die Forstpolizeibehörde die sämtlichen oder die noch fehlenden Sachverständigen.

III Die Beeidigung geschieht durch die Forstpolizeibehörde.

Stellung des Forstamts in der Forstpolizei.

Artikel 114. ($^{112}/_{113}$). Den königlichen Forstämtern steht die Antragstellung und das amtliche Gutachten bei den Forstpolizeibehörden zu, ohne Unterschied, ob es sich hierbei um Staats- oder andere Waldungen handelt.

Hilfspersonen der Forstpolizei.

Artikel 115. ($^{113}/_{114}$). I Hilfspersonen zur Handhabung der Forstpolizei sind:

1. alle im niederen Forstdienste überhaupt oder zum Forstschutze insbesondere aufgestellten Diener des Staates, der Gemeinden, Stiftungen, Körperschaften und Privatpersonen;
2. das gemeindliche Polizeipersonal mit Inbegriff der Flurwächter;
3. die Gendarmen.

II Die von der Staatsregierung angestellten Bezirksgeometer werden bei Ausübung der Forstpolizei (Art. 34 bis 42 und 75 bis 78) zur Aushilfe verwendet.

II. In Ansehung der Forststrafgerichte.

Forstrügegericht erster Instanz.

Artikel 116. ($^{114}/_{115}$). Über sämtliche Forstrügesachen (Art. 50) verhandeln und entscheiden die Amtsgerichte ohne Zuziehung von Schöffen.

Örtliche Zuständigkeit.

Artikel 117. ($^{115}/_{116}$). I Bei Forstpolizeiübertretungen bestimmt der Ort der Übertretung, — bei Forstfreveln der Wohn- oder Aufenthaltsort des Frevlers die Zuständigkeit des Gerichtes.

II Ist der Frevler nicht bayerischer Staatsangehöriger, oder treffen bei einem Frevel mehrere in verschiedenen Gerichtsbezirken wohnende Personen zusammen, so richtet sich die Zuständigkeit nach dem Orte des Frevels.

III In den Fällen des Abs. 2 kann die Sache auch vor das Gericht des Wohn- oder Aufenthaltsorts des Frevlers oder eines derselben gebracht werden.

Stellung des Forstamts in der Forststrafgerichtsbarkeit.

Artikel 118. ($^{116}/_{117}$). Die Vorschrift des Art. 114 findet auch hinsichtlich der Antragstellung und des amtlichen Gutachtens bei den Amtsgerichten Anwendung.

Hilfspersonen der Forststrafgerichtsbarkeit.

Artikel 119. ($^{117}/_{118}$). I Die im Art. 115 genannten Personen sind zugleich Hilfspersonen der Forststrafgerichtsbarkeit.

II Sie dürfen keinen Anteil an den Geldstrafen haben.

III Anzeige- und Pfandgebühren sind aufgehoben.

Artikel 120. (118/119). I Als Forstdiener überhaupt und Forstbedienstete insbesondere dürfen nur volljährige und unbescholtene Personen aufgestellt werden.

II Auch die Forstdiener und Forstschutzbediensteten der Privatpersonen unterliegen der Bestätigung durch die Forstpolizeibehörde nach erholtem Gutachten der Forstämter.

Eidliche Verpflichtung.

Artikel 121. (119/120). I Die im Art. 115 genannten Personen haben, wenn sie nicht schon vermöge ihres Diensteides zur Anzeige der Übertretungen überhaupt oder der Forstrügesachen insbesondere verpflichtet sind, bei dem Amtsgerichte ihres Wohnorts zu schwören:

„daß sie alle zu ihrer Kenntnis gelangenden Forstrügesachen gewissenhaft und wahrheitsgetreu anzeigen, sowie dasjenige, was sie über die Tatumstände der Übertretung oder des Frevels und über deren Täter durch eigene Wahrnehmung oder fremde Mitteilung erfahren werden, genau angeben wollen."

II Von dem Verpflichtungsprotokolle sind den Verpflichteten beglaubigte Abschriften zur Vorlage an diejenigen Amtsgerichte auszufertigen, in deren Bezirke sie die Forstrügesachen anzuzeigen haben.

III In dem Falle einer Versetzung ist eine beglaubigte Abschrift des Verpflichtungsprotokolls an das Amtsgericht des neuen Wohnortes zu übersenden.

Forstrügeverzeichnis.

Artikel 122. (120/121). Die von den königlichen Forstämtern hiezu beauftragten und dem Amtsgerichte bekannt zu gebenden Forstdiener (Art. 115 Ziff. 1) haben, — für jeden Amtsgerichtsbezirk gesondert, — ein Forstrügeverzeichnis zu führen, und in dasselbe täglich die entdeckten Forstfrevel mit eigener Hand einzutragen. — Das Verzeichnis muß enthalten:

1. die fortlaufende Ordnungszahl;
2. die Angabe der Zeit, wann der Frevel entdeckt wurde;
3. die möglichst genaue Bezeichnung des Frevlers nach Vor- und Zuname, Stand, Wohn- oder Aufenthaltsort;
4. die Beschreibung des Frevels mit allen erheblichen Umständen, insbesondere in Bezug auf den Ort und die Zeit der Begehung;
5. die Angabe, ob dem Eintrage eigene Wahrnehmung oder fremde Mitteilung zugrunde liegt, und in letzterem Falle die Bezeichnung desjenigen, von dem die Mitteilung geschah;
6. die Benennung der etwaigen Zeugen und sonstigen Beweismittel;
7. die Benennung des Waldbesitzers;
8. eine Spalte zu besonderen Bemerkungen, z. B. zur Benennung der zivilverantwortlichen Personen, sowie zur Einzeichnung etwaiger Nachträge und Berichtigungen.

Artikel 123. (121/122). Jedem nach Art. 122 mit der Führung eines Rügeverzeichnisses beauftragten Forstdiener hat das betreffende Forstamt eine Anzahl nicht gehefteter Rügeverzeichnisbögen zuzustellen, welche von dem Forstamte für jeden einzelnen Forstdiener fortlaufend zu numerieren sind.

Artikel 124. (122/123). I In den Forstrügeverzeichnissen darf nichts verändert oder unleserlich gemacht werden.

II Den besonders vorzumerkenden Nachträgen und Berichtigungen ist die Angabe der Zeit des neuen Eintrages beizufügen.

Anzeige der Forstpolizeiübertretungen (besondere Anzeigeprotokolle).

Artikel 125. (123/124). Die Beurkundung und Anzeige der Forstpolizeiübertretungen erfolgt durch die im Art. 122 bezeichneten Forstdiener mittelst besonderer Anzeigeprotokolle, in Ansehung welcher die Vorschriften der Art. 122 und 124, insoweit dieselben hieher anwendbar sind, gleichfalls zur Anwendung kommen.

Artikel 126. (124/125). I Werden Forstrügesachen von Hilfspersonen der Forststrafgerichtsbarkeit, welche kein Forstrügeverzeichnis zu führen haben, entdeckt, so sind die hierauf bezüglichen Anzeigen den im Art. 122 erwähnten Forstdienern entweder sogleich oder, wenn deren Wohnort entfernt ist, längstens innerhalb acht Tagen mündlich oder schriftlich zu erstatten.

II Der Forstdiener hat den Inhalt der Anzeige in das Rügeverzeichnis (Art. 122) einzutragen, beziehungsweise über dieselbe ein Anzeigeprotokoll (Art. 125) zu errichten und die ihm zugekommene schriftliche Anzeige dem Rügeverzeichnisse oder dem Anzeigeprotokolle beizulegen.

Vorläufige Festnahme.

Artikel 127. ($^{125}/_{126}$). I Wenn das in Art. 115 Ziffer 1 bis 3 bezeichnete Hilfspersonal eine ihm unbekannte Person oder einen im Deutschen Reiche nicht begüterten Ausländer auf frischer Tat betritt, so ist dasselbe befugt, den Betretenen vor den zunächst wohnenden Gemeindevorstand zu führen.

II Dieselbe Befugnis steht dem bezeichneten Hilfspersonale hinsichtlich derjenigen bekannten Angehörigen des Deutschen Reiches oder im Reiche begüterten Ausländer zu, welche der geschehenen Aufforderung ungeachtet, von der Fortsetzung der Übertretung oder des Frevels nicht abstehen, und sich nicht auf der Stelle aus dem Walde entfernen.

Artikel 128. ($^{126}/_{127}$). In dem durch Art. 127 Abs. 2 bezeichneten Falle kann der Gemeindevorstand, wenn er es zur Verhinderung der Fortsetzung der Übertretung oder des Frevels für notwendig erachtet, den Vorgeführten bis zu vierundzwanzig Stunden in Haft bringen lassen.

Artikel 129. ($^{127}/_{128}$). I Geschah die Vorführung nach Abs. 1 des Art. 127, so entläßt der Gemeindevorstand den Vorgeführten, wenn er ihn als einen Angehörigen des Deutschen Reiches oder als einen im Reiche begüterten Ausländer erkennt.

II Außerdem läßt er den Vorgeführten längstens am darauffolgenden Tage an das zuständige Amtsgericht abliefern, welches die vorsorgliche Haft so lange fortbestehen lassen kann, bis sich der Vorgeführte als Angehöriger des Deutschen Reiches nach Namen, Stand, Wohn- oder Aufenthaltsort, oder als im Reiche begüterter Ausländer ausgewiesen, oder bis der im Reiche nicht begüterte Ausländer genügende Bürgschaft oder sonstige Sicherheit für die Strafe, sowie für den Ersatz des Wertes und des Schadens und für die Kosten geleistet hat.

Artikel 130. ($^{128}/_{129}$). In allen Fällen der Vorführung hat der Gemeindevorstand über die Anzeige des Vorführenden, sowie über die Erklärung des Vorgeführten und die hierauf getroffene Verfügung ein kurzes Protokoll zu errichten und dasselbe sogleich dem zuständigen Amtsgerichte zu übersenden.

Pfändung.

Artikel 131. ($^{129}/_{130}$). Wenn es die Beurkundung einer Übertretung oder eines Frevels, sowie wenn es die Verhinderung der Fortsetzung derselben erfordert, so ist das im Art. 115 erwähnte Hilfspersonal befugt, die zu Schaden gehenden Tiere hinwegzuführen, sowie die Werkzeuge, Fuhrwerke und Gespanne hinwegzunehmen, welche von den auf frischer Tat betretenen Personen zum Behufe der Übertretung oder des Frevels mitgeführt werden.

Artikel 132. ($^{130}/_{131}$). Für die Aufbewahrung der nach Art. 131 mit vorsorglichem Beschlage belegten Tiere, Fuhrwerke und Gespanne hat der dem Betretungsorte zunächst wohnende Gemeindevorstand unter Aufsicht des Amtsgerichtes, zu dessen Bezirk die Gemeinde gehört, zu sorgen.

Artikel 133. ($^{131}/_{132}$). I Im Falle des Art. 132 hat der Gemeindevorstand ein kurzes Protokoll zu errichten, in welches die Beschreibung der mit Beschlag belegten Gegenstände, die Angaben des Vorführenden über die Größe der Übertretung oder des Frevels und des zu ersetzenden Wertes und Schadens, sowie die etwaige Erklärung des Übertreters oder Frevlers aufzunehmen sind.

II Dieses Protokoll ist sogleich an das Amtsgericht einzusenden, welches hierauf über den Fortbestand oder die Wiederaufhebung des vorsorglichen Beschlages unverzüglich zu erkennen hat.

Artikel 134. ($^{132}/_{133}$). In allen Fällen sind die mit vorsorglichem Beschlage belegten Tiere, Fuhrwerke und Gespanne dem Eigentümer zurückzugeben, sobald derselbe bei dem Amtsgerichte den mutmaßlichen Betrag der Strafe, sowie des Wert- und Schadensersatzes und der Kosten hinterlegt oder hiefür genügende Bürgschaft beigebracht hat.

Artikel 135. ($^{133}/_{134}$). Gegen den Ausspruch des Gerichtes über den Fortbestand oder die Wiederaufhebung des vorsorglichen Beschlages, sowie über die Größe des zu hinterlegenden Betrages oder die Annehmbarkeit der Bürgschaft findet kein Rechtsmittel statt.

Artikel 136. ($^{134}/_{135}$). I Das Amtsgericht hat die Versteigerung der mit vorsorglichem Beschlage belegten Tiere und Gespanne anzuordnen, wenn dieselben nicht innerhalb vierzehn

Tagen, — vom Tage des Beschlages an gerechnet, — auf die im Art. 134 bezeichnete Weise ausgelöst worden sind.

II Der durch die Versteigerung erzielte Erlös ist, nach Abzug der infolge des Beschlages erlaufenen und von dem Gerichte festzustellenden Kosten, in amtliche Verwahrung zu nehmen.

Artikel 137. ($^{135}/_{136}$). I Die nach Art. 131 mit vorsorglichem Beschlage belegten Werkzeuge sind von den mit der Führung des Rügeverzeichnisses, beziehungsweise mit der Errichtung der Anzeigeprotokolle beauftragten Forstdienern in Verwahrung zu nehmen und gehörig zu verzeichnen. Dieses Verzeichnis ist dem Rügeverzeichnisse oder Anzeigeprotokolle beizulegen.

II Die Zurückgabe der Werkzeuge, sowie der etwa nicht ausgelösten Fuhrwerke an den Eigentümer findet erst nach erfolgter rechtskräftiger Aburteilung und nur dann statt, wenn entweder der Beschuldigte freigesprochen worden, oder das verurteilende Erkenntnis vollzogen ist.

Nacheile; Beschlagnahme; Durchsuchung.

Artikel 138. ($^{136}/_{137}$). I Aus dem Forste entwendete Gegenstände können von dem im Art. 115 erwähnten Hilfspersonale bis an den Ort ihrer Verwahrung verfolgt und mit vorsorglichem Beschlage belegt werden.

II Eine Nachsuchung nach entwendeten Gegenständen in Wohnungen, Gebäuden und angrenzenden geschlossenen Hofräumen darf jedoch nur in Begleitung eines Polizeibeamten oder Mitgliedes der Gemeindeverwaltung vorgenommen werden.

III Ist der Ort der Nachsuchung über eine Stunde von dem Wohnsitze des nächsten Polizeibeamten oder Mitgliedes der Gemeindeverwaltung entfernt, so genügt die Beiziehung eines Forstbediensteten, Gendarmen oder Flurwächters.

IV Zur Nachsuchung sind, wenn tunlich, die Hausgenossen beizuziehen.

Artikel 139. ($^{137}/_{138}$). Polizeibeamte und Mitglieder der Gemeindeverwaltung, sowie die im Art. 138 Abs. 3 bezeichneten Personen dürfen sich der sofortigen Begleitung nicht entschlagen, wenn sie dazu von dem zur Nachsuchung Berechtigten unter Angabe der zu verfolgenden Gegenstände, sowie der etwaigen Verdachtsgründe aufgefordert werden.

Artikel 140. ($^{138}/_{139}$). Von dem begleitenden Polizeibeamten oder Gemeindeverwaltungsmitgliede, beziehungsweise von den im Art. 138 Abs. 3 genannten Personen wird die Öffnung der Türen verfügt, wenn dieselbe von den Bewohnern verweigert worden ist.

Artikel 141. ($^{139}/_{140}$). I Glaubt der Nachsuchende die entwendeten Gegenstände entdeckt zu haben, so hat er ein besonderes Protokoll zu errichten und in demselben vorzutragen:

1. die nach Art. 139 geschehene Zuziehung einer der im Art. 138 Abs. 2 und 3 bezeichneten Personen,
2. das Ergebnis der Nachsuchung,
3. die Erklärungen des Beteiligten,
4. die etwaigen Bemerkungen der übrigen bei der Nachsuchung gegenwärtigen Personen.

II Das hienach errichtete Protokoll ist dem Forstrügeverzeichnisse beizulegen und in diesem vorzumerken.

Einsendung der Forstrügeverzeichnisse.

Artikel 142. ($^{140}/_{141}$). I Nach Ablauf eines jeden Monats sind die Forstrügeverzeichnisse abzuschließen und mit den in den Artikeln 126 und 141 erwähnten schriftlichen Anzeigen und Protokollen, sowie den im Art. 137 bemerkten Verzeichnissen an das vorgesetzte Forstamt zu übersenden, welches in die betreffende Spalte derselben die geeigneten Anträge einzusetzen hat.

Strafbefehlsverfahren.

Artikel 143. ($^{*}/_{142}$). I In Forstrügesachen kann durch schriftlichen Strafbefehl des Amtsrichters ohne vorgängige Verhandlung die Strafe, der Wert- und Schadenersatz sowie die Haftung zivilverantwortlicher Personen festgesetzt werden, wenn das Forstamt schriftlich hierauf anträgt.

II Durch einen Strafbefehl darf jedoch keine andere Strafe als Geldstrafe oder Freiheitsstrafe von höchstens sechs Wochen festgesetzt werden.

III Gegen einen Beschuldigten, der das 18. Lebensjahr noch nicht vollendet hat, darf durch einen Strafbefehl eine Freiheitsstrafe nicht festgesetzt werden.

Artikel 144. (*/143). I Der Amtsrichter hat dem Antrage des Forstamts zu entsprechen, wenn der Erlassung des Strafbefehls Bedenken nicht entgegenstehen.

II Findet der Amtsrichter Bedenken, den Anträgen des Forstamts ohne Hauptverhandlung stattzugeben, so ist die Sache zur Hauptverhandlung zu bringen. Dasselbe gilt, wenn der Amtsrichter bezüglich der Höhe der Strafe, des Wert- und Schadenersatzes oder des Betrages, für welchen Zivilverantwortlichkeit einzutreten hat, von den Anträgen des Forstamts abweichen will und das Forstamt bei seinen Anträgen beharrt.

Artikel 145. (*/144). I Der Strafbefehl muß außer der Festsetzung der Strafe sowie des Wert- und Schadenersatzes die strafbare Handlung, das angewendete Strafgesetz, die zivilverantwortlich erklärte Person und die Beweismittel bezeichnen, auch die Eröffnung enthalten, daß er vollstreckbar werde, wenn der Beschuldigte, beziehungsweise die zivilverantwortlich erklärte Person nicht binnen einer Woche nach der Zustellung bei dem Amtsgerichte schriftlich oder zu Protokoll des Gerichtsschreibers Einspruch erhebt.

II Der Strafbefehl hat auch Bestimmung darüber zu treffen, von wem die Kosten des Verfahrens zu tragen sind.

III Auf den Einspruch kann vor Ablauf der Frist verzichtet werden.

Artikel 146. (*/145). Ein Strafbefehl, gegen welchen nicht rechtzeitig Einspruch erhoben worden ist, erlangt die Wirkung eines rechtskräftigen Urteils.

Artikel 147. (*/146). I Bei rechtzeitigem Einspruche wird zur Hauptverhandlung vor dem Amtsgerichte geschritten, soferne nicht bis zum Beginne derselben das Forstamt die Klage fallen läßt oder der Einspruch zurückgenommen wird.

II Bei der Urteilsfällung ist das Amtsgericht an den in dem Strafbefehle enthaltenen Ausspruch nicht gebunden.

Artikel 148. (*/147). I Bleibt der Angeklagte oder die zivilverantwortlich erklärte Person ohne genügende Entschuldigung in der Hauptverhandlung aus, und werden sie auch nicht durch einen Bevollmächtigten vertreten, so wird der Einspruch ohne Beweisaufnahme durch Urteil verworfen.

II Ein Angeklagter oder eine zivilverantwortlich erklärte Person, welchen gegen den Ablauf der Einspruchsfrist Wiedereinsetzung in den vorigen Stand (§§ 44 ff. der Reichs-Strafprozeßordnung) gewährt worden war, kann die letztere nicht mehr gegen das Urteil beanspruchen.

Verhandlungssachen.

Artikel 149. ((141/148). I Diejenigen Forstrügesachen, bezüglich deren das Forstamt die Anberaumung der Hauptverhandlung beantragt, sind aus den Rügeverzeichnissen auszuscheiden und in gesonderten Verzeichnissen zusammenzufassen. Die gesonderten Verzeichnisse samt Beilagen sind mindestens vierzehn Tage vor der Forstrügesitzung an das zuständige Amtsgericht zu übersenden.

II In diese Verzeichnisse sind auch diejenigen Fälle aufzunehmen, in welchen gegen einen Strafbefehl Einspruch erhoben wurde und das Forstamt, nachdem ihm dies vom Amtsgerichte mitgeteilt wurde, die Anberaumung der Hauptverhandlung beantragen will.

III Gleichzeitig beantragt das Forstamt die Vorladung der Zeugen und die Beischaffung oder sofortige Erhebung der übrigen Beweismittel, wenn es dieselbe für notwendig erachtet.

Artikel 150. (142/149). Von dem Amtsgerichte sind im Benehmen mit dem Forstamte in angemessenen Zwischenräumen, welche in der Regel nicht mehr als einen Monat betragen sollen, Sitzungstage für die Hauptverhandlungen festzusetzen.

Anzeige in besonderen Fällen.

Artikel 151. (143/150). I In besonderen Fällen, namentlich in dem Falle einer Verhaftung, sowie bei ausgezeichneten Rückfällen und bei Gewohnheitsfreveln, geschieht die Anzeige der Forstfrevel von den in Art. 122 bezeichneten Forstdienern durch besondere, nach Maßgabe des Art. 122 Ziff. 2—8 und Art. 124 abzufassende Anzeigeprotokolle.

II Sowohl bei Forstpolizeiübertretungen als auch bei Forstfreveln sind die besonderen Anzeigeprotokolle samt den Beilagen an das vorgesetzte Forstamt und von diesem nach Beifügung der geeigneten Anträge an das zuständige Amtsgericht zu übersenden.

III In den Fällen der Absätze 1 und 2 kann die Hauptverhandlung außerhalb der in Art. 150 erwähnten Forstrügesitzungen anberaumt werden.

Teilnahme der Forstbehörden an den Forstrügesitzungen.

Artikel 152. ($^{144}/_{151}$). I Der Verhandlung und Aburteilung der Forstrügesachen wohnt ein Forstmeister oder ein von demselben abgeordneter Forstamtsassessor oder Forstamtsassistent bei.

II Die im Art. 115 erwähnten Personen erscheinen nur dann zur Forstrügesitzung, wenn das Gericht oder die im Abs. 1 genannten Forstbediensteten ihr Erscheinen für notwendig erachten.

III In den zuletzt erwähnten Fällen geschieht die Vorladung durch die genannten Forstbediensteten.

IV Wird die zeugschaftliche Vernehmung einer der in Art. 115 genannten Personen in derselben Sitzung bezüglich mehrerer getrennt zu verhandelnder Straffälle erforderlich, so genügt eine einmalige Beeidigung des Zeugen, welcher in den nachfolgenden Fällen nur an den geleisteten Eid zu erinnern ist.

Artikel 153. ($^{145}/_{152}$). Auch die nach Art. 152 Abs. 2 vorgeladenen und erschienenen Personen empfangen Zeugengebühren, wenn sie ihre Vorladung nicht durch eigenes Verschulden veranlaßt haben.

Ladung zur Hauptverhandlung.

Artikel 154. ($^{146}/_{153}$). Die Vorladung des Angeklagten sowie der zivilverantwortlichen Person muß enthalten:

1. Namen, Stand, Wohn- oder Aufenthaltsort des Vorzuladenden;
2. eine kurze Bezeichnung der Forstrügesache;
3. die beantragte Strafe und Entschädigung;
4. Tag und Stunde der Verhandlung;
5. den Hinweis darauf, daß gegen den Angeklagten und gegen die zivilverantwortliche Person auch dann, wenn weder sie noch Bevollmächtigte erscheinen, zur Hauptverhandlung geschritten würde.

Artikel 155. ($^{147}/_{154}$). I Die Zustellung der Vorladung hat wenigstens drei Tage vor der Sitzung zu geschehen.

II In Fällen, in denen Gefahr auf Verzug ist, kann der Richter die Abkürzung der im Abs. 1 bestimmten Frist verfügen; von der Verfügung ist in der Vorladung Mitteilung zu machen.

Artikel 156. ($^{148}/_{155}$). Aufgehoben.

Gerichtspersonen; Bevollmächtigter.

Artikel 157. ($^{150}/_{156}$). I Die Hauptverhandlung erfolgt in ununterbrochener Gegenwart des Amtsrichters, des Forstmeisters oder seines Stellvertreters und des Gerichtsschreibers.

II Der Angeklagte und die zivilverantwortlichen Personen können sich in der Hauptverhandlung durch Bevollmächtigte vertreten lassen.

III Zur Legitimation des Bevollmächtigten genügt eine vom Gemeindevorstande beglaubigte Privatvollmacht.

Beweiskraft der Anzeigen.

Artikel 158. ($^{152}/_{157}$). Die auf eigene Wahrnehmung gegründeten, in den Forstrügeverzeichnissen oder in besonderen Anzeigeprotokollen vorschriftsmäßig bezeugten Angaben verpflichteter Hilfspersonen der Forststrafgerichtsbarkeit haben volle Beweiskraft, vorbehaltlich des Gegenbeweises.

Andere Beweismittel.

Artikel 159. ($^{153}/_{158}$). Die Beurteilung der Beweiskraft, welche den übrigen Beweismitteln, insbesondere den im Art. 141 bezeichneten Protokollen zukommt, ist dem richterlichen Ermessen überlassen.

Stellung des Vertreters der Forstbehörde.

Artikel 160. ($^{154}/_{159}$). I Der bei der Verhandlung anwesende Forstmeister oder dessen Stellvertreter (Art. 152) erteilt die etwa nötigen Erläuterungen.

II Er kann an die zu vernehmenden Personen Fragen stellen, nachdem er von dem Richter hiezu das Wort erhalten hat.

Artikel 161. ($^{155}/_{160}$). I Am Schlusse der Verhandlung kann der Forstmeister oder dessen Stellvertreter die im Art. 142 erwähnten Anträge nötigenfalls näher begründen oder auch nach dem Ergebnisse der Verhandlung abändern.

II Der Angeklagte und die zivilverantwortlichen Personen sind hierauf mit ihrer Verteidigung zu hören.

Urteil.

Artikel 162. ($^{156}/_{161}$). I Das Ergebnis der Verhandlung, sowie das Urteil des Amtsgerichtes wird in die betreffende Spalte des Forstrügeverzeichnisses, beziehungsweise in das besondere Anzeigeprotokoll eingetragen, und das Urteil auf der Stelle verkündet.

II An die bei der Verhandlung ausgebliebenen Angeklagten oder zivilverantwortlichen Personen geschieht die Verkündung durch Zustellung einer beglaubigten Abschrift des Urteils.

Amtsgerichtliches Frevlerverzeichnis.

Artikel 163. ($^{157}/_{162}$). I Die Amtsgerichte haben über alle bestraften Forstfrevler in alphabetischer Ordnung ein Verzeichnis nach Gemeinden anzulegen und in dasselbe die ausgesprochenen Strafen unter genauer Angabe des Tages, an welchem der Frevel verübt und das Strafurteil oder der Strafbefehl erlassen wurde, sowie unter genauer Angabe der Beschaffenheit des Frevels einzutragen.

II Hat der Frevler seinen Wohnort nicht in dem Bezirke desjenigen Amtsgerichts, bei welchem er bestraft wurde, so ist eine Abschrift des rechtskräftigen Strafurteils oder Strafbefehls an das Amtsgericht des Wohnorts zur Ergänzung des erwähnten Verzeichnisses zu übersenden.

III Zu demselben Zwecke werden durch die Staatsanwälte Abschriften der in zweiter Instanz gefällten rechtskräftigen Strafurteile an das Amtsgericht des Wohnortes des Frevlers übersendet.

IV Die Forstmeister und deren Stellvertreter sind ermächtigt, die erwähnten Verzeichnisse jederzeit einzusehen und von denselben Abschriften zu nehmen.

Vertagung.

Artikel 164. ($^{158}/_{163}$). I Die zur Hauptverhandlung verwiesenen Forstrügesachen sollen, wenn möglich, sogleich in der erstmaligen Sitzung abgeurteilt werden.

II Sind Ergänzungen nötig, so wird die Verhandlung und Aburteilung entweder auf einen hiefür besonders zu bezeichnenden Tag oder auf die nächste regelmäßige Forstrügesitzung verlegt.

III Den Beteiligten ist dieses sogleich mit dem Beifügen zu eröffnen,

1. daß sie die für notwendig erachteten Ergänzungen bis zu der nächsten Verhandlung beizubringen haben;
2. daß bei dieser die endliche Aburteilung auch dann erfolgen werde, wenn sie nicht dazu erschienen sind.

Vorfrage der Berechtigung.

Artikel 165. ($^{159}/_{164}$). I Hat der Angeklagte oder eine zivilverantwortliche Person unter bestimmter Angabe des Rechtstitels oder der Besitzhandlungen eine Eigentums- oder andere Berechtigung vorgeschützt, vermöge welcher die Tat gar nicht oder in einer andern Weise strafbar erscheint, so wird, wenn dieses Vorbringen nicht wegen offenbarer Unrichtigkeit sofort verwerflich ist, der in der Anzeige genannte Waldbesitzer (bei Gemeinde-, Stiftungs- und Körperschaftswaldungen die betreffende Verwaltung, bei Staatswaldungen das einschlägige Forstamt), und zwar, wenn dies möglich, sogleich in der Sitzung mündlich, anderen Falls schriftlich durch das Amtsgericht von diesem Vorbringen mit der Aufforderung in Kenntnis gesetzt, sich über die aufgestellten Behauptungen alsbald oder in einer bestimmten kurzen Frist zu erklären.

II Erfolgt die Erklärung nicht in derselben Sitzung, so ist die Aburteilung auf die folgende Sitzung zu verschieben.

III Erkennt der Aufgeforderte die behauptete Berechtigung an, so ist der Angeklagte freizusprechen, beziehungsweise nur die unter der Annahme der Berechtigung verwirkte Strafe gegen ihn zu verhängen. In allen anderen Fällen steht dem Angeklagten und den als zivilverantwortlich vorgeladenen Personen das Recht zu, vor dem Amtsgerichte entweder sogleich oder in einer vorgesetzten Frist darzutun, daß sie sich im Besitze des behaupteten Eigentums oder der behaupteten Berechtigung befinden. Erachtet das Amtsgericht diesen Beweis für erbracht, so hat es auch in diesem Falle den Angeklagten freizusprechen, beziehungsweise nur auf die unter Annahme der Berechtigung verwirkte Strafe zu erkennen. Erachtet es, der Besitz sei nicht nachgewiesen, so haben sich der Angeklagte und die zivilverantwortlichen Personen sogleich darüber zu erklären, ob sie ihren Anspruch bei dem zuständigen Zivilgerichte geltend machen wollen. Im verneinenden Falle ist sofort ohne weitere Rücksicht auf ihr behauptetes Recht über die ihnen zur Last gelegte Tat zu entscheiden, im bejahenden Falle aber die Aburteilung der Sache in eine spätere Sitzung zu verschieben, welche wenigstens auf drei Monate hinaus verlegt werden muß. Hierbei ist den Beteiligten ausdrücklich zu bemerken, daß sie in jener Sitzung den Nachweis liefern müssen, daß inzwischen der zivilrechtliche Anspruch von dem Waldbesitzer anerkannt, oder daß über denselben ein Streit bei dem Zivilrichter anhängig gemacht wurde, widrigenfalls auf ihr Vorbringen keine Rücksicht mehr genommen werde. Liefern sie in der festgesetzten Sitzung diesen Nachweis, so bleibt die Aburteilung so lange ausgesetzt, bis eine den Besitz oder das Recht betreffende rechtskräftige Entscheidung beigebracht wird. Bis dahin bleibt die Verjährung der forststrafrechtlichen Verfolgung unterbrochen.

Artikel 166. ($^{160}/_{165}$). Die nach dem vorhergehenden Artikel durch die Amtsgerichte erlassenen Entscheidungen, wodurch das Vorschützen einer Berechtigung für offenbar unrichtig erklärt, oder über den Besitz erkannt wird, sind ohne Einfluß auf das Zivilrechtsverhältnis.

Artikel 167. ($^{161}/_{166}$). Wer ungeachtet dessen, daß er eine Eigentums- oder andere Berechtigung vorschützte, infolge einer der Bestimmungen des Art. 165 bereits einmal verurteilt worden ist, kann bei einer neuen strafbaren Handlung die Aufschiebung der Aburteilung nur alsdann verlangen, wenn er den Nachweis einer wegen des fraglichen Anspruches wirklich anhängigen Zivilklage sogleich vorlegt.

Vorfrage der Schutzwaldeigenschaft.

Artikel 168. (*/*). I Wird in einem Strafverfahren wegen Übertretung der zum Zwecke der Erhaltung der Schutzwaldungen im gegenwärtigen Gesetze getroffenen Vorschriften von dem Angeschuldigten der Einwand erhoben, daß dem betreffenden Walde die Eigenschaft einer Schutzwaldung nicht zukommt, so hat das Gericht, soferne die Schutzwaldeigenschaft nicht bereits durch die Forstpolizeibehörde nach Maßgabe des Art. 40 festgestellt ist, die Akten an die zuständige Forstpolizeibehörde zur Entscheidung der angeregten Vorfrage abzugeben.

II Die Forstpolizeibehörde ist verpflichtet, die Entscheidung in Anwendung des Art. 40 Abs. 4 herbeizuführen und dieselbe nach eingetretener Rechtskraft zur Kenntnis des Gerichts zu bringen.

III Die rechtskräftigen forstpolizeilichen Entscheidungen darüber, ob einem Walde die Schutzwaldeigenschaft zukommt oder nicht, sind dem richterlichen Urteile zu Grunde zu legen.

Ausbleiben; Abwesenheit.

Artikel 169. ($^{162}/_{167}$). I Wenn der Angeklagte oder die zivilverantwortliche Person ungeachtet der geschehenen Vorladung weder persönlich noch durch einen Bevollmächtigten (Art. 157) erschienen sind, so findet die Hauptverhandlung ungeachtet ihres Ausbleibens statt.

II Das Gericht ist befugt, das persönliche Erscheinen des Angeklagten, nicht aber das der zivilverantwortlichen Person, anzuordnen und dasselbe durch einen Vorführungsbefehl oder Haftbefehl zu erzwingen.

III Das Verfahren gegen abwesende Angeklagte richtet sich nach den §§ 276 bis 284 der Reichs-Strafprozeßordnung.

Artikel 170. ($^{163}/_{168}$). Im Falle des Art. 169 Abs. 1 kann der Verurteilte gegen das Urteil binnen einer Woche nach der Zustellung Wiedereinsetzung in den vorigen Stand unter gleichen Voraussetzungen wie gegen Versäumung einer Frist (§§ 44 ff. der Reichs-Strafprozeßordnung) nachsuchen.

Artikel 171. ($*/_{169}$). I Das Gesuch um Wiedereinsetzung in den vorigen Stand kann zu Protokoll des Gerichtsschreibers angebracht oder schriftlich eingereicht werden.

II Die Anordnung, welche der Amtsrichter bezüglich des Aufschubs der Vollstreckung (§ 47 der Reichs-Strafprozeßordnung) trifft, sowie dessen Entscheidung über das Gesuch sind von dem Gerichtsschreiber am Rande des Urteils einzutragen.

III Wird das Gesuch verworfen, so ist die Entscheidung dem Gesuchsteller gemäß § 35 der Reichs-Strafprozeßordnung bekanntzugeben.

IV Gegen die verwerfende Entscheidung findet sofortige Beschwerde (§ 46 der Reichs-Strafprozeßordnung) statt.

V Wird dem Gesuche stattgegeben, so ist unter Bezugnahme auf diese Entscheidung die Vorladung des Gesuchstellers nach Vorschrift der Art. 154 bis 156 des gegenwärtigen Gesetzes in die nächste Forstrügesitzung zu bewirken.

VI In dieser Sitzung findet wiederholte Hauptverhandlung, selbst im Falle des Ausbleibens des Gesuchstellers statt.

Berufung.

Artikel 172. (164/170). I Gegen ein freisprechendes Urteil des Amtsgerichts kann von dem Forstmeister oder dessen Stellvertreter die Berufung an die Strafkammer des Landgerichts ergriffen werden.

II Gegen ein Urteil des Amtsgerichts, welches eine Strafe ausspricht, steht sowohl dem Forstmeister oder dessen Stellvertreter als dem Verurteilten die Berufung zu.

Artikel 173. (165/171). I Die Berufung muß binnen einer Woche nach Verkündung des Urteils zu Protokoll des Gerichtsschreibers oder schriftlich eingelegt werden.

II Hat die Verkündung des Urteils nicht in Anwesenheit des Verurteilten stattgefunden, so beginnt für diesen die Frist mit der Zustellung.

III Ist die Berufung rechtzeitig eingelegt, so hat der Gerichtsschreiber längstens binnen vierzehn Tagen einen beglaubigten Auszug aus dem Forstrügeverzeichnisse, beziehungsweise das besondere Anzeigeprotokoll mit der Urkunde über die eingelegte Berufung und den etwa vorhandenen Akten an den Staatsanwalt bei dem zuständigen Landgerichte einzusenden.

Artikel 174. (*/172). I Ist die Berufung verspätet eingelegt, so hat das Gericht erster Instanz das Rechtsmittel als unzulässig zu verwerfen.

II Der Beschwerdeführer kann binnen einer Woche nach Zustellung des Beschlusses auf die Entscheidung des Berufungsgerichts antragen. In diesem Falle sind die Akten an das Berufungsgericht einzusenden. Die Vollstreckung des Urteils wird jedoch hiedurch nicht gehemmt.

Artikel 175. (*/173). I Der Beginn der Frist zur Einlegung der Berufung wird dadurch nicht ausgeschlossen, daß gegen ein auf Ausbleiben des Verurteilten ergangenes Urteil eine Wiedereinsetzung in den vorigen Stand nachgesucht werden kann.

II Stellt der Verurteilte ein Gesuch um Wiedereinsetzung in den vorigen Stand, so wird die Berufung dadurch gewahrt, daß sie sofort für den Fall der Verwerfung jenes Gesuches rechtzeitig eingelegt wird. Die weitere Verfügung in bezug auf die Berufung bleibt dann bis zur Erledigung des Gesuches um Wiedereinsetzung in den vorigen Stand ausgesetzt.

III Die Einlegung der Berufung ohne Verbindung mit dem Gesuche um Wiedereinsetzung in den vorigen Stand gilt als Verzicht auf die letztere.

Verfahren in der Berufungsinstanz.

Artikel 176. (166/174). I Das Verfahren bei der Strafkammer des Landgerichts als Berufungsinstanz richtet sich nach den Vorschriften der Reichs-Strafprozeßordnung.

II Die Bestimmungen der Art. 152 Abs. 1, 153, 160 und 161 finden auch bezüglich der Verhandlung und Aburteilung in zweiter Instanz Anwendung.

III Der Forstmeister oder dessen Stellvertreter nimmt seinen Platz zur Seite des Staatsanwalts.

IV Die Vorführung oder Verhaftung einer zivilverantwortlichen Person, welche Berufung eingelegt hat, aber bei der Verhandlung ausgeblieben ist, kann nicht angeordnet werden.

Revision.

Artikel 177. (168/175). Gegen die Urteile der Landgerichte steht dem Verurteilten und der Staatsanwaltschaft die Revision nach Maßgabe der Reichs-Strafprozeßordnung zu.

Vollstreckung.

Artikel 178. (169/176). Der Vollzug rechtskräftiger Urteile wird sowohl in Ansehung der Strafe, als auch in Ansehung des Wert- und Schadenersatzes, sowie der Kosten und der forstpolizeilichen Anordnungen von Amtswegen betrieben.

Artikel 179. (170/177). Hinsichtlich der Haftstrafen steht der Vollzug den Amtsgerichten, — hinsichtlich der Geldstrafen, des Wert- und Schadenersatzes, sowie der Kosten den k. Rentämtern, — hinsichtlich der forstpolizeilichen Anordnungen den Forstpolizeibehörden im Benehmen mit den k. Forstämtern zu.

Artikel 180. ($^{171}/_{178}$). In Ansehung der durch die zuständigen Gerichte getroffenen forstpolizeilichen Verfügungen wird der Vollzug im Falle einer gegen das Urteil eingelegten Berufung oder Revision nur dann aufgeschoben, wenn dieses von dem Gerichte zweiter Instanz, beziehungsweise von dem Oberlandesgerichte, angeordnet wird.

Artikel 181. ($^{172}/_{179}$). Innerhalb vierzehn Tagen nach eingetretener Rechtskraft haben die Amtsgerichte über die rechtskräftig erkannten Geldstrafen, Wert-, Schadenersatz- und Kostenbeträge ein Einzugsverzeichnis aufzustellen und dasselbe an das betreffende Rentamt zu übersenden.

Artikel 182. ($^{173}/_{180}$). I Der Verurteilte ist verbunden, die Beträge, zu deren Zahlung er verurteilt ist, innerhalb acht Tagen nach Empfang des rentamtlichen Zahlungsbefehls zu entrichten.

II In Ansehung der Hilfsvollstreckung kommen die allgemeinen Bestimmungen über das Exekutionsverfahren der k. Rentämter zur Anwendung.

III Sind mit Beschlag belegte Gegenstände vorhanden, so ist die Hilfsvollstreckung vorerst an diesen vorzunehmen.

Artikel 183. ($^{174}/_{181}$). In den durch Art. 134 und 136 bezeichneten Fällen sind die rechtskräftig erkannten Geldstrafen samt dem Wert- und Schadenersatze, sowie den Kosten sogleich aus dem hinterlegten Betrage, beziehungsweise aus dem in amtlicher Verwahrung befindlichen Versteigerungserlöse zu erheben.

Artikel 184. ($^{175}/_{182}$). Kann die Zahlung nur teilweise beigetrieben werden, so geht das Bezahlte zuerst auf Rechnung der Kosten, hienach des Wert-, sodann des Schadenersatzes und zuletzt der Geldstrafe.

Artikel 185. ($^{176}/_{183}$). I Gebührt der Betrag des Wert- und Schadenersatzes Gemeinden, Stiftungen, Körperschaften oder Privatpersonen, so ist derselbe mit einem Verzeichnisse über die nicht einbringlichen Ersatzbeträge den Berechtigten hinauszugeben.

II Den Berechtigten ist überlassen, die als nicht einbringlich bezeichneten Ersatzbeträge selbst beizutreiben.

Objektives Verfahren.

Artikel 186. ($^{177}/_{184}$). I Ist der Tatbestand eines Frevels hergestellt, der Frevler selbst aber nicht entdeckt worden, so sind die mit Beschlag belegten Gegenstände, insoferne dieselben nicht schon zufolge der Bestimmung des Art. 136 versteigert wurden, nach Verlauf von drei Monaten, — vom Tage des Beschlages an gerechnet, — der Versteigerung zu unterwerfen.

II Aus dem Erlöse werden vorerst die infolge der Beschlagnahme erlaufenen Kosten, sowie die Gerichtskosten, hienach der Wert- und zuletzt der Schadenersatz erhoben.

III Wert- und Schadenersatz sind von dem Amtsgerichte auf den Grund des Forstrügeverzeichnisses, beziehungsweise des Anzeigeprotokolles festzustellen.

Artikel 187. ($^{178}/_{185}$). I In allen Fällen ist der nach Erhebung der Kosten, des Wert- und Schadenersatzes, sowie der Geldstrafe verbleibende Rest des Versteigerungserlöses oder des zur Sicherheit hinterlegten Betrages dem Eigentümer zurückzugeben.

II Ist der Eigentümer der mit Beschlag belegten Gegenstände unbekannt, so fällt jener Rest nach Verlauf eines Jahres, vom Tage der Versteigerung an gerechnet, der Staatskasse zu.

Ergänzende Anwendung der Strafprozeßordnung u. des Gerichtsverfassungsgesetzes.

Artikel 188. ($^{179}/_{186}$). I Insoweit nicht das gegenwärtige Gesetz etwas Anderes bestimmt, kommen bezüglich des Verfahrens in Forstrügesachen die Vorschriften des Reichs-Gerichtsverfassungsgesetzes und der Reichs-Strafprozeßordnung zur Anwendung.

II Für die durch den Gerichtsdiener erfolgenden Zustellungen in dem Verfahren vor den Amtsgerichten kann das Staatsministerium der Justiz anordnen, daß das Schriftstück offen übergeben wird, und eine abgekürzte Beurkundung in tabellarischer Form vorschreiben.

III Das offen zu übergebende Schriftstück wird mit der Geschäftsnummer bezeichnet, unter der es in dem zur Beurkundung der Zustellung bestimmten Verzeichnis eingetragen ist. Der Tag der Zustellung ist auf dem Schriftstücke zu vermerken.

Sechste Abteilung.

Schlußbestimmmungen.

Artikel 189. ($^{180}/_{187}$). I Der Tag, an welchem das gegenwärtige, für die Landesteile diesseits des Rheines bestimmte und im Gesetzblatte zu verkündende Gesetz in Wirksamkeit tritt, wird, vorbehaltlich der Bestimmungen der Art. 31 Abs. 5, Art. 33 und Art. 42 Abs. 1, durch Regierungsverordnung festgesetzt.

II Es darf jedoch dieser Tag nicht über ein Jahr nach der Verkündung des Geetzes hinausgesetzt werden.

Verhältnis des Forstgesetzes zu den älteren Vorschriften.

Artikel 190. ($^{181}/_{188}$). Mit dem Tage, an welchem das gegenwärtige Gesetz in Wirksamkeit tritt, werden die den vorstehenden Vorschriften entgegenstehenden Bestimmungen der dermaligen Gesetze über Forstberechtigungen, dann alle früheren Gesetze, Verordnungen und Gewohnheitsrechte über die Forstpolizei, sowie über die Forstpolizeiübertretungen und Forstfrevel außer Wirksamkeit gesetzt, vorbehaltlich jedoch der im Art. 44 erwähnten Alpen- und Weide- Ordnungen und der Bestimmungen der Art. 191 und 192, sowie unbeschadet der mit anderen Staaten über die Verhütung und Bestrafung der in den Grenzwaldungen verübten Forstfrevel abgeschlossenen Verträge.

Artikel 191. ($^{182}/_{189}$). Insoferne die Strafbestimmungen des gegenwärtgen Gesetzes milder sind, als die der früheren Gesetze, Verordnungen und Gewohnheitsrechte, finden dieselben auch auf solche Forstpolizeiübertretungen und Forstfrevel Anwendung, welche zwar vor dem Tage, an welchem dieses Gesetz in Wirksamkeit tritt, begangen wurden, jedoch erst nach demselben zur Aburteilung gelangen.

Artikel 192. ($^{183}/_{190}$). In Ansehung der Zuständigkeit und des Verfahrens finden die Bestimmungen des gegenwärtigen Gesetzes nur auf solche Forstpolizeiübertretungen und Forstfrevel Anwendung, welche nach dem Tage begangen wurden, an welchem das gegenwärtige Gesetz in Wirksamkeit tritt.

II. Erläuterungen zum Forstgesetz für das rechtsrheinische Bayern.

Vorbemerkungen.

1. Geschichtlicher Rückblick:

a) Älteres Recht: Das Forstgesetz vom 28. III. 1852 ist am 1. Januar 1853 in Kraft getreten. Es schuf auf seinem Gebiete für das rechtsrheinische Bayern an Stelle der bis dahin herrschenden Zersplitterung im wesentlichen einheitliches Recht. In der Begründung wird der bis zum Jahre 1853 bestehende Zustand mit folgenden Worten gekennzeichnet: „Die große Verschiedenheit der bisherigen Verordnungen und forstpolizeilichen Vorschriften, die gegenseitigen Widersprüche in dem mannigfaltigen Inhalte derselben, — ihre zum Teil veraltete, der jetzigen Generation nicht mehr geläufige Sprache, ihre strengen, waldkonservatorischen Vorschriften, welche tief in des Privateigentums freie Benützung eingreifen und eine mit dem Geiste der Zeit und den Bedürfnissen der lebenden Generation längst nicht mehr vereinbarliche Kuratel, selbst im Privatwalde, vorschreiben, ihre Mannigfaltigkeit und Unvollständigkeit in bezug auf die Abwandlung der Frostfrevel, endlich die allzu große Strenge ihrer Strafbestimmungen haben schon vor längerer Zeit das Bedürfnis fühlbar gemacht, diesen wichtigen Zweig der polizeilichen Verwaltung und Strafgewalt im gesetzlichen Wege zu ordnen."

Die bis zur Einführung des Forstgesetzes geltenden Ordnungen sind aufgezählt in der Begründung zum Entwurf eines FG. vom Jahre 1846 (Abg. 1846 Beil. Bd. I S. 110ff.). Sie waren durchwegs strenger („Die Furcht muß den Wald hüten") als das heutige FG. und beschränkten die Waldbesitzer weit mehr. Der Entwurf 1846 brachte eine Milderung; noch erheblich freier gestaltete sich unter dem Eindruck des Jahres der Bauernbefreiung 1848 das heute noch geltende FG. von 1852, das sich im übrigen in großen Teilen an den Entwurf 1846 anschließt.

Die ältesten bekannten deutschen Forstordnungen stammen aus dem 13. und 14. Jahrhundert, der Zeit, wo die allgemeinen Rodungen in Deutschland größtenteils abgeschlossen waren und da und dort bereits Anlaß bestand, um die Erhaltung des Waldes besorgt zu sein. So erließ Erzbischof Eberhard von Salzburg im Jahre 1237 ein Verbot gegen die Umwandlung abgetriebener Waldflächen in Feld oder Weide, damit zugunsten des Salinenbetriebs wieder Wald nachwachsen könne. Die ersten positiven Vorschriften für Waldkultur und Wiederaufforstung stammen aus dem Jahre 1304 für den Hagenauer Forst und die Frankenweide bei Annweiler und aus den Jahren 1309 und 1310 für den Nürnberger Reichswald. (Schwappach, Forst- und Jagdgeschichte Deutschlands, 1886, I S. 156, 181; Herm. Fischer, Mittelalterliche Pflanzenkunde, 1929, S. 241.)

b) Das Forstgesetz: Zum Schutze des Waldes als eines besonders wichtigen Gutes, an dessen Erhaltung nicht bloß dem Berechtigten, sondern dem ganzen Volk gelegen ist, wurde im Anschluß an Jahrhunderte alte Vorbilder im Forstgesetz ein besonderes Schutzgesetz erlassen; dies war auch deshalb veranlaßt, weil kaum ein anderes Gut solchen Gefährdungen, und zwar nicht nur seitens Unberechtigter, ausgesetzt ist wie der Wald.

Das Gesetz ist im Laufe seiner jetzt schon mehr als ein Dreivierteljahrhundert dauernden Geltung mehrfach geändert und ergänzt worden:

durch das AG.StPO. und Art. 275 des Gebührengesetzes von 1879 (Neufassung vom 18. VIII. 1879, GVBl. S. 1313),
durch Ges. vom 17. VI. 1896 (GVBl. S. 277; Neufassung vom 4. VII. 1896, GVBl. S. 325),
durch Art. 146 AG.BGB.,
durch Ges. vom 26. II. 1908 (GVBl. S. 87),
durch Ges. vom 5. XI. 1920 (GVBl. S. 465),
durch Ges. vom 10. VIII. 1923 (GVBl. S. 253),
durch Ges. vom 9. II. 1924 (GVBl. S. 27).

2. Geltungsbereich des Forstgesetzes:

a) Örtlich: Das Forstgesetz gilt nur für das rechtsrheinische Bayern (Art. 189). Seine Bezeichnung „für das Königreich" ist also irreführend. In der Pfalz gründet sich das Forstpolizeirecht für die Privatwaldungen im wesentlichen heute noch auf die Verordnung der Landesadministrationskommission vom 15. 12. 1814 (Pfälz.Kr.ABl. S. 156); das pfälzische Forststrafrecht ist geregelt im Forststrafgesetz vom 28. XII. 1831 (GVBl. S. 265), als revidiertes Forststrafgesetz für die Pfalz in neuer Fassung veröffentlicht mit Bek. vom 2. X. 1879 (GVBl. S. 1417), inzwischen im einzelnen wiederholt geändert, zuletzt mit Gesetz vom 9. II. 1924 (GVBl. S. 27); die geltende Fassung ist im Anhang abgedruckt. In den vormals Coburgischen Landesteilen wurde das Forstgesetz mit Wirkung vom 1. April 1922 eingeführt (MB. vom 15. III. 1922, GVBl. S. 206).

b) Sachlich: Das Forstgesetz regelt die rechtlichen Verhältnisse des Waldes keineswegs erschöpfend. Es enthält außer einigen Grundsätzen für die Bewirtschaftung der Staatswaldungen im wesentlichen nur Vorschriften, die im Interesse der Allgemeinheit die Waldbesitzer, die am Walde Berechtigten und dritte Personen in der Bewirtschaftung und Benutzung des Waldes einschränken, also polizeiliche Vorschriften, und Strafbestimmungen zum Schutze des Waldes vor Forstpolizeiübertretungen und Forstfreveln. Alle anderen Rechtsverhältnisse des Waldes, insbesondere die ganze bürgerlichrechtliche Seite, bestimmen sich nach den allgemeinen Gesetzen wie dem Bürgerlichen Gesetzbuch (vgl. die Abrisse Forstgesetz und bürgerliches Recht und Forstgesetz und allgemeines Strafrecht). Das Forstgesetz enthält auch keine Naturwissenschaft, sondern nur Rechtsvorschriften.

Das Forstgesetz gehört in allen Teilen dem öffentlichen Recht an. Es bezieht sich nur auf die jeweils vorhandenen Waldungen; über die Neubildung und die Erweiterung von Waldungen enthält es keine Vorschriften; diese sind, soweit sie überhaupt bestehen, in anderen Gesetzen und Bestimmungen enthalten z. B. im Aufforstungsgesetz vom 22. XII. 1921 (GVBl. S. 609, s. Anhang Ziff. 2). Sobald aber ein Wald neu entstanden oder erweitert ist, gilt das Forstgesetz auch für den neuen Wald und für die Erweiterung.

3. Aufbau des Forstgesetzes:

a) Gliederung: Das Gesetz gliedert sich äußerlich in sechs Abteilungen:

I.	Abteilung	(Art. 1—22)	Forstwirtschaftliche Bestimmungen,
II.	„	(Art. 23—33)	Forstberechtigungen,
III.	„	(Art. 34—47)	Forstpolizeiliche Bestimmungen,
IV.	„	(Art. 48—108)	Forstpolizeiübertretungen und Forstfrevel,
V.	„	(Art. 109—188)	Zuständigkeit und Verfahren,
VI.	„	(Art. 189—192)	Schlußbestimmungen.

b) Inhaltlich: Inhaltlich zerfällt das Gesetz in zwei Hauptteile: in ein Forstpolizeigesetz und ein Forststrafgesetz, beide mit Einschluß des Verfahrens. Diese beiden Stoffgebiete sind aber äußerlich nicht scharf voneinander abgegrenzt, sondern häufig vermengt. So finden sich insbesondere forstpolizeiliche Bestimmungen (d. s. die durch das FG. selbst oder auf Grund des FG. seitens der in ihm ermächtigten Personen und Behörden im öffentlichen Interesse aufgestellten Gebote und Verbote für die Bewirtschaftung und Benutzung des Waldes) nicht bloß in der dritten Abteilung, sondern auch z. B. in der ersten Abteilung in den Art. 7ff. und in manchen Strafbestimmungen, insbesondere in Art. 88ff. (vgl. die Überschrift des 2. Unterabschnitts im Abschnitt Forstfrevel vor Art. 88).

4. Vollzugsvorschriften:

a) Entwicklung: Zum Gesetz in der ursprünglichen Fassung ergingen allgemeine sowie besondere auf die Gemeinde-, Stiftungs- und Körperschaftswaldungen sich beziehende Vollzugsvorschriften vom 29. VI. 1852. Die ursprünglichen allgemeinen Vollzugsvorschriften wurden ersetzt durch die sogenannten revidierten allgemeinen Vollzugsvorschriften vom 10. X. 1879 (FMBl. S. 321, 424, FMBl. S. 1625, 1718), die inzwischen wiederholt geändert worden sind.

Die ursprünglichen besonderen Vollzugsvorschriften wurden inzwischen ersetzt durch die vom 12. VIII. 1888 und diese wieder durch die völlig neuen vom 12. V. 1897 (FMBl. S. 79, MABl. S. 209, KMBl. S. 161, Weber Bd. 24 S. 500); auch diese sind inzwischen nochmals geändert worden. In den folgenden Erläuterungen werden die Vollzugsvorschriften in der heute geltenden Fassung gebracht; die Ziffern der in ihnen angeführten Gesetzesbestimmungen sind nach dem neuesten Stande richtiggestellt.

b) Rechtliche Natur der Vollzugsvorschriften: Die allgemeinen wie die besonderen Vollzugsvorschriften sind ihrer Rechtsnatur nach Verwaltungsanordnungen der Ministerien, die sie erlassen haben; sie sind weder Gesetze, noch haben sie Gesetzeskraft, da das Forstgesetz keine Ermächtigung zu gesetzesergänzenden Vollzugsvorschriften enthält. Eingriffe in die Freiheit der Personen oder in das Vermögen in weiterem Maße, als sie das FG. oder ein anderes Gesetz vorsieht, sind durch sie also nicht möglich (§ 74 der BayVU. vom 14. VIII. 1919). Die Vollzugsvorschriften können andererseits durch die Ministerien, die sie erlassen haben, jederzeit wieder abgeändert oder aufgehoben werden. Weitere besondere Verwaltungsanordnungen (Vollzugsvorschriften) können für die ihnen unterstellten Behörden im Rahmen des Gesetzes und der ministeriellen Vollzugsvorschriften auch die Forstpolizeistellen (Kreisregierungen, K.d.J.) sowie die Regierungsforstkammern (für die forstlichen Außenbehörden) erlassen; dies ist auch in mehreren in der ersten Zeit der Geltung des FG. ergangenen Entscheidungen der obersten Gerichte anerkannt worden.

Erste Abteilung (Art. 1—22).

Forstwirtschaftliche Bestimmungen.

I. Allgemeine Bestimmung (Art. 1).

Die erste Abteilung zerfällt in einen allgemeinen (Art. 1) und einen besonderen Teil (Art. 2—22); der letztere ist wieder dreifach gegliedert nach Staatswaldungen (Art. 2—5), Gemeinde-, Stiftungs- und Körperschaftswaldungen (Art. 6—18) und Privatwaldungen (Art. 19—22).

Freiheit des Waldbesitzers. **Artikel 1.** ($^1/_1$)

Jedem[1] Waldbesitzer[2] steht die freie[4] Benützung und Bewirtschaftung[3] seines Waldes[4] zu, vorbehaltlich der Rechte Dritter[5], sowie der Bestimmungen des gegenwärtigen Gesetzes[6].

Art. 1 enthält den obersten Grundsatz des ganzen Forstgesetzes: dieses räumt allen Waldbesitzern grundsätzlich die Freiheit in der Benutzung und Bewirtschaftung ihrer Waldungen ein.

1. Jedem: ohne Rücksicht auf die Größe des Waldes; gleichgültig, ob Privater, Gemeinde, Stiftung, auch der Staat.

2. **Der Waldbesitz; Grundsatz und Begriff:** Das Forstgesetz ist grundsätzlich auf dem Waldbesitz, nicht dem Waldeigentum aufgebaut. Waldbesitzer ist jeder Inhaber der tatsächlichen Gewalt über den Wald und nur dieser, gleichgültig, ob ihm das Eigentum am Walde zusteht oder nicht; der Begriff deckt sich mit dem Begriff des unmittelbaren Besitzers des Bürgerlichen Gesetzbuchs (§ 854); es fallen darunter also insbesondere auch Pächter (ObLG. RR I Nr. 429/1929 vom 3. VII. 1929), auch z. B. der Pfründeinhaber eines Pfründestiftungswaldes. Die Begr. (Abg. 1851/52 Beil. Bd. 1 S. 620) führt als Beispiel an: „Eigentümer, Nutznießer u. dgl." (s. auch Abg. 1851/52 Beil. Bd. 3 S. 54 § 2). Der mittelbare Besitz des bürgerlichen Rechts (§ 868 BGB.) fällt nicht unter den Begriff. Eigenbesitz (§ 872 BGB.) ist nicht gefordert. Im Falle des Mitbesitzes sind unter Waldbesitzer alle Mitbesitzer verstanden. Der Besitzdiener (§ 855 BGB.) ist nicht Waldbesitzer. Rechtmäßigkeit des Besitzes ist nicht unbedingt gefordert, wenngleich das Forstgesetz naturgemäß Rechtmäßigkeit im Auge hat. Das Gesetz geht in erster Linie von dem Interesse aus, das die Allgemeinheit an der Erhaltung der Wälder hat; es ist ihm grundsätzlich gleichgültig, welche privatrechtlichen Verhältnisse hinsichtlich des Waldes bestehen; es will mit möglichster Sicherheit erreichen, daß die Gebote und Verbote, die es aufstellt, eingehalten werden; daher wendet es sich der Einfachheit halber an den, der den Wald innehat.

Unter dem Waldbesitzer im Sinne des Forstgesetzes ist der Besitzer des Waldgrundstückes, des zum Walde gehörenden Grund und Bodens zu verstehen. Regelmäßig umfaßt der Waldbesitz auch den Besitz an den im Grund und Boden wurzelnden Erzeugnissen; der Waldbesitzer kann sich aber des Besitzes hieran entäußern; nach der Rechtsprechung (RG. JW. 1905 S. 280[1]) ist nämlich auch ein Teilbesitz an ungetrennten Bodenerzeugnissen, z. B. an den Bäumen auf dem Stamme möglich; dabei ist aber die Möglichkeit wirklicher und ungehinderter Einwirkung auf die Bestandteile und auf den Grund und Boden, aus dem sie wachsen, Voraussetzung (ObLG. Bd. 26 S. 1). Der Teilbesitzer der ungetrennten Bodenerzeugnisse ist aber nicht Besitzer des Waldbodens (ObLG. Bd. 5 S. 31), da ihm nicht die volle Gewalt über ihn zusteht, vielmehr nur die Möglichkeit der Einwirkung auf ihn, soweit es zur Ausübung der Herrschaft über die ungetrennten Bodenerzeugnisse erforderlich ist. Der bloße Besitzer der ungetrennten Bodenerzeugnisse ist also nicht Waldbesitzer im Sinne des Forstgesetzes, auch nicht Waldmitbesitzer; vgl. Art. 75 Abs. II und 49 Abs. III. Der Waldbesitzer bleibt, soferne er nicht den Besitz überträgt, grundsätzlich Besitzer der Walderzeugnisse auch nach ihrer Trennung vom Boden, solange sie innerhalb des Herrschaftsbereiches des Waldbesitzers verbleiben.

Wer Holz auf dem Stamme zur Abholzung erwirbt, erwirbt damit nicht immer auch den Besitz am Holz auf dem Stamme; ist verabredet, daß der Käufer vor Bezahlung des Kaufpreises lediglich die Befugnis haben soll, das Holz zu fällen und zuzubereiten, dann geht auf den Käufer vor der Bezahlung auch am gefällten Holz weder der Besitz noch das Eigentum über (RGZ. Bd. 72 S. 310).

Die Holzarbeiter, die im Auftrage des Waldbesitzers Holz im Walde fällen, werden dadurch weder Waldbesitzer noch Besitzer des gefällten Holzes, gleichgültig, wie sie entlohnt werden. Das gleiche gilt grundsätzlich vom Forstpersonal (vgl. Anm. 3a vor Art. 79).

Hat der Waldeigentümer dem Käufer von Baumstämmen den Platz, auf dem die Bäume stehen, als Lagerplatz für die gefällten Stämme überlassen, so erwirbt der Käufer das Eigentum an den Stämmen nicht mit der Trennung, sondern erst mit der Besitzergreifung; denn er wurde Besitzer der Grundfläche erst nach dem Fällen der Stämme (RG. 23. I. 1918 V 250/17).

Das Forstgesetz führt aber den Grundsatz des Waldbesitzes nicht durchwegs streng durch; in mehreren Bestimmungen ist das Eigentum am Walde vorausgesetzt, ohne daß das Gesetz diese wesentliche Abweichung von der Regel selbst deutlich kennzeichnet, z. B. bei sämtlichen Forstfreveln durch Entwendung Art. 79ff. Auch in der Gesetzesbegründung und in den Gesetzgebungsverhandlungen ist Waldbesitz und Waldeigentum nicht immer klar geschieden; immerhin ist der Begriff Waldbesitzer in der Begründung und den Gesetzgebungsverhandlungen zu Art. 1 des Gesetzes so unzweideutig als Besitzer im Gegensatz zum Eigentümer umschrieben, daß an dieser Begriffsbestimmung, die auch dem Wortlaut des Gesetzes entspricht und seinem Zwecke am besten gerecht wird, für das ganze Forstgesetz festgehalten werden muß, soweit nicht aus einer Einzelbestimmung unzweifelhaft etwas anderes folgt. Die wiederholte Vermengung der Begriffe Waldbesitz und Waldeigentum in der Begründung und bei den Gesetzgebungsverhandlungen, ja das zeitweise Fehlen einer strengen Trennung der Begriffe im Gesetz selbst hat seinen Grund vornehmlich wohl darin, daß praktisch gewöhnlich Besitz und Eigentum in einer Person zusammenfallen, teilweise aber sicherlich auch darin, daß der Entwurf 1846, auf den sich das heutige Forstgesetz aufbaut, noch im wesentlichen vom Waldeigentum ausgeht und in der Begründung unter dem Waldbesitzer den Waldeigentümer versteht (z. B. Abg. 1846 Beil. Bd. 1 S. 91f). Kein Wunder, daß auch die Rechtsprechung Waldbesitz und Waldeigentum nicht immer klar scheidet; zu wünschen wäre freilich, daß wenigstens unser Oberstes Landesgericht in der Reinhaltung dieses das Forstgesetz beherrschenden Begriffes mit gutem Beispiel voranginge!

3. Benützung und Bewirtschaftung: Benützung und Bewirtschaftung sind nicht gleichbedeutend. Benützung ist die Verwertung des forstlichen Grund und Bodens und seiner Erzeugnisse, Bewirtschaftung dagegen ist die zum Zwecke der Nutzbarmachung aufgewendete menschliche Tätigkeit. Die Benützung des Waldes muß nicht unbedingt forstlicher Natur sein. Man kann den Wald z. B. ausschließlich als Erholungsstätte für Kranke, als Wildpark usw. benützen. Dagegen enthält die Bewirtschaftung des Waldes bereits den Begriff forstlicher Tätigkeit in sich, z. B. hinsichtlich der Wahl der Holzart, der Betriebsart, der Umtriebszeit usw. Zum Begriff des Waldes sind beide Merkmale, wenn auch zweckdienlich, so doch nicht unbedingt erforderlich.

Die Benützung und Bewirtschaftung sind tatsächlicher, nicht rechtlicher Natur; Art. 1 FG. hält sich mit der Regelung also im Rahmen der Ermächtigung des Art. 111 EG. BGB. In der rechtlichen Verfügung über das Waldeigentum ist der Eigentümer grundsätzlich — auf Grund § 903 BGB. — ebenfalls frei; einige Beschränkungen (z. B. Art. 20, 33) enthält das FG. auf Grund der Ermächtigungen in Art. 113, 115—117, 119 EG. BGB.

4. Grundsatz der Freiheit des Waldbesitzers: Art. 1 stellt als obersten Grundsatz des Forstgesetzes die Freiheit in der Benutzung und Bewirtschaftung des Waldes auf, die nur beschränkt wird durch die Privatrechte Dritter, die Bestimmungen des FG. und die Vorschriften der einschlägigen anderen Gesetze. Dieser Grundsatz brach mit dem vor dem FG. vielfach bestehenden System der Bevormundung der Waldbesitzer; dem modernen Recht bietet er nichts Fremdes; vgl., soweit es sich um Waldeigentum handelt, § 903 BGB. Art. 1 ist rechtlich nicht ohne Bedeutung; in Art. 111 EG. BGB. ist der Landesgesetzgebung die Befugnis eingeräumt, das Eigentum in Ansehung tatsächlicher Verfügungen in dem Maß zu beschränken als sie es im öffentlichen Interesse für nötig erachtet; in Art. 1 FG. ist das Maß dieser Beschränkungen umrissen. Art. 1 bildet weiter eine sehr wichtige Auslegungsregel: die beschränkenden Bestimmungen des Forstgesetzes sind eng auszulegen (Begr.: „Den beschränkenden Bestimmungen des Gesetzes ist dadurch eine möglichst enge, im Interesse des öffentlichen Wohles und der Sicherheit gelegene Grenze gezogen")! Zur praktischen Auswirkung des Grundsatzes des Art. 1 vgl. AllgVV. 1879 § 12. Auch in der Zeit der Holzarbeiten ist der Waldbesitzer unbeschränkt. Der Waldbesitzer darf in seinem Wald auch Gras schneiden und mähen, auch in Junghölzern, angeflogenen und besamten Schlägen und Kulturen, soweit nicht Abschwendung vorliegt (Art. 41); das gleiche gilt von Streurechen und Laubsammeln; in der Anwendung von Geräten ist er nicht beschränkt. Der Inhalt des Waldeigentums und seine gesetzlichen und anderen Beschränkungen sind ausführlich dargestellt in Bl. Bd. 56 S. 155ff.

5. Rechte Dritter: Schuldrechtlicher oder dinglicher Art. Auch die Forstberechtigungen (Art. 23ff.) zählen hierher. Zuständig für Streitigkeiten zwischen dem Waldbesitzer und dem Dritten sind die ordentlichen Gerichte (§ 13 GVG.), für gewisse Forstrechtsstreitigkeiten auch die Forstpolizeibehörden und der Verwaltungsgerichtshof; näheres bei Art. 23ff. Vgl. hieher auch den Abriß Wald und Gemeingebrauch S. 38f.

6. Bestimmungen dieses Gesetzes: Die einschränkenden Bestimmungen finden sich im wesentlichen

a) für die Staatswaldungen in Art. 2—5;
b) für die Gemeinde-, Stiftungs- und Körperschaftswaldungen in Art. 6—18 und 34—47;
c) für die Privatwaldungen in Art. 19—22 und 34—47 nebst den dazu gehörigen Strafbestimmungen.

Diese Vorschriften sind im öffentlichen Interesse erlassen zur Erhaltung und Pflege der Waldungen; sie sind polizeilicher Natur und durch das BGB. nicht berührt worden (vgl. Art. 111, 113, 115, 119 EG.BGB.).

Außer dem Forstgesetz enthalten auch noch andere Gesetze Beschränkungen des Waldbesitzers und Waldeigentümers; näheres S. 34ff.; im Forstgesetz sind nur die polizeilichen Beschränkungen erschöpfend enthalten.

7. **Der Waldbegriff: a) Wald und Forst:** Im Gegensatz zum „Wald" steht der „Forst" als ein planmäßig bewirtschaftetes Waldgrundstück. Beide Begriffe decken sich nicht. Im frühen Mittelalter hat man schon zwischen Wald und Forst scharf unterschieden. Zu Karls des Großen Zeiten waren Forsten die großen unter des Königs Bann gestellten und damit der Nutzung aller Anderen entzogenen Waldungen; im Gegensatz hiezu erscheinen die im gemeinschaftlichen Eigentum oder im Privateigentum befindlichen Waldungen. Wald ist der weitere Begriff. Jeder Forst ist zugleich Wald, aber nicht jeder Wald ist zugleich Forst. Der Ausdruck Forst schließt die planmäßige, menschliche Tätigkeit ein. Das Forstgesetz bezieht sich aber nicht allein auf die Forsten, sondern allgemein auf die Waldungen; die Bezeichnung „Forstgesetz" ist daher nicht ganz richtig; es müßte „Waldgesetz" heißen.

Im Flurbereinigungsgesetz vom 5. 8. 1922 (GVBl. S. 433) Art. 8 Abs. I Ziff. 14 ist zwischen Waldungen und Forsten unterschieden: forstmäßig bewirtschaftete Waldungen und solche anderen Waldungen, deren Verlust für den Wirtschaftsbetrieb des Eigentümers von besonderem Nachteil ist, können im Flurbereinigungsverfahren nur mit Zustimmung des Eigentümers durch andere ersetzt (verlegt) oder in ihrem Bestande so verändert werden, daß ihr wirtschaftlicher Zweck erheblich beeinträchtigt wird.

b) Der Begriff Wald: Wald (Waldgrundstück) im Sinne des Forstgesetzes (wie nach dem allgemeinen Sprachgebrauch) ist jede größere, mit wilden Holzarten bestockte Bodenfläche ohne Rücksicht auf ihre Bestimmung und Benutzung. Das Gesetz selbst gibt keine Begriffsbestimmung, weil der Begriff Wald im praktischen Leben nicht zweifelhaft sein könne und eine gesetzliche Umschreibung nur Zweifel erwecken würde (Abg. 1846 Beil Bd. 1 S. 117).

Der Waldbegriff des Forstgesetzes deckt sich nicht mit dem Waldbegriff des § 293 StGB., weil die Zwecke beider Gesetze verschieden sind; dagegen kann die zum Waldbegriff des § 308 StGB. ergangene Rechtsprechung im wesentlichen auch auf den Waldbegriff des Forstgesetzes angewendet werden. Nach VGH. Bd. 17 S. 86 und Bd. 50 S. 74 sind Waldungen im Sinne des Forstgesetzes größere, mit wilden Holzarten bestockte Flächen, die tatsächlich zur Erzielung und Gewinnung von Holz benutzt werden (die Benutzung zur Erzielung von Holz ist für den Begriff aber nicht wesentlich), s. unten c, γ).

Die Waldeigenschaft hört auf, wenn bei einem Grundstück eines der wesentlichen Merkmale für den Waldbegriff wegfällt.

c) **Abgrenzung des Begriffes im einzelnen:**

α) **Flächenausdehnung:** Eine gewisse erhebliche flächenhafte Ausdehnung ist für den Begriff notwendige Voraussetzung. Entscheidend ist die Verkehrsauffassung. Einzelstehende Baumgruppen, Alleen, Einsäumungen von Flußläufen u. a. fallen nicht unter den Begriff und damit das Gesetz. Daß eine regelmäßige Bewirtschaftung möglich ist, ist nicht Voraussetzung (vgl. Art. 7 Abs. IV und Art. 11).

β) **Bestockung mit wilden Holzgewächsen:**

$\alpha\alpha$) **bestockte Flächen:** Unter wilden Holzgewächsen sind alle baum- und strauchartigen Pflanzen zu verstehen, die von Natur aus ohne gärtnerische Pflege ihr Fortkommen finden. Hiezu zählen nicht nur die einheimischen, sondern auch die fremdländischen Holzarten, die aus anderen Ländern bei uns eingeführt wurden und noch eingeführt werden. Zierpflanzen oder gärtnerische Behandlung erfordernde Obstbäume zählen nicht zu den wilden Holzgewächsen.

Ob die Bestockung auf natürlichen Anflug zurückzuführen oder auf künstliche Besamung oder Bepflanzung, ist gleichgültig. Auf das Stadium des Wachstums kommt es nicht an; auch Holzanflug genügt; vgl. Art. 43 Abs. II. Maßgebend ist der jeweilige tatsächliche Zustand; aufgeforstete oder selbstbestockte Felder, und Ödungen sind Wälder; der Wald muß nicht von jeher Holzgrund gewesen sein; der Vortrag im Grundsteuerkataster und anderen öffentlichen Büchern ist nicht entscheidend. Auch wenn früher nur Hutung, ist jetzt Waldeigenschaft nicht ausgeschlossen (VGH Bd. 10 S. 312 und Bd. 17 S. 86). Anderseits ist ein zu Feld oder Wiese umgewandelter, gerodeter Wald kein Wald mehr, wohl aber ein abgeholzter Wald, auch wenn die Stöcke ausgehoben sind; es muß aber noch sog. Holzboden sein (Abg. 1846 Beil. Bd. 1 S. 117).

Bloßes Busch- und Strauchwerk ist für sich allein kein Wald; es kann aber Bestandteil eines Waldes sein. Für den Waldbegriff ist erforderlich, daß die Bestockung zu einem erheblichen Teil aus Bäumen besteht oder wenigstens aus solchen wilden Gewächsen, die unter normalen Verhältnissen zu Bäumen heranwachsen. Hiernach entscheidet sich auch, ob die sog. Auenbestände Wald sind oder nicht; es kommt auf den einzelnen Fall an; die Verordnung vom 22. 1. 1923 (GVBl. S. 18) über den Verkauf von Korbweiden ging davon aus, daß die Auenbestände an der Donau gewöhnlich als Wald zu betrachten seien. Für die Innauen an der Tiroler Landesgrenze vgl. ObLGZ. Bd. 20 S. 35ff. Die Bäume dürfen auch verkrüppelt sein (Krüppelwald).

Die Latschenfelder in den Gebirgen sind regelmäßig Waldungen im Sinn des Forstgesetzes und zwar gewöhnlich Schutzwaldungen.

$\beta\beta$) **unbestockte Bestandteile des Waldes:** Für die Bestockung ist eine bestimmte Dichtigkeit nicht vorgeschrieben; es gibt dicht und licht bestockte Waldungen. Auch freie Plätze bis zu einer gewissen Ausdehnung (Waldblößen) innerhalb bestockter Flächen gehören zum Wald; entscheidend ist auch hier die Verkehrsauffassung; so sind die im Walde vorhandenen Wege regelmäßig zum Walde zu rechnen (OAG. 10. 2. 60, Z. 738); in ObLGSt. Bd. 20 S. 323 ist ausgesprochen, daß ein einen Wald begrenzender Weg recht wohl noch einen Teil des Waldes bilden könne. Nach ObLG. RR. I Nr. 429/1929 kommt einer Waldwiese unbestritten die Eigenschaft als Wald zu (ähnlich ObLG. Bd. 5 S. 32); richtig wird aber auch hier jeweils unterschieden werden müssen (s. unten).

Ein in einem Wald gelegener Steinbruch wurde als Bestandteil des Waldes erklärt in OLG. M. 26. 2. 1886 (Bd. 14 S. 48) mit der Begründung, einer Bodenfläche gehe die Eigenschaft eines Waldes nur dann verloren, wenn sie dauernd eine andere Bestimmung erhalte, nicht aber schon dadurch, daß sie teilweise nebenher oder vorübergehend in anderer Weise als zur Gewinnung von Holz benutzt werde.

Nach VGH. Bd. 10 S. 260 liegt ein Waldgrundstück dann vor, wenn das Grundstück entweder mit Waldbäumen bestanden oder doch erkennbar zur Aufforstung bestimmt ist. Als natürliche Bestandteile des Waldes (und damit als Wald) sind erklärt kleinere Ödungen, Felsen, Bäche und Weiher innerhalb von Wäldern (im gewöhnlichen Sinn).

Umgekehrt ist in OAG. 12. 6. 1858 (Z. 5[250]) eine in einem Wald gelegene ausschließlich zur Gewinnung von Ton bestimmte Tongrube deshalb nicht als Bestandteil des Waldes erklärt worden, weil eine Bodenfläche, die nicht zur Holzgewinnung, sondern (und zwar nicht bloß vorübergehend oder nebenher, sondern ausschließlich und dauernd) zu einer anderen Benutzungsart bestimmt sei, auch dann nicht als Wald oder Bestandteil eines solchen betrachtet werden könne, wenn sie sich in einem Wald befinde d. h. von Wald umgeben sei.

Entscheidend dafür, ob eine nichtbestockte Bodenfläche zum Wald gehört, wird sein, ob die Fläche mit dem Wald als solchem in einem unmittelbaren natürlichen inneren Zusammenhang steht; fehlt diese Beziehung, so gehört die Fläche nicht zum Wald; ist sie vorhanden, so ist die Fläche Bestandteil des Waldes. Zum Beispiel werden Waldwege, die zur Bewirtschaftung des Waldes dienen, als Bestandteil des Waldes zu erachten sein, nicht dagegen reine Durchgangsstraßen oder Schienenwege. Ähnlich gehören zum Wald Abzugsgräben, Bäche, kleinere Weiher, nicht dagegen große Flüsse und Seen. Der unmittelbare natürliche innere Zusammenhang wird durch vorübergehende wesensfremde Benutzung der Bodenfläche z. B. als Kiesgrube u. ä. nicht aufgehoben. Pflanzgärten in Waldungen gehören selbstverständlich zum Wald.

Für die Wiederaufforstungspflicht nach Art. 42 ist es ohne Bedeutung, ob das abgeholzte Grundstück noch als Waldgrundstück anzusehen ist oder nicht; hier ist nur Voraussetzung, daß das Grundstück im Zeitpunkt der Verkündung des Forstgesetzes Wald war und zur Wiederaufforstung fähig ist.

Als Bestandteile des Waldes im Sinne des Forstgesetzes sind weiter zu erachten Hege- und Wehrzeichen, Grenzzeichen und Einfriedungen in Wäldern (vgl. Art. 92 Ziff. 2 und 3), ferner die in den Wäldern aufgestellten Schlagstöcke, Schlagsteine, Kultur- und Bestandspfähle, Signale, Stations- und Distanzmarken, die Wegweiser an den als Bestandteile der Wälder anzusehenden Wegen (Art. 93 Ziff. 1) u. ä.; nicht dagegen in den Wäldern stehende Gebäulichkeiten, Hütten u. ä., auch wenn sie den Zwecken des Waldes zu dienen bestimmt sind; denn zu ihrem Schutz enthält das Forstgesetz keine Bestimmung; da nicht anzunehmen ist, daß der Gesetzgeber diese wichtigen Gegenstände ungeschützt lassen wollte, sind auf sie die allgemeinen Gesetze anzuwenden.

Die im Walde lebenden Tiere sind ebenfalls nicht Bestandteile des Waldes im Sinne des Forstgesetzes.

$\gamma\gamma$) **Bestockung mit anderen Gewächsen:** Bestockungen mit anderen als wilden Holzarten sind kein Wald, z. B. Obstpflanzungen. Bei gemischten Beständen (z. B. Parks und Anlagen) wird es darauf anzukommen haben, was überwiegt; an sich können auch Anlagen u. dgl. ganz oder teilweise Wälder sein und damit soweit unter das Forstgesetz fallen. Vorsätzliche und rechtswidrige Beschädigungen solcher aus Wäldern bestehenden Anlagen sind aber nicht nach dem Forstgesetz, sondern nach der Sondervorschrift des § 304 StGB. zu bestrafen. Ober-, bezirks- und ortspolizeiliche Vorschriften und Anordnungen nach Art. 95 PStGB. können auch zum Schutze von Waldungen erlassen werden, soweit sie Bestandteile von Anlagen sind.

Wer Bäume, die zur Verschönerung öffentlicher, aus früheren Waldstücken geschaffener Anlagen und der darin befindlichen Wege dienen, abhaut und sich rechtswidrig aneignet, ist unter Anwendung des § 304 StGB. und des Art. 112 PStGB., nicht aber des Art. 79 FG. (oder § 242 StGB.) zu bestrafen (OLG. M. 19. 7. 1883, Bd. 2 S. 442). Zum Unterschied zwischen Wald und Anlage vgl. ObLG. vom 28. 12. 1907 (Rechtspflege 1908 S. 122). Nach dieser Entscheidung soll ein Wald nicht zugleich eine Anlage im Sinne des Art. 95 PStGB. sein können.

γ) **Benutzung und Bestimmung:**

Für den Waldbegriff ist nicht Voraussetzung die Bestimmung oder tatsächliche Verwendung zur Holznutzung (Produktivität; z. B. bei entlegenen, nicht nutzbaren Gebirgswaldungen und manchen Schutzwaldungen). Umgekehrt ist in Zweifelsfällen der Zweck der Holznutzung regelmäßig ein Zeugnis für die Waldeigenschaft. Auch Tiergärten können Wälder sein. Desgleichen wird die Waldeigenschaft durch Waldfeld- und Hackwaldbetrieb nicht notwendig aufgehoben; auch Ödungen und Viehweiden können u. U. Wälder sein; so z. B. sind die „Birkenberge" des Bayerischen Waldes Wälder (OAG. 26. 4. 1861, Z. 8[99] und ME. vom 2. 7. 1859 Nr. 12219 und vom 21. 1. 1881 Nr. 696).

d) Waldarten: Es gibt verschiedene Arten von Waldungen im Sinne des Forstgesetzes; das Gesetz unterscheidet sie z. B. nach den Besitzern (Staats-, Gemeinde-, Stiftungs-, Körperschafts- und Privatwaldungen); nach ihrer Schutzbestimmung (Schutz- und andere Waldungen); nach ihrem Alter (z. B. junge Pflanzungen und ältere Bestände); nach ihrer Bewirtschaftungsweise: Hoch-, Mittel- und Niederwaldungen; hiezu sei bemerkt: die Begriffe „Hochwald", „Mittelwald" und „Niederwald" beziehen sich nicht auf die Höhe der Bäume. Unter „Hochwald" wird vielmehr jeder Wald verstanden, der durch den Anfall von Samen oder durch Ansaaten und Pflanzungen entsteht. Als „Niederwald" werden Waldungen mit kurzer Umtriebszeit bezeichnet, bei denen der Nachwuchs durch den Ausschlag der Stöcke und Wurzeln erzielt wird. „Mittelwald" entsteht bei Verbindung des Niederwaldes mit dem „Hochwald", wenn also die Ausschlagwirtschaft mit kurzem Umtriebe vereinigt wird mit der gleichmäßig verteilten Überhaltung von gutwüchsigen Stangen zur Erzielung auch dickeren Holzes. ME. vom 11. 12. 1909, MABl. S. 1066.

Unter das Forstgesetz fallen alle Arten von Waldungen: grundsätzlich gelten für alle auch die gleichen Vorschriften; im einzelnen aber bestehen kraft ausdrücklicher gesetzlicher Regelung zum Teil erhebliche Abweichungen.

8. Gemeindezugehörigkeit: Jedes Waldgrundstück muß der Gemarkung einer (politischen) Gemeinde angehören; ausgenommen sind im rechtsrheinischen Bayern lediglich die sog. abgesonderten Markungen (auch die gemeindefreien Besitzungen der ehemals coburgischen Landesteile); werden innerhalb der abgesonderten Markungen bleibende bewohnte Niederlassungen errichtet, so sind sie samt den Grundstücken, die mit den Niederlassungen eine wirtschaftliche Einheit bilden, einer der nächstgelegenen Gemeinden zuzuteilen, wenn nicht eine eigene Gemeinde gebildet wird (Art. 3—5 GemO.).

Werden durch eine Gemeindegrenzänderung forstärarialische Grundstücke betroffen, so ist vor der Genehmigung der Grenzänderung stets die Staatsforstverwaltung zu hören (Ministerialforstabteilung; wenn die Regierung zur Genehmigung zuständig ist, die Regierungsforstkammer); MB. vom 21. 7. 1928 (GVBl. S. 364).

Wald und Gemeingebrauch.

1. Grundsatz: Es besteht kein Recht zum Gemeingebrauch an den Wäldern, d. h. es hat nicht jedermann einen Rechtsanspruch darauf, fremde Waldungen zu betreten, noch weniger das Recht, die Erzeugnisse fremder Waldungen sich zuzueignen oder mit ihnen nach Belieben zu verfahren. Am Waldboden und dem, was er hervorbringt, bestehen für den Eigentümer die allgemeinen Eigentumsrechte wie an anderen Sachen, d. h. er kann, soweit nicht eine gesetzliche Vorschrift oder Rechtsansprüche Dritter entgegenstehen, mit ihnen nach Belieben verfahren und andere von jeder Einwirkung asschließen (§ 903 BGB.).

Im einzelnen wirkt sich dieser Grundsatz aus wie folgt:

2. Betreten des Waldes:

a) bürgerlichrechtlicher Schutz: Der Waldbesitzer kann andere, an dem Wald nicht berechtigte Personen vom Betreten des Waldes abhalten mit den natürlichen Mitteln der Selbsthilfe z. B. durch Errichtung entsprechender Zäune (s. aber unten 2 b β) und mit Gewalt (§§ 227, 858, 859 BGB.), u. U. bei Wiederholungsgefahr auch im Klagewege (§§ 862 BGB., 890 ZPO. und, wenn der Waldbesitzer Eigentümer ist, auch nach § 1004 BGB.). Wenn der Waldbesitzer von diesen Mitteln keinen Gebrauch macht — tatsächlich wird davon schon wegen der praktischen Schwierigkeiten sehr selten Gebrauch gemacht —, ist es niemand verwehrt, den fremden Wald zu betreten; ein Rechtsanspruch hierauf besteht jedoch nicht. Zur Aneignung von Walderzeugnissen s. Ziff. 3.

b) Strafrechtlicher Schutz:

α) Betreten: Strafbar ist das Betreten fremder Waldungen durch Menschen, auch abseits von den öffentlichen Wegen, grundsätzlich nicht, gleichgültig ob es bei Tag oder Nacht geschieht, und zwar auch nicht, wenn die Waldungen eingefriedet sind. Mit Strafe bedroht ist nur das unbefugte Betreten künstlicher Ansaaten oder Pflanzungen unter sechs Jahren (Art. 92 Ziff. 1 FG.); § 368 Ziff. 9 StGB. ist, soweit es sich um das Verbot des Betretens eingefriedigter oder mit Warnungszeichen versehener Schonungen handelt, durch Gesetzeskonkurrenz ausgeschlossen (anders in Preußen: Berlin KG. 20. 5. 1905 Goltd. Bd. 53 S. 181), da der Gegenstand — die Strafbarkeit des unbefugten Betretens von Schonungen — vom Forstgesetz sichtlich erschöpfend geregelt werden wollte. Desgleichen sind nach herrschender Meinung §§ 123 und 124 StGB. ausgeschlossen (Hausfriedensbruch begangen durch widerrechtliches Eindringen in ein fremdes befriedetes Besitztum oder widerrechtliches Verbleiben darin trotz Aufforderung des Berechtigten).

Die Aufstellung einer Verbotstafel ist strafrechtlich (wie übrigens auch bürgerlichrechtlich) ohne Bedeutung; das Betreten wird dadurch nicht strafbar; das Betreten künstlicher Ansaaten und Pflanzungen bis zu sechs Jahren ist auch ohne besonderes Verbot ein Forstfrevel. Verbotstafeln können wesentlich sein für die Schaffung verhängter Orte im Sinne des Art. 88 (Weidefrevel).

β) Einfriedung: Das Übersteigen der Einfriedungen von Waldungen ist nicht strafbar, wohl aber ihre vorsätzliche oder fahrlässige Beschädigung (Art. 92 Ziff. 2 und 3 FG., § 274 StGB.). Das Übersteigen kann durch ober-, bezirks- oder ortspolizeiliche Vorschriften nach Art. 95 PStGB. nur dann verboten werden, wenn das eingefriedigte Waldgrundstück zugleich als Park oder Anlage anzusehen ist (abw. ObLGSt. Bd. 8 S. 151; vgl. oben S. 37).

γ) Fahren: Das Fahren in fremden Waldungen außerhalb der Wege ist stets strafbar (Art. 92 Ziff. 1 FG.). Privatwege in Waldungen zu befahren ist nur strafbar, wenn das Befahren durch Warnungszeichen ausdrücklich verboten wurde (§ 368 Ziff. 9 StGB.). Öffentliche Wege, die durch Waldungen führen, dürfen von jedermann begangen und befahren werden, soweit nicht polizeiliche Beschränkungen erlassen sind (z. B. auf Grund Art. 90 PStGB. oder § 366 Ziff. 10 StGB.). Vgl. auch die Anm. zu Art. 92 Ziff. 1.

c) Besondere Fälle: Für besondere Fälle (z. B. Betreten mit Weidevieh, zu Waldarbeiten) gelten besondere Vorschriften (z. B. Art. 88, 93 Ziff. 6 FG.).

Wegen drohender Feuersgefahr kann das Betreten von Waldungen oder Teilen solcher, auch auf Waldwegen, zeitweilig ganz untersagt werden (§ 368 Ziff. 8 StGB. mit Art. 2 Ziff. 12 PStGB.; vgl. Art. 45 FG.).

Die zur Ausübung der Jagd und Fischerei innerhalb des Waldes Berechtigten sind grundsätzlich befugt, zur Ausübung ihrer Berechtigung den Wald zu betreten; s. den Abriß Wald und Jagd vor Art. 93.

Die Beschädigung des fremden Waldes ist stets verboten und regelmäßig strafbar (Art. 79ff., 88ff.).

Wer dem Waldeigentümer oder einem von diesem bestellten Aufseher in der rechtmäßigen Ausübung seines Rechtes durch Gewalt oder Bedrohung mit Gewalt Widerstand leistet oder sie während der Ausübung ihres Rechtes tätlich angreift, ist strafbar wegen Forstwiderstandes nach §§ 117 bis 119 StGB.

3. Walderzeugnisse:

a) Bürgerlichrechtlicher Schutz: Die Walderzeugnisse sind nicht Gemeingut. Dem Waldeigentümer steht auch das Eigentum an den Erzeugnissen des Waldes zu, solange sie mit dem Boden fest verbunden sind (§§ 93, 94, 946 BGB.) und grundsätzlich auch nach der Trennung vom Boden (§§ 953ff. BGB.). Ihm und dem Besitzer des Waldes, der nicht zugleich Eigentümer ist, kommen zum Schutze der Erzeugnisse die gleichen bürgerlichrechtlichen Befugnisse zu wie zur Abwehr des Betretens des Waldes (s. oben) und zwar bezüglich aller Erzeugnisse, auch z. B. der Waldbeeren und Schwämme; jedoch macht der Waldeigentümer und -besitzer bezüglich der letzteren von seinen Befugnissen gewöhnlich keinen Gebrauch; die zur Verfügung stehenden Mittel sind auch praktisch unzureichend. Der Eigentümer hat bei Schädigungen des Waldes oder seiner Erzeugnisse auch einen bürgerlichrechtlichen Anspruch auf Schadenersatz (§§ 823ff. BGB.; die Bestimmungen über Forstfrevel in Art. 79ff. und 88ff. sind größtenteils auch als Schutzgesetz im Sinne des § 823 Abs. II BGB. anzusehen; s. auch Art. 62 FG.). Bei Entwendungen steht ihm weiter grundsätzlich der bürgerlichrechtliche Herausgabeanspruch nach §§ 985ff. BGB. zu. Der Waldbesitzer, sein Stellvertreter oder der von diesen bestellte Waldaufseher darf einer beim unbefugten Sammeln von Pilzen betroffenen Person die Pilze und das Tuch, in dem sie eingebunden waren, mit Gewalt abnehmen (§§ 858, 859 Abs. II BGB.; RG. 21. 4. 03, Goltd. Bd. 50 S. 278).

b) Strafrechtlicher Schutz: Strafrechtlich sind die Walderzeugnisse geschützt durch die Strafdrohungen des Forstgesetzes gegen Entwendungen (Art. 79ff.) und gegen Beschädigungen und Gefährdungen (Art. 88ff.), stets aber nur diejenigen Walderzeugnisse und gegen diejenigen Beschädigungen und Gefährdungen, die in den angeführten gesetzlichen Bestimmungen ausdrücklich bezeichnet sind. Die Entwendung anderer als der im Forstgesetz genannten Walderzeugnisse z. B. von Pilzen, und die Beschädigung anderer als der im Forstgesetz genannten zum Walde gehörenden Gegenstände oder eine andere Gefährdung des Waldes als die im Forstgesetz und Strafgesetzbuch aufgeführten sind grundsätzlich nicht strafbar. Soweit es sich um Wald und Walderzeugnisse handelt, können für die Entwendung und Gefährdung grundsätzlich andere Strafgesetze als das Forstgesetz nicht angewendet werden, da das Forstgesetz diese Gegenstände im allgemeinen erschöpfend geregelt hat (vgl. Anm. 2bβ vor Art. 79). Einige wichtige Strafbestimmungen enthält allerdings auch das Reichsstrafgesetzbuch z. B. in §§ 308ff. (Brandstiftung); näheres s. Anm. 3 vor Art. 48.

Forstgesetz und bürgerliches Recht.

1. Öffentliches Recht und Privatrechte:

a) Materiell: Das Forstgesetz gehört in allen seinen Teilen dem öffentlichen Recht an. Eine Anzahl von Bestimmungen regelt bürgerlichrechtliche Verhältnisse in gewissen Beziehungen z. B. in der Abteilung Forstberechtigungen; auch diese Vorschriften sind jedoch öffentlichrechtlicher (polizeilicher) Natur; die Staatsgewalt schränkt im Interesse der Allgemeinheit unmittelbar durch das Gesetz oder durch die Ermöglichung behördlichen Eingreifens die privaten Rechte (Eigentum, andere Rechte, mit denen der Waldbesitz verbunden ist, Forstberechtigungen) ein. Die Ermächtigung hiezu gegenüber dem reichsrechtlichen Bürgerlichen Gesetzbuch ist dem Forstgesetz in den Art. 111, 113, 115 u. 119 EG.BGB. eingeräumt.

Die Bestimmungen des Forstgesetzes gehen als öffentliches Recht den etwa widerstreitenden bürgerlichrechtlichen Vorschriften vor.

b) Zuständigkeit und Verfahren: Der Vollzug öffentlichrechtlicher Vorschriften einschließlich der Entscheidung darauf beruhender Streitigkeiten obliegt im allgemeinen grundsätzlich den Verwaltungsbehörden (die Aburteilung strafbarer Handlungen dem Strafrichter); die Entscheidung bürgerlichrechtlicher Streitigkeiten kommt den ordentlichen Gerichten zu. Dieser Grundsatz gilt auch für die Zuständigkeit im Vollzuge des Forstgesetzes, soweit dieses im einzelnen nicht etwas anderes bestimmt. Die Grenze zu ziehen, wo im einzelnen praktischen Fall das öffentliche Recht endet und das bürgerliche Recht beginnt, ist oft schwierig, selbst da, wo das Gesetz die Grenze selbst zu bestimmen sucht, z. B. in Art. 23 Abs. II. In einzelnen Fällen (Art. 25, 26, 28) weist das Forstgesetz die vorläufige Entscheidung den Verwaltungsbehörden, die endgültige (wenn die vorläufige nicht anerkannt wird) den Gerichten zu. Das Verfahren der Verwaltungsbehörden regelt sich nach Art. 109ff. FG. und den allgemeinen Vorschriften über das Verwaltungs- und Verwaltungsstreitverfahren, das Verfahren der Gerichte nach der Zivilprozeßordnung und ihren Ergänzungen, soweit nicht das Forstgesetz selbst besondere Bestimmungen enthält (z. B. in Art. 25 Abs. V u. VI).

2. Der Wald im bürgerlichrechtlichen Verkehr:

Das Forstgesetz befaßt sich mit den Waldungen nur, soweit es dem Gesetzgeber vom polizeilichen Standpunkt zu ihrer Erhaltung im Allgemeininteresse veranlaßt schien. Im übrigen bilden die Waldungen einen Gegenstand des bürgerlichrechtlichen Verkehrs wie eine andere gleichartige Sache; der Waldgrund ist ein Grundstück im Sinne des Bürgerlichen Gesetzbuches; seine Erzeugnisse sind bis zur Trennung Bestandteile des Grundstücks, nach der Trennung bewegliche Sachen. Der Kauf von Holz auf dem Stamm kann nicht durch Eintragung eines „Abholzungsrechtes" im Grundbuch dinglich geschützt werden (RGZ. Bd. 60 S. 317). Wenn ein Waldgrundstück mit dem darauf stehenden Holz verkauft wird, so liegt niemals ein Handelskauf nach §§ 373ff. HGB. vor, auch wenn der Kauf des Holzbestandes für den Käufer (Holzhändler) den Hauptzweck des Geschäftes bildet (vgl. ObLGZ. Bd. 15 S. 1); wohl aber kann der bloße Holzbestand eines Waldgrundstückes Gegenstand eines Handelskaufes sein; ein Handelsgeschäft (§§ 343ff. HGB.) kann auch der Kauf eines Waldgrundstücks mit oder ohne Holzbestand sein. Im Hinblick auf § 1019 BGB. ist es nicht möglich eine Grunddienstbarkeit des Inhalts zu bestellen, daß zugunsten des Militärfiskus ein Grundstück in der Nähe einer Festung entwaldet und nicht mehr aufgeforstet werden soll (RG. JW. 1909 S. 146 Nr. 33), wohl aber kann eine beschränkte persönliche Dienstbarkeit dieses Inhalts bestellt werden.

Als Grunddienstbarkeit kann die Verpflichtung, einen zum Windschutz dienenden Waldstreifen zu belassen, bestellt werden mit der Nebenverpflichtung, die etwa nötig werdende Aufforstung vorzunehmen (RJA. 11, 133).

3. Sondervorschriften des bürgerlichen Rechts:

Auch Vorschriften, die sich im besonderen auf die Waldungen beziehen, finden sich im bürgerlichen Recht:

§ 1038 BGB.: Wenn ein Nießbrauch an einem Wald besteht, so kann der Waldeigentümer wie der Nießbraucher verlangen, daß das Maß der Nutzung und die Art der wirtschaftlichen Behandlung durch einen Wirtschaftsplan festgestellt werden. Ändern sich die Umstände erheblich, so kann jeder Teil die entsprechende Änderung des Wirtschaftsplanes verlangen. Die Kosten haben beide zu gleichen Teilen zu tragen.

§ 2123 BGB. enthält eine ähnliche Bestimmung für den Fall, daß ein Wald zu einer Erbschaft gehört und ein Nacherbe eingesetzt ist; die Kosten des Wirtschaftsplans fallen der Erbschaft zur Last. Der Erblasser kann den Vorerben von der Verpflichtung, einen Wirtschaftsplan aufzustellen, befreien; § 2136 BGB.

Die Beschlagnahme eines Grundstücks zum Zwecke der Zwangsversteigerung umfaßt forstwirtschaftliche Erzeugnisse des Grundstücks nur, soweit die Erzeugnisse noch mit dem Boden verbunden oder soweit sie Zubehör (§ 97 BGB.) des Grundstücks sind (§ 21 Abs. I des Zwangsversteigerungsgesetzes); die Beschlagnahme zum Zwecke der Zwangsverwaltung umfaßt alle diese Gegenstände ohne Einschränkung (§ 148 ZVG.).

4. Wald und Nachbarrecht im besonderen:

Beschränkungen sind dem Waldbesitzer insbesondere auferlegt durch die Bestimmungen des sog. (privaten) Nachbarrechts. Diese sind in reichs- und landesgesetzlichen Vorschriften enthalten; sie bestimmen:

a) Allgemeines: Der Eigentümer einer Sache kann, soweit nicht das Gesetz oder Rechte Dritter entgegenstehen, mit der Sache nach Belieben verfahren und andere von jeder Einwirkung ausschließen (Inhalt des Eigentums § 903 BGB.). Das Recht des Eigentümers eines Grundstücks erstreckt sich auf den Raum über der Oberfläche und auf den Erdkörper unter der Oberfläche; der Eigentümer kann jedoch Einwirkungen nicht verbieten, die in solcher Höhe oder Tiefe vorgenommen werden, daß er an der Ausschließung kein Interesse hat (§ 905 BGB.). Der Grundstückseigentümer kann die Zuführung von Gasen, Dämpfen, Gerüchen, Rauch, Ruß, Wärme, Geräusch, Erschütterungen und ähnliche von einem anderen Grundstück ausgehende Einwirkungen insoweit nicht verbieten, als die Einwirkung die Benutzung seines Grundstücks nicht oder nur unwesentlich beeinträchtigt oder durch eine Benutzung des andern Grundstücks herbeigeführt wird, die nach den örtlichen Verhältnissen bei Grundstücken dieser Lage gewöhnlich ist; die Zuführung durch eine besondere Leitung ist unzulässig (§ 906 BGB.). Der Eigentümer eines Grundstücks kann verlangen, daß auf den Nachbargrundstücken nicht Anlagen hergestellt oder gehalten werden, von denen mit Sicherheit vorauszusehen ist, daß ihr Bestand oder ihre Benutzung eine unzulässige Einwirkung auf sein Grundstück zur Folge hat; Bäume und Sträucher gehören nicht zu den Anlagen im Sinne dieser Vorschrift (§ 907 BGB.). Ein Grundstück darf nicht in der Weise vertieft werden, daß der Boden des Nachbargrundstücks die erforderliche Stütze verliert, wenn nicht für eine genügende anderweitige Befestigung gesorgt ist (§ 909 BGB.).

b) Wurzeln und Zweige: Der Eigentümer eines Grundstücks kann Wurzeln eines Baumes oder eines Strauches, die von einem Nachbargrundstück eingedrungen sind, abschneiden und behalten; das gleiche gilt von herüberragenden Zweigen, wenn der Eigentümer dem Besitzer des Nachbargrundstücks eine angemessene Frist zur Beseitigung bestimmt hat und die Zweige nicht innerhalb der Frist beseitigt werden; dem Eigentümer stehen diese Rechte nicht zu, wenn die Wurzeln oder die Zweige die Benutzung des Grundstücks nicht beeinträchtigen (§ 910 BGB.). Für eine gewisse Übergangszeit, gerechnet von der Einführung des Bürgerlichen Gesetzbuches (1. 1. 1900) an, gilt für Waldungen eine Ausnahme von dieser Regel: der Eigentümer eines Waldgrundstücks ist verpflichtet, die Wurzeln eines Baumes oder Strauches, die von einem am 1. 1. 1900 mit Wald bestandenen Nachbargrundstück eingedrungen sind, sowie die von einem solchen Grundstücke herüberragenden Zweige zu dulden, bis auf dem Nachbargrundstück die nächste Verjüngung des Waldes stattfindet; im Falle des Plenterbetriebes gilt als Zeitpunkt der nächsten Verjüngung der 1. Januar 1950. Dem Eigentümer eines nichtbewaldeten Grundstücks obliegt gegenüber einem am 1. 1. 1900 mit Wald bestandenen Nachbargrundstück die gleiche Duldungspflicht nur bezüglich der herüberragenden Zweige (nicht der Wurzeln) und zwar nur bezüglich der mindestens 5 m vom Boden entfernten (die Höhe wird von den unteren Spitzen der Zweige an gemessen); für die Beseitigung der herüberragenden weniger als 5m vom Boden entfernten Zweige ist dem Waldeigentümer eine angemessene Frist von höchstens 2 Jahren zu gewähren; auf der westlichen, nordwestlichen, südwestlichen und südlichen Seite des Waldgrundstückes müssen bis zu dessen nächster Verjüngung auch von diesem herüberragende Zweige unter 5 m Höhe geduldet werden, wenn sonst der Fortbestand eines zum Schutze des Waldes erforderlichen Baumes oder Strauches gefährdet oder die Ertragsfähigkeit des Waldbodens infolge des Eindringens von Wind und Sonne vermindert würde. Isolierte Waldparzellen, die bis zum Beginn des Jahres 1885 als landwirtschaftliche Grundstücke benutzt worden sind, haben weder Anspruch auf Duldung der über die Grenze reichenden Wurzeln noch der Zweige (Art. 9 des Übergangsgesetzes). Bei allen nach dem 1. 1. 1900 entstandenen Waldanlagen braucht der Nachbar, wie oben ausgeführt, die Wurzeln und Zweige nur bis zur Grundstücksgrenze zu dulden; das gleiche gilt für die am 1. 1. 1900 bereits bestehenden Waldungen nach der nächsten Verjüngung. Die Ansprüche des Nachbarn auf die Beseitigung der Wurzeln und Zweige verjähren in 30 Jahren beginnend mit der Entstehung des Anspruches. Die Vorschriften für Waldungen gelten für Waldungen jeder Art gleichmäßig.

c) **Grenzabstand:** Bäume, Sträucher und Hecken bis zu 2 m Höhe müssen von der Grenze des Nachbargrundstücks mindestens ½ m entfernt sein; wenn sie mehr als 2 m hoch sind, mindestens 2 m entfernt; ist das Nachbargrundstück ein Wald, so braucht ihm gegenüber auch bei Bäumen usw. von mehr als 2 m Höhe nur ein Abstand von ½ m eingehalten zu werden (Art. 71 AG.BGB.). Gegenüber einem landwirtschaftlich benutzten Grundstück, das unter der Schmälerung des Sonnenlichts erheblich leiden würde (z. B. einem Acker), ist mit Bäumen von mehr als 2 m Höhe (ausgenommen Stein- und Kernobstbäume) sogar ein Abstand von 4 m einzuhalten; dies gilt aber nur, wenn das Grundstück die bezeichnete wirtschaftliche Bestimmung schon zu der Zeit hatte, als die Bäume die Höhe von 2 m überschritten (Art. 72 AG.BGB.); der Abstand von 4 m braucht nicht eingehalten zu werden im Falle einer Aufforstung, wenn diese nach der Lage des aufzuforstenden Grundstücks wirtschaftlich zweckmäßig ist (Art. 74 Abs. III AG.BGB.); er braucht ferner nicht eingehalten zu werden bei einem Grundstück, das am 1. 1. 1900 schon mit Wald bestanden war (Art. 75 AG.BGB.), sowie bei Bäumen, die sich in einem Hofraum oder einem Hausgarten befinden (Art. 74 Abs. II AG.BGB.). Die vorstehenden Bestimmungen über den Grenzabstand gelten nicht für Gewächse, die sich hinter einer Mauer oder einer sonstigen dichten Einfriedung befinden und diese nicht oder nicht erheblich überragen; sie gelten ferner nicht für Bäume, die längs einer öffentlichen Straße oder auf einem öffentlichen Platze gehalten werden, sowie für Pflanzungen, die zum Uferschutze, zum Schutze von Abhängen oder Böschungen oder zum Schutze einer Eisenbahn dienen (Art. 74 Abs. I AG.BGB.). Der nach den vorstehenden Bestimmungen einzuhaltende Grenzabstand wird von der Mitte des Stammes, wo er aus dem Boden tritt, bei Sträuchern und Hecken von der Mitte der zunächst an der Grenze befindlichen Triebe gemessen (Art. 73 AG.BGB.). Der angegebene Grenzabstand muß nur eingehalten werden, wenn der Nachbar es verlangt; der Rechtsanspruch, es zu verlangen, unterliegt einer verhältnismäßig kurzen Verjährung: er verjährt in 5 Jahren beginnend mit dem Ablauf des Kalenderjahres, in dem die Überschreitung des gesetzlichen Grenzabstands erkennbar wird; werden im Falle der Verjährung Gewächse durch neue ersetzt, so ist bei den neuen der gesetzliche Grenzabstand wieder einzuhalten; es beginnt für sie eine neue fünfjährige Verjährungsfrist zu laufen. Der Anspruch des Nachbarn auf Einhaltung des gesetzlichen Grenzabstands ist nötigenfalls im Wege der Klage bei den ordentlichen Gerichten zu verfolgen. Die Vorschriften für Waldungen gelten für Waldungen jeder Art gleichmäßig.

d) **Überfallrecht und Abholungsanspruch:** Früchte, die von einem Baum oder Strauch auf ein Nachbargrundstück hinüberfallen, gelten als Früchte dieses Grundstücks; dies gilt nicht, wenn das Nachbargrundstück dem öffentlichen Gebrauche dient (§ 911 BGB.). Wenn eine andere Sache als abgefallene Früchte auf ein Nachbargrundstück gelangen (wenn z. B. beim Holzfällen ein Stamm auf das Nachbargrundstück zu liegen kommt), so muß der Nachbar dem Waldbesitzer gestatten, die Sache wegzuschaffen; der Waldbesitzer hat den entstandenen Schaden zu vergüten (§ 867 BGB.). S. auch Anm. 1c (a. E.) vor Art. 79.

e) **Notwegrecht:** Fehlt einem Grundstück die zur ordnungsmäßigen Benutzung notwendige Verbindung mit einem öffentlichen Wege, so kann der Eigentümer von den Nachbarn verlangen, daß sie bis zur Behebung des Mangels die Benutzung ihrer Grundstücke zur Herstellung der erforderlichen Verbindung dulden; die Nachbarn sind durch eine Geldrente zu entschädigen (Notwegrecht; § 917 BGB.). Die Verpflichtung zur Duldung des Notwegs besteht nicht, wenn die bisherige Verbindung des Grundstücks mit dem öffentlichen Weg durch eine willkürliche Handlung des Eigentümers aufgehoben wird (§ 918 BGB.).

f) **Grenzeinrichtung; Grenzbaum:** Werden zwei Grundstücke durch einen Zwischenraum, Rain, Winkel, einen Graben, eine Hecke, Planke oder eine andere Einrichtung, die zum Vorteile beider Grundstücke dient, voneinander geschieden, so wird vermutet, daß die Eigentümer der Grundstücke die Einrichtung gemeinschaftlich benutzen dürfen, wenn nicht äußere Merkmale darauf hinweisen, daß die Einrichtung einem der Nachbarn allein gehört; im Falle des gemeinschaftlichen Benutzungsrechtes haben die Nachbarn die Unterhaltskosten zu gleichen Teilen zu tragen; ohne Zustimmung des Nachbarn darf der andere die Einrichtung nicht beseitigen oder ändern (§§ 921, 922 BGB.). Steht auf der Grenze ein Baum, so gebühren die Früchte und, wenn der Baum gefällt wird, auch der Baum den Nachbarn zu gleichen Teilen; jeder Nachbar kann jederzeit die Beseitigung des Baumes verlangen; die Kosten der Beseitigung fallen den Nachbarn zu gleichen Teilen zur Last; der Nachbar, der die Beseitigung verlangt, hat jedoch die Kosten allein zu tragen, wenn der andere auf sein Recht am Baum verzichtet; er erwirbt in diesem Falle mit der Trennung das Alleineigentum am Baum; der Anspruch auf Beseitigung des Baumes ist ausgeschlossen, wenn dieser als Grenzzeichen dient und den Umständen nach nicht durch ein anderes zweckmäßiges Grenzzeichen ersetzt werden kann; diese Vorschriften gelten auch für einen auf der Grenze stehenden Strauch (§ 923 BGB.).

Weitere Beschränkungen des Waldeigentums.

Die einschlägigen Gesetze stellen entweder von sich aus gesetzliche Schranken auf oder verleihen Dritten oder einer Behörde Rechte gegenüber dem Waldbesitzer oder Waldeigentümer.

1. Das **Abmarkungsgesetz** vom 30. 6. 1900 (GVBl. S. 553): Die Eigentümer von Grundstücken, auch Waldgrundstücken, deren Grenzen unbestritten feststehen, aber nicht durch Grenzzeichen gesichert sind, haben nach Art. 1 des AbmarkGes. in folgenden Fällen die Pflicht, die Abmarkung dieser Grenzen oder die Ergänzung dieser Abmarkung vornehmen zu lassen:

1. bei der Neuaufnahme von Landesteilen nach behördlicher Anordnung,
2. bei allen Grenzermittlungsmessungen der Messungsbehörden, die mit Zustimmung der beteiligten Grundeigentümer zum Abschluß gebracht werden (d. s. die üblichen Vermessungen auf Antrag eines oder mehrerer Beteiligten, wenn der Grenzverlauf zweifelhaft ist; vgl. §§ 919ff. BGB.[1]),
3. wenn von einem Grundstück ein Teil abgetrennt z. B. wegverkauft wird,
4. wenn eine bestrittene Grenzlinie durch eine gerichtliche Entscheidung festgestellt wird, und
5. wenn in einer Gemeinde- oder Ortsflur oder in einer in sich abgeschlossenen Feldlage (Gewanne) die Mehrzahl der beteiligten Grundeigentümer die Abmarkung will.

Die Art der Abmarkung regelt Art. 2 AbmG.[2]), die Pflicht zur Erhaltung der Grenzzeichen Art. 3 [3]).

Nach Art. 7 des Gütertrümmerungsgesetzes vom 13. 8. 1910 (GVBl. S. 627) müssen grundsätzlich Güterhändler bei der Zertrümmerung landwirtschaftlicher Anwesen alle noch nicht abgemarkten Grundstücke abmarken lassen.

2. Das Gesetz über die Enteignung für die Ansiedlung von Kriegsopfern vom 28. 3. 1919 (RGBl. S. 117) läßt die Enteignung von Grundstücken in einem ganz kurzen formlosen Verfahren zu.

3. Das **Gesetz über die Aufforstung landwirtschaftlicher Grundstücke** vom 22. 12. 1921 (GVBl. S. 609, abgedruckt im Anhang Ziff. 3): die Aufforstung landwirtschaftlich benützter Grundstücke ist nur unter gewissen Voraussetzungen gestattet:

1. es ist bezirkspolizeiliche Erlaubnis notwendig (Art. 1); erlaubnisfrei ist die Aufforstung von Grundbesitz des Reiches und des bayerischen Staates, ferner die Aufforstung von Grundstücken unter einem Tagwerk, die mindestens mit der Hälfte ihres Umfanges an Waldgrundstücke des gleichen Eigentümers angrenzen, endlich die Aufforstung von Grundstücken in Wechselwirtschaft, Waldfeldbau- und ähnlichen Betrieben (Art. 1 Abs. IV, Art. 2); die erlaubnisfreien Aufforstungen nach Art. 2 sind anzeigepflichtig;

---

[1]) § 919 Abs. I BGB. lautet: Der Eigentümer eines Grundstücks kann von dem Eigentümer eines Nachbargrundstücks verlangen, daß dieser zur Errichtung fester Grenzzeichen und, wenn ein Grenzzeichen verrückt oder unkenntlich geworden ist, zur Wiederherstellung mitwirkt.

[2]) Art. 2 AbmGes. lautet:

I Zur Abmarkung sind in der Regel dauerhafte Steine von entsprechender Größe und Form zu verwenden.

II Die Steine müssen soweit zugerichtet sein, daß ihre Bedeutung als Grenzzeichen zweifellos erkennbar ist.

III Ausnahmsweise sind auch andere Grenzzeichen, insbesondere solche von dauerhaftem Holze zulässig, wenn die Beschaffenheit des Bodens das Setzen von Steinen nicht angezeigt erscheinen läßt, oder wenn die Beschaffung der Steine mit unverhältnismäßigen Kosten verbunden wäre.

[3]) Art. 3 AbmGes. lautet:

I Die von den zuständigen Behörden und Personen gesetzten Grenzzeichen müssen von den beteiligten Grundeigentümern stets instand gehalten werden. Die Grundeigentümer sind verpflichtet, den Abgang oder die Beschädigung von Grenzzeichen binnen acht Tagen nach erlangter Kenntnis der Gemeindebehörde anzuzeigen.

II Bei der Bearbeitung der Grundstücke sind die Grenzzeichen sorgfältig zu schonen. Wer Arbeiten beabsichtigt, die den festen Stand eines Grenzzeichens gefährden, hat seine Absicht rechtzeitig der Gemeindebehörde anzuzeigen. Diese hat auf seine Kosten die Verlegung des Grenzzeichens zu veranlassen.

III Entbehrlich gewordene Grenzzeichen können auf Antrag der beteiligten Grundeigentümer beseitigt werden.

2. soweit eine Erlaubnis notwendig ist, darf sie nur erteilt werden, wenn das Grundstück sich besser zur forstwirtschaftlichen Benutzung eignet oder wenn für die Aufforstung ein dringendes auf andere Weise nicht zu befriedigendes wirtschaftliches Bedürfnis gegeben ist oder wenn Vogelschutzgehölze im waldarmen Flachland angelegt werden sollen (Art. 3). Mit der Erlaubnis können Auflagen verbunden, auch kann Sicherheitsleistung verlangt werden (Art. 4, 5).

Zuwiderhandlungen gegen die Vorschriften des Gesetzes sind strafbar (Art. 16). Das Gesetz ist in der Zeit der schwierigen Ernährungslage zur Sicherung der Volksernährung entstanden; heute ist diese nicht mehr gefährdet; eine strenge Handhabung ist nach dem Sinn des Gesetzes nicht mehr begründet (vgl. ME. vom 17. 4. 1926 Nr. 6022 b1).

4. Das Gesetz über die Erschließung von Baugelände vom 4. 7. 1923 (GVBl. S. 273) mit VO. vom 14. 8. 1923 und der MB. vom 14. 9. 1923 (GVBl. S. 280 u. 317) bestimmt, daß u. U. zur Deckung des Bedarfs für den notwendigen öffentlichen Verkehrsraum und für die sonstigen aus Gründen des Gemeinwohls von der Bebauung freizuhaltenden Flächen sowie für Bauplätze Grundstücke in Anspruch genommen werden können.

5. Das Berggesetz vom 13. 8. 1910 (GVBl. S. 815). Das Grundeigentum erstreckt sich nicht auf die in Art. 1 des Bergges. aufgeführten Mineralien. Der Grundeigentümer muß grundsätzlich dulden, daß Andere gegen Vergütung des Schadens diese Mineralien aufsuchen (schürfen) und gewinnen.

6. Holzfällungsarbeiten in der Umgebung von Eisenbahnanlagen: Oberpolizeiliche Vorschriften vom 9. 10. 1911 (GVBl. S. 1068; im Anhang Ziff. 4 abgedruckt). Sie enthalten genaue Anweisungen zum Schutze der Bahnanlagen; ihre Übertretung ist nach Art. 88 PolStGB. strafbar.

7. Das **Flurbereinigungsgesetz** vom 5. 8. 1922 (GVBl. S. 433): Auch Waldungen können in die Flurbereinigung einbezogen werden; forstmäßig bewirtschaftete Waldungen jedoch und solche anderen, deren Verlust für den Wirtschaftsbetrieb des Eigentümers von besonderem Nachteil ist, durch andere Grundstücke zu ersetzen (zu verlegen) oder in ihrem Bestande dermaßen zu verändern, daß ihr wirtschaftlicher Zweck erheblich beeinträchtigt wird, ist nur mit der besonderen Zustimmung des Eigentümers möglich. Ohne diese Zustimmung können Teile von ihnen zur Regelung von Feldwegen und Wasserläufen verwendet werden; auch können solche Teile beigezogen werden, die in unwirtschaftlicher Weise in die Vereinigungsfläche hineinragen (Art. 8 Abs. I Ziff. 14, Abs. III). Nötigenfalls können die letztbezeichneten Waldungen auch enteignet oder mit einer Dienstbarkeit beschwert werden (Art. 9).

8. Das Luftverkehrsgesetz vom 1. 8. 1922 (RGBl. I S. 681) läßt die Enteignung oder Belastung zu für Zwecke der Luftfahrt; dieses Gesetz gibt auch den Luftraum in Erweiterung des § 905 Satz 2 BGB. der Benutzung durch Luftfahrzeuge grundsätzlich frei.

9. Im Sinne des **Natur- und Heimatschutzes** sind dem Waldbesitzer gewisse Beschränkungen auferlegt:

Nach Art. 22 b Abs. II PolStGB. können ober-, bezirks- und ortspolizeiliche Vorschriften zum Schutze einheimischer Tier- und Pflanzenarten gegen Ausrottung oder zum Schutze von Orts- und Landschaftsbildern gegen verunstaltende Reklame erlassen werden; in diesen Vorschriften kann auch dem Waldbesitzer u. U. die Entnahme von Pflanzen im eigenen Wald untersagt werden. Hierher gehören auch die Beschränkungen in den sog. Naturschutzgebieten. Vgl. die Oberpol. Vorschriften zum Schutze einheimischer Pflanzenarten gegen Ausrottung vom 11. 6. 1929 (GVBl. S. 75) und die ME. vom 11. 6. 1929 Nr. 3678 qu 30 (StAnz. Nr. 144) und für Alpenrosen die oberpol. Vorschriften von Oberbayern und Schwaben vom $\frac{\text{9. 2. 1914 (KrABl. S. 15)}}{\text{3. 3. 1914 (KrABl. S. 45)}}$ u. 13. 3. 1929 (MABl. S. 32). Die forstwirtschaftliche Benutzung der Grundstücke wird durch diese Vorschriften jedoch nicht beschränkt.

Nach Art. 22b Abs. I PolStGB. können durch Verordnung oder oberpolizeiliche Vorschriften Bestimmungen über Ausgrabungen und Funde von vorgeschichtlichen oder geschichtlich merkwürdigen Gegenständen erlassen werden; dazu erging die VO. vom 6. 9. 1908 (GVBl. S. 762); darnach bedarf der bezirkspolizeilichen Erlaubnis, wer solche Ausgrabungen, wenn auch auf eigenem Grundstück, vornehmen will. Wer bei Erdarbeiten zufällig vorgeschichtliche oder geschichtlich merkwürdige Gegenstände findet, muß dies spätestens am folgenden Werktag der Ortspolizeibehörde anzeigen; diese hat die Anzeige unverzüglich auf kürzestem Weg dem vorgesetzten Bezirksamt weiterzugeben. Vgl. die VollzBek. vom 7. 9. 1908 (GVBl. S. 763).

10. Das **Ödlandgesetz** vom 6. 3. 1923 (GVBl. S. 89) mit den Ausführungsbestimmungen vom 30. 6. 1923 (GVBl. S. 210): Zur gemeinsamen Verbesserung von Ödland können freiwillige und Zwangsgenossenschaften gebildet werden; auch können Grundstücke mit einer Dienstbarkeit belastet oder enteignet werden; letzteres ist nicht zulässig bei Verbesserung von Ödland durch Aufforstung (Art. 42 Abs. II). Als Ödland gilt ein Grundstück, das ohne planmäßige land- oder forstwirtschaftliche Bearbeitung im wesentlichen sich selbst überlassen ist, nur einen Ertrag abwirft, der hinter dem Ertrag von Kulturland übermäßig weit zurückbleibt, in wirtschaftlich und technisch zweckmäßiger Weise in land- oder forstwirtschaftliches Kulturland umgewandelt werden kann und infolge dieser Umwandlung voraussichtlich nachhaltig einen erheblich größeren Ertrag gewähren wird (Art. 1). Zu den Ödungen können auch zählen Moore, Filze, Sumpfflächen, ungepflegte Weiden, Streuwiesen, urwaldähnliche Waldbestände, Gestrüpp, unordentlich gepflegter Baumwuchs, Torfstiche, ehemalige Sand- und Kiesgruben, Geröllhalden, Waldblößen u. a. (Woerner, Kommentar z. Ödlandgesetz, Anm. 6 zu Art. 1).

11. Das Reichsheimstättengesetz vom 10. 5. 1920 (RGBl. S. 962), das eine Enteignung zuläßt zur Begründung von Wohn- und Wirtschaftsheimstätten.

12. das Reichssiedlungsgesetz vom 11. 8. 1919 (RGBl. S. 1429), wonach gemeinnützige Siedlungsunternehmungen Moor- und Ödland für Siedlungszwecke enteignen können.

13. das Reichsrayongesetz vom 21. 12. 1871 (RGBl. S. 459): Enteignungen und Beschränkungen um Festungen; dazu das Ges. vom 27. 4. 1920 (RGBl. S. 697), das bei der Auflösung von Festungen den Festungsgemeinden das Recht zur Enteignung von Festungsgrundstücken gibt.

14. Gehölze an den Staatsstraßen sind je sieben Meter auf beiden Seiten der Straße auszulichten; die Flächen sollen vom Staat möglichst zu Eigentum erworben werden; geschieht dies nicht, so ist Entschädigung zu gewähren. Für Bezirksstraßen und Gemeindewege gibt es keine Auslichtungsvorschriften. ME. vom 26. 10. 1876 (MABl. S. 425; Weber Bd. 11 S. 659) mit Anführungen. Desgleichen ist kein Zwang möglich entlang der Eisenbahnlinien; doch sind Feuerschutzanlagen empfohlen in der FMB. vom 7. 2. 1906 (FMBl. S. 41 f.); die Eisenbahnverwaltung gewährt u. U. eine Entschädigung; vgl. Anm. zu Art. 45. Der VGH. ist zur Entscheidung von Streitigkeiten über das Auslichten von Wäldern an Staatsstraßen nicht zuständig (VGH. Bd. 13 S. 345).

15. Die Enteignung von Grundstücken zur Verwendung als Kiesgruben und Steinbrüche für Staatsstraßen ist möglich nach der VO. vom 3. 7. 1812 (Weber Bd. 1 S. 395) in den Landesteilen, die zur Zeit als sie erlassen wurde, zu Bayern gehörten.

16. Das Telegraphenwegegesetz vom 18. 12. 1899 (RGBl. S. 705), wonach für die staatlichen Telegraphen- und Telephonlinien Ausästungen von Baumpflanzungen an den Verkehrswegen insoweit verlangt werden können, als sie zur Herstellung der Leitungen oder zur Verhütung von Betriebsstörungen unbedingt notwendig sind. Der Schaden und Arbeitslohn ist zu ersetzen. Grundbesitzer müssen Leitungen über ihrem Grundstück außerhalb öffentlicher Wege dulden, wenn die Benutzung des Grundstücks darunter nicht wesentlich leidet; tritt letzteres später ein, so ist die Leitung zu beseitigen. Telegraphen- und Telephonleitungen dürfen beim Holzfällen nicht beschädigt werden; vorsätzliche oder fahrlässige Beschädigungen sind strafbar (§§ 317 ff. StGB.); besteht für eine Leitung Gefahr, so ist vor der Fällung mit der nächsten Postanstalt ins Benehmen zu treten; vgl. MB. vom 17. 1. 1918 (StAnz. Nr. 16). Sind Stromleitungen gefährdet, so werden zweckmäßigerweise vor der Fällung die Besitzer der Leitung verständigt.

17. Das Torfwirtschaftsgesetz vom 25. 2. 1920 (GVBl. S. 42) mit VollzB. vom 13. 3. 1920 (GVBl. S. 79), das die Enteignung von Grundstücken zuläßt, die zur Torfgewinnung geeignet sind, sowie solcher Grundstücke, die zur Torfgewinnung benötigt werden, vorausgesetzt, daß ein öffentliches Interesse vorliegt. Die Grundstücke dürfen nur so ausgenutzt werden, daß sie später noch land-, forst- oder teichwirtschaftlich genutzt werden können.

18. Der Verkehr mit forst- und landwirtschaftlichen Grundstücken unterliegt regelmäßig der Genehmigung der Bezirksverwaltungsbehörde (VO. vom 15. 3. 1918, RGBl. S. 123; MB. vom 15. 3. 25, GVBl. S. 96). Die Bayerische Landessiedlung G. m. b. H. in München hat gewöhnlich das Vorkaufsrecht (§ 3 der MB. vom 5. 9. 1919, MABl. S. 219); wenn ein Güterhändler ein geschlossen bewirtschaftetes landwirtschaftliches Anwesen ganz oder teilweise kauft, so sind auch die beteiligten Gemeinden und Darlehenskassenvereine u. ä. vorkaufsberechtigt (Art. 1, 11 des Güterzertrümmerungsgesetzes vom 13. 8. 1910, GVBl. S. 627). Bei der Beteiligung von Güterhändlern kommen auch die besonderen Vorschriften der Art. 42 a—c FG. in Frage.

19. Das Wassergesetz: Art. 153ff.; s. näheres unter Wald und Wasserrecht vor Art. 95.

20. Das Zwangsabtretungsgesetz vom 17. 11. 1837, mehrfach geändert, letzte Fassung vom 9. 5. 1918 (GVBl. S. 289). Danach können Grundeigentümer (auch Waldeigentümer) gezwungen werden, für die in Art. I des Gesetzes aufgezählten Zwecke das Eigentum an Grundstücken abzutreten oder mit Dienstbarkeiten beschweren zu lassen. Auch dem Staat gegenüber kann enteignet werden. Solche Enteignungszwecke sind z. B. die Anlegung und Änderung von Staats- und Bezirksstraßen (nicht dagegen von Gemeindeverbindungswegen) die Herstellung öffentlicher (z. B. gemeindlicher oder genossenschaftlicher) Wasserleitungen, Errichtung von Eisenbahnen — s. hiezu jetzt auch § 38 des Reichsgesetzes vom 30. 8. 1923, RGBl. II S. 272 —, Errichtung und Änderung öffentlicher Elektrizitätswerke samt Leitungen u. a. Die Enteignung ist nur möglich gegen Entschädigung und in einem genau geregelten Verfahren. Bei öffentlichen Notständen kann für jeden öffentlichen Zweck formlos gegen nachträgliche Entschädigung enteignet werden.

Auf Grund der MB. vom 23. 12. 1918 (GVBl. S. 1280) kann im Falle eines öffentlichen Notstandes zur Beschaffung von Arbeitsgelegenheit in einem abgekürzten Verfahren für jeden Zweck Grundeigentum enteignet oder belastet werden.

In jedem Verfahren zum Zwecke der Enteignung oder zwangsweisen Belastung eines Waldes mit einer Dienstbarkeit ist die Frage der Notwendigkeit mit besonderer Strenge zu prüfen, da auch die Erhaltung der Wälder im öffentlichen Interesse liegt; das ganze Forstgesetz hat darin seine Begründung.

II. Besondere Bestimmungen (Art. 2—18).

1. In Ansehung der Staatswaldungen (Art. 2—5).

AllgVollzB. 1896.

I. Forstwirtschaftliche Bestimmungen in Ansehung der Staatswaldungen.

§ 1 Abs. I.

I (Art. 2—5.) Die Artikel 2—5 geben die allgemeinen leitenden Verwaltungsgrundsätze für die Bewirtschaftung der Staatswaldungen.

Nachhaltigkeit der Nutzung. **Artikel 2.**[2] (2/2).

Die Forstwirtschaft in den Staatswaldungen[1] hat die Nachhaltigkeit[3] der Nutzung als obersten Grundsatz zu befolgen, und ihre Wirtschaftspläne[4] auf sorgfältige Ertragsermittlungen zu stützen.

Allg.Vollz.B. 1896. § 1 Abs. II.

II Der Natur und Zweckbestimmung der Staatswaldungen entsprechend hat die lebende Generation nur den jährlichen Fruchtgenuß aus diesen Waldungen zu beanspruchen. Die Forstwirtschaft in den Staatswaldungen muß daher die Nachhaltigkeit der Nutzung als obersten Grundsatz befolgen und es ist derselben, dem Hauptzwecke der Forstwirtschaft entsprechend, die höchstmögliche Holzproduktion in den dem Bedürfnisse der Gegend und des Landes entsprechenden Sortimenten unter Berücksichtigung der vorhandenen Forstberechtigungen zur Aufgabe gestellt.

Art. 2 schreibt der staatlichen Forstwirtschaft als obersten Grundsatz die Nachhaltigkeit der Nutzung vor.

1. Begriff der Staatswaldungen: Staatswaldungen im Sinne des FG. sind die Waldungen, deren Besitz (Art. 1) dem bayerischen Staate zusteht. In aller Regel wird dem Staat auch das Eigentum an den Waldungen zustehen, deren Besitz er innehat. Die Waldungen im Eigentum von Stiftungen, die unmittelbar durch staatliche Behörden verwaltet werden, gehören nicht zu den Staatswaldungen (näheres bei Art. 6). Der bayer. Forstärar besitzt fast 950000 ha Grund, davon fast 850000 ha Holzboden (nach dem Staatshaushaltplan 1930).

Sollte das Deutsche Reich im rechtsrheinischen Bayern Waldbesitzer sein oder werden, so fallen diese Waldungen nicht unter den Begriff Staatswaldungen im Sinne des Forstgesetzes; das gleiche gilt von den im rechtsrheinischen Bayern gelegenen Waldungen im Besitze eines außerbayerischen deutschen Landes oder eines fremden Staates; näheres Anm. 1 zu Art. 18.

Die Bewirtschaftung der Staatswaldungen obliegt der bayer. Staatsforstverwaltung nach Maßgabe der VO. vom 15. 12. 1908 (GVBl. S. 1087) und der Geschäftsanweisungen:

Geschäftsanweisung für die Regierungsforstkammern: MB. vom 2. 5. 1885 (FMBl. 281, Weber 17 S. 135);

Anweisung über den Inspektionsdienst der Regierungen, Kammern der Forsten: E. d. StM. d. Fin. MFA. vom 26. 3. 1923. Nr. 9691 (FMBl. 7);

Geschäftsanweisung für die Forstämter vom 13. 10. 1923 (FMBl. 79),
" " " Forstamts-Außenstellen vom 22. 7. 1927 (FMBl. 29),
" " den Forstamtmann vom 10. 8. 1921 (FMBl. 176).

Wenn der bayerische Staat außerhalb Bayerns (gleichgültig, ob innerhalb oder außerhalb des Deutschen Reiches) Waldungen besitzt, so sind auf diese die Art. 2—5 des Forstgesetzes anzuwenden, soweit nicht das auswärtige Recht entgegensteht; vgl. Anm. 5 zu Art. 6 und Anm. 1 zu Art. 18.

2. Bedeutung der Art. 2—5: Die Art. 2—5 enthalten in Gesetzesform die leitenden Grundsätze für die Bewirtschaftung der Staatswaldungen; an sie ist die Staatsforstverwaltung gebunden (Abg. 1985/96 StenB. Bd. 8 S. 363). Sie lassen genügend Spielraum für die Bedürfnisse der Praxis. Aus den allgemein gehaltenen Leitsätzen können, abgesehen von dem Anspruch auf Wahrung der vorhandenen Berechtigungen, Einzelne für sich Rechtsansprüche (etwa auf Streuabgabe) nicht ableiten; die Sätze haben nur programmatischen Wert.

Vgl. hieher die noch nicht aufgehobene, aber großenteils veraltete VO. vom 19. 8. 1849 über die Abgabe und Verwertung der Forsterzeugnisse aus Staatswaldungen (RBl. S. 961, Weber Bd. 4 S. 42, Forstl. Mitt. 7 S. 1) mit den dazu ergangenen Vollzugsvorschriften vom 15. 10. 1849 (Weber 4 S. 64 u. vom 6. u. 18. 4. u. 9. 5. 1851, Weber 4 S. 249). Die für die Staatswaldungen hierin niedergelegten Grundsätze sollen zweckmäßig für die Gemeinde- und Stiftungswaldungen gleichmäßige Anwendung finden (ME. 24. 11. 1849 u. 30. 11. 1849, Weber Bd. 4 S. 43 Fußnote).

Auf die Nichtbeachtung der in den Art. 2—5 enthaltenen Vorschriften sind Strafen nicht gesetzt; es kann auch nicht etwa forstpolizeilich vorgegangen werden; es kommt nur dienstliches Einschreiten der vorgesetzten Staatsforstbehörde in Betracht, letzten Endes die Verantwortlichkeit des Ministers vor dem Landtag und dem Staatsgerichtshof (§§ 53, 59, 56, 70 d. VU.).

3. Grundsatz der Nachhaltigkeit: Unter Nachhaltigkeit im weiteren Sinne ist die Forderung, daß eine Fläche dauernd der Holzzucht gewidmet bleibt, zu verstehen. Dieser Forderung wird durch Verjüngung abgeholzter Waldteile sowie durch pflegliche Erziehung der noch nicht hiebsreifen Bestände und durch Erhaltung der Leistungsfähigkeit des Bodens entsprochen.

Im strengeren Sinn versteht man unter Nachhaltigkeit die Bedingung, daß ein Wald alljährlich Nutzungen von möglichst gleicher Größe gewähre. Der Nachhaltigkeitsbegriff des FG. entspricht, soweit die Staatswaldungen in Frage kommen, der strengeren Auslegung. Er bezieht sich jedoch nur auf die Holzlieferung, nicht auf die Geldeinnahme. Die Denkschrift über die Nutzung des bayer. Staatswaldes vom 22. 4. 1914 verlangt (auf Seite 13) eine tunlichst nachhaltige Lieferung möglichst großer Holzmengen. Die lebende Generation hat nur den jährlichen Fruchtgenuß zu beanspruchen (Allg.VollzV. 1896 § 1^{II}); in besonderen Zeiten bricht die Not auch dieses Gebot.

4. Wirtschaftspläne in Staatswaldungen: Die Wirtschaftspläne sind nach Maßgabe der Anweisung für die Forsteinrichtung in den bayer. Staatswaldungen vom 30. 6. 10 (11. Heft der Mitteilungen aus der Staatsforstverwaltung Bayerns) zu fertigen. Sie bilden die Grundlage für die jährlichen Betriebsanträge der Forstämter.

5. Begriff des Forstärars: Der Staatsfiskus heißt in seiner Eigenschaft als Eigentümer der Staatswaldungen Forstärar; der Forstärar ist aber keine selbständige Rechtspersönlichkeit; Rechtspersönlichkeit kommt nur dem Staatsfiskus zu, dies aber auch in seiner Eigenschaft als Forstärar. In Rechts- und Vermögensangelegenheiten wird der bayerische Staat (und damit auch der Forstärar) vertreten durch die in der Sache örtlich zuständige Landesfinanzamtszweigstelle (MB. vom 20. 4. 1920, GVBl. S. 144 und vom 14. 7. 1922, StAnz. Nr. 162); diese kann zur Vertretung des Forstärars Behörden oder bestimmte Beamte bevollmächtigen; vgl. VGH. Bd. 25 S. 354 und ObLGZ. 2. 7. 1930 I 104/30, BayZfR. 1930 S. 321.

Der Staat kann als Forstärar grundsätzlich klagen und verklagt werden wie ein Privater (Verf.-Urk. § 69 Abs. V). Doch können Ansprüche gegen den Fiskus (Forstärar) erst dann gerichtlich verfolgt werden, wenn der Beteiligte sich an die zunächst zuständige höhere Verwaltungsstelle (hier Forstverwaltungsstelle) um Abhilfe gewendet und entweder eine abschlägige oder innerhalb sechs Wochen gar keine Entschließung erhalten hat; die Verwaltungsstellen haben über solche Gesuche den Beteiligten die Empfangsbescheinigung ungesäumt und unentgeltlich auszufertigen; Anträge auf Erlassung einstweiliger Verfügungen unterliegen der vorgenannten Schranke nicht (Art. 2 AG.ZPO. u. KO.).

Der Anspruch des bayer. Staates aus einer Versteigerung von Holz aus einem Staatswald auf Zahlung des Steigerungspreises ist bürgerlichrechtlicher Natur; die Holzgelder können aber nach wie vor von den Finanzämtern beigetrieben werden (KKGH. 12. 11. 1929, GVZ. 1930 Sp. 488 ff.).

Hauptnutzung. **Artikel 3.** (3/3).

Ihre Aufgabe ist es, unter Berücksichtigung der vorhandenen Rechte[1] die höchstmögliche Produktion[2] in den dem Bedürfnisse der Gegend und des Landes entsprechenden Sortimenten zu erzielen.

Vgl. hieher Allg.Vollz.V. 1896 § 1 Abs. II (bei Art. 2).

Art. 3 schreibt der staatlichen Forstwirtschaft vor, unter Achtung der Forstrechte auf einen möglichst großen Ertrag an gefragtem Holz als Hauptnutzung hinzuarbeiten. Art. 3 befaßt sich mit der Hauptaufgabe der Forstwirtschaft, der Holzerzeugung; die Nebenaufgabe, die Gewinnung von Nebennutzungen, ist in Art. 4 behandelt.

1. **Achtung der Forstrechte:** eingeschaltet im Jahre 1896, obwohl die Wahrung der Rechte Dritter schon in Art. 1 vorgeschrieben ist (Abg. 1985/96, StenB. Bd. 8 S. 363). Es sollte betont werden, daß durch den Grundsatz der höchstmöglichen Erzeugung die am Walde bestehenden Nutzungsrechte nicht beschnitten werden dürfen (vgl. § 2 AllgVollzV. 1896). Auch die Staatsforstverwaltung ist gesetzlich verpflichtet, die bestehenden Rechte zu achten.

2. **Grundsatz höchstmöglicher Holzerzeugung:** Höchstmöglich der Menge nach, stets unter Berücksichtigung der Nachhaltigkeit (Art. 2). Es sind die nötigen Sortimente zu pflegen, auch wenn durch ihre Pflege nicht immer der höchstmögliche Geldertrag erzielt wird. Die Begr. sagt: „Es sind insbesondere auch solche Sortimente zu halten, deren Erzeugung nicht mehr im Interesse der übrigen Waldbesitzer liegt; dahin gehören namentlich die dem Ökonomie- und Gewerbebetrieb unentbehrlichen Bau-, Nutz- und Werkhölzer in stärkeren Dimensionen und in edleren Holzarten. Ist in dieser Hinsicht ein Opfer zu bringen, so muß es bei der allgemeinen Beteiligung des ganzen Landes in den Staatswaldungen geschehen."

3. **Naturpflege bei der Verwaltung der Staatsforsten:** Der Wahrung der landschaftlichen Schönheit, der Erhaltung hervorragender Punkte, der Schonung besonders ausgezeichneter Bäume, Baumbestände und schöner Feldgruppen u. dgl. ist von den Forstämtern jede mit dem waldwirtschaftlichen Interesse vereinbarte Rücksicht entgegenzubringen (FME. vom 29. 3. 1901 Nr. 6021 und vom 20. 9. 1902 Nr. 22224). Bei Verjüngungen und Neuaufforstungen ist auf das Landschaftsbild und besonders auf die Erhaltung schöner Durchblicke und Aussichten Rücksicht zu nehmen (FME. vom 27. 4. 1912 Nr. 5998).

Auf Grund der FME. vom 12. 3. 1913 Nr. 9311 sind Übersichten über alle Staatswaldungen hergestellt, in denen die Bewirtschaftung (Nutzung, Holzartenwahl, Art der Verjüngung und Bestandspflege) unter Verzicht auf die Erzielung voller Wirtschaftlichkeit hauptsächlich durch die Rücksichten auf die Naturpflege bestimmt sind.

Ferner sind Verzeichnisse der schutzbedürftigen und schutzwürdigen Naturgebilde in den Staatswaldungen anzulegen und auf dem Laufenden zu halten; Abschriften sind den Forsteinrichtungswerken beizufügen (FME. vom 4. 4. 1905 Nr. 8221 und FME. vom 9. 11. 1911 Nr. 25936). In dieser E. wird den Forstämtern empfohlen, in gleicher Weise mit den Gemeinde- und Stiftungswaldungen zu verfahren, soweit sie ihrer Aufsicht unterstehen. In den Staatswaldungen ist es verboten, lebensfähige Eiben- und Zirbelstämme und -äste zu gewinnen (FME. vom 12. 5. 1990). In dieser E. werden die äußeren Forstbehörden angewiesen, beim Pflanzenschutz auch sonst kräftig mitzuwirken.

Zum Zwecke des Vogelschutzes sind insbesondere auch in den Staats- und Gemeindewaldungen Nistgehölze und Hecken, auch künstliche Nisthöhlen anzubringen und zu unterhalten. Die staatlichen Forstbeamten sind besonders berufen, die Bestrebungen des Vogelschutzes durch eigenes Beispiel und durch Anregung gegenüber anderen zu fördern; für das ganze Land ist ein „Staatlich anerkannter Ausschuß für Vogelschutz" eingerichtet, dem auch Beamte der Staatsforstverwaltung angehören; ME. vom 18. 4. 1910, MABl. S. 325, und ME. vom 17. 12. 1919, GVBl. S. 837; er gibt auf Antrag kostenlose Gutachten ab (ME. vom 3. 3. 1913, MABl. S. 271).

Nebennutzungen.

Artikel 4.[1] (4/4).

Auch der Abgewährung von Nebennutzungen[2] ist unbeschadet der Bestimmungen in Art. 2 und 3 entsprechend Bedacht zuzuwenden.

1. **Geltungsbereich:** Art. 4 schreibt der Staatsforstverwaltung vor, auch Nebennutzungen zu verabreichen. Er lautete früher: „Die Nebennutzungen dürfen keine die Holzproduktion gefährdende Ausdehnung erhalten." Seine jetzige positive Fassung erhielt er im Jahre 1896. Die Änderung (wie auch die des Art. 3) ist eine Folge der Einstellung des Landtags, der auf die vielen Eingaben und Klagen aus den Kreisen der Landwirtschaft treibenden Bevölkerung dieser durch die Fassung des Gesetzes entgegenkommen wollte. Aus der Fassung muß die Absicht des Gesetzgebers abgeleitet werden, es sei bei der Abgabe von Nebennutzungen wohlwollend zu verfahren. Ein Rechtsanspruch erwächst aber aus Art. 4 niemand.

2. **Kreis der Nebennutzungen:** Nach der Begr. sind Nebennutzungen „Gegenstände (das Holz als Hauptnutzung ausgenommen), die ohne den Wald nicht da sein würden". Nebennutzungen der Forstwirtschaft sind alle Nutzungen, die außer dem Holze dem Wald und dem Waldboden entzogen werden, so die Rinde, das Harz, Baumfrüchte, Weidenutzung, Futterstoffe (Zweig- und Laubfutter, Gräser und Unkraut), die zur Streu benutzte Bodendecke, Torferde, Steine und sonstige Erde, die im Walde vorübergehend erzeugten landwirtschaftlichen Produkte, Grassamen, Seegras, Binsen, Schilf und Schachtelhalme, Faserpflanzen, Heilpflanzen, Waldblumen, Moose und Flechten.

Die meisten Nebennutzungen stehen in inniger Beziehung zu der Holzzucht als Hauptnutzung und müssen sich bei rationeller Wirtschaft den Forderungen der letzteren unterordnen. Art. 4 bezieht sich sowohl auf die Gewährung von Nebennutzungen, auf die ein Recht besteht, wie auf die freiwillige (vgl. Allg.VollzV. 1896 § 1III); die erstere steht ohnehin nicht im Ermessen der Staatsforstverwaltung, sondern bemißt sich nach dem Inhalt der Berechtigungen; eine Schranke ist in den auch für Staatswaldungen geltenden Art. 24 und 25 gesetzt. Die Vorschriften der Staatsregierung zum Vollzuge des Art. 4 sind enthalten in Allg.VollzV. 1896 § 1 Abs. III—X S. 49f. Weiter kommen in Betracht die veraltete VO. vom 19. 8. 1849 (Weber Bd. 4 S. 42, Forstl. Mitt. 7 S. 1) sowie die Geschäftsanweisungen.

Zu den Forstrechten in Staatswaldungen vgl. neben den Art. 23ff. FG. die Allg.VollzV. 1896 § 2IV-IX, § 3II, § 4IIff. Der Wert der Forstrechtsabgaben aus den bayer. Staatswaldungen beträgt jährl. 3—4 Millionen Reichsmark (Staatshaushaltplan 1929).

Berücksichtigung der Landwirtschaft und des Gewerbes.

Artikel 5.[1] (5/5).

Auf die Bedürfnisse der Landwirtschaft[2] und der Gewerbe ist möglichst Rücksicht zu nehmen.

Allg.Vollz.V. 1896.

§ 1 Abs. III—XI.

III Ohne die Erreichung dieses Grundzieles (s. Abs. II bei Art. 2) zu beeinträchtigen, hat die staatliche Forstwirtschaft aber auch zur Förderung der wirtschaftlichen Interessen der auf den Bezug von Forstnebennutzungen verschiedener Art berechtigten oder angewiesenen Bevölkerungskreise der Abgewährung von Nebennutzungen entsprechend Bedacht zuzuwenden und ohne Gefährdung der Interessen der Gesamtheit der Staatsangehörigen, insbesondere auf die Bedürfnisse der Landwirtschaft und Gewerbe möglichste Rücksicht zu nehmen.

IV Soweit nicht Berechtigungsverhältnisse entgegenstehen, wird Sorge zu tragen sein, daß außer der auf Grund der periodischen Betriebspläne zulässigen Streuabgabe zur Unterstützung streubedürftiger Landwirte, insbesondere der Kleinbesitzer, Laub-, Moos- und Nadelstreu auf Flächen angewiesen werde, welche durch Saat in Wiederbestockung gebracht werden, oder welche bei bevorstehendem Samenjahre zum Zwecke der Aufnahme der natürlichen Besamung verwendet werden sollen, — ferner, daß die auf Altwegen, in Wegegräben, Schneusen und Geräumten auflagernde Laub-, Moos- und Nadelstreu, sowie in Klingen und tiefeingeschnittenen Mulden zuweilen im Übermaße eingewehte Laubstreu zur Abgabe gelange.

V Auch auf die Abgabe von Grasstreu und Heidestreu dort, wo die Gewinnung dieser Streu im Interesse des Gedeihens von Kulturen liegt und die Nutzung verlässigen Personen anvertraut oder überhaupt in unschädlicher Weise vorgenommen werden kann, insbesondere auf die Abgabe von Besenpfriemen-, Schilf-, Binsen- und Torfstreu usw. ist möglichst Bedacht zu nehmen.

VI Das vorsichtige Aussicheln von Heide aus geschlossenen Föhrenstangenhölzern soll im Interesse der Bodenpflege nicht ausgeschlossen sein.

VII Zur Waldkultur, zur Gewinnung von Torf oder Torfstreu oder zur Futtergrasnutzung nicht geeignete Moor- und Moosflächen sind vornehmlich zur Grasstreugewinnung zu benützen.

VIII Nicht minder ist Sorge zu tragen, daß vorzugsweise den kleineren Landwirten die möglichste Unterstützung zuteil werde durch Abgabe von Futtergras, insbesondere durch Verpachtung der Grasnutzung auf den mit Waldpflanzen nicht bestockten Flächen oder von Waldwiesen, deren Aufforstung vorerst nicht tunlich oder nicht dringend erscheint, sowie durch Verpachtung der Grasnutzung auf Wegböschungen, Altwegen, Schneusen und Geräumten.

IX In Gegenden, welche mit zureichenden Wiesgründen nicht versehen sind, soll darauf Bedacht genommen werden, daß bereits vorhandene Waldwiesen, sowie andere holzleere Stellen von einiger Ausdehnung, welche ihrer Lage, der Terrainbeschaffenheit, der Untergrunds- und Feuchtigkeitsverhältnisse halber zur landwirtschaftlichen Fortbenutzung geeignet erscheinen, insbesondere von den jeweils zur Arrondierung erworbenen Grundstücken jene, welche mit geringen Kosten verbessert werden können, dauernd für die Grasnutzung erhalten und hergerichtet werden.

X Zulässig ist ferner die Erteilung von sog. Grasrupfscheinen an Unbemittelte zur Gewinnung von Gras in Altbeständen oder in Örtlichkeiten vorbemerkter Art, welche wegen geringer Ausdehnung und zerstreuter Lage zur Verpachtung nicht geeignet sind, dann behufs Gewinnung von Gras in Pflanzungen oder auf den zwischen Saatriefen liegenden Streifen usw., vorausgesetzt, daß diese Gewinnung mit der nötigen Sorgfalt zur Verhütung von Beschädigungen an den Kulturen betätigt wird.

XI Bei Entscheidung der Frage, ob Weideflächen, insbesondere Alpen, welche sich im Besitze des Staates bereits befinden oder von demselben neu erworben werden, aufgeforstet werden sollen oder nicht, sind die landwirtschaftlichen Bedürfnisse der Gegendbewohner vorwiegend in Rücksicht zu ziehen.

1. Geltungsbereich: Art. 5 schreibt der Staatsforstverwaltung vor, auf die Bedürfnisse der Landwirtschaft und des Gewerbes möglichste Rücksicht zu nehmen. Die Forstwirtschaft ist nicht Selbstzweck; sie ist ein Glied der Nationalwirtschaft und muß dieser dienen. Art. 5 sollte ursprünglich ein Gegengewicht gegen die negative Fassung des Art. 4 sein. Auch nach dessen Änderung blieb er; er bringt den Willen des Gesetzes, die beiden Wirtschaftszweige zu unterstützen, besonders deutlich zum Ausdruck. Allg.VollzB. 1896 § 1 Abs. IV—VII, VII—XI. Seiner Entstehungsgeschichte nach bezieht sich der Artikel im wesentlichen nur auf die Nebennutzungen, seinem Wortlaut und der Stellung nach gilt er auch für die Art. 2 und 3. Art. 5 gibt den Staatsforstbehörden auch eine Richtlinie für die Behandlung der Berechtigungen, deren Inhalt an sich durch den Rechtstitel bestimmt wird; er kommt auch als Auslegungsregel bei forstrechtlichen Streitigkeiten in Betracht. Ein Rechtsanspruch erwächst für den Einzelnen aus der Bestimmung nicht.

2. Berücksichtigung der Landwirtschaft: besonders durch Abgabe von Streu, Futtergras, Gewährung von Weide. Die Tätigkeit der Forstbehörden bei der Bewirtschaftung der ärarialischen Waldungen ist ein Akt der staatlichen Finanzverwaltung, nicht der inneren Verwaltung. Die Tätigkeit der Bürgermeister bei der Unterverteilung von Waldstreu oder verbilligtem Holze an die Gemeindebürger kann dagegen ein Akt der öffentlichen Wohlfahrtspflege und damit ein Akt der inneren Verwaltung sein; in diesem Falle handelt es sich aber um einen Akt der (inneren) gemeindlichen Verwaltung, nicht der inneren Staatsverwaltung; die Staatsaufsichtsbehörden sind gesetzlich grundsätzlich nicht befugt, den Bürgermeistern hierin Weisungen zu erteilen. Die Mitwirkung des Bürgermeisters ist jedoch eine selbstverständliche Pflicht der Gemeinde gegenüber, da es ihm kraft seiner Stellung obliegt, der Gemeinde die vom Staat gebotenen Vorteile zu vermitteln.

Vgl. hieher auch die MB. vom 2. 2. 1922 (FMBl. 7) über die Nutzbarmachung landwirtschaftlicher Grundstücke und §§ 37, 38, 40 Abs. III, 53 und 57 der Geschäftsanweisung für die Forstämter vom 13. 10. 1925 und Allg.VollzB. 1896 § 1 Abs. III—XI.

2. In Ansehung der Gemeinde-, Stiftungs- und Körperschafts-Waldungen (Art. 6—18).

Das FG. enthält in den Art. 6—18 die leitenden Grundsätze für die Bewirtschaftung der Gemeinde-, Stiftungs- und Körperschaftswaldungen; im einzelnen sind Bestimmungen getroffen:

a) über die Oberaufsicht Art. 6, 13—15,
b) über die Bewirtschaftung im allgemeinen (Wirtschaftspläne, Grundsatz der Nachhaltigkeit) Art. 7,
c) über Betriebsausführung im besonderen Art. 8, 9, 11—13, 15, 16,
d) über Forstschutz Art. 10—13, 15.

Dazu kommen die umfangreichen Besonderen Vollzugsvorschriften 1897, die sich gliedern wie folgt:

I. Umfang und Ausübung der staatlichen Oberaufsicht: §§ 1 und 2 S. 72f.,
II. Die Aufstellung von Wirtschaftsplänen: §§ 3—15 S. 75ff.,
III. Betriebsausführung und Forstschutz im allgemeinen: §§ 16—20 S. 85f., 89f., 92, 95,
IV. Ausführung des jährlichen Betriebes:
A. Allgemeine Bestimmungen: §§ 21—23, S. 108ff.,
B. Besondere Bestimmungen:
1. Kap. Holznutzung: §§ 24—33, S. 110ff.,
2. Kap. Forstnebennutzungen: §§ 34—41, S. 113ff.,
3. Kap. Forstkulturen, Waldwegbauten und sonstige Verbesserungen: §§ 42—47, S. 115f.

Das Recht der Gemeinde- und Ortschaftswaldungen im rechtsrheinischen Bayern.

Übersicht.

1. Geschichtlicher Rückblick: Die Gemeindewaldungen sind, soweit sie nicht ausnahmsweise später erworben wurden, fast durchwegs die Überreste des Allmendgutes der Markgenossenschaften, der Vorgänger unserer Gemeinden. Unter dem Einflusse der landesherrlichen Gewalt (ObLG. Bd. 7 S. 7) sowie hauptsächlich des Römischen Rechtes (VGH. Bd. 37 S. 153) gingen die Markgenossenschaften allmählich in politische Gemeinden über (ObLGZ. Bd. 21 S. 165ff.). Das Allmendgut wurde regelmäßig im Laufe der Zeit Eigentum der im Rechtsleben die Stellung einer selbständigen Rechtspersönlichkeit gewinnenden Gemeinde (so schon das Bayer. Landrecht vom Jahre 1616 in Titel 26 Art. 9, noch deutlicher nach dem Bayer. Landrecht vom Jahre 1756 wie auch nach dem Preußischen

Landrecht). So ist es bis heute geblieben. Sogenannte Realgemeinden (Rechtlergemeinschaften) mit selbständiger Rechtspersönlichkeit gibt es im rechtsrheinischen Bayern nicht (Kahr I S. 243; bestr. s. Anm. 1d zu Art. 18; vgl. VGH. Bd. 37 S. 141ff.).

Mit den Gemeindewaldungen befaßte sich bereits die Forstordnung für die altbayerischen Landesteile vom Jahre 1616, die in Art. 76 und 77 gebietet, die „gemeinen Hölzer" zu schonen und entsprechend zu bewirtschaften und für größere Waldungen einen „Forstknecht oder Holzhay" aufzustellen, und den „Vierern des Dorffs", die „gesetzt werden", die Aufsicht über die kleineren Waldungen überträgt. Forst- und feldpolizeiliche Aufgaben innerhalb der Dorfmark hatten schon die alten Markgenossenschaften (ObLGZ. Bd. 21 S. 169).

2. Geltungsbereich: Das Recht der Gemeindewaldungen ist für alle rechtsrheinischen Gemeinden, mittelbare und unmittelbare, dasselbe; eine Ausnahme besteht lediglich für Teile Unterfrankens hinsichtlich der Beförsterung (Art. 16 FG.). Die Gemeindewaldungen liegen regelmäßig in der Markung der betreffenden Gemeinde, sie können aber auch in anderen Gemeinden, in abgesonderten Markungen, in anderen deutschen Ländern, sogar im Auslande gelegen sein; stets gelten grundsätzlich für sie Art. 6—16 des bayer. Forstgesetzes und die bayer. Gemeindeordnung; näheres Anm. 2b zu Art. 6.

3. Gewährleistung des gemeindlichen Waldeigentums: Die Erhaltung des Eigentums der Gemeinden an ihren Waldungen ist durch die Reichsverfassung (Art. 153) gewährleistet. Die Entziehung oder Beschränkung des gemeindlichen Eigentums wäre nur auf Grund eines Gesetzes und gegen Entschädigung möglich, soweit nicht ein künftiges Reichsgesetz etwas anderes bestimmt. Die Enteignung ist im übrigen gegenüber gemeindlichen Waldungen nur unter den gleichen Voraussetzungen und im gleichen Verfahren zulässig wie gegenüber dem Staat oder Privaten. Die Verstaatlichung der Gemeindewaldungen ist verfassungsmäßig ausgeschlossen (§ 22 Abs. V BVU.).

4. Feststellung des Waldeigentums:

a) Verfahren: Die Entscheidung des Streits, wem das Eigentum an einem Vermögensgegenstand zusteht, gehört vor die ordentlichen Gerichte; doch ist die Verwaltungsbehörde befugt (und kraft ihrer Stellung regelmäßig auch verpflichtet), bis zu einer etwaigen gegenteiligen richterlichen Entscheidung am Gemeindeeigentum festzuhalten und die Anerkennung des behaupteten Privateigentums zu verweigern (VGH. Bd. 5 S. 1, vgl. Art. 30 GemO.). Im Falle eines Streites darüber, ob ein Grundstück Eigentum einer Gemeinde oder Eigentum anderer Personen ist, oder wenn ein Streit entsteht, weil ein bürgerlichrechtliches Nutzungsrecht bezüglich der Gemeindewaldung (also eine Forstberechtigung nach Art. 23ff. FG., soferne es sich um ein dingliches Recht handelt) geltend gemacht wird, muß die Staatsaufsichtsbehörde der Gemeinde einen Ausgleichsversuch vornehmen; ist Selbsthilfe bereits verübt oder zu erwarten oder wenn andere dringende Gefahren drohen, kann die Staatsaufsichtsbehörde vorbehaltlich der Entscheidung des Gerichts das Nötige vorsorglich anordnen (Art. 40 GO.).

b) Sachliche Gesichtspunkte: ObLGZ. Bd. 20 S. 281 enthält eine Reihe von Gesichtspunkten, die zur Entscheidung der Frage, ob Gemeinde- (Ortschafts)wald oder Privatwald von Bedeutung sind:

„Das Berufungsgericht hat die Annahme des Vorliegens eines Ortsgemeindewaldes darauf gestützt, daß der Wald seit unvordenklicher Zeit im Eigentum der Ortsgemeinde N. steht und von jeher sowohl in den öffentlichen Büchern als in der Verwaltungspraxis der sämtlichen zuständigen Stellen als Eigentum der Ortsgemeinde behandelt worden ist, und daß seine Bewirtschaftung nach Maßgabe der Art. 6ff. des Forstgesetzes unter der Oberaufsicht der Staatsregierung stand und nach Art. 7 a. a. O. immer auf Wirtschaftspläne gestützt war. Diese Feststellungen reichen zur Widerlegung des Schutzvorbringens der Beschwerdeführer, daß die Waldung ohne jeden Zusammenhang mit dem Gemeindeverband im privatrechtlichen Eigentum der Gesamtheit der Nutzungsberechtigten stehe, nicht aus. Zur Klarstellung des gemeindlichen Eigentums an einer Sache ist vor allem die Feststellung erforderlich, daß diese von der Gemeinde selbst von jeher als Gemeindeeigentum behandelt, verwaltet und bewirtschaftet worden ist (BlfRA. Bd. 21 S. 476, Bd. 34 S. 353ff.). In dieser Beziehung läßt das angefochtene Urteil jede Feststellung vermissen, es erkennt vielmehr an, daß sich die Nutzungsberechtigten von jeher gegen die Annahme des Eigentums der Ortsgemeinde an der Waldung gesträubt haben, und läßt nicht erkennen, welche Haltung die Ortsgemeinde als öffentlichrechtliche Körperschaft in Ansehung der Behandlung dieser Frage und in der Bewirtschaftung des Waldes eingenommen hat. Das Urteil läßt ganz unerörtert, ob für das Ortsgemeindevermögen nach Maßgabe des Art. 62 Abs. IV

GemO. jemals ein Pfleger bestellt war. Es geht aus ihm auch nicht klar hervor, ob zur Ortschaft N., abgesehen von den Anwesen der Nutzungsberechtigten, noch weitere Anwesen gehören und ob den Berechtigten gegenüber dem eigenen Bedarf der Ortsgemeinde ein qualifiziertes Nutzungsrecht zusteht (vgl. Kahr, GemO. Bd. I S. 291). In dieser Beziehung enthält das Urteil auch nichts darüber, ob bisher in der Gesamtgemeinde Umlagen erhoben worden sind und in welcher Weise von der Ortsgemeinde bisher mit Rücksicht hierauf verfahren worden ist. Nach Art. 31 Abs. 1 und 39 der (alten) Gemeindeordnung sind die einzelnen Ortschaften verpflichtet, den die Ortsangehörigen treffenden Teil der Umlagen aus dem Ertrage des Ortschaftsvermögens zunächst zu bestreiten (dies ist jedenfalls nach der neuen GemO. zweifelhaft). Für die Frage, ob ein privatrechtliches Eigentum der Beschwerdeführer besteht, ist es endlich von besonders erheblichem Belang, ob die ihnen zustehenden Nutzungsrechte mit den ihnen gehörigen Anwesen derart verbunden sind, daß sie unter Ausschluß jeder gemeindlichen Einwirkung ohne weiteres auf jeden Besitzer unabhängig von seinem persönlichen Verhältnis zur Gemeinde von jeher übergegangen sind (vgl. OGH. Bd. 5 S. 628, Bd. 10 S. 503, Bd. 12 S. 736; BlfRA. Bd. 50 S. 13). Nur unter Würdigung aller dieser Umstände wird das Berufungsgericht über die rechtliche Eigenschaft der von den Beschwerdeführern benutzten Waldung entscheiden können."

Es besteht keine Vermutung dafür, daß ein Wald, dessen Nutzung den Gemeindeangehörigen zusteht, Gemeindeeigentum ist (SeuffBl. Bd. 57 S. 158; vgl. Kahr I S. 323 Anm. 2b). Wenn die Gemeinde den Wald, deren Nutzungen den Gemeindeangehörigen zufließen, bewirtschaftet, so ist Gemeindeeigentum, nicht Miteigentum der Nutzungsberechtigten zu vermuten (SeuffBl. Bd. 19 S. 207; Bd. 50 S. 136; Bd. 61 S. 33ff.; vgl. ObLGZ. Bd. 8 S. 570ff.). Wenn Grundstücke von jeher nur von den Eigentümern bestimmter Anwesen mit Ausschluß der übrigen der Gemeinde genutzt wurden, der Anteil der Berechtigten im Grundsteuerkataster vorgetragen ist und die Grundsteuer von ihnen entrichtet wurde, ist Privateigentum anzunehmen (KKH. 4. 2. 1867, RBl. 1867 S. 177f.)

5. Verwaltung der Gemeindewaldungen: Die Entscheidungen bezüglich des Gemeindewalds (z. B. Vergebung der Anfertigung des Wirtschaftsplans, dessen Annahme, Aufstellung des Betriebsleiters, der Forstschutzpersonen u. a.) stehen nach Maßgabe der gesetzlichen Vorschriften ausschließlich dem Gemeinde-(Stadt)rat zu; er trifft die Entscheidungen in Sitzungen durch Beschlüsse (Art. 19 GemO.). Der erste Bürgermeister vollzieht die Beschlüsse des Gemeinde(Stadt)rats und vertritt hiebei die Gemeinde nach außen; dringende Anordnungen, die sofort vollzogen werden müssen, kann er in eigener Zuständigkeit erlassen, desgleichen unaufschiebbare Geschäfte selbst erledigen. Hievon hat er dem Gemeinderat in der nächsten Sitzung Kenntnis zu geben; auch kann er einfache Geschäfte der laufenden Verwaltung und solche Geschäfte, die sich zur Behandlung im Gemeinderat nicht eignen, allein besorgen (Art. 17 GemO.). Er führt die Aufsicht über das Personal; dieses ist ihm gehorsamspflichtig (Art. 101 GemO.). Der Gemeinderat kann die Verwaltung der Gemeindewaldungen einem beschließenden Ausschuß (Senat) übertragen; dann kann grundsätzlich der Ausschuß (Senat) mit der gleichen Wirkung wie der volle Gemeinderat beschließen (Art. 22 Abs. IIff. GemO.). Der erste Bürgermeister kann die ihm bezüglich der Gemeindewaldungen zukommenden Rechte und Pflichten unter Fortdauer seiner Verantwortung einem weiteren Bürgermeister oder einem sonstigen Gemeinderatsmitglied übertragen (Art. 18 Abs. II GemO.); er behält diesem Vertreter gegenüber das Recht der Sachweisung (Laforet S. 236).

6. Gemeindewald und Grundstockvermögen: Die Waldungen der Gemeinde gehören grundsätzlich zum gemeindlichen Grundstockvermögen (Stammvermögen) und zwar regelmäßig zum sog. Finanz-, d. h. rentierlichen Vermögen (ausnahmsweise kann ein Gemeindewald, z. B. eine Anlage, auch zum sog. Verwaltungsvermögen zu rechnen sein, das unmittelbar der Erfüllung der öffentlichen Zwecke der Gemeinde dient). Das Grundstockvermögen ist in seinem Bestand ungeschmälert, d. h. seinem Sachwerte nach dauernd zu erhalten (Art. 30 Abs. I GemO.). Aus dieser grundlegenden Bestimmung und den übrigen Vorschriften der GemO. über das gemeindliche Grundstockvermögen (Art. 30 Abs. II und III) folgt für die Gemeindewaldungen:

a) Verschiebungen innerhalb des Grundstockvermögens: Die gesetzliche Pflicht zur Erhaltung des Grundstockvermögens gilt für das Grundstockvermögen der Gemeinde im ganzen, nicht auch für die einzelnen Teile des Grundstockvermögens; Verschiebungen innerhalb dieser Teile sind möglich; es ist z. B. gegen die Vorschrift nicht verstoßen, wenn im Gemeindewald ein außerordentlicher Holzhieb durchgeführt und der Erlös zum Ankauf preiswerter Bauplätze durch die Gemeinde verwendet wird; der Gesamtwert des Grundstockvermögens muß erhalten bleiben.

b) Pflegliche Behandlung: In der Verpflichtung zur Erhaltung des Grundstockvermögens ist die Pflicht zur pfleglichen Behandlung der einzelnen Teile des Grundstockvermögens, also auch der Gemeindewaldungen, eingeschlossen (vgl. VGH. Bd. 2 S. 451). Die Gemeinde hat nicht bloß jede Schädigung zu unterlassen, sondern auch alles zu unternehmen, was vernünftigerweise zur Erhaltung des Vermögensstandes getan werden kann. Die Pflicht zur Wiederaufforstung eines abgeholzten Waldstückes z. B., — wenn es nicht ausnahmsweise rechtmäßig gerodet wird —, kann auch aus Art. 30 Abs. I GemO. abgeleitet werden (in Art. 42 FG. ist die Wiederaufforstung ausdrücklich vorgeschrieben). Auch das Verbot der Abschwendung (Art. 41 FG.) folgt aus dem Grundsatz des Art. 30 Abs. I GemO. Neben der Zuständigkeit der Forstpolizeibehörde im Vollzuge der Art. 41, 42 (109) FG. besteht daher auch die Zuständigkeit der Staatsaufsichtsbehörden im Vollzuge des Art. 30 (59, 60) GemO.; die Behörde ist in beiden Fällen die gleiche, das Verfahren kann verschieden sein; vgl. Anm. zu Art. 14.

c) Veräußerung von Bestandteilen des Gemeindewaldes; Schmälerung des Grundstockvermögens: Werden Erzeugnisse aus dem Gemeindewald veräußert (z. B. verkauft, vertauscht), so ist — soweit es sich nicht um die laufenden Erzeugnisse handelt (hiezu s. Ziff. 7), — der Erlös dem Grundstockvermögen zuzuführen (vgl. oben a); es kann z. B. ohne Verstoß gegen Art. 30 GemO. aus dem Erlös eines außerordentlichen Holzhiebs[1]) ein Teil der Kosten der Errichtung eines gemeindlichen Kraftwerkes gedeckt werden, weil auch dieses Bestandteil des gemeindlichen Grundstockvermögens wird; dagegen ist es nicht gestattet, den Erlös zur Deckung laufender Haushaltsausgaben z. B. zur Deckung größerer Fürsorgelasten zu verwenden. Werden gemeindliche Grundstücke veräußert, so sind von der Gemeinde wieder Grundstücke und zwar möglichst gleichwertige zu erwerben; daß gleichartige erworben werden, ist nicht vorgeschrieben; die Gemeinde kann also für Waldgrundstücke andere Grundstücke erwerben und umgekehrt. Wird die Substanz des Grundstockvermögens mit oder ohne Zutun der Gemeinde durch Rechtsgeschäft oder auf andere Weise z. B. durch Naturereignis in ihrem Sachwert vermindert (geschmälert), so ist die Minderung des Sachwertes in angemessener Zeit durch Zuweisung aus Wirtschaftsmitteln zu ersetzen; wenn z. B. der über den laufenden Ertrag hinausgehende Anfall aus einem Windbruch im Gemeindewald entgegen der Vorschrift des Art. 30 Abs. II Satz 1 GemO. nicht wieder dem Grundstockvermögen zugeführt, sondern verteilt wurde, so muß die damit eingetretene Minderung des Gemeindevermögens innerhalb einer angemessenen Frist durch Zuweisung von laufenden Mitteln z. B. durch Umlagenerhebung, wieder ausgeglichen werden; an sich müßte weitergehend auch die über den Betrag des Erlöses hinaus durch den Windbruch eingetretene Schädigung des Waldes allmählich aus laufenden Mitteln ersetzt werden; hievon wird aber gemäß Art. 30 Abs. II Satz 3 GemO. regelmäßig abgesehen werden können. Fallen der Holzpreise ist keine Schmälerung des in den Gemeindewaldungen enthaltenen Grundstockvermögens im Sinne des Gesetzes, die Substanz des Gemeindewaldes, nach Menge und Güte, muß erhalten werden; Verschiebungen innerhalb der einzelnen Bestandteile des Grundstockvermögens sind jedoch zulässig (Anm. 6a); umgekehrt berechtigt das Steigen der Holzpreise nicht, den Bestand zu vermindern. Wird weniger Holz eingeschlagen, als nach dem Wirtschaftsplan zulässig wäre, so wächst die Einsparung grundsätzlich dem Grundstockvermögen zu (vgl. Fußnote 1; VGH. Bd. 2 S. 529 und Kahr I S. 247 Fußnote 5). Die Wirtschaftspläne berücksichtigen den Grundsatz, daß die Gemeinden die Substanz ihres Vermögens erhalten müssen und nur befugt sind, den laufenden Ertrag zu nutzen (vgl. Anm. 1 zu Art. 7). Schmälerungen des in Wald bestehenden Grundstockvermögens werden gewöhnlich in der Weise eingebracht, daß in einer entsprechenden Anzahl von Jahren weniger eingeschlagen wird; diese jährlichen Einsparungen sind Wirtschaftsmittel im Sinne des Art. 30 Abs. II GemO.

Von den Vorschriften, daß bei Veräußerung von Grundstockvermögen der Erlös wieder dem Grundstockvermögen zuzuführen ist, daß bei Veräußerung von Grundstücken wieder Grundstücke zu beschaffen sind und daß eine Schmälerung des Grundstockvermögens aus Wirtschaftsmitteln zu ersetzen ist, kann die Gemeinde nur aus wichtigen Gründen abweichen; wenn die Staatsaufsichtsbehörde die Abweichung beanstandet, hat die Geneinde die Vorschriften zu erfüllen; eine förmliche staatsaufsichtliche Genehmigung ist für die Abweichung nicht mehr erforderlich.

[1]) Der Anfall aus einem außerordentlichen Holzhieb wird regelmäßig, muß aber nicht immer ein ordentlicher Bestandteil des Grundstockvermögens sein; kein ordentlicher Bestandteil ist er z. B., wenn seit einer Reihe von Jahren mit Rücksicht auf einen künftigen größeren Geldbedarf der Gemeinde weniger Holz als zuständig eingeschlagen wurde und der außerordentliche Holzhieb nur die Einsparung umfaßt. Die Einsparung ist hier ein angesammeltes Zweckvermögen im Sinne des Art. 30 GemO.; wenn dieses für seinen Zweck verwendet wird, braucht es nicht wieder aufgefüllt zu werden.

Die unentgeltliche Veräußerung von Grundstockvermögen ist nur mit Genehmigung der Staatsaufsichtsbehörde (d. i. bei unmittelbaren Städten der Regierung, K. d. J., bei allen anderen Gemeinden des Bezirksamts) zulässig und wirksam. Im übrigen ist jetzt zur Veräußerung gemeindlicher (Wald)grundstücke staatsaufsichtliche Genehmigung nicht mehr notwendig; ebensowenig von jeher zur Veräußerung von Walderzeugnissen, gleichgültig, ob es solche auf dem Stamm oder andere sind.

Zur Belastung eines gemeindlichen Waldgrundstückes mit einer Hypothek, Grundschuld oder Rentenschuld ist staatsaufsichtliche Genehmigung notwendig, es sei denn, daß es sich um Kaufschillingsreste handelt; die Genehmigung wird grundsätzlich verweigert (Art. 61 Abs. I Ziffer 4 GemO.). Staatsaufsichtliche Genehmigung ist ferner nötig zur Veräußerung oder wesentlichen Veränderung von schutzwürdigen Naturgebilden (wozu auch Bäume zählen können) und, mit Ausnahme der unmittelbaren Städte, zu allen Maßnahmen am Gemeindeeigentum, die ein schutzwürdiges Orts- und Landschaftsbild wesentlich verändern (Art. 61 Abs. I Ziffer 5 GemO.).

d) Verteilung des Gemeindewaldes:

α) Voraussetzungen: Die Aufteilung gemeindlicher Waldgrundstücke an Gemeindeangehörige ist nur zulässig, wenn

1. durch die Verteilung eine erhebliche Steigerung des Ertrags der Grundstücke gewährleistet wird,
2. der Gemeinde(Stadt)rat mit einer Mehrheit von zwei Dritteln seiner Mitgliederzahl die Verteilung beschließt und
3. die Staatsaufsichtsbehörde (d. i. bei unmittelbaren Städten die Regierung, K. d. J., bei allen anderen Gemeinden das Bezirksamt) die Verteilung genehmigt hat.

Die Voraussetzungen der Ziffern 1—3 müssen sämtliche gegeben sein. Hier handelt es sich um die Verteilung der Waldgrundstücke selbst und zwar sowohl zu Eigentum wie zur Nutznießung (Begr. zu Art. 30 Abs. III GemO.; vgl. Kahr I S. 282); die Verteilung der Erträgnisse ist anders geregelt (Art. 32 GemO.; s. unten Ziff. 7).

Ob die Verteilung unentgeltlich oder gegen eine einmalige oder jährlich wiederkehrende Gegenleistung geschieht, ist dabei gleichgültig. Die Verteilung von Gemeindewaldungen zur weiteren forstwirtschaftlichen Benutzung wird selten eine Erhöhung des wirtschaftlichen Ertrags der Waldungen zur Folge haben, da Waldungen nach den Erfahrungen der Forstwirtschaft am erfolgreichsten in größeren Beständen bewirtschaftet werden. Die Verteilung zur Weiterbewirtschaftung als Wald wird daher praktisch kaum in Frage kommen. Dagegen ist u. U. eine Steigerung des wirtschaftlichen Ertrags eines Waldgrundstückes möglich, wenn das Waldgrundstück gerodet und der landwirtschaftlichen Benutzung zugeführt wird. Nach dem alten Gemeinderecht (Art. 29 rrh. GemO.) war denn auch die Verteilung überhaupt nur zum Zwecke der Rodung zulässig. Nach der Fassung des Gesetzes, das die Verteilung von Gemeindegründen als Ausnahme behandelt wissen will, sind die Voraussetzungen für die Verteilung streng zu prüfen. Der wirtschaftliche Ertrag muß sich durch die Verteilung in erheblichem Maße steigern; dafür und für die Dauerhaftigkeit dieser Ertragssteigerung müssen auf Grund tatsächlicher Unterlagen sichere Anhaltspunkte gegeben sein. Strenge der Prüfung ist bei dem großen auch allgemeinen Wert des Waldes überhaupt und des Gemeindewaldes im besonderen gegenüber der Aufteilung gemeindlicher Waldungen geboten; dies ist auch eingeschärft in der ME. vom 7. 8. 1881 (MABl. S. 288); die Rodung des Gemeindewaldes ist an die Voraussetzungen der Art. 34 und 36 FG. gebunden (unzweifelhafte bessere Eignung für eine andere Wirtschaftsart, Einwilligung der Forstberechtigten, fehlende Schutzwaldeigenschaft, forstpolizeiliche Genehmigung); für die Verteilung eines Gemeindewaldes zum Zwecke der Rodung müssen die angeführten Voraussetzungen der Gemeindeordnung und des Forstgesetzes zugleich gegeben sein (Art. 38 FG.). Der Gemeinderat wird sich, ehe er die Verteilung beschließt, zweckmäßig bei der Forstpolizeibehörde vergewissern, ob ein Rodungsgesuch Aussicht auf Genehmigung hat; jedenfalls darf die Staatsaufsichtsbehörde die Verteilung nicht genehmigen, ehe nicht die Statthaftigkeit der Rodung geklärt ist.

β) Teilnahme: Wenn die Verteilung genehmigt ist, hat jeder Deutsche (Mann oder Frau), der in der Gemeinde seit mindestens einem Jahr den gewöhnlichen Aufenthalt hat und ebensolange einen eigenen Haushalt führt (als Haushaltungsvorstand), Anspruch auf einen den andern gleichwertigen Anteil. Es haben also nicht bloß die Anwesensbesitzer einen Anspruch; auch die Gemeindearmen nehmen unter den angegebenen Voraussetzungen teil; auch der Pfarrer und die Lehrer (Lehrerinnen) und zwar mangels einer anderen Bestimmung wohl für ihre Person, nicht für die Pfründestiftung oder den Schulfonds. Juristische Personen kommen nicht in Betracht, wohl aber können deren Vorstände und Angestellten in ihrer Eigenschaft als Privatpersonen teilnahmeberechtigt sein.

γ) Ausführung: Das Eigentum an dem Anteil geht bei der Verteilung zu Eigentum — ohne daß eine notarielle Verbriefung nötig wäre (anders im Falle des Art. 20 FG.) — mit der Genehmigung des Verteilungsbeschlusses durch die Staatsaufsichtsbehörde auf die Berechtigten über. Das Grundbuch ist zu berichtigen. Um Schwierigkeiten zu vermeiden, wird die Staatsaufsichtsbehörde sich vorher vergewissern, daß alle Berechtigten bedacht werden und daß der jeden treffende Anteil der Größe und Lage nach genau bezeichnet ist (vgl. VGH. Bd. 27 S. 95); auch ist zweckmäßig die Annahmeerklärung seitens aller Berechtigten zu verlangen. Für die Verteilung fallen Staatsgebühren nicht an. Die Staatsaufsichtsbehörde hat das Finanzamt zur Berichtigung der Grundsteuerkataster von der Genehmigung der Verteilung zu verständigen (ME. vom 3. 11. 1871, Weber Bd. 9 S. 146 und MB. vom 29. 1. 1882, GVBl. S. 49).

δ) Verschiedenes: Über den Einfluß von Nutzungsrechten s. S. 67d.

Auf die Verpachtung gemeindlicher Grundstücke finden die Bestimmungen für die Verteilung keine Anwendung, es sei denn, daß eine verschleierte Verteilung zugrundeliegt. Die rechtlich zulässige Verteilung von Gemeindegrund kann kraft der besonderen Regelung in Art. 30 Abs. III GemO. nicht als Schmälerung des gemeindlichen Grundstockvermögens im Sinne des Art. 30 Abs. II Satz 3 GemO. angesehen werden, die aus Wirtschaftsmitteln zu ersetzen wäre. Streitigkeiten über die Verteilung gemeindlicher Waldgrundstücke sind Verwaltungsrechtssachen (Art. 8 Ziff. 29 VGG.).

ε) Rechtsprechung: In Art. 30 Abs. III GemO. ist nur die Verteilung des Grundeigentums einer bestimmten Gemeinde (Ortschaft) zugunsten der Gemeinde(Ortschafts)angehörigen behandelt (VGH. Bd. 6 S. 14). In der Änderung von Allmendestatuten hinsichtlich der Allmendezinsen, der Ablösungsbeträge und der bisherigen Voraussetzungen des Eigentumserwerbs an Allmendestücken kann u. U. eine Neuverteilung von Gemeindegründen enthalten sein (ungedr. E. d. VGH. vom 25. 1. 1913). Die Teilung der im Miteigentum mehrerer Gemeinden stehenden Waldungen zum Zweck der Auflösung des Gemeinschaftsverhältnisses und unter Vorbehalt der fortzusetzenden Forstbenutzung der Waldteile fällt, da es sich um eine dem Privatrecht angehörende Teilungsart handelt, nicht unter Art. 30 Abs. III GemO., wohl aber unter Art. 20 FG., der nach dem in ihm zum Ausdruck gelangten maßgebenden sachlichen Beweggrund auch auf die im privatrechtlichen Miteigentum mehrerer Gemeinden stehenden Waldungen Anwendung finden muß (VGH. Bd. 12 S. 146); gegen die Entscheidung der Forstpolizeistelle ist in diesem Fall Beschwerde an den VGH. nach Art. 10 Ziff. 8 VGG. möglich.

Die Verteilung von Gemeindewaldungen ist eine eigentliche Gemeindeangelegenheit; die Erteilung der Genehmigung steht im Ermessen der Verwaltungsbehörden; insoweit ist der VGH. nicht zuständig. Streitigkeiten über Verteilung von Gemeindegründen (und damit auch von Gemeindewaldungen) sind Verwaltungsrechtssachen nach Art. 8 Ziff. 29 VGG., soferne ein Recht oder eine Verpflichtung in bezug auf die Verteilung strittig ist; in dem verwaltungsrechtlichen Verfahren ist ein auf einem Privatrechtstitel beruhender Einwand z. B. der Einwand des Eigentums zu berücksichtigen, soferne er liquid ist (VGH. Bd. 19 S. 219; Bd. 27 S. 94).

7. Verwendung des Ertrages der Gemeindewaldungen: Der ganze ordentliche und außerordentliche (z. B. bei Windbrüchen und sonstigen außerordentlichen Holzeinschlägen) Ertrag des Gemeindewalds muß in die Gemeindekasse vereinnahmt werden; eine Ausnahme tritt nur ein, soweit Nutzungsrechte bestehen (näheres s. Anm. 8). Die Gemeinde kann den Ertrag auch in Natur verwenden z. B. als Schulholz. Mit der Einnahme der Gemeinde aus dem Ertrage ist wie folgt zu verfahren:

a) wenn der Anfall auf Kosten der Substanz des Gemeindewaldes zustandekam, z. B. bei einem Windbruch, so ist der über den ordentlichen Jahresanfall hinausgehende Erlös dem gemeindlichen Grundstockvermögen zuzuführen; für laufende Ausgaben der Gemeinde darf er nicht verwendet werden; eine Ausnahme ist nur aus wichtigen Gründen möglich, soferne die Staatsaufsichtsbehörde nicht Einspruch erhebt (Art. 30 Abs. II GemO.).

b) Die Erträgnisse, die nicht auf Kosten der Substanz des Gemeindewaldes gehen, — dazu gehört vor allem der laufende, ordentliche Ertrag —, sind zur Deckung der gemeindlichen Bedürfnisse zu verwenden, sei es in Natur (z. B. Beheizung der gemeindlichen öffentlichen Gebäude wie Rathaus, Schule, Armenhaus) oder mittels des Erlöses; diese Erträgnisse gehören nicht zum gemeindlichen Grundstockvermögen.

c) Die **Verteilung** des nicht zum Grundstockvermögen gehörenden Ertrages (b) in Natur oder des Erlöses ist nur zulässig, wenn

1. die Gemeindebedürfnisse gedeckt werden können, ohne daß Gemeindeumlagen oder örtliche Verbrauchsteuern (z. B. die gemeindliche Biersteuer) erhoben werden,
2. größere Ausgaben für außerordentliche Gemeindebedürfnisse nicht in Aussicht stehen und
3. die Staatsaufsichtsbehörde der Verteilung zugestimmt hat.

Die Voraussetzungen der Ziffern 1—3 müssen sämtliche gegeben sein. Wo also die gemeindliche Biersteuer oder eine Gemeindeumlage erhoben wird, ist eine Verteilung nicht zulässig; sie kann in diesem Falle auch von der Staatsaufsichtsbehörde nicht gestattet werden. An der Verteilung nehmen wie bei der Verteilung gemeindlicher Grundstücke (s. oben Anm. 6d) alle Reichsangehörigen, die in der Gemeinde seit Jahresfrist den gewöhnlichen Aufenthalt haben und einen eigenen Haushalt führen, gleichmäßig teil (Art. 32 GemO.), d. h. jeder muß gleichviel bekommen.

Die Verteilung des einen Bestandteil des Grundstockvermögens bildenden Ertrages (a) ist nur nach Ziff. 6d möglich.

8. Nutzungsrechte am Gemeindewald:

a) Begriff und Arten: Unter einem Nutzungsrecht am Gemeindewald ist die rechtliche Befugnis Dritter zu verstehen, die Nutzungen des Gemeindewaldes ganz oder zum Teil zu beziehen; in Betracht kommt häufig die Berechtigung, eine bestimmte Menge Brennholz alljährlich oder das Bauholz im Bedarfsfall oder Stangen zum Zäunen zu beziehen; auch Weiderechte sind nicht selten.

Möglich sind zwei rechtlich verschiedene Arten von Nutzungsrechten:

Nutzungsrechte bürgerlichrechtlicher Natur und
Nutzungsrechte öffentlichrechtlicher Natur.

Ob ein Nutzungsrecht öffentlichrechtliche oder bürgerlichrechtliche Natur besitzt, ist im Streitfalle nach den Umständen zu entscheiden; eine förmliche Rechtsvermutung besteht weder nach der einen noch nach der andern Richtung (ObLGZ. Bd. 7 S. 3); da jedoch nach der Erfahrung die Nutzungsrechte in den allermeisten Fällen öffentlichrechtlicher Natur sind, wird auf die bürgerlichrechtliche Natur nur auf Grund besonderer Tatsachen erkannt werden dürfen (vgl. Kahr I S. 315).

Daß ein Recht durch bürgerlichrechtlichen Vertrag (Verkauf) veräußert wurde, ist nicht entscheidend für die bürgerlichrechtliche Natur des Rechtes (Bl. Bd. 21 S. 335; Bd. 29 S. 405; OGH. Bd. 5 S. 628; Bd. 12 S. 376; ObLGZ. Bd. 7 S. 3).

ObLGZ. Bd. 7 S. 3 sagt: „Auf die privatrechtliche Natur von Gemeindenutzungsrechten weist weder der Umstand allein hin, daß sie auf den früheren Bestand einer Markgenossenschaft zurückzuführen sind (VGH. Bd. 48 S. 89 sieht in der Entstehung aus der alten Markgenossenschaft gerade einen Beweis für die öffentlichrechtliche Natur!), noch die Ungleichheit der Beteiligung an den Nutzungsrechten in der Gemeinde, noch die Verbindung der Rechte mit einem Hause oder Grundstück, noch die Eintragung der Rechte in Grundsteuerkataster oder als Zubehör von Anwesen im Hypothekenbuch, noch die Zusammenlegung mehrerer Rechte bei einem Anwesen oder deren Übertragung auf andere Anwesen, noch der Umstand, daß die Rechte auch gegenüber dem eigenen Bedarf der Gemeinde bevorzugt sind. Durch Herkommen und Unvordenklichkeit können auch im Bereiche des öffentlichen Rechts Rechte erworben werden. Wer behauptet, daß ihm ein Privatrecht auf Gemeindenutzungen zusteht, hat dies zu beweisen; es ist nicht Aufgabe des Gegners darzutun, daß die Nutzungsrechte auf dem Gemeindeverband beruhen. Daraus, daß die Einkünfte aus einem Recht in das Privatvermögen fließen, folgt keineswegs, daß das Recht selbst ein Privatrecht ist. Gegenstand einer Schenkung kann auch das sein, was auf Grund des öffentlichen Rechts in das Vermögen des Schenkers übergegangen ist." Der Berechtigte kann auf sein Nutzungsrecht verzichten, gleichgültig, ob es privatrechtlicher Natur ist oder nicht (ObLGZ. Bd. 1 S. 13).

Im Kurfürstentum Bayern bestimmte sogar eine Verordnung vom 13. 2. 1805 (Churpf. bayer. Reg. S. 729), daß „nach den Regeln einer ursprünglichen rechtlichen Vermutung der Besitz solcher Genußrechte (Nutzungsrechte) immer für einen Ausfluß der Gemeinderechte zu achten", die Nutzungsrechte also öffentlichrechtlicher Natur seien.

Für das preußische Recht hat das Reichsgericht in JW. 1888, 144 Nr. 37 eine Vermutung für die öffentlichrechtliche Natur der Nutzungsrechte aufgestellt, da für die geringere Belastung des Eigentums eine gesetzliche Vermutung bestehe und ein öffentlichrechtliches an die Zugehörigkeit zum Gemeindeverband gebundenes Nutzungsrecht die gemeindlichen Grundstücke weniger belaste als ein bürgerlichrechtliches Nutzungsrecht (s. Meisner S. 389 Fußn. 6).

Nach der Rechtsprechung (OGHZ. Bd. 5 S. 628; Bd. 10 S. 503; Bd. 12 S. 736; ObLG. 17. 9. 1885, BlfRA. Bd. 50 S. 13; VGH. Bd. 12 S. 212f.) handelt es sich um Nutzungsrechte bürgerlichrechtlicher Art, wenn die Nutzungsrechte mit bestimmten Anwesen derart verbunden sind, daß sie von jeher unter Ausschluß jeder gemeindlichen Einwirkung ohne weiteres auf jeden Besitzer, unabhängig von seinem persönlichen Verhältnis zur Gemeinde, übergingen (vgl. Kahr I S. 314).

Zum Nachweis des bürgerlichrechtlichen Charakters genügen nicht vereinzelte Handlungen; es ist vielmehr ein geschlossenes Bild erforderlich, das keinen Zweifel darüber läßt, daß nicht etwa nur Unregelmäßigkeiten vorkamen, die unbeachtet blieben (SeuffBl. 52 S. 385).

Aus dem Eintrag eines Rechtes im Grundsteuerkataster kann kein Schluß auf die öffentlich- oder bürgerlichrechtliche Natur des Rechtes gezogen werden, da in die Kataster von jeher die beiden Arten von Nutzungsrechten aufzunehmen waren; im Kataster sind die Rechte nach ihrem Inhalt beschrieben; welche rechtliche Natur sie haben, ist nicht angegeben; dies gilt auch heute noch (ObLGZ. Bd. 7 S. 311 f.); der Eintrag beim berechtigten Anwesen lautet gewöhnlich: „Gemeinderecht zu einem ganzen — halben usw. — Nutzanteil an den noch unverteilten Gemeindegründen"; im Grundsteuerkataster der belasteten Gemeinde oder Ortschaft sind sämtliche nutzungsberechtigten Anwesen mit ihren Nutzanteilen aufzuführen. Vgl. auch VGH. Bd. 50 S. 35.

Auch der Eintrag eines Rechtes als Zubehör des berechtigten Anwesens im alten Hypothekenbuch läßt keinen zwingenden Schluß auf die bürgerlichrechtliche Natur des Rechtes zu, da vielfach auch öffentlichrechtliche Berechtigungen eingetragen wurden (ObLGZ. Bd. 7 S. 3, 12; Bd. 12 S. 198); nach Schmitt, Zeitschr. f. d. Notariat usw. 1913 S. 336 war es unter der Herrschaft des Hypothekengesetzes sogar üblich, öffentlichrechtliche, mit einem Anwesen verbundene Gemeinderechte im Interesse der Vollständigkeit der Beschreibung des Grundstücks im Titel des Hypothekenbuchblatts unter Übereinstimmung mit dem Vortrag im Grundsteuerkataster in das Hypothekenbuch aufzunehmen. Im übrigen verbürgen die Einträge im Hypothekenbuch oder Grundsteuerkataster wie auch im Grundbuch den Bestand oder die Art eines Rechtes auch sonst nicht unbedingt, geschweige denn, daß sie sie zu begründen vermöchten (vgl. VGH. Bd. 37 S. 105; Bd. 50 S. 104; Laforet S. 412).

Im Grundbuch dürfen öffentlichrechtliche Nutzungsrechte auf dem Blatte des berechtigten Grundstückes auch nicht als Zubehör dieses Grundstücks eingetragen werden (ObLGZ. Bd. 12 S. 194), da die auf einem öffentlichrechtlichen Verhältnis beruhenden Rechte und Lasten nicht eintragungsfähig sind (§ 123 Ziff. 6 d. Dienstanw. f. d. Grundbuchämter); häufig werden jedoch zulässiger- und zweckmäßigerweise auch die Berechtigungen öffentlichrechtlicher Natur im Titel des Blattes des berechtigten Anwesens als Teil des Grundstücksbeschriebes vermerkt (vgl. Schmitt, Zeitschr. f. d. Notariat usw. 1913 S. 336 f.). Im Grundbuch dürfen nur Nutzungsrechte eingetragen werden, deren bürgerlichrechtliche Natur unzweifelhaft feststeht; unzulässig ist es auch, bei der Eintragung die Art der rechtlichen Natur offen zu lassen (vgl. ObLGZ. Bd. 8 S. 87 und 236; Bd. 12 S. 194). Was für Rechte gilt, gilt auch für die Eintragung von Lasten. Läßt der Inhalt der Eintragung erkennen, daß das eingetragene Recht auf dem öffentlichen Rechte beruht oder gibt er zu Zweifeln über die Natur des Rechtes Anlaß, so ist die Eintragung als mit dem Zwecke des (Hypothekenbuchs oder) Grundbuchs unverträglich zu löschen (ObLGZ. Bd. 11 S. 498). Die bürgerlichrechtlichen Berechtigungen müssen auf dem Blatt des berechtigten und des belasteten Grundstücks eingetragen werden; die Rechte jedoch, die schon am 1. Januar 1900 bestanden haben, bleiben auch bestehen, wenn sie im Grundbuch nicht eingetragen werden (Art. 184 EG.BGB., 10 ff. ÜbgGes.; vgl. vor Art. 23 Ziff. 2 und 4).

b) Streitigkeiten: Streitigkeiten wegen bürgerlichrechtlicher Nutzungsrechte gehören vor die ordentlichen Gerichte, solche wegen öffentlichrechtlicher auf dem Gemeindeverband beruhender Rechte vor den Verwaltungsrichter (Art. 8 Ziff. 28 VGG.); im ersten Rechtszug entscheidet der Regierungssenat, im zweiten der VGH. (Art. 9, 9 a VGG.). Entsteht ein Streit darüber, ob ein Grundstück Eigentum der Gemeinde oder Eigentum anderer Personen ist, oder entsteht Streit darüber, ob und wieweit das Verfügungsrecht der Gemeinde durch einen Anspruch beschränkt ist, der auf ein Nutzungsrecht des bürgerlichen Rechts gegründet wird, so hat die Staatsaufsichtsbehörde der Gemeinde einen Ausgleichsversuch vorzunehmen; näheres oben Anm. 4a (Art. 40 GemO.). Die Zivilgerichte sind dazu berufen, festzustellen, ob ein Nutzungsrecht bürgerlichrechtlicher Natur ist oder nicht, und nur zu diesem Zwecke haben sie auch zu untersuchen, ob es etwa öffentlichrechtlicher Art ist (vgl. ObLGZ. vom 7. 7. 1914; s. Anm. 7 zu Art. 23; vgl. Kahr I S. 316 ff.).

Im Nutzungsstreit ist, wie auch sonst, der Gemeinderat verpflichtet, jederzeit die Rechte und Interessen der Gemeinde als Körperschaft wahrzunehmen; er darf keinesfalls für die im entgegengesetzten Interesse beteiligten Rechtler eintreten (VGH. Bd. 9 S. 454).

c) Nutzungsrechte bürgerlichrechtlicher Natur im besonderen: Diese können an sich schuldrechtlicher oder dinglicher Natur sein; die Gemeinde kann sich schuldrechtlich verpflichten, einem Dritten die Nutzung am Gemeindewald ganz oder teilweise einmal oder wiederkehrend zu überlassen (z. B. Verkauf des stehenden Holzes, Verpachtung der Gemeindeweide einschließlich der Waldweide); diese schuldrechtlichen Berechtigungen Dritter sind häufig; sie können im Rahmen des Wirtschaftsplans vom Gemeinderat ohne weitere Genehmigung jederzeit neu begründet werden: sie beurteilen sich ausschließlich nach dem bürgerlichen Recht. Diese schuldrechtlichen Befugnisse Dritter bezüglich des Gemeindewaldes werden jedoch nicht als Nutzungsrechte im eigentlichen Sinne angesehen.

Ein bürgerlichrechtliches Nutzungsrecht dinglicher Natur an Gemeindewaldungen ist dann anzunehmen, wenn es mit einem bestimmten Anwesen in der Art verbunden ist, daß es dem Eigentümer des Anwesens, unabhängig von dem Verhältnis, in dem er zur Gemeinde steht, die Nutzungsberechtigung gewährt (ObLGZ. Bd. 12 S. 198); es ist regelmäßig auch subjektiv-dinglicher Natur (vgl. dazu Schmitt, Zeitschrift für das Notariat usw. 1913 S. 335). Bürgerlichrechtliche dingliche Nutzungsrechte sind selten, aber möglich; sie sind Forstberechtigungen nach Art. 23ff. des Forstgesetzes und unterliegen diesen Vorschriften; sie können im rechtsrheinischen Bayern seit 2. 4. 1852 (und auch künftig) nicht mehr begründet werden, grundsätzlich auch nicht im Vergleichswege (Art. 33 FG.; vgl. die dortigen Anm.). Entstehungsgründe für bürgerlichrechtliche Nutzungsrechte dinglicher Natur können sein: Verträge, Verjährung u. a. Anteilsrechte an sogen. Realgemeinden sind keine Forstberechtigungen im Sinne des Forstgesetzes (näheres Anm. 1 d zu Art. 18 und S. 131).

d) **Nutzungsrechte öffentlichrechtlicher Natur:** Diese beruhen in den meisten Fällen auf dem Gemeindeverband d. h. der Zugehörigkeit zu der Gemeinde, der der Berechtigungswald gehört; näheres unten β III.

α) **Nutzungsrechte öffentlichrechtlicher Art, die nicht auf dem Gemeindeverband beruhen:** Vereinzelt kommen aber auch Nutzungsrechte öffentlichrechtlicher Art an Gemeindewaldungen vor, die nicht auf dem Gemeindeverband beruhen. Gewöhnlich handelt es sich um Ansprüche, die auf dem Pfarr- oder Schulverband beruhen und einen Teil der Besoldung bilden[1]); ein Beispiel enthält VGH. Bd. 34 S. 249: eine Pfarrpfründestiftung hat Anspruch auf Lieferung einer bestimmten jährlichen Holzmenge aus dem Ortschaftswald als Teil des Diensteinkommens des Pfründebesitzers (Pfarrers); dieser Anspruch ist öffentlichrechtlicher Natur (vgl. VGH. Bd. 1 S. 54); er beruht nach der Entscheidung des VGH. aber nicht auf dem Gemeindeverband; ähnlich für Pfarrer und Lehrer ObLGZ. Bd. 12 S. 198. Ausnahmsweise kann aber auch dem Pfründebesitzer als Nutznießer des Pfründeanwesens ein mit diesem verbundenes auf dem Gemeindeverband beruhendes eigentliches Gemeindenutzungsrecht zustehen; vgl. ObLGZ. Bd. 12 S. 194ff; er kann auch auf Grund eines besonderen Rechtstitels oder Herkommens im eigentlichen Sinne gemeindenutzungsberechtigt sein, VGH. Bd. 34 S. 251. Vgl. auch Kreittmayr Anm. zu Teil II Kap. 8 § XIV Ziff. 3 und 4 des Bayer. Landrechts von 1756: Die Teilnahme an der Gemeindeweide steht allen Gemeindemitgliedern, insbesondere auch dem Ortspfarrer, der membrum communitatis ist, zu; Taglöhner und Leute, die keine Gemeindelasten tragen, sind ausgeschlossen. Auf solche nicht auf dem Gemeindeverband beruhenden Berechtigungen des öffentlichen Rechts können weder die Vorschriften der Gemeindeordnung über gemeindliche Nutzungsrechte angewendet werden, da diese nur auf dem Gemeindeverband beruhende Rechte betreffen, noch die Vorschriften des Forstgesetzes über Forstberechtigungen (Art. 23ff.), da diese nur für Berechtigungen bürgerlichrechtlicher Art gelten; auf sie sind vielmehr die für das einschlägige öffentlichrechtliche Rechtsverhältnis geltenden Vorschriften anzuwenden, nötigenfalls unter Zuhilfenahme der entsprechenden bürgerlichrechtlichen Grundsätze. Zum Verhältnis solcher nicht auf dem Gemeindeverband beruhenden Rechte am Gemeindewald zu den eigentlichen Gemeindenutzungsrechten vgl. VGH. Bd. 34 S. 253f.

β) **Nutzungsrechte, die auf dem Gemeindeverband beruhen (die eigentlichen Gemeindenutzungsrechte):**

I. **Allgemeines:** Auf die (öffentlichrechtlichen) Gemeindenutzungsrechte sind die Bestimmungen des Forstgesetzes über Forstberechtigungen (Art. 23—33) nicht, grundsätzlich auch nicht entsprechend, anwendbar (irrig ObLGSt. Bd. 20 S. 112). Die Vorschriften über Gemeindenutzungsrechte finden sich in der Gemeindeordnung (Art. 33—39). Sie sind den Bestimmungen des Forstgesetzes teilweise ähnlich, wie die hier folgende Übersicht zeigt:

Forstberechtigungen:	Gemeindenutzungsrechte:
Art. 23 Abs. I FG. bestimmt, was aus allgemeinen Gründen ohne ausdrückliche Vorschrift auch für die Gemeindenutzungsrechte gilt;	

[1]) Die sog. Komplexlasten dagegen sind bürgerlichrechtlicher Natur, auch wenn der Anfall einen Teil des Pfarrer- oder Lehrereinkommens bildet (näheres S. 129 Fußnote).

dem Art. 23 Abs. II FG. entspricht Art. 8 Ziff. 28 VGG.;
den Art. 24 u. 25 FG. entspricht Art. 39 GemO.;
den Art. 26 u. 27 FG. ähnliche Bestimmungen fehlen in der GemO.;
Art. 28 Abs. I FG. bestimmt, was sich für Gemeindenutzungsrechte von selbst verstehen dürfte;
dem Art. 28 Abs. II FG. entspricht Art. 8 Ziff. 28 VGG.;
den Art. 28 Abs. III u. IV FG. entsprechende Bestimmungen fehlen in der GemO. (Art. 97 FG. bezieht sich aber auch auf Gemeindenutzungsrechte);
die Art. 29 u. 30 FG. entsprechen dem Art. 38 GemO.;
den Art. 31 u. 32 FG. entsprechende Bestimmungen fehlen in der GemO.;
dem Art. 33 FG. entspricht Art. 33 Abs. I GemO.

Einzelheiten enthalten die nachfolgenden Ausführungen.

Die Nutzungsrechte, die auf dem Gemeindeverband beruhen, sind in der neuen Gemeindeordnung in den Art. 33—39 teilweise erheblich abweichend vom früheren Rechtszustand geregelt[1]).

II. **Entstehungsgründe**: Gemeindenutzungsrechte an Gemeindewaldungen bestehen nur, wenn und soweit hiefür ein besonderer Rechtstitel gegeben oder sog. rechtsbegründetes Herkommen anzunehmen ist (Art. 34 GemO. im Einklang mit dem früheren Recht). Diese Rechte können auch ausgeübt werden, wenn die Gemeinde Umlagen, örtliche Abgaben oder örtliche Verbrauchssteuern erhebt, m. a. W. die neue GemO. kennt, soferne sie den Bestand des Rechtes überhaupt noch anerkennt, nur mehr sog. qualifizierte Nutzungsrechte (s. aber VGH. Bd. 49 S. 153).

Als besondere Rechtstitel (d. s. bestimmte rechtserzeugende Tatsachen) kommen in Betracht: landesherrliche Verordnungen und Bewilligungen, alte Gemeindesatzungen, öffentlichrechtliche Verträge und Vergleiche u. a. Der besondere Rechtstitel muß vor dem Inkrafttreten der neuen Gemeindeordnung (1. April 1928) wirksam geworden sein; seitdem können Gemeindenutzungsrechte nicht mehr neu begründet, wohl aber können bestehende Rechte noch übertragen werden (Art. 33 Abs. I, 36 GemO.).

Rechtsbegründetes Herkommen ist nach der neuen Gemeindeordnung anzunehmen, wenn die Nutzungen kraft Rechtsüberzeugung ununterbrochen wenigstens dreißig Jahre lang bis zum Inkrafttreten der neuen Gemeindeordnung, also mindestens seit 1. April 1898, ausgeübt worden sind; wenn der Anspruch auf die Nutzungen vor dem Inkrafttreten der neuen Gemeindeordnung (1. April 1928) in einem Verwaltungsrechtsstreit geltend gemacht wurde, müssen die Nutzungen bis zum Zeitpunkt der Geltendmachung des Anspruches ausgeübt worden sein; wird der Anspruch nach dem 1. April 1928 erhoben, so müssen außerdem die Nutzungen bis zur Geltendmachung des Anspruches ausgeübt worden sein. Ein rechtsbegründetes Herkommen konnte sich nicht bilden, wenn dem Bezug der Nutzungen eine rechtskräftige Entscheidung entgegenstand. Art. 35 GemO.

Neue Gemeindenutzungsrechte können kraft Gesetzes (Art. 33 GemO.) nicht mehr begründet werden; auch die Erweiterung bestehender Nutzungsrechte ist ausgeschlossen (vgl. Art. 33 FG. mit Anm.).

Zur Geschichte der Gemeindenutzungsrechte und des Gemeindevermögens überhaupt vgl. Kahr I S. 238ff. und VGH. Bd. 37 S. 141ff. Unterschied im Recht zur Benutzung der gemeinen Mark (Allmende) in den ehemals grundherrlichen und den freien Gemeinden ObLGZ. Bd. 21 S. 173 und Kahr I S. 242 Ziff. 2.

III. **Berechtigte**: Die im Gemeindeverband begründeten Nutzungsrechte können nur an Grundstücken oder dinglichen Rechten bestehen; sie sind also stets objektiv-dinglich; sie sind aber auch fast ausnahmslos subjektiv-dinglich, d. h. die Rechte sind fast ausschließlich mit dem Eigentum an bestimmten Grundstücken verbunden und zwar fast immer mit dem Eigentum an Anwesen, d. h. an Grundstücken, auf denen mindestens ein Wohnhaus erbaut ist. (Einer der seltenen Fälle, daß die Nutzungsrechte nicht mit Anwesen, sondern mit Feldgrundstücken verbunden sind, ist in ObLGZ. Bd. 12 S. 593 behandelt; dort — Hübnerschaft Stockstadt a. Main — scheint der mit den Nutzungsrechten belastete Wald

[1]) Die Neuerungen bedürfen in wichtigen Punkten noch der Klärung durch Wissenschaft und Rechtsprechung. Auch wird noch untersucht werden müssen, ob alle Bestimmungen (z. B. die Umwandlung sämtlicher aufrechterhaltener Nutzungsrechte in sog. qualifizierte Rechte, andrerseits die entschädigungslose Beseitigung aller auf rechtsbegründetem Herkommen des früheren Rechts beruhenden Nutzungsrechte, die bis zum 1. 4. 1928 nicht ununterbrochen ausgeübt wurden) im Hinblick auf die Vorschrift des Art. 153 Abs. II Satz 2 RV., deren Beachtung sowohl die Gemeinde wie die Rechtler beanspruchen können, Rechtswirksamkeit besitzen. Ein Zweifel hierüber kann bestehen, wenn man der Ansicht des Reichsgerichts folgt, daß auch Akte der allgemeinen Gesetzgebung den Schranken des Art. 153 Abs. II RV. unterworfen seien; den gegenteiligen Standpunkt vertritt mit guten Gründen das Bayer. Oberste Landesgericht (z. B. ObLGZ. Bd. 25 S. 105; Bd. 27 S. 143f.; vgl. auch Begr. zur GemO.).

allerdings nicht im Eigentum der Gemeinde, sondern einer sog. Realgemeinde — Anm. 1 zu Art. 18 — zu stehen.) Die Nutzungsrechte ruhen gewöhnlich auf der Haus- und Hofstätte des berechtigten Anwesens d. i. dem Grund und Boden, auf dem Haus und Hof steht oder stand, einschließlich des dazu gehörigen Hausgartens (Kahr I S. 300, Fußnote 8, VGH. Bd. 14 S. 265 ff.). Wenn das Haus durch Abbruch oder auf andere Weise verschwindet, geht das Nutzungsrecht daher regelmäßig nicht ohne weiteres unter, es haftet ja auf der Haus- und Hofstätte; jedoch ruht grundsätzlich die Ausübung des Nutzungsrechtes, bis entweder auf der Haus- und Hofstätte wieder ein bewohntes Anwesen errichtet oder das Nutzungsrecht formgerecht auf ein anderes Anwesen übertragen wird oder bis es durch Verjährung infolge entsprechend langer Nichtausübung erlischt (s. unten Ziff. VIIIa 1); dies ergibt sich aus dem Wesen des Gemeindenutzungsrechtes, das in der öffentlichrechtlichen Befugnis des Inhabers besteht, den Nutzungsgegenstand für Zwecke seines haus- und landwirtschaftlichen Betriebes unmittelbar zu nutzen (VGH. Bd. 38 S. 65); diese Nutzung kann tatsächlich nur ausgeübt werden, wenn der Rechtsinhaber einen haus- und landwirtschaftlichen Betrieb führt; dazu ist aber regelmäßig der Besitz bewohnter Gebäulichkeiten Voraussetzung; daß diese Gebäulichkeiten auf der berechtigten Haus- und Hofstätte errichtet sein müssen, ergibt sich aus der Natur der Gemeinderechte als radizierter Rechte (vgl. Art. 36 GemO.). Diese Grundsätze stimmen überein mit VGH. Bd. 14 S. 165 ff.; vgl. VGH. Bd. 49 S. 156. Die Rechtsprechung ist jedoch schwankend.

Ausnahmsweise kann in einer Gemeinde das Nutzungsrecht mit den Häusern als solchen verbunden sein; in diesem Falle geht das Nutzungsrecht für immer unter, wenn das Haus abgebrochen und in angemessener Frist nicht wieder aufgebaut wird (VGH. Bd. 27 S. 45); dieser Fall ist aber nur anzunehmen, wenn er sich durch besondere Tatsachen für die betreffende Gemeinde erweisen läßt. Über das Nutzungsrecht verfügen kann der, der über das Anwesen, mit dem das Recht verbunden ist, zu verfügen befugt ist; gehört das Anwesen Eheleuten, so müssen je nach dem ehelichen Güterstand beide Eheleute einverstanden sein.

IV. Begriff, Inhalt und Umfang der Gemeindenutzungsrechte: Die Gemeindenutzungsrechte sind auf dem Gemeindeverband beruhende Berechtigungen des öffentlichen Rechts, die dem Inhaber einen Rechtsanspruch verleihen, nach Maßgabe des Berechtigungstitels gemeindliche Grundstücke oder der Gemeinde zustehende dingliche Rechte für Zwecke seines haus- und landwirtschaftlichen Betriebs unmittelbar zu nutzen (vgl. VGH. Bd. 38 S. 65). Unter dem Gemeindeverband sind die öffentlichrechtlichen Beziehungen der Gemeindeangehörigen zur Gemeinde zu verstehen. Die Gemeindenutzungsrechte sind zum Vorteile der berechtigten Anwesen zu dienen bestimmt; dies ergibt sich aus ihrer geschichtlichen Entwicklung (VGH. Bd. 17 S. 189).

Die Gemeindenutzungsrechte sind keine dinglichen Rechte des bürgerlichen Rechts (Dienstbarkeiten, Nießbrauch, Reallasten), diesen aber rechtsähnlich (vgl. VGH. Bd. 16 S. 1); die für die Dienstbarkeiten, den Nießbrauch und die Reallasten des bürgerlichen Rechts geltenden Rechtsgrundsätze können daher hilfsweise entsprechend auf die jeweils verwandten Gemeindenutzungsrechte angewendet werden, soweit deren besondere Natur es zuläßt[1]).

---

[1]) VGH. Bd. 5 S. 217 und Bd. 12 S. 138 sprechen sich allerdings gegen die entsprechende Anwendung der bürgerlichrechtlichen Grundsätze für Dienstbarkeiten, Nießbrauch und Reallasten aus, aber mehr nebenbei und unter Beschränkung auf bestimmte Punkte; die entsprechende Anwendbarkeit bürgerlichrechtlicher Grundsätze auf verwandte öffentlichrechtliche Einrichtungen ist allgemein anerkannt; nach der einhelligen Rechtslehre und Rechtsprechung sind z. B. auf das ebenfalls öffentlichrechtliche Nutzungsrecht des Pfründebesitzers am Pfründevermögen im Gebiete des vormaligen Bayer. Landrechts die Vorschriften des Bürgerlichen Gesetzbuches über den Nießbrauch hilfsweise entsprechend anwendbar, soweit dies mit der besonderen Art des hier in Betracht kommenden Verhältnisses vereinbar ist (VGH. Bd. 29 S. 61 ff. mit Anf.); vgl. für das öffentlichrechtliche fassionsmäßige Nutzungsrecht eines Lehrers am Schulwald VGH. Bd. 29 S. 30. Die grundsätzliche Anwendbarkeit der Grundsätze des einschlägigen bürgerlichen Rechts auf die öffentlichrechtlichen Gemeindenutzungsrechte ist anerkannt in der Plen.E. des VGH. Bd. 16 S. 11 (hier Verjährung einschließlich der Klagenverjährung); VGH. Bd. 17 S. 189 f. bestimmt den Inhalt eines in einem Weiderecht bestehenden Gemeindenutzungsrechtes nach dem früheren örtlichen bürgerlichen Recht. Nach VGH. Bd. 12 S. 460 regelt sich die Bildung eines öffentlichrechtlichen Gewohnheitsrechts nach den Grundsätzen des örtlichen bürgerlichen Rechts. Nach VGH. Bd. 14 S. 95 (vgl. Bd. 51 S. 10) waren früher auf die mit den Gemeindenutzungsrechten verbundenen Lasten die Grundsätze des bürgerlichen Rechts über den Nießbrauch anzuwenden. Die hilfsweise Anwendung der einschlägigen bürgerlichrechtlichen Grundsätze ist unentbehrlich, da die GemO. die Gemeindenutzungsrechte nur ganz unvollständig regelt.

Bezüglich des Inhalts der Nutzungsrechte werden regelmäßig die Grundsätze des einschlägigen örtlichen alten (vor der Einführung des Bürgerlichen Gesetzbuchs geltenden) Zivilrechts anzuwenden sein (vgl. Art. 184 EG.BGB.), im übrigen aber wird auf die Grundsätze des heutigen bürgerlichen Rechts zurückzugreifen sein.

Wird die Ausübung der Gemeindenutzungsrechte schuldhaft beeinträchtigt, z. B. seitens der Gemeinde (§§ 31, 89 BGB.), so werden die geschädigten Rechtler in entsprechender Anwendung der §§ 823ff. BGB. Schadenersatz verlangen können; auch die Vorschriften über die Herausgabe ungerechtfertigter Bereicherung (§§ 812ff. BGB.) kommen in Betracht; beide Ansprüche sind vor dem Verwaltungsrichter zu verfolgen (Art. 8 Ziff. 28 VGG.; vgl. VGH. Bd. 50 S. 109).

Inhalt und Umfang der Gemeindenutzungsrechte bestimmen sich nach dem Inhalt des besonderen Rechtstitels oder des Herkommens, auf die sich der Bestand der Berechtigung gründet. Zur Auslegung des Rechtstitels müssen mit Rücksicht auf die enge Verbindung der Entwicklung der öffentlichrechtlichen Gemeindenutzungsrechte mit jener der dinglichen Berechtigungen des bürgerlichen Rechts und mit Rücksicht auf ihre Rechtsähnlichkeit die für die letzteren geltenden Grundsätze weitgehend herangezogen werden (vgl. Kahr I S. 238ff. und die nachfolgende Ziff. V). Es gibt ganze, Bruchteils- und mehrfache Rechte. Es gibt Gemeinderechte, wonach die Berechtigten befugt sind, die gemeindlichen Grundstücke, wie sie jeweils sind, voll zu nutzen; es gibt andrerseits Rechte mit einem nach Art und Zahl genau bestimmten Inhalt z. B. auf den Bezug von jährlich drei Ster Brennholz; es gibt auch Rechte, die auf den Bedarf des Berechtigten lauten; dies ist z. B. regelmäßig bei den Bauholzrechten, vielfach auch bei den Weide- und Streurechten der Fall (vgl. Ziff. V); s. auch Kahr I S. 292 oben; vgl. oben Anm. 8a. Nach dem Inhalte der Berechtigung entscheidet sich auch, welchen Teil des Naturalertrages oder Erlöses bei Rodungen und sonstigen außerordentlichen Holzhieben die Rechtler beanspruchen können (vgl. Art. 32 Satz 1, aber auch Art. 30 GemO. und Kahr I S. 294 Anm. 16d Schlußabsatz).

Die Gemeindenutzungsrechte setzen sich zwar nicht am Erlös fort (VGH. Bd. 5 S. 211); wenn aber eine Gemeinde, die nach dem Inhalte des Nutzungsrechtes, wie es die Regel ist (s. unten Ziff. V und Anm. 5b vor Art. 23), bei der Nutzung des Gemeindewaldes den Rechtlern nachzustehen hat, ohne Zustimmung der Rechtler den Wald niederschlägt oder rodet, so daß die Nutzungsrechte auf Zeit oder überhaupt nicht mehr ausgeübt werden können, so ist sie den Rechtlern zum Ersatze des ihnen entstehenden Schadens verpflichtet (§§ 823ff., 31, 89 BGB. in entsprechender Anwendung); auch die Grundsätze über die Herausgabe ungerechtfertigter Bereicherung (§§ 812ff. BGB.) werden in Betracht kommen. Nach der rechtlichen Natur des Gemeindenutzungsrechts als der Befugnis, den Ertrag der gemeindlichen Grundstücke zu nutzen, ist anzunehmen, daß das Gebot der Erhaltung des gemeindlichen Grundstockvermögens dem Recht der Nutzungsberechtigten vorgeht; die Nutzungsrechte verleihen nur einen Anspruch auf den Ertrag des Gemeindevermögens, nicht auf den Grundstock, die Substanz; vgl. Art. 32, 34 und 37 je Satz 1 GemO.

Über die Umwandlung ungemessener Gemeindenutzungsrechte in gemessene (Fixierung) enthält die GemO. keine Vorschriften (vgl. Art. 27 FG.); sie wird nicht unzulässig sein, sie kann aber nur im Wege gütlicher Einigung zwischen Gemeinde und Rechtlern, auch bezüglich der Bedingungen, durchgeführt werden; der Fixierungsvertrag ist öffentlichrechtlicher Natur; mit seinem Abschluß, der keiner besonderen Form und auch staatsaufsichtlicher Genehmigung nicht bedarf, sind die Rechte fixiert; Eintragung im Grundbuch kommt nicht in Frage, da die Rechte ihre öffentlichrechtliche Natur behalten. Es müssen nicht sämtliche in der Gemeinde bestehenden Nutzungsrechte zusammen fixiert werden; sofern die anderen Rechte nicht beeinträchtigt werden, können ohne Zustimmung der anderen Berechtigten auch einzelne Rechte fixiert werden. Streitigkeiten aus Anlaß der Fixierung sind Verwaltungsrechtssachen nach Art. 8 Ziff. 28 VGG. Eine Erweiterung der Nutzungsrechte im Wege der Fixierung ist nicht möglich (Art. 33 GemO.). Ursprünglich haben die aus der Mitgliedschaft an der Markgenossenschaft entstandenen und damit die meisten Gemeindenutzungsrechte wohl durchwegs auf den Bedarf gelautet; im Laufe der Zeit sind diese ungemessenen Rechte vielfach durch langdauernde Übung in gemessene verwandelt worden; die Rechtswirksamkeit dieser Fixierung durch Verjährung ist anerkannt in VGH. Bd. 17 S. 189ff.

Wenn über Gemeindenutzungsrechte ein Verwaltungsrechtsstreit anhängig ist, so kann er auch durch einen Vergleich beendet werden; dieser darf nicht gegen zwingende Vorschriften des öffentlichen Rechts verstoßen, insbesondere die Nutzungsrechte nicht erweitern (Art. 33 GemO.); nach der Rechtsprechung des Verwaltungsgerichtshofs ist zu einem Vergleich die Übereinstimmung der Gemeinde, der Rechtler und der nach Art. 32 Satz 3 GemO. Anteilsberechtigten (diese werden auf Grund des neuen Gemeinderechts wohl an die Stelle der vom VGH. aufgeführten Gemeindebürger und Anwesensbesitzer ohne Gemeindenutzungsrecht getreten sein) sowie die Zustimmung der Staatsaufsichtsbehörde erforderlich; bezirksamtliche Beurkundung des Vergleiches genügt (VGH. Bd. 36 S. 192). Durch einen Prozeßvergleich über Gemeindenutzungsrechte vor den Zivilgerichten werden diese Rechte nicht ohne weiteres solche des bürgerlichen Rechts (VGH. Bd. 48 S. 89).

Die Gemeindenutzungsrechte sind wie die bürgerlichrechtlichen Forstberechtigungen einschränkend auszulegen; im Zweifel hat man sich daher für das geringere Maß zu entscheiden.

V. **Ausübung der Nutzungsrechte:** Die Nutzungsberechtigten sind nicht die Waldeigentümer; das Eigentum am Gemeindewald steht der Gemeinde zu; sie sind auch in Ausübung der Berechtigung wohl nie als Waldbesitzer anzusehen. Sie sind ebenso wie die (bürgerlichrechtlichen) Forstberechtigten des Forstgesetzes (Art. 23 Abs. I) an die Befolgung der forstpolizeilichen Bestimmungen des Forstgesetzes (z. B. Art. 43 Waldweide, Art. 45 Feueranmachen, Art. 89—100) gebunden; da für die Nutzungsberechtigten und deren Angehörige und Gehilfen der Gemeindewald ein fremder Wald ist, können sie darin Forstfrevel begehen; vgl. die für die Forstberechtigten des Forstgesetzes geltenden Bestimmungen in Art. 49 Abs. II FG. Soweit es sich um Holz- und Streurechte im Gemeindewald handelt, hat der Ausübung des Rechtes stets eine Anweisung (vgl. Anm. 5 vor Art. 23) durch den Betriebsleiter oder dessen Beauftragten vorauszugehen (vgl. §§ 21 ff., 34 ff. BVollzV. 1897). ObLG. St. Bd. 4 S. 64 sagt: „Gemeindeglieder, die am Gemeindewald nutzungsberechtigt sind, dürfen ihre Rechte nicht nach freiem Ermessen, sondern nur unter Berücksichtigung der aufgestellten und forstpolizeilich genehmigten Wirtschaftspläne (vgl. hiezu Anm. 11 zu Art. 7) und unter Anleitung und auf Anweisung des mit der Betriebsausführung betrauten Sachverständigen ausüben"; ähnlich ObLG. St. Bd. 6 S. 345.

Die öffentlichrechtlichen an Grundstücken bestehenden, mit Anwesen verbundenen gemeindlichen Nutzungsrechte sind den Grunddienstbarkeiten des bürgerlichen Rechts rechtsähnlich. Soweit Vorschriften für die Gemeindenutzungsrechte fehlen, dürfen daher nach allgemeinen Verwaltungsgrundsätzen die Grundzüge der bürgerlichrechtlichen Vorschriften für Grunddienstbarkeiten auf die Gemeindenutzungen entsprechend angewendet werden (s. oben Ziff. IV). Nach dem Vorbild der Grunddienstbarkeit geht auch das Gemeindenutzungsrecht grundsätzlich dem Eigentum der Gemeinde am belasteten Wald vor; soferne sich aus dem Berechtigungstitel nichts anderes ergibt, kann die Waldeigentümerin den Wald nur soweit benutzen, als ihr bei voller Ausnutzung der Gemeinderechte möglich bleibt; vgl. Art. 32 Satz 1 GemO. Andererseits haben die Nutzungsberechtigten die Belange der waldbesitzenden Gemeinde möglichst zu schonen (vgl. § 1020 BGB.). Dazu gehört z. B., daß die Nutzungsberechtigten unter mehreren Ausübungsmöglichkeiten die wählen, die den Waldeigentümer am wenigsten beeinträchtigt; ferner müssen die Nutzungsberechtigten Änderungen ihres Rechtes dulden, wenn sie für den Waldeigentümer Bedürfnis sind, für die Berechtigten aber unschädlich bleiben oder ihnen unerhebliche Unbequemlichkeiten auferlegen (vgl. Wolff, Sachenrecht § 107 Ziff. II; Anm. 5 vor Art. 23 und Art. 24 FG.). Unter diesem Gesichtspunkt wird auch die Frage der Zulässigkeit einer Abänderung der Holz- oder Betriebsart zu entscheiden sein (vgl. Art. 26 FG.); ist nach den Grundsätzen für die Grunddienstbarkeiten die Abänderung ohne Zustimmung der Berechtigten nicht zulässig, so kommt, wenn sich die Gemeinde nicht mit allen Rechtlern gütlich einigt, nur die Zwangsablösung der Rechte nach Art. 39 GemO. in Frage.

Für die Ausübung der auf den Bedarf lautenden Gemeindenutzungsrechte gelten die in Anmerkung 2b α, $\alpha\alpha$—$\gamma\gamma$ zu Art. 27 aufgeführten Grundsätze, die sich aus dem Wesen der Bedarfsberechtigungen ergeben. Auf Grund eines Gemeindenutzungsrechtes kann Streu aus dem Gemeindewalde in der Regel nur behufs Verwendung (des aus der Streu gebildeten Düngers) auf den zum Anwesen gehörigen Grundstücken beansprucht werden und zwar gleichgültig, ob es sich um gemessene oder ungemessene Rechte handelt (VGH. B. 17 S. 189). Für die Gemeindenutzungsrechte, die in einem Weiderecht bestehen, gelten die Grundsätze wie in Anm. 1gβ vor Art. 23, die sich aus dem Wesen des Weiderechts ergeben; das Weidegesetz vom 28. 5. 1852 ist auf sie nicht anwendbar (vgl. Bl. Bd. 28 S. 81; VGH. in BayGemVZ. Bd. 34 Sp. 70). Das Weiderecht auf der Allmende ist in der Regel auf diejenige Stückzahl von Vieh beschränkt, die der Berechtigte auf seinem Anwesen zu überwintern vermag oder die (nach preuß. Landrecht Tl. II Tit. VII § 30) von ihm zur gehörigen Bestellung der Wirtschaft gehalten werden muß (VGH. Bd. 17 S. 189f). Der Bauholzbegriff ist bei den Gemeindenutzungsrechten derselbe wie bei den Forstberechtigungen des bürgerlichen Rechts (Anm. 2 zu Art. 28); auch die Grundsätze für den Bedarf (Anm. 4 zu Art. 28) sind entsprechend anwendbar (vgl. VGH. Bd. 17 S. 189).

VI. **Gegenleistung der Nutzungsberechtigten:** Die am Gemeindewald Nutzungsberechtigten haben dann, wenn sie wirklich Nutzungen beziehen, die auf dem Wald ruhenden öffentlichen Lasten (Steuern, Umlagen usw.), verteilt nach dem Verhältnis der bezogenen Nutzungen, zu tragen; weiter haben sie im gleichen Verhältnis die zur Gewinnung der Nutzungen und zur Erhaltung oder zur Erhöhung der Ertragsfähigkeit des Waldes erforderlichen Ausgaben zu bestreiten; dazu gehören z. B. die Kosten der Wirtschaftspläne, der Betriebsleitung, des Waldschutzes, die Holzmacherlöhne, die Kosten der Aufforstung und anderer Kulturen, der Unterhaltung der Waldwege, der Entwässerung u. a., nicht Prozeßkosten der Gemeinde. Nutzungsbezug in diesem Sinne liegt auch vor, wenn nicht alljährlich Nutzungen anfallen, sofern nur die wirklich anfallenden Nutzungen bezogen werden; es kann z. B. ein abgeholzter Gemeindewald auf längere Zeit keinen Ertrag abwerfen; die Lasten müssen die Rechtler aber doch tragen, wenn sie an den künftigen Nutzungen wieder teilnehmen wollen. Die Lasten können den Wert des Nutzungsbezugs übersteigen; von der Pflicht, die Lasten mitzutragen, kann sich ein Nutzungsberechtigter nur durch Verzicht auf sein Nutzungsrecht befreien. Der Verzicht kann formlos dem Gemeinderat gegenüber erklärt werden; das Nutzungsrecht geht unter, zum Vorteil der Gemeinde oder, wenn die Rechtler sämtliche Nutzungen des Gemeindewaldes zu beziehen befugt sind, wohl zum Vorteil der anderen Rechtler (deren Lastenanteil damit auch entsprechend wächst).

Wird der Gemeindewald teilweise von der Gemeinde, teilweise von Nutzungsberechtigten genutzt, so sind die Lasten und Auslagen verhältnismäßig von der Gemeinde und den Rechtlern zu tragen, es sei denn, daß bisher die Verteilung anders geregelt war; in diesem Falle gilt die bisherige Regelung weiter.

Die Rechtler sind verpflichtet, außer der Beteiligung an den Lasten und Auslagen an die Gemeinde für die Nutzungen Gegenleistungen (Geld-, Sach- oder Arbeitsleistungen z. B. Kleinmachen von Schulholz, VGH. Bd. 16 S. 225; Spanndienste, VGH. Bd. 30 S. 77) zu entrichten, soweit diese Verpflichtung bisher schon bestand. Handelt es sich um bestimmte Geldleistungen, so sind diese aufzuwerten nach dem Wertverhältnis zwischen Nutzungen und Gegenleistungen am 1. Januar 1914; da der Holzwert seitdem gestiegen ist, werden also regelmäßig mindestens so viel Reichsmark zu entrichten sein als ehedem Mark. Sonstige Abgaben (z. B. eine Steuer) kann die Gemeinde von den Rechtlern nicht erheben. Art. 37 GemO.

VII. **Übertragung von Nutzungsrechten:**

a) Übertragung des Rechtes selbst: Zur Übertragung der privaten am Gemeindewald bestehenden Nutzungsrechte (d. s. Forstberechtigungen im Sinne des Forstgesetzes) s. Anm. 6 vor Art. 23. Öffentlichrechtliche Nutzungsrechte, die nicht auf dem Gemeindeverband beruhen, können grundsätzlich wegen der Besonderheit des Falles (z. B. der Anspruch eines Pfarrpfründebesitzers auf Besoldungsholz) nicht übertragen werden. Die auf dem Gemeindeverband beruhenden Nutzungsrechte können auch nur ausnahmsweise für sich allein aus wichtigen Gründen übertragen werden und stets nur auf ein Wohnhaus der gleichen Gemeinde und nur, wenn der Gemeinderat und die Staatsaufsichtsbehörde zustimmen; die Zustimmung der Hypothekengläubiger des berechtigten Anwesens ist nicht erforderlich (Zeitsch. f. d. Notariat usw. 1913 S. 337). Der Übertragungsvertrag — soferne ein Wechsel der berechtigten Personen eintreten soll — bedarf nicht der notariellen Beurkundung; er ist formlos gültig. Zur Übertragung ist die Zustimmung des Gemeinderats ausnahmsweise dann nicht erforderlich, wenn das Haus, auf dem das Nutzungsrecht ruht, durch Brand oder ein anderes Naturereignis zerstört oder abgebrochen oder für einen öffentlichen Zweck abgetreten wird und das Recht auf ein in der gleichen Gemeinde neuerrichtetes Wohnhaus des Berechtigten übertragen werden soll; die Staatsaufsichtsbehörde muß in diesem Falle der Übertragung zustimmen. Die Häufung von mehr als einem ganzen Nutzungsrecht auf einem Wohnhaus oder die Zerstückelung eines Rechts bedarf — außer der Zustimmung des Gemeinderats, soweit sie nach vorstehendem nötig ist — der Genehmigung der Kreisregierung, K. d. J. Art. 36 GemO. Gemeindenutzungsrechte, die auf dem Gemeindeverband beruhen, können nicht selbständig mit Hypotheken belastet werden (ObLGZ. Bd. 7 S. 12). Das Gemeindenutzungsrecht wird von den am berechtigten Anwesen bestehenden dinglichen Rechten nicht erfaßt; die auf dem Anwesen lastende Hypothek erstreckt sich daher (Zeitschr. f. d. Notariat 1913 S. 337, RGR.-Komm. Anm. 2 zu § 96 BGB., VGH. Bd. 50 S. 104) nicht auf das Nutzungsrecht; wird das berechtigte Anwesen veräußert, so geht das mit dem Anwesen verbundene Nutzungsrecht auf den Erwerber des Anwesens über (dies gilt auch beim Übergang des Anwesens im Wege der Zwangsversteigerung), es sei denn, daß der Übergang des Rechtes vertraglich ausgeschlossen wird, z. B. weil es der Verkäufer des Anwesens auf ein anderes von ihm erworbenes Anwesen nach Art. 36 GemO.

übertragen will; auf den Übergang des Nutzungsrechts zusammen mit dem berechtigten Anwesen finden die oben dargestellten Vorschriften des Art. 36 GemO. keine Anwendung.

b) Übertragung der Ausübung: Die Übertragung der bloßen Ausübung des Gemeindenutzungsrechtes, nicht des Rechtes selbst, ist nur zulässig in Verbindung mit der Übertragung der Benutzung des berechtigten Grundstücks (Anwesens); auf diese Übertragung der Ausübung findet Art. 36 GemO. ebenfalls keine Anwendung; es kann z. B. ein mit einem Anwesen verbundenes Gemeindenutzungsrecht für sich allein nicht verpachtet werden; dies ist nur mit der Verpachtung des Anwesens möglich (vgl. VGH. Bd. 17 S. 192); umgekehrt kann der Eigentümer des Anwesens nicht das Anwesen verpachten und sich das Gemeindenutzungsrecht zur eigenen Ausübung vorbehalten. Ein mit einem Anwesen verbundenes Gemeindenutzungsrecht kann für sich allein auch weder verpfändet noch gepfändet werden (vgl. Anm. 6 und 8 vor Art. 23).

c) Übertragung der bezogenen Nutzungen: Wer auf Grund eines Gemeindenutzungsrechtes Holz oder sonstige Walderzeugnisse zu seinem Bedarfe erlangt hat, bedarf zu ihrer Veräußerung der vorherigen forstpolizeilichen Genehmigung; Zuwiderhandlungen sind Forstfrevel nach Art. 97 FG.; wer solche Walderzeugnisse, deren Veräußerung verboten ist, erwirbt, verfällt der Strafe des Art. 98 FG. Wenn die Nutzungen auf ein bestimmtes jährliches Maß lauten, ist die Veräußerung nach dem Forstgesetz (Art. 97 Abs. II) zwar nicht strafbar, sie kann aber nach dem Inhalt des Berechtigungstitels verboten sein mit der Folge, daß zur Veräußerung kein Rechtsanteil abgegeben zu werden braucht und die Gemeinde den veräußerten Anteil oder seinen Wert (§§ 812ff. BGB. in entspr. Anw.) zurückfordern kann; dies ist nach VGH. Bd. 17 S. 189ff. im Gegensatz zu den Brennholzrechten bei den Streurechten die Regel. Bei den bürgerlichrechtlichen Forstberechtigungen nach Art. 23ff. FG. die auf ein bestimmtes jährliches Maß lauten, ist der Berechtigte in der rechtlichen und tatsächlichen Verfügung unbeschränkt (s. Anm. 6 f vor Art. 23); er kann seine Bezüge auch verlangen, um sie zu veräußern; hierin unterscheiden sich die Gemeindenutzungsrechte grundsätzlich von den gewöhnlichen Forstberechtigungen, da sie auf der Zugehörigkeit des berechtigten Anwesens zur belasteten Gemeinde beruhen.

VIII. Untergang gemeindlicher Nutzungsrechte:

a) Die auf dem Gemeindeverband beruhenden Nutzungsrechte können auf mehrfache Weise zu bestehen aufhören:

1. durch Verjährung infolge Nichtausübung; die Verjährung regelt sich nach dem entsprechend anzuwendenden einschlägigen bürgerlichen Recht (VGH. Bd. 16 S. 1; Bd. 48 S. 93). Bis zum 1. 1. 1900 werden die regelmäßigen Verjährungsvorschriften des örtlichen früheren Rechts, von da an die des Bürgerlichen Gesetzbuchs, insbesondere die dreißigjährige Frist des § 195, gelten (vgl. VGH. Bd. 48 S. 93). Wenn ein Gemeinderecht aus mehreren Bestandteilen z. B. Holz- und Weiderechten besteht, ist nach VGH. Bd. 48 S. 94 eine Teilverjährung unmöglich; das Recht kann nur im ganzen verjähren (ebenso VGH. Bd. 50 S. 37).
2. durch ausdrücklichen förmlichen Verzicht des Berechtigten gegenüber dem Gemeinderat;
3. durch Untergang des Hauses (sofern es nicht wiederaufgebaut wird), wenn ein Nutzungsrecht ausnahmsweise mit dem Haus als solchem, nicht mit der Haus- und Hofstätte verbunden ist (s. oben Ziff. III);
4. durch zwangsweise Enteignung auf Grund der allgemeinen Enteignungsgesetze (vgl. unten c a. E.);
5. durch Aufhebung seitens des Gemeinderats (s. unten b);
6. durch Ablösung seitens der Gemeinde (s. unten c);
7. durch Ausscheiden des Nutzungsgegenstandes aus dem gemeindlichen Eigentum (unten d).

b) Zu Ziffer 5 — **Aufhebung durch den Gemeinderat** — sei des näheren bemerkt: Der Gemeinderat kann nach Art. 38 Satz 1 und 2 GemO. die bestehenden Gemeindenutzungsrechte ohne Entschädigung nur mit Einwilligung aller Berechtigten, gegen volle Entschädigung mit Einwilligung der einfachen Mehrheit der Berechtigten aufheben; wenn nicht alle Rechtler zu gleichen Teilen berechtigt sind, hat dabei jeder Rechtler so viel Stimmrecht als der ihm zustehenden Nutzung entspricht. Die Aufhebung ohne und gegen Entschädigung hat, wie der entschädigungslose Verzicht des Berechtigten auf sein Recht den völligen Untergang des Nutzungsrechtes zur Folge (anders die Ablösung nach Ziff. 6).

Streitigkeiten sind verwaltungsrechtlich (im ersten Rechtszug vom Regierungssenat) zu entscheiden; soweit es sich um die Höhe der Entschädigung handelt, von den ordentlichen Gerichten (Art. 38 Satz 4 und 5 GemO.; vgl. Art. 8 Ziff. 28 VGG.).

c) Zu Ziffer 6 — **Ablösung durch die Gemeinde** —:

α) **auf Grund gütlicher Einigung**: Die Gemeinde kann mit einem, mehreren oder allen Rechtlern Verträge des Inhalts schließen, daß die Rechtler gegen eine bestimmte Gegenleistung der Gemeinde ihr Gemeinderecht aufgeben; kommt ein solcher Ablösungsvertrag zustande, so gelten die abgelösten Nutzungsrechte mit allen Vor- und Nachteilen zugunsten der Gemeinde als fortbestehend; die Gemeinde kann sie aber nicht mehr weiterübertragen; dies gilt auch für die Rechte, die die Gemeinde schon vor dem Inkrafttreten der neuen Gemeindeordnung abgelöst hat. Streitigkeiten sind verwaltungsrichterlich zu entscheiden, im ersten Rechtszug vom Regierungssenat; Streitigkeiten über die Höhe der Entschädigung gehören vor die Gerichte (Art. 38 Satz 4 und 5 GemO.). Die Aufhebung von Nutzungsrechten nach Art. 38 Satz 1 GemO. ist ein einseitiger Akt der Gemeinde (mit dem Erfordernis der Einwilligung aller bzw. der Mehrheit der Rechtler); die Ablösung nach Art. 38 Satz 3 GemO. ist ein öffentlichrechtlicher Vertrag. Die Gemeinde kann nur die Nutzungsrechte nach Maßgabe der vorstehenden Ausführungen aufheben oder ablösen; die Nutzungen auf Zeit einziehen, während das Recht bestehen bleibt, kann sie gegen den Willen der Rechtler nicht mehr (vgl. für das bisherige Recht Art. 35 rrh. GemO.). Vgl. zur Ablösung von Nutzungsrechten nach dem früheren Recht ObLGZ. Bd. 1 S. 14.

β) **Zwangsablösung**: Neben der Ablösung auf Grund gütlicher Einigung ist u. U. zwangsweise Ablösung möglich; ablösungsberechtigt sind in diesem Falle die Gemeinde, unter gewissen Voraussetzungen auch öffentliche Wasser-, Ödlands- und Flurbereinigungsgenossenschaften, nicht die Rechtler.

Wenn nämlich Nutzungsrechte die ordnungsmäßige Bewirtschaftung oder die Verbesserung des belasteten Gemeindewaldes verhindern oder erheblich erschweren, so können sie von der Gemeinde gegen Entschädigung abgelöst werden. Sind die belasteten Waldgrundstücke ganz oder teilweise in den Bereich einer öffentlichen Wasser-, Ödlands- oder Flurbereinigungsgenossenschaft einbezogen, so steht auch dieser unter den gleichen Voraussetzungen das Ablösungsrecht zu. Die Verhinderung oder erhebliche Erschwerung der ordnungsmäßigen Bewirtschaftung ist gleichbedeutend mit der Beeinträchtigung der nachhaltigen Bewirtschaftung in Art. 25 des Forstgesetzes; die dortigen Auslegungsbehelfe können daher auch hier angewendet werden. Unter Verbesserung ist die nachhaltige Erhöhung des Ertrags durch sog. Kulturunternehmungen zu verstehen (vgl. Begr.). Die Möglichkeit, die belastenden Rechte einzuschränken, wenn sie die Verbesserung des belasteten Grundstücks verhindern oder erheblich erschweren, ist für die privatrechtlichen Forstberechtigungen nach Art. 25 des Forstgesetzes nicht gegeben; die Befugnis des belasteten Waldbesitzers geht nach der Gemeindeordnung also weiter. Die Zwangsablösung ist kein Vertrag, sondern ein einseitiger Willensakt der Gemeinde oder öffentlichen Genossenschaft; sie entspricht ihrer Rechtsnatur nach der Aufhebung in Art. 38 Satz 1 GemO. Doch kann sich im Laufe des Ablösungsverfahrens eine gütliche Einigung und damit ein Vertrag ergeben (vgl. Art. 39 Satz 5 GemO. und Art. XVII des Zwangsabtretungsgesetzes); diese hat jedoch nicht zur Folge, daß sich eine Ablösung nach Art. 38 GemO. mit dem Übergang des Rechtes auf die Gemeinde ergäbe. Die zwangsweise abgelösten Nutzungsrechte gehen anders als die im Wege gütlicher Einigung abgelösten nach dem Zwecke der Vorschrift (s. Begr.) nicht auf die Gemeinde (Genossenschaft) über, sondern sie gehen unter. Die zwangsweise Ablösung ist nicht zulässig, soweit sie die Wirtschaftsführung der Nutzungsberechtigten in hohem Maße erschweren würde.

Statt der zwangsweisen völligen Ablösung wird auch die Ermäßigung der Nutzungsrechte und zwar entweder für dauernd oder auf bestimmte Zeit — wie in Art. 25 des Forstgesetzes — (stets gegen Entschädigung) zulässig sein. Soferne die Nutzungsrechte verschiedenartige Befugnisse (z. B. Holzbezugs-, Streu- und Weiderechte) umfassen, wird wohl auch die dauernde oder vorübergehende Beschränkung auf einen oder mehrere Bestandteile des Rechtes zulässig sein (so auch Wörner Anm. 10; in VGH. Bd. 48 S. 88ff. ist die Unzulässigkeit der Zerlegung eines Gemeindenutzungsrechtes zum Zwecke der Übertragung auf ein anderes Anwesen ausgesprochen; bei den bürgerlichrechtlichen Forstrechten ist die Zerlegung grundsätzlich zulässig; vgl. Roth Bd. 2 S. 314 Fußn. 38). Die Ermäßigung und die Beschränkung auf Bestandteile ist aber nur möglich, wenn der Berechtigte zustimmt; das Gesetz (Art. 39 GemO.) ermächtigt nur zur vollen Ablösung; als Enteignungs- und damit Ausnahmevorschrift ist die Bestimmung eng auszulegen (in der ähnlichen Vorschrift des Art. 43 des Ödlandsgesetzes ist neben der Aufhebung des Rechtes ausdrücklich die Beschränkung oder Änderung zugelassen). Soweit die Ablösungsgründe gegeben sind, wird die Ablösung nach dem Grundsatz der gleichheitlichen Behandlung aller Gemeindeangehörigen grundsätzlich gegenüber allen Rechtlern einheitlich durchzuführen sein; vgl. für die bürgerlichrechtlichen Forstberechtigungen Art. 25 Abs. II des Forstgesetzes; Ausnahmen können sich ergeben aus der Anwendung des Art. 39 Satz 3 GemO.

Die Entschädigung bei der Zwangsablösung beträgt das 15fache des durchschnittlichen Jahreswertes der Nutzungen, die in den der Ablösung unmittelbar vorausgehenden 10 Jahren bezogen worden sind, abzüglich der Lasten und Auslagen; Gemeinde (Genossenschaft) und Berechtigte können, wenn sie diese Entschädigung nicht für wertentsprechend halten und sich nicht gütlich zu einigen vermögen, die Festsetzung der Höhe durch das ordentliche Gericht beantragen; dieses entscheidet nach freiem richterlichen Ermessen. Über andere Streitigkeiten wegen der Zwangsablösung wird im verwaltungsrechtlichen Verfahren entschieden. Art. 39 GemO.

Wenn ein gemeindliches Waldgrundstück als Ödland anzusehen ist, können darauf lastende privat- oder öffentlichrechtliche Nutzungsrechte auch nach Art. 43 des Ödlandgesetzes aufgehoben, beschränkt oder geändert werden. Gemeindenutzungsrechte können auch unter den allgemeinen Enteignungsvoraussetzungen des Art. I Zwangsabtretungsges. zusammen mit dem berechtigten Grundstück enteignet oder zwangsweise abgelöst werden, je nachdem das Nutzungsrecht ein aktives Recht oder eine passive Last des Entwehrungsgegenstandes bedeutet (Art. II Ziff. 1 und 2 Zwangsabtretungsges.).

d) Zu Ziffer 7 — **durch Ausscheiden des Nutzungsgegenstandes aus dem gemeindlichen Eigentum** —: Nach der herrschenden Meinung (VGH. Bd. 5 S. 211; Bd. 38 S. 69; Kahr I S. 294) erlöschen die an einem gemeindlichen Grundstück bestehenden Gemeindenutzungsrechte, sobald das Grundstück aus dem gemeindlichen Eigentum ausscheidet; dies wird aus dem Wesen der gemeindlichen Nutzungsrechte als der aus dem Gemeindeverbande fließenden Ansprüche auf die Teilnahme an den Erträgnissen des unverteilten Gemeinde(grundstücks)vermögens abgeleitet. Die Nutzungsrechte gehen auch nicht etwa auf den Erlös über, schon deswegen nicht, weil die Rechte nur an Grundstücken oder dinglichen Rechten (s. Ziff. IX) bestehen können; an Grundstücken, die für die belasteten Grundstücke von der Gemeinde eingetauscht oder aus ihrem Erlös erworben wurden, dürften die Nutzungsrechte zwar wohl nicht von selbst, aber auf Grund einer Vereinbarung der Rechtler mit der Gemeinde oder auf Grund rechtsbegründeten Herkommens in der Vergangenheit und Zukunft sich fortsetzen können; Art. 33 Abs. I GemO. dürfte nicht entgegenstehen, da es sich nicht um die Neubegründung von Rechten am Gemeindevermögen, auch nicht um eine verbotene Erweiterung der Rechte, sondern um einen Wechsel der belasteten Grundstücke handelt; die bisherige Rechtsprechung (z. B. VGH. Bd. 12 S. 135) kann nicht mehr in vollem Umfange angewendet werden; bei den bürgerlichrechtlichen Forstberechtigungen ist die grundsätzliche Zulässigkeit eines Wechsels der belasteten Grundstücke trotz der Bestimmung des Art. 33 FG. von jeher anerkannt (vor Art. 23 Anm. 6g).

Daraus, daß die Nutzungsrechte an gemeindlichen Grundstücken erlöschen, wenn diese aus dem gemeindlichen Eigentum ausscheiden, ergibt sich, daß in der Entäußerung des Eigentums an den Nutzungsgrundstücken seitens der Gemeinde auch eine völlige oder teilweise Aufhebung der Nutzungsrechte im Sinne des Art. 38 GemO. zu erblicken ist. Die Veräußerung oder Verteilung ist daher auch an die Voraussetzungen des Art. 38 GemO. — Zustimmung aller Rechtler, wenn sie nicht entschädigt werden sollen, und Zustimmung der Mehrheit der Rechtler, wenn sie entschädigt werden sollen — gebunden (so auch Laforet S. 411; bestr.). Bei der Verteilung wird sich die Staatsaufsichtsbehörde vor ihrer Genehmigung der Zustimmung der Rechtler zu vergewissern haben. Das Veräußerungsgeschäft wird zwar auch ohne Beachtung der Nutzungsrechte bürgerlichrechtlich wirksam sein (zweckmäßig werden aber die Notare auf die vorherige Bereinigung der Nutzungsrechte dringen); die Rechtler werden jedoch von der Gemeinde Entschädigung verlangen können (§§ 812ff., 823ff., 31, 89 BGB. in entsprechender Anwendung); dabei ist jedoch zu beachten, daß auch die Nutzungsberechtigten grundsätzlich nur den Ertrag, nicht die Substanz verbrauchen dürfen (s. oben Ziff. IV).

Ähnlich wird zu verfahren sein, wenn die Gemeinde den Gemeindewald, an dem Holzbezugsrechte bestehen, roden will, so daß die Holzbezugsrechte nicht mehr ausgeübt werden können (vgl. Art. 34 Ziff. 3 FG., der auf die Gemeindenutzungsrechte nicht unmittelbar anwendbar ist; Bl. Bd. 21 S. 346). Ist ein Waldgrundstück gerodet worden, so werden sich die daran bestehenden Gemeindenutzungsrechte mit den bisherigen Anteilen unter entsprechender Änderung der Nutzungsart am Grundstück fortsetzen (vgl. VGH. Bd. 12 S. 484ff).

IX. Gemeindenutzungsrechte an Forstberechtigungen der Gemeinde: Die Regel ist, daß die Gemeindenutzungsrechte an Grundstücken bestehen, die der Gemeinde eigentümlich gehören. Es kommt aber auch vor, daß der Gemeinde als Rechtspersönlichkeit eine dingliche Berechtigung z. B. an einer fremden, meist Staatswaldung, zusteht und diese Berechtigung den Gegenstand des Nutzungsrechts der Rechtler bildet (VGH. Bd. 22 S. 112, vgl. Bd. 25 S. 330 u. Bd. 50 S. 33ff.). Das dingliche Recht der Gemeinde ist gewöhnlich bürgerlichrechtlicher Art und damit eine Forstberechtigung nach dem Forstgesetz; Art. 23ff.

FG. sind auf das Recht der Gemeinde anzuwenden. Forstberechtigter im Sinne des Forstgesetzes ist die Gemeinde, nicht die Rechtlergesamtheit, auch nicht der einzelne Rechtler. Die Rechtler stehen nur in einer Rechtsbeziehung zur Gemeinde; diese beurteilt sich nach Art. 33ff. GemO. Nutzungsgegenstand ist die den Veränderungen nach Art. 23ff. des Forstgesetzes unterworfene Forstberechtigung der Gemeinde. Die Gemeindenutzungsrechte an Rechten sind dem Nießbrauch des bürgerlichen Rechts rechtsähnlich zu erachten. In einem Streit nach Art. 25 FG. ist die Gemeinde aktiv und passiv beteiligt, die Rechtler werden als mitbeteiligt (mittelbar beteiligt) und gegenüber einem nachteiligen Bescheide beschwerdeberechtigt zu erachten sein; vgl. VGH. Bd. 8 S. 92, auch Meisner, Nachbarrecht 3. Aufl. S. 412 Fußnote 5, aber auch KompKGH. GVBl. 1903 Beil. I. Vgl. Anm. 1 b vor Art. 23.

Für den Umfang des Beholzungsrechtes einer Gemeinde ist die Zahl der Gemeindemitglieder im Zeitpunkt der Verleihung des Rechtes maßgebend (Erk. Berlin 11. 10. 1849 Sf. Bd. 3 S. 300). Auch wenn der Gemeinde die Forstberechtigung zusteht, kommt es vor, daß die die Gemeinde treffende Gegenleistung wie auch die Ablösungsgrundstücke unmittelbar auf die Gemeinderechtler ausgeschlagen werden (VGH. Bd. 50 S. 35f.).

9. Gemeindliche Eigenbetriebe: Die Gemeinde ist nicht gehindert, zur Verwertung der Erzeugnisse ihrer und fremder Waldungen eigene Betriebe zu errichten. Wenn es sich aber um ein Erwerbsunternehmen d. h. ein wirtschaftliches Unternehmen handelt, das nach seiner Bestimmung einen Gewinn abwerfen soll, ist zur Errichtung und zum Betriebe und zur erheblichen Beteiligung der Gemeinde an einem solchen Unternehmen staatsaufsichtliche Genehmigung notwendig; diese ist auch notwendig für gemeindliche Einrichtungen, die die Versorgung der Bevölkerung mit Gegenständen des täglichen Bedarfs bezwecken. In keinem Falle ist die staatsaufsichtliche Genehmigung für forstwirtschaftliche Einrichtungen und die damit verbundenen ebenfalls der Forstwirtschaft dienenden Nebeneinrichtungen nötig. Art. 61 Abs. I Ziff. 3, Abs. IV GemO. Darnach wird Genehmigung nicht nötig sein z. B. für Pflanzgärten, auch wenn die Pflanzen mit Gewinn veräußert werden sollen, für gemeindliche Sägewerke, in denen im wesentlichen nur die Erzeugnisse der Gemeindewaldungen verarbeitet werden (hier handelt es sich um einen der Erhöhung der Wirtschaftlichkeit der Gemeindeforsten, also der Forstwirtschaft dienenden Nebenbetrieb der gemeindlichen Forstwirtschaft), wohl aber wird Genehmigung nötig sein für ein gemeindliches Sägewerk, das fremdes Holz in nicht bloß verhältnismäßig geringfügigem Maße verarbeitet.

10. Bewirtschaftung der Gemeindewaldungen: Diese ist in den Art. 1 u. 6—16 des Forstgesetzes nebst den dazu gehörigen Vollzugsvorschriften geregelt; es bestehen Vorschriften über:

Bewirtschaftungsfreiheit Art. 1;
Wirtschaftspläne Art. 7;
Betriebsausführung Art. 8, 9, 11, 12, 13, 15, 16;
Forstschutz Art. 10, 11, 12, 13, 15;
Staatsaufsicht Art. 6, 14, 15.

Das nähere enthalten die Anmerkungen zu den einzelnen Artikeln. Außerdem unterliegen auch die Gemeindewaldungen sämtlichen forstpolizeilichen Vorschriften des Forstgesetzes (Art. 34—47, 75—78, 88—100) wie die anderen Waldungen; auch die Schutzbestimmungen der Art. 79—101 FG. gegen Frevler gelten wie für alle Waldungen auch für die Gemeindewaldungen.

11. Ortschaftswaldungen:

a) Allgemeines: Auch die Ortschaften (Ortsgemeinden) besitzen eigene Rechtspersönlichkeit und können daher Waldeigentum haben (Art. 62 GemO.).

Für die Ortschaftswaldungen gelten die Vorschriften für Gemeindewaldungen (Erhaltung des Grundstockvermögens, Veräußerung, Verteilung usw.) entsprechend; an die Stelle der Gemeinde tritt die Ortschaft, an die Stelle des Gemeinderats der Ortsausschuß, an die Stelle der Gemeindeangehörigen die Ortschaftsangehörigen. Die Verteilung der Erträgnisse des Ortschaftswaldes und überhaupt des Ortschaftsvermögens ist — auf Grund eines Beschlusses des Ortsausschusses und mit Genehmigung der Staatsaufsichtsbehörde — nur zulässig, wenn die Ortschaftsbedürfnisse gedeckt werden können, ohne daß Ortsumlagen erhoben werden, und wenn größere Ausgaben für außerordentliche Ortschaftsbedürfnisse nicht in Aussicht stehen. Zu den Ortschaftsbedürfnissen gehört der Aufwand zur Erhaltung und Verwaltung des Ortschaftsvermögens und zur Erfüllung der etwaigen Verpflichtungen nach Art. 62 Abs. II GemO. Die Gemeindeumlagen der Ortschaftsangehörigen sind keine Verpflichtung und damit kein Bedürfnis der Ortschaft. Die Bezahlung der auf die Ortschaftsangehörigen treffenden Gemeindeumlagen aus der Ortschaftskasse wird ohne die Zustimmung aller bei einer Verteilung

Anteilsberechtigten nicht zulässig sein, da darin wohl eine Verteilung nach Art. 32 GemO. zu erblicken ist, die nur gleiche Anteile zuläßt; stets ist die Genehmigung der Staatsaufsichtsbehörde notwendig (Art. 32 GemO. Schlußsatz).

Wenn eine Gemeinde mit einer anderen Gemeinde vereinigt wird (Eingemeindung, Zusammenlegung u. ä.), so kann bestimmt werden, daß die beiden Gemeinden oder eine von ihnen Ortschaften der neuen Gemeinde werden, also ihren Grundbesitz für sich behalten; die daran bestehenden Nutzungsrechte bleiben dann unberührt; aus den bisherigen Gemeindenutzungsrechten werden Ortschaftsnutzungsrechte, die beide rechtlich gleich zu behandeln sind. Die Erhaltung als Ortschaft wird immer veranlaßt sein, wenn Nutzungsrechte am Gemeindevermögen bestehen, soferne nicht die vorherige Ablösung oder Aufhebung nach Art. 38, 39 GemO. durchgeführt werden kann. Art. 62 Abs. V GemO.

Für die Bewirtschaftung der Ortschaftswaldungen gelten wie für die Gemeindewaldungen die Art. 6—16 des Forstgesetzes samt den dazu gehörigen Vollzugsvorschriften (s. oben Anm 10; vgl. ObLGSt. Bd. 6 S. 343).

b) Ortschaftsnutzungsrechte: An Ortschaftswaldungen können Besitzer der in der Ortschaft gelegenen Anwesen auf Grund der Zugehörigkeit zum Ortschaftsverband nutzungsberechtigt sein. Die Ortschaftsnutzungsrechte sind ebenso zu behandeln wie die Gemeindenutzungsrechte; die Vorschriften für die Gemeindenutzungsrechte (Art. 33—39 GemO.) finden entsprechende Anwendung (Rechtsgrundlage, Übertragung, Inhalt, Ausübung, Aufhebung usw.). Die öffentlichrechtlichen Ortschaftsnutzungsrechte sind keine Forstberechtigungen nach Art. 23ff. FG. (irrig ObLGSt. Bd. 20 S. 112). Die Ortschaft kann durch Vertrag mit der Gemeinde, zu der sie gehört, ihr Vermögen mit allen Verbindlichkeiten auf die Gemeinde übertragen; damit verliert sie die Eigenschaft einer Ortschaft im Sinne der Gemeindeordnung. Die etwa bisher bestehenden Ortschaftsnutzungsrechte bleiben kraft ausdrücklicher gesetzlicher Vorschrift mit dem gleichen Inhalt und Umfang als Gemeindenutzungsrechte aufrechterhalten; es ändert sich weder der Kreis der Berechtigten noch der Kreis der belasteten Grundstücke (Art. 62 Abs. III GemO.). Diese Regelung bildet eine Ausnahme von dem Grundsatz, daß Ortschaftsnutzungsrechte untergehen, wenn der Nutzungsgegenstand aus dem Eigentum der Ortschaft ausscheidet (s. oben S. 67 d).

An den Ortschaftswaldungen sind auch bürgerlichrechtliche Nutzungsrechte (d. s. Forstberechtigungen nach dem Forstgesetz Art. 23 ff.) und solche öffentlichrechtlichen Nutzungsrechte möglich, die nicht auf dem Ortschaftsverband beruhen; für sie gilt das gleiche wie bei den Gemeindewaldungen. Ebenso, wenn die Ortschaftsnutzungsrechte an einem der Ortschaft zustehenden dinglichen Recht bestehen; vgl. oben S. 67 IX.

12. Waldungen der von den Gemeinden und Ortschaften verwalteten Stiftungen: Rechtsgrundlagen Art. 127—132, 62 GemO., 6—17 des Forstgesetzes; näheres im Abriß Stiftungswaldungen s. S. 70 ff.

13. Zweckverbände u. ä.: Eine Gemeinde kann sich mit einer Ortschaft, einer anderen Gemeinde oder einer sonstigen Körperschaft des öffentlichen Rechts zur gemeinsamen Bewirtschaftung ihrer Waldungen zu einem Zweckverband im Sinne der Gemeindeordnung (Art. 133ff.) vereinigen. Die Waldungen bleiben im Eigentum der Gemeinde, Ortschaft usw.; nur die Bewirtschaftung soll gemeinsam durchgeführt werden; regelmäßig wird ein gemeinsamer Wirtschaftsplan sowie eine gemeinsame Betriebsleitung aufzustellen sein; die Erträgnisse der Zweckverbandswaldungen werden den Mitgliedern nach einem bestimmten Verhältnis zufließen; die Verwendung der Erträgnisse bestimmt sich bei Gemeinden und Ortschaften nach der Gemeindeordnung.

Das nähere ist in der Satzung des Zweckverbandes zu bestimmen. Bei einem Zweckverband zur gemeinsamen Bewirtschaftung wird regelmäßig der Zweckverband als Waldbesitzer anzusehen sein, nicht die Gemeinde, Ortschaft, denen das Waldeigentum zusteht. Die Zweckverbandswaldung wird in diesem Falle unter den Begriff Körperschaftswaldungen im Sinne des Art. 18 FG. fallen. Als Forstpolizeibehörden (und -stellen), denen in den Art. 6ff. FG. gegenüber den Zwecksverbandswaldungen gewisse Aufgaben zugewiesen sind, kommen die Aufsichtsbehörden des Zweckverbandes nach Art. 137 Abs. I GemO. in Betracht; vgl. Anm. zu Art. 14.

Zweckverbände können auch gebildet werden zur Erfüllung einzelner Aufgaben in der Bewirtschaftung der gemeindlichen (ortschaftlichen) Waldungen z. B. zur Aufstellung eines gemeinsamen Flurschutzes. Gemeinden und Ortschaften können sich auch mit privaten Waldbesitzern zu sog. Waldgenossenschaften oder ähnlichen Vereinigungen zusammenschließen; näheres hiezu Anm. 2k vor Art. 19. Zu

der dabei wohl regelmäßig eintretenden Änderung des Wirtschaftsplans und dem Wechsel des Betriebsleiters ist die Genehmigung nach Art. 7ff. FG. notwendig; eine Genehmigung der Staatsaufsichtsbehörde nach der Gemeindeordnung ist grundsätzlich für den Zusammenschluß selbst nicht vorgeschrieben.

Das Recht der Stiftungswaldungen.

1. **Kreis der Stiftungswaldungen:** Zu den Stiftungen im Sinne der Art. 6—17 des Forstgesetzes zählen alle rechtsfähigen öffentlichen Stiftungen, die in Bayern ihren Sitz haben; wo die Waldungen gelegen sind, ist grundsätzlich gleichgültig; s. Anm. 2 b zu Art. 6. Ausgenommen sind lediglich die reinen Privatstiftungen, d. s. die Stiftungen, die im wesentlichen nur privaten Zwecken dienen; diese Stiftungen unterstehen nicht der Aufsicht der Verwaltungsbehörden (Art. 6 AG.BGB.; vgl. auch § 25 Abs. I BVU.); ihre Waldungen sind daher auch nicht der besonderen Aufsicht nach Art. 6—17 des Forstgesetzes unterworfen, da diese sich auf die allgemeine Aufsichtsgewalt gründet, die dem Staate gegenüber den Gemeinden, öffentlichen Stiftungen und Körperschaften des öffentlichen Rechts zukommt (vgl. Seydel, I. Aufl. Bd. 5 S. 619 Fußn. 3 und OLGMSt. Bd. 2 S. 533). Die Waldungen der reinen Privatstiftungen sind als Privatwaldungen zu behandeln. Reine Privatstiftungen sind selten; zu ihrer Entstehung wird die erforderliche ministerielle Genehmigung grundsätzlich nicht mehr erteilt. Familienstiftungen sind keineswegs stets Privatstiftungen. Unter den öffentlichen Stiftungen im Sinne des bayerischen Rechts und damit auch der Art. 6ff. FG. sind alle Stiftungen zu verstehen, die ganz oder zu einem erheblichen Teil öffentliche Zwecke verfolgen (Zwecke des Kultus, Unterrichts, der Wohltätigkeit oder gemeinnütziger Art), gleichgültig, ob sie öffentlichrechtlicher oder bürgerlichrechtlicher Natur sind; auch die von einer Gemeinde oder Ortschaft verwalteten Stiftungen (Art. 127ff., 62 GemO.) fallen unter Art. 6ff. FG. Ausgenommen von den Bestimmungen der Art. 6—17 sind diejenigen Stiftungswaldungen, die unmittelbar von einer staatlichen Behörde verwaltet werden; diese Waldungen sind nicht Staatswaldungen im Sinne der Art. 2—5, sie bleiben Stiftungswaldungen und haben den Zwecken der Stiftung zu dienen (vgl. Art. 7 Abs. I a. E.); nur fallen für sie die staatsaufsichtlichen Bestimmungen der Art. 6ff. weg; für ihre Behandlung kommen die einschlägigen Dienstvorschriften in Betracht: vgl. die Ausnahme der staatlichen und der staatlich verwalteten Waldungen von den forstpolizeilichen Vorschriften der Art. 34ff., Anm. 4 vor Art. 34.

Zu den Stiftungen nach Art. 6ff. zählen z. B. alle Wohltätigkeitsstiftungen, gleichgültig von wem sie verwaltet werden, die Kultusstiftungen, insbesondere die Pfründestiftungen (Aufsichtsbehörde ist für letztere die Regierung, K.d.J.) und die Kirchenstiftungen (Aufsichtsbehörde das Bezirksamt, in unmittelbaren Städten die Regierung, K.d.J.).

Nicht zu den Stiftungen zählen die ehemaligen Fideikommisse und Lehen; näheres hiezu Art. 21, 22 mit Anm.

Die Waldungen der bayerischen Universitäten fallen grundsätzlich unter Art. 6ff., gleichgültig, ob man die Universitäten als Stiftungen oder Körperschaften des öffentlichen Rechts ansieht (Art. 18; vgl. Anm. 2 zu Art. 16). Die Waldungen des Wittelsbacher Ausgleichsfonds zählen zu den Stiftungswaldungen nach Art. 6ff. (FME. vom 23. 7. 1924 Nr. 33978).

Stiftungswaldungen sind alle Waldungen, an denen der Besitz einer Stiftung zusteht; s. Anm. 2 zu Art. 1. Gewöhnlich wird die Stiftung auch Waldeigentümerin sein. Auch die Waldungen fallen unter Art. 6ff., in deren Besitz die Stiftung erst nach ihrer Entstehung und nach der Einführung des Forstgesetzes gekommen ist z. B. durch Zustiftung oder Ankauf, Tausch, Aufforstung.

2. **Allgemeine Rechtsverhältnisse:** Die rechtlichen Verhältnisse der Stiftungen sind gesetzlich nicht erschöpfend geregelt; ein allgemeines Stiftungsgesetz fehlt; es bestehen nur Teilregelungen, z. B. für die Stiftungen des bürgerlichen Rechts in §§ 80—88 BGB., für die gemeindlich verwalteten Stiftungen in Art. 127—132 GemO., für die ortskirchlichen Stiftungen in Art. 5, 7—9 KGO. u. a. Die Behandlung und Verwendung des Stiftungsvermögens kann der Stifter weitgehend in der Verfassung (Satzung) der Stiftung selbst regeln (s. für die bürgerlichrechtlichen Stiftungen § 85 BGB.). Soweit gesetzliche oder satzungsmäßige Vorschriften fehlen, ist die rechtliche Behandlung der Stiftungen aus dem Wesen der Stiftungen und aus der verfassungsmäßig verankerten Einrichtung abzuleiten, daß die Verwaltung und Ausrichtung öffentlicher Stiftungen staatlicher Aufsicht unterliegen (§ 25 Abs. I Satz 3 BVU.); die Vorschriften für die Staatsaufsicht über die Gemeinden und die gemeindlich verwalteten Stiftungen können großenteils für alle Stiftungen entsprechend angewendet werden.

Der Waldbesitz wie überhaupt das Vermögen ist den öffentlichen Stiftungen verfassungsmäßig gewährleistet (Art. 153 RV, § 25 BVU.). Das Stiftungsvermögen darf insbesondere unter keinem Vorwand dem Staatsvermögen einverleibt werden.

3. Stiftungswaldungen und Grundstockvermögen: Die Waldungen der Stiftungen sind grundsätzlich ein Bestandteil ihres Grundstockvermögens. Dieses ist, soweit nicht die Stiftungssatzung ein anderes bestimmt, ungeschmälert zu erhalten: es gilt hiefür das über das gemeindliche Grundstockvermögen Ausgeführte entsprechend. Grundsätzlich darf nur der Ertrag der Stiftungswaldungen verbraucht werden. Die Pflicht zur Erhaltung des Grundstockvermögens ergibt sich aus dem Wesen der Stiftung als einer auf unbeschränkte Dauer (soweit nicht die Satzung anders bestimmt) zur Erfüllung bestimmter Zwecke gebundenen, mit eigener Rechtspersönlichkeit ausgestatteten Vermögensmasse; für einzelne Stiftungsarten ist sie gesetzlich ausdrücklich vorgeschrieben z. B. für die Kirchenstiftungen in Art. 9 KGO.; ähnlich in Art. 131 GemO. für die gemeindlich verwalteten Stiftungen; vgl. auch die ME. vom 29. 4. 1851 (Weber Bd. 4 S. 243, Fußnote) für die Pfründestiftungen. Einzehrungen des Grundstockvermögens sind grundsätzlich durch Einsparungen aus dem Ertrage einzubringen. Dies ist bei der Betriebsausführung in den Stiftungswaldungen (Art. 7, 8 FG.) zu beachten. Die Verpflichtung zur Erhaltung des Grundstockvermögens schließt auch die Pflicht in sich, den Stiftungswald pfleglich zu behandeln. Die Veräußerung der Stiftungswaldung ist, wenn sie nicht nach der Stiftungssatzung überhaupt ausgeschlossen ist, nur zulässig, wenn damit nicht eine Schmälerung des Vermögens der Stiftung verbunden ist; der Erlös fällt stets der Stiftung zu; er muß angelegt oder zu einem anderen satzungsmäßigen Erwerb (z. B. zum Ankauf anderer Grundstücke) verwendet werden, soweit nicht die Satzung ein anderes bestimmt. Die Rodung einer Stiftungswaldung ist — abgesehen von den forstgesetzlichen Voraussetzungen — ebenfalls nur zulässig, wenn damit das Stiftungsvermögen nicht geschädigt wird; in der Satzung kann sie ganz verboten werden. Bei der Frage der Zulässigkeit der Veräußerung oder der Rodung von Stiftungswaldungen sind stets auch die für die betreffende Stiftungsart bestehenden besonderen Vorschriften zu beachten; darnach bemißt sich auch, ob staatsaufsichtliche Genehmigung erforderlich ist (vgl. ObLGZ. RR. III 81/29, Bl. 1930 S. 94 f. und unten Anm. 5).

4. Verwendung des Ertrages: Der Ertrag der Stiftungswaldungen fällt stets — soweit nicht Forstberechtigungen am Stiftungswald bestehen — zunächst der Stiftung zu. Die Stiftungsverwaltung hat ihn gemäß der Satzung oder, wo eine solche fehlt, gemäß dem Zwecke der Stiftung zu verwenden. Die Ansprüche, die auf Grund der Stiftungssatzung auf den Genuß der Stiftungsrente erhoben werden, fallen nicht unter die Forstberechtigungen nach Art. 23 ff. FG.; Streitigkeiten hierüber sind im verwaltungsrechtlichen Verfahren nach Art. 8 Ziff. 35 VGG. zu entscheiden.

5. Verwaltung der Stiftungswaldungen: Die zur Verwaltung der Stiftung berufenen Personen oder Behörden sind, soferne in der Satzung nichts anderes bestimmt ist, vorbehaltlich der Art. 6 ff. FG. auch zur Verwaltung der zur Stiftung gehörigen Waldungen zuständig. Allen Stiftungen steht das sog. Selbstverwaltungsrecht zu (wie den Gemeinden) d. h. die Stiftungsverwaltungen können sich frei entschließen, soweit nicht die Satzung, das Stiftungsrecht oder ein anderes Gesetz sie beschränkt. Den zuständigen Staatsbehörden kommt grundsätzlich nur ein Aufsichtsrecht zu. Das Aufsichtsrecht ist ebenso wie gegenüber den Gemeinden nicht nur negativ, es kann sich auch positiv auswirken, dann nämlich, wenn die Erfüllung gesetzlicher Vorschriften durchzusetzen ist (vgl. Art. 60 GemO.). Für die Verwaltung des Stiftungsvermögens darf, soferne nicht die Satzung etwas anderes bestimmt, die Stiftung nur mit einem der Mühewaltung und Verantwortung angemessenen Betrag belastet werden (in den ME. vom 5. 11. 1887 Nr. 13056 und vom 16. 5. 1888 Nr. 7316 ist ausgesprochen, daß die Gemeinden für die Stiftungsverwaltung keinesfalls mehr als den wirklichen Aufwand berechnen dürfen); dies gilt auch für die Verwaltung der Stiftungswaldungen; ein Mehr müßte von der Stiftungsaufsichtsbehörde beanstandet werden, da der verfassungsmäßige Grundsatz, daß die Erträgnisse der Stiftungen stiftungsmäßig zu verwenden sind, verletzt wäre (§ 25 BVU.; vgl. für die gemeindlich verwalteten Stiftungen auch Art. 131 GemO.); Streitigkeiten wären im verwaltungsrechtlichen Verfahren nach Art. 8 Ziff. 35 VGG. (bei Gemeinden auch nach Art. 60 Abs. III u. VI GemO.) zu entscheiden. Zur Zuständigkeit der Stiftungsaufsichtsbehörden vgl. Anm. 2 u. 3 zu Art. 14.

6. Bewirtschaftung: Die Bewirtschaftung der Stiftungswaldungen ist geregelt in den Art. 6—17; vgl. die Anmerkungen hiezu. Im übrigen unterstehen die Stiftungswaldungen wie die anderen Waldungen den forstpolizeilichen Bestimmungen der Art. 34—47, 75—78, 89—100; gegen Frevel sind sie durch die Strafdrohungen der Art. 79 ff. geschützt.

7. Kultusstiftungen insbesondere: Für die Kirchen- und sonstigen örtlichen Kultusstiftungen ist neben dem Forstgesetz die seit der Staatsumwälzung teilweise gegenstandslos gewordene Kirchengemeindeordnung vom 24. 9. 1912 (GVBl. S. 911) anzuwenden. Die Kirchenstiftungen (und Kirchengemeinden) sind wie die Gemeinden (und anderen Stiftungen) verpflichtet, den Grundstock ihres Vermögens ungeschmälert zu erhalten; Abweichungen bedürfen staatsaufsichtlicher Genehmigung und der Zustimmung der kirchlichen Oberbehörde. Verteilung von Ortskirchenvermögen zu Eigentum oder Nutzung sowie Verwendung von Erträgnissen oder Überschüssen zum Privatvorteile ist unstatthaft; wohlerworbene Rechte werden dadurch nicht berührt (Art. 9 KGemO.). Der Erwerb, die Veräußerung und Belastung von Grundstücken des Ortskirchenvermögens bedarf der staatsaufsichtlichen Genehmigung; desgleichen die dauernde Kulturveränderung an Grundstücken, z. B. Rodung eines Waldes, Aufforstung von Ackerland; die kirchliche Oberbehörde ist einzuvernehmen: bei der Veräußerung und Belastung ortskirchlichen Stiftungsvermögens ist ihre Zustimmung erforderlich (Art. 75 KGemO.).

Wenn Pfründewaldungen überständiges Holz enthalten, können diese meist kleinen Waldungen entweder auf Grund § 14 Abs. II BVB. 1897 im sog. aussetzenden Betrieb bewirtschaftet werden oder es kann der abständig werdende Holzbestand durch Bewilligung eines außerordentlichen Holzhiebes (§ 22 a. a. O.) rechtzeitig genutzt werden. Hiebei ist jedoch mit Vorsicht zu verfahren. Auch hat neben der forstpolizeilichen Prüfung der forstwirtschaftlichen Betriebsrücksichten stets die pfründeaufsichtliche Würdigung aller einschlägigen Verhältnisse im Benehmen mit den kirchlichen Oberbehörden einherzugehen. Dabei ist insbesondere zu beachten, daß nicht das Interesse des augenblicklichen Nutznießers allein maßgebend sein kann, sondern daß stets auch den Interessen der Pfründe als solcher sowie der nachfolgenden Pfründenutznießer Rechnung zu tragen ist. ME. vom 30. 10. 1904 Nr. 22188.

Für die Pfründestiftungswaldungen sind aus Anlaß der Regelung des Seelsorgereinkommens mit MB. vom 23. 8. 1922 (GVBl. S. 473) und mit KME. vom 31. 12. 1923 Nr. 53972 (StA. Nr. 5/24) hinsichtlich der Verwertung und Veranschlagung des Holzeinschlages besondere Bestimmungen getroffen; s. auch die ME. über den Vollzug des Art. 1 Abs. I des SeelsorgereinkommenergG. vom 23. 2. 1925 (GVBl. S. 77).

Im Gebiete des vormaligen Bayerischen Landrechts ist das Nutzungsrecht eines Pfründebesitzers am Pfründewald nunmehr nach den Bestimmungen des BGB. über den Nießbrauch (§§ 1030ff. in entsprechender Anwendung, da es sich um ein öffentlichrechtliches Verhältnis handelt) zu beurteilen; besteht für den Pfründewald ein Wirtschaftsplan, so ist dieser allein für das Maß der Nutzung entscheidend; jeder über das Maß des Wirtschaftsplanes hinausgehende außerordentliche Holzanfall ist als übermäßiger Fruchterwerb im Sinne des § 1039 BGB. zu behandeln; dabei ist es gleichgültig, ob der übermäßige Holzanfall auf ein Verschulden des Nutznießers zurückzuführen ist oder auf irgendeine andere Ursache (VGH. Bd. 29 S. 61). Ein Streit über die Haftung des Pfründebesitzers ist im Verfahren nach Art. 10 Ziff. 15, Art. 45 VGH. zu entscheiden.

Nur forstordnungsgemäß gefälltes Holz kann als eine dem bloßen Nutznießer zustehende Frucht des Waldes in Betracht kommen (oberstr. E. Bd. 9 S. 356); der Erlös der vom Sturm geworfenen Bäume ist für die Pfründestiftung, nicht für den Pfründebesitzer zu verwenden, es sei denn, daß dieser Anfall in den Wirtschaftsplan einbezogen und der künftige dem Pfründebesitzer zukommende Einschlag entsprechend herabgesetzt wird; ähnlich VGH. vom 23. 6. 1899.

In der noch gültigen Entschl. des Churfürstl. Kirchenadministrationsrats vom 28. 11. 1804 (RGBl. S. 1035, Döll. 8 S. 864; 11 S. 1495, Weber Bd. 2 S. 471 Fußnote) werden die mit den Übergabeverhandlungen betrauten Behörden angewiesen, „beim Wechsel von Pfarrern und Benefiziaten auch auf die Pfarr- und Benefiziumswaldungen Rücksicht zu nehmen und bei übermäßiger Nutzung die Abschleissumme, nötigenfalls im Wege der Schätzung durch vereidigte Schätzer, festzustellen, damit sie von den abgegangenen Pfründeinhabern erhoben werden könne". Jetzt empfiehlt es sich, über den Zustand des Pfründewaldes ein Gutachten des Forstamtes einzuholen.

Staatsaufsicht.

Artikel 6[1]. (⁶/₆).

Die Bewirtschaftung der Gemeinde- und Stiftungswaldungen[2] steht unter der Oberaufsicht[3] der Staatsregierung.

Bek. VollzB. 1897.

I. Umfang und Ausübung der staatlichen Oberaufsicht.

Inhalt der Oberaufsicht. § 1.

[I] Bei dem Vollzuge der Bestimmungen des Forstgesetzes über die Gemeindewaldungen ist stets im Auge zu behalten, daß die Gemeinden zur ungeschmälerten Erhaltung des Grundstockes sowie zur Beobachtung eines ordnungsmäßigen Verfahrens bei dem Bezuge der Früchte des Gemeindevermögens verpflichtet sind, in diesen Grenzen aber an einer ihren besonderen Bedürfnissen entsprechenden Benutzung und Bewirtschaftung derselben nicht gehindert werden können.

II Der Schwerpunkt der staatlichen Oberaufsicht über die Bewirtschaftung der Gemeindewaldungen liegt daher in der Aufgabe, darüber zu wachen, daß die Gemeinden keine der Nachhaltigkeit der Waldnutzung schädliche Übergriffe machen und keine den Fortbestand des Waldes gefährdende unpflegliche Behandlung desselben eintreten lassen.

III Gleiches gilt hinsichtlich der Stiftungs- und Körperschaftswaldungen.

IV Die Behörden werden demnach in allen auf die Bewirtschaftung der Gemeinde-, Stiftungs- und Körperschaftswaldungen Bezug habenden Angelegenheiten den Beteiligten allenthalben mit Wohlwollen entgegenkommen und etwaige Zweifel und Streitfragen auf dem einfachsten Wege, womöglich durch mündliches Benehmen, zu beheben suchen.

Tätigkeit des Forstamts. § 2.

I Die im vorstehenden § 1 erwähnte Oberaufsicht wird zunächst von den Forstämtern ausgeübt (Art. 14 des Forstgesetzes und § 1 der Allerhöchsten Verordnung vom 2. Mai 1885, den Vollzug des § 17 des Finanzgesetzes vom 21. April 1884 betreffend).

II Zu diesem Zwecke haben sich die Forstamtsvorstände die genaueste örtliche Kenntnis über alle dem Amtsbezirke einverleibten Waldungen der Gemeinden, Stiftungen und Körperschaften, sowie über deren wirtschaftliche Verhältnisse zu verschaffen. Sie haben darüber zu wachen, daß den Bestimmungen des Forstgesetzes entsprechend Wirtschaftspläne über jene Waldungen, welche einer regelmäßigen Bewirtschaftung fähig sind, aufgestellt, bzw. rechtzeitig periodisch revidiert oder erneuert werden, daß der Vollzug derselben nach forsttechnischen Grundsätzen erfolge und stets Sachverständige zur Führung des Betriebes, sowie das zum Schutze der Waldungen erforderliche Personal aufgestellt und nötigenfalls geeignete Stellvertreter rechtzeitig berufen werden.

III Der Forstamtsvorstand oder dessen Stellvertreter ist verbunden, in den seinem Amtsbezirke einverleibten Waldungen der Gemeinden, Stiftungen und Körperschaften nach Erfordernis, u. z. soweit Wirtschaftspläne bestehen, mindestens einmal des Jahres Nachsicht zu pflegen und sich von der Führung der Wirtschaft und der Handhabung des Forstschutzes Überzeugung und Kenntnis zu verschaffen. Diejenigen Wahrnehmungen, welche besondere Verfügungen oder abhelfende Maßnahmen notwendig oder wünschenswert erscheinen lassen, sind den Gemeinde- und Stiftungsverwaltungen, bzw. den Vertretern der Körperschaften in Form amtlicher Erinnerungen mit den nötigen Aufforderungen zu übersenden, und wenn letztere erfolglos bleiben, in angemessener Frist dem Bezirksamte oder, wenn die betreffende Gemeinde- oder Stiftungsverwaltung der Kreisregierung unmittelbar unterstellt ist, dieser zur Anzeige zu bringen.

IV Findet der Forstmeister oder dessen Stellvertreter, daß zur Verhinderung fehlerhafter Ausführung der Fällungen oder der Forstkulturen oder zum Schutze des Waldes gegen Frevel und andere Gefährden augenblickliche Abhilfe erforderlich ist, so ist er in dem im Art. 14 Abs. 2 des Forstgesetzes erwähnten Falle ermächtigt, die nötigen provisorischen Verfügungen auf der Stelle zu treffen; er hat aber die einschlägige Gemeinde- oder Stiftungsverwaltung, bzw. die Vertreter der Körperschaft, alsbald davon in Kenntnis zu setzen und erforderlichenfalls bei der einschlägigen Forstpolizeibehörde oder Forstpolizeistelle das Weitere zu veranlassen.

V Auch die Inspektionsbeamten der Regierungsforstabteilungen haben von Zeit zu Zeit Nachsicht zu pflegen und sich zu überzeugen, ob die Forstämter in Ausübung der staatlichen Oberaufsicht ihren Verpflichtungen nachkommen.

1. Geltungsbereich: Art. 6 stellt die Waldwirtschaft der Gemeinden, öffentlichen Stiftungen und Körperschaften des öffentlichen Rechts (Art. 18) unter die allgemeine Staatsaufsicht, der diese Gemeinden, Stiftungen und Körperschaften auch im übrigen unterworfen sind. Die Privatwaldungen sind nur den forstpolizeilichen Vorschriften (im engeren Sinne) der Art. 34—47 unterstellt (lediglich für die Aufteilung gemeinschaftlicher Waldungen besteht noch die Sonderbestimmung des Art. 20); die Gemeinde-, Stiftungs- und Körperschaftswaldungen dagegen sind, wie auch ihre Träger der Staatsgewalt weitergehend unterstellt sind als die Privaten, nicht bloß den forstpolizeilichen Bestimmungen der Art. 34—47 unterworfen, sondern auch den Vorschriften der Art. 6—18, die die Technik des Betriebes regeln und einen Forstschutz vorschreiben.

Das Forstgesetz regelt die Rechtsverhältnisse der Gemeinde-, Stiftungs- und Körperschaftswaldungen keineswegs erschöpfend; über die Verwendung des Ertrags z. B., den Erwerb und die Veräußerung der Waldungen, die Gemeindenutzungsrechte u. a. bestimmt es nichts; hiefür sind die einschlägigen sonstigen Vorschriften maßgebend (GemO., KirchGemO. usw.; vgl. Art. 17).

2. Kreis der Gemeinde-, Stiftungs- und Körperschaftswaldungen:

a) Träger: Unter den Gemeinde-, Stiftungs- und Körperschaftswaldungen sind die Waldungen zu verstehen, die sich im Besitze dieser Träger befinden (Art. 1 Anm. 2); regelmäßig wird ihnen auch das Eigentum daran zustehen. Die Rechtspersönlichkeit muß Waldbesitzerin sein; der Umstand z. B., daß Gemeindeglieder an einem Walde ausschließlich nutzungsberechtigt sind, bestimmt allein dessen Eigenschaft als Gemeindewald noch nicht (OLGM. Bd. 2 S. 436).

Unter den Gemeinden der Art. 6ff. sind zunächst die sog. politischen Gemeinden (Art. 1 GemO.) und zwar alle rechtsrheinischen mittelbaren und unmittelbaren zu verstehen; ferner die Ortschaften (Ortsgemeinden, Art. 62 GemO.). Die Bezirke und Kreise (Bezirks- und Kreisgemeinden) werden nicht hierher, sondern zu den Körperschaften des Art. 18 gehören; die Entstehungsgeschichte des Gesetzes läßt ersehen, daß mit den Gemeinden der Art. 6ff. nur an die politischen und Ortsgemeinden gedacht war; übrigens ist die Unterscheidung ohne sachliche Bedeutung, da auch auf die Körperschaften die Art. 6—17 anzuwenden sind.

Kreis der Stiftungen s. den Abriß über Stiftungswaldungen Ziff. 1 S. 69; Begriff der Körperschaften Anm. 1 zu Art. 18. Bezüglich der Waldungen des Benediktinerordens sind folgende Entschließungen ergangen: ME. vom 13. 7. 1855: Der Benediktinerorden hat unbeschränktes Verwaltungsrecht über sein Vermögen; auf seine Waldungen sind daher die Bestimmungen des FG. über die Stiftungswaldungen nicht anwendbar. Ebenso ME. 10. 3. 1855 für die Waldungen des Benediktinerpriorats Weltenburg. Ähnlich ME. vom 14. 10. 1856 für das Stift und Kloster St. Jakob in Regensburg („Der Staat übt nur ein ganz allgemeines Aufsichtsrecht, aber keine Kuratel über das Vermögen des Klosters aus; deshalb können die Waldungen des Klosters einer Oberaufsicht und Kuratel des Staates im Sinne der Art. 6—17 nicht unterstellt werden"). Für dieses Kloster wurde übrigens durch ME. vom 18. 3. 1858 die Unterstellung unter Art. 6—17 FG. angeordnet, nachdem inzwischen die Vermögensverwaltung des Klosters allgemein unter Staatskuratel getreten war. Alle diese Waldungen unterstehen aber den sonstigen Bestimmungen des Forstgesetzes (außer den Art. 6 bis 18).

b) Örtliche Begrenzung: Unter Art. 6ff. fallen alle Waldungen derjenigen (und nur dieser) Gemeinden, Stiftungen und Körperschaften, die im rechtsrheinischen Bayern ihren Sitz haben, gleichgültig, wo die Waldungen gelegen sind. Auch außerhalb Bayerns, ja Deutschlands gelegene Waldungen bayerischer (rechtsrheinischer) Gemeinden, Stiftungen und Körperschaften unterstehen den Bestimmungen der Art. 6—18, soweit nicht das ihnen vorgehende fremde Recht (lex rei sitae) entgegensteht; vgl. VGH. Bd. 12 S. 490; weiter sind anwendbar die Verfahrensvorschriften des FG. zum Vollzuge der Art. 6—18; im übrigen ist jedoch das FG. auf Waldungen außerhalb Bayerns nicht anwendbar, auch wenn sie bayerischen Gemeinden, Stiftungen und Körperschaften gehören; denn nur die „Besonderen Bestimmungen" der Art. 2—18 beruhen auf dem sog. Personalitätsprinzip, alle übrigen auf dem sog. Territorialitätsprinzip. Zum umgekehrten Fall, daß nichtbayerische Gemeinden, Stiftungen und Körperschaften in Bayern Wälder besitzen, s. Anm. 1 zu Art. 18.

c) Zeitliche Begrenzung: Die Art. 6—18 gelten für alle Waldungen (Begriff Anm. 7 zu Art. 1) der Gemeinden, Stiftungen und Körperschaften, gleichgültig, wann und wie sie in deren Besitz gelangt sind oder künftig gelangen (VGH. Bd. 50 S. 73). Zur Anlage neuer Waldungen oder Erweiterung bestehender Waldungen können die Gemeinden usw. auf Grund des Forstgesetzes nicht gezwungen werden; die Aufforstung von Ödland kann gemäß Art. 42 nur verlangt werden, wenn die Fläche bei der Einführung des Forstgesetzes (1. 1. 1853) oder später Wald im Sinne des FG. gewesen ist (VGH. Bd. 5 S. 151).

d) Neubildung und Erweiterung gemeindlicher Waldungen: Die grundsätzlich zu fördernde Neubildung und Erweiterung gemeindlicher und genossenschaftlicher Waldungen wird begünstigt durch

α) staatliche Zuschüsse für Aufforstung bisher forstwirtschaftlich nicht benutzter Flächen, namentlich von Ödungen,

β) billige Abgabe von Pflanzen aus den Staatswaldungen,

γ) Überlassung von Kulturarbeitern,

δ) Darlehen aus Mitteln der Landeskulturrentenanstalt ohne Sicherheitsleistung gegen mäßige Verzinsung und Tilgung,

ε) Belehrung durch die Forstämter,

ζ) § 121 Abs. II des Grundsteuergesetzes mit §§ 8 und 9 VollzB. vom 24. 12. 1911 (GVBl. S. 1343), wonach gemeindliche Grundstücke, die nach dem 1. Januar 1912 in Waldgrundstücke umgewandelt wurden oder künftig umgewandelt werden und eine zusammenhängende Fläche von mindestens 1 ha umfassen, auf Antrag von dem auf die Vollendung der Umwandlung folgenden Kalenderjahre an 20 Jahre lang von der Grundsteuer sowie den Umlagen befreit sind; die Befreiung setzt voraus, daß der Weidegang auf dem Waldgrundstück ausgeschlossen ist. Unter den gleichen

Voraussetzungen kann den Waldbaugenossenschaften auf die nämliche Zeitdauer Befreiung von der Grundsteuer (nicht aber von den Umlagen) bewilligt werden.

Für größere Kulturunternehmungen in den Gemeindewaldungen hat früher den Gemeinden auch der landwirtschaftliche Zentralausschuß Belohnungen aus seinen Mitteln in Aussicht gestellt.

3. Oberaufsicht: Die Oberaufsicht der Staatsregierung nach Art. 6ff. ist die allgemeine über die Gemeinden, Stiftungen und Körperschaften bestehende Staatsaufsicht in Richtung auf die Bewirtschaftung ihrer Waldungen; dies ergibt sich unzweifelhaft aus den Gesetzgebungsverhandlungen.

Der Regierungsentwurf hatte gelautet: „Leitung und Beaufsichtigung"; um zu vermeiden, daß die Gemeinden, Stiftungen und Körperschaften in ihrer Freiheit zu sehr beschnitten würden, wählten die beiden Kammern gegen die Anträge der Regierungsvertreter den Ausdruck Oberaufsicht.

Der Oberaufsicht nach Art. 6ff. obliegt es, zur Einhaltung der gesetzlichen Vorschriften anzuhalten und Gesetzwidrigkeiten abzustellen. Die Rechte und Pflichten der Forstpolizeistellen und -behörden sowie der Forstämter erstrecken sich grundsätzlich nur soweit, als es sich um den Vollzug des Forstgesetzes handelt. Die staatliche Oberaufsicht besteht praktisch im wesentlichen in der Überwachung, daß

a) entsprechende Wirtschaftspläne vorhanden sind,
b) diese nach forsttechnischen Grundsätzen vollzogen werden,
c) die Waldungen gegen Frevel und andere Gefährden geschützt werden (VGH. Bd. 19 S. 208).

Für die Oberaufsicht nach Art. 6ff. sind zunächst die materiellen und verfahrensrechtlichen (Art. 6ff., 109ff.) Bestimmungen des Forstgesetzes und der hierzu erlassenen Vollzugsvorschriften, ergänzend die für die Staatsaufsicht über die Gemeinden, Stiftungen und Körperschaften bestehenden besonderen Gesetze (z. B. GemO. Art. 59ff. usw.) maßgebend (vgl. Art. 31 GemO., 9 Abs. VII Kirch.-GemO.).

Der oberste Grundsatz der Freiheit der Bewirtschaftung (Art. 1) gilt auch für die Gemeinde-, Stiftungs- und Körperschaftswaldungen; Einschränkungen sind nur möglich, soweit sie ein Gesetz zuläßt; so kann z. B. eine Gemeinde mangels einer dahingehenden gesetzlichen Bestimmung nicht gezwungen werden, vom Mittelwaldbetrieb zum Hochwaldbetrieb überzugehen, wenn sie sich nicht freiwillig dazu entschließt.

Durch die neuen Gemeindegesetze sind die Bestimmungen der Art. 6ff. nicht berührt worden (vgl. Art. 31 GemO.; VGH. Bd. 50 S. 74).

Ausgeübt wird die Oberaufsicht nach Art. 6—18 von den für die Gemeinde, Stiftung oder Körperschaft zuständigen allgemeinen Staatsaufsichtsbehörden unter technischer Mitwirkung der staatlichen Forstbehörden (Art. 14 mit Anm.).

Die Ausübung der Oberaufsicht gehört zu den Hoheitsrechten des Staates; Beamte, die sie ausüben, handeln daher in Ausübung öffentlicher Gewalt nach Art. 7 Abs. II VGG. (VGH. Bd. 19 S. 208).

Zum Inhalt und zur Ausübung der staatlichen Oberaufsicht vgl. auch §§ 1 und 2 der BefVB. 1897 S. 72f. Die Oberaufsicht über die Gemeindewaldungen nach Art. 6ff. FG. ist Staatsaufsicht nach Art. 59 GemO., da die Bewirtschaftung der Gemeindewaldung eine eigene Gemeindeangelegenheit ist; zum übertragenen Wirkungskreis gehört dagegen die Tätigkeit des gemeindlichen Waldschutzes; die staatliche Oberaufsicht hierüber ist Sachaufsicht nach Art. 50 GemO.; die Bestellung der gemeindlichen Waldschutzbediensteten ist dagegen wieder eigene Angelegenheit der Gemeinde.

Wirtschaftspläne.

Artikel 7[1]. (7/7).

I Diese Bewirtschaftung muß[2] auf Wirtschaftspläne gestützt sein, und es finden bei derselben die Vorschriften der Art. 2 und 4[3] Anwendung, wobei jedoch die besonderen[4] Bedürfnisse der betreffenden Gemeinden und Stiftungen vorzugsweise zu berücksichtigen sind.

II Die Wirtschaftspläne sind auf Veranlassung der Verwaltungen[5] und auf Kosten[6] der einschlägigen Gemeinden und Stiftungen durch Sachverständige[7] herzustellen[9] und für Waldungen von mehr als 10 Hektar Gesamtfläche der Genehmigung[11] der Forstpolizeistelle[10], außerdem der Genehmigung[11] der Forstpolizeibehörde[10] zu unterwerfen.

III Die Wahl[8] der Sachverständigen geschieht durch die Verwaltungen, und unterliegt der Bestätigung[11] der Forstpolizeibehörde[10].

IV Von Wirtschaftsplänen kann nur bei denjenigen Waldungen Umgang genommen werden[12], welche einer regelmäßigen Bewirtschaftung nicht fähig sind. Die Bestimmung hierüber steht für Waldungen von 10 Hektar Gesamtfläche und darunter der Forstpolizeibehörde[10], außerdem der Forstpolizeistelle[10] zu.

Bek. VollzB. 1897.

II. Die Aufstellung von Wirtschaftsplänen.

Gesetzliche Richtlinien für den Inhalt des Wirtschaftsplans. § 3.

I Die Forstwirtschaft in den Gemeinde-, Stiftungs- und Körperschaftswaldungen, welche einer regelmäßigen Bewirtschaftung fähig sind, muß auf Wirtschaftspläne gestützt sein.

II Durch die Bestimmung des Art. 7 Abs. 1 des Forstgesetzes ist den Gemeinden, Stiftungen und Körperschaften ein Recht auf die vorzugsweise Berücksichtigung ihrer besonderen Bedürfnisse eingeräumt.

III Bewirtschaftung und Wirtschaftsplan müssen daher letzteren Rechnung tragen, jedoch mit der Maßgabe, daß Wirtschafts- und Nutzungsbetrieb sich in den Grenzen der Nachhaltigkeit bewegen, und die Abgewährung von Nebennutzungen unbeschadet der Erhaltung der Produktionsfähigkeit des Waldes erfolgt.

IV Soweit die Nachhaltigkeit nicht leidet, ist daher den wirtschaftlichen Bedürfnissen der Gemeinden, Stiftungen und Körperschaften volle Berücksichtigung zuzuwenden.

Bestellung des Planfertigers. § 4.

I Die Wahl der Sachverständigen, welchen die Herstellung oder Revision der Wirtschaftspläne übertragen werden will, hat nach Art. 7 Abs. 3 des Forstgesetzes durch die betreffende Gemeinde- oder Stiftungsverwaltung, bzw. Körperschaft zu geschehen; sie unterliegt der Bestätigung durch die Forstpolizeibehörde.

II Da es für die waldbesitzenden Gemeinden, Stiftungen oder Körperschaften von großer Bedeutung ist, daß für solche Arbeiten nur tüchtige Sachverständige gewählt werden, welche ihre Befähigung für dieses Geschäft in theoretischer wie auch in praktischer Beziehung bewährt haben, so kann die Forstpolizeibehörde — nach vorherigem Einvernehmen mit dem einschlägigen Forstamte — der betreffenden Gemeinde, Stiftung oder Körperschaft einen oder mehrere befähigte Sachverständige vor der Wahl bezeichnen.

III Der getroffenen Wahl ist binnen 14 Tagen nach erfolgter Anzeige die Bestätigung zu erteilen, wenn gegen die Wahl kein Bedenken besteht.

IV Sollte die Verwaltung mit der Wahl eines Sachverständigen zögern, so hat die Forstpolizeibehörde derselben eine Frist zu bestimmen und nach deren fruchtlosem Ablauf eine geeignete Persönlichkeit selbst auszuwählen.

V Die Festsetzung des Honorars für Herstellung des Wirtschaftsplanes ist Sache der freien Vereinbarung zwischen der Verwaltung und dem von ihr zu wählenden Sachverständigen. Es ist jedoch den Gemeinden, Stiftungen und Körperschaften unbenommen, wegen der Höhe des Betrages, der dem Sachverständigen für die Herstellung des Wirtschaftsplanes bewilligt werden will oder von diesem beansprucht wird, sich an das Bezirksamt zu wenden, welches im Benehmen mit dem Forstamte auf eine entsprechende Bemessung des Honorars möglichst hinzuwirken hat. Es wird im Interesse der Verwaltungen gelegen sein, in dieser Vereinbarung eine Vorsehung zu treffen, durch welche der Sachverständige zur Lieferung der übernommenen Arbeit innerhalb einer bestimmten Frist verbindlich bleibt, wenn er selbst an der Vollendung der Arbeit aus irgend einer Ursache gehindert wäre.

Forsteinrichtungsverfahren; Zeitdauer. § 5.

I Für die Anfertigung und die Erneuerung der Wirtschaftspläne für Gemeinde-, Stiftungs- und Körperschaftswaldungen wird das bisherige Verfahren empfohlen. Es bleibt selbstverständlich unverwehrt, sich auch an ein anderes Forsteinrichtungsverfahren anzuschließen, wenn solches den Verhältnissen angemessen erachtet werden kann und der mit dem Forsteinrichtungsgeschäfte beauftragte Sachverständige hierin eine Erleichterung finden würde.

II Läuft der Zeitabschnitt ab, für welchen ein Betriebsplan aufgestellt ist, so ist in Erwägung zu ziehen, ob eine Erneuerung, oder lediglich eine Ergänzung desselben unter Verlängerung des laufenden Zeitabschnittes notwendig ist.

III Ist die Erneuerung für notwendig befunden, so hat die Erwägung zu folgen, ob der neue Betriebsplan für eine kürzere oder für eine längere Zeitperiode aufzustellen ist.

IV Holz- und Betriebsarten, die speziellen Waldstandsverhältnisse, insbesondere aber die Größe des Waldbesitzes und das Interesse, den Gemeinden, Stiftungen und Körperschaften stets den vollen bei zunehmender Verbesserung der Waldungen sich ergebenden Nutzungsgenuß zu sichern, werden im wesentlichen das Zeitmaß für die Gültigkeit des Betriebsplanes bestimmen.

V Bei größeren Waldungen wird die Aufstellung des Betriebsplanes für einen nicht allzu ausgedehnten Zeitraum notwendig und allen Interessen am förderlichsten sein, bei kleineren Waldungen dagegen meist eine längere Gültigkeit desselben in Aussicht genommen werden können.

VI Ist eine bloße Ergänzung des Betriebsplanes für notwendig befunden worden, so hat diese durch den betriebführenden Sachverständigen im Einvernehmen mit der Gemeinde, Stiftung oder Körperschaft zu erfolgen. Der ergänzte Betriebsplan ist — sofern die Betriebsausführung nicht ohnehin durch die Staatsforstverwaltung erfolgt — dem Forstamte vorzulegen, welches nach Prüfung desselben und Behebung etwaiger Erinnerungen die forstpolizeiliche Genehmigung — nach Maßgabe der Bestimmungen im Art. 7 Abs. 2 des Forstgesetzes — mit gutachtlicher Antragstellung zu erwirken hat.

Zeitablauf. § 6.

I Von der Notwendigkeit der Erneuerung oder der Ergänzung eines Wirtschaftsplanes (cf. § 5) hat das Forstamt zu Anfang des Jahres, in welchem der Betriebsplan abläuft, der betreffenden Gemeinde, Stiftung oder Körperschaft Mitteilung zu machen. Da letzteren durch Art. 7 Abs. 1 ein Recht auf vorzugsweise Berücksichtigung ihrer besonderen Bedürfnisse eingeräumt ist, so sind dieselben in solchem Falle zugleich zu veranlassen, etwaige bezügliche Anträge oder Wünsche auf Grund eines gesetzmäßig ausgeführten Beschlusses darzulegen.

II Die Forstamtsvorstände werden — wenn erforderlich und möglich — vor dieser Beschlußfassung mit den betreffenden Verwaltungen sich in mündliches Benehmen setzen, um schon auf diesem Wege eine vorläufige Verständigung über die in Betracht kommenden Fragen und Verhältnisse herbeizuführen und durch unmittelbares Benehmen und sachgemäße Aufklärung weitwendigen Verhandlungen nach Möglichkeit im voraus zu begegnen.

III Bei wichtigerem Waldbesitze wird es sich auch empfehlen, wenn zu den im vorstehenden Absatze erwähnten mündlichen Besprechungen, sofern die Anfertigung des Wirtschaftsplanes und die Ausführung des jährlichen Betriebes nicht durch den Forstamtsvorstand selbst erfolgt, nach Tunlichkeit der Operatfertiger, sowie der betriebführende Sachverständige beigezogen werden und wenn alsdann die Gemeinde, Stiftung oder Körperschaft ihren Beschlüssen über die künftige Bewirtschaftung und Nutzung des Waldes ein Gutachten unterlegt, welches von dem mit der Anfertigung des Wirtschaftsplanes betrauten Sachverständigen (etwa in der Form eines Grundlagenprotokolles) hergestellt worden ist.

IV Die Anträge selbst sind mit dem Nachweise über den erwähnten Beschluß und etwaigen sonstigen Belegen versehen beim einschlägigen Forstamte einzureichen, und zwar, wenn es sich um Revision oder Erneuerung eines bestehenden Wirtschaftsplanes handelt, jeweils längstens 1. Juni desjenigen Jahres, mit welchem der Wirtschaftsplan abläuft.

V Hat die Gemeinde, Stiftung oder Körperschaft besondere Anträge und Wünsche zu dem vorbemerkten Termine nicht eingebracht, so setzt das Forstamt den gewählten Sachverständigen hievon in Kenntnis, damit derselbe unverweilt in die Bearbeitung des Operates eintreten kann.

VI Hiebei wird bestimmt, daß in jenen Gemeinde-, Stiftungs- und Körperschaftswaldungen, für welche reguläre Etats aufgestellt werden, diese nach Haupt- und Zwischennutzungen gesondert auszuscheiden und abzugleichen sind.

Besondere Anträge der Gemeinden usw. § 7.

I Liegen besondere Anträge vor, so sind dieselben zunächst der förmlichen Genehmigung zu unterstellen, damit nicht die Aufstellung des Wirtschaftsplanes auf einer Grundlage erfolge, die den gesetzlichen Erfordernissen in bezug auf die Bewirtschaftung der Gemeinde-, Stiftungs- und Körperschafts-Waldungen nicht entspricht, und damit nicht die betreffenden Verwaltungen in solchen Fällen zu einer wiederholten, mit neuem Kostenaufwande verbundenen Aufstellung des Wirtschaftsplanes veranlaßt werden müssen.

II Die eingekommenen Anträge und Wünsche sind vom Forstamte — soweit erforderlich unter Einvernahme des betriebführenden Sachverständigen — zu prüfen, mit seiner Zustimmung oder mit etwaigen Erinnerungen zu versehen und sodann samt allen Belegen der Gemeinde, Stiftung oder Körperschaft zurückzustellen.

III Soferne forstamtliche Erinnerungen gegen die gemachten Anträge und Wünsche nicht erhoben worden sind, oder die Gemeinde, Stiftung oder Körperschaft mit den forstamtlichen Erinnerungen einverstanden ist, übergibt sie die betreffenden Aktenstücke dem gewählten Sachverständigen.

IV Handelt es sich jedoch um Anträge auf Änderung der Holzart oder Betriebsart oder Umtriebszeit, so hat zunächst eine Vorlage an die Forstpolizeibehörde zu erfolgen, welche den forstpolizeilichen Bescheid zu erlassen, resp. herbeizuführen (Art. 7 Abs. 2) und sodann die Akten an die betreffende Verwaltung zur Aushändigung an den Sachverständigen zurückzugeben hat.

V Der letztere hat hierauf die Ausarbeitung des Wirtschaftsplanes, bzw. die Waldstandsrevision alsbald in Angriff zu nehmen und — gegebenen Falles im Anhalte an vorerwähnte Feststellungen — förderlichst durchzuführen, so daß, wenn nicht besondere Hindernisse eintreten, das fertiggestellte Operat spätestens im Juli des ersten Jahres des neuen Zeitabschnittes der zuständigen Forstpolizeibehörde oder -stelle (Art. 7 Abs. 2) zur Genehmigung in Vorlage gebracht werden kann.

Gegenerinnerungen. § 8.

I Ist die Gemeinde, Stiftung oder Körperschaft mit den vom Forstamte gegen ihre Erklärungen, bzw. Anträge erhobenen Erinnerungen nicht einverstanden, so hat sie unter Wiedervorlage der Akten ihre Gegenerinnerungen binnen 14 Tagen beim Forstamte einzureichen.

II Können diese Gegenerinnerungen nicht von kurzer Hand behoben werden, so hat das Forstamt die erlaufenen Akten mit gutachtlicher Äußerung der Forstpolizeibehörde zu übergeben.

III Die Forstpolizeibehörde hat sodann die Anträge, falls es sich um Waldungen handelt, bezüglich derer sie zur Genehmigung des Wirtschaftsplanes zuständig ist (Art. 7 Abs. 2), und zwar in wichtigeren Fällen nach Einvernahme der betreffenden Gemeinde, Stiftung oder Körperschaft zu bescheiden.

IV Kann bei dieser Einvernahme eine Einigung nicht erzielt werden, so hat die Forstpolizeibehörde der betreffenden Verwaltung zu eröffnen, daß es ihr frei stehe, binnen 14 Tagen ausschließender Frist Antrag auf Erhebung von Sachverständigen-Gutachten einzubringen. Bezüglich dieser Sachverständigen und der von ihnen abzugebenden Gutachten haben die Bestimmungen des folgenden § 9 Abs. 7—10 Anwendung zu finden.

V Nach Einlauf der Gutachten, oder wenn die betreffende Verwaltung innerhalb der erwähnten Frist von 14 Tagen Antrag auf Erhebung von Sachverständigen-Gutachten nicht gestellt hat, entscheidet die Forstpolizeibehörde — veranlaßtenfalls nach Einvernahme des Forstamtes.

VI Handelt es sich dagegen um Waldungen, bezüglich welcher die Forstpolizeistelle zur Genehmigung des Wirtschaftsplanes zuständig ist (Art. 7 Abs. 2), so sind die vom Forstamte eingekommenen Akten (Abs. 2) von der Forstpolizeibehörde, wenn geboten nach Einvernahme der Gemeinde, Stiftung oder Körperschaft, mit gutachtlicher Äußerung der Regierung, Kammer des Innern, zur Verbescheidung vorzulegen, welche diese nach den Bestimmungen des folgenden § 9 zu betätigen hat.

Regierungskommission. § 9.

I Die Regierung, Kammer des Innern, wird in wichtigeren Fällen, besonders aber dann, wenn erhebliche Erinnerungen des Forstamts gegen die Anträge der Gemeinden, Stiftungen oder Körperschaften bestehen, die Abordnung des einschlägigen Bezirksinspektionsbeamten und des Sachreferenten der Regierungsforstabteilung zur Prüfung der Angelegenheit und zur Begleichung der Differenzpunkte an Ort und Stelle veranlassen.

II Die bezügliche Verfügung wird die Regierung, Kammer des Innern, der Forstpolizeibehörde mit dem Auftrage eröffnen, auch die betreffende Gemeinde- oder Stiftungsverwaltung, bzw. Körperschaft anzuweisen, einen oder zwei Vertreter aus ihrer Mitte zur genannten Kommission zu bestellen.

III In besonders wichtigen Fällen kann die Regierung, Kammer des Innern, auch anordnen, daß ein Vertreter des Bezirksamts der Kommission anzuwohnen habe.

IV Die kommissionellen Verhandlungen werden vom Sachreferenten der Regierungsforstabteilung geleitet. Die Resultate sind in einem von sämtlichen Beteiligten zu unterzeichnenden Protokolle niederzulegen, welches vom Sachreferenten auf dem vorgeschriebenen Dienstwege an die Kammer des Innern gebracht wird.

V Die Kammer des Innern wird, soferne bei den kommissionellen Verhandlungen Einigung erzielt worden ist, die Vorlage — eventuell nach eingeholtem Gutachten der Regierungsforstabteilung (§ 38 Abs. 1 und 2 der Geschäfts-Anweisung vom 2. Mai 1885 bezüglich Behandlung des Forst-, Jagd- und Triftwesens bei den Kreisregierungen) — verbescheiden.

VI Kann bei den kommissionellen Verhandlungen ein Ausgleich nicht herbeigeführt werden, so hat der Vorsitzende der Kommission den Vertretern der Gemeinde oder Stiftung, bzw. Körperschaft zu Protokoll zu eröffnen, daß es der Gemeinde usw. frei stehe, binnen 14 Tagen ausschließender Frist durch die Forstpolizeibehörde bei der Regierung, Kammer des Innern, Antrag auf Erhebung von Sachverständigen-Gutachten einzubringen. Gleichzeitig gibt der Vorsitzende der Kommission hierüber Mitteilung an die Forstpolizeibehörde.

VII Die Sachverständigen dürfen nicht aus der Reihe der Interessenten gewählt werden.

VIII In einfachen Fällen wird das Gutachten eines — von der Gemeinde, Stiftung oder Körperschaft vorzuschlagenden — Sachverständigen genügen. Wenn in besonders wichtigen Fällen die Anhörung mehrerer (aber höchstens dreier) Sachverständigen angezeigt erscheint und dies auch ausdrücklich von der betreffenden Gemeinde- oder Stiftungsverwaltung, bzw. Körperschaft beantragt wird, so ist der erste Sachverständige von der betreffenden Verwaltung, bzw. Körperschaft, der zweite vom Bezirksamte, der dritte vom einschlägigen landwirtschaftlichen Bezirksausschuß vorzuschlagen.

IX Die Entschädigung der Sachverständigen obliegt unter allen Umständen der betreffenden Gemeinde, Stiftung oder Körperschaft, bzw. dem Nutznießer des Waldes.

X Die Sachverständigen haben ihr Gutachten in der ihnen von der Forstpolizeibehörde vorgesteckten Zeit schriftlich abzugeben, wonach diese Behörde die Gutachten nebst den Vorakten ungesäumt an die Regierung, Kammer des Innern, einbefördert.

XI Dieselbe verbescheidet sodann die eingekommene Vorlage.

XII Hat die betr. Verwaltung, bzw. Körperschaft, innerhalb der gewährten Frist von 14 Tagen (Abs. 6) einen Antrag auf Erhebung eines Sachverständigen-Gutachtens nicht an das Bezirksamt gebracht, so hat dasselbe die Akten unverzüglich der Regierung, Kammer des Innern, zur Beschlußfassung — wie vorbemerkt — vorzulegen.

Bescheid über die Gegenerinnerungen. § 10.

I Von dem Bescheide, welchen die Forstpolizeibehörde in eigener Zuständigkeit (vorstehender § 8 Abs. 3—5) gegeben hat, oder welcher von der Regierung, Kammer des Innern, auf die nach §§ 6—9 abgegebenen und behandelten Erklärungen und Anträge der Gemeinden, Stiftungen oder Körperschaften ergangen ist, hat die Forstpolizeibehörde die betreffende Gemeinde- oder Stiftungsverwaltung, bzw. die Körperschaft, sowie das einschlägige k. Forstamt und den Operatfertiger unter Mitteilung einer Abschrift des Bescheides zu verständigen.

II Der Bescheid hat die Grundlage des neuen Wirtschaftsplanes zu bilden.

III Bei der sodann nach Maßgabe der Bestimmung in den §§ 6 und 7 in Angriff zu nehmenden Bearbeitung der neuen Wirtschaftspläne und bzw. Waldstandsrevisionen ist unter strengster Beachtung der in den Grundlagen niedergelegten Vereinbarungen und Bestimmungen mit aller Gründlichkeit und Genauigkeit vorzugehen, so daß Erinnerungen gegen die Wirtschaftspläne möglichst vorgebeugt wird.

Inhalt des Wirtschaftsplans.
Forstpolizeiliche Genehmigung. § 11.

I Die fertiggestellten Operate, welche in der Regel aus Fällungs-, Kultur-, Wegbau- und Streunutzungsplan nebst einer Wirtschaftskarte und der erörternden Darstellung bestehen, sind vorerst der betreffenden Gemeinde- oder Stiftungsverwaltung, bzw. Körperschaft mitzuteilen, welche sodann — binnen 14 Tagen — diejenigen Operate, welche vom Forstamtsvorstande selbst hergestellt sind und der Gemeinde, Stiftung oder Körperschaft zu einer Erinnerung keinen Anlaß geben, unmittelbar der Forstpolizeibehörde, alle übrigen aber, mit Zustimmung oder Erinnerung versehen, dem k. Forstamte vorzulegen hat.

II Das Forstamt hat die bei ihm eingekommenen Operate — sofern sie nicht vom Forstamtsvorstande selbst aufgestellt sind — nach erfolgter Prüfung mit seinen etwaigen Erinnerungen versehen, an die Gemeinde, Stiftung, bzw. Körperschaft zurückzuleiten, welche sodann die vollständigen Operate mit etwaigen Gegenerinnerungen längstens binnen weiteren 14 Tagen der Forstpolizeibehörde in Vorlage zu bringen hat.

III Ist die Forstpolizeibehörde zur Genehmigung des Operates zuständig (Art. 7 Abs. 2) und waren Erinnerungen erhoben, die nicht ausgeglichen worden sind, so hat die Forstpolizeibehörde in wichtigeren Fällen die Genehmigung erst nach Einvernahme der Gemeinde, Stiftung oder Körperschaft zu erteilen. Kann auch bei einer solchen Einvernahme eine Einigung nicht erzielt werden, so wird die Forstpolizeibehörde, wenn nach den Verhältnissen möglich, Erhebung an Ort und Stelle anordnen, welcher je ein Vertreter der betreffenden Verwaltung oder Körperschaft, des Forstamtes und der Forstpolizeibehörde beizuwohnen hat, und sodann die Entscheidung treffen.

IV Ist dagegen die Forstpolizeistelle zur Genehmigung des Operates zuständig (Art. 7 Abs. 2), so ist dasselbe von der Forstpolizeibehörde — veranlaßtenfalls nach wiederholter Einvernahme der Gemeinde usw. — der Regierung, Kammer des Innern, — mit gutachtlichem Antrage in Vorlage zu bringen.

V Diese Stelle wird das Operat — nach gutachtlicher Äußerung und bzw. Prüfung durch die Regierungsforstabteilung — verbescheiden.

VI Gegebenen Falles ist Erhebung an Ort und Stelle durch die Bezirks- und Sachreferenten der Regierungsforstabteilung — soweit erforderlich, unter Zuziehung von Vertretern der betreffenden Gemeinde, Stiftung oder Körperschaft — anzuordnen.

VII Über Einwände, welche durch die hiebei stattgehabten Verhandlungen nicht gehoben werden konnten, hat die Regierung, Kammer des Innern, zu entscheiden.

Behandlung des genehmigten Wirtschaftsplans. § 12.

I Das von der Forstpolizeibehörde und bzw. Forstpolizeistelle genehmigte Operat geht mit Entschließung, resp. sachdienlicher Eröffnung — bei gleichzeitiger Verständigung des Forstamtes über die erfolgte Genehmigung — an die betreffende Verwaltung oder Körperschaft mit dem Auftrage, dasselbe dem Verfertiger zuzustellen, welcher sodann eine Abschrift (Duplikat) nebst Kopie der Wirtschaftskarte für die betreffende Gemeinde, Stiftung oder Körperschaft herzustellen hat, während das Original dem technischen Betriebsleiter, bzw. dem Forstamte verbleibt, falls die Betriebsausführung von der Staatsforstverwaltung übernommen ist. Eine weitere Abschrift (Triplikat) ist nur dann zu fertigen und dem Forstamte zu übergeben, wenn die Betriebsausführung nicht durch die Staatsforstverwaltung erfolgt.

II Liegen die zur Betriebsausführung von der Staatsforstverwaltung übernommenen Waldungen in einem Assessorenbezirke, so wird das für das Forstamt bestimmte Original des Operats dem Assessor zugestellt, welcher dasselbe jeweils mit den jährlichen Betriebsanträgen und Nachweisungen dem Forstamte vorzulegen hat. Dem Forstamte bleibt übrigens unbenommen, zu seinen Akten eine Abschrift des Operats oder einen Auszug aus demselben nebst Kopie der Karten herzustellen.

III Die Wirtschaftspläne sind nach Vorschrift in sämtlichen Ausfertigungen stets mit den etwa erforderlichen Nachträgen und Vormerkungen zu versehen.

Abweichungen vom Wirtschaftsplan; Änderungen. § 13.

I Mit der forstpolizeilichen Genehmigung treten die Wirtschaftspläne in Vollzug und es bleibt jedwede Abweichung von denselben ohne vorherige Genehmigung der zuständigen Forstpolizeibehörde oder Stelle (Art. 7 Abs. 2) untersagt.

II Den Gemeinde- und Stiftungsverwaltungen, bzw. Körperschaften ist (bei Eintreten besonderer Umstände) die Antragstellung zur teilweisen oder gänzlichen Abänderung eines Wirtschaftsplanes vorbehalten.

III Die Bescheidung eines derartigen Antrages hat durch die nach Maßgabe des Art. 7 Abs. 2 des Forstgesetzes zur Genehmigung des Wirtschaftsplanes für die betreffende Waldung zuständige Forstpolizeibehörde bzw. Forstpolizeistelle im Benehmen mit dem betreffenden Forstamte bzw. der betreffenden Regierungsforstabteilung zu erfolgen.

IV Wird der Antrag für zulässig erachtet, so ist die Abänderung des Wirtschaftsplanes nach vorgängiger erschöpfender Instruktion der Genehmigung der zuständigen Forstpolizeibehörde bzw. Stelle, gleichwie bei neuen Wirtschaftsplänen, zu unterstellen.

V Betrifft ein Antrag nur eine Abweichung vom festgesetzten Jahresetat und kann dieselbe unter Einhaltung des Wirtschaftsplanes und innerhalb der nächsten Jahre wieder ausgeglichen werden, so fällt die Genehmigung derselben — nach eingeholtem Gutachten des Forstamtes — dem Wirkungskreise der unmittelbar vorgesetzten Aufsichtsbehörde anheim (cf. § 22).

VI Bei solchen außergewöhnlichen, den Abgabesatz vorübergehend überschreitenden Holzfällungen ist Sorge zu tragen, daß der Vorgriff in den nächsten Jahren wieder eingespart werde.

VII Treten besondere Ereignisse, wie Sturmwind, Schneebruch, Waldbrand, Insektenschaden usw. ein, welche zwar eine Abänderung des Wirtschaftsplanes nicht zur Folge haben, aber einen erheblichen Eingriff in die Waldsubstanz bedeuten, so sind die von solchen Ereignissen betroffenen Waldorte, welche mit einem Hauptnutzungshiebe in den Wirtschaftsplan des laufenden Zeitabschnittes nicht aufgenommen sind und deren Materialergebnisse deshalb unter gewöhnlichen Umständen als Zwischennutzungen zu verbuchen wären, nach erfolgter forstpolizeilicher Genehmigung (Art. 7 Abs. 2 des Forstgesetzes) unter dem Titel einer den obwaltenden Verhältnissen entsprechenden Hauptnutzungs-Hiebsart im speziellen Wirtschaftsplane nachzutragen und sofort die betreffenden Materialanfälle — ihrer Natur entsprechend — als Hauptnutzung zu verbuchen.

Entbehrlichkeit von Wirtschaftsplänen; aussetzender Betrieb. § 14.

I Die durch Art. 7 Abs. 4 des Forstgesetzes den Forstpolizeibehörden und bzw. Stellen zur Entscheidung anheimgegebenen Fälle, in welchen von Aufstellung der Wirtschaftspläne Umgang genommen werden darf, sind von der Erörterung der Vorfrage abhängig, ob der betreffende Wald oder das Waldgrundstück einer regelmäßigen Bewirtschaftung fähig ist oder nicht. Die Merkmale, welche zur Erledigung dieser Frage dienen können, müssen deshalb jedesmal dargestellt werden. Hiebei kommt hauptsächlich in Betracht:

a) die Größe, Lage und Figur des Grundstückes, die Kultur seiner nächsten Umgebung;
b) die dermaligen Bestandesverhältnisse und die Benutzungsart;
c) die Frage, ob das Waldgrundstück mit anderen Waldungen derselben Gemeinde, Stiftung oder Körperschaft in einen Wirtschaftskomplex vereinigt werden kann.

II Waldungen von geringem Flächeninhalte oder von geringen jährlichen Erträgen können, wenn eine plänterweise Benutzung nach Standort und Holzart nicht zulässig erscheint oder nicht gewünscht wird, im aussetzenden Betriebe bewirtschaftet werden, wenn die Waldnutzungen nicht vorzugsweise und regelmäßig zur jährlichen Befriedigung von Beholzungsrechten, von Besoldungsholzempfängern (Pfarrer, Lehrer usw.), oder der Bedürfnisse von gemeindlichen Anstalten (Schulen, Amtslokale usw.) dienen, oder — wie bei manchen Stiftungswaldungen zum ausschließlichen Genusse einer Person (des Inhabers einer Pfarrpfründe, Schulstelle usw.) bestimmt sind. Würde aber in den bezeichneten Fällen die Beschaffenheit des Waldbestandes dessen baldige Abnutzung erheischen, so kann diese auf Antrag des Waldbesitzers oder Waldnutznießers und mit Zustimmung der Aufsichtsbehörde ausnahmsweise auch im aussetzenden Betriebe erfolgen.

III In Waldungen, für welche die Aufstellung von Wirtschaftsplänen erlassen worden ist (Abs. 1), oder die im aussetzenden Betriebe bewirtschaftet werden (Abs. 2), ist die Waldbenutzung als eine nachhaltige dann anzusehen, wenn Grund und Boden und Holzbestand pfleglich behandelt werden, bis der Abtrieb des letzteren in nutzbarem Zustande erfolgen kann, und wenn dem Abtriebe die ordnungsmäßige Wiederaufforstung folgt.

IV Für diese Waldungen (Abs. 1 und 2) ist der Wirtschaftsplan durch eine generelle Beschreibung (Wirtschaftsgutachten) zu ersetzen, worin in kurzen Umrissen die Besitz- und Flächenverhältnisse, Betriebsart und Umtriebszeit, der beiläufige Ertrag an Holz- und Nebennutzungen, sowie die Benutzungsweise zu erörtern sind.

V Für Beschreibungen solcher Art genügen sodann bei etwaigen Waldstandsrevisionen einfache Zusätze.

VI Durch die Erlassung der Aufstellung ordentlicher Wirtschaftspläne wird die Verpflichtung zur Bestellung einer Betriebsleitung an sich nicht aufgehoben. Die Forstpolizeistelle kann jedoch auf Ansuchen des Waldbesitzers genehmigen, daß die Betriebsausführung mit dem Forstschutze vereinigt werde (cf. § 20 gegenwärtiger Vollzugsvorschriften).

Unmittelbare Städte und Stiftungen. § 15.

I Die den Kreisregierungen unmittelbar untergeordneten Gemeinde- oder Stiftungsverwaltungen haben ihre Erklärungen und Anträge bezüglich der Grundlagen zu den Wirtschaftsplänen, ferner ihre Anträge auf Bestätigung der für Anfertigung neuer Wirtschaftspläne oder Waldstandsrevisionen gewählten Sachverständigen, dann die Anträge auf Genehmigung der Wirtschaftspläne oder Erinnerungen gegen dieselben, endlich etwaige Anträge auf Ergänzung oder Abänderung bestehender Wirtschaftspläne oder auf außerordentliche Holzhiebe, sowie auf Erholung des Gutachtens von Sachverständigen unmittelbar bei der Regierung, Kammer des Innern, einzureichen.

II In allen diesen Fällen ist der Vorlage die mit dem einschlägigen Forstamte vorher gepflogene Korrespondenz anzufügen.

III In jenen besonderen Fällen, in welchen die Einvernahme mehrerer Sachverständigen (bis zu drei) vorgeschlagen werden kann, ist der erste vom betreffenden Magistrate, der zweite von der Regierung, Kammer des Innern, der dritte vom einschlägigen landwirtschaftlichen Bezirksausschuß zu benennen.

1. Geltungsbereich: Art. 7 behandelt die Wirtschaftspläne. Abs. I schreibt für alle Gemeinde-, Stiftungs- und Körperschaftswaldungen die Bewirtschaftung auf Grund von Wirtschaftsplänen vor; Abs. IV läßt Ausnahmen zu; Abs. II regelt das Herstellungsverfahren, Abs. III die Bestellung und die Bestätigung der die Wirtschaftspläne fertigenden Sachverständigen. Zur näheren Ausführung des Art. 7 hat die Staatsregierung die eingehenden BefVB. 1897 §§ 3—15 (S. 75ff.) erlassen.

Über Inhalt und Zeitdauer der Wirtschaftspläne bestimmt das Gesetz nichts näheres; sie ergeben sich aus dem Zweck der Wirtschaftspläne und aus den tatsächlichen Verhältnissen des einzelnen Falles; Richtlinien enthalten die §§ 3, 5 Abs. IV, V und 11 Abs. I der BefVB. 1897; die Entscheidung liegt im pflichtgemäßen Ermessen der zur Genehmigung des Wirtschaftsplans berufenen Forstpolizeibehörde oder -stelle. Der Wirtschaftsplan bildet die Grundlage für die Betriebsausführung; nach ihm hat sich diese zu richten. Der Wirtschaftsplan hat zu beachten, daß die Gemeinden, Stiftungen und Körperschaften grundsätzlich die Substanz ihres Vermögens dauernd zu erhalten haben und nur befugt sind, die Früchte des Vermögens zu genießen (vgl. Art. 7 Abs. I mit Art. 2).

Abs. I:

2. Notwendigkeit der Wirtschaftspläne:

a) Aufstellung: Grundsätzlich müssen für alle Gemeinde-, Stiftungs- und Körperschaftswaldungen Wirtschaftspläne aufgestellt werden; Ausnahmen sind nur unter den tatsächlichen Voraussetzungen des Abs. IV möglich. Der Wirtschaftsplan kann auch sämtliche Waldungen einer Gemeinde, Stiftung oder Körperschaft umfassen; es braucht nicht für jedes Waldgrundstück ein eigener Plan aufgestellt zu werden.

Voraussetzung für die Notwendigkeit eines Wirtschaftsplanes ist nur, daß es sich um einen Wald (Art. 1 Anm. 7) handelt, der einer regelmäßigen Bewirtschaftung fähig ist (Abs. IV); VGH. 42 I/25 vom 7. 10. 1925 und Bd. 50 S. 71.

Die Verpflichtung zur Aufstellung von Wirtschaftsplänen für die Gemeindewaldungen ist nicht auf den Waldbesitz der Gemeinden beschränkt, der beim Inkrafttreten des Forstgesetzes bereits vorhanden war; sie erstreckt sich auch auf die Waldungen, die von der Gemeinde später erworben wurden oder durch Selbstbestockung oder Aufforstung gemeindlicher Grundstücke entstanden (VGH. Bd. 50 S. 73).

b) Einhaltung, Abänderung: Aus der Vorschrift des Art. 7 Abs. I folgt, daß die Wirtschaftspläne bei der Betriebsausführung auch eingehalten werden müssen (vgl. Eingang des Art. 8). Abweichungen vom Wirtschaftsplan sind nach allgemeinen Grundsätzen nur gestattet mit Genehmigung der Behörde, die den ursprünglichen Plan genehmigt hat (vgl. § 13 Abs. I, auch § 22 VVB. 1897; Bl. Bd. 20 S. 271 und Forstl. Mitt. 17[231]). Eigenmächtige Abweichungen der Gemeinde- und Stiftungsverwaltungen oder der aufgestellten Forsttechniker begründen deren dienstliche Verantwortlichkeit und Haftung, die aber nicht im Wege des Forststrafverfahrens, sondern nur im Wege der Dienstaufsicht geltend gemacht werden kann (ME. 16. 9. 53). Die Wirtschaftspläne sind auch für die am Walde Nutzungsberechtigten bindend (ObLG. Bd. 7 S. 345). Beim Eintritt besonderer Umstände können die Gemeindeverwaltungen usw. die teilweise oder gänzliche Abänderung des Wirtschaftsplanes beantragen. Zuständig zur Bescheidung eines solchen Antrages ist die nach Art. 6 Abs. II zuständige Forstpolizeibehörde oder -stelle im Benehmen mit dem betreffenden Forstamt bzw. der Regierungsforstkammer; vgl. § 13 Abs. II—IV VVB. 1897. Behandlung eines Antrags, der nur auf Abweichung vom festgesetzten Jahreseinschlag geht, soferne ein Ausgleich innerhalb der nächsten Jahre wieder möglich ist, § 13 Abs. V und VI VVB. 1897. Verfahren bei besonderen Ereignissen (Windbruch usw.) § 13 Abs. VII VVB. 1897. Entgegen dem Wirtschaftsplan dürfen Fällungen nicht vorgenommen werden, auch nicht, soweit das Umtriebsalter erreicht ist (VGH. Bd. 29 S. 64). Die außerordentlichen, vom Wirtschaftsplane abweichenden Nutzungen einer von Gemeindegrundteilungen herrührenden Schulwaldung stehen im zusammengesetzten Schulsprengel den in diesen vereinigten Gemeinden, nicht lediglich jener Gemeinde zu, in der die Grundteilung stattgefunden hat (VGH. Bd. 29 S. 26). Die Nutzungen an den Schulgrundstücken haben nach Art. 34 des Volksschullehrergesetzes ab 1. Januar 1920 aufgehört Bestandteile des Schuldiensteinkommens zu sein: das Eigentum an den Grundstücken ist, soferne nicht eine anderweitige Auseinandersetzung stattgefunden hat, unverändert geblieben; die Nutzungen sind auf die Gemeinde (die am Schulsprengel beteiligten Gemeinden) übergegangen (Art. 26, 58 Schulbedarfsges.); die Erträgnisse sind auch fernerhin für Schulzwecke zu verwenden (VGH. Bl. 1925, S. 56 u. 90; Bl. 1926 S. 17).

Die Eröffnung neuer oder die Erweiterung bestehender Steinbrüche und Erdgruben im Walde ist, wenn dazu ein erheblicher Teil des Holzbestandes entfernt werden muß, als Abweichung vom Wirtschaftsplan zu betrachten und daher der forstpolizeilichen Genehmigung bedürftig (vgl. § 39 VVB. 1897).

Außerordentliche Holzhiebe müssen auch vom Standpunkt des Art. 30 GemO., der die Erhaltung des gemeindlichen Grundstockvermögens vorschreibt, geprüft werden. Wenn Teile von Gemeindewaldungen zum Zwecke der Rodung verteilt werden, haben die Forstpolizeibehörden und Forstämter dafür zu sorgen, daß — wenigstens nachträglich — die Genehmigung der Forstpolizeistelle zu der sich ergebenden Änderung des Wirtschaftsplanes eingeholt wird (E. der Reg. v. Oberb. vom 22. 3. 1880 Nr. 5154).

3. Art. 2 und 4: d. h. die Bewirtschaftung muß sich in den Grenzen der Nachhaltigkeit bewegen; auch ist auf die Abgabe von Nebennutzungen unbeschadet der Nachhaltigkeit und Ergiebigkeit des Waldes zu achten (§ 3 III VVB. 1897).

4. Besonderen: Gegensatz die Bedürfnisse der Allgemeinheit; das Wort ist entbehrlich. Es ergibt sich als Grundsatz: soweit die Nachhaltigkeit nicht leidet, sind bei der Aufstellung und Abänderung der Wirtschaftspläne die wirtschaftlichen Bedürfnisse der Gemeinden, Stiftungen und Körperschaften voll zu berücksichtigen (§ 3 IV BVB. 1897). Wünsche zur Befriedigung solcher Bedürfnisse haben die Gemeinden usw. auf Grund eines gesetzmäßigen Beschlusses darzulegen (§ 6 I BVB. 1897; vgl. § 18 I—III). Im Rahmen des Gesetzes sind auch die bestehenden Nutzungsrechte voll zu berücksichtigen; dies können die Rechtler verlangen (vgl. Anm. 5 b vor Art. 23).

Abs. II und III:

5. Verwaltungen: d. h. der betreffenden Gemeinde- usw. Verwaltungen.

6. Kosten: auch wenn die Betriebsausführung von der Staatsforstverwaltung übernommen wurde (näheres Art. 9). Streitigkeiten s. Anm. 11.

7. Sachverständige: Aufstellung Abs. III. Nachweis des Bestehens einer Prüfung wie in Art. 8 ist nicht vorgeschrieben. Durch die Notwendigkeit der Bestätigung (Abs. III) aber hat es die Forstpolizeibehörde in der Hand, nur fähige Leute zuzulassen; sie kann auch Sachverständige vorschlagen; § 4 II BVB. 1897. Als Sachverständige kommen auch Staatsforstbeamte in Betracht. Die ME. vom 30. 9. 72 Nr. 12552 besagt, daß die Wahl eines Forstmeisters als Sachverständigen zur Herstellung von Wirtschaftsplänen für die Gemeinde- und Stiftungswaldungen innerhalb seines Amtsbezirks eine Abweichung von bestehenden Normen bedeuten, zu manchen Unzuträglichkeiten führen würde und daher in der Regel untunlich erscheine. Diese Stellung ist anscheinend im wesentlichen in den BVB. 1897 aufgegeben, die z. B. in § 6 Abs. III diesen Fall ausdrücklich vorsehen; davon zu unterscheiden ist die Übertragung der Betriebsausführung an die Staatsforstverwaltung nach Art. 9; Festsetzung der Vergütung für den Sachverständigen § 4 Abs. V BVB. 1897.

8. Wahl: Zögert die Verwaltung, so hat die Forstpolizeibehörde eine Frist zu bestimmen und nach ihrem ergebnislosen Ablauf die Wahl selbst vorzunehmen, § 4 IV BVB. 1897. Art. 13 Abs. II ist nicht anwendbar. Das Wahlverfahren ist für die Waldungen der Gemeinden, Ortschaften sowie der gemeindlich oder ortschaftlich verwalteten Stiftungen geregelt in Art. 21 Abs. I und II GemO.

9. Herzustellen: Über das Verfahren bei der Herstellung verbreiten sich eingehend §§ 5—12 BVB. 1897: grundsätzlich wird das in Anlage A der VB. 1852 dargestellte Verfahren empfohlen, § 5 I; zunächst ist beim zeitlichen Ablauf eines Planes zu prüfen, ob die Erneuerung oder lediglich die Ergänzung des Planes notwendig ist, § 5 II; Richtlinien für die Wahl der Zeitdauer eines Planes § 5 IV, V. Verfahren bei der Ergänzung § 5 VI. Verfahren zur Herstellung des Wirtschaftsplans §§ 6—10; forstpolizeiliche Genehmigung des Wirtschaftsplans § 11; Behandlung der genehmigten Pläne § 12; Änderung des Wirtschaftsplans § 13; bes. Anordnung für die Bewirtschaftung ohne Wirtschaftspläne § 14; den Kreisregierungen unmittelbar untergeordnete Gemeinden und Stiftungen § 15.

10. Forstpolizeistelle: die Regierung, Kammer des Innern; Forstpolizeibehörde: d. i. die der Gemeinde, Stiftung, Körperschaft unmittelbar vorgesetzte Staatsaufsichtsbehörde (s. Anm. 2 zu Art. 14); bei Waldungen unmittelbarer Städte und Stiftungen ist stets die Forstpolizeistelle zuständig (s. § 15 BVB. 1897; vgl. Art. 14 Anm. 3 u. Art. 109); dies gilt auch im Falle des Abs. III.

11. Genehmigung, Bestätigung: sie steht im freien pflichtgemäßen Ermessen der zuständigen Behörde. Die Bestätigung bezieht sich nicht auf die Vergütung des Sachverständigen; im Streitfalle sind hiefür die Zivilgerichte zuständig (Rechtsgrundlage sind regelmäßig die Bestimmungen über den Werkvertrag, BGB. §§ 631 ff.; vgl. § 4 Abs. V BVB. 1897). Gegen einen ablehnenden Bescheid steht den Verwaltungen die Beschwerde nach Art. 112 Abs. II offen. Wird die Bestätigung endgültig versagt, so ist ein anderer Sachverständiger zu wählen; bei Waldungen unmittelbarer Städte, der von ihnen verwalteten Stiftungen sowie der unmittelbaren Stiftungen ist stets die Forstpolizeistelle zuständig; vgl. Anm. 2 zu Art. 14. Wenn die Durchführung des Wirtschaftsplanes eine Beeinträchtigung der auf dem Walde lastenden Forstberechtigungen des bürgerlichen Rechts zur Folge hat, s. Anm. 5 b vor Art. 23; wenn öffentlichrechtliche Gemeindenutzungsrechte betroffen werden, s. oben Anm. 4.

12. Befreiung von der Aufstellung von Wirtschaftsplänen:

a) Grundsatz: Abs. IV enthält eine Ausnahme von dem Grundsatz des Abs. I. Bei Waldungen, die einer regelmäßigen Bewirtschaftung nicht fähig sind, besteht für die Gemeinden, Stiftungen und Körperschaften keine gesetzliche Verpflichtung zur Aufstellung von Wirtschaftsplänen; in diesen Fällen können sie daher auch zur Aufstellung nicht staatsaufsichtlich gezwungen werden; die Forstpolizeibehörden und -stellen haben im Falle des Abs. IV nur darüber zu entscheiden, ob die Waldungen einer regelmäßigen Bewirtschaftung fähig sind; ist diese Fähigkeit verneint, so entfällt für die Gemeinde, Stiftung oder Körperschaft die Verpflichtung des Abs. I. Die Befreiung tritt aber stets nur ein, wenn die Forstpolizeistelle (-behörde) die Bewirtschaftungsunfähigkeit festgestellt hat; wenn eine Gemeinde, Stiftung oder Körperschaft von der Aufstellung eines Wirtschaftsplanes Umgang nehmen will, muß sie stets einen Feststellungsantrag nach Abs. IV stellen.

Wenn eine Gemeinde usw. mehrere Waldungen besitzt, § 14 Abs. I c BVB. 1897.

b) Unfähigkeit zur regelmäßigen Bewirtschaftung: Der Begriff ist derselbe wie in Art. 20 Abs. II. Richtlinien finden sich in § 14 Abs. I BVB. 1897. Bewirtschaftungsunfähigkeit ist noch nicht gegeben, wenn der Wald sich zeitweise nicht rentiert (VGH. Bd. 10 S. 312). Kleinere Waldungen von geringerem Ertrag fallen noch nicht ohne weiteres unter Abs. IV; dies ergibt sich aus der Fassung des Art. 11. Die Frage wird von der Forstpolizeistelle (-behörde) auf Grund des Gutachtens der Forstbehörden im Büroweg nach pflichtgemäßem Ermessen entschieden; im Streit nach Art. 60 Abs. III, VI GemO. wird die Frage der Bewirtschaftungsfähigkeit als Rechtsfrage anzusehen sein (unentschieden in VGH. Bd. 10 S. 312, bejaht im Falle des Art. 20 Abs. II in VGH. 19. 1. 1921).

c) Wirkungen der Befreiung: Für die nach Abs. IV befreiten Waldungen ist der Wirtschaftsplan durch ein Wirtschaftsgutachten zu ersetzen, § 14 Abs. IV u. V BVB. 1897. Die übrigen Bestimmungen des Forstgesetzes (Grundsatz der Nachhaltigkeit [§ 14 Abs. III BVB. 1897], Betriebsleitung, Forstschutz, Art. 34ff. usw.) gelten auch für diese Wälder; auf Grund des Abs. IV tritt nur Befreiung vom Zwange des Wirtschaftsplanes ein; jedoch kann bei den befreiten Waldungen mit Genehmigung der Forstpolizeistelle die Betriebsausführung mit dem Forstschutze vereinigt werden (Art. 11, § 14 Abs. VI BVB. 1897).

d) Befreiungen außerhalb des Abs. IV: Nach § 14 Abs. II—VI und § 20 Abs. II BVB. 1897 sind Wirtschaftspläne im eigentlichen Sinne auch entbehrlich bei Waldungen von geringem Flächeninhalt oder von geringen jährlichen Erträgen, die im sog. aussetzenden Betrieb bewirtschaftet werden, auch wenn sie nicht als bewirtschaftungsunfähig gemäß Art. 7 Abs. IV anerkannt worden sind. Für diese Waldungen sind wie für die nach Abs. IV befreiten Wirtschaftsgutachten zu erstellen. Dies widerspricht scheinbar dem Gesetz; aber sachlich sind eben diese Wirtschaftsgutachten auch als Wirtschaftspläne im Sinne des Gesetzes anzusehen, da sie für diese Waldungen den Zweck erfüllen, den man von Wirtschaftsplänen erwartet; eine Feststellung, was in den Wirtschaftsplan gehört, enthält das Gesetz nicht (VGH. Bd. 9 S. 91).

Forstdienst bei den Gemeinden, Stiftungen und Körperschaften.

I. Gemeinden.

1. Notwendigkeit: Je nach der Größe des gemeindlichen Waldbesitzes benötigen die Gemeinden zu seiner Bewirtschaftung mehr oder weniger viel oder überhaupt kein eigenes Forstpersonal. Die Bestimmung der Zahl und Art und die Einstellung ist grundsätzlich Sache des Gemeinderats. Die Gemeinden können ihrem Forstpersonal die Eigenschaft von Gemeindebeamten verleihen oder es nur auf bürgerlichrechtlichen Dienstvertrag anstellen; ob sie das eine oder das andere wählen wollen, steht in ihrem freien Ermessen; eine gesetzliche Verpflichtung zur Verleihung der Beamteneigenschaft besteht in keinem Falle; nach Art. 79 Abs. I GemO. sollen die Gemeinden zwar die nicht nur vorübergehend oder aushilfsweise berufsmäßig bei ihnen vollbeschäftigten Personen, die bei gleichen Dienstobliegenheiten im Staatsdienste Beamte wären, in der Regel als Gemeindebeamte anstellen; dies ist aber nur eine Sollvorschrift, die weder dem Forstbediensteten noch der Staatsaufsichtsbehörde das Recht gibt, die Verleihung der Beamteneigenschaft zu verlangen; auch die Forstschutzbediensteten brauchen nicht Beamteneigenschaft zu besitzen (Art. 79 Abs. II GemO.). Für bestimmte Dienstleistungen müssen die Gemeinden nach ausdrücklicher Bestimmung des Forstgesetzes das nötige Personal bestellen:

a) Herstellung der Wirtschaftspläne: Der Wirtschaftsplan muß, wenn ein solcher nicht ausnahmsweise entbehrlich ist (Art. 7 Abs. IV FG.), nach dem Gesetz (Art. 7 Abs. II, III) von einem von der Forstpolizeibehörde (-stelle) anerkannten Sachverständigen hergestellt werden; hat die Gemeinde einen solchen nicht in eigenen Diensten, so kann sie (auf Wunsch durch Vermittlung des Forstamts) sich an eine andere geeignete Persönlichkeit (im Dienste des Staates, einer andern Gemeinde usw.) wenden.

b) Betriebsleitung: Grundsätzlich muß jede Gemeinde zur Ausführung des Betriebs in ihren Waldungen einen Betriebsleiter aufstellen (Art. 8). Dieser Aufgabe können sie sich auf verschiedene Weise entledigen: entweder stellt die Gemeinde einen eigenen Betriebsleiter an (im Beamten- oder Angestelltenverhältnis, Art. 8 Abs. I) oder ein in fremden Diensten in der Nachbarschaft stehender Sachverständiger übernimmt mit Zustimmung seines Dienstherrn die Betriebsleitung im Nebenamt (Art. 8 Abs. I) oder die Gemeinde überträgt die Betriebsleitung der bayer. Staatsforstverwaltung

(Art. 9) oder die Gemeinde kann mit einer oder mehreren anderen Gemeinden, Stiftungen oder Körperschaften einen gemeinsamen Betriebsleiter aufstellen (Art. 9) oder — dies aber nur ausnahmsweise unter besonderen Voraussetzungen — die Gemeinde kann die Betriebsleitung und den Forstschutz in einer Person vereinigen (Art. 11).

Den letztgenannten Sonderfall ausgenommen müssen die Betriebsleiter die Staatsprüfung für den bayer. höheren staatlichen Forstdienst bestanden haben; eine Befreiung hievon ist nicht möglich; sonstige Eigenschaften Art. 120 FG.; außerdem bedürfen sie der Bestätigung der Regierung, K.d.F. (Art. 8, 13 Abs. I). Zu bestellen ist die Betriebsleitung vom Gemeinderat; versäumt eine Gemeinde trotz Mahnung, einen geeigneten Betriebsleiter aufzustellen, so besorgt dies die Regierung, K.d.F. (Art. 13 Abs. II).

c) **Forstschutz:** Auch für den Forstschutz haben die Gemeinden das nötige Personal aufzustellen (Art. 10). Für den Forstschutzdienst kommen nur volljährige, unbescholtene Personen in Frage, die, — wenn sie dafür ausersehen sind —, auch fähig sein müssen, das Forstrügeverzeichnis zu führen (Art. 120 Abs. I FG. und § 24 AVB. 1879); sie bedürfen der Bestätigung der Forstpolizeibehörde (Art. 13 Abs. I). Der Forstschutz für die Gemeindewaldungen kann, wenn der Umfang des Waldbesitzes es gestattet, mit dem Feldschutz und dem Schutz der sonstigen Waldungen der Gemeindeflur vereinigt werden. Ausnahmsweise (Art. 11) kann mit dem Forstschutz auch die Betriebsleitung im Gemeindewald vereinigt werden. Eine Gemeinde kann auch mit einer oder mehreren anderen Gemeinden, Stiftungen oder Körperschaften einen oder mehrere gemeinsame Forstschutzbedienstete aufstellen. Stets aber muß für den Forstschutz ausreichend gesorgt sein. Die Bestellung ist Sache des Gemeinderats; versäumt eine Gemeinde trotz Mahnung das erforderliche Schutzpersonal aufzustellen, so besorgt dies die Forstpolizeibehörde (Art. 13 Abs. II, III).

d) **Ehrenamtliches Personal:** Den Gemeinden usw. steht es frei, statt des berufsmäßigen (bezahlten) Forstpersonales ehrenamtliches aufzustellen; in einem Falle nach Art. 11 ist es z. B. möglich, die Betriebsleitung und den Forstschutz in einem Ortschaftswald dem Ortspfleger zu übertragen; ferner kann z. B. der Pächter der Gemeindejagd für den Forstschutz aufgestellt werden; näheres bei Art. 10.

2. Rechtliche Stellung der Gemeindebeamten: Gemeindliche Forstbeamte stehen zu ihrer Dienstgemeinde in einem öffentlichrechtlichen Verhältnis, das sich nach der Gemeindeordnung (Art. 78ff.) und der etwa bestehenden Gemeindebeamtensatzung oder der abgeschlossenen besonderen Vereinbarung regelt. Zur Übernahme von Nebenämtern oder Nebengeschäften im öffentlichen Dienst sind die Gemeindebeamten der Gemeinde gegenüber auch ohne besondere Vergütung verpflichtet, wenn sie ihrer Berufsbildung entsprechen (Art. 86 Abs. II GemO.). Das Dienstverhältnis der Gemeindebeamten ist jederzeit widerruflich (kündbar), wenn nichts anderes vereinbart wurde; nach dreijähriger Dienstzeit als vollbeschäftigter Beamter der Dienstgemeinde kann ihm jedoch von der Gemeinde nur mehr gekündigt werden, wenn ein wichtiger Grund vorliegt; liegt dieser Grund nicht in der Person des Gemeindebeamten, so muß ihm die Gemeinde eine angemessene Abfindung gewähren; hat er mindestens zehn Jahre als vollbeschäftigter Beamter im Dienste einer Gemeinde gestanden, so kann ihm wegen Dienstunfähigkeit nicht mehr gekündigt werden; in fremden Diensten zugebrachte Dienstjahre können von der Gemeinde in der Gemeindebeamtensatzung oder auf Grund besonderer Vereinbarung angerechnet werden (Art. 88 GemO.). Nach zehn Dienstjahren als vollbeschäftigter Beamter der Dienstgemeinde oder wenn ihm die Unwiderruflichkeit verliehen wurde, hat der Gemeindebeamte Anspruch auf Ruhegehalt und Hinterbliebenenversorgung. Die Besoldung der Gemeindebeamten, Ruhegehalt und Hinterbliebenenversorgung sowie die Regelung sonstiger Dienstbezüge einschließlich der Entschädigung für Dienstwohnungen und Dienstgrundstücke müssen grundsätzlich für den Beamten mindestens so günstig sein wie bei den Inhabern gleichzubewertender Stellen im Staatsdienst; dabei dürfen jedoch die besonderen Verhältnisse der Stelle und der Dienstgemeinde nicht außer acht gelassen werden; nicht vollbeschäftigte Gemeindebeamte haben nur Anspruch auf einen ihrer Beschäftigung entsprechenden Teil der Bezüge (Art. 89 GemO.). Die Gemeinden sollen bei der Anstellung von Gemeindebeamten bei gleicher Eignung dem Bewerber den Vorzug geben, der erheblich kriegsbeschädigt ist oder mehr als zwei Jahre Kriegsdienst in der vorderen Linie geleistet hat (Art. 95 GemO.); dies ist aber nur eine Sollvorschrift, deren Beachtung weder der Bewerber noch die Staatsaufsichtsbehörde erzwingen kann.

Inhabern eines Versorgungsscheines muß die geleistete Dienstzeit wie bei den Staatsbeamten angerechnet werden (Art. 96 GemO.); für Stellen, für die eine besondere forsttechnische Vorbildung erforderlich ist, gelten die Anstellungsgrundsätze nicht (s. § 4 MB. 16. 7. 30, RGBl. I S. 234, Ausf.-Anw. hiezu RGBl. 1930 S. 245). In Gemeinden mit mehr als 3000 Einwohnern können gemeindliche Forstbeamte auch als berufsmäßige Mitglieder dem Gemeinderat angehören, wenn sie vom

Gemeinderat dazu gewählt werden; diese haben aber Stimmrecht nur in den Gegenständen ihres Geschäftsbereichs (Art. 13 Abs. IV GemO.). Davon zu unterscheiden ist die Zugehörigkeit eines gemeindlichen Forstbeamten zum Gemeinderat als ehrenamtliches Mitglied auf Grund der allgemeinen Gemeindewahlen; in diesem Fall ist sein Stimmrecht nicht beschränkt. Die vollbeschäftigten Gemeindebeamten sind von der reichsgesetzlichen Kranken-, Invaliden-, Angestellten- und Unfallversicherungspflicht befreit (Art. 92 GemO.). Die Dienstgewalt und Dienstaufsicht über die Gemeindebeamten führt grundsätzlich der erste Bürgermeister der Dienstgemeinde (Art. 101 GemO.).

Streitigkeiten aus dem Dienstverhältnis gehören je nach dem Streitgegenstand vor die Schiedsgerichte (Art. 90 GemO.), die ordentlichen Gerichte (z. B. Art. 88 Abs. III, 99 GemO.), die Staatsaufsichtsbehörden (Art. 100 GemO.) oder die Verwaltungsgerichte.

Verletzt ein Gemeindebeamter in Ausübung der ihm anvertrauten öffentlichen Gewalt vorsätzlich oder fahrlässig die ihm einem Dritten gegenüber obliegende Amtspflicht, so haftet für den Schaden dem Dritten gegenüber nur die Dienstgemeinde (Art. 60 AG.BGB.); die Gemeinde kann auf den Beamten zurückgreifen. Forstschutz ist Ausübung öffentlicher Gewalt, nicht aber die bloße Bewirtschaftung und Verwertung des Gemeindewaldes einschließlich der Betriebsleitung.

3. **Rechtliche Stellung der gemeindlichen Angestellten:** Gemeindliche Forstbedienstete, die nicht Beamteneigenschaft besitzen, stehen zu der Gemeinde in einem bürgerlichrechtlichen Dienstverhältnis. Sein Inhalt bestimmt sich nach den getroffenen besonderen und allgemeinen Vereinbarungen und nach dem Arbeitsrecht. Stellt die Gemeinde für bestimmte einmalige oder wiederkehrende Arbeitsleistungen Bedienstete oder Arbeiter ein, so kann auch ein Werkvertrag nach §§ 631 ff. BGB. vorliegen. Die Bediensteten ohne Beamteneigenschaft haben keinen Anspruch auf Ruhegehalt und Hinterbliebenenversorgung, es sei denn, daß er ausdrücklich vereinbart wurde; ihnen kann auch nach Maßgabe der Vorschriften über den Dienst- bzw. Werkvertrag jederzeit die Stellung gekündigt werden. Soweit nicht zwingende Tarife bestehen, unterliegen die Dienstbezüge der freien Vereinbarung. Streitigkeiten aus dem Dienstverhältnis gehören vor die Gerichte (Arbeitsgerichte). Auch für Schädigungen Dritter durch Angestellte haftet u. U. die Gemeinde (§§ 276, 278, 831 BGB.); Art. 60 AG.BGB. ist nicht anwendbar, auch wenn die Schädigung in Ausübung öffentlicher Gewalt stattfand. In RG. 8. 12. 1919 (Reger Bd. 41 S. 187) wurde einer Gemeinde, deren auf Dienstvertrag angestellter 19jähriger Waldhüter bei Ausübung des Forstschutzes einen andern in unbegründeter Weise angeschossen hatte, die Entlastung nach § 831 BGB. versagt, da sie bei der Auswahl der Person nicht sorgfältig genug gewesen sei.

4. **Amtsbezeichnungen:** Die Wahl der Amtsbezeichnungen für das Forstpersonal (Beamte und Angestellte) ist den Gemeinden grundsätzlich freigestellt; sie dürfen jedoch solche Amtsbezeichnungen nicht verwenden, gegen deren Verwendung das zuständige Staatsministerium (hier vor allem die Ministerialforstabteilung des Finanzministeriums) mit Rücksicht auf die vom Staate verwendeten Bezeichnungen allgemein oder im einzelnen Fall Einspruch erhebt (Art. 85 GemO.). In der an die Regierungen ergangene VollzE. vom 16. 7. 1928 Nr. 3051 p4 ist ausgesprochen, daß gegen die Verwendung staatlicher Amtsbezeichnungen, die in der staatlichen Besoldungsordnung aufgeführt sind, kein Einspruch erhoben werde, wenn der Gemeindebeamte eine den Anforderungen für die entsprechende Staatsstelle gleichartige Vorbildung hinter sich habe, die gemeindliche Amtsstelle der entsprechenden staatlichen Amtsstelle vergleichbar sei, ferner das Dienstalter des Gemeindebeamten dem Dienstalter des entsprechenden Staatsbeamten einigermaßen gleich sei und der Amtsbezeichnung ein Zusatz gegeben werde, der den Gemeindedienst ersehen lasse.

5. **Dienstkleidung:** Die Gemeinden können die Dienstkleidung und Abzeichen ihres Forstpersonals selbständig regeln, soweit nicht gesetzliche Bestimmungen entgegenstehen (Art. 1 GemO.). Darnach dürfen die Gemeinden ohne Erlaubnis der zuständigen Staatsbehörde nicht verwenden das bayerische Staatswappen und wohl auch nicht die Amtskleidung und Dienstabzeichen der bayerischen Staatsforstbeamten (vgl. § 360 Ziff. 7 und 8 StGB.). Die Dienstkleidung und die Dienstabzeichen der gemeindlichen Forstschutzbeamten können vom Staatsministerium des Innern geregelt werden, so daß die Gemeinden daran gebunden sind (Art. 85 Abs. II GemO.).

Die Verwendung der Dienstkleidung der staatlichen Forstverwaltungsbeamten ist mit einigen Abweichungen den städtischen Forstverwaltungsbeamten mit bestimmter Vorbildung gestattet in Ziff. 3 und 4 der MB. vom 12. 3. 1903 (MABl. S. 103), die wohl stillschweigend an die Stelle der ME. vom 17. 8. 1840 und 4. 8. 1869 (Weber Bd. 3 S. 347 und Bd. 8 S. 243) getreten ist. Die Dienstkleidung der bayerischen Staatsforstbeamten ist geregelt in den Dienstbekleidungsvorschriften vom 24. 12. 1925 (FMBl. 1926 S. 1).

Die Forstschutzbediensteten sämtlicher Gemeinden haben eine Dienstmütze aus dunkelgrünem Tuch mit hellgrünem Vorstoß zu tragen; sie können auch einen Diensthut (von beliebiger Farbe) tragen, auf dessen Vorderseite der bayerische Löwe in weißem Metall ohne Zepter und Schwert angebracht ist. Sind die gemeindlichen Forstschutzbediensteten zugleich Polizeidiener, so tragen sie deren Dienstkleidung; § 8 der VO. vom 21. 4. 1911 (GVBl. S. 279), aufrechterhalten durch Ziff. 8 der MB. vom 4. 4. 1928 (GVBl. S. 190); damit ist die ME. vom 30. 4. 1857 (Weber Bd. 8 S. 244 Fußnote) für die Gemeinden (nicht für die Stiftungen) außer Kraft gesetzt.

6. Ortschaften: Die Ziff. 1—5 gelten sinngemäß für das von den Ortschaften für ihre Waldungen aufgestellte Personal (Art. 62 GemO.).

II. Stiftungen.

1. Dienstverhältnis des Stiftungspersonals: Das Dienstverhältnis des Forstpersonals der Stiftungen ist regelmäßig bürgerlichrechtlicher Art. Jedoch können durch die zuständigen Staatsministerien die Vorschriften des Staatsbeamtengesetzes auf die Beamten gewisser Stiftungen ganz oder teilweise für entsprechend anwendbar erklärt werden (Art. 189 des Beamtengesetzes). In einem solchen Fall richten sich die vermögensrechtlichen Ansprüche des Beamten oder seiner Hinterbliebenen gegen den Staat; der Staat kann von den beteiligten Stiftungen Ersatz verlangen. Hieher gehört im wesentlichen das Personal der unter staatlicher Verwaltung stehenden Stiftungs-, Wohltätigkeits-, Erziehungs- und Unterrichtsanstalten (Begr. zu Art. 189 BG.). Die unmittelbar von Staatsbehörden verwalteten Stiftungen fallen nicht unter die Vorschriften der Art. 6—17 FG., wohl aber die vorgenannten Stiftungen, auf deren Personal das Staatsbeamtengesetz ganz oder teilweise für entsprechend anwendbar erklärt ist oder wird; dieses Personal verliert damit die Eigenschaft als Stiftungspersonal nicht; es wird nicht zur Staatsbehörde.

Für die Stiftungen gilt das unter Ziff. I, 1 und 3 für die Gemeinden Ausgeführte, soweit es sich nicht auf Gemeindebeamte bezieht, entsprechend. Soweit für das Personal gewisser Stiftungen nach vorstehender Ziff. 1 das Staatsbeamtengesetz für entsprechend anwendbar erklärt ist, liegt ein öffentlichrechtliches Dienstverhältnis vor, dessen Inhalt sich nach den anwendbaren Vorschriften des Beamtengesetzes bestimmt.

Die Waldungen der gemeindlich verwalteten Stiftungen werden gewöhnlich vom Personal der Gemeinde mitbetreut.

2. Dienstkleidung: Die Vorschriften über die Dienstkleidung städtischer Forstbediensteten gelten auch für das Forstpersonal aller den Kreisregierungen unmittelbar untergeordneten Stiftungen (ME. vom 3. 1. 1841, Weber Bd. 3 S. 347 Fußnote). Besonderheiten können eintreten, soweit einschlägige Vorschriften des Beamtengesetzes anwendbar sind (s. oben Ziffer II, 1). Die Vorschriften über die Dienstkleidung der gemeindlichen Waldschutzbediensteten (oben Ziff. I, 4) gelten auch für die Forstschutzbediensteten sämtlicher Stiftungen (ME. vom 30. 4. 1857, Weber Bd. 8 S. 244 Fußnote; Forstl. Mitt. Bd. 12 S. 157).

III. Körperschaften.

Die Ausführungen in Ziff. I, 1 gelten, soweit sie sich nicht auf Gemeindebeamte beziehen, auch für die Körperschaften des öffentlichen Rechts nach Art. 18 FG. Das Dienstverhältnis des Forstpersonals in Körperschaftswaldungen kann je nach der Art der Körperschaft öffentlichrechtlicher oder bürgerlichrechtlicher Natur sein; die öffentlichrechtlichen Dienstverhältnisse bestimmen sich nach dem für die betreffende Körperschaft geltenden öffentlichen Recht, für die bürgerlichrechtlichen gilt das unter Ziff. I, 3 Ausgeführte. Auf Einzelheiten kann wegen der Verschiedenartigkeit der in Betracht kommenden Körperschaften (s. Art. 18) nicht eingegangen werden.

Betriebsleitung:

a) Aufstellung eines eigenen u. Übertragung an einen benachbarten Betriebsleiter.

Artikel 8[1] (8/8).

[1] Zur Ausführung des Betriebes nach den Wirtschaftsplänen[2] haben die Gemeinden[3] und Stiftungen entweder[6] eigene Förster[4] aufzustellen, oder dieselbe einem benachbarten Sachverständigen zu übertragen[7]. Die Einen wie die Andern müssen die erforderliche Befähigung in der Konkursprüfung[5] für den Staatsforstdienst nachgewiesen haben.

II 9 Ausnahmsweise kann die Forstpolizeistelle jenen Förstern, welche bei Einführung des gegenwärtigen Gesetzes bereits im Forstdienste stehen, und ihre Befähigung praktisch bewährt haben, den Nachweis der Konkursprüfung erlassen.

Bek. VollzB. 1897.

III. Betriebsausführung und Forstschutz im allgemeinen.

§ 16.

I Die Betriebsausführung in den Gemeinde-, Stiftungs- und Körperschaftswaldungen obliegt den Forstämtern nur insoweit, als dieselbe nach Maßgabe der einschlägigen Bestimmungen des Forstgesetzes von der Staatsforstverwaltung übernommen wurde oder zu betätigen ist.

II Den Gemeinden, Stiftungen und Körperschaften ist die Wahl der Sachverständigen, welchen sie die Ausführung des Betriebes nach den Wirtschaftsplänen übertragen wollen, vorbehaltlich der Bestätigung der Forstpolizeistelle, anheimgegeben. Die Gewählten — seien sie nun eigene Forstbeamte der Gemeinde, Stiftung oder Körperschaft, oder seien sie benachbarte, in anderen Diensten stehende Sachverständige — müssen ihre Befähigung durch das erfolgreiche Bestehen der Konkursprüfung für den Staatsforstverwaltungsdienst nachgewiesen haben.

III Die in Art. 8 Abs. 2 des Forstgesetzes enthaltene Ausnahmebestimmung verliert ihre Gültigkeit mit dem Zeitpunkte, an welchem solche Sachverständige nicht mehr vorhanden sind, welche die Staatskonkursprüfung zwar nicht bestanden haben, dagegen bei Einführung des Forstgesetzes (1. Januar 1853) schon als Förster im Forstdienste gestanden sind und dabei ihre Befähigung praktisch bewährt haben.

IV Steht der gewählte Sachverständige im Dienste des Staates, so ist vor Erteilung der Bestätigung die Zustimmung der betreffenden Regierung, Kammer der Finanzen, Forstabteilung[1]), zu erholen; steht er aber im Dienste von Gemeinden, Stiftungen, Körperschaften oder Privaten, so ist der Nachweis über Zustimmung der betreffenden Waldbesitzer bei Erholung der Bestätigung der Regierung, Kammer des Innern, vorzulegen.

1. Geltungsbereich: Die Art. 8, 9, 11, 12, 13, 15, 16 und 18 regeln die Leitung der Betriebsausführung in den Gemeinde-, Stiftungs- und Körperschaftswaldungen. Unter Betriebsausführung ist die Tätigkeit zur Bewirtschaftung und Benutzung der Waldungen auf Grund der Wirtschaftspläne und Wirtschaftsgutachten zu verstehen. Zu den gesetzlichen Bestimmungen über die Betriebsausführung hat die Staatsregierung ausführliche Vollzugsvorschriften erlassen in Bek. VollzB. 1897 §§ 21 ff. (S. 109ff.):

A. Allgemeine Bestimmungen §§ 21—23,
B. Besondere Bestimmungen §§ 24—27, die wieder zerfallen in:
1. Kapitel: Holznutzung §§ 24—33,
2. Kapitel: Forstnebennutzungen §§ 34—41,
3. Kapitel: Forstkulturen, Waldwegbauten und sonstige Verbesserungen §§ 42—47.

Hervorgehoben sei das Verfahren im Falle eines außerordentlichen Bedürfnisses (§ 22), wobei je nach Lage des Falles zur Änderung des Wirtschaftsplanes Anlaß bestehen kann oder nicht (Abs. I und V). Auch bei der Betriebsausführung sind die Bedürfnisse der Gemeinde, Stiftung und Körperschaft jeweils möglichst zu berücksichtigen (§ 21 Abs. I BVB. 1897 S. 109).

Nach der ME. vom 27. 12. 1871 (Weber 4 S. 46 Fußnote) sollen die Termine für die Sammlung und die Abfuhr der Waldstreu in den Gemeinde- und Körperschaftswaldungen im Herbste stets auf die Monate September, Oktober und November ausgedehnt werden. Überhaupt soll den Berechtigten, unbeschadet der Erhaltung der Waldungen, möglichst entgegengekommen werden.

Art. 8 schreibt den Gemeinden, Stiftungen und Körperschaften die Aufstellung eines akademisch gebildeten Betriebsleiters vor.

Aus den Art. 6ff. FG. mit den dazu erlassenen Vollzugsvorschriften (bes. §§ 21ff.) folgt, daß nicht einmal die zur Vertretung der Gemeinde berufenen Personen (Gemeinderat, Bürgermeister) befugt sind, ohne Anweisung des Betriebsleiters oder in Abweichung davon im Gemeindewald Holz zu fällen, geschweige denn die Nutzungsberechtigten oder sonstigen Gemeindeangehörigen; Handlungen der genannten Personen ohne oder gegen die Anweisung des Betriebsleiters sind grundsätzlich unbefugt wie die Handlungen dritter Personen (vgl. ObLG. Bd. 4 S. 59ff.).

[1]) Jetzt Regierung, Kammer der Forsten.

2. Nach den Wirtschaftsplänen: Auch dann, wenn ein Wirtschaftsplan nicht vorhanden ist (Art. 7 Abs. IV mit Anm.), müssen zur Betriebsausführung Sachverständige bestellt werden; eine Einschränkung enthält Art. 11 (vgl. § 14 Abs. VI BVB. 1897). Satz 1 enthält eine Mußvorschrift, deren Einhaltung durch die Möglichkeit der Zwangsmaßnahmen des Art. 13 sichergestellt ist (vgl. VGH. Bd. 9 S. 94). Die Ausnahme des Abs. II ist heute nicht mehr möglich. Die Behauptung, daß sich in der Nähe ein Techniker nicht finde, befreit von der Verpflichtung nicht; übrigens kann die Staatsforstverwaltung stets das nötige Personal stellen. Die Forstämter haben die Richtigkeit der Eintragungen der Betriebstechniker, besonders auf ihre Übereinstimmung mit den tatsächlichen Anfällen, öfters und unerwartet zu prüfen (ME. vom 8. 7. 1862, Pr.Erl. 1862 S. 205; Weber Bd. 6 S. 39).

3. Gemeinden: Wenn die Ortschaften eigene Waldungen besitzen, auch diese (VGH. 2. 4. 1887); auch die übrigen Vorschriften der Art. 6—17 für die Gemeinden gelten auch für die waldbesitzenden Ortschaften.

4. Förster: bedeutet schon nach der Fassung des Artikels nichts anderes als Sachverständige („benachbarte Sachverständige"; die einen wie die anderen); es soll nicht etwa eine Amtsbezeichnung sein.

5. Konkursprüfung: d. i. die Prüfung für den bayerischen höheren Staatsforstdienst Für die Betriebsleiter der Privatwaldbesitzer wie überhaupt für deren Forstpersonal kann die Konkursprüfung nicht verlangt werden, da das Gesetz sie nicht verlangt (FME. 23. 3. 1853). Den Nachweis der Prüfung kann die bestätigende (Art. 13) Forstpolizeistelle nicht erlassen; sie kann und wird verlangen, daß die Bewerber auch im übrigen tauglich sind, z. B. in phys. Beziehung (vgl. die FMB. über die körperliche Tauglichkeit zum Dienst in der Staatsforstverwaltung vom 1. 4. 1930, FMBl. S. 21); die Betriebsleiter müssen auch volljährig und unbescholten sein (Art. 120). Der im Landtag beantragte Zusatz, daß die Forstpolizeistelle die Bestätigung im Falle der Befähigung nicht solle versagen können, wurde abgelehnt (Abg. 1851 II 409).

6. Bestellung der Sachverständigen: weitere Möglichkeiten s. Abriß Forstdienst der Gemeinden, St. und K. Ziff. 1 b S. 84; stets ist die Bestätigung des Sachverständigen durch die Forstpolizeistelle erforderlich (Art. 13) Benachbart d. h. in der Nachbarschaft angestellt; die Betriebsausführung soll durch zu weite Entfernung des Betriebsleiters nicht leiden.

Die Sachverständigen können an sich auch staatliche Forstbeamte sein, die in privater Eigenschaft bestellt werden (davon ist zu unterscheiden die Übertragung der Betriebsausführung auf die Staatsforstverwaltung nach Art. 9); s. dazu aber Anm. 2 zu Art. 9. Auch Ruhestandsbeamte kommen in Frage; in den Bezirken von Forstämtern, deren Besetzung auf die Gemeinde-, Stiftungs- und Körperschaftswaldungen zugeschnitten ist, soll jedoch die Übertragung der Betriebsleitung an Ruhestandsbeamte nicht überhandnehmen (FME. vom 18. 3. 1924).

7. Übertragung der Betriebsleitung: Das Rechtsverhältnis zwischen Gemeinde usw. und dem Sachverständigen richtet sich nach der Lage des Falles; gewöhnlich wird ein bürgerlichrechtlicher Vertrag gegeben sein, regelmäßig Dienstvertrag (§§ 611 ff. BGB.), selten Werkvertrag (§§ 631 ff. BGB.).

Wenn der Sachverständige in fremden Diensten steht, muß der Dienstherr — soferne nicht der Sachverständige nach seinem Vertrag freie Hand hat — mit der Übernahme einverstanden sein (Art. 12 FG. und § 16 Abs. IV BVB. 1897).

8. Kosten der Betriebsführung: Art. 15.

9. Abs. II wird heute nicht mehr praktisch.

b) Übertragung der Betriebsleitung auf die Staatsforstverwaltung; Vereinigung mehrerer Gemeinden usw.

Artikel 9[1]. (9/9).

Die Gemeinden und Stiftungen können auch mit der k. Staatsforstverwaltung wegen Übernahme der Betriebsausführung durch das Forstamt gegen verhältnismäßigen Besoldungsbeitrag[4] übereinkommen[3], sowie sich mehrere Gemeinden und Stiftungen zur Aufstellung eines gemeinschaftlichen[5] Försters vereinigen können.

Bek. VollzB. 1897.

§ 17.

Ziehen die waldbesitzenden Gemeinden, Stiftungen oder Körperschaften vor, wegen Übernahme der Betriebsausführung in ihren Waldungen gegen verhältnismäßigen Besoldungsbeitrag mit der Staatsforstverwaltung ein Übereinkommen zu treffen (Art. 9 des Forstgesetzes), so ist Antrag hierauf bei dem einschlägigen Forstamte zu stellen. Das Forstamt schließt unter Vorbehalt der Genehmigung der Regierung, Kammer der Finanzen, Forstabteilung[1]), mit der Gemeinde, Stiftung oder Körperschaft einen Vertrag ab, in welchem die Forstbehörde, welche die Betriebsausführung zunächst zu übernehmen hätte, sowie der zu vereinbarende Besoldungsbeitrag, dann der Zahlungs- und Kündigungstermin speziell zu bezeichnen sind, und legt das getroffene Übereinkommen der Regierungsforstabteilung[1]) vor. Der letzteren steht nach vorherigem Benehmen mit der Regierung, Kammer des Innern, die Vertragsgenehmigung zu. In dem Falle aber, daß das Vertragsverhältnis in der einen oder anderen Hinsicht eine erhebliche Rückwirkung auf die dienstlichen Verhältnisse des mit der Betriebsausführung zu betrauenden Forstamtes äußern würde, hat die Regierungsfinanzkammer, Forstabteilung[1]), sich vom Staatsministerium der Finanzen die Ermächtigung zum Abschluß des Vertrags zu erholen.

§ 18.

I Hat die Staatsforstverwaltung die Betriebsausführung in Gemeinde-, Stiftungs- oder Körperschaftswaldungen übernommen, so ist in allen Angelegenheiten, welche die Benutzung und Bewirtschaftung dieser Waldungen betreffen, auf die Förderung der Interessen und die Befriedigung der Bedürfnisse der betreffenden Gemeinden, Stiftungen und Körperschaften möglichst Bedacht zu nehmen.

II Zu diesem Zwecke haben die mit der Betriebsausführung betrauten Beamten sich mit den einschlägigen Verwaltungen tunlichst in unmittelbares Benehmen zu setzen und im mündlichen Verkehre sich über ihre Bedürfnisse genau zu unterrichten, sowie die Verwaltungen über die zweckmäßigste Art der Befriedigung derselben, oder über hinderlich im Wege stehende Umstände und Verhältnisse aufzuklären.

III Bei hervortretenden Meinungsverschiedenheiten über Benutzung und Bewirtschaftung der Waldungen, über die Befriedigung bestehender Bedürfnisse, über Aufwendungen für forstwirtschaftliche Zwecke usw., sind weitwendige schriftliche Verhandlungen und Auseinandersetzungen zu vermeiden, und ist in solchen Fällen — insbesondere im Verkehre mit kleineren Gemeinden, Stiftungen und Körperschaften — die Verständigung möglichst auf mündlichem Wege zu suchen.

IV Ist die Betriebsausführung in Gemeinde-, Stiftungs- und Körperschaftswaldungen von der Staatsforstverwaltung übernommen und dem einschlägigen Forstamte übertragen, so treten die dem Forstamte beigegebenen Forstamtsassessoren und Förster (n. O.) bezüglich der Betriebsausführung der Gemeinde-, Stiftungs- und Körperschaftswaldungen zum Forstamte in dasselbe Verhältnis wie hinsichtlich der Staatswaldungen.

V Ergeben sich Bedenken über das Verhalten der Gemeinden, Stiftungen oder Körperschaften gegenüber den bestehenden Betriebsbestimmungen, so haben die Forstamtsassessoren und Förster Bericht an das Forstamt zu erstatten.

VI Die Inspektionsbeamten der Regierungsforstabteilungen haben die Visitation derjenigen Gemeinde-, Stiftungs- und Körperschaftswaldungen, deren Bewirtschaftung auf Grund des Art. 8 des Forstgesetzes von Staatsforstbeamten oder nach Art. 9 bzw. 13 Abs. 2 und Art. 16 desselben Gesetzes von der Staatsforstverwaltung geführt wird, in gleicher Weise zu vollziehen, wie für die Staatswaldungen ihres Bezirkes.

VII Zu den Inspektionen sind die betreffenden Wirtschaftsführer und die einschlägigen Schutzbediensteten beizuziehen, sofern es deren Dienst gestattet und nicht besondere Gründe für die Unterlassung ihrer Beiziehung obwalten; auch den Wünschen der Gemeinden, Stiftungen und Körperschaften auf Beiziehung von Vertretern derselben zu der Inspektion ihrer Waldungen ist Rechnung zu tragen[2]). Hiebei werden die Inspektionsbeamten alle auf die Bewirtschaftung der betreffenden Waldungen bezüglichen Verhältnisse sachdienlich besprechen, Wünsche und Anträge der Beteiligten entgegennehmen und etwa bestehende Differenzpunkte auszugleichen suchen.

1. Geltungsbereich: Art. 9 behandelt zwei weiter mögliche Fälle der Regelung der Betriebsausführung in den Gemeinde-, Stiftungs- und Körperschaftswaldungen: a) die Übertragung auf die Staatsforstverwaltung, b) die Bestellung eines gemeinschaftlichen Betriebsleiters durch mehrere Gemeinden, Stiftungen oder Körperschaften. Die Staatsregierung hat die Übernahme der Betriebsausführung auf die Staatsforstverwaltung näher geregelt in §§ 17 und 18 VVB. 1897 s. oben.

Von der Übernahme der Betriebsausführung durch die Staatsforstverwaltung ist zu unterscheiden die Herstellung des Wirtschaftsplanes durch einen Beamten der Staatsforstverwaltung (Art. 7

---

[1]) Jetzt Regierung, Kammer der Forsten.

[2]) Die Inspektionsbeamten sollen die Verwaltungen auch von sich aus von Zeit zu Zeit von den geplanten Besichtigungen verständigen und sie zur Teilnahme einladen (§ 2 Abs. II der Anweisung für den Inspektionsdienst vom 26. 3. 1923, FMBl. S. 7).

Abs. II) sowie die Übernahme der Betriebsleitung durch einen solchen Beamten in privater Eigenschaft: s. Anm. 2. Die von der Staatsforstverwaltung eingegangene Verpflichtung zur Übernahme der Betriebsausführung umfaßt nicht die Lieferung der Wirtschaftspläne; deren Fertigung sowie die der Waldstandsrevisionsoperate ist vielmehr von den beteiligten Gemeinden und Stiftungen auf ihre Kosten zu veranlassen (FME. vom 7. 12. 1862, Forstl. Mitt. Bd 12 S. 141 und JnnME. vom 26. 3. 1865, FMBl. 1865 ErgBd. S. 102). Weitere Möglichkeiten Art. 8 und 11; vgl. den Abriß S. 84 Ziff. 1b.

2. Übernahme der Betriebsausführung durch staatliche Forstbeamte im Wege des Privatvertrages: Die auf Grund des Art. 8 von Staatsforstbeamten abgeschlossenen und bestehenden Privatverträge wegen Übernahme der Betriebsleitung in Gemeinde-, Stiftungs- und Körperschaftswaldungen wurden durch die Umbildung der Staatsforstverwaltung vom Jahre 1885 nicht berührt; die Regierungsforstkammern wurden aber angewiesen, dahin zu trachten, daß bei Neubesetzungen von Ämtern die von dem abgegangenen Staatsforstbeamten auf Grund Privatvertrags besorgte Betriebsleitung in Gemeinde-, Stiftungs- und Körperschaftswaldungen nach Maßgabe der Bestimmungen des Art. 9 von der Staatsforstverwaltung übernommen würde, nachdem die Forstämter neuer Ordnung mit Rücksicht auf die Bewirtschaftung der gedachten Waldungen gebildet seien und auch die Dienstaufwandsentschädigungen darnach bemessen würden; die Forstamtsvorstände neuer Ordnung würden so lange nicht in den Bezug der normalen Dienstaufwandsentschädigungen gesetzt werden, als sie für die Betriebsleitung in diesen Waldungen besonders vergütet würden (FME. vom 22. 6. 1885, FMBl. S. 571).

Die Übernahme des Forstschutzes im Wege des Privatvertrags oder Übereinkommens durch das staatliche Schutzpersonal sollte dagegen auch künftig nicht unterbunden werden. Zu beachten ist auch die FME. vom 22. 6. 1885 (FMBl. S. 572).

Als Sachverständiger nach Art. 8 darf ein Forstmeister innerhalb seines Amtsbezirkes nicht aufgestellt werden, da die Bewirtschaftung der Gemeinde- und Stiftungswaldungen unter der Aufsicht des Forstamts steht (Art. 6, 14 FG.); so die FME. vom 21. 10. 1854, Weber 4 S. 677 Fußnote; das gleiche wird auch für die übrigen Beamten des Forstamtes innerhalb ihres Amtsbezirkes gelten; vgl. § 16 Abs. IV BVB. 1897.

3. Übereinkommen: Das Forstamt schließt mit der Gemeinde usw. einen Vertrag, der der Genehmigung der Regierung, K. d. Forsten, bedarf (§ 17 BVB. 1897). Die Gemeinde, Stiftung, Körperschaft hat beim Forstamt Antrag zu stellen (§ 17 BVB. 1897). Die Staatsforstverwaltung ist zur Übernahme gesetzlich nicht verpflichtet, aber regelmäßig bereit.

Staatsforstbeamte handeln in der Betriebsausführung nicht in Ausübung öffentlicher Gewalt im Sinne des Art. 7 Abs. II VGG; sie sind vielmehr in solchen Fällen als sachverständige Organe der gemeindlichen Vermögensverwaltung in eigentlichen Gemeindeangelegenheiten tätig (VGH. Bd. 6 S. 20; Bd. 19 S. 209). Dies gilt insbesondere von der einen Bestandteil der Betriebsausführung bildenden Schlagauszeichnung (VGH. Bd. 19 S. 206). Das gleiche gilt von der Vornahme von Holzversteigerungen (VGH. Bd. 20 S. 184).

Auch der Forstschutz kann auf Grund Vereinbarung der staatlichen Forstverwaltung übertragen werden (§ 19 Abs. II BVB. 1897).

4. Besoldungsbeitrag: Der Besoldungsbeitrag ist das Entgelt der Gemeinden usw. für die Übernahme der Bewirtschaftung durch den Staat. Die Höhe der Besoldungsbeiträge bemißt sich nach der Größe der Holzbodenfläche und der Einschlagmenge. Als Normalsatz ist in Anschlag zu bringen:

a) ein Betrag von 1 RM. je ha Holzbodenfläche, dazu

b) ein Betrag von 0.30 RM. je fm Einschlagmenge, und zwar
beim Hochwald für den fm Derbholz,
beim Ausschlagwald für den fm Derbholz und Reisholz (mit Rinde).

Als Einschlagmenge gilt für alle Waldungen, für die ein Massenhiebssatz aufgestellt ist, dieser Hiebssatz, für die übrigen Waldungen der durchschnittliche jährliche Anfall an Derb- und Reisholz.

Der Normalsatz gilt für mittlere Verhältnisse; Ermäßigung bis zur Hälfte in begründeten Fällen:

a) für geringwertige Waldungen z. B. Krüppelwaldungen, Mittel- und Niederwaldungen mit geringwertigem Derbholz und hohem Reisholzanfall,

b) für Waldungen, in denen den Besitzern hohe Ausgaben für ihr forstlich ausgebildetes Unterpersonal erwachsen,

c) für stark mit Nutz- und Brennholzrechten belastete Waldungen.

Erhöhung bis zum doppelten Normalsatz (Flächen- und Maßansatz) bei ertragreicheren Waldungen, zumal wenn die Betriebsausführung eine verhältnismäßig über das durchschnittliche Maß hinausgehende Arbeitsleistung bedingt.

Oberste Grenze: tatsächlicher Kostenaufwand.

Mindestsatz — auch für kleinste Waldungen —: 6 RM.

Abschluß von Verträgen in der Regel mit einjähriger Kündigungsfrist (FME. vom 16. 3. 1922 Nr. 14732 und FME. vom 12. 2. 1924 Nr. 5725, Landtagsbeschluß v. J. 1925).

In Unterfranken bestehen großenteils besondere Verhältnisse (s. Art. 16).

Die Besoldungsbeiträge sind in der Forstrechnung zu vereinnahmen. Die betriebführenden Staatsforstbeamten haben im Falle des Art. 9 von den Gemeinden, Stiftungen und Körperschaften keine weiteren Gebühren zu beanspruchen (Org.VO. von 1908, § 17).

5. **Gemeinschaftliche Betriebsleiter:** Auch diese müssen die Vorbildung und Eigenschaften der Art. 8 und 120 haben.

Die früher vorgeschriebene Genehmigung des Staatsministeriums des Innern ist nach den BVB. 1897 nicht mehr notwendig; zur Vereinigung ist überhaupt keine aufsichtliche Genehmigung nötig; dies gilt aber nur, wenn es sich um eine bürgerlichrechtliche Vereinbarung der mehreren Gemeinden, Stiftungen und Körperschaften handelt. Eine solche Vereinigung wird als Gesellschaft des bürgerlichen Rechts nach §§ 705ff. BGB. anzusehen sein, der eine eigene Rechtspersönlichkeit nicht zukommt.

Wenn ein Zweckverband mit eigener Rechtspersönlichkeit nach Art. 133ff. GemO entstehen soll, ist die Genehmigung des Staatsministeriums des Innern notwendig. Gewöhnliche Stiftungen können übrigens nicht Mitglieder eines solchen Zweckverbandes werden, da ihm nur Körperschaften des öffentlichen Rechts angehören können (Art. 133 GemO.).

Von dem Verhältnis der Gemeinden, Stiftungen und Körperschaften zueinander ist zu unterscheiden das Verhältnis des gemeinsamen Betriebsleiters zu den vereinigten Gemeinden usw. Haben sie einen Zweckverband nach Art. 133ff. GemO. gebildet, so steht der Betriebsleiter stets und nur im Dienste des mit eigener Rechtspersönlichkeit ausgestatteten Zweckverbands; er kann Beamten- (dies zweifellos, wenn nur Gemeinden vereinigt sind) oder Angestellteneigenschaft erhalten. Bilden die Gemeinden usw. nur eine Gesellschaft nach §§ 705ff. BGB., so kann der gemeinsame Betriebsleiter entweder im Dienste der Gesellschaft stehen oder im Dienste der einzelnen Mitglieder der Vereinigung; in beiden Fällen wird er Beamten- oder Angestellteneigenschaft haben können, letzteres stets, ersteres jedenfalls, wenn die Mitglieder der Vereinigung Beamteneigenschaft verleihen können. Die Rechtsverhältnisse können verwickelt werden; es empfiehlt sich daher sorgfältige Regelung beim Abschluß der Vereinigung. Wird ein Zweckverband gebildet, so ist genaue Regelung der Verhältnisse gesetzlich (Art. 134ff. GemO.) vorgeschrieben. Vgl. auch Kahr Bd. I S. 929. Die Vereinigung zu einer Gesellschaft nach §§ 705ff. BGB. bedarf keiner besonderen Form; sie kann mangels einer anderen Abrede von jedem Mitglied jederzeit gekündigt werden (§ 723 BGB.).

Nach Art. 9 können sich außer Gemeinden und Stiftungen auch Ortschaften und Körperschaften des öffentlichen Rechts zusammenschließen. Unter diesen ist jede Zusammenstellung möglich. Auch eine Vereinigung mit Privatwaldbesitzern wird zulässig sein (nicht in der Form des Zweckverbands).

Der gemeinschaftlich aufzustellende Förster unterliegt ebenfalls der Bestätigung nach Art. 13.

Ein Zusammenschluß wie nach Art. 9 ist auch möglich zur Aufstellung eines gemeinschaftlichen Forstschutzdienstes (Art. 10 FG., § 19 Abs. II BVB. 1897).

Forstschutz.

Artikel 10. ($^{10}/_{10}$).

Auch für die Handhabung des Forstschutzes haben[1] die Gemeinden und Stiftungen zu sorgen, und das erforderliche Schutzpersonal aufzustellen[2].

Bes. VollzB. 1897.

§ 19.

[I] Bei Ausübung des Bestätigungsrechtes der Forstpolizeibehörden bezüglich des aufzustellenden Forstschutzpersonales (Art. 10 und 13 des Forstgesetzes) ist auf die Bestimmungen der Art. 115, 119 und 120 des Forstgesetzes und, wenn die aufzustellenden Schutzbediensteten nach Art. 122 des Forstgesetzes ein Forstrügeverzeichnis zu führen haben, auch darauf Rücksicht zu nehmen, daß ihnen die hiezu erforderliche Befähigung zur Seite steht.

II Den Gemeinden, Stiftungen und Körperschaften bleibt unbenommen, mit anderen Gemeinden, Stiftungen und Körperschaften gemeinsam für den Forstschutz Sorge zu tragen, oder auch mit der Staatsforstverwaltung eine Vereinbarung dahin zu treffen, daß der Schutz durch Forstschutzorgane der Staatsforstverwaltung übernommen werde.

1. Geltungsbereich; Begriff des Forstschutzes: Die Art. 10—13, 15 und 18 regeln den Forstschutz in den Gemeinde-, Stiftungs- und Körperschaftswaldungen. Art. 10 stellt die Verpflichtung zur Einrichtung des nötigen Forstschutzes auf.

Forstschutz ist der Schutz der Waldungen gegen unbefugte Schädigungen seitens fremder Personen d. h. anderer Personen als der Waldbesitzer. Dazu gehört vor allem der Schutz vor Forstfreveln, aber auch gegen Feuersgefahr (Art. 45) u. ä. Die Tätigkeit der Forstpolizei ist ausgedehnter; sie sorgt für die Beachtung aller Bestimmungen des Forstgesetzes zur Erhaltung der Wälder, auch der Bestimmungen, die dem Waldbesitzer selbst Beschränkungen auferlegen (Art. 34 ff.). Der Forstschutz hat in erster Linie das Wohl des Waldbesitzers und dann das der Allgemeinheit im Auge, die Forstpolizei zunächst das Wohl der Allgemeinheit und in zweiter Linie das des Waldbesitzers. Forstschutzdienst ist allerdings auch Polizeidienst; er gehört zur Sicherheitspolizei (Art. 79 Abs. II GemO.). Die Forstschutzbediensteten sind kraft Gesetzes (Art. 115) auch verpflichtet, den vorgeschriebenen weiterreichenden Aufgaben der Forstpolizei zu dienen; sie sind auch Hilfspersonen der Forstpolizei (und damit auch der Forststrafgerichtsbarkeit, Art. 119). Der Personenkreis der letzteren ist weiter als der der Forstschutzbediensteten; nicht alle Hilfspersonen der Forstpolizei sind auch Forstschutzbedienstete.

Art. 10 verpflichtet außer den Stiftungen und Körperschaften die Gemeinden und Ortschaften zum Waldschutz in den Waldungen, die in ihrem eigenen Besitz sind. Davon zu unterscheiden ist die in Art. 51 Abs. VI GemO. aufgestellte Verpflichtung der Gemeinden, für den Waldschutz in allen Waldungen zu sorgen, die in der Gemeindemarkung liegen. Nach Art. 10 FG. sind die Gemeinden und Ortschaften zum Waldschutz verpflichtet, gleichgültig wo die Wälder gelegen sind, ob in oder außer der Gemeindemarkung, auch außerhalb Bayerns.

Zum Forstschutz im allgemeinen s. auch Anm. 4 zu Art. 115. Die polizeiliche Handhabung des Forstschutzes ist Ausübung öffentlicher Gewalt; so die ständige Rechtsprechung des Verwaltungsgerichtshofes zu Art. 7 VGG. (jetzt in der Fassung vom 7. 3. 1924, GVBl. S. 65): VGH. Bd. 19 S. 208; Bd. 26 S. 284; Bd. 27 S. 17; Bd. 28 S. 135. Der gemeindliche Forstschutz gehört zur Sicherheitspolizei (Art 79 Abs. II GemO.). Die Schlaghut ist ein Teil des Forstschutzes.

2. Einrichtung des Forstschutzdienstes: Es gibt mehrere Wege:

a) Für die Gemeinden: Die Gemeinde kann für ihre eigenen Waldungen eine besondere Person aufstellen; Beamteneigenschaft braucht dieser nicht verliehen zu werden (Art. 79 Abs. II GemO.). Die Gemeinde kann sich zur Aufstellung eines gemeinschaftlichen Forstschutzbediensteten mit andern Gemeinden, Ortschaften, Stiftungen oder Körperschaften vereinigen (vgl. § 19 Abs. II VVB. 1897); es kann auch die Staatsforstverwaltung um Übernahme des Forstschutzes durch ihre Organe ersucht werden (§ 19 Abs. II VVB. 1897). Die Gemeinde kann mit Genehmigung der Forstpolizeistelle bei kleinen oder einer regelmäßigen Bewirtschaftung nicht fähigen Waldungen Forstschutz und Betriebsleitung in einer Person vereinigen (Art. 11 FG.). Sie kann schließlich, wenn dies genügt, ihre eigenen Waldungen durch den für den ganzen Gemeindebezirk aufgestellten Wald- oder Feldhüter überwachen lassen. Die Forstschutzorgane werden auch zum Betriebsvollzug herangezogen (§§ 26 ff. VVB. 1897).

b) Für die Ortschaften, Stiftungen und Körperschaften gilt das gleiche wie vorstehend für die Gemeinden.

c) Die Gemeinde kann — mit Genehmigung der Forstpolizeibehörde — die Ausübung des Forstschutzes auf den Pächter der Gemeindejagd übertragen (Anm. 4d zu Art. 115). Das gemeindliche Selbstverwaltungsrecht ist nicht verletzt, wenn von der Aufsichtsbehörde die neuerliche Jagdverpachtung deshalb angeordnet wird, weil in dem Jagdpachtvertrag für einen Teil des Gemeindejagdbezirkes die Verpflichtung zur Übernahme des Forstschutzes dem Jagdpächter auferlegt und von der Forstpolizeibehörde dem bestellten Schutzpersonal die Bestätigung versagt wurde (VGH. Bd. 11 S. 201).

Das Forstschutzpersonal bedarf in allen Fällen der Bestätigung der Forstpolizeibehörde (Art. 13). Verpflichtung Art. 121. Eigenschaften Art. 120. Der erforderliche Forstschutzdienst muß eingerichtet werden. Bei Säumnis Zwangsbesetzung (Art. 13 Abs. II). ME. 5. 8. 1919 Nr. 2111 a 4: Anweisung an die Regierungen, die Gemeinden zu veranlassen, mit Rücksicht auf die Überhandnahme der Frevel das erforderliche Personal aufzustellen.

Der Umfang des Bedarfs an Forstschutzpersonal ist eine Ermessensfrage (VGH. Bd. 2 S. 301).

3. Forstschutz in der Gemeindemarkung:

a) Pflicht der Gemeinde: Nach Art. 51 Abs. VI GemO. ist jede bayerische Gemeinde verpflichtet, die für den Schutz der in der Gemeindemarkung gelegenen Waldungen notwendigen Bediensteten aufzustellen; wem die Wälder gehören, ist gleichgültig. Die Aufstellung des erforderlichen geeigneten Personals und den Ersatz ungeeigneten Personals können die Staatsaufsichtsbehörden nötigenfalls erzwingen (Art. 60 GemO.). Wenn ausreichend, kann der Feld- und Waldschutz in der Gemeinde in einer oder mehreren Personen vereinigt werden; unter der gleichen Voraussetzung ist es möglich, den Forstschutz in den in der Gemeindeflur gelegenen Waldungen der Gemeinde selbst oder von Ortschaften, Stiftungen oder Körperschaften mit dem der Gemeinde nach der GemO. obliegenden allgemeinen Forstschutz zu vereinigen. Statt Forstschutzbedienstete aufzustellen zum Zwecke des Forstschutzes Gemeindedienste anzuordnen (Art. 41 GemO.), ist nicht zulässig.

b) Bestellung der gemeindlichen allgemeinen Forstschutzbediensteten: Sie können als Beamte oder als Angestellte bestellt werden. Wird ein Forstschutzbediensteter als Beamter eingestellt, so muß er durch den ersten Bürgermeister auf die gewissenhafte Erfüllung seiner Obliegenheiten durch Handschlag verpflichtet werden (Art. 84 GemO.); als Angestellter kann er so verpflichtet werden; in beiden Fällen ist außerdem forstpolizeiliche Bestätigung und amtsgerichtliche Beeidigung vorgeschrieben (Art. 13, 121 FG.). Beamte müssen auch den Verfassungseid ablegen (s. Anm. 1 zu Art. 13).

Ist in einer Gemeinde der Feld- und Waldschutz in einer Person vereinigt, so muß diese nunmehr auch den Eid vor dem Amtsgericht nach Art. 121 FG. ablegen, da seit der Einführung der neuen Gemeindeordnung die Flurhüter nicht mehr von der Bezirkspolizeibehörde vereidigt werden. Auch die forstpolizeiliche Bestätigung ist notwendig (Art. 13 Abs. I mit 120 FG.). Die ME. vom 5. 8. 1859 und vom 19. 4. 1863 (Weber Bd. 5 S. 149 und Bd. 6 S. 167) sind gegenstandslos geworden.

c) Selbstschutz der Waldbesitzer:

α) Gemeinden, Ortschaften, Stiftungen und Körperschaften: Nach dem Forstgesetz sind die Gemeinden, Ortschaften, Stiftungen und Körperschaften verpflichtet, selbst für genügenden Forstschutz in ihren eigenen Waldungen zu sorgen; aus der gesetzlichen Pflicht folgt das gesetzliche Recht, den Forstschutz selbst zu besorgen, wobei es auf die Größe des Waldes nicht ankommt. Wenn die genannten Waldbesitzer in ihren Waldungen für den Forstschutz selbst sorgen, so werden nach dem Sinne des Art. 51 Abs. VI u. VII GemO. auch sie von der Forstschutzumlage befreit werden müssen; unterstellen sie ihre Waldungen dem allgemeinen gemeindlichen Forstschutz, so regelt sich die Kostendeckung nach Art. 51 Abs. VI Satz 2 GemO.

β) Großgrundbesitzer: Nach Art. 51 Abs. VII GemO. kann der Eigentümer eines zusammenhängenden Waldbesitzes von mindestens 100 ha den Forstschutz in seinen Waldungen selbst besorgen; er ist in diesem Falle auf Antrag vom Gemeinderat von den Leistungen zum Waldschutz an die Gemeinde zu befreien. Auch er darf für den Forstschutz nur volljährige und unbescholtene Personen aufstellen (Art. 120 FG.). Eine besondere Ausbildung brauchen sie nicht nachzuweisen; doch müssen sie die Gewähr bieten, daß sie ihren Aufgaben gewachsen sind. Sie bedürfen der Bestätigung durch die Forstpolizeibehörde, die in deren pflichtgemäßem Ermessen liegt (Art. 120 Abs. II FG.), und haben nach der Bestätigung vor dem Amtsgericht einen Diensteid abzulegen (Art. 121 FG.). Auch sie sind Hilfspersonen zur Handhabung der Forstpolizei (Art. 115 Abs. I Ziff. 1 FG.).

Die Befreiung nach Art. 51 Abs. VII GemO. tritt auch ein, wenn die 100 ha sich nicht im gleichen Gemeindebezirk befinden; das Gesetz zieht keine Schranke. Der Begriff „zusammenhängend" in Art. 51 Abs. VII GemO. ist der gleiche wie in Art. 2 Abs. I Ziff. 3 des Jagdgesetzes; Schrifttum und Rechtsprechung hiezu können verwertet werden. Unter Waldbesitz ist Wald im Sinne des Forstgesetzes (s. Art. 1 Anm. 7) zu verstehen. Er ist zusammenhängend, wenn es sich um ein geschlossenes Waldgrundstück handelt oder um zwei oder mehrere, die räumlich so zueinander liegen, daß sie sich wenigstens in einem Punkte unmittelbar berühren (vgl. VGH. Bd. 21 S. 37). Abrundung ist nicht erforderlich. Straßen, Wege (auch Schienenwege), Flüsse und Bäche unterbrechen auch hier nicht den Zusammenhang; Art. 2 Abs. II JagdG. besagt etwas, was sich von selbst versteht. Nur wenn das, was begrifflich zum Wald gehört, 100 ha umfaßt, ist die Voraussetzung für die Befreiung gegeben; Äcker, Gärten, Häuser usw. innerhalb des Waldes, die nicht Bestandteile des Waldes sind (s. Art. 1 Anm. 7), zählen nicht mit. Der Eigentümer nach Art. 51 Abs. VII GemO. ist nicht verpflichtet, den Waldschutz selbst auszuüben; die Staatsaufsichtsbehörde kann ihm Aufträge nicht erteilen; sie kann sich nur an die Gemeinde halten; dem Eigentümer ist nur durch Entziehung der Umlagenfreiheit beizukommen. Solange er für den Forstschutz nicht selbst sorgt, hat ihn die Gemeinde gegen Umlagenbelastung mitzuversehen.

γ) Staatswaldungen: Für Staatswaldungen ist die Aufstellung eines Forstschutzes im Forstgesetz nicht vorgeschrieben, da das Forstgesetz für die Staatswaldungen polizeiliche Vorschriften überhaupt nicht enthält (s. die Vorbemerkung vor Art. 34). Die Staatsforstverwaltung sorgt für den Waldschutz in ihren Waldungen stets selbst; der Forstärar wird daher nach dem Sinne des Art. 51 Abs. VI und VII GemO. von der Beitragspflicht zu den Kosten des gemeindlichen Waldschutzes auch dort befreit sein, wo er Waldungen unter 100 ha im Zusammenhang nicht besitzt. Auch die staatlichen Forstschutzbediensteten sind nach Art. 121 zu vereidigen, wenn sie nicht bereits einen entsprechenden Diensteid abgelegt haben.

δ) Andere Waldbesitzer: Auch Private mit Waldbesitz unter 100 ha im Zusammenhang können für ihre Waldungen ein eigenes Waldschutzpersonal aufstellen. Die Forstpolizeibehörde ist nicht gehindert, es zu bestätigen, das Amtsgericht nicht, es eidlich zu verpflichten. Dies wird aber nur für Waldungen solcher Größe, daß sich ein eigener Waldschutz rechtfertigt, in Frage kommen. Diese Waldeigentümer dürfen aber von der Umlage zu den Kosten des gemeindlichen Waldschutzes nicht befreit werden. Jeder Waldbesitzer kann seine Waldungen selbstverständlich auch selbst überwachen oder durch andere Personen überwachen lassen; ohne forstpolizeiliche Bestätigung und amtsgerichtliche Beeidigung haben sie aber nur die Rechte und Pflichten von Privatpersonen; sie sind auch strafrechtlich nicht besonders geschützt (wohl aber nach § 117 StGB.).

ε) Verhältnis des Selbstschutzes zum allgemeinen gemeindlichen Waldschutz: Wenn der Eigentümer nach Art. 51 Abs. VII GemO. oder die Ortschaften, Stiftungen und Körperschaften auf Grund Art. 10 FG. den Waldschutz selbst besorgen, sind die gemeindlichen Waldschutzbediensteten gegen den Willen des betreffenden Waldbesitzers grundsätzlich nicht befugt, in seinen Waldungen den Forstschutz auszuüben. Die Zuständigkeit der allgemeinen Polizeibehörden zu polizeilichen Maßnahmen in diesen Waldungen wird jedoch durch die Aufstellung eines eigenen Waldschutzes nicht berührt (Begr. zu Art. 51 Abs. VII GemO.).

d) **Kosten des allgemeinen gemeindlichen Waldschutzes**: Die Kosten des Waldschutzes für die in der Gemeindemarkung gelegenen Waldungen muß die Gemeinde auf die Eigentümer der beteiligten Waldungen umlegen und zwar nach dem Verhältnisse der auf diese Waldungen treffenden Grundsteuer (Art. 51 Abs. VI Satz 2 GemO.); dies gilt auch, wenn keine Gemeindeumlagen erhoben werden; Ausfälle treffen die übrigen Beteiligten, nicht die Gemeinde. Die Inanspruchnahme der Waldeigentümer kann nur unterbleiben, wenn der Pachtschilling für die Gemeindejagd in der Gemeindekasse verbleibt (Art. 51 Abs. VI Satz 3 GemO.). Streitigkeiten sind im verwaltungsrechtlichen Verfahren zu entscheiden; zuständig ist im ersten Rechtszug die der Gemeinde unmittelbar vorgesetzte Staatsaufsichtsbehörde, im zweiten Rechtszug der Verwaltungsgerichtshof (Art. 51 Abs. VIII GemO.). Beizutreiben sind die Waldschutzumlagen wie Gemeindeumlagen (Art. 20 Vollz.G. Fin.Ausgl.G. i. d. Fassung vom 5. Sept. 1927, GVBl. S 283). Ist Feld- und Waldschutz vereinigt, so sind beitragspflichtig die Eigentümer der beteiligten land- und forstwirtschaftlichen Grundstücke zusammen nach dem Verhältnisse der für diese zu entrichtenden Grundsteuer.

4. **Forstschutz in ausmärkischen Bezirken**: In ausmärkischen Bezirken haben die Waldeigentümer selbst für den Forstschutz zu sorgen (Art. 4 Abs. II Satz 2 GemO.). Der Waldschutz ist zwar ein Teil der Ortspolizei (im weiteren Sinne; Kahr Bd. 1 S. 922); aber aus den Gesetzgebungsverhandlungen zur Gemeindeordnung des Jahres 1869 ist zu entnehmen, daß bei den ausmärkischen Bezirken unter Ortspolizei (die nach Art. 4 Abs. II S. 1 GemO. dem Bezirksamt zukommt) nur die Ortspolizei im engeren Sinne (ohne den Feld- und Waldschutz) zu verstehen ist (Kahr Bd. 1 S. 85); daran hat die neue Gemeindegesetzgebung nichts geändert. Der größte Teil der ausmärkischen Waldungen wird dem Staat gehören, der den ihm obliegenden Forstschutz stets durch eigenes Personal ausübt. Privaten und anderen Eigentümern werden gewöhnlich nur kleinere Teile gehören; diese können dann den Waldschutz auch ausdrücklich oder stillschweigend der benachbarten Staatsforstverwaltung überlassen, wenn diese einverstanden ist.

Vereinigung der Betriebsleitung mit dem Forstschutz.

Artikel 11[1]. ($^{11}/_{11}$).

Bei kleineren Waldungen von geringerem Ertrage, und bei Waldungen, welche einer regelmäßigen, auf Wirtschaftspläne gegründeten Bewirtschaftung nicht fähig sind, kann mit Genehmigung[2] der Forstpolizeistelle die Betriebsausführung mit dem Forstschutze vereinigt werden.

Bek. VollzV. 1897.

§ 20.

I Art. 11 des Forstgesetzes bezweckt, Gemeinden, Stiftungen und Körperschaften mit kleinem Waldbesitze von geringem Ertrage, oder im Besitze von Waldungen, die einer regelmäßigen, auf Wirtschaftspläne gegründeten Bewirtschaftung nicht fähig sind, eine wesentliche Erleichterung im Kostenaufwande für den Betrieb und den Schutz ihrer Waldungen zu ermöglichen. Zur Verwirklichung dieses Zweckes ist Gesuchen, die auf eine Vereinigung der Betriebsausführung mit dem Forstschutze gerichtet sind, möglichst entgegenzukommen, und ist unter den im Art. 11 bezeichneten Voraussetzungen die Genehmigung nicht zu versagen, wenn eine pflegliche Waldbehandlung sonst genügend gesichert erscheint.

II Ist die Vereinigung der Betriebsausführung mit dem Forstschutze als zulässig erkannt worden, so hat dies zur Folge, daß zwar kurze generelle Beschreibungen für die Waldungen hergestellt und so weit erforderlich periodisch revidiert werden (cf. § 14 Abs. 4—6), daß jedoch jährliche oder periodische Betriebsanträge und Nachweisungen nicht aufzustellen sind.

1. Geltungsbereich: Der Sinn der Bestimmung liegt darin, daß bei unbedeutenden Waldungen der Gemeinden, Stiftungen und Körperschaften, deren Betrieb die Inanspruchnahme eines akademisch gebildeten Leiters nicht lohnt, die Betriebsleitung dem für die Waldungen aufgestellten Forstschutzorgan übertragen werden kann. Das Forstschutzorgan, das dann gleichzeitig auch den Betrieb zu leiten hat, muß die gesetzlich (Art. 120) geforderten Eigenschaften eines Forstschutzbediensteten, nicht aber die sonst von den Betriebsleitern geforderten (Art. 8) besitzen. Er bedarf in seiner Stellung als Forstschutzbediensteter der Bestätigung der Forstpolizeibehörde (Art. 13) und muß vor dem Amtsgericht den Eid leisten (Art. 121) wie sonst; in seiner Eigenschaft als Betriebsleiter bedarf er der Bestätigung der Forstpolizeistelle nach Art. 13 nicht; die Forstpolizeistelle hat im Falle des Art. 11 nur zu entscheiden, ob es nach den Verhältnissen des Waldes sachlich verantwortet werden kann, die Betriebsausführung einem nicht für den höheren Staatsforstdienst befähigten Betriebsleiter zu übertragen.

Die Entscheidung bleibt wirksam bis zum Widerruf oder bis zur wesentlichen Änderung der Verhältnisse des Waldes; sie braucht nicht bei jedem Wechsel in der Person des Forstschutzorgans neu erholt zu werden.

Nach der E. der Reg. v. Obb. vom 4. 1. 1928 Nr. 22 A I haben die Bezirksverwaltungsbehörden bei der Vorlage der Verhandlungen an die Regierung zu berichten, wem der Forstschutz übertragen ist und ob das zuständige Forstamt der Aufstellung des Forstschutzorgans zugestimmt hat.

Wenn umgekehrt einem von der Forstpolizeistelle nach Art. 8, 13 bestätigten Betriebsleiter der Forstschutz übertragen werden soll, ist die Genehmigung nach Art. 11 nicht erforderlich; diese ist nur vorgeschrieben zur Übertragung der Betriebsleitung auf den Forstschutzbediensteten. Im vorgenannten Fall müßte der Betriebsleiter noch als Forstschutzbediensteter nach Art. 13 von der Forstpolizeibehörde bestätigt werden; Beeidigung Art. 121; dieser Fall wird aber selten vorkommen.

Bei kleinerem Waldbesitz kann auch die Betriebsausführung mit dem Wald- und Feldschutz verbunden werden.

Die Vereinfachung nach Art. 11 ist nicht bloß möglich bei allen Waldungen, für die nach Art. 7 Abs. IV kein Wirtschaftsplan aufgestellt zu werden braucht (selbst wenn ein Wirtschaftsplan bestehen sollte), sondern darüber hinaus bei allen kleineren Waldungen von geringerem Ertrage. Nach einem Landtagsbeschluß vom Jahre 1925 soll von der Erleichterung nach Art. 11 ein möglichst ausgedehnter Gebrauch gemacht werden.

In der Inn.ME. vom 17. 9. 1925 Nr. 3018 a 5 (StAnz. Nr. 215) werden die Forstpolizeistellen angewiesen, mit Rücksicht auf die gespannte wirtschaftliche Lage vieler Gemeinden, Stiftungen und Körperschaften möglichst entgegenzukommen (vgl. auch § 20 der MB. vom 12. 5. 1897, MABl. S. 209); als kleinere Waldungen von geringerem Ertrage seien in der Regel von vornherein alle Waldungen bis zu etwa 5 ha, bei einfachen Verhältnissen bis zu etwa 10 ha anzusehen; so auch FME. vom 28. 9. 1925 Nr. 38207.

Wirkung der Vereinigung nach Art. 11 auf die Behandlung der Aufzeichnungen, § 20 Abs. II BVB. 1897. Die Waldungen müssen nach wie vor pfleglich behandelt werden; die Forstämter werden hierüber besonders zu wachen haben (Art. 6, 14).

2. Verfahren: Zur Genehmigung ist stets die Regierung, K.d.F., zuständig (Art. 109; vgl. Anm. 2 zu Art. 14). Die Genehmigung steht in ihrem pflichtgemäßen Ermessen; zunächst hat sie zu prüfen, ob es sich um eine kleinere Waldung von geringerem Ertrag oder um eine sonstige einer regelmäßigen, auf Wirtschaftspläne gegründeten Bewirtschaftung nicht fähige Waldung handelt; ist die letztere Frage bereits im Verfahren nach Art. 7 Abs. IV von ihr selbst oder der Forstpolizeibehörde entschieden worden, so wird sie sich an diese Entscheidung halten. Gegen die Versagung der Genehmigung ist innerhalb vierzehn Tagen Beschwerde zum Staatsministerium des Innern möglich (Art. 109 Abs. II, 112 Abs. II).

Aufstellung von Personen in fremden Diensten.

Artikel 12. (12/12).

Befinden sich diejenigen, welchen die Ausführung des Betriebes oder die Handhabung des Forstschutzes übertragen werden soll, bereits in andern Dienstverhältnissen, so ist die Zustimmung der ihnen vorgesetzten Behörde erforderlich.

Wenn jemand, der in einem öffentlichrechtlichen Dienstverhältnis steht, für eine Gemeinde, Stiftung oder Körperschaft, die nicht seine Dienstherrin ist, die Betriebsleitung oder den Forstschutz übernehmen will, so ist nach Art. 12 zur Gültigkeit des Vertrages die Zustimmung der Dienststelle erforderlich; Art. 12 enthält auch einen Dienstbefehl für den Bewerber, vor der Übernahme des Dienstes um die Zustimmung nachzusuchen. Art. 12 hat nur öffentlichrechtliche Dienstverhältnisse im Auge („vorgesetzte Behörde"). § 16 Abs. IV BVB. 1897 schreibt die Notwendigkeit der Zustimmung auch privater Waldbesitzer vor: die Bestimmung des § 16 bezieht sich unmittelbar zwar nur auf die Betriebsausführung, gilt aber sinngemäß auch für den Forstschutz.

Steht der für die Betriebsausführung Gewählte im Forstdienste des Staates, so hat die Zustimmung von der Regierung, Kammer der Forsten, auszugehen (§ 16 Abs. IV BVB. 1897). Auf die Herstellung von Wirtschaftsplänen erstreckt sich Art. 12 nicht. Wird die Zustimmung verweigert, so kann die Gemeinde usw. wie der Beamte die nächsthöhere Stelle anrufen.

Für die S t a a t s b e a m t e n kommen neben Art. 12 FG. auch Art. 18 und 19 des Beamtengesetzes in Betracht; hier ist u. a. bestimmt, daß ein Beamter ein Nebenamt oder ein Nebengeschäft nur übernehmen darf, soweit dies mit der gewissenhaften Erfüllung seiner Pflichten und mit der Achtung, die sein Beruf erfordert, vereinbar ist (Art. 18), und daß jeder Beamte zur Übernahme von Nebenämtern und Nebengeschäften im öffentlichen Dienst auch ohne besondere Vergütung verpflichtet ist, wenn sie seiner Berufsbildung entsprechen (Art. 19 BG.). Nach Art. 12 FG., der als Sondervorschrift den entsprechenden Bestimmungen des Beamtengesetzes vorgeht, ist die Zustimmung der vorgesetzten Behörde auch nötig, wenn die Betriebsleitung oder der Forstschutz ohne Vergütung übernommen wird.

Bestätigung; Aufstellung durch die Staatsaufsichtsbehörden.

Artikel 13[1]. (13/13).

I Die Wahl der Förster und Sachverständigen[2] (Art. 8) unterliegt der Bestätigung der Forstpolizeistelle, jene des Schutzpersonales[3] der Bestätigung der Forstpolizeibehörde.

II Unterlassen die Gemeinden und Stiftungen das nötige Forstbetriebs- und Schutzpersonal zu wählen, so sind sie hierzu im ersten Falle durch die Forstpolizeistelle, im letzteren durch die Forstpolizeibehörde unter Vorsetzung einer zweimonatlichen Frist aufzufordern, nach deren fruchtlosem Ablaufe die Besetzung im ersteren Falle von der Forstpolizeistelle, im letzteren von der Forstpolizeibehörde vollzogen wird[4].

III Diese Folge der Fristversäumung ist in der Aufforderung ausdrücklich zu erwähnen[5].

1. **Geltungsbereich:** Abs. I schreibt für die Auswahl der Betriebsleiter für die Gemeinde-, Stiftungs- und Körperschaftswaldungen und der Forstschutzbediensteten die Notwendigkeit der Zustimmung der Forstpolizeistelle bzw. der Forstpolizeibehörde or; Abs. II und III regeln das staatsaufsichtliche Zwangsverfahren, das einzutreten hat, wenn die Gemeinden, Stiftungen oder Körperschaften die gesetzlich vorgeschriebene Betriebsleitung und den Forstschutz zu bestellen trotz Aufforderung unterlassen.

Nicht etwa der Vertrag mit dem Sachverständigen oder Forstschutzbediensteten ist genehmigungspflichtig, sondern nur die Auswahl der Person. Die Aufsichtsbehörden können auf Grund Art. 13 Einwendungen nur gegen die Person erheben, nicht gegen den Inhalt des Vertrags; es ist ihnen aber nicht verwehrt, zu versuchen, auf den Inhalt des Vertrags Einfluß zu gewinnen, z. B. in der Richtung, daß der Waldhüter so bezahlt wird, daß er sich mit Ausdauer seinem Dienst widmen kann. Vorzunehmen ist die Wahl von den zur Vertretung der Gemeinde usw. berufenen Organen (vgl. Art. 21 GemO.).

Betriebsleiter und Forstschutzbedienstete, die als Gemeindebeamte angestellt werden, sind vom ersten Bürgermeister der Dienstgemeinde auf die gewissenhafte Erfüllung ihrer Obliegenheiten auf Handschlag zu verpflichten und auf die Verfassung zu vereidigen (Art. 84 GemO.; VO. vom 3. 5. 1920, GVBl. 191; MB. 14. 7. 1920, MABl. 186). Die Forstschutzbediensteten sind vor Antritt ihres Dienstes außerdem nach Art. 121 FG. zu beeidigen.

2. **Bestätigung der Betriebsleiter:** Diese ist auch im Falle der Aufstellung eines gemeinschaftlichen Försters nach Art. 9 nötig, nicht dagegen im Falle des Art. 11. Bestätigung bedeutet Genehmigung. Sie steht im freien pflichtgemäßen Ermessen der Forstpolizeistelle (VGH. Bd. 2 S. 301) d. i. der Regierung, K.d.F. (Art. 109). Voraussetzungen für die Genehmigung: Art. 8 und 120.

Wenn diese Voraussetzungen nicht erfüllt sind, darf die Bestätigung nicht erteilt werden; andrerseits steht dem Gewählten oder der waldbesitzenden Gemeinde kein Rechtsanspruch auf die Bestätigung zu, auch wenn die genannten Voraussetzungen erfüllt sind; es liegt aber im Sinne des Gesetzes, die Bestätigung nur von der Eignung des Gewählten für seinen Dienst als Betriebsleiter abhängig zu machen.

Gegen die Versagung steht der Gemeinde, Stiftung, Körperschaft die Beschwerde zum Staatsministerium des Innern zu; Frist 14 Tage (Art. 109 Abs. II und 112 Abs. II), der Gewählte kann fristlos die Oberaufsicht des Staatsministeriums des Innern anrufen, ohne daß ihm ein eigentliches Beschwerderecht wie den Gemeinden usw. zusteht. Die Zuständigkeit des VGH. ist nicht gegeben (VGH. Bd. 1 S. 30; Bd 4 S. 147; Bd. 5 S. 29; Bd. 11 S. 201).

3. **Bestätigung des Schutzpersonals:** vgl. Art. 10f. Vom Gesetz (Art. 120) vorgeschriebene Eigenschaften: Volljährigkeit und Unbescholtenheit (guter Leumund): es wird daher regelmäßig ein Auszug aus dem Strafregister zu erholen sein. Der Gewählte muß auch die sonstigen Eigenschaften besitzen, die erwarten lassen, daß er seinen Posten ausfüllen wird, insbesondere körperliche Rüstigkeit. Er ist als Forstschutzbediensteter stets zugleich Hilfsperson zur Handhabung der Forstpolizei und Forststrafgerichtsbarkeit sowie Hilfsbeamter der Staatsanwaltschaft; unter Umständen muß er auch ein Forstrügeverzeichnis führen können (Art. 115, 119, 122; VO. vom 31. 8. 1879, GVBl. S. 1057). § 19 Abs. I VBB. 1897 weist die Beachtung dieser Gesichtspunkte ausdrücklich an. Die Bestätigung steht wie bei der Wahl der Betriebsleiter im pflichtgemäßen Ermessen der zuständigen Behörde (vgl Anm. 2). Zuständig ist die Forstpolizeibehörde d. i. die der Gemeinde usw. unmittelbar vorgesetzte Staatsaufsichtsbehörde, bei Waldungen unmittelbarer Städte also im ersten Rechtszug die Regierung, K. d. F. (vgl. Art. 14 Anm. 2).

Die Forstschutzbediensteten sind vor Antritt ihres Dienstes auch nach Art. 121 zu vereidigen; Gemeindebeamte sind außerdem vom ersten Bürgermeister nach Art. 84 GemO. zu verpflichten (s. Anm. 1).

4. **Zwangsbesetzung:**

a) **Zulässigkeit:** Nach Abs. II sind die Forstpolizeistellen und -behörden nicht nur berechtigt und verpflichtet, (jene) die nötigen Betriebsleiter und (diese) die nötigen Forstschutzbediensteten auszuwählen, sondern weitergehend auch ihre Dienststellen zu besetzen, mit ihnen z. B. in Vertretung der Gemeinden, Stiftungen oder Körperschaften also auch die nötigen Verträge abzuschließen: sie haben alles zu tun, was die Gemeinden usw. nach dem Gesetz hätten tun sollen, aber trotz Aufforderung nicht getan haben. Dabei können die genannten Staatsaufsichtsbehörden jeden der Gemeinde, Stiftung oder Körperschaft nach dem Gesetz möglichen Weg gehen z. B. einen eigenen Betriebsleiter aufstellen oder die Betriebsleitung einem benachbarten Sachverständigen oder der Staatsforstverwaltung übertragen usw. (VGH. Bd. 9 S. 91). Die Forstpolizeistelle oder -behörde wird auch die Vergütung der Betriebsleiter und Forstschutzbediensteten festzusetzen haben, wenn sich nicht die Gemeinde usw. nachträglich noch dazu versteht, das Vertragsverhältnis selbst zu regeln: nach VGH. Bd. 9 S. 91 soll sich jedoch die Befugnis der Forstpolizeistelle zum aufsichtlichen Einschreiten mangels einer ausdrücklichen Bestimmung des FG. in dieser Beziehung nicht auf die Festsetzung der Entschädigung des Betriebsleiters erstrecken; hiefür sei (nach den ergänzend anzuwendenden Bestimmungen der GemO. über Staatsaufsicht) die der Gemeinde unmittelbar vorgesetzte Staatsaufsichtsbehörde (d. i. bei allen mittelbaren Gemeinden das Bezirksamt) zuständig.

Die Verpflichtung der Gemeinden, Stiftungen und Körperschaften zur Aufstellung einer Betriebsleitung und des nötigen Forstschutzes ist im Gesetz nicht von der Leistungsfähigkeit abhängig gemacht; die Verpflichtung besteht in jedem Falle. Doch sind im Gesetz selbst Möglichkeiten eröffnet, je nach dem Grade der Leistungsfähigkeit die Kosten zu verringern. Diese Gesichtspunkte sind auch bei der Zwangsbesetzung zu beachten.

Nach dem das Forstgesetz ein eigenes Zwangsverfahren mit besonderer Zuständigkeit vorsieht, wird das allgemeine Staatsaufsichtsverfahren (für die Gemeinden nach Art. 60 GemO.) nicht zulässig sein. Das Verfahren nach Art. 13 FG. ist auch zulässig, wenn sich die Gemeinden, Stiftungen und Körperschaften weigern, geeignetes nötiges Personal aufzustellen.

b) Verfahren: Abgesehen von der Notwendigkeit der Aufforderung und der Wahrung der zweimonatlichen Frist ist für die Zwangsbesetzung kein bestimmtes Verfahren vorgeschrieben; um den Rechtsmittelweg zu klären, wird es sich jedoch für die Forstpolizeistelle und -behörde empfehlen, nach fruchtlosem Ablauf der Frist die Verpflichtung der Gemeinde, Stiftung oder Körperschaft zur Aufstellung eines geeigneten Betriebsleiters oder Forstschutzes endgültig zu beschließen und dabei anzukündigen, daß die Forstpolizeistelle (-behörde) die Stelle alsbald besetzen werde, wenn dies nicht die Gemeinde usw. selbst besorge; der Beschluß ist der Gemeinde usw. mit Beschwerdebelehrung zuzustellen.

Gegen die Aufforderung nach Abs. III steht innerhalb vierzehn Tagen die Verwaltungsbeschwerde zur höheren Staatsaufsichtsbehörde offen (Art. 109, 112). Die zweimonatliche Frist des Abs. II beginnt mit dem Tage nach der Zustellung der Aufforderung der ersten Instanz zu laufen, auch wenn Beschwerde eingelegt wurde.

Gegen den endgültigen Beschluß kann ebenso nach Art. 109 und 112 innerhalb vierzehn Tagen nach Eröffnung des Beschlusses die höhere Staatsaufsichtsbehörde angerufen werden; Gemeinden und Ortschaften können auch binnen vier Wochen nach der Eröffnung Beschwerde zum Verwaltungsgerichtshof erheben, wenn sie behaupten, der Beschluß verletze ihr gesetzliches Selbstverwaltungsrecht oder belaste sie mit einer gesetzlich nicht begründeten Leistung (Art. 60 Abs. VI GemO.); sie können auch die Verwaltungsbeschwerde und die Anfechtungsklage nebeneinander erheben. Die Anfechtungsklage nach Art. 60 Abs. VI GemO. wird zulässig sein, weil das Verfahren nach Art. 13 FG. ebenfalls staatsaufsichtlicher Natur ist (vgl. Anm. 1 zu Art. 14); daß bezüglich der Betriebsleiter immer die Regierung, K. d. F., erste Instanz ist, wird nichts ändern können; diese ist insoweit durch besondere gesetzliche Vorschrift als Staatsaufsichtsbehörde im Sinne des Art. 60 GemO. bestimmt.

Die Beschwerde zum Verwaltungsgerichtshof steht innerhalb vier Wochen auch zu den Bezirken und Kreisen (Art. 33 Abs. VI BezO. und Art. 35 Abs. VI KrO.) sowie innerhalb vierzehn Tagen den kirchlichen Stiftungen und Kirchengemeinden (Art. 10 Ziff. 3, 45 VGG.); anderen Stiftungen und Körperschaften ist die Anfechtungsklage zum VGH. nicht eröffnet.

Auch soweit der VGH. angerufen werden kann, ist seine Zuständigkeit sachlich beschränkt; die wichtigsten Fragen sind Ermessensfragen, über die er nicht befinden kann (z. B. der Umfang des Bedarfs an Schutzbediensteten — VGH. Bd. 2 S. 301 — und die Frage der Befähigung).

5. Abs. III: Der Weg, den die Forstpolizeistelle im Falle der Zwangsbesetzung einschlagen will, braucht nicht angegeben zu werden; es genügt der allgemeine Hinweis auf die gesetzliche Folge. Unterlassung der Androhung müßte im Beschwerdeweg wegen eines wesentlichen Verfahrensmangels regelmäßig zur Aufhebung des Verfahrens führen.

Stellung des Forstamts.

Artikel 14. (14/14).

I Die der Staatsregierung nach Art. 6 zustehende Oberaufsicht[1] wird zunächst von den k. Forstämtern[5] ausgeübt[4].

II Diese Behörden sind verbunden und ermächtigt, den Gemeinde- und Stiftungsverwaltungen über ihren Forstbetrieb Erinnerungen[6] zu machen, und, wenn sie nicht befolgt werden, der vorgesetzten Forstpolizeibehörde oder Stelle[2] darüber Anzeige zu erstatten, — in dringenden Fällen provisorische Verfügungen[7] selbst zu treffen.

Geschäftsanweisung für die Regierungsforstkammern vom 2. Mai 1885 (FMBl. S. 281).

§ 37.

I Die Oberaufsicht über die Bewirtschaftung der Gemeinde-, Stiftungs- und Körperschaftswaldungen, soweit dieselbe der Regierung, Kammer des Innern, zusteht, wird zunächst durch die Bezirksinspektionsbeamten der Regierungsforstabteilung[1]), als des technischen Organes der Kammer des Innern, ausgeübt.

1) Jetzt Regierungsforstkammer.

II Die Visitationen der nicht ärarialischen Waldungen werden von den Bezirksinspektionsbeamten bei ihren ordnungsmäßigen Visitationsreisen (§ 16 gegenw. GeschAnw.) besorgt.

III Findet die Kammer des Innern außerordentliche Inspektionen (§ 17) veranlaßt, so hat sie hiewegen Requisition an die Regierungsforstabteilung[1]) zu stellen.

IV Über die Visitationen der Gemeinde-, Stiftungs- und Körperschaftswaldungen, sowie der Privatwaldungen haben die Bezirksinspektoren veranlaßten Falles besondere Protokolle aufzunehmen, welche die Regierungsforstabteilung[1]) von kurzer Hand, mit etwaigen erläuternden oder gutachtlichen Bemerkungen versehen, an die Kammer des Innern zur weiteren zuständigen Behandlung zu übergeben hat.

1. **Zuständigkeit bei Ausübung der Staatsaufsicht:** Art. 14 regelt die Zuständigkeit der Staatsbehörden bei der Ausübung der nach Art. 6 bestehenden staatlichen Oberaufsicht über die Bewirtschaftung der Gemeinde-, Stiftungs- und Körperschaftswaldungen; insbesondere wird die Stellung der Forstämter umschrieben. Inhalt der Oberaufsicht Anm. 3 zu Art. 6.

Die Oberaufsichtsbehörden im Rechtssinn sind die Forstpolizeibehörden und -stellen; zur technischen Mitwirkung sind die Forstbehörden berufen; das tatsächliche Schwergewicht der Aufsicht liegt damit, wie es auch Art. 14 vorsieht, bei den Forstämtern. Diese sind für die Regel nicht ermächtigt, den Gemeinden, Stiftungen und Körperschaften Aufträge zu erteilen, die diese zu befolgen gesetzlich verpflichtet wären, oder ihre Befolgung gar zu erzwingen. Diese Befugnisse stehen nur den Forstpolizeibehörden und -stellen zu. Die Forstämter sind für die Regel nur ermächtigt, bei den Verwaltungen der Gemeinden, Stiftungen und Körperschaften (nicht unmittelbar dem Personal Abg. 1851, 2. StenB. S. 409) Erinnerungen zu erheben mit der Aufforderung, ihnen abzuhelfen. Wird die Aufforderung nicht befolgt, so hat das Forstamt je nach Zuständigkeit die Forstpolizeibehörde oder -stelle zu ersuchen, der Gemeinde, Stiftung oder Körperschaft den nötigen Auftrag zu erteilen; durch diese Behörde kann der Vollzug dann auch erzwungen werden. Die Forstämter sind nur in dringenden Fällen, d. h. dann, wenn unmittelbares Eingreifen zur Verhütung eines erheblichen Schadens für den Wald erforderlich ist (Beispiele in § 2 Abs. IV BVB. 1897), befugt, an Stelle der sonst berufenen Forstpolizeistellen und -behörden die Gemeinde-, Stiftungs- und Körperschaftsverwaltungen selbst zu beauftragen oder ihnen etwas zu verbieten. Die Forstpolizeistellen und -behörden und die Forstämter haben nach dem Gesetz mit den Verwaltungen der Gemeinden, Stiftungen und Körperschaften oder deren Vertretern zu verkehren, nicht unmittelbar mit dem Personal; nur in den dringenden Fällen des Art. 14 Abs. II dürfen die Forstamtsvorstände, ihre Vertreter und Bevollmächtigten sich mit ihren Aufträgen und Verboten auch unmittelbar an das Personal wenden mit der Folge, daß dieses zu gehorchen gesetzlich verpflichtet ist. Dies ist aus dem Zwecke der Vorschrift, den Wald vor vielleicht nicht mehr zu beseitigenden Schäden zu schützen, zu folgern. Die Verwaltungen, z. B. von Stiftungen, sind oft sehr weit entfernt. Die Verwaltung ist von der Maßnahme alsbald zu verständigen; § 2 Abs. IV BVB. 1897. Die Gemeinde, Stiftung oder Körperschaft kann sich gegen die vorsorgliche Maßregel, die forstpolizeilicher Natur ist, an die zuständige Forstpolizeibehörde oder -stelle um Abhilfe wenden. Das Forstamt wird von der vorsorglichen Maßnahme auch sofort die Forstpolizeibehörde (-stelle) zu unterrichten haben, damit diese das weitere veranlassen kann. Sich mit dem gemeindlichen usw. Personal zu besprechen, ist den Beamten des Forstamts auch sonst nicht verwehrt.

Auf dem Gebiete des Waldschutzes der Gemeinden können die Staatsaufsichtsbehörden bei Gefahr im Verzuge die erforderlichen Maßnahmen selbst treffen und Anordnungen unmittelbar an die Polizeibeamten der Gemeinde richten, die diese befolgen müssen; die Staatsaufsichtsbehörden haben den ersten Bürgermeister der Gemeinde von diesen Maßnahmen und Anordnungen unverzüglich zu verständigen (Art. 51 Abs. III GemO.); vgl. auch Art. 52 GemO.

Die dem Forstamt im Gesetze eingeräumten Befugnisse stehen dem Vorstand des Forstamts, seinen Vertretern und den von ihnen ermächtigten andern Beamten des Forstamts zu.

2. **Begriff der Forstpolizeibehörden und -stellen im Sinne des Art. 6—18; örtliche Zuständigkeit:** Die besonderen Bestimmungen der Art. 6—18, die für die Gemeinden, Stiftungen und Körperschaften mehr Vorschriften enthalten als sie das Forstgesetz für die Privaten aufstellt, beruhen auf der allgemeinen Aufsichtsgewalt, die dem Staate gegenüber jenen eingeräumt ist. Dies ergibt sich deutlich aus der Entstehungsgeschichte. Im Entwurf 1846 war der Gedanke im Gesetze selbst ausgesprochen: Art. 31 lautete: „In bezug auf die Waldungen der Gemeinden, Stiftungen und Körperschaften steht der Regierung ... nicht allein die höhere Forstpolizei, sondern auch kraft der Staatskuratel die obere Leitung und Beaufsichtigung des Forstbetriebes selbst (der Forstbewirtschaftung) zu". Die besonderen Vorschriften der Art. 6ff. sind eine Äußerung der allgemeinen Staatsaufsicht; zum Vollzuge

der Vorschriften sind daher auch die allgemeinen Staatsaufsichtsbehörden zuständig; diese sind im Gesetz, da es sich um die im öffentlichen Interesse geführte Aufsicht über das gemeindliche usw. Forstwesen handelt, Forstpolizeibehörden und -stellen genannt. Diese Bezeichnung ist nicht ganz glücklich, da der Begriff Forstpolizeibehörde und -stelle im Sinne der Art. 6—18 sich mit dem sonst im Forstgesetz gebrauchten nicht in jedem Falle deckt. Forstpolizeibehörde im Sinne der übrigen Bestimmungen des Forstgesetzes ist — soweit es sich nicht um unmittelbare Städte handelt — stets das Bezirksamt, in dessen Sprengel der einschlägige Wald gelegen ist; Forstpolizeistelle die diesem Bezirksamt vorgesetzte Kreisregierung, K. d. J.

Forstpolizeibehörde im Sinne der Art. 6—18 dagegen ist stets die der Gemeinde, Stiftung oder Körperschaft unmittelbar vorgesetzte Aufsichtsbehörde; ist dies die Regierung, K. d. J., so ist bereits im ersten Rechtszug die Zuständigkeit der „Forstpolizeistelle" gegeben. Auf die Lage des Waldes kommt es hier nicht an; die Waldung kann auch außerhalb Bayerns oder Deutschlands gelegen sein (vgl. Anm. 2b zu Art. 6); die allgemeine Aufsichtsbehörde (Forstpolizeibehörde und -stelle im Sinne der Art. 6—18) ist für alle Waldungen der Gemeinde, Stiftung oder Körperschaft zuständig, gleichgültig wo sie liegen; vgl. VGH. Bd. 12 S. 490 und Anm. 2b zu Art. 6.

Daß unter den Forstpolizeibehörden und -stellen der Art. 6—18 die Aufsichtsbehörden zu verstehen sind, hat auch im Gesetz selbst einigermaßen Ausdruck gefunden, indem in der Zuständigkeitsbestimmung des Art. 14 Abs. II von der „vorgesetzten" Forstpolizeibehörde oder -stelle die Rede ist; unzweifelhaft ergibt es sich aus der Entstehungsgeschichte. Art. 14 Abs. II wurde von der Abgeordnetenkammer auf Antrag des Abgeordneten Förg in das Gesetz aufgenommen; dieser erläuterte die Bestimmung dahin, daß die der Gemeinde usw. vorgesetzten Aufsichtsbehörden gemeint seien; mit dieser Regelung sei die von einem Vorredner beschriebene Möglichkeit einer doppelten Zuständigkeit der Forstpolizei- und Kuratelbehörden beseitigt (Abg. 1851/52, 2. StenB. S. 409 und 401). Von der Zuständigkeit der Staatsaufsichtsbehörden in den Art. 6—18 gehen auch die Besonderen Vollzugsvorschriften vom 12. 5. 1897 aus (vgl. z. B. deren §§ 15 und 22 Abs. VI); mit ihnen wurde die ME. vom 22. 8. 1867 (Weber Bd. 7 S. 85), die unter den Forstpolizeibehörden und -stellen der Art. 6—18 das gleiche wie in den andern Teilen des Forstgesetzes verstanden wissen wollte, stillschweigend aufgegeben.

Die örtliche Zuständigkeit des Forstamtes und der höheren Forstbehörden bemißt sich stets, auch in den Fällen der Art. 6—18, nach der Lage des Waldes. Liegt ein Wald außerhalb Bayerns, so wird das nächstgelegene bayerische Forstamt die Oberaufsicht nach Art. 6ff. auszuüben haben, sofern nicht nach dem örtlichen Recht eine einheimische Forstbehörde zuständig ist; vgl. VGH. Bd. 12 S. 490. Soweit nicht das Gesetz etwas besonderes vorschreibt, ist technisches Organ der Ministerien die Ministerialforstabteilung beim Staatsministerium der Finanzen, das der Regierung, K. d. J., die Regierungsforstkammer und jenes der Bezirksverwaltungsbehörde das Forstamt (Näheres Anm. 5a).

3. Beispiele: Die wichtigsten unmittelbar vorgesetzten Staatsaufsichtsbehörden sind:

a) Gemeinden:
- bei den unmittelbaren Städten die Regierungen, K. d. J.,
- bei allen übrigen Gemeinden die Bezirksämter,
- bei den Ortschaften die Aufsichtsbehörde der Gemeinde, zu der die Ortschaft gehört;

b) Stiftungen:
- bei den gemeindlich verwalteten Stiftungen die der Gemeinde vorgesetzte Staatsaufsichtsbehörde,
- bei den anderen Stiftungen: wenn sich die Zweckbestimmung nicht über einen Bezirk hinaus erstreckt, regelmäßig das Bezirksamt,
  - bei weiterem Zweckbereich regelmäßig die Regierung, K. d. J.,
- bei Kirchenstiftungen und sonstigen örtlichen Kultusstiftungen:
  - in unmittelbaren Städten die Regierung, K. d. J.,
  - in anderen Gemeinden das Bezirksamt,
- bei Pfründestiftungen: stets die Regierung, K. d. J.;

c) Körperschaften:
- bei Kirchengemeinden:
  - in unmittelbaren Städten die Regierung, K. d. J.,
  - in anderen Gemeinden das Bezirksamt,
- bei den Landesfürsorgeverbänden: die Regierung, K. d. J.,
- bei den Kreisen: das Staatsministerium des Innern.

4. Staatsaufsichtliches Verfahren: Für das staatsaufsichtliche Verfahren beim Vollzuge der Art. 6—18 gelten zunächst die Vorschriften des Forstgesetzes (Art. 6ff., 109ff.), ergänzend die für die Staatsaufsicht über die Gemeinde, Stiftung oder Körperschaft bestehenden allgemeinen Vorschriften (z. B. Art. 59ff. GemO.). In oberster Instanz ist beim Vollzuge der Art. 6—18 jenes Staatsministerium zuständig, dem in letzter Instanz die Staatsaufsicht über die waldbesitzende Gemeinde, Stiftung oder Körperschaft zukommt, bei den Kultusstiftungen also das Staatsministerium für Unterricht und Kultus (vgl. Art. 111); stets wird auch das Staatsministerium des Innern als Forstpolizeiministerium (Art. 109) zu beteiligen sein, da auch die Staatsaufsicht der Art. 6ff. Forstpolizei im weiteren Sinn ist. Soweit es sich nicht um den Vollzug der Art. 6—18 handelt, ist in oberster forstpolizeilicher Instanz stets das Staatsministerium des Innern zuständig, auch wenn z. B. der Wald einer Kultusstiftung in Frage steht; in diesem Falle wird aber das Kultusministerium zu hören sein.

Die Staatsaufsichtsbehörden sind nach Art. 114 verbunden, vor allen Verfügungen zum Vollzuge des Forstgesetzes die Forstbehörden zu hören; bei den Verfügungen forstlichen Inhalts zum Vollzuge anderer Gesetze z. B. der Gemeindeordnung ist diese Anhörung nicht gesetzlich vorgeschrieben, aber sachlich zweckmäßig.

5. Stellung der staatlichen Forstbehörden bei Ausübung der Staatsaufsicht:

a) Aufbau: Die staatlichen Forstbehörden sind bei der Ausübung der Staatsaufsicht über die Bewirtschaftung der Gemeinde-, Stiftungs- und Körperschaftswaldungen das technische Organ der Staatsaufsichtsbehörden (s. Anm. 1). Die Ministerialforstabteilung ist technisches Organ des zuständigen Ministeriums (§ 4 der VO. vom 15. 12. 1908, GVBl. S. 1087), die Regierungsforstkammer jenes der Regierung, K. d. J. (§ 8 a. a. O. und §§ 36ff. der GeschAnw. f. d. Regierungsforstkammern vom 2. 5. 1885, FMBl. S. 281, Weber Bd. 17 S. 135); die Forstämter führen die unmittelbare Oberaufsicht über die Bewirtschaftung der Gemeinde-, Stiftungs- und Körperschaftswaldungen in technischer Beziehung; sie sind das technische Organ der Bezirksämter (§ 12 der VO. vom 15. 12. 1908, GVBl. S. 1087 und §§ 74—76 der GeschAnw. f. d. Forstämter vom 13. 10. 1925, FMBl. S. 79).

b) Tätigkeit: Die Tätigkeit der Forstämter bei der Beaufsichtigung der Bewirtschaftung der Gemeinde-, Stiftungs- und Körperschaftswaldungen ist näher umschrieben in § 2 Abs. II—IV der BVB. 1897 S. 72f. und in §§ 74—76 der GeschAnw. vom 13. 10. 1925. Beim Forstamte muß eine Übersichtskarte über sämtliche Gemeinde-, Stiftungs- und Körperschaftswaldungen des Forstamtsbezirks sowie ein Verzeichnis der waldbesitzenden Gemeinden, Stiftungen und Körperschaften vorhanden sein und auf dem laufenden erhalten werden (§ 74 Abs. IV der GeschAnw.).

S. auch die GeschAnw. f. d. Forstamtsaußenstelle vom 22. 7. 1927 (FMBl. S. 29) §§ 1ff., die GeschAnw. f. d. Forstamtmann am Amtssitz vom 10. 8. 1921 (FMBl. S. 179) § 7; die Dienstanw. für Forstverwalter vom 13. 10. 1925 (FMBl. S. 139) § 36, die Dienstanw. für Amtsförster vom 13. 10. 1925 (FMBl. S. 169) § 36, die Dienstanw. für Forstaufseher vom 13. 10. 1925 (FMBl. S. 195) § 36.

Die Aufsicht über die Forstämter bei ihrer Tätigkeit nach Art. 6ff. ist geregelt in § 2 Abs. V der BVB. 1897 und in der Anweisung für den Inspektionsdienst der Regierungsforstkammern vom 26. 3. 1923 (FMBl. S. 7); s. auch § 37 der MB. vom 2. 5. 1885 (Weber Bd. 17 S. 135, FMBl. S. 281, oben S. 99).

Über die Notwendigkeit der Einvernahme des Forstamts bei Verfügungen der Staatsaufsichtsbehörden bezüglich der Gemeindewaldungen spricht sich die ME. vom 2. 8. 1871 Nr. 8279 (Weber Bd. 9 S. 107) aus: Notwendig ist die Einvernahme bei Rodungen (Art. 36 FG.); bei Verteilungen und bei Veräußerungen ist die Einvernahme wohl stets aus sachlichen Gründen veranlaßt, rechtlich aber nicht unbedingt geboten; insbesondere ist nicht aus Art. 14 FG. abzuleiten, daß das Forstamt in allen Fällen dieser Art einvernommen werden müßte. Die den Gemeinden vorgesetzten Verwaltungsbehörden sind nach Art. 6—14 gehalten, dem Forstamt nicht bloß über die Genehmigung von Rodungen und Verteilungen, sondern auch über die Genehmigung von Veräußerungen von Gemeindewaldungen jeweils Nachricht zu geben. Der entsprechende Vollzug der angeführten Gesetzesartikel erheischt ferner, daß die Bezirksverwaltungsbehörden Sorge tragen, daß die Forstämter von den Veräußerungen von Gemeindewaldungen auch in jenen Fällen Kenntnis erhalten, in denen diese ohne Genehmigung stattfinden.

6. Erinnerungen: d. s. Beanstandungen, Hinweise auf die gesetzlichen Bestimmungen u. ä. verbunden mit den nötigen Aufforderungen (vgl. BVB. 1897 § 2 Abs. III).

7. **Vorsorgliche Verfügungen**: Diese dürfen nicht tiefer in die Rechtssphäre der Gemeinde usw. eingreifen, als die Forstpolizeibehörde (-stelle) mit der endgültigen Anordnung einzugreifen befugt wäre; eine Maßregel, die die Forstpolizeibehörde (-stelle) nicht endgültig anordnen könnte, darf auch nicht vorsorglich angeordnet werden (vgl. Bl. Bd. 9 S. 355). Vorsorgliche Verfügungen können im Falle der Dringlichkeit grundsätzlich auch von der Forstpolizeistelle und -behörde erlassen werden.

8. **Gemeinde-, Stiftungs- und Körperschaftswaldungen und übriges Forstgesetz**: Die Gemeinde-, Stiftungs- und Körperschaftswaldungen unterstehen den übrigen Teilen des Forstgesetzes (außerhalb der ersten Abteilung) wie die Privatwaldungen; unter Forstpolizeibehörden und -stellen sind dabei nicht wie beim Vollzuge der Art. 6—17 die allgemeinen Staatsaufsichtsbehörden, sondern wie bei den Privatwaldungen die in Art. 109 aufgeführten Verwaltungsbehörden zu verstehen; deren örtliche Zuständigkeit richtet sich stets nach der Lage des Waldes. Wenn die Forstpolizeistellen und -behörden von den Staatsaufsichtsbehörden der Gemeinden, Stiftungen und Körperschaften verschieden sind, werden diese regelmäßig vor den forstpolizeilichen Entscheidungen zu hören, mindestens aber nachträglich zu verständigen sein (vgl. Bl. Bd. 13 S. 409).

Kosten.

Artikel 15. ($^{15}/_{15}$).

Die Kosten der Ausführung des Betriebes[1] und der Handhabung des Forstschutzes[2] werden von den Gemeinden und Stiftungen getragen. Die durch die Ausübung der der Staatsregierung zustehenden Oberaufsicht[3] erwachsenden Kosten sind aus Staatsmitteln zu bestreiten.

Art. 15 regelt die Kostenfrage bezüglich der Betriebsausführung, des Waldschutzes und der Staatsaufsicht; die Kosten der beiden ersteren treffen die waldbesitzende Gemeinde, Stiftung oder Körperschaft, die Kosten der letzteren den Staat. Wenn am Gemeindewald Gemeindenutzungsrechte bestehen, kann die Gemeinde nach Maßgabe des Art. 37 GemO. von den Nutzungsberechtigten Ersatz verlangen; das gleiche gilt von den Ortschaften (Art. 62 GemO.).

1. **Betriebsausführung**: s. Art. 8, 9, 11. Dazu gehören die Vergütung für die Betriebsleitung wie die eigentlichen Betriebskosten (Hauerlöhne usw.). Wenn die Staatsforstverwaltung gem. Art. 9 die Betriebsleitung übernommen hat, werden auch die Kosten des nötigen Papiers und des Portos für Sendungen an die Gemeinden usw. — letzteres in Form eines für längere Zeit vereinbarten Pauschbetrags — auf die Staatskasse übernommen (FME. vom 23. 10. 1886 Nr. 14572 und 23. 1. 1890 Nr. 385). Die Postsendungen der Gemeinden usw. an die Forstämter fallen nicht unter diesen Pauschbetrag (InnME. vom 29. 10. 1892 Nr. 16118, FMBl. S. 260).

2. **Forstschutz**: Art. 10, 11. Mit dem aus der gemeindlichen Jagdverpachtung anfallenden Pachtschilling darf (im Hinblick auf Art. 8 Jagdges.) ohne Zustimmung der sämtlichen anteilsberechtigten Grundbesitzer die Besoldung eines gemeindlichen, auch mit dem Jagdschutz betrauten Flur- und Waldaufsehers nicht bestritten werden (VGH. Bd. 28 S. 121). In Art. 15 ist nur der Forstschutz in den eigenen Waldungen der Gemeinden, Ortschaften usw. gemeint; die Deckung der Kosten des Forstschutzes in den sämtlichen Wäldern der Gemeindemarkung ist geregelt in Art. 51 Abs. VI und VII GemO. (s. Anm. 3d zu Art. 10).

3. **Oberaufsicht**: Art. 6, 14. Hiezu gehören u. a. die Prüfung (anders die Herstellung Art. 7) der Wirtschaftspläne ohne Ausnahme und die Überwachung ihres Vollzugs (Prüfung der Waldstandsrevisionsoperate), daher auch die Einsichtnahme zur Prüfung der Anträge auf Genehmigung außerordentlicher Holzhiebe oder der Verteilung von Gemeindewaldungen; dagegen ist bei Rodungsgesuchen für Gemeinde- und Stiftungswaldungen, bei An- und Verkäufen solcher sowie bei Streitigkeiten über Nebennutzungen und Forstrechte in solchen, sofern die Forstämter beigezogen werden, die Aufrechnung von Reisekosten und Tagegeldern gestattet (ME. vom 12. 2. 1855 und 26. 2. 1865, FMBl. 1866 S. 232 und 96; Weber Bd. 4 S. 677 und 6 S. 417).

Aus Anlaß der Handhabung der Staatsaufsicht im Vollzuge der Art. 6—14, 18 dürfen den Gemeinden, Stiftungen und Körperschaften keinerlei Kosten (Gebühren, Auslagen) auferlegt werden, gleichgültig, ob sie bei den Forstämtern oder den Verwaltungsbehörden erwachsen; sie treffen sämtliche die Staatskasse; dies wird aber nur im ersten Rechtszug gelten; die etwaigen Parteivertretungskosten werden den Gemeinden, Stiftungen und Körperschaften stets selbst zur Last fallen; vgl. Dyroff S. 589. Entscheidungen u. ä. im Vollzuge der Art. 6—18 sind im ersten Rechtszug immer gebührenfrei (Art. 3 Ziff. 1, 2, Art. 163 Abs. II Kostenges.).

4. Die Kosten für die Aufforstung in einem Stiftungswald, dessen Nutznießung einem Pfründebesitzer zusteht, sind von diesem zu tragen. Streitigkeiten hiewegen sind Verwaltungsrechtssachen (VGH. Bd. 2 S. 119) und zwar fällt der Streit unter Art. 10 Ziff. 13, nicht 15 VGG.; vgl. auch § 1041 BGB.

Ausnahmen für Unterfranken. **Artikel 16.** (16/16).

In denjenigen Gebietsteilen[2] des Regierungsbezirkes von Unterfranken und Aschaffenburg, in welchen nach den daselbst zur Zeit[1] bestehenden Gesetzen und Verordnungen die Bestellung der Gemeinde-Oberförster durch landesherrliche Ernennung und die teilweise Besoldung derselben aus der Staatskassa gegen gewisse Leistungen von Seite der Gemeinden und Stiftungen erfolgt, verbleibt es bei dieser Einrichtung.

Art. 16 enthält eine Ausnahme von den Vorschriften der Art. 8ff. über die Betriebsleitung in den Gemeinde-, Stiftungs- und Körperschaftswaldungen im größten Teile Unterfrankens. Die übrigen Bestimmungen der Art. 6ff. z. B. über Waldschutz gelten auch für diese Wälder.

1. Zur Zeit: d. h. mit Inkrafttreten des FG. (1. 1. 1853).

2. Gebietsteile: Ehemals Würzburgischer, Aschaffenburgischer und Fuldaischer Hoheit. (Ausnahmen bestehen im wesentlichen nur für die Städte Heidingsfeld — nun nach Würzburg eingemeindet —, Schweinfurt, das Juliusspital und die Universität in Würzburg; deren Wälder werden von den seitens der waldbesitzenden Städte usw. gewählten, mit den Nachweisen der Befähigung versehenen Oberförstern bewirtschaftet). Hier wird durch Art. 16 — wie in der Pfalz — der Staatsforstverwaltung die Mitbeförsterung der Gemeinde- usw. -Waldungen gesetzlich zugewiesen; der Staat läßt die technische Leitung und Bewirtschaftung dieser Waldungen durch das von ihm aufgestellte Personal in derselben Weise und in demselben Umfang wie für die Staatswaldungen besorgen (Begr.; System der eigentlichen Beförsterung).

Als Entgelt hiefür wurden von jeher alljährlich bestimmte Beiträge geleistet, teils in Geld (Besoldungsbeitrag, Revierförstergebühren usw.), teils in Natur (Besoldungsholz, Dienstland, Dienstwohnung).

Die Höhe war vorgeschrieben, für Unterfranken durch VO. vom 22. 3. 1845. Nunmehr einheitliche Richtlinien nach FME. vom 16. 3. 1922 Nr. 14732[I] und FME. vom 12. 2. 1924 Nr. 5/25 und Landtagsbeschluß vom Jahre 1925 mit der Maßgabe, daß für Unterfranken nur die Hälfte der hienach treffenden Gesamtgebühren in Anrechnung kommt.

Die Leistungen und Besoldungsbeiträge an den Staat sind in der Forstrechnung zu vereinnahmen; die betriebsführenden Forstbeamten haben in solchen Fällen von den Gemeinden und Stiftungen keine weiteren Gebühren zu beanspruchen (§ 17 der VO. vom 15. 12. 1908, GVBl. S. 1087).

3. Die Ausnahmevorschrift des Art. 16 ist deshalb erlassen, weil in Unterfranken und Aschaffenburg die Gemeinde-, Stiftungs- und Körperschaftswaldungen fast die Hälfte der ganzen Waldfläche im Regierungsbezirk ausmachen, während sie in den übrigen rechtsrheinischen Kreisen nicht einmal acht vom Hundert umfassen. Die richtige Bewirtschaftung dieser Wälder hat nicht bloß für die Gemeinden usw. Bedeutung, sondern eine allgemeine, weil der Ertrag aus diesen Wäldern für den allgemeinen Bedarf gar nicht entbehrt werden kann (Begr.). Eine Änderung ist nur möglich im Wege der Gesetzgebung.

Verweisung auf andere Gesetze. **Artikel 17**[1]. (17/17).

Die Verfügung über die Erträgnisse[2] der Gemeinde- und Stiftungswaldungen, sowie über die Verteilung der Gemeindewaldungen richtet sich nach den einschlägigen besonderen Gesetzen.

1. **Geltungsbereich:** Art. 17 verweist bezüglich der Behandlung der Erträgnisse der G.-, St.- u. K.-Waldungen sowie der Verteilung der Gde.-Waldungen auf die Bestimmungen außerhalb des Forstgesetzes.

Die Art. 6—18 haben es ausschließlich mit der Bewirtschaftung der Waldungen zu tun (Art. 6 FG.; vgl. die Überschrift der ersten Abteilung und Art. 31 GemO.). Im Forstgesetz gelten für die Gemeinde-, Stiftungs- und Körperschaftswaldungen außerdem die forstpolizeilichen Bestimmungen und die Bestimmungen über Forstpolizeiübertretungen und Forstfrevel samt den einschlägigen Verfahrensvorschriften, soweit bürgerlichrechtliche Berechtigungen bestehen, auch die Vorschriften über Forstberechtigungen; in allen anderen Beziehungen aber sind die vorhandenen besonderen Bestimmungen außerhalb des FG. maßgebend; Art. 17 stellt dies ausdrücklich bezüglich einiger besonders wichtiger Verhältnisse fest. Aufteilung von Privatwaldungen, Art. 20.

2. Verwendung der Erträgnisse: vgl. § 31 BVB. 1897. Die Verwertung, Verteilung oder sonstige Verwendung der gewonnenen Erzeugnisse gehört nicht mehr zur Betriebsleitung, sie obliegen vielmehr der Gemeindeverwaltung usw. (vgl. Abschn. IVB der BVB. 1897, insbes. § 30 Abs. IX).

Bei Pfarrpfründewaldungen werden mit Rücksicht auf das Seelsorgereinkommensergänzungsgesetz die Einnahmen aus dem Walde nach Maßgabe der Bestimmungen der ME. vom 23. 8. 1922 (GVBl. S. 473) und der KME. vom 31. 12. 1923 (StAnz. Nr. 5/24) veranschlagt.

3. Zuständigkeit in besonderen Fällen: s. Forstl. Mitt. Bd. XII S. 231 ff. (die Behandlung der Streitigkeiten über die Ausübung des Weiderechtes auf Gemeinde-Ödungen, die aufgeforstet werden; die Abgabe von Bauholz an Gemeindeglieder; Ansprüche einzelner Gemeindeglieder auf den Mitgenuß an dem Gemeindewald; Abgabe von Bürgerholz aus dem Gemeindewald; Entschädigungsanspruch eines Gemeindemitgliedes bei Steinbauten wegen Minderbezugs von Bauholz aus Gemeindewaldungen). S. auch KKGH. in GVBl. 1905 Beil. I (Ersatzanspruch für nicht gelieferte Rechtsbezüge).

4. Im übrigen s. die Abrisse Gemeindewaldungen und Stiftungswaldungen S. 51 ff. und S. 69 ff.

Körperschaftswaldungen. **Artikel 18.** ($^{18}/_{18}$).

Die Bestimmungen der Art. 6 bis 17 finden auch auf die sogenannten Körperschaftswaldungen[1] Anwendung[2], insofern diese nicht Privatwaldungen[3] sind.

Art. 18 unterstellt die Bewirtschaftung der Körperschaftswaldungen der gleichen staatlichen Aufsicht, der die Gemeinde- und Stiftungswaldungen unterstehen.

1. Der Begriff Körperschaftswaldung:

a) Begriffsbestimmung: Unter Körperschaften im Sinne des Art. 18 sind an sich alle juristischen Personen zu verstehen, gleichviel, ob sie dem privaten oder dem öffentlichen Recht angehören. Von den Körperschaften, deren Waldungen nach Art. 6—17 zu behandeln sind, werden aber die juristischen Personen des privaten Rechts kraft der Vorschrift in Art. 18 „insoferne diese nicht Privatwaldungen sind", ausdrücklich ausgenommen; denn zu den Privatwaldungen müssen auch die Waldungen der juristischen Personen des bürgerlichen Rechts gerechnet werden. Es bleiben also nur mehr übrig die juristischen Personen des öffentlichen Rechts; von diesen fallen wieder weg Staat, Gemeinden und Ortschaften im Sinne der Gemeindeordnung und die Stiftungen des öffentlichen Rechts, da deren Verhältnisse in den Art. 2—5 und 6—17 besonders geregelt sind.

Unter den Körperschaftswaldungen, die zu behandeln sind wie die Gemeinde- und Stiftungswaldungen, sind also die Waldungen aller (und nur dieser!) juristischen Personen (Körperschaften) des öffentlichen Rechts mit Ausnahme des Staates, der Gemeinden, Ortschaften und Stiftungen zu verstehen. Die Körperschaften müssen Waldbesitzer sein (Anm. 2 zu Art. 6). Körperschaften des öffentlichen Rechts sind jene Körperschaften, die nicht bloß öffentlichen Zwecken dienen, sondern auch in das Staatsgefüge eingegliedert sind (vgl. ObLGZ. Bd. 24 S. 50, Bd. 15 S. 673 ff. und Bd. 25 S. 72).

Zu den Körperschaftswaldungen des Art. 18 zählen weiter nicht die im rechtsrheinischen Bayern gelegenen Waldungen im Besitze des Deutschen Reiches, eines andern deutschen Landes oder eines fremden Staates, ferner nicht die Waldungen im Besitze einer solchen Körperschaft des öffentlichen Rechts, die nur der Aufsicht des Deutschen Reiches, eines andern deutschen Landes oder eines fremden Staates untersteht. Dies ergibt sich aus folgender Erwägung: die besonderen Bestimmungen der Art. 6—18 für die Gemeinde-, Stiftungs- und Körperschaftswaldungen gründen sich, wie ihre Entstehung und ihr Inhalt zeigen, auf die allgemeine Aufsichtsgewalt (Kuratel), die dem Staat gegenüber diesen Waldbesitzern zusteht; vgl. Anm. 2 zu Art. 14. Nach dem Sinne des Gesetzes sind zu den Gemeinden, Stiftungen und Körperschaften im Vollzuge des Forstgesetzes nur jene zu rechnen, die der allgemeinen Aufsicht des bayerischen Staates unterstehen. Dieser Aufsicht sind entrückt z. B. das

Deutsche Reich, die andern deutschen Länder, fremde Staaten, ferner Körperschaften, die nur der Aufsicht dieser Staaten unterstehen, z. B. ausländische Gemeinden, die in Bayern Waldbesitz haben, Reichsanstalten z. B. die Reichsbahn. Auf deren im rechtsrheinischen Bayern gelegene Waldungen können nicht die besonderen Bestimmungen der Art. 6—18 angewendet werden; da sie auch nicht Staatswaldungen im Sinne des Forstgesetzes und nicht Privatwaldungen sind, können die besonderen Bestimmungen der Art. 2—22 über die Bewirtschaftung der Wälder überhaupt nicht Anwendung finden; wohl aber sind die für alle Wälder geltenden Bestimmungen des Art. 1 und der 2. bis 6. Abteilung anwendbar; diese Vorschriften gelten für alle der bayerischen Gesetzeshoheit unterworfenen Waldungen ohne Rücksicht auf den Besitzer, also auch für jene Waldungen, die der bayerischen Kuratelgewalt entzogen sind. Das gleiche gilt von den Wäldern der Klöster (vgl. S. 74 vor b).

Zum umgekehrten Fall, daß bayerische Körperschaften, Gemeinden und Stiftungen außerhalb Bayerns Wälder besitzen, s. Anm. 2b zu Art. 6.

b) Geschichte: Der vorstehenden Begriffsbestimmung gingen viele Unklarheiten bei den Gesetzgebungsverhandlungen, in späteren Landtagserörterungen wie im Schrifttum voraus. In der Gesetzesbegründung (Abg. 1851/52, 1. Beil. Bd. S. 621) heißt es zu dem Artikel, der unverändert angenommen wurde: „Art. 13 (jetzt 18) erstreckt die Anwendung der Vorschriften über Gemeinde- und Stiftungswaldungen auch auf die Waldungen der Körperschaften, wenn diese Waldungen nicht den Privatwaldungen gleich zu achten sind, d. h. wenn sie nicht im Mit- und Gesamteigentum stehen, sondern der Körperschaft als juristischer Person angehören oder als Gemeindeeigentum zu betrachten sind."

Bei den Landtagsverhandlungen des Jahres 1859 umschrieb die Staatsregierung auf mehrfache Klagen über eine zu weite Ausdehnung des Begriffs ihren Standpunkt dahin: „unter die Körperschaftswaldungen seien solche Waldungen zu rechnen, die im Besitz oder Eigentum einer — mit ausdrücklicher oder stillschweigender Anerkennung des Staates zu dauernden gemeinnützigen Zwecken bestehenden — juristischen Persönlichkeit stünden. Besitze diese juristische Persönlichkeit nebenbei die gesetzlichen Erfordernisse einer Gemeinde, so sei der Wald Gemeindeeigentum; andernfalls sei er Eigentum einer besonderen Korporation, er sei dann ein Körperschaftswald". Der Kronanwalt hatte sich am 19. 9. 1858 in einem Gutachten dahin ausgesprochen, daß als Körperschaftswaldungen im Sinne des Art. 18 nur Waldungen zu verstehen seien, deren Besitz einer nicht zu den Gemeinden gehörenden Körperschaft als juristischer Person zustehe.

Schuld an der Unklarheit ist auch der Gesetzgeber selbst, der nicht einen rechtlich feststehenden Begriff gewählt hat, sondern von dem Sprachgebrauch der damaligen Zeit ausgeht, der aber offenbar nicht einheitlich war („sogenannten Körperschaftswaldungen").

c) Beispiele: Aus der oben gegebenen Begriffsbestimmung ergibt sich:

Körperschaftswaldungen im Sinne des Forstgesetzes, die zu behandeln sind wie Gemeinde- und Stiftungswaldungen, sind z. B.: die Waldungen der bayerischen Kreise (Art. 1 der Kreis-O.; es kommen z. B. die zu einem Kreisgut oder einer Kreisirrenanstalt gehörenden Wälder in Betracht); der bayerischen Bezirke (Art. 1 BezO.); der Landesfürsorgeverbände; der Religionsgesellschaften und Religionsgemeinden, soweit sie die Rechtsstellung von Körperschaften des öffentlichen Rechts besitzen (nicht hieher gehören die Waldungen der Kirchen- und Pfründestiftungen, da diese unmittelbar unter Art. 6—17 fallen); auch die sog. Anstalten des öffentlichen Rechts (mit eigener Rechtspersönlichkeit) gehören zu den Körperschaften (vgl. hiezu VGH. Bd. 49 S. 138).

Nicht zu den Körperschaftswaldungen, die den Gemeinde- und Stiftungswaldungen gleichgestellt sind, zählen die Waldungen der juristischen Personen des privaten Rechts, z. B. der rechtsfähigen Vereine, der Wirtschaftsgenossenschaften, der Aktiengesellschaften, der Gesellschaften mit beschränkter Haftung, ferner der Gesellschaften und Vereinigungen, die keine juristische Persönlichkeit besitzen, wie die nicht rechtsfähigen Vereine, die Gesellschaften nach §§ 705ff. BGB., die offenen Handelsgesellschaften; die Waldgenossenschaften in Bayern sind ebenfalls keine Körperschaften im angegebenen Sinn; desgleichen niemals natürliche Personen, auch wenn mehrere zusammen Waldeigentümer sind (im Miteigentums- oder Gesamthandsverhältnis). Eine Ausnahme besteht lediglich für die sog. Realgemeinden und ähnliche Verbände. Ein Beispiel einer privaten Körperschaftswaldung, für die Art. 6—17 nicht gelten, scheint ObLGZ. Bd. 11 S. 150 zu enthalten.

d) Realgemeinden: Einer näheren Erörterung bedürfen die sog. Realgemeinden. Im rechtsrheinischen Bayern (für die Pfalz gilt das Forstgesetz nicht) kommt es nicht selten vor, daß innerhalb einer Gemeinde seit alter Zeit eine Anzahl Anwesensbesitzer unter Ausschluß der übrigen an einem

Grundstückskomplex (meist Wäldern und Weiden) das Nutzungsrecht haben. Die Gesamtheit der Nutzungsberechtigten wird zuweilen Realgemeinde genannt. Das Eigentum an den genutzten Grundstücken steht meist der (politischen oder Orts-)Gemeinde zu, seltener den Nutzungsberechtigten selbst. Im letzteren Falle wird regelmäßig Gesamthandseigentum vorliegen, da die Gesamtheit der Nutzungsberechtigten zueinander in einem gesellschaftsähnlichen Verhältnis stehen (vgl. für das Verhältnis der Kommunbrauberechtigten ObLGZ. Bd. 8 S. 155ff., ferner Oertmann, Bayer. Landeszivilrecht S. 94). Nach der Rechtsprechung (z. B. ObLGZ. Bd. 27 S. 8, Weideverbände; Bd. 8 S. 570; oberstr. Erk. vom 19. 1. 1856, Bl. f. RA. Bd. 22 S. 105) und der Ansicht einiger Schriftsteller kann die Gesamtheit der Nutzungsberechtigten auch eine juristische Person, die Realgemeinde im engeren Sinn bilden. Gegen die letztere Ansicht wendet sich mit Entschiedenheit Kahr in seiner Gemeindeordnung Bd. I S. 24 unter Anführung zahlreicher Belegstellen. Jedenfalls dürften eigene Rechtspersönlichkeiten sehr selten bestehen; ihr Bestand wird jeweils besonders erwiesen werden müssen (vgl. Oertmann a. A. S. 93 und die dort angeführten Arbeiten Staudingers); wo sie aber vorkommen sollten, sind sie privatrechtlicher, nicht öffentlichrechtlicher Natur (ObLGZ. S. vom 21. 6. 1899, Bl. f. RA. Bd. 65 S. 20). Das Forstgesetz (Begr. zu Art. 18) scheint von dem Bestand von Realgemeinden mit eigener Rechtspersönlichkeit auszugehen; desgleichen die Dienstanweisung für die Grundbuchämter; vgl. auch Laforet, GemO. S. 406. Durch Art. 164 EGBGB. (eingefügt auf bayerische Anregung) sind die landesgesetzlichen Vorschriften über die zur Zeit des Inkrafttretens des BGB. bestehenden Realgemeinden und ähnlichen Verbände, deren Mitglieder als solche zu Nutzungen an land- und forstwirtschaftlichen Grundstücken, an Mühlen, Brauhäusern und ähnlichen Anlagen berechtigt sind, aufrechterhalten worden; hiebei macht es keinen Unterschied, ob die Realgemeinden oder sonstigen Verbände juristische Personen sind oder nicht und ob die Berechtigung der Mitglieder an Grundbesitz geknüpft ist oder nicht.

Sind die Waldungen der „Realgemeinden" Körperschaftswaldungen im Sinne des Art. 18 d. h. zu behandeln wie die Gemeinde- und Stiftungswaldungen?

Es ist zu unterscheiden:

α) gehört der Wald der Gemeinde oder Ortschaft zu Eigentum [1]) und sind die Rechtler nur befugt, den Wald kraft öffentlichen oder bürgerlichen Rechts ganz oder teilweise zu nutzen, so ist es ein eigentlicher Gemeinde(Ortschafts)wald nach Art. 6ff.; die Gesetzesbegründung ist insoweit ungenau; bürgerlichrechtliche dingliche Nutzungsrechte sind Forstrechte nach Art. 23ff.;

β) gehört der Wald den Nutzungsberechtigten selbst (zu Gesamthands- oder Miteigentum nach Bruchteilen [1])), so ist er ein Privatwald und nach Art. 19ff. zu behandeln; vgl. die oben angeführte Gesetzesbegründung und Zeitler, BayZfR. 1910 S. 75;

γ) gehört der Wald der „Realgemeinde" als juristischer Persönlichkeit [1]) — vorausgesetzt, daß die Möglichkeit dieser Rechtsentwicklung anerkannt wird, s. oben —, so ist es ein Körperschaftswald im Sinne des Forstgesetzes. Wenn die Rechtspersönlichkeit der „Realgemeinde" an sich auch bürgerlichrechtlicher Natur ist, so ist in diesem Fall die ihr gehörende Waldung nach dem Willen des Gesetzgebers doch nicht als Privatwaldung im Sinne des Forstgesetzes (Art. 19ff.) anzusehen, wie sich unzweifelhaft aus der Begründung ergibt. Diesen Standpunkt nimmt auch das Oberste Landesgericht in Zivil- und Strafsachen wie auch die Dienstanweisung für die Grundbuchämter ein. Im übrigen aber sind Waldungen juristischer Personen des bürgerlichen Rechts nicht Körperschaftswaldungen im Sinne des Forstgesetzes; die Ausnahme gilt nur für die alten „Realgemeinden" und ähnliche Verbände; dies ergibt sich aus der Entstehungsgeschichte des Gesetzes und hat wohl seinen Grund in der Verwandtschaft des Vermögens der „Realgemeinden" und ähnlicher Verbände mit dem Vermögen der Gemeinden und Ortschaften; vgl. VGH. Bd. 11 S. 159ff.

Die Anteilsrechte der Realgemeinden (gleichgültig, ob diese Rechtspersönlichkeit besitzen oder nicht) sind, wenn sie nicht mit einem Grundstück verbunden sind, frei veräußerlich und können selbständig belastet werden; sie sind sog. grundstücksgleiche Rechte (Henle-Schmitt, Grundbuchwesen, 2. Aufl. S. 339), aber keine Forstberechtigungen nach Art. 23ff.

Aus der Rechtsprechung: ObLGZ. Bd. 8 S. 570: „Der Annahme eines Realverbandes in Ansehung einer Waldung steht der Umstand nicht entgegen, daß die Mitgliedschaft nicht von der Zugehörigkeit zu der politischen Gemeinde abhängt, in deren Markung die Waldung liegt, und daß die Anteilsberechtigungen nicht an den Grundbesitz geknüpft und frei veräußerlich sind. Es ist auch richtig, daß wo eine so gestaltete Realgemeinde sich erhalten hat, die den Gegenstand der Anteilsberechtigungen

[1]) Maßgebend ist auch hier der Waldbesitz (Anm. 1a); da aber Besitz und Eigentum gewöhnlich zusammenfallen, ist die Unterscheidung der Deutlichkeit halber auf das Eigentum abgestellt.

bildenden Grundstücke nicht im Miteigentum der Beteiligten stehen, sondern der Realgemeinde als Körperschaft (juristischer Person) gehören. Diese Auffassung liegt auch dem Begriff der Körperschaftswaldung im Sinne des Art. 18 FG. zugrunde. Die Entwicklung, die derartige Verbände im Laufe der Zeit genommen haben, ist aber eine verschiedene und es ist darum nicht die Möglichkeit ausgeschlossen, daß die Beschwerdeführer nicht Mitglieder einer als juristische Person anzusehenden Körperschaft sind, sondern in einem Miteigentumsverhältnis stehen. Bei solchen auf unbegrenzte Dauer berechneten Gemeinschaftsverhältnissen kamen schon unter der Herrschaft des früheren Rechts Einrichtungen vor, die einer körperschaftlichen Verfassung ähnlich sind, wie die Bestellung eines Geschäftsführers und die Beschlußfassung in Versammlungen, in denen Stimmenmehrheit entscheidet.

Für die Ermittlung, ob eine Waldung im Miteigentum der Anteilsberechtigten oder im Eigentum eines von den Nutzanteilsberechtigten verschiedenen Rechtssubjekts, einer Körperschaft, steht, ist nicht ohne Bedeutung, ob die Waldung als Privatwaldung oder als Körperschaftswaldung bewirtschaftet wird. Auch ist nicht ausgeschlossen, daß eine körperschaftliche Waldung im Laufe der Zeit dadurch zu einer im Miteigentum der Berechtigten stehenden Privatwaldung geworden ist, daß die Berechtigten die Waldung während der zur Ersitzung erforderlichen Zeit als in ihrem Miteigentum stehende Privatwaldung besessen haben."

(Auf dem fraglichen Wald lastete die Verpflichtung, zur Gemeindeschule das Schulbeheizungs- und Lehrerbesoldungsholz zu liefern; auch hatten früher die Anteilsberechtigten allein die Gemeindeumlagen zu tragen; diese letztere Verpflichtung wurde im Jahre 1876 durch einen Vergleich der Anteilsberechtigten mit der Gemeinde gegen Zahlung einer einmaligen Geldsumme abgelöst).

OLGMSt. Bd. 2 S. 533: Ein mit Forstrechten belastet gewesener Wald, der vom Finanzministerium mit landesherrlicher Genehmigung den Forstberechtigten unter der Bedingung, daß sie denselben als einen unveräußerlichen Körperschaftswald nach den forstgesetzlichen Bestimmungen nachhaltig und forstordnungsmäßig zu benutzen und zu bewirtschaften haben, durch Vertrag zu Eigentum überlassen worden ist, bildet eine Körperschaftswaldung im Sinne des Art. 18 FG. (In diesem Falle wurde vom Gericht angenommen, daß zugleich zur Verbindung der Forstberechtigten zu einer Korporation die landesherrliche Genehmigung erteilt wurde, die auch verbunden mit der Zustimmung zur Eigentumsübertragung erteilt und kundgegeben werden kann.)

VGH. Bd. 11 S. 159: Der VGH. ist zur Bescheidung eines Antrags auf Vornahme der Wahl einer besonderen, von der Gemeindeverwaltung unabhängigen Verwaltung für die Bewirtschaftung einer Körperschaftswaldung nicht zuständig.

OLGMSt. Bd. 2 S. 536: Ein Körperschaftswald ist auch für die anteilsberechtigten Personen ein fremder Wald.

Vgl. auch ObLGZ. Bd. 12 S. 593, wo der seltene Fall behandelt ist, daß die Nutzungsrechte nicht mit dem Eigentum an einem Anwesen, sondern an bestimmten unbebauten Grundstücken verbunden sind.

2. **Anwendung:** und zwar unmittelbare, nicht bloß entsprechende; es ist so, als ob es in den Art. 6 ff. jeweils hieße „Gemeinde-, Stiftungs- und Körperschaftswaldungen".

3. **Privatwaldungen:** auf diese finden Art. 19 ff. Anwendung.

4. **Zuständigkeit:** Forstpolizeibehörde ist beim Vollzuge der Art. 6—18 auch bei den Körperschaften die diesen unmittelbar vorgesetzte staatliche Aufsichtsbehörde, soweit eine solche besteht; Forstpolizeistelle ist die Regierung, K. d. F.; wenn eine Körperschaft unmittelbar der Aufsicht eines Ministeriums untersteht, wird als Forstpolizeibehörde und -stelle dieses Ministerium zu erachten sein; vgl. Anm. 4 zu Art. 14. Bei Waldungen sog. Realgemeinden (s. Anm. 1d) wie bei den anderen Körperschaften, die einer staatlichen Aufsicht nicht unterstehen, werden sich Forstpolizeibehörde und -stelle in Abweichung von dem für Art. 6—18 geltenden Grundsatz nach Art. 109 bestimmen; die örtliche Zuständigkeit wird sich in diesen Fällen aus der Lage des Waldes ergeben. Soweit es sich nicht um den Vollzug der Art. 6—18 handelt, bestimmt sich die Zuständigkeit der Forstpolizeibehörden und -stellen bei allen Körperschaftswaldungen nach Art. 109 (vgl. Anm. 2 zu Art. 14).

5. Im übrigen sind die Verhältnisse der Körperschaftswaldungen in den Anmerkungen zu Art. 6 bis 17 miterörtert. Nicht unter die Staatsaufsicht der Art. 6—17 fallen hienach solche Körperschaftswaldungen, die unmittelbar von Staatsbehörden verwaltet werden (vgl. Anm. 1 des Abrisses „Stiftungswaldungen" S. 69 f.). Forstlicher Dienst bei den Körperschaften s. S. 84 ff.

6. **Körperschaftswaldungen und Grundbuch:** s. § 18 der VO. vom 23. 7. 1898; § 14 JustME. vom 23. 7. 1898; § 74 d. Geschäftsanw. f. d. Anlegungsbeamten; §§ 190 Abs. II, 196, 221, 222 Abs. II, 269 Abs. I, 340 Abs. II und 348 d. Dienstanweisung f. d. Grundbuchämter.

Bei solchen Gemeinschaftsverhältnissen an Waldgrundstücken, bei denen das Eigentum an den Grundstücken der Körperschaft zusteht und die einzelnen Teilhaber nur zur Nutzung an dem Körperschaftseigentum berechtigt sind, sind keine Sternplannummern zu bilden, wenn es sich um zahlreiche Teilhaber handelt (ObLGZ. Bd. 11 S. 150; FME. vom 4. 12. 1902, FMBl. S. 415, JMBl. 1903 S. 2; diese E. regelt die Bezeichnung von Grundstücken mit Sternplannummern).

Bes.Vollz.V. 1897.

§§ 21—47.

IV. Ausführung des jährlichen Betriebes.

A. Allgemeine Bestimmungen.

Ordentliche Betriebsanträge. § 21.

I Die Ausführung des jährlichen Betriebes hat nach Maßgabe des forstpolizeilich genehmigten Wirtschaftsplanes und, in den Grenzen desselben, unter möglichster Berücksichtigung der jeweiligen besonderen Bedürfnisse der Gemeinden, Stiftungen und Körperschaften — und im Falle die Betriebsausführung von der Staatsforstverwaltung übernommen ist, unter genauer Beachtung der Bestimmungen im § 18 gegenwärtiger Vorschriften zu erfolgen.

II Behufs der Einleitung und Führung des laufenden Betriebes hat der betriebführende Sachverständige Jahresvorschläge (Betriebsvorschläge, Betriebsanträge) für die ihm unterstellten Gemeinde-, Stiftungs- und Körperschaftswaldungen über das zu gewinnende Holzmaterial (Hiebsrepartition), sowie über die anfallenden Forstnebennutzungen, dann über die notwendigen Verbesserungen (als Forstkulturen, Holzabfuhrwege und sonstige Verbesserungen) zum bestimmten Termine (§ 25) zu entwerfen und sodann in doppelter Ausfertigung der betreffenden Gemeinde- oder Stiftungsverwaltung, bzw. Körperschaft zu übermitteln.

III Ist die Betriebsausführung von der Staatsforstverwaltung übernommen und einem Forstamtsassessor übertragen, so hat dieser die von ihm aufgestellten Anträge zunächst dem Forstamte vorzulegen, welches dieselben nach erfolgter Prüfung und Festsetzung der betreffenden Verwaltung oder Körperschaft übermittelt.

IV Die Gemeinde- oder Stiftungsverwaltung, bzw. Körperschaft hat die ihr zukommenden Betriebsanträge, mit ihrer Zustimmung oder ihren eventuellen Erinnerungen versehen, dem einschlägigen Forstamte vorzulegen, bzw. zurückzustellen.

V Die Betriebsvorschläge für Waldungen, in welchen die Betriebsausführung nicht von der Staatsforstverwaltung übernommen ist oder betätigt wird, werden vom Forstamte unter Würdigung der von den Gemeinden, Stiftungen und Körperschaften etwa erhobenen Erinnerungen geprüft und bestätigt, oder soweit nötig, abgeändert.

VI Waren gegen Betriebsanträge für Waldungen, in welchen die Betriebsausführung durch die Staatsforstverwaltung erfolgt, Erinnerungen erhoben, so sind letztere — veranlaßtenfalls im wiederholten Benehmen mit der betreffenden Gemeinde, Stiftung oder Körperschaft — gleichfalls zu würdigen und die Betriebsanträge, wenn den Erinnerungen stattgegeben werden kann, entsprechend abzuändern.

VII Die in den vorstehenden Absätzen 5 und 6 bezeichneten Betriebsanträge sind hierauf vom Forstamte der betreffenden Verwaltung oder Körperschaft zuzustellen, welche, sofern sie weitere Erinnerungen dagegen nicht zu erheben hat, das Original dem betriebführenden Sachverständigen, bzw. dem Forstamte, zum Vollzuge behändigt, das Duplikat aber bei ihren Akten behält.

VIII Bestehen zwischen der Gemeinde, Stiftung oder Körperschaft einerseits und dem Forstamte anderseits in bezug auf die forstamtliche Feststellung der Betriebsanträge Meinungsverschiedenheiten, welche im Wege gütlicher Verständigung nicht ausgeglichen werden konnten, so sind die Akten der Regierungsfinanzkammer, Forstabteilung[1]), zur Prüfung und Beschlußfassung vorzulegen.

IX Erachten sich die Beteiligten durch diese Beschlußfassung für beschwert, so bleibt ihnen unbenommen, die Entscheidung der zuständigen Forstpolizeibehörde, beziehungsweise Forstpolizeistelle anzurufen, welche hiebei in wichtigeren Fällen nach § 11 Abs. 3ff. bzw. § 9 Abs. 1—4 zu verfahren hat. Von der getroffenen Entscheidung ist der betriebführende Sachverständige in Kenntnis zu setzen.

X Durch das nach Abs. 8 oder 9 eingeleitete Verfahren erleidet jedoch der Vollzug der nicht beanstandeten Positionen der Betriebsanträge keinen Aufschub.

XI Sind Waldungen einer der Kreisregierung unmittelbar unterstellten Gemeinde oder Stiftung, für welche ein eigener Betriebsbeamter aufgestellt ist, in mehreren Forstamtsbezirken ge-

[1]) jetzt Regierung, Kammer der Forsten.

legen, so sind die jährlichen Betriebsanträge durch die Magistrate, bzw. unmittelbaren Stiftungsverwaltungen der einschlägigen Regierung, Kammer der Finanzen, Forstabteilung[1]), in Vorlage zu bringen, welche dieselben prüft und bestätigt, oder soweit notwendig abändert. Ergeben sich Meinungsverschiedenheiten zwischen der Gemeinde oder Stiftung einerseits und der Regierungsforstabteilung anderseits, so bleibt die Entscheidung nach Maßgabe des obigen Abs. 9 vorbehalten.

Außerordentliche Bedürfnisse. § 22.

I Wenn eine Gemeinde, Stiftung oder Körperschaft durch außerordentliche Bedürfnisse veranlaßt sein sollte, an die Erträgnisse ihres Waldes außeretatsmäßige — jedoch zu einer Änderung des Wirtschaftsplanes nicht Anlaß gebende — Ansprüche (§ 13 Abs. 5 und 6 gegenwärtiger Vorschriften) zu erheben, so hat sie das bezügliche Gesuch rechtzeitig vor Aufstellung der jährlichen Betriebsanträge unmittelbar bei der vorgesetzten Aufsichtsbehörde einzureichen.

II Diese Behörde hat das Gesuch insbesondere in bezug auf die Notwendigkeit und Dringlichkeit des Bedürfnisses, sowie auf die wirtschaftliche Lage der gesuchstellenden Gemeinde, Stiftung oder Körperschaft im Benehmen mit dem Forstamte eingehend zu prüfen und sodann zu verbescheiden, dem Forstamte aber eine beglaubigte Abschrift des an die betreffende Gemeinde- oder Stiftungsverwaltung, bzw. Körperschaft ergangenen Beschlusses mitzuteilen.

III Der betriebführende Sachverständige wird, zum Zwecke entsprechender Rücksichtnahme bei Aufstellung der Hiebsrepartition — sofern nicht die Betriebsausführung durch die Staatsforstverwaltung erfolgt — durch die betreffende Gemeinde- oder Stiftungsverwaltung, bzw. Körperschaft, anderenfalls durch das Forstamt von dem Beschlusse der Forstpolizeibehörde in Kenntnis gesetzt.

IV Treten außerordentliche Bedürfnisse vorbemerkter Art erst im Laufe des Betriebsjahres nach bereits erfolgter Genehmigung der jährlichen Fällungsvorschläge ein, so sind die bezüglichen Gesuche nach Vorschrift des vorstehenden Abs. 2 zu behandeln. Im Falle der Genehmigung solcher Gesuche durch die Forstpolizeibehörde hat der betriebführende Sachverständige einen Nachtrag zur Hiebsrepartition aufzustellen und dessen vorschriftsmäßige Genehmigung herbeizuführen.

V Ergibt sich bei der Prüfung der in vorstehendem Abs. 1 und 4 erwähnten Gesuche, daß deren Genehmigung zu einer teilweisen oder gänzlichen Abänderung des genehmigten Wirtschaftsplanes führen müßte, so ist, wenn die hievon verständigte Gemeinde- oder Stiftungsverwaltung, bzw. Körperschaft darauf Antrag stellt, im Sinne des § 13 weiter zu verfahren.

VI Hinsichtlich der einer Kreisregierung unmittelbar untergeordneten Gemeinde- und Stiftungsverwaltungen sind die Bestimmungen des § 15 zu beachten.

Betriebsnachweisungen. § 23.

I Nach Beendigung des jährlichen Betriebes (§§ 21 und 22) erholt der betriebführende Sachverständige von den einzelnen Gemeinde- und Stiftungsverwaltungen, bzw. Körperschaften die bei denselben befindlichen Duplikate der Betriebsanträge, fertigt im Original und Duplikat die Nachweisungen und übergibt sodann diese Nachweisungen in duplo der betreffenden Gemeinde- oder Stiftungsverwaltung, bzw. Körperschaft zur Anerkennung oder etwaigen Erinnerung.

II Nach vollzogener Anerkennung bzw. der Behebung etwaiger Erinnerungen hat die Gemeinde, Stiftung oder Körperschaft die Originale an den betriebführenden Sachverständigen zurückzuleiten; die Duplikate haben Belege zur Gemeinde- usw. Rechnung zu bilden.

B. Besondere Bestimmungen.

I. Kapitel.

Holznutzung.

Holzbedarfsliste. § 24.

I Der Anfertigung des Betriebsvorschlages (§ 21) hat in Ansehung der Holznutzungen die Aufstellung einer Holzbedarfsliste vorauszugehen. Diese Liste ist in der Regel im Monat Juni jeden Jahres, wenn die Holzfällung im folgenden Winter, dann im Monat Oktober, wenn die Holzfällung im kommenden Sommer stattfindet, von der betreffenden Gemeinde- oder Stiftungsverwaltung, bzw. Körperschaft — wenn geboten, nach Einvernahme der Nutzungsberechtigten — anzufertigen und dem betriebführenden Sachverständigen mitzuteilen.

II Die Holzbedarfsliste hat alles Holz, welches im treffenden Etatsjahr zur Nutzung gezogen werden soll, in folgender Ordnung zu enthalten:

1. das erforderliche Holz zur Befriedigung der auf dem Walde lastenden Beholzungsrechte;
2. das Pfarr-, Schul- und sonstige Besoldungsholz;

---

[1]) jetzt Regierung, Kammer der Forsten.

3. das zulässige Gabholz der Einwohnerschaft oder Korporationsteilhaber;
4. das Holz für Bedürfnisse der Gemeinden, bzw. Stiftungen zu Bauten und zur Feuerung, zur Unterstützung der Armen usw.;
5. das zum Verkauf bestimmte Holz.

III Ist die Bedarfsgröße mehr ständiger Art, so genügt eine jeweilige Bezugnahme auf die vorjährige, bzw. auf die für längeren Zeitraum aufgestellte Holzbedarfsliste.

Hiebsverteilung. § 25.

I Nach Empfang der in § 24 erwähnten Holzbedarfslisten fertigt der mit der Betriebsausführung betraute Sachverständige nach Maßgabe des jährlichen Abgabesatzes — jedoch unter Rücksichtnahme auf allfallsige Mehr- oder Minderfällung der Vorjahre und entsprechende Ausgleichung derselben — innerhalb der Grenzen des periodischen Wirtschaftsplanes, bzw. nach Maßgabe des Standes des Verjüngungsbetriebes, sowie unter tunlichster Rücksichtnahme auf gleichmäßige Verteilung der Materialanfälle in den einzelnen Jahren und unter Bedachtnahme auf die besonderen Bedürfnisse der waldbesitzenden Gemeinden, Stiftungen oder Körperschaften die jährliche Hiebsrepartition (Formular Anlage A)[1]), an deren Schluß stets eine Abgleichung mit dem Materialetat, bei Mittel- und Niederwaldungen auch mit dem Flächenetat anzufügen ist.

II Die Hiebsrepartition ist längstens am 1. September jeden Jahres, wenn die Fällung im Winter, und am 1. Januar, wenn dieselbe im Sommer stattfindet, der betreffenden Gemeinde- oder Stiftungsverwaltung, bzw. Körperschaft zu übergeben und weiter nach Maßgabe der einschlägigen Bestimmungen des § 21 zu behandeln.

Schlagauszeichnung. § 26.

I Vor Beginn der Fällungen werden die Schlagauszeichnungen nach Maßgabe der geprüften und genehmigten Vorschläge durch den betriebsführenden Sachverständigen unter Zuziehung und Beihilfe des einschlägigen Schutzpersonals vorgenommen.

II Die Schlagauszeichnungen sind zeitlich so zu betätigen, daß die Fällungen in der den Bedürfnissen oder besonderen Wünschen der Gemeinden, Stiftungen oder Körperschaften entsprechenden Zeit in Vollzug gesetzt werden können.

III In denjenigen Waldungen, für welche die Betriebsausführung vom Staate übernommen worden ist, obliegt die Auszeichnung der Hiebe im Spezialbezirke dem Forstamtsvorstande, die Auszeichnung derselben im Bezirke des Assessors diesem Beamten.

IV Die k. Förster n. O. können zur Betriebsführung in den Gemeinde-, Stiftungs- und Körperschaftswaldungen, deren Bewirtschaftung von der Staatsforstverwaltung übernommen worden ist, unter der Anleitung und prinzipalen Verantwortung des Forstmeisters verwendet werden.

V Die bei Vornahme der Schlagauszeichnung erforderlichen Arbeitskräfte hat die betreffende Gemeinde, Stiftung oder Korporation zu stellen.

VI Der betriebführende Sachverständige hat für den entsprechenden Vollzug des Fällungsbetriebes Sorge zu tragen.

Fällungsbetrieb. § 27.

I Nach den Anordnungen des betriebführenden Sachverständigen hat die rechtzeitige Einstellung der Holzhauer in die Arbeit, die Fällung und Sortierung des Materials zu geschehen, wobei den bezüglichen Wünschen der Gemeinden, Stiftungen und Körperschaften nach Möglichkeit Rechnung zu tragen ist.

II Die spezielle Aufsicht über die Holzarbeit hat der für die betreffende Waldung aufgestellte Forstschutzbedienstete genauestens nach der ihm erteilten Unterweisung zu besorgen.

III Sollte die seitens einer Gemeinde, Stiftung oder Körperschaft beabsichtigte Verwendung des Materialanfalles, bzw. eines Teiles desselben eine Änderung der bisher üblichen Herrichtungsweise erfordern und durch die betreffende Verwaltung oder Körperschaft dem betriebführenden Sachverständigen hierüber rechtzeitige Mitteilung zugehen, so hat derselbe hierauf entsprechend Bedacht zu nehmen.

IV Bezüglich der Aufeinanderfolge der einzelnen Gehaue soll neben den wirtschaftlichen Rücksichten auch die Rücksicht auf die günstige Verwertung des Materialanfalles maßgebend sein.

§ 28.

I Die Fällung und Aufbereitung des Holzes soll in der Regel, insoweit nicht besondere Verhältnisse eine Abweichung erfordern, nicht durch die Empfänger, sondern durch taugliche Holzhauer geschehen, welche ihren Lohn auf Grund des vom betriebführenden Sachverständigen ausgestellten Verdienstscheines zu empfangen haben.

---

[1]) nicht abgedruckt.

II Bei einigermaßen ausgedehntem Fällungsbetrieb ist den Gemeinden, Stiftungen oder Körperschaften zu empfehlen, alljährlich oder periodisch förmliche **Hauerlohnsakkorde** abzuschließen; sind solche nicht abgeschlossen, so hat der betriebführende Sachverständige die Gemeinde, Stiftung oder Körperschaft um Bekanntgabe der zu bewilligenden Löhne anzugehen.

III Die zur Holzarbeit qualifizierten Angehörigen der betreffenden Gemeinden oder Körperschaften sind zu den Fällungen zuzulassen. Diejenigen, welche sich indessen während des Arbeitsverlaufes als unbrauchbar erweisen, sich den festgesetzten Bedingungen nicht unterziehen wollen, bösen Willen zeigen oder zu Freveln und sonstigen Unordnungen Veranlassung geben, sind sogleich aus der Arbeit zu weisen.

§ 29.

I In der Regel ist sämtliches Stamm-, Nutz-, Geschirr- und Werkholz vor der Abgabe oder Verwertung zu fällen und das anfallende Brennholz von den eingestellten Holzhauern **aufzubereiten**.

II Sollte ausnahmsweise der Verkauf oder eine Abgabe von Stämmen auf dem Stocke stattfinden, so sind solche vorher von dem betriebführenden Sachverständigen fortlaufend zu numerieren und mit ihrem Massengehalte genau aufzunehmen.

III Während die Fällung und Aufarbeitung im Gange ist und bis zu deren gänzlicher Vollendung, bzw. bis zur Abzählung des Materials sollen — besonders dringliche Fälle ausgenommen — Abgaben und Überweisungen von Hölzern aus einem Schlage nicht stattfinden.

Materialaufnahme. § 30.

I Sogleich nach Fertigstellung eines Schlages — eventuell eines Teiles desselben, z. B. des Stammholzes, wenn dieses getrennt vom Schichtholze verwertet wird, oder des Winterfällungsergebnisses im Schälwalde u. dgl. — ist die **Abzählung** (Aufnahme) des Materials vorzunehmen.

II Erfolgte hienach die Abzählung (Aufnahme) durch den für die betr. Waldungen aufgestellten Schutzbediensteten oder durch eine andere von der betr. Verwaltung oder Körperschaft hiezu besonders bestimmte Person, so haben diese Personen die abgeschlossenen, mit dem Datum der Abzählung und mit ihrer Unterschrift versehenen Aufnahmelisten (Nummerbücher) dem betriebführenden Sachverständigen vorzulegen, worauf dieser sobald als möglich die Revision der Abzählung in bezug auf die Masse und die Klassifikation des Materiales vorzunehmen hat.

III Dieser Revision hat ein Vertreter der Gemeinde, Stiftung oder Körperschaft beizuwohnen, hiebei zugleich das abgezählte Material zu übernehmen und die richtige Übernahme durch Mitunterzeichnung des Nummerbuches zu bestätigen.

IV Nimmt dagegen der betriebführende Sachverständige, bzw. in den vom Staate zur Betriebsausführung übernommenen Waldungen der zuständige Beamte der Staatsforstverwaltung — Forstmeister, Forstamtsassessor oder Förster n. O. — die Abzählung (Aufnahme) vor, so hat diesem Geschäfte sofort ein Vertreter der einschlägigen Gemeinde, Stiftung oder Körperschaft anzuwohnen zugleich das Material zu übernehmen und zur Bestätigung der richtigen Übernahme das Nummerbuch mitzuunterzeichnen.

V Nach dem in solcher Weise hergestellten und abgeschlossenen Nummerbuche fertigt der betriebführende Sachverständige sodann unverweilt das **Loseinteilungsverzeichnis** (nach Formular Anlage B[1]) oder nach dem bei der Staatsforstverwaltung vorgeschriebenen Schlagregisterformular) und übergibt dasselbe der betreffenden Gemeinde- oder Stiftungsverwaltung, bzw. Körperschaft zum weiteren Gebrauche.

VI In einfach gelagerten Fällen kann von einer förmlichen Revision der Abzählung Umgang genommen und auf Grund der vorgelegten Aufnahmelisten (Abs. 2) vom betriebführenden Sachverständigen sofort das Loseinteilungsverzeichnis nach den Bestimmungen des vorstehenden Absatzes hergestellt werden. In diesem Falle hat das Loseinteilungsverzeichnis am Schlusse den Vermerk zu tragen: Hergestellt auf Grund der von der Gemeinde, Stiftung oder Körperschaft N übergebenen Abzählungsliste.

VII Die zur Betriebsführung in Gemeinde-, Stiftungs- und Körperschaftswaldungen verwendeten k. Förster n. O. haben das von ihnen zu fertigende und mitzuunterzeichnende Loseinteilungsverzeichnis samt dem abgeschlossenen Nummerbuche unverweilt dem Forstamte vorzulegen, welches das Loseinteilungsverzeichnis nach vollzogener Prüfung und amtlicher Fertigung der Gemeinde- oder Stiftungsverwaltung, bzw. Körperschaft übergibt, das Nummerbuch aber — nach vollzogener Vormerkung des Hiebergebnisses in der Fällungsnachweisung — an den Förster zurückleitet.

VIII In dem Loseinteilungsverzeichnisse sind, soweit bei größeren Waldungen nicht besondere Preistarife bestehen oder jene der nächstgelegenen Staatswaldungen Anwendung finden können, für sämtliche Holzanfälle, bzw. für besondere, in den Preistarifen nicht enthaltene Sortimente der beim Verkaufe oder zum Zwecke der Nachweisung anzuwendenden **Forsttaxen** gutachtlich in Vorschlag zu bringen.

---

[1]) nicht abgedruckt.

IX Auf Grund der Loseinteilungsverzeichnisse ist sodann von der einschlägigen Gemeinde- oder Stiftungsverwaltung, bzw. Körperschaft die Verwertung, Verteilung oder sonstige Verwendung des gewonnenen Materials zu vollziehen.

Materialverwertung. § 31.

I Gleichzeitig mit dem Loseinteilungsverzeichnis teilt der betriebführende Sachverständige der betr. Verwaltung oder Körperschaft auch die etwaigen forsttechnischen Bedingungen mit, unter welchen die Abgabe und Verwertung zu vollziehen ist und welche dem Abgabe- oder Verkaufsprotokolle zugrunde zu legen sind.

II Die Bestimmung über Verwendung oder Verwertung des Materialanfalles ist zunächst Sache der betreffenden Verwaltung oder Körperschaft.

III Die Verteilungslisten oder Verkaufsprotokolle, als welche auch die Loseinteilungsverzeichnisse (Schlagregister) dienen können, sind sogleich nach vollzogenem Akte abzuschließen und die Gesamtsummen der Erlöse und Materialerträge mit Worten einzutragen, sodann von den mit der Verteilung oder mit dem Verkaufe beauftragten Vertretern der Gemeinde- oder Stiftungsverwaltung bzw. Körperschaft zu unterzeichnen.

IV Wird bei einem Verkaufe die vorgeschlagene Taxe nicht erreicht, so kann die betreffende Verwaltung oder Körperschaft den betriebführenden Sachverständigen um ein Gutachten darüber angehen, ob gleichwohl den gelegten Angeboten der Zuschlag zu erteilen sei. Diesem Ansuchen ist zu entsprechen.

V Die vorgemerkten Protokolle und Gutachten nebst den Loseinteilungsverzeichnissen haben den Gemeinde- und Stiftungsrechnungen als Rechnungsbelege zu dienen.

VI Die Kontrolle über die Verwendung und Verrechnung der Forstprodukte wird von der Staatsaufsichtsbehörde vorzugsweise bei Revision der Rechnung geübt.

Abfuhrscheine. § 32.

Den Käufern oder sonstigen Bezugsberechtigten sind bei der Überweisung Abfuhrscheine zu Handen zu stellen.

Fällungsnachweisung. § 33.

Sobald die Fällungsgeschäfte des laufenden Betriebsjahres vollständig durchgeführt sind, erholt der betriebführende Sachverständige von den einzelnen Gemeinde- und Stiftungsverwaltungen, bzw. Körperschaften rechtzeitig die Duplikate der Hiebsrepartition und fertigt — im Originale und Duplikate — die (im Formulare mit der Hiebsrepartition verbundene) Fällungsnachweisung, an deren Schluß eine Zusammenstellung der etwaigen Anfälle an zufälligen Ergebnissen nach Ab- und Unterabteilungen, bzw. nach Haupt- und Zwischennutzung, sowie eine Abgleichung der Gesamtanfälle mit dem Etat anzufügen und jede erhebliche Differenz zwischen Antrag und Ergebnis zu motivieren ist. Im übrigen sind die Bestimmungen des § 23 maßgebend.

II. Kapitel.

Forstnebennutzungen.

Anträge. § 34.

I Über die im Laufe eines Betriebsjahres zu gewinnenden Forstnebennutzungen sind jährliche Anträge im Anhalte an den Wirtschaftsplan und bzw. Streunutzungsplan — nach Einvernahme der betreffenden Gemeinde- und Stiftungsverwaltungen, bzw. Körperschaften — nebst einer Veranschlagung der mutmaßlichen Einnahmen und Kosten aufzustellen und in der durch § 21 und § 23 angeordneten Weise zur Genehmigung und seinerzeitigen Nachweisung zu bringen.

II Für alle Forstnebennutzungen, welche zu einer Geldeinnahme oder Geldausgabe Veranlassung geben, sind vom betriebführenden Sachverständigen Forstnebennutzungsregister auf Grund der vom einschlägigen Forstschutzdiener, bzw. der sonst von der Gemeinde, Stiftung oder Körperschaft beauftragten Persönlichkeit angefertigten und bestätigten Aufschreibungen herzustellen. Für deren Behandlung haben die bei der Holznutzung gegebenen Vorschriften sinngemäße Anwendung zu finden.

§ 35.

Waldstreunutzung. I Die Regelung der Waldstreunutzung geschieht durch Aufstellung periodischer Nutzungspläne (§§ 3ff.) für alle jene Gemeinde-, Stiftungs- und Körperschaftswaldungen, in welchen eine nachhaltige Streunutzung zulässig und Bedürfnis ist.

II Im Anhalte an diesen periodischen Nutzungsplan ist das jährliche Streunutzungsquantum (bzw. die Nutzungsfläche) im Forstnebennutzungsantrage mit Bedachtnahme auf Ansammlung von Reserven für besondere Notjahre und unter tunlichster Berücksichtigung des etwa durch das Stroh- und Futterergebnis des laufenden Jahres bedingten momentanen Bedürfnisgrades zu bemessen.

III Machen außerordentliche dringende Streubedürfnisse eine Abweichung vom Streunutzungsplane überhaupt oder vom bezüglichen jährlichen genehmigten Antrage erforderlich, so ist das Geeignete im Sinne der Bestimmungen des § 22 einzuleiten und bei der Bescheidung solcher Anträge möglichst entgegenzukommen.

IV Auf Grund der genehmigten Forstnebennutzungsanträge hat der betriebführende Sachverständige unter Zuziehung des für die betr. Waldungen aufgestellten Schutzbediensteten die der Streunutzung zu öffnenden Waldorte den Vertretern der betr. Gemeinde, Stiftung oder Körperschaft an Ort und Stelle genau und so rechtzeitig vorzuweisen, daß die Streugewinnung in einem den Bedürfnissen und örtlichen Verhältnissen (Arbeitskräfte) entsprechenden Zeitraume und der für die Streugewinnung günstigen Jahreszeit erfolgen kann.

V Mit Vorweisung der Streunutzungsflächen kann — regelmäßig — auch der zur Betriebsausführung verwendete Förster und — ausnahmsweise in minder wichtigen Fällen — auch der einschlägige Forstschutzbedienstete betraut werden. Zur tunlichsten Verminderung schädlicher Rechstreuabgaben ist der Verwendung anderweitigen Streuwerks möglichst Vorschub zu leisten.

VI Zur Verminderung schädlicher Bodenstreugewinnung wird die Nutzung der bei Fällung der Nadelhölzer sich ergebenden Ast- oder Hackstreu zur erweiterten Einführung sich empfehlen, auch die Heide bietet oft ein ausgiebiges Ersatzmittel für Rechstreu. Tritt die Heide in erheblichem Maße auf, so hat die Nutzung derselben — soferne in Vorhege liegende ältere, oder Mittel- und geschlossene Jungholzbestände hiebei in Frage stehen oder dort, wo die Nutzung als kulturförderlich betrachtet werden kann — einen besonderen Gegenstand der Aufnahme in den Streunutzungsplan zu bilden.

VII Als nutzungswürdig sind ferner die Besenpfriemen, Farrenkräuter, Gras, Schilf, Torf usw. zur Deckung des Streubedarfs beizuziehen.

VIII Die Überwachung der Streunutzung obliegt — unbeschadet einer Kontrolle seitens des betriebführenden Sachverständigen — dem für die betreffende Waldung bestellten Forstschutzdiener oder einer anderen von der einschlägigen Verwaltung oder Körperschaft bestimmten Persönlichkeit; letztere Personen haben über die Mengen des gewonnenen Streuwerks genaue Aufschreibung zu führen und solche dem betriebführenden Sachverständigen behufs Anfertigung der Nachweisung, welche auf Nutzungsfläche und Material sich zu erstrecken hat, zu übergeben.

§ 36.

Lohrindennutzung. I In den Mittel- und Niederwaldungen, in welchen zur Eichenlohrindengewinnung geeignete Eichenholzsortimente gewonnen werden können und ein angemessener Preis für die Lohrinde erzielt werden kann, ist auf Benutzung derselben besondere Rücksicht zu nehmen.

II Der betriebführende Sachverständige hat die Schälschläge gleich wie die übrigen Hauungen anzuweisen und die rechtzeitige Einstellung der Arbeiter, sowie die angemessene Überwachung der Schälarbeiter zu veranlassen.

III Dem Abwiegen oder Abzählen der Rinde hat der für die betreffende Waldung bestellte Forstbedienstete oder sonst eine von der betreffenden Verwaltung oder Körperschaft bestimmte Persönlichkeit anzuwohnen und darüber genaue Aufschreibungen zu führen.

IV Vom Abwägungs-, bzw. Abzählungsverzeichnisse ist dem betriebführenden Sachverständigen eine Abschrift zuzustellen, damit derselbe hierüber Vormerkung in der Forstbenutzungsnachweisung bewirken kann.

§ 37.

Leseholznutzung. Wo durch die waldbesitzende Gemeinde, Stiftung oder Körperschaft gestattet ist, Leseholz zu sammeln, hat dieses nur innerhalb der forstpolizeilichen Schranken und nur an den hiezu festgesetzten Tagen zu geschehen.

§ 38.

Weide- und Grasnutzung. I Der betriebführende Sachverständige hat die nach Maßgabe etwaiger Nutzungsberechtigungen, des Herkommens und der gesetzlichen Bestimmungen für die Weide zu öffnenden Waldteile der Gemeinde, Stiftung oder Körperschaft speziell zu bezeichnen und — vorbehaltlich gelegentlicher Kontrolle — zu veranlassen, daß rechtzeitig im Frühjahre die von der Weide auszuschließenden Waldorte verhängt oder nach sonst üblichem Gebrauche im Walde bezeichnet und die Hirten sachdienlich instruiert werden.

II Ebenso sind den Gemeinden, Stiftungen und Körperschaften jene Waldorte zu bezeichnen, welche einer unschädlichen Grasnutzung geöffnet werden können.

§ 39.

Steingewinnung. I Die Eröffnung neuer oder die Erweiterung bestehender Steinbrüche und Erdgruben im Walde ist, sobald zu diesem Zwecke ein Holzbestand oder ein erheblicher Teil desselben entfernt werden muß, als Alterierung des Wirtschaftsplanes zu betrachten und demnach von der forstpolizeilichen Genehmigung (Art. 7 Abs. 2 des Forstgesetzes) abhängig.

II Die waldunschädliche Abgabe von Steinen und Erde aus bereits eröffneten Brüchen und Gruben, sowie von Lesesteinen und Findlingen aus hiezu geöffneten Waldorten kann wohl in den meisten Fällen der betreffenden Verwaltung bzw. Körperschaft überlassen bleiben, doch wird über den Vollzug solcher Nutzungen der betriebführende Sachverständige jeweils in Kenntnis zu setzen sein.

III Der für die Waldung bestellte Forstschutzdiener hat die Ausübung der Nutzung zu überwachen.

§ 40.

Torfnutzung. Wo Torfnutzung in Gemeinde-, Stiftungs- oder Körperschaftswaldungen vorkommt, hat bezüglich der Geschäftsbehandlung ein ähnliches Verfahren wie bei der Holznutzung Platz zu greifen, soferne die auf Torf zu benutzende Fläche in den Wirtschaftsplan miteinbezogen worden ist.

§ 41.

Sonstige Nebennutzungen. Wo anderweitige Nebennutzungen, wie Benutzung der Mast, Gewinnung von Gras- und Holzsämereien usw. üblich sind, haben die bezüglichen forstpolizeilichen Rücksichten sachdienliche Beachtung zu finden.

III. Kapitel.

Forstkulturen, Waldwegbauten und sonstige Verbesserungen.

Anträge. § 42.

I Der Jahresvorschlag für die Forstverbesserungen, als Forstkulturen, Holzabfuhrwege usw. wird durch den betriebführenden Sachverständigen unter Verwendung des Formulars Anlage C[1]) mit Rücksicht auf das jeweilige Bedürfnis im Anhalte an den periodischen Betriebsplan oder die vorliegende generelle Beschreibung nach vorherigem Benehmen mit der betreffenden Verwaltung oder Körperschaft über die zu verwendende Summe und die etwa erforderlichen und resp. vorrätigen Samen- und Pflanzenquantitäten aufgestellt.

II Bei Stellung der Anträge ist darauf zu achten, daß zweifelhafte und kostspielige Versuche unterlassen und notwendige, aber nicht vordringliche Verbesserungen, welche mit großen Kosten verbunden sind, auf mehrere Jahre entsprechend verteilt werden.

III Für die geschäftliche Behandlung der Anträge sind die Bestimmungen des § 21 maßgebend.

Anweisung; Aufsicht. § 43.

I Die Ausführung der Forstkulturen, Wegbauten und sonstigen Verbesserungen geschieht auf Grund des genehmigten jährlichen Forstkultur- und Wegbauvorschlages, sowie der allgemeinen Bestimmungen des Wirtschaftsplanes auf Anweisung des betriebführenden Sachverständigen.

II Auf Grund der hiebei getroffenen Anordnung obliegt in der Regel dem für die betreffende Waldung bestellten Forstschutzbediensteten die unmittelbare Leitung und Beaufsichtigung der Arbeiten. Sollte bei belangvolleren Arbeiten die Bestellung einer zeitweiligen Aushilfe im Forstschutze erforderlich werden, so ist dies vom betriebführenden Sachverständigen zu beantragen.

III Erscheint aber die Verwendung des Forstschutzbediensteten zur Beaufsichtigung der Arbeiten aus irgend einem Grunde nicht zulässig, dann ist im Benehmen mit der betreffenden Verwaltung oder Körperschaft die Aufstellung eines geeigneten Vorarbeiters als Arbeitsaufseher zu veranlassen. Das Erforderliche hiewegen ist in der Regel schon bei Aufstellung der Voranschläge vorzusehen.

Sämereien und Pflänzlinge. § 44.

I Können die zu den Kulturen nötigen Sämereien und Pflänzlinge nicht von Seite der waldbesitzenden Gemeinde, Stiftung oder Körperschaft selbst gewonnen oder aus ihren Waldungen bezogen werden, so hat der betriebführende Sachverständige zum Ankaufe die nötige Anleitung zu geben, die Prüfung des bezogenen Samens vor der Aussaat vorzunehmen und über die beste Aufbewahrungsart bis zum Gebrauche das Sachdienliche zu veranlassen.

II Die k. Forstämter haben den Gemeinde- und Stiftungsverwaltungen bzw. Körperschaften auf Verlangen über die Preise und die Bezugsorte der für die Staatswaldungen angeschafften Sämereien Mitteilung zu machen.

Ausführung der Arbeiten. § 45.

I Wo für Gemeinden und Körperschaften bare Mittel flüssig gemacht werden können, liegt es im Interesse einer guten Ausführung der Forstkulturen und sonstigen Forstverbesserungen, zu denselben möglichst nur tüchtige Taglöhner zu verwenden.

---

[1]) Nicht abgedruckt.

II Manche Kultur- und Wegbau-Arbeiten können mittels Minderversteigerung oder Akkord an den Wenigstnehmenden vergeben werden, wofür der betriebführende Sachverständige die technischen Bedingungen vorzuschlagen hat.

III Die Regelung des Verfahrens geschieht auf Antragstellung im jährlichen Forstkulturvoranschlag durch dessen Genehmigung. Etwaige Wünsche der Gemeinden, Stiftungen und Körperschaften sind hiebei tunlichst zu berücksichtigen.

IV Alle hinsichtlich ihrer Ausführung an bestimmte Jahresperioden nicht gebundenen Arbeiten sollen möglichst auf Zeitpunkte verlegt werden, in denen es gewöhnlich an anderen örtlichen Arbeitsgelegenheiten zu fehlen pflegt.

V Erfolgt die Ausführung der Kulturen usw. im Taglohn, so sind die nötigen Kulturarbeiter von der betreffenden Verwaltung oder Körperschaft einzustellen.

VI Im Einverständnis mit der Verwaltung oder Körperschaft kann jedoch die Einstellung der Arbeiter auch durch den betriebführenden Sachverständigen erfolgen, insbesondere für die Ausführung solcher Kulturen, zu welchen nur ganz besonders geübte Arbeiter befähigt sind. Zu solchen Arbeiten können ausnahmsweise Arbeiter aus benachbarten Gemeinden beigezogen werden; doch soll — bei größerem Waldbesitze wenigstens — darauf hingewirkt werden, daß womöglich unter den Gemeindeangehörigen selbst derartige Arbeiter fortgesetzt herangebildet werden.

VII Werden von Gemeindegliedern Naturaldienste geleistet, so sind diese möglichst auf solche Arbeiten zu beschränken, welche ohne besondere Vorkenntnisse oder technische Fertigkeit ausgeführt werden können.

VIII Im Falle die Leistung von Naturaldiensten beabsichtigt ist, hat die betreffende Verwaltung oder Körperschaft möglichst schon vor Aufstellung des Jahresvorschlages das Erforderliche mit dem betriebführenden Beamten zu vereinbaren, damit bei Aufstellung und Genehmigung des jährlichen Voranschlages auch dieser Punkt entsprechende Würdigung finde.

Ersatzausführung. § 46.

I Läßt es eine Gemeinde, Stiftung oder Körperschaft an der Anschaffung des benötigten Kulturmaterials oder an der Stellung der erforderlichen Arbeiter fehlen, so hat der betriebführende Sachverständige der einschlägigen Forstpolizeibehörde Anzeige zu erstatten, welche sodann die Ausführung des genehmigten Kulturvorschlages auf Kosten der Gemeinde, Stiftung oder Körperschaft verfügen wird.

II Ist in den Fällen des vorstehenden Abs. 1 die Anzeige von einem k. Forstamtsassessor oder Förster n. O. veranlaßt, oder ist dieselbe gegen unmittelbare Gemeinden und Stiftungen gerichtet, so ist deren Vorlage zur Forstpolizeibehörde, bzw. zur Forstpolizeistelle durch das k. Forstamt zu bewirken.

Kosten. § 47.

I Die für Forstverbesserungen in einem Jahre festgesetzte Geldsumme soll nicht überschritten werden. Kleine Nachbesserungen, welche wegen Unbedeutendheit nicht in den Jahresvorschlag aufgenommen wurden, oder erst später sich als notwendig dargestellt haben, sollen möglichst aus Ersübrigungen bei anderen Positionen gedeckt werden. Andernfalls ist durch einen Nachtrag zum Kultur-, Wegbau- usw. Voranschlag die Genehmigung des bezüglichen Antrages und die Flüssigmachung der Geldmittel zu bewirken.

II Behufs Auslohnung der im Taglohn verwendeten Arbeiter und der Akkordanten wird von den für die betreffenden Waldungen bestellten Forstschutzdienern, bzw. von den mit der Aufsicht über die Arbeiter betrauten Personen auf Grund ihrer Aufschreibungen — unter Bestätigung der Arbeitsleistung — der Verdienstschein hergestellt und an die einschlägige Kasse zum Vollzuge der Auslohnung abgegeben, dem betriebführenden Sachverständigen aber behufs des Übertrages in die betreffende Nachweisung die erforderliche Mitteilung gemacht.

III Auf Ansuchen der Gemeinden, Stiftungen oder Körperschaften haben übrigens die betriebführenden Sachverständigen die Zahlungsanweisungen auf Grund der vorbemerkten Aufschreibungen vorzunehmen, wo immer dies als möglich und nützlich sich erweisen sollte; unter allen Umständen obliegt ihnen die Anweisung der Verdienstscheine, wenn von ihnen (nach § 45 Abs. 6) im Einverständnis mit der Gemeinde, Stiftung oder Körperschaft die Einstellung der Arbeiter erfolgt.

IV Auf den vom betriebführenden Sachverständigen ausgestellten Zahlungsanweisungen hat diejenige Persönlichkeit, auf Grund deren Aufschreibungen die Anweisung erfolgt, die richtig vollzogene Arbeitsleistung durch Unterschrift zu bestätigen.

V Nach Beendigung der sämtlichen Arbeiten hat der betriebführende Sachverständige die Nachweisungen unter Summierung der Kostenbeträge abzuschließen, sodann in den von der betreffenden Verwaltung oder Körperschaft zurückzufordernden Duplikaten der Anträge ebenfalls die Nachweisung zu fertigen und deren Weiterbehandlung nach Maßgabe der Bestimmungen des § 23 gegenwärtiger Vollzugsvorschriften zu veranlassen.

3. In Ansehung der Privat-Waldungen (Art. 19—22).

Vorbemerkung.

1. Grundsatz: Oberster Grundsatz für die Privatwaldwirtschaft ist Freiheit in der Benutzung und Bewirtschaftung des Waldes (Art. 1). Die Freiheit in der Benutzung und Bewirtschaftung des Privatwaldes kann durch die Behörden der inneren und der Staatsforstverwaltung nur in den gesetzlich aufgeführten besonderen Fällen, die wiederum eng auszulegen sind, beschränkt werden (Art. 1). Solche Beschränkungen sind insbesondere enthalten in den Art. 20—22, 34—47 und 120. Außerdem kann die Bewegungsfreiheit des Waldbesitzers durch die Rechte Dritter gehemmt sein (Art. 1).

2. Staatliche Förderung der Privatwaldwirtschaft: Der Staat ist bestrebt, die private Waldwirtschaft über die Bestimmungen des Forstgesetzes hinaus zu fördern. In dieser Richtung ergingen im Laufe der Jahre zahlreiche Anordnungen, deren wichtigste hier folgen:

a) FME. vom 13. 3. 1859 Nr. 3320 (Forstl. Mitt. Bd. 10 S. 137): Anordnung von periodischen Nachweisungen über die bei nichtärarialischen Waldungen vorgenommenen Rodungen und neuen Waldanlagen.

b) ME. vom 11. 2. 1897 Nr. 2972 (MABl. S. 50): Anweisung an die Forstpolizeibehörden, der übermäßigen Ausnutzung der Privatwaldungen und der Aufforstung volle Aufmerksamkeit zu widmen und mit Entschiedenheit sowohl für den genauen Vollzug der Art. 34—42, 75—78 FG. als auch außerhalb dieses Rahmens für eine wirtschaftliche Behandlung der Privatwaldungen im Benehmen mit den landwirtschaftlichen Vertretungskörpern einzutreten. Diese ME. wurde inzwischen fast alljährlich eingeschärft z. B. mit ME. vom 10. 8. 1918, MABl. S. 491; ME. vom 23. 4. 1922, MABl. S. 112. S. auch die ME. vom 22. 4. 1910 (MABl. S. 326) über Abschwendung von Waldböden und Weideausübung in Wäldern; die ME. vom 4. 4. 1911 Nr. 2195a7 über Waldfeldwirtschaft und die Reichsverordnung zur Förderung der Forstwirtschaft vom 7. 2. 1924 (RGBl. I S. 50, s. Anm. 3 zu Art. 19).

c) ME. vom 9. 10. 1899 (MABl. S. 556): Auftrag an die Gemeinden, den Staatsaufsichtsbehörden alljährlich eine Übersicht der in den Privatwaldungen vorgenommenen Abholzungen und Aufforstungen (unter Ausscheidung von Wiederbestockungen und Neuanlagen) vorzulegen; s. auch ME. vom 11. 12. 1909, MABl. S. 1066: Begriffe Hoch-, Mittel- und Niederwald. Die Statistik ans Staatsministerium des Innern ist erlassen (ME. vom 10. 4. 1926 Nr. 2521 a 4).

d) Zur Hebung der Privatwaldwirtschaft wurden mit Bek. vom 17. 7. 1900 Nr. 16561 (FMBl. S. 334) auf Grund des Finanzgesetzes für die 25. FP. acht neue Forstämter und vierzehn Nebenbeamtenstellen, sodann fünfzehn Stellen des Betriebsvollzuges errichtet, um in Gegenden, wo wegen geringen Staatswaldbesitzes die Forstamtsbezirke eine zu große Ausdehnung hatten, eine wirksamere Überwachung und Einflußnahme auf die Privatwaldwirtschaft zu ermöglichen.

e) Alle Forstämter sind übrigens zur Förderung der Privatwaldwirtschaft auf Grund der Geschäfts- und Dienstanweisungen usw. verpflichtet:

GeschAnw. für die Forstämter vom 13. 10. 1925, §§ 77 mit 79 (FMBl. S. 125),
GeschAnw. für Forstamtsaußenstellen vom 22. 7. 1927, §§ 2 und 5 (FMBl. S. 29),
Dienstanweisung für die Forstverwalter vom 13. 10. 1925, §§ 48—50 (FMBl. S. 164),
Dienstanweisung für die Amtsförster vom 13. 10. 1925, §§ 48—49 (FMBl. S. 19),
Dienstanweisung für die Forstaufseher vom 13. 10. 1925, §§ 48—49 (FMBl. S. 218).

Für die „zur Aufsicht über die Privatwaldungen und zur Förderung der Privatforstwirtschaft bestellten Förster" wurde zufolge ME. vom 28. 2. 1902 Nr. 5652 (FMBl. S. 55 und MABl. S. 181) eine besondere Anweisung herausgegeben, die in sechs Abschnitten die dienstlichen Aufgaben im allgemeinen, die Sicherung des Vollzugs der forstpolizeilichen Bestimmungen, die Förderung der Privatwaldwirtschaft durch Rat und Tat, die Mitwirkung bei Handhabung des Forstschutzes, die förmliche Geschäftsbehandlung und die persönlichen Angelegenheiten des Försters behandelt.

f) Vermehrte Befriedigung des Pflanzenbedarfs der Privatwaldbesitzer sowohl durch Erweiterung der Pflanzenzucht in den Staatswaldungen wie durch eigene Unternehmungen der Bezirke, Gemeinden und landwirtschaftlichen Bezirksvereine. Die Staatsforstverwaltung veröffentlicht alljährlich Übersichten der in den einzelnen Forstämtern zur Abgabe verfügbaren Pflanzenmengen.

Schon in der FME. vom 6. 6. 1859 (Forstl. Mitt. Bd. 10 S. 135) wurde die tunlichst ausgedehnte und billige Abgabe von Pflanzen aus Staatswaldungen angeordnet.

g) Belehrung und Aneiferung wird besonders zu erreichen gesucht durch Vorträge und gemeinschaftliche Waldgänge, deren Veranstaltung vorzüglich im Wirkungskreis der landwirtschaftlichen Vereine und der ihnen nach Möglichkeit anzugliedernden besonderen Waldbauabteilungen liegt. Diese sind auch die geeignetsten Organe zur Vermittlung des gemeinschaftlichen Samen- und Pflanzenbezuges, zur eigenen Pflanzenzucht, zur Aufstellung gemeinschaftlicher Kulturvorarbeiter, zur Veranstaltung von Kultur- und allgemeinen Waldbaukursen unter Leitung von Wanderlehrern usw.

S. auch die FME. vom 13. 5. 1924 Nr. 19133 über Untersuchung von Forstsämereien durch die Landesanstalt für Pflanzenschutz und Pflanzenbau.

h) Der Aneiferung dienen auch Zuschüsse aus zentralen und örtlichen Fonds, Prämien, Diplome für erfolgreiche Waldanlagen, ferner die Möglichkeit der Gewährung von langfristigen Darlehen durch die Landeskulturrentenanstalt zur Ausführung von Kulturunternehmungen, insbesondere für Aufforstungen von Ödflächen, für Be- und Entwässerungsanlagen, die Regelung von Bächen und Privatflüssen, zur Wildbachverbauung, für Anlagen zum Uferschutz u. dgl., Flurbereinigungen, Urbarmachung von Ödflächen, Verbesserung von Moorgründen, für Weidenpflanzungen, Wegeanlagen zur besseren Benutzung land- und forstwirtschaftlichen Grundbesitzes u. a.; Anträge hierwegen sind an die Bezirksverwaltungsbehörde zu richten (Landeskulturrentengeś. vom 15. 3. 1929, GVBl. S. 25).

ME. vom 15. 5. 1908 Nr. 13211 und vom 18. 4. 1912 Nr. 6096 c 1 über Zuschüsse zur Förderung der privaten Waldwirtschaft. Solche Zuschüsse können jetzt aber mit Rücksicht auf die Verarmung des Staates nur ganz selten gewährt werden.

i) Waldgenossenschaften: Ebenfalls zur Hebung der Waldwirtschaft dienen die in Bayern noch seltenen Wald(bau)genossenschaften.

α) Begriff: Waldgenossenschaften sind regelmäßig Vereinigungen von Waldeigentümern oder Waldbesitzern zum Zwecke gemeinsamer Bewirtschaftung und Benutzung ihrer bestehenden Waldungen oder zur gemeinsamen Bildung neuer Waldungen. Die Einrichtung der Waldgenossenschaften beruht auf der Erfahrung, daß der Ertrag der Forstwirtschaft sich regelmäßig mit der Ausdehnung des Waldbesitzes steigert.

β) Rechtliche Natur: In Bayern bestehen für die Waldgenossenschaften keine besonderen Vorschriften; es gelten die allgemeinen Gesetze. Landesgesetzliche Vorschriften bürgerlichrechtlicher wie öffentlichrechtlicher Art wären an sich zulässig (Art. 83 EG.BGB.). Die Vereinigung der Eigentümer zu einer Waldgenossenschaft ist bürgerlichrechtlicher Natur; sie kann verschiedene Rechtsformen annehmen; die Waldeigentümer können je nach ihrer Wahl z. B. einen nicht rechtsfähigen Verein (§ 54 BGB.), eine Gesellschaft des bürgerlichen Rechts (§§ 705ff. BGB.) oder einen rechtsfähigen Verein (§ 22 BGB.) bilden. Die Waldgenossenschaft ist nach dem bayerischen Recht kein selbständiger Rechtsbegriff, sondern die Bezeichnung einer Vereinigung allgemeiner Art für einen bestimmten, nämlich den eingangs umschriebenen Zweck. Das Eigentum am Walde bleibt den einzelnen Mitgliedern der Waldgenossenschaft; es wird nur die Bewirtschaftung und die Benutzung der Waldungen gemeinsam; Waldbesitzer im Sinne des Forstgesetzes wird regelmäßig die Vereinigung der einzelnen Eigentümer, die Waldgenossenschaft werden. Gewöhnlich wird ein gemeinschaftlicher Wirtschaftsplan und ein gemeinsamer Betriebsleiter aufgestellt werden. Der Ertrag aus der Nutzung des einzelnen Waldgrundstücks wird regelmäßig seinem Eigentümer zufließen; es kann aber auch eine andere Regelung getroffen werden. Die rechtlichen Verhältnisse der Vereinigung sind in einer Satzung oder einem Vertrag, je nach der Rechtsform der Vereinigung, zu ordnen. Außerdem gelten die einschlägigen gesetzlichen Vorschriften, für die nicht rechtsfähigen Vereine und die Gesellschaften des bürgerlichen Rechts z. B. §§ 705ff. BGB. Mitglieder der Waldgenossenschaft können Waldeigentümer oder Waldbesitzer jeder Art werden, Private, Gemeinden, Ortschaften, Stiftungen und Körperschaften. Die Oberaufsicht über die an der Genossenschaft beteiligten Gemeinde-, Stiftungs- und Körperschaftswaldungen nach Art. 6ff. wird wohl bei jeder Art des Zusammenschlusses bestehen bleiben.

γ) Anwendung des Forstgesetzes: Im Vollzuge des Forstgesetzes tritt bezüglich der Waldungen der Genossen durch die Vereinigung zu der Waldgenossenschaft grundsätzlich keine Änderung ein. Die Waldungen werden nicht etwa Körperschaftswaldungen nach Art. 18 FG. oder gemeinschaftliche Waldungen nach Art. 19. Was Privatwaldung war, bleibt Privatwaldung, was Gemeindewaldung war, bleibt Gemeindewald usw. Für die Behandlung der Waldungen von Genossenschaftsmitgliedern bestehen im Forstgesetz keine Sondervorschriften.

δ) Bildung von Waldgenossenschaften: In der ME. vom 11. 12. 1909 (MABl. S. 1066) werden die äußeren Behörden angewiesen, in Gegenden mit zersplittertem Waldbesitz der Bildung von Waldgenossenschaften Aufmerksamkeit zu widmen; in dieser E. sind zur Verbreitung der Waldgenossenschaften auch staatliche Mittel in Aussicht gestellt. Es kommt jedoch nur ein freiwilliger Zusammenschluß in Frage; ein Zwang kann (anders in Preußen) mangels der hiefür erforderlichen gesetzlichen Grundlage nicht ausgeübt werden. Die bestehenden Waldgenossenschaften haben sich bewährt. Den Waldgenossenschaften kann für Grundstücke, die sie in Waldgrundstücke umwandeln, unter den gleichen Voraussetzungen und auf die nämliche Zeitdauer wie den Gemeinden und Ortschaften Befreiung von der Grundsteuer bewilligt werden (§ 121 Abs. II des Grundsteuerges. vom 4. 11. 1910, GVBl. S. 1029 mit § 9 der VollzV. vom 24. 12. 1911, GVBl. S. 1343); vgl. Anm. 2d ζ zu Art. 6.

ε) Zweckverbände: Gemeinden können sich mit anderen Körperschaften des öffentlichen Rechts zur Erfüllung der eingangs (α) angeführten Zwecke auch zu einem öffentlichrechtlichen Zweckverband nach Art. 133ff. GemO. vereinigen. Regelmäßig wird der Zweckverband zum Waldbesitzer (der gemeinsam bewirtschafteten Waldungen) im Sinne des Forstgesetzes werden. Dann bilden die Zweckverbandswaldungen einen Körperschaftswald nach Art. 18, der als ganzes der Oberaufsicht nach Art. 6ff. unterstehen wird. Die Gemeinden und anderen Körperschaften des öffentlichen Rechts können sich auch wie Private nach bürgerlichem Recht zusammenschließen; sie können sich auch mit Privaten zu Waldgenossenschaften im dargestellten Sinne vereinigen. S. auch Ziff. 13 des Abrisses über Gemeindewaldungen S. 69. Vereinigung zur Aufstellung eines gemeinsamen Betriebsleiters, Anm. 5 zu Art. 9.

Bindung an die forstpolizeilichen Vorschriften.

Artikel 19. (19/19).

Die Privatwaldbesitzer[1] sind hinsichtlich der Benützung und Bewirtschaftung[2] ihrer Waldungen an die forstpolizeilichen Bestimmungen des gegenwärtigen Gesetzes gebunden.

Art. 19 unterstellt die Benutzung und Bewirtschaftung der Privatwaldungen den polizeilichen Vorschriften des Forstgesetzes; dies hätte einer ausdrücklichen Bestimmung nicht bedurft.

1. **Begriff der Privatwaldung:** Privatwaldungen sind alle Waldungen, deren Besitz (Anm. 2 zu Art. 1) Privaten zusteht. Zu den Privaten gehören alle physischen Personen und alle juristischen Personen des bürgerlichen Rechts. Privatwaldungen sind also im wesentlichen alle Waldungen, die nicht staatliche, Gemeinde-, Stiftungs- und Körperschaftswaldungen sind (so auch VGH. Bd. 12 S. 147). Ausnahmen s. Anm. 1 zu Art. 18. Die Größe, Bewirtschaftungsfähigkeit einer Privatwaldung u. ä. ist ohne rechtliche Bedeutung.

2. **Benutzung und Bewirtschaftung:** s. Anm. 3 zu Art. 1. Über den Ertrag kann der Waldbesitzer frei verfügen; das Forstgesetz legt ihm hierin keine Schranke auf.

3. **Forstpolizeiliche Bestimmungen:** besonders Art. 34—47, dann auch Art. 20—22 und 120; im übrigen ist der Privatwaldbesitzer, soweit er nicht durch andere Gesetze oder durch die Rechte Dritter beschränkt wird, frei. Er kann daher (im Gegensatz zu den meisten früheren Forstordnungen) insbesondere an die Einhaltung eines Wirtschaftsplanes und einer bestimmten Umtriebszeit (vorbehaltlich des Art. 21) nicht gebunden werden, ist nicht verpflichtet den Betrieb einem Sachverständigen zu übergeben und für den Forstschutz in seinem Walde selbst zu sorgen, gleichgültig wie groß dieser ist (s. Anm. 3 zu Art. 10), er ist befugt nach Gutdünken in jungen oder alten Holzbeständen Holz zu schlagen, auch eine vollständige Abholzung vorzunehmen, insoweit für Nachzucht gesorgt ist, unterliegt in der Streu- und anderen Nebennutzungen keiner Beschränkung und nimmt seine Holzhiebe ohne forstpolizeiliche Anweisung vor (ME. vom 17. 1. 1888 Nr. 15358); s. auch § 12 Allg.VV. 1879 S. 211.

Einer besonderen staatlichen Aufsicht wie die Gemeinde-, Stiftungs- und Körperschaftswaldungen unterstehen die Privatwaldungen nicht; auch gibt es für sie keine Bewirtschaftungsvorschriften wie für die Staats-, Gemeinde-, Stiftungs- und Körperschaftswaldungen (Art. 2—18).

Nach der Reichsverordnung vom 7. 2. 1924 (RGBl. I S. 50) können die Landesgesetze sowohl dem Eigentümer eines Waldes als auch dem Nutzungsberechtigten die Verpflichtung auferlegen, bestimmte Maßnahmen zur ordnungsgemäßen Bewirtschaftung ihrer Waldungen auszuführen.

Wenn vom Waldbesitzer eine vertragliche Bindung eingegangen wurde, einen Wald nach einem Wirtschaftsplan zu pflegen, so finden auf eine solche privatrechtliche Bindung die Vorschriften des FG. über Wirtschaftspläne keine Anwendung.

4. **Ausschluß von Privilegien:** Ein Waldbesitzer ist von der Beobachtung der forstpolizeilichen Bestimmungen auch dann nicht befreit, wenn der Wald vor dem Inkrafttreten des FG. vom Staat an einen Rechtsvorgänger des Besitzers mit der Bewilligung veräußert worden ist, er dürfe nach Belieben abgeholzt und ohne jede forstpolizeiliche Aufsicht behandelt werden (OAG. 23. 12. 65, Z. Bd. 15 S. 605). Seit dem Inkrafttreten des FG. sind alle Privatwaldungen den Bestimmungen des FG. unterworfen; daran können früher gemachte Vorbehalte nichts ändern; vgl. Art. 190 mit Anm.

Aufteilung von Privatwaldungen. Artikel 20[1]. ($^{20}/_{20}$).

[I]Zur Verteilung gemeinschaftlicher[2] Privatwaldungen[3] auf gesondertes Eigentum mit dem Zwecke der fortzusetzenden Forstbenützung[4] ist die Zustimmung[6] der Forstpolizeistelle[5] [10] erforderlich.

[II]Diese Zustimmung darf nicht verweigert werden, wenn die einzelnen Teile auch noch nach der Verteilung einer regelmäßigen Bewirtschaftung fähig[7] bleiben.

Allg.Vollz.V. 1879.

§ 3.

(Art. 20.) [I]Im Artikel 20 will das Gesetz den forstwirtschaftlichen Nachteilen begegnen, welche dem Walde durch allzugroße Zerstückelung in einzelne Teile zugehen, und darum wird die Zustimmung der Forstpolizeistelle in die Verteilung vorbehalten.

[II]Damit aber auch in dieser Beziehung dem Eigentumsrechte der Privatwaldbesitzer keine zu enge Grenze gezogen werde, so bestimmt der zweite Absatz des Artikels, daß diese Zustimmung nicht verweigert werden dürfe, wenn die einzelnen Teile noch nach der Verteilung einer regelmäßigen Bewirtschaftung fähig sind. Diese letztere Frage ist mehr von der Lage und der Betriebsart des Waldes, als von seiner Flächengröße abhängig, daher hat das Gesetz kein Flächenminimum festgesetzt.

1. **Geltungsbereich:** Die Genehmigungspflicht nach Art. 20 ist eine Vorsicht, aus den vielfach wahrgenommenen verderblichen Folgen abgeleitet, die die Waldverteilungen namentlich beim Nadelholze auf den wirtschaftlichen Zustand der betreffenden Wälder und auf die Sicherheit des Eigentums geäußert haben (Begr. 1851/52, 1. BeilBd. S. 622). Abs. II kam erst bei den Landtagsverhandlungen ins Gesetz.

Art. 20 bezieht sich nur auf die Auflösung eines Gemeinschaftsverhältnisses an einer Privatwaldung in der Form, daß die bisherigen Teilhaber des Gemeinschaftsverhältnisses (Miteigentümer, Gesamthandseigentümer) nach seiner Auflösung Sondereigentümer werden; in der Person der früheren Anteilsberechtigten tritt kein Wechsel ein; die Genehmigung nach Art. 20 ist dagegen nicht notwendig, wenn Parzellen eines gemeinschaftlichen Waldes an Dritte veräußert werden sollen (vgl. VGH. Bd. 6 S. 143; ME. vom 27. 3. 79 Nr. 2753). Nicht gemeint ist in Art. 20 weiter der Fall, daß ein Alleineigentümer seinen Wald abteilt und Teile davon verkauft. Wenn der Wald einer juristischen Person nach deren Auflösung an die Personen, die bisher zur juristischen Person gehörten, verteilt wird, so liegt ebenfalls keine Verteilung nach Art. 20 vor. Eine Genehmigung nach Art. 20 ist nicht erforderlich, wenn die Teile rechtlich schon bestehen, der Wald im Grundbuch aber irrtümlich noch als Gemeinschaftswald eingetragen ist und nunmehr das Grundbuch berichtigt werden soll.

Genehmigungspflichtig ist nur die Verteilung zu gesondertem Eigentum; es muß ein Eigentumswechsel eintreten; nicht genehmigungspflichtig ist die Verteilung zur gesonderten Bewirtschaftung und Benutzung ohne Eigentumsveränderung m. a. W. genehmigungspflichtig ist nur die rechtliche, nicht auch die bloße tatsächliche Aufteilung. Genehmigungspflichtig ist die Verteilung zu gesondertem Eigentum auch dann, wenn der Wald nicht in so viele Teile geteilt wird, als Anteilsberechtigte vorhanden sind; es genügt eine Teilung in zwei Teile; daß die übrigen Anteilsberechtigten in der Gemeinschaft ihrer Anteile bleiben, ist gleichgültig; die Genehmigung ist auch notwendig, wenn das Eigentum am Walde rechtlich aufgeteilt, der Wald tatsächlich aber einheitlich weiterbewirtschaftet werden soll.

Ist die Verteilung schon vor dem Inkrafttreten des FG. (1. 1. 1853) durchgeführt worden, so ist keine Genehmigung mehr notwendig, außer sie war nach dem damals geltenden Recht vorgeschrieben (vgl. FME. 24. 7. 1901 Nr. 15622). Der Verteilungsvertrag bedarf der notariellen Beurkundung (§ 313 BGB.); nicht dagegen die Verteilung von Gemeindegrund nach Art. 30 Abs. III GemO. (Bl. Bd. 14 S. 400). Verteilung von Gemeindewaldungen, s. Art. 17 u. S. 55 f.

2. **Gemeinschaftlich:** d. h. im Miteigentum (§§ 1008 ff. BGB.) oder Gesamthandseigentum (z. B. einer Erbengemeinschaft oder Gesellschaft des bürgerlichen Rechts). Bemerkenswert ist, daß bei Art. 20 das Eigentum am Walde, nicht wie sonst im FG. der Waldbesitz in Frage kommt.

Die Forstpolizeistelle kann sich der sachlichen Würdigung und Verbescheidung eines Antrags auf Genehmigung der Abteilung einer gemeinschaftlichen Privatwaldung nicht schon aus dem Grund entschlagen, weil dieser Antrag nicht von allen Miteigentümern gestellt ist (VGH. Bd. 13 S. 284).

3. **Privatwaldungen:** Begriff Art. 19 Anm. 1.

Art. 20 findet auch auf die im Mit- oder Gesamthandseigentum mehrerer Gemeinden stehenden Waldungen Anwendung, wenn die Teilung nur zum Zwecke der Auflösung dieses Gemeinschaftsverhältnisses und unter Vorbehalt der fortzusetzenden Forstbenutzung der Waldteile beantragt ist (VGH. Bd. 12 S. 146; vgl. auch Bd. 6 S. 14); davon ist zu unterscheiden die Verteilung eines Gemeindewaldes nach Art. 17 FG. mit Art. 30 Abs. III GemO. Wenn strittig ist, ob das Eigentum an einem Wald der Gemeinde oder der Gemeinschaft der Nutzungsberechtigten zusteht, so entscheiden hierüber die Gerichte; im Zweifel hat die Aufsichtsbehörde kraft ihrer Stellung am Gemeindeeigentum festzuhalten; vgl. ME. 31. 8. 68 Nr. 10431 (Anweisung, öffentliches Eigentum solange anzunehmen, bis nicht der Antragsteller vor den Gerichten ein Urteil erstritten hat). Über die Verteilung von Schutzwaldungen enthält das FG. keine besonderen Vorschriften.

4. Fortzusetzende Forstbenutzung: Haben die gemeinschaftlichen Eigentümer die Absicht, den Wald nach oder vor der Verteilung zu roden, so ist nach Art. 34ff. zu verfahren; eine Genehmigung nach Art. 20 kommt nicht in Frage (vgl. Ausschußbericht der K. d. Abgeordneten S. 69). Beabsichtigen einzelne der gemeinschaftlichen Eigentümer zu roden, die übrigen aber (jeder auf seinem Teil) die Waldwirtschaft beizubehalten, so bleibt doch der Verteilungsvertrag genehmigungspflichtig; wer roden will, bedarf außerdem der Genehmigung nach Art. 34ff. Im Falle der Art. 20 und 34ff. sind regelmäßig verschiedene Behörden zuständig.

5. Forstpolizeistelle: d. i. die Regierung, K.d.F. (Art. 109).

6. Zustimmung: Zustimmung ist gleichbedeutend mit Genehmigung. Der Genehmigung bedarf der obligatorische und der dingliche Vertrag. Die Zustimmung steht im freien Ermessen der Forstpolizeistelle, das nur in einer Richtung beschränkt ist (Abs. II); vgl. Anm. 7 a. E. Im Falle des Abs. II steht den Beteiligten ein Rechtsanspruch auf die Zustimmung zu (VGH. 24. 7. 1888).

Der Mangel der erforderlichen Zustimmung macht die Verteilung rechtsunwirksam; eine Strafbestimmung besteht nicht. Die trotzdem vorgenommene Eintragung macht das Grundbuch unrichtig. Bei dem Mangel der Zustimmung ist den Finanzämtern die Umschreibung untersagt (FME. 25. 4. 1867 Nr. 508, Forstl. Mitt. Bd. 15 S. 378), den Messungsbehörden die Ummessung (FME. 24. 2. 1869 Nr. 539, vgl. Bl. 4 S. 353 und Forstl. Mitt. Bd. 15 S. 379; vgl. VGH. 19. 1. 1921); diese Behörden müssen sich, bevor sie tätig werden, entweder die Zustimmung zur Verteilung nach Art. 20 oder die Genehmigung zur Rodung nach Art. 34ff. nachweisen lassen. Die Notare und die Grundbuchämter sind verpflichtet, auf die Notwendigkeit der Genehmigung aufmerksam zu machen (Art. 28 NotG.; § 18 GBO.).

Abs. II:

7. Fähigkeit zur regelmäßigen Bewirtschaftung: Der Begriff ist der gleiche wie in Art. 7 Abs. IV und Art. 11. Ob bei den einzelnen Teilen die Fähigkeit zur regelmäßigen Bewirtschaftung bestehen bleibt, ist nach allgemeinen forsttechnischen Gesichtspunkten zu beurteilen. Die regelmäßige Bewirtschaftung eines Waldes schließt alle Maßnahmen in sich, die dazu dienen, den Wald zu begründen, ihn zu erhalten und nutzbar zu machen. Die Fähigkeit hierzu wird einem Wald dann zukommen, wenn er eine räumliche Ausdehnung und eine Flächenfigur hat, die seinem Besitzer ermöglichen, die genannten Maßnahmen ungehindert und ohne Beeinträchtigung ihres Zweckes zu treffen und ohne seinerseits den Besitzer eines benachbarten Waldes oder sonstigen Grundstückes in dessen naturgemäßer Benutzung und Bewirtschaftung zu belästigen oder zu schädigen. — Bei einer Waldteilung wird daher die Fähigkeit der regelmäßigen Bewirtschaftung der einzelnen Teile dann als gegeben zu erachten sein, wenn die einzelnen Teilbesitzer in der Lage sind, unabhängig voneinander ihre naturgemäßen Wirtschaftsziele zu verfolgen und zu erreichen. Wie auch § 3 AVB. 1879 andeutet, läßt sich eine feste Norm für die Flächengröße nicht aufstellen; diese kann je nach Lage, Figur und Betriebsart der Waldteile eine ziemlich verschiedene sein. Mittel- und Niederwaldungen werden sich auf verhältnismäßig kleineren Flächen noch regelmäßig bewirtschaften lassen, während der Hochwaldbetrieb hiezu größere Flächen erfordert. Bei keiner anderen Kulturart üben die Grenzen und zwar gegenseitig einen derart ungünstigen Einfluß wie bei der Holzzucht aus. Der Alleineigentümer kann in keiner Weise gehindert werden, sein Waldgrundstück ganz nach Belieben zu zertrümmern und den Teilstücken die denkbar ungünstigste Form und kleinste Fläche zu geben. Schon aus diesem Grunde — ganz abgesehen von der vorhandenen Möglichkeit, das Gesetz zu umgehen — möchte es billig erscheinen, dem Art. 20 eine möglichst weitherzige Auslegung zu geben, zumal über das, was der Gesetzgeber unter regelmäßiger Bewirtschaftung verstanden wissen will, sehr auseinandergehende Anschauungen möglich sind (so FM.Note vom 14. 5. 1915 Nr. 4918).

Ähnlich spricht sich in der E. des VGH. vom 19. 1. 1921 die Ministerialforstabteilung aus: „Es unterliegt ja keinem Zweifel, daß bei Aufteilung in Streifen von 7—8 m Breite von einer Wirtschaft mit dem Ziel höchstmöglichen Reinertrags keine Rede sein kann. Es läßt sich aber bei der gegenwärtig vorherrschenden Bestockung mit Föhrenhochwald auch nach der Aufteilung eine Art Bewirtschaftung denken, die — ohne dem obenerwähnten rationellen Wirtschaftsziel nahezukommen — doch als eine regelmäßige und damit den Absichten des Gesetzgebers genügende bezeichnet werden kann, zudem nach den Verhältnissen der Gegend die Hauptwertschätzung des Waldes auf seiner Eigenschaft als Streuerzeuger beruht, der gegenüber die Holzproduktion in den Hintergrund tritt. Durch ein Verteilungsverbot wäre übrigens im vorliegenden Fall auch nicht einmal eine rationelle Bewirtschaftung gewährleistet. Es besteht zurzeit keine gesetzliche Möglichkeit, die einzelnen Verbandsmitglieder zu zwingen, die tatsächlich getrennte Bewirtschaftung zugunsten einer genossenschaftlichen rationellen aufzugeben. Der Zweck des Art. 20 kann somit im vorliegenden Falle nicht erreicht werden; durch eine Aufrechterhaltung des Verteilungsverbots würde nur eine Form ohne Inhalt aufrechterhalten werden." Der VGH. fährt weiter: „Auf Grund dieses Gutachtens hat der VGH. die Überzeugung gewonnen, daß bei der durch die Beteiligten tatsächlich schon vollzogenen Aufteilung der Waldfläche die einzelnen Teile zwar nicht einer Wirtschaft mit dem Ziele höchstmöglichen Reinertrags zugeführt werden können, daß aber immerhin eine regelmäßige Bewirtschaftung dieser Waldteile stattfinden kann, die dem vom Gesetz geforderten Maße der Bewirtschaftungsmöglichkeit entspricht. Damit ist der Fall des Art. 20 Abs. II gegeben und es darf daher die Zustimmung zu der schon durchgeführten Waldverteilung von der Forstpolizeistelle nicht verweigert werden. Die nachträgliche Erteilung der Genehmigung entspricht auch dem in Art. 1 an die Spitze des Gesetzes gestellten Hauptgrundsatz, nämlich der Gewährleistung möglichster Freiheit in der Benutzung und Bewirtschaftung des Privatwaldbesitzes. Im Gesetz enthaltene einschränkende Ausnahmen von dieser Regel sind nach allgemeinen Auslegungsgrundsätzen im allerengsten Sinne auszulegen (vgl. VGH. Bd. 6 S. 144)."

Auch die Bodenbeschaffenheit (Ebene oder anderes Gelände), Erschließung durch Wege, ferner die gegendübliche Umtriebszeit können von Bedeutung sein. Nicht allein die Bewirtschaftung im engeren Sinne steht einer Waldteilung vielfach hindernd im Wege, auch bei Nutzbarmachung (Gewinnung und Brauchbarmachung) der Forsterzeugnisse können sich Mißstände und Nachteile ergeben, besonders, wenn den einzelnen Teilen eine unzweckmäßige Gestalt und Abgrenzung gegeben wird. Auch diese Umstände sind zu berücksichtigen. Nach dem Willen des Gesetzgebers darf auch die Rücksicht auf die Nachbarn nicht außer acht gelassen werden. Die Begr. sagt: „Wenn der Besitzer eines Teils einseitig Holz schlägt, öffnet er in vielen Fällen, besonders bei Nadelholz, den Windstürmen den Weg in die rückwärts gelegenen Teile der Nachbarn. Auf diese Weise sind große Waldstrecken zerstört worden, die in den günstigsten Ortslagen, jetzt größtenteils verwüstet, kaum den dritten Teil von dem mehr erzeugen, was der Wald im unverteilten Zustand, als ein Ganzes bewirtschaftet, leisten könnte." Das Gesetz fordert die Möglichkeit irgendeiner regelmäßigen Bewirtschaftung, schließt also auch den Übergang zu einer anderen selbst weniger vorteilhaften Betriebsart nicht aus. Als gesondertes Waldgrundstück muß es noch regelmäßig bewirtschaftet werden können (VGH. 13. 11. 1911). Es ist nicht ausgeschlossen, wenn auch im allgemeinen nicht im Sinne des Gesetzes, die Zustimmung zur Verteilung auch zu erteilen, wenn die einzelnen Teile einer regelmäßigen Bewirtschaftung nicht mehr fähig sind; vgl. Anm. 6. Der Rechtsanspruch auf die Genehmigung nach Abs. II besteht nur, wenn sämtliche entstehenden Teile noch regelmäßig bewirtschaftet werden können.

8. Zuständigkeit: In erster Instanz die Forstpolizeistelle (Regierung K. d. F., sie entscheidet im Büroweg); in zweiter Instanz für Rechtsfragen der VGH. (Art. 10 Z. 8 VGG.), für Ermessensfragen das Staatsministerium des Innern. Rechtsfragen sind:

a) ob eine Genehmigung der Forstpolizeistelle überhaupt notwendig ist (vgl. VGH. Bd. 6 S. 143),

b) ob der einzelne Teil auch noch nach der Verteilung einer regelmäßigen Bewirtschaftung fähig bleibt und daher die Genehmigung nicht verweigert werden darf (VGH. 19. 1. 1921; vgl. Dyroff S. 441 und VGH. Bd. 15 S. 33).

9. Kosten: Die im Falle des Art. 20 entstehenden Kosten (z. B. die Kosten der auf Augenschein begründeten Gutachten der Forstbehörden) sind von den Beteiligten zu tragen; die Bestimmung des Art. 15 (Bestreitung aus Staatsmitteln) findet hier keine Anwendung (ME. 19. 6. 1856, S. Pr.E. Bd. 4 (1856) S. 22, Weber Bd. 4 S. 677 u. 742).

10. Verhältnis zum BGB.: Die das Eigentum einschränkende Bestimmung des Art. 20 ist aufrechterhalten durch Art. 119 Ziff. 2 EGBGB.; dieser hat nicht bloß tatsächliche, sondern auch rechtliche Teilungen im Auge.

Lehenwaldungen:
a) nicht allodifizierbare. **Artikel 21**[1]. ($^{21}/_{21}$).

[I] Auf die Waldungen jener Lehengüter[2], welche nach Art. 2 des Gesetzes vom 4. Juni 1848, die Ablösung des Lehenverbandes betreffend, von der Allodifikation ausgeschlossen sind, finden außer den für die Privatwaldungen überhaupt geltenden forstpolizeilichen Vorschriften[7] die betreffenden Bestimmungen des Ediktes über die Lehenverhältnisse[4] vom 7. Juli 1808 Anwendung.

[II] Der Besitzer solcher Waldungen ist verbunden[4], dieselben auf Grund von Wirtschaftsplänen[7] unter genügender technischer Leitung nachhaltig[5] zu bewirtschaften und hierüber nach näherer Anordnung der Forstpolizeistelle[6] den Nachweis zu liefern.

b) noch nicht allodifizierte. **Artikel 22**[1]. ($^{22}/_{22}$).

Die Bestimmungen des Art. 21 gelten auch von anderen Lehenwaldungen, insolange diese noch nicht in Gemäßheit des angeführten Gesetzes vom 4. Juni 1848 allodifiziert worden sind.

1. **Geltungsbereich:** Die Art. 21 und 22 befassen sich mit den Waldungen der nicht allodifizierbaren oder noch nicht allodifizierten Lehengüter. Die Waldungen unterliegen den für die Privatwaldungen geltenden forstpolizeilichen Vorschriften und damit den gleichen Beschränkungen wie die Privatwaldungen, außerdem aber noch den Beschränkungen des Lehenedikts und den Vorschriften des Art. 21 Abs. II, wonach die Bewirtschaftung auf Wirtschaftspläne gestützt und von sachmännischem Personal geleitet sein muß. Einer allgemeinen staatlichen Oberaufsicht wie die Gemeinde-, Stiftungs- und Körperschaftswaldungen (Art. 6) unterstehen sie nicht.

Art. 21 und 22 haben seit dem Lehenauflösungsgesetz vom 30. 8. 1920 (GVBl. S. 417) mit Vollz.-V. vom 23. 10. 1920 (FMBl. S. 134) im wesentlichen ihre Bedeutung verloren. Neue Lehen dürfen nicht mehr verliehen werden (§ 1 des Ges. vom 28. 3. 1919, GVBl. S. 114); die verliehenen sind aufzulösen; sie verwandeln sich grundsätzlich nach Erfüllung bestimmter Voraussetzungen in volles Privateigentum (§ 1 Abs. II des eben genannten und §§ 1 ff., 5 des erstangeführten Ges.). Bis zu diesem Zeitpunkt gilt für das betreffende Lehen das bisherige Recht, also auch Art. 21 f. FG. (§ 5 Abs. II des Ges. vom 30. 8. 1920). Das Lehenrecht ist der Landesgesetzgebung überlassen (Art. 59 EGBGB.).

Art. 21 Abs. I:

2. **Lehenwaldungen:** Lehenwaldungen sind Privatwaldungen (ObLG. 15. 10. 1894, Bd. 15 S. 361); vgl. die Überschrift vor Art. 19 und die Fassung des Art. 21 Abs. I.

3. **Forstpolizeiliche Vorschriften:** insbes. Art. 34 ff, 120.

4. **Lehensedikt:** Eine die Grenzen forstwirtschaftlicher Benutzung überschreitende Holzfällung ist nach dem Lehensedikt nur dann als Lehensveräußerung aufzufassen, wenn sie den Wert des ganzen Lehens um ein Drittel vermindert hat (ObLG. 28. 12. 1881, Z. S. Bd. 9 S. 447).

Art. 21 Abs. II:

5. **Verbunden:** Abs. II hat seine heutige Fassung im Jahre 1896 erhalten. Die Vorschriften der Art. 21 und 22 sind Ausnahmebestimmungen und als solche streng auszulegen. In den Schranken des Art. 21 steht dem Lehensbesitzer wie jedem anderen Waldbesitzer die freie Bewirtschaftung seines Waldes zu (Art. 1); gegen seine wirtschaftlichen Maßnahmen kann daher von forstpolizeiwegen nur dann Einspruch erhoben werden, wenn sie gegen die Bestimmungen des Art. 21 verstoßen. Der Fällungsbetrieb ist nicht (wie bei den Gemeindewaldungen) einer staatlichen Oberaufsicht unterstellt. Der Lehensmann ist nur verpflichtet, der Forstpolizeistelle (nicht dem Forstamt) auf Verlangen die Erfüllung der Verpflichtung einer nachhaltigen Bewirtschaftung des Lehenswaldes auf Grund von Wirtschaftsplänen und durch Bestellung einer genügenden technischen Betriebsleitung nachzuweisen, und die Forstpolizeistelle ist berechtigt, wegen des Wann und Wie der Nachweislieferung nähere Anordnungen zu treffen (ME. vom 22. 6. 1900 Nr. 14278); vgl. auch Anm. 6.

Die Abmarkung ist wesentlich eine Maßregel, die die Sicherstellung des Waldgrundes gegen widerrechtliche Eingriffe bezielt, während sie zur Bewirtschaftung, Benutzung und Erhaltung der Waldungen als solcher in keiner inneren Beziehung steht; die Maßregel stellt sich daher nicht als eine forstpolizeiliche dar (ME. vom 28. 12. 1872 Nr. 16571).

6. Nachhaltig: Wie für die Staatswaldungen in Art. 2 vorgeschrieben. Der Lehensmann ist zwar an die dem Nießbrauch (§§ 1038 ff. BGB.) gezogenen Schranken nicht gebunden, in der Ausübung des ihm zustehenden Nutzungsrechtes aber nicht unbeschränkt, vielmehr beschränkt durch die Verpflichtung, das Lehen hauswirtschaftlich zu benutzen und jede Verschlechterung zu unterlassen (ObLG. 28. 12. 1881, ZS. Bd. 9 S. 447).

7. Forstpolizeistelle: D. i. die Kreisregierung, Kammer des Innern (Art. 109).

8. Wirtschaftsplan: Der Lehensinhaber hat nicht nur Wirtschaftspläne für die Lehenswaldungen aufstellen zu lassen und einzuhalten, sondern ist auch verpflichtet, diese Pläne, sowie alle zu ihrer Würdigung und zur Erhärtung einer auf Grund dieser Pläne betätigten wirtschaftlichen Benutzung der Lehenswaldungen erforderlichen sonstigen Behelfe wie Fällungsnachweisungen usw. der Forstpolizeistelle auf deren Verlangen vorzulegen. Die Forstpolizeistelle ist zwar nicht befugt, den Wirtschaftsplan förmlich zu genehmigen oder ihm die Genehmigung zu versagen, aber es ist ihre Sache darüber zu befinden, ob ein auf ihr Verlangen vorgelegter Plan den Nachweis einer nachhaltigen Bewirtschaftung des Waldes geliefert hat oder nicht. Findet sie, daß dies nicht der Fall ist, so ist sie berechtigt und verpflichtet, den Lehenbesitzer zur Aufstellung eines neuen Planes aufzufordern, da Lehenwaldungen nur auf Grund von Wirtschaftsplänen bewirtschaftet werden dürfen, die die nachhaltige Benutzung ermöglichen (FMNote vom 29. 10. 1897 Nr. 16985). Entsprechendes gilt von der Betriebsleitung; Konkursprüfung ist gesetzlich nicht vorgeschrieben, sie kann aber u. U. von der Forstpolizeistelle verlangt werden.

9. Fideikommiß- und Erbgüterwaldungen: Fideikommißwaldungen sind Privatwaldungen (vgl. ObLGZ. Bd. 19 S. 386; Bd. 20 S. 480 und 490); es gelten für sie die forstpolizeilichen Bestimmungen wie für gewöhnliche Privatwaldungen. Die Fideikommisse sind nunmehr auch aufgehoben (Ges. vom 28. 3. 1919, GVBl. S. 114; Ausführungsvorschriften vom 26. 9. 1919, GVBl. S. 647, 698; vgl. auch JMBl. 1919 S. 379). Ähnliches gilt für die Waldungen der landwirtschaftlichen Erbgüter.

Stiftungen nach § 15b der Ausführungsvorschriften zum Fideikommißaufhebungsgesetz können je nach ihrer Zweckbestimmung öffentliche oder private sein. Im letzteren Fall sind die zum Stiftungsvermögen gehörenden Waldungen Privatwaldungen nach Art. 19 FG.; im ersteren Fall sind es Waldungen nach Art. 6ff. FG.; die Zuständigkeit der Forstpolizeistelle und Forstpolizeibehörde wird sich hier ausnahmsweise nach Art. 109 FG. bestimmen, da das Fideikommißgericht, dem die Aufsicht über die Stiftung zusteht (§ 17 Abs. IV d. AusfV.) nicht in Betracht kommen kann; die örtliche Zuständigkeit wird sich nach der Lage des Waldes richten; vgl. Anm. 2 zu Art. 14.

Zweite Abteilung.

Forstberechtigungen.

1. Geltungsbereich: Die zweite Abteilung (Art. 23—33) ist der zweite der fünf Hauptteile des Gesetzes. Die Art. 23 bis 33 gelten gleichmäßig für alle in Bayern r. d. Rh. gelegenen Waldungen, gleichgültig, wem sie gehören (Staats-, Gemeinde-, Stiftungs-, Körperschafts- und Privatwaldungen); auf Waldungen außerhalb Bayerns r. d. Rh. sind sie nicht anwendbar, auch wenn der Waldbesitzer ein Bayer ist.

Die Art. 23—33 enthalten zwei Gruppen von Bestimmungen: einmal die in Art. 18 des Grundlastenablösungsgesetzes vom 4. Juni 1848 vorbehaltenen besonderen Bestimmungen über die Aufhebung, Regelung, Fixierung und Ablösung von Forstberechtigungen und Berechtigungen zur Alpenweide nebst Gegenleistungen, die für die übrigen Grundlasten in den Art. 2—41 des angeführten Gesetzes enthalten sind, sodann Bestimmungen forstpolizeilicher Art, die zum Schutze des Waldes erforderlich sind; beide Gruppen lassen sich nicht streng scheiden; zur ersten Gruppe gehören vornehmlich die Art. 27—33, zur zweiten (forstpolizeilichen) Gruppe die Art. 23—26.

Die Art. 23—33 regeln die Forstberechtigungen und die Berechtigungen zur Alpenweide nicht erschöpfend; soweit die genannten Artikel nichts Besonderes bestimmen, gelten für die Berechtigungen die allgemeinen Vorschriften des Forstgesetzes (insbesondere über Forstpolizei) und der anderen Gesetze, insbesondere des bürgerlichen Rechts (über Dienstbarkeiten und Reallasten, je nach der Art der Berechtigung); das Grundlastenablösungsgesetz vom 4. Juni 1848 ist auf sie nicht anwendbar (Art. 18 des G.).

2. Übersicht: Die zweite Abteilung enthält im einzelnen Vorschriften über

1. die Ausübung der Forstberechtigungen:
   a) Unterstellung unter die Forstpolizei (Art. 23 Abs. I),
   b) Streitigkeiten über die Ausübung (Art. 23 Abs. II),
   c) Bauholzberechtigungen insbesondere (Art. 28);
2. die Schranken der Forstberechtigungen:
   a) Ermäßigung, wenn die Nachhaltigkeit der Bewirtschaftung beeinträchtigt wird (Art. 24, 25),
   b) Zulässigkeit der nötigen Änderungen der Holz- und Betriebsart (Art. 24, 26);
3. die Umwandlung von Forstberechtigungen:
   a) ungemessener Rechte in gemessene (Art. 27),
   b) Umwandlung in Geldleistungen (Art. 29);
4. die Ablösung von Forstberechtigungen (Art. 30);
5. das Verbot der Begründung neuer Berechtigungen (Art. 33);
6. die Waldfronen (Art. 31);
7. die Betretung des Rechtswegs (Art. 32).

Vorbemerkung vor Art. 23.

Übersicht:

1. Begriff und Inhalt der Forstberechtigungen: Durch Art. 18 des Ablösungsgesetzes vom 4. IV. 1848 (GBl. S. 97; Weber Bd. 3 S. 697) war die Ordnung der Holz-, Streu- und Weiderechte in den Waldungen und Gebirgen sowie der Gegenreichnisse einschließlich der Leistungen von Holzfronen dem künftigen Forstpolizeigesetz vorbehalten worden; die ungemessenen Forstrechte sollten durch ein besonderes Gesetz geordnet werden. Tatsächlich wurden alle diese Gegenstände im Forstgesetz und zwar im wesentlichen in der zweiten Abteilung und in Art. 44 geregelt. Die zur Zeit der Einführung des Forstgesetzes bestehenden Forstberechtigungen sind mit dem bisherigen Inhalt und Rang bestehen geblieben. Die Bestimmungen des Forstgesetzes finden auf sie aber volle Anwendung ohne Rücksicht auf etwaige alte Privilegien und schränken sie u. U. ein. Seit der Geltung des Forstgesetzes könnten Forstberechtigte von der Beachtung der forstpolizeilichen Bestimmungen des Forstgesetzes nur im Wege einer Änderung des Forstgesetzes befreit werden. Die im Forstgesetz enthaltene Regelung der Forstberechtigungen ist bei der Einführung des Bürgerlichen Gesetzbuches durch Art. 113 und 115 EG. BGB. aufrechterhalten worden. Die Begründung zum Forstgesetz (S. 622) versteht unter Forstrechten die „Holz-, Streu- und Weiderechte in den Waldungen und Gebirgen". Nach dieser dem Forstgesetz zugrundeliegenden Begriffsbestimmung sind also Forstberechtigungen[1]) jene bürger-

[1]) Wie die Forstberechtigungen nach Art. 23—33 FG. zu behandeln sind auch die dinglichen Berechtigungen zur Alpenweide (s. unten S. 129).

lichrechtlichen dinglichen Rechte an Waldgrundstücken, die die Nutzung von Erzeugnissen des Waldes zum Gegenstand haben. In Betracht kommen nur dingliche Rechte, d. s. Rechte, die auf dem Waldgrundstück lasten; bloße persönliche (obligatorische, schuldrechtliche) Rechte gegenüber dem Waldeigentümer (Waldbesitzer) sind niemals Forstberechtigungen im Sinne des Forstgesetzes. Die Forstberechtigungen hätten an sich auf eine bestimmte Zeit begründet werden können; tatsächlich lauten aber wohl sämtliche in Bayern bestehenden Forstberechtigungen auf unbegrenzte Dauer; damit ist aber nicht gesagt, daß die Forstrechte nicht eingehen können (s. unten Ziff. 7). Durch bloßen einseitigen Widerruf kann sich der verpflichtete Waldeigentümer der Belastung niemals entledigen.

Inhalt und Umfang einer Forstberechtigung bestimmen sich nach dem Entstehungstitel. Dem Inhalte nach gibt es drei Hauptarten von Berechtigungen: Holz-, Streu- und Weiderechte; nach dem Umfang sind zwei Hauptarten zu unterscheiden: Forstrechte nach Bedarf (ungemessene) und gemessene, die nach Art, Zahl und Zeit genau bestimmt sind; näheres über die gemessenen und ungemessenen Rechte bei Art. 27, über die Inhaltsabarten unter d. Im Laufe der Zeiten kann sich der Umfang der Forstrechte aus bestimmten Gründen ändern; es können z. B. ungemessene Rechte in gemessene umgewandelt werden (Art. 27), bei ungemessenen Rechten kann sich der Bedarf ändern (näheres Art. 27 Anm. 2b), der Bezug kann mit Rücksicht auf die Leistungsfähigkeit des Waldes ermäßigt werden (Art. 24—26), es können auch vertragliche Änderungen getroffen werden z. B. in Verbindung mit Teilablösungen usw. Änderungen des Inhalts der Berechtigungen werden seltener eintreten; sie sind aber auch möglich (z. B. nach Art. 26 Abs. II).

Forstberechtigungen sind einschränkend auszulegen; im Zweifel haben die Verwaltungsbehörden und die Gerichte sich daher für den geringeren Umfang der Berechtigung zu entscheiden (vgl. ObLGZ. Bd. 11 S. 503).

Daß der Berechtigte von jeder Gegenleistung befreit ist, ist nicht Voraussetzung; nicht selten haben z. B. die Forstberechtigten sog. Forstzinse zu leisten[1]). Auch das Recht, Holz oder andere Walderzeugnisse aus einem Wald um eine niedrigere Taxe zu beziehen, kann ein Forstrecht im Sinne der Art. 23ff. sein (BlfRA. Bd. 13 S. 286; Bd. 31 S. 269); sogar die Berechtigung, Holz um die volle Taxe oder um den jeweiligen Marktpreis zu beziehen, kann ein Forstrecht sein (Roth Bd. 2 S. 354 Fußn. 9). Das dingliche Recht, auf einer bestimmten Fläche (gegen oder ohne jeweilige Entschädigung des Eigentümers) das stehende und wachsende Holz schlagen zu dürfen, ist eine Forstberechtigung, die zu begründen im Hinblick auf Art. 33 nicht mehr zulässig ist (OGHZ. Bd. 3 S. 280). Nach dem Bayerischen Landrecht kann das Recht einer Gemeinde, aus einer Waldung vor Anderen gegen Zahlung der forstamtlich festgesetzten Preise die alljährlich anfallende Eichelernte zu beziehen, als ein die Waldung belastendes, dingliches, eintragungsfähiges Recht angesehen werden (ObLGZ. Bd. 12 S. 146).

Der Begriff der Forstberechtigung ist innerhalb des ganzen Forstgesetzes derselbe. Der Begriff der Forstberechtigten in § 117 StGB. ist ein anderer; als Forstberechtigter in diesem Sinn ist auch anzusehen, wer zufolge formloser Vereinbarung mit einem Waldeigentümer die persönliche Nutzung eines Waldteils hat (RGSt. Bd. 57 S. 80).

Zu der Begriffsbestimmung im einzelnen ist zu bemerken:

a) dingliche Rechte:

α) **regelmäßig Dienstbarkeiten:** Die Forstberechtigungen sind ihrer rechtlichen Natur nach in aller Regel Dienstbarkeiten[2]) und zwar gewöhnlich Grunddienstbarkeiten, nur in seltenen Fällen Reallasten[2]). Eine Vermutung im Rechtssinn besteht für die rechtliche Natur als (Grund-)

---

[1]) Diese Gegenleistungen sind keine Reallasten (Roth Bd. 2 S. 331 Fußn. 7; s. aber Wolff, Sachenrecht § 106 VII 3) und keine Waldfronen nach Art. 31 (näheres die dortige Anm. 2). Bestehen die Gegenleistungen in Geld, so sind sie aufzuwerten; regelmäßig werden jetzt so viele Reichsmark als früher Mark zu zahlen sein.

[2]) Dienstbarkeiten sind dingliche Rechte zu beschränkter unmittelbarer Nutzung; Reallast ist die dingliche Belastung eines Grundstücks, wonach dem Berechtigten wiederkehrende Leistungen aus dem Grundstück zu entrichten sind (vgl. § 1105 BGB.). Das Wesen der aus dem römischen Recht übernommenen Dienstbarkeit (Servitut) besteht auf seiten des Verpflichteten in patiendo oder in non faciendo, das der schon im alten deutschen Recht vorhandenen Reallast in faciendo, praestando. Der Grundsatz des römischen Rechts „servitus in faciendo consistere nequit" ist auf jene Tätigkeit des Waldeigentümers bei der Ausübung der Forstberechtigung nicht anwendbar, die vorzugsweise zu seinem Schutze dient (s. weiter unten); übrigens konnte nach dem Bayer. Landrecht eine Dienstbarkeit auch in faciendo bestehen (s. unten).

Dienstbarkeit zwar nicht, wohl aber auf Grund der Erfahrung eine Art tatsächliche Vermutung (vgl. Henle, Grundbuchanlegung, 2. Aufl. S. 342e).

Im Gebiete des Bayerischen und Preußischen Landrechts handelt es sich nach herrschender Meinung ausschließlich um Dienstbarkeiten (Bayr. LR. Tl. II, Kap. 8, § 15; Preuß. LR. I. 22. 197; Roth, Bayr. Zivilrecht, Bd. 2 S. 354, Fußn. 6 u. 7). Auch im Gebiete des gemeinen Rechts sind die Forstrechte grundsätzlich Dienstbarkeiten (Roth Bd. 2 S. 354 Fußn. 8 und S. 355). Auch dem Forstgesetz liegt die grundsätzliche Auffassung der Forstrechte als Dienstbarkeiten zugrunde; im Entwurf 1846 war nur von Forstdienstbarkeiten (und Forstberechtigungen als der Gegenseite der Dienstbarkeiten) die Rede; die heutige Abteilung „Forstberechtigungen" trug sogar die Überschrift „Forstdienstbarkeiten"; Art. 23 spricht von der „Ausübung" der Forstberechtigungen (vgl. Roth Bd. 2 S. 355 Fußn. 13).

Für die Auffassung der Forstrechte als Dienstbarkeiten spricht auch ihre geschichtliche Entwicklung. Der wesentliche Inhalt der Forstberechtigungen war von jeher ein Holendürfen. Durch die im Laufe der Zeit vielfach hinzutretende Anweisung, die Ausrichtung durch den Waldbesitzer usw. sollte nicht das Recht des Berechtigten erweitert, sondern eingeschränkt werden und zwar zur Erhaltung des Waldes im Interesse des Waldbesitzers und im allgemeinen (polizeilichen) Interesse. Im Entwurf 1846 (Art. 48) war sogar den Forstberechtigten verboten, ihr Berechtigungsholz selbst aufzuarbeiten. In der Begründung hieß es, es sei eine bekannte Sache, daß Forstberechtigte, die ihr Berechtigungsholz selbst aufarbeiten, ihren Vorteil auf Kosten des Waldeigentümers auf alle Weise zu befördern suchten, sei es durch Zueignung besserer Sortimente oder durch Übergriffe in den Dimensionen und der Mäßerei; gegen diese Benachteiligung müsse das Gesetz Schutz gewähren. Diese Bestimmung wurde in das geltende Forstgesetz nicht aufgenommen; das Recht oder die Pflicht zur Aufarbeitung bestimmt sich heute nach dem Inhalt der Forstberechtigung; wenn der Waldbesitzer das Rechtholz aufarbeiten läßt, muß der Berechtigte regelmäßig die Kosten tragen. Heutzutage ist es die Regel, daß der Verpflichtete das von dem Berechtigten zu beziehende Holz fällt und dem letzteren anweist (Roth Bd. 2 S. 354 Fußn. 1). Der Waldeigentümer kann nach dem Inhalt der Berechtigung sogar berechtigt und verpflichtet sein, das Rechtholz aufzusetzen und abzufahren, ohne daß der Berechtigung dadurch der Dienstbarkeitscharakter genommen wird; dann nämlich, wenn die Mitwirkung des Waldeigentümers in seinem Interesse eingeführt ist; dies ist, wie vorhin ausgeführt, die Regel. Daß der Berechtigte zu einer Gegenleistung verpflichtet ist, hindert die Annahme einer Dienstbarkeit nicht (Roth Bd. 2 S. 354); ebensowenig, daß der Forstberechtigte sich die Anweisung des Rechtholzes usw. gefallen lassen muß. Übrigens kennt das Bayr. Landrecht auch Dienstbarkeiten, bei denen der Eigentümer des dienenden Grundstücks etwas Positives zu tun hat (Tl. II, Kap. 7, § 2 Nr. 1; vgl. Danzer S. 103; dagegen Roth Bd. 2 S. 230 Fußn. 12).

Gewisse Forstrechte können schon ihrem Inhalte nach nur Dienstbarkeiten, niemals Reallasten sein, z. B. die Weiderechte, die Raff- und Leseholzrechte und die Rechte zum Streurechen; aber auch die andern Forstrechte, z. B. auf Bau- und Brennholz, sind gewöhnlich Dienstbarkeiten (vgl. Roth Bd. 2 S. 355 Fußn. 12).

In der Pfalz können Forstberechtigungen mit Rücksicht auf das dort früher geltende französische Recht überhaupt keine Reallasten sein, sondern nur Dienstbarkeiten, obwohl es dort den Forstberechtigten stets verboten ist, das Rechtholz selbst im Walde zu schlagen; sie müssen es vom Waldeigentümer aufarbeiten und sich anweisen lassen (ObLGZ. Bd. 8 S. 119).

β) **ausnahmsweise Reallasten:** Ausnahmsweise können im rechtsrheinischen Bayern (nicht in der Pfalz) Forstberechtigungen auch Reallasten sein. Eine Reallast ist aber nur in den seltenen Fällen anzunehmen, in denen der Waldeigentümer dem Berechtigten das Rechtholz usw. nachweislich von jeher liefern mußte und zwar nachweislich vorzugsweise im Interesse des Berechtigten, nicht in seinem eigenen Interesse (s. oben *α*). Eine Reallast wird stets anzunehmen sein, wenn das Beholzigungsrecht usw. als jährliche Leistung auf ein Grundstück oder einen Grundstückskomplex ohne Rücksicht auf seinen Bestand als Wald gelegt ist (Roth Bd. 2 S. 356); eine Forstberechtigung im Sinne der Art. 23—33 des Forstgesetzes ist aber stets nur gegeben, wenn das Beholzigungsrecht usw. ausschließlich auf einem Waldgrundstück lastet; die ebengenannten Reallasten sind also keine Forstberechtigungen (Roth-Becher Bd. 2 II S. 171 Fußn. 16). Gewisse Berechtigungen können schon ihrem Inhalte nach niemals Reallasten sein (s. oben *α*).

b) regelmäßig subjektiv-dingliche Rechte: In den meisten Fällen sind die Forstberechtigungen subjektiv-dingliche Rechte, d. h. die Berechtigung ist mit dem Eigentum an einem bestimmten Grundstücke verbunden, u. zwar kommen regelmäßig in Frage Grunddienstbarkeiten, ausnahmsweise subjektiv-dingliche Reallasten. Selten sind es **subjektiv-persönliche** Rechte d. s. Rechte, die einer bestimmten Person zustehen und nicht mit dem Eigentum an einem Grundstück verbunden sind. Die subjektiv-persönlichen Rechte stehen meist juristischen Personen, z. B. Gemeinden, Stiftungen, zu; soweit solche Rechte aber öffentlichrechtlicher Natur sind, zählen sie nicht zu den Forstberechtigungen des Forstgesetzes (z. B. die meisten auf einem öffentlichrechtlichen Entstehungsgrund beruhenden sog. Deputatgerechtigkeiten[1])); sie sind dann jeweils nach den für das Rechtsverhältnis einschlägigen besonderen Bestimmungen zu behandeln. Die subjektive Dinglichkeit der Forstrechte geht in der Regel noch weiter und verlangt gewöhnlich als Voraussetzung für die Ausübung das Bestehen einer Wohnstätte auf dem herrschenden Grundstück, da die Forstberechtigungen regelmäßig nur bebauten und bewohnten Grundflächen einen unmittelbaren Vorteil gewähren; denn eine Grunddienstbarkeit mußte grundsätzlich nach dem alten Recht (§ 1019 BGB. ist auf die altrechtlichen Grunddienstbarkeiten nicht anwendbar, Art. 184 EG.BGB.) dem Berechtigten als Eigentümer des herrschenden Grundstücks Vorteil gewähren (Roth Bd. 2 S. 288). Die nachbarliche Lage des dienenden und herrschenden Grundstücks, die das römische Recht bei Grunddienstbarkeiten verlangte, ist nicht mehr erforderlich (Roth Bd. 2 S. 313 Fußn. 34).

Nach dem in Bayern vor 1900 geltenden Recht waren auch Grunddienstbarkeiten möglich, die nicht mit einem herrschenden Grundstück verbunden waren, sondern einer **Körperschaft**, insbesondere einer Gemeinde (Ortschaft), als solcher zustanden (Roth Bd. 2 S. 255 Fußn. 6; Roth-Becher Bd. II S. 47 Fußn. 4 u. 5; Meisner S. 412, Fußn. 5); diese Rechte blieben auch nach der Einführung des Bürgerlichen Gesetzbuches als Grunddienstbarkeiten bestehen (Art. 184 EG. BGB.).

Wenn eine oder mehrere Gemeinden an einer (Staats-)Waldung Nutzungsrechte im Sinne des Forstgesetzes Art. 23ff. haben, so kann deren Ausübung den Gemeindeangehörigen zustehen; in diesem Falle beurteilt sich nur die Beziehung zwischen den Gemeinden (als Rechtspersönlichkeiten des öffentlichen Rechts) und dem Waldbesitzer (Forstärar) nach Art. 23ff. FG., nicht dagegen das Innenverhältnis zwischen den die Nutzungsrechte ausübenden Gemeindeangehörigen und der Gemeinde; für letzteres gelten die Bestimmungen der Gemeindeordnung über Nutzungsrechte (Art. 34—39; vgl. VGH. Bd. 25 S. 330). Nach herrschender Meinung können aber die einzelnen berechtigten Gemeindeangehörigen wegen der ihnen zustehenden Nutzungsrechte auch im Verhältnis zum verpflichteten Waldeigentümer unmittelbar klagen u. verklagt werden; wenn es sich um die Gerechtsame als solche handelt, ist im Verhältnis zum Verpflichteten nur die Gemeinde aktiv und passiv legitimiert. Für den Schadenersatzanspruch wegen vorenthaltener Nutzungen ist die Gemeinde nicht aktiv legitimiert (Meisner S. 412 Fußn. 5). S. auch S. 67 Anm. IX.

Die von einer Gemeinde durch **Verjährung** erworbene Grunddienstbarkeit auf den Bezug von Holz und Streu, deren Nutzung den einzelnen Gemeindeangehörigen zusteht, soll sich nach Meisner S. 412 Fußn. 5 auch auf den Bedarf der erst nach dem Beginn oder nach der Vollendung der Verjährung hinzugekommenen Mitglieder erstrecken, falls nicht besondere Gründe für eine Beschränkung auf eine bestimmte Zahl oder Klasse von Mitgliedern vorhanden seien (eine wesentliche Erweiterung des Umfanges des Bedarfes wird auf diesem Weg aber nicht eintreten können, außer es kommt auch bezüglich der Erweiterung rechtswirksame Verjährung in Frage); anders verhalte es sich, wenn das Recht auf einer **Verleihung** beruhe, da Rechte aus Verleihungen der strengsten Auslegung unterlägen und daher die Stellenzahl zur Zeit der Verleihung über den Umfang der gebührenden Bezüge entscheide (Seuff. Archiv Bd. 3 Nr. 300).

Vereinzelt gibt es auch Forstberechtigungen, die nicht auf bewohnten Anwesen, sondern auf **einzelnen Grundstücken** ruhen; dies kann z. B. daher rühren, daß mit der Teilung des berechtigten Anwesens auch das damit verbundene Forstrecht geteilt wurde; vgl. hieher OAG. 21. 6. 1848: Grundsätzlich kann bei einer Gutszertrümmerung ein Streurecht nur bei dem Komplexrest bleiben, mit dem die Gutswohnung verbunden ist; ausnahmsweise kann das Recht aber auch mit einem Grundstück ohne Wohnhaus verbunden sein, dann nämlich, wenn bereits bei der Gutszertrümmerung ein zum Gute gehöriges Wohnhaus fehlte, das Recht aber trotzdem bestand.

An weiteren **Erkenntnissen** sei angeführt: Eine auf einem Wohnhause haftende Holzberechtigung kann nur ausgeübt werden, wenn das Haus wirklich bewohnt und das Holz zum Vorteile der Bewohner verwendet wird; sie fällt ganz weg, wenn die Gebäude abgebrochen und alles in Ackerland verwandelt wird (Seuff. Archiv Bd. 17 Nr. 214; Bd. 21 Nr. 104).

---

[1]) Komplexlasten dagegen sind bürgerlichrechtlicher Natur (s. S. 129 Fußnote).

Eine Gemeinde hatte als Eigentümerin eines Eisenhammers das Recht, aus dem Staatsforst jährlich eine bestimmte Menge Kohlholz zu beziehen; der Eisenhammer wurde nicht mehr betrieben. Das OAG. erklärte mit Erkenntnis vom 12. 3. 1858 den Staat zur Abgabe des Kohlholzreichnisses nicht weiter für verpflichtet, da der Nichtbetrieb des Hammerwerkes seinem zeitweisen Untergange gleichzuachten sei und durch den Verlust der Eigenschaft, an die das Holzrecht geknüpft sei, auch dieses aufhöre. In gleicher Weise könne der Besitzer eines bauholzberechtigten Anwesens kein Bauholz verlangen, wenn sein Anwesen zugrunde gehe und er nicht wieder aufbauen oder ein anderes, nicht auf dem berechtigten Grundstück gelegenes Haus herstellen wolle.

Bezüglich der am Nürnberger Reichswald bestehenden Forstrechte wurde durch Vertrag unter den Beteiligten anerkannt, daß das Holzrecht auch als beschränkte persönliche Dienstbarkeit (Personalservitut) für die Bürger ohne Hausbesitz begründet werden konnte (A. Erk. 24. 10. 1854 Bl. 21 S. 225; Roth Bd. 2 S. 313 Fußn. 31 u. 33).

c) an Waldungen: Das Forstgesetz befaßt sich seinem Zwecke entsprechend nur mit den auf Waldgrundstücken (Begriff Art. 1 Anm. 7) lastenden Berechtigungen; von diesem Grundsatz gibt es nur eine Ausnahme: es regelt in den Art. 23—33 auch die bürglichrechtliche dingliche Berechtigung zur **Alpenweide** und zwar gleichgültig, ob die Weiderechte auf bewaldeten oder unbewaldeten Alpen lasten.

Die Aufnahme der Alpenweide ins Forstgesetz hat ihren Grund in Art. 18 des Ablösungsgesetzes vom 4. 6. 1848, der bestimmte, daß mit den Holz- und Streurechten „die Weiderechte in den Waldungen und Gebirgen" im Forstpolizeigesetz geregelt werden sollten; dieses Versprechen des Gesetzgebers von 1848 löste der Gesetzgeber des Jahres 1851 im Forstgesetz ein, wie sich aus der Begründung und den Gesetzgebungsverhandlungen ergibt. Wie die Forstberechtigungen sind also auch die Berechtigungen zur Alpenweide zu behandeln; darunter sind zu verstehen die auf bewaldeten oder nichtbewaldeten Alpengründen lastenden bürgerlichrechtlichen dinglichen Rechte zur Weidenutzung. Die Holz- und Streurechte erstrecken sich schon der Natur der Sache nach nicht auf unbewaldete Alpen. Der Begriff Gebirgsweide und Alpenweide im Sinne des Forstgesetzes (Art. 23ff., 44) ist der gleiche.

Holzbezugsrechte, Streu- und Weiderechte u. dgl., die den Gegenstand sog. Komplexlasten[1]) bilden, sind nur dann Forstberechtigungen im Sinne des Forstgesetzes, wenn die Rechte ausschließlich auf bestimmten Waldgrundstücken lasten. Die Komplexlasten sind nach herrschender Meinung stets Reallasten, soweit es Forstrechte nach Art. 23ff. sind, also Forstreallasten. Nicht unter die Art. 23—33 fallen jene den Gegenstand von Komplexlasten bildenden Holzbezugsrechte usw., die nicht ausschließlich auf bestimmten Waldgrundstücken lasten, sondern z. B. auf dem gesamten Grundbesitz des Verpflichteten, auch wenn dieser Waldungen mitumfaßt. Die Ansprüche gegen den Pflichtigen aus der Zehentbaupflicht sind niemals Forstberechtigungen im Sinne des Forstgesetzes.

Es kommt vor, daß Einzelne z. B. bei der Errichtung einer Schulstelle, ohne daß sie dazu auf Grund des Gemeinde- oder Schulverbandes verbunden waren, eine fundations- oder dotationsmäßige Reichnispflicht übernommen haben, z. B. die Verpflichtung einer Gutsherrschaft zur Lieferung von Schulbeheizungsholz; eine solche Verpflichtung ist zwar bürgerlichrechtlicher Natur (VGH. Bd. 18 S. 282): eine Forstberechtigung im Sinne des Forstgesetzes liegt aber nur vor, wenn die Verpflichtung zur Holzlieferung dinglich auf einem oder mehreren bestimmten Waldgrundstücken lastet. (Um eine Komplexlast handelt es sich im vorliegenden Falle nicht, da der Entstehungsgrund nicht in alten staatsrechtlichen Verhältnissen, sondern in der bürgerlichrechtlichen Übernahme der Verpflichtung zu suchen ist.)

Dingliche Rechte, die auf andern als Wald- und Alpgrundstücken lasten, sind niemals Forstberechtigungen, auch wenn sie auf die Lieferung von Walderzeugnissen lauten.

An den früheren Bannwaldungen[2]) konnten und können alle Arten von Forstberechtigungen mit Ausnahme der Holzbezugsrechte bestehen (ObLGZ. Bd. 19 S. 366).

---

[1]) Unter Komplexlasten versteht man die aus älterer Zeit stammenden, mit Grundbesitz als bleibende Lasten verbundenen Leistungen zur Befriedigung öffentlicher Zwecke, insbesondere kirchlicher und Unterrichtszwecke; diese Leistungen haben ihren Entstehungsgrund in überholten staatsrechtlichen Verhältnissen (Inkorporation und Inkammerierung, guts- und grundherrlichen Verhältnissen, früherer Landes- oder Kirchenhoheit); sie sind sonach regelmäßig aus öffentlichrechtlichen Verhältnissen entstanden; die Leistungen haben aber nach herrschender Meinung im Laufe der Zeit bürgerlichrechtlichen Charakter angenommen. Vgl. Bl. Bd. 52 S. 257 und Bd. 72 S. 161. In der Pfalz gibt es keine Komplexlasten mehr.

[2]) Unter einem Bannwald hat man in Bayern von jeher im Gegensatz zu den Gemeindewaldungen einen „selbsteigenen" Wald verstanden, worin jedem anderen als dem Berechtigten verboten ist, Holz zu schlagen (ObLGZ. Bd. 19 S. 366).

d) Nutzung von Erzeugnissen des Waldes; Berechtigungsarten:

α) Naturalberechtigungen: Unter den Forstberechtigungen des Forstgesetzes sind nur Naturalberechtigungen verstanden, d. h. Berechtigungen, die einen Anspruch auf natürliche Gegenstände verleihen; Berechtigungen, die auf Geldleistungen lauten (z. B. die nach Art. 29 in bestimmte jährliche Geldleistungen umgewandelten Berechtigungen), sind keine Forstberechtigungen. Der Wert der zu liefernden Gegenstände und damit der Wert der Forstrechte ist im Laufe der Zeiten erheblichen Schwankungen unterworfen; im allgemeinen ist der Geldwert der Forstberechtigungen infolge der Preissteigerung der Forsterzeugnisse fortgesetzt gestiegen, wie die folgenden Feststellungen bezüglich der bayerischen Staatswaldungen zeigen:

Nach dem 2. Heft der forstl. Mitteilungen vom Jahre 1901 waren am 1. Juli 1895 von der Gesamtfläche der bayr. Staatswaldungen im Ausmaße von 916630 ha rund 70%, nämlich 656228 ha mit Holz-, Streu- und Weiderechten belastet. Der volle Brutto-Geldwert der jährlichen Berechtigungsabgaben aus den Staatswaldungen ist im Jahre 1895 mit 3033481 Mk. pro Jahr berechnet. Der Kapitalwert dieser Abgaben bezifferte sich somit im Jahre 1895 bei einem Zinssatz von 4% auf rund 75 Mill. Mk. In der im Jahre 1861 herausgegebenen „Forstverwaltung Bayerns“ ist dieser Kapitalwert mit rund 45 Mill. Mk. angegeben. Zurzeit kann man den Kapitalwert (unter Annahme des gleichen Zinsfußes von 4%) mit 120—130 Mill. RM. ansetzen (Staatshaushaltplan 1929).

β) Berechtigungsarten: Zu den Forstberechtigungen im Sinne des FG. zählen nicht alle an Waldgrundstücken bestehenden dinglichen Rechte, die irgendeine Benutzung des Grundstücks zum Gegenstand haben; der Begriff der Forstberechtigungen ist enger; nur Rechte auf die Nutzung von Erzeugnissen des Waldes gehören hieher. Ein bloßes Fahrt- oder Triebrecht über ein Waldgrundstück z. B. für sich allein ist keine Forstberechtigung, wohl aber kann es ein Teil einer Forstberechtigung sein, z. B. eines Holzbezugs- oder eines Weiderechts. Auf einem Waldgrundstück haftende Rechte auf den Bezug von Torf, Steinen, Wasser u. ä. sind ebenfalls keine Forstberechtigungen (vgl. Bl. Bd. 14 S. 292). Die häufigsten Forstberechtigungen sind Holz- und Streubezugsrechte sowie Weiderechte. Die einzelnen Arten können je nach dem Entstehungsgrund einen verschiedenen Inhalt haben. Die Holzbezugsrechte (Beholzungsrechte) z. B. können auf Brenn-, Bau oder Werkholz gerichtet sein; sie können sich auf das stehende Holz, das Stockholz, Fallholz (Begriff des Lese- und Brennholzrechtes: ObLGSt. Bd. 15 S. 177ff.), den Abraum oder Windbrüche erstrecken; häufig sind mehrere vereinigt; das Recht kann sich auch auf alle auf dem dienenden Grundstück befindlichen Bäume erstrecken, so daß der Berechtigte das ausschließliche Recht der Holznutzung hat (es darf aber kein Nießbrauch im Rechtssinne sein, da es sich sonst um keine Forstberechtigung mehr handelt, s. unten f); oder auf den ganzen Holzertrag mit Ausnahme einer besonders bestimmten Quantität; oder auf alle Bäume einer bestimmten Gattung, z. B. Eichen (Roth Bd. 2 S. 314 Fußn. 42); im Zweifel gibt ein Beholzungsrecht nur den Anspruch auf Deckung des Brennholzbedarfs (anders nach Preuß. Landrecht I 22 §201). Das Weiderecht kann sich auf die in den Waldungen befindlichen Gräser oder auf die Mastfrüchte, insbes. Eicheln und Bucheckern, beziehen (Mastungsrecht) usw. Das Streurecht erstreckt sich gewöhnlich auf gefallenes Laub, Nadeln und Moos; eiserne Rechen, Hacken, Hau- und Schneidewerkzeuge dürfen beim Streusammeln nicht verwendet werden (Art. 90 FG.). Außer den Holz-, Streubezugs- und den Weiderechten sind auch noch andere Arten von Forstberechtigungen möglich, z. B. das Pechelrecht. Im Forstgesetz sind alle in Art. 18 des Ablösungsgesetzes vom 4. 6. 1848 aufgeführten Berechtigungen behandelt; das Forstgesetz beschränkt sich aber nicht auf diese Berechtigungen, es regelt vielmehr alle Forstberechtigungen; jene machen freilich ihren größten Teil aus.

e) nur Berechtigungen bürgerlichrechtlicher Natur:

Zu den Forstberechtigungen im Sinne des Forstgesetzes zählen nur Berechtigungen bürgerlichrechtlicher Natur, nicht dagegen Berechtigungen öffentlichrechtlicher Natur; die letzteren sind nach dem jeweils zugrunde liegenden öffentlichen Recht zu beurteilen. Ob eine Berechtigung dem bürgerlichen oder dem öffentlichen Recht angehört, bestimmt sich regelmäßig nach dem Entstehungsgrund (Ursprung) der Berechtigung (VGH. Bd. 14 S. 109). Berechtigungen, die auf dem Gemeinde-, Schul- oder Pfarrverband beruhen, sind z. B. stets öffentlichrechtlicher Natur (vgl. VGH. Bd. 14 S. 109). Dagegen kann daraus, daß eine Leistung öffentlichen Zwecken dient, nicht ohne weiteres auf die öffentlichrechtliche Natur des der Verpflichtung zugrundeliegenden Rechtsverhältnisses geschlossen werden; Leistungen für öffentliche Zwecke sind häufig, aber nicht immer Ausfluß einer öffentlichrechtlichen Verbindlichkeit (VGH. Bd. 18 S. 284); wenn ein Holzreichnis für eine Pfarrpfründe z. B. unabhängig von öffentlich(dienst)rechtlichen Beziehungen zwischen dem Berechtigten und dem verpflichteten Waldeigentümer von diesem lediglich als Grundbesitzer oder Privatperson gefordert werden kann, dann ist kein öffentlichrechtliches Verhältnis, sondern eine bürgerlichrechtliche Verpflichtung gegeben; lastet die bürgerlichrechtliche Verpflichtung zu dem Holzreichnis auf einem bestimmten Waldgrundstück, so handelt es sich um eine Forstberechtigung im Sinne des FG. (vgl. VGH. Bd. 15 S. 231); ähnlich VGH Bd 9 S. 287: Wenn ein Holzreichnis auf einem bestimmten Waldgrundstück derart lastet, daß es unabhängig von den Beziehungen zu den Dienstleistungen des Pfarrers oder Lehrers von jedem Eigentümer des Waldgrundstücks zu entrichten ist, so steht kein öffentlichrechtliches, im Pfarr- oder Schulverband wurzelndes Reichnis, sondern eine bürgerlichrechtliche Forstberechtigung im Sinne des FG. in Frage; vgl. auch VGH. Bd. 18 S. 282. Holzreichnisse zum niederen Kirchendienst, die vom Landesherrn in seiner Eigenschaft als Grundherr ursprünglich freiwillig übernommen wurden, sind bürgerlichrechtlicher Art (VGH. 11. 5. 1928 Nr. 77 II 27, Bl. Bd. 76 S. 364); eine Forstberechtigung im Sinne des FG. wäre dann anzunehmen, wenn die Reichnisse auf einem bestimmten Wald lasteten und unwiderruflich wären. Die Bezeichnung eines Holzreichnisses (an einen Geistlichen usw.) als Gnadenholz weist auf ein nicht dem öffentlichen Recht zugehöriges Rechtsverhältnis hin; im Streitfall entscheiden hierüber die Gerichte (VGH. 11. 3. 1928, Gebhart, Kirchenrechtl. E. Bd. 1 S. 69); wenn das Reichnis unwiderruflich ist und auf einem bestimmten Waldgrundstück lastet, ist es eine Forstberechtigung im Sinne des FG.

Es kann auch einer Pfründestiftung eine bürgerlichrechtliche Forstberechtigung an dem Wald der Kirchenstiftung zustehen; diese Berechtigung wird dann vom Pfründeinhaber genutzt; die Berechtigung beurteilt sich in diesem Falle nach Art. 23ff. FG.; ein Beispiel hiefür enthalten Bl. 16 S. 177ff.; ähnlich VGH. Bd. 9 S. 287.

Lasten, die auf dem Patronat als solchem beruhen, sind öffentlichrechtlicher Natur, können also niemals den Gegenstand von Forstberechtigungen im Sinne des FG. bilden; die nicht fundationsmäßigen Lasten der Patrone, die nicht im Patronat, sondern im Grundbesitz der Patrone begründet sind, sind regelmäßig Komplexlasten, die u. U. den Gegenstand von Forstberechtigungen bilden können (s. oben c).

Bürgerlichrechtliche dingliche Nutzungsrechte an Gemeinde- und Ortschaftswaldungen sind Forstberechtigungen im Sinne des FG.; öffentlichrechtliche Gemeindenutzungsrechte beurteilen sich nach der Gemeindeordnung; näheres hierüber und über die Unterscheidung, ob bürgerlichrechtliche oder öffentlichrechtliche Nutzungsrechte s. vor Art. 6 Ziff. 8.

f) Keine Forstberechtigungen im Sinne des Forstgesetzes sind also:

α) die obligatorischen Nutzungsrechte an einem Walde, z. B. Pacht;

β) die Rechte auf Bezug von anderen Gegenständen als Walderzeugnissen, z. B. von Steinen aus einem im Walde gelegenen Steinbruch;

γ) Holzbezugs-, Streurechte usw., die auf anderen als Waldgrundstücken lasten;

δ) der Nießbrauch an einem Walde (§§ 1030ff. BGB.), d. i. das auf dem Walde lastende dingliche Recht, ihn ohne Verfügung über seine Substanz in der Gesamtheit seiner Beziehungen zu nutzen; Forstberechtigungen im Sinne des Forstgesetzes können außer Grunddienstbarkeiten und Reallasten nur beschränkte persönliche Dienstbarkeiten sein, deren Inhalt allerdings sehr weit gehen kann (s. oben d). Der Nießbraucher ist Waldbesitzer (§ 1036 BGB.); ist ein Wald Gegenstand eines Nießbrauchs, so kann sowohl der Waldeigentümer wie der Nießbraucher die Aufstellung eines Wirtschaftsplanes verlangen (§ 1038 BGB.).

ε) alle Nutzungsrechte öffentlichrechtlicher Art, z. B. die Gemeindenutzungsrechte, das Recht des Pfarrpfründeinhabers auf Nutzung des Pfründewaldes usw. (s. oben e);

ζ) die Anteilsrechte von Körperschaftsmitgliedern am Körperschaftswald, insbesondere auch nicht die Anteilsrechte an sog. Realgemeinden, obwohl diese bürgerlichrechtlicher Natur sind (s. Anm. 1d zu Art. 18);

η) selbstverständlich nicht die Waldfronen des Art. 31 FG., bei denen die Waldung ja das berechtigte Grundstück ist; sie sind in der zweiten Abteilung wegen ihres engeren Zusammenhanges mit den Forstberechtigungen behandelt;

ϑ) auch nicht die sog. Genüsse (auch Vergünstigungen, Prekarien genannt), d. s. einseitig und freiwillig eingeräumte Leistungen aus Waldbesitz, die sich, solange sie gewährt werden, äußerlich von den Leistungen auf Grund von Forstberechtigungen nicht zu unterscheiden brauchen. Sie können jedoch vom Leistenden jederzeit widerrufen werden. Sie sind in manchen Gegenden sehr verbreitet, insbesondere in Staatswaldungen [1]) und werden zuweilen schon seit Jahrhunderten ab-

---

[1]) Die Staatsforstverwaltung wendet seit einigen Jahren Mittel auf, um denjenigen landwirtschaftlichen Betrieben, die seither regelmäßig Waldstreu aus dem Staatswalde erhalten hatten, den

gewährt. Ob Vergünstigung oder Berechtigung, hängt ab vom Entstehungsgrund; Prekarien können nicht ins Grundbuch eingetragen werden. Die Forstberechtigungen sind unwiderruflich. Auch das Sammeln von Schwämmen, Waldbeeren u. ä., das der Waldbesitzer stillschweigend gestattet, ist selbstverständlich nicht die Ausübung einer Forstberechtigung;

ι) die in Geldleistungen umgewandelten Forstberechtigungen (vgl. Art. 29 mit Anm.).

g) Weideberechtigungen insbesondere:

α) **Rechtliche Natur und Behandlung:** Ein Weiderecht kann nach seiner Natur nur eine persönliche oder eine Grunddienstbarkeit, keine Reallast sein. Nach dem Bayr. Landrecht von 1756 (Tl. II Kap. 7 §§ 3, 5, Kap. 4 § 3) können alle Dienstbarkeiten mit unterbrochenem Gebrauch und damit auch die Weiderechte durch unvordenkliche Verjährung erworben werden; Art. 33 FG. steht nicht entgegen (ObLGZ. Bd. 19 S. 358).

Auf die Wald- und Alpenweide findet nicht das Weidegesetz vom 25. 5. 1852, sondern das Forstgesetz Anwendung; die dinglichen Wald- und Alpenweiderechte sind Forstberechtigungen nach Art. 23ff.; die Rodung eines mit einem Weiderecht belasteten Waldes ist daher entgegen Art. 5 des Weidegesetzes an die Zustimmung der Weideberechtigten gebunden (Art. 34 Ziff. 3 FG.). Außer den Art. 23ff. FG. enthalten auch die Art. 43, 44, 48 und 89 FG. Beschränkungen für die Wald- und Alpenweideberechtigten.

Ein Waldweiderecht wird eine Forstberechtigung bleiben, bis das Waldgrundstück gerodet wird; in diesem Zeitpunkt wird es sich in ein gewöhnliches Weiderecht verwandeln, auf das das Weidegesetz anzuwenden ist.

β) **Inhalt und Ausübung:** Der Weideberechtigte hat nur das Recht zur Weide; er darf sich keine andere Art der Benutzung des belasteten Grundstücks anmaßen, namentlich nicht mähen. Der Weideberechtigte darf das Weiderecht nur zusammen mit dem berechtigten Anwesen verpachten (Roth Bd. 2 S. 299 Fußn. 41); er darf aber im Rahmen der Berechtigung, wenn der Berechtigungstitel nichts anderes bestimmt, auch Vieh, das ihm nicht zu Eigentum gehört, weiden lassen, sofern es dem landwirtschaftlichen Betrieb des weideberechtigten Anwesens zum Vorteile dient, z. B. sog. Gebirgs-Stellvieh, das mitunter Flachlandbauern vom Herbst bis Frühsommer bei sich gegen die anfallenden Nutzungen überwintern (vgl. Roth Bd. 2 S. 299 Fußn. 42 und Meisner S. 399 Fußn. 1 mit Anf.; nach preußischem Landrecht gilt dies nicht bei unbestimmten Weidegerechtigkeiten, ebenda Fußn. 2). Das Mastungsrecht, d. i. das Recht, Schweine zur Aufnahme der Mastfrüchte (Eicheln, Bucheckern u. a.) in einen Wald zu treiben, umfaßt nicht ohne weiteres das Recht zum Eichellesen; volle Mast, Sprengmast, Faselmast s. Meisner S. 420. Soweit das Geäckerichrecht d. i. das Recht zur Eichel- und Buchelmast einen Bestandteil des landesherrlichen Jagdregals bildete, ist es mit dessen Aufhebung (Ges. vom 4. 6. 1848) beseitigt worden (VGH. Bd. 50 S. 34f.). Das Streurecht war nie Bestandteil des Jagdregals, vielmehr immer ein Ausfluß des Grundeigentums. Als dingliches Recht kann das Streurecht nur an fremdem Grund und Boden bestehen (ebenda).

Ist die Gattung des Weideviehs bestimmt (bedungen oder hergebracht), so darf nur diese Gattung geweidet werden; ist die Gattung nicht bestimmt, so kann gemeinrechtlich und nach Bayerischem Landrecht jede Gattung aufgetrieben werden, während nach Preußischem Landrecht die Berechtigung auf Zug-, Rind- und Schafvieh beschränkt ist (Roth Bd. 2 S. 297f.; Meisner S. 399f.; ObLGZ. Bd. 19 S. 358; vgl. Art. 184 EG.BGB.). Ist die Zahl des Weideviehs im Berechtigungstitel nicht bestimmt, so darf regelmäßig so viel aufgetrieben werden, als mit dem auf dem berechtigten Anwesen gewonnenen Futter durchgewintert werden kann (Durchwinterungsfuß); ist die Zahl bestimmt, so wird nach gemeinem Recht und Preußischem Landrecht das noch saugende Jungvieh, nach Bayerischem Landrecht das Jungvieh bis zu einem Jahre nicht mitgerechnet (Roth Bd. 2 S. 298; Meisner S. 400f.). Krankes Vieh (z. B. an Maul und Klauenseuche) darf nicht aufgetrieben werden.

Der Waldeigentümer hat das Recht der Mithut, wenn dies nicht ausdrücklich ausgeschlossen ist. Reicht der Ertrag der Weide nicht aus, so hat der Eigentümer zurückzustehen, wenn das Weiderecht der Stückzahl nach bestimmt ist; bei unbestimmter Stückzahl haben Weideberechtigter und Eigentümer verhältnismäßig zu vermindern, nach Bayerischem Landrecht jedoch hat der Waldeigentümer zurückzustehen (Roth Bd. 2 S. 300; Meisner S. 396ff.).

Bezug von Torfstreu, die sowohl als Einstreu- wie als Düngemittel den Vorzug vor Waldstreu verdient, durch Zuschüsse zu erleichtern; diese Zuschüsse bezwecken die Entlastung des Staatswaldes von schädlichen Streuabgaben (FME. $\frac{\text{vom 8. 4. 1927 Nr. 9163, StAnz. Nr. 82)}}{\text{29. 5. 1928 Nr. 24799, StAnz. Nr. 124)}}$. (S. auch S. 160 Anm. 5).

Das Weidevieh in den Waldungen muß von einem Hirten beaufsichtigt werden (Art. 43 Abs. I FG.). Das Weiden in Junghölzern, Schlägen und Holzanflügen ist verboten, bis der Holzbestand dem Vieh aus dem Maule gewachsen ist (Art. 43 Abs. II FG.). Beim Fehmelbetrieb hat die Forstpolizeibehörde die Höchstzahl des zulässigen Weideviehs zu bestimmen (Art. 43 Abs. III FG.). Die Nachtweide in den Wäldern ist verboten (Art. 43 Abs. IV FG.). Für die Alpenweide und Waldungen mit ähnlichen Ordnungen gelten die besonderen örtlichen Vorschriften (Art. 44 Abs. I u. II FG.).

Durch den Verzicht auf Ausübung einer Weide wird jede Weideausübung beseitigt, gleichviel, ob und auf welchem Rechte sie beruhte; nach der Verzichtleistung kann ein Recht auf Grund unvordenklicher Verjährung nicht mehr in Anspruch genommen werden (ObLGZ. Bd. 20 S. 35).

2. Entstehungsgründe: Sie können verschiedenster Art sein: Verleihung, vertragliche Einräumung, Ersitzung, unvordenkliche Verjährung (ObLGZ. Bd. 19 S. 368), gesetzliche Zuteilung, Reste verlorenen Eigentums u. a. Nicht selten beruhen Forstberechtigungen auf einem früheren grundherrlichen Verhältnis des verpflichteten Waldbesitzers zum Berechtigten bzw. der Rechtsvorgänger (vgl. die ursprüngliche Fassung des Art. 30 Abs. II Ziff. 2 FG.).

Durch lang andauernde Ausübung kann sich aus einem anfänglich nur persönlichen Recht eine dingliche Forstberechtigung nach Art. 23ff. entwickelt haben, jedoch im Hinblick auf Art. 33 nicht mehr seit 2. 4. 1852 (vgl. ObLGZ. Bd. 15 S. 493 u. VGH. Bd. 50 S. 34).

Nach Art. 51 der Forstordnung der Fürstentümer Ober- und Niederbayern vom Jahre 1616 z. B., die einen Bestandteil des Bayer. Landrechts von 1616 bildete und bis 1. 1. 1853 in Geltung war, hatten innerhalb des Geltungsbereichs der Forstordnung die Bauersleute um das Gebirge, die nicht einen eigenen Wald besaßen, das Recht, den Holzbedarf für ihre Wirtschaft aus den Gebirgswaldungen zu beziehen; der Holzbedarf umfaßte das für ihre Hauswirtschaft erforderliche Brenn-, Bau-, Nutz- und Werkholz. Mit der Aufhebung der Forstordnung durch das Forstgesetz (Art. 190 FG.) verwandelte sich dieses gesetzliche Recht bei dem bis dahin bestehenden Berechtigtenkreis in Forstberechtigungen nach Art. 23ff. FG. mit dem bisherigen Inhalt und Umfang; soferne es nicht inzwischen vertraglich oder sonstwie ausdrücklich geändert worden ist, besteht es heute noch unverändert fort; insbesondere darf der Berechtigte auch heute noch Rechtholz zu Geräten verwenden; es steht nicht etwa Art. 28 FG. entgegen. Das von der Bewirtschaftung des Anwesens unabhängige persönliche Bedürfnis des Bauers und seiner Angehörigen gehört nicht zum Hausbedarf, für den das Rechtholz zu liefern ist; für die Anfertigung der Aussteuer einer Tochter oder von Möbeln zur Aufnahme von Sommergästen z. B. kann Rechtholz nicht beansprucht werden (ObLGZ. Bd. 7 S. 562). Nach Bayer. Landrecht können alle Dienstbarkeiten mit unterbrochenem Gebrauch, somit auch die Forstberechtigungen dieser Art durch unvordenkliche Verjährung erworben werden; Art. 33 FG. steht dem Erwerb durch unvordenkliche Verjährung nicht entgegen; für eine nach Erlassung des Forstgesetzes eingetretene unvordenkliche Verjährung wird nicht der Nachweis erfordert, daß schon zur Zeit des Inkrafttretens des Forstgesetzes unvordenklicher Besitz vorhanden gewesen sei (ObLGZ. Bd. 19 S. 369; vgl. auch Anm. 2 zu Art. 33).

Die Entstehungsgründe liegen meist weit zurück (seit 1. 1. 1853 konnten überhaupt keine Forstberechtigungen mehr begründet werden); ihre Feststellung verursacht im Streitfalle deshalb nicht selten erhebliche Schwierigkeiten; die Frage der Beweislast kann daher von entscheidender Bedeutung werden. „Es ist zwar nicht Aufgabe des Prozeßgerichts, das zum Beweis vorgelegte Urkundenmaterial durch Erholung weiterer Akten und Urkunden zu ergänzen, aber es ist Aufgabe des Vorsitzenden, dafür zu sorgen, daß die Sache erschöpfend erörtert wird, und durch Fragen darauf hinzuwirken, daß unklare Anträge erläutert, ungenügende Angaben der geltend gemachten Tatsachen ergänzt und die Beweismittel bezeichnet werden" (ObLGZ. Bd. 15 S. 493). Die Entstehung ist auf Grund des früheren Rechts zu prüfen, das im Bezirke des belasteten Waldes galt (Art. 184 EG.BGB.). Oft ist Bestand, Umfang und Inhalt des Rechtes nicht zweifelsfrei. Der Staat hat bezüglich der auf den Staatswaldungen lastenden Forstrechte vielfach bereits in der ersten Hälfte des vorigen Jahrhunderts für sich die Berechtigungen endgültig festzustellen versucht und die Ergebnisse in den Akten niedergelegt („Definitivbeschlüsse"); regelmäßig handelt es sich dabei um einseitige Feststellungen der Staatsforstbehörden; ein Nachweis darüber, daß die Berechtigten diese Beschlüsse anerkannten, liegt meist nicht vor; oft fehlt sogar ein Nachweis darüber, daß die Beschlüsse den Berechtigten überhaupt bekanntgegeben wurden.

Forstberechtigungen haben im Laufe der Zeit aus mannigfaltigen Gründen Anlaß zu Uneinigkeit zwischen Berechtigten und Verpflichteten gegeben. Diese Streitigkeiten sind häufig vergleichsweise erledigt worden; in dem schriftlich niedergelegten Vergleiche wurde gewöhnlich der Umfang der Berechtigung umschrieben. Je nach dem Inhalt des Vergleiches bildet der Vertrag die neue Rechtsgrundlage für die gesamte Forstberechtigung oder nur für einen Teil ihrer rechtlichen Verhältnisse. Nicht selten sind solche vertragliche Neuregelungen im Zusammenhang mit Teilablösungen getroffen worden. Die Vergleiche werden gewöhnlich Forstbereinigungsverträge (Forstpurifikationsverträge) genannt. Solche Verträge sind auch heute noch zulässig; eine Erweiterung der Forstrechte ist jedoch seit der Verkündung des Forstgesetzes nicht mehr möglich (Art. 33 FG.); der Vertrag wäre insoweit und damit regelmäßig im ganzen nichtig (§§ 134, 139 BGB.). Die Verträge bedürfen, wenn eine Änderung des Inhaltes der Berechtigung in Frage kommt, sofern sie nicht im Prozesse vor dem Gerichte geschlossen werden, der notariellen Beurkundung; die Rechtsänderung (und damit das ganze Forstrecht) muß in das Grundbuch eingetragen werden (vgl. Art. 189 EG.BGB.).

Die Auslegung eines Forstbereinigungsvertrages soll (nach ObLGZ. Bd. 19 S. 358; ebenso für einen Weideteilungsvertrag ObLGZ. Bd. 20 S. 42) in das Gebiet der tatsächlichen Feststellung fallen und daher auf dem Wege der Revision nur angefochten werden können, wenn die Feststellungen unter Verletzung des Gesetzes getroffen worden sind; dem dürfte jedoch kaum beizutreten sein (vgl. ObLGZ. Bd. 4 S. 718, Bd. 16 S. 25, Bd. 27 S. 141; RGZ. Bd. 74 S. 205, Bd. 45 S. 333). Nach ObLGZ. Bd. 10 S. 472 kann die Auslegung von Urkunden über Rechtsgeschäfte, z. B. über die Fixierung und Ablösung von Forstrechten, vom Revisionsgericht nur dahin nachgeprüft werden, ob das Ergebnis der Auslegung unter Beachtung der für die Auslegung von Willenserklärungen bestehenden Rechtsnormen gewonnen wurde. Nachprüfung der Auslegung eines Urteils in der Revisionsinstanz, ObLGZ. Bd. 11 S. 503 und Bd. 16 S. 25. Nach der alten bayerischen Gerichtsordnung erwuchsen auch die Urteilsgründe in Rechtskraft (ObLGZ. Bd. 16 S. 25). Eine Urkunde, aus der ihr Urheber oder dessen Rechtsnachfolger Rechte für sich abzuleiten sucht, ist im Zweifel gegen ihn auszulegen (ObLGZ. Bd. 19 S. 358, Bd. 20 S. 35). Bei der Auslegung der auf Forstrechte bezüglichen alten Verträge sowie bei der Feststellung des Inhalts strittiger Berechtigungen muß auch auf das früher geltende bürgerliche Recht und die Forstordnungen Rücksicht genommen werden.

Von Bedeutung für Bestand und Inhalt des Rechts sind neben den etwa vorhandenen besonderen Rechtstiteln hauptsächlich das Herkommen, vielfach auch die Einträge in den öffentlichen Büchern; hiezu ist zu bemerken:

a) **Grundsteuerkataster:**

Das Grundsteuergesetz vom 15. 8. 1828 (§ 117) unterwarf die steuerbaren Reallasten, worunter auch die Forstrechte verstanden wurden, einer gesonderten Besteuerung und damit der Liquidation und Aufnahme in den Grundsteuerkataster; doch hatten, wie ein Erk. des OAG. vom 23. 2. 1862 (Forstl. Mitt. Bd. 12 S. 116) ausdrücklich anerkennt, die zur Einführung des Grundsteuergesetzes in den Jahren 1829 und 1830 gepflogenen Liquidationsverhandlungen nur die Natur eines Provisoriums, nicht die eines rechtsverbindlichen Vertrags; sie waren entweder einseitig gegebene Anmeldungen derjenigen, die sich für berechtigt erachteten, oder unverbindliche Erklärungen der Vertreter des Ärars, die erst mit der Anerkennung der zuständigen Oberbehörde wirksam werden konnten und denen es zudem am animus obligandi fehlte. Dazu kommt, daß nach dem Zwecke der damaligen Verhandlungen für die Vertreter des Fiskus kein Anlaß bestand, näher zu prüfen, ob etwaige erhöhte Ansprüche, denen dann auch eine höhere Steuer entsprach, zu Recht bestanden. Den Einträgen im Grundsteuerkataster und seinen Auszügen kommt keine rechtsbegründende Bedeutung zu; sie können nur im angegebenen beschränkten Maße als Beweisbehelfe gewertet werden.

b) **Forstrechtskataster:**

Durch das Gesetz vom 28. 3. 1852 wurde § 117 des Grundsteuergesetzes aufgehoben. Eine Liquidation und Katastrierung der steuerbaren Reallasten (im obenerwähnten Sinne) seitens der Katasterstellen nach §§ 4, 9 a. a. O. fand seit 1852 nicht mehr statt. Damit hatten die Forstrechte aufgehört, Gegenstand unmittelbarer Besteuerung zu sein; sie verschwanden allmählich mit dem Ersatz der älteren Kataster durch erneuerte aus diesen, wodurch eine gewisse Lücke entstand. Daher verfügte die FME. 12. 1. 1860 Nr. 15538 (Forstl. Mitt. Bd. 12 S. 298), daß sowohl bei den Forst- wie Rentämtern Kataster der auf den Staatswaldungen lastenden Forstrechte angelegt und sorgfältig auf dem laufenden gehalten werden sollten. Für die Anlage ist — nach dem beiderseitigen Zwecke — vorgesehen, daß beim Forstamte die belasteten Staatswaldungen voranzustellen sind und diesen die darauf lastenden Forstrechte samt Gegenreichnissen usw. folgen, während bei den rentamtlichen Forstrechtskatastern in erster Linie die berechtigten Anwesen, sodann die belasteten Grundstücke zu stehen haben. Die finanzamtlichen und forstamtlichen Kataster können also voneinander in manchem abweichen; zudem verfolgen sie verschiedene Zwecke wie sie überhaupt auf verschiedener Grundlage beruhen: die Grundlage der finanzamtlichen Kataster ist im Grundbesitz und der Besteuerung zu suchen, die forstamtlichen sind mehr auf das Wesen der Berechtigungen und die auf diese bezüglichen Verhältnisse des berechtigten Gutes eingestellt.

Die Forstrechtskataster der Finanzämter und der Forstämter sind fortzuschreiben. Die Finanzämter haben zu diesem Zweck alle Besitzveränderungen, die zu ihrer Kenntnis gelangen, vierteljährlich den zuständigen Forstämtern mitzuteilen; umgekehrt müssen sie seitens der Forstämter von allen bei diesen durch Vergleich, Ablösung, Umwandlung usw. eingetretenen Veränderungen verständigt werden. Die Finanzämter haben in den Umschreibebescheinigungen die Forstrechtsverhältnisse, soweit sie Staatswaldungen betreffen, zu erwähnen. Auf Antrag haben sie den Forstberechtigten gegen entsprechende Gebühr Auszüge aus ihren Forstrechtskatastern zu erteilen.

Vgl. hieher auch die FME. vom 17. 1. 1855 über den Verkauf und die Übertragung von Forstrechten und über Forstrechtskataster (Weber Bd. 4 S. 672 u. Geret, 28 II 30); ferner für die finanzamtlichen Forstrechtskataster die FME. vom 10. 2. 61 Nr. 13982 und vom 28. 7. 1861 Nr. 9146 (Geret, 32 II 81); darin ist auch entschieden, wo ein Forstrecht zu katastrieren ist, wenn das berechtigte Anwesen und die belasteten Staatswaldungen verschiedenen Finanzamtsbezirken angehören.

c) **Grundbucheinträge:** Seit der Einführung des Bürgerlichen Gesetzbuchs sind besonders bedeutsam die Einträge im Grundbuch. Wenn eine Forstberechtigung im Grundbuch eingetragen ist, so besteht die Rechtsvermutung, daß die Forstberechtigung mit dem eingetragenen Inhalt und Umfang an den eingetragenen Waldgrundstücken dem eingetragenen Berechtigten zusteht (§ 891 Abs. I BGB.), d. h. der angegebene Inhalt des Grundbuchs gilt mit allen daraus sich ergebenden Rechtsfolgen als richtig, bis die Unrichtigkeit nachgewiesen wird. Ist eine Forstberechtigung, die im Grundbuch eingetragen war, gelöscht, so besteht die rechtliche Vermutung, daß die Berechtigung nicht bestehe (§ 891 Abs. II BGB.), d. h. der frühere Berechtigte ist nicht mehr berechtigt, die Forstberechtigung auszuüben, es sei denn, daß ihm gelingt, die Unrichtigkeit des Grundbuches nachzuweisen; die letztere negative Rechtsvermutung besteht aber nur, wenn das Recht schon einmal im Grundbuch eingetragen war und dann gelöscht worden ist, nicht dagegen, wenn die Berechtigung überhaupt noch nicht eingetragen wurde. Vgl. auch Anm. 4.

Der Eintragung im Grundbuch kommt aber die angegebene Wirkung nur zu, wenn die Eintragung der Berechtigung zulässig war. Öffentlichrechtliche Berechtigungen dürfen nicht in das Grundbuch eingetragen werden, wie sie auch in das Hypothekenbuch nicht eingetragen werden durften; wird ein öffentlichrechtliches z. B. auf dem Schul- oder Pfarrverband beruhendes Holzungsrecht trotzdem eingetragen, so wird es dadurch nicht zu einer Forstberechtigung nach Art. 23ff. FG. Läßt der Inhalt der Eintragung erkennen, daß das eingetragene Recht auf dem öffentlichen Rechte beruht, oder gibt er zu Zweifeln über die Natur des Rechts Anlaß, so ist die Eintragung als mit dem Zwecke des (Hypotheken- oder) Grundbuches unverträglich zu löschen (ObLGZ. Bd. 11 S. 498). S. auch Anm. 8a vor Art. 6.

3. Stellung der Forstberechtigungen innerhalb des bürgerlichen Rechts:

Die Forstberechtigungen, die bei der Einführung des Bürgerlichen Gesetzbuchs (1. 1. 1900) bestanden, sind mit ihrem bisherigen Inhalt und Rang bestehen geblieben, gleichgültig, welche rechtliche Natur sie haben (Art. 184 EG.BGB.). Die Bestimmungen des Forstgesetzes über Forstberechtigungen (Art. 23—33) wurden durch Art. 113 und 115 EG.BGB. aufrechterhalten.

Es gelten also diese öffentlichrechtlichen Vorschriften für sämtliche Forstberechtigungen weiter. Bürgerlichrechtlich gilt folgendes: Da neue Forstberechtigungen gemäß Art. 33 FG. seit dem Jahre 1852 nicht mehr begründet werden können, gibt es keine Forstberechtigungen, die seit der Geltung des BGB. entstanden wären; es gibt nur sog. altrechtliche Forstberechtigungen (vereinzelte Ausnahmen bei Übertragungen s. unten Anm. 7); auf diese ist aber teilweise das neue Recht anzuwenden; im einzelnen gilt:

a) **Forstgrunddienstbarkeiten:** Inhalt und Rang dieser Forstberechtigungen bestimmen sich nach dem alten Recht; im übrigen gelten gemäß Art. 184 EG.BGB. §§ 1020—1028 BGB., deren wesentlicher Inhalt lautet:

Schonende Ausübung: Der Berechtigte hat bei der Ausübung der Forstberechtigung das Interesse des Waldeigentümers tunlichst zu schonen (§ 1020 Satz 1 BGB.); vgl. die öffentlichrechtliche Vorschrift des Art. 24 FG. und unten Anm. 5b.

Anlagen: Hält der Berechtigte zur Ausübung der Forstberechtigung auf dem belasteten Grundstück eine Anlage (z. B. einen Zaun bei einem Weiderecht), so hat er sie in einem ordnungsmäßigen Zustand zu erhalten, soweit es das Interesse des Waldeigentümers erfordert (§ 1020 Satz 2 BGB.).

Gehört zur Ausübung einer Forstberechtigung eine Anlage auf dem belasteten Grundstück, so kann vereinbart werden, daß der Waldeigentümer die Anlage zu unterhalten hat, soweit das Interesse des Berechtigten es erfordert. Steht dem Waldeigentümer das Recht zu, die Anlage mitzubenutzen, so kann vereinbart werden, daß der Berechtigte die Anlage zu unterhalten hat, soweit es für das Benutzungsrecht des Eigentümers erforderlich ist. Auf eine solche Unterhaltungspflicht finden die Vorschriften des BGB. über Reallasten (§§ 1105 ff.) entsprechende Anwendung (§ 1021 BGB.).

Verlegung: Beschränkt sich die jeweilige Ausübung einer Forstberechtigung auf einen Teil des belasteten Waldgrundstücks, so kann der Waldeigentümer die Verlegung der Ausübung auf eine andere, für den Berechtigten ebenso geeignete Stelle verlangen, wenn die Ausübung an der bisherigen Stelle für ihn besonders beschwerlich ist; die Kosten der Verlegung hat er zu tragen und vorzuschießen (§ 1023 BGB.).

Ausgleich mit anderen Rechten: Trifft eine Forstgrunddienstbarkeit mit einer andern Forstgrunddienstbarkeit oder einer sonstigen Grunddienstbarkeit oder einem sonstigen Nutzungsrecht an dem Waldgrundstück dergestalt zusammen, daß die Rechte nebeneinander nicht oder nicht vollständig ausgeübt werden können, so geht die im Range bessere Berechtigung den anderen vor; haben sie gleichen Rang, so kann jeder Berechtigte eine den Interessen aller Berechtigten nach billigem Ermessen entsprechende Regelung der Ausübung verlangen; im Streitfall entscheiden vorbehaltlich des Art. 23 Abs. II FG. die Gerichte (§ 1024 BGB.).

Daß das berechtigte und das belastete Grundstück benachbart sind, ist nicht erforderlich.

Teilung des berechtigten oder belasteten Grundstücks (§§ 1025, 1026), Übertragung, Untergang der Forstgrunddienstbarkeit (§ 1028) s. unten Ziff. 6 u. 7.

b) Persönliche Dienstbarkeiten: Ihr Inhalt und Rang bestimmt sich nach dem alten Recht (Art. 184 EG.BGB.); Übertragung, Untergang s. unten Ziff. 6 u. 7.

c) Forstreallasten: Inhalt und Rang dieser Forstberechtigungen bestimmen sich nach dem alten Recht (Art. 184 EG.BGB.); im übrigen gelten gemäß Art. 46 ÜbgG. die §§ 1107—1111 BGB. Darin ist bestimmt:

Rechtliche Behandlung der einzelnen Leistungen: Auf die einzelnen Leistungen aus einer Forstreallast finden die für die Zinsen einer Hypothekforderung geltenden Vorschriften entsprechende Anwendung (§ 1107 BGB.).

Persönliche Haftung des Waldeigentümers: Der Waldeigentümer haftet für die während der Dauer seines Eigentums fällig werdenden Leistungen auch persönlich; wird das Waldgrundstück geteilt, so haften die Eigentümer der einzelnen Teile als Gesamtschuldner nach §§ 421 ff. BGB. (§ 1108).

Übertragung, Teilung, Untergang s. unten Ziff. 6 u. 7.

4. Forstberechtigungen und Grundbuch: Vgl. auch oben Anm. 2c.

Die Forstberechtigungen brauchen zu ihrer Erhaltung grundsätzlich nicht ins Grundbuch eingetragen zu werden und zwar gleichgültig, ob es sich um Forstgrunddienstbarkeiten, persönliche Forstdienstbarkeiten oder um Forstreallasten handelt (Art. 184 EG.BGB.).

a) Öffentlicher Glaube: Hinsichtlich der Wirkung des sog. öffentlichen Glaubens (§§ 892, 893 BGB.) bestehen jedoch Unterschiede; im einzelnen ist zu bemerken:

α) Forstgrunddienstbarkeiten: Diese bedürfen, wenn sie bereits bestanden, als das Grundbuch als angelegt anzusehen war, zur Erhaltung ihrer Wirksamkeit gegenüber dem öffentlichen Glauben des Grundbuchs der Eintragung ins Grundbuch nicht (Art. 187 EG.BGB.); die Verordnung nach Art. 10 Abs. II ÜbgG. ist noch nicht ergangen. Die Forstgrunddienstbarkeiten können jedoch eingetragen werden; von Amts wegen werden sie nicht eingetragen; auf Verlangen des Berechtigten oder des Eigentümers des belasteten Waldgrundstücks müssen sie eingetragen werden. Die Eintragung ist gebührenpflichtig. Für die Eintragung gilt § 613 der Dienstanweisung für d. Gr.; vgl. Art. 44 ÜbgG. Die altrechtlichen Forstgrunddienstbarkeiten bleiben bei der Zwangsversteigerung des belasteten Waldgrundstückes auch bestehen, wenn sie bei der Feststellung des geringsten Gebotes nicht berücksichtigt wurden (Art. 27 AG.GBO. und ZVG.).

β) persönliche Forstdienstbarkeiten: Sie bedürfen zur Erhaltung der Wirksamkeit gegenüber dem öffentlichen Glauben des Grundbuchs der Eintragung; sie bedurften schon nach dem Hypothekengesetz § 22 Nr. 5 zum Schutze vor den Folgen der Öffentlichkeit des Hypothekenbuchs (HypG. §§ 25, 26) der Eintragung ins Hypothekenbuch.

γ) Forstreallasten: Für diese gilt sowohl hinsichtlich des Grundbuchs wie des Hypothekenbuchs das gleiche wie vorstehend für die persönlichen Forstdienstbarkeiten ausgeführt. Vgl. auch Art. 46 ÜbgG.

b) Eintragung: Wenn die Forstberechtigungen ins Grundbuch eingetragen werden, sind sie in der zweiten Abteilung des für das belastete Grundstück bestehenden Blattes einzutragen; in den Hypothekenbüchern standen sie häufig im Titel des Blattes. Sind sie im Grundbuch eingetragen, so genießen sie die Vorteile des BGB. für eingetragene Rechte (§ 891 Rechtsvermutung, §§ 892, 893 öffentlicher Glaube); für Forstgrunddienstbarkeiten ist hierin die Eintragung nur teilweise von Bedeutung (s. Buchst. a). Forstberechtigungen, die dem jeweiligen Eigentümer eines Grundstückes zustehen (subjektiv-dingliche Forstberechtigungen) sind auf Antrag auch auf dem Blatte dieses Grundstücks zu vermerken (§ 8 GBO.); vgl. auch §§ 278, 340, 369 der Dienstanweisung für die Grundbuchämter. Eintragung eines großen, über mehrere Grundbuchamtsbezirke sich erstreckenden, mit zahlreichen Forstrechten belasteten Waldkomplexes, BayZfR. 1913 S. 449ff.

Zur Eintragung von Forstberechtigungen an Waldgrundstücken eines Familienfideikommisses vgl. ObLGZ. Bd. 6 S. 551.

c) Buchungsfreie Grundstücke: Buchungsfreie Grundstücke, d. s. die Grundstücke des Fiskus, der Kreise, Bezirke, politischen und Kirchengemeinden, Ortschaften, öffentlichen Stiftungen, Klöster u. a. (§ 90 GBO., VO. vom 1. 7. 1898 über die vom Buchungszwang befreiten Grundstücke, BGBl. S. 377, JMBl. S. 255) müssen auf Antrag einer Person, die eine Forstberechtigung an dem buchungsfreien Grundstück oder ein Recht an einem solchen Rechte besitzt, ins Grundbuch eingetragen werden (§ 90 GBO.). Für die Staatswaldungen erging eine FME. vom 9. 5. 1903 über die Anlegung des Grundbuches an die Regierungsforstkammern, die u. a. bestimmt: „Nachdem die Anmeldung von Forstrechten von seiten der Berechtigten möglicherweise für den größeren Teil der Staatswaldungen deren Eintragung in das Hypotheken- (Grund-)buch zur Folge haben kann, empfiehlt es sich, im Prinzip die Buchungsfreiheit für die Staatswaldungen überhaupt nicht weiter in Anspruch zu nehmen. Die Regierung, Kammer der Forsten, wird daher angewiesen, bezüglich sämtlicher Staatswaldungen ohne Rücksicht, ob sie mit Forstberechtigungen und sonstigen Rechten Dritter belastet sind und gleichviel, ob Forstrechtsanmeldungen seitens der Berechtigten vorliegen oder nicht, die Anmeldung zur Eintragung in das Hypothekenbuch (Grundbuch) vorbereiten und schrittweise vollziehen zu lassen. Wird ein Forstrecht an einem ärarialischen Forstgrundstück von dem Berechtigten zur Eintragung angemeldet, so ist zu prüfen, ob bezüglich des Bestandes des angemeldeten Rechtes in dem vom Berechtigten bezeichneten Inhalt und Umfang irgendwelche Zweifel bestehen oder nicht. Bestehen bezüglich eines von einem Berechtigten angemeldeten Rechtes in dem von diesem bezeichneten Inhalt und Umfang keine Zweifel, so ist die Zustimmung zur Buchung der belasteten Grundstücke und Eintragung des angemeldeten Rechtes zu erteilen. Herrschen über den Bestand eines angemeldeten Forstrechtes überhaupt oder bezüglich seines Inhalts oder Umfangs Differenzen zwischen dem Anmeldenden und dem Ärar, so ist dem Verlangen auf Eintragung des angemeldeten Rechtes entgegenzutreten und dem berichtenden Forstamt diesbezüglich Auftrag zu erteilen. Es wird im Interesse sowohl des Ärars als der Berechtigten liegen, auf die alsbaldige Feststellung des Forstrechtes nach Inhalt und Umfang hinzuarbeiten und damit dessen Eintragung in das Hypothekenbuch (Grundbuch) möglichst zu erleichtern. Dabei wolle seitens der Staatsforstverwaltung jegliches Entgegenkommen bewiesen werden, soweit dies ohne Schädigung der ärarialischen Interessen geschehen kann."

Die Begründung, Aufhebung und Verjährung von Forstdienstbarkeiten an buchungsfreien, im Grundbuch nicht eingetragenen Grundstücken ist in Art. 84 AG.BGB. geregelt.

5. Verhältnis der Forstberechtigungen zum Waldeigentum und Waldbesitz:

Das Verhältnis zwischen den Forstberechtigten und dem Waldeigentümer (Waldbesitzer) ist in den Vorschriften des bürgerlichen Rechts und in den dem öffentlichen Recht angehörenden Bestimmungen der Art. 23ff. FG. geregelt.

a) Waldeigentum und Waldbesitz: Die Forstberechtigungen lasten als dingliche Rechte auf dem Waldgrundstück und beschränken damit zunächst — bürgerlichrechtlich betrachtet — das Eigentum am Walde. Bürgerlichrechtlich steht der Berechtigte zunächst in einem Verhältnis zum Waldeigentümer; die auf die Forstberechtigungen anwendbaren Vorschriften des BGB. haben nur dieses Verhältnis im Auge; da es sich um dingliche Rechte handelt, die das Waldgrundstück unmittelbar erfassen, ergeben sich auch bürgerlichrechtliche Beziehungen des Berechtigten zu dem Waldbesitzer, der nicht zugleich Eigentümer des Waldes ist. In der Abteilung „Forstberechtigungen" ist dem Grundsatze des Forstgesetzes entsprechend stets nur vom Waldbesitzer, nicht Waldeigentümer die Rede (z. B. Art. 24, 26); teilweise wird von dem Verpflichteten gesprochen, z. B. in Art. 28. Nach dem Sinne des Forstgesetzes als eines Forstpolizeigesetzes, das sich zunächst an den jeweiligen Inhaber des Waldes, d. i. an seinen Besitzer, wendet, wird unter dem Waldbesitzer in den Art. 23ff. stets vor allem der Besitzer im Rechtssinn (s. Art. 1 Anm. 2) zu verstehen sein. Gewöhnlich werden im Verhältnis zum Forstberechtigten die dem Waldbesitzer in den Art. 23ff. eingeräumten Rechte aber auch dem nichtbesitzenden Waldeigentümer zustehen. In der Begründung (z. B. zu Art. 19 des Entwurfs) ist Waldbesitz mit Waldeigentum gleichbedeutend gebraucht. Den Ausdruck „Verpflichteter" gebraucht das Gesetz, wie sich aus einem Vergleiche der Absätze I und II des Art. 25 ergibt, im gleichen Sinne wie den Ausdruck „Waldbesitzer". Unter den Beteiligten im Sinne der Art. 23ff. ist der Berechtigte und der Verpflichtete verstanden (z. B. in Art. 27 Abs. II). Wenn die Vorschriften des bürgerlichen Rechts vom Waldeigentümer sprechen, ist nur dieser gemeint, nicht der Waldbesitzer, der nicht zugleich Eigentümer ist.

b) Verhältnis der Forstberechtigten zum Waldeigentümer: Das Nutzungsrecht des Forstberechtigten geht dem Recht des Waldeigentümers grundsätzlich vor und zwar gleichgültig, ob es sich um ein gemessenes oder ungemessenes Recht handelt (vgl. Meisner S. 418; über Weiderechte s. näheres oben Ziff. 1 g β). Der Waldbesitzer muß sich, wenn nicht ausnahmsweise der Inhalt der Berechtigung ein anderes bestimmt, mit dem Anfall begnügen, der nach der Befriedigung der Forstberechtigungen verbleibt; u. U. kann auf diese Weise das Eigentumsrecht wirtschaftlich wertlos werden. Die Forstberechtigung muß aber nicht unter allen Umständen voll oder überhaupt zum Zuge kommen; sie findet ihre Grenze in der Leistungsfähigkeit des Waldes und zwar muß diese dauernd erhalten bleiben (Art. 24 bis 26 FG.); die Forstberechtigungen bleiben auf den Ertrag der belasteten Waldungen beschränkt; die Substanz muß unberührt bleiben (Abg. 1851/52 Beil. Bd. 1 S. 622). Der Eigenbedarf des Waldeigentümers dagegen kann die Forstberechtigung, sofern sich nicht ausnahmsweise aus ihrem Inhalt etwas anderes ergibt, nicht beschränken. Der Waldeigentümer (Waldbesitzer) ist vorbehaltlich seiner Rechte nach Art. 24 FG. verpflichtet, bei der Bewirtschaftung und Nutzung des belasteten Waldes alles zu unterlassen, was den Bestand der Forstberechtigungen gefährdet oder der ungeschmälerten gesetzlichen Ausübung hinderlich ist (§ 2 Abs. II AVB. 1896; dort in Abs. III—IX noch besondere Anweisungen für die Behandlung der auf Staatswaldungen lastenden Forstrechte).

Der Waldeigentümer (Waldbesitzer) darf den belasteten Wald ohne Zustimmung der Forstberechtigten nicht roden (Art. 34 Ziff. 3 FG.); die Zuwiderhandlung macht ihn schadenersatzpflichtig (§§ 823ff. BGB.); die Forstberechtigten werden die Wiederherstellung des früheren Zustandes d. i. die Aufforstung verlangen können.

Bei der Ausübung der Berechtigung muß der Berechtigte unbeschadet seines Rechtes das Interesse des Waldeigentümers möglichst *schonen* (civiliter uti; für Forstgrunddienstbarkeiten § 1020 BGB.); insbesondere hat er die forstpolizeilichen Bestimmungen genau zu beachten (Art. 23 Abs. I FG.); Streitigkeiten über die Art und Weise der Ausübung sind nach Art. 23 Abs. II FG. zu entscheiden. Bei den meisten Forstberechtigungen hat der Berechtigte die *Anweisung* des Waldeigentümers (Waldbesitzers) abzuwarten und zu beachten; in seltenen Fällen ist der Forstberrechtigte an eine Anweisung nicht gebunden; ob eine Anweisung erforderlich ist oder nicht, ergibt sich aus dem Inhalt der Berechtigung (des Rechtstitels); das Forstgesetz hat das Erfordernis der Anweisung nicht eingeführt; näheres unter c.

Bei der Aufstellung des *Wirtschaftsplanes* brauchen die Forstberechtigten (anders als z. B. in Preußen und Österreich) nicht gehört zu werden; hat jedoch die Durchführung des Wirtschaftsplans eine Ermäßigung der Forstberechtigungen oder eine Abänderung der Holz- oder Betriebsart zur Folge, bei der die Forstberechtigungen nicht mehr in der bisherigen Weise ausgeübt werden können, so hat der Waldbesitzer vor der Aufstellung des Wirtschaftsplanes das Verfahren nach Art. 25 und 26 durchzuführen; sofern der Wirtschaftsplan der Genehmigung bedarf (Art. 7 Abs. II), darf diese grundsätzlich erst nach Erlassung der Entscheidungen gemäß Art. 25 und 26 oder vorbehaltlich dieser Entscheidungen erteilt werden.

Der Waldeigentümer, dem kein Vorrecht vor dem Forstberechtigten zusteht, ist nicht befugt, selbst das Holz aus den näher und bequemer gelegenen Forstrevieren zu verbrauchen und die Rechtler in entfernte oder unwegsame Reviere zu verweisen (LG. Wolfenbüttel in Meisner, Nachbarrecht S. 416 Fußn. 2).

Wenn auf einem Wald mehrere Forstrechte lasten und vom Waldeigentümer ein Teil der Forstrechte abgelöst wird, so steht ihm die Nutzung der abgelösten Rechte zu; die übrigen Forstberechtigten haben keine Vorrechte gegenüber den abgelösten (Art. 30 Abs. II FG.).

Zum *Eigentumserwerb* an den Rechtsbezügen ist zu bemerken:

Der Forstberechtigte erwirbt grundsätzlich das Eigentum an den Gegenständen seines Rechtsbezugs mit der Trennung der Gegenstände vom Waldgrundstück (§ 954 BGB.); dies gilt aber nur, wenn der Forstberechtigte befugt ist, die Gegenstände sich anzueignen, ohne nach der Trennung eine

Überweisung durch den Waldbesitzer abwarten zu müssen; muß er diese abwarten, so erwirbt der Forstberechtigte das Eigentum erst mit der Überweisung. Nimmt der Forstberechtigte mehr Gegenstände an sich, als ihm nach seiner Berechtigung zustehen, so erwirbt er an den überschüssigen kein Eigentum, wenn nicht untrennbare Vermischung gegeben ist (§ 948 BGB.). S. auch unten Anm. c, γ.

Wenn z. B. ein Streuberechtigter die Streu nach Anweisung der zu nutzenden Grundstücksfläche selbst gewinnen darf, so erwirbt er nach vorausgegangener Anweisung der Streufläche das Eigentum an der Streu, sobald sie gemäht ist; hat dagegen der Waldbesitzer gegen Vergütung der Gewinnungskosten die Streu selbst mähen und in Haufen schichten zu lassen, worauf die Haufen den Forstberechtigten zuzuweisen sind, so erwerben die Forstberechtigten das Eigentum an der Streu erst mit der Zuweisung der Haufen. Vgl. Wolff, Sachenrecht, § 77 II und § 106 II 1.

Unter dem Berechtigten in den Art. 23ff. ist der dinglich Berechtigte selbst verstanden; nur diesem stehen grundsätzlich die Rechte und Pflichten des „Berechtigten" zu, nicht z. B. dem Pächter oder Mieter des berechtigten Anwesens (z. B. bei der Ausübung einer Bauholzberechtigung, Art. 28).

c) Die Anweisung der Rechtsbezüge:

α) **Begriff:** Unter Anweisung (Auszeigung) versteht man die ausdrückliche Überweisung des einzelnen Rechtsbezugs durch den verfügungsberechtigten Eigentümer oder Besitzer des belasteten Waldes oder seinen Bevollmächtigten (ObLG Bd. 7 S. 33; OLGMSt. Bd. 3 S. 480) an den Forstberechtigten zur Nutzung. Die Anweisung kann sich zugleich auf Ort, Zeit und Gegenstand (einschließlich seines Umfanges) der Nutzung beziehen — dies ist die Regel — oder nur das eine oder das andere betreffen. Das Erfordernis der Anweisung bildet eine Beschränkung des Forstrechtes.

β) **Notwendigkeit der Anweisung:** Ob und in welchem Umfang sich der Forstberechtigte eine Anweisung seiner Bezüge gefallen lassen muß, ergibt sich aus dem Inhalte seiner Berechtigung. Die Anweisung gehört nicht ohne weiteres zu jeder Forstberechtigung. Das Forstgesetz hat die Notwendigkeit der Anweisung nicht eingeführt; von der Anweisung ist nur die Rede in den Art. 84, 85, 87, 90 und 91; dort sind teilweise Handlungen mit Strafe bedroht, die an nicht angewiesenen Waldorten vorgenommen werden; mit diesen Vorschriften will das Gesetz nicht etwa die Notwendigkeit der Anweisung bei der Ausübung von Forstberechtigungen einführen; dies ergibt sich schon daraus, daß die angeführten Bestimmungen sich nur mit Lese- und Stockholz, Streu und Pech befassen; anderes Brenn- und Bauholz z. B. würde von der Vorschrift nicht erfaßt; die genannten Strafbestimmungen wollen vielmehr nur sagen, daß sich strafbar macht, wer sich der Anweisung nicht fügt, die etwa nach dem zugrundeliegenden (regelmäßig bürgerlichrechtlichen) Rechtsverhältnis erforderlich ist (ähnlich OAG. 3. 5. 1867, S. w. E. Bd. 1 S. 190). Auch aus Art. 24 und Art. 2 (für Staatswaldungen) sowie aus Art. 93 Ziff. 6 kann die Befugnis des belasteten Waldeigentümers zur Anweisung nicht abgeleitet werden (s. Anm. 2b zu Art. 23).

Maßgebend dafür, ob eine Anweisung erforderlich ist, ist nicht das Forstpolizeirecht, sondern das bürgerliche Recht, nämlich der Rechtstitel für die Berechtigung, der ihren Inhalt und ihre Grenzen umschreibt. Bei der Feststellung des Inhalts und der Grenzen der Berechtigung und damit der Notwendigkeit der Anweisung ist von erheblicher Bedeutung das private und öffentliche Recht, das vor der Einführung des Forstgesetzes galt, sowie das Herkommen.

Diese Auslegungsbehelfe sprechen allerdings stark für die Notwendigkeit der Anweisung. Die meisten bis zur Einführung des Forstgesetzes (1. 1. 1853) in Bayern geltenden Forstordnungen schrieben sogar für den Waldeigentümer selbst die vorherige obrigkeitliche besondere Anweisung vor, wenn er für sich in seinem Walde Holz fällen wollte (Abg. 1846 Bd. 1 S. 178ff.). Kreittmayr bemerkt in seinen Anm. zu Tl. II Kap. 8 § 15 des Bayer. Landrechts, „daß es zur Verhütung der Abschwendung und Ausrodung des Gehölzes kein besseres Mittel gebe, als die vorläufig obrigkeitliche Auszeigung und Anweisung, ohne welcher heutzutag fast nach allgemeiner Observanz von dem Bauersmann und Untertan kein Holz mehr eigenwilliger Weis geschlagen werden darf". Die Anweisung wird als ein „actus jurisdictionalis erklärt, die jeder Ortsobrigkeit von rechtswegen zustehe". Um so mehr mußte sich auf dem gleichen Gebiet der Forstberechtigte die Anweisung seines Rechtsbezuges gefallen lassen. Die Notwendigkeit der Anweisung wurde zwar ins Forstgesetz nicht übernommen (bezüglich des Waldeigentümers vielmehr ausdrücklich fallen gelassen); die von den öffentlichrechtlichen Forstordnungen vorgeschriebene Anweisung wurde aber, wenn sie nicht schon bei der Begründung der Berechtigung nach ihrem Inhalt vorgeschrieben war, regelmäßig im Laufe der Zeit durch ständige Übung bürgerlichrechtlicher Bestandteil des Inhaltes der Forstberechtigungen (Forstdienstbarkeiten und Forstreallasten). War sie im Zeitpunkt der Einführung des Forstgesetzes bürgerlichrechtlicher Bestandteil der Berechtigung, so konnte sie auch durch gegenteilige Übung nicht mehr entfallen; denn der Wegfall des Erfordernisses der Anweisung würde eine Erweiterung des Rechtes bedeuten, die nach Art. 33 FG. unzulässig ist; wohl aber konnte auch unter der Herrschaft des Forstgesetzes sich umgekehrt der Inhalt einer Forstberechtigung dahin ändern, daß die Anweisung, die früher nicht erforderlich war, nunmehr erforderlich wurde; ob diese Änderung eingetreten ist, beurteilt sich nach dem jeweils geltenden bürgerlichen Recht.

Aus der Entwicklung der Forstrechte ergibt sich, daß für die Notwendigkeit der Anweisung des einzelnen Rechtsbezugs zwar keine gesetzliche, aber eine tatsächliche Vermutung besteht; der Forstberechtigte, der behauptet, von dem Erfordernis der vorherigen Anweisung befreit zu sein, muß dies beweisen. Diese Vermutung gilt auf Grund der Entwicklung der Forstrechte für alle Arten von Berechtigungen mit Ausnahme der Weiderechte in den Wäldern und Alpen; bei diesen ist regelmäßig die vorherige Anweisung nicht erforderlich. Zu behaupten, daß mit Ausnahme der Weiderechte die Anweisung in allen Fällen erforderlich sei, würde zu weit gehen; es ist denkbar, daß — abweichend von der Regel — in einzelnen Fällen infolge der besonderen Entwicklung der Berechtigung die Anweisung nicht erforderlich ist; die Rechtsprechung (z. B. OLGM. 1. 10. 1884, Bd. 3 S. 216 und ObLGSt. vom 7. 7. 1914) hat allerdings weitergehend wiederholt ausgesprochen, daß nach bayerischem Forstrecht eine Forstrechtsausübung ohne vorgängige ausdrückliche Anweisung durch den Waldbesitzer undenkbar sei.

Will der Waldeigentümer entgegen dem bisherigen Inhalt der Berechtigung ohne Zustimmung des Berechtigten die Anweisung einführen, so wird er den Weg des Art. 25 FG. zu beschreiten haben; denn auch in dem Erfordernis der Anweisung liegt eine Einschränkung der bisher anweisungsfreien Berechtigung.

Ob bei jedem einzelnen Rechtsbezug die Anweisung abzuwarten ist, bestimmt sich nach dem Inhalt der Berechtigung. Wenn nach dem Inhalt der Berechtigung die Anweisung nicht alljährlich neu vorzunehmen ist und sich die bisher geltende örtliche Anweisung geändert hat, ohne daß ein Berechtigter davon Kenntnis erhielt, so kann er deswegen nicht wegen eines Entwendungsfrevels nach Art. 85 bestraft werden, selbst wenn ihm Fahrlässigkeit zur Last fällt (OGH. 1. 4. 1876, Bd. 6 S. 167).

Wenn nach dem Inhalt der Berechtigung die Anweisung erforderlich ist, hat sie der verpflichtete Waldeigentümer auch rechtzeitig und der Berechtigung entsprechend vorzunehmen; nötigenfalls hätte der Berechtigte die Entscheidung der Forstpolizeibehörde nach Art. 23 Abs. II FG. anzurufen.

γ) **Rechtliche Bedeutung der Anweisung**: Soweit nach dem Inhalt der Berechtigung eine Anweisung erforderlich ist, darf der Berechtigte seine Berechtigung erst ausüben, wenn ihm der Rechtsbezug angewiesen worden ist; bei dem Erfordernis der Anweisung handelt es sich nicht um eine bloße Ordnungsvorschrift, sondern um eine Beschränkung des Inhaltes der Berechtigung (vgl. ObLGZ. Bd. 27 S. 214); die vorherige Anweisung ist Voraussetzung für die Rechtmäßigkeit der Rechtsausübung; die Ausübung ohne die vorgeschriebene Anweisung oder unter ihrer Überschreitung ist rechtswidrig; die Aneignung von Walderzeugnissen im Berechtigungswald auf diese rechtswidrige Art ist bei vorsätzlicher Begehung regelmäßig ebenso ein Forstfrevel durch Entwendung (in Idealkz. mit einem Frevel nach Art. 93 Ziff. 6, s. die dortige Anm. 21 b β) als die Aneignung gänzlich Unberechtigter; das Forstgesetz führt zwar mehrfach in seinen Strafdrohungen, z. B. in Art. 84, 85, neben den gänzlich Unbefugten (unbedingt Unbefugten) die Berechtigten an, die die vorgeschriebene Anweisung nicht abwarten oder nicht beachten (bedingt Unbefugte); dies dient aber nur der Deutlichkeit; ein Forstberechtigter, der ohne die vorgeschriebene Anweisung oder ihr zuwider handelt, ist auch ohne ausdrückliche Vorschrift stets zu behandeln wie ein gänzlich Unbefugter (vgl. Art. 49 Abs. II und ObLGSt. Bd. 20 S. 112).

Die Anweisung ist auch bürgerlichrechtlich von Bedeutung. Bürgerlichrechtlich wird die Anweisung regelmäßig als Übertragung des Besitzes am Nutzungsbezug vom Waldbesitzer oder -eigentümer auf den Forstberechtigten anzusehen sein (ObLGSt. Bd. 28 S. 193); handelt es sich um bewegliche Sachen, z. B. gefälltes Holz, gemähte Streu, so wird mit der Anweisung regelmäßig auch das Eigentum am Nutzungsbezug übertragen werden (§ 929 BGB.). Handelt es sich um stehendes Holz oder ungemähte Streu, so erwirbt der Forstberechtigte, der im Rahmen seiner Berechtigung handelt, das Eigentum an dem Berechtigungsgut grundsätzlich mit der Trennung (§ 954 BGB.); dieser Eigentumserwerb tritt nicht ein, wenn der Berechtigte die vorgeschriebene Anweisung nicht abwartet oder, soweit er die Anweisung übertritt, da sein dingliches Recht durch das Erfordernis der Anweisung beschränkt ist (vgl. ObLGSt. Bd. 14 S. 119). Vgl. oben Anm. b.

Wenn der verpflichtete Waldeigentümer die vorgeschriebene Anweisung überhaupt nicht vornimmt oder nicht am richtigen Orte oder nicht zur richtigen Zeit oder dem Gegenstand oder dem Umfange nach nicht entsprechend, so hat der Forstberechtigte den Weg des Art. 23 Abs. II FG. einzuschlagen; er ist nicht befugt, so zu handeln, wie er handeln dürfte, wenn die Anweisung richtig stattgefunden hätte (vgl. ObLG. Bd. 8 S. 180; OLGM. 1. 10. 1884, Bd. 3 S. 216 u. a.). Wenn andrerseits ausnahmsweise nach dem bürgerlichrechtlichen Inhalt der Berechtigung eine Anweisung nicht erforderlich ist, der verpflichtete Waldeigentümer aber trotzdem eine Anweisung vornimmt, so ist der Berechtigte nicht verbunden, die Anweisung abzuwarten oder zu beachten; er braucht in diesem Falle nicht erst das Verfahren nach Art. 23 Abs. II FG. einzuschlagen; vgl. Anm. 4c zu Art. 23.

Wenn ein Forstberechtigter sein Recht ohne Anweisung ausgeübt hat und in dem deshalb gegen ihn eingeleiteten Strafverfahren behauptet, seine Berechtigung sei auf Grund ihres Inhaltes anweisungsfrei, so hat der Strafrichter u. U. nach Art. 165 FG. zu verfahren (näheres Anm. 4c zu Art. 23).

6. Übertragung der Forstberechtigungen, Teilung u. ä.: Vgl. hiezu BayZfR. 1907 S. 205, wo besonders auch die grundbuchrechtliche Seite behandelt ist. In der Veräußerung des ganzen belasteten Waldgrundstückes ist der verpflichtete Waldeigentümer durch das Bestehen von Forstberechtigungen nicht behindert; Teilveräußerungen s. nachstehend unter Teilungen.

a) Forstgrunddienstbarkeiten:

α) **Übertragung:** Die Forstgrunddienstbarkeit ist Bestandteil des berechtigten Anwesens; sie bleibt bis zu ihrem Untergang mit diesem verbunden; sie kann nur mit ihm zusammen übertragen werden; wird das Anwesen veräußert, so ist die Forstgrunddienstbarkeit mitveräußert. Die Ausübung einer Forstgrunddienstbarkeit kann nur zugleich mit der Benutzung des berechtigten Anwesens auf einen andern übertragen werden. Die Forstgrunddienstbarkeit kann nicht vom berechtigten Anwesen abgetrennt und gesondert übertragen werden. Tatsächlich kommen solche „Übertragungen" jedoch vor; rechtlich handelt es sich in diesen Fällen aber um die Aufhebung der Forstgrunddienstbarkeit an dem bisher berechtigten Anwesen und um ihre Neubestellung an dem anderen Anwesen; es müssen dabei auch die für die Aufhebung und Neubestellung geltenden Vorschriften eingehalten werden; insbesondere ist stets die Zustimmung des Waldeigentümers erforderlich; ohne diese ist eine „Übertragung" nicht möglich; die rechtsgeschäftliche Aufhebung einer im Grundbuch nicht eingetragenen Forstgrunddienstbarkeit ist geregelt in Art. 12 ÜbgG. und Art. 84 Abs. II AG.BGB. (buchungsfreie, nicht eingetragene Grundstücke), einer eingetragenen in §§ 875, 876 BGB. Die Neubestellung einer Forstgrunddienstbarkeit ist geregelt in § 873 BGB. (Einigung und Eintragung im Grundbuch), die Neubestellung an buchungsfreien, nicht eingetragenen Grundstücken in Art. 84 Abs. I AG.BGB. Zur Aufhebung wie Neubestellung ist grundsätzlich die Mitwirkung des Notars erforderlich. Art. 33 FG. steht dieser Neubestellung nicht entgegen; näheres dort. Die neubestellte Forstgrunddienstbarkeit bestimmt sich bürgerlichrechtlich ausschließlich nach dem BGB. (§§ 1018—1029).

β) **Teilung:**

aa) d e s b e r e c h t i g t e n A n w e s e n s: Wird das Anwesen des Berechtigten geteilt (durch Verkauf von Grundstücken u. ä.), so bleibt die Forstberechtigung regelmäßig mit der Haus- und Hofstatt verbunden. Die ausgeschiedenen Teile gehen grundsätzlich leer aus (vgl. oben Ziff. 1b und § 1025 Satz 2 BGB.). Wenn ausnahmsweise die Forstberechtigung auf den entstehenden Teilen haftet (wenn z. B. ein berechtigtes Anwesen mit zwei Hofstätten in zwei Teile mit je einer Hofstatt geteilt wird), dann besteht die Forstberechtigung im ganzen für die Teile gemeinsam fort; sie darf jedoch, sofern sich nicht aus dem Entstehungsgrund der Forstberechtigung etwas anderes ergibt, nur so ausgeübt werden, daß der Waldeigentümer nicht mehr belastet wird als vorher (§ 1025 Satz 1 BGB.). In einem solchen Fall wird zweckmäßig durch eine Vereinbarung zwischen den Eigentümern der Anwesensteile und dem Waldeigentümer die Forstberechtigung aufgeteilt werden. Bei Forstberechtigungen nach Bedarf kann sich bei der Teilung (Zertrümmerung) des berechtigten Anwesens die Berechtigung vermindern, wenn der Bedarf sich mindert; unverändert bleibt dagegen eine auf ein bestimmtes Maß lautende Berechtigung.

In ObLGZ. Bd. 7 S. 562 ist der besondere Fall behandelt, daß ein Anwesen, das zwei Hofstätten besaß, geteilt wurde; dort ist entschieden: Wird von einem zwei Wohnhäuser enthaltenden bäuerlichen Anwesen, mit dem in seinem ganzen Bestande ein Forstrecht verbunden ist, das eine Wohnhaus zur Bildung einer selbständigen bäuerlichen Wirtschaft abgetrennt, so verbleibt das Forstrecht bei jedem der abgetrennten Anwesen, soweit es ihm zum Vorteile gereicht, aber das Forstrecht erfährt keine Erweiterung seines Inhalts, sondern es ist für den Holzbezug der Bedarf maßgebend, der sich ergeben würde, wenn die Anwesen vereinigt geblieben wären; vgl. auch ObLGZ. Bd. 5 S. 812 (Fortdauer von Forstberechtigungen bei Vereinigung zweier berechtigter Anwesen). Die Regel ist also auch heute noch (gerade im Gegensatz zu der Regel des § 1025 BGB.) die U n t e i l b a r k e i t d e r F o r s t r e c h t e; eine Ausnahme besteht nur, wenn die Berechtigung nicht bloß einem Teil zum Vorteil gereicht. Vgl. auch die FME. vom 17. 1. 1855 (s. pr. Erlaß 1855 S. 15, Weber 4 S. 672): Anweisung an die

Rent- und Forstämter, wie der Ärar gegen einseitige Veräußerung der auf Staatswaldungen haftenden Forstrechte zu sichern sei, und JME. 8. 2. 1855 (S. 17 a. a. O.): Auftrag an die Notariatsbehörden, bei der Beurkundung solcher Verträge die Vertragschließenden auf die Rechtsfolgen der mangelnden Zustimmung des Eigentümers der belasteten Waldung aufmerksam zu machen.

ββ) des belasteten Waldgrundstücks: Wenn die Ausübung der Forstgrunddienstbarkeit auf einen bestimmten Teil des Waldgrundstücks beschränkt ist, so werden im Falle einer Teilung des belasteten Grundstücks die Teile, die außerhalb des Bereiches der Ausübung liegen, von der Belastung frei (§ 1026 BGB.). Ist die Ausübung der Berechtigung nicht auf einen bestimmten Teil des belasteten Grundstücks beschränkt, so haftet im Falle einer Teilung nach dem Grundsatz der Unteilbarkeit der Grunddienstbarkeiten diese grundsätzlich wie bisher auf dem ganzen Grundstück so jetzt auf allen Teilen. Unbedeutende Waldteile können unter Befreiung des abgetrennten Stücks von der darauf lastenden Berechtigung auch ohne die sonst nötige Anhörung der Forstberechtigten abgetrennt werden, wenn es sich um ausgedehnte Waldungen, namentlich des Staates, und um sehr alte, zumal auf hoheitliche Begebungen zurückzuführende Berechtigungen handelt. Nach der geschichtlichen Entwicklung ist in solchen Fällen anzunehmen, daß die Forstberechtigung dahin eingeschränkt ist, daß der Waldbesitzer unbeschadet der Verabreichung des Rechtholzes Trennstücke ohne Zustimmung der Berechtigten frei veräußern darf (sog. Veräußerungsklausel). Wird diese Veräußerungsbefugnis beansprucht, so muß sie in das Grundbuch eingetragen werden, wenn das Recht überhaupt eingetragen ist. Vgl. BayZfR. 1913 S. 450 ff.

Seit der Aufnahme des Art. 2a in das Gesetz über das Unschädlichkeitszeugnis (Ges. vom 14. 8. 1923, GVBl. S. 280) ist die Veräußerung von Teilstücken des mit Forstrechten belasteten Waldgrundstückes ohne Anhörung der Forstberechtigten auch bei der Belastung mit Forstdienstbarkeiten möglich, wenn das Amtsgericht feststellt, daß die Veräußerung für die Forstberechtigten unschädlich ist; die Freigabe im Unschädlichkeitsverfahren ist aber nur möglich, soweit die Unschädlichkeit ohne die Notwendigkeit einer Wertsausgleichung vom Amtsgericht mit Sicherheit festgestellt werden kann.

b) Persönliche Forstdienstbarkeiten: Diese sind nicht übertragbar und nicht vererblich; die rechtsgeschäftliche Änderung des Inhalts und Ranges bestimmt sich nach dem Bürgerlichen Gesetzbuch und seinen Nebengesetzen (Art. 189 EG.BGB.). Eine der Übertragung im wesentlichen gleichkommende Wirkung läßt sich erzielen durch Aufhebung der bestehenden persönlichen Forstdienstbarkeit und Neubestellung einer solchen. Die Aufhebung bestimmt sich nach § 875 BGB. mit Art. 189 EG.BGB., die Neubestellung nach § 873 BGB. (Einigung und Eintragung im Grundbuch); die Neubestellung ist ohne die Zustimmung des belasteten Waldeigentümers nicht möglich; die Mitwirkung des Notars ist erforderlich. Die neubestellte persönliche Forstdienstbarkeit beurteilt sich bürgerlichrechtlich ausschließlich nach dem BGB. (§§ 1090—1092). An Stelle einer persönlichen Forstdienstbarkeit kann eine Forstgrunddienstbarkeit nicht neu bestellt werden, da darin eine Erweiterung der Belastung zu erblicken ist (Art. 33 FG.).

c) Forstreallasten: *α*) **Übertragung:**

αα) subjektiv-dingliche Forstreallasten (d. s. die zugunsten des jeweiligen Eigentümers eines Anwesens bestehenden) können von dem Eigentum an dem berechtigten Anwesen nicht getrennt werden (Art. 46 ÜbgG., § 1110 BGB.); für ihre Übertragung gilt das gleiche wie bei den Forstgrunddienstbarkeiten; eine „Übertragung" ohne das berechtigte Anwesen ist wie dort nur möglich im Wege der rechtsgeschäftlichen Aufhebung und Neubestellung; im Grundbuch nicht eingetragene Forstreallasten werden nach Art. 12 mit 46 Abs. II ÜbgG., eingetragene nach §§ 875, 876 BGB. aufgehoben; die Neubestellung ist geregelt in § 873 BGB. (Einigung und Eintragung im Grundbuch); auch hier ist die Zustimmung des belasteten Waldeigentümers unerläßlich; die Mitwirkung des Notars ist für die Aufhebung wie Neubestellung erforderlich. Art. 85 AG.BGB. ist zu beachten, wonach die Forstreallast nur mehr auf die regelmäßig wiederkehrende Lieferung einer fest bestimmten Menge von Bodenerzeugnissen lauten kann und der Geldbetrag bestimmt werden muß, durch dessen Zahlung die Forstreallast abgelöst werden kann. Die neubestellte Forstreallast bestimmt sich im übrigen ausschließlich nach dem BGB. (§§ 1105—1112).

ββ) subjektiv-persönliche Forstreallasten (d. s. die einer bestimmten physischen oder juristischen Person zustehenden) werden grundsätzlich nicht übertragbar sein (vgl. § 1111 Abs. II BGB. mit Art. 46 ÜbgG. und Art. 97 FG.); dies wird ausnahmslos bei Berechtigungen gelten, die auf den Bedarf lauten.

Es wird also regelmäßig auch nur Aufhebung der Forstreallast und Neubestellung in Frage kommen; hiefür gilt das gleiche wie bei den subjektiv-dinglichen Forstreallasten. Subjektiv-persönliche

Forstreallasten dürfen nicht, auch nicht im Wege der Aufhebung und Neubestellung, in subjektiv-dingliche Forstreallasten umgewandelt werden (§ 1111 Abs. I BGB. mit Art. 46 ÜbgG., auch Art. 33 FG.).

Immerhin können vereinzelt subjektiv-persönliche Forstreallasten vorkommen, die ohne Zustimmung des Waldeigentümers im Verfahren nach § 873 BGB. (durch Einigung und Eintragung im Grundbuch) frei veräußerlich und vererblich sind, sog. „walzende Rechte" (vgl. Abg. 1851/52 StB. Bd. 3 S. 528 und Kreitmayrs Anm. zu Bayer. Landrecht Tl. II Kap. VIII § 15). Nicht vererbliche persönliche Forstberechtigungen physischer Personen werden heute kaum mehr möglich sein, da seit 2. 4. 1852 keine Forstberechtigung mehr begründet werden konnte.

Vgl. hieher die FME. vom 17. 1. 1855 (Weber 5 S. 672), in der die Forstbehörden angewiesen werden, die angeblichen Inhaber solcher persönlichen (walzenden) Rechte, die nicht amtlich bekannt sind, von der Ausübung des Forstrechts auf Staatswaldungen solange zurückzuweisen, bis sie sich gehörig gerechtfertigt (legitimiert) haben.

β) **Teilung:**

αα) des berechtigten Anwesens: Wird das Anwesen, mit dem eine subjektiv-dingliche Forstreallast verbunden ist, geteilt, so bleibt wie bei den Forstgrunddienstbarkeiten die Forstreallast regelmäßig mit der Haus- und Hofstatt verbunden (§ 1109 Abs. III BGB. mit Art. 46 ÜbgG.).

ββ) des belasteten Anwesens: Die Forstreallast bleibt auf den einzelnen Teilen als Ganzes bestehen; diese haften wie bisher für die Forstreallast im ganzen wie für die Einzelleistungen; die Eigentümer der einzelnen Teile haften als Gesamtschuldner (§ 1108 Abs. II BGB. mit Art. 46 ÜbgG.); doch können einzelne Teile durch Vereinbarung des Berechtigten mit den Eigentümern aus der Haftung entlassen werden; vgl. auch die Ausführungen (oben Anm. 6a *β*, *ββ*) über Befreiung von Teilen von Forstgrunddienstbarkeiten (Veräußerungsklausel), die entsprechend auch hier gelten. Eine Befreiung einzelner Teile von der Belastung mit Forstreallasten ist auch möglich im sog. Unschädlichkeitsverfahren nach dem Gesetz vom $\frac{\text{15. 6. 1898 (GVBl. S. 301);}}{\text{14. 8. 1923 GVBl. S. 280}}$ darnach werden veräußerte kleinere Teilflächen eines mit Forstreallasten belasteten Grundstücks ohne Einwilligung der Forstberechtigten von der Belastung frei, wenn das zuständige Amtsgericht festgestellt hat, daß die Veräußerung für die Berechtigten unschädlich sei (Art. 1 des Ges.); u. U. ist die durch die Teilveräußerung entstandene Wertminderung des haftenden Grundstücks in Geld oder durch andere Grundstücke auszugleichen (Art. 2ff.).

d) Praxis des bayerischen Forstärars: Der bayerische Forstärar erteilt bezüglich der auf den Staatswaldungen lastenden Forstrechte die Zustimmung zu Übertragungen entgegenkommend, soweit nicht die Art des Forstrechtes entgegensteht oder die Übertragung eine Erhöhung der Belastung oder eine Erschwerung der Verwaltung oder des Betriebes in den belasteten Waldungen zur Folge hat.

Darnach wird sie grundsätzlich nicht erteilt für Forstrechte nach Bedarf oder sonst nicht festbemessener Art, sofern die künftige Abgewährung des Rechtes z. B. wertvollere Holzsortimente, schwerer zu erzeugendes Holz erfordern oder wenn sich der Ablösungswert erhöhen würde; nicht erteilt wird die Zustimmung auch dann, wenn Forstrechte auf Anwesen in Ortschaften (Gemeinden) übertragen werden sollen, in denen Forstrechte der gleichen Berechtigungsart bisher nicht bestanden. Vgl. FME. vom 17. 1. 1855 (s. pr. Erl. Bd. 3 S. 15; Forstl. Mitt. Bd. 12 S. 260); JME. vom 8. 2. 1855 (JMBl. S. 224); FME. vom 13. 6. 1879 Nr. 5123 und FME. vom 16. 5. 1881 Nr. 6733. In § 2 Abs. IV—IX Allg. VB. 1896 (S. 150) ist den Forstämtern bei der Behandlung der auf den Staatswaldungen lastenden Forstberechtigungen tunlichstes Entgegenkommen unter Wahrung des Rechtsstandpunktes und des berechtigten Interesses des Ärars aufgetragen. S. auch Anm. 3 zu Art. 27.

e) Übertragung der Ausübung der Forstberechtigungen: Zu unterscheiden von der Übertragung der Forstberechtigung selbst ist die Übertragung ihrer Ausübung (in einem einzelnen Fall oder auf Zeit, z. B. durch Verpachtung); in diesem Falle wechselt der Inhaber der Forstberechtigung selbst nicht.

Die Übertragung der Ausübung einer Forstgrunddienstbarkeit oder einer subjektiv-dinglichen Forstreallast zusammen mit der Nutzung des herrschenden Grundstücks, z. B. die Verpachtung eines eingeforsteten Anwesens samt Forstberechtigung, ist immer zulässig, auch wenn es sich um eine Berechtigung nach Bedarf handelt. Anders liegt der Fall bei der Übertragung der Ausübung subjektiv-persönlicher Forstberechtigungen oder subjektiv-dinglicher Berechtigungen ohne gleichzeitige Überlassung der Nutzung des herrschenden Grundstücks; die Übertragung der Ausübung subjektiv-persönlicher Forstberechtigungen wird nach dem zum Inhalt des Berechtigungstitels gehörenden Zweck der Berechtigung regelmäßig nicht zulässig sein; die Trennung der Ausübung des Forstrechtes vom herrschenden Grundstück wird schon aus bürgerlichrechtlichen Gründen grundsätzlich unzulässig sein (vgl. Meisner S. 398 Fußn. 6); ihr stehen auch teilweise öffentlichrechtliche Hindernisse entgegen.

Die Ausübung einer Forstberechtigung, die auf den Bedarf des Berechtigten oder des berechtigten Anwesens abgestellt ist, kann nämlich auch nach dem Forstgesetz grundsätzlich von dem Berechtigten oder dem Eigentümer des berechtigten Anwesens einem andern oder für andere Zwecke als für das berechtigte Anwesen nicht überlassen werden; dies folgt aus Art. 97 FG., wonach dem Berechtigten verboten ist, Walderzeugnisse, in deren Besitz er zu seinem Bedarf infolge Berechtigung gekommen ist, ohne Genehmigung der Forstpolizeibehörde zu veräußern. Wenn es verboten ist, das bezogene Berechtigungsgut einem andern zu überlassen, muß es auch verboten sein, die Befugnis zum Bezug zu übertragen; mindestens wäre auch die Übertragung der Ausübung an die Genehmigung der Forstpolizeibehörde gebunden. Diese öffentlichrechtliche Schranke besteht nicht bezüglich der in ein jährliches Maß umgewandelten Forstberechtigungen (Art. 97 Abs. II FG.).

Diejenigen persönlichen Forstdienstbarkeiten, auf die § 1092 BGB. anwendbar ist (oben Anm. 6b), können auf Grund dieser bürgerlichrechtlichen Bestimmung auch der Ausübung nach nur überlassen werden, wenn der Verpflichtete nach dem Inhalt der Berechtigung oder sonst die Überlassung gestattet hat, selbst wenn sie in ein bestimmtes jährliches Maß umgewandelt sind.

Die Übertragung der Ausübung ist, soweit sie überhaupt zulässig ist, grundsätzlich formlos möglich; notarielle Beurkundung oder Eintragung im Grundbuch ist nicht erforderlich, letzteres auch nicht möglich.

f) Übertragung der Rechtsbezüge: Hat der Berechtigte seine Berechtigung ausgeübt, so darf er mit dem Rechtsbezug nicht in allen Fällen nach Belieben verfahren, obwohl er Eigentümer geworden ist (vgl. § 903 BGB.). Völlig frei ist der Berechtigte in der rechtlichen und tatsächlichen Verfügung über den Rechtsbezug bei Rechten, die auf ein bestimmtes jährliches Maß lauten (vgl. Art. 97 Abs. II); beschränkt ist er bei allen anderen Rechten. Bei Bauholzberechtigungen, die nicht auf ein bestimmtes jährliches Maß festgesetzt sind, muß er den Rechtsbezug innerhalb zwei Jahren zu dem besonderen Zweck verwenden, für den ihm das Holz abgegeben wurde; er darf ohne Zustimmung des verpflichteten Waldbesitzers das Bauholz unter keinen Umständen veräußern oder zu einem anderen Zwecke verwenden; er ist also in der rechtlichen und tatsächlichen Verfügung sehr beschränkt (Art. 28, 97 FG.). Bei den anderen, nicht in ein bestimmtes jährliches Maß umgewandelten Berechtigungen, insbesondere also bei den Berechtigungen nach Bedarf, ist der Berechtigte ebenfalls in der rechtlichen und tatsächlichen Verfügung beschränkt, aber in geringerem Maße; die Veräußerung ist nicht unbedingt verboten, sondern nur ohne Genehmigung der Forstpolizeibehörde (Art. 97 Abs. I); zu verwenden ist der Rechtsbezug auch grundsätzlich für den bei der Abgabe gedachten Zweck; wenn aber der anspruchsberechtigte Bedarf, z. B. der Brennholzbedarf, auf andere Weise, z. B. durch Zukauf, gedeckt wird, so kann der Berechtigte über den Rechtsbezug tatsächlich frei verfügen, das bezogene Brennholz z. B. als Werkholz verwenden; zur Veräußerung ist forstpolizeiliche Genehmigung nötig (Art. 97 Abs. I) und zwar auch, wenn der Berechtigte nach dem Inhalt der Berechtigung oder nach der tatsächlichen Übung über den Rechtsbezug bisher frei verfügen konnte (Art. 190; ObLGSt. Bd. 26 S. 1ff.). Wenn der Berechtigte bei einer Berechtigung nach Bedarf mehr bezogen hat als er tatsächlich bedarf, so ist er auf Verlangen des belasteten Waldeigentümers nach den Grundsätzen über die ungerechtfertigte Bereicherung (§§ 812ff. BGB.) zur Herausgabe des Überschusses verpflichtet; bei Bauholzberechtigungen muß der Berechtigte, der das bezogene Bauholz ohne Zustimmung des Verpflichteten nicht innerhalb zwei Jahren für den Zweck verwendet hat, stets den Geldwert des nicht dem Zwecke gemäß verwendeten Holzes ersetzen, auch wenn das Holz noch vorhanden oder er nicht mehr bereichert ist (Art. 28 Abs. IV).

Die genannten Beschränkungen des Berechtigten haben nicht die Unwirksamkeit der von ihm über den Rechtsbezug abgeschlossenen Rechtsgeschäfte zur Folge, sie machen ihn nur, wie bemerkt, straffällig oder verpflichten ihn zum Wertersatz oder zur Herausgabe der ungerechtfertigten Bereicherung.

g) Übertragung der Forstrechtsbelastung: Es kommen verschiedene Fälle in Frage:

Verlegung einer Forstgrunddienstbarkeit auf eine für den Verpflichteten weniger beschwerliche Stelle nach § 1023 BGB. (s. oben Anm. 3a); eine Verlegung kann sich unter Umständen auch im Ausgleichsverfahren nach § 1024 BGB. ergeben (ebenda);

Teilung des belasteten Waldes: s. für Forstgrunddienstbarkeiten und Forstreallasten oben Anm. 6a β, $\beta\beta$ und 6c β, $\beta\beta$.

Im Unschädlichkeitsverfahren können Teile des belasteten Waldes von Forstrechten befreit werden; s. oben.

In diesen Fällen ist grundsätzlich die Zustimmung der Berechtigten nicht erforderlich; hier handelt es sich nicht um die Aufhebung der vorhandenen und die Begründung neuer Rechte; es werden nur die Belastungen verlegt, ohne daß das Rechtsverhältnis selbst geändert wird. Will sonst der Berechtigte die Belastung auf ein anderes Waldgrundstück verlegen, so muß das alte Recht aufgehoben und ein anderes an dem neuen Objekt begründet werden; dazu ist stets die Zustimmung der Berechtigten erforderlich. Die Zustimmung liegt grundsätzlich im Ermessen der Berechtigten; zur Zustimmung gezwungen können sie nur werden, wenn die Verweigerung nur den Zweck haben kann, dem Berechtigten Schaden zuzufügen (§ 226 BGB.).

7. Aufhebung und Erlöschen der Forstberechtigungen:

a) Forstgrunddienstbarkeiten: α) **im Grundbuch nicht eingetragene:**

rechtsgeschäftliche Aufhebung: Durch Erklärung des Berechtigten gegenüber dem belasteten Waldeigentümer in notariell beglaubigter Form, daß er die Forstberechtigung aufgebe (Art. 12 ÜbgG.; bezüglich der an buchungsfreien, im Grundbuch nicht eingetragenen Grundstücken bestehenden Forstgrunddienstbarkeiten gilt das gleiche auf Grund Art. 84 Abs. II AG.BGB.).

Verjährung: Die Forstgrunddienstbarkeit erlischt mit dem Ablauf von 10 Jahren nach der letzten Ausübung. Hat eine Ausübung nicht stattgefunden, so beginnt die zehnjährige Frist mit dem Zeitpunkt, von dem an die Ausübung zulässig war; die für die Verjährung geltenden Vorschriften des BGB. finden entsprechende Anwendung. Der Lauf der Erlöschungsfrist wird nicht dadurch gehemmt, daß die Forstgrunddienstbarkeit nur zeitweilig ausgeübt werden kann (z. B. eine Bauholzberechtigung); die Frist endigt jedoch in diesem Falle nicht, bevor die Zeit, zu der die Ausübung zulässig war, zum zweitenmal eingetreten und seit dem zweiten Eintritt ein Jahr verstrichen ist (Art. 13 ÜbgG.). Das gleiche gilt nach Art. 84 Abs. III AG.BGB. für das Erlöschen von Forstgrunddienstbarkeiten an buchungsfreien, nicht eingetragenen Grundstücken.

Vereinigung mit dem Eigentum: Die Forstgrunddienstbarkeit erlischt, wenn sie sich mit dem Eigentum an dem belasteten Grundstück vereinigt (Art. 14 ÜbgG.); im Falle der Ablösung ist Art. 30 Abs. II FG. zu beachten.

Aufgebot: wenn die Forstgrunddienstbarkeit dem Waldeigentümer unbekannt ist, Art. 15, 16 ÜbgG.

Außerdem kommt in Betracht die Teilung nach § 1026 BGB. (s. oben), der Zuschlag im Zwangsversteigerungsverfahren unter gewissen Voraussetzungen (§ 91 ZVG.), Zwangsenteignung, Flurbereinigung, ferner die Ablösung nach Art. 30 FG.

Bei Einleitung der Zwangsenteignung eines Forstrechts an einem dem Enteignungsberechtigten gehörenden Wald kann die Eintragung einer Verfügungsbeschränkung auf dem Blatt für das Anwesen, mit dem das Recht als Bestandteil verbunden ist, nicht verlangt werden (ObLG. 15. 5. 1908, BayZfR. 1908 S. 291).

β) **im Grundbuch eingetragene Forstgrunddienstbarkeiten:**

rechtsgeschäftliche Aufhebung: Durch Erklärung des Berechtigten vor dem Notar, daß er die Forstberechtigung aufgebe, sowie Löschung des Rechtes im Grundbuch (§§ 875, 876 BGB.; Art. 189 Abs. III EG.BGB.).

Verjährung: Die eingetragenen Forstrechte selbst können nicht verjähren (§ 902 BGB.); wohl aber der Anspruch auf rückständige einzelne Leistungen (§ 902 BGB.). Ist eine Forstgrunddienstbarkeit zu Unrecht im Grundbuch gelöscht, so erlischt sie in 30 Jahren (§ 901 BGB.). Einen selteneren Verjährungsgrund enthält auch § 1028 BGB. (Errichtung einer die Ausübung der Forstberechtigung störenden Anlage auf dem belasteten Waldgrundstück). Zur Verjährung in der Übergangszeit vgl. Art. 169 EG.BGB. Der Anspruch auf Schadensersatz wegen unerlaubter Handlung verjährt in drei Jahren, nachdem der Berechtigte von dem Schaden Kenntnis erlangt hat, spätestens in 30 Jahren nach der unerlaubten Handlung (§ 852 BGB.). Der Schaden eines Buchenholzberechtigten ist eingetreten mit der Umwandlung des Buchenwaldes in Nadelwald, nicht erst zu der Zeit, wo die Buchen, die ohne die Umwandlung neu angepflanzt worden wären, Brennholz geliefert hätten (RG. in Bolze Bd. 22 Nr. 153).

Außerdem kommen in Betracht Teilung, Zwangsversteigerung usw. wie bei den nicht eingetragenen Forstgrunddienstbarkeiten s. oben; nicht dagegen die Vereinigung der Berechtigung mit dem belasteten Eigentum, z. B. durch Ablösung des Forstrechtes seitens des Waldeigentümers (§ 889 BGB.; vgl. Art. 30 Abs. II FG.).

b) Persönliche Forstdienstbarkeiten: Die Aufhebung der im Grundbuch nicht eingetragenen persönlichen Forstdienstbarkeiten bestimmt sich nach den bisherigen Gesetzen (Art. 189 Abs. III EG. BGB.), der im Grundbuch eingetragenen nach den Vorschriften des BGB. Für die rechtsgeschäftliche

Aufhebung und die Verjährung der an buchungsfreien, im Grundbuch nicht eingetragenen Waldgrundstücken bestehenden persönlichen Forstdienstbarkeiten gilt das gleiche wie bei den Forstgrunddienstbarkeiten (s. oben Anm. 7 a *α*, Art. 84 Abs. II u. III AG.BGB.).

c) Forstreallasten:

nicht eingetragene: für die Aufhebung und das Erlöschen gilt das gleiche wie für die nicht eingetragenen Forstgrunddienstbarkeiten; nur die Möglichkeit des Aufgebots fällt weg (Art. 46, 12—14 ÜbgG.);

eingetragene: für sie gilt das gleiche wie für die eingetragenen Forstgrunddienstbarkeiten s. oben; dazu kommt die Möglichkeit des Aufgebots des Berechtigten, wenn dieser unbekannt ist (§ 1112 BGB.).

d) Verfall rückständiger Rechtsbezüge: Wenn ein Forstrecht Anspruch auf regelmäßig wiederkehrende Bezüge gibt, so verjährt der Anspruch auf die einzelnen rückständigen Bezüge jeweils in vier Jahren; die Verjährungsfrist beginnt mit dem Schlusse des Jahres zu laufen, in dem der einzelne Rechtsbezug fällig geworden ist (§§ 197, 201 BGB.). § 196 Abs. I Ziff. 2 BGB. ist durch Gesetzeskonkurrenz ausgeschlossen. Für den Begriff der wiederkehrenden Leistungen kommt es nur auf die fest bestimmte regelmäßige zeitliche Wiederkehr an, nicht aber auch auf die Gleichmäßigkeit des Betrags (RG. Bd. 88 S. 46). Unter die vierjährige Verjährungsfrist fallen die Rückstände der meisten Forstberechtigungen, da die meisten einen Anspruch auf regelmäßig wiederkehrende Bezüge gewähren. Die Rückstände anderer Forstberechtigungen, z. B. von Bauholzberechtigungen, verjähren in 30 Jahren (§ 195 BGB.). Die Verjährungsvorschriften des Bürgerlichen Gesetzbuchs gelten für die Rückstände aller, auch der altrechtlichen Forstberechtigungen (vgl. Art. 169 EG.BGB.) und gleichgültig, welche rechtliche Natur sie besitzen. Die vorstehenden Verjährungsfristen kommen nur in Betracht, wenn ein Nachlieferungsanspruch besteht; vielfach fehlt bei den Forstberechtigungen ein solcher (s. unten Anmerk. 9a *β*, *ββ*).

8. Belastung der Forstberechtigungen:

a) Vertragspfandrecht (Verpfändung): Die Forstberechtigungen selbst können grundsätzlich nicht Gegenstand eines Pfandrechtes sein, weil sie regelmäßig nicht selbständig übertragbar sind (§ 1274 Abs. II BGB.); ein Pfandrecht kommt nur in Frage bei den seltenen subjektiv-persönlichen Forstreallasten, soweit diese übertragbar sind (s. oben Anm. 6c *α* *ββ*). Mit einer Hypothek kann eine Forstberechtigung in keinem Falle mehr belastet werden, da die Forstberechtigungen keine grundstücksgleichen Rechte sind. Nach dem alten bayerischen Hypothekengesetz konnten auch die vererblichen und selbständig veräußerlichen Reallasten und damit auch die Forstberechtigungen dieser Art (ObLG. ä.S. Bd. 8 S. 652) Gegenstand einer Hypothek sein; diese Hypotheken haben sich am 1. 1. 1900 in Pfandrechte verwandelt (Art. 61 ÜbgG. s. dazu die Anm. von Henle-Schneider).

Zu unterscheiden von dem Pfandrecht an der Forstberechtigung selbst ist das Pfandrecht an dem Anspruch des Berechtigten auf fällige oder künftige Leistungen aus der Forstberechtigung (Recht zur Ausübung). Dieser Anspruch kann Gegenstand eines Pfandrechtes sein, soweit er übertragbar ist; grundsätzlich ist er übertragbar bei Forstberechtigungen, die in ein bestimmtes jährliches Maß umgewandelt sind, nicht übertragbar bei Forstberechtigungen nach Bedarf (s. oben Anm. 6e).

Forstgrunddienstbarkeiten und subjektiv-dingliche Forstreallasten werden von der Belastung des Grundstückes, mit dem sie verbunden sind, grundsätzlich miterfaßt. Die Hypothek, mit der ein Anwesen belastet ist, erstreckt sich kraft Gesetzes auf die mit dem Eigentum an dem Anwesen verbundenen Forstrechte, auch wenn sie im Grund- oder Hypothekenbuch nicht eingetragen sind. Bei einer Ablösung nach Art. 30 gehen die Hypotheken nicht auf die Ablösungssumme über; zur Ablösung ist daher die Zustimmung der Hypothekengläubiger erforderlich (ObLGZ. Bd. 4 S. 176).

b) Pfändungspfandrecht (im Zwangsvollstreckungsverfahren): Die Pfändung von Forstberechtigungen bemißt sich grundsätzlich nach § 857 ZPO.: eine unveräußerliche Forstberechtigung ist der Pfändung insoweit unterworfen als die Ausübung einem andern überlassen werden kann (s. oben Anm. 6 e). Das Vollstreckungsgericht kann bei der Zwangsvollstreckung in unveräußerliche Forstberechtigungen, deren Ausübung einem andern übertragen werden kann, besondere Anordnungen erlassen. Ist die Veräußerung der Berechtigung selbst zulässig (s. oben Anm. 6 a—c), so kann es auch diese Veräußerung anordnen. Für die Zwangsvollstreckung in eine Forstreallast gelten entsprechend die Vorschriften über die Vollstreckung einer Forderung, für die eine Hypothek besteht.

c) Zwangsversteigerung; Enteignung u. a.: Wird das berechtigte Anwesen zwangsweise versteigert, so geht die mit ihm verbundene Forstberechtigung zusammen mit dem Eigentum am Anwesen grundsätzlich mit dem Zuschlag an den Ersteher über (§ 90 ZVG.). Wird das belastete Waldgrundstück zwangsweise versteigert, so bleiben die auf ihm lastenden Forstrechte unverändert bestehen, wenn sie in das geringste Gebot fallen; andernfalls erlöschen sie; der Berechtigte hat dann nach dem Range der Berechtigung Anspruch auf Ersatz des Wertes aus dem Versteigerungserlös (§§ 44, 91, 92, 10 Ziff. 4, 6, 7, §§ 12—14 ZVG.).

Die Forstberechtigungen können auch nach den allgemeinen Vorschriften enteignet und auf Grund Art. 43 des Ödlandgesetzes vom 6. 3. 1923 (GVBl. S. 89) aufgehoben, beschränkt oder geändert werden (vgl. oben Anm. 8 VIII c vor Art. 6).

9. Rechtsschutz: a) des Forstberechtigten:

α) **Bürgerlichrechtlicher Schutz der Forstberechtigung selbst:** Bei eingetragenen und nicht eingetragenen Forstgrunddienstbarkeiten steht gegenüber der Beeinträchtigung die Klage auf Beseitigung der Beeinträchtigung und, wenn weitere Beeinträchtigungen zu besorgen sind, auch die Klage auf Unterlassung offen (§§ 1027, 1004 BGB.; Art. 184 EG.BGB.); Verjährung dieses Anspruchs, wenn eine die Forstgrunddienstbarkeit beeinträchtigende Anlage errichtet wurde, z. B. ein die Weide hindernder Zaun, § 1028 BGB. Forstdienstbarkeiten, persönliche und Grunddienstbarkeiten (nicht aber Forstreallasten) genießen u. U. auch Besitzschutz (§§ 1029, 1090 BGB., Art. 191 EG.BGB). Wenn Bestand, Inhalt oder Umfang der Forstberechtigung bestritten werden, so kann bei allen Arten von Berechtigungen, soferne die sonstigen Voraussetzungen des § 256 ZPO. gegeben sind, die Feststellungsklage erhoben werden (Beispiele enthalten ObLGZ. Bd. 7 S. 562 ff., Bd. 10 S. 472 ff., Bd. 16 S. 21 ff. u. a.).

β) **Bürgerlichrechtlicher Schutz des Anspruchs auf die einzelnen Bezüge:**

αα) Der Anspruch auf künftige Bezüge ist bei allen Arten von Forstberechtigungen gewöhnlich im Wege der Feststellungsklage geltend zu machen; eine Vollstreckung ist in diesem Verfahren jedoch nicht möglich. Der fällige Rechtsbezug kann, wenn er nicht auf gütliche Weise zu erreichen ist, unmittelbar auf dem Wege der Zwangsvollstreckung in das belastete Waldgrundstück gewonnen werden; hiezu ist ein Vollstreckungstitel nötig, der sich gegen den Waldeigentümer richtet. Bei Forstreallasten kann der Waldeigentümer wegen der Leistungen, die während der Dauer seines Eigentums fällig werden, auch persönlich auf Leistung verklagt werden (§ 1108 BGB., Art. 46 ÜbgG.).

ββ) Der Anspruch auf verfallene Bezüge kann, soweit nicht Verjährung eingetreten ist (s. Anm. 7d), durch Zwangsvollstreckung in das belastete Waldgrundstück verwirklicht werden; bei Forstreallasten kann auch der Waldeigentümer persönlich in Anspruch genommen werden, der den Wald besaß, als die nicht gelieferten Bezüge fällig wurden.

U. U. kommen auch die Ansprüche auf Herausgabe nach §§ 985 ff. BGB. (vgl. oben S. 138 f.) oder wegen ungerechtfertigter Bereicherung (§§ 812 ff. BGB., s. aber KompKGH. 23. 12. 1904, GVBl. 1905 Beil. I) in Betracht. Wenn den Verpflichteten ein Verschulden (Vorsatz oder Fahrlässigkeit) trifft, steht dem Forstberechtigten u. U. auch ein Schadenersatzanspruch, je nach Lage des Falls allein oder neben dem Anspruch auf den rückständigen Naturalbezug zu (§ 823 Abs. I u. II BGB.; die Forstberechtigungen zählen zu den sonstigen Rechten des Abs. I; §§ 1004 u. 1027 BGB. sind Schutzgesetze im Sinne des Abs. II).

Dies gilt ohne Einschränkung von den gemessenen Rechten, deren Bezüge grundsätzlich frei veräußerlich sind; bei den Berechtigungen nach Bedarf ergibt sich eine Beschränkung daraus, daß die Bezüge nicht frei veräußerlich sind, sondern grundsätzlich für den wirklichen Bedarf verwendet werden müssen. Rückständige Bezüge können in natura daher nur verlangt werden, soweit noch ein Bedarf besteht (wenn z. B. in den Ausfalljahren mangels des Rechtsbezugs nötige Geräte nicht beschafft oder notwendige Ausbesserungen nicht vorgenommen wurden); Ersatz in Geld oder Schadenersatz kann nur gefordert werden, wenn der Berechtigte Aufwendungen gemacht oder einen Vermögensschaden erlitten hat; im übrigen besteht ein Nachlieferungs- oder Ersatzanspruch nicht. Für die Ansprüche des Berechtigten wegen der Rückstände ist stets weitere Voraussetzung, daß der Berechtigte jeweils das zum Rechtsbezug Erforderliche seinerseits getan hat, da sonst der Anspruch auf den Rechtsbezug nicht zur Entstehung gelangt ist (ObLGZ. Bd. 8 S. 113 ff.; vgl. Roth Bd. 2 S. 314 Fußn. 41). Mit dem Anspruch auf Feststellung des Bestehens einer Forstberechtigung kann der Entschädigungsanspruch wegen der bisher vorenthaltenen Nutzungen verbunden werden (ebenda). Zur Begründung des Anspruchs auf Entschädigung wegen Störung bei der Ausübung einer Forstberechtigung gehört der Nachweis, daß infolge der Vorenthaltung der Berechtigung ein Vermögensschaden entstanden ist (ObLGZ. Bd. 13 S. 376; Bd. 8 S. 114); es kann nicht einfach der Wert der nicht bezogenen Nutzungen verlangt werden (ObLGZ. Bd. 8 S. 120).

γ) **Forstpolizeilicher Schutz des Forstberechtigten:** Neben dem bürgerlichrechtlichen Schutz genießt der Berechtigte teilweise forstpolizeilichen Schutz: wenn er glaubt, vom Verpflichteten in der Art und Weise der Ausübung seiner Berechtigung unberechtigt beschränkt zu werden, kann er bei der Forstpolizeibehörde Abhilfe suchen (Art. 23 Abs. II FG.). Gegen eine Beeinträchtigung der Forstberechtigung seitens des Verpflichteten durch eine nicht gebotene Veränderung der Holz- oder Betriebsart steht dem Berechtigten ebenfalls forstpolizeiliche Hilfe zur Seite (Art. 26 FG.). Weiter kann der Berechtigte forstpolizeiliche Hilfe anrufen bei Uneinigkeiten bei der Fixierung von Forstberechtigungen (Art. 27 FG.), bei der Ausübung nicht fixierter Bauholzberechtigungen (Art. 28 Abs. II FG.) und bei der Umwandlung von Waldfronen (Art. 31 Abs. I FG.). Einen besonderen strafrechtlichen Schutz seines Rechtes sieht das Forstgesetz nicht vor; nach dem Reichsstrafgesetzbuch (§ 117) ist der Forstberechtigte in der Ausübung seines Rechtes persönlich vor gewalttätiger Behinderung oder einem tätlichen Angriff geschützt.

b) **Rechtsschutz des Verpflichteten:**

α) **Bürgerlichrechtlicher Schutz:** Dem belasteten Waldeigentümer stehen gegen Übergriffe des Forstberechtigten die allgemeinen Ansprüche aus dem Eigentum zu (Herausgabeanspruch, u. U. auch Anspruch auf Herausgabe der Nutzungen und Schadenersatz, §§ 985 ff. BGB.; Eigentumsfreiheitsanspruch § 1004 BGB.). Ist der Eigentümer zugleich im Besitze des Waldes, so stehen ihm auch die allgemeinen Besitzschutzrechte zu (gewaltsame Besitzwehrung und -kehrung, die gerichtlichen Ansprüche wegen Besitzentziehung und -störung §§ 859—864 BGB.). Die Besitzschutzrechte genießt auch der Waldbesitzer, der nicht Eigentümer ist. S. auch das Selbsthilferecht nach §§ 229, 230 BGB.

β) **Forstpolizeilicher Schutz des Verpflichteten:** Auch der Verpflichtete steht teilweise unter forstpolizeilichem Schutz: wenn der Berechtigte in der Art und Weise der Ausübung der Berechtigung seine Befugnisse überschreitet, kann die Forstpolizeibehörde um Abhilfe angegangen werden (Art. 23 Abs. II FG.). Die Möglichkeit einer nachhaltigen Wirtschaft und der gebotenen Veränderungen der Holz- oder Betriebsart ist ihm forstpolizeilich gewährleistet (Art. 24—26). Auch ihm steht die Anrufung forstpolizeilicher Hilfe zu im Falle von Uneinigkeiten bei der Fixierung von Forstberechtigungen, bei der Ausübung nicht fixierter Bauholzberechtigungen und bei der Ablösung von Waldfronen (Art. 27, 28 Abs. II und 31 Abs. I).

Das Recht des Waldeigentümers (Waldbesitzers) schützen vor Übergriffen des Forstberechtigten eine Reihe von Strafbestimmungen des Forstgesetzes (Art. 49 Abs. II, 79—100); eine zivilrechtliche Schutzbestimmung enthält Art. 28 Abs. IV; der Waldeigentümer ist in der rechtmäßigen Ausübung seines Eigentumsrechtes vor gewalttätigem Widerstand oder Angriff persönlich durch § 117 StGB. geschützt.

c) **Zuständigkeit:**

α) **sachliche:** Zur Entscheidung von Streitigkeiten wegen Forstberechtigungen sind die ordentlichen Gerichte im gewöhnlichen Zivilprozeßverfahren berufen, da es sich um bürgerlichrechtliche Verhältnisse handelt (§ 13 GVG.). Nur in einigen ausdrücklich bezeichneten Punkten steht mit Rücksicht auf das hervortretende öffentliche Interesse die Entscheidung den Forstpolizeibehörden zu; gegen deren Bescheid ist großenteils die Anrufung der ordentlichen Gerichte zugelassen. Die Forstpolizeibehörden sind nur in folgenden Forstrechtsangelegenheiten zu entscheiden zuständig:

α) im Verwaltungsrechtsverfahren bei Streitigkeiten über die Art und Weise der Ausübung einer Forstberechtigung; der Rechtsweg ist vorbehalten bezüglich des Bestandes und des Umfangs der Berechtigung (Art. 23 Abs. II);

β) im Verwaltungsrechtsverfahren über die Statthaftigkeit einer zwangsweisen Ermäßigung von Forstberechtigungen und die zu gewährende Entschädigung unter Vorbehalt des Rechtswegs (Art. 25 Abs. IV);

γ) im Verwaltungsrechtsverfahren über die Statthaftigkeit einer die Berechtigung beeinträchtigenden Abänderung der Holz- oder Betriebsart und über die zu gewährende Entschädigung; in der Entschädigungsfrage ist der Rechtsweg vorbehalten (Art. 26 Abs. I);

δ) auf Antrag hat die Forstpolizeibehörde im Verwaltungsrechtsverfahren ungemessene Forstberechtigungen in gemessene umzuwandeln; Streitigkeiten über den Bestand und Umfang des Rechts gehören vor die Gerichte (Art. 27 Abs. III, IV);

ε) im Verwaltungsrechtsverfahren bei Streitigkeiten über den Bedarf bei nicht fixierten Bauholzrechten vorbehaltlich des Rechtswegs (Art. 28 Abs. II);

ζ) auf Antrag hat die Forstpolizeibehörde im Verwaltungsrechtsverfahren Waldfronen in eine Geldabgabe umzuwandeln; Streitigkeiten über den Bestand, den Umfang und die Eigenschaft einer Waldfron gehören vor die Gerichte (Art. 31 Abs. I, VI).

In allen anderen Streitigkeiten sind die Gerichte allein zuständig (§ 13 GVG.). Die Forstpolizeibehörden haben insbesondere grundsätzlich weder die Pflicht noch das Recht, die Waldeigentümer und Waldbesitzer zur Erfüllung der Forstberechtigungen anzuhalten. Art. 1 gestattet zwar dem Besitzer die freie Benutzung und Bewirtschaftung seines Waldes nur mit dem Vorbehalt der Rechte Dritter; solche Rechte sind aber nicht im Wege des forstpolizeilichen Verfahrens auf Grund des Forstgesetzes (mit Ausnahme der in Art. 23—34 vorgesehenen Fälle), sondern im Zivilrechtsweg geltend zu machen. Die Grenze zwischen der Zuständigkeit der Gerichte und der Forstpolizeibehörden zu ziehen, ist nicht immer leicht. Wenn Zweifel über die Zuständigkeit bestehen, kann u. U. ein besonderes Verfahren zur Feststellung der Zuständigkeit durchgeführt werden. Wenn nämlich eine Sache bei den Gerichten anhängig ist und die Verwaltungsbehörden den Rechtsweg für unzulässig halten, so kann zur Entscheidung über diesen Zuständigkeitsstreit der Gerichtshof für Kompetenzkonflikte angerufen werden; die Anrufung steht nur zu den Regierungen, K. d. J., den Ministerien und der Staatsanwaltschaft des Verwaltungsgerichtshofs. Durch die Erhebung des Konflikts werden vorsorgliche Verfügungen des Gerichts wie der Verwaltungsbehörden nicht ausgeschlossen. Umgekehrt können die Gerichte den Zuständigkeitsstreit in einer bei den Verwaltungsbehörden anhängigen Sache nicht erheben. Haben sich Gerichte und Verwaltungsbehörden für unzuständig erklärt (negativer Zuständigkeitsstreit), so können die Parteien den Gerichtshof für Kompetenzkonflikte anrufen. Das nähere bestimmt das Gesetz vom 18. 8. 1879 (GVBl. S. 991). Im Zweifel ist die Zuständigkeit der Gerichte anzunehmen, da die Zuständigkeit der Verwaltungsbehörden die Ausnahme bildet. S. auch Anm. 15 zu Art. 25. Als Forstpolizeibehörde entscheidet in Forstrechtsangelegenheiten (Art. 23, 25—28, 31) mit Ausnahme des Art. 29 stets die Forstpolizeikommission nach Art. 110; näheres dort.

Wenn ein Forstrechtsstreit mehrere, unter verschiedene Artikel fallende Streitpunkte umfaßt, so wird, hauptsächlich aus verfahrensrechtlichen Gründen, über die einzelnen Streitpunkte in getrennten Entscheidungen zu urteilen sein; bildet ein Streitpunkt die Vorfrage für einen andern, so wird über den letzteren erst zu entscheiden sein, wenn die Entscheidung über den ersteren rechtskräftig ist. Vgl. auch Art. 27 Abs. IV FG., der einem allgemein gültigen Rechtsgrundsatz Ausdruck verleiht (s. VGH. 11. 3. 1889 in Anm. 7 zu Art. 26).

β) **örtliche Zuständigkeit:** Die Zuständigkeit der Forstpolizeibehörden im Vollzuge der Bestimmungen der zweiten Abteilung „Forstberechtigungen" richtet sich stets nach der Lage des belasteten Waldes ohne Rücksicht auf die Art des Waldes (ob Staats-, Gemeinde-, Privatwaldung usw.); vgl. Anm. 2 zu Art. 14. Für dingliche, auf Forstberechtigungen bezügliche Klagen ist das Gericht ausschließlich zuständig, in dessen Bezirk das belastete Waldgrundstück gelegen ist (§ 24 ZPO., vgl. auch §§ 25 u. 26).

γ) **Schiedsgerichte:** Zur Entscheidung über Forstrechtsstreitigkeiten werden die Beteiligten an sich grundsätzlich auch ein schiedsrichterliches Verfahren vereinbaren können und zwar nicht nur, soweit nach dem Forstgesetz die Gerichte zuständig sind, sondern auch, soweit die Verwaltungsbehörden für zuständig erklärt sind (vgl. VGH. Bd. 18 S. 246 ff.; Dyroff S. 487); wegen der regelmäßigen Verbindung der forstpolizeilichen mit der gerichtlichen Zuständigkeit in den Fällen der Art. 23 ff. können sich aber bezüglich der Vollstreckung und Aufhebung des Schiedsspruches (vgl. VGH. Bd. 18 S. 249 unten und §§ 1041, 1042 ZPO.) dann erhebliche verfahrensrechtliche Schwierigkeiten ergeben, wenn die nach dem Forstgesetz zunächst den Verwaltungsbehörden zustehende Entscheidung von Anfang an einem Schiedsgericht übertragen wird; dieses Bedenken entfällt, wenn nur für die nach dem Forstgesetz den ordentlichen Gerichten zukommende Entscheidung ein schiedsrichterliches Verfahren vereinbart ist; in diesem Falle finden §§ 1025—1048 ZPO. unmittelbar Anwendung. Grundsätzlich hat auch das Schiedsgericht seine Entscheidung nach den materiellrechtlichen Vorschriften der Art. 23 ff. zu treffen; die Nichtbeachtung dieser Vorschriften kann aber regelmäßig nicht angefochten werden (vgl. §§ 1040 bis 1042 ZPO.).

Forstrechte u. Forstpolizei;
Streitigkeiten über die Art und Weise der Ausübung.

Artikel 23. ($^{23}/_{23}$).

I Der Forstberechtigte[1] ist bei der Ausübung seiner Berechtigung an die genaue Befolgung der forstpolizeilichen Bestimmungen des gegenwärtigen Gesetzes gebunden[2]. [3]

II Streitigkeiten[4] über die Art und Weise[5] der Ausübung einer Forstberechtigung werden von den Forstpolizeibehörden[6] entschieden, jedoch mit Vorbehalt des Rechtsweges[7], insoferne ein Beteiligter sich durch die Entscheidung in seinem Rechte oder dessen Umfange für verletzt erachtet.

Allg. VollzB. 1896.

II. Forstberechtigungen und Forstrechtsablösungen.

§ 2.

I Bestand und Umfang der Forstberechtigungen stehen unter dem Schutze der Gerichte.

II Forstberechtigungen können den Waldbesitzer in der nachhaltigen Bewirtschaftung des Waldes, sowie in den durch die Boden- und klimatischen Verhältnisse gebotenen Veränderungen der Holz- und Betriebsarten nicht hindern.

III Dagegen ist der Waldbesitzer verpflichtet, in diesen Grenzen bei der Bewirtschaftung und Nutzung des belasteten Waldes alles zu unterlassen, was den Bestand der Forstberechtigungen gefährdet oder der ungeschmälerten gesetzmäßigen Ausübung derselben hinderlich ist.

IV Insbesondere ist das Forstamt bei der Abgewährung von auf Staatswaldungen lastenden Forstrechten verpflichtet, den Forstberechtigten die ihnen nach Maßgabe des Berechtigungstitels, besonderer Verträge, richterlicher oder administrativer Entscheidungen gebührenden Bezüge nach Maß, Quantität und Qualität stets unverkürzt und soweit tunlich auf die wenigst belästigende Art bezüglich der Gewinnung und Ausfuhr zukommen zu lassen, wobei selbstverständlich auch der Rechtsstandpunkt und das berechtigte Interesse des Ärars vollkommen zu wahren ist.

V Billige Wünsche sind stets sorgfältig zu würdigen.

VI In jenen Fällen, in welchen nach der Sachlage zur Wahrung der Interessen des Ärars eine gänzliche oder teilweise Ablehnung der vorgebrachten Wünsche unerläßlich erscheint, sind die Beteiligten in wohlwollender Weise über den Sachverhalt und die für die getroffene Bescheidung maßgebenden Gründe aufzuklären, um so mit Vermeidung jeglicher Härte einerseits den Rechtsstandpunkt zu wahren, anderseits ein freundliches Verhältnis zur Bevölkerung aufrecht zu erhalten.

VII Werden von seiten der Forstberechtigten Ansprüche erhoben, welche über den Umfang der Berechtigung und die hieraus sich ergebenden Befugnisse der Berechtigten hinausgehen, so hat das Forstamt die Berechtigten aufzuklären und denselben insbesondere die Einsichtnahme der über den Bestand und den Umfang der Rechte vorhandenen Kataster und etwa vorliegender Urkunden zu gestatten.

VIII Sollten in einzelnen Fällen für das Forstamt Zweifel bestehen über die Grenze, wie weit es bei Abgewährung des Forstrechtes gehen dürfe, so ist unter eingehender Darlegung der gegebenen Sachlage und unter Antragstellung Entschließung der vorgesetzten Stelle zu erholen.

IX Beantragen die Berechtigten die Erholung einer solchen Entschließung, so ist der Antrag sofort zu instruieren. Im Falle der Abweisung bleibt den Berechtigten die Verfolgung ihrer Ansprüche auf dem im Gesetze vorgeschriebenen Wege vorbehalten.

X Wenn Streitigkeiten entstehen über die Art und Weise der Ausübung einer Forstberechtigung, wenn es sich um die Ermäßigung von Forstrechtsbezügen handelt, welche die nachhaltige Bewirtschaftung eines Waldes beeinträchtigen, oder um die Abänderung der Holz- oder Betriebsart, in deren Folge eine Forstberechtigung nicht mehr in der bisherigen Weise ausgeübt werden kann, oder wenn wegen der Art und Weise der Umwandlung ungemessener Forstberechtigungen in gemessene eine freie Übereinkunft der Beteiligten nicht erzielt werden kann, oder wenn wegen des Bedarfs bei Bauholzberechtigungen, welche nicht auf ein bestimmtes jährliches Maß festgesetzt sind, Streitigkeiten entstehen, so entscheidet, gleichviel, ob die Forstberechtigungen auf Staats- oder Gemeinde-, Stiftungs- und Körperschaftswaldungen, oder auf Privatwaldungen lasten, die Forstpolizeibehörde durch die im Art. 110 bezeichnete Kommission und in dem durch die Allerhöchste Verordnung vom 5. Juli 1896, den Vollzug des Gesetzes vom 17. Juni 1896, die Revision des Forstgesetzes vom 28. März 1852 betreffend, geregelten Verfahren, vorbehaltlich der Betretung des Rechtsweges durch die Parteien in den Fällen der Art. 23 Abs. 2, 25 Abs. 4, 26 Abs. 1, 27 Abs. 4 und 28 Abs. 2.

Art. 23 unterstellt in Abs. I die Forstberechtigten bei der Ausübung ihrer Berechtigung der Forstpolizei; Abs. II regelt die Zuständigkeit bei Streitigkeiten über die Art und Weise der Ausübung der Forstberechtigungen.

Abs. I:

1. Der Forstberechtigte: Begriff s. Vorbem. Ziff. 1. Gleichgültig ist die Art und der Rechtsgrund der Berechtigung. Auch jeder andere, ob Waldbesitzer oder nicht, insbesondere auch das Personal der Forstberechtigten ist den forstpolizeilichen Bestimmungen des Forstgesetzes unterworfen; die Bestimmung des Abs. I ist entbehrlich; sie fehlt z. B. im pfälz. FStG., ist in der Pfalz aber trotzdem rechtens (ObLG. Bd. 26 S. 1); vgl. die ähnliche Bestimmung für die Privatwaldbesitzer in Art. 19 FG.; Art. 23 Abs. I schärft die Beachtung der forstpolizeilichen Bestimmungen noch strenger ein als Art. 19 („genau").

2. Beschränkungen der Forstberechtigungen:

a) **Grundsatz:** Der Forstberechtigte darf sein Nutzungsrecht nicht nach freiem Ermessen ausüben; er ist in doppelter Weise beschränkt: bürgerlichrechtlich, da er sich an die durch seinen Berechtigungstitel gesetzten Grenzen zu halten hat, und öffentlichrechtlich insbesondere durch die forstpolizeilichen Vorschriften des Forstgesetzes. Zu den vom Forstberechtigten zu beachtenden forstpolizeilichen Bestimmungen zählen nicht nur die Vorschriften der dritten Abteilung (Art. 34—47; von diesen haben nach ihrem Inhalt für die Forstberechtigten die wenigsten praktische Bedeutung), sondern auch die der vierten Abteilung, insbesondere Art. 88ff., 97 Abs. I. Die forstpolizeilichen Bestimmungen sind auch unter der Herrschaft des neuen bürgerlichen Rechts in Geltung geblieben (Art. 113, 115 EG.BGB.).

Die forstpolizeilichen Bestimmungen des Forstgesetzes sind zwingender Natur; ihnen gegenüber kommt ein etwa abweichender Inhalt des Berechtigungstitels oder früher verliehene besondere Privilegien, gleichgültig, ob sie auf öffentlichem oder bürgerlichem Recht beruhen, nicht in Betracht (Art. 190 FG.). Soweit die forstpolizeilichen Vorschriften des Forstgesetzes über die Ausübung der Berechtigung ein anderes bestimmen, kommt der Inhalt der Berechtigungsurkunden und das bisherige Herkommen nicht mehr in Betracht; der Forstberechtigte ist vielmehr an jene abweichenden forstpolizeilichen Bestimmungen gebunden, was immer verbrieft und üblich gewesen sein mag (OAG. 18. 10. 1867, S. w. E. 1[402], und ME. vom 22. 4. 1886 Nr. 4056). Ähnlich ObLG. Bd. 14 S. 116 für die Pfalz: Die Ordonnance gehört als Forstpolizeigesetz der öffentlichen Ordnung an und hebt daher jede frühere entgegenstehende Ausübung von Walddienstbarkeiten auf und steht jedem neuen Versuche einer derartigen Ausübung entgegen; der Einwand, daß die Befugnis bestimmter Forstberechtigter gerade dahin gehe, von bestimmten forstpolizeilichen Verboten frei zu sein, ist unhaltbar.

b) **Vorschriften des verpflichteten Waldbesitzers nach Art. 93 Ziff. 6 FG. insbesondere:** Zu den polizeilichen Bestimmungen des Forstgesetzes, die der Forstberechtigte zu beachten hat, gehören auch die Vorschriften des Waldbesitzers nach Art. 93 Ziff. 6. Unter diese Bestimmung fallen aber nur solche Vorschriften, zu deren Erteilung der Waldbesitzer auf Grund des zwischen ihm und dem „Waldarbeiter" bestehenden Rechtsverhältnisses befugt war; nur die Übertretung solcher Vorschriften ist strafbar; nur solche Vorschriften sind bindend. Der Waldeigentümer kann einem Forstberechtigten gegenüber nicht auf Grund seines Eigentumsrechts, das grundsätzlich die einzige Rechtsgrundlage bildet (§ 903 BGB.), beliebig Vorschriften über die Ausübung der Berechtigung erteilen; das Eigentumsrecht ist ja beschränkt durch das dingliche Recht des Forstberechtigten und hat diesem zu weichen; soweit das Recht reicht, ist der Forstberechtigte in seiner Ausübung, wenn nicht gesetzliche Vorschriften entgegenstehen, frei. Der Waldbesitzer (Waldeigentümer) kann dem Forstberechtigten auch nicht auf Grund Art. 24 FG. Vorschriften über die Ausübung erteilen; Art. 24 stellt den Grundsatz auf, daß der Waldbesitzer durch den Bestand von Forstberechtigungen nicht gehindert werden könne, seinen Wald nachhaltig zu bewirtschaften sowie die gebotenen Veränderungen der Holz- und Betriebsarten durchzuführen; die Rechte und Pflichten, die sich im einzelnen für den Waldbesitzer aus diesem Grundsatz gegenüber dem Forstberechtigten ergeben, sind in Art. 25 und 26 dargestellt; weitere Rechte als die Ermäßigung der Forstrechte im Verfahren nach Art. 25 sowie die Befugnis, nötigenfalls unter Beachtung des Verfahrens nach Art. 26 Holz- und Betriebsarten zu ändern, entspringen für den Waldbesitzer aus Art. 24ff. dem Forstberechtigten gegenüber nicht. Es wäre auch in der Rechtsanwendung etwas ganz Ungewöhnliches, aus einer so allgemein gehaltenen Bestimmung für eine Privatperson die Befugnis herzuleiten, anderen selbständig Vorschriften zu erteilen, die u. U. tief in deren Rechtssphäre eingreifen und deren Übertretung sogar mit Strafe bedroht ist; daß eine Privatperson, wie es nach Art. 93 Ziff. 6 möglich ist, einen strafrechtlichen Tatbestand aufstellen kann, ist an sich etwas so außerordentliches, daß die Befugnis nach den geltenden Auslegungsregeln möglichst eng ausgelegt werden muß; Art. 24 stellt für den Waldbesitzer außerdem nur das Recht auf, mit dem Wald selbst in bestimmter Weise zu verfahren; unmittelbare positive Befugnisse gegenüber den Forstberechtigten räumt er dem Waldbesitzer nicht ein; dies geschieht erst in Art. 25. Für die Notwendigkeit dieser einschränkenden Auslegung dürfte auch der Grundgedanke des § 2 StGB. und Art. 116 RV. (nulla poena sine lege) sprechen. Art. 93 Ziff. 6 FG. selbst ist keine Rechtsgrundlage für die Befugnis des Waldbesitzers (Waldeigentümers), dem Forstberechtigten Vorschriften zu erteilen; dort wird vielmehr eine bestehende Befugnis vorausgesetzt. Der Sinn der Strafbestimmung des Art. 93 Ziff. 6 ist der: wenn der Waldbesitzer den Waldarbeitern auf Grund des zwischen ihnen bestehenden Rechtsverhältnisses (z. B. Dienstvertrags) Vorschriften bezüglich der Waldarbeiten erteilt hat, so kann er an sich ihre Einhaltung nach den allgemeinen Regeln mit den Mitteln des bürgerlichen Rechts erzwingen; dieser Weg ist aber praktisch nicht wirksam; mit Rücksicht darauf, daß aus der Nichtbeachtung der Vorschriften für den Waldbesitzer große Vermögensnachteile und dem Wald Beschädigungen mancherlei Art erwachsen können, wurde daher die Übertretung der Vorschriften seitens der Waldarbeiter mit Strafe bedroht; die Rechte des Waldbesitzers wurden neben dem bürgerlichrechtlichen unter polizeilichen Schutz gestellt (vgl. Begr. zum Entwurf 1846). Nicht aber sollten offenbar Vorschriften des Waldbesitzers unter polizeilichen Schutz gestellt werden, die des bürgerlichrechtlichen Schutzes deshalb entbehren, weil er zu ihrer Erteilung bürgerlichrechtlich nicht befugt war; ObLGSt. Bd. 26 S. 78 sagt: „Die Anordnungen des Waldbesitzers (Waldeigentümers) nach Art. 93 Ziff. 6 dürfen nicht in den Bestand und Umfang der Forstberechtigung eingreifen."

Der verpflichtete Waldbesitzer kann die Grenzen des Forstrechts aber auch nicht durch Vorschriften über die Art und Weise der Ausübung der Berechtigung einschränken; solche Vorschriften kann er unter dem Schutze des Art. 93 Ziff. 6 nur erteilen, soferne der Forstberechtigte nach dem Inhalte des Rechts die Beschränkung dulden muß.

Von Art. 93 Ziff. 6 werden übrigens nur Vorschriften getroffen, die sich auf Waldarbeiten beziehen.

Von den vorstehenden Ausführungen weicht die bisherige Rechtsprechung teilweise ab, die davon ausgeht, daß der Waldbesitzer auf Grund Art. 24 FG. dem Forstberechtigten Vorschriften über die Art und Weise der Ausübung seiner Berechtigung erteilen könne; zur Begründung wird lediglich angeführt, daß nach Art. 24 den Waldbesitzer Forstberechtigungen in der nachhaltigen Bewirtschaftung nicht hindern könnten (so z. B. OLGM. Bd. 3 S. 480; OAG. 12. 4. 1862 Bd. 9 S. 164).

Vgl. auch die Ausführungen über die Anweisung der Rechtsbezüge Ziff. 5 c vor Art. 23 und Anm. 21 b β u. 22 a zu Art. 93.

c) Anordnungen der Forstpolizeibehörden: Zu den forstpolizeilichen Bestimmungen, die der Forstberechtigte zu befolgen hat, gehören auch die von den Forstpolizeibehörden zum Vollzuge der polizeilichen Bestimmungen des Forstgesetzes rechtmäßig erlassenen Anordnungen; in Betracht werden nur Anordnungen auf Grund Art. 45 Abs. II u. 46 FG. kommen.

Im Entwurf lautete der I. Absatz: „Der Forstberechtigte ist bei Ausübung seiner Berechtigung an die genaue Befolgung der forstpolizeilichen Bestimmungen des gegenwärtigen Gesetzes, sowie der darauf gestützten Anordnungen der Forstpolizeibehörde gebunden." Die letzten Worte fanden im Gesetz keine Aufnahme, weil es sich von selbst verstehe, daß, wenn der Forstberechtigte die aufgestellten forstpolizeilichen Bestimmungen befolgen müsse, er auch jenen Anordnungen der gesetzlichen Aufsichtsbehörde zu gehorchen habe, die sich auf diese allgemeinen Bestimmungen stützen und ihren Vollzug zum Zwecke hätten, der Zusatz also in dieser Richtung überflüssig sei, auf der anderen Seite aber, wenn er im Gesetze selbst stehe, leicht zu Mißdeutungen Veranlassung geben und zu einer weit ausgedehnten Auslegung führen könne (Ausschußber. der K. d. A. S. 60 Sp. 1).

3. Gebunden: Zuwiderhandlungen sind strafbar; sie sind unter der Voraussetzung, daß sonst der Tatbestand erfüllt ist, als Forstfrevel (Art. 79—101), nicht als Forstpolizeiübertretungen zu bestrafen (Art. 49 Abs. II). Näheres bei den einzelnen Strafbestimmungen (z. B. Leseholzberechtigung Art. 84; Streurecht Art. 85; Weiderecht Art. 88; Nutzungszeiten Art. 90, 91 u. a.).

Abs. II:

4. Streitigkeiten: a) Art des Streites: Im Falle des Abs. II ist ein Parteistreit Voraussetzung; gewöhnlich werden sich Berechtigter und Verpflichteter gegenüberstehen; aber auch auf die Art und Weise der Ausübung bezügliche Streitigkeiten der Berechtigten untereinander gehören hieher. Das Verfahren ist von der Forstpolizeibehörde nicht von Amts wegen, sondern nur auf Antrag einzuleiten (vgl. OLGM. Bd. 3 S. 480). ME. vom 17. 1. 1888 Nr. 15358: die Wahrung der Rechte der Forstberechtigten hinsichtlich ihrer Bezüge ist zunächst nicht Sache der Polizeibehörde. Vgl. Ziff. 9 c a vor Art. 23.

b) Zuständigkeit: Streitigkeiten über die Art und Weise der Ausübung hat die Forstpolizeibehörde im verwaltungsrechtlichen Verfahren zu entscheiden, Streitigkeiten über den Bestand und Inhalt sowie den Umfang der Berechtigung gehören vor die Gerichte. Im einzelnen ist wie folgt zu verfahren:

α) Ist nur der Bestand, Inhalt oder Umfang der Berechtigung streitig, so sind nur die Gerichte zuständig; ist die Forstpolizeibehörde angerufen, so kann sie in eine sachliche Würdigung nicht eintreten;

β) ist nur die Art und Weise der Ausübung strittig, so entscheiden hierüber die Verwaltungsbehörden endgültig; sie haben zwar den Rechtsweg im Sinne des Abs. II vorzubehalten; findet aber das gegenüber der Entscheidung der Verwaltungsbehörden angerufene Gericht, daß es sich lediglich um die Art und Weise der Ausübung ohne Berührung des Rechtes selbst oder seines Umfanges handelt, so muß es die Klage als unzulässig zurückweisen, da eine gerichtliche Zuständigkeit nicht gegeben ist;

γ) ist die Art und Weise der Ausübung strittig und wird durch den Streitpunkt gleichzeitig (in Idealkonkurrenz) das Recht selbst oder sein Umfang, wenn auch nur zu einem geringen Teil, berührt — wie es regelmäßig der Fall ist, Anm. 5 —, so haben zunächst die Forstpolizeibehörden über den ganzen Streitpunkt unter Vorbehalt des Rechtswegs zu entscheiden. Wird dann das Gericht angerufen, so hat dieses nochmals über den ganzen Streitpunkt zu entscheiden; es kann sich der Entscheidung der Verwaltungsbehörden anschließen, sie aber auch umstoßen; maßgebend ist dann für den ganzen Streitpunkt, auch bezüglich der Art und Weise der Ausübung, die Entscheidung des Gerichts, da der Streitgegenstand nicht geteilt werden kann; so z. B. wenn der Waldeigentümer die örtliche Anweisung beansprucht und die Rechtler durch diese die Art und Weise der Ausübung ihrer Berechtigung betreffende Maßnahme zutreffend ihr Recht beschränkt erachten. Würde in einem solchen Fall das Gericht sofort angerufen, so müßte es die Klage zurückweisen, weil der Rechtsweg zur Zeit unzulässig ist;

δ) wenn mehrere Punkte strittig sind, von denen die einen nur die Art und Weise der Ausübung, die andern nur das Recht oder seinen Umfang betreffen, so sind die Streitverfahren zu trennen und nach α und β durchzuführen; in diesem Fall wird die Forstpolizeibehörde die Entscheidung des Gerichts abzuwarten haben, da Bestand, Inhalt und Umfang der Berechtigung für die Art und Weise der Ausübung präjudiziell sind (vgl. KKGH. ObLGZ. Bd. 25 S. 491); nötigenfalls kann die Forstpolizeibehörde, auch wenn das Verwaltungsverfahren ausgesetzt ist, vorsorgliche Verfügungen treffen. Sind Gegenstände nach γ, α und β gleichzeitig im Streit, so ist der Streit α gesondert zu entscheiden; sein Ergebnis wird regelmäßig für die Streitigkeiten β und γ präjudiziell sein; β und γ werden zusammen behandelt werden können, regelmäßig aber erst nach α.

Ob es sich um die Art und Weise der Ausübung, den Bestand, Inhalt oder Umfang der Berechtigung handelt, entscheiden die Verwaltungsbehörden und Gerichte selbst und unabhängig voneinander. Maßgebend ist für die Verwaltungsbehörden (Amtsbetrieb) der wirkliche Sachverhalt, für die Gerichte (Parteibetrieb mit Fragerecht des Gerichts, ObLGZ. 15, 493 oben S. 133) der aus Klage und Verteidigung sich ergebende Prozeßinhalt (KKGH. GVBl. 1920 Beil. II). Die Verwaltungsbehörden werden in ihrer Entscheidung nach Abs. II stets zweckmäßig den Rechtsweg vorbehalten; der Rechtsweg steht aber dann, wenn durch die Entscheidung das Recht oder sein Umfang verletzt ist, kraft Gesetzes auch offen, wenn der Vorbehalt nicht in die Entscheidung aufgenommen ist. In Art. 23 Abs. II ist der Rechtsweg anders als in den sonstigen Fällen der zweiten Abteilung (Art. 25, 26, 28) gegenüber der Entscheidung der Forstpolizeibehörden nicht unbeschränkt vorbehalten.

An Erkenntnissen seien angeführt: Wo es sich um eine Streitigkeit über das Quantum des Bezuges handelt, ist — bei sonst vorliegender privatrechtlicher Natur des Bezuges selbst — die Zuständigkeit der Gerichte begründet (KompKG. 29. 12. 1849, RegBl. 1860, 74; Forstl. Mitt. Bd. 12 S. 228). Bei Streitigkeiten über die Art und Weise der Ausübung ist grundsätzlich, wie sich aus Art. 23 Abs. II ergibt, der Rechtsweg vor der Entscheidung der Forstpolizeibehörde unzulässig (OAG. RegBl. 1854 S. 522; Forstl. Mitt. Bd. 12 S. 226). Die Betretung des Rechtswegs ohne vorherige Entscheidung der Forstpolizeibehörde ist aber dann zulässig, wenn sich aus dem Prozeßinhalt ergibt, daß nur das Recht selbst oder sein Umfang für verletzt erachtet wird (vgl. KompKGH. 21. 10. 1859, RegBl. 1049, und 14. 10. 1920, GVBl. 1920 Beil. II; Forstl. Mitt. S. 12 S. 227).

c) **Bedeutung des Art. 23 Abs. II im Strafverfahren:** Wenn der verpflichtete Waldbesitzer dem Forstberechtigten Vorschriften über die Art und Weise der Forstausübung gemacht, z. B. den Rechtsbezug angewiesen hat, der Forstberechtigte sein Recht aber ausgeübt hat, ohne die Vorschriften zu beachten, weil er nach seiner Meinung auf Grund des bürgerlichrechtlichen Inhalts der Berechtigung sich die Vorschriften des Waldbesitzers, z. B. die Anweisung, nicht gefallen zu lassen braucht, und er deshalb z. B. wegen eines Forstfrevels nach Art. 84, 85, 87, 90, 91 FG. zur Strafanzeige gebracht wird, so hat der Forstrügerichter auf den Einwand des angeklagten Berechtigten, daß er auf Grund seiner bürgerlichrechtlichen Berechtigung zu seinem Handeln befugt gewesen sei, nach Art. 165 FG. zu verfahren; daß über den von dem angeklagten Forstberechtigten behaupteten Anspruch im Streitfalle nach Art. 23 Abs. II zunächst die Forstpolizeibehörde zu befinden hat, schließt die Anwendung des Art. 165 nicht aus (s. die dortige Anm. 1b); erweist sich im Verfahren nach Art. 165 der behauptete Anspruch des Forstberechtigten auf Ausübung der Berechtigung ohne Beschränkung durch Vorschriften des Waldbesitzers, z. B. ohne Anweisung, als zutreffend, so ist der Forstberechtigte, wenn sonst die

Voraussetzungen gegeben sind, freizusprechen. Der Forstberechtigte ist nicht genötigt, den ihm zustehenden Anspruch vor der Ausübung der Berechtigung im Verfahren nach Art. 23 Abs. II zu erweisen; er kann dies auch gemäß Art. 165 noch nach der Ausübung, nachdem ein Strafverfahren eingeleitet worden ist (vgl. Anm. 5 c γ vor Art. 23 und Anm. 2b zu Art. 23). Der Strafrichter darf über den behaupteten bürgerlichrechtlichen Anspruch grundsätzlich nicht inzidenter selbst entscheiden; er muß vielmehr nach Art. 165 verfahren.

Demgegenüber vertrat die Rechtsprechung, davon ausgehend, daß der Waldbesitzer auf Grund des Forstgesetzes dem Forstberechtigten beliebig Vorschriften über die Ausübung der Berechtigung erteilen könne, wenn sie nur dem Schutze des Waldes dienten, bisher den Standpunkt, der Forstberechtigte müsse, um sich vor Strafe zu schützen, vor der Ausübung der Berechtigung durch die Forstpolizeibehörde nach Art. 23 Abs. II die Vorschrift des Waldbesitzers beseitigen lassen, widrigenfalls er sich durch ihre Nichtbeachtung auf alle Fälle strafbar mache. So führt z. B. das OLGM. in dem Urteil vom 18. 7. 1885 (S. 3[480]) aus: „Die Bestimmungen des Art. 90 sind forstpolizeilicher Natur und richten sich demnach auch gegen Berechtigte, welche gemäß Art. 23 Abs. I bei Ausübung ihrer Berechtigung an die forstpolizeilichen Bestimmungen des Forstgesetzes gebunden sind. Die Bestimmung darüber, aus welchen Waldorten und innerhalb welcher Zeit Streuwerk usw. von den Rechtlern geholt werden darf, hat nach Art. 24, wonach Forstrechte den Waldbesitzer in der nachhaltigen Bewirtschaftung des Waldes nicht hindern können, der Waldbesitzer zu treffen. Die einseitige Protestation der Rechtler hiegegen genügt nicht, um die Anwendung des Art. 23 Abs. II hier begründen zu können; zur Annahme einer Streitigkeit über die Art und Weise der Rechtsausübung könnte man nur dann gelangen, wenn die Forstpolizeibehörde von den Angeklagten um diesbezügliche Entscheidung angegangen worden wäre, was nicht geschehen ist — und solange dies nicht der Fall ist, ist die Bestimmung des Waldbesitzers maßgebend. Haben Berechtigte lediglich erklärt, sich der fraglichen Anordnung nicht fügen zu wollen, ohne auf Grund des Art. 23 Abs. II eine Entscheidung der Forstpolizeibehörde hervorzurufen und somit diesen ihren Willen nicht durch die Tat kundgegeben, so haben sie eben ihr Recht zu einer verbotenen Zeit ausgeübt, demnach unbefugt gehandelt und damit die forstpolizeiliche Bestimmung des Art. 90 verletzt. Ebenso ist die Berufung auf anderweitiges früheres Herkommen unzulässig, da seit Bestehen des Forstgesetzes dessen forstpolizeilichen Bestimmungen gegenüber nicht mehr der Inhalt der Berechtigungsurkunden und das bisherige Herkommen entscheidend ist, sondern der Forstrechtler unbedingt an diese forstpolizeilichen Bestimmungen gebunden scheint. Daraus, daß der Waldbesitzer früher von dem ihm nach dem Forstgesetz zukommenden Rechte keinen Gebrauch machte, erwächst dem Berechtigten nicht das Recht, zu verlangen, daß die bisherige Übung fortgesetzt werde." Ähnlich ObLGSt. Bd. 14 S. 116ff.

5. Art und Weise: Unter der Art und Weise der Ausübung einer Forstberechtigung ist im wesentlichen das Wann, Wo und Wie (die technische Seite, vgl. Begr., modus exercendi) zu verstehen, unter dem Umfang der Berechtigung das Wieviel, unter dem „Rechte selbst" in Art. 23 Abs. II der Bestand und Inhalt (Gegenstand), das Ob und das Was. Genaue Grenzen zwischen der Art und Weise einerseits und dem Bestand, Inhalt oder Umfang andrerseits zu ziehen, ist sehr schwierig, regelmäßig sogar unmöglich, da die Befugnis, eine Forstberechtigung in der einen oder anderen Weise auszuüben, nichts anderes ist als ein wesentlicher Teil der Berechtigung selbst und keine Beschränkung der ersteren gedacht werden kann, die nicht notwendig eine Beschränkung der letzteren wäre (OLGM. Bd. 6 S. 112).

Zur Art und Weise der Ausübung gehört regelmäßig auch die Frage der Anweisung und zwar die Frage, ob eine Anweisung erforderlich ist, welcher Art (nach Gegenstand, Ort, Zeit) sie ist und ob der Waldbesitzer sie richtig ausgeführt hat; auch wenn die Anweisung unbefugterweise zum Nachteile der Berechtigten unterbleibt, können sie die Entscheidung nach Art. 23 Abs. II anrufen. Doch wird die Frage der Anweisung regelmäßig auch den Umfang des Rechts berühren. Das gleiche gilt von der Frage, ob die Berechtigten befugt sind, ihr Rechtholz selbst aufzuarbeiten. Die zahlreichen Entscheidungen, insbesondere auch des Gerichtshofs für Kompetenzkonflikte, zeigen, welche Schwierigkeiten die im Gesetz getroffene Unterscheidung in der Praxis bereitet. Ist bei einer Berechtigung nach Bedarf der Umfang des Bedarfs streitig, so werden zur Entscheidung die Gerichte zuständig sein; eine Ausnahme gilt für die Bauholzberechtigungen (Art. 28 Abs. II).

An Erkenntnissen seien angeführt:

a) Jede die Ausübung einer Forstberechtigung regelnde forstpolizeiliche Anordnung wird notwendig eine Beschränkung des Forstberechtigten mit sich bringen, die unter Umständen sogar mit wirtschaftlichen Nachteilen verbunden sein kann, z. B. wenn er die Berechtigung zu einer Zeit ausüben soll, zu der er dringende landwirtschaftliche oder gewerbliche Arbeiten zu verrichten hat. Man wird aber nicht sagen können, daß in einem solchen Fall die forstpolizeiliche Anordnung das Recht selbst berührt. Der Umstand allein, daß das Längerliegenlassen des Holzes im Walde für den Berechtigten einen Vorteil bedeutet, der im Hinblick auf seine besonderen wirtschaftlichen Verhältnisse den Wert der Berechtigung für ihn erhöht, kann daher die Anwendbarkeit des Art. 23 nicht ausschließen (ObLGZ. Bd. 12 S. 219).

b) Die Frage, ob eine Berechtigung gemessen oder ungemessen sei, ist eine Frage über den Umfang. An der Zuständigkeit der Gerichte ändert der Umstand nichts, daß vor Anstellung der Zivilklage die Verwaltungsbehörde in der Voraussetzung der Ungemessenheit der Berechtigung rechtskräftige Beschlüsse über Fixierung der letzteren erlassen hat (KompKG. 19. 11. 1862, RegBl. 2583; Forstl. M. Bd. 12 S. 228).

c) Der Streit, ob ein Holzrecht nur auf Stangen oder Prügelholz oder auch auf Scheitholz jeder Art, Brennholz oder Nutzholz, sich erstreckt, betrifft nicht die Art und Weise der Ausübung, sondern den Gegenstand dieses Rechts (ObLG. 14. 3. 1893, S. Z. Bd. 14 S. 513).

d) Wenn eine Berechtigung auf ein bestimmtes Maß von Brennholz und zwar Scheit- und Prügelholz gemischt, wie es der Schlag abwirft, lautet, so ist ein Streit wegen des Verhältnisses der beiden Holzarten zueinander ein Streit über die Art und Weise der Ausübung, nicht über den Umfang der Berechtigung (VGH. 21. 3. 1882). Vgl. auch VGH. 22. 3. 1882: Wenn bei der Fixierung von Forstberechtigungen streitig ist, in welchem Maße die wirtschaftliche Betriebsform eines berechtigten Anwesens für das Maß eines Streurechtes zugrundezulegen ist, so liegt nicht ein Streit über den Umfang des Rechtes vor.

e) Bei Beschwerden gegen eine Abänderung des Verteilungsmaßstabes von Forstrechtsbezügen sind zunächst die Verwaltungsbehörden zuständig. Erst nach Durchführung des forstpolizeilichen Verfahrens kann der Rechtsweg betreten werden (KompKG. 20. 6. 1854, RegBl. 522; Forstl. M. Bd. 12 S. 226).

f) Den Grundholden zu T. wurde durch richterliches Erkenntnis das Recht zugestanden, gewisse Brennholzmengen aus den Waldungen des Rittergutes T. gegen einen „gebührlichen Waldzins" — gebührlich im Sinne wie mäßig, billig — jährlich zu beziehen. In diesem Falle ist der Umfang des Reichnisses nicht mehr strittig, sondern, wenn auch nur relativ, bestimmt; bei der Fixierung nach Art. 27 ist daher die Verweisung auf den Rechtsweg nicht erforderlich (KompKG. 11. 4. 1860, RegBl. S. 418; Forstl. M. Bd. 12 S. 230).

g) Die Anweisung bestimmter Waldorte berührt einem unbeschränkten und ausschließlichen Klaubholzrecht gegenüber zunächst nur die Art und Weise der Ausübung und hat nicht eine Beschränkung des behaupteten Umfangs zur Folge, wenn der Waldbesitzer hiedurch lediglich eine bestimmte Reihenfolge der Nutzung des in allen Waldteilen anfallenden Klaubholzes festsetzen will, da hiedurch das Recht in seinem Umfange nicht beanstandet wird und die räumliche Beschränkung durch die größere Masse des sich in der Zwischenzeit ansammelnden Klaubholzes ihren Ausgleich findet. Wenn jedoch aus dem Klagvorbringen hervorgeht, daß der Waldbesitzer überhaupt das Recht auf bestimmte Waldteile beschränken und nicht als ein auf alle Waldungen sich erstreckendes anerkennen will, steht der Umfang des Rechts in Frage und sind die Gerichte zuständig (KompKG. 16. 11. 1858, RegBl. 1585; Forstl. M. Bd. 12 S. 229; Weber, Anhangband S. 236).

h) MinE. vom 22. 4. 1886 Nr. 4056: Bei Streuberechtigungen nach Bedarf, die bisher zeitlich unbeschränkt ausgeübt werden durften, ist die Festsetzung, daß 1½ Monate der Wald verschlossen sein sollte, nur eine Veränderung der Art und Weise, nämlich im Interesse der Ordnung eingeführt; desgleichen die Anordnung, daß vor dem Sammeln die Forstbehörde jeweils in Kenntnis zu setzen sei.

i) An einem Staatswald hatten die Angehörigen mehrerer Gemeinden das Recht zum Bezug einer bestimmten Menge Streu, deren Verteilung unter die einzelnen Berechtigten den Gemeinden überlassen wurde. Später verteilten ihn die Forstbehörden selbst auf die Einzelnen nach Maßgabe ihres Grundbesitzes. Über die erhobene Beschwerde einiger Berechtigten haben, da dem Forstärar gegenüber nicht der Umfang des Rechts, sondern nur die Art und Weise der Verteilung bestritten ist, zur Zeit die Verwaltungsbehörden zu entscheiden (KompKG. 20. 6. 1854, RegBl. S. 521).

k) Vorschriften des Waldbesitzers über Art und Weise der Ausübung von Forstberechtigungen in seinem Wald (Art. 93 Ziff. 6) berühren nach der Natur der Sache notwendig in irgendeiner Weise auch den Umfang des Rechtes selbst (ObLGZ. Bd. 8 S. 169).

l) KME. 29. 10. 1865 Nr. 8828: Die zeitweise durch Kultivierung und forstwirtschaftliche Gesetze beschränkte Ausübung einer Berechtigung kann nicht als eine Beschränkung des Rechtes selbst oder seines Umfangs aufgefaßt werden.

m) Zur Frage, ob es sich um einen Streit über die rechtliche Existenz und den rechtlichen Umfang oder über die Ausübung eines Weiderechts handelt, vgl. auch KompKG. in ObLGZ. Bd. 25 S. 487 ff.

6. Forstpolizeibehörde: Im ersten Rechtszug entscheidet die Forstpolizeikommission des Art. 110 oder der Stadtrat einer unmittelbaren Stadt, wenn dieser zuständig ist; im zweiten der Regierungssenat, gleichgültig, um welche Art von Waldungen es sich handelt. Das Verfahren ist das verwaltungsrechtliche; die Feststellung der Art und Weise der Ausübung einer Forstberechtigung durch die Forstpolizeibehörde wird als eine Art Fixierung der Berechtigung im weiteren Sinne des Art. 8 Ziff. 11 VGG. angesehen werden müssen (vgl. Art. 27 Abs. III Ziff. 2 FG.); daß der Begriff Fixierung in Art. 8 Ziff. 11 VGH. weiter gefaßt werden muß als in Art. 27 FG., der die Fixierung von Forstrechten im engeren Sinne regelt, ergibt sich aus der Begr. zu Art. 8 Ziff. 11 VGG. (Abg. 1877/78 Beil. Bd. 3 S. 16), wonach die Streitigkeiten über die Größe des Bedarfs eines Bauholzberechtigten (Art. 28 Abs. II FG.) Verwaltungsrechtssachen sind; im Falle des Art. 28 Abs. II FG. wird der Umfang des Bedarfes festgelegt („fixiert" im Sinne des Art. 8 Ziff. 11 VGG.), im Falle des Art. 23 Abs. II FG. die Art und Weise der Ausübung. Es wird wohl auch im Sinne des Gesetzgebers gelegen haben, alle Forstrechtsstreitigkeiten der Art. 23 ff. der verwaltungsrichterlichen Zuständigkeit zu unterstellen, da sie alle von erheblicher Bedeutung sind (vgl. Abg. 1877/78 Beil. Bd. 3 S. 167); jedenfalls kann zwischen Art. 28 Abs. II FG. und Art. 23 Abs. II FG. in der Beziehung zu Art. 8 Ziff. 11 VGG. kein Unterschied festgestellt werden; wenn daher nach dem sichtbar gewordenen Willen des Gesetzgebers der erstere Streit unter die Bestimmung fällt, muß angenommen werden, daß dies nach dem Willen des Gesetzgebers auch bezüglich des anderen gelten soll. Dem Verwaltungsgerichtshof wird im Hinblick auf Art. 13 Abs. I Ziff. 2 VGG. kaum eine Zuständigkeit verbleiben. Auch in Ermessensfragen ist der Regierungssenat letzte Instanz (Art. 109 Abs. I Ziff. 2 FG.); die unbefristete Oberaufsichtsbeschwerde zum Staatsministerium des Innern ist nicht ausgeschlossen. Betretung des Rechtswegs Art. 32 und Anm. 7.

Das Verfahren vor den Verwaltungsbehörden richtet sich zunächst nach dem VGG. und seinen Vollzugsvorschriften, dann nach Art. 109 ff. und der VO. vom 5. 7. 1896 und §§ 13—16 der Allg. VollzV. 1896 (bei Art. 110). Die Beschwerdefrist zum Regierungssenat beträgt 14 Tage (Art. 22 Abs. IV und V VGG.). Verfahren, wenn es sich um Forstberechtigungen an Staatswaldungen handelt, § 13 Abs. IV und V Allg. VollzV. 1896. Einvernahme von Sachverständigen Art. 20 VGG., 114, 112 Abs. I FG. mit § 17 Allg. VollzV. 1896.

Der Ausspruch der Forstpolizeibehörde kann auch bei Betretung des Rechtswegs (vorläufig) vollstreckt werden (Art. 32 Abs. II); es handelt sich also nicht um eine vorsorgliche Verfügung, sondern um einen selbständigen, an sich endgültigen Bescheid, der allerdings unter Umständen durch die Gerichte umgestoßen werden kann. Der ordentliche Richter kann aber durch Erlaß einer einstweiligen Verfügung Veränderungen der Sachlage, die sich aus der Vollstreckung des Beschlusses der Verwaltungsbehörde ergeben würden, entgegentreten (Erklärung des Regierungskommissars, Verh. der AbgK. 1851, StenBer. II S. 458, 521; vgl. Bl. 3, 206 ff.); vgl. § 8 Allg. VollzV. 1879 S. 185.

7. Vorbehalt des Rechtswegs: Vgl. Anm. 4 b und Art. 32 mit Anm. Die Gerichte können wie die Forstpolizeibehörden von den Berechtigten und den Verpflichteten angerufen werden; wenn auf einer Seite mehrere sachlich Beteiligte vorhanden sind, brauchen nicht alle zu klagen. Das gerichtliche Verfahren kommt durch Klagerhebung in Gang. Gewöhnlich wird die Feststellungsklage in Betracht kommen; vgl. ObLGZ. Bd. 16 S. 23 f. Der Rechtsweg kann aber nur innerhalb der Frist des Art. 32 beschritten werden und erst, wenn die Verwaltungsbehörden im zweiten Rechtszug entschieden haben.

Nach dem Regierungsentwurf sollte gegenüber Entscheidungen der Forstpolizeibehörden über die Art und Weise der Ausübung von Forstberechtigungen (wie früher) der Rechtsweg nicht zulässig sein, da „die Art der Ausübung einer Forstberechtigung, wobei das Recht nicht angestritten werde, technischer Natur sei und sich deshalb bei Differenzen nicht vor die Gerichte eigne".

Die heutige Fassung geht auf den Beschluß der Abgeordnetenkammer zurück, weil „Streitigkeiten dieser Art, streng genommen, durchaus privatrechtlichen Charakter an sich tragen und nur im Interesse der Forstkultur und der Erhaltung der Waldungen den Forstbehörden ebenfalls eine Zuständigkeit innerhalb gewisser Schranken eingeräumt werden muß und da ferner die Grenzlinie sehr schwer zu ziehen ist, die bloß die Art und Weise der Ausübung einer Forstberechtigung bezeichnet, ohne in irgendeiner Weise den Umfang des Rechts selbst zu berühren" (AbgK. 1851 Beil. Bd. 3 S. 61).

Als forstpolizeiliche Entscheidungen im Sinne der Art. 23 und 32 sind Entschließungen des Staatsministeriums der Finanzen und der Regierungsforstkammern nicht zu erachten, da diese keine Forstpolizeibehörden sind (vgl. Art. 109 ff. und BlfRA. Bd. 41 S. 411).

ObLGZ. 7. 7. 1914: „Das Urteil des Gerichts befaßt sich nur mit der Frage, ob und wieweit die streitigen Forstrechte nach bürgerlichem Recht begründet sind; es hatte nicht festzustellen, welchen Einschränkungen sie zufolge öffentlichrechtlicher Vorschriften unterliegen. Das Urteil hat dies in einzelnen Beziehungen gleichwohl getan. Jedoch ist zu bezweifeln, ob der Zivilrichter veranlaßt, ja auch nur befugt war, auf jene öffentlichrechtlichen Schranken im entscheidenden Teil, in der Urteilsformel, hinzuweisen; keinesfalls besagt dieser Hinweis, daß eine im Urteil etwa übergangene Norm des öffentlichen Rechts von nun an die Rechtler nicht mehr binden würde; denn ein solcher Ausspruch würde nicht in der Macht des Zivilrichters stehen."

Schutz des Waldbesitzers.

Artikel 24[1]. ($^{24}/_{24}$).

Forstberechtigungen können den Waldbesitzer in der nachhaltigen[2] Bewirtschaftung des Waldes, sowie in den durch die Boden- und klimatischen Verhältnisse gebotenen Veränderungen[3] der Holz- und Betriebsarten nicht hindern.

Allg.VollzB. 1896.

§ 3.

(Art. 24, 25 und 26.) I Eine einseitige Ermäßigung der Forstberechtigungen durch den Waldeigentümer ist nach dem Gesetze ebensowenig statthaft, wie eine einseitige Abänderung der Holz- oder Betriebsarten, wenn in deren Folge eine Forstberechtigung nicht mehr in der bisherigen Weise ausgeübt werden kann.

II Wird in Staatswaldungen die Ermäßigung für nötig oder die Abänderung für geboten erachtet, so ist durch das betreffende Forstamt nach vorheriger Anfrage bei der Regierung, K. d. F., Forstabteilung[1]), der Antrag bei der Forstpolizeibehörde zu stellen.

III In beiden Fällen ist zunächst eine Vereinbarung mit den Berechtigten im Wege gütlichen Übereinkommens anzustreben und es haben die Forstpolizeibehörden stets vor Einleitung des im Gesetze vorgeschriebenen Verfahrens die gütliche Ausgleichung beider Teile zu versuchen.

IV Wo diese erfolglos bleibt, hat die Forstpolizeibehörde förmliche Entscheidung zu treffen. Zu diesem Zwecke wird das Gutachten von forsttechnisch gebildeten Sachverständigen zu erholen und jede der Parteien zur Benennung von Sachverständigen zu veranlassen sein, wenn die Parteien nicht ohnehin schon die Einvernahme von Sachverständigen beantragt haben.

V Bei Beurteilung eines Antrages auf Ermäßigung der Forstrechte werden die Sachverständigen die Momente zur Begründung ihres Gutachtens wohl hauptsächlich in der sorgfältigen Prüfung der von dem Waldeigentümer vorzulegenden, nach forstwirtschaftlichen Grundsätzen und Regeln bearbeiteten Waldertragsermittlung und des etwa vorhandenen Wirtschaftsplanes finden.

VI Bei dieser Gelegenheit haben die Sachverständigen zu ermitteln und darzulegen, ob und aus welchen Ursachen die Ertragskräfte des Waldes so weit herabgesunken sind, daß die volle Befriedigung der Forstrechte nicht mehr möglich ist.

VII Bei der streitigen Frage der Umwandlung in eine andere Holz- oder Betriebsart werden als entscheidende Momente von den Sachverständigen festzustellen sein:

a) die dermaligen Boden- und Bestandsverhältnisse mit Entwicklung der Ursachen der eingetretenen Veränderungen, welche die Umwandlung gebieten;
b) die allenfalls wahrnehmbaren Veränderungen, welche im örtlichen Klima eingetreten sein mögen, mit ihrem Einflusse auf den betreffenden Wald;
c) die praktische Ableitung der Folgen für den Wald und die Berechtigung, wenn die beantragte Umwandlung unterbleiben würde.

1. **Geltungsbereich**: Art. 24 stellt zwei Grundsätze auf:

a) der Waldbesitzer braucht die auf seinem Walde lastenden Forstberechtigungen nur soweit zu erfüllen, als es bei nachhaltiger Bewirtschaftung aus dem Ertrage (nach Abzug des zur Deckung der Verwaltungskosten erforderlichen Nutzanteils) möglich ist (so Begr. zu Art. 25) — 1. Halbsatz —;
b) der Waldbesitzer kann die Holz- und Betriebsart seines Waldes ohne Rücksicht auf die darauf lastenden Forstrechte ändern, soweit es zur Erhaltung einer nachhaltigen Waldwirtschaft notwendig ist — 2. Halbsatz —.

Die Waldbesitzer dürfen aber diese Eingriffe in die Forstberechtigungen nicht von sich aus vornehmen; die Beschneidung der Rechte nach Buchst. a ist nur möglich durch Ausspruch der Forstpolizei-

---

[1]) Jetzt Regierung, Kammer der Forsten.

behörde nach Art. 25; u. U. hat der Waldbesitzer Entschädigung zu leisten (Art. 25 Abs. III); eine Änderung der Holz- oder Betriebsart des belasteten Waldes mit der Folge, daß die Forstberechtigungen nicht mehr wie bisher ausgeübt werden können, ist nur möglich im Einverständnis mit den Berechtigten oder mit Erlaubnis der Forstpolizeibehörde (Art. 26). Art. 24 enthält nur negative Bestimmungen des Inhalts, daß die Belastung mit Forstrechten den Waldbesitzer (Waldeigentümer) in der Ausübung seiner aus anderen Rechtsquellen (Eigentum usw.) fließenden positiven Befugnisse nur bis zu einem gewissen Maße beschränken können; vgl. Begr.

Der Waldeigentümer darf nicht nach Befriedigung des Jahresanspruchs der Berechtigten den Wald unbekümmert um die künftigen Ansprüche für sich nutzen; er darf ihn, soferne nicht der Berechtigungstitel ausnahmsweise ein weitergehendes Nutzungsrecht gestattet, nur so nutzen, daß die dem Eigentumsrecht grundsätzlich vorgehenden Ansprüche der Berechtigten auf absehbare Zeit befriedigt werden können; verstößt er hiegegen, so macht er sich haftbar (vgl. vor Art. Art. 23 Ziff. 9 a β).

Art. 24 stellt eine Ausnahme von dem Grundsatz auf, daß die Dienstbarkeiten (und Reallasten) dem Rechte des Eigentümers des belasteten Grundstücks vorgehen; Art. 24 schränkt die Forstberechtigungen ein, aber nur in der zweifachen Richtung, daß die Substanz des belasteten Waldes nicht leiden darf und daß notwendige Änderungen am Walde ohne Rücksicht auf die Forstberechtigungen vorgenommen werden können. Weiter beschneidet Art. 24, der als Ausnahmevorschrift überdies eng ausgelegt werden muß, die Forstrechte nicht; dem Waldbesitzer (Waldeigentümer) fließt aus Art. 24—26 mittelbar die Befugnis zu, unter Beachtung des vorgeschriebenen Verfahrens die Erfüllung der Forstrechte über den Anfall aus dem Ertrag hinaus zu verweigern sowie die gebotenen Veränderungen der Holz- und Betriebsart durchzuführen; mehr Rechte ergeben sich aus Art. 24—26 für den Waldbesitzer (Waldeigentümer) nicht; insbesondere kann aus ihm nicht, wie es in der bisherigen Rechtsprechung zuweilen geschah, eine Befugnis des Waldbesitzers (Waldeigentümers) abgeleitet werden, den Forstberechtigten Vorschriften über die Art und Weise der Ausübung ihres Rechts zu erteilen; vgl. Art. 23 Anm. 2b und vor Art. 23 Ziff. 5c.

Die Begr. sagt: „Der Begriff von Eigentum schließt die Befugnis des Waldbesitzers (ein typisches Beispiel, wie wenig sorgfältig der Gesetzgeber selbst Besitz und Eigentum unterscheidet!) in sich, seinen Wald in gutem Stand zu erhalten und ihn nachhaltig zu bewirtschaften, wodurch zugleich der Fortbestand der Substanz des dienenden Waldgrundstücks gesichert wird, ohne die keine Forstberechtigung denkbar ist." In der Begr. 1846 heißt es weiter: „Die Forstberechtigung kann niemals eine Ausdehnung erlangen, die die Existenz des dienstbaren Objekts und die Möglichkeit seiner nachhaltigen Benutzung gefährdet oder seinen Untergang zur Folge hat . . . Das Maß der Forstberechtigung wird demnach durch die Leistungsfähigkeit des betreffenden Waldes begrenzt, die sie niemals überschreiten darf."

Auf Grund seines am Walde bestehenden Rechts (Eigentum usw.) kann der Waldbesitzer unbeschadet der seinem Rechte vorgehenden Forstberechtigungen und im Rahmen der forstpolizeilichen Bestimmungen mit seinem Walde tun, was er will (vgl. für das Eigentum § 903 BGB.).

Die Art. 24—26 bedeuten für die Forstberechtigungen eine viel größere Schranke als § 1020 BGB. für die Grunddienstbarkeiten, wonach diese nur das Interesse des Eigentümers tunlichst zu schonen haben, im übrigen aber durch Rücksichten auf den Eigentümer nicht beschränkt sind. Der Waldbesitzer ist andererseits verpflichtet, in den in Art. 24 angegebenen Grenzen bei der Bewirtschaftung und Nutzung des belasteten Waldes alles zu unterlassen, was den Bestand der Forstberechtigungen gefährdet oder der ungeschmälerten gesetzlichen Ausübung derselben hinderlich ist (§ 2 Abs. III Allg. VollzV. 1896 S. 150). Gegen den Willen der Berechtigten sind Kürzungen von Forstberechtigungen (abgesehen vom Enteignungsverfahren) nur möglich im Wege des Art. 25. Die Vorschriften des Art. 24 sind zwingender Natur; früher oder später einem Berechtigten etwa eingeräumte Vorrechte, die ihn von Beschränkungen im Sinne des Art. 24 befreien sollen, sind seit der Einführung des Forstgesetzes wirkungslos (vgl. Art. 190 FG.). Die Art. 24—26 gelten für alle Forstberechtigungen, auch für Weiderechte an Waldungen und in den Alpen. Vgl. auch vor Art. 23 Ziff. 5.

2. nachhaltig: Begriff s. Art. 2 Anm. 3. In Art. 24 ist von der Nachhaltigkeit der Bewirtschaftung die Rede; gemeint ist damit, wie sich auch aus der Begründung ergibt, eine solche Bewirtschaftung, die die Nachhaltigkeit der Nutzung (wie in Art. 2) ermöglicht.

3. Veränderungen: Veränderungen, durch die die Forstberechtigungen nicht berührt werden, kann der Waldbesitzer kraft seines Rechts am Walde (das Eigentum ist oder auf Eigentum zurückgeht), von sich aus vornehmen; das Verfahren nach Art. 26 ist dabei nicht erforderlich. Ohne das Einverständnis sämtlicher am Walde Berechtigten kann er nur solche die Forstberechtigungen berührenden Änderungen im Walde vornehmen, die durch die Boden- oder die klimatischen Verhältnisse bedingt sind,

Veränderungen der Holzarten mit Rücksicht auf die veränderten Bedürfnisse der Verbraucher oder Änderungen zur Erhöhung der Waldrente oder auch des natürlichen Waldertrages sind auf Grund Art. 24, 26 nicht möglich. Der Regierungsentwurf hatte gelautet: „Keine Forstberechtigung kann den Waldbesitzer ... in der Wahl der dem Boden und den klimatischen Verhältnissen angemessenen Holz- und Betriebsarten verhindern.“ An die Stelle von „angemessen“ ist „geboten“ getreten; dadurch sind die Rechte des Waldbesitzers gegenüber dem Regierungsentwurf erheblich eingeengt worden; die Umwandlung ist jetzt nur mehr erlaubt, soweit sie die Natur (Boden oder Klima) gebietet, um den Wald auf der Stufe der Fähigkeit einer nachhaltigen Nutzung zu erhalten (vgl. 1. Halbsatz des Art. 24). „Geboten“ ist die Veränderung dann, wann die Forstpolizeibehörde auf Grund der vorliegenden forsttechnischen Sachverständigengutachten zu der Überzeugung kommt, daß die Nachhaltigkeit der Nutzung verloren geht, wenn die Änderung unterbleibt. Als Beispiel führt die Begr. den Fall an, daß durch Erschöpfung des Waldbodens (z. B. durch Streu oder Weide, Begr. 1846) oder durch Verschlechterung des örtlichen Klimas edlere Laubholzarten nicht mehr nachgezogen werden können und Nadelhölzer an die Stelle treten müssen, wenn nicht nach und nach der Wald veröden und der Ertrag verloren gehen soll. Berechtigte auf bestimmte Holzarten oder Sortimente können vom Waldeigentümer (Waldbesitzer) verlangen, die Betriebsweise so einzurichten, daß ihre Rechtsansprüche befriedigt werden können, aber nur wenn der Boden oder die klimatischen Verhältnisse die Nachhaltigkeit der Nutzung nicht beeinträchtigen (vgl. Begr. 1846); dies folgt daraus, daß die Berechtigung grundsätzlich dem Eigentumsrecht vorgeht. Wenn die Voraussetzungen gegeben sind, können nach Art. 24 die Holzarten (z. B. Laubwald in Nadelwald), Betriebsweisen z. B. Hochwald- in Niederwaldbetrieb) und die Umtriebszeiten geändert werden (Begr. 1846). Geboten ist eine Veränderung auch dann, wenn die bisherige Holzart nur durch außergewöhnliche Aufwendungen des Waldbesitzers erhalten werden könnte.

Ermäßigung der Forstberechtigungen.

Artikel 25[1]. (25/25).

I Forstberechtigungen[2], welche die nachhaltige[3] Bewirtschaftung des Waldes beeinträchtigen[4], sind auf Antrag[5] des Verpflichteten für einen bestimmten Zeitraum[6] entsprechend[7] zu ermäßigen.

II Stehen mehreren Personen Forstberechtigungen gleicher Gattung[8] an dem Walde zu, so kann der Waldbesitzer den Antrag auf Ermäßigung nur gegen alle[9] diese Berechtigte verbunden stellen.

III Ein Anspruch auf Entschädigung[10] für eine solche Ermäßigung findet bloß dann statt, wenn die Ermäßigung durch unnachhaltige Bewirtschaftung[11] von Seite des jetzigen oder der früheren Waldbesitzer veranlaßt worden ist.

IV Sowohl über die Ermäßigung[12], als auch über die Statthaftigkeit und den Betrag der Entschädigung wird von der Forstpolizeibehörde[13], vorbehaltlich jedoch der Betretung des Rechtsweges[14], entschieden[17].

V[15] Betritt der Waldbesitzer den Rechtsweg, so ist er befugt, die Klage gegen alle, welchen Forstberechtigungen an dem Walde zustehen, zu verbinden, und in derselben die Ermäßigung der auf dem Walde ruhenden Forstberechtigungen jeder Gattung zu verlangen. Ebenso können die Berechtigten, welche gegen den Ausspruch der Forstpolizeibehörde den Rechtsweg betreten, selbst wenn ihre Forstberechtigungen nicht gleicher Gattung sind, eine Streitgenossenschaft bilden.

VI In jedem Falle sind bei Berufungen[16] alle Beträge, welche den Gegenstand der Beschwerden bilden, zur Bemessung der Berufungssumme zusammenzurechnen.

1. Geltungsbereich: Art. 25 enthält die Ausführungsbestimmung zu dem im ersten Halbsatz des Art. 24 aufgestellten Grundsatz; eine andere Folgerung als die im Art. 25 enthaltene kann aus dem Grundsatz nicht gezogen werden; vgl. Anm. 1 zu Art. 24. Vgl. zu Art. 25 auch § 3 Allg. VollzV. 1896 bei Art. 24.

Abs. I:

2. Forstberechtigungen: Begriff vor Art. 23 Anm. 1. Unter Art. 25 fallen alle Arten von Forstberechtigungen. Art. 25 gilt auch für Forstberechtigungen, deren Umfang durch rechtskräftiges Erkenntnis festgestellt ist (KompKH. 30. 3. 1863, Moritz Bd. 3 S. 376).

3. **nachhaltig:** Der Wald muß so bewirtschaftet werden können, daß er dauernd einen nach den gegebenen natürlichen Verhältnissen normalen Ertrag an Walderzeugnissen, eine nach Menge und Güte gleichmäßige Nutzung abwirft; nicht ist unter nachhaltiger Bewirtschaftung etwa die Möglichkeit, die auf dem Walde lastenden Forstrechte dauernd zu befriedigen, zu verstehen; das Erfordernis der Nachhaltigkeit der Nutzung geht weiter. In die Nachhaltigkeit der Bewirtschaftung ist immer dann (aber nicht immer bloß dann) eingegriffen, wenn zur Befriedigung der Forstrechte der nach Abzug der Verwaltungs- und Kulturkosten übrig bleibende Ertrag nicht ausreicht, sondern die Substanz angegriffen werden muß. Vgl. Anm. 3 zu Art. 2.

4. **beeinträchtigen:** Die Ermäßigung nach Art. 25 ist nur möglich, wenn zwischen dem Niedergang des Waldes und der Ausübung der Forstberechtigungen ein ursächlicher Zusammenhang besteht; jedoch ist nicht erforderlich, daß die letztere die einzige Ursache ist. Die Forstpolizeibehörde hat nach dem im Verwaltungsrechtsverfahren (s. Anm. 11) geltenden Amtsbetrieb den Sachverhalt von Amts wegen zu erforschen; eine eigentliche Beweislast trifft daher den Waldbesitzer nicht; doch liegt es in seinem Vorteil, seinen Antrag zu erhärten. Wird der Rechtsweg betreten, so gilt der Parteibetrieb, den Antragsteller trifft die Beweislast. Vom Waldbesitzer abgelöste Rechte dürfen bei der Berechnung der Belastung mitgerechnet werden (Art. 30 Abs. II). Nach dem Wortlaut und Sinn des Art. 25 ist es gleichgültig, ob die Ermäßigung für künftige (so die Regel) oder verfallene Reichnisse beantragt wird; jedenfalls werden verfallene Reichnisse dann in Betracht kommen können, wenn Nachlieferung beansprucht wird (OAG. 17. 3. 1869, RegBl. S. 658). Ähnlich KompKG. 30. 3. 1863, RegBl. S. 617: Es ist gleichgültig, ob die Forstrechtsbezüge schon verfallen und in der Zwangsvollstreckung befangen sind; denn bezüglich der Erhaltung der Substanz des Waldes kommt es bloß darauf an, ob aus demselben nach seinem jeweiligen Stand die in Anspruch genommenen, aber von ihm noch nicht geleisteten Forstrechtsbezüge — mögen sie schon verfallen sein oder nicht — ohne Gefährdung für seine nachhaltige Bewirtschaftung entnommen werden können.

5. **auf Antrag:** Eine Form oder Frist ist nicht vorgeschrieben. Ohne Antrag seitens der Verpflichteten ist die Forstpolizeibehörde nicht befugt eine Ermäßigung vorzunehmen. Die Forstämter haben vor der Antragstellung bei der Regierungsforstkammer anzufragen (§ 3 Abs. II Allg. VollzB. 1896). Der Waldbesitzer kann von sich aus die Rechte nicht ermäßigen (§ 3 Abs. I Allg. VollzB. 1896); wohl aber kann er sich mit dem Berechtigten, ohne die Forstpolizeibehörde anzurufen, auf eine Ermäßigung gegen oder ohne Entschädigung gütlich einigen. Vgl. hieher auch die FME. vom 8. 4. 1927 Nr. 9163 (StAnz. Nr. 82) mit Ergänzung vom 29. 5. 1928 Nr. 24799 (StAnz. Nr. 124) über den Schutz der Staatswaldungen vor übermäßiger Streunutzung, wonach die Staatsforstverwaltung an Streuberechtigte Zuschüsse zur Beschaffung von Torfstreu gewährt, wenn sie auf die Ausübung ihrer Berechtigung im Staatswald auf Zeit ganz oder teilweise verzichten; diese Zuschüsse können auch Personen erhalten, die, ohne eine Forstberechtigung zu besitzen, bisher kraft Vergünstigung Streu aus dem Staatswald bezogen haben (s. auch S. 131).

Durch Einbringung eines Antrags nach Art. 25 bei der zuständigen Forstpolizeibehörde wird ein etwa im Gange befindliches gerichtliches Zwangsverfahren wegen Gewährung von Forstrechtsbezügen ohne Rücksicht auf Aktenlage und Fristenlauf eingestellt und es darf kein Teil des vorhandenen Materials (Streu u. dgl.) der forstpolizeilichen Zuständigkeit durch Eingriff der bürgerlichen Gerichte entzogen werden. — Eine Ausschlußfrist für den Ermäßigungsantrag ist im Forstgesetz nicht vorgesehen; vielmehr muß es nach der Natur der Sache dem Waldbesitzer gestattet sein, den Antrag einzubringen, sobald sich die Notwendigkeit hiezu ergibt ohne Rücksicht auf die Aktenlage eines etwaigen Rechtsstreites OAG. 8. 1. 1867, FMBl. S. 125, und Forstl. M. Bd. 15 S. 229).

6. **Für einen bestimmten Zeitraum:** Also nicht auf unbestimmte Zeit oder für dauernd; im übrigen kann die Zeitbestimmung verschieden bemessen werden, z. B. eine bestimmte Zahl von Jahren; auch Fristbestimmung in der Weise, daß ein Holzbestand eine gewisse Höhe oder Stärke erreicht haben muß, wird zulässig sein.

7. **Entsprechend zu ermäßigen:** d. h. nur soviel als nötig ist, um eine nachhaltige Nutzung zu erzielen. Auf die Verhältnisse des Berechtigten, z. B. die Bedürftigkeit, kommt es nicht an. Der geschwächte Wald muß sich von der Schädigung nicht bloß erholen können, er muß nach der Erholung auch einen nachhaltigen Ertrag abwerfen können. Über diese Grenze hinaus aber dürfen die Rechte nicht

eingeschränkt werden. Die Ermäßigung kann nötigenfalls soweit gehen, daß der Rechtsbezug zeitweilig ganz eingestellt wird. Streurechte können nicht schon deswegen auf Zeit eingestellt werden, weil nach den neueren Erfahrungen Streurechte stets dem Walde schaden. Der Grad der Ermäßigung kann auch zeitlich abgestuft werden. Die Ermäßigung kann sich auf Teile des Waldes beschränken oder für Teile verschieden sein, je nach Sachlage. Bei Berechtigungen, die auf mehrere Holzarten lauten, kann sich die Ermäßigung auf einzelne besonders drückende Arten beschränken. Der Waldbesitzer hat bei Erfüllung der Voraussetzungen des Art. 25 Abs. I einen Rechtsanspruch auf die Ermäßigung.

Wenn zur Erhaltung der Nachhaltigkeit die Verjüngung des Waldes nötig ist, so kann der Waldbesitzer auf Grund Art. 24, 25, wenn nötig, zur Vornahme und Aufzucht der Kulturen die entsprechende Beschränkung der Forstrechte beantragen; das gleiche gilt, wenn Teile des Waldes zur Erhaltung der Nachhaltigkeit in Hege gelegt werden müssen oder wenn sonst forstwirtschaftliche Maßnahmen erforderlich sind, mit denen sich die Forstberechtigungen nicht vereinbaren lassen; es kann z. B. das Recht auf Gewinnung von Stockholz ganz oder teilweise eingeschränkt werden, wenn es nötig ist, um Jungwüchse vor der Vernichtung zu bewahren. Art. 25 sieht nur die Ermäßigung der Forstrechte vor, also die Verringerung ihres Umfangs unter grundsätzlicher Belassung ihres Gegenstands, nicht die Umwandlung in einen andern Forstnutzungsbezug wie Art. 26 Abs. II. Im Grundbuch braucht die Ermäßigung nicht eingetragen werden; die Ermäßigung tritt nach Maßgabe der Entscheidung der Forstpolizeibehörde oder des gerichtlichen Urteils mit deren Rechtskraft in Wirksamkeit.

Mit Art. 153 der neuen Reichsverfassung steht Art. 25 FG. nicht in Widerspruch, da dem Forstberechtigten von jeher nur ein Recht in dem Maße zustand, als es sich nach den Bestimmungen des Forstgesetzes ergibt; übrigens sind die einschränkenden Bestimmungen der Art. 23ff. FG. durch die reichsrechtliche Bestimmung der Art. 113 und 115 EG.BGB. ausdrücklich auch der neuen Reichsverfassung gegenüber anerkannt. Schon in der Bayer. Forstordnung vom Jahre 1616 ist der Grundsatz ausgesprochen, daß die Ausübung der Forstrechte die Nachhaltigkeit der Bewirtschaftung der Waldungen nicht stören dürfe; ähnlich im Bayer. Landrecht von 1756 (Tl. II Kap. VIII § 15) und im Generalmandat vom 17. 4. 1763, MG. S. 1784 Bd. II S. 792.

Abs. II:

8. Gleicher Gattung: D. s. regelmäßig alle Holzbezugsrechte in sich, gleichviel, ob Bauholz- oder andere Berechtigungen, ferner alle Streurechte in sich und alle Weiderechte in sich. In besonderen Fällen können aber auch innerhalb dieser Hauptarten Unterscheidungen gemacht werden; von den Holzbezugsrechten z. B. können u. U. nur etwa die Stockholzberechtigungen schädlich wirken und daher ermäßigt werden müssen.

9. Nur gegen alle: Weil es in der Natur der Sache liegt, daß man nicht bei einem einzelnen Berechtigten auf Ermäßigung seines Forstrechts antragen und die übrigen im ungeschmälerten Besitz ihrer Bezüge lassen kann (Abg. 1851 Beil. III S. 61); gleichmäßige Behandlung ist zwingend vorgeschrieben. Es entsteht dadurch eine Art notwendige passive Streitgenossenschaft; vgl. § 62 ZPO., der entsprechend auch für das Verwaltungsverfahren anzuwenden ist, d. h. die säumigen Streitgenossen sind durch die Nichtsäumigen als vertreten anzusehen. Selbst wenn man keine notwendige Streitgenossenschaft annimmt, kann dann, wenn die Vorinstanzen wegen eines Rechenfehlers ein Streurecht unrichtig festgesetzt haben, auch wenn nicht von allen Streitgenossen Beschwerde erhoben ist, doch das Ergebnis gegen alle von Amts wegen abgeändert werden (vgl. § 319 ZPO.; VGH. 22. 3. 1882).

Abs. II gilt für das Verfahren vor der Forstpolizeibehörde und für das gerichtliche Verfahren; für letzteres kommt außerdem Abs. V in Betracht.

Abs. III:

10. Anspruch auf Entschädigung: Der Anspruch geht grundsätzlich auf Vergütung für den Mindererlös (Begr.). Wenn das Ermäßigungsverfahren nach Art. 25 durchgeführt wird, kann eine Entschädigung auf Grund schuldhaften Verhaltens des Waldbesitzers nur unter den Voraussetzungen des Art. 25 Abs. III und im Verfahren des Abs. IV beansprucht werden; sonst kann ein Forstberechtigter den Waldbesitzer wegen schuldhafter Schädigung seines Forstrechtes auch nach den allgemeinen Bestimmungen (§§ 823ff. BGB.) vor Gericht auf Schadenersatz verklagen; vgl. Anm. 17b. Wenn bei subjektiv-dinglichen Forstberechtigungen das berechtigte Anwesen mit Rechten Dritter belastet ist, s. Anm. 8 a. E. zu Art. 26.

11. Unnachhaltige Bewirtschaftung: d. i. eine Bewirtschaftung, die nicht auf Nachhaltigkeit der Nutzung (s. Anm. 3) zielte; die Begr. geht davon aus, daß dem Waldbesitzer die Pflicht „einer guten Bewirtschaftung" des belasteten Waldgrundstückes obliege. Ein Verschulden des Waldbesitzers wird von vornherein abzulehnen sein, wenn der Wald nach einem forstpolizeilich genehmigten Wirtschaftsplan bewirtschaftet wurde. Der Berechtigte braucht nur zu beweisen, daß die Ermäßigung durch unnachhaltige Bewirtschaftung veranlaßt ist; es bedarf nicht der Benennung einzelner Forstbediensteter und des jedem zur Last fallenden Verschuldens, auch nicht der Angabe der Zeit des Verschuldens; da ein Klagerecht vor der Ermäßigung der Rechtsbezüge nicht bestanden hat, kann gegenüber der Behauptung unnachhaltiger Bewirtschaftung, wie weit diese auch zurückliegen mag, die Einrede der Verjährung nicht Platz greifen (OAG. 17. 1. 1862, Forstl. M. Bd. 12 S. 95). Diese Beweislast besteht aber nur vor Gericht; die Forstpolizeibehörde hat den Sachverhalt und damit auch die Frage der nicht nachhaltigen Bewirtschaftung von Amts wegen zu untersuchen.

Nicht notwendig wird sein, daß die Ermäßigung allein durch das Verschulden des Verpflichteten notwendig geworden ist. Wenn der Verpflichtete oder sein Rechtsvorgänger für die Ursache der Ermäßigung nur teilweise verantwortlich ist, im übrigen die Ermäßigung z. B. durch die Entwicklung der natürlichen Verhältnisse notwendig wurde, so wird es im Sinne des Gesetzes liegen, den Verpflichteten nur mit dem seiner Verantwortlichkeit entsprechenden Teil der Entschädigung zu belasten. Der Entschädigungsanspruch richtet sich gegen den jeweiligen Waldbesitzer; der entschädigungspflichtige Waldbesitzer wird gegen den früheren Besitzer regelmäßig keine Ersatzansprüche haben, auch wenn die Ursache der Haftung allein beim früheren Besitzer liegt.

Wird im Verfahren nach Art. 25 von den Forstberechtigten der Einwand erhoben, der Waldbesitzer habe unberechtigterweise die Holz- oder Betriebsart des belasteten Waldes zu ihrem Schaden verändert, so wird das Verfahren nach Art. 25 zu Ende zu führen sein, die Berechtigten werden mit ihrem Einwand zur Austragung in einem besonderen Verfahren (vor den Gerichten) zu verweisen sein (vgl. Art. 24).

Abs. IV:

12. **Ermäßigung:** d. h. über Zulässigkeit und Grad (Abs. I). Die Ermäßigung tritt mit der Rechtskraft der forstpolizeilichen oder gerichtlichen Entscheidung ein; ist die Forstberechtigung im Grundbuch eingetragen, so ist dieses zu berichtigen. Einigen sich Berechtigter und Verpflichteter gütlich, so muß das Recht und seine Ermäßigung im Grundbuch eingetragen werden (Art. 189 EG.BGB.).

13. **Forstpolizeibehörde:** Im ersten Rechtszug (sofern nicht der Stadtrat einer unmittelbaren Stadt zuständig ist) von der Forstpolizeikommission nach Art. 110 FG. Im ersten und zweiten Rechtszug wird im verwaltungsrechtlichen Verfahren entschieden (Art. 8 Ziff. 11 VGG.); für den Verwaltungsgerichtshof besteht keine Zuständigkeit (Art. 13 Abs. I Ziff.2 VGG.). Die Beschwerdefrist beträgt 14 Tage (Art. 22 Abs. IV VGG.). Die Forstpolizeibehörde hat nach Anhörung des Forstamts (§ 13 Abs.III, V Allg. VollzV. 1896) zunächst eine gütliche Einigung zu versuchen (§ 3 Abs. III Allg. VollzV. 1896). Vor der förmlichen Streitsentscheidung sind Sachverständige zu hören (Art. 112 Abs. I FG., §§ 3 Abs. IV, 17 Allg. VollzV. 1896); das örtlich zuständige Forstamt muß kraft Gesetzes (Art. 114 FG.) mit seinem Gutachten gehört werden, gleichgültig, ob es sich um staatliche oder nichtstaatliche Waldungen handelt; Art. 20 VGG. ist zu beachten. Richtlinien für die Sachverständigen enthält § 3 Abs. V und VI Allg. VollzV 1896 S. 157.

Die forstpolizeiliche Entscheidung ist kein Provisorium im eigentlichen Sinn, sie hat vielmehr in allen Fällen der zivilrichterlichen Tätigkeit voranzugehen; im Laufe des Gerichtsverfahrens ist der Richter berechtigt, selbst ein Provisorium (einstweilige Verfügung) zu erlassen und dadurch die forstpolizeiliche Entscheidung sofort außer Wirksamkeit zu setzen (OAG. 17. 1. 1862, Forstl. M. Bd. 12 S. 95; vgl. KompKG. 30. 3. 1868, RegBl. S. 614 f. und Bl. 3 S. 206 ff.). Die vorläufige Entscheidung der Forstpolizeibehörde nach Art. 25 Abs. IV unterscheidet sich von der nach Art. 23 Abs. II wie folgt: im Falle des Art. 25 unterliegt die Entscheidung der Forstpolizeibehörde (über Zulässigkeit und Grad der Ermäßigung sowie Statthaftigkeit und Betrag der Entschädigung) stets der richterlichen Überprüfung; im Falle des Art. 23 ist dagegen die Entscheidung der Forstpolizeibehörde über die Art und Weise der Ausübung endgültig, sofern das Recht oder sein Umfang nicht verletzt ist.

Die Betretung des Rechtswegs bewirkt keinen Aufschub der Vollstreckung des Ausspruchs der Forstpolizeibehörde (Art. 32 Abs. II). Die Entscheidung der Forstpolizeibehörde ist endgültig, wenn nicht innerhalb der Frist des Art. 32 der Rechtsweg beschritten wird.

Die Zuständigkeit der Forstpolizeibehörde wurde deshalb begründet, weil „die Frage der Ermäßigung und Entschädigung vom technischen Standpunkt aus beurteilt werden muß und weil das Verwaltungsverfahren mit geringerem Zeit- und Kostenaufwand als das gerichtliche verbunden it" (Begr.). Die Entscheidung der Forstpolizeibehörde wird vollstreckt nach Art. 46 VGG.; sie kann auch vollstreckt werden, wenn der Rechtsweg betreten wird (Art. 32 Abs. II FG.). Inhalt der Entscheidung

§ 16 Allg. VollzV. 1896 (bei Art. 110 FG.), Art. 21 VGG. Wird im Verfahren nach Art. 25 das Recht selbst oder sein Umfang streitig, so ist nach Art. 27 Abs. IV zu verfahren. S. auch die Erkenntnisse in Anm. 17.

14. Rechtsweg: Der Rechtsweg ist vorbehalten bezüglich der Ermäßigung wie der Entschädigung. Verfahren und Frist Art. 32; der Rechtsweg kann erst beschritten werden, wenn die Verwaltungsgerichte im zweiten Rechtszug entschieden haben. Im gerichtlichen Verfahren gilt nicht der Amts-, sondern der Parteibetrieb wie im gewöhnlichen Zivilprozeß; auch besteht Beweispflicht. Wenn die Forstberechtigten gegen einen nach Art. 25 erlassenen Ermäßigungsbeschluß der Forstpolizeibehörde den Rechtsweg betreten, so gehört zur Begründung ihrer Klage die Behauptung, daß auch bei ungeschmälerter Ausübung der Forstberechtigung der Wald noch nachhaltig bewirtschaftet werden könne; sie haben auch den Beweis hierüber zu führen, einmal, weil jeder Kläger den Grund seiner Klage erproben muß, und sodann, weil der beklagte Waldbesitzer den ihm durch Art. 24 gewährten Schutz der nachhaltigen Bewirtschaftung seines Waldes mit dem nach Art. 25 gefaßten Beschluß der Forstpolizeibehörde, die ein Provisorium zu seinen Gunsten feststellte, wirklich erlangt hat und hierin nach Art. 32 so lange zu sichern ist, bis auf dem Rechtswege eine andere Entscheidung ergangen ist (OAG. 18. 3. 1861, BlfRA. Bd. 27 S. 222; Forstl. M. Bd. 14 S. 55).

Der Zivilrichter ist von dem Ergebnis des vorhergegangenen forstpolizeilichen Verfahrens völlig unabhängig; er hat über die wirtschaftliche Notwendigkeit der Ermäßigung (wenn diese angegriffen ist) und über die Entschädigung in freier Beweiswürdigung zu befinden; u.U. braucht das Verwaltungsverfahren nur als Voraussetzung für die Zulässigkeit des Rechtsweges (als Prozeßvoraussetzung) gewertet zu werden; keinesfalls vermag es von der Beweislast zu entbinden (OAG. 17. 1. 1862, Forstl. M. Bd. 12 S. 95). Maßregeln nach Art. 46 (zur Bekämpfung von schädlichen Insekten) sind zulässig, auch wenn ein Rechtsstreit anhängig und durch einstweilige Verfügung eine Art Beschlagnahme angeordnet ist (vgl. ME. 6. 3. 1880 Nr. 1560). Zum Verhältnis zwischen Gerichten und Forstpolizeibehörden s. auch Anm. 17.

Abs. V:

15. Abs. V, der wie Abs. II im Regierungsentwurf nicht vorgesehen war, enthält nur eine Vorschrift zur Vereinfachung des Verfahrens; die materiellrechtliche Vorschrift des Abs. II gilt auch für das gerichtliche Verfahren; die Klagen gegen die Berechtigten gleicher Gattung müssen daher verbunden werden; Streitgenossenschaft §§ 59—63 ZPO. Vgl. Art. 26 Abs. III.

Abs. VI:

16. Berufungen: d. h. im Verfahren vor den Gerichten (§§ 511ff. ZPO.); die Bestimmung wird auch für die Revision zu gelten haben (§§ 545ff. ZPO.); vgl. Art. 26 Abs. III FG.

17. Erkenntnisse zur Frage der Zuständigkeit der Gerichte und der Forstpolizeibehörden:

a) **KK.** 30. 3. 63, RegBl. S. 596, 704: Ein Antrag auf Ermäßigung einer Forstberechtigung wegen der Unfähigkeit des Waldes zur Leistung der auf ihm lastenden Forstrechtsbezüge ist ganz anderer Rechtsnatur als die Klage über das Recht zu diesen Bezügen; denn diese letztere Klage betrifft nur die privatrechtlichen Verhältnisse der Streitsteile bezüglich der betreffenden Forstberechtigung zueinander (gehört daher vor die Gerichte), jener Antrag aber bezweckt zugleich und vorzugsweise die Erhaltung des belasteten Waldes im öffentlichen Interesse, dessen Wahrung nach Maßgabe des Art. 24 FG. insbesondere den Verwaltungsbehörden gesetzlich übertragen ist.

Wenn in einem bei Gericht anhängigen Forstrechtsstreit die Einrede der Unfähigkeit des Waldes zur Leistung der auf ihm lastenden Rechtsbezüge vorgebracht wird, so bildet die forstpolizeiliche Entscheidung auf Ermäßigung eine Vorfrage, die zuerst von den Verwaltungsbehörden erledigt sein muß, bevor der Zivilrichter zur Entscheidung der bemerkten Einrede zuständig ist.

b) Die angestellte Klage handelt von einer bereits stattgefundenen, den forstwirtschaftlichen Bestimmungen zuwiderlaufenden und deshalb unerlaubten, den Forstberechtigten gegenüber rechtswidrigen Handlung der Waldbesitzer und bezweckt bloß den Ersatz des Schadens, der dem Kläger dadurch an dem Genusse der Weide in dem Wald der Beklagten zugefügt worden sein soll, ohne daß dabei ein öffentliches Interesse bezüglich des belasteten Waldes selbst in Frage kommt; die Klage betrifft demnach nur die privatrechtlichen Streitteile bezüglich des eingeklagten Schadenersatzes zueinander (es sind daher die Gerichte zuständig). KK. 28. 3. 1867, RegBl. S. 441.

c) Solange die Forstpolizeibehörde nicht um Ermäßigung angegangen ist, sind die Gerichte zuständig, darüber zu entscheiden, in welchem Umfang dem Berechtigten der Anspruch zusteht (KK. RegBl. 1860 S. 74; 1869 S. 647).

d) Wenn nicht über die Ermäßigung, sondern über die Verteilung der ermäßigten Nutzungen an die Berechtigten Streit besteht, so ist eine rein bürgerlichrechtliche Angelegenheit gegeben, die vor die Gerichte gehört (OLGM SZ. Bd. 2 S. 106).

e) Wenn im Laufe eines Forstrechtsstreites, der vor den Gerichten schwebt, Antrag auf Ermäßigung gestellt wird, so haben hierüber die Verwaltungsbehörden zu entscheiden (KK. 17. 3. 1869, RegBl. S. 647; Weber, Anhangband S. 313).

f) Zur Einstellung der Zwangsvollstreckung in einem Forstrechtsstreit mit Rücksicht auf einen Ermäßigungsantrag vgl. SeuffertBl. ErgBd. zu Bd. 31 u. 32 S. 184.

Veränderung der Holz- oder Betriebsart des belasteten Waldes.

Artikel 26[1]. (26/26).

I Beabsichtigt der Waldbesitzer eine Abänderung[2] der Holz- oder Betriebsart (Art. 24), in deren Folge eine Forstberechtigung nicht mehr in der bisherigen Weise ausgeübt werden kann[3], so ist er verpflichtet[4], vor der Ausführung die Forstpolizeibehörde[5] davon in Kenntnis zu setzen[6], welche zwischen den Beteiligten eine gütliche Übereinkunft zu versuchen hat. Kommt diese nicht zu Stande, so hat die Forstpolizeibehörde darüber zu entscheiden, ob die beabsichtigte Abänderung statthaft[7], und in welcher Weise die Berechtigten zu entschädigen seien, und zwar über die erste Frage ohne, über die zweite mit Vorbehalt des Rechtsweges.

II Die Entschädigung[8] ist, wenn und soweit die Verhältnisse es gestatten, durch Umwandlung des bisherigen in einen anderen entsprechenden Forstnutzungsbezug, andernfalls in Geld zu leisten.

III Wird der Rechtsweg[9] betreten, so finden die Bestimmungen der Absätze 5 und 6 des Artikels 25 auch hier Anwendung.

1. **Geltungsbereich:** Art. 26 bildet die Ausführungsvorschrift zu dem in Art. 24 im zweiten Halbsatz aufgestellten Grundsatz. Voraussetzungen für die Abänderung Anm. 3 zu Art. 24. Eine einseitige Abänderung der Holz- oder Betriebsart ist unzulässig, wenn in ihrer Folge eine Forstberechtigung nicht mehr in der bisherigen Weise ausgeübt werden kann. Ein Verfahren vor der Forstpolizeibehörde nach Art. 26 wird dann nicht notwendig sein, wenn Berechtigter und Verpflichteter von sich aus zu einer gütlichen Einigung gelangen. Vgl. zu Art. 26 auch § 3 Allg. VollzB. 1896 bei Art. 24.

2. **Abänderung:** Eine Änderung der Holz- oder Betriebsart nach Art. 26 liegt nicht vor, wenn nur abgetriebene oder öde Waldstellen aufgeforstet werden (OAG. 19. 11. 1859, Z. Bd. 6 S. 430; hier handelte es sich um ein Weiderecht); solche Maßnahmen bedürfen keiner Genehmigung; sie sind sogar gesetzliche Pflicht (Art. 42). Jede Änderung der Holz- oder Betriebsart mit der in Art. 26 Satz 1 bezeichneten Folge für die Forstberechtigungen fällt unter Art. 26, auch wenn sie sich nur auf einen Teil des belasteten Waldes erstreckt. Die Rodung (Art. 34ff.) fällt nicht unter Art. 26.

3. **Nicht mehr ausgeübt werden kann:** Kann sie noch wie bisher ausgeübt werden, so ist der Waldbesitzer nicht behindert, im Rahmen des etwa vorhandenen Wirtschaftsplans Änderungen vorzunehmen, wie er will. Unter der bisherigen Weise in Satz 1 ist nicht bloß die Art und Weise der Ausübung (Art. 23 Abs. II) zu verstehen; dazu gehört auch der Umfang, Gegenstand (Inhalt), überhaupt alles, was für die Ausübung und den Bestand des Rechtes von Bedeutung ist.

Wenn eine Forstberechtigung auf eine bestimmte Holzart beschränkt ist und diese nicht infolge der absichtlichen Änderung der Holz- oder Betriebsart, sondern aus einem anderen Grund ausgeht, so ruht die Ausübung der Berechtigung; der Forstberechtigte kann jedoch den Waldeigentümer zur Wiederanpflanzung der Holzart anhalten; hat der Waldeigentümer den Mangel verschuldet, so muß er den Berechtigten entschädigen, solange dieser sein Recht nicht mehr ausüben kann (Roth Bd. 2 S. 314 Fußn. 38).

4. **Verpflichtet:** Unterläßt der Waldbesitzer die Anzeige, sei es in schlechtem Glauben oder in der Meinung, die Berechtigungen auch weiterhin erfüllen zu können, so kann auch von den Berechtigten Antrag auf Einleitung des Verfahrens nach Art. 26 gestellt werden. Die Forstpolizeibehörde kann die Abänderung einstweilen einstellen (vgl. VGH. Bd. 30 S. 85). Eine Strafe ist auf die Unterlassung nicht

gesetzt; unter Umständen kommt, soweit sie sich aus allgemeinen Grundsätzen (§§ 823ff. BGB.) ergibt, eine Schadensersatzpflicht in Frage (OAG. 19. 11. 1859, Z. Bd. 6 S. 430).

Ist die Abänderung zu der Zeit, zu der die Berechtigten davon erfahren, bereits durchgeführt, so dürfte für die Forstpolizeibehörde kein Streitfall mehr gegeben sein; es wird nur mehr ein vor die bürgerlichen Gerichte gehörender auf §§ 823ff. BGB. beruhender Entschädigungsanspruch in Frage kommen (vgl. Anm. 17b zu Art. 25). Vor der Änderung der Holz- oder Betriebsart kann das Gericht nicht angerufen werden; die bedrohten Forstberechtigten können sich vor diesem Zeitpunkt nur an die Forstpolizeibehörde wenden (Art. 26). Auch wenn der Waldbesitzer die vorgeschriebene Anzeige über Änderung der Holz- oder Betriebsart bei der Forstpolizeibehörde unterläßt, ist die Zuwiderhandlung gegen Art. 43 Abs. II FG. doch strafbar (OLGM. Bd. 2 S. 203).

Wenn ein Forstamt Antrag nach Art. 26 stellen will, hat es vorher bei der Regierungsforstkammer anzufragen (§ 3 Abs. II Allg. VollzV. 1896). Verfahren, wenn Inhaber von Forstberechtigungen an Staatswaldungen Antrag nach Art. 26 stellen, § 13 Abs. IV und V Allg. VollzV. (bei Art. 110).

5. **Forstpolizeibehörde:** Die Anzeige ist an die Forstpolizeibehörde nach Art. 109 zu richten. Zur Entscheidung und wohl auch schon zur Vornahme des Einigungsversuchs ist die Forstpolizeikommission nach Art. 110 berufen; das Verfahren ist das Verwaltungsrechtsverfahren (Art. 8 Ziff. 11 VGG.). Im II. Rechtszug entscheidet die Kreisregierung, Kammer des Innern, im verwaltungsrechtlichen Senat. In der Frage der Statthaftigkeit ist im III. Rechtszug der Verwaltungsgerichtshof zuständig, weil hier der Rechtsweg ausgeschlossen ist. In Ermessensfragen steht die unbefristete Oberaufsichtsbeschwerde zum Staatsministerium des Innern offen. In der Entschädigungsfrage ist der Verwaltungsgerichtshof nicht zuständig (Art. 13 Abs. I Ziff. 2 VGG.). Die Beschwerdefrist beträgt im verwaltungsrechtlichen Verfahren 14 Tage (Art. 22 Abs. IV VGG.; vgl. VGH. Bd. 20 S. 53) und zwar auch bezüglich der Entschädigungsfrage; denn diese bildet einen Teil des in Art. 8 Ziff. 11 VGG. dem Verwaltungsrechtsweg überwiesenen Streitgegenstandes der Veränderung von Forstberechtigungen; nach Art. 8 VGG., Eingang, gehören dazu alle bestrittenen Rechtsansprüche und Verbindlichkeiten in dieser Sache, also auch der Entschädigungsanspruch. (Nach der ME. vom 3. 6. 1899 Nr. 6522 soll die Beschwerdefrist in der Entschädigungsfrage 30 Tage betragen!) Die Zuständigkeit der Forstpolizeibehörden für die Entscheidung nach Art. 26 ist bestimmt worden, „weil die technische Beurteilung die Grundlage der Entscheidung gibt" (Begr.).

6. **In Kenntnis zu setzen:** Es ist nur Anzeige, kein förmlicher Antrag vorgeschrieben; das Verfahren ist dann von Amts wegen zu betreiben; die Forstpolizeibehörde muß bedacht sein, alle Beteiligten, insbesondere alle am Walde Berechtigten beizuziehen, obwohl eine dem Art. 25 Abs. II ähnliche Vorschrift fehlt, da andernfalls der ergehende Bescheid nicht gegen alle Beteiligten in Rechtskraft erwächst. Die Forstpolizeibehörde wird zunächst im Benehmen mit dem Forstamt (§ 13 Abs. IV Allg. VollzV. 1896) zu untersuchen haben, ob die Forstberechtigungen durch die beabsichtigte Änderung berührt werden; werden sie nicht berührt, so ist für das weitere Verfahren nach Art. 26 kein Raum. Vernehmung von Sachverständigen: Art. 114, 112 Abs. I FG., 20 VGG., §§ 13 Abs. III, 17 Allg. VollzV. 1896. Richtlinien für die Sachverständigen enthält § 3 Abs. VII Allg. VollzV. 1896 S. 157.

7. **Statthaftigkeit:** Hierüber entscheiden die Verwaltungsbehörden und Verwaltungsgerichte endgültig. Der ordentliche Richter ist an deren Ausspruch gebunden (anders also als in Art. 25 Abs. IV). Die Statthaftigkeit bemißt sich danach, ob die Änderung durch die Boden- oder die klimatischen Verhältnisse geboten ist; näheres hierüber Anm. 3 zu Art. 24.

Nach Art. 26 hat die Forstpolizeibehörde lediglich zu entscheiden, ob die vom Waldbesitzer beabsichtigte Änderung statthaft ist oder nicht; es ist ihr nicht die Befugnis eingeräumt, die Genehmigung an die Einhaltung einer gewissen Bedingung zu knüpfen. „Die Änderung der Holz- oder Betriebsart ist unter den im Art. 24 gegebenen Voraussetzungen ein Recht des Waldbesitzers, dem, wenn er von ihm Gebrauch machen will, nach Art. 26 lediglich die Pflicht einer entsprechenden Entschädigung des Forstberechtigten obliegt. Eine darüber hinausgehende Forderung verstößt wie gegen Art. 24 so auch gegen Art. 1". (Es war die Umwandlung von Laub- in Nadelwald für statthaft erklärt, jedoch mit dem Abmaße, daß die Fläche, sobald die Bodenverhältnisse es gestatteten, wiederum in Laubwald zurückzuführen sei.) FM. Note vom 20. 3. 1899 Nr. 590. Jedoch ist der Forstpolizeibehörde nicht verwehrt, auf den Waldbesitzer einzuwirken, seine Abänderungspläne entsprechend zu gestalten.

Wenn im Verfahren nach Art. 26 das Recht selbst oder sein Umfang streitig wird, so ist nach Art. 27 Abs. IV zu verfahren.

VGH. 11. 3. 1889: Es bedarf im Hinblick auf die allgemeinen Normen über die Ausscheidung der Verwaltungs- und gerichtlichen Zuständigkeit keiner weiteren Begründung, daß die Verwaltungsbehörde zur Erlassung einer Entscheidung auf Grund des Art. 26 nur dann berufen ist, wenn die Forstberechtigung, deren Beeinträchtigung durch eine vom Waldbesitzer beabsichtigte Betriebsänderung in Frage steht, in Ansehung ihres Bestandes sowie der Personen ihrer Träger liquid erscheint. Trifft dies nicht zu, so sind naturgemäß und, wie überdies im darauffolgenden Art. 27, wenn auch unmittelbar in Beziehung auf einen anderen Fall, grundsätzlich ausgesprochen ist, die Berechtigten zunächst zur Erledigung der strittigen bürgerlichrechtlichen Vorfrage auf den Rechtsweg zu verweisen. Die bloße Aussetzung des Verfahrens und der Beschlußfassung erscheint nach richtigen Prozeßgrundsätzen nur da am Platze, wo es sich um eine einfache Ergänzung, die von der betreibenden Partei alsbald beigebracht werden kann, handelt, nicht aber in einem Fall von der Art des hier vorliegenden, wo die Fortsetzung des Verfahrens von der Austragung einer Vorfrage bei einer anderen Instanz abhängig und daher der gestellte Antrag zur Entscheidung durch die angerufene Behörde noch völlig unreif ist. In einem solchen Falle, wo es gänzlich ungewiß ist, ob und wann es überhaupt zu einer sachlichen Entscheidung durch die angegangene Behörde kommen wird, erscheint die Abweisung des betreffenden Antrags „zur Zeit" als die prozessual allein richtige Entscheidungsform. (Die Kosten, die entstanden sind, nachdem der Widerspruch gegen den Bestand des Rechtes erhoben wurde, sind dem Antragsteller endgültig, die vorher entstandenen Kosten einstweilen auferlegt worden.)

8. **Entschädigung**: Kann die Forstberechtigung bei der von der Forstpolizeibehörde gestatteten Änderung der Holz- oder Betriebsart nicht mehr wie bisher ausgeübt werden, so hat der Berechtigte Anspruch auf Entschädigung und zwar muß diese, soweit möglich, in Gestalt der Einräumung einer andern Forstberechtigung gewährt werden (z. B. auf einem andern Waldstück oder mit dem Anspruch auf eine andere Holzart u. a.); ist dies nicht oder nicht ausreichend möglich, so ist Entschädigung in Geld zu leisten. Schwierigkeiten bereitet die Frage, in welcher Höhe Entschädigung zu leisten ist. Die Begr. führt zu der Entschädigungsfrage nur aus: „Die Umwandlung der Forstberechtigung in einen andern Forstnutzungsbezug ist als natürliche Folge der Veränderung nach Art. 19 (26) unvermeidlich; kann eine Umwandlung nicht stattfinden, so folgt hieraus für den Waldeigentümer von selbst die Pflicht zur Entschädigungsleistung." Im Gesetz ist in Abweichung vom Regierungsentwurf auch die Umwandlung in einen andern Nutzungsbezug als eine Form der Entschädigung bezeichnet. Art. 26 geht offenbar davon aus, daß in jedem Falle eine Entschädigung zu gewähren sei; denn Abs. I schreibt vor, daß die Forstpolizeibehörden im Falle der Statthaftigkeit der Änderung stets festzusetzen hätten, in welcher Weise (Art und Weise, Umfang) die Berechtigten zu entschädigen seien; eine Bestimmung, die eine Entschädigungspflicht unter Umständen ausschließt wie Art. 25 Abs. III, fehlt in Art. 26. Bei der Untersuchung, in welcher Höhe Entschädigung zu gewähren ist, muß von dem Wesen der Entschädigung ausgegangen werden. Unter Entschädigung ist zunächst nach allgemeinen Grundsätzen (vgl. § 249 BGB.) die Wiederherstellung des früheren Zustandes zu verstehen; dies ist im vorliegenden Fall nicht ganz möglich; es muß daher ein dem früheren Zustand möglichst ähnlicher hergestellt werden; ist diese restitutio naturalis nicht möglich, so ist der Berechtigte durch eine entsprechende Geldleistung möglichst wieder in den früheren Vermögenszustand zu versetzen. Stets ist also auf die Berechtigung zurückzukommen, wie sie im Zeitpunkt der Änderung bestanden hat; ihr Wert in diesem Zeitpunkt ist maßgebend. Hieraus folgt:

Wenn eine Veränderung der Holz- oder Betriebsart notwendig ist, um den Wald bei nachhaltiger Leistungsfähigkeit zu erhalten, wird häufig auch der andere Fall gegeben sein, daß bei Unterlassung der Änderung Grund zur Ermäßigung der Forstrechte nach Art. 25 bestünde. Wenn der Waldbesitzer im Verfahren nach Art. 26 bei der Verhandlung über die Entschädigung hierauf hinweist, wird die Forstpolizeibehörde, ohne daß ein besonderes Verfahren nach Art. 25 nötig wäre, diesen Umstand bei der Festsetzung der Entschädigung berücksichtigen können und müssen. Es wäre unbillig, dem Waldbesitzer diesen ihm sonst zustehenden Vorteil zu entziehen, nachdem er zu der Änderung der Holz- oder Betriebsart nicht verpflichtet ist. Bei der Berücksichtigung der nach Art. 25 möglichen Ermäßigung ist entsprechend in Rechnung zu setzen, daß diese zeitlich befristet ist. Auf diese Weise kann sich u. U. eine geringe, ja auf Zeit überhaupt keine Entschädigung errechnen; die Höhe der Entschädigung kann auch zeitlich abgestuft werden. Auf keinen Fall muß stets der Wert des nach dem Rechtstitel zustehenden vollen Berechtigungsbezugs ersetzt werden. Auf der dargestellten Grundlage ist ein billiger Ausgleich zwischen den Belangen des Berechtigten und des Verpflichteten zu schaffen, bei dessen Ermittlung die allgemeinen Rechtsgrundsätze über Entschädigung nicht außer acht gelassen werden dürfen (vgl. §§ 249 ff., 254 BGB.). Ein Verschulden des Waldbesitzers ist für den Entschädigungsanspruch der Forstberechtigten nicht Voraussetzung.

Wenn die Berechtigung infolge der Abänderung der Holz- oder Betriebsart voraussichtlich überhaupt nie mehr ausgeübt werden kann und ein Ersatz durch eine andere Naturalberechtigung nicht möglich ist, so verliert der Forstberechtigte sein Naturalbenutzungsrecht für immer; er ist in Geld zu entschädigen; besteht die Entschädigung in einer bestimmten jährlichen Geldleistung, so liegt in der Wirkung eine Umwandlung nach Art. 29 vor; besteht sie in der Bezahlung einer bestimmten einmaligen Geldsumme, so handelt es sich im Ergebnis um eine Ablösung der Forstberechtigungen nach Art. 30, beide Male mit dem Unterschied, daß die Zustimmung der Forstberechtigten nicht erforderlich ist. Vgl. vor Art. 27 insbes. Ziff. 3.

Zum Vollzug der Umwandlung vgl. Anm. 12 zu Art. 25.

Über die Statthaftigkeit und die Entschädigung ist grundsätzlich gleichzeitig zu entscheiden. Es geht auch nicht an, die Entscheidung über die Entschädigungsfrage solange auszusetzen, bis eine Schädigung des Berechtigten wirklich eingetreten ist. Es muß vielmehr der Waldbesitzer wissen, bevor er mit der Betriebsänderung beginnt, was er für die etwaige Schadloshaltung des Berechtigten zu leisten hat; denn es muß ihm das Recht gewahrt bleiben, auf die Durchführung der Betriebsänderung dann zu verzichten, wenn er zu einer Entschädigung angehalten wird, von der er der Anschauung ist, daß sie seinem Interesse nicht mehr entspricht, d. h. den großen Kapitalaufwand einer forstwirtschaftlichen Betriebsänderung nicht mehr lohnt. Bleibt aber die Festsetzung der Entschädigung des Berechtigten wegen Beeinträchtigung seines Nutzungsrechtes solange ausgesetzt, bis festgestellt ist, daß eine Schädigung wirklich eintritt, also bis die Betriebsänderung bereits ganz oder in der Hauptsache durchgeführt ist, dann ist der Waldbesitzer nicht mehr in der Lage, seinen Vorteil zu wahren. Aber auch der Forstberechtigte bleibt in diesem Falle ganz im Unklaren, in welcher Weise er einst entschädigt werden wird, wenn nämlich seine Berechtigung nicht mehr in der bisherigen Weise ausgeübt werden kann; es würde für ihn eine Unsicherheit eintreten, die unter Umständen der Wertschätzung seines Rechtes sehr abträglich sein und ihm erheblichen Schaden bringen könnte. Die beiden in Art. 26 der Forstpolizeibehörde zur Entscheidung zugewiesenen Fragen der Zulässigkeit einer Holz- oder Betriebsartenänderung und der Entschädigung des Berechtigten lassen sich daher, wenn der Zweckbestimmung des Art. 26 Rechnung getragen werden soll, nicht voneinander trennen. ME. vom 3. 6. 1899 Nr. 6522.

Auf die Geldentschädigung finden bei subjektiv-dinglichen Forstberechtigungen dann, wenn das Grundstück des Berechtigten mit Rechten Dritter belastet ist, die im Falle der Zwangsenteignung für die Entschädigung geltenden Vorschriften entsprechende Anwendung (Art. 55a AG.ZPO.); dies wird auch für die Entschädigung nach Art. 25 FG. gelten. Die Geldentschädigung kann in einer einmaligen oder in jährlich wiederkehrenden (Art. 29) Leistungen bestehen. Ist eine bestimmte jährliche Geldentschädigung festgesetzt, die sich dauernd gleich bleiben soll, so kann diese Leistung vom Verpflichteten nach Maßgabe des Art. 29 Abs. II abgelöst werden. Die Forstpolizeibehörde bzw. das Gericht wird zu entscheiden haben, ob die Geldentschädigung dinglich zu sichern ist; die dingliche Sicherung muß dann in der gewöhnlichen Form bestellt werden; desgleichen das an die Stelle des früheren getretene Ersatznutzungsrecht. Eine Forstberechtigung kann nur im Falle des Art. 26 zwangsweise in eine Geldleistung umgewandelt werden (Art. 29).

9. **Rechtsweg:** Der Rechtsweg kann nur in der Entschädigungsfrage betreten werden. Form und Frist Art. 32; der Rechtsweg kann erst beschritten werden, wenn die Verwaltungsgerichte im zweiten Rechtszug entschieden haben. Eine Zwangsvorschrift wie in Art. 25 Abs. II fehlt.

10. Vgl. auch die Anm. zu Art. 24 u. 25.

Vorbemerkung zu Art. 27, 29—31.

Die Art. 27, 29—31 regeln die Umwandlung und Ablösung der Forstberechtigungen und ihrer Gegenleistungen und zwar:

1. **Umwandlung:**

Art. 27 die Umwandlung ungemessener Naturalberechtigungen in gemessene Naturalberechtigungen (sog. Fixierung),

Art. 29 Abs. I die Umwandlung gemessener oder ungemessener Naturalberechtigungen in jährliche Geldleistungen,

Art. 31 Abs. I—III Umwandlung von Gegenleistungsfronen in jährliche Geldabgaben.

Eine Umwandlung in andere Naturalberechtigungen oder Geldleistungen, u. U. auch die Ablösung, sieht Art. 26 Abs. II vor; die Ermäßigung nach Art. 25 ist keine Umwandlung; hier wird nur das Maß, nicht die Art des Bezugs geändert.

2. **Ablösung:**

Art. 30 Ablösung von Naturalberechtigungen,

Art. 29 Abs. II Ablösung jährlicher Geldleistungen, die an die Stelle von Naturalberechtigungen getreten sind,

Art. 31 Abs. IV Ablösung jährlicher Geldabgaben, die an die Stelle von Gegenleistungsfronen getreten sind.

3. Grundsätze:

Für die Umwandlung und Ablösung gelten folgende Grundsätze: Eine Naturalberechtigung kann auf einseitigen Antrag des Verpflichteten durch eine andere Naturalberechtigung ersetzt werden, wenn sie infolge der Abänderung der Holz- oder Betriebsart nicht mehr ausgeübt werden kann (Art. 26 Abs. II). Im beiderseitigen Einvernehmen kann jede Naturalberechtigung geändert oder durch eine andere ersetzt werden. Die Umwandlung ungemessener Naturalberechtigungen in gemessene Naturalberechtigungen können Berechtigter oder Verpflichteter jederzeit verlangen (Art. 27); die Umwandlung ungemessener oder gemessener Naturalberechtigungen in eine jährliche Geldleistung ist nur möglich im Wege gütlicher Einigung des Berechtigten und Verpflichteten; außerdem kommt sie noch vor, wenn infolge einer Holz- oder Betriebsänderung die Berechtigung nicht mehr ausgeübt und auch nicht durch eine andere ersetzt werden kann (Art. 29, 26 Abs. II). Die Ablösung einer Naturalberechtigung ist nur möglich im beiderseitigen Einverständnis oder wenn die Berechtigung infolge einer Holz- oder Betriebsänderung nicht mehr ausgeübt und auch nicht durch eine andere ersetzt werden konnte (Art. 30, 26 Abs. II). Die in eine jährliche Geldleistung umgewandelten Berechtigungen können jederzeit abgelöst werden (Art. 29 Abs. II).

Die Gegenleistungsfronen müssen auf Antrag eines Beteiligten in eine bestimmte jährliche Geldabgabe umgewandelt werden; diese Abgabe kann vom Verpflichteten abgelöst werden. Reine Fronen sind aufgehoben (Art. 31 Abs. I, III, IV).

Fixierung der Forstberechtigungen.

Artikel 27.[1] ($^{27}/_{27}$).

I Sowohl der Waldbesitzer als der Forstberechtigte ist befugt[3], die Umwandlung ungemessener[2] Forstberechtigungen in gemessene[2] zu verlangen.

II Die Art und Weise[4] dieser Umwandlung ist zunächst der freien Übereinkunft der Beteiligten überlassen.

III Kommt eine solche nicht zu Stande, so hat die Forstpolizeibehörde[5] die Umwandlung vorzunehmen und zwar nach folgenden Bestimmungen[6]:

1. wenn die Natur der Berechtigung es gestattet, so hat die Umwandlung durch Festsetzung eines bestimmten jährlichen Maßes zu geschehen.

   Diese erfolgt auf den Grund der der Forstpolizeibehörde vorzulegenden Rechnungsnachweisungen[7], insoferne dieselben von keinem Beteiligten beanstandet oder von der Behörde als richtig anerkannt werden, und zwar nach dem Durchschnitte der vorhergehenden zehn Jahre.

   Fehlt es an solchen Nachweisungen, so hat die Forstpolizeibehörde ihre Entscheidung auf das Gutachten von Sachverständigen[4] zu gründen.

2. Ist nach der Natur der Berechtigung die Festsetzung eines bestimmten jährlichen Maßes nicht möglich, weil deren Ausübung von dem Eintritte gewisser Voraussetzungen abhängt, so geschieht die Umwandlung durch genaue Feststellung, sowohl der Voraussetzungen, unter welchen die Ausübung der Berechtigung eintritt, als auch der Größe, der Zeit und der Art[8] der Ausübung.

   Bei dieser Feststellung wird derjenige Maßstab angewendet, nach welchem die Berechtigung ausgeübt werden könnte, wenn die Voraussetzungen zur Geltendmachung derselben zur Zeit der Umwandlung gegeben wären.

   Die Kosten[9] sind zur einen Hälfte von dem Waldbesitzer, zur anderen von den Berechtigten zu tragen.

[IV] Wird bei der Verhandlung vor der Forstpolizeibehörde das Recht selbst, oder dessen Umfang streitig, so sind die Beteiligten zur Erledigung dieser Streitpunkte auf den Rechtsweg[10] zu verweisen.

Allg. VollzB. 1879.

§ 5.

(Art. 27.) [I] Die Umwandlung ungemessener Forstberechtigungen durch Festsetzung eines bestimmten jährlichen Maßes (Art. 27 Ziff. 1) findet nach den im Gesetze vorgeschriebenen Modalitäten bei mehreren der wichtigsten Berechtigungen, z. B. bei der Berechtigung auf Brennholz, auf Waldstreu, Ausübung der Weidenschaft in Wäldern usw., keine besondere Schwierigkeit.

[II] Mehr Vorsicht ist bei Fixierung der unter Ziffer 2 des Artikels 27 zu subsumierenden Forstberechtigungen erforderlich, damit der Umfang des Rechtes so begrenzt werde, daß weder der Pflichtige noch der Berechtigte willkürliche Abweichungen vornehmen kann; so z. B. wird in der Hauptsache:

a) bei der Bauholzberechtigung nach dem Bedarfe die Fixierung durch Feststellung der Dimensionen der berechtigten Gebäude zu geschehen haben;

b) das Recht auf die Mastnutzung wird sich durch Feststellung der Zahl der Mastschweine, der Zeit des Einschlagens und der Dauer der Mast auf ein bestimmtes Maß bringen lassen;

c) das Recht auf die Benützung des Leseholzes wird zu seiner Fixierung die Feststellung der Zahl der Leseholzberechtigten, der Tage, an welchen das Recht ausgeübt werden kann, und der Anzahl von Personen erfordern, mit welchen entweder die berechtigte Gemeinde oder der einzelne Berechtigte das Recht ausüben darf.

[III] In ähnlicher Weise wird bei Fixierung der Berechtigungen auf Harzgewinnung, Steinbrechen, Tongraben, Sandgewinnung usw. zu verfahren sein.

[IV] Immerhin bleibt es rätlich, die Abgabe auf ein bestimmtes jährliches Maß zurückzuführen, wo die Natur der Berechtigung solches gestattet.

[V] Wo sich bei den Forstrechts-Fixierungen die forstpolizeiliche Entschließung auf das Gutachten von Sachverständigen gründet, muß dieses Gutachten die Motive, auf welche sich dasselbe stützt, vollständig enthalten.

1. Geltungsbereich: Art. 27 regelt die Umwandlung ungemessener Forstberechtigungen in gemessene Natural-Forstberechtigungen („Fixierung"), nicht die Umwandlung in eine jährliche Geldleistung; dieser letztere Fall ist in Art. 29 behandelt. Die Fixierung aller unständigen Gefälle war schon durch Art. 8 des Grundlastenablösungsgesetzes vom 4. 6. 1848 grundsätzlich angeordnet; bezüglich der Holz- und Streurechte sowie der Weiderechte in den Waldungen und Gebirgen war die nähere Regelung dem Forstgesetz überlassen worden (vgl. Abg. 1851/52, Beil. Bd. 3 S. 62).

Die Ablösung der Forstberechtigungen, d. h. ihre Aufhebung gegen Geld- oder andere Entschädigung behandelt Art. 30. Vgl. die Vorbem. vor Art. 27. Art. 27 gilt wie die ganze zweite Abteilung nur für bürgerlichrechtliche Forstberechtigungen; s. vor Art. 23; die Ablösung der öffentlichrechtlichen Gemeindenutzungsrechte regelt sich nicht nach Art. 27 FG., sondern nach Art. 38, 39 GemO.; vgl. Bl. 18 S. 266. Der Begriff des Waldbesitzers in Art. 27 ist an sich der gleiche wie sonst im Forstgesetz (Anm. 2 zu Art. 1); nach dem Forstgesetz sind zwar nur die Willenserklärungen des Waldbesitzers maßgebend, auch wenn er nicht zugleich Waldeigentümer ist; nach dem bestehenden Innenverhältnis wird aber der Waldbesitzer sich vor der Fixierung der Forstrechte mit dem nichtbesitzenden Waldeigentümer regelmäßig verständigen müssen; wenn der Waldbesitzer nicht zugleich Waldeigentümer ist, werden sich die Forstberechtigten (im Falle des Abs. II) und die Forstpolizeibehörde (im Falle des Abs. III) daher zweckmäßig auch mit dem Waldeigentümer benehmen.

Abs. I:

2. Gemessene und ungemessene Forstberechtigungen:

a) **Begriff:** Unter gemessenen Berechtigungen versteht das Forstgesetz einmal die Berechtigungen, die auf ein bestimmtes jährliches Maß lauten (Abs. III Ziff. 1), ferner die nach Abs. III Ziff. 2 umschriebenen Berechtigungen sowie die Berechtigungen, die sonst z. B. im Wege der gütlichen Einigung nach Abs. II in ähnlicher Weise wie nach Abs. III bestimmt sind. Ungemessene Berechtigungen im Sinne des Forstgesetzes sind alle Berechtigungen, die nicht gemessen sind.

Ein Streit darüber, ob eine Berechtigung gemessen oder ungemessen ist, gehört vor die ordentlichen Gerichte. Der Begriff der gemessenen Berechtigung hat innerhalb des Forstgesetzes über Art. 27 hinaus keine Bedeutung; eine weitergehende Bedeutung kommt der auf ein bestimmtes jährliches Maß lautenden Forstberechtigung zu (Art. 28, 97).

b) Forstberechtigungen nach dem Bedarf insbesondere: Zu den ungemessenen Rechten im Sinne des Forstgesetzes gehören insbesondere die Berechtigungen, deren Umfang sich nach dem wechselnden Bedarf richtet, wenn für sie noch kein bestimmtes Maß im Sinne des Abs. III Ziff. 1 oder 2, sei es im Verfahren nach Abs. II, III oder sonstwie, festgesetzt ist.

α) **Begriff der Forstberechtigungen nach Bedarf:** Unter den Forstberechtigungen nach Bedarf versteht man die Forstberechtigungen, die dem Inhaber die Befugnis verleihen, so viel an Rechtsbezug zu beanspruchen, als er davon jeweils braucht. Der Grundsatz des Anspruchs auf den vollen wechselnden Bedarf galt bei allen Bedarfsberechtigungen bei der Begründung der Berechtigung; im Laufe der Zeit erlitt er infolge der Veränderungen der tatsächlichen Verhältnisse, vor allem des Umfanges und der Betriebsart des berechtigten Anwesens vielfach Beschränkungen; heutzutage besteht keineswegs mehr in allen Fällen Anspruch auf volle Deckung des Bedarfs des berechtigten Anwesens; in vielen Fällen kann der Berechtigte nur weniger als den vollen Bedarf fordern (s. unten *β* u. *γ*), niemals hat er mehr zu verlangen; der wirkliche Bedarf bildet stets die obere Grenze, das Maximum des Anspruchs.

Bedarfsberechtigungen kommen bei allen Arten von Forstberechtigungen häufig vor; früher bildeten sie die Regel. Im Gegensatz zu den Bedarfsberechtigungen stehen vor allem die Forstberechtigungen, die auf ein bestimmtes jährliches Maß lauten.

Der Bedarf kann regelmäßig, insbesondere jährlich wiederkehrend, oder zeitlich unregelmäßig sein, z. B. bei Bauholzberechtigungen.

Welcher Bedarf vom verpflichteten Eigentümer zu befriedigen ist, bestimmt sich nach dem Inhalt der einzelnen Berechtigung, für deren Auslegung das frühere örtliche bürgerliche (Art. 184 EG.BGB.) und öffentliche (Forstordnungen) Recht von Bedeutung sein kann (vgl. z. B. für die Weideberechtigungen Meisner S. 398ff.). Jedoch lassen sich einige Grundsätze feststellen, die regelmäßig für alle Forstberechtigungen nach Bedarf gelten:

αα) In Betracht kommt nur der Bedarf des Berechtigten selbst und nur für den im Berechtigungstitel vorgesehenen Betrieb; der Berechtigte darf nicht nur nichts über seinen eigenen Bedarf hinaus beziehen, um diesen Überschuß anderen abzutreten, er darf ohne Genehmigung der Forstpolizeibehörde nicht einmal das veräußern, was er zur Deckung seines eigenen Bedarfes bezogen hat (Art. 97 Abs. I FG.).

Für ein ländliches Anwesen mit Bauholzberechtigung kann kein Rechtholz zum Einbau von Fremdenzimmern für Sommergäste beansprucht werden.

ββ) Der Bemessung des Bedarfs ist ein vernünftiger, gegendüblicher, sparsamer Wirtschaftsbetrieb auf dem eingeforsteten Anwesen zugrundezulegen; im Zweifel ist das geringere Maß anzunehmen (vgl. Bayer. LR. Tl. II Kap. 7 § 6 Ziff. 8).

γγ) Bei den Streurechten nach Bedarf ist der Streuanfall aus dem eigenen Grundbesitz der Berechtigten auf den Bedarf anzurechnen, der Rechtsbezug also entsprechend zu kürzen (VGH. 21. 3. 1882).

δδ) Bei allen Bedarfsberechtigungen bildet der jeweilige wirkliche Bedarf die obere Grenze, das Maximum des Anspruchs des Berechtigten.

εε) Die Bedarfsberechtigungen sind wie alle Forstberechtigungen einschränkend auszulegen; im Zweifel haben die Verwaltungsbehörden und die Gerichte daher von dem geringeren Umfang des anspruchsberechtigten Bedarfes auszugehen (ObLGZ. Bd. 11 S. 503).

ζζ) Der Forstberechtigte hat vor der Ausübung der Berechtigung auf Verlangen des verpflichteten Waldbesitzers den Bedarf nachzuweisen. Der Waldbesitzer ist befugt, die rechtmäßige Verwendung des Rechtsbezuges nachzuprüfen.

β) **Änderung des Umfangs des berechtigten Anwesens:** Die mit einem Anwesen verbundene Forstberechtigung nach Bedarf bemißt sich nach dem Umfang des berechtigten Anwesens, den es bei der Begründung der Berechtigung hatte. Eine Bedarfsmehrung infolge späterer Vergrößerung des Anwesens braucht nicht befriedigt zu werden, es sei denn, daß ausnahmsweise auf Grund des ursprünglichen oder eines späteren Titels (z. B. infolge Ersitzung) auch hierauf ein Rechtsanspruch besteht (s. unten *δ*); seit der Verkündung des Forstgesetzes ist eine Erweiterung des Rechtsinhaltes nicht mehr möglich (Art. 33). Ein Wechsel in den Grundstücken des eingeforsteten Anwesens, der am Bedarf des Anwesens nichts ändert, läßt die Berechtigung unberührt; die eingetauschten Grundstücke sind in diesem Fall von der Berechnung des Bedarfs nicht ausgeschlossen und zwar auch nicht, wenn sie erst nach der Verkündung des Forstgesetzes erworben wurden.

Bedarfsminderungen infolge späterer Verkleinerung des Anwesens kommen dem belasteten Waldbesitzer zugute. Wird der Grundbesitz später wieder ergänzt, so wird die Berechtigung im früheren Umfang wieder aufleben, soferne nicht Verjährung eingetreten ist.

γ) **Änderung der Betriebsart des berechtigten Anwesens:** Den Bedarfsberechtigungen liegt die Betriebsart des eingeforsteten Anwesens im Zeitpunkt der Begründung der Berechtigung zugrunde. Eine spätere Änderung der Betriebsart erweitert den Rechtsanspruch grundsätzlich nicht, wohl aber verringert sich der Rechtsanspruch, wenn infolge der Betriebsänderung der Bedarf kleiner wird; denn mehr als der wirkliche Bedarf kann bei einer Bedarfsberechtigung niemals verlangt werden. Anspruch auf den infolge einer Betriebsänderung erhöhten Bedarf bestände nur, wenn der Begründungstitel ausnahmsweise auch diesen Bedarf einschließen würde (s. unten δ) oder der Berechtigte später, z. B. durch Ersitzung einen Rechtsanspruch hierauf erworben hätte; seit 2. 4. 1852 ist eine Erweiterung des Rechtes nicht mehr möglich (Art. 93). Je nach dem Inhalt der Berechtigung kann infolge der Betriebsänderung das Recht u. U. ganz ruhen, z. B. wenn auf einem streuberechtigten Anwesen überhaupt kein Vieh mehr gehalten wird.

δ) **Änderung des Bedarfs bei unveränderter Größe und Betriebsart des berechtigten Anwesens:** Der Bedarf kann sich auch ändern, wenn sich Umfang und Betriebsart des berechtigten Anwesens seit der Begründung der Berechtigung gleichgeblieben sind. Hat sich der Bedarf verringert, so besteht nur mehr Anspruch auf den verringerten Bedarf. Schwieriger ist die Frage bei erhöhtem Bedarf zu beantworten; hierüber besteht in der Rechtslehre und Rechtsprechung auch keine volle Einigkeit. Ob eine Forstberechtigung durch Vertrag oder durch einseitigen Willensakt begründet worden ist, stets ist der Rechtstitel nach Treu und Glauben unter Berücksichtigung der allgemeinen Verhältnisse auszulegen (vgl. § 157 BGB.). Wenn ein Waldeigentümer sich verpflichtet hat, einem anderen das benötigte Holz zu liefern, so darf angenommen werden, daß er wie der Berechtigte sich bewußt waren, daß der Bedarf sich nicht stets unbedingt gleich bleiben würde; waren sie sich dessen bewußt, so muß angenommen werden, daß die Deckung des wechselnden Bedarfs Berechtigungsinhalt werden sollte. Daß der Waldeigentümer auch einen gegenüber dem Stande bei der Begründung der Berechtigung erhöhten Bedarf zu befriedigen hat, entspricht auch der Billigkeit, da er ja auch von einer Verringerung des Bedarfs Vorteil zieht.

Nach allgemeiner Lebenserfahrung muß aber angenommen werden, daß der Waldbesitzer und der Berechtigte bei der Begründung der Berechtigung nur eine unerhebliche Verschiebung des Bedarfs vor Augen hatten und daher nur die Deckung eines solcher Art begrenzten Bedarfes zum Berechtigungsinhalt erheben wollten. Welches Maß der Erhöhung der Waldeigentümer zu befriedigen hat, bestimmt sich nach billigem Ermessen (vgl. § 242 BGB); jedenfalls wird nur ein Bruchteil des Standes bei der Begründung der Berechtigung in Frage kommen, niemals eine Verdoppelung und mehr.

Bedarfserhöhungen, die nur eine Folge der Steigerung der Lebensansprüche z. B. hinsichtlich der Bauart und Ausstattung eines bauholzberechtigten Wohngebäudes sind, werden grundsätzlich nicht zu befriedigen sein.

Dies gilt auch von den Forstberechtigungen, die nicht durch Vertrag oder einseitigen Willensakt, sondern auf andere Weise, z. B. durch Ersitzung erworben wurden; wer eine Bedarfsberechtigung erwirbt, erwirbt sie mangels einer besonderen Abrede mit dem gewöhnlichen, oben dargestellten Inhalte. Von der oben dargestellten Regel können bedungene oder ersessene Abweichungen bestehen.

Eine Erhöhung des Bedarfs trotz gleichbleibender Größe und Betriebsart des berechtigten Anwesens kann z. B. bei Weiderechten, die auf den Durchwinterungsfuß lauten, infolge der Fortschritte der Düngung eintreten, die es jetzt ermöglichen, mehr Vieh auf dem Anwesen zu überwintern als früher; eine solche Erhöhung des Bedarfs ist vom belasteten Waldeigentümer in mäßigen Grenzen zu befriedigen. Hat sich dagegen die Zahl des Viehes nur deshalb erhöht, weil auf dem berechtigten Anwesen von der ursprünglich bestehenden Ackerwirtschaft zur Wiesenwirtschaft übergegangen wurde, so braucht diese Bedarfserhöhung überhaupt nicht befriedigt zu werden, weil sie die Folge einer Änderung des Betriebes ist. Die bessere Bewirtschaftung eines bauholzberechtigten Anwesens kann auch ohne Änderung der Größe und Betriebsart des Anwesens den Bauholzbedarf steigern; dieser erhöhte Bedarf ist in den angegebenen mäßigen Grenzen zu befriedigen, nicht dagegen eine Bedarfserhöhung, die durch die Aufnahme des Gastwirtschaftsbetriebs in einem ursprünglich rein landwirtschaftlichen Anwesen hervorgerufen wird.

Mit der hier vertretenen Ansicht stimmt im wesentlichen überein Meisner S. 414 und 401 Fußn. 6 im Anschluß an Holzschuher, Theor. u. Kas. 2, 385. Vgl. für Bauholzberechtigungen auch OAG. 17. 8. 1858 (Bl. Bd. 14 S. 257, unten Anm. 4b zu Art. 28).

Dagegen scheint Roth S. 315f. die Ansicht zu vertreten, daß für die Bedarfsbestimmung bei Brenn- und Leseholz-, Streu- und Weiderechten streng das wirtschaftliche Bedürfnis auf dem berechtigten Grundstück zur Zeit der Begründung maßzugeben habe; die Ansicht Roths scheint ObLGZ. Bd. 16 S. 27 zu billigen; diese Entscheidung ist allerdings nicht grundlegender Art.

Die vorstehend unter α—δ entwickelten Grundsätze gelten entsprechend auch für die subjektiv-persönlichen Forstberechtigungen. Bei dem Holzrecht einer Gemeinde entscheidet die Zahl der Gemeindeglieder zur Zeit der Verleihung (Erk. Berlin 11. 10. 1849 St. Bd. 3 S. 300).

3. Befugt: Wenn keine gütliche Einigung zustande kommt, muß die Forstpolizeibehörde die Umwandlung vornehmen. Die FME. vom 8. 10. 1861 Nr. 12466 (S. pr. E. IX, 123 und Forstl. M. Bd. 12 S. 304) schreibt die Umwandlung als notwendig für den Fall vor, daß bei einer Güterzertrümmerung ungemessene, auf Staatswaldungen lastende Forstrechte von dem zugehörigen Gutskomplex abgetrennt werden sollen; andernfalls sei die Zustimmung zur Abtrennung zu versagen. Zum Einfluß der Gutszertrümmerungen auf Forstberechtigungen s. Anm. 6 vor Art. 23.

Eine Fixierung von Amts wegen gegen den Willen aller Beteiligten ist nicht zulässig. Es ist nicht vorgeschrieben, daß alle an einem Walde Berechtigten in die Umwandlung einbezogen werden; nur die Forstrechte der Antragsteller sind zu fixieren; zweckmäßig wird aber die Forstpolizeibehörde die übrigen Berechtigten fragen, ob sie sich dem Antrage anschließen.

Abs. II:

4. Art und Weise: Der Berechtigte und der Verpflichtete können die ungemessene Berechtigung im Wege gütlicher Einigung in eine gemessene umändern; sie sind dabei an die Vorschriften des Abs. III nicht gebunden; die Vereinbarung bedarf der notariellen Beurkundung; das neue Recht ist im Grundbuch einzutragen (Art. 189 EG.BGB.). Die Einigungsverhandlungen nach Abs. II können auch unter der Leitung der Forstpolizeibehörde stattfinden.

Abs. III:

5. Forstpolizeibehörde: Im I. Rechtszug die gemischte Kommission des Art. 110, im II. Rechtszug der Regierungssenat, im III. Rechtszug der VGH. Das Verfahren ist in allen Rechtszügen das verwaltungsrechtliche (Art. 8 Ziff. 11 VGG.), weshalb auch überall die 14tägige Beschwerdefrist des Art. 22 Abs. IV VGG. gilt. Streitigkeiten über den Bestand, Inhalt oder Umfang des Rechts sind vor die ordentlichen Gerichte zu verweisen (Abs. IV); im übrigen sind die Gerichte im Umwandlungsverfahren nicht zuständig. Die Art und Weise (Abs. III) der Umwandlung einer ungemessenen Forstberechtigung ist Rechtsfrage; der Verwaltungsrichter hat die ungemessene Forstberechtigung unter Beachtung der in Abs. III enthaltenen Anweisung in eine gemessene umzuwandeln. Von der Art und Weise der Umwandlung nach Art. 27 zu unterscheiden ist die Art und Weise der Ausübung von Forstberechtigungen nach Art. 23; hier ist der VGH. nicht zuständig, weil der Rechtsweg vorbehalten ist.

Die Forstpolizeibehörde wird zweckmäßig zunächst einen Vergleich versuchen; wenn noch keine Einigungsverhandlungen nach Abs. II stattgefunden haben, müssen solche kraft Gesetzes angebahnt werden; bei einem Vergleich sind die Beteiligten an die Vorschriften des Abs. III nicht gebunden. Die Forstpolizeibehörde kann die Berechtigung nur in andere Naturalberechtigungen, nicht in Geldleistungen umwandeln; vgl. Art. 29. Ist bei der Forstpolizeibehörde Antrag nach Art. 27 gestellt, so hat sie die Verhältnisse von Amts wegen zu ermitteln.

6. Grundsätze der Fixierung:

a) Allgemeines: Für die Forstpolizeibehörde gibt es, wenn keine gütliche Einigung zustande kommt, nur zwei Umwandlungsarten: in allen Fällen, in denen es die Natur der Berechtigung gestattet, muß für den Berechtigungsbezug ein bestimmtes jährliches Maß festgesetzt werden; nur wenn die Natur der Berechtigung diese Festsetzung nicht gestattet, ist die zweite Art zu wählen, nämlich die Grenzen der Berechtigung möglichst genau zu umschreiben. Entsteht unter den Beteiligten Streit über den Bestand, Inhalt oder Umfang der Berechtigung, so hat die Forstpolizeibehörde das Umwandlungsverfahren auszusetzen und die Beteiligten auf den Rechtsweg zu verweisen (Abs. IV); die Forstpolizeibehörde kann nur entscheiden, wenn Bestand, Inhalt und Umfang der Berechtigung nicht streitig sind. Die Auslegung des Abs. III gibt, nicht zuletzt wegen seiner Umgestaltung durch den Landtag, mehrfach Zweifeln Raum (vgl. auch Brater, Bl. Bd. 5 S. 337ff.).

b) Kreis der Fälle nach Ziff. 1: Die Gesetzesbegründung rechtfertigt die Umwandlung der Berechtigungen in ein bestimmtes jährliches Maß wie folgt:

„Die Fixierung der Forstberechtigungen auf ein bestimmtes Maß dient zur Beseitigung von Streitigkeiten zwischen dem Pflichtigen und Berechtigten, zur Erleichterung in der Bewirtschaftung des belasteten Waldes und zur Sicherung der ökonomischen Selbständigkeit des Berechtigten, der sich mit der Aufhebung der lästigen Kontrolle seiner Wirtschaftsführung freier bewegen kann". Unter Fixierung versteht die Begr. nur die Umwandlung in ein bestimmtes jährliches Maß, nicht die Beschreibung der Berechtigung nach der heutigen Ziff. 2; heute wird unter Fixierung die Umwandlung nach Ziff. 1 und 2 verstanden.

Ein bestimmtes jährliches Maß ist dann festgesetzt, wenn der Jahresbezug unabhängig vom Bedarf eindeutig festgelegt ist; es ist nicht erforderlich, daß die zu gewährende Menge von Leistungseinheiten zahlenmäßig festgelegt wird; es genügt auch jede andere sichere Umgrenzung, z. B. die Bestimmung des Flächeninhalts des belasteten Grundstücks bei einer Streuberechtigung (vgl. ObLGSt. Bd. 28 S. 195), die nach Hauptzahl und Gattung bestimmte Menge von Weidevieh oder die Bestimmung der Grenzen der Weidegrundstücke. Die jährliche Leistung muß sich im vorstehend angegebenen Sinne gleichbleiben (vorbehaltlich der möglichen Veränderungen nach Art. 25, 26); vgl. Art. 8 des Grundlastenablösungsgesetzes. Wenn eine Berechtigung einer Gemeinde zusteht, so kann die Berechtigung der Gemeinde nach Ziff. 1 festgesetzt werden, während sich die Gemeindeangehörigen im Innenverhältnis nach wie vor an der Ausübung der dem Verpflichteten gegenüber unwandelbaren Berechtigung nach dem Bedarf beteiligen können. Vgl. zu der Begriffsbestimmung auch die Entscheidungen in Anm. 14 zu Art. 97.

Ziff. 1 behandelt nur die Umwandlung in ein bestimmtes jährliches Maß; für diese Umwandlung ist nicht unbedingt Voraussetzung, daß die Berechtigung bisher schon jedes Jahr ausgeübt worden ist; es genügt, daß ihrem Inhalte nach die alljährliche Ausübung vernünftigerweise möglich ist; nicht die Verhältnisse des belasteten Waldes sind maßgebend, sondern der Inhalt der besonderen in der Verhandlung begriffenen Berechtigung. Unter Ziff. 1 werden regelmäßig fallen die Brennholzrechte, die Weiderechte, Streurechte nach Bedarf z. B. Rechte auf Streu oder Weide für das Vieh, das auf dem berechtigten Anwesen überwintert werden kann.

c) Kreis der Fälle nach Ziff. 2: Nach Ziff. 2 zu behandeln sind alle Berechtigungen, die ihrem Inhalte nach nicht in ein bestimmtes jährliches Maß umgewandelt werden können, gleichgültig ob sie bisher in gleichmäßigen oder ungleichmäßigen Zeitabständen ausgeübt wurden. Unter die Ziffer gehören zwei Hauptarten: einmal die Berechtigungen, deren Ausübung vom Eintritt gewisser unregelmäßiger Voraussetzungen abhängt, ferner die Rechte, bei denen der Umfang des Bezuges oder die Art seines Gegenstandes durch ungleichmäßige Umstände bedingt ist (der Wortlaut des Gesetzes, der nur den ersten Fall vorsieht, ist ungenau; vgl. Bl. Bd. 5 S. 337 ff.). Daß eine Berechtigung auf den Bedarf lautet, ist allein noch nicht Ursache, sie nach Ziff. 2 zu behandeln; denn daß eine Berechtigung auf den Bedarf lautet, ist ja gewöhnlich Voraussetzung für die Fixierung nach Art. 27 überhaupt (Ziff. 1 und 2). Bei den meisten Berechtigungen bleibt sich der Bedarf im wesentlichen gleich; für diese ist die Festsetzung eines bestimmten jährlichen Maßes möglich; hängt dagegen der Umfang des Bedarfs von stark wechselnden Umständen ab, so ist es nicht möglich, ein bestimmtes jährliches Maß festzusetzen; Berechtigungen dieser Art sind nach Ziff. 2 zu behandeln.

Im Zweifel wird eine Berechtigung nach Ziff. 1 zu behandeln sein, da nach dem Gesetz die Fixierung möglichst nach dieser Ziffer durchzuführen ist. Unter Ziff. 2 fallen vor allem die Bauholzberechtigungen; nach dem Regierungsentwurf sollten nur diese nach der heutigen Ziff. 2 behandelt werden und auch sie nur, wenn die Fixierung auf ein bestimmtes jährliches Maß erheblichen Bedenken unterliege. Unter Ziff. 2 gehören aber auch noch andere Berechtigungen, z. B. das Recht auf Windfälle. Als irrig muß nach dem Wortlaut und Sinn des Gesetzes die Annahme des Ausschusses bezeichnet werden, unter Ziff. 2 fielen stets auch die Weiderechte, die Rechte auf Bucheln, Eicheln, Leseholz, Brennholz, Streuwerk. Diese Rechte können regelmäßig nach Ziff. 1 festgesetzt werden; vgl. auch die Rechtsprechung in Anm. 14 zu Art. 97 und den Entwurf 1846, der in dem entsprechenden Art. 47 die Festsetzung eines bestimmten jährlichen Maßes vorsah für alle noch nicht fixierten Berechtigungen auf Nutz- und Brennholz und auf Forstnebennutzungen aller Art; auch bei der Umwandlung nach Ziff. 1 wird es regelmäßig nötig sein, außer der Größe des Bezugs die Art, Zeit und überhaupt alles aufzunehmen, was zur klaren Umschreibung des Rechtsbezuges notwendig ist. Die Allg. Vollzugsvorschriften von 1879 (§ 5 S. 169) vertreten einen ähnlichen Standpunkt; doch wird das Mastungs- und das Leseholzrecht (§ 5 Abs. II b u. c) regelmäßig nach Ziff. 1 umschrieben werden können (vgl. Brater in Bl. Bd. 5 S. 346); die Berechtigungen auf Steinbrechen, Tongraben und Sandgewinnung u. ä. (§ 5 Abs. III) können nicht zu den Forstberechtigungen im Sinne des Forstgesetzes und damit des Art. 27 gerechnet werden; vgl. vor Art. 23 Anm. 1 d; weiter ist es im Falle des § 5 Abs. IV nicht bloß rätlich, nach Ziff. 1 zu verfahren, sondern gesetzlich vorgeschrieben.

d) **Wirkung der Fixierung nach Ziff. 1 oder 2:** Ob nach Ziff. 1 oder 2 verfahren wird, ist von erheblicher Bedeutung über das Verfahren hinaus. Die nach Ziff. 1 festgelegten Rechte sind nämlich vollständig fixiert; der Berechtigte hat Anspruch auf die fixierten Bezüge ohne Rücksicht auf den jeweiligen Bedarf (vgl. Abg. 1851/52, 3. Beil. Bd. S. 72). Im Falle der Ziff. 2 dagegen handelt es sich nur um eine beschränkte Fixierung; es ist zwar auch die Berechtigung so genau zu umschreiben (nach dem in Ziff. 2 Abs. II angegebenen Stande), als es den Umständen nach möglich ist; aber bei Berechtigungen, die auf den Bedarf lauten, hat der Berechtigte nicht Anspruch auf den umschriebenen Rechtsbezug ohne Rücksicht auf den wirklichen Bedarf, sein Anspruch ist vielmehr durch den Bedarf begrenzt; die Umwandlung der Berechtigung nach Ziff. 2 hat lediglich den Zweck, die Höchstgrenze der Berechtigung nach dem Stande im Zeitpunkte der Umwandlung amtlich festzulegen; dies ergibt sich einmal aus der Begründung zum heutigen Art. 27, in der ausgesprochen ist, daß die Umschreibung des Rechts nach der heutigen Ziff. 2 vornehmlich den Verpflichteten vor Übervorteilungen seitens des Berechtigten schützen solle, der nicht befugt sei, Bauholz für andere oder größere Gebäude als die im Zeitpunkt der Umwandlung bestehenden zu verlangen; in der Begr. ist zwar nur von den Bauholzberechtigungen die Rede, weil der Regierungsentwurf nur deren Umschreibung nach der heutigen Ziff. 2 vorsah; der Sinn der Begr. gilt aber auch für die andern gleichartigen Berechtigungen. Daß bei den nach Ziff. 2 behandelten Berechtigungen nur ein Anspruch in Höhe des Bedarfs besteht, ist weiter aus Art. 28 (s. unten), aus Art. 97 Abs. II und den Ausschußverhandlungen hiezu zu folgern; in diesen heißt es: "Durch die Umwandlung in ein bestimmtes jährliches Maß hat sich die Natur der Berechtigung geändert. Das Fixum ist unwiderrufliches Eigentum des Berechtigten geworden, auf das ihm ganz freies Verfügungsrecht zusteht; der Bedarf kommt nicht mehr in Betracht, da das Fixum sich nicht mehr ändert, wenn auch der Bedarf steigt oder ein geringerer wird." Für die nach Ziff. 2 umgewandelten Berechtigungen besteht eine doppelte Schranke: der nach Ziff. 2 festgelegte Höchstbetrag sowie die Bedarfgrenze; keine von beiden ist der Berechtigte zu überschreiten befugt. Bei den nicht auf ein jährliches Maß festgesetzten Bauholzberechtigungen muß der Berechtigte auf Verlangen des Verpflichteten kraft ausdrücklicher gesetzlicher Vorschrift (Art. 28) den Bedarf jeweils nachweisen; diese Bestimmung sollte keine Ausnahmebestimmung für die Bauholzberechtigungen sein, da der Regierungsentwurf ja nur für die Bauholzberechtigungen die Umwandlung nach Ziff. 2 vorsah; die Notwendigkeit der Bedarfsnachweisung besteht schon nach allgemeinen Rechtsgrundsätzen auch für die andern nach Ziff. 2 behandelten Berechtigungen.

Im Ergebnis ist sonach die Umwandlung nach Ziff. 1 für den Berechtigten günstiger als nach Ziff. 2. Die Umwandlung durch die Forstpolizeibehörden wird wirksam mit der Rechtskraft des Umwandlungsbeschlusses (Art. 113 EG.BGB.); das Grundbuch ist, wenn die Rechte eingetragen sind, zu berichtigen (vgl. Anm. 12 zu Art. 25). Die nach Art. 27 fixierten Berechtigungen, die nunmehr gemessene heißen, sind nach wie vor Forstberechtigungen im Sinne des Forstgesetzes und den Bestimmungen der Art. 23—26, 29ff., 34ff. usw. unterworfen; insbesondere ist nach Art. 24, 25 ihre Ermäßigung zulässig und zwar auch, wenn sie nach Ziff. 1 fixiert sind.

7. **Rechnungsnachweisungen; Sachverständigengutachten:** Wenn mindestens über die dem Entscheidungsjahre vorhergehenden zehn Jahre Rechnungsnachweisungen (Rechnungen) vorliegen, die entweder von keinem Beteiligten beanstandet oder im Falle der Beanstandung von der Forstpolizeibehörde nach ihrem pflichtgemäßen Ermessen für richtig befunden werden, so muß die Forstpolizeibehörde als bestimmtes jährliches Maß nach Ziff. 1 den Durchschnitt der letzten zehn Jahre festsetzen. Sind nicht mindestens über die letzten zehn Jahre die Rechnungsnachweisungen beigebracht oder werden sie von einem Beteiligten beanstandet und in diesem Falle auch nicht von der Forstpolizeibehörde als richtig anerkannt, so hat die Forstpolizeibehörde auf Grund von Sachverständigengutachten das bestimmte jährliche Maß festzusetzen. Ob die Rechnungsnachweisungen vom Berechtigten oder Verpflichteten herrühren, ist gleichgültig. Über Einwendungen gegen die Echtheit oder Richtigkeit der Rechnungen entscheidet die Forstpolizeibehörde als Zwischenpunkt.

Auch die Sachverständigen haben ihrem Gutachten nach der Absicht des Gesetzes nur die bisherigen Verhältnisse zugrundezulegen; die Zukunft mit einer möglichen Erweiterung des Bedarfes oder einer etwaigen geringeren Leistungsfähigkeit des Waldes dürfen sie nicht berücksichtigen. Die Forstpolizeibehörde ist an das Gutachten der Sachverständigen nicht unabänderlich gebunden. Für die Sachverständigen sind die bisherigen Leistungen nicht unbedingt maßgebend; bei den Bedarfsberechtigungen ist der Bedarf nach einem vernünftigen Wirtschaftsbetrieb zu bemessen; haben sich die Berechtigten einen höheren als den normalen Bedarf selbst geschaffen, so dürfen diese Überschreitung der Berechtigung die Sachverständigen in ihrem Gutachten nicht verewigen (vgl. VGH. 21. 3. 1882).

Die Sachverständigen haben ihr Gutachten genau zu begründen (Allg. VollzV. 1879 § 5 Abs. V S. 169). Richtlinien für das Gutachten enthalten die eben genannten VollzV. in § 5 Abs. II.

Zahl, Wahl usw. der Sachverständigen, Art. 113. Neben Art. 31 enthält Art. 27 den einzigen Fall im Forstgesetz, daß u. U. neben dem Forstamt, dessen Gutachten stets, auch im Falle des Abs. II der Ziff. 1 zu erholen ist, weitere Sachverständige gehört werden müssen.

8. Art der Ausübung: Hieher gehört z. B. die Frage der Anwendung von Werkzeugen, ob Anweisung vorherzugehen hat, ob Selbstbereitung gestattet ist u. ä. Die Fixierung ist so genau vorzunehmen, daß möglichst weder der Berechtigte noch der Verpflichtete abweichen kann (Allg. VollzV. 1879 § 5 Abs. II).

9. Kosten: Die Vorschrift gilt für die Fixierung nach Ziff. 1 und 2. Nach der E. des VGH. vom 22. 3. 1885 soll das Verwaltungs- und Verwaltungsrechtsverfahren bei den Fixierungen und Ablösungen der Art. 27, 29—31 FG. im Hinblick auf Art. 18, 19 und 35 des Grundlastenablösungsgesetzes vom 4. 6. 1848 gebührenfrei sein; dieser Ansicht dürfte nicht zu folgen sein, da das genannte Gesetz auf die Forst- und Alpenweideberechtigungen nicht anwendbar ist (Art. 18).

Abs. IV:

10. Rechtsweg: Entsprechend dem in Art. 23 Abs. II festgelegten Grundsatze. Die Frist des Art. 32 gilt hier nicht. Die Verwaltungsbehörden werden dann, wenn das Recht selbst oder sein Umfang streitig wird, den Antrag auf Fixierung regelmäßig als zurzeit unzulässig abzuweisen, nicht das Verfahren auszusetzen haben und zwar auch, wenn sich das Verwaltungsverfahren bereits in einer höheren Instanz befindet (vgl. ObLGZ. Bd. 16 S. 22 u. VGH. 11. 3. 1889, Anm. 7 zu Art. 26). Eine gütliche Einigung der Beteiligten über die Umwandlung ist auch möglich, wenn über das Recht oder seinen Umfang Streit besteht.

Zur Frage der Zuständigkeit der Verwaltungsbehörden oder der Gerichte sind folgende Entscheidungen des KompKGH. ergangen:

Den Grundholden zu T. wurde durch richterliches Erkenntnis das Recht zugestanden, gewisse Brennholzmengen aus den Waldungen des Rittergutes T. gegen einen gebührlichen Waldzins — gebührlich im Sinne von mäßig, billig — jährlich zu beziehen. Die Fixierung dieser Berechtigung obliegt den Verwaltungsbehörden. Denn der Umfang des Reichnisses ist nicht bestritten, sondern — wenn auch nur relativ — bestimmt (KompKGH. 11. 4. 1860, RBl. S. 418; Weber Anhangband S. 291).

Durch rechtskräftiges richterliches Urteil ist festgestellt, daß den Forstberechtigten die Befugnis zusteht, aus dem Staatswald so viel Rechstreu zu beziehen, als sie zum Betrieb ihrer Feldwirtschaft nötig haben. Die Berechtigten erhoben nun Klage gegen den Fiskus zum Zwecke der Liquidation ihres Bedarfes an Rechstreu für die Zwangsvollstreckung (Art. 896 der alten bayer. Zivilprozeßordnung). Während dieses Prozesses beantragte der Fiskus bei den Verwaltungsbehörden die Fixierung des Streurechts. Hier war ein bejahender Kompetenzkonflikt nicht gegeben (KompKGH. 22. 5. 1876, GVBl. VIII S. 43).

Bauholzberechtigungen.

Artikel 28.[1] ($^{28}/_{28}$).

[I] Bei Bauholzberechtigungen[2], welche nicht auf ein bestimmtes jährliches Maß festgesetzt[3] sind, ist der Berechtigte gehalten, jedesmal vorerst den Bedarf,[4] und nachfolgend die wirkliche Verwendung auf Verlangen des Verpflichteten genügend nachzuweisen.

[II] Wenn über diesen Bedarf zwischen dem Berechtigten und Verpflichteten Streitigkeiten entstehen, so hat hierüber vorbehaltlich des Rechtsweges die Forstpolizeibehörde zu entscheiden[5].

[III] Das in Folge einer solchen Berechtigung abgegebene Bauholz muß innerhalb zweier Jahre[7], von der Abgabe an gerechnet, dem Zwecke gemäß[6] verwendet werden.

[IV] Zuwiderhandeln[8] begründet, — außer der im Artikel 97 festgesetzten Strafe, wenn das Holz veräußert wurde, — die Verbindlichkeit zum Ersatze des Wertes, welcher nach dem Zeitpunkte der Abgabe des Holzes zu bemessen ist. Über diesen

Ersatz haben, vorbehaltlich der durch Art. 64 in dem Falle der geschehenen Veräußerung begründeten Zuständigkeit der Forstrügegerichte, die Zivilgerichte zu entscheiden.

Allg.VollzV. 1879.

§ 6.

(Art. 28.) I Der genügende Nachweis des wirklichen Bedarfs an Bauholz zu den berechtigten Gebäuden, Brücken usw. geschieht, wenn der Verpflichtete solches für nötig findet, durch die vom Berechtigten beizuschaffenden ordentlichen Überschläge anerkannter Bauverständiger, Bau- oder Zimmermeister usw.

II Dem Verpflichteten steht nicht bloß das Recht, den Nachweis der wirklichen Verwendung von dem Berechtigten zu verlangen, sondern auch die Ausübung der Kontrolle über die wirkliche Verwendung des abgegebenen Bauholzes zu, und er kann im Falle einer nur teilweisen Verwendung oder, wenn das Holz in der gesetzlich bestimmten Zeit seinem Zwecke gemäß nicht zur Verwendung gekommen sein sollte, seine Entschädigungsansprüche vor dem Zivilrichter anhängig machen.

III Ist das Holz veräußert worden, so treten die Bestimmungen des Art. 97 über den Frevel in Kraft und der Beschädigte hat gemäß Art. 64 die Wahl, seine Entschädigungsklage bei dem Zivilgericht anhängig zu machen oder die Entscheidung darüber dem Amtsgerichte als Forstrügegericht zu überlassen.

IV Bezüglich der Waldungen des Staats, der Gemeinden und Stiftungen sind die Entschädigungsansprüche in dem eben erwähnten Falle jedesmal gleichzeitig mit dem Strafantrage an die Forstrügegerichte zu bringen.

1. Geltungsbereich: Art. 28 befaßt sich nur mit den Bauholzberechtigungen und zwar nur mit den Berechtigungen nach Bedarf, die nicht auf ein bestimmtes jährliches Maß fixiert sind. Abs. I schreibt dem Berechtigten vor, auf Verlangen des verpflichteten Waldbesitzers den Bedarf und die bestimmungsgemäße Verwendung des Rechtholzes nachzuweisen; Abs. II regelt die Schlichtung von Streitigkeiten über den Bedarf; in Abs. III und IV wird für die bestimmungsgemäße Verwendung des Rechtholzes unter Androhung von Rechtsnachteilen eine zweijährige Frist gesetzt.

2. Der Bauholzbegriff: Unter Bauholz ist grundsätzlich jenes zur Errichtung, Unterhaltung und Wiederherstellung von Gebäulichkeiten benötigte Holz zu verstehen, das vom Zimmermann, nicht vom Schreiner bearbeitet zu werden pflegt (vgl. ObLGZ. Bd. 11 S. 503ff. und Meisner S. 418 Fußn. 6).

In ObLGZ. Bd. 2 S. 620 wird ausgeführt:

„Bauholz ist nicht alles für die zweckentsprechende Herstellung von Gebäuden erforderliche Holz. Denn wenn es auch nach dem Wortlaut so verstanden werden kann, so entspricht diese Deutung doch nicht dem Begriff in Forstwirtschaft und Forstwissenschaft. Nach letzterer ist Bauholz nur das zu Dach und Fach oder für den Rohbau erforderliche Holz, das vom Zimmermann mit der Axt bearbeitet zu werden pflegt. Will damit ein weitergehender Sinn verbunden werden, so ist es Sache des Berechtigten darzutun, daß und inwieweit das ihm gebührende Bauholz einen weiteren Begriff habe, als in der Forstwissenschaft mit diesem Wort verknüpft wird.“ Auf den in der Forstwirtschaft und Forstwissenschaft geltenden Begriff allein wird indes die Auslegung nicht abgestellt werden dürfen; maßgebend wird vielmehr der allgemeine Sprachgebrauch sein. Die Umschreibung des Bauholzbegriffs in der vorstehenden Entscheidung des Obersten Landesgerichts dürfte aber auch mit dem allgemeinen Sprachgebrauch übereinstimmen.

Das OAG. hat in seinem Urteil vom 17. 8. 1858 (Bl. Bd. 14 S. 257) den Bauholzbegriff im Anschluß an den allgemeinen Sprachgebrauch wie folgt umschrieben: „Im gewöhnlichen Sprachgebrauch werden unter Bauholz jene stärkeren, zu Balken zu verarbeitenden Baumstämme verstanden, die in ihrer Zusammenfügung die Struktur des zu errichtenden Gebäudes in seinem äußeren Umfange und in seinen inneren Abteilungen darstellen — gewöhnlich Zimmerholz genannt, weil dieses Holz vom Zimmermann zugerichtet und aufgebaut wird. Zum Bauholze gehört sonach das Balkenholz, das zur Aufrichtung der äußeren Umfassungswände des Gebäudes, zur Einsetzung der Schiedwände im Innern des Gebäudes, zur Auflegung der Durchzüge für die Deckwände und Fußböden, zur Aufsetzung des Dachstuhls usw. notwendig ist. Es hat hiebei nicht darauf anzukommen, ob die Zurichtung des Bauholzes nur teilweise durch die Hand des Zimmermanns und teilweise durch die Säge der Schneidemühle bewirkt wird; denn es wird überall nur von der Dicke der Baumstämme abhängen, ob durch das Durchsägen, das je nach Umständen auf der Sägmühle oder von den Zimmerleuten selbst bewerkstelligt wird, brauchbare Balken mit dem erforderlichen Durchmesser erlangt werden. Das entscheidende

Merkmal für den Begriff von Bauholz kann nicht in dem zur Zurichtung anzuwendenden Werkzeug, sondern in der besonderen Beschaffenheit der Holzstücke und in dem Zwecke ihrer Verwendung gefunden werden. Zur Vollendung eines Gebäudes wird außer dem Bauholze noch vielfach Holz von anderer Art und Beschaffenheit erfordert: als Bretter zur Bodenlegung, zu Türen und Läden, zu Fenster- und Türverkleidungen, zu Verschalungen, zu Schindeln, zu Latten u. dgl.; in der Berechtigung, das allernötigste Bauholz zu fordern, liegt nicht die Befugnis, solches Holz, das nicht mehr zum Aufbau, sondern zur zweckmäßigen inneren Einrichtung eines Gebäudes dient, in Anspruch zu nehmen." Es ist aber möglich, daß die Berechtigung sich auf Grund eines besonderen Rechtstitels auch auf dieses Holz erstreckt; dies ist aber selten der Fall. Vgl. auch die bei der Ablösung der auf Staatswaldungen lastenden Forstberechtigungen von den Forstämtern anzufertigenden Verzeichnisse der angeforsteten Gebäudeteile nach den Anlagen zu der FMB. vom 23. 10. 1928 (FMBl. S. 52, 68f.). Zum Bauholzbegriff in der Pfalz vgl. ObLGZ. Bd. 11 S. 503ff.

Außer dem Bauholz für Gebäulichkeiten im gewöhnlichen Sinne (Wohn-, Betriebs-, Stallgebäude usw.) kommt auch Bauholz für andere Bauten und Anlagen, z. B. Brücken, Zäune, Wasserbauten in Frage; vgl. hiezu die vorerwähnten Verzeichnisse der FMB. vom 23. 10. 1928. Auch dieses Bauholz fällt unter Art. 28; für seine Begriffsbestimmung gelten die gleichen Grundsätze wie für das zu den Gebäuden benötigte Bauholz.

Wenn der Waldbesitzer nach dem besonderen Inhalt der Berechtigung verpflichtet ist, für Bauzwecke auch anderes Holz zu liefern als Bauholz im vorstehenden allgemeinen Sinn, so sind auch auf dieses andere Holz die Vorschriften des Art. 28 anzuwenden; die Abs. I, III und IV dienen dem Schutze des belasteten Waldeigentümers.

Abs. I:

3. Auf ein bestimmtes jährliches Maß festgesetzte Bauholzberechtigungen: Nach der Natur der Bauholzberechtigungen wird eine solche Fixierung grundsätzlich nur im Wege der gütlichen Einigung, nicht nach Art. 27 Abs. III Ziff. 1 möglich sein (vgl. Ziff. 2). Bei den nach Art. 27 Abs. III Ziff. 2 fixierten Berechtigungen ist der Bedarf nachzuweisen (vgl. Anm. 6d zu Art. 27).

4. Bedarf bei Bauholzberechtigungen:

a) Voraussetzung für die Rechtsausübung: Die Berechtigung auf Lieferung von Bauholz für ein Wohnhaus kann regelmäßig nur ausgeübt werden, wenn auf dem berechtigten Grundstück ein Wohnhaus oder, im Falle seiner Zerstörung z. B. durch Brand, wenigstens eine Baustelle vorhanden ist (vgl. vor Art. 23 Ziff. 1b). Der Eigentümer eines bauholzberechtigten Anwesens kann kein Bauholz verlangen, wenn sein Anwesen untergeht, z. B. niederbrennt und er überhaupt nicht mehr oder auf einem andern als dem berechtigten Grundstück wiederaufbauen will.

b) Umfang des Bedarfs: Der Bauholzanspruch bemißt sich grundsätzlich nach dem Umfange und der Betriebsart des berechtigten Anwesens im Zeitpunkt der Begründung der Berechtigung (OAG. 17. 8. 1858, Bl. Bd. 14 S. 260); s. des näheren Anm. 2b zu Art. 27.

Wenn die bessere Bewirtschaftung des bauholzberechtigten Gutes einen Anbau erfordert, besteht die auf einem Grundbarkeitsverhältnis beruhende Bauholzberechtigung auch für diesen (OAG. 17. 8. 1858, Bl. Bd. 14 S. 257). Später zugekaufte Grundstücke dürfen bei der Berechnung des Bedarfs grundsätzlich nicht berücksichtigt werden, auch wenn sie von einem andern, ebenfalls bauholzberechtigten Anwesen weggekauft wurden. Für eine (aber nur unerhebliche, Anm. 2b δ zu Art. 27) Vergrößerung der Wohnräume kann Bauholz beansprucht werden, wenn sie wegen der verbesserten Bewirtschaftung des berechtigten Anwesens geboten ist. Eine Veränderung der Betriebsart erweitert die Bauholzberechtigung grundsätzlich nicht; eine Bauholzberechtigung für ein rein landwirtschaftliches Anwesen ermächtigt den Berechtigten nicht, den Mehrbedarf für den inzwischen aufgenommenen Gastwirtschaftsbetrieb zu verlangen.

Wenn eine Bauholzberechtigung nach Art. 27 Abs. III Ziff. 2 fixiert ist, kann der Berechtigte eine Leistung über den fixierten Höchstbetrag auf keinen Fall mehr verlangen, selbst wenn sich der wirkliche Bedarf erhöht hat.

c) Überschreitung der Berechtigung: Das Maß einer Bauholzberechtigung hindert den Berechtigten an sich nicht, zu bauen, wie er will. Will er beim Bau den Rahmen der Berechtigung überschreiten, so muß er, wenn nicht der verpflichtete Waldbesitzer sich freiwillig erbietet auch den Mehrbetrag zu liefern, für die Überschreitung selbst aufkommen.

Bei solchen Überschreitungen wird sich der Berechtigte zweckmäßig regelmäßig vor Beginn des Baues mit dem verpflichteten Waldbesitzer verständigen, da er ja die bestimmungsgemäße Verwendung des Rechtholzes nachweisen muß; will er z. B. den Dachstuhl vergrößern, so kann er die auf seine Berechtigung gelieferten Sparren nicht brauchen; er muß daher den Waldbesitzer ersuchen, ihn vom Nachweis der bestimmungsmäßigen Verwendung zu entbinden.

Um späteren Streitigkeiten vorzubeugen, empfiehlt es sich für den Waldbesitzer in solchen Fällen, die ursprünglichen Ausmaße, für die die Berechtigung gilt, festzustellen und vom Berechtigten anerkennen zu lassen oder die Berechtigung nach Art. 27 Abs. III Ziff. 2 fixieren zu lassen. Bei den mit Bauholzrechten belasteten Staatswaldungen ist dadurch Vorsorge getroffen, daß alle konstruktiven Änderungen an den berechtigten Gebäuden im Forstrechtskataster und Forstrechtspartikulare vorzumerken sind; damit die Feststellungen für beide Teile rechtsverbindlich werden, empfiehlt es sich, sie von den Berechtigten anerkennen zu lassen.

d) Einfluß der baupolizeilichen Vorschriften; „gebotener Massivbau":

α) Grundsatz: Die baupolizeilichen Vorschriften lassen an sich den Umfang der Bauholzberechtigung unberührt. Sie beschränken aber vielfach den Bauherrn in der Wahl der Baustoffe, verbieten z. B. für bestimmte Zwecke die Verwendung von Holz; soweit nach den baupolizeilichen Vorschriften Holz nicht verwendet werden darf, besteht dafür auch kein Bedarf; der Waldbesitzer ist insoweit nicht verpflichtet, Bauholz zu liefern; die Bauholzberechtigung erlischt deswegen aber soweit nicht, sie ruht nur in der Ausübung. Den auf Grund der baupolizeilichen Vorschriften notwendigen Ersatz von Holz durch andere Baustoffe, z. B. durch Mauerwerk oder Eisen, nennt man zuweilen den „gebotenen Massivbau" (Gegensatz „freiwilliger Massivbau" s. unten e).

β) Entschädigung: Der Waldbesitzer ist bei einer Beschränkung des Bauholzbedarfes auf Grund der baupolizeilichen Vorschriften nicht verpflichtet, den Bauholzberechtigten zu entschädigen.

Der bayerische Staat entschädigt die an Staatswaldungen Eingeforsteten für den Entgang an Rechtholz auf Grund der baupolizeilichen Vorschriften (beim gebotenen Massivbau) freiwillig, aber nur unter der Voraussetzung, daß der Eingeforstete die Ablösung des Bauholzrechtes für den betreffenden Gebäudeteil beantragt und diese Ablösung für beide Teile wirtschaftlich ist (§ 7 FME. vom 23. 10. 1928, FMBl. S. 52, und Allg. VollzB. 1896 § 4 Abs. VI u. VIII—X S. 181). Der Forstberechtigte hat den Antrag auf Entschädigung vor Baubeginn beim Forstamt zu stellen.

e) Freiwillige Massivbauten: Wenn der Bauholzberechtigte ein Gebäude oder einen Gebäudeteil, wofür er nach seiner Berechtigung Rechtholz verlangen könnte, freiwillig (Gegensatz: unter dem Zwange der baupolizeilichen Vorschriften „gebotener Massivbau" s. oben d) in anderen Baustoffen z. B. Mauerwerk ausführt, so kann er das Bauholz dafür nicht verlangen; denn dieses steht ihm von Rechts wegen nur zu, wenn er das Holz auch bestimmungsmäßig wirklich verwendet (Art. 28 Abs. III und IV); er kann vom Waldbesitzer auf Grund seiner Berechtigung auch keine Entschädigung verlangen. Jedoch kann er sich mit ihm vor Ausführung des Baues gütlich auf eine Entschädigung einigen; in diesem Falle ist die Rechtsgrundlage für die Entschädigung aber nicht die Forstberechtigung, sondern die gütliche Einigung, der Vertrag.

Lastet die Bauholzberechtigung auf Staatswaldungen, so vergütet regelmäßig der bayerische Staat freiwillig dem Forstberechtigten das Rechtholz, das er durch freiwillige Massivbauten einspart; das Bauholzrecht selbst bleibt (anders als grundsätzlich beim gebotenen Massivbau, s. oben d) erhalten; die Vergütung besteht regelmäßig in Geld, ausnahmsweise in Holz; der Forstberechtigte hat sich vor dem Beginn des Massivbaues ans Forstamt zu wenden; das Nähere bestimmt die FME. vom 23. 10. 1928 (FMBl. S. 82) in §§ 8—12 und Allg. VollzB. 1896 § 4 Abs. VII—X (S. 181).

In ähnlicher Weise gewährt der Staat regelmäßig freiwillig den Span- und Kienholzberechtigten heute noch ihr Holz (Lichtbuche!), obwohl sie es für den ursprünglichen Zweck nicht mehr verwenden.

f) Nachweis des Bedarfes und der Verwendung: Der wirkliche jeweilige Bedarf ist vom Berechtigten auf Verlangen des Verpflichteten bei allen Bedarfsberechtigungen nachzuweisen und zwar auch, wenn sie nach Art. 27 Abs. III Ziff. 2 fixiert sind; bei den Bauholzberechtigungen ist dies wegen des Zusammenhangs und der Wichtigkeit noch besonders hervorgehoben (vgl. Anm. 6d zu Art. 27). Auch die rechtmäßige Verwendung des Rechtsbezuges darf der verpflichtete Waldbesitzer bei allen auf den Bedarf lautenden Berechtigungen nachprüfen. Folgen des Bezuges über den Bedarf s. Anm. 6 f vor Art. 23.

Der Nachweis wird durch den Voranschlag anerkannter Bausachverständiger erbracht (Allg. VollzB. 1879 § 6 Abs. I); ein Muster eines Bauholzbedarfsvoranschlags enthält FMBl. 1928 S. 71—73. Die Kosten des Nachweises treffen den Bauholzberechtigten, da er zu dem Nachweis gesetzlich verpflichtet ist.

Abs. II:

5. **Entscheidung der Forstpolizeibehörde:** Im ersten Rechtszug entscheidet die Forstpolizeikommission des Art. 110, im zweiten und letzten Rechtszug die Regierung, K. d. J., im verwaltungsrechtlichen Senat; die Frist für die Beschwerde zur Regierung beträgt 14 Tage (Art. 22 Abs. IV VGG.). Das Verfahren ist das verwaltungsrechtliche; dies ergibt sich unzweifelhaft aus der Begründung zum Verwaltungsgerichtsgesetz S. 16 (Dyroff, Anm. 2 zu Art. 8 Ziff. 11). Betretung des Rechtswegs s. Art. 32; diese ist erst möglich, wenn die Verwaltungsgerichte im zweiten Rechtszug entschieden haben.

Bei den anderen Forstberechtigungen nach Bedarf hat die Streitigkeiten über den Bedarf regelmäßig von Anfang an das Gericht zu entscheiden, da es sich regelmäßig um einen Streit über den Umfang oder Inhalt der Berechtigung handeln wird.

Abs. III:

6. **Bestimmungsgemäße Verwendung:** Das Rechtholz muß zu demjenigen besonderen Zwecke verwendet werden, der in der Bedarfsnachweisung oder in dem Übereinkommen zwischen dem Berechtigten und Verpflichteten vorgesehen oder im Streitfalle (Abs. II) von der Forstpolizeibehörde anerkannt worden ist.

Dies gilt von jedem einzelnen Stück. Es genügt nicht, daß das verabreichte Holz als Bauholz überhaupt (wenn auch zweckmäßig) verwendet wird, es müssen die einzelnen Teile bestimmungsgemäß, wie erwähnt, verwendet werden. Daß der Berechtigte nach dem Inhalt der Berechtigung an sich auch für den andern (in der Bedarfsnachweisung usw. nicht vorgesehenen) Zweck hätte Holz beanspruchen können, ist ohne Bedeutung.

Will der Berechtigte von der Bedarfsnachweisung, dem Übereinkommen oder der Entscheidung der Forstpolizeibehörde (im Falle des Abs. II) abweichen, so muß er sich vorher die Zustimmung des Verpflichteten bzw. der Forstpolizeibehörde erholen. Zu einer Abweichung von dem nach der Bedarfsnachweisung beabsichtigten Bauplan nach Form oder Ausdehnung ist dann die Zustimmung des Verpflichteten bzw. der Forstpolizeibehörde nicht erforderlich, wenn das Rechtholz trotz der Abweichung bestimmungsgemäß verwendet wird. Bei der Entscheidung, ob das Rechtholz dem Zwecke gemäß verwendet wurde, ist ein vernünftiger, den Bedürfnissen des Lebens gerecht werdender, d. h. nicht zu strenger Maßstab anzulegen. Die bestimmungswidrige Verwendung hat dieselben Folgen wie die Fristversäumnis. Der Verpflichtete kann die Verwendung des Rechtholzes überwachen (§ 6 Abs. II AVB. 1879). Das für einen Dachsparren abgegebene Holz darf nicht zu einem Türstock verwendet werden (Ganghofer).

7. **Innerhalb zweier Jahre:** Die Frist ist gesetzt, um Nachlässigkeiten und Unterschleife fernzuhalten, die den Pflichtigen benachteiligen, das abgegebene Bauholz verschlechtern und in kürzerer Frist, als sonst nötig wäre, eine neue Bauholzforderung veranlassen (Begr.). Die Frist ist eine Schutzfrist zugunsten des Verpflichteten; dieser kann daher die Frist verlängern.

Abs. IV:

8. **Zuwiderhandlungen:**

a) Folgen: Gemeint sind Zuwiderhandlungen gegen die Vorschriften des Abs. III; ob Verschulden vorliegt oder nicht, ist für die Verpflichtung zum Werterſatz gleichgültig. Es ist nur der Wert des nicht in der vorgeschriebenen Frist oder des nicht bestimmungsgemäß verwendeten Teiles zu ersetzen. Der Waldeigentümer braucht das nicht verwendete Holz nicht zurückzunehmen. Der Wert braucht dem Verpflichteten nach dem Sinn der Vorschrift für einmal geliefertes Holz nur einmal ersetzt zu werden. Das Holz bleibt dem Berechtigten; er darf es ohne Genehmigung der Forstpolizeibehörde auch dann nicht veräußern, wenn er nach Art. 28 den Wert ersetzt hat (Art. 97 Abs. I). Für den gleichen Zweck braucht der Verpflichtete bei bestimmungswidriger Verwendung des gelieferten Rechtholzes nicht nochmals zuliefern, auch wenn ihm der Wert des Holzes ersetzt worden ist. Der Wert ist voll zu ersetzen, auch wenn der Berechtigte nicht mehr bereichert ist (vgl. Anm. 6 f vor Art. 23).

b) Verfahren: Nur im Falle der Veräußerung, wenn also ein Forstfrevel vorliegt, kann der Entschädigungsanspruch auch vor dem Forstrügegericht verfolgt werden (Art. 64), sonst nur vor dem ordentlichen Gerichte und zwar im Wege der Klage. Für die Höhe des Ersatzes sind die Wertbestimmungstabellen (Art. 65) nur dann bindend, wenn der Anspruch von den Forstrügegerichten festgesetzt wird, wenn also zugleich eine Veräußerung stattgefunden hat (Art. 64).

Für die Betretung des Rechtswegs nach Abs. IV gilt keine besondere Frist; der Anspruch auf Werterſatz wird in 3 Jahren, nachdem der Waldeigentümer von der zweckwidrigen Verwendung oder der Fristversäumnis Kenntnis erlangt hat, verjähren, sofern den Berechtigten ein Verschulden trifft

(§§ 823 Abs. II, 852 BGB.); trifft ihn kein Verschulden, so wird die allgemeine 30jährige Verjährungsfrist gelten; sie beginnt mit dem Ablauf der Frist oder mit der bestimmungswidrigen Verwendung (§§ 195, 198 BGB.). § 6 Abs. IV der Allg. VollzB. 1879 schreibt für die Staats-, Gemeinde- und Stiftungswaldungen vor, im Falle der unbefugten Veräußerung den Weg des Adhäsionsprozesses zu beschreiten; diese Vorschrift ist aber für die Gemeinden und die nicht von Staatsbehörden verwalteten Stiftungen wegen ihres Selbstverwaltungsrechts nicht bindend.

9. Brandversicherung: Wenn ein bauholzberechtigtes Gebäude gegen Brand versichert werden soll, so ist das Berechtigungsholz im Rohstoffwert von der Schätzungssumme des Gebäudes abzuziehen; der mit der Bauholzberechtigung Belastete kann diesen Betrag für seine Rechnung versichern (Art. 20 des Brandversicherungsgesetzes).

Umwandlung in bestimmte jährliche Geldleistungen; Ablösung solcher Geldleistungen.

Artikel 29.[1] ($^{29}/_{29}$).

[I] Umwandlung[2] einer Forstberechtigung in eine bestimmte jährliche Geldleistung[3] kann, außer dem Falle des Art. 26, nur durch freie Übereinkunft der Beteiligten stattfinden.

[II] Solche Geldleistungen können von dem Verpflichteten mit dem fünfundzwanzigfachen Betrage abgelöst[4] werden, soweit nicht eine anderweitige Übereinkunft vorliegt.

1. Geltungsbereich: Art. 29 regelt in Abs. I die Umwandlung einer Natural-Forstberechtigung in bestimmte jährlich wiederkehrende Geldleistungen, in Abs. II die Ablösung solcher Geldleistungen nach Abs. I und Art. 26 Abs. II. Vgl. die Übersicht vor Art. 27.

Abs. I:

2. Bedeutung:

a) Wirkung: Mit der Umwandlung geht die Eigenschaft des Rechtes als Forstberechtigung verloren (vgl. RR. 1895/96, Prot. Bd. 5 S. 404); eine Ermäßigung nach Art. 24, 25 FG. ist daher nicht mehr möglich. Das umgewandelte Recht ist jetzt in allen Fällen eine Reallast (vgl. Roth, Zivilrecht, Bd. 2 S. 350ff., 353 Fußn. 21). Wenn nichts anderes vereinbart wird, werden die subjektiv-dinglichen Forstberechtigungen zu subjektiv-dinglichen Reallasten, die subjektiv-persönlichen Berechtigungen zu subjektiv-persönlichen Reallasten.

b) Verfahren: Die Vereinbarung bedarf der notariellen Form und der Eintragung im Grundbuch (Art. 189 EG.BGB.). Die Mitwirkung der Forstpolizeibehörde ist nicht erforderlich. Streitigkeiten nach Abs. I u. II entscheiden im verwaltungsrechtlichen Verfahren (Art. 8 Ziff. 11 VGG.) im ersten Rechtszug die Forstpolizeibehörden ohne Laienbeisitzer, im zweiten der Regierungssenat, im letzten der Verwaltungsgerichtshof. Die Beschwerdefrist beträgt stets 14 Tage (Art. 22 Abs. IV VGG.). Streitigkeiten über den Bestand, Inhalt oder Umfang der Berechtigung gehören vor die Gerichte.

3. Geldleistung statt Holzabgabe: Von der Umwandlung nach Art. 29 zu unterscheiden ist die Gewährung einer Geldentschädigung seitens der Staatsforstverwaltung statt der Sachabgabe in bestimmten Fällen (§ 4 Abs. XI der Allg. VollzB. 1896 S. 181). Hier ändert sich der Inhalt des Rechts nicht.

Vgl. hieher die ME. vom 15. 12. 1860 (s. pr. Erl. 1861 S. 53; Weber Bd. 5 S. 225): „Wenn Forstberechtigte aus Staatswaldungen mehr Holz beanspruchen können als sie selbst brauchen, ist es im Interesse beider Teile gelegen, wenn sie das entbehrliche Holz schon vor der Aufklafterung gegen Vergütung des vollen örtlichen Wertes an das Ärar verkäuflich abtreten. Zu diesem Zweck sind die einzelnen Forstberechtigten alljährlich im Spätsommer oder Herbst zur Angabe der Brennholzmenge aufzufordern, die sie von ihrem nächstjährigen Berechtigungsbezuge gegen Bezahlung des ihnen gleichzeitig zu eröffnenden örtlichen Preises im Walde zurückzulassen gedenken. Der Förster hat hierüber sowie über die jedem Berechtigten nach dem örtlichen Werte des abgetretenen Brennholzes gebührende Geldvergütung ein Verzeichnis anzufertigen und dem Forstamt vorzulegen; das Forstamt hat es zu prüfen und mit einer Zusammenstellung an die Regierung, Kammer der Forsten, einzusenden; diese ersucht das zuständige Finanzamt um Auszahlung der Vergütungsbeträge und zur Verrechnung im Kap. III § 1 Tit. 3 der Forstausgaben (auf Passivreichnisse). Die von dem zurückgelassenen Forstrechtsbrennholze ausgeschiedenen Bau- und Nutzhölzer sind für ärarialische Rechnung vorschriftsmäßig zu verwerten."

Nach dieser ME. ist es nicht zulässig, den Brennholzberechtigten statt des Brennholzes auf Ansuchen Bau- und Nutzholz bis zum Wert des Brennholzes (nach der Forsttaxe) zu verabfolgen.

Von der Umwandlung in eine jährliche Geldleistung nach Art. 29 ist auch zu unterscheiden die Ablösung nach Art. 30, bei der das dingliche Recht verschwindet.

Abs. II:

4. Ablösung: Diese ist möglich bei den bestimmten jährlichen Geldleistungen nach Abs. I wie nach Art. 26 Abs. II. Den 25fachen Betrag muß der Verpflichtete gewähren ohne Rücksicht auf den jeweiligen Zinsfuß, wenn der Berechtigte sich nicht mit weniger zufrieden gibt; wenn eine anderweitige Vereinbarung vorliegt, gilt diese (vgl. RR. 1896; 34. Prot. S. 405).

Für die Anrechnung von Gegenleistungen, die dem Forstberechtigten obliegen, bestehen keine Vorschriften; ihre Bewertung ist Gegenstand der freien Vereinbarung, im Streitfalle des verwaltungsrichterlichen Bemessens. Für Gegenleistungen, die in Fronen bestehen, vgl. Art. 31. Mit der Zahlung der Ablösungssumme erlischt die Reallast; ist diese im Grundbuch eingetragen, so kann der Verpflichtete die Löschung beantragen.

5. Aufwertung: Die in Geldleistungen bestehenden Reallasten werden ähnlich wie die Hypotheken aufgewertet (§ 31 des Aufwertungsgesetzes vom 16. 7. 1925, RGBl. I S. 117 und Art. 27 der Durchführungsverordnung vom 29. 11. 1925, RGBl. I S. 392).

Forstrechtsablösung.

Artikel 30[1]. ($^{30}/_{30}$).

I Die Ablösung[2] von Forstberechtigungen jeder Art ist lediglich im Wege der Übereinkunft[4] beider Teile statthaft[3].

II Im Falle einer teilweisen Ablösung[5] steht dem Besitzer des belasteten Waldes die Befugnis zu, diejenigen Nutzungen selbst zu beziehen, welche den Inhalt des abgelösten Rechtes bildeten.

Allg. VollzB. 1896.

§ 4.

(Art. 30.) I Die Ablösung von Forstberechtigungen jeder Art ist lediglich im Wege der Übereinkunft beider Teile statthaft.

II Die Ablösung von auf Staatswaldungen lastenden Forstrechten ist nach Maßgabe der bestehenden Vorschriften durch das Forstamt zu instruieren und die Ablösungsverhandlung mit gutachtlichem Berichte durch die Regierung, K. d. F., Forstabteilung[1]), dem Staatsministerium der Finanzen (Ministerialforstabteilung) zur Genehmigung vorzulegen. Hiebei ist der Grundsatz strengstens zu beachten, daß durch die Ablösung der Forstrechte niemand verkürzt wird, und daß bei allen Forstrechtsablösungen den Berechtigten die volle Freiwilligkeit gewahrt bleibt, niemand also weder direkt noch indirekt veranlaßt wird, sein Forstrecht zur Ablösung zu bringen.

III Forstrechtsablösungen in Staatswaldungen sind ferner nur in wirtschaftlich begründeten Fällen — dies betrachtet sowohl aus dem Standpunkte des Ärars, wie aus dem Standpunkte des wirtschaftlichen Interesses der ihre Rechte zur Ablösung anbietenden Berechtigten — zu betätigen.

IV Im Falle tatsächliche Zweifel über die Zulässigkeit der Ablösung vom Standpunkte des wirtschaftlichen Interesses des Forstberechtigten bestehen, ist ein Gutachten derjenigen Gemeindebehörde zu erholen, in deren Bezirk das forstberechtigte Anwesen gelegen ist, und dasselbe bei der Bescheidung des Falles zu würdigen.

V Die Ablösung kann ebenso die ganze Berechtigung, wie einzelne Teile derselben umfassen.

VI Wenn nach den Bestimmungen der Bauordnung der Massivbau einzutreten hat, können Besitzer solcher Anwesen, mit welchen Bauholzberechtigungen nach Bedarf in Staatswaldungen verbunden sind, bei künftigen Bauvornahmen (Neubauten oder Reparaturen) für den Entgang der bezüglichen Forstrechtsnutzung entschädigt werden. Nachdem jedoch in einem solchen Falle der Berechtigte den Bedarf von Bauholz nicht zu begründen vermag und ebensowenig die Verwendung des empfangenen Bauholzes nachzuweisen in der Lage ist, so wäre die Berechtigung für die massiv aufzuführenden Teile als ruhend zu erachten, und es ist daher eine Entschädigung nur in der Voraussetzung zulässig, daß der Berechtigte auf die Einlösung des Bauholzrechtes für den treffenden Gebäudeteil einzugehen bereit ist und hierauf Antrag stellt.

VII Wenn einzelne Gebäudeteile oder Konstruktionsteile, deren Herstellung aus Holz im Falle ihrer Erneuerung durch die Bauordnung nicht verboten ist, oder Werkeinrichtungen vom Berech-

---

[1]) Jetzt Regierung, Kammer der Forsten.

tigten freiwillig aus dauerhafterem Materiale als Holz, z. B. von Zement, Stein oder Eisen hergestellt worden sind, so unterliegt es keinem Anstande, das zu diesen Ersatzbauten oder Werkeinrichtungen auf Grund des Rechtstitels schuldige Holz zur beliebigen Verwendung an den Berechtigten abzugeben, oder den Wert dieses Holzes in Geld zu vergüten, — ohne daß hiedurch der Rechtsanspruch auf Abgabe von Holz in Fällen späterer wiederholt nötiger Reparatur oder Erneuerung der betreffenden Teile erlöschen würde.

VIII Der Forstberechtigte hat jedoch vor Ausführung der betr. Ersatzbauten oder Werkeinrichtungen dem Forstamte von dem Vorhaben Anzeige zu erstatten und den Antrag über die Art und Weise der gewünschten Entschädigung zu stellen.

IX Das Forstamt hat solche Anträge der vorgesetzten Stelle zur weiteren Behandlung vorzulegen.

X Nach Bereinigung der Angelegenheit hat das Forstamt in den Forstrechtskatastern und Forstrechtspartikularen das Erforderliche vorzumerken.

XI Zulässig ist ferner die jeweilige Gewährung einer Geldentschädigung statt der Naturalabgabe

a) von Forstrechtsbrennholz, welches auf ein bestimmtes jährliches Maß festgesetzt ist,

b) von sog. Lichtholz oder Feuerholz (Spanholz, Spanföhre, Spanbuche, Feuerstorn usw.), welches nach bestimmtem Raummaß, Kubik- oder Klaftermaß, oder nach einer bestimmten Anzahl von Stämmen an Berechtigte abzugewähren ist.

XII Die bezüglichen Anträge der Berechtigten sind rechtzeitig vor Inangriffnahme der Jahreshiebe behufs weiterer Instruierung an das Forstamt zu bringen.

1. **Geltungsbereich:** Art. 30 regelt die Ablösung der Forstberechtigungen und zwar Abs. I die Zulässigkeit, Abs. II die Wirkung einer nur teilweisen Ablösung. Art. 30 gilt nur für die Naturalberechtigungen; wenn eine Forstberechtigung bereits in jährliche Geldleistungen umgewandelt wurde (nach Art. 26 Abs. II oder Art. 29 Abs. I), so regelt sich die Ablösung nach Art. 29 Abs. II.

2. **Begriff der Forstrechtsablösung:** Unter der Ablösung einer Forstberechtigung ist die Aufhebung der Berechtigung gegen Entschädigung zu verstehen. Mit der Ablösung erlischt die Forstberechtigung (ObLGZ. Bd. 4 S. 448).

Von der Ablösung einer Forstberechtigung zu unterscheiden ist die Ermäßigung (Art. 25) sowie ihre Umwandlung in eine andere Forstberechtigung oder in jährliche Geldleistungen (Art. 26); eine besondere Art der Ablösung ist die Aufhebung der Forstberechtigung nach Art. 26, wenn eine einmalige Geldentschädigung vereinbart oder festgesetzt wird (vgl. Anm. 8 zu Art. 26). Nicht unter Art. 30 fällt auch die Ablösung der jährlichen Geldleistungen, die an die Stelle einer Forstberechtigung getreten sind (Art. 29 Abs. II). Vgl. auch die Übersicht vor Art. 27.

Abs. I:

3. **Zulässigkeit der Ablösung:** Es gibt seit dem Jahre 1896 nur mehr eine auf beiden Seiten freiwillige Ablösung der Forstrechte; eine Ausnahme ist nur möglich im Falle des Art. 26 Abs. II mit Art. 29 Abs. II. In § 4 Abs. II Allg. VollzV. 1896 wird den Forstbehörden eingeschärft, auf niemand mittelbar oder unmittelbar einzuwirken, sein auf den Staatswaldungen ruhendes Forstrecht ablösen zu lassen. Forstrechte auf Staatswaldungen sind auch auf Antrag des Berechtigten nur abzulösen, wenn die Ablösung für Forstärar und Berechtigten wirtschaftlich ist (Allg. VollzV. 1896 § 4 Abs. III u. IV; FME. vom 23. 10. 1928 § 1 Abs. I, FMBl. S. 52). Wenn es sich nicht um Staatswaldungen handelt, kann von seiten der Behörden auch die schädliche Ablösung von Forstberechtigungen nicht verhindert werden.

Art und Höhe der Entschädigung unterliegen der Vereinbarung des Berechtigten und Verpflichteten; bei Staatswaldungen s. §§ 1 Abs. II, 2—6, der FME. vom 23. 10. 1928.

4. **Ablösungsverfahren:**

a) Kausalgeschäft: Zum Zwecke der Ablösung haben der Berechtigte und der Verpflichtete einen Vertrag zu schließen, worin sich der Berechtigte bindet, gegen eine vom Verpflichteten zu leistende Entschädigung in die Aufhebung der Forstberechtigung einzuwilligen. Nach der Rechtsprechung des Obersten Landesgerichts (Z. Bd. 11 S. 147), das den Vertrag über die Ablösung einer Kirchenbaulast als Kaufvertrag ansieht, wird auch der Vertrag über die Ablösung einer Forstberechtigung als Kaufvertrag zu erachten sein; die Notare können daher für die Beurkundung des Vertrags die volle Wertgebühr des Art. 12 der Notariatsgebührenordnung verlangen; Kaufpreis ist die Ablösungsentschädigung. Die Urkunden, in denen Ablösungsverträge beurkundet sind, sind stempelpflichtig nach Tarifnummer 26 Abs. I des bayer. Stempelgesetzes; der Stempel ist nach dem Wert des Rechtes zu berechnen; dieser bemißt sich mangels anderer Anhaltspunkte nach dem Wert der vereinbarten Gegenleistung (vgl. ObLGZ. Bd. 4 S. 717).

Zur Ablösung von Forstrechten, die auf Fideikommißwaldungen lasten, vgl. ObLGZ. Bd. 4 S. 448.

b) Vollzug der Ablösung: Ist die Forstberechtigung im Grundbuch eingetragen, so vollzieht sich die Aufhebung nach § 875 BGB.; ist sie nicht eingetragen, so sind Art. 12 und 46 des ÜbergG. zum BGB. maßgebend. Stets ist zur Aufhebung der Berechtigung die Zustimmung der Hypothekengläubiger des berechtigten Anwesens erforderlich (§ 876 BGB.; Art. 12 Abs. II ÜbergG.; ObLGZ. Bd. 4 S. 176, wo die Ablösung im Wege der Übereinkunft als ein „gewöhnlicher Verzicht" bezeichnet wird; s. auch ObLGZ. Bd. 4 S. 717); bei der Ablösung gehen die auf dem berechtigten Anwesen lastenden Hypotheken nicht auf die Ablösungssumme über.

Zur grundbuchmäßigen Behandlung vgl. des Näheren BayZfR. 1907 S. 206.

Bei Staatswaldungen ist das Ablösungsverfahren geregelt in Allg. VollzB. 1896 § 4 Abs. II—V und FME. vom 23. 10. 1928 (FMBl. S. 52) §§ 1—6 u. 13—15.

Abs. II:

5. Teilweise Ablösung: Sie ist in doppeltem Sinne denkbar: daß das Recht eines einzelnen Berechtigten teilweise abgelöst wird, oder daß von mehreren Berechtigten einer oder einige durch Ablösung in Wegfall kommen (RR. 1896 34. Prot. S. 430). Abs. II gilt für beide Fälle. Wenn eine Forstberechtigung auf zwei bestimmte Holzarten mit abgegrenzten Bezugsmengen lautet, so kann jede für sich abgelöst werden (Erk. 6. 6. 1862, Bl. Bd. 27 S. 377).

Abs. II, der im Jahre 1896 Gesetz wurde, schafft eine der Eigentümerhypothek oder Eigentümergrundschuld (§§ 1163, 1196 BGB.) in den Wirkungen ähnliche „Eigentümerberechtigung", die insbesondere für den Fall des Art. 24 und 25 Bedeutung hat; dort ist sie bei der Beurteilung, ob der Wald mit Rechten überlastet ist, mit in Rechnung zu setzen. Es tritt kraft ausdrücklicher gesetzlicher Bestimmung keine confusio ein.

Art. 30 Abs. II ist durch Art. 14 ÜbgG., der das Erlöschen einer Grunddienstbarkeit vorschreibt, wenn sie sich mit dem Eigentum an dem belasteten Grundstück vereinigt, nicht berührt worden. Die „Eigentümerberechtigung" ist aber kein selbständiges dingliches Recht wie die Eigentümergrundschuld; die Forstberechtigung erlischt vielmehr, soweit sie abgelöst wird; nach Art. 30 Abs. II hat die teilweise Ablösung nur eine einer Eigentümerberechtigung ähnliche Wirkung; da die „Eigentümerberechtigung" kein dingliches Recht ist, kann sie auch nicht ins Grundbuch eingetragen werden. Nur wenn eine im Grundbuch eingetragene Forstberechtigung, die die Rechtsnatur einer persönlichen Forstdienstbarkeit oder einer subjektiv-persönlichen Forstreallast besitzt, ganz oder teilweise abgelöst wird, geht die Berechtigung als dingliches Recht auf den ablösenden Waldeigentümer über (§ 889 BGB.; vgl. BayZfR. 1913 S. 449ff., wo auch das alte Recht behandelt ist).

6. Purifikationswaldungen: Die Gegenleistung des Verpflichteten für die Zustimmung des Berechtigten zur Ablösung kann auch in der Überlassung von Waldgrundstücken an den Berechtigten zu Eigentum bestehen; diese Art Entschädigung (in Grund und Boden) schrieb die bayer. landesherrliche VO. vom 18. 1. 1805 (RBl. S. 129) sogar vor; die für das Forstrecht zu entrichtende Abgabe ging als Last (Bodenzins) auf den überlassenen Grund und Boden über. Die auf Grund dieser Verordnung zur Ablösung von Forstrechten abgetretenen Waldflächen (Ablösungs- oder Purifikationswaldungen genannt) sind in das Eigentum der bisherigen Forstberechtigten, nicht in das der Gemeinden übergegangen, denen die Berechtigten angehörten; den Gemeinden als solchen konnten vom belasteten Waldbesitzer die Waldungen nur abgetreten werden, wenn das Forstrecht ihnen selbst zustand und die Anwesensbesitzer nur als Mitglieder der Gemeinden zur anteilsmäßigen Nutznießung des gemeindlichen Rechtes berechtigt waren (ObLGZ. Bd. 4 S. 881, 893). Die Gemeinde kann aber das Eigentum an einer solchen Ablösungs(Purifikations)waldung durch Ersitzung erwerben, die Berechtigten können es rückersessen haben (ebenda). Andrerseits s. S. 68 vor Ziff. 9. Vgl. auch S. 133 f.

7. Befreiung von der Grunderwerbsteuer: Wenn bei der Ablösung von Forstberechtigungen im Inland gelegene Grundstücke ausgetauscht werden, so ist dieser Tausch von der Grunderwerbsteuer befreit, falls er auf der Anordnung einer Behörde beruht oder von der zuständigen Bezirksverwaltungsbehörde als zweckdienlich anerkannt wird (§ 8 Ziff. 7 des Grunderwerbsteuergesetzes in der Fassung vom 11. März 1927, RGBl. I S. 72 und MB. vom 31. 10. 1919, GVBl. S. 743).

Naturalwaldfronen.

Artikel 31[1]. ($^{32}/_{32}$).

[I] Natural-, Holz- oder Waldfrohnen[2], welche die Eigenschaft von Gegenleistungen für forstrechtliche noch bestehende oder bereits durch Entschädigung abgelöste[3] Nutzungen an sich tragen, sind durch gütliche Übereinkunft oder in Ermangelung einer solchen auf Anrufen eines Beteiligten durch die Forstpolizeibehörde[4] in eine bestimmte jährliche Geldabgabe[5] umzuwandeln.

II Diese Behörde hat hiebei nach den Bestimmungen des Art. 27[6] zu verfahren.

III Die Kosten sind von dem Waldbesitzer zur einen und von den Berechtigten zur andern Hälfte zu tragen.

IV Die in solcher Weise bestimmten jährlichen Geldabgaben können von den Verpflichteten mit dem fünfundzwanzigfachen Betrage abgelöst[7] werden.

V Natural-, Holz- oder Waldfrohnen, welche nicht die Eigenschaft von Gegenleistungen für forstrechtliche Nutzungen an sich tragen, sind mit dem Tage der Verkündung des gegenwärtigen Gesetzes ohne Entschädigung aufgehoben[8].

VI Streitigkeiten über das Recht oder den Umfang oder die Eigenschaft[9] einer Natural-, Holz- oder Waldfrohne gehören vor die Gerichte.

1. Geltungsbereich: Art. 31 regelt die Naturalwaldfronen; es wird unterschieden zwischen Waldfronen, die die Eigenschaft einer Gegenleistung für eine noch bestehende oder abgelöste Forstberechtigung besitzen (Gegenleistungsfronen, Abs. I—IV, VI), und solchen, die diese Eigenschaft nicht besitzen (reine Waldfronen, Abs. V und VI); die ersteren müssen nach dem Forstgesetz in eine ablösbare, bestimmte jährliche Geldabgabe umgewandelt werden, die letzteren wurden mit der Verkündung des Forstgesetzes ohne Entschädigung aufgehoben. Vgl. auch die Übersicht vor Art. 27.

Art. 31 bezieht sich nur auf Naturalfronen, wie sich aus der Entstehung der Vorschrift ergibt (vgl. Art. 2 und 18 des Grundlastenablösungsgesetzes vom 4. 6. 1848); das Komma nach Natural- in Abs. I und V beruht auf einem Versehen. Ob die Naturalfronen gemessen oder ungemessen sind, ist gleichgültig.

Auf die Waldfronen, die bereits vor der Einführung des Forstgesetzes in Geldabgaben umgewandelt wurden, bezieht sich Art. 31 nicht unmittelbar; nach dem Sinn des Gesetzes werden aber auch diese Geldleistungen, soweit sie an die Stelle von Gegenleistungsfronen getreten sind, nach Abs. IV u. VI zu behandeln sein; soweit sie dagegen an die Stelle reiner Waldfronen getreten sind, ist die Leistungspflicht nach Art. 23 des Grundlastenablösungsgesetzes erloschen (vgl. Brater S. 470).

Abs. I:

2. Begriff: Unter Naturalwaldfronen (Naturalholzfron bedeutet dasselbe) versteht man solche Scharwerke (Dienste), die entweder im Wald oder doch für den Wald zu seiner Bewirtschaftung oder Benutzung geleistet werden, z. B. Holzfahren, Holzhauen, Streusammeln, Gräbenziehen u. a. Andere Fronen dagegen, die in keiner Beziehung zur Waldwirtschaft stehen, wie z. B. Bau-, Haus-, Weiherfronen, fallen nicht unter Art. 31 FG. und Art. 18 des Grundlastenablösungsgesetzes vom 4. 6. 1848, selbst wenn sie ursprünglich Gegenreichnisse für gewährte Forstberechtigungen waren; diese Fronen sind bereits durch Art. 2 des genannten Grundlastenablösungsgesetzes ohne Entschädigung aufgehoben worden (OAG. 20. 12. 1859; Forstl. M. Bd. 14 S. 55; BlfRA. Bd. 25 S. 53).

Keine Waldfronen sind die Dienste, die der Forstberechtigte nach dem Inhalt der Berechtigung zum Bezuge seines Rechtholzes usw. zu leisten hat (Aufarbeitung des Rechtholzes, Sammeln der Rechtstreu usw.). Auch die Geldleistungen (Forstzinsen), die der Forstberechtigte nicht selten für die Ausübung seines Rechtes zu leisten hat, sind regelmäßig keine Geldabgaben nach Abs. I u. IV; wer diese Eigenschaft behaupten wollte, hätte sie zu beweisen. Auf der Gemeindeordnung (Art. 41) beruhende Fronen fallen nicht unter Art. 31; sie sind nach dem Gemeinderecht zu beurteilen.

3. Abgelöste: Nach Art. 26, 29 oder 30.

4. Forstpolizeibehörde: Im I. Rechtszug die gemischte Kommission nach Art. 110, im II. Rechtszug der Regierungssenat, im letzten Rechtszug für Rechtsfragen der VGH. Die Streitigkeiten sind Verwaltungsrechtssachen nach Art. 8 Ziff. 11 VGG., wie sich aus den Gesetzgebungsverhandlungen zu Art. 8 Ziff. 11 VGG. ergibt (Abg. 1877/78 Beil. Bd. 3 S. 167). Die Beschwerdefrist beträgt in allen Rechtszügen 14 Tage (Art. 22 Abs. IV VGG.).

5. Jährliche Geldabgabe: Auf Grundstücken lastende Waldfronen sind, wenn nichts anderes vereinbart wird, in (Geldleistungs-) Reallasten auf dem gleichen Grundstück umzuwandeln; handelt es sich um eine subjektiv-persönliche Forstberechtigung, so ist die damit verbundene Waldfron eine persönliche Verpflichtung; die Verpflichtung zur Geldabgabe ist daher von der Forstpolizeibehörde mangels einer anderen Vereinbarung auch nur als persönliche zu begründen. Aufwertung, Anm. 5 zu Art. 29.

Abs. II:

6. Nach Art. 27: Da nach Abs. I die Umwandlung in eine bestimmte jährliche Geldabgabe vorgeschrieben ist, so kommt nur die Anwendung des Art. 27 Abs. III Ziff. 1 in Frage.

Abs. IV:

7. Abgelöst: Die Ablösung ist zulässig, ohne Rücksicht darauf, ob das Forstrecht auch abgelöst wird oder nicht.

Abs. V:

8. Aufhebung der reinen Waldfronen: Solche Fronen reihen sich in jene ein, die schon durch das Grundlastenablösungsgesetz vom 4. Juni 1848 (Art. 2) ohne Entschädigung aufgehoben wurden; doch war es notwendig, im Forstgesetz dies ausdrücklich zu bestimmen, weil gemäß Art. 18 des ersteren Gesetzes die Holzfronen bis zum Erscheinen des Forstgesetzes fortzubestehen hatten (Begr. Abg. 1851 Beil. Bd. I S. 623).

Abs. VI:

9. Eigenschaft: Hierher gehören auch Streitigkeiten über die Frage, ob der Fron die Eigenschaft einer Gegenleistung für forstrechtliche Nutzungen zukommt.

Betretung des Rechtswegs.

Artikel 32[1]. ($^{33}/_{33}$).

[I] In allen Fällen, in welchen gegen die Entscheidung der Forstpolizeibehörde die Betretung des Rechtsweges vorbehalten ist (Art. 23, 25, 26 und 28), muß derselbe innerhalb 3 Monaten[2] von dem Tage der Eröffnung der forstpolizeilichen Entscheidung zweiter Instanz an[3] [4] gerechnet bei Vermeidung des Verlustes dieses Rechtes betreten und die Klage bei dem Zivilgerichte eingereicht werden.

[II] Die Betretung des Rechtsweges bewirkt keinen Aufschub der Vollstreckung[5] des Ausspruches der Forstpolizeibehörde.

Allg. VollzB. 1879.

§ 8.

(Art. 32.) [I] Im zweiten Absatze des Artikels 32 ist festgesetzt, daß die Betretung des Rechtsweges keinen Aufschub der Vollstreckung des Ausspruches der Forstpolizeibehörde bewirke.

[II] Zur Vermeidung von Mißverständnissen wird bemerkt, daß diese Bestimmung die Befugnis des Gerichts nicht ausschließt, nachdem dasselbe einmal mit der Sache befaßt ist, jede Verfügung zu erlassen, welche es den Sachverhältnissen für angemessen erachtet, ohne hierin durch die vorhergegangene Anordnung der Polizeibehörde behindert zu sein. Der Sinn des Gesetzes ist bloß der: daß durch die Tatsache der Einreichung der Klage bei dem Zivilrichter und durch die Verhandlung vor demselben an und für sich kein Aufschub der Vollstreckung des Ausspruches der Forstpolizeibehörde bewirkt wird.

1. Geltungsbereich: Art. 32 regelt das Verfahren bei der Betretung des Rechtswegs gegen die Entscheidung der Forstpolizeibehörden in Forstrechtsstreitigkeiten. Abs. I bestimmt, daß die Gerichte erst angerufen werden können, wenn eine zweitinstanzielle Entscheidung der Verwaltungsbehörden ergangen ist; auch setzt er eine Frist für die Erhebung der Klage. Abs. II erklärt die Entscheidungen der Verwaltungsbehörden für vollstreckbar trotz Anrufung des Gerichts.

2. Klagefrist: Die für die Erhebung der Klage gesetzte Frist ist eine Verjährungsfrist, keine prozessuale Ausschlußfrist; sie ist vom Gericht von Amts wegen zu berücksichtigen; ein Verzicht des Beklagten auf die Einrede ist ohne Bedeutung; eine Wiedereinsetzung in den vorigen Stand findet nicht statt (StBer. 1855/56 II, 433; Bl. Bd. 6 S. 143; FME. vom 11. März 1862, Forstl. M. Bd. 12 S. 94). Die Frist berechnet sich nach §§ 186—188 BGB.; der Tag der Eröffnung wird nicht mitgerechnet. Eröffnung ist die Bekanntgabe der Entscheidung an den Beteiligten in mündlicher oder schriftlicher Form; die Frist beginnt nicht erst mit der Rechtskraft zu laufen. Innerhalb der Frist wird nunmehr die Klage zugestellt sein müssen, da die Sache dann erst rechtshängig ist (§§ 253, 263 ZPO.); der Gesetzgeber forderte die Rechtshängigkeit innerhalb der Frist; nach dem bei der Erlassung des Forstgesetzes geltenden Prozeßrecht trat die Rechtshängigkeit mit der Einreichung der Klage ein. Die Klage muß fristgerecht beim zuständigen Gericht eingereicht werden; doch ist die Unzuständigkeit nicht von Amts wegen zu beachten.

3. Durchführung des Verwaltungsverfahrens als Prozeßvoraussetzung: Vor der Durchführung des Verwaltungsverfahrens ist in den Fällen der Art. 23 Abs. II, 25 Abs. IV, 26 Abs. I und 28 Abs. II grundsätzlich der Rechtsweg nicht zulässig; die Durchführung des Verwaltungsverfahrens ist eine Prozeßvoraussetzung; die Gerichte müßten die sofort erhobene Klage von Amts wegen als unzulässig zurückweisen.

Das Verwaltungsverfahren und zwar das reine Verwaltungsverfahren wie das Verwaltungsrechtsverfahren muß im zweiten Rechtszug (Art. 109 FG., 9 VGG.) abgeschlossen sein; dann erst kann die gerichtliche Klage erhoben werden. Es wird genügen, wenn überhaupt eine Entscheidung im zweiten Rechtszug ergangen ist, auch wenn z. B. von der zweiten Instanz wegen Versäumung der Beschwerdefrist auf die Beschwerde sachlich gar nicht eingegangen wurde. Den Beteiligten ist es nicht verwehrt, nach der Entscheidung der zweiten Instanz das Staatsministerium des Innern, soweit dieses zuständig ist (nicht aber den Verwaltungsgerichtshof, Art. 13 Abs. I Ziff. 2 VGG.) anzurufen; wenn die Frist nicht versäumt ist, kann auch dann noch die gerichtliche Klage erhoben werden.

4. Sonstiges Verhältnis des Verwaltungsverfahrens zum Gerichtsverfahren: Die forstpolizeiliche Entscheidung wird rechtskräftig, wenn gegen sie nicht fristgerecht im Verwaltungsweg Beschwerde erhoben wird; die Entscheidung kann dann vollstreckt werden (vgl. Art. 32 Abs. II FG.). Die Betretung des Rechtswegs vermag nicht zu hindern, daß die forstpolizeiliche Entscheidung in Rechtskraft erwächst; aber sie ist keine endgültige. Das Verwaltungsverfahren und das gerichtliche Verfahren sind ganz selbständig; es kann nicht etwa das Gericht die forstpolizeiliche Entscheidung aufheben oder abändern; die letztere bleibt vielmehr äußerlich bestehen; das Gericht kann und wird zwar die forstpolizeilichen Akten erholen, es ist aber ganz unabhängig und hat zu verfahren wie bei einer gewöhnlichen Klage; der Klagantrag hat so zu lauten, als ob kein Verwaltungsverfahren vorangegangen wäre. Die Entscheidung des Gerichts steht stets und in allem über der forstpolizeilichen Entscheidung, auch soweit es sich um vorsorgliche Maßregeln und einstweilige Verfügungen handelt; hat das Gericht sachlich entschieden, so ist die Entscheidung des Gerichts maßgebend; diese ist dann zu vollstrecken, nicht mehr die forstpolizeiliche Entscheidung. Die Kostenentscheidung der Forstpolizeibehörden bleibt bestehen, auch wenn sich nach dem Urteil des Gerichts eine andere Kostenverteilung ergäbe; das Gericht kann nicht über die Kosten des Verwaltungsverfahrens bestimmen. Im Verwaltungsverfahren gilt der Amtsbetrieb; es besteht niemals Anwaltszwang; vor Gericht gilt der Parteibetrieb mit Beweislast, vor den höheren Gerichten besteht Anwaltszwang. Die Forstpolizeibehörde hat in der Beschwerdebelehrung nur auf die Möglichkeit der Beschwerde zur Forstpolizeistelle, die Forstpolizeistelle auf die Möglichkeit der Betretung des Rechtswegs hinzuweisen. Wenn der Rechtsweg nur für einen Teil der Entscheidung der Forstpolizeibehörde vorbehalten ist (Art. 23, 26), sind die Entscheidungen der Verwaltungsbehörden bezüglich des andern Teiles endgültig; insoweit ist auch der VGH. zuständig.

Vgl. auch die einschlägigen Anmerkungen zu Art. 23, 25, 26 und 28.

5. Vollstreckung: Vgl. Anm. 6 zu Art. 23 und § 8 Allg. VollzB. 1879 S. 185.

6. Klagen gegen den Forstärar: Ansprüche gegen den staatlichen Forstärar können erst dann vor den Gerichten eingeklagt werden, wenn der Kläger sich an die zuständige nächsthöhere Verwaltungsstelle (Regierungsforstkammer usw.) um Abhilfe gewendet und entweder eine abschlägige oder innerhalb sechs Wochen keine Antwort erhalten hat; ein solches Abhilfegesuch ist nicht erforderlich für den Antrag auf einstweilige Verfügungen und niemals für Anträge bei den Forstpolizeibehörden und Verwaltungsgerichten (Art. 2 AG.ZPO. und KO.). Ein Abhilfegesuch wird auch dann nicht nötig sein, wenn in den Fällen der Art. 23, 25, 26 und 28 nach der Entscheidung der Verwaltungsbehörden der Rechtsweg beschritten wird; das Abhilfegesuch hat den Zweck, unnötige Prozesse zu ersparen, die sich vermeiden lassen, wenn die vorgesetzte Verwaltungsstelle mit der Angelegenheit befaßt wird; in den Fällen der Art. 23ff. befaßt sich die vorgesetzte Forstverwaltungsbehörde bereits im forstpolizeilichen Verfahren mit der Streitsache (§ 13 Allg. VollzB. 1896); sie hat bereits in diesem Verfahren genügend Gelegenheit zu prüfen, ob ein Rechtsstreit geführt werden soll oder nicht; das Abhilfegesuch vor der Betretung des Rechtswegs wäre daher zwecklos; es erscheint entbehrlich (vgl. BlfRA. Bd. 41 S. 44, 83; ZivS. Bd. 5 S. 727). S. auch Anm. 5 zu Art. 2.

7. Verwaltungsverfahren in Forstrechtsangelegenheiten: Das Verfahren der Forstpolizeibehörden in den Fällen der Art. 23, 25—28 und 31 ist näher geregelt in Art. 110 FG. und §§ 13—16 Allg.

VollzB. 1896 (bei Art. 110); das örtlich zuständige Forstamt hat das amtliche Gutachten abzugeben und Antrag zu stellen, auch wenn der Forstärar streitbeteiligt ist (Art. 114); doch können noch weitere Sachverständige gehört werden (Art. 112 Abs. I FG.). Eine Anweisung, wie die Forstämter zu verfahren haben, enthält § 13 Abs. IV—VII Allg. VollzB. 1896. Wo notarielle Beurkundung von Verträgen vorgeschrieben ist, kann diese durch den Abschluß vor der Forstpolizeibehörde nicht ersetzt werden, weil diese nicht in vollem Umfange das Prozeßgericht ist (ME. vom 7. 5. 1864 Nr. 7764).

Verbot der Neubegründung von Forstrechten.

Artikel 33. ([34]/[34]).

Neue Forstberechtigungen können vom Tage der Verkündung des gegenwärtigen Gesetzes an nicht mehr erworben werden[1] [2].

1. **Geltungsbereich:**

a) Verboten: Art. 33 verbietet die Begründung neuer Forstberechtigungen nach der Verkündung des Forstgesetzes, d. i. nach dem 2. 4. 1852 (ObLGZ. Bd. 19 S. 369); es sollen „neue" Forstberechtigungen nicht mehr „erworben" werden können, d. h. es sollen nach dem angegebenen Zeitpunkt keine Forstberechtigungen mehr begründet werden können; daß dieser Sinn dem Gesetze innewohnt, ergibt sich deutlich aus der Begr., die besagt, mit Rücksicht auf den schädlichen Einfluß der Forstrechte auf die Waldwirtschaft sei es Aufgabe der Gesetzgebung, „die Entstehung neuer Forstberechtigungen zu verhüten". Verboten ist die Begründung von Forstrechten, die vor dem 2. 4. 1852 nicht bestanden haben, nicht aber der Erwerb solcher Rechte, die schon vorher bestanden haben; Art. 33 will nur die Vermehrung der Forstrechte verhindern, nicht jedoch Verschiebungen innerhalb der bestehenden Rechte.

Die Erweiterung des Inhaltes einer Forstberechtigung steht der Begründung einer solchen rechtlich gleich, ist also seit dem 2. 4. 1852 ebenfalls verboten (OAG. 9. 3. 1869, BlfRA. Bd. 34 S. 254); wenn aber der Entstehungstitel einer vor der Verkündung des Forstgesetzes begründeten Berechtigung unter gewissen Voraussetzungen eine Erweiterung des Inhalts bereits vorsieht (Anm. 2 b δ zu Art. 27), so steht einer solchen Erweiterung Art. 33 nicht entgegen, da diese schon früher begründet ist. Verboten ist seit dem 2. 4. 1852 auch die Verwandlung widerruflicher Vergünstigungen in (unwiderrufliche) Forstberechtigungen, da darin die Neubegründung der letzteren liegt.

Art. 33 ist aufrechterhalten durch Art. 115 EG.BGB.

Bereits in § 17 des kurfürstlichen Reskriptes vom 13. 4. 1804 und in Nr. 4 der hiezu ergangenen Ausführungsvorschrift vom 20. 4. 1804 (RegBl. S. 406, 408) wurde für den Geltungsbereich des Reskripts die Neubegründung von Forstrechten mit unbeschränktem Holzbezug untersagt (vgl. ObLGZ. Bd. 16 S. 28).

b) Nicht verboten: Unter Art. 33 fallen nur die eigentlichen Forstberechtigungen im Sinne der Art. 23ff. (vor Art. 23 Ziff. 1), nicht aber Dienstbarkeiten allgemeiner Art wie Fahrtrechte u. dgl.; diese letzteren können nach wie vor neu begründet werden. Unter das Verbot fällt auch nicht die Begründung persönlicher (obligatorischer, nicht dinglicher) Berechtigungen, die im übrigen den gleichen Inhalt haben können, wie die Forstberechtigungen (vgl. Art. 34 Weidegeś.). Die Begründung persönlicher Berechtigungen, die das gesetzliche Verbot des Art. 33 umgehen soll, wird aber als nichtig zu betrachten sein (§ 134 BGB.).

Art. 33 verbietet auch nicht die Übertragung einer bestehenden Forstberechtigung, gleichgültig, ob das belastete oder das berechtigte Grundstück wechselt, da hiebei die Forstrechte nicht vermehrt werden (vgl. vor Art. 23 Ziff. 6).

Wenn versucht wurde, eine Forstgrunddienstbarkeit im Wege der gesonderten Veräußerung vom berechtigten Anwesen loszutrennen mit der Absicht, sie künftig als selbständiges Recht auszuüben (was rechtlich nicht möglich ist), so wird die Forstberechtigung in Wirklichkeit trotz des Veräußerungsvertrags nach wie vor mit dem berechtigten Anwesen verbunden sein; der Veräußerungsvertrag wird nichtig sein (§ 134 BGB.); nach OAG. 20. 1. 1874 (ZS. Bd. 4 S. 407) soll in einem solchen Fall die Berechtigung ihren Bestand verlieren und nur in der Weise wiederaufleben können, daß sie mit Zustimmung des Eigentümers des belasteten Waldgrundstücks neu begründet werde; Art. 33 FG. bilde kein Hindernis.

Nicht unter das Verbot fällt ferner grundsätzlich die Anerkennung streitiger Rechtsansprüche (vgl. Just. GAusch. 1898/99, 12. Prot. S. 195). Das gleiche wird von einem Vergleich gelten, jedoch nur in den Fällen, wo wirklich ein bestehender Streit aus der Welt geschafft werden soll; dagegen nicht z. B., wenn durch einen Scheinvergleich das Verbot des Art. 33 umgangen werden soll.

2. Verjährung u. dgl. insbesondere: Ausgeschlossen ist auch die Begründung einer neuen Berechtigung nach dem 2. 4. 1852 auf dem Weg der Verjährung oder Ersitzung; diese müssen, wenn sie zu einem Erwerb führen sollen, am 2. 4. 1852 schon abgeschlossen sein. Es ist nicht bloß der Beginn einer erwerbenden Verjährung, sondern auch die Fortsetzung und Vollendung einer schon begonnenen Verjährung von da an ausgeschlossen (ObLG. 14. 3. 1893, Z. Bd. 14 S. 513). Dies gilt nicht bloß für die Begründung der ganzen Berechtigung, sondern auch für eine Erweiterung der Berechtigung. Nach der Begr. ergibt sich aus der Fassung des Gesetzes, daß auch eine vor der Verkündung des Gesetzes begonnene erwerbende Verjährung nicht mehr vollendet werden kann.

Ein verbotener Erwerb liegt dagegen nicht vor im Falle unvordenklicher Verjährung; denn da die unvordenkliche Verjährung ihrem Begriff nach die Entstehung des Rechts auf einen unbestimmten, weit zurückliegenden Zeitpunkt verlegt, so ergibt sich aus ihr, daß das Recht jedenfalls nicht nach der Verkündung des Forstgesetzes entstanden ist, also den Beschränkungen des Art. 33 nicht unterliegt (S. i. Z. Bd. 8 S. 394; auch OAG. RBl. 1840 S. 336 für die Rechtslage vor dem Forstgesetz; vgl. auch OLGZ. Bd. 14 S. 513; OAG. in SeuffBl. 34 S. 253; 35 S. 315; 39 S. 387 und SeuffBl. ErgBd. 1 S. 191; ObLGZ. Bd. 19 S. 358ff. und Abg. 1895/96 StenBer. 8 S. 344, sowie Anm. 2 vor Art. 23). Für eine nach der Verkündung des Forstgesetzes eingetretene unvordenkliche Verjährung wird nicht der Nachweis erfordert, daß schon im Zeitpunkt der Verkündung unvordenklicher Besitz vorhanden gewesen ist; die Verordnungen vom 18. 1. 1805 (kurpfl. RegBl. 1875 S. 129) und vom 15. 3. 1808 (RegBl. 1808 S. 677) lassen bei Forstberechtigten die unvordenkliche Verjährung zu; auch die bayer. Kulturmandate vom 30. 7. 1723 (Döllinger Bd. 14 S. 105) und vom 26. 5. 1775 (Mayr, Sammlung d. kurpfalzbayer. Landesverordn. Bd. 2 S. 907) stehen nicht entgegen. Das erstere, auf das das spätere verweist, bezieht sich auf die landesherrlichen öden Gründe und schließt nur bei diesen Grundstücken die unvordenkliche Verjährung wider den Landesherrn aus (ObLGZ. Bd. 19 S. 369 mit Anf.). In der Forstordnung des Bayer. Landrechts von 1616 sind nach dem Wortlaut des Art. 34 Waldweiderechte, die auf altem Herkommen beruhen, als rechtmäßig anerkannt (ObLGZ. Bd. 19 S. 368).

Wenn eine Berechtigung schon vor dem 2. 4. 1852 in den Katastern (Grundsteuer-, Gemeinde-, Häuser- oder Rustikalkatastern) eingetragen war, darf regelmäßig angenommen werden, daß sie schon vor der Verkündung des Forstgesetzes bestand.

Dritte Abteilung.

Forstpolizeiliche Bestimmungen.

Vorbemerkung.

1. Begriff der Forstpolizei: Forstpolizei ist die Tätigkeit der staatlichen Polizeibehörden zur Erhaltung der Waldungen. In Art. 1 des Gesetzentwurfes von 1846 war als Forstpolizei erklärt: „die Sorge für wirtschaftliche Erhaltung und Pflege der Waldungen" (Abg. 1846 Beil. Bd. 1 S. 32). Die Wälder haben für das ganze Volk eine besondere Bedeutung; andrerseits erfordern sie eine Behandlung, die den Wünschen des Besitzers nicht immer entspricht; daher hat der Gesetzgeber zum Wohle der Allgemeinheit Vorschriften erlassen, nämlich das Forstgesetz. Bestimmungen forstpolizeilicher Natur enthält das Forstgesetz nicht bloß in der die Überschrift „Forstpolizeiliche Bestimmungen" tragenden dritten Abteilung (Art. 34—47), sondern auch anderwärts. Im Grunde ist das ganze Forstgesetz ein Polizeigesetz, ähnlich dem Polizeistrafgesetzbuch; als forstpolizeiliche Bestimmungen im weiteren Sinn sind auch anzusehen die Vorschriften der Art. 6—22 über die Gemeinde-, Stiftungs-, Körperschafts- und Privatwaldungen, der Art. 23—33 über die Forstberechtigungen, der Art. 106ff. über Ursprungszeugnisse sowie mehrere Vorschriften des 2. Unterabschnitts über Forstfrevel Art. 88ff. (z. B. Art. 90 bis 94, 96, 97; vgl. die Überschrift vor Art. 88); bei den letzteren, die sich an andere Personen als den Waldbesitzer richten, ist Gebot (Verbot) und Strafdrohung stets in einer Bestimmung vereinigt; anders bei den forstpolizeilichen Bestimmungen im engeren Sinn (Art. 34—47), die sich im wesentlichen an den Waldbesitzer richten; die Strafdrohungen sind hier von den Geboten (Verboten) getrennt (Art. 75ff.); ein Grund für diese verschiedene Behandlung ist nicht ersichtlich; an der forstpolizeilichen Natur der in den angeführten Bestimmungen im Abschnitt Forstfrevel enthaltenen Gebote und Verbote ändert die Verbindung mit der Strafdrohung nichts. Eine ausgesprochen forstpolizeiliche Bestimmung enthält ferner Art. 78. Als Bestimmungen forstpolizeilicher Natur sind auch die Zuständigkeits- und Verfahrensvorschriften für die Forstpolizeibehörden (Art. 109—115) anzusehen. Wenn das Forstgesetz auf die forstpolizeilichen Bestimmungen des Gesetzes verweist, z. B. in Art. 23 Abs. I, so sind nur die forstpolizeilichen Bestimmungen im engeren Sinne (Art. 34—47) gemeint. Die Forstpolizeibehörden sind aber nicht bloß zuständig in den Fällen der Art. 34—47, sondern grundsätzlich in allen forstpolizeilichen Angelegenheiten im weiteren Sinn; dies kommt vielfach im Gesetz selbst zum Ausdruck, z. B. in Art. 23 Abs. II, 25 Abs. IV usw.; ihre Zuständigkeit ist aber (mit Ausnahme der Art. 6—18, wo die Aufsichtsbehörden zuständig sind (s. Anm. 2 zu Art. 14), auch gegeben, wenn das Gesetz es im einzelnen Fall nicht ausspricht, soweit nicht die Zivil- und Strafgerichte zuständig sind. Wenn die Forstpolizeibehörden zuständig sind, gelten stets auch die Vorschriften der Art. 109ff.; soweit der Verwaltungsrechtsweg eröffnet ist, ist zunächst das Verwaltungsgerichtsgesetz anzuwenden.

Im Vollzuge der Art. 34—47, 78 wird ein Verwaltungsrechtsstreit und ein Verwaltungsstreit II. Ordnung (Anm. 1b und c vor Art. 109) nicht entstehen können; insbesondere können die Gemeinden usw. gegen Verfügungen der Forstpolizeibehörden und -stellen im Vollzuge der Art. 34ff. nicht den Verwaltungsgerichtshof anrufen (Art. 60 Abs. VI GemO. und Art. 10 Ziff. 1 und 3 VGG.), da die Verfügungen nicht staatsaufsichtlicher, sondern forstpolizeilicher Natur sind.

Mit dem 1. 1. 1853 wurden alle früheren Gesetze, Verordnungen und Gewohnheitsrechte über die Forstpolizei mit Ausnahme der Alpen- und Weideordnungen des Art. 44 außer Wirksamkeit gesetzt (Art. 190; vgl. die dortige Anm. 4).

2. Inhalt der forstpolizeilichen Tätigkeit: Im einzelnen gehört zur forstpolizeilichen Tätigkeit:

a) Die Entscheidung in den Fällen, in denen eine Entscheidung der Forstpolizeibehörden oder -stellen im Gesetz ausdrücklich vorgesehen ist, nämlich der Forstpolizeibehörden: in den Art. 7 Abs. II bis IV; 13 Abs. I und II; 14 Abs. II; 23 Abs. II; 25 Abs. IV; 26 Abs. I; 27 Abs. III; 28 Abs. II; 31 Abs. I—III; 36; 39 Abs. I; 40 Abs. I—IV, V; 42 Abs. II; 42a; 42b; 42c; 43 Abs. III; 44 Abs. III; 45 Abs. II; 46 Abs. II, III; 78 Abs. II;

der Forstpolizeistellen: in den Art. 7 Abs. II und IV; 8 Abs. II; 11; 13 Abs. I und II; 14 Abs. II; 20 Abs. I; 40 Abs. V, VI; 109 Abs. I Ziff. 2.

Damit erschöpft sich die forstpolizeiliche Tätigkeit noch nicht.

b) Die Forstpolizeibehörden und -stellen haben auch, wo das Forstgesetz es nicht ausdrücklich vorschreibt, das Recht und die Pflicht zur Erfüllung der Gebote und zur Beachtung der Verbote des Forstgesetzes mitzuwirken; dies ergibt sich aus dem Wesen der Polizei und den für diese erlassenen allgemeinen und besonderen Vorschriften (Art. 102 Abs. I AG.StPO.[1]) vom 18. 8. 1879, GVBl. S. 781, Art. 20 Abs. I und IV und Art. 21 PStGB.[2]) sowie den Dienstanweisungen für die

---

[1]) Art. 102 Abs. I AG.StPO. lautet:

„Die Behörden und Beamten des Polizei- und Sicherheitsdienstes sind verpflichtet, durch Aufsicht und Anstalten den Übertretungen der Strafgesetze möglichst zuvorzukommen und dieselben in ihrem Laufe zu unterdrücken." S. dazu Eichner, Rechtsgrundlagen der Präventivpolizei, München 1927.

[2]) Diese lauten:

Art. 20 PStGB.

I „In Fällen, welche mit Strafe gesetzlich bedroht sind, ist die zuständige Polizeibehörde, vorbehaltlich der späteren Strafverfolgung, soweit nötig, zur vorläufigen Einschreitung befugt.

IV Unterläßt jemand, dasjenige zu tun, was ihm unter Strafe gesetzlich zu tun geboten ist, so steht der Polizeibehörde die Befugnis zu, diese Handlung statt seiner vorläufig vornehmen zu lassen. Der dadurch verursachte Kostenaufwand kann jedoch von dem Ungehorsamen nur auf Grund eines richterlichen Urteils zwangsweise beigetrieben werden."

Art. 21 PStGB.

I „Die Behörden der inneren Verwaltung sind befugt, Verfügungen, die sie innerhalb ihrer Zuständigkeit zum Vollzug von Gesetzen, deren Übertretung nicht mit Strafe bedroht ist, an bestimmte Personen erlassen und diesen eröffnet haben, durch Anwendung gesetzlicher Zwangsmittel zur Ausführung zu bringen.

II Zu diesem Zwecke sind jene Behörden insbesondere berechtigt, die Nichtbefolgung einer Verfügung der im Abs. 1 bezeichneten Art mit Ungehorsamsstrafen zu bedrohen und diese im Falle des Ungehorsams für verwirkt zu erklären und zwar die Bürgermeister und Gemeindeausschüsse der Gemeinden mit Landgemeindeverfassung in den Landesteilen rechts des Rheines und die Bürgermeister der Landgemeinden der Pfalz bis zu *zwei Talern*, die Bürgermeister und Magistrate der einem Bezirksamte untergeordneten Städte und Märkte der Landesteile rechts des Rheines und die Bürger-

einzelnen Forstpolizeibehörden- und -beamtenarten). Hiezu stehen ihnen alle gesetzlich erlaubten Mittel zu Gebote. Diese werden gewöhnlich sein: Feststellung des tatsächlichen Zustandes; Belehrung, Beratung, Unterstützung der Waldbesitzer; Aufforderungen und Aufträge an den Pflichtigen; Warnung; nötigenfalls Strafanzeige; u. U. Ersatzvornahme und Zwangsmaßnahmen; diese letzteren aber nur, soweit eine gesetzliche Grundlage sie zuläßt. Die Forstpolizeibehörden sind hiebei weitgehendst auf die Mitwirkung der Hilfspersonen zur Handhabung der Forstpolizei (Art. 115) und die Unterstützung seitens der Forstämter angewiesen. Die Tätigkeit der Forstpolizeistellen (und des Staatsministeriums des Innern) über die Fälle unter a hinaus ist im wesentlichen auf die Erlassung allgemeiner Richtlinien beschränkt. Die Bestrafung wegen der Forstpolizeiübertretungen und Forstfrevel ist nicht Sache der Forstpolizeibehörden, sondern der Gerichte (Art. 116). Die Zuständigkeit der Forstpolizeibehörden und -stellen beurteilt sich beim Vollzuge der dritten Abteilung auch bezüglich der Gemeinde-, Stiftungs- und Körperschaftswaldungen ausschließlich nach Art. 109 FG.; vgl. Art. 14 Anm. 2.

3. Forstpolizei und allgemeine Polizei; Verhältnis des Forstgesetzes zum Polizeistrafgesetzbuch: Die Forstpolizei ist ein Teil der allgemeinen Polizei (Begr. zu Art. 109 des Entwurfes 1846) wie z. B. die Gewerbe- oder Gesundheitspolizei. Die allgemeinen Vorschriften über die Polizei z. B. das Gebot des Art. 102 AG.StPO. an die Polizeiorgane, strafbare Handlungen nach Möglichkeit im Entstehen oder in der weiteren Ausführung zu verhindern (s. Anm. 2b), finden auch auf die Forstpolizei Anwendung, soweit nicht das Forstgesetz etwas besonderes vorschreibt.

Daher ist auch das Polizeistrafgesetzbuch in seinen beiden ersten Abteilungen als allgemeines Polizeigesetz (Anordnungsrecht, Vollzugsmaßregeln und vorläufige Einschreitung — Art. 1 bis 22 —) auf die Forstpolizei anwendbar, soweit im Forstgesetz für den betreffenden Fall nicht etwas besonderes bestimmt ist (subsidär). So gilt z. B. auch für die Forstpolizei, daß allgemein verbindliche Vorschriften (z. B. nach Art. 45 Abs. II, 46 Abs. I FG.) von den Forstpolizeibehörden im Wege bezirkspolizeilicher (soferne es sich um unmittelbare Städte handelt, im Wege ortspolizeilicher) Vorschriften zu erlassen sind (Art. 1 Abs. I, Art. 4 PStGB.); zur Zuständigkeit zur Erlassung von Anordnungen, Geboten oder Verboten an einzelne Personen oder in bestimmten Fällen vgl. Art. 1 Abs. III PStGB. und § 33 der Zuständigkeitsverordnung vom 4. 1. 1872 (RegBl. S. 25; Weber Bd. 9 S. 258). Für die orts- und bezirkspolizeilichen Vorschriften, die im Vollzuge des Forstgesetzes erlassen werden, gelten die allgemeinen Vorschriften (Vollziehbarkeitserklärung Art. 6, Gesetzmäßigkeit Art. 10, Bekanntmachungspflicht Art. 11, Beschwerde- und Aufhebungsrecht Art. 14, 12, 13, und richterliches Prüfungsrecht Art. 15 PStGB.).

Strafvorschriften im besonderen zum Schutze des Waldes enthält das Polizeistrafgesetzbuch nicht; soweit Strafvorschriften polizeilicher Natur zum Schutze des Waldes nötig erschienen, wurden sie in das Forstgesetz aufgenommen; das Reichsstrafgesetzbuch schützt die Waldungen durch Strafdrohungen krimineller Art, z. B. in §§ 308ff.

In allen gesetzlich mit Strafe bedrohten Fällen, also bei allen Forstpolizeiübertretungen und Forstfreveln sind die Forstpolizeibehörden und deren Hilfsorgane vorbehaltlich der späteren Straf-

---

meister der Städte in der Pfalz bis zu *drei Talern* und die übrigen Magistrate, Bürgermeister und Behörden der inneren Verwaltung bis zu *fünfzehn Talern.*

III Wird nach Verhängung der Ungehorsamsstrafe der erneuten Verfügung der Behörde nicht Folge geleistet, so ist diese befugt, die nach Abs. 2 zulässige Ungehorsamsstrafe wiederholt anzudrohen und in angemessener Frist als verwirkt zu erklären, sofern weder die in Abs. 4 vorgesehene Vollstreckungsmaßregel, noch ein sonstiges Zwangsmittel zur Durchführung des Vollzuges anwendbar ist.

IV Unterläßt jemand innerhalb der dafür bestimmten Frist dasjenige zu tun, was ihm durch eine Verfügung der im Abs. 1 bezeichneten Art durch die zuständige Behörde auferlegt ist, so ist letztere befugt, diese Handlung auf Kosten des Ungehorsamen vornehmen zu lassen und den von ihr festgestellten Kostenaufwand, vorbehaltlich der Verpflichtung zum Schadensersatze, nach den gesetzlichen Bestimmungen über Beitreibung von Untersuchungskosten beziehungsweise Gemeindegefällen, in der Pfalz auf dem Wege des administrativen Zwangsvollzuges, zu erheben.

V Gegen die Androhung oder Vorkehrung der nach Maßgabe des gegenwärtigen Artikels zulässigen Vollzugsmaßregeln ist Beschwerde an die höheren Stellen zulässig. In dringenden Fällen haben solche Beschwerden keine aufschiebende Wirkung.

VI Die von einer Gemeindebehörde verfügten Ungehorsamsstrafen fließen in die Kasse der betreffenden Gemeinde.

VII Enthält ein Spezialgesetz eine Mehrheit von Anordnungen, und ist in demselben nur die Übertretung eines Teiles der getroffenen Anordnungen unter Strafe gestellt, so findet der gegenwärtige Artikel auf die nicht mit Strafe bedrohten Anordnungen dieses Gesetzes Anwendung."

verfolgung, soweit nötig, auch nach Art. 20 PStGB. (neben den Sonderbestimmungen des Forstgesetzes und neben Art. 102 AG.StPO.) zum vorläufigen Einschreiten befugt (vgl. Riedel-v. Sutner, Anm. 1 zu Art. 20 PStGB.), es sei denn, daß das Forstgesetz im einzelnen Fall ein anderes bestimmt. Mit der gleichen Einschränkung kann die Forstpolizeibehörde dann, wenn jemand das zu tun unterläßt, was ihm unter Strafe gesetzlich zu tun geboten ist, die Handlung an seiner Stelle vornehmen lassen. Der dadurch verursachte Kostenaufwand kann jedoch von dem Säumigen zwangsweise nur auf Grund eines richterlichen Urteils beigetrieben werden; als Urteil im Sinne dieser Gesetzesstelle kommt regelmäßig das Strafurteil wegen der Unterlassung in Betracht; im Strafurteil ist die Verpflichtung zum Kostenersatz nur dem Grunde nach festzustellen; die Festsetzung der Höhe und die Zwangsbeitreibung richtet sich nach Art. 16 PStGB. (nach der Rechtspr. des ObLG.). Waren die vorläufig getroffenen Maßnahmen nicht gerechtfertigt, so bleibt dem Freigesprochenen der Anspruch auf Schadenersatz vorbehalten (Art. 20 PStGB.).

Die mit dem Vollzuge der Forstpolizei befaßten Behörden der inneren Verwaltung können Verfügungen, die sie innerhalb ihrer Zuständigkeit zum Vollzuge von Gesetzen und Verordnungen, deren Übertretung nicht mit Strafe bedroht ist — soweit solche im Forstgesetz überhaupt enthalten sind — an bestimmte Personen erlassen und diesen eröffnet haben, durch Anwendung gesetzlicher Zwangsmittel zur Ausführung bringen; möglich ist unmittelbarer, physischer Zwang, Ungehorsamsstrafe, auch Ersatzvornahme (Art. 21, 22 PStGB.).

Wenn jemand rechtskräftig wegen einer Forstpolizeiübertretung oder wegen eines Forstfrevels verurteilt worden ist, weil er durch eine Handlung oder Unterlassung einen nach dem Forstgesetz verbotenen Zustand herbeigeführt hat, so kann ihn, soweit nicht das Forstgesetz etwas anderes bestimmt, die Forstpolizeibehörde auffordern, den rechtmäßigen Zustand herzustellen; kommt er der Aufforderung nicht nach, so kann die Forstpolizeibehörde die Handlung auf Kosten des Ungehorsamen vornehmen lassen und von ihm — vorbehaltlich der Verpflichtung des Säumigen zum Ersatze des etwa verursachten Schadens — den von ihr festgestellten Kostenaufwand erheben (im Verfahren nach Art. 6, 7 AG.ZPO. und KO.; Art. 16 PStGB.). Die Aufforderung und die Ersatzvornahme nach dieser Bestimmung kommt aber nur in Betracht, soweit die Herstellung des rechtmäßigen Zustandes der Natur der Sache nach möglich ist.

Die Organe der allgemeinen Polizei sind berechtigt und verpflichtet, auch auf dem Gebiete der Forstpolizei mitzuwirken; für die Forstpolizei sind durch die Bestimmung des Art. 115 FG. über die Hilfspersonen zur Handhabung der Forstpolizei außerdem noch besondere Organe aufgestellt, z. B. die niederen Forstbediensteten der Privatpersonen.

Die Zuständigkeit und das Verfahren auf dem Gebiete der Forstpolizei ist teilweise besonders geregelt in den Art. 109—115 FG.; ergänzend sind die im allgemeinen Polizeiwesen geltenden Grundsätze anzuwenden.

4. **Geltungsbereich**: Die forstpolizeilichen Bestimmungen (der Art. 34ff. und die sonstigen) gelten je nach ihrem Inhalt für Waldbesitzer (Private, Gemeinden, Stiftungen und Körperschaften des öffentlichen Rechtes), für Forstberechtigte und dritte Personen. Für die Forstberechtigten ist die Befolgung der forstpolizeilichen Bestimmungen des Gesetzes noch ausdrücklich vorgeschrieben (Art. 23 Abs. I). Die Bestimmungen der dritten Abteilung sind nur anwendbar, soweit es sich um Waldungen im Sinne des Forstgesetzes (Art. 1 Anm. 7) handelt, die im rechtsrh. Bayern liegen.

5. **Forstpolizei und Staatswaldungen**: Die Beschränkungen, die die forstpolizeilichen Bestimmungen der dritten Abteilung (Art. 34ff.) dem Waldbesitzer auferlegen, gelten nicht für die Staatswaldungen (und die vom Staate unmittelbar verwalteten Stiftungswaldungen); es entfallen soweit auch die entsprechenden Strafbestimmungen der Art. 75—78. Dies ist die ständige, über ein Dreivierteljahrhundert währende Übung der Forst- und Forstpolizeibehörden, sowie die fast übereinstimmende Meinung im Schrifttum. In der Rechtsprechung ist die Frage, soweit ersichtlich, noch nicht entschieden.

Im Forstgesetz ist diese Ausnahme nicht ausdrücklich ausgesprochen. Sie folgt nicht daraus, daß, wie der Staatsminister von Riedel am 13. Mai 1896 (StenBer. S. 396) im Landtage sagte, der Staat sich nicht unter seine eigene Polizeigewalt stellen könne (ähnlich Englert im Anschluß an Seydel in seiner Bauordnung Anm. 3 zu § 10: der Staat übe keine Polizeigewalt gegen sich; gebilligt in der InnME. vom 6. 12. 1924 Nr. 3650a 10); dies ist nach der modernen Rechtsauffassung gegenüber dem Fiskus sehr wohl möglich und geschieht nicht selten z. B. auf dem Gebiet der Gewerbe- und Wasserpolizei; es ist auch gesetzlich anerkannt, z. B. in § 155 Abs. III der Gewerbeordnung. Wohl aber ergibt sich die Ausnahmestellung der Staatswaldungen aus der Entstehung und dem Sinn des Forstgesetzes. Die forstpolizeilichen Vorschriften des Forstgesetzes, die dem Waldbesitzer Beschränkungen und Pflichten auferlegen, sind erlassen, um die Waldungen zum Wohle der Allgemeinheit zu erhalten. In der Gesetzesbegründung zum Entwurfe 1846, der die Grundlage des geltenden Forstgesetzes bildet, wird ausführlich dargetan, daß die Waldungen der Gemeinden, Stiftungen, Körperschaften und der Privaten eine staatliche Überwachung nötig hätten, da ihnen in der Vergangenheit viele Schäden zugeflossen seien; die Staatswaldungen dieser Überwachung durch die Forstpolizei zu unterstellen, beabsichtigte der Gesetzgeber offenbar nicht; während die Unterstellung der andern Waldbesitzer ausführlich begründet wird, ist von der Einbeziehung der Staatswälder in die Forstpolizei mit keinem Wort die Rede; der Zustand der Staatswälder als gepflegter Waldungen ist in der Begründung als Maßstab für die übrigen Waldungen angeführt; die Staatswaldungen waren schon bei der Erlassung des Forstgesetzes gut imstand; es bestand kein Bedürfnis, ihre Bewirtschaftung einer polizeilichen Aufsicht zu unterwerfen. Die Staatsforsten werden von Staatsbeamten verwaltet, die, von selbst und durch genaue Dienstanweisungen geleitet, für ihre Erhaltung sorgen, so daß eine weitere Sicherung oder Überwachung seitens fremder Behörden nicht notwendig ist, zumal die staatlichen Forstbehörden selbst dazu berufen sind, als technisches Organ der Forstpolizeibehörden die fremden Waldungen zu überwachen. Die forstpolizeilichen Vorschriften für den Waldbesitzer haben zunächst den Zweck, die Waldungen zum Besten der Allgemeinheit zu erhalten, nicht um dritte Personen vor Nachteilen zu bewahren; es sind also in der Regel nicht widerstreitende Interessen mehrerer Beteiligter zu schlichten, wozu die Mitwirkung einer unabhängigen polizeilichen Behörde zweckmäßig oder notwendig wäre.

Aus diesen Gründen ist anzunehmen, daß der Gesetzgeber den Staat als Waldbesitzer den forstpolizeilichen Bestimmungen des Forstgesetzes nicht unterstellen wollte; dafür spricht auch die tatsächliche Übung, die mit dem Inkrafttreten des Forstgesetzes einsetzte und seitdem über 75 Jahre ununterbrochen fortdauert.

Die Staatswaldungen (und die von staatlichen Behörden verwalteten Stiftungswaldungen) sind demnach z. B. nicht gebunden an die Genehmigung der Forstpolizeibehörde zu Rodungen, zu kahlen Abtrieben in Schutzwaldungen. Es liegt aber im Sinne des Gesetzes, daß die Staatsforstverwaltung die den andern Waldbesitzern gesetzlich vorgeschriebenen Maßnahmen zur Erhaltung der Wälder selbst auch durchführt; weil der Gesetzgeber dies von der Staatsforstverwaltung als selbstverständlich annahm, hat er diese ja ausgenommen. Übrigens ist in den Dienstvorschriften alles enthalten, was zur Erhaltung der Staatsforsten nötig ist.

Die Befreiung gilt nur für die Staatsforstverwaltung und ihre Organe. Dritte, die z. B. in Staatswaldungen weiden, sind dagegen den Beschränkungen des Art. 43 unterworfen; ein Güterhändler, der den Holzbestand eines Staatswaldteiles erwirbt, hat die Pflichten nach Art. 42a, b, c usw.; vgl. auch die Anmerkungen zu den einzelnen Artikeln der dritten Abteilung.

6. Übersicht über die dritte Abteilung (Art. 34—47):

In der Abteilung sind folgende Gegenstände behandelt:

a) Rodungen:
Voraussetzungen Art. 34,
Genehmigungsverfahren Art. 36,
Kultivierung Art. 37,
Besondere Vorschriften für die Gemeinde-, Stiftungs- und Körperschaftswaldungen Art. 38,
(Strafvorschriften Art. 75, 76, 78);

b) Schutzwaldungen:
Begriff Art. 34 Ziff. 2, Art. 35,
Rodungsverbot Art. 34 Ziff. 2, Art. 35,
Genehmigungspflicht für Kahlhiebe Art. 39,
Genehmigungsverfahren für Kahlhiebe Art. 40, 110,
Feststellung der Schutzwaldeigenschaft Art. 40, 110,
(Strafvorschriften Art. 75, 78);

c) Vorschriften zur Erhaltung des Waldstandes:
Verbot der Abschwendung Art. 41,
Aufforstungspflicht Art. 42 (und 42a—c);
(Strafvorschriften Art. 75, 77, 78);

d) Besondere Vorschriften für Güterhändler:
Anzeigepflicht beim Erwerb oder der Veräußerung von Wäldern mit oder ohne Grund Art. 42a, 42c,
Genehmigungspflicht für Abholzungen Art. 42b, 42c,
(Strafvorschriften Art. 75, 76a, 78);

e) Weide:
Waldweide Art. 43, 44 Abs. II,
Alpenweide Art. 44 Abs. I und III,
(Strafvorschriften Art. 77, 88, 89);

f) Sicherheitsvorschriften:
Feuer Art. 45,
Insekten Art. 46,
Errichtung von Bauten Art. 47,
(Strafvorschriften Art. 77, 96).

Sachliche Voraussetzungen für die Rodung.

Artikel 34[1]. ($^{35}/_{35}$).

Gänzliche oder teilweise Rodungen (Ausstockungen)[2] sind erlaubt[3], wenn

1. die auszustockende Fläche zu einer besseren Benützung[4], insbesondere für Feld-, Garten-, Wein- oder Wiesenbau, unzweifelhaft geeignet,[5]
2. das Fortbestehen des Waldes nicht zum Schutze gegen Naturereignisse[6] notwendig ist, und
3. die Forstberechtigten[7] in die Rodung eingewilligt haben.

Allg. VollzB. 1879.

§ 9.

(Art. 34—37.) [I]Die k. Forstämter, welchen die Antragstellung und das amtliche Gutachten bei den Forstpolizeibehörden zusteht (Art. 114), haben sich mit Beihilfe ihrer Untergebenen von den in ihrem Amtsbezirke befindlichen nicht ärarialischen Waldungen, deren Lage und übrigen Verhältnissen, nach und nach möglichst verlässige Kenntnis zu verschaffen, und in besonders anzulegenden Verzeichnissen diejenigen Privatwaldungen vorzumerken:

a) welche auf unbedingtem Waldboden stocken, der sich zur besseren Kultur nicht eignet, und den äußeren Wahrnehmungen nach nur im Waldertrage die höchste Rente liefert (Art. 34 Ziff. 1); besonderes Augenmerk ist hier auf die Gebirgswaldungen zu richten;
b) die Waldungen, die in die Kategorie des Art. 34 Ziff. 2 und in seiner näheren Erläuterung, des Art. 35 fallen; endlich
c) die Waldungen, auf welchen Forstrechte lasten (Art. 34 Ziff. 3).

[II]Je umsichtiger die k. Forstämter in der Herstellung dieser Verzeichnisse verfahren, je mehr werden sie bei den ihnen zu machenden Anzeigen von dem Vorhaben der Rodung in der Lage sein, die amtlichen Anträge, ohne Veranlassung von weitläufigen Vorerhebungen, an die Forstpolizeibehörden gelangen zu lassen (Art. 36). In den meisten Fällen finden sie die nötigen Anhaltspunkte in den amtlichen Vormerkungen. Dienstreisen an Ort und Stelle von seiten des Forstmeisters oder seines Stellvertreters werden daher selten eintreten und können überhaupt mehr auf die wichtigeren Fälle beschränkt bleiben; oder es kann, wenn mit der Rodung nicht geeilt werden will, die allenfalls nötige Einsichtnahme gelegentlich anderer in der Gegend vorzunehmender Dienstgeschäfte geschehen. Überhaupt ist auf Vermeidung von Kosten der möglichste Bedacht zu nehmen. Wo demungeachtet solche Kosten erlaufen, sind sie von dem Waldbesitzer, welcher die Rodung angemeldet hat, zu tragen und die Forstämter haben die Liquidation sogleich dem amtlichen Antrage anzulegen, damit die Forstpolizeibehörde das weitere verfügen kann.

[III]Mit der Bewilligungserteilung zur Rodung haben die Forstpolizeibehörden die Frist festzusetzen, innerhalb welcher die Kultur als Feld, Garten, Weinberg oder Wiese usw. nach der Abholzung vollzogen sein muß (Art. 76).

1. **Geltungsbereich:** In den Art. 34—38 ist die Rodung von Wäldern behandelt (s. die Übersicht in Anm. 6 der Vorbemerkung). Art. 34 stellt die sachlichen Voraussetzungen für die Rodung auf; eine Rodung ist nur zulässig, wenn die positiven und negativen Voraussetzungen der Ziff. 1—3 alle gegeben sind; aber auch wenn diese sämtlichen Voraussetzungen erfüllt sind, darf der Waldbesitzer noch nicht ohne weiteres roden; er bedarf stets auch noch der förmlichen forstpolizeilichen Genehmigung (Art. 36, 75); diese darf aber nicht versagt werden, wenn die Voraussetzungen der Ziff. 1—3 gegeben sind. Art. 34 gilt für Wälder jeder Art, auch für solche, die eines geregelten forstwirtschaftlichen Betriebes nicht fähig sind. Die Rodungsbestimmungen sind, insbesondere wegen der Vermengung mit den Schutzwaldvorschriften, wenig übersichtlich.

2. **Der Rodungsbegriff:** Unter Rodung versteht man die Ausstockung der auf einem Waldgrundstück nach der (unmittelbar oder früher vorausgegangenen) Abräumung des Holzbestandes noch vorhandenen Wurzeln mit dem Zwecke, den Boden der Holzzucht zu entziehen. Die Ausstockung ohne diesen Zweck ist nicht Rodung. Ob es sich um das ganze Waldgrundstück oder um einen Teil handelt, ist, wie auch das Gesetz selbst ausspricht, für den Begriff gleichgültig. Von der Rodung zu unterscheiden ist die Abschwendung (Art. 41), der Kahlhieb (Art. 39) und die Ausstockung ohne die Absicht, den Boden der Holzzucht zu entziehen; hier besteht Aufforstungspflicht (Art. 42); will der Waldbesitzer, der ohne Rodungsabsicht ausgestockt hat, nachträglich den Waldboden, statt ihn aufzuforsten, zu einem Acker u. dgl. umwandeln, so bedarf er hiezu (um von der Wiederaufforstungspflicht nach Art. 42 be-

freit zu sein) nachträglich der Rodungsgenehmigung. Der kahle Abtrieb von Waldungen bedarf keiner forstpolizeilichen Genehmigung, außer wenn es sich um eine Schutzwaldung handelt oder ein Güterhändlergeschäft inmitte liegt (Art. 39, 42b).

Die Beseitigung der Stöcke kann auch der Zeit überlassen werden; es kann z. B. ein abgeholztes Waldgrundstück ohne Entfernung der Stöcke in eine Weide übergeführt werden; auch in diesem Falle ist Rodung anzunehmen. Auch beim Waldfeldbaubetrieb ist für die Rodung jeweils die forstpolizeiliche Genehmigung zu erholen (ME. vom 4. 4. 1911 Nr. 2195a 7). Vgl. zum Rodungsbegriff auch die Anm. zu Art. 75 und Bl. Bd. 20 S. 72ff. Zu welchem Zweck der der Holzzucht entzogene Waldboden verwendet werden soll, ist für den Rodungsbegriff gleichgültig; auch die Ausstockung zum Zwecke der Eröffnung von Steinbrüchen, Sand- und Kiesgruben ist regelmäßig Rodung. Die Rodung ist keine Abänderung der Holz- oder Betriebsart nach Art. 26, da diese Bestimmung den Fortbestand als Wald voraussetzt.

3. **Erlaubt**: Stets ist aber forstpolizeiliche Genehmigung erforderlich; diese muß erteilt werden, wenn die Voraussetzungen des Art. 34 Ziff. 1—3 erfüllt sind; sie darf andrerseits nicht erteilt werden, wenn eine der Voraussetzungen des Art. 34 nicht erfüllt ist. Die forstpolizeiliche Genehmigung darf nur auf Grund einer der Bestimmungen des Art. 34 verweigert werden, nicht etwa z. B., weil die Erhaltung des Waldes für eine benachbarte große Stadt oder zur Wahrung eines Orts- oder Landschaftsbildes ein Bedürfnis ist (im letzteren Falle kann u. U. auf Grund anderer Vorschriften — s. oben S. 44, 55 — die Rodung des Waldes verhindert werden). Durch die Genehmigung der Rodung wird eine Verpflichtung zur Rodung nicht begründet (Bl. Bd. 20 S. 75). Die forstpolizeiliche Genehmigung ist vorgeschrieben, um die Beachtung der Vorschriften des Art. 34 zu sichern (Begr.). Die Forstämter haben für ihren Dienstbezirk Verzeichnisse der Wälder anzulegen, die nach Art. 34 nicht oder nur mit Zustimmung der Forstberechtigten gerodet werden dürfen (§ 9 Abs. II und III der Allg. VollzV. 1879 S. 193).

Ziff. 1:

4. Bessere Benutzung: Der Feld-, Garten-, Wein- oder Wiesenbau sind nur beispielsweise angeführt; es gibt noch andere Fälle der besseren Benutzung, auf dem Gebiet der Bodenkultur und andere, z. B. die Verwendung des Waldgrundstücks für eine bauliche Anlage, für eine Straße, insbesondere in der Umgebung großer Städte. Bei der beabsichtigten Umwandlung in landwirtschaftliche Kulturen sind im Zweifelsfall zweckmäßig auch landwirtschaftliche Sachverständige zu hören. Unter den Begriff Feldbau fällt auch Hopfenbau (Abg. 1907/08 StenBer. Bd. 2 S. 138). Unter einer besseren Benutzung ist eine vom allgemein wirtschaftlichen Standpunkte aus zweckmäßigere, im wesentlichen eine dem Werte nach dauernd erträglichere zu verstehen (vgl. Begr. und § 9 Abs. Ia der Allg. VollzV. 1879). Zur Aufforstung eines bisher landwirtschaftlich benutzten Grundstücks ist andrerseits grundsätzlich Voraussetzung, daß sich das Grundstück nach Beschaffenheit und Gestaltung des Bodens, nach Klima und Lage besser zur forstwirtschaftlichen Benutzung eignet (Art. 3 Abs. I des Aufforstungsgesetzes vom 22. 12. 1921, GVBl. S. 609). Die Forstämter haben Verzeichnisse der nichtstaatlichen Waldungen anzulegen, die auf unbedingtem Waldboden stocken (§ 9 Abs. Ia Allg. VollzV. 1879).

5. **Unzweifelhaft geeignet**: Die bessere Eignung darf keinem Zweifel unterliegen; im Zweifel ist also die Genehmigung zu versagen; nach Ziff. 3 der ME. vom 9. 10. 1899 (MABl. S. 553; Weber Bd. 28 S. 66) ist ein strenger Maßstab anzulegen. Andrerseits darf an Stelle der Eignung nicht eine Bürgschaft für eine in aller Zukunft gesicherte tatsächlich bessere Benutzung gefordert werden; daß die genehmigte Rodung wirklich zu dem erlaubten Zwecke führt, dafür zu sorgen ist der Weg in Art. 37 und 76 gegeben. Grundsätzliche Ausführungen über die Voraussetzungen der Rodung in der Nähe von Großstädten enthält die ME. vom 15. 2. 1913 Nr. 2195 a 3 im nachstehenden Sinne: „Die wirtschaftliche Entwicklung hat es mit sich gebracht, daß in der Umgebung der Großstädte der Boden heutzutage nur mehr Bauland ist; mag er auch vorläufig noch in anderer Form benützt werden, so geht es doch nicht an, ihn lediglich unter dem einseitigen Gesichtswinkel der Urproduktion zu betrachten. Die fast zufällige Tatsache, daß ein solches Grundstück noch mit Wald bestockt ist, darf daher ohne zwingenden Grund nicht zu einer gleichsam dinglichen Last werden, die den Verkehrswert herabmindert, und so den Besitzer gegenüber seinem Nachbarn, der von solchen Beschränkungen frei ist, schädigt. Ihm kann nicht zugemutet werden, Opfer zu bringen, um dem Großstadtpublikum in späteren Jahren einen Waldspaziergang zu sichern. Wenn ein solches Bedürfnis gegeben ist, so gehört dessen Befriedigung zur Aufgabe des Gemeinwesens, nicht des Privaten. Das allmähliche Verschwinden der Privatwaldungen im engeren Umkreis von Großstädten muß daher, so bedauerlich es an und für sich ist, als unvermeidliches Übergangsstadium in der baulichen Entwicklung der Großstadt hingenommen werden."

Ziff. 2:

6. Nicht zum Schutze gegen Naturereignisse notwendig: d. h. es darf kein Schutzwald sein. Den Schutzwaldbegriff stellt Art. 35 auf. Ein Schutzwald darf niemals gerodet werden; seine Rodung kann auch die Forstpolizeibehörde nicht erlauben. Die Bestimmungen über die Behandlung der Schutzwaldungen sind verstreut (s. die Übersicht in Anm. 6b vor Art. 34).

Ist umgekehrt die Aufforstung eines Grundstücks, das bisher nicht Wald war, zur Erhaltung der Bodensubstanz oder zum Schutze gegen Naturereignisse notwendig oder aus Rücksichten des Gemeinwohls für die Erhaltung einer Trink- oder Nutzwasserleitung für öffentliche oder genossenschaftliche Zwecke geboten, so darf die Erlaubnis zur Aufforstung nicht versagt werden (Art. 4 Abs. IV des Aufforstungsges. vom 22. 12. 1921, GVBl. S. 609, s. Anhang).

Ziff. 3:

7. Einwilligung der Forstberechtigten: Unter den Forstberechtigungen nach Art. 34 Ziff. 3 sind nur die bürgerlichrechtlichen Forstberechtigungen nach Art. 23ff., nicht auch die öffentlichrechtlichen gemeint, z. B. nicht die Nutzungsrechte, die Gemeindeangehörige auf Grund ihrer Gemeindezugehörigkeit am Gemeindewald ausüben (vgl. Bl. Bd. 21 S. 346). Regelmäßig wird auch bei öffentlichrechtlichen Nutzungsrechten auf Grund des zwischen dem Berechtigten und Verpflichteten bestehenden Rechtsverhältnisses die Rodung des belasteten Waldes ohne Zustimmung der Berechtigten verboten sein; im forstpolizeilichen Verfahren nach Art. 34, 36 ist aber dieses nicht auf dem Forstgesetz, sondern auf dem besonderen Rechtsverhältnis beruhende Verbot nicht zu beachten; vgl. für Gemeindenutzungsrechte S. 67. Ob die Forstberechtigungen gemessen oder ungemessen sind, ist gleichgültig. Wenn eine Forstberechtigung in eine jährliche Geldleistung umgewandelt ist (Art. 26, 29), ist die Zustimmung nicht mehr erforderlich, desgleichen selbstverständlich, wenn das Forstrecht abgelöst ist, da dann keine Forstberechtigung mehr besteht. Ohne die Einwilligung aller Forstberechtigten darf die Forstpolizeibehörde die Genehmigung zur Rodung nicht erteilen. Die Zustimmung der Forstberechtigten kann grundsätzlich nicht erzwungen, auch nicht ersetzt werden; das Unschädlichkeitszeugnis nach dem Gesetz vom 15. 6. 1898/14. 8. 1923 (GVBl. S. 301, 280) und die Veräußerungsklausel (Anm. 6a β, $\beta\beta$ vor Art. 23) kommt nicht in Betracht; ein Forstberechtigter kann also die Rodung des belasteten Waldes verhindern, eine Ausnahme wäre nur möglich über das Schikaneverbot des § 226 BGB. Auch die Zustimmung der Waldweideberechtigten ist für die Rodung nötig; Art. 5 des Weidegesetzes kommt nicht in Frage, da das Weidegesetz auf die Waldweide nicht anwendbar ist (Bl. Bd. 14 S. 280ff.; vgl. ME. vom 27. 1. 1895 Nr. 2163). Die Forstberechtigten müssen vor der Erteilung der forstpolizeilichen Genehmigung eingewilligt haben; es darf nicht etwa die Genehmigung unter dem Vorbehalt der Zustimmung der Gerechtigten erteilt werden. Hypothekengläubigern gibt das Forstgesetz keinen Schutz; für sie kommen die Bestimmungen des BGB. (§§ 1133ff.) zur Anwendung; die Forstpolizeibehörde darf auf die Hypothekengläubiger keine Rücksicht nehmen. Die Forstämter haben Verzeichnisse der Waldungen anzulegen, auf denen Forstrechte lasten (§ 9 Abs. I c Allg. VollzV. 1879).

Im Entwurf 1846 war die Zulässigkeit der Rodung noch an zwei weitere Voraussetzungen geknüpft: daß das Holzbedürfnis der Gegend die Verminderung des Waldstandes gestatte und daß dem Waldbesitze des Nachbarn durch die Rodung kein Nachteil zugehe; in das Gesetz sind diese Beschränkungen nicht übergegangen; der Nachbar ist teilweise schon nach Ziff. 2 durch das Verbot der Rodung von Schutzwaldungen geschützt.

8. Kosten: Die Kosten, die im Verfahren nach Art. 34, 36 entstehen, hat der Waldbesitzer zu tragen; zu den bei den Forstämtern anfallenden Kosten vgl. § 9 Abs. II der Allg. VollzV. 1879 S. 193. Das Verfahren ist gebührenfrei (Art. 170 Ziff. 25 des Kostenges.). Näheres Anm. 4 zu Art. 36.

9. Zuwiderhandlungen: Ein Waldbesitzer, der sein Waldgrundstück ohne forstpolizeiliche Genehmigung rodet, ist strafbar nach Art. 75; schädigt er Forstberechtigte, so ist er zum Schadenersatz verpflichtet (§§ 823ff. BGB.). Erhält er nicht nachträglich die Rodungsgenehmigung, so muß er das Grundstück wieder aufforsten, auch wenn er es bereits einer anderen Benutzung zugeführt hat (Art. 42).

Der Schutzwaldbegriff.

Artikel 35[1]. ($^{36}/_{36}$).

Schutzwaldungen[2,3], deren Rodung nach Art. 34 Ziff. 2 unzulässig ist, sind die Waldungen:

1[4]. auf Bergkuppen und Höhenzügen, an steilen Bergwänden, Gehängen und sogenannten Leiten;

2[5]. auf Steingerölle des Hochgebirges, auf Hochlagen der Alpen und in allen Örtlichkeiten, wo die Bewaldung zur Verhütung von Bergstürzen und Lawinen dient, oder wo durch die Entfernung des Waldes den Sturmwinden Eingang verschafft würde;

3[6] in Ortslagen, wo von dem Bestehen des Waldes die Verhütung von Sandschollen oder die Erhaltung der Quellen oder Flußufer abhängig ist.

1. **Geltungsbereich**: Art. 35 gibt den Schutzwaldbegriff und zwar erschöpfend; wenn nicht einer der in Art. 35 aufgezählten Fälle gegeben ist, handelt es sich um keinen Schutzwald. Art. 40 in Verbindung mit Art. 110 regelt das Verfahren zur Feststellung der Schutzwaldeigenschaft. Für die Schutzwaldungen gelten gegenüber den gewöhnlichen Waldungen nur zwei Sonderbestimmungen:

a) das unbedingte Verbot der Rodung (Art. 34 Ziff. 2), und

b) die Notwendigkeit forstpolizeilicher Genehmigung für den kahlen Abtrieb (Art. 39), beide mit der Strafdrohung des Art. 75.

2. **Der Schutzwaldbegriff**: Unter Schutzwaldungen im allgemeinen versteht man solche Waldungen, an deren Erhaltung wegen ihrer besonderen Schutzwirkung ein erhöhtes öffentliches oder privates Interesse besteht. Als Schutzwaldungen des bayerischen Rechts[1]) sind, wie die Prüfung der gesetzlichen Begriffsmerkmale ergibt, im wesentlichen solche Waldungen anzusehen, deren Bestand zum Schutze ihres Standortes oder der Umgebung vor schädlichen elementaren Einflüssen (nach Art. 34 Ziff. 2: Naturereignissen) notwendig ist.

Das Gesetz unterscheidet zwei Hauptarten von Schutzwaldungen: einmal solche, die es sind allein durch ihre Lage, ohne daß eine weitere Wirkung aufgezeigt zu werden braucht (d. s. alle Waldungen auf Bergkuppen oder Höhenzügen, an Bergwänden, Gehängen oder Leiten — Art. 35 Ziff. 1 —; ferner auf Steingeröll des Hochgebirges und auf Hochlagen der Alpen — Ziff. 2, erste Hälfte — „unbedingte Schutzwaldungen"); dann solche, die es sind, weil sie im besonderen Fall eine bestimmte Wirkung ausüben (nämlich Bergstürze und Lawinen verhindern helfen, Sturmwinde abhalten — Ziff. 2, zweite Hälfte —, sowie Sandschollen verhüten und Quellen und Flußufer erhalten helfen — Ziff. 3 — „bedingte Schutzwaldungen"); bei den bedingten Schutzwaldungen muß der angegebene ursächliche Zusammenhang, wenn Schutzwaldeigenschaft gegeben sein soll, tatsächlich bestehen und von der Forstpolizeibehörde im Feststellungs- oder Versagungsverfahren (Art. 40, 36) aufgezeigt werden; bei den unbedingten Schutzwaldungen geht das Gesetz davon aus, daß diese Waldungen stets einen schutzwürdigen Einfluß ausüben; die Forstpolizeibehörde braucht hierüber keine weitere Untersuchung anzustellen; sie muß hier auch Schutzwaldeigenschaft annehmen, wenn ausnahmsweise einmal der vom Gesetz unterstellte Einfluß nicht bestände.

Art, Alter, Beschaffenheit und Ausdehnung der Waldung ist bei den unbedingten Schutzwaldungen für die Frage der Schutzwaldeigenschaft ohne Bedeutung; sie sind Schutzwälder, wenn sie nur unter den Waldbegriff fallen (Art. 1 Anm. 2); bei den bedingten Schutzwaldungen kann es sich in der gleichen Lage je nach Art, Alter, Beschaffenheit und Ausdehnung um einen Schutzwald handeln oder nicht; der betreffende Wald, wie er ist, muß die im Gesetz vorgesehene Wirkung ausüben; bei den Waldungen des Art. 35 Ziff. 3 und der letzten Art der Ziff. 2 (Waldungen zum Schutze vor Winden) ist bei der Prüfung der Wirkung von dem gegenwärtigen Zustand des Waldes auszugehen; bei der Verhütung von Bergstürzen und Lawinen (Ziff. 2) dagegen kommt die Wirkung der Bewaldung (in der betreffenden Lage) überhaupt, nicht der gegenwärtige Zustand des Waldes in Betracht; diese Unterscheidung ergibt sich aus dem Wortlaut des Gesetzes (vgl. Anm. 5 a.E.).

Schutzwaldeigenschaft ist gegeben, wenn auch nur eine der in Art. 35 aufgeführten Voraussetzungen, z. B. Lage auf einer Bergkuppe, erfüllt ist; ob dadurch öffentliche oder private Belange geschützt werden, ist gleichgültig; die Schutzwaldungen sind nicht auf den Schutz öffentlicher Belange beschränkt (vgl. RR. 1895/96, Prot. Bd. 5 S. 433ff.). Da die Erklärung zum Schutzwald für den Waldbesitzer Beschränkungen zur Folge hat und damit den Verkehrswert des Waldes mindert, sind die Begriffsbestimmungen des Art. 35 eng auszulegen; im Zweifel ist die Schutzwaldeigenschaft zu verneinen (vgl. Art. 1). Es ist möglich, daß ein Wald nur zum Teil (örtlich beschränkt) Schutzwaldeigenschaft be-

---

[1]) Die gesetzlichen Bestimmungen über die Schutzwaldungen sind in den einzelnen deutschen Ländern verschieden; dies ist auf die Verschiedenheit der natürlichen Verhältnisse, aber auch auf eine verschiedene Auffassung der Gesetzgeber zurückzuführen.

sitzt. In der Nähe von Großstädten gelegene Wälder, die aus Gründen der Gesundheit oder Schönheit erhaltenswert sind, gehören deswegen noch nicht zu den Schutzwaldungen. Schutzwald kann nur ein Wald im Sinne des Forstgesetzes (Art. 1 Anm. 7) sein. Vgl. zur Begriffsbestimmung auch Allg. VollzV. 1896 § 5 Abs. VIII und ME. vom 8. 4. 1858 (Forstl. M. Bd. 9 S. 216). Die Schutzwaldeigenschaft ist nicht unabänderlich; durch einen Wechsel der tatsächlichen Verhältnisse können Änderungen nach der einen oder anderen Seite eintreten (s. Art. 40 Abs. VI mit Anm.).

Die Frage, ob ein Schutzwald gegeben ist, muß auf Grund der gesetzlichen Begriffsbestimmung entschieden werden. Daß die Nachbarn mit einem Kahlhieb einverstanden sind, wenn der abzuholzende Wald die Schutzwaldeigenschaften erfüllt, ist ohne Bedeutung; dies ergibt sich aus dem Sinn der forstpolizeilichen Bestimmungen, die im Interesse der Allgemeinheit an der Erhaltung der Wälder erlassen sind (ObLG. Bd. 10 S. 162).

Weitere Beschränkungen als in Art. 34 Ziff. 2 und Art. 39 sind dem Besitzer von Schutzwaldungen im Gesetz nicht auferlegt und können ihm auch von den Forstpolizeibehörden nicht auferlegt werden.

Art. 35 gilt an sich nicht für die Waldungen des Staates und der von Staatsbehörden verwalteten Stiftungen; für diese Waldungen sind aber die Regeln der Art. 34 und 35 auch zu beachten (S. 191 Ziff. 5).

3. Schutzwaldverzeichnisse: Die Forstämter sind gehalten, für die nichtstaatlichen Waldungen ihres Bezirks Schutzwaldverzeichnisse anzulegen, die aber nur die Bedeutung einer amtlichen Vormerkung, keine weitergehende Beweiskraft besitzen (§ 9 Abs. I b Allg. VollzV. 1879 S. 193). Davon zu unterscheiden sind die Verzeichnisse der nichtärarialischen Waldungen, über deren Schutzwaldeigenschaft positiv oder negativ durch rechtskräftig gewordene Entscheidungen der Forstpolizeibehörde oder -stelle entschieden wurde, deren Anlage durch § 11 Allg. VollzV. 1896 S. 208 vorgeschrieben ist; Inhalt der Verzeichnisse § 11 Abs. II. Diese Entscheidungen geben Anhaltspunkte für gleichgelagerte Fälle, so daß allmählich förmliche Schutzwaldkataster hergestellt werden können (§ 11 Abs. III); diese sind aber für die Gerichte nur insoweit bindend, als es sich um förmliche, im Verfahren nach Art. 40 ergangene Entscheidungen handelt; Einfluß einer Veränderung der Verhältnisse, Art. 40 Abs. VI mit Anm. Die Schutzwaldkataster können von den Waldbesitzern eingesehen werden. Die Schutzwaldkataster als solche haben gesetzlich keine Beweiskraft, weder nach der positiven noch nach der negativen Seite.

Eine Waldung in einer Örtlichkeit, wo durch die Entfernung des Waldes den Sturmwinden Eingang verschafft würde, ist als Schutzwaldung zu betrachten ohne Rücksicht darauf, daß die Waldung in das forstamtliche Register der Schutzwaldungen nicht eingetragen ist und daß dem Eigentümer weder eine Mitteilung von der Eigenschaft gemacht noch der kahle Abtrieb des Waldes verboten wurde (OLGM. Bd. 6 S. 282).

4. Ziff. 1: Die Örtlichkeiten nach Ziff. 1 sind nicht auf das Gebirge beschränkt; doch müssen es höhere Bergkuppen und erhebliche Höhenzüge sein (OAG. 5. 5. 1865, FMBl. 1866 S. 177). Die Waldausstockungen auf Bergkuppen und Höhenzügen verändern sehr häufig Klima und Fruchtbarkeit der anstoßenden Gehänge und des Talgeländes (Begr.); sind die hohen Bergkuppen einmal baumlos, so werden sie sich wegen der Einwirkung rauher Witterung selten mehr bestocken (Begr. 1846). Auch die Gehänge und Leiten müssen steil sein (OGStS. Bd. 4 S. 504); ihr Schutz ist vorgeschrieben, weil sie nach der Entwaldung ihre Haltbarkeit verlieren und durch Regengüsse zerrissen werden (Begr.). Die Waldungen der Ziff. 1 sind unbedingte Schutzwälder (Anm. 2).

5. Ziff. 2: Der Schutz vor Stürmen kommt in allen Teilen Bayerns in Betracht; die übrigen Waldlagen sind auf das Hoch- und Mittelgebirge, teilweise lediglich auf das Hochgebirge beschränkt; unter Hochgebirge und Alpen sind nur die mit Alpen bezeichneten Gebirge im südlichen Bayern zu verstehen. In den Hochgebirgen führt die Entwaldung der bezeichneten Ortslagen Lawinen, Bergstürze und Verwüstungen der Talgründe herbei (Begr.). Auf Grund der Ziff. 2 werden die Latschenwälder im Gebirge wohl stets, die übrigen Gebirgswälder häufig Schutzwaldeigenschaft besitzen. Beim Eingang von Sturmwind ist zunächst an den Eingang in fremde und eigene Waldungen gedacht, aber auch die Gefährdung oder Schädigung anderer Gegenstände und Örtlichkeiten kommt in Betracht, z. B. bebauter Ortschaften und Fluren (vgl. Art. 39 Abs. II); stets muß es sich aber um eine ernstliche Gefährdung oder Schädigung und um erhebliche, schutzwürdige Gegenstände handeln; Schutzwaldeigenschaft ist nicht bloß unter den in Art. 39 Abs. II aufgeführten Voraussetzungen gegeben; die Anforderungen für die Schutzwaldeigenschaft sind weniger streng; solange ein Wald niederen Bestand hat, kann ihm die Schutzwaldeigenschaft fehlen in einer Lage, wo ein Hochwald Schutzwald wäre; in einem solchen Falle wird es regelmäßig am ursächlichen Zusammenhang zwischen der Entfernung des Waldes und dem Eingang von Sturmwinden fehlen; nach dem Gesetz muß der Fall gegeben sein, daß durch die Entfernung des vorhandenen Waldes den Sturmwinden Eingang verschafft würde; anders ist es bei der Verhütung von Bergstürzen und Lawinen; hier kommt es nur auf die Bewaldung überhaupt an ohne Rücksicht auf das jeweilige Alter des betreffenden Waldes (vgl. Anm. 2).

6. Ziff. 3: Die Ortslagen der Ziff. 3 sind in ganz Bayern möglich. Bei der Verhütung von Sandschollen ist insbesondere an den Fall gedacht, daß ein Wald im leichten Sandboden dazu dient, den Flugsand stehend zu erhalten (Begr. 1846). „Sandschollen haben vielfach ihre Entstehung von dem Abtriebe des Holzes genommen; Quellen sind vertrocknet und Flußufer eingebrochen, wo die schützende Bewaldung entfernt worden ist" (Begr.). Zu den Flußufern zählen besonders auch die künstlichen Dämme. Wenn die wasserwirtschaftliche Bedeutung eines Waldes in Frage steht, werden auch Fachbehörden (je nachdem Landesamt für Wasserversorgung, Kulturbauamt, Straßen- und Flußbauamt) zu hören sein. Es sind nicht bloß die Einflüsse des Waldes auf die Menge, sondern auch auf die Güte einer Quelle zu berücksichtigen (ME. vom 9. 3. 1902 Nr. 26502). Nur erhebliche Einflüsse auf die Sandschollenbildung und die Erhaltung der Quellen und Flußufer kommen in Frage. Unter Fluß ist jedes größere, fließende Gewässer zu verstehen, auch ein größerer Bach. Teiche und Seen gehören nicht hieher. Die Abhängigkeit nach Ziff. 3 ist gegeben, wenn einerseits die Erhaltung des Waldbestandes die Bildung von Sandschollen verhütet und die Quellen und Flußufer erhält, und wenn andrerseits die gänzliche Entfernung des Waldbestandes Sandschollen entstehen ließe und die Erhaltung der Quellen und Flußufer in ihrem gegenwärtigen Bestande in Gefahr brächte; wo die Quellen und Flußufer gelegen sind, ist gleichgültig, wenn nur die Wirkung besteht; daß der Einfluß des Waldbestandes die einzige Ursache ist, ist nicht Voraussetzung; es genügt, daß er eine wesentliche Ursache ist; bei der Prüfung der Wirkung ist auch die natürliche weitere Entwicklung des Waldes zu berücksichtigen.

Rodungsgenehmigungsverfahren.

Artikel 36[1]. (37/37).

Das Vorhaben[2] der Rodung ist dem Forstamte anzuzeigen[3], welches von dem Sachverhalte sogleich Kenntnis zu nehmen und den Befund, unter Beifügung des geeigneten Antrages[4], an die Forstpolizeibehörde zur weiteren Behandlung und Beschlußfassung[5] zu übersenden hat.

1. Geltungsbereich: Zu jeder Rodung ist forstpolizeiliche Genehmigung erforderlich. Art. 36 regelt das Genehmigungsverfahren. Die sachlichen Voraussetzungen für die Genehmigung enthält Art. 34 (vgl. Anm. 6a vor Art. 34 und Anm. 1 zu Art. 34). Schutzwaldungen dürfen überhaupt nicht gerodet werden; ihre Rodung kann auch die Forstpolizeibehörde nicht erlauben; zur Aufforstung bisher nicht bewaldeter Grundstücke zum Zwecke der Errichtung von Schutzwaldungen s. Art. 3 Abs. IV des Aufforstungsges. vom 22. 12. 1921 (GVBl. S. 609), im Anhang abgedruckt.

2. Genehmigungspflicht der Rodung: Jede Rodung ist genehmigungspflichtig (Art. 34, 36, 37); deutlich ergibt sich dies aus Art. 75. Vor der Erteilung der Genehmigung darf mit der Rodung nicht begonnen werden. Art. 36 gilt für alle Waldungen, ausgenommen die Waldungen des Staates und der staatlich verwalteten Stiftungen. Handelt es sich um eine Ödung, so kommt es darauf an, ob es eine Waldblöße ist, die nach dem 1. 1. 1853 entstanden ist; in diesem Falle besteht nach Art. 42 Aufforstungspflicht; soll eine solche Ödung gerodet, d. h. zu einer anderen Benutzung umgewandelt werden, so ist die forstpolizeiliche Genehmigung nach Art. 36, 37 notwendig. Ist die Ödung schon vor dem 1. 1. 1853 abgeholzt worden und hat sie seitdem nicht mehr Waldeigenschaft erlangt, so ist die forstpolizeiliche Genehmigung zur Rodung nicht erforderlich, da es sich weder um einen Wald handelt noch nach Art. 42 eine Pflicht zur Wiederaufforstung besteht.

3. Anzeigepflicht: Die Anzeige ist schriftlich oder mündlich zu erstatten; Unterlassung der Anzeige ist noch nicht strafbar, wohl aber die ungenehmigte Rodung (Art. 75). Die Anzeigepflicht obliegt dem Waldbesitzer, gleichgültig, ob er auch Eigentümer ist oder nicht (OLGM. 26. 2. 1884, S. Bd. 3 S. 35 und 29. 9. 1887, S. Bd. 4 S. 499). Auch wer einen bereits abgetriebenen Waldgrund gekauft hat, darf ihn nicht ohne Bewilligung der Forstpolizeibehörde roden (OAG. 1. 12. 54, Z. Bd. 1 S. 507; vgl. auch die Anm. zu Art. 75). Ist der Antrag bei der Forstpolizeibehörde eingereicht, so hat sie ihn an das Forstamt weiterzuleiten.

4. Antrag des Forstamts: Art. 114. Zuständig ist das Forstamt, in dessen Amtsbezirk der Wald gelegen ist; erstreckt er sich über mehrere Forstamtsbezirke, s. Anm. 2d a. E. zu Art. 114. Eine Anweisung für das forstamtliche Verfahren enthält § 9 Abs. I und II der Allg. VollzB. 1879 S. 193. Die Forstpolizeibehörde kann nötigenfalls weitere Sachverständige einvernehmen, z. B. wenn Schutzwaldeigenschaft auf Grund Art. 35 Ziff. 3 in Frage kommt. Selbstverständlich muß das Forstamt stets vor der Entscheidung der Forstpolizeibehörde gehört werden (ME. vom 2. 8. 1871).

5. **Entscheidung der Forstpolizeibehörde:** Zuständig zur Genehmigung oder Versagung der Rodung ist im ersten Rechtszug die Forstpolizeibehörde (Art. 109 Abs. I Ziff. 1); dies gilt auch bei Gemeinde-, Stiftungs- und Körperschaftswaldungen und zwar auch, wenn für sie ein Wirtschaftsplan aufgestellt ist, der der Genehmigung der Forstpolizeistelle unterstand (Art. 7 Abs. II); so eine InnME. (Bl. Bd. 21 S. 381). Wenn die Rodung eine Änderung des Wirtschaftsplanes nötig macht, ist diese im gewöhnlichen Verfahren durchzuführen (Art. 7 mit VollzB. S. 82 Anm. 2 b); die Genehmigung oder Versagung der Rodung ist vom Wirtschaftsplan unabhängig (vgl. Anm. 1 zu Art. 38). Der Stadtrat einer unmittelbaren Stadt entscheidet als Forstpolizeibehörde auch über Rodungen in den Waldungen, die der Stadtgemeinde selbst gehören (s. Anm. 4c zu Art. 109).

Die Forstpolizeibehörde entscheidet im reinen Verwaltungsverfahren und im Büroweg, nicht in der Kommission des Art. 40 Abs. IV, 110, auch nicht, wenn über die Schutzwaldeigenschaft als Zwischenpunkt entschieden wird. Gegen den Bescheid der Forstpolizeibehörde steht innerhalb vierzehn Tagen nach der Eröffnung die Beschwerde zur Forstpolizeistelle offen (Art. 109, 112).

Über die sachlichen Voraussetzungen der Rodung (Art. 34) entscheidet die Forstpolizeibehörde als Zwischenpunkt in den Gründen; dies gilt grundsätzlich auch von der Schutzwaldeigenschaft; beabsichtigt die Forstpolizeibehörde die Genehmigung zur Rodung zu versagen, weil es sich nach ihrer Ansicht um einen Schutzwald handelt, so wird sie aber zweckmäßig vor der förmlichen Versagung der Rodung dem Waldbesitzer ihren Standpunkt bekanntgeben und ihm für den Fall, daß er die Schutzwaldeigenschaft bestreiten will, anheimstellen, binnen einer bestimmten Frist die selbständige Entscheidung über die Schutzwaldeigenschaft gemäß Art. 40 zu beantragen; stellt er diesen Antrag, so wird die Forstpolizeibehörde zweckmäßig die Entscheidung über die Rodung aussetzen, bis über die Schutzwaldeigenschaft rechtskräftig entschieden ist. Der Waldbesitzer kann die Entscheidung nach Art. 40 auch noch beantragen, wenn das Rodungsgesuch wegen Schutzwaldeigenschaft abgelehnt worden ist; denn die im Rodungsbescheid in den Gründen über die Schutzwaldeigenschaft getroffene Entscheidung erwächst nicht in Rechtskraft; wird dann im Verfahren nach Art. 40 auf keine Schutzwaldeigenschaft erkannt, so wird die Forstpolizeibehörde auf neuerlichen Antrag, wenn sonst die Voraussetzungen erfüllt sind, die Rodung genehmigen. Beschwert sich der Waldbesitzer, dessen Rodungsantrag von der Forstpolizeibehörde wegen Schutzwaldeigenschaft abgelehnt worden ist, zur Forstpolizeistelle mit der Begründung, daß es sich um keinen Schutzwald handle, so wird ihn die Forstpolizeistelle zur Antragstellung nach Art. 40 zu veranlassen haben; die Entscheidung der Forstpolizeistelle über den Rodungsantrag wird bis zum Abschluß des Verfahrens nach Art. 40 auszusetzen sein.

Gesetzlich verwehrt wie den Gerichten (Art. 168) ist es den Verwaltungsbehörden nicht, über die Schutzwaldeigenschaft im Rodungsgenehmigungsverfahren als Zwischenpunkt zu entscheiden; nachdem aber der Gesetzgeber in Art. 40 ein eigenes Verfahren mit besonderen Rechtsgarantien eingeführt hat, liegt es im Sinne des Gesetzes, im Streitfalle dieses Verfahren durchzuführen. An die im Verfahren nach Art. 40 ergangene rechtskräftige Entscheidung über die Schutzwaldeigenschaft sind zwar die Verwaltungsbehörden anders als die über die Forstrügesachen entscheidenden Strafgerichte (Art. 168 Abs. III) nicht gesetzlich gebunden, sie werden sie jedoch, solange sich die tatsächlichen Verhältnisse nicht geändert haben, regelmäßig auch ihrer Entscheidung zugrunde legen.

Aus anderen als den in Art. 34 aufgeführten drei Gründen (mangelnde Eignung zur Rodung, Schutzwaldeigenschaft, fehlende Zustimmung der Forstberechtigten) darf die Rodungsgenehmigung nicht versagt werden. Von anderen Bedingungen als den in Art. 37 enthaltenen (Ausführung der bestimmten Kulturen innerhalb der bestimmten Frist) darf die Rodungsbewilligung nicht abhängig gemacht werden; zur Erfüllung der beiden genannten Auflagen kann Sicherheitsleistung nicht gefordert werden. Im Genehmigungsbescheid ist die beabsichtigte bessere Benutzung, mit Rücksicht auf die dem Rodungsantrag entsprochen wird, genau zu bezeichnen sowie die Frist zu bestimmen, innerhalb deren die Kulturarbeiten auszuführen sind (Art. 37).

6. **Kosten:** Die Kosten des Verfahrens hat grundsätzlich der Waldbesitzer zu tragen (vgl. § 9 Abs. II Allg. VollzB. 1879 S. 193). Das Verfahren der Behörden der inneren Verwaltung, d. i. der Forstpolizeibehörden, Forstpolizeistellen und des Staatsministeriums des Innern in Rodungsangelegenheiten ist gebührenfrei (Art. 170 Ziff. 25 Kostenges.); dies gilt für alle Beschlüsse, Verfügungen, Niederschriften usw. in Rodungsangelegenheiten nach Art. 34—38, gleichgültig, ob sie im öffentlichen Inter-

esse veranlaßt sind oder nicht. Auch die Auslagen des Art. 163 Ziff. 1 und 5 KostG. dürfen nicht erhoben werden, insbesondere also nicht Post-, Vorlade- und Zustellgebühren, wohl aber die nach den geltenden Bestimmungen an andere Behörden (vor allem die Forstbehörden; vgl. § 9 Abs. II Allg. VollzB. 1879 S. 192 f.) oder Beamte oder sonstige Personen für deren Tätigkeit zu zahlenden Beträge (Art. 163 Abs. II und Abs. I Ziff. 6 KostG.).

7. **Ungenehmigte Rodungen:** Ist eine ungenehmigte Rodung noch im Gang, so kann sie die Forstpolizeibehörde nach Art. 78 einstellen. In den Fällen unerlaubter Rodung wird die Forstpolizeibehörde den Waldbesitzer auffordern, nachträglich um die Erlaubnis nachzusuchen. Wird die Rodungserlaubnis nachträglich erteilt, so wird regelmäßig von der Einleitung eines Strafverfahrens nach Art. 75 abgesehen (§ 153 StPO.); strafbar ist an sich die ungenehmigte Rodung auch in diesem Fall. Wird die Rodungserlaubnis mangels der Voraussetzungen nachträglich nicht erteilt, so ist die Wiederaufforstung zu veranlassen (Art. 42); auch kann Strafanzeige erstattet werden, wenn die Tat noch nicht verjährt ist (Art. 75, 72). Hat der Waldbesitzer trotz vorausgegangener Ablehnung des Rodungsgesuches gerodet, so wird er stets zur Strafanzeige zu bringen sein.

8. **Ausnahmen:** Zur Rodung der Waldungen des Staates und der von Staatsbehörden verwalteten Stiftungen ist forstpolizeiliche Genehmigung nicht erforderlich (vor Art. 34 Anm. 5). Sonst gibt es keine Ausnahmen, auch nicht auf Grund früherer Privilegien (Anm. 4 zu Art. 190).

Verpflichtung zur Kultur gerodeter Waldböden.

Artikel 37[1]. (38/38).

I Wer eine Waldung ausgerodet hat, ist verpflichtet[2], den gerodeten Boden der im Art. 34 Ziff. 1 erwähnten Benützung zuzuwenden.

II Zur Ausführung der hienach erforderlichen Kulturen[3] hat die Forstpolizeibehörde sogleich bei Genehmigung der Rodung eine angemessene Frist[4] zu bestimmen.

1. **Geltungsbereich:** Art. 37 verpflichtet den Waldbesitzer, der mit Erlaubnis der Forstpolizeibehörde einen Wald gerodet hat, bei Strafe (Art. 76), das Grundstück innerhalb der gesetzten Frist der im Genehmigungsbescheid vorgesehenen besseren Benutzung zuzuführen. Auf unerlaubte Rodungen bezieht sich Art. 37 nicht; wer unerlaubt gerodet hat, ist zur Wiederaufforstung verpflichtet (Art. 42).

Art. 37 bildet die Ergänzung zu Art. 34 und 36.

2. **Umwandlungspflicht:** Zur Rodung wird der Waldbesitzer durch die erteilte Rodungsgenehmigung nicht verpflichtet. Die forstpolizeiliche Genehmigung zur Rodung ist eine Art Vergünstigung, auf die der Begünstigte ausdrücklich oder stillschweigend wieder verzichten kann (Bl. Bd. 21 S. 75).

Wenn eine Waldfläche mit forstpolizeilicher Genehmigung gerodet wurde, so hat der Waldbesitzer die Wahl, die gerodete Fläche entweder wieder aufzuforsten oder der im Genehmigungsbeschluß vorgesehenen besseren anderen Benutzung zuzuführen; wählt er das letztere, so hat er auch die vorgesetzte Frist einzuhalten. Die Forstpolizeibehörde kann im Genehmigungsbeschluß einen bestimmten begrenzten Zweck (z. B. Benutzung als Wiese) oder einen wahlweisen oder auch erweiterten allgemeinen Zweck vorsehen, z. B. Benutzung für Landwirtschaft.

Will der Waldbesitzer nach erhaltener Rodungsgenehmigung die Waldfläche einer andern als der im Genehmigungsbeschluß vorgesehenen Benutzung zuführen, so hat er sich neuerdings an das Forstamt oder die Forstpolizeibehörde zu wenden; das Verfahren nach Art. 36 ist von neuem durchzuführen; je nach dem Ergebnis ist der schon erlassene Beschluß unter Aufrechterhaltung der Rodungsgenehmigung entsprechend abzuändern oder es ist das Gesuch für den nunmehrigen Zweck unter Widerruf der erteilten Genehmigung abzuweisen; wenn der Waldbesitzer eigenmächtig eine andere als die im Genehmigungsbeschluß vorgesehene Benutzung wählen könnte, so würde das vom Gesetz vorgeschriebene Genehmigungsverfahren seine Bedeutung verlieren; auch steht der anderen Ansicht wohl Art. 37 Abs. II mit Art. 76 entgegen (wie hier auch Brater und Schwaiger; a. A. Bl. Bd. 20 S. 74 f.). Ist die gerodete Waldfläche der im Genehmigungsbeschluß vorgesehenen anderen Benutzung zugeführt, so ist sie aus dem Geltungsbereich des Forstgesetzes ausgeschieden; der Verfügungsberechtigte kann nunmehr über den Grund und Boden nach seinem Ermessen verfügen. In der in Art. 37 aufgestellten Verpflichtung liegt „eine Schranke gegen Eigennutz und Verschwendung, der es häufig nur um den Gewinn des im Holzmaterial liegenden Geldkapitales zu tun ist, und die die vorgeschützte Absicht der Kultur lediglich als Mittel benützen würde, um ihren nur auf den Augenblick berechneten Zweck zu erreichen" (Begr.).

3. **Kulturen:** Wie in Art. 34 Anm. 4 ausgeführt, kann die bessere Benutzung auch in etwas anderem als Kulturen bestehen; auch diese andere Bestimmung fällt unter Art. 37.

4. **Frist:** Vgl. § 9 Abs. III Allg. VollzV. 1879 S. 193 und Anm. zu Art. 76. Auf Ansuchen kann die Frist gebührenfrei verlängert werden.

5. **Strafbestimmung:** Art. 76; vgl. auch die dortigen Anm.

6. **Ausnahmen:** Art. 37 gilt nicht für die Waldungen des Staates und der von Staatsbehörden verwalteten Stiftungen (Anm. 5 vor Art. 34).

Rodung der Gemeinde-, Stiftungs- und Körperschaftswaldungen.

Artikel 38[1]. ($^{39}/_{39}$).

Hinsichtlich der Rodung von Gemeinde-, Stiftungs- und solchen Körperschaftswaldungen[2], welche nicht Privatwaldungen sind, finden außer den Vorschriften der Artikel 34 bis 37 des gegenwärtigen Gesetzes die einschlägigen besonderen Gesetze Anwendung.

1. **Geltungsbereich:** Art. 38 weist darauf hin, daß bei der Rodung der Gemeinde-, Stiftungs- und Körperschaftswaldungen neben den Bestimmungen des Forstgesetzes die etwa außerhalb des Forstgesetzes bestehenden besonderen gesetzlichen Vorschriften zu beachten sind; dabei ist vor allem an die Vorschriften zur Erhaltung des Grundstockvermögens der Gemeinden, Stiftungen und öffentlichen Körperschaften gedacht (Begr.); vgl. hiezu die Abrisse über die Gemeinde- und Stiftungswaldungen vor Art. 6. Eine dem Art. 29 der früheren rrh. GemO. entsprechende Bestimmung fehlt in der neuen GemO. Weitere gesetzliche Bestimmungen außerhalb des Forstgesetzes kommen kaum in Betracht. Liegt in der Rodung eine wesentliche Veränderung schutzwürdiger Naturgebilde oder hat sie eine wesentliche Veränderung eines schutzwürdigen Orts- oder Landschaftsbildes zur Folge, so ist zur Rodung von Gemeindewaldungen regelmäßig auch die staatsaufsichtliche Genehmigung erforderlich (Art. 61 Abs. I Ziff. 5 GemO.). Die Staatsaufsichtsbehörde muß nicht immer mit der Forstpolizeibehörde (Art. 109) zusammenfallen. Im Sinne des Art. 37 liegt es, daß sich die Forstpolizeibehörde rechtzeitig mit den etwa sonst zuständigen Behörden benimmt und die Rodung erst genehmigt, wenn die Beachtung der etwaigen sonstigen Vorschriften sichergestellt ist; eine förmliche Auflage in dieser Richtung kann aber in den forstpolizeilichen Genehmigungsbeschluß nicht aufgenommen werden (vgl. Anm. 5 zu Art. 36).

Neben den anderen Gesetzen sind außer den Art. 34 ff. auch die einschlägigen sonstigen Bestimmungen des Forstgesetzes selbst zu beachten; wenn eine Rodung z. B. eine Abweichung vom Wirtschaftsplan enthält, ist auch diese Abweichung genehmigungsbedürftig; auch hiebei kann sich die Zuständigkeit verschiedener Behörden ergeben (vgl. Art. 7); nach einer in den Bl. Bd. 21 S. 381 angeführten InnME. hat zunächst die Forstpolizeibehörde über das Rodungsgesuch und dann die zuständige Stelle über die aus der Rodung sich ergebende Abweichung vom Wirtschaftsplan zu entscheiden (vgl. Anm. 5 zu Art. 36). Vgl. auch Art. 17.

2. **Gemeinde-, Stiftungs- und Körperschaftswaldungen:** Der Begriff ist der gleiche wie in Art. 6 und 18. Die Forstpolizeibehörde hat das zuständige Forstamt von jeder Genehmigung einer Rodung in Gemeinde-, Stiftungs- und Körperschaftswaldungen zu verständigen; dies verlangt der Vollzug der Art. 6—18 (ME. vom 2. 8. 1871). Der Stadtrat einer unmittelbaren Stadt entscheidet als Forstpolizeibehörde auch über Rodungen in stadteigenen Waldungen (Anm. 4 c vor Art. 109). Gegen die Versagung der Rodungsgenehmigung kann eine Gemeinde den Verwaltungsgerichtshof nach Art. 60 Abs. VI GemO. nicht anrufen, da die Versagung sich nicht auf einen Gegenstand der Staatsaufsicht, sondern der Forstpolizei bezieht (vgl. Ziff. 1 vor Art. 34).

Kahlhiebe in Schutzwaldungen.

Artikel 39[1]. ($^{40}/_{40}$).

I In Schutzwaldungen[2] ist der kahle Abtrieb[3] oder eine diesem in der Wirkung gleichkommende Lichthauung[3] nur mit forstpolizeilicher Genehmigung[4] und unter den bei Erteilung derselben festgesetzten Bedingungen zulässig.

II[6] Die Genehmigung ist wegen drohenden Eingangs von Sturmwinden nur dann zu versagen, wenn infolge des Kahlhiebes oder der Lichthauung für Ortschaften,

Gehöfte und Ortsfluren oder für angrenzende Waldungen ein unverhältnismäßiger Nachteil zu befürchten ist.

III⁶ Die Genehmigung kann an die Einhaltung von Bedingungen zum Schutze der Gebäude, Ortsfluren und angrenzenden Waldungen geknüpft werden.

Allg. VollzB. 1896.

§ 5.

(Art. 39 Abs. 1.) I Zur Sicherung der örtlich gebotenen Schutzwirkung des Waldes unterliegt die Benützung von Schutzwaldungen gewissen Beschränkungen.

II In Schutzwaldungen ist der kahle Abtrieb oder eine diesem in der Wirkung gleichkommende Lichthauung nur mit forstpolizeilicher Genehmigung und unter den bei Erteilung derselben festgesetzten Bedingungen zulässig.

III Kahlhiebe oder diesen in der Wirkung gleichkommende Lichthauungen können in vielen Fällen in Schutzwaldungen Anwendung finden, insbesondere auch im Hochgebirge, woselbst bei Anwendung anderer Wirtschaftsformen durch periodische Fällungen und durch die Ausbringung des Materiales häufig der Fortbestand der auf natürlichem oder künstlichem Wege erzielten jungen Bestockung in Frage gestellt wird. Kahlhiebe oder Lichthauungen beeinträchtigen aber nur dann die Schutzwirkung des Waldes nicht, wenn sie in bemessener, nicht zu großer Ausdehnung geführt werden und wenn die Fortsetzung der Schläge erst nach genügender und entsprechend geförderter Wiederverjüngung der zuletzt abgeholzten Flächen erfolgt.

IV Dagegen sind Kahlhiebe und denselben in der Wirkung gleichkommende Lichthauungen nicht statthaft, wenn sie — auch im Falle der Anwendung auf beschränkter Fläche — den örtlichen Zweck des Schutzwaldes gefährden. Unter solchen Verhältnissen ist aber die forstwirtschaftliche Benützung des Schutzwaldes nicht ausgeschlossen. Sie kann je nach der Ortslage und sonstigen Umständen und, soweit die Natur der den Bestand bildenden Holzarten es gestattet, im plänterweisen Betriebe mit Verschonung des jüngeren Holzes, ferner durch allmähliche schlagweise Verjüngung unter Schirmstand (Fehmelschlagverfahren), oder im Wege langsamer Absäumung (Abrändlung) stattfinden.

V Wird die Benützung von Schutzwaldungen durch Kahlhiebe oder Lichthauungen als zulässig befunden, so ist bei der Festsetzung der Bedingungen daran festzuhalten, daß der Waldbesitzer, (oder derjenige, welchem die Holzgewinnung im Schutzwalde überlassen worden ist [Art. 75 Abs. 2]), in seiner Nutzungsbefugnis nicht weiter beschränkt wird, als für die Erreichung des Zweckes geboten ist, und daß die Bedingungen selbst in kurzer, leichtverständlicher Fassung dasjenige enthalten, was derselbe zu beobachten verpflichtet ist. Jede Weitschweifigkeit ist ebenso zu vermeiden, wie die Auflegung von Bedingungen, deren Ausführung über das Maß des technischen Könnens des Waldbesitzers hinausgeht oder diesen zu kostspieligen Aufwendungen veranlassen würde.

VI Bei Festsetzung der Bedingungen werden vorzugsweise die Hiebsrichtung, das Maß der räumlichen Ausdehnung und der zeitlichen Folge der Schläge in Betracht kommen.

VII Die Beschaffenheit der Örtlichkeit und des Holzbestandes, die Exposition und die Flächenform des zur Nutzung bestimmten Schutzwaldes, Holzart und Alter der angrenzenden Waldbestände, Rücksichten auf besondere örtliche Gefahren usw. werden für die Hiebsrichtung und die räumliche Ausdehnung der einzelnen Schläge bestimmend sein.

VIII Die zeitliche Aufeinanderfolge der Schläge hat sich nach den die Entwicklung des Jungwuchses fördernden oder hemmenden standörtlichen Verhältnissen und dem speziellen Schutzzwecke zu richten. Ein bestimmtes Zeitmaß wird sich nicht immer angeben lassen, in solchen Fällen daher die Fortsetzung der Schläge davon abhängig zu machen sein, daß ein neuer Schlag keinesfalls eher an den vorausgegangenen angereiht wird, bis letzterer in einem den örtlichen Verhältnissen genügenden Maße wiederbestockt ist. Besonders dort, wo durch die Bewaldung der Abschwemmung und Abrutschung des Bodens entgegengewirkt werden soll, wie an steilen Bergwänden, Gehängen und sog. Leiten, oder wo der Wald zur Verhütung von Sandschollen berufen ist, wird die Anreihung eines neuen Schlages nicht eher geschehen dürfen, als bis auf dem vorausgegangenen der junge Wald die Fähigkeit als Schutzwald zu dienen in genügendem Maße erlangt hat. Dabei wird aber immer zu beachten sein, daß in diesen Ortslagen die Gefahr der Bodenabschwemmung oder Abrutschung eine sehr verschiedene sein kann. Gründigkeit und Bindigkeit des Bodens, Steinbeimengung, Art der Steinlagerung und Verteilung derselben im Boden, das Vorhandensein mehr oder minder zahlreicher, durch abfließendes Regen- und Schneewasser entstandener Rinnen und Runsen, die Schichtenstellung des Grundgesteins usw. steigern und mindern die Gefahr und erheischen eine mehr oder minder starke Bodendurchwurzlung des jungen Waldes vor der Anreihung eines neuen Schlages.

§ 6.

(Art. 39 Abs. 2 und 3.) I Wo die Schutzwaldeigenschaft eines Waldes wegen drohenden Eingangs von Sturmwinden im Falle der Abholzung in Anspruch genommen werden kann (Art. 35 Ziff. 2), ein anderer Schutzzweck des Waldes aber nicht, oder höchstens in untergeordnetem Maße in Frage steht, sind Kahlhiebe oder Lichthauungen nur dann zu untersagen, wenn infolge derselben für Ortschaften, Gehöfte und Ortsfluren oder für angrenzende Waldungen ein unverhältnismäßiger Nachteil zu befürchten ist (Art. 39 Abs. 2).

II Die Frage, ob ein unverhältnismäßiger Nachteil zu befürchten sei, ist nach allen Richtungen zu prüfen: vom Standpunkte des Waldbesitzers, wenn diesem die Ausführung eines Kahlhiebes oder einer Lichthauung versagt würde, und vom Standpunkte des gefährdeten Nachbars (Ortschaft, Gehöfte, Ortsflur, angrenzende Waldung) und des öffentlichen Interesses, falls Kahlhiebe und Lichthauungen zugelassen würden.

III Ist ein unverhältnismäßiger Nachteil für den Nachbar (Ortschaft, Gehöfte, Ortsflur, angrenzende Waldung) nicht erweisbar und demnach die Genehmigung des kahlen Abtriebs oder der Lichthauung zu erteilen, so kann jene gleichwohl noch an die Einhaltung von Bedingungen zum Schutze der gefährdeten, nachbarlichen Objekte geknüpft werden (Art. 39 Abs. 3).

IV Diese letztere Bestimmung ist, insbesondere wenn Zweifel über den Eintritt eines unverhältnismäßigen Nachteils nicht ausgeschlossen sind, geeignet, die widerstreitenden Interessen beider Teile ausgleichend zu schützen.

V In letzterem Sinne wird bei Festsetzung der Bedingungen häufig schon die Anordnung genügen, daß ein entsprechend breiter Streifen des Holzbestandes an der Grenze des gefährdeten Objektes als Windmantel zu belassen und dieser solange vom Hiebe zu verschonen ist, bis entweder der zu schützende, nachbarliche Wald selbst zur Abholzung gelangt, oder der neu entstandene Jungwald die gefährdeten Objekte gegen Sturmwinde zu decken vermag.

VI Kleinere Schäden, welche durch die Abholzung des in der herrschenden Windrichtung vorliegenden Waldes dem hinterliegenden Nachbarwalde zugehen könnten, kommen selbstverständlich nicht in Betracht.

Aufsicht. § 12.

I Es ist in der Natur der Sache gelegen, daß, im Falle die Benützung von Schutzwaldungen an gewisse Bedingungen geknüpft worden ist, der Einsicht des Waldbesitzers überlassen werden muß, seine Handlungen im einzelnen richtig zu bemessen.

II Bei diesem Umstande erscheint es als besondere Obliegenheit der Forstbehörde, durch ihre Organe, gelegentlich der Ausübung des Dienstes, nach Tunlichkeit den Vollzug der forstpolizeilichen Anordnungen in bezug auf die Benützung von Schutzwaldungen zu überwachen, die Schutzwaldbesitzer mit Rat zu unterstützen und im Falle von Zuwiderhandlungen, welche den Zweck des Schutzwaldes gefährden, einzuschreiten.

III Ein besonderes Augenmerk wird darauf zu richten sein, daß, wo nach erfolgtem Holzschlage im Schutzwalde die natürliche oder künstliche Wiederbestockung unvollständig geblieben ist, die kulturfähigen Schlagblößen aufgeforstet werden.

IV Die Ausführung solcher Kulturen ist auf dem im Art. 42 Abs. 2 bezeichneten Wege zu sichern.

1. Geltungsbereich: Art. 39 enthält die zweite für Schutzwaldungen geltende besondere Beschränkung: Kahlhiebe und gleichkommende Lichthauungen in Schutzwaldungen sind nur mit forstpolizeilicher Genehmigung und unter Einhaltung der dabei auferlegten Bedingungen zulässig; die andere Sonderbeschränkung, das unbedingte Rodungsverbot, s. Art. 35 mit Art. 34 Ziff. 2. Abs. I des Art. 39 gilt für alle Schutzwaldungen, Abs. II und III nur für die Schutzwaldungen zum Schutze vor Sturmwinden (vgl. § 6 Allg. VollzB. 1896 s. oben).

Abs. I:

2. Schutzwaldungen: Begriff, Art. 35.

3. Kahler Abtrieb, gleichkommende Lichthauung: Begriff Art. 75 Anm. 7 und Art. 42b Anm. 8. Kahlhieb ist gleichbedeutend mit Abholzung in Art. 42 b Abs. I. Der Plänterbetrieb, das Fehmelschlagverfahren und die Abrändelung (langsame Absäumung) wie überhaupt die sonstige Benutzung der Schutzwaldungen sind stets und ohne forstpolizeiliche Genehmigung gestattet; Nebennutzungen können in Schutzwaldungen, soweit nicht Abschwendung (Art. 41) vorliegt, ohne rechtliche Beschränkung gewonnen werden; auch Weide ist zulässig.

4. Forstpolizeiliche Genehmigung: Die Gesuche um Erteilung der forstpolizeilichen Genehmigung zu einem kahlen Abtrieb oder einer gleichkommenden Lichthauung in Schutzwaldungen sind in dem besonderen Verfahren des Art. 40 zu behandeln. Die Erteilung oder Versagung der Genehmigung und die Festsetzung von Bedingungen steht im pflichtgemäßen Ermessen der Forstpolizeibehörden; diese haben sich dabei vom Zweck der Schutzbestimmungen der Art. 34 Ziff. 2, 35 und 39 leiten zu lassen;

bei den Schutzwaldungen zum Schutze vor Sturmwinden ist das Ermessen bezüglich der Versagung der Genehmigung wie der Festsetzung von Bedingungen durch Abs. II und III eingeengt. Bis zum Jahre 1896 waren Kahlhiebe in Schutzwaldungen (wie Rodungen heute noch) unbedingt verboten, weil „Schutzwaldungen ihre Bestimmungen nur dann erfüllen können, wenn der Waldbestand, der den Schutz gewährt, erhalten bleibt" (Begr.). Das unbedingte Verbot des kahlen Abtriebs erwies sich für manche Fälle als zu weitgehend; es wurde daher dahin geändert, daß die Forstpolizeibehörde ihn unter gewissen Voraussetzungen soll genehmigen können. Die Wirkung des Schutzwaldes darf durch den Kahlhieb aber nicht beeinträchtigt werden; dies wird regelmäßig nur zu vermeiden sein, wenn die Hiebe in bemessener, nicht zu großer Ausdehnung geführt werden und wenn die Schläge erst nach genügender und entsprechend geförderter Wiederverjüngung der zuletzt abgeholzten Flächen fortgesetzt werden (Begr.; vgl. § 5 Abs. III Allg. VollzV. 1896 S. 202). Die Forstpolizeibehörde darf Kahlhiebe nicht genehmigen, wenn sie, auch unter Beschränkung auf kleinere Flächen, den örtlichen Zweck des Schutzwaldes gefährden würden (§ 5 Abs. I und IV Allg. VollzV. 1896); Pläntern, Fehmelschlag und Abrändeln ist auch in diesem Fall gestattet (§ 5 Abs. IV a. a. O.). Die Bedingungen für die Ausführung des Kahlhiebs nach Art. 39 Abs. I können jeden nach Lage des Falles zur Sicherung der örtlich gebotenen Schutzwirkung des Waldes erforderlichen Inhalt haben; vorzugsweise kommt das Maß der räumlichen Ausdehnung und der zeitlichen Folge der Schläge in Betracht (Begr.); näheres über die Bedingungen enthält § 5 Abs. V VIII Allg. VollzV. 1896 S. 202. Die Beschränkung des Art. 39 Abs. III gilt nur für die Fälle des Abs. II. Die Aufforderung zur Wiederaufforstung innerhalb einer bestimmten Frist (Art. 42 Abs. II) kann, soferne nicht die hiefür unzuständige Forstpolizeikommission entscheidet (Art. 40 Abs. IV), in den Genehmigungsbeschluß (Art. 40) aufgenommen werden; Zuwiderhandlungen dagegen bleiben aber trotzdem nur nach Art. 77 strafbar (vgl. § 12 Abs. III und IV Allg. VollzV. 1896 S. 203). Bei der Schutzwirkung ist nicht bloß auf die öffentlichen, sondern im Rahmen des Art. 35 auch auf die privaten Belange Rücksicht zu nehmen; eine gewisse Beschränkung enthalten bei den Waldungen zum Schutze vor Sturmwinden die Abs. II und III. Die Bedingungen sind für die Benützung des ganzen Schutzwaldes festzusetzen (§ 7 Abs. VI Allg. VollzV. 1896 S. 206); wenn Schutzwaldungen nach Wirtschaftsplänen bewirtschaftet werden, kann der Waldbesitzer die forstpolizeiliche Genehmigung nach Art. 39 in der Form erholen, daß er sich den Wirtschaftsplan im Verfahren nach Art. 40 genehmigen läßt (§ 7 Abs. VII Allg. VollzV. 1896 S. 206); dies wird regelmäßig aber nur bei Privatwaldungen in Betracht kommen, da für die Genehmigung der Wirtschaftspläne für Gemeinde-, Stiftungs- und Körperschaftswaldungen ein besonderes Verfahren (Art. 7 mit VollzV.) vorgeschrieben ist, das sich mit dem bei der Kahlhiebsgenehmigung stets zu beachtenden Verfahren nach Art. 40 regelmäßig nicht vereinbaren läßt. Überwachung der Einhaltung der Bedingungen, § 12 Allg. VollzV. 1896 S. 203.

In Waldungen, die nicht Schutzwaldungen sind, bedarf der kahle Abtrieb keiner Genehmigung; eine Ausnahme besteht, wenn ein Güterhändlergeschäft inmitte liegt (Art. 42b, c); stets ist wiederaufzuforsten (Art. 42); letzteres gilt auch für die Schutzwaldungen.

Was vorstehend von Kahlhieben gesagt ist, gilt auch von den in der Wirkung gleichkommenden Lichthauungen; Art. 39 wurde im Jahre 1896 auf diese erstreckt; es sollte der Umgehung des Gesetzes durch Verteilung des Hiebes auf mehrere rasch aufeinanderfolgende Abschnitte entgegengetreten werden (vgl. Abg. 1896 StenBer. Bd. 8 S. 372); übrigens hatte die Rechtsprechung schon früher solche Umgehungen für unzulässige Kahlhiebe erklärt, z. B. OLGM. 10. 12. 1884 (S. St. Bd. 3 S. 271).

5. Bürgerlichrechtliche Folgen des forstpolizeilichen Abholzungsverbotes: Wenn der Holzbestand einer Schutzwaldung zum Abtrieb verkauft wurde, die Forstpolizeibehörde aber den Abtrieb gemäß Art. 39 verbietet, so ist der Verkauf nach § 134 BGB. nichtig; der Käufer des Holzbestandes eines Schutzwaldes, dessen Abtrieb von der Forstpolizeibehörde nicht zugelassen wird, hat keinen Anspruch auf Schadloshaltung gegen den Verkäufer, wenn er in Ansehung der Eigenschaft des Waldes als Schutzwald nicht in Unwissenheit war; in der Einräumung des Rechtes an den Käufer, „den Wald abzuholzen, wann und wie er will", liegt nicht schon die Übernahme der Gewährleistung dafür, daß der Käufer in der Abholzung freie Hand habe, auch wenn sie wegen der Eigenschaft des Waldes als Schutzwald verboten sein sollte (ObLGZ. Bd. 4 S. 34).

6. Abs. II und III: Diese beziehen sich nur auf die Schutzwaldungen zur Abhaltung von Sturmwinden (Art. 35 Ziff. 2 a. E.); ein anderer der in Art. 35 aufgeführten Schutzzwecke darf höchstens in untergeordnetem Maße in Frage stehen (§ 6 Abs. I Allg. VollzV. 1896); Abs. I und III sind erst im Jahre 1896 in das Gesetz aufgenommen worden und zwar deshalb, weil früher der Waldbesitzer zugunsten dritter Personen vielfach unverhältnismäßig stark beschränkt wurde (Begr.). Die Erleichterungen für den Waldbesitzer bestehen darin, daß

a) Kahlhiebe nur mehr versagt werden dürfen wegen der Gefährdung von Ortschaften, Gehöften, Ortsfluren oder angrenzenden Waldungen,
b) und zwar nur, wenn die zu erwartenden Nachteile unverhältnismäßig groß sind,
c) für die Ausführung von Kahlhieben in solchen Waldungen nur Bedingungen zum Schutze von Gebäuden, Ortsfluren und angrenzenden Waldungen festgesetzt werden können.

Daß auch Abs. III sich nur auf die Schutzwaldungen zur Abhaltung von Sturmwinden bezieht, ergibt sich aus seiner Entstehung.

Zu a: Es darf nicht auf jedes Grundstück Rücksicht genommen werden, das durch die Abholzung Schaden leiden könnte; zu berücksichtigen sind nur mehr von Menschen bewohnte einzelne oder beisammenliegende Ansiedelungen (Gehöfte, Ortschaften), von sonstigen Grundstücken nur mehr ganze Ortsfluren im katastertechnischen Sinn oder erhebliche Teile davon. Die Einwirkung auf Waldungen ist stets zu berücksichtigen, gleichgültig, wie groß sie sind. Unter den angrenzenden Waldungen sind auch in der Nähe liegende zu verstehen; sie brauchen nicht unmittelbar an den beabsichtigten Schlag oder an den Schutzwald anzustoßen; auch die Waldungen des Schutzwaldbesitzers selbst kommen in Betracht, da an der Erhaltung der Wälder auch ein allgemeines Interesse besteht; die Schutzwaldbestimmungen wie forstpolizeilichen Bestimmungen überhaupt sind sogar zunächst im allgemeinen, öffentlichen Interesse erlassen; auf ihre Beachtung ist daher der Verzicht eines einzelnen grundsätzlich ohne Einfluß (vgl. Art. 35 Anm. 2). Ob die Ortschaften, Gehöfte und Ortsfluren unmittelbar neben dem Schutzwald liegen oder nicht, ist gleichgültig, sofern nur die Einwirkung gegeben ist. Unbewohnte Gebäude wie einzelstehende Städel, einzelne Äcker u. dgl. dürfen nicht berücksichtigt werden; ist ein unbewohntes Gebäude aber räumlich Bestandteil eines Gehöftes oder einer Ortschaft (z. B. ein in der Nähe des Wohnhauses stehendes Ökonomiegebäude), so ist es mit zu berücksichtigen.

Zu b: Die zu erwartenden Einwirkungen auf die unter a aufgeführten Gegenstände können aber nur dann zu einem Verbot des beabsichtigten kahlen Abtriebs führen, wenn sie einen unverhältnismäßigen Nachteil für die Gegenstände zur Folge hätten. Dies wird dann anzunehmen sein, wenn die Abholzung unter Abwägung der Vorteile des Kahlhiebs für die Schutzwaldbesitzer und der Nachteile für die bezeichneten Gegenstände in hohem Maße unwirtschaftlich wäre, oder, vom Standpunkt des öffentlichen Interesses betrachtet, allgemeinen Belangen in erheblichem Maße widerstreiten würde (vgl. § 6 Abs. II u. III Allg. VollzV. 1896); kleinere Schäden kommen nicht in Betracht (§ 6 Abs. VI a. a. O.); im Zweifel ist die Genehmigung zur Abholzung zu erteilen, wie sich aus der Fassung des Gesetzes und dem Grundsatz des Art. 1 ergibt. Der Entscheidung darf nicht bloß das öffentliche Interesse zugrunde gelegt werden; der Regierungsentwurf 1896 hatte dies vorgesehen, ist aber im Landtag nicht durchgedrungen. Innerhalb dieser Grenzen können Nachteile jeder Art berücksichtigt werden. Nach der im Landtag allseits gebilligten Erklärung der Staatsregierung ist selbst dann, wenn das Verbot des Kahlhiebs dem Schutzwaldbesitzer einen Schaden von 1000 RM. bringt, die Durchführung dem Nachbarn einen Schaden von 100 RM., die Annahme eines unverhältnismäßigen Nachteils für den letzteren nicht unbedingt ausgeschlossen; es müssen alle Umstände beachtet werden, insbesondere auch das öffentliche Interesse (KK. 1895/96 Prot. Bd. 5 S. 437). Wenn die unverhältnismäßigen Nachteile durch die Erhaltung von Bedingungen abgewendet werden können, ist die Genehmigung unter den entsprechenden Bedingungen zu erteilen.

Zu c: Zum Zweck und Inhalt der Bedingungen vgl. § 6 Abs. III—V Allg. VollzV. 1896 S. 203. Unter Gebäuden sind die Bauten zu verstehen, aus denen sich die Ortschaften und Gehöfte nach Abs. II (s. oben a) zusammensetzen. Die Bedingungen haben den Schutz der in Abs. III bezeichneten Gegenstände vor Sturmwinden zum Ziele; eine Entschädigung der Nachbarn oder Sicherheitsleistung kann dem Schutzwaldbesitzer nicht aufgetragen werden: doch kann er sich zu einer Entschädigung oder Sicherheitsleistung erbieten.

Der Verwaltungsrechtsweg steht dem Schutzwaldbesitzer auch im Falle des Abs. II nicht offen; auch nicht den Gemeinden nach Art. 60 Abs. VI GO., da es sich im Falle des Art. 39 Abs. II nicht um eine staatsaufsichtliche, sondern um eine polizeiliche Tätigkeit handelt.

Die Einschränkungen der Abs. II u. III gelten nur für die Vornahme von Kahlhieben und gleichkommenden Lichthauungen; auf den Schutzwaldbegriff und das Rodungsverbot sind sie ohne Einfluß; der Schutzwaldbegriff ist weiter; hier kommt auch die Einwirkung auf unbewohnte einzelne Gebäulichkeiten oder einzelne Grundstücke in Betracht; vgl. Anm. 5 zu Art. 35.

7. Strafvorschriften: Strafvorschriften zu Abs. I u. III enthält Art. 75. Verfahren, wenn bekannt wird, daß jemand einen Schutzwald ohne forstpolizeiliche Erlaubnis abtreibt, § 7 Abs. IX Allg. VollzV. 1896 S. 206; zwangsweise Einstellung des Hiebes Art. 78; vgl. auch Anm. 7 zu Art. 36. Die forstpolizeiliche Genehmigung muß vor Beginn der Abholzung erholt werden; holzt ein Waldbesitzer seinen Wald ab und stellt sich heraus, daß dem Wald Schutzwaldeigenschaft zukam, so ist der Waldbesitzer regelmäßig strafbar, auch wenn er die Schutzwaldeigenschaft nicht kannte; er konnte sich nach Art. 40 Gewißheit verschaffen; näheres dort.

8. **Vollzugsanweisung:** Die sorgfältige Beachtung der Art. 39—41 ist eingeschärft in der ME. vom 23. 4. 1922 Nr. 2521a 12 (StAnz. Nr. 96).

9. **Ausnahmen:** Art. 39 gilt nicht für die Waldungen des Staates und der von Staatsbehörden verwalteten Stiftungen; seine sachlichen Schranken sind auch hier zu beachten (S. 191 Z. 5).

Selbständige Feststellung der Schutzwaldeigenschaft; Verfahren zur Genehmigung von Kahlhieben in Schutzwaldungen.

Artikel 40[1].

I[2] Waldbesitzer, welche im Zweifel sind, ob ihren Waldungen die Eigenschaft von Schutzwaldungen zukommt oder nicht, können jederzeit eine bezügliche Feststellung bei der Forstpolizeibehörde beantragen.

II[3] Derartige Anträge, sowie Gesuche um Erteilung der nach Art. 39 erforderlichen Genehmigung zur Vornahme von Kahlhieben oder Lichthauungen in Schutzwaldungen sind, und zwar in der Regel durch Vermittlung der Gemeindebehörde, bei dem zuständigen Forstamte anzubringen, welches den Sachverhalt prüft und den Befund unter Beifügung seines Antrages der Forstpolizeibehörde mitteilt.

III[4] Erachtet die Forstpolizeibehörde weitere Verhandlungen nicht für notwendig, so ist sie befugt, sofort Beschluß zu erlassen, welcher lediglich im Wege des Einspruches angefochten werden kann. Zur Erhebung des Einspruches sind das Forstamt und der Antragsteller, sowie dritte Personen, welche an der Erhaltung des betreffenden Waldes als Schutzwald unmittelbar interessiert sind, innerhalb einer unerstrecklichen Frist von 14 Tagen berechtigt.

IV[4] Wird Einspruch erhoben oder ist eine förmliche Verhandlung ausdrücklich beantragt oder aus sonstigen Gründen veranlaßt, so hat die Forstpolizeibehörde dieselbe unter Zuziehung eines Vertreters des Forstamtes, sowie des Waldbesitzers und etwaiger amtsbekannter dritter Personen, welche an der Erhaltung des betreffenden Waldes als Schutzwald unmittelbar interessiert sind, zu pflegen und hierauf Entscheidung zu treffen.

V[4] Gegen diese Entscheidung steht außer den Beteiligten auch dem Forstamte das Recht der Berufung an die Forstpolizeistelle zu.

VI[5] Rechtskräftig gewordene Beschlüsse und Entscheidungen können wieder aufgehoben werden, wenn sich in den Voraussetzungen, auf Grund deren dieselben erlassen worden sind, wesentliche Veränderungen ergeben haben.

Allg. VollzB. 1896.

§ 7.

(Art. 40 Abs. 1 u. 2.) I Anträge wegen Feststellung der Schutzwaldeigenschaft eines Waldes oder Gesuche um Erteilung der forstpolizeilichen Bewilligung zur Vornahme von Kahlhieben oder Lichthauungen in Schutzwaldungen können nur vom Waldbesitzer oder demjenigen gestellt werden, welchem die Holzgewinnung in einem Schutzwalde überlassen worden ist (Art. 75 Abs. 2).

II Diese Anträge sind unter Angabe der Steuergemeinde und der Plannummer der betreffenden Waldung in der Regel durch Vermittlung der Gemeindebehörde beim zuständigen Forstamte anzubringen, können aber auch durch die Gesuchsteller direkt schriftlich eingebracht oder zu Protokoll gegeben werden.

III Zuständig ist dasjenige Forstamt, in dessen Bezirk die betreffende Waldung gelegen ist.

IV Die Gemeindebehörde hat dem Forstamte bei Übermittlung der Anträge zu berichten, ob durch dieselben gemeindliche Interessen berührt werden, oder ob ihr Personen bekannt sind, welche an der Erhaltung des betreffenden Waldes als Schutzwald ein unmittelbares Interesse haben.

V Einer öffentlichen, amtlichen Bekanntgabe der bei der Gemeindebehörde, dem Forstamte oder der Forstpolizeibehörde eingelaufenen Anträge oder Gesuche mit dem Zwecke dritte, an der Schutzwaldeigenschaft etwa interessierte — physische oder juristische — Personen zur Wahrnehmung ihrer Interessen zu veranlassen (Ediktalzitation) bedarf es nicht, nachdem letztere Personen durch die Bestimmungen des Art. 40 Abs. 3, 4 und 6 ohnehin in die Lage versetzt sind, ihre Interessen zur Geltung zu bringen.

VI Wenn es sich um Gesuche wegen Erteilung der forstpolizeilichen Bewilligung zur Vornahme von Kahlhieben oder Lichthauungen in Schutzwaldungen handelt, sind die Bedingungen für die Benützung des ganzen in Frage stehenden Schutzwaldes festzusetzen, damit nicht der Schutzwaldbesitzer oder derjenige, welchem die Holzgewinnung im Schutzwalde überlassen wurde, nach Ausführung des bewilligten Kahlhiebes oder der bewilligten Lichthauung wiederholt um die forstpolizeiliche Genehmigung zur Ausführung eines weiteren Kahlhiebes oder einer weiteren Lichthauung auf dem gleichen Besitzobjekte nachzusuchen veranlaßt ist.

VII Auch ist, wenn größere Schutzwaldungen auf Grund von Wirtschaftsplänen bewirtschaftet werden, dem Waldbesitzer gestattet, den Wirtschaftsplan bei seiner ersten Aufstellung sowohl, als bei der periodischen Erneuerung desselben, in bezug auf die Art der Hiebsführung in sämtlichen als Schutzwaldungen bezeichneten Beständen der forstpolizeilichen Genehmigung zu unterstellen.

VIII Vom Forstamte, welches sich hienach bei Stellung seiner Anträge zu richten hat, sind bei Übergabe derselben an die Forstpolizeibehörde (Art. 40 Abs. 2) auch die ihm etwa selbst bekannten oder durch die Gesuchsteller und bzw. durch die Gemeindebehörde bekannt gewordenen, an der Schutzwaldeigenschaft interessierten Personen, soweit möglich unter kurzer Darlegung der die Interessen derselben berührenden Verhältnisse, zu benennen.

IX Erstatten dritte, an der Schutzwaldeigenschaft eines Waldes interessierte Personen der Forstpolizeibehörde oder dem Forstamte Anzeige, daß der Waldbesitzer oder derjenige, welchem die Holzgewinnung im betreffenden Walde überlassen wurde (Art. 75 Abs. 2), einen unerlaubten Kahlhieb oder eine unerlaubte, diesem in der Wirkung gleichkommende Lichthauung vornimmt, oder wird ein solches verbotwidriges Verfahren sonstwie zur Kenntnis der genannten Behörden gebracht, so sind sofort die erforderlichen Erhebungen zu pflegen, veranlaßten Falles in Anwendung der Bestimmungen des Art. 78 die als verbotwidrig erkannten Hauungen einzustellen und die Feststellung der Schutzwaldeigenschaft der in Frage stehenden Waldung nach Maßgabe des Art. 40 von Amts wegen zu veranlassen.

§ 8.

(Art. 40 Abs. 3 und 4.) I Nach Art. 40 Abs. 3 und 4 hat die Forstpolizeibehörde Anträge wegen Feststellung der Schutzwaldeigenschaft eines Waldes, oder Gesuche um Erteilung der forstpolizeilichen Bewilligung zur Vornahme von Kahlhieben oder Lichthauungen in Schutzwaldungen entweder im Wege der Beschlußfassung oder im Wege förmlicher Verhandlung nach Maßgabe der Bestimmungen im Art. 110 und der hiezu ergangenen Allerhöchsten Verordnung vom 6. Juli 1896 zu bescheiden.

II Zur Erledigung im Wege der förmlichen Verhandlung werden, außer dem Falle des Einspruches (Art. 40 Abs. 3) oder, wenn förmliche Verhandlung ausdrücklich beantragt worden ist (Art. 40 Abs. 4), im allgemeinen jene Fälle sich eignen, bei welchen letztere wegen der besonderen Wichtigkeit der Sache oder bei Voraussicht von Einsprüchen angezeigt erscheint. Dagegen wird die sofortige Beschlußfassung der Forstpolizeibehörde veranlaßt sein, wenn z. B. die Schutzwaldeigenschaft als eine notorische zu erachten ist, oder das Forstamt sich gegen das Vorhandensein der Schutzwaldeigenschaft ausgesprochen hat, oder wenn die forstamtlichen Anträge mit jenen des Waldbesitzers sich decken oder mit von der Forstpolizeibehörde früher entschiedenen, gleichgelagerten Fällen im wesentlichen übereinstimmen.

III Will die Forstpolizeibehörde die Anträge oder Gesuche im Wege der Beschlußfassung erledigen, aber in wesentlichen Punkten von den Anträgen des Forstamtes abweichen, so ist letzteres hievon zu verständigen. Schließt sich das Forstamt der Ansicht der Forstpolizeibehörde an, so hat es die Akten unverweilt an dieselbe zurückzuleiten. Beharrt dagegen das Forstamt auf seinen Anträgen, so ist die Sache zur Verhandlung zu bringen.

IV Die forstpolizeilichen Beschlüsse und Entscheidungen haben jedesmal eine Eröffnung über das Einspruchs- oder Berufungsrecht und über die Einspruchs- oder Berufungsfrist zu enthalten und sind außer den Beteiligten auch dem Forstamte mitzuteilen.

V Ist gegen forstpolizeiliche Beschlüsse Einspruch erhoben worden, so ist das Forstamt hievon zu verständigen und sind demselben die Akten zur weiteren Veranlassung zu übermitteln, falls eine etwaige Begründung des Einspruches oder sonstige Umstände wiederholte Würdigung der Sache durch das Forstamt angezeigt erscheinen lassen.

§ 9.

(Art. 40 Abs. 5.) I Über Berufungen gegen Entscheidungen der Forstpolizeibehörde hat die Regierung, Kammer des Innern, nach Einvernahme der Regierungsfinanzkammer, Forstabteilung[1]), Beschluß zu fassen.

II Sind ausnahmsweise in besonders wichtigen Fällen zur Würdigung der tatsächlichen Verhältnisse weitere Erhebungen für die Beschlußfassung notwendig, so ist die entsprechende Verfügung durch die Regierung, Kammer des Innern, zu treffen und gegebenenfalls die Entsendung eines Mitgliedes der Forstabteilung[1]) zu veranlassen.

III Beschlüsse der Forstpolizeistelle sind durch das Bezirksamt, außer den Beteiligten, auch dem Forstamte mitzuteilen.

§ 10.

(Art. 40 Abs. 6.) I Rechtskräftig gewordene Beschlüsse und Entscheidungen können wieder aufgehoben werden (Art. 40 Abs. 6), wenn sich wesentliche Veränderungen in den hinsichtlich der Schutzwaldeigenschaft eines Waldes in Betracht kommenden Tatsachen ergeben haben, oder wenn von Interessenten nachträglich belangvolle Tatsachen zur Kenntnis der zuständigen Behörde gebracht werden, welche bei der ersten Beschlußfassung oder der Entscheidung nicht in Würdigung gezogen wurden und die Voraussetzungen, unter welchen diese Beschlüsse und Entscheidungen ergingen, nicht mehr als zutreffend erscheinen lassen.

II Solche Veränderungen können sich z. B. im Falle des § 6 ergeben, wenn der zu schützende Nachbarwald in solchem Maße abgeholzt wird, daß auch die Entfernung des vorliegenden Schutzwaldes keinen unverhältnismäßigen Schaden mehr verursacht, oder wenn der Nachbarwald durch Naturereignisse (Sturmwind, Schneedruck, Insektenbeschädigungen) oder durch die Art seiner Benutzung in eine Verfassung gebracht worden ist, daß der vorliegende Wald eine Schutzwirkung nicht mehr zu äußern vermag, oder wenn die Schutzwirkung überhaupt aufgehoben wird, wie z. B., wenn breite Eisenbahnlichtungen durch die Waldung hindurchgelegt worden sind.

III Anträge auf Aufhebung rechtskräftig gewordener Beschlüsse oder Entscheidungen sind auf dem im Art. 40 Abs. 2 bezeichneten Wege einzubringen und nach Maßgabe der weiteren Bestimmungen in Abs. 3—5 zu erledigen.

Schutzwaldverzeichnisse. § 11.

I Um den Überblick über die vorhandenen Schutzwaldungen zu erleichtern, sowie zum Zwecke einer möglichst gleichmäßigen und förderlichen Behandlung der in bezug auf Schutzwaldungen einkommenden Anträge und Gesuche (Art. 40 Abs. 2) haben die Forstämter in einem besonders anzulegenden Verzeichnisse diejenigen nicht ärarialischen Waldungen vorzumerken, über deren Schutzwaldeigenschaft durch rechtskräftig gewordene Beschlüsse oder Entscheidungen der Forstpolizeibehörde oder der Forstpolizeistelle entschieden worden ist.

II Die Verzeichnisse sind getrennt nach Gemeindebezirken unter Vortrag der Plannummer und Flächengröße der einzelnen Waldungen in der Weise anzulegen und evident zu halten, daß sofort ersehen werden kann, welchen derselben Schutzwaldeigenschaft zukommt und welchen diese Eigenschaft nicht zuerkannt worden ist, in beiden Fällen unter kurzer Angabe der für die Zu- oder Aberkennung der Schutzwaldeigenschaft nach den forstpolizeilichen Beschlüssen oder Entscheidungen maßgebend gewesenen Verhältnisse und unter entsprechender Allegation der forstpolizeilichen Beschlüsse oder Entscheidungen. Bei den Schutzwaldungen sind überdies die etwaigen besonderen Bedingungen vorzumerken, unter welchen die forstpolizeiliche Genehmigung zur Vornahme von Kahlhieben oder Lichthauungen erfolgt ist.

III Diese Verzeichnisse werden, insbesondere in Forstamtsbezirken, in welchen Schutzwaldungen zahlreicher vorkommen, brauchbare Anhaltspunkte für die Beurteilung gleichgelagerter Fälle ergeben, so daß allmählich aus denselben förmliche Schutzwaldkataster hergestellt werden können.

1. **Geltungsbereich**: Art. 40 regelt das selbständige Verfahren zur Feststellung der Schutzwaldeigenschaft sowie das Verfahren zur Entscheidung über Gesuche um die Erlaubnis zu kahlen Abtrieben oder gleichkommenden Lichthauungen in Schutzwaldungen. Art. 40 wurde im Jahre 1896 ins Gesetz aufgenommen. Früher konnte die Schutzwaldeigenschaft nicht selbständig festgestellt werden; der Strafrichter entschied darüber als Zwischenpunkt in dem wegen verbotenen Kahlhiebs anhängig gemachten Strafverfahren. Dieser Zustand enthielt Gefahren für die Waldbesitzer. Nunmehr kann sich jeder Waldbesitzer vor einem Verstoß gegen das Gesetz und vor Bestrafung dadurch schützen, daß er im Zweifelsfall die forstpolizeiliche Feststellung beantragt, ob sein Wald Schutzwaldeigenschaft besitzt oder nicht (Art. 40 Abs. I).

---

[1]) Jetzt Regierungsforstkammer.

Der Forstrügerichter aller Rechtszüge darf selbst über die Schutzwaldeigenschaft nicht mehr befinden, wenn der Angeschuldigte diese bestreitet; er muß vielmehr die forstpolizeiliche Entscheidung nach Art. 40 Abs. IV herbeiführen und ist dann an diese gebunden (Art. 168).

Ausdrücklich verwehrt ist die Entscheidung über die Schutzwaldeigenschaft im Streitfalle nur dem Forstrügerichter aller Rechtsstufen; nur dieser ist auch kraft Gesetzes an die im Verfahren nach Art. 40 ergangene Entscheidung der Forstpolizeibehörde gebunden. Die Verwaltungsbehörden sind an sich nicht gehindert, über die Schutzwaldeigenschaft, z. B. auf ein Rodungsgesuch (Art. 36) als Zwischenpunkt zu entscheiden; sie sind auch nicht kraft Gesetzes an eine nach Art. 40 ergangene Entscheidung gebunden; s. aber Anm. 5 zu Art. 36. Auch der Zivilrichter kann über die Schutzwaldeigenschaft als Zwischenpunkt entscheiden; er ist auch an eine nach Art. 40 ergangene Entscheidung nicht gebunden.

In Art. 40 ist weiter geregelt das forstpolizeiliche Verfahren zur Entscheidung über die Zulässigkeit von Kahlhieben und gleichkommenden Lichthauungen in Schutzwaldungen; dieses Verfahren ist das nämliche wie für die Entscheidung über die Schutzwaldeigenschaft. Die Entscheidung über die Schutzwaldeigenschaft und das Abholzungsgesuch kann gegebenenfalls verbunden werden. Kahlhiebe und gleichkommende Lichthauungen in Schutzwaldungen, die durch ein Güterhändlergeschäft gegangen sind, s. Anm. 9b zu Art. 42b.

Das Verfahren nach Art. 40 ist in allen Rechtsstufen das reine Verwaltungsverfahren; eine Zuständigkeit des Verwaltungsgerichtshofs kommt nicht in Frage, auch nicht, wenn der Waldbesitzer, gegen den der Beschluß oder die Entscheidung ergeht, eine Gemeinde ist (s. Ziff. 1 vor Art. 34 a.E.); im Falle des Abs. IV (Kommissionsverfahren) ist Art. 110 samt Vollzugsverordnung und Vollzugsvorschriften zu beachten.

2. Abs. I: Wenn der Waldbesitzer (Art. 1 Anm. 2) oder derjenige, dem die Holzgewinnung überlassen wurde (Art. 75 Abs. II), die Entscheidung über die Schutzwaldeigenschaft des Waldes beantragt, muß die Forstpolizeibehörde die Entscheidung treffen; die Forstpolizeibehörde kann bei genügendem Anlaß die Feststellung auch von Amts wegen durchführen; auf Anträge anderer Personen, z. B. der Nachbarn braucht die Forstpolizeibehörde nicht einzugehen, sie kann es aber, da sie auch von Amts wegen entscheiden kann (vgl. KK. 1896 Prot. Bd. 5 S. 434f.); die Nachbarn haben erst im Einspruchsverfahren nach Abs. III u. IV einen Anspruch, beteiligt zu werden; wenn aber bei einem Wald, der als Schutzwald in Frage kommen kann, mit dem kahlen Abtrieb oder einer gleichkommenden Lichthauung begonnen wird, so muß die Forstpolizeibehörde auf Anzeige der Nachbarn einschreiten und nötigenfalls das Verfahren nach Art. 40 von Amts wegen durchführen (Allg. VollzV. 1896 § 7 Abs. I u. IX S. 206). Begriff der Schutzwaldung Art. 35. Eine Pflicht zur Antragstellung besteht nicht; Abs. I will nur dem Waldbesitzer und den Personen nach Art. 75 Abs. II die Möglichkeit geben, sich Gewißheit zu verschaffen und sich vor Strafe zu schützen. Anträge nach Abs. I brauchen nicht öffentlich bekanntgegeben zu werden (Allg. VollzV. 1896 § 7 Abs. V S. 206).

3. Abs. II: Die Genehmigung zu einem Kahlhieb oder einer gleichkommenden Lichthauung kann nachgesucht werden vom Waldbesitzer oder demjenigen, dem die Holzgewinnung überlassen wurde (Art. 1 Anm. 2; 75 Abs. II). Der Weg über die Gemeindebehörde ist im Interesse der Beteiligten vorgesehen (Begr.); Aufgabe der Gemeindebehörde § 7 Abs. IV Allg. VollzV. 1896 S. 206; die Anträge können aber auch unmittelbar beim Forstamt oder der Forstpolizeibehörde eingereicht werden; zuständig ist das Forstamt und die Forstpolizeibehörde, in deren Bezirk die Schutzwaldung gelegen ist. Inhalt und Form der Anträge § 7 Abs. II Allg. VollzV. 1896 S. 206; Aufgabe des Forstamts § 7 Abs. VI—IX Allg. VollzV. 1896 S. 206. Gesuche nach Abs. II brauchen nicht öffentlich bekanntgegeben zu werden (Allg. VollzV. 1896 § 7 Abs. V S. 206).

4. Abs. III—V: Die Entscheidung über die Schutzwaldeigenschaft und das Gesuch um Genehmigung des Kahlhiebs oder der Lichthauung trifft die Forstpolizeibehörde (Art. 109, 110); der Stadtrat einer unmittelbaren Stadt ist zuständig, auch wenn es sich um einen stadteigenen Wald handelt. Die Forstpolizeibehörde ist an das Gutachten des Forstamts nicht unbedingt gebunden. Für die Entscheidung gibt es zwei Arten von Verfahren: das Beschlußverfahren (Abs. III) und das Verhandlungsverfahren (Abs. IV u. V); im Beschlußverfahren entscheidet das Bezirksamt oder der Stadtrat einer unmittelbaren Stadt (Art. 109) auf Grund des gewöhnlich schriftlich erstatteten Gutachtens des Forstamts allein im Büroweg (Abs. III Satz 1); im Verhandlungsverfahren entscheidet die Forstpolizeibehörde als Forstpolizeikommission in der Besetzung nach Art. 110 Abs. I; zu der Verhandlung müssen das Forstamt, der Schutzwaldbesitzer und die amtsbekannten Interessenten geladen werden (Abs. IV); das Verhandlungsverfahren ist eingehend geregelt in der VO. vom 5. 7. 1896 (GVBl. S. 319) und den Allg. VollzV. 1896 §§ 13—16 (bei Art. 110). Die Anträge auf Feststellung der Schutzwaldeigenschaft und die Gesuche um die Genehmigung von Kahlhieben oder gleichkommenden Lichthauungen brauchen nicht öffentlich bekanntgegeben zu werden (§ 7 Abs. V Allg. VollzB. 1896 S. 206); dies würde nur zu unnötigen Weiterungen und Kosten führen (Begr.). Die Forstpolizeibehörde muß aber in jedem Fall von sich aus mit Hilfe des Forstamts, Messungsamts, Grundbuchamts oder der Gemeindebehörde die physischen oder juristischen Personen ermitteln, die an der Erklärung oder Erhaltung des Waldes als Schutzwald nach Maßgabe der Zweckbestimmungen des Art. 35 unmittelbar interessiert sind; denn diesen Personen ist der Beschluß nach Abs. III und die Entscheidung nach Abs. IV bekanntzugeben; erst von der Bekanntgabe an beginnt die Rechtsmittelfrist zu laufen (Art. 112 Abs. II); auch müssen sie kraft Gesetzes zu der nach Abs. IV stattfindenden Verhandlung geladen werden; die Forstämter sind in § 7 Abs. VIII Allg. VollzB. 1896 S. 206 angewiesen, zur Ermittlung der Interessenten mitzuwirken. Beteiligt sind nur die unmittelbaren Interessenten, also z. B. bei Sturmschutzwaldungen die Besitzer oder Eigentümer der angrenzenden Waldungen, Gehöfte usw., nicht aber die Hypothekgläubiger.

Im Beschlußverfahren nach Abs. III kann nur eine erstmalige Entscheidung gefällt werden; im Verhandlungsverfahren nach Abs. IV kann entweder erstmalig oder über einen Einspruch gegen den im Beschlußverfahren erlassenen Beschluß entschieden werden. Unter welchen Voraussetzungen für die erstmalige Entscheidung das Beschluß- oder das Verhandlungsverfahren zu wählen ist, ergibt sich aus Art. 40 Abs. III u. IV und § 8 Abs. II Allg. VollzB. 1896 S. 207 sowie aus Art. 168.

Beschluß- und Verhandlungsverfahren liegen beide innerhalb des ersten Rechtszugs. Als Rechtsmittel gibt es gegen den Beschluß nach Abs. III nur den an eine 14tägige Frist gebundenen Einspruch an die Forstpolizeikommission, die dann nach Abs. IV zu entscheiden hat; die sofortige Anrufung der Forstpolizeistelle nach Art. 109, 112 ist nicht möglich. Gegen die Entscheidung der Forstpolizeikommission nach Abs. IV, gleichgültig, ob diese erstmalig oder auf erhobenen Einspruch entschieden hat, steht innerhalb 14 Tagen (Art. 112 Abs. II) die Berufung zur Forstpolizeistelle offen; diese entscheidet endgültig (Art. 109); dagegen ist nur mehr die Anrufung der Oberaufsicht des Staatsministeriums des Innern möglich. Das Gesetz und die Vollzugsvorschriften nennen den im Beschlußverfahren nach Abs. III ergehenden Spruch „Beschluß", den im Verhandlungsverfahren nach Abs. IV ergehenden „Entscheidung" und das Rechtsmittel gegen den Beschluß „Einspruch", gegen die Entscheidung „Berufung". Mit Beschluß und Entscheidung ist jeweils eine Beschwerdebelehrung zu verbinden (§ 8 Abs. IV Allg. VollzB. 1896 S. 207); die Unterlassung hemmt den Fristenlauf aber nicht, da die Belehrung nicht gesetzlich vorgeschrieben ist. Einspruchs- und Berufungsberechtigte Abs. III Satz 2 und Abs. V. Einspruch und Berufung sind innerhalb der 14tägigen Frist schriftlich oder zur Niederschrift bei der Forstpolizeibehörde einzulegen; die Berufung kann auch bei der Forstpolizeistelle eingelegt werden. Verfahren auf Einspruch § 8 Abs. V Allg. VollzB. 1896 S. 207, VO. vom 5. 7. 1896 (bei Art. 110) und Allg. VollzB. 1896 §§ 13—16 (bei Art. 110). Berufungsverfahren § 9 Allg. VollzB. 1896 S. 207. Die Einspruchs- und Berufungsfrist läuft von der Eröffnung des Beschlusses und der Entscheidung an; die Eröffnung kann auch mündlich geschehen; in diesem Falle beginnt die Frist den Anwesenden gegenüber mit dem Tage nach der mündlichen Eröffnung zu laufen, auch wenn Beschluß und Entscheidung noch schriftlich zugestellt werden; letzteres hat nach § 16 Abs. IV Allg. VollzB. 1896 (bei Art. 110) stets zu geschehen; dem Beteiligten gegenüber, dem der Spruch nicht eröffnet wurde, beginnt die Frist nicht zu laufen. Das Forstamt wäre auch ohne die ausdrückliche Bestimmung in Art. 40 Abs. V zur Einlegung der Rechtsmittel befugt; vgl. Anm. 2b γ zu Art. 114. Verfahren, wenn die Forstpolizeibehörde sich dem Gutachten des Forstamts nicht anschließt § 8 Abs. III Allg. VollzB. 1896 S. 207. Die ergangenen Beschlüsse und Entscheidungen haben die Forstämter im Schutzwaldkataster vorzumerken (§ 11 Allg. VollzB. S. 208). Wenn Kahlhiebe in Schutzwaldungen genehmigt wurden, haben die Forstämter die Einhaltung der Bedingungen und die Wiederaufforstung zu überwachen (§ 12 Allg. VollzB. 1896 S. 203).

5. Abs. VI: Abs. VI enthält ein dreifaches:

a) die Möglichkeit der Aufhebung der ergangenen Beschlüsse und Entscheidungen im Wege der Wiederaufnahme des Verfahrens, wenn nachträglich belangvolle, im Zeitpunkt der Entscheidung bereits bestehende, aber der entscheidenden Behörde nicht bekannte Tasachen zur Kenntnis der Forstpolizeibehörde oder -stelle gelangen, die ein anderes Ergebnis herbeiführen (vgl. Begr. und § 10 Abs. I Allg. VollzB. 1896 S. 207);

b) die Möglichkeit der Aufhebung rechtskräftig gewordener Beschlüsse und Entscheidungen, wenn sich nach ihrer Erlassung die tatsächlichen Verhältnisse wesentlich geändert haben (vgl. Begr. und § 10 Abs. I Allg. VollzB. 1896 S. 207);

c) die rechtskräftig gewordenen Beschlüsse und Entscheidungen bleiben rechtswirksam bestehen, bis sie ausdrücklich aufgehoben werden; d. h. z. B. der als Schutzwald erklärte Wald bleibt bis zur Aufhebung des Beschlusses für den Waldbesitzer und die Forststrafgerichte mit allen daraus sich ergebenden Folgerungen ein Schutzwald, auch wenn der angrenzende Wald, mit Rücksicht auf den er zum Schutzwald erklärt wurde, inzwischen abgeholzt worden ist. Die Rechtskraft der Beschlüsse und Entscheidungen nach Art. 40 Abs. III—V wirkt in Abweichung von der sonst im Verwaltungsrecht geltenden Regel nicht rebus sic stantibus sondern unbedingt; dies folgt aus der Einrichtung des Aufhebungsverfahrens nach Abs. VI; vgl. Begr. und § 10 Abs. I u. II Allg. VollzV. 1896 S. 208.

Zuständig zur Aufhebung ist die Stelle, die den Beschluß oder die Entscheidung erlassen hat; das Aufhebungsverfahren ist das gleiche wie das Beschluß (Entscheidungs-) verfahren; der Aufhebungsantrag ist gemäß Art. 40 Abs. II zu stellen (vgl. § 10 Abs. IV Allg. VollzV. 1896 S. 208). Die Beschlüsse und Entscheidungen sind dann rechtskräftig, wenn der Einspruch oder die Berufung nicht mehr offenstehen; noch nicht rechtskräftig gewordene Beschlüsse und Entscheidungen sind mit dem ordentlichen Rechtsmittel anzufechten.

6. **Kosten:** Das Verfahren der Forstpolizeibehörden und -stellen und des Staatsministeriums des Innern zum Vollzuge des Art. 40 ist gebührenfrei (Art. 170 Ziff. 25 KostG.); zu den sich hieraus ergebenden Folgerungen vgl. Anm. 6 zu Art. 36. Die sonstigen Kosten des Verfahrens hat grundsätzlich der Schutzwaldbesitzer bzw. der Antragsteller nach Art. 75 Abs. II als veranlassender Teil zu tragen. Die Vergütung der Beisitzer der Forstpolizeikommission im Falle des Abs. IV trägt stets endgültig die Staatskasse (§ 14 der VO. vom 5. 7. 1896; vgl. auch § 16 Abs. IV u. VI Allg. VollzV. 1896, beide nach Art. 110).

7. **Ausnahmen:** Art. 40 ist nicht anwendbar auf die Waldungen des Staates und der von Staatsbehörden verwalteten Stiftungen. Glaubt jemand, durch Holzhiebe in diesen Waldungen geschädigt zu werden, so hat er sich an die zuständige staatliche Behörde (bei Staatswaldungen an das Forstamt), nötigenfalls an deren vorgesetzte Stelle um Abhilfe zu wenden (s. S. 191 Ziff. 5).

Verbot der Abschwendung.

Artikel 41[1]. (41/41).

[I] Die der Holzzucht zugewendeten[2] Grundstücke müssen stets in Holzbestand erhalten, und dürfen nicht abgeschwendet[3] werden.

[II] Unter Abschwendung[3] soll jede den Wald ganz oder auf einem Teile seiner Fläche verwüstende, sein Fortbestehen unmittelbar gefährdende Handlung verstanden werden.

Allg. VollzV. 1879.

§ 12.

(Art. 41.) [I] Der Grundsatz, welcher im Artikel 1 an der Spitze des Forstgesetzes steht, gestattet nicht, dem Privatwaldbesitzer forstwirtschaftlich vorzuschreiben, wie und in welchem Maße er den Wald benützen soll; daher verlangt das Gesetz von ihm keinen Etat und Wirtschaftsplan, setzt kein Abtriebsalter fest und überläßt es seiner eigenen Konvenienz, in welchem Alter und in welchem Maße er den Abtrieb führen will, wenn nur keine Rechte Dritter gekränkt, Abschwendung vermieden und der Wald in Produktivität, beziehungsweise in Bestockung, erhalten wird. Daß demnach die Einbringung der Haupt- und Nebennutzungen, wenn sie auch das Maß der Leistungsfähigkeit momentan überschreitet, und ebensowenig die ordnungsmäßige Fällung im jüngern Holze keine Abschwendung sei, sagt das Gesetz im zweiten Absatze des Art. 41, welcher den Begriff der Abschwendung auf die verwüstende, das Fortbestehen des Waldes unmittelbar gefährdende Handlung begrenzt. Wer z. B. die Junghölzer unregelmäßig durchlöchert und dadurch Schneedruck und Insekten herbeiführt, wer Wege und Gassen in die Junghölzer haut, um einen alten zurückgebliebenen Stamm herauszuschleifen usw., der verwüstet den Wald; wer die Erde auf Haufen schlägt, und den Waldboden wegführt, der gefährdet unmittelbar den Fortbestand des Waldes.

[II] Die k. Forstämter haben Sorge zu tragen, daß die Hilfspersonen zur Handhabung der Forstpolizei (Artikel 115) über den Begriff der Waldabschwendung gehörig informiert werden.

1. **Geltungsbereich:** In Art. 41 ist der Grundsatz an die Spitze gestellt, daß die der Holzzucht zugewendeten Grundstücke stets im Holzbestand erhalten werden müssen; dieses Gebot der Erhaltung des Holzbestandes des Landes teilt das Gesetz in zwei Vorschriften, deren Übertretung mit Strafe bedroht ist: in die negative des Verbots der Abschwendung (Art. 41) und in die positive des Gebots der Aufforstung (Art. 42 u. 42a—c); vgl. Anm. 6c vor Art. 34.

Art. 41 behandelt im besonderen das Verbot der Abschwendung; Begriff Abs. II (s. Anm. 3). Von der Abschwendung zu unterscheiden ist die Rodung (Art. 34) sowie der kahle Abtrieb und die Lichthauung (Art. 39); die beiden letzteren können u. U. Abschwendung sein (s. Anm. 3).

2. Der Holzzucht zugewendet: Dieser Begriff ist enger als der Waldbegriff (Art. 1 Anm. 7); zum Wald gehören auch die Waldwege, kleine Wasserläufe u. ä.; diese Grundflächen sind nicht der Holzzucht zugewendet und fallen daher nicht unter das Abschwendungsverbot. Unter das Gebot fallen alle bereits im Zeitpunkt der Einführung des Forstgesetzes der Holzzucht zugewendeten und später dazugekommenen Grundstücke, soweit sie nicht erlaubterweise gerodet wurden. Daß die Grundstücke zur Holzzucht oder forstwirtschaftlichen Benutzung bestimmt sind, ist nicht Voraussetzung; es genügt, daß tatsächlich Holzzucht besteht.

3. Begriff der Abschwendung: Abschwendung ist jede Handlung, die die Tauglichkeit des Waldgrundstückes zur Holzzucht in erheblichem Maße vermindert. Im einzelnen ist zu bemerken: Nach der gesetzlichen Begriffsbestimmung ist stets ein Handeln erforderlich; ein Unterlassen für sich allein genügt nicht. Es muß eine verwüstende (devastierende) Tätigkeit sein, die das Fortbestehen des Waldes als Wald unmittelbar gefährdet. Der Zusatz „sein Fortbestehen unmittelbar gefährdende" erläutert den Begriff „verwüstend"; Abs. II ist so zu lesen, als ob nach „verwüstende" statt des Kommas „d.i." stände. Der Wortlaut des Regierungsentwurfs „jede den Wald ..... verwüstende, den Holzbestand unmittelbar gefährdende Handlung" wurde zugunsten der heutigen Fassung des Art. 41 deshalb abgeändert, um jeden Zweifel zu beseitigen, daß unter Fortbestand nicht der dermalige Fortbestand des Waldes, sondern der Fortbestand der Bodenfläche als Wald, nämlich ihre fortlaufende Tauglichkeit zur Holzzucht zu verstehen sei (OAG. 28. 4. 1854, Z. Bd. 1 S. 226).

Je nach den Verhältnissen können die Abschwendungshandlungen verschiedenster Art sein; was in einem Falle Abschwendung ist, braucht es im andern nicht zu sein und umgekehrt. Beispiele von Abschwendung enthält § 12 Abs. I Schlußsatz Allg. VollzV. 1879 (s. oben) es erscheint jedoch zweifelhaft, ob die Beispiele des ersten Halbsatzes unter Abschwendung fallen; in Abs. I Satz 1 u. 2 ist erläutert, was nicht zur Abschwendung zu rechnen ist. Nach der Regierungserklärung in der Abgeordnetenkammer im Jahre 1896 ist Wegführen von Walderde bei Abfuhr verhältnismäßig weniger Fuhren von größeren Flächen noch nicht als Abschwendung anzusehen; es müsse der Boden so abgekratzt werden, daß der Fortbestand des Waldes dermalen und für die Folge in Frage stehe. Richtig ist auch beim Abführen von Walderde jeweils zu unterscheiden, ob Abschwendung vorliegt; bei leichtem Boden kann schon eine kleine Menge genügen. In Art. 7 des Entwurfes 1846 ist als Abschwendung auch bezeichnet Zerstörung der Substanz des Waldbodens durch Entfernung seiner Oberfläche und exzessive Streunutzung. (Im übrigen ist die Streunutzung im eigenen Walde an keine Schranke gebunden weder nach Menge noch hinsichtlich der Werkzeuge.) In der ME. vom 22. 4. 1910 (MABl. S. 326) ist als Beispiel für Abschwendung angeführt, daß vielfach beim kahlen Abtrieb von Waldungen die obere gute Bodenschicht mehr oder weniger weggerissen und damit der Boden seiner wichtigsten Nährstoffe beraubt werde; die Folge sei, daß die Wiederaufforstung von geringerem Erfolg begleitet sei. Unter Umständen kann auch die Vornahme eines Kahlhiebs z. B. an steinigen, der Sonne stark ausgesetzten Hängen, Abschwendung sein. Grundsätzlich ist die Einbringung der Haupt- und Nebennutzungen, auch wenn sie augenblicklich das Maß der Leistungsfähigkeit des Waldes übersteigen, noch nicht Abschwendung (Allg. VollzV. 1879 § 12 Abs. I). Der Übergang zu einer weniger vorteilhaften Betriebsart ist nicht Abschwendung. Ob Forstberechtigungen beeinträchtigt werden, ist für die Frage, ob Abschwendung gegeben ist, bedeutungslos. Die Gefährdung muß eine unmittelbare sein, d. h. die Handlung muß den Holzboden selbst schädigen. Der Abschwendungsbegriff ist im Hinblick auf Art. 1 eng auszulegen.

Nach der Begr. 1846 ist die Folge der Abschwendung Entwaldung und Verkrüppelung, starke Abnahme der Holzerzeugung, die bis zu ihrem gänzlichen Verluste gesteigert werden kann; in diesem Falle bleibt der Waldboden als unfruchtbare, auch für Streu ertraglose Steppe oder Heide zurück und ist gar nicht mehr oder doch nur sehr schwer aufzuforsten.

Die Forstämter haben die Hilfspersonen zur Handhabung der Forstpolizei über den Abschwendungsbegriff aufzuklären (§ 12 Abs. II Allg. VollzV. 1879).

4. Strafvorschriften: Die Abschwendung ist in allen Waldungen, auch wenn sie nicht Schutzwaldungen sind, unbedingt verboten; auch die Forstpolizeibehörde kann sie nicht genehmigen. Die Abschwendung ist strafbar nach Art. 75; sie kann durch forstpolizeiliches besonderes Verbot und mit den sonstigen polizeilichen Mitteln eingestellt werden (Art. 78). Strafbar nach Art. 75 und 78 sind nur die Waldbesitzer und die Personen, denen die Holzgewinnung überlassen ist (Art. 75 Abs. II); Abschwendungshandlungen können aber auch ohne die Verantwortlichkeit der Vorgenannten durch Dritte vorgenommen werden; auf diese sind die einschlägigen Bestimmungen über Forstfrevel, z. B. Art. 94 Ziff. 5, anzuwenden.

Aufforstungspflicht.

Artikel 42.[1] (42/42).

I Waldblößen[2], welche nach der Verkündung[3] des gegenwärtigen Gesetzes entstehen und kulturfähig sind, müssen aufgeforstet[4], und wo nach erfolgtem Holzschlage[6] die natürliche Wiederbestockung unvollständig[7] bleibt, muß nachgeholfen[8] werden.

II Zur Ausführung dieser Kulturen ist von der Forstpolizeibehörde[10] eine angemessene Frist[11] zu bestimmen[12], nach deren fruchtlosem Ablaufe[13] das Amtsgericht[14] neben der verwirkten Strafe zu verordnen hat, daß die Ausführung der Kulturen[15] auf Kosten[16] des Säumigen durch das Forstamt bewirkt werde.

Allg. VollzB. 1879.

§ 13.

(Art. 42.) I Der Art. 42 verpflichtet die Waldbesitzer zwar nur zur Aufforstung derjenigen Waldblößen, welche nach der Verkündigung des Forstgesetzes entstehen; dadurch ist aber nicht ausgesprochen, daß die älteren Waldblößen nicht mehr als Wald kultiviert werden sollen, vielmehr ist es sehr wünschenswert, wenn die k. Forstämter und das Hilfspersonal die Waldbesitzer auch zur Aufforstung dieser Waldblößen zu vermögen suchen und ihnen bei diesem Geschäfte tätig an die Hand gehen, um im Interesse des National-Wohlstandes die Urproduktion an Forstprodukten zu erhöhen.

II Mit der Antragstellung wegen Aufforstung der neu entstandenen Waldblößen und der Lücken in den Junghölzern haben sich die k. Forstämter zugleich über die zu diesem Geschäfte erforderliche Zeit zu äußern, damit die Forstpolizeibehörden die nötige Frist bestimmen können, bis zu welcher die Forstkultur vollzogen sein muß.

III Ausgebaute Steinbrüche und verlassene Sand- und Kiesgruben in Waldungen sind wie Waldblößen zu behandeln, und in Kultur zu setzen, sobald der Boden hiefür empfänglich geworden ist.

IV Ordnet wegen Nichtbefolgung dieser forstpolizeilichen Verfügung das Amtsgericht als Forstrügegericht neben Zuerkennung der Strafe die Ausführung der Kulturen durch das Forstamt an (zweiter Absatz des Art. 42), so hat letzteres mit gehöriger Rücksichtnahme auf ökonomische Behandlung die Kulturarbeiten in der nächst günstigen Jahreszeit herstellen zu lassen und die Rechnung, mit Beifügung der Liquidation etwa veranlaßter Taggebühren und Beaufsichtigungskosten, dem Amtsgerichte zur Bewirkung der sofortigen Bezahlung zu überreichen.

V Letzteres wird ebenso, im Falle des Bedürfens, für Geldvorschüsse sorgen, welche dem Forstamte zur Bestreitung der Taglöhnungen, des Samen- oder Pflanzenankaufes usw., zur Verfügung zu stellen sind.

VollzBek. 1908.

III, 4.

4. I Die Vorschriften des Art. 42 sind von der Novelle vom 26. Februar 1908 (GVBl. S. 87) unberührt geblieben.

II Hiernach sind die Aufforderung zur Wiederaufforstung und die Fristbestimmung auch künftighin an den jeweiligen Besitzer des Waldgrundstücks zu richten. Nach dem Urteil des Obersten Landesgerichts vom 4. Februar 1904 (St. Bd. 4 S. 213) wirkt der Aufforstungsauftrag auch gegen jeden Besitznachfolger. Wird dem Aufforstungsauftrag nicht rechtzeitig entsprochen, so ist das Strafverfahren durchzuführen und die Ermächtigung zum weiteren Vorgehen gemäß Art. 42 Abs. 2 für das Forstamt zu erwirken.

III Die Beitreibung der Kosten erfolgt sodann auf zweifache Weise: gegenüber den zur Strafe Verurteilten, wie seither gemäß § 13 Abs. 4 der Vollzugsvorschriften zum Forstgesetz vom 10. Oktober 1879 (FMBl. S. 424, JMBl. S. 1718, s. oben), gegenüber den sonstigen Verpflichteten vor den Zivilgerichten (zu vgl. Art. 64 Abs. 1 des Forstgesetzes). Die Durchführung des Verfahrens gehört zur Zuständigkeit der Landesfinanzamtszweigstellen.

1. Geltungsbereich: Art. 42 enthält die zweite Teilvorschrift zur Ausführung des in Art. 41 aufgestellten Gebotes der Erhaltung des Holzbestandes des Landes (Art. 41 Anm. 1); Abs. I setzt für alle seit der Verkündung des Forstgesetzes entstandenen Waldblößen den Aufforstungszwang fest; Abs. II regelt das allgemeine Verfahren zur Sicherung der Aufforstung; Sondervorschriften zur Sicherung der Wiederaufforstung, wenn ein Güterhändlergeschäft inmitte liegt, enthalten die Art. 42a—c. Art. 42 ist durch die Gesetzesänderung des Jahres 1908, durch die u. a. die Art. 42a—c und **Art.** 77 Abs. III eingefügt wurden, nicht berührt worden (VollzBek. 1908 Ziff. III, 4). Art. 42 gilt auch, wenn ein Güterhändlergeschäft inmitte liegt; daneben sind Art. 42a—c zu beachten.

2. Waldblößen: d. s. mit Ausnahme der Schläge (s. unten) alle unbestockten Plätze in Wäldern (Art. 1 Anm. 7); wie sie entstanden sind, ist gleichgültig (ObLG. Bd. 12 S. 234), das Aufforstungsgebot gilt für alle (vgl. zum Begriff ObLG. Bd. 13 S. 211); in den Fällen des Art. 78 Abs. I kann nach Art. 78 Abs. II oder nach Art. 42 Abs. II vorgegangen werden; das Verfahren nach Art. 16 PStGB. wird wegen der Sonderregelung in Art. 42 Abs. II FG. ausgeschlossen sein. Von einer Waldblöße kann nur gesprochen werden, wenn die unbestockte Stelle so groß ist, daß nach forstwirtschaftlichen Grundsätzen ihre Bestockung möglich ist. Aufgelassene Steinbrüche, Sand- und Kiesgruben sowie aufgelassene Waldwege usw. sind als Waldblößen im Sinne des Art. 42 zu behandeln (§ 13 Abs. III Allg. VollzB. 1879 S. 212); Bäche dagegen und benützte Waldwege sind keine Waldblößen.

Das Aufforstungsgebot gilt aber nur für kulturfähige Blößen, d. h. sie müssen zu einer von Menschen betriebenen Waldwirtschaft tauglich sein; ob Kulturfähigkeit gegeben ist, entscheiden die Verwaltungsbehörden im Auftragsverfahren nach Abs. II als Zwischenpunkt; sind die Blößen nicht kulturfähig, so ist von einem Aufforstungsauftrag abzusehen; im Strafverfahren nach Art. 77 hat der Strafrichter die Kulturfähigkeit nachzuprüfen, da sie eine Voraussetzung der gesetzlichen Zulässigkeit des Aufforstungsauftrages ist (ObLG. Bd. 13 S. 212 gegen OLGM. 4. 11. 1887 Bd. 4 S. 525).

Für die durch Holzhiebe entstandenen Lichtungen (Schläge) ist im zweiten Halbsatz eine Sonderbestimmung getroffen; die Schläge rechnen daher zwar nicht zu den Waldblößen; für beide gelten aber im wesentlichen die gleichen Vorschriften. In Art. 77 Abs. I kehrt die Unterscheidung zwischen Schlägen und anderen Waldblößen wieder; in Art. 77 Abs. III sind auch die Schläge als Waldblößen bezeichnet. Auch wenn ein vereinzeltes, mit anderen Waldungen nicht zusammenhängendes Waldstück abgeholzt wird, besteht Aufforstungspflicht.

Art. 42 gilt für Waldungen jeder Art und jeden Besitzers; nur die Waldungen des Staates und der staatlich verwalteten Stiftungen sind ausgenommen (vgl. Anm. 5 vor Art. 34). Dem Aufforstungszwang ist nur der in zulässiger Weise gerodete Waldboden entzogen; wenn der gerodete Boden einer andern Benutzung nicht zugeführt wird, ist er wieder aufzuforsten (Anm. 2 zu Art. 37). Wer eine nach dem 2. 4. 1852 entstandene Waldblöße, statt sie aufzuforsten, in Ackerland umwandeln will, bedarf hiezu der forstpolizeilichen Rodungserlaubnis (Anm. 2 zu Art. 36).

3. Verkündung: d. i. 2. 4. 1852. Der Aufforstungszwang gilt auch für die Blößen in Waldungen, die erst nach diesem Zeitpunkt neu angelegt wurden oder sich gebildet haben. Bei vorher entstandenen Waldblößen kann ein Zwang zur Aufforstung nicht ausgeübt werden; die Staatsforstbehörden haben aber auch auf deren Aufforstung hinzuwirken (§ 13 Abs. I Allg. VollzB. 1879 S. 213). Die Aufforstung einer gemeindlichen Ödfläche kann von den Staatsaufsichts- (wie den Forstpolizei) behörden nur insoweit angeordnet werden, als diese Fläche bei Einführung des Forstgesetzes vom 28. 3. 1852 als Waldgrundstück zu erachten war (VGH. Bd. 5 S. 151; vgl. Anm. 12).

4. Aufgeforstet: d. h. es muß das zur Wiederaufforstung nach forstwirtschaftlichen Grundsätzen Nötige getan werden (Pflanzung oder Saat).

5. Neuaufforstungen: Zur Anlegung neuer Waldungen (wo bisher kein Wald war), kann niemand gezwungen werden, auch nicht zur Neuanlegung von Schutzwaldungen. Andrerseits kann auch grundsätzlich niemand verhindert werden, Waldungen neu anzulegen. Bei Neuaufforstungen sind die vom Nachbarrecht gezogenen Schranken einzuhalten (s. oben S. 41 ff.); auch ist das Gesetz über die Aufforstung landwirtschaftlicher Grundstücke vom 22. 12. 1921 (GVBl. S. 609, abgedruckt im Anhang Ziff. 2) zu beachten, das schädliche und unwirtschaftliche Aufforstungen von Grundstücken, die landwirtschaftlich benutzt werden, im Interesse der Allgemeinheit zu verhindern sucht. Nach diesem Gesetz ist grundsätzlich zu jeder Aufforstung eines landwirtschaftlich benutzten (Art. 1 Abs. II u. III) Grundstücks bezirks- (nicht forst-) polizeiliche Genehmigung notwendig (Art. 1); die Bezirkspolizeibehörde entscheidet über den Aufforstungsantrag in der Besetzung nach Art. 12 (im Büroweg bzw. im Aufforstungsausschuß, der verschieden ist von der Forstpolizeikommission nach Art. 110 FG.). Ausnahmen von der Erlaubnispflicht bestehen für die Aufforstung von Grundstücken unter einem Tagwerk, die großenteils an Waldungen des gleichen Eigentümers angrenzen, ferner bei Wechselwirtschaft, Waldfeldbau u. ä.; die Aufforstung dieser Grundstücke ist nur anzeigepflichtig (Art. 2, 7). Die Erlaubnis ist nur unter Bedingungen zu erteilen, die eine Schädigung der benachbarten Grundeigentümer möglichst verhindern. Die nötigen Auflagen sind in den Genehmigungsbeschluß aufzunehmen; dabei kann auch die Einhaltung eines größeren als des gesetzlichen Grenzabstandes, u. U. eine Geldentschädigung verlangt werden (Art. 4—6). Das Genehmigungsverfahren ist besonders geregelt (Art. 8—15). Zuwiderhandlungen sind strafbar; auch besteht die Möglichkeit der zwangsweisen Beseitigung (Art. 16, 17). Auf Grundbesitz des Reiches und des bayerischen Staates findet das Gesetz überhaupt keine Anwendung (Art. 1 Abs. IV); desgleichen nicht auf die Aufforstung von Grundstücken, die nicht landwirtschaftlich benutzt werden. Das Gesetz ist in einer Zeit entstanden, da die Ernährung des Volkes gefährdet war; inzwischen haben sich die Verhältnisse wesentlich geändert; das Gesetz, das schon nach allgemeinen Regeln milde auszulegen ist, da es in den Grundsatz des freien Betätigungsrechts eingreift, muß nunmehr nach seinem Zweck eine die Aufforstungen erleichternde Anwendung erfahren (vgl. ME. vom 17. 4. 1926 Nr. 6022b 1). Zu dem Gesetz ergingen die Ausführungsbestimmungen vom 2. 2. 1922 (MABl. S. 44ff., StAnz. Nr. 30); zur Verrechnung der dem Staat erwachsenden Kosten s. FMB. vom 25. 10. 1922 (FMBl. S. 93) Ziff. 14[1]). Die Bezirksverwaltungsbehörden haben über die genehmigten Aufforstungen ein nach Gemeinden geordnetes Verzeichnis zu führen (Ziff. 48 der AusfBest.). S. auch oben S. 43 Ziff. 3.

6. Holzschlag: s. Anm. 2; auf den Umfang des Schlages kommt es nicht an. Die Forstpolizeibehörde kann einen Auftrag nach Abs. II erst erteilen, wenn der Holzhieb durchgeführt wurde, sobald anzunehmen ist, daß die natürliche Wiederbestockung unvollständig bleibt.

7. Unvollständig: Die bei Kahlhieben häufig stehenbleibenden Vorwüchse sind dann nicht zu berücksichtigen, wenn sie für die künftige Bestockung untauglich sind.

8. Nachgeholfen: Mit menschlicher Arbeit (Pflanzen, Säen u. ä.). Die Nachhilfe hat einzutreten, sobald erkennbar wird, daß die natürliche Wiederbestockung unvollständig bleibt.

9. Strafvorschrift: Das Aufforstungs- und Nachhilfegebot des Abs. I gilt für den Waldbesitzer auch ohne die forstpolizeiliche Aufforderung des Abs. II; Zuwiderhandlungen gegen das Gebot sind als Forstpolizeiübertretungen nach Art. 77 Abs. I aber erst strafbar, wenn die Forstpolizeibehörde zur Vornahme der erforderlichen Kulturen ausdrücklich aufgefordert hat und diese innerhalb der vorgesetzten Frist schuldhaft nicht vollständig ausgeführt wurden. Die Pflichten nach Art. 42 obliegen dem Waldbesitzer. Wenn das Forstamt nach Abs. II an Stelle des Waldbesitzers aufforstet, haftet dem Staat für die Kosten auch, wer (ohne Waldbesitzer zu sein) den Wald abgeholzt hat, sowie derjenige, der eine aufzuforstende Waldblöße erwirbt (Art. 77 Abs. III).

Abs. II:

Abs. II enthält die Vorschriften zur Durchführung des in Abs. I aufgestellten Aufforstungsgebots:

a) die Forstpolizeibehörde hat nach Anhörung des Forstamts (Art. 114) den Pflichtigen zur Aufforstung oder Nachhilfe ausdrücklich aufzufordern; wird die Aufforderung innerhalb der festgesetzten Frist nicht befolgt, so hat
b) das Forstrügegericht die in Art. 77 Abs. I vorgesehene Strafe auszusprechen und gleichzeitig anzuordnen, daß die erforderlichen Kulturen auf Kosten des Säumigen vom Forstamt auszuführen seien; sodann hat
c) das Forstamt nötigenfalls an Stelle und auf Kosten des Säumigen die Aufforstung oder Nachhilfe durchzuführen.

10. Forstpolizeibehörde: Art. 109; der Stadtrat einer unmittelbaren Stadt ist auch bei stadteigenen Waldungen zuständig. Die Forstpolizeibehörden erhalten von bestehenden Waldblößen Kenntnis durch Einzelmitteilungen des Forstamts oder der Hilfspersonen zur Handhabung der Forstpolizei, insbesondere aber durch die von den Gemeindebehörden regelmäßig zu erstellenden Übersichten.

---

[1]) Dort ist bestimmt:

Die im Vollzuge des Aufforstungsgesetzes erwachsenden Kosten sind, soweit sie der Staatskasse zur Last fallen (vgl. hierzu insbesondere Ziff. 42 der Ausführungsbek. vom 2. Februar 1922, MABl. S. 44, StA. Nr. 30), auf den im Haushalte des Staatsministeriums für Landwirtschaft für diese Ausgaben unter Ziff. X Kap. 4 vorgesehenen Titel zu verrechnen. Die Bezirksverwaltungsbehörden und die Regierungstaxämter haben die von ihnen vorgeschossenen Beträge jeweils nach Bedarf, für das abgelaufene Rechnungsjahr spätestens aber bis zum 15. April jeden Jahres dem zuständigen Finanzamt unter Übergabe der Zahlungsnachweise und etwaigen sonstigen Belege zuzurechnen.

Die Eingänge an den nach Art. 15 Abs. II des Gesetzes von den Parteien zu erstattenden baren Auslagen sind zur Deckung der von den Verwaltungsbehörden für diesen Zweck geleisteten Vorschüsse zu verwenden. Eine Durchführung dieser baren Auslagen und Auslagenersätze in den Rechnungen kann in der Regel unterbleiben. Etwaige Rückstände an Auslagenersätzen sind von den Finanzämtern beizutreiben, uneinbringliche Beträge sind auf Ziff. X Kap. 4 des Haushalts des Staatsministeriums für Landwirtschaft zu verausgaben.

Die Gemeindebehörden haben alljährlich dem Bezirksamt bis zum 31. Juli ein Verzeichnis (nach Formblatt MABl. 1899 S. 559) über die im Gemeindebezirk vom 1. Juni des Vorjahres bis 31. Mai lfd. Jahres vorgenommenen Abholzungen und Aufforstungen vorzulegen (ME. vom 9. 10. 1899 und vom 21. 12. 1901, MABl. S. 553 und 553). Auf Staatswaldungen und staatlich verwaltete Stiftungswaldungen bezieht sich diese Vorschrift ihrem Zwecke nach nicht. Die Vorlage der Übersichten über die privaten Abholzungen und Aufforstungen aus StM. d. Innern ist jetzt erlassen. Daneben besteht vereinzelt die Anordnung (z. B. in Niederbayern auf Grund der RE. vom 27. 11. 1889, 10. 3. 1894 und 5. 5. 1902), daß die Gemeindebehörde jeden einzelnen Kahlhieb und eine ihm gleichstehende Lichthauung sofort dem Forstamt anzuzeigen hat.

Die Forstpolizeibehörde kann den Verpflichteten nur auffordern, aufzuforsten oder (bei Schlägen) entsprechend nachzuhelfen; dagegen besteht keine Befugnis anzuordnen, wie die Aufforstung zu geschehen habe, also nicht zur Bestimmung einer jährlichen Flächenrate und nicht zur Bestimmung der Art und Weise der Kultur, der Holzart, der Samenmenge, der Pflanzenqualität, der Verbandsweite usw. (ME. vom 8. 2. 1888 Nr. 14505); anders im Falle des Art. 42b. Ob die Aufforstung genügt, entscheidet die Forstpolizeibehörde auf Grund des forstamtlichen Gutachtens; ist ein Strafverfahren anhängig, so entscheidet der Forstrügerichter. Die Aufforderung zur Wiederaufforstung und die Fristbestimmung ist an den jeweiligen Besitzer des Waldgrundstücks zu richten (VollzBek. 1908, III⁴ S. 213). Der Aufforstungsauftrag wirkt auch gegen jeden Besitznachfolger (ObLGSt. Bd. 4 S. 213). Die Wiederaufforstung abgeholzter Waldungen ist mit allem Nachdruck ganz besonders dort zu betreiben, wo es sich darum handelt, wie z. B. an Bergabhängen, die wasserwirtschaftliche Bedeutung des Waldes ungeschmälert zu erhalten (ME. vom 9. 10. 1899, MABl. S. 553, Weber Bd. 28 S. 66); dies gilt überhaupt von Schutzwaldungen; zur Möglichkeit, u. U. den Aufforstungsauftrag mit dem Genehmigungsbeschluß nach Art. 39, 40 zu verbinden, s. Anm. 4 zu Art. 39. Der genaue Vollzug des Art. 42 wurde neuerdings eingeschärft in der ME. vom 23. 4. 1922 Nr. 2521a 12 (StAnz. Nr. 96). In den Fällen des Art. 78 Abs. I kann die Forstpolizeibehörde stets, gleichgültig, ob ein Strafverfahren durchgeführt wird oder nicht, die Wiederaufforstung auf Kosten des Beteiligten veranlassen (Art. 78 Abs. II).

Wenn ein Güterhändlergeschäft nach Art. 42a—c inmitte liegt, kann der Aufforstungsauftrag auch in die Form einer Genehmigungsbedingung nach Art. 42b Abs. II gekleidet werden; näheres s. Anm. 2 zu Art. 77.

11. Angemessene Frist: Die Begr. sagt: „Es kommt bei solchen Forstkulturen außer der Berücksichtigung der Örtlichkeit wesentlich auf die Größe der Kulturobjekte, auf das Vorhandensein der Pflanzen oder das Geraten des Holzsamens und auf die ökonomischen Verhältnisse der Waldeigentümer an. In solcher Art läge eine schleunige Aufforstung der Blößen oft gar nicht im Bereiche der Möglichkeit, vielmehr können die hierauf bezüglichen Kulturarbeiten oft nur allmählich und nach den gegebenen Mitteln vorgenommen werden, wonach sich die Fristen zu bemessen haben."

Die niederbayer. Regierungsforstkammer erließ am 4. 4. 1904 unter Nr. 2196 an die Forstämter dazu folgende E.: „Zwar ist auf die Leistungsfähigkeit Rücksicht zu nehmen, aber zu bedenken, daß der Waldbesitzer nach Verkauf des Waldes in der Regel am besten bei Mitteln ist, daß bei längerem Zuwarten mit der Kultivierung der Boden mehr und mehr verwildert und die Aufforstung dadurch schwieriger, kostspieliger und im Erfolge unsicherer wird und daß das lange Zuwarten mit der Kultur fast stets schlechte Bestockungen zur Folge hat."

Das Forstamt hat der Forstpolizeibehörde auch die Fristbestimmung vorzuschlagen (§ 13 Abs. II Allg. VollzB. 1879 S. 213). Die Verpflichtung zur Aufforstung erlischt nicht; die Forstpolizeibehörde kann also nach dreißig und mehr Jahren nach Entstehung der Waldblöße oder des Schlages noch die Aufforstung verlangen.

12. Zu bestimmen: Für die Aufforderung zur Aufforstung und die Fristbestimmung genügt jede, auch die mündliche Form; zweckmäßig ist auf die Folgen der Zuwiderhandlung (Art. 42 Abs. II, 77) hinzuweisen. Die Aufforderung muß dem Pflichtigen zugehen. Gegen die Verfügung der Forstpolizeibehörde steht innerhalb 14 Tagen von der Eröffnung an die Beschwerde zur Forstpolizeistelle offen (Art. 112 Abs. II, 109). Die Aufforderungsverfügung der Forstpolizeibehörde ist gebührenfrei (Art. 3 Ziff. 1 KostG.); die Entscheidungen der Beschwerdestelle sind grundsätzlich gebührenpflichtig. Das Verfahren ist das reine Verwaltungsverfahren; eine Zuständigkeit des Verwaltungsgerichtshofs kommt nicht in Frage, auch nicht, wenn es sich um Gemeindewaldungen handelt (Anm. 1 vor Art. 34 a. E.; anders, wenn die Aufforstung eines Gemeindewaldes von der Staatsaufsichtsbehörde im staatsaufsichtlichen Verfahren verlangt werden sollte (vgl. S. 54 b und oben Anm. 3).

13. Fruchtlosem Ablauf: Innerhalb der Frist müssen die Kulturen ganz beendet sein; der Verpflichtete haftet für die nach Sachlage gebotenen Arbeiten, aber nicht für den Erfolg. Hat der Waldeigentümer nach Empfang eines Aufforstungsauftrages bis zum Ablauf der ihm vorgesteckten Frist dasjenige an Kulturarbeiten geleistet, was unter normalen Verhältnissen zur Aufforstung einer Waldblöße und zur Ausfüllung von Lücken bei unvollständiger natürlicher Wiederbestockung geeignet ist, so hat er die Frist entsprechend genutzt. Eine Strafeinschreitung auf Grund des Art. 77 ist unzulässig; denn der Waldeigentümer kann nach der Natur der Dinge nicht dafür einstehen, daß seine Kulturarbeiten auch den erhofften und zu erwartenden Erfolg haben. Er kann nicht für das Ausbleiben des Erfolgs verantwortlich gemacht werden, wenn seine Bemühung und sein Aufwand vergeblich waren, weil die Aussaat oder die Anpflanzung von Waldpflanzen infolge Ungunst der Witterung oder der Bodenbeschaffenheit, infolge von Elementarereignissen, Wildschäden oder rechtswidrigen Eingriffen Dritter nicht gediehen ist. Das hindert nicht, daß der Angeklagte zu neuerlichen Kulturarbeiten behufs Aufforstung oder Wiederbestockung der Schlagfläche angehalten werden kann, wenn feststellbar ist, daß nur vorübergehende Schädlichkeiten die Ursache des Mißerfolges waren und daß der Grund und Boden nicht etwa mittlerweile die nötige Kulturfähigkeit ganz verloren hat (ObLGSt. 22. 1. 1910).

Die Forstpolizeibehörde hat den Vollzug des Aufforstungsauftrages zu überwachen (vgl. oben Anm. 10), nötigenfalls die Frist zu verlängern oder Strafanzeige zu veranlassen.

14. Das Amtsgericht: Als Forstrügegericht nach Art. 116, 117. Die Anordnung kann nur ergehen, wenn auf Strafe erkannt wird; sie ist im Urteil auszusprechen und ist mit diesem anfechtbar. Die Anordnung ist vorbehaltlich des Rechtsmittelwegs endgültig, keine vorsorgliche Maßnahme. Art. 42 Abs. II enthält den einzigen Fall im ganzen Gesetz, daß für eine derartige, der Natur nach forstpolizeiliche Anordnung noch das Gericht zuständig ist; es beruht dies wohl auf einem Versehen des Gesetzgebers (vgl. dagegen z. B. Art. 46 Abs. III). Der Strafrichter hat die gesetzliche Zulässigkeit des forstpolizeilichen Auftrags, nicht aber seine Zweckmäßigkeit nachzuprüfen. Es ist nicht Sache des Strafrichters zu prüfen, ob die im forstpolizeilichen Beschluß vorgesetzte Frist angemessen ist; es wäre Sache der Betroffenen gewesen, hierwegen bei der vorgesetzten Forstpolizeistelle um Abhilfe nachzusuchen; haben sie dies unterlassen, so waren sie gehalten, der ihnen gewordenen Auflage gerecht zu werden . . . ; selbstverständlich erstreckt sich ein Aufforstungsauftrag nur auf die bis Ende der Frist unbestockt gebliebenen Teile, nicht mehr aber auf einen inzwischen natürlich verjüngten Teil . . . ; die richterlich angeordnete Ausführung der Kulturen auf Kosten der Säumigen, die Art des Vollzugs steht dem Forstamte zu; dieses hat nach § 13 Abs. 4 Allg. VollzV. 1879 mit gehöriger Rücksichtnahme auf wirtschaftliche Behandlung die Kulturarbeiten in der nächstgünstigen Jahreszeit herstellen zu lassen; etwaige Beschwerden gegen die Art der Ausführung (die wohl zur vorgesetzten Forstbehörde zu erheben wären), sind nirgends als ausgeschlossen erklärt; keinesfalls aber hat der Strafrichter über die Frage, wie die auf Grund des Art. 42 Abs. II verordneten Kulturarbeiten ausgeführt werden sollen, zu befinden (OLGM. 4. 11. 1887 S. Bd. 4 S. 525). Der Forstrügerichter muß die Anordnung auf ersatzweise Aufforstung auf Kosten des Säumigen durch das Forstamt ausdrücklich treffen (vgl. ObLGSt. Bd. 6 S. 248); ist es nicht geschehen, so kann der Forstmeister oder sein Stellvertreter (Anm. 2 und 4 zu Art. 118) das Urteil anfechten. Kann der Säumige wegen der Forstpolizeiübertretung nicht bestraft werden (z. B. wegen Verjährung), so ist die Anordnung der Ersatzvornahme nach Abs. II nicht möglich; ein sog. objektives Verfahren wie in § 42 StGB. ist im allgemeinen nicht vorgesehen, wohl aber nach Art. 78 Abs. II in den Fällen des Art. 78 Abs. I (unerlaubte Rodung usw.); Art. 20 Abs. IV PStGB. dürfte durch Gesetzeskonkurrenz ausgeschlossen sein. Kann der zur Aufforstung Verpflichtete z. B. wegen Verjährung nicht bestraft werden, so wird die Forstpolizeibehörde neuerdings mit der Straffolge des Art. 77 zur Aufforstung auffordern können, da die Aufforstungspflicht weiterbesteht (Art. 42 Abs. I); anders, wenn der Verpflichtete nach Art. 77 wegen der Säumnis bereits bestraft worden ist (Anm. 2 zu Art. 77).

15. Kulturen: d. h. der zur Aufforstung oder Nachbesserung nötigen Arbeiten. Nach der Begr. 1846 „versteht es sich von selbst, daß die Wünsche der Waldbesitzer über Wahl der Holzart und Kultur, ob Saat oder Pflanzung, wenn anders die Örtlichkeit es zuläßt, berücksichtigt und im Falle der exekutorischen Ausführung die möglichst sichere und billige Manipulation gewählt werde" (vgl. auch § 13 Abs. IV Allg. VollzV. 1879 S. 213). Im übrigen liegt die Art der Ausführung im sachgemäßen Ermessen des Forstamts (im Falle des Art. 78 Abs. II im Ermessen der Forstpolizeibehörde). Zuständig ist das Forstamt, in dessen Bezirk der Wald liegt; das Verfahren ist geregelt in § 13 Abs. IV und V Allg. VollzV. 1879.

16. Auf Kosten: Vgl. Art. 92—94. Wenn ausgesprochen ist, daß das Forstamt auf Kosten des Säumigen die Aufforstung vorzunehmen hat, so kann unter Umständen dem Pflichtigen nochmals eine Nachfrist gesetzt werden, innerhalb deren er aufzuforsten hat, widrigenfalls es das Forstamt endgültig auf seine Kosten tun werde (ME. 13. 11. 1902 Nr. 26198). Die Aufforstungspflicht entfällt, wenn um Rodungserlaubnis nachgesucht und diese von der Forstpolizeibehörde bewilligt wird (Art. 36 f.).

Der Säumige ist zur Leistung entsprechender Vorschüsse verpflichtet (vgl. § 13 Abs. V Allg. VollzB. 1879 S. 213). Die Kosten und Vorschüsse sind vom Forstrügerichter im Wege der Vollstreckung des Strafurteils (Strafbefehls) wie die Gerichtskosten beizutreiben (§ 13 Abs. IV Allg. VollzB. 1879). Eine Mithaftung stellt für die dort bezeichneten Fälle Art. 77 Abs. III auf; auf Grund dieser Haftung sind die Kosten vor den Zivilgerichten durch die Landesfinanzamtszweigstellen einzuklagen (VollzBek. 1908 Z. III, 4 S. 213).

Bei Gefahr im Verzuge kann die Forstpolizeibehörde nach allgemeinen polizeilichen Grundsätzen vorsorglich einschreiten; die Kosten sind zu den Kosten nach Art. 42 Abs. II zu schlagen und wie diese beizutreiben; in Art. 78 Abs. II ist diese Befugnis der Forstpolizeibehörde für die dort bezeichneten Fälle noch besonders ausgesprochen.

Von mehreren Teilhabern eines Waldes sind zur Leistung eines Kostenvorschusses nur jene verhalten zu erklären, die im Strafurteile als Säumige im Sinne des Art. 42 Abs. II erscheinen (OLGM. 4. 11. 1887, S. Bd. 4 S. 525). Nach dem Wortlaut und Sinn des Gesetzes muß das Forstamt auf die Anordnung des Gerichtes hin die Aufforstung oder Nachhilfe vornehmen, sofern nicht der Pflichtige sie selbst noch nachträglich besorgt. Die FME. vom 10. 9. 1905 Nr. 19886 bestimmt: „Es besteht bis auf weiteres keine Erinnerung, die Durchführung von Aufforstungen nach Art. 42 Abs. II in jenen Ausnahmefällen auszusetzen, in denen sich nach den gesetzlichen Bestimmungen die Beitreibung der Kosten als unmöglich herausstellt. Über derartige Fälle ist besondere Vormerkung zu führen und Anweisung dahin ergehen zu lassen, daß bei Eintritt günstigerer Verhältnisse die rückständigen Aufforstungen alsbald nach Erhalt oder auf Kosten des weiterhin Säumigen ausgeführt werden" (ergangen an die Regierung von Niederbayern).

Zur Kostenbehandlung durch das Forstamt vgl. § 13 Abs. IV, V Allg. VollzB. 1879 S. 213.

Die Kosten der Aufforstung eines Waldes, an dem das Eigentum einer kirchlichen Stiftung, der Nutzgenuß aber einem kirchlichen Pfründebesitzer zusteht, sind nicht von der Eigentümerin, sondern von dem Nutznießer zu bestreiten; Streitigkeiten über die Verbindlichkeit zu dieser Leistung zählen zu den Angelegenheiten des Art. 10 Ziff. 13, nicht Ziff. 15 VGG. (VGH. Bd. 2 S. 119).

17. Staatliche Förderung von Aufforstungen: Nach der ME. vom 9. 10. 1899 (MABl. S. 553, Weber Bd. 28 S. 66) ist das Staatsmin. des Innern bereit, nach Maßgabe der verfügbaren Mittel die Bezirke, Gemeinden und Organe des landwirtschaftlichen Vereins bei ihren Bestrebungen zur Hebung der Privatwaldwirtschaft, namentlich durch Zuschüsse zur Anlage von Saatkämpen und Pflanzgärten, zu unterstützen, ferner auch Gemeinden, die gelungene, mustergültige Aufforstungen öder Flächen u. dgl. durchgeführt haben, Prämien zuzuwenden. Den Gemeinden stehen zu diesen Zwecken auch Landeskulturrentendarlehen zur Verfügung.

Zur Mitwirkung der Forstbehörden bei Aufforstungen in Verbindung mit Wildbachverbauungen vgl. ME. vom 11. 5. 1888 (Weber Bd. 19 S. 60) Ziff. VI: Die Forstbehörden werden auf Ansuchen bereit sein, die technische Leitung zu übernehmen oder sonst mitzuwirken, wenn nicht Hindernisse bestehen. S. auch die Bestimmungen zur Hebung der Privatwaldwirtschaft S. 117 f.

18. Ausnahmen: Art. 42 gilt nicht für die Waldungen des Staates und der von Staatsbehörden verwalteten Stiftungen; die Vorschriften des Abs. I sind sinngemäß aber auch bei diesen Waldungen zu befolgen (s. Anm. 5 vor Art. 34).

Vorbemerkung vor Art. 42a.

Die Art. 42a—c (erst i. J. 1908 in das Gesetz aufgenommen) enthalten Sondervorschriften zur Sicherung der Wiederaufforstung in Fällen, in denen gewerbsmäßige Güterhändler beteiligt sind; in diesen Fällen ist erfahrungsgemäß die Wiederaufforstung mehr als sonst in Frage gestellt. Nach Art. 42a sind die Güterhändler verpflichtet, den Erwerb und die Veräußerung von Waldgrundstücken bei der Bezirksverwaltungsbehörde anzuzeigen; nach Art. 42b ist dann, wenn ein Wald durch ein Güterhändlergeschäft gegangen ist, zur Abholzung oder gleichkommenden Lichthauung forstpolizeiliche Genehmigung notwendig; nach Art. 42c ist die Anzeige und Genehmigung (Art. 42a, b) auch erforderlich, wenn ein Güterhändler nur den Holzbestand, nicht das Waldgrundstück selbst erwirbt oder veräußert. Außer diesen Sonderbestimmungen ist, auch wenn Güterhändler beteiligt sind, Art. 42 im vollen Umfange anwendbar. Neben diesen zur Sicherung der Wiederaufforstung dienenden Vorschriften ist vom Landtag in Art. 42b Abs. II Satz 3 ein Verbot der Abholzung zu junger

Bestände für den Fall geschaffen worden, daß ein Wald durch ein Güterhändlergeschäft gegangen ist. Daß mit dem Güterhändlergeschäft eine Gutszertrümmerung verbunden ist, ist für die Anwendung der Art. 42a—c nicht Voraussetzung. Die Strafvorschriften zu den Art. 42a—c sind enthalten in den Art. 75, 76a und 78. Art. 42a richtet sich nur an die Güterhändler selbst; Art. 42b geht über den Kreis der Güterhändler hinaus.

Als Ausnahmebestimmungen sind die Art. 42a—c eng auszulegen (ObLGSt. Bd. 9 S. 382; vgl. auch Art. 1); es ist auch zu beachten, daß die Beschränkungen, insbesondere die Notwendigkeit der Sicherheitsleistung nach Art. 42b, auf den Verkaufspreis ungünstig zurückwirken. In der rechtlichen Verfügung über den Wald werden Güterhändler nicht beschränkt (Begr.). Alle vom Standpunkt der Waldpflege nichter forderlichen und die Verfügung über die Grundstücke unnötig erschwerenden Maßnahmen sind zu vermeiden (VollzB. 1908, Schlußsatz s. unten). Anderseits verlangt der Zweck des Gesetzes möglichste Strenge und Genauigkeit im Vollzug seiner Bestimmungen (Erklärung des Staatsministers des Innern im Landtag und Schlußabsatz der VollzB. 1908).

Die Novelle 1908 gilt wie das ganze Forstgesetz nur für das rechtsrheinische Bayern; durch § 7 der VollzBek. zum Güterzertrümmerungsgesetz vom 24. 8. 1910 (GVBl. S. 633) sind aber entsprechende Bestimmungen auch für die Pfalz getroffen; die Zuwiderhandlung kann hier nur auf Grund § 148a Ziff. 4 RGO. gestraft werden. Zu der Novelle sind die Vollzugsvorschriften vom 4. 4. 1908 (GVBl. S. 256, JMBl. S. 96) ergangen; sie wurden durch § 7 Abs. IV der erwähnten VollzBek. zum GüterzertrG. ausdrücklich aufrechterhalten; die in Ziff. I, 1 erwähnte Bek. vom 3. 10. 1899 ist aber durch § 32 der VollzBek. zum GüterzertrG. aufgehoben worden. Einen Überblick über Aufbau und Inhalt der Novelle gibt ObLGSt. Bd. 12 S. 235ff.

Die Vorschriften der Art. 42a—c gelten für alle Waldungen, nicht dagegen wohl für den Fall, daß ein Güterhändler den Holzbestand einer Waldung des Staates oder einer staatlich verwalteten Stiftung erwirbt (vgl. Anm. 5 vor Art. 34); hier ist die Wiederaufforstung sonst hinreichend gesichert.

Zu beachten ist, daß es für die Anwendung der Art. 42a—c nur darauf ankommt, ob ein gewerbsmäßiger Güterhändler als Erwerber oder Veräußerer beteiligt ist; ohne Bedeutung ist es dagegen, ob das betreffende Rechtsgeschäft über das Waldgrundstück oder den Holzbestand ein gewerbsmäßiges Güterhandelsgeschäft ist oder nicht; entscheidend ist m. a. W. die subjektive Eigenschaft des Geschäftschließenden, nicht die objektive Beschaffenheit des Geschäfts; um die Art. 42a—c anwendbar zu machen, muß es ein Güterhändler-, dagegen nicht ein Güterhandelsgeschäft sein.

Vollzugsvorschriften 1908.

Zur Novelle vom 26. 2. 1908 (GVBl. S. 87), durch die die Art. 42a—c, 76a und 77 Abs. III neu eingefügt sowie Art. 75 Abs. I und 78 Abs. I auf die Zuwiderhandlungen gegen die Art. 42b und c erstreckt wurden, erging die Vollzugsbekanntmachung der Staatsministerien der Justiz, des Innern und der Finanzen vom 4. April 1908 (GVBl. S. 256, JMBl. S. 96). Deren Einzelbestimmungen sind bei den Art. 42, 42a, 42b, 77 und 78 abgedruckt; nachstehend folgen die allgemeinen Bestimmungen der Einleitung und des Schlusses der VollzBek.:

(Einleitung). I Das Forstgesetz in der Fassung vom 4. Juli 1896 (GVBl. S. 325) will die der Holzzucht zugewendeten Grundstücke in dieser Nutzungsart erhalten und schreibt in Art. 42 — abgesehen von den Fällen, in denen die Rodung gemäß Art. 34 erlaubt wird — die Wiederaufforstung abgeholzter Waldflächen vor.

II Das Gesetz vom 26. Februar 1908 (GVBl. S. 87) bezweckt, unterer besonderer Berücksichtigung der den Privatwaldungen durch den Betrieb des gewerbsmäßigen Güterhandels zugefügten Schäden, den bei dem Vollzug der Vorschriften des Art. 42 des Forstgesetzes aufgetretenen Schwierigkeiten zu begegnen und die Jungholzbestände des Hochwaldbetriebes vor der Verwüstung zu schützen).

III Die Anwendung der Forstgesetznovelle vom 26. Februar 1908 ist wie die des Forstgesetzes auf die Landesteile rechts des Rheins beschränkt.

(Schluß). Den Behörden sind durch das neue Gesetz eine Reihe von Aufgaben übertragen worden, die im Interesse einer geordneten Waldwirtschaft und Walderhaltung liegen und deren Durchführung die fortgesetzte Aufmerksamkeit erfordert. Es wird erwartet, daß alle beteiligten Behörden und Organe des Forstschutzes im Bewußtsein der Wichtigkeit dieser Angelegenheit dem Gesetze einen genauen und strengen Vollzug sichern; gleichzeitig sind jedoch alle vom Standpunkte der Waldpflege nicht erforderlichen und die Verfügung über die Grundstücke unnötig erschwerenden Maßnahmen zu vermeiden.

Anzeigepflicht der Güterhändler. **Artikel 42a[1].**

[I] Wenn ein gewerbsmäßiger Händler [2] mit ländlichen Grundstücken im eigenen Namen[3] oder als Vertreter eines anderen[4] ein Waldgrundstück[5] erwirbt oder veräußert,[6] so hat er hievon binnen acht Tagen[7] nach dem Abschlusse des Vertrags der Distriktsverwaltungsbehörde[8], in deren Bezirk das Waldgrundstück gelegen ist, Anzeige[9] zu erstatten.

[II] Die Anzeige hat zu enthalten:

a) die Bezeichnung des Waldgrundstücks nach der Steuergemeinde, der Plannummer, dem Namen und der Fläche;

b) Namen, Stand und Wohnort des Veräußerers und des Erwerbers des Waldgrundstücks;

c) ob das Grundstück mit dem Holz auf dem Stamme oder ohne dieses veräußert worden ist.

VollzBek. 1908.

I. Zu Art. 42a.

1. Der Art. 42a nimmt die bisher in der Ministerialbekanntmachung vom 3. Oktober 1899 (GVBl. S. 844)[1]) vorgeschriebene Anzeigepflicht auf und dehnt sie auf alle Fälle aus, in denen ein gewerbsmäßiger Händler mit ländlichen Grundstücken im eigenen Namen oder als Vertreter eines Anderen — also auch als gesetzlicher Vertreter, nicht nur als Bevollmächtigter, — ein Waldgrundstück erwirbt oder veräußert. Auf eine reine Vermittlungstätigkeit des Güterhändlers, bei der er weder als Vertragsteil, noch als Vertreter im Willen oder in der Erklärung des Willens eines Vertragsteils auftritt, findet der Art. 42a keine Anwendung.

2. Die Anzeigepflicht tritt ohne Rücksicht auf die beabsichtigte Verwendung des Grundstücks ein. Die Anzeige kann mit dem Gesuche um Erteilung der nach Art. 42b erforderlichen Genehmigung verbunden werden.

3. Der Begriff des gewerbsmäßigen Güterhändlers wird in dem Gesetze nicht ausdrücklich bestimmt, ist jedoch nach der Absicht des Gesetzgebers der gleiche wie in Art. 19 des Grundentlastungsgesetzes vom 2. Februar 1898 (GVBl. S. 19); beim Vollzug des Gesetzes kann deshalb die zu Art. 19 a. a. O. ergangene Rechtsprechung herangezogen werden.

1. Geltungsbereich: Art. 42a stellt für Güterhändler die Verpflichtung auf, beim Erwerb oder der Veräußerung von Waldgrundstücken der Bezirksverwaltungsbehörde hierüber Anzeige zu erstatten und zwar gleichgültig, ob der Güterhändler für sich selbst oder für andere gehandelt hat. Die Anzeigepflicht besteht nur für Güterhändler. Sind auch die Voraussetzungen der §§ 1 oder 2 der VollzBek. zum GüterzertrG. gegeben, so ist die Anzeige nach diesen Bestimmungen neben der Anzeige nach Art. 42a zu erstatten (§ 8 VollzBek. z. GüterzertrG.). Die gesetzliche Vorschrift des Art. 42a mit 42c ist mit etwas anderen Worten wiederholt in § 7 der VollzBek. z. GüterzertrG., die schuldhafte Unterlassung der Anzeige nach Art. 42a, 42c ist aber nur nach Art. 76a FG. strafbar.

2. Begriff des gewerbsmäßigen Händlers mit ländlichen Grundstücken (Güterhändlers): Der Begriff ist nach der Absicht des Gesetzgebers der gleiche wie nach Art. 19 des Grundentlastungsgesetzes vom 2. 2. 1898 (GVBl. S. 19); er kehrt auch im Güterzertrümmerungsgesetz vom 13. 8. 1910 (GVBl. S. 627) wieder (Art. 1) und war auch der gleiche für das nun aufgehobene Besitzveränderungsabgabengesetz vom 14. 8. 1910 (GVBl. S. 433, Art. 4). Nach der ME. vom 7. 5. 1912 Nr. 2195a 25 ist es erwünscht, für alle diese Gebiete die Frage einheitlich zu entscheiden. Die zu diesen Gesetzen vorhandenen Auslegungsbehelfe (Rechtsprechung, Erlasse, Erläuterungen) können daher auch für das Forstgesetz herangezogen werden.

Güterhändler können physische und juristische Personen (z. B. Aktiengesellschaften, Gesellschaften m. b. H., eingetragene Genossenschaften) sein; bei den letzteren sind für die Erfüllung der Pflichten nach Art. 42a—c die bestellten Vorstandsmitglieder verantwortlich. Die Staatsangehörigkeit des Güterhändlers ist ohne Bedeutung; auch nichtbayerische Güterhändler, die ein im rechtsrheinischen Bayern

---

[1]) Aufgehoben durch § 32 der VollzBek. z. Güterzertrümmerungsgesetz vom 24. 8. 1910 (GVBl. S. 633).

gelegenes Waldgrundstück oder den Holzbestand eines solchen erwerben oder veräußern, unterliegen den Verpflichtungen nach Art. 42a—c. Ein Irrtum des Güterhändlers über seine Eigenschaft ist strafrechtlicher Art; er befreit daher nicht von Strafe (ObLGSt. Bd. 7 S. 22; Bd. 12 S. 42).

Ein gewerbsmäßiger Händler mit ländlichen Grundstücken im Sinne des Forstgesetzes (wie der anderen angeführten Gesetze) ist derjenige, der in der Absicht der Wiederholung ländliche Grundstücke erwirbt und wieder veräußert, um daraus Gewinn zu erzielen (so die übereinstimmende Rechtslehre und Rechtsprechung, z. B. ObLGSt. Bd. 12 S. 41). Im einzelnen liegt darin:

a) Gewerbsmäßigkeit: Zur Gewerbsmäßigkeit eines Betriebs ist der Wille des Handelnden erforderlich, eine fortgesetzte, im wesentlichen gleichartige und auf Erwerb gerichtete Tätigkeit auszuüben. Es kann auch schon eine einmalige Handlung gewerbsmäßig sein, wenn sie in der Absicht fortgesetzten Erwerbs ausgeführt wird (ObLGSt. Bd. 7 S. 21). Wer dagegen einen Grundbesitz mit der Absicht erwirbt, nur aus dieser einmaligen Erwerbung von Grundbesitz durch Weiterveräußerung Gewinn zu erzielen, ist nicht gewerbsmäßiger Güterhändler, auch wenn die vollständige Veräußerung nur durch eine nicht absehbare Reihe von Veräußerungsgeschäften und unter weiteren Erwerbungen von Grundbesitz durch Tausch oder ihm in der Wirkung gleichkommende Rechtsgeschäfte durchgeführt werden kann (ObLGSt. Bd. 17 S.93). Daß tatsächlich ein Gewinn erzielt wird, ist nicht erforderlich; es genügt die Absicht, zu gewinnen. Wie der Gewinn (Überschuß) verwendet werden soll, ist für die Frage der Gewerbsmäßigkeit ohne Bedeutung; Gewerbsmäßigkeit ist nicht dadurch ausgeschlossen, daß der Überschuß für uneigennützige Zwecke verwendet wird; dies ist von besonderer Bedeutung bei den landwirtschaftlichen Genossenschaften; s. hierüber unter f. Notwendig zur Annahme einer gewerbsmäßigen Tätigkeit ist nur die Absicht zu einer fortgesetzten, d. h. einer sich wiederholenden Tätigkeit, nicht aber zu einer dauernden Tätigkeit, d. h. einer ununterbrochenen oder einer einen gewissen längeren Zeitraum sich fortsetzenden Tätigkeit (VGH. Bd. 19 S. 294). Die Tätigkeit kann auch durch längere Pausen unterbrochen sein (ObLGSt. Bd. 11 S. 309; VGH. Bd. 22 S. 32).

b) Ländliche Grundstücke: Unter ländlichen Grundstücken sind landwirtschaftliche Grundstücke zu verstehen, d. h. Grundstücke, die dem Betriebe der Land- oder Forstwirtschaft dienen; in Art. 1 des Güterzertrümmerungsgesetzes vom 13. 8. 1910 (GVBl. S. 627) ist dies ausdrücklich ausgesprochen; der Güterhändlerbegriff ist aber, wie sich aus der Gesetzgebungsgeschichte ergibt, für das Güterzertrümmerungsgesetz und das Forstgesetz derselbe (s. Eingang der Anm. 2).

c) Grundstückshandel: Beim Güterhandelsgeschäft soll Gewinn durch den Umsatz der Grundstücke, aus dem Unterschied zwischen dem Erwerbs- und Veräußerungspreis der Grundstücke und zwar vor allem des Grund und Bodens erzielt werden; die Grundstücke werden nicht etwa zu dem Zwecke erworben, um dauernd aus der Bewirtschaftung Erträge zu erzielen (vgl. ObLGSt. Bd. 11 S. 309; Bd. 14 S. 57). Daß es sich um eine Güterzertrümmerung handelt, ist weder für den Güterhändlerbegriff noch für die Anwendung der Art. 42a—c Voraussetzung (ObLGSt. Bd. 9 S. 378, MABl. 1909 S. 1099).

d) Feststellung des gewerbsmäßigen Güterhandels:

α) Sachliche Gesichtspunkte: Die Feststellung, ob es sich um einen gewerbsmäßigen Güterhändler handelt oder nicht, ist auf Grund der tatsächlichen Verhältnisse zu treffen (VGH. Bd. 19 S. 74 und 295; Bd. 21 S. 43). Daß er sich Güterhändler nennt, als solcher gemeldet und besteuert ist und die vorgeschriebenen Bücher führt, ist nicht Voraussetzung (ObLG. Bd. 9 S. 383). Die bloße Abmeldung hebt die Güterhändlereigenschaft nicht auf (VGH. Bd. 24 S. 127; Bd. 22 S. 32 u. a.). Bei der Feststellung ist zu beachten, daß es bei den Art. 42a—c lediglich darauf ankommt, ob der Erwerber oder Veräußerer ein gewerbsmäßiger Güterhändler ist; trifft dies zu, so bestehen die Pflichten nach Art. 42a bis c, auch wenn der Güterhändler im einzelnen Fall einmal ein Geschäft nach Art. 42a—c durchführt, bei dem die Voraussetzungen der Gewerbsmäßigkeit fehlen, wenn er z. B. den Holzbestand eines Waldgrundstückes seines Stammbesitzes veräußert. Wenn die Eigenschaft als gewerbsmäßiger Güterhändler feststeht, braucht daher die Gewerbmäßigkeit des einzelnen Geschäftes nicht untersucht zu werden. Dagegen muß die Natur der Geschäfte geprüft werden, wenn jemand als gewerbsmäßiger Güterhändler erst festgestellt werden soll; die Prüfung hat sich dabei auf möglichst viele Geschäfte des in Frage stehenden Unternehmers und auf sein gesamtes Geschäftsgebaren inner- und außerhalb Bayerns zu erstrecken; zur Feststellung dürfen auch Tatsachen aus der Zeit vor 1908 herangezogen werden.

β) Zuständigkeit und Verfahren: Eine selbständige Entscheidung über die Güterhändlereigenschaft ist nach dem Forstgesetz nicht vorgesehen; der Strafrichter entscheidet darüber als Zwischenpunkt in den Gründen in einem gegen den Güterhändler anhängig gemachten Forstrügeverfahren nach Art. 75, 76a FG. Wenn kein Strafverfahren anhängig ist, kann die Bezirksverwaltungs (Forstpolizei) behörde von sich aus die Verhältnisse prüfen und, wenn die Voraussetzungen des gewerbsmäßigen Güterhandels gegeben scheinen, zur Anzeige nach Art. 42a und zur Antragstellung nach Art. 42b auffordern oder sogleich Strafanzeige veranlassen. Wenn es sich um ein Unternehmen handelt, das auch außerhalb des Amtsbezirkes gelegene landwirtschaftliche Grundstücke umsetzt, so ist, um eine verschiedene Behandlung durch verschiedene Behörden zu vermeiden, nach der ME. vom 9. 6. 1911 Nr. 6045a 61 zu verfahren (s. unten e γ). Die Gerichte sind jedoch an die Feststellungen der Verwaltungsbehörden nicht unbedingt gebunden, ebenso nicht an ein Strafurteil, das auf Grund Art. 8 und 9 des GüterzertrG. ergangen ist.

e) Güterhandel im Nebenbetrieb:

α) Grundsatz: Güterhändler im Sinne des Gesetzes kann auch sein, wer den Umsatz von Grundstücken nicht als selbständiges Gewerbe, sondern als Glied (Nebenbetrieb) eines anderen Gewerbes betreibt; ein Güterhandelsgeschäft kann auch gegeben sein, wenn der Umsatz von Grundstücken nicht Selbstzweck (Hauptzweck des Unternehmens) ist, sondern Mittel zum Zweck (Nebenzweck des Unternehmens); VGH. Bd. 32 S. 59; ähnlich VGH. Bd. 32 S. 63 (ergangen z. Art. 19 des GrundentlG.).

Diese Grundsätze sind von Bedeutung für die Holzhandlungen, Sägewerke, Papierfabriken u. ä., die Waldgrundstücke erwerben, den Holzbestand abschlagen und den Grund und Boden dann wieder abstoßen. Alle diese Unternehmen können als Güterhändler im Sinne des Forstgesetzes (und der angeführten anderen Gesetze) in Frage kommen. Das Oberste Landgericht stand zunächst (St. Bd. 9 S. 378, MABl. 1909 S. 1099) auf einem andern Standpunkt; gegen diese Auffassung wandte sich das Staatsministerium des Innern im Einvernehmen mit dem Staatsministerium der Finanzen in der E. vom 16. 8. 1910 Nr. 1411/11, die sich auf den Boden der oben erwähnten Entscheidungen des VGH. stellte; in dem unv. Urteil vom 9. 5. 1911 näherte sich dann das Oberste Landesgericht der Ansicht des VGH., indem es aussprach, daß einem Dampfsäge- und Hobelwerk, das mehrere An- und Verkäufe von ganzen Anwesen und einzelnen Grundstücken vorgenommen habe, die Eigenschaft eines gewerbsmäßigen Güterhändlers zugesprochen werden könne; auch in dem unv. Urteil vom 30. 11. 1911 scheint das Oberste Landesgericht dem VGH. grundsätzlich beigetreten zu sein; s. auch ObLGSt. Bd. 19 S. 241. Man wird nunmehr sagen können, daß die eingangs aufgestellten Grundsätze der übereinstimmend geltenden Rechtsprechung unserer obersten Gerichtshöfe entsprechen. Vgl. auch BayZfR. 1912 S. 249. Diese Auslegung wird auch dem Zweck des Gesetzes gerecht; denn die Aufforstung abgeholzter Waldflächen ist nicht weniger gefährdet, wenn sie eine Holzhandelsfirma abstößt, als wenn sie von einem reinen Güterhändler herrühren.

β) Entscheidung im einzelnen Fall: Ob eine Holzverarbeitungsfirma, die Waldgrundstücke mit dem Holzbestand aufkauft, das Holz schlägt und den Grund und Boden dann wieder veräußert, als Güterhändlerin anzusehen ist, muß auf Grund der bei der Firma gegebenen besonderen Verhältnisse entschieden werden; es handelt sich nicht immer um Güterhändler. Auszugehen ist davon, daß bei einem Güterhandelsgeschäft der Gewinn grundsätzlich aus dem Umsatz von Grundstücken, aus der Spanne zwischen den Preisen des Grund und Bodens beim Erwerb und der Wiederveräußerung erzielt werden muß.

Die ME. vom 7. 5. 1912 Nr. 2195a 25 gibt den Verwaltungsbehörden für die Prüfung folgende Richtpunkte: „Holzhändler und Holzverarbeiter sind als Güterhändler wohl dann nicht zu erachten, wenn sie lediglich Waldgrundstücke kaufen und nach Abtrieb ohne Streben nach einem besonderen weiteren Grundstückshandelsgewinn wieder veräußern. Kaufen sie allerdings, und zwar in der Absicht fortgesetzter Tätigkeit, ganze Anwesen oder bezwecken sie sonst nach ihrem gesamten Geschäftsgebaren, z. B. durch Verwendung von Schmusern, Zertrümmerung von Waldgrundstücken u. dgl., außer dem Holzhandelsgewinn auch noch einen namhaften besonderen Gewinn aus der Veräußerung des nackten Bodens zu ziehen, so möchten sie als Güterhändler gelten." Für die Prüfung der Frage ist in der Regel nicht der einzelne zur Bescheidung vorliegende Vertragsabschluß, sondern die ganze Geschäftsgebarung der Firma maßgebend (s. oben d α).

γ) Feststellungsverfahren: Die Behandlung als gewerbsmäßiger Güterhändler nach dem Forstgesetz hat regelmäßig zur Folge, daß ein Grundstückskauf durch den Güterhändler auch unter die Bestimmungen des Güterzertrümmerungsgesetzes vom 13. 8. 1910 (GVBl. S. 627) fällt (Vorkaufsrecht nach Art. 1, Rücktrittsrecht des Verkäufers nach Art. 5 usw.). Um Klarheit zu erlangen, ob er als gewerbsmäßiger Güterhändler in Betracht kommt oder nicht, kann der Holzhändler bei der Bezirksverwaltungsbehörde des Betriebssitzes die Entscheidung darüber beantragen, ob er zur Führung eines Geschäftsbuches nach § 12 der VollzBek. z. GüterzertrG. verpflichtet ist; die Bezirksverwaltungsbehörde hat dem Antrag auf Entscheidung zu entsprechen. Bei der Prüfung der Frage sind von der Firma Nachweisungen über die Art ihres Geschäftsbetriebes und über die in den letzten Jahren in Bayern abgeschlossenen Waldkaufsgeschäfte zu verlangen; diese Unterlagen sind durch Erhebungen bei den Bezirksverwaltungsbehörden zu ergänzen, in deren Bezirken Waldankäufe und Verkäufe abgeholzter oder landwirtschaftlicher Grundstücke stattgefunden haben. Ergibt die Prüfung, daß die Firma nach der Art ihres Geschäftsbetriebs nicht als Güterhändler zu betrachten ist, so ist ihr ein Bescheid zu erteilen, daß sie zur Führung eines Geschäftsbuches nach § 12 der VollzBek. nicht verpflichtet ist. Andernfalls ist sie zur Vorlage eines Geschäftsbuchs aufzufordern und bei Nichtbefolgung des Auftrages zur Anzeige zu bringen (§ 148 Abs. I Ziff. 4a RGO.). Weist eine Firma beim Abschluß von Waldkaufsverträgen im Bezirk einer anderen Bezirksverwaltungsbehörde nach, daß sie auf Grund der Prüfung seitens der Bezirksverwaltungsbehörde des Betriebssitzes oder durch rechtskräftige strafrichterliche Entscheidung zur Führung eines Geschäftsbuches nicht als verpflichtet erklärt worden ist, so wird sie in der Regel nicht anzuhalten sein, die Anzeige nach Art. 42a zu erstatten und die Abholzungsgenehmigung einzuholen, es sei denn, daß neuere Vorkommnisse eine andere Behandlung gebieten. Diese Geschäftsbehandlung dient auch der wünschenswerten gleichmäßigen Behandlung im ganzen rechtsrheinischen Bayern (InnME. vom 9. 6. 1911 Nr. 6045a 61; vgl. auch oben Anm. d β und ME. vom 9. 5. 1913 Nr. 2195a 6).

Die Bezirksverwaltungsbehörden haben von allen ihnen nach §§ 1 und 2 der VollzBek. z. GüterzertrG. zugehenden Anzeigen auswärtiger Güterhändler die Bezirksverwaltungsbehörde des Wohnsitzes des Güterhändlers zu verständigen (ME. vom 26. 10. 1917 Nr. 6045a 40).

f) Darlehenskassenvereine u. ä.: Auch gemeinnützige Genossenschaften, z. B. Darlehenskassenvereine und sonstige dem land- und forstwirtschaftlichen Betrieb dienende Genossenschaften können den Güterhandel gewerbsmäßig betreiben; in diesem Falle unterliegen sie den Bestimmungen der Art. 42a—c (ObLGSt. Bd. 12 S. 35 und MABl. 1912 S. 593; Bd. 17 S. 103). Der Begriff der Gewerbsmäßigkeit ist für Genossenschaften der gleiche wie für Privatpersonen (s. oben Anm. 2a). Daß der Gewinn ganz oder zum Teil für gemeinnützige Zwecke verwendet wird, ändert an der Gewerbsmäßigkeit nichts (ObLGSt. Bd. 12 S. 42). Auch die Bayer. Landessiedlung (Siedlungs- und Landbank G. m. b. H.) ist gewerbsmäßige Güterhändlerin und den Bestimmungen der Art. 42aff. unterworfen (ObLG. Bd. 22 S. 92 und Bl. Bd. 76 S. 176). Daraus, daß eine gemeinnützige Genossenschaft schon mehrere Anwesen zertrümmert hat, folgt noch nicht notwendig ihre Eigenschaft als gewerbsmäßiger Güterhändler (ObLG. Bd. 17 S. 103); die Gewerbsmäßigkeit fehlt nach diesem Urteil z. B., wenn ein Darlehenskassenverein ein Anwesen nur kauft, um Forderungen zu retten, die er gegen den Anwesensbesitzer hatte, oder wenn der Anwesensbesitzer Mitglied des Vereins ist und der Verein das Anwesen nur kauft, um dem Besitzer die Veräußerung zu einem angemessenen Preis zu ermöglichen; es fehle hier der Wille des Vereins, eine fortgesetzte, auf Erwerb gerichtete Tätigkeit zu entfalten.

g) Versteckter Güterhandel u. ä: Den Pflichten nach Art. 42a—c sind nicht bloß die Güterhändler unterworfen, die auch nach außen hin als solche auftreten, sondern auch die sog. versteckten Güterhändler. Auch derjenige, für den ein versteckter Güterhändler ein Waldgrundstück erworben hat, und derjenige, an den er es veräußert hat, bedarf zur Abholzung oder gleichkommenden Lichthauung der forstpolizeilichen Genehmigung (Art. 42b).

Versteckter Güterhandel kommt in mannigfachen Formen vor:

α) **Beteiligungen am Güterhandel:** Gewerbsmäßige Güterhändler im Sinne des Gesetzes sind auch die stillen Gesellschafter (Teilhaber) eines gewerbsmäßigen Güterhändlers (VGH. Bd. 24 S. 121, 167 und 190; vgl. ObLGSt. Bd. 12 S. 405ff.); ferner die Gesellschafter einer den Güterhandel betreibenden Gesellschaft des bürgerlichen Rechts (§§ 705ff. BGB.) oder offenen Handelsgesellschaft (§§ 105ff. BGB.), auch wenn sie nach außen nicht tätig werden und in der notariellen Urkunde nicht genannt sind (vgl. ObLGSt. Bd. 13 S. 221 und Bd. 19 S. 242). Beschränkt sich die Mitwirkung einer mit ihrem Mann in allgemeiner Gütergemeinschaft lebenden Frau an den Güterhandelsgeschäften des Ehemannes auf die Erteilung der nach § 1445 BGB. nötigen Einwilligung, so wird die Ehefrau dadurch nicht zur Güterhändlerin (VGH. Bd. 42 S. 29).

Wenn ein Güterhändler einen S t r o h m a n n vorschiebt, so bleiben die Verpflichtungen nach Art. 42a—c aus dem Geschäft doch dem Güterhändler, auch wenn der Vertrag auf den Namen des Strohmanns lautet (VGH. Bd. 24 S. 125f.; Bd. 23 S. 195ff.; Bd. 22 S. 73).

β) **Verschleierter Güterhandel:** Bloße Gütervermittler (Makler) sind keine Güterhändler (Begr.). Wenn jedoch nur die Form der Vermittlung gewählt, in Wirklichkeit aber ein Güterhandel betrieben wird, so sind gleichwohl die Art. 42a—c anzuwenden. Das gleiche gilt von allen anderen Formen

(z. B. Vollmachts- und Finanzierungsverträgen), unter deren Decke in Wirklichkeit Güterhandel betrieben wird; vgl. die allen Bezirksverwaltungsbehörden bekanntgegebenen, zum Güterzertrümmerungsgesetz ergangenen, aber auch hier anwendbaren ME. vom 29. 12. 1913 Nr. 6046b 6 und vom 5. 2. 1911 Nr. 6045a 116; in der letzteren ist der Fall behandelt, daß sich der Händler in der Form einer notariellen Vollmachtserteilung in den Bedingungen die wesentlichen Rechte des Eigentümers übertragen läßt; die Bezirksverwaltungsbehörden werden angewiesen, in solchen Fällen ein Güterhandelsgeschäft anzunehmen, nötigenfalls eine gerichtliche Entscheidung herbeizuführen und überhaupt Umgehungsversuchen entgegenzutreten. Diese Grundsätze gelten auch, wenn nur objektiv Güterhandel gegeben ist, insbesondere aber, wenn der Güterhandel absichtlich verschleiert wird.

S. dazu ObLGSt. Bd. 29 S. 203 (Bl. 78 S. 332): Ein wenn auch formloser Auftrags- und Vollmachtsvertrag, in dem sich der Eigentümer jeden Einflusses auf die weitere Gestaltung des Verkaufs seines Anwesens begeben hat, ist regelmäßig bereits als Kaufvertrag anzusehen (§ 117 Abs. II BGB.). Entscheidend ist, ob der „Beauftragte oder Bevollmächtigte" tatsächlich bereits in eine dem Käufer (Eigentümer) ähnliche Stellung versetzt wurde. Für die Annahme einer solchen Stellung sprechen z. B. (zusammengenommen): Unwiderruflichkeit der Vollmacht, Befreiung von den Beschränkungen des § 181 BGB., Bestimmungen eines festen Kaufpreises, sofortige Anzahlung, Regelung der weiteren Zahlungen, Übernahme der Zertrümmerung auf Rechnung und Gefahr des „Bevollmächtigten", Verpflichtung des Eigentümers, das Anwesen zu einem bestimmten Termin zu räumen. S. auch ObLGZ. Bd. 12 S. 330 und BayZfR. 1911 S. 304 und 306.

In ObLGSt. Bd. 15 ist in einem besonders gelagerten Fall, wo zwei Güterhändler in Verbindung miteinander der eine in einem Mäkler-, der andere in einem sog. Finanzierungsvertrage mit dem Gutseigentümer die Zertrümmerung seines Gutes gegen Einräumung weitgehender Vorteile übernommen hatten, ein verschleierter Gutskauf verneint.

Die bürgerlichrechtliche Gültigkeit der Verträge ist für die Anwendung der Art. 42a—c nicht unbedingt Voraussetzung. Liegt tatsächlich und wirtschaftlich ein Erwerbs- oder Veräußerungsvertrag vor, den ein Güterhändler im eigenen Namen oder als Vertreter eines andern geschlossen hat, so sind die Art. 42a—c anwendbar, auch wenn die Verträge den Formvorschriften des bürgerlichen Rechts (besonders des § 313 BGB.) nicht entsprechen; nach dem Sinn und Zweck der öffentlichrechtlichen Bestimmungen der Art. 42a—c ist bei ihrer Anwendung von den tatsächlichen Verhältnissen, nicht von der bürgerlichrechtlichen Wirksamkeit der Geschäfte auszugehen; dies gilt insbesondere, wenn auf die vorgeschriebene Form absichtlich verzichtet wurde, um den Verpflichtungen nach dem Forstgesetz (und anderen Gesetzen) zu entgehen (so zu Art. 19 des Grundentlastungsges. vom 2. 2. 1898 das Reichsgericht in SeuffertsBlfRA. Bd. 68 S. 265 und BGH. Bd. 23 S. 199f. u. a.; zu Art. 2 des GüterzertrG. ObLGSt. Bd. 14 S. 28ff.: „Die Anzeigepflicht des Güterhändlers hat die Rechtsgültigkeit des Gutskaufes nicht zur Voraussetzung; sie besteht auch bei formlosen und nichtigen Erwerbsgeschäften"; s. auch Bl. Bd. 62 S. 214ff. und ObLGSt. Bd. 14 S. 54ff. und Bd. 29 S. 196). Die achttägige Anzeigefrist des Art. 42a beginnt in diesen Fällen mit dem Abschluß des privaten Kaufvertrages zu laufen (ObLGSt. Bd. 14 S. 35).

Zu beachten ist übrigens, daß Verträge auf Übertragung des Eigentums an einem Waldgrundstück, die nicht notariell beurkundet und daher zunächst nichtig sind, ihrem ganzen Inhalte nach auch bürgerlichrechtlich gültig werden, wenn die Auflassung und die Eintragung ins Grundbuch nachfolgen (§ 313 Satz 2 BGB.); dies gilt u. U. auch, wenn Auflassung und Eintragung unter Überspringung von Zwischenerwerbern zugunsten eines Nachmannes geschehen (s. RGZ. Bd. 71 S. 402; Bd. 82 S. 346).

3. Im eigenen Namen: d. h. für sich und zwar sowohl, wenn er selbst handelnd auftritt wie auch, wenn er sich durch einen Stellvertreter (z. B. einen Agenten) vertreten läßt. Wenn ein Güterhändler als Vertreter eines andern Güterhändlers ein Waldgrundstück erwirbt oder veräußert, werden beide anzeigepflichtig sein; dem Sinn des Gesetzes ist jedoch genügt, wenn die Anzeige einmal erstattet wird; dies gilt auch in anderen Fällen, in denen mehrere anzeigepflichtig sind. Zum Handeln im eigenen Namen vgl. ObLGSt. Bd. 12 S. 405.

4. Als Vertreter eines andern: Gleichgültig, ob als gesetzlicher oder als bevollmächtigter Vertreter (VollzBek. 1908 Ziff. I, 1 S. 220) und ob als Vertreter erkennbar oder nicht; im letzteren Falle wird ein Handeln im eigenen Namen anzunehmen sein (§ 164 Abs. II BGB.). Nach der VollzBek. 1908 Ziff. I, 1 soll Art. 42a auch anwendbar sein, wenn der Güterhändler als Vertreter in der Erklärung (Bote) des Willens eines Vertragsteils auftritt. Die Anzeigepflicht auch des Vertreters ist vorgeschrieben, um Umgehungen zu vermeiden (Begr.). Die Anzeigepflicht trifft den Güterhändler ohne Rücksicht darauf, ob er den Wald für sich oder für einen andern erwirbt oder veräußert (Begr.). Erwirbt oder veräußert ein Nichthändler ein Waldgrundstück als Vertreter eines Güterhändlers, so ist nur dieser anzeigepflichtig.

5. Waldgrundstück: d. i. ein Wald nach Art. 1 Anm. 7. Es kommt nicht auf die Bezeichnung im Kataster, sondern auf die wirklichen Verhältnisse an. Die Anzeigepflicht besteht ohne Rücksicht auf die Größe und Art des Waldes; sie besteht auch, wenn das Waldgrundstück überhaupt nicht bepflanzt, z. B. abgetrieben ist. Das Waldgrundstück muß in Bayern rechts des Rheines liegen.

6. Erwirbt oder veräußert: d. h. das Eigentum erwirbt oder überträgt; es kommt nur ein rechtsgeschäftlicher Erwerb und eine rechtsgeschäftliche Veräußerung in Betracht (nicht z. B. Erbschaft); welche Art von Rechtsgeschäft (Kauf, Tausch usw.) zugrunde liegt, ist gleichgültig. Die Anzeigepflicht besteht, ob das Waldgrundstück für sich allein oder zusammen mit anderen Grundstücken, z. B. als Teil eines Anwesens, erworben oder veräußert wird; sie besteht immer, ohne Rücksicht auf die beabsichtigte Verwendung (Ziff. I, 2 d. VollzBek. 1908); sie besteht auch, wenn der Güterhändler ein Waldgrundstück veräußert, das nicht im Wege des Rechtsgeschäfts erworben wurde, das er z. B. geerbt hat; sie besteht ferner, wenn der Wald an den früheren Eigentümer zurückverkauft wird (ObLG. 21. 2. 1911). Zur rechtsgeschäftlichen Erwerbung und Veräußerung eines Waldgrundstücks ist regelmäßig notarielle Beurkundung des schuldrechtlichen Vertrags sowie Auflassung und Eintragung im Grundbuch erforderlich (§§ 313, 873 BGB.); die Anzeigefrist beginnt mit dem Abschluß des schuldrechtlichen und dinglichen Vertrags zu laufen (Anm. 7); wenn nur der Holzbestand erworben oder veräußert wird, s. Anm. 2 zu Art. 42c. Die bürgerlichrechtliche Gültigkeit der Rechtsgeschäfte ist für die Anwendung der Art. 42a bis c nicht unbedingt Voraussetzung (s. Anm. 2 g β).

7. Binnen acht Tagen: Da Art. 42a nicht streng ausgelegt werden darf, werden volle acht Tage zu verstehen sein, nicht eine Woche (§ 188 Abs. I BGB.; vgl. § 359 Abs. II HGB.). Der Tag des Vertragsschlusses ist nicht mitzurechnen (§ 187 Abs. I BGB.). Die Anzeige muß innerhalb der acht Tage bei der Bezirksverwaltungsbehörde eingelaufen sein. Der Vertrag ist regelmäßig erst abgeschlossen, wenn der obligatorische und der dingliche Vertrag (Auflassung) abgeschlossen sind. Die Eintragung im Grundbuch ist nicht erforderlich; u. U. kann schon der bloße obligatorische Vertrag (Kausalgeschäft) die Frist in Lauf setzen (vgl. § 10 VollzBek. z. GüterzertrG. und ObLGSt. Bd. 15 S. 186). Zur Frage, wann die Anzeigefrist zu laufen beginnt, wenn der Vertrag noch der Genehmigung eines Dritten bedarf, wann also in diesem Falle der Vertrag „geschlossen" ist, hat sich das Justizministerium in der allen Bezirksverwaltungsbehörden bekanntgegebenen JnnME. vom 12. 2. 1927 Nr. 25213a gutachtlich wie folgt geäußert:

„1. Ein Vertrag gilt als abgeschlossen, wenn die Erklärungen der beiden Parteien beurkundet sind. Ist die Genehmigung eines Dritten notwendig, so ändert dies nichts an dem Vertragsabschluß; der Vertrag wird aber erst wirksam, wenn die Genehmigung erteilt ist.

2. Ein Vertrag ist nicht als abgeschlossen anzusehen, wenn der Vertreter einer Partei die Genehmigung dieser Partei vorbehält; erst mit der Genehmigung kommt der Vertrag als solcher zustande, auch wenn der Vertreter allgemein bevollmächtigt war, „Verträge abzuschließen", die Partei sich im einzelnen Falle aber die endgültige Erklärung vorbehalten hat; es handelt sich hier in Wirklichkeit nicht um eine Vollmacht zum Abschluß von Verträgen, sondern nur um eine Vollmacht zur Vorbereitung von Vertragsabschlüssen.

3. Anders liegt die Sache, wenn der Vertreter einer Partei der Wahrheit entsprechend behauptet, Vollmacht zu besitzen und die Vollmacht — häufig ungenau mit „Genehmigung" bezeichnet — nachzubringen verspricht; in diesem Falle kommt der Abschluß sofort zustande und der Vertrag ist auch sofort wirksam; er kann aber grundbuchamtlich erst vollzogen werden, wenn die Vollmacht beigebracht ist.

4. Soweit bei der notariellen Beurkundung an Stelle der Landessiedlung eine der Vertragsgenossenschaften vorbehaltlich nachträglicher Genehmigung durch die Landessiedlung handelt, kann die Frage auftauchen, ob für die Vertragsgenossenschaft eine Anzeigepflicht mit Beginn der Anzeigefrist vom Zeitpunkte der notariellen Beurkundung an besteht, weil nach Art. 42a FG. und § 7 Abs. III VollzBek. z. GüterzertrG. die Anzeige auch dann zu erstatten ist, wenn der Güterhändler nicht im eigenen Namen, sondern als Vertreter eines anderen ein Waldgrundstück erwirbt, die Vertragsgenossenschaften aber als Güterhändler anzusehen sind. Der Beginn der Anzeigefrist im Zeitpunkte der notariellen Beurkundung wird aber auch für die als Vertreter handelnde Vertragsgenossenschaft zu verneinen sein, da auch die Anzeigepflicht des Vertreters von einem Vertragsabschluß abhängig ist, ein Vertragsabschluß aber wegen des Vorbehalts der Genehmigung durch die vertretene Partei nicht gegeben ist." Die Anzeigepflicht beginnt vielmehr erst mit der Genehmigung des Vertrages durch die Landessiedlung.

8. **Bezirksverwaltungsbehörde:** Bezirksamt oder Stadtrat einer unmittelbaren Stadt. Die Distriktsverwaltungsbehörde (jetzt Bezirksverwaltungsbehörde genannt) nach Art. 42a ist zugleich die Forstpolizeibehörde nach Art. 42b (Art. 109).

9. **Anzeige:** Die Anzeige ist vorgeschrieben, um die Forstpolizeibehörde instand zu setzen, darüber zu wachen, daß der Wald nicht ohne die Genehmigung nach Art. 42b abgeholzt wird (Begr.). Zur Anzeige verpflichtet ist der Güterhändler, auch wenn er das Grundstück für einen andern erworben hat. Die Anzeige kann mit dem Gesuch um die Genehmigung nach Art. 42b verbunden werden (VollzBek. Ziff. I, 2). Die Anzeige kann schriftlich oder zur Niederschrift erstattet werden; der Inhalt ist in Abs. II vorgeschrieben. Die Güterhändler haben die Geschäftsabschlüsse über den Erwerb oder die Veräußerung von Waldgrundstücken sowie den Tag der Anzeige nach Art. 42a in ihr Geschäftsbuch einzutragen (§§ 13, 14 VollzBek. z. GüterzertrG.); Zuwiderhandlungen gegen die Eintragungspflicht sind strafbar nach § 148 Ziff. 4a RGO. (§ 29 VollzBek. z. GüterzertrG.).

10. **Strafvorschrift:** Art. 76a.

Genehmigungspflicht für Kahlhiebe bei Beteiligung eines Güterhändlers.

Artikel 42b[1].

[I]Wenn ein gewerbsmäßiger Händler[2] mit ländlichen Grundstücken im eigenen Namen[3] oder als Vertreter eines anderen[4] ein Waldgrundstück[5] erworben oder veräußert[6] hat und der Güterhändler oder derjenige, für welchen er es erworben, oder derjenige, an welchen er es veräußert hat, den Wald ganz oder teilweise abholzen oder eine der Abholzung in der Wirkung gleichkommende Lichthauung vornehmen will, so ist zur Abholzung[8] oder Lichthauung[8] forstpolizeiliche Genehmigung[9] erforderlich[7].

[II]Die Forstpolizeibehörde hat die Genehmigung[10] von der Erfüllung der zur Sicherung der Wiederaufforstung erforderlichen Bedingungen[11] abhängig zu machen, insbesondere das Maß der zulässigen Lichthauung zu bestimmen und für die Kosten der Wiederaufforstung Sicherheitsleistung zu verlangen. Sie darf jedoch die Genehmigung nicht versagen, wenn die Wiederaufforstung hinreichend gesichert ist. Bei Jungholzbeständen[12] des Hochwaldbetriebes ist die Genehmigung in der Regel zu versagen, wenn nicht mindestens 75 Prozent der Stämme auf Brusthöhe eine Stärke von 12 cm besitzen.

[III]Für die Sicherheit[13] gelten die Vorschriften der §§ 232 bis 240 des Bürgerlichen Gesetzbuchs. Die geleistete Sicherheit ist zurückzugeben, wenn die Wiederaufforstung hinreichend gesichert ist.

[IV]Die Forstpolizeibehörde hat sich vor der Erteilung oder Versagung der Genehmigung mit dem Forstamte[14] zu benehmen.

VollzBek. 1908.

II. Zu Art. 42b.

1. [I]Der Art. 42b erweitert das bisher nur bei Schutzwaldungen bestehende Erfordernis der forstpolizeilichen Genehmigung auf Abholzungen und der Abholzung in der Wirkung gleichkommende Lichthauungen, die vom Güterhändler oder von demjenigen, als dessen Vertreter der Güterhändler den Wald erworben hat, oder von demjenigen vorgenommen werden, an welchen der Güterhändler sei es im eigenen Namen oder als Vertreter eines Anderen, den Wald veräußert hat.

[II]Kahle Abholzungen kommen sehr häufig bei Gutszertrümmerungen vor und zwar meist für die Zwecke der Güterhändler selbst oder gewerblicher Unternehmungen, wie z. B. Sägewerke, Schleifholz- und Zellulosefabriken, die Waldteile mit oder ohne den Boden von den Händlern erwerben und den Holzbestand ohne Rücksicht auf das Alter oder den noch im Steigen begriffenen Massen- oder Wertzuwachs verwerten. Die Polizeibehörden und die mit dem Forstschutz betrauten Organe (Art. 115) haben deshalb diesen Vorgängen besondere Aufmerksamkeit zu widmen.

2. Die Pflicht zur Erholung forstpolizeilicher Genehmigung ist zeitlich unbeschränkt; dies gilt insbesondere auch von dem Besitznachfolger des Güterhändlers oder des von dem Güterhändler Vertretenen.

3. Die Genehmigung ist nur für die Abholzung, d. i. den kahlen Abtrieb, und für die diesem in der Wirkung gleichkommende Lichthauung, vorgeschrieben. Eine solche Lichthauung liegt dann vor, wenn der Hauptbestand ganz oder in einem Maße beseitigt wird, daß die zurückbleibende Bestockung für eine natürliche Wiederverjüngung des Waldes nicht mehr ausreicht, diese vielmehr auf künstlichem Wege bewerkstelligt werden muß.

4. I Das Gesuch um Genehmigung, das Angaben über Steuergemeinde, Plannummer und Umfang des Grundstücks, über Benützungsart und Eigentumsverhältnisse an den angrenzenden Grundstücken, endlich über Art und Umfang der beabsichtigten Nutzung zu enthalten hat, ist bei der gemäß Art. 42a zuständigen Bezirksverwaltungsbehörde einzureichen. Diese hat von dem Gesuch die Ortspolizeibehörde und die angrenzenden Waldbesitzer zur Abgabe von Einwendungen insbesondere über die Richtigkeit der Grenzen zu verständigen. Das Gesuch ist sodann nebst den eingelangten Einwendungen an das Forstamt zur gutachtlichen Äußerung zu leiten.

II Das Forstamt hat, wenn es dies für erforderlich erachtet, zur Aufklärung der Verhältnisse die beteiligten Grundbesitzer zu einer Tagfahrt einzuladen.

5. Erweisen sich die Grenzen des Waldgrundstücks als strittig und einigen sich die Beteiligten nicht über die vom Gesuchsteller vorzunehmende Nutzung, so ist die Genehmigung bis zur Feststellung der Grenzen auszusetzen, soweit die strittige Fläche durch die beabsichtigte Nutzung berührt wird. Das Genehmigungsgesuch ist jedoch zu bescheiden, falls der Widersprechende nicht binnen zu bestimmender Frist den Rechtsweg zur Festsetzung der Grenzen beschreitet.

6. Wird mit dem Genehmigungsgesuch ein Antrag auf Rodungserlaubnis gemäß Art. 34 des Forstgesetzes verbunden, so ist über diesen Antrag in der Regel vorweg und gesondert zu befinden, da mit der Rodungserlaubnis die Genehmigungspflicht entfällt.

7. Die Genehmigung ist zu versagen:

a) gemäß Art. 39 des Forstgesetzes, wenn eine Schutzwaldung in Frage steht[1]),
b) wenn die Wiederaufforstung oder hinreichende Wiederbestockung nicht gesichert ist,
c) in der Regel, wenn in einem Jungholzbestand des Hochwaldbetriebes nicht mindestens 75 vom Hundert der Stämme in Brusthöhe 12 cm und mehr Stärke besitzen.

8. Die Feststellung, ob die erforderliche Mehrzahl der Stämme in Brusthöhe 12 cm und stärker ist, hat durch sachverständige Erhebungen, insbesondere durch Aufnahme von Probeflächen zu geschehen.

9. I Unter die Beschränkung der Ziffer 7 Buchstabe c fallen nicht die Bestände des Nieder- oder Mittelwaldbetriebes (Ausschlagwaldungen).

II Ausnahmen von der Regel sind nur für solche Junghölzer des Hochwaldbetriebes zu gewähren, deren Abholzung wegen Beschädigungen durch Insekten, Schneedruck, Hagelschlag, Feuerschaden und ähnlichen Gründen, oder wegen sehr geringer Wuchsleistung oder zum Zweck der Änderung der Holzart forstwirtschaftlich geboten ist.

10. Die Genehmigung zur Abholzung oder Lichthauung setzt voraus, daß die Wiederaufforstung ohne Zweifel gesichert ist. Die etwa aufzuerlegenden besonderen Bedingungen haben deshalb ausschließlich der Erhaltung des Waldes zu dienen. Als Beispiele sind die Auflage der Verwendung bestimmter Holzarten, einer Frist für die Wiederaufforstung, des Maßes der zulässigen räumlichen Ausdehnung des Schlages, von Vorkehrungen zur Verhütung von Waldabschwendungen im Sinne des Art. 41 zu nennen; die Bestimmung des zulässigen Maßes der Lichthauung wird in Betracht kommen, wenn die beabsichtigte Hiebführung durch übergroße räumliche Ausdehnung des Schlages z. B. auf steilen Hängen und steinigem Boden in sonnseitiger Lage die künftige Wiederbestockung gefährden würde.

11. I Für die Kosten der Wiederaufforstung ist Sicherheit zu verlangen.

II Ihre Höhe bemißt sich nach dem vom Forstamte zu schätzenden Betrage der Kosten, die dem Staate im Falle der zwangsweisen Aufforstung erwachsen würden. Die Sicherheitsleistung kann in einer der in § 232 des Bürgerlichen Gesetzbuches bezeichneten Arten erfolgen. Bei der Prüfung der Frage, ob sich die angebotene Sicherheit zur Annahme eignet, sind die Vorschriften der §§ 233 bis 239 a. a. O. zu beachten. Die Bezirkspolizeibehörde hat darauf hinzuwirken, daß die Sicherheit in der Regel nur durch Hinterlegung von Geld oder Wertpapieren geleistet wird. Die Hinterlegung kann bei jedem bayerischen Amtsgericht[2]), dann bei der B. Staatsbank oder deren Filialen bewirkt werden.

---

[1]) Art. 39 verbietet seit dem Jahre 1896 den Kahlhieb in Schutzwaldungen nicht mehr unbedingt (s. Anm. 9b zu Art. 42b).

[2]) soferne das Amtsgericht zugleich Hinterlegungsstelle ist; sonst nur bei der Staatsbank (MB. vom 23. 12. 1909, MABl. S. 1096, FMBl. 1910 S. 33).

[III] Die Rückgabe der Sicherheit ist in das Ermessen der Bezirkspolizeibehörde nach Anhörung des Forstamts ohne zeitliche Beschränkung gelegt; sie hat zu erfolgen, sobald die ausgeführten Kulturen sich in dem Maße entwickelt haben, daß die Wiederbewaldung der abgeholzten Fläche als hinreichend gesichert angesehen werden kann oder durch Übergang des Grundstücks in einen geordneten Waldbetrieb für die entsprechende Aufforstung genügende Gewähr gegeben ist. Auch eine teilweise Rückgabe ist nicht ausgeschlossen.

[IV] Die Rückgabe der Sicherheit hat durch die Hinterlegungsstelle an den Berechtigten zu geschehen.

12. [I] Die Endbescheide der Bezirksverwaltungsbehörde in dem Genehmigungsverfahren sind gemäß Art. 109 Abs. 1, dann 111 des Forstgesetzes anfechtbar.

[II] Die Gebühren und Kosten des Verfahrens fallen, soweit sie nicht als durch unbegründete Einwände Dritter entstanden diesen aufzuerlegen sind, dem Antragsteller zur Last. Die Verhandlungen sind nach Möglichkeit zu beschleunigen.

1. **Geltungsbereich:** Art. 42b bildet den Schwerpunkt der Gesetzesänderung des Jahres 1908. Er bestimmt, daß zur Abholzung eines Waldes, der durch eines der näher bezeichneten Güterhändlergeschäfte gegangen ist, forstpolizeiliche Genehmigung notwendig ist. Die Genehmigung darf nur erteilt werden, wenn die Wiederaufforstung gesichert ist; ist dies der Fall, darf sie auch nicht verweigert werden. Stets ist für die Kosten der Wiederaufforstung Sicherheit zu verlangen. Der Abtrieb von Jungholz darf im allgemeinen nicht zugelassen werden. Abs. I umschreibt den Geltungsbereich des Art. 42b und stellt das Erfordernis der forstpolizeilichen Genehmigung auf; Abs. II gibt der Forstpolizeibehörde bindende Richtlinien für die Entscheidung; Abs. III handelt von der Sicherheitsleistung im besonderen; Abs. IV schreibt die Mitwirkung des Forstamts vor. Art. 42b gilt für alle im rechtsrheinischen Bayern gelegenen Wälder jeder Art und Größe. Das Aufforstungsgebot des Art. 42 Abs. I gilt auch im Falle des Art. 42b; vgl. Anm. 1 zu Art. 42. Strafvorschriften: Art. 75; Zwangsmaßnahmen: Art. 78.

Abs. I:

2. **Gewerbsmäßiger Händler mit ländlichen Grundstücken:** s. Anm. 2 zu Art. 42a.
3. **Im eigenen Namen:** Anm. 3 zu Art. 42a.
4. **Als Vertreter eines andern:** Anm. 4 zu Art. 42a.
5. **Waldgrundstück:** Anm. 5 zu Art. 42a.
6. **Erworben oder veräußert:** Anm. 6 zu Art. 42a.
7. **Genehmigungspflicht:** Die Abholzung oder gleichkommende Lichthauung bedarf nach Art. 42b und c der forstpolizeilichen Genehmigung, wenn ein gewerbsmäßiger Güterhändler ein Waldgrundstück oder den Holzbestand eines solchen:

a) im eigenen Namen
   erworben hat und selbst abholzen und lichthauen will,
   veräußert hat und der Erwerber abholzen und lichthauen will;

b) ferner, wenn er ein Waldgrundstück oder den Holzbestand eines solchen als Vertreter eines andern
   erworben hat und der andere abholzen und lichthauen will,
   veräußert hat und der Erwerber abholzen und lichthauen will.

Nur in diesen vier Fällen ist forstpolizeiliche Genehmigung nötig. Umgehungen fallen nur dann unter das Gesetz, wenn die wirklichen Verhältnisse einen der angeführten Tatbestände ergeben. Wenn ein Güterhändler einen Wald für einen andern erworben hat und dieser andere den Wald an einen Dritten veräußert, so bedarf dieser zum kahlen Abtrieb des Waldes nicht der forstpolizeilichen Genehmigung nach Art. 42b (Begr. zu Art. 75 Abs. III). Bei Veräußerungen durch Güterhändler (nach a und b) besteht die Verpflichtung nach Art. 42b nur für den unmittelbaren Erwerber, nicht für Dritterwerber, die das Waldgrundstück oder seinen Holzbestand vom Ersterwerber auf Grund eines weiteren Rechtsgeschäfts erwerben (a. A. ObLGSt. Bd. 9 S. 385; vgl. Begr. zu Art. 77 Abs. III und BayZfR. 1908 S. 214). In diesem Rahmen besteht für die Pflicht zur Erholung der Genehmigung keine zeitliche Schranke; wer von einem gewerbsmäßigen Güterhändler ein Waldgrundstück erworben hat, bedarf also auch nach zwanzig und mehr Jahren zur Abholzung des im Zeitpunkt des Erwerbs vorhandenen Holzbestands noch der forstpolizeilichen Genehmigung (VollzBek. 1908 Ziff. II, 2 S. 226). Einholen muß im vorbezeichneten Rahmen die Genehmigung derjenige, der als Unternehmer den Wald abholzen oder lichthauen will, gleichgültig, ob es der Waldbesitzer oder Güterhändler ist oder ein anderer.

Wenn der Verkäufer sich verpflichtet hat, die Genehmigung beizubringen, ist der Käufer (vorausgesetzt, daß einer der Fälle des Art. 42b vorliegt) nicht ohne weiteres von Strafe frei, wenn die Genehmigung bei Beginn der Abholzung noch nicht erteilt ist; denn eine private Verpflichtung kann die öffentlichrechtliche Verpflichtung nicht beseitigen und Art. 75 Abs. I richtet sich gegen jedermann, der ohne die erforderliche Genehmigung die dort angeführte Tätigkeit beginnt (ObLGSt. 9. 5. 1911).

8. Abholzung oder gleichkommende Lichthauung: Unter Abholzung ist das gleiche zu verstehen wie unter Kahlhieb und kahlem Abtrieb in Art. 39. Eine der Abholzung in der Wirkung gleichkommende Lichthauung ist gegeben, wenn der Hauptbestand in einem Maße beseitigt wird, daß die zurückbleibende Bestockung für eine natürliche Wiederverjüngung des Waldes nicht mehr ausreicht (VollzBek. 1908 Ziff. II, 3 S. 226); vgl. auch Art. 75 Anm. 7). Nach der Begr. wurde die Lichthauung in das Gesetz aufgenommen, um eine Umgehung in der Weise zu vermeiden, daß der Wald nicht kahl abgeholzt wird, sondern die Ausholzung sich auf den (allein wertvollen) Hauptbestand beschränkt und der (minderwertige) Neben- und Unterbestand zurückbleibt. Der Begriff der *ganzen oder teilweisen* Abholzung ist örtlich gemeint; jeder auch örtlich beschränkte Kahlhieb ist genehmigungspflichtig. Der Staatsminister des Innern erklärte bei der Gesetzesberatung im Landtag, er wolle mit allem Nachdruck wirken, daß der Begriff Lichthauung im weitesten Sinne ausgelegt werde. Auch Abholzungen, die sich an einen Waldbrand anschließen (Entfernung der durch Brand geschädigten Bäume), fallen unter Art. 42b (Regierungserklärung).

Wenn nicht die besonderen Voraussetzungen des Art. 42b (Beteiligung eines Güterhändlers) gegeben sind, ist dem Waldbesitzer die Abholzung oder gleichkommende Lichthauung ohne forstpolizeiliche Genehmigung gestattet; bei Schutzwaldungen ist sie jedoch für jedermann genehmigungspflichtig; vgl. VollzBek. 1908 Ziff. II, 1 S. 226.

9. Genehmigungsverfahren:

a) *Allgemeines Verfahren:* Das Gesuch ist bei der Bezirksverwaltungsbehörde einzureichen, in deren Bezirk das Waldgrundstück gelegen ist; diese Bezirksverwaltungsbehörde ist zugleich die zur Genehmigung zuständige Forstpolizeibehörde (Art. 109). Von dem Gesuch ist der Ortspolizeibehörde der Gemeinde, in deren Markung das Waldgrundstück liegt, sowie den angrenzenden Waldbesitzern zur etwaigen Erhebung von Einwendungen Kenntnis zu geben; das Gesuch kann mit der Anzeige nach Art. 42a verbunden werden; wird mit der Erlaubnis zur Abholzung zugleich die Erlaubnis zur Rodung (Art. 34, 36) beantragt, so ist über den letzteren Antrag grundsätzlich zunächst zu entscheiden; wird die Rodung bewilligt, so bedarf die Abholzung der Genehmigung nach Art. 42b nicht mehr. Vor der Entscheidung über das Gesuch hat die Forstpolizeibehörde das Forstamt zu hören; dieses kann u. U. zur Aufklärung eine Tagfahrt veranstalten. Die Entscheidung der Forstpolizeibehörde (Beschluß genannt) kann nach Art. 109, 112 vom Waldbesitzer innerhalb vierzehn Tagen von der Eröffnung an mit der Berufung zur Forstpolizeistelle (Regg., K. d. J.) angefochten werden; diese entscheidet endgültig; es kann dagegen nur mehr unbefristet die Oberaufsicht des Staatsministeriums des Innern angerufen werden. Die Kosten des Verfahrens fallen, soweit sie nicht als durch unbegründete Einwände Dritter entstanden, diesen aufzuerlegen sind, dem Antragsteller zur Last; die Entscheidungen der Forstpolizeibehörden und -stellen sind grundsätzlich gebührenpflichtig. Das Verfahren ist möglichst zu beschleunigen. Der Antragsteller kann zur Beschleunigung beitragen, wenn er sich sogleich bereit erklärt, die Kosten einer besonderen forstamtlichen Tagfahrt zu tragen; das Forstamt hat das Gesuch sonst möglichst mit anderen Dienstgeschäften zu erledigen.

Hierüber und über andere Punkte (Inhalt des Gesuchs, Verfahren, wenn die Grenzen strittig sind) s. VollzBek. 1908 Ziff. II, 1 S. 226.

Das Verfahren ist das reine Verwaltungsverfahren; die Forstpolizeibehörde entscheidet im Büroweg, nicht in der Kommission des Art. 110 und zwar auch nicht, wenn es sich um Schutzwaldungen handelt (s. b). Einen im Verwaltungsrechtsweg verfolgbaren Anspruch auf Genehmigung hat der Gesuchsteller in keinem Falle; es steht ihm nur die Verwaltungsbeschwerde nach Art. 109, 112 offen.

b) *Verfahren bei Schutzwaldungen:* Wenn in einem Schutzwald, der durch ein Güterhändlergeschäft gegangen ist, ein Kahlhieb oder eine gleichkommende Lichthauung vorgenommen werden soll, so ist hiezu die forstpolizeiliche Genehmigung sowohl nach Art. 42b wie nach Art. 39 nötig. Unbedingt und stets unzulässig ist im Falle des Art. 42b die Genehmigung der Abholzung von Schutzwaldungen nicht (irrig VollzBek. 1908 Ziff. II, 7a und Begr.; unbedingt unzulässig war der kahle Abtrieb bis zum Jahre 1896). Zuständig zur Genehmigung oder Versagung wird nur die Forstpolizeibehörde des Art. 42b mit Art. 109 sein, niemals die Kommission des Art. 110, 40 Abs. IV; die Kommissionsentscheidung ist für die wichtigen, in Art. 110 Abs. I aufgeführten Fälle zur Erhöhung der Rechtsgarantien der Beteiligten eingeführt worden; nach Art. 42b ist zur Abholzung aller Waldungen die forstpolizeiliche Genehmigung erforderlich, die im gewöhnlichen forstpolizeilichen Verfahren im

Bürowege zu treffen ist; es würde dem Sinne des Gesetzes zuwiderlaufen, im Falle des Art. 42b für die Abholzung von Schutzwaldungen die erhöhten Rechtsgarantien des Kommissionsverfahrens zu verlangen; in Betracht kommt daher im Falle des Art. 42b stets nur das gewöhnliche forstpolizeiliche Verfahren nach Art. 109, 112, nicht nach Art. 40, 110. Die Forstpolizeibehörde hat jedoch außer den Bedingungen zur Erhaltung des durch ein Güterhändlergeschäft gegangenen Waldes auch die Bedingungen nach Art. 39 Abs. III aufzuerlegen; die Genehmigung kann nicht nur aus den Gründen des Art. 42b, sondern auch des Art. 39 versagt werden. Über die Schutzwaldeigenschaft kann die Forstpolizeibehörde im Genehmigungsbescheid nach Art. 42b als Zwischenpunkt in den Gründen entscheiden; beantragt jedoch der Besitzer eines durch ein Güterhändlergeschäft gegangenen Waldes die Feststellung, ob es sich um einen Schutzwald handelt, so ist hierüber im Verfahren nach Art. 40 zu entscheiden; hat die Forstpolizeibehörde in den Gründen des Genehmigungsbescheides nach Art. 42b die Schutzwaldeigenschaft festgestellt und bestreitet der Waldbesitzer diese, so wird nach Anm. 5 zu Art. 36 zu verfahren sein; vgl. diese Anm. auch im übrigen.

Die Strafbestimmungen für die Verletzung der Art. 39 und 42b sind die gleichen (Art. 75, 78).

Abs. II:

10. Genehmigung: Abs. II enthält bindende Richtlinien für die sachliche Entscheidung der Forstpolizeibehörde; das freie Ermessen der Forstpolizeibehörde ist dadurch erheblich beschränkt. Auf Grund des Abs. II und der Vollzugsvorschriften gelten folgende Grundsätze:

a) die Genehmigung zur Abholzung oder gleichkommenden Lichthauung darf nur erteilt werden, wenn die Wiederaufforstung oder hinreichende natürliche Wiederbestockung gesichert ist; nötigenfalls sind dem Gesuchsteller entsprechende Auflagen zu machen;

b) andrerseits muß grundsätzlich die Genehmigung erteilt werden, wenn die Wiederaufforstung oder hinreichende natürliche Wiederbestockung gesichert ist;

c) für die in Abs. II näher bezeichneten Jungholzbestände darf die Genehmigung auch im Falle der Sicherung der Wiederaufforstung oder natürlichen Wiederbestockung grundsätzlich nicht erteilt werden;

d) für die Kosten der Wiederaufforstung muß stets Sicherheit verlangt werden.

Auf gewissen Böden kann der kahle Abtrieb des ganzen Waldes in einem Schlage überhaupt nicht genehmigt werden, da bei seiner Durchführung die Wiederaufforstung nicht hinreichend gesichert wäre; dies wird z. B. regelmäßig bei Waldungen an sonnseitigen Steilhängen auf flachgründigem, steinigem Boden der Fall sein (Begr.).

11. Bedingungen: Ihre Festsetzung ist dem pflichtgemäßen Ermessen der Forstpolizeibehörde überlassen; sie wird sich im wesentlichen auf das sachverständige Gutachten des Forstamts stützen. In der Wahl der Bedingungen (Auflagen) steht der Forstpolizeibehörde im Falle des Art. 42b mehr Freiheit zu als nach Art. 39 und 42; sie kann z. B. die Verwendung bestimmter Holzarten, eine Frist für die Durchführung, das Maß der Lichthauung usw. vorschreiben (VollzBek. 1908 Ziff. II, 10 S. 226 und ObLGSt. Bd. 12 S. 236). Art und Maß der Bedingungen (Auflagen) sind unter dem Gesichtspunkt der Sicherung der Wiederaufforstung oder natürlichen Wiederbestockung festzusetzen; sie haben ausschließlich der Erhaltung des betreffenden Waldes zu dienen (VollzBek. 1908 Ziff. II, 10 S. 226). Wenn Bedingungen zur Erhaltung des Waldes nicht nötig scheinen, kann von ihrer Festsetzung ganz abgesehen werden; von der Sicherheitsleistung abzugehen ist in keinem Falle gestattet. Unter welchen Voraussetzungen die Wiederaufforstung oder natürliche Wiederbestockung gesichert ist, kann nach Bodenverhältnissen, Lage, Klima, nach dem Auftreten atmosphärischer, Pflanzen- oder tierischer Einflüsse sehr verschieden sein, ja selbst von den Witterungsverhältnissen der einzelnen Jahre wesentlich abhängen. Die Entscheidung, ob eine Kultur gesichert ist oder nicht, muß deshalb in jedem einzelnen Falle den pflichtgemäßen Erhebungen und dem gewissenhaften Urteil der einschlägigen Behörden überlassen bleiben. Die Wiederaufforstung nach Art. 42b ist auf künstlichem oder natürlichem Weg (Wiederbestockung) möglich.

Wer eine der auferlegten Bedingungen schuldhaft nicht erfüllt, ist strafbar nach Art. 75; die Wiederaufforstung innerhalb der festgesetzten Frist kann von der Forstpolizeibehörde nötigenfalls nach Art. 78 Abs. II durchgesetzt werden. Das Verfahren nach Art. 42 Abs. II wird regelmäßig nicht in Betracht kommen, wenn das Verfahren nach Art. 42b durchgeführt wird; an sich gilt Art. 42 im vollen Umfang auch für die durch Güterhändlergeschäfte gegangenen Waldgrundstücke (ObLGSt. Bd. 12 S. 237; vgl. VollzBek. 1908 Ziff. III, 4). Wenn ein Güterhändler ohne die nach Art. 42b erforderliche Genehmigung abgeholzt hat, kann die Forstpolizeibehörde nach Art. 42 Abs. II (Strafdrohung Art. 77) oder Art. 78 Abs. II verfahren; sucht der Waldbesitzer nachträglich um die Genehmigung nach Art. 42b nach, so kann die Forstpolizeibehörde nachträglich im Verfahren nach Art. 42b (Strafdrohung Art. 75) eine Frist für die Wiederaufforstung festsetzen. Vorläufige Maßnahmen der Forstpolizeibehörde im Falle der Zuwiderhandlung Art. 78 Abs. I und II. Die Bedingung der Wiederaufforstung kann nicht nur dem Waldbesitzer, sondern auch dem gewerbsmäßigen Güterhändler auferlegt werden, der das Holz auf dem Stamm zur Abholzung gekauft hat (ObLGSt. Bd. 12 S. 229). Der Strafrichter darf nicht prüfen, ob die Bedingungen sachlich begründet sind, wohl aber hat er zu prüfen, ob sie gesetzlich zulässig sind.

Genehmigung und Sicherung der Wiederaufforstung sind untrennbare Teile des einen Rechtsakts, der in dem Beschlusse der Forstpolizeibehörde zutage tritt; es würde gegen den Wortlaut und Zweck des Gesetzes verstoßen, wollte man je die Abholzung und die Frage der Wiederaufforstung rechtlich für sich beurteilen und hiernach folgern, daß ein Zuwiderhandeln gegen die die Frage der Wiederaufforstung betreffenden Bedingungen — beispielsweise ein Unterlassen der Aufforstung innerhalb der bestimmten Frist — nicht bei, sondern nach der Abholzung geschehe (ObLGSt. Bd. 12 S. 236 f.).

12. Jungholzbestände: Nur die Jungholzbestände des Hochwaldbetriebs, nicht dagegen die des Nieder- und Mittelwaldbetriebs (der Ausschlagwaldungen s. S. 37 f.) fallen unter die Bestimmung. Mit dem Begriff Jungholzbestand kann nicht der Umtrieb in Verbindung gebracht werden, sondern es ist lediglich von der wirtschaftlichen Ausnutzungsfähigkeit des betreffenden Waldbestandes auszugehen. Ob die erforderliche Mehrzahl der Stämme in Brusthöhe eine Stärke von 12 cm besitzt, ist nötigenfalls im Wege der Aufnahme von Probeflächen festzustellen (VollzBek. 1908 Ziff. II, 8 S. 226). Bestände mit Hopfenstangen fallen nicht unter die Bestimmung (Abg. 1907 StenB. Bd. 2 S. 138). Gemeint ist die Brusthöhe eines erwachsenen Mannes mittlerer Größe.

Nach der Regierungserklärung bei der Gesetzesberatung soll bei der Genehmigung von Ausnahmen sehr streng verfahren werden; Ausnahmen sollen nur zugelassen werden, wenn die Abholzung aus forsttechnischen Gründen geboten ist (s. auch VollzB. 1908 Ziff. II, 9 S. 226). Es soll insbesondere der Abholzung von jungen Beständen zur Gewinnung von Papier-, Schleif- oder Grubenholz entgegentreten werden.

Abs. III:

13. Sicherheitsleistung: Die Sicherheit haftet dem Staat für die Kosten, die ihm erwachsen wenn er an Stelle des Pflichtigen (nach Art. 78 Abs. II) aufforstet. Die Höhe der Sicherheit bestimmt sich daher nach der Höhe der voraussichtlichen Kosten der Aufforstung durch den Staat; diese sind vom Forstamt zu schätzen. Die Sicherheit ist möglichst durch Hinterlegung von Geld oder Wertpapieren zu leisten; diese sind bei der Staatsbank oder bei denjenigen Amtsgerichten, die zugleich Hinterlegungsstellen sind, zu hinterlegen. Verwertet wird die Sicherheit nach den Vorschriften des bürgerlichen Rechts (Begr.), Geld z. B. durch Verwendung für die Aufforstung, Wertpapiere nach §§ 233, 1257, 1228, 1233, 1235, 1221 BGB. Die Forstpolizeibehörde darf auf die Bestellung der Sicherheit nicht verzichten (im Regierungsentwurf war dies vorgesehen). Zur Rückgabe der Sicherheit wie im übrigen vgl. Art. 42b Abs. III und VollzBek. 1908 Ziff. II, 11 S. 226 mit Berichtigung in MB. vom 23. 12. 1909 (MABl. S. 1906, FMBl. 1910 S. 33). Freigabe der Sicherheit, Ziff. II, 11 Abs. III und IV VollzBek. 1908 S. 226. Zur Sicherheitsleistung ist auch die Siedlungs- und Landbank GmbH. zu verpflichten; dieser ist jedoch bezüglich der Art der Sicherheit im Rahmen des § 232 BGB. möglichst entgegenzukommen insbesondere auch durch Zulassung eines tauglichen Bürgen (ME. v. 6. 6. 1929 Nr. 2521 a 8).

Abs. IV:

14. Beteiligung des Forstamts: Diese ist bereits allgemein in Art. 14 vorgeschrieben; Abs. IV ist daher überflüssig.

Erwerb oder Veräußerung des Holzbestandes unter Beteiligung eines Güterhändlers.

Artikel 42c.[1]

Die Vorschriften der Art. 42a und 42b finden auch Anwendung, wenn ein gewerbsmäßiger Händler mit ländlichen Grundstücken lediglich den Holzbestand eines Waldgrundstücks erwirbt oder veräußert.[2]

1. Allgemeines: Art. 42c, mit Art. 42a und b in das Gesetz aufgenommen, war im Regierungsentwurf nicht vorgesehen; die Bestimmung ist aber nötig, wenn der mit der Gesetzesänderung beabsichtigte Zweck erreicht werden soll. Art. 42a (Anzeigepflicht) und Art. 42b (Genehmigungspflicht) sind ihrem vollen Umfang nach anwendbar (Erwerb und Veräußerung durch gewerbsmäßige Güterhändler im eigenen Namen und als Vertreter anderer usw.). Unter dem Holzbestand ist nur das Holz auf dem Stamm zu verstehen. Strafbestimmungen Art. 76a, 75 Abs. I und II; Zivilverantwortlichkeit des Waldbesitzers Art. 75 Abs. III. Zwangsmaßnahmen Art. 78.

2. Erwerb und Veräußerung: Zur rechtsgeschäftlichen Erwerbung und Veräußerung des Eigentums am Holze auf dem Stamm ist regelmäßig ein formloser schuldrechtlicher Vertrag sowie die dingliche Einigung über den Eigentumsübergang und die Übergabe erforderlich (§§ 929, 956 BGB.). Die Anzeigefrist beginnt, sobald die schuldrechtliche und regelmäßig auch die dingliche Einigung abgeschlossen ist; die Übergabe braucht nicht vollzogen, das Eigentum also noch nicht übergegangen zu sein (vgl. Anm. 6 und 7 zu Art. 42a).

Vor Art. 43.

Das Forstgesetz regelt auch die Weide im Wald und Gebirge; das Weidegesetz vom 28. 5. 1852 ist auf diese Weide nicht anwendbar. Die dinglichen Berechtigungen des bürgerlichen Rechts zur Ausübung der Weide in Wäldern und Gebirgen sind Forstberechtigungen nach Art. 23—33 (vgl. Anm. 1g vor Art. 23). Art. 43 und 44 Abs. II regeln die Weide des Waldbesitzers im eigenen Walde und die befugte Ausübung der Weide durch Dritte in fremden Waldungen; Zuwiderhandlungen des Waldbesitzers sind Forstpolizeiübertretungen nach Art. 77 Abs. II, Zuwiderhandlungen der weideberechtigten Dritten sind Forstfrevel nach Art. 89, 88 Abs. III—VI. Art. 44 Abs. I regelt die Weide des Alpenbesitzers auf der eigenen Alpe und die befugte Ausübung der Weide durch Dritte auf einer fremden Alpe; Zuwiderhandlungen des Alpenbesitzers gegen die Ordnungen des Abs. I sind Forstpolizeiübertretungen nach Art. 77 Abs. II. Art. 44 Abs. III regelt die Rodung in den Alpen; der Alpenbesitzer, der ohne die gesetzlich (Art. 34—36) vorgeschriebene forstpolizeiliche Genehmigung in den Alpen rodet, begeht eine Forstpolizeiübertretung nach Art. 75. Zuwiderhandlungen der weideberechtigten Dritten gegen die Ordnungen des Art. 44 Abs. I sind Forstfrevel nach Art. 89. Wenn Dritte unbefugt in einem fremden Wald oder auf einer fremden Alpe weiden, begehen sie Forstfrevel nach Art. 88. Die in fremden Waldungen Weideberechtigten unterliegen auch noch der Vorschrift des Art. 93 Ziff. 5 (Herdenbildung), die ein Gebot und eine Strafdrohung zugleich enthält.

Waldweide.

Artikel 43.[1] ($^{43}/_{43}$).

I Die Weide[2] in den Waldungen darf nur unter der Aufsicht[3] eines Hirten oder Hüters ausgeübt werden.

II Junghölzer[4], Schläge und Holzanflüge sind mit dem Eintreiben von Weidevieh insolange zu verschonen, bis die Beweidung ohne Schaden für den Nachwuchs geschehen kann.

III Bei Fehmel- (plänterweisem) Waldbetriebe[5] ist von der Forstpolizeibehörde die höchste Zahl des einzutreibenden Weideviehes zu bestimmen.

IV Die Weide nach Sonnen-Untergang und vor Sonnen-Aufgang (Nachtweide)[6] ist verboten.[7]

1. Geltungsbereich: Art. 43 stellt zwei Gebote (Beaufsichtigung des Weideviehes und forstpolizeiliche Begrenzung der Zahl des Weideviehes beim Fehmelbetrieb) und zwei Verbote (der Weide in verhängten Orten und der Nachtweide) auf. Art. 43 gilt für Waldungen jeder Art und Größe; ausgenommen sind lediglich Waldungen, für deren Beweidung besondere Rechtsverhältnisse und Ordnungen bestehen; auf diese ist Art. 43 nicht anwendbar, ihre Verhältnisse regeln sich vielmehr nach Art. 44 Abs. II.

Begriff des Waldes s. Anm. 7 zu Art. 1. Zu den Waldungen zählen auch die Birkenberge des Bayerischen Waldes; denn für den Waldbegriff ist es gleichgültig, ob das Holz um seiner selbst willen oder nur zum Schutze des Graswuchses gezogen wird (OAG. 27. 10. 1854; ME. vom 2. 7. 1859 Nr. 12219 und vom 21. 1. 1881 Nr. 696); die Holzanflüge der Birkenberge stehen daher auch unter dem Schutze des Art. 43 Abs. II.

Art. 43 gilt für jede Art Weidevieh. Durch das Forstgesetz wird keine Tierart von der Waldweide ausgeschlossen. Art. 43 gilt für die Weide des Waldbesitzers wie der Weideberechtigten[1]); er gilt auch

---

[1]) Die forstpolizeilichen Vorschriften der Art. 43 und 44 müssen auch von den Wald- und Alpen-

für die Weide der Weideberechtigten in den Waldungen des Staates und der von Staatsbehörden verwalteten Stiftungen (vgl. S. 191 Ziff. 5).

Abs. I:

2. Weide: Darunter ist hier das Verweilen des Viehes im Walde, um Futter zu suchen, zu verstehen; das bloße Durchtreiben („mit fliegender Geißel") ist nicht Weiden.

3. Aufsicht: Um zu vermeiden, daß das Vieh herrenlos herumirre und die Fluren wie die Wälder beschädige (Begr.); es muß eine nach Sachlage hinreichende Aufsicht sein.

Abs. II:

4. Junghölzer usw.: d. s. die „verhängten Orte" des Art. 88 Abs. III und V. Die Weide ist gesperrt, „bis das Holz dem Vieh aus dem Maule gewachsen ist" (Begr. 1846; ObLGZ. Bd. 19 S. 364). Eine bestimmte Grenze nach Alter oder Größe der Pflanzen läßt sich bei der Verschiedenartigkeit der Verhältnisse nicht ziehen; entscheidend ist, ob der Nachwuchs durch die Beweidung noch ernstlichen Schaden leiden kann oder nicht; zu verschonen sind nur die Waldteile, die geschädigt werden können. Andere Waldflächen als die in Art. 43 Abs. II benannten können (mit der Straffolge des Art. 88) nicht verhängt werden (OLGM. Bd. 4 S. 253); die Rechte des Waldbesitzers gegenüber den Forstberechtigten nach Art. 24, 25 bleiben jedoch unberührt. Wenn ein schlagbarer Waldbestand wegen des darin befindlichen Vorwuchses natürlich verjüngt werden soll, so ist der Teil, auf dem zur Freistellung des Vorwuchses mit dem Schlagen des Holzes begonnen worden ist, als Schlag und der darin befindliche Vorwuchs als Holzanflug zu betrachten (OLGM. 6. 11. 1888 Bd. 5 S. 199).

Das Beweiden verhängter Orte ist dem Weideberechtigten selbst dann nicht gestattet, wenn der Besitzer des dienenden Waldes bei seiner Bewirtschaftung die Betriebsart geändert hat, ohne vorher die Forstpolizeibehörde zum Zwecke des in Art. 26 FG. vorgeschriebenen Verfahrens in Kenntnis gesetzt zu haben (OLGM. 7. 11. 1882, S. Bd. 2 S. 203).

Zur Anwendung des Art. 43 Abs. II und 88 ist es nicht notwendig, daß das Jungholz durch Anbringung äußerer Zeichen als schonungsbedürftig kenntlich gemacht wird; es genügt, daß ein Waldort als Jungholz, Schlagholz oder Holzanflug und darum schonungsbedürftiges Holz erkennbar ist (ObLG. Bd. 8 S. 181).

In schonungsbedürftigen Holzbeständen darf die Weide entgegen der Vorschrift des Art. 43 Abs. II nur dann ausgeübt werden, wenn vermöge eines bereits z. Zt. des Inkrafttretens des Forstgesetzes bestehenden besonderen Rechtsverhältnisses oder einer damals gültigen Ordnung auf Grund des Art. 44 Abs. II FG. eine dahin gehende Berechtigung vorliegt (OLGM. 11. 4. 1885, S. Bd. 3 S. 357).

Abs. III:

5. Fehmelbetrieb: Fehmelbetrieb (= Plänterwirtschaft) wird diejenige Art der Waldnutzung genannt, bei der die nach Alter und Größe, Bedarf und Beschaffenheit zur Fällung geeigneten Bäume, wo sie sich finden, unter dem übrigen Holze herausgenommen werden im Gegensatze zu der regelmäßigen, auf einen bestimmten Waldteil beschränkten, diesen mehr oder weniger vollständig entblößenden Schlagführung.

Abs. II setzt einen schlagweisen Betrieb voraus (Begr. 1846); beim Fehmel(Plänter-)betrieb ist dagegen Holz jeden Alters auf der ganzen Fläche zerstreut oder vermischt vorhanden; hier gibt es keine eigentlichen Schläge; die Weide wird ohne Ausscheidung einer Schonungsfläche geübt; hier müssen die Forstpolizeibehörden zum Schutze des Waldes unter Berücksichtigung der örtlichen Verhältnisse die höchste Zahl des zulässigen Weideviehes bestimmen (Begr.). Die Forstpolizeibehörde ist auch ohne Antrag kraft Gesetzes verpflichtet, von Amts wegen die Höchstzahl zu bestimmen; die Festsetzung gilt gegenüber dem Waldbesitzer wie gegenüber den Weideberechtigten; sie ist verschieden von der Ermäßigung der Forstrechte nach Art. 25 und der Fixierung nach Art. 27. Der Bestand der Weideberechtigung wird durch die Festsetzung nicht berührt. Die Zahl muß unter Berücksichtigung der örtlichen Verhältnisse des Waldes und der in ihm vorhandenen Weide angemessen sein (Begr. 1846). Zuständig zur Festsetzung ist die Forstpolizeibehörde (Art. 109) nach dem Gutachten des Forstamts (Art. 114). Gegen den Festsetzungsbeschluß der Forstpolizeibehörde steht den Beteiligten innerhalb 14 Tagen die Berufung zur Forstpolizeistelle zu, die endgültig entscheidet (Art. 109, 112). Das Verfahren ist das reine Verwaltungsverfahren; der Verwaltungsrechtsweg ist in keinem Falle eröffnet.

---

weideberechtigten bei der Ausübung ihrer Berechtigungen beachtet werden (Art. 23 Abs. I); wenn sich im Hinblick auf Art. 43 und 44 Streitigkeiten über die Art und Weise der Ausübung der Berechtigungen ergeben, so ist hierüber gemäß Art. 23 Abs. II zu entscheiden (vgl. Abg. 1896 StenB. Bd. 8 S. 381).

Abs. IV:

6. Nachtweide:

a) Wald- und Alpenweide; Verhältnis zum Polizeistrafgesetzbuch: Art. 117 Abs. I PStGB. verbietet die Viehweide zur Nachtzeit bei Strafe allgemein; Abs. II und III lassen bestimmte Ausnahmen zu. Es ist die Frage aufgetaucht, ob die Strafdrohungen des Forstgesetzes bezüglich der Nachtweide in Waldungen (Art. 77 Abs. II, Art. 89 Abs. I Ziff. 2) durch Art. 117 Abs. I PStGB. ersetzt worden sind und ob auch Art. 117 Abs. II und III PStGB. auf die Waldweide anwendbar sind. Die InnME. vom 7. 3. und 12. 11. 1877 Nr. 14872 und 7455 nehmen dies an, da in Art. 117 die Alpenweide ausdrücklich erwähnt sei und bei den Verhandlungen über den Entwurf des PStGB. v. J. 1861, das den nunmehrigen Art. 117 fast wörtlich gleichlautend enthalten habe (Art. 223), im Gesetzgebungsausschuß (Abg. 1859/61 Beil. Bd. 3 S. 193) auch von der Waldweide gesprochen worden sei.

Dieser Anschauung dürfte jedoch nicht zu folgen sein. Das Gesetz selbst (Art. 117 PStGB.) erwähnt die Waldweide und die Bestimmungen des Forstgesetzes hierüber nicht; es könnten daher die Bestimmungen des Forstgesetzes nur mittelbar durch das Polizeistrafgesetzbuch als das später erlassene Gesetz außer Wirksamkeit gesetzt worden sein; dies ist aber nicht anzunehmen, da es sich bei den Bestimmungen des Forstgesetzes über die Waldweide um ein Sondergesetz handelt, das nach anerkannten Grundsätzen durch die spätere allgemeine Regelung der Weide nicht von selbst außer Kraft gesetzt wird (lex posterior generalis non derogat legi priori speciali). Sachlich ist übrigens (vgl. auch die Erklärung des Regierungsvertreters Abg. 1859/61 Beil. Bd. 3 S. 192), die Grundbestimmung des Art. 117 PStGB., das Verbot der Nachtweide, noch erheblich älter als das Forstgesetz; die Nachtweide war allgemein schon untersagt durch die kurbayerische VO. vom 3. 6. 1762; das Verbot wurde bestätigt in den Mandaten vom 7. 7. 1790 und 16. 3. 1793. Die kurze Bemerkung eines Abgeordneten im Gesetzgebungsausschuß über die Waldweide läßt ersehen, daß ihm das nach dem Forstgesetz bereits bestehende Verbot der nächtlichen Waldweide unbekannt war; wenn ihm aber die einschlägige Bestimmung des Forstgesetzes, die anscheinend im Augenblick auch den anwesenden Regierungsvertretern entging, gar nicht bekannt war, darf aus seinen Worten unmöglich gefolgert werden, daß sie durch Art. 117 PStGB. ersetzt werden sollte. Sonst finden sich im Gesetz und in den Gesetzgebungsverhandlungen keinerlei Anhaltspunkte, daß die einschlägigen Bestimmungen des Forstgesetzes beseitigt werden sollten. Im Gegenteil, aus Art. 230: „Die Bestrafung der Übertretung forstpolizeilicher Bestimmungen richtet sich nach den hierüber bestehenden besonderen Gesetzen" ergibt sich unzweifelhaft, daß das Polizeistrafgesetzbuch 1861 am Forstgesetz nichts ändern wollte; es hielt dessen Bestimmungen vielmehr ausdrücklich aufrecht; nach der Begr. (Abg. 1859/60 Beil. Bd. 2 S. 116) bezweckt Art. 223 des alten PStGB. denn auch nur die Verhütung von Feld- und Flur- (nicht von Forst-)freveln. Dies gilt auch von dem Verhältnis des Forstgesetzes zum heutigen Polizeistrafgesetzbuch, da Art. 223 des PStGB. 1861 als Art. 117 fast wörtlich in das geltende PStGB. übernommen wurde (vgl. Abg. 1871/72 GA. Bd. 1 S. 26). Art. 230 wurde in das neue Polizeistrafgesetzbuch nur deshalb nicht übernommen, weil man es für zweckmäßiger hielt, ihn in das gleichzeitig beratene bayer. EGStGB. aufzunehmen; dort wurde bestimmt, daß das Forstgesetz im vollen Umfang weitergelte, soweit es nicht das EG.-StGB. abändere (Abg. 1871/72 GA. Bd. 1 S. 22, 25, 29 f.).

Daran kann nichts ändern, daß die Alpenweide in Art. 223 des alten und in Art. 117 Abs. II des neuen Polizeistrafgesetzbuches erwähnt und vom Verbot der Nachtweide ausgenommen ist. Die Ausnahme für die Alpenweide wurde deshalb in das Polizeistrafgesetzbuch aufgenommen, weil Art. 117 (223) im wesentlichen der preußischen Feldpolizeiordnung vom 1. 10. 1847 nachgebildet wurde, man dabei aber glaubte, für die Alpenweide eine Ausnahme von den Bestimmungen vorsehen zu müssen (Regierungserklärung Abg. 1859/61 Beil. Bd. 3 S. 192 f.); nötig wäre dies nicht gewesen; denn bei richtiger Auslegung des Art. 117 (223) hätte sich das Verbot der Nachtweide auf die Alpenweide auch ohne ausdrückliche Bestimmung nicht bezogen, da ohne ausdrückliche Erwähnung Art. 117 (223) auf die im Forstgesetz geregelte Alpenweide gar nicht anwendbar gewesen wäre (s. oben); dies scheint der Regierung bei der Abfassung des Entwurfes und der Gesetzesberatung entgangen zu sein. Durch die Aufnahme der Ausnahme in das Polizeistrafgesetzbuch ist klargestellt, daß für die Alpenweide das allgemeine Nachtweideverbot des Art. 117 Abs. I Ziff. 1 PStGB. nicht gilt; im übrigen beantwortet sich bei der Alpenweide die Frage, ob im einzelnen Fall Nachtweide zulässig ist oder nicht, gemäß Art. 44 Abs. I FG. nach den jeweils bestehenden Rechtsverhältnissen und Alpenordnungen, die auch gegenüber Art. 117 (223) PStGB. ausdrücklich aufrechterhalten sind (s. oben); diese Ordnungen werden die Nachtweide übrigens wohl stets zulassen.

Als **Ergebnis** ist hienach festzustellen, daß sich die Zulässigkeit der nächtlichen Wald- und Alpenweide praktisch ausschließlich nach dem Forstgesetz beurteilt.

b) Nachtweide außerhalb des Waldes: Nach Art. 117 PStGB. ist die Nachtweide auf nichtbewaldeten Grundstücken grundsätzlich verboten; die Regierung, K. d. J., kann u. U. Ausnahmen zulassen und damit Vorschriften zum Schutze gegen Mißbrauch und Beschädigungen verbinden; sie kann z. B. den Weideberechtigten auferlegen, im Weidegebiet liegende Schonungen u. ä. mit einem Zaun zu umgeben (ME. vom 7. 3. 1877 Nr. 14872; s. z. B. die OberpolV. der Regg. von Obb. vom 14. 9. 1875, KrABl. S. 1383). Die Ausnahme des Art. 117 Abs. II PStGB. (Zulässigkeit der Nachtweide auf nichtbewaldeten Grundstücken, wenn diese von allen Seiten so umschlossen sind, daß das Austreten des Viehes verhindert wird) ist nicht gegeben, wenn zwar das ganze Grundstück außen umzäunt ist, sich jedoch innerhalb des Grundstücks eine nicht umzäunte Schonung nach Art. 43 Abs. II befindet (JnnME. vom 12. 11. 1877 Nr. 7455).

c) Begriff Nachtweide: s. Anm. zu Art. 59 Ziff. 1.

d) Strafbestimmungen: Art. 77 Abs. II für den Waldbesitzer, Art. 89 Abs. I Ziff. 2 für Weideberechtigte, Art. 88 mit 59 Ziff. 1 für Unbefugte.

7. Weitere Beschränkungen der Waldweide: Die Waldweide ist weiter verboten an Sonn- und Festtagen zur Zeit des vormittägigen Pfarrgottesdienstes; durch ortspolizeiliche Vorschrift können die geschlossenen Stunden näher bezeichnet werden. Ausnahmen können durch ortspolizeiliche Vorschrift zugelassen werden, wo eine abweichende Übung besteht. Das Verbot gilt nicht für die Alpenweide (§§ 6—8 VO. vom 21. 5. 1897, GVBl. S. 197, mit anschl. VollzBek.). In der Jahreszeit sind bezüglich der Wald- und Alpenweide keine Beschränkungen aufgestellt; auch sind keine Tierarten von der Waldweide ausgeschlossen; vgl. die Abstufungen beim unberechtigten oder ordnungswidrigen Weiden Art. 88, 89. Die Art. 115, 118 und 119 PStGB. sind auf die Waldweide nicht anwendbar, da das Forstgesetz hierüber besondere Bestimmungen enthält. Art. 93 Ziff. 5 FG. schreibt die Herdenbildung vor, wo diese möglich ist.

8. Vollzugsanweisungen: In der ME. vom 22. 4. 1910 (MABl. S. 326, Weber Bd. 38 S. 320) werden die Regierungen, K. d. J., und die Bezirksverwaltungsbehörden beauftragt, auf die Beachtung der Art. 43, 44 und 88 hinzuwirken und auch im Sinne einer sachgemäßen Waldwirtschaft aufzuklären.

9. Strafvorschriften: Für den Waldbesitzer Art. 77 Abs. II; für weideberechtigte Dritte Art. 88 Abs. III—V, 89; für Unbefugte Art. 88, 59 Ziff. 1 (vgl. Anm. 6d).

Alpenweide u. Waldweide mit besonderen Weideordnungen; Rodung in den Alpen.

Artikel 44.[1] (44/44).

I Die Alpenweide[2] richtet sich nach den bestehenden Rechtsverhältnissen und Alpenordnungen.[3]

II[4] Gleiches gilt hinsichtlich der Weide in jenen Waldungen, wo derartige Rechtsverhältnisse und Ordnungen bestehen.

III[5] Hinsichtlich der Erweiterung von Alpen-Aengern und Lichtungen kommen die Bestimmungen der Art. 34 bis 36 zur Anwendung.

Allg. VollzV. 1879.

§ 15.

(Art. 44.) Die für Alpenweide bestehenden besonderen Bestimmungen und Alpenordnungen, ebenso die Weideordnungen für Waldungen, in welchen ähnliche Rechtsverhältnisse über Weidenschaft, wie in den Alpen, hergebracht sind, sollen von den k. Forstämtern sorgfältig gesammelt und wegen forstpolizeilicher Überwachung das Nötige angeordnet werden.

1. Geltungsbereich: Art. 44 regelt die Alpenweide (Abs. I), die Rodung in den Alpen zur Gewinnung von Weidegründen (Abs. III) sowie die Waldweide in Waldungen mit eigenen Weideordnungen (Abs. II). S. auch vor Art. 43. Wenn bei dinglichen Alpenweideberechtigungen auf Grund Art. 44 Streitigkeiten über die Art und Weise der Ausübung der Berechtigung entstehen, S. 232 Fußn. 1.

Abs. I:

2. Begriff der Alpenweide: Alpenweide im Sinne des Forstgesetzes ist die Weide in dem im Süden Bayerns gelegenen, mit dem Namen Alpen bezeichneten Gebirge, aber nur die Weide auf den sog. Almen (Alpen). Unter Art. 44 Abs. I fällt die gesamte Weide auf den Almen, nicht bloß die Weide in den Waldungen des Hochgebirges; auch die Weide auf den unbewaldeten Almböden gehört hieher. Der Begriff Alpenweide ist rein örtlich auszulegen; es ist nicht etwa eine bestimmte Wirtschaftsweise gemeint. Die Weide im Flachland oder in den bayerischen Mittelgebirgen ist nicht Alpenweide im Sinne des Art. 44, selbst wenn sie nach Art der Alpenweide betrieben wird; soweit die Weide in diesen Gegenden in Wäldern ausgeübt wird, kann sie unter Art. 44 Abs. II fallen (vgl. ObLGSt. Bd. 3 S. 157), im übrigen ist es gewöhnliche Waldweide nach Art. 43 FG. oder Weide auf unbewaldeten Grundstücken, die im Polizeistrafgesetzbuch (Art. 115ff.) geregelt ist. Nach OLGM. 11. 4. 1885 (S. Bd. 3 S. 357) soll eine Weide, die von jeher unter der Aufsicht eines Hirten ausgeübt wurde, auch in den Alpen nicht als Alpenweide zu betrachten sein; dem ist nicht beizutreten; auf die Beaufsichtigung kommt es nicht an.

3. Nach den bestehenden Rechtsverhältnissen und Alpenordnungen:

a) Ursache für eine Sonderregelung: Für die Alpenweide gelten andere polizeiliche Vorschriften als für die gewöhnliche Weide und die Waldweide. Die Begr. führt hiefür an:

„Die Almen liegen meist sehr hoch, in Regionen, wo die Holzerzeugung abnimmt und das eigentliche Gebiet der Alpen beginnt, vor dem sich die Weidebezirksgrenzen zwar in die Waldungen herabziehen, woselbst aber die Verhältnisse doch so verschieden von der Waldweide des ebenen oder Hügellandes sind, daß die über die letzteren gegebenen Vorschriften in den Alpen nicht angewendet werden können. Daher haben besondere Ordnungen (zum Entwurf 1846 hieß es weiter „und das Herkommen") bezüglich der Alpenweide je nach der verschiedenen Lage des Gebirges einen der eigentümlichen Beschaffenheit des Landes und der Lebensweise seiner Bewohner ganz angemessenen Zustand gegründet, der mit forstpolizeilicher Überwachung erhalten werden soll." Als Beispiele waren zum Entwurf 1846 angeführt: die Forstordnungen von Berchtesgaden v. J. 1795, Kloster Tegernsee v. J. 1711, Reichsgrafschaft Königseck-Rothenfels v. J. 1778. Nach Abg. 1851/52 Beil. Bd. 3 S. 67, „sind die Rechtsverhältnisse der Alpenweiden (Alpenordnungen) durch Verträge normiert oder sie fußen auf ein rechtmäßiges, wohlbegründetes Herkommen, das an die Stelle der Verträge tritt".

b) Begriff: Unter den Rechtsverhältnissen und Alpenordnungen ist ein und dasselbe zu verstehen, nämlich Regelungen des Weidebetriebs in den Alpen. Die Regelungen können verschiedenen Ursprungs sein; sie können von außen her gegeben sein, z. B. von der staatlichen Obrigkeit (diese Regelungen werden vornehmlich unter den Begriff Alpenordnungen fallen; in der Begr. 1846 hieß es „Verordnungen"); sie können aber auch von den Alpenbesitzern oder den Weideberechtigten selbst oder von ihnen gemeinsam getroffen sein (diese fallen dann wohl unter den Begriff Rechtsverhältnisse); im letzteren Fall kommen im wesentlichen in Frage Verträge und rechtsbegründetes Herkommen (örtliches Gewohnheitsrecht). Die Erfordernisse zur Bildung rechtsbegründeten Herkommens bemessen sich nach den Grundsätzen des örtlich einschlägigen bürgerlichen Rechts. Nach gemeinem Rechte ist eine länger dauernde gleichförmige, auf der Überzeugung ihrer rechtlichen Notwendigkeit (opinio necessitatis) beruhenden Übung erforderlich. Eine Übung, die den Grundsätzen der staatlichen und sittlichen Ordnung widerstreitet, kann kein Gewohnheitsrecht begründen. Vgl. Kahr, GemO. Bd. I S. 226ff.

Die Regelung braucht nicht beurkundet zu sein; sie muß auch nicht behördlich bekannt oder anerkannt gewesen sein. Mißbräuche allerdings können nicht zu Bestandteilen der Rechtsverhältnisse und Alpenordnungen nach Abs. I werden; diese nunmehr gesetzlich anzuerkennen und unter polizeilichen Schutz zu stellen, liegt, wie sich auch aus der oben angeführten Begründung ergibt, nicht im Sinne des Forstgesetzes. Aus der Rechtsprechung:

Durch Art. 44 Abs. I sollte nur geltendes Recht aufrechterhalten werden (OLGMSt. Bd. 2 S. 460); vgl. auch Art. 190. Unter den Rechtsverhältnissen und Alpenordnungen des Abs. I ist nicht die lange Dauer einer tatsächlichen Übung, vielmehr sind die unter öffentlicher Autorität erlassenen Verordnungen oder die öffentlichen Beurkundungen der bestehenden, obrigkeitlich anerkannten und geregelten Gewohnheiten zu verstehen; denn derlei Ordnungen können offenbar nur in solchen Gebräuchen bestehen, die urkundlich festgestellt sind oder sonst rechtlich hergebracht, jedenfalls aber unter obrigkeitlicher Verordnung oder Anerkennung geübt worden sind, wonach die hiedurch begründeten Zustände geeignet erscheinen mit forstpolizeilicher Überwachung erhalten zu bleiben (OAG. 26. 4. 1861, Z. 8 S. 99 und OLGM. 7. 8. 1883, S. Bd. 2 S. 264). Diese Erkenntnisse fordern jedoch zu viel.

Soweit sie es nicht schon früher waren, sind die Ordnungen des Abs. I durch das Forstgesetz in das öffentliche Recht erhoben worden.

c) Kreis: Unter den bestehenden Rechtsverhältnissen und Alpenordnungen sind jene zu verstehen, die zur Zeit der Einführung des Forstgesetzes (1. 1. 1853) bestanden; nach dem Sinne des Gesetzes, das die Ordnungen aus Zweckmäßigkeitsgründen erhalten und schützen will, müssen sich diese, wenn es die Zweckmäßigkeit verlangt, auch weiterbilden können (im Wege der Änderung der Verträge oder des Herkommens); auch diese veränderten Ordnungen fallen unter Abs. I. Wo neue Alpenweiden entstehen, werden nötigenfalls neue Regelungen getroffen werden können; auch diese werden unter Abs. I fallen; vgl. hieher Abg. 1895/96 StenB. Bd. 8 S. 379: „Auch möchte ich (Abg. Frank) noch beifügen, daß es ein sehr verbreiteter Wunsch unter den Gebirgsbewohnern ist, daß die bayerische Regierung sich die Mühe geben sollte, mit den Berechtigten Alpenordnungen aufzustellen, wie sie früher auch bestanden haben, aber teilweise abgekommen sind." Das Gesetz geht davon aus, daß für jede Alpenweide Regelungen nach Abs. I bestehen; sollte irgendwo eine solche Regelung fehlen, so wird sie nachträglich getroffen werden können.

d) Verhältnis zur allgemeinen Forstpolizei: Die Rechtsverhältnisse und Ordnungen des Abs. I sind ihrer Rechtsnatur nach selbst (öffentlichrechtliche) forstpolizeiliche Bestimmungen. Art. 43 ist auf die Alpenweide nicht anwendbar, auch nicht hilfsweise; für die Alpenweide gilt also insbesondere das Verbot der Weide in Schonungen (Art. 43 Abs. II) nicht, wenn es nicht in den Alpenordnungen enthalten ist. Wenn nicht die bestehenden Rechtsverhältnisse und Alpenordnungen ein anderes bestimmen, sind im Gebiet der Alpenweide die Weideberechtigten daher auch nicht verpflichtet, zur Schonung der im Weidebezirk gelegenen Jungschläge besondere Schutzvorrichtungen herzustellen (OLGM. 20. 5. 1883, SZ. Bd. 9 S. 610). Soweit die Ordnungen nichts bestimmen, ist der Weidebezirk polizeilich nicht beschränkt; es können jedoch bürgerlichrechtliche Schranken bestehen.

Die Alpenordnungen unterliegen der forstpolizeilichen Überwachung (Begr.), d. h. die Forstpolizeibehörden und ihre Hilfsorgane haben mitzuwirken, daß die Ordnungen eingehalten werden; Übertretungen des Almbesitzers (vgl. zu diesem Begriff Anm. 2 zu Art. 1) sind strafbar nach Art. 77 Abs. II, Übertretungen Weideberechtigter nach Art. 89 Abs. I Ziff. 4. Zulässigkeit der Nachtweide in den Alpen s. Anm. 6a zu Art. 43. § 15 Allg. VollzB. 1879 weist die Forstämter an, die Rechtsverhältnisse und Alpenordnungen aufzuzeichnen und zur forstpolizeilichen Überwachung das Nötige anzuordnen (S. 235).

Das Weidegesetz vom 28. 5. 1852 (GBl. 1851/52 S. 601) ist wie auf die Waldweide auch auf die Alpenweide nicht anwendbar.

4. Abs. II: Abs. II nimmt von der allgemeinen Regelung der Waldweide (Art. 43) die Weide in jenen Waldungen aus, für die am 1. 1. 1853 auf Grund obrigkeitlicher Verordnung, vertraglicher Regelung oder Herkommens (s. Anm. 3b) besondere Weideordnungen bestanden; für diese Waldweide gelten die besonderen Weideordnungen. Daß die Weide nach Art der Alpenweide betrieben wird, ist nicht Voraussetzung. Solche Weideordnungen außerhalb der Alpen kommen vor in den übrigen bayerischen Gebirgen, vornehmlich im Bayerischen Wald, aber auch im Flachland, an den Niederungen der Flüsse und in den sog. Auen (Abg. 1851/52 BeilBd. 3 S. 67); stets aber muß es sich um Waldweide handeln. Abs. II war im Regierungsentwurf nicht enthalten; er wurde vom Landtag eingefügt mit der Begründung, daß wegen der Ähnlichkeit der Verhältnisse mit jenen der Alpenweide auch diese Ordnungen geschützt werden müßten.

Von den Ordnungen nach Abs. II gilt im übrigen das gleiche wie von den Ordnungen nach Abs. I (s. Anm. 3; vgl. OLGMSt. Bd. 2 S. 460). Strafbestimmungen bei Zuwiderhandlungen gegen die Ordnungen für den Waldbesitzer Art. 77 Abs. II, für weideberechtigte Dritte Art. 89 Abs. I Ziff. 4. Auch die Ordnungen nach Abs. II stehen unter forstpolizeilicher Aufsicht; sie sind von den Forstämtern aufzuzeichnen (Allg. VollzB. 1879 § 15 S. 235). Seit dem 1. 1. 1853 können Ordnungen und Rechtsverhältnisse nach Abs. II mit der sich daraus ergebenden Rechtsfolge nicht mehr entstehen; die damals vorhandenen gültigen Ordnungen und Rechtsverhältnisse werden sich aber wie die Alpenordnungen (Anm. 3c) weiterbilden können, ohne des Schutzes nach Abs. II verlustig zu gehen.

5. Abs. III: In Abs. III ist nur die Erweiterung durch Rodung der angrenzenden Waldbestände gemeint, nicht etwa die Erweiterung z. B. durch Urbarmachung eines bisher kahlen Felsgrundes. Es handelt sich also um eine gewöhnliche Rodung, für die forstpolizeiliche Genehmigung notwendig ist (Art. 36). Die Genehmigung kann nicht erteilt werden, wenn es sich, was regelmäßig der Fall sein wird, um Schutzwaldungen handelt (Art. 34 Ziff. 2; 35). Abs. III gilt nur für die Almböden der Alpenweiden (s. Abs. I); es ist zu lesen Alpenänger und Alpenlichtungen (s. Art. 75). Alpenlichtungen sind die offenen, von Holzwuchs freien Weideflächen eines Almbezirkes; Alpänger sind Teile dieser Alpenlichtungen, die vornehmlich zur Gewinnung von Heu dienen. Die Bedeutung des Abs. III ist gering, da er nur auf Vorschriften verweist, die ohnehin anzuwenden wären; nach der Begr. sollten Art. 34—39 entsprechende Anwendung finden; richtig sind sie unmittelbar anzuwenden. Der Waldbesitzer, der ohne forstpolizeiliche Genehmigung durch Rodung seines Waldes einen Alpenanger oder eine Alpenlichtung erweitert, begeht eine Forstpolizeiübertretung nach Art. 75 Abs. I; rodet ein Dritter, z. B. ein Weideberechtigter, so begeht er einen Forstfrevel durch Beschädigung oder, wenn er sich das Holz aneignet, durch Entwendung (Art. 95, 79).

6. Staatliche Waldungen und Almen: Art. 44 gilt auch für die Weide der Weideberechtigten auf den Almen und in den Wäldern des Staates und der von Staatsbehörden verwalteten Stiftungen (vgl. S. 191 Ziff. 5).

7. Almschutz: In letzter Zeit geht das Bestreben dahin, die Almen und den Almbetrieb unter besonderen gesetzlichen Schutz zu stellen. Bereits in der Landtagstagung 1907/08 wurde auf einen Antrag aus der Mitte in einem Gesamtbeschluß die Staatsregierung ersucht, in tunlichster Bälde zur Erhaltung der Alpenweiden und zu deren Schutz an die Schaffung eines bayerischen Almschutzgesetzes heranzutreten. In der öffentlichen Sitzung des Landtages vom 14. 3. 1914 kam der Wunsch nach baldiger Fertigstellung eines Almschutzgesetzes erneut zum Ausdruck.

Mit Bek. der Staatsministerien der Finanzen und für Landwirtschaft vom 28. 7. 1919 (StAnz. Nr. 186) wurde eine Alm- und Weidewirtschaftsstelle mit dem Sitze in München errichtet, als deren Aufgabe u. a. die Mitwirkung bei Ausarbeitung des Entwurfes zu einem Alm- und Weideschutzgesetz bezeichnet ist. Zur Förderung der Alm- und Weidewirtschaft wurden mit E. der StMin. der Fin. und für Landwirtschaft vom 13. 9. 1919 (StAnz. Nr. 226) für jeden Forstamtsbezirk Alm- und Weideausschüsse als Sonderausschüsse im Sinne des Art. 20 des inzwischen aufgehobenen Selbstverwaltungsgesetzes vom 22. 5. 1919 (GVBl. S. 239) gebildet und der Alm- und Weidewirtschaftsstelle unterstellt; die Mitglieder dieser Sonderausschüsse brauchten dem Bezirkstag nicht anzugehören. In der neuen Bezirksordnung vom 17. 10. 1927 (GVBl. S. 325) sind die Alm- und Weideausschüsse als allgemein bestehende Einrichtung nicht mehr verankert (s. Art. 24). Nach dem Staatshaushaltplan 1930 soll im Zuge der Staatsdienstvereinfachung die Alm- und Weidewirtschaftsstelle wieder aufgehoben werden.

Feuerpolizeiliche Vorschriften.

Artikel 45.[1] ($^{45}/_{45}$).

I[2] Das Feuermachen in den Waldungen oder in einer Nähe derselben von 300 bayerischen Schuhen (87,6 m) darf nur unter Beobachtung der zur Verhütung von Waldbränden nötigen Vorsichtsmaßregeln geschehen.

II[3] Bei besonders trockener Witterung kann das Feuermachen von der Forstpolizeibehörde gänzlich verboten werden.

III[4] Wer Feuer anzündet, ist verbunden, dasselbe, ehe er sich entfernt, vollständig auszulöschen.

IV[5] Die Vorschrift des Abs. 1 findet auch auf das Verkohlen von Holz Anwendung.

1. Geltungsbereich: Art. 45 enthält Vorschriften zum Schutze des Waldes gegen Feuersgefahr. Abs. I und IV schärfen Vorsicht beim Feuermachen und Holzverkohlen ein; Abs. III verpflichtet zum Auslöschen des Feuers beim Aufbruch; Abs. II ermächtigt die Forstpolizeibehörde, bei sehr trockener Witterung das Feuermachen ganz zu verbieten. Die Gebote des Art. 45 werden ergänzt durch die Strafdrohungen in Art. 77 Abs. II und 96. Art. 45 gilt für den Waldbesitzer wie für Dritte. Art. 45 nebst der dazugehörigen Strafbestimmung gilt Dritten gegenüber auch, wenn es sich um Waldungen des Staates oder der staatlich verwalteten Stiftungen handelt, nicht aber gegenüber den Staatsforstbehörden und den staatlichen Stiftungsbehörden; es wird jedoch vorausgesetzt, daß sich auch diese an die Gebote halten (vgl. Anm. 5 vor Art. 34).

2. Abs. I: Abs. I schreibt Vorsichtsmaßregeln vor, deren bloße Nichtbeachtung strafbar ist, auch wenn kein schädlicher Erfolg eintritt; strafbar ist im Falle des Abs. I ein bloßes fahrlässiges Handeln. Unter Feuermachen ist nicht bloß das Anzünden, sondern auch die Weiterbehandlung eines entzündeten Feuers zu verstehen (ObLGSt. 9. 12. 1913; vgl. RG. G. Bd. 46 S. 117). **Rauchen** fällt nicht unter Art. 45; auch nicht das Entzünden eines Streichholzes oder Feuerzeuges zu bloßen Rauchzwecken (Frank zu § 368 Ziff. 6 StGB.; vgl. unten Anm. 3); aber auch hiebei darf nicht fahrlässig vorgegangen werden; nur ist hier die bloße Fahrlässigkeit, wenn nicht eine polizeiliche auf Grund des § 368 Ziff. 8 StGB. erlassene Vorschrift (s. Anm. 3) etwas anderes bestimmt, kein selbständiger strafbarer Tatbestand; Strafbarkeit tritt vielmehr unter der angegebenen Voraussetzung nach den allgemeinen Strafvorschriften nur ein, wenn die Fahrlässigkeit einen schädlichen Erfolg verursacht, wenn z. B. ein Waldbrand entsteht. Unter den **Vorsichtsmaßregeln** sind die nach dem Urteil eines vernünftigen Menschen mit Rücksicht auf die allgemeinen und besonderen Verhältnisse gebotenen Maßnahmen zur Verhütung eines Schadens zu verstehen; maßgebend ist ein objektiver Maßstab, nicht die subjektive Urteilskraft des Täters. Waldbegriff s. Anm. 7 zu Art. 1. An feuergefährlichen Stellen in Wäldern und in gefährlicher Nähe von Gebäuden oder feuerfangenden Sachen darf überhaupt kein Feuer angezündet werden (§ 368 Ziff. 6 StGB.).

3. Abs. II: Abs. II ermächtigt die Forstpolizeibehörde (Art. 109), bei besonders trockener Witterung das Feuermachen in Wäldern oder ihrer nächsten Umgebung (bis zu 87,60 m Entfernung) ganz zu verbieten; Zuwiderhandlungen gegen ein solches Verbot sind in gleicher Weise strafbar wie Verstöße gegen Abs. I und III. Es können Einzelverbote (an einzelne Personen oder in bestimmten Fällen, Art. 1 Abs. III PStGB.) oder allgemeine Verbote erlassen werden. Für die Einzelverbote ist eine bestimmte Form nicht vorgeschrieben, sie müssen aber entsprechend bekanntgegeben werden; fahrlässige Unkenntnis genügt zur Bestrafung; die Einzelverbote ergehen im reinen Verwaltungsverfahren; der Verwaltungsrechtsweg ist nicht eröffnet. Allgemein verbindliche Vorschriften sind als bezirkspolizeiliche (bei unmittelbaren Städten: ortspolizeiliche) Vorschriften zu erlassen (Art. 1 Abs. I, Art. 4 PStGB.); wenn sie fortlaufend gelten sollen, ist Vollziehbarkeitserklärung durch die Kreisregierung, K. d. J., notwendig (Art. 6 PStGB.); jede bezirkspolizeiliche Vorschrift ist in dem Bezirk, in dem sie angewendet werden soll, gehörig bekanntzumachen und den zuständigen Gerichten des ersten und zweiten Rechtszugs mitzuteilen (Art. 11 PStGB.). Die Beschwerde gegen Einzelverbote und bezirkspolizeiliche Vorschriften richtet sich nach Art. 109, 112 Abs. II FG., gegen die letzteren in Verbindung mit Art. 14 PStGB. Die vierzehntägige Beschwerdefrist der Sondervorschrift des Art. 112 Abs. II FG. gilt auch hier (vgl. Ziff. 3 vor Art. 34); ist die Beschwerdefrist versäumt, so kann immer noch die vorgesetzte Behörde angerufen werden, von Amts wegen einzuschreiten. Die Forstpolizeibehörde kann statt des gänzlichen Verbots auch ein beschränktes erlassen und Ausnahmen zulassen. Anordnungen des Waldbesitzers fallen nicht unter Abs. II. Die Forstpolizeibehörde hat das Gutachten des Forstamts einzuholen (Art. 114). Die Ortspolizeibehörde kann nach Abs. II keine Vorschriften erlassen.

Ein gleiches, weitergehendes oder beschränkteres Verbot wie nach Abs. II kann auf Grund § 368 Ziff. 8 StGB. erlassen werden von den Ortspolizeibehörden für den Gemeindebezirk, von den Bezirksämtern für die ausmärkischen Bezirke des Bezirksamtssprengels oder durch Verordnung (Art. 2 Ziff. 14 PStGB.). In diesen Vorschriften können auch andere Anordnungen getroffen, z. B. ein Rauchverbot erlassen werden. Zulässig ist auch der Vorbehalt in der ortspolizeilichen Vorschrift oder Verordnung, noch besondere Anordnungen an einzelne Personen oder für bestimmte Fälle zu erlassen. Die Nichtbeachtung dieser besonderen Anordnungen ist dann auch nach der Vorschrift strafbar (ObLGSt. Bd. 8 S. 285; 5 S. 202 und 397; 3 S. 347). Ist die Vorschrift nur auf Zeit, z. B. einen Sommer, erlassen, bedarf sie der sonst nötigen Vollziehbarkeitserklärung der Regierung nicht. Nach der ME. vom 14. 5. 1930 Nr. 3757 b 4 sollen die Forstpolizeibehörden im Falle des Bedürfnisses die Gemeinden anhalten, etwa folgende ortspolizeiliche Vorschrift zu erlassen: „In den Waldungen und in deren Nähe bis zu 10 m vom Waldrand ist das Rauchen von Zigarren, Zigaretten oder offenen Pfeifen in der Zeit vom . . . . bis . . . . verboten."

Vgl. hieher die auf Grund des § 368 Ziff. 8 StGB. und Art. 2 Ziff. 14 PStGB. erlassene bayerische VO. zur Verhütung von Waldbränden vom 13. 2. 1914 (GVBl. S. 65), die lautet: „In den Waldungen und in deren Nähe bis zu 100 m vom Waldrand ist beim Rauchen und bei sonstigem Gebrauche brennender oder glimmender Gegenstände die zur Verhütung von Waldbränden erforderliche Sorgfalt anzuwenden." Dazu die VollzBek. vom 28. 2. 1914 (MABl. S. 106), die ausführt, daß eine Außerachtlassung der erforderlichen Sorgfalt in der Regel nur bei trockener Witterung in Frage kommt. Die Bevölkerung sei auf die Gefahren des Gebrauchs brennender und glimmender Gegenstände bei trockener Witterung hinzuweisen.

In der ME. vom 27. 3. 1903 (MABl. S. 406, Weber Bd. 32 S. 406) werden die Bezirks- und Ortspolizeibehörden beauftragt, zur Verhütung von Waldbränden auf die einschlägigen Strafbestimmungen aufmerksam zu machen und belehrend insbesondere auf die Jugend einzuwirken. In geeigneten Fällen sollen die Forstpolizeibehörden von dem Verbot des Art. 45 Abs. II Gebrauch machen. Die KME. vom 11. 3. 1930 Nr. IV 8206 (StAnz. Nr. 60) weist darauf hin, daß erfahrungsgemäß die meisten Waldbrände im Frühjahr entstehen, solange noch kein frisches Gras den Boden bedeckt; „durch grobe Fahrlässigkeit wie Abkochen an feuergefährlichen Stellen in Wald oder Heide, Wegwerfen glimmender Zigarrenstummel, entstehen nicht selten Waldbrände, die großen Schaden verursachen können. Es wird darauf vertraut, daß die Leiter der Jugendvereine und die Lehrer der Schulen die Jugend bei gegebenem Anlasse nachdrücklich zur Vorsicht mahnen und auf die straf- und zivilrechtlichen Folgen solcher Fahrlässigkeiten aufmerksam machen." Ähnlich die InnME. vom 14. 5. 1930 Nr. 3757 b 4.

4. Abs. III: Die Vorschrift des Abs. III gilt nur für den örtlichen Bereich des Abs. I. Wer sich nach Abs. II und nach Abs. III verfehlt, macht sich zweier Forstpolizeiübertretungen oder Forstfrevel nach Art. 77 Abs. II oder 96 in Realkonkurrenz schuldig.

5. Abs. IV: Auf das Holzverkohlen, bei dem besondere Vorsicht am Platze ist, finden Abs. II und III keine Anwendung; das Holzverkohlen kann aber u. U. auf Grund § 368 Ziff. 8 StGB. untersagt oder beschränkt werden; s. auch Art. 93 Ziff. 4.

6. Strafbestimmungen: Zuwiderhandlungen gegen Abs. I—IV sind strafbar für den Waldbesitzer, der sie im eigenen Wald begeht, nach Art. 77 Abs. II, für Dritte nach Art. 96; Näheres dort.

7. Feuerschutz an Eisenbahnlinien: Durch Erlaß der Generaldirektion der Bayerischen Staatseisenbahnen vom 21. Juni 1905 (Amtsblatt der Bayer. Staatseisenbahnverwaltung Nr. 52) wurden die Eisenbahnbetriebsdirektionen beauftragt, dahin zu wirken, daß die staatlichen Forstämter, die Gemeinden, Gutsherrschaften und sonstigen Privaten in den an die Bahn grenzenden Waldungen einen 20—30 m breiten Streifen anschließend an die Bahngrenze und an die längs dieser gezogenen Feuergräben ebenfalls von Streu, Heide, Moospolster usw. freihalten und über die Feuergräben übergreifende trockene Äste bis auf 1,50 m Höhe vom Boden sowie über die Feuergräben tief herabhängende grüne Äste, diese jedoch nur, soweit sie weniger als 0,60 m über dem Boden bleiben, beseitigen oder ihr Einverständnis zu deren Beseitigung durch Bahnarbeiter erteilen. Im Anschluß an diesen Erlaß hat die Ministerialforstabteilung die unterstellten Behörden angewiesen, in den Staatswaldungen auf besonders gefährdeten Strecken dem Ersuchen der Eisenbahn in bestimmten, näher bezeichneten Grenzen entgegenzukommen (FMB. vom 7. 2. 1906, FMBl. S. 42).

8. Waldbrandversicherung: Gegen Waldbrand kann bei privaten Gesellschaften und seit 1926 bei der Bayer. Versicherungskammer, Abteilung für Brandversicherung, in München, von allen Waldbesitzern eine Versicherung eingegangen werden; vgl. FME. vom 15. 4. 1926 Nr. 18877 (FMBl. S. 33). Die Beiträge für eine Brandversicherung von Pfründestiftungswaldungen dürfen nicht als abzugsfähige Last in die Pfründeabrechnung eingestellt werden (KME. vom 14. 6. 1927 Nr. II 25394).

9. Waldbrandbekämpfung: Nach den wohl überall gleichmäßig bestehenden, auf Grund § 368 Ziff. 8 StGB. als bezirkspolizeiliche Vorschriften erlassenen Bezirksfeuerlöschordnungen ist jedermann verpflichtet, Waldbrände sofort bei der nächsten Ortspolizeibehörde anzuzeigen; diese hat ungesäumt durch besondere Boten die Waldbesitzer, die zuständige Forstbehörde, bei größeren Bränden auch das Bezirksamt und die Nachbargemeinden zu verständigen. Die Ortspolizeibehörden der benachrichtigten umliegenden Gemeinden haben eine entsprechende Anzahl arbeitstüchtiger Personen abzuordnen, die sich sofort mit Hacken, Hauen, Beilen, Rechen und Schaufeln auf die Brandstätte zu begeben und nach Anleitung des Forstpersonals durch Ausschlagen, Ausstechen des Waldbodens, Gräbenziehen und in anderer geeigneter Weise das Feuer zu bekämpfen haben. Auf Aufforderung der Polizeiorgane ist grundsätzlich jedermann (auch z. B. Spaziergänger) bei Strafe verpflichtet, bei der Bekämpfung eines Waldbrandes mitzuhelfen (§ 360 Ziff. 10 StGB.).

Stets ist zweckmäßig sofort auch die Feuerwehr aufzurufen. Die Feuerwehrmannschaft steht bei Waldbränden unter dem Befehle ihres Kommandanten oder seines Stellvertreters; dieser hat sich, um ein ersprießliches Zusammenwirken mit dem Forstpersonal und den etwa anwesenden Waldarbeitern und sonstigen Hilfskräften herzustellen, jeweils mit dem zuständigen Forstbeamten ins Benehmen zu setzen und (gemäß InnME. vom 1. 4. 1929 Nr. 3757b 4, StAnz. Nr. 78) nach seiner Anleitung zu handeln; zu erheblichen Eingriffen in die Waldsubstanz, insbesondere zur Herstellung von Feuergestellen durch streifenweise Entfernung des Holzbestandes, dann zur Führung von Gegenhauen und Gegenfeuern darf der Feuerwehrkommandant nur mit Zustimmung der beteiligten Waldbesitzer oder Forstbeamten schreiten (InnME. vom 27. 6. 1884, abgedruckt im Handbuch d. Bayer. Landesfeuerwehrverbandes).

Insektenbekämpfung. **Artikel 46.**[1] ($^{46}/_{46}$).

I[2] Zeigen sich Spuren schädlicher Insekten, so sind die Vertilgungs- und Sicherheitsmaßregeln, welche die Forstpolizeibehörde auf Antrag des Forstamtes anzuordnen hat, unweigerlich zu befolgen.

II[3] Beschwerden gegen solche Anordnungen bewirken keinen Aufschub.

III[4] Werden dieselben nicht ungesäumt vollzogen, so hat die Forstpolizeibehörde zu verfügen, daß die Ausführung auf Kosten des Säumigen durch das Forstamt bewirkt werde.

1. Geltungsbereich: Art. 46 enthält Vorschriften zum Schutze der Waldungen vor Insektenschäden. Wegen der Verschiedenheit der in Betracht kommenden Fälle verzichtet das Gesetz auf eine Regelung im einzelnen; es überläßt der Forstpolizeibehörde, die nötigen Anordnungen von Fall zu Fall zu treffen. Abs. I enthält die Ermächtigung der Forstpolizeibehörde und das Gebot, deren Anordnungen zu befolgen; Abs. II regelt das Beschwerderecht gegen die Anordnungen; Abs. III sieht Zwangsmaßnahmen vor.

2. Abs. I:

a) Voraussetzungen und Verfahren: Für Schäden durch andere Tiere als Insekten enthält das Forstgesetz keine entsprechende Bestimmung. Der Waldbesitzer ist nicht verpflichtet, das Auftreten schädlicher Insekten anzuzeigen; die Forstämter und ihre Organe haben sich durch eigene Überwachung Kenntnis zu verschaffen. Wird das Auftreten schädlicher Insekten bekannt, so ist die Forstpolizeibehörde verpflichtet, die nötigen Maßnahmen anzuordnen. Die Maßnahmen haben der Vertilgung der vorhandenen Insekten und dem Schutz vor Weiterverbreitung zu dienen. Ehe sich in der Gegend Spuren von Insekten zeigen, sind Anordnungen nicht zulässig. Die Mitwirkung des Forstamts ist auch allgemein in Art. 114 vorgeschrieben; die Befugnis, vorsorgliche Anordnungen selbst zu treffen (wie in Art. 14 Abs. II), ist ihm hier nicht eingeräumt. Forstpolizeibehörde: Art. 109; der Stadrat einer unmittelbaren Stadt ist Forstpolizeibehörde auch bezüglich der stadteigenen Waldungen.

Die Anordnungen können entweder allgemeiner Art sein oder sich auf einzelne Personen oder bestimmte Fälle beschränken; im ersteren Fall sind sie als bezirkspolizeiliche (in unmittelbaren Städten als ortspolizeiliche) Vorschriften zu erlassen (Art. 1 Abs. I, Art. 4 PStGB.); im letzteren Fall bedürfen sie keiner besonderen Form (Art. 1 Abs. III PStGB.); sie müssen aber den Beteiligten zur Kenntnis gebracht werden; zur Bestrafung genügt auch fahrlässige Unkenntnis. Die bezirks(orts-)polizeilichen Vorschriften sind nach Art. 11 bekanntzugeben (ObLGSt. Bd. 1 S. 137); der Vollziehbarkeitserklärung durch die Regierung, K. d. J. (Art. 6 PStGB.), werden sie regelmäßig nicht bedürfen, da sie meist nur vorübergehende Geltung haben werden. Die Anordnungen an einzelne Waldbesitzer und in einzelnen Fällen ergehen im reinen Verwaltungsverfahren; der Verwaltungsrechtsweg ist nicht eröffnet, auch nicht, wenn sich die Anordnungen an eine Gemeinde richten (s. Anm. 1 a. E. vor Art. 34).

Wenn ein Bezirksamt forstpolizeiliche Anordnungen über das Entrinden von Holz durch Ausschreiben im Amtsblatte erläßt und daneben die Gemeindebehörden beauftragt, dies den sämtlichen Waldbesitzern und Holzkäufern im Gemeindebezirk gegen Unterschrift zu eröffnen, so sind auch diejenigen, denen es nicht eröffnet wurde, zur Befolgung verpflichtet; eine solche Anordnung hat die Eigenschaft einer allgemein verbindlichen bezirkspolizeilichen Vorschrift (Art. 1 Abs. I PStGB.); mit der Weisung der Unterschriftseinholung hat zweifellos das Bezirksamt eine Anordnung über die Verkündungsart im Sinne des § 3 Abs. 2 der Bek. vom 28. 5. 1862 nicht getroffen und die Ortspolizeibehörde in der Wahl der Verkündungsform nicht beschränken wollen; die Verkündung durch Anschlag an der Ortstafel war daher allgemein verbindlich (ObLGSt. Bd. 1 S. 137).

b) Inhalt der Anordnungen: Die Anordnungen können jede sachgemäße Maßnahme zur Vertilgung der Insekten und ihrer Brut sowie zur Sicherung der Wälder vor dem Insektenbefall enthalten; die angeordneten Mittel werden aber nach wirtschaftlichen Grundsätzen zum erstrebten Erfolg in einem vernünftigen Verhältnis stehen müssen; dabei ist aber nicht nur auf den einzelnen Wald, sondern auf den Schutz der Waldungen der ganzen Gegend zu sehen. Die Anordnungen können sich nur an die Waldbesitzer richten (vgl. Begr. zum Entwurf 1846 und zum heutigen Forstgesetz; eine Strafbestimmung besteht nur für den Waldbesitzer, ObLGSt. Bd. 2 S. 312 und OGHSt. Bd. 7 S. 17); die Maßnahmen können sich nur auf Waldungen beziehen; der Waldbesitzer kann jedoch in seinem Wald auch zu Maßnahmen am Holz angehalten werden, das ihm nicht mehr gehört, z. B. zur Entrindung bereits verkauften oder übernommenen Holzes, das noch im Walde lagert (ObLGSt. Bd. 2 S. 312; ähnlich FME. vom 19. 10. 1866 Nr. 7146). Der Waldbesitzer ist die Anordnungen zu befolgen verpflichtet, auch wenn es mit Kosten oder Schaden für ihn verbunden ist; Anspruch auf Entschädigung steht ihm grundsätzlich nicht zu.

Vgl. hieher die zur Bekämpfung der Nonnenplage der neunziger Jahre ergangenen ME. vom 14. 9., 27. 10., 12. 12. 1890 Nr. 13951, 15955, 18271, ferner ME. vom 15. 7. 1891 (MABl. S. 241) und KME. vom 15. und 16. 4. 1891 Nr. 5189 und 5379 (KMBl. S. 125), sowie die InnME. vom 21. 4. 1908 Nr. 9799 und die gleichlautende FME. vom 21. 5. 1908 Nr. 11384 gegen zu strenge Anordnungen über Abfuhrzeiten.

Daraus, daß nur der Waldbesitzer, nicht der Holzbesitzer gestraft werden kann, ergibt sich insbesondere, daß derjenige, der Holz aus einem Staatswalde bezogen hat, oder der Müller, der fremdes Holz sägt, den Anordnungen der Forstpolizeibehörde nach Art. 46 nicht unterliegt (OGHSt. Bd. 7 S. 17).

c) Weitere Vorschriften: Zuwiderhandlungen des Waldbesitzers gegen die Anordnungen sind als Forstpolizeiübertretungen nach Art. 77 Abs. I strafbar. Dritte (z. B. die Eigentümer des im Walde lagernden Holzes) sind in gemeiner Gefahr bei Strafe verpflichtet, der Aufforderung der Polizeibehörden zur Mithilfe Folge zu leisten (§ 368 Ziff. 10 StGB.); als gemeine Gefahr kann auch das Auftreten des Nonnenschmetterlings in den Waldungen in Betracht kommen (OLGM. 27. 6. 1891, S. Bd. 6 S. 479).

Sollen auch andere Personen als die Waldbesitzer zur Vertilgung und Abwehr schädlicher Insekten verpflichtet werden, so sind ober-, bezirks- oder ortspolizeiliche Vorschriften nach Art. 120 Abs. I Ziff. 2 PStGB. zu erlassen (vgl. Abg. 1897/98 Beil. Bd. 15 S. 212; Reichsr. Beil. Bd. 7 S. 504); dieser Weg ist stets einzuschlagen, wenn es sich um die Vertilgung oder Abwehr anderer Tiere als Insekten oder um Pflanzen handelt. Die Vorschriften nach Art. 120 PStGB. gelten, wenn sie nichts anderes bestimmen, auch für die Waldbesitzer. Wenn nicht mehr angeordnet werden soll, als was nach Art. 46 FG. möglich ist, so ist grundsätzlich der in Art. 46 als der Sondervorschrift vorgezeichnete Weg einzuschlagen. Anordnungen an einzelne Waldbesitzer oder in bestimmten Fällen (Art. 1 Abs. III PStGB.) sind vorbehaltlich des Verfahrens nach Art. 20 PStGB., wenn eine allgemeinverbindliche Vorschrift auf Grund Art. 120 PStGB. erlassen ist, nur auf Grund Art. 46 FG. möglich. Auch ortspolizeiliche Vorschriften oder bezirkspolizeiliche Anordnungen über das Raupen (§ 368 Ziff. 2 StGB., Art. 2 Ziff. 13 PStGB.) können in Frage kommen.

Auf Grund Art. 120 Abs. I Ziff. 2 PStGB. haben die Regierungen von Niederbayern, Oberpfalz, Mittelfranken und Schwaben ziemlich gleichlautend bestimmt, daß jeder, der nicht Waldbesitzer ist, das in seinem Besitz (Eigentum) befindliche, in Waldungen oder in deren Nähe bis zu 500 (100) m Entfernung lagernde Nadelholz über 7 cm Stärke bis zu dem von der Forstpolizeibehörde festgesetzten Zeitpunkt zu entrinden habe; diese oberpolizeilichen Vorschriften sind im MABl. 1925/26 bekanntgegeben.

Vgl. hieher auch die ME. vom 17. 6. 1898 (MABl. S. 395) über die Bekämpfung des Weymouthskiefernblasenrostes und die ME. vom 30. 4. und 17. 8. 1902 (MABl. S. 191 und 411) über die Verminderung der Weißdornhecken. In Hopfengegenden bestehen teilweise (auf Grund Art. 120 Abs. I Ziff. 2 erlassene) bezirkspolizeiliche Vorschriften, wonach der Grundbesitzer den auf seinem Grundstück vorkommenden wilden Hopfen (Heckenhopfen) auszurotten hat.

d) Vogelschutz: Der Bekämpfung der Insektenplage dient auch der Vogelschutz; s. Vogelschutzgesetz vom 30. 5. 1908 (RGBl. S. 317), VO. vom 5. 5. 1913 (GVBl. S. 689), ME. vom 19. 5. 1898 (MABl. S. 299) und ME. vom 4. 4. 1908 (MABl. S. 201) über Anlage von Vogelschutzgehölzen und Anbringen von Nistkästen auch in staatlichen Waldungen. Die Anlage von Vogelschutzgehölzen ist ein bevorzugter Aufforstungsgrund (Art. 3 Abs. II Ziff. 2 des AufforstungsG., s. Anhang).

e) Strafbestimmung: Schuldhafte Zuwiderhandlungen des Waldbesitzers gegen die Anordnungen der Forstpolizeibehörde nach Abs. I sind Forstpolizeiübertretungen nach Art. 77 Abs. I; für dritte Personen enthält das Forstgesetz keine Strafbestimmung (ObLGSt. Bd. 2 S. 312 und OGHSt. Bd. 7 S. 17; vgl. oben b und c).

3. Abs. II: Beschwerden gegen allgemeinverbindliche bezirkspolizeiliche Vorschriften richten sich nach Art. 109, 112 Abs. II FG. mit Art. 14 PStGB., gegen einzelne Anordnungen nur nach Art. 109, 112 Abs. II FG. (vgl. Anm. 3 zu Art. 45). Keiner dieser Beschwerden kommt aufschiebende Wirkung zu, da die angeordneten Maßnahmen gewöhnlich rasch durchgeführt werden müssen (vgl. Anm. 6c zu Art. 112).

4. Abs. III: Abs. III sieht eine Ersatzvornahme durch das Forstamt auf Beschlußfassung der Forstpolizeibehörde vor, wenn die Pflichtigen die Anordnungen nicht sofort vollziehen. Voraussetzung für die Verfügung der Ersatzvornahme ist lediglich die Tatsache, daß der Pflichtige die Anordnungen nicht unverzüglich ausführt; vorausgehende oder gleichzeitige gerichtliche Bestrafung (wie bei Art. 42 Abs. II) ist nicht Voraussetzung; es kommt nur auf die Verzögerung an; die Anordnung der Ersatzvornahme ist auch noch nach der strafrichterlichen Verurteilung zulässig und geboten. Ob den Pflichtigen ein Verschulden trifft oder nicht, ist nach dem Zwecke der Vorschrift, die Wälder zu schützen, gleichgültig; die Ersatzvornahme ist daher auch zulässig, wenn der Säumige mangels eines Verschuldens wegen der Verzögerung überhaupt nicht bestraft werden kann; trifft ihn ein Verschulden, so macht er sich nach Art. 77 Abs. I strafbar; unabhängig davon ist die Ersatzvornahme nach Art. 46 Abs. III möglich. Ist der Pflichtige säumig, so **muß** die Forstpolizeibehörde die Ersatzvornahme auf Kosten des Säumigen verfügen; eine bestimmte Form ist nicht vorgeschrieben; die Verfügung ergeht im reinen Verwaltungsverfahren; sie ist dem Säumigen zuzustellen; gegen die Verfügung steht ihm die Beschwerde nach Art. 109, 112 Abs. II FG. offen, der aber, wie aus Art. 46 Abs. II abgeleitet werden muß, ebenfalls keine aufschiebende Wirkung zukommt. Die Ersatzvornahme ist zweckmäßig mit der Anordnung nach Abs. I bereits anzudrohen. Die Maßnahmen nach Abs. III sind polizeilicher Natur und auch zulässig, wenn bezüglich des Waldbesitzes ein Rechtsstreit anhängig und auf Grund einer einstweiligen Verfügung eine Art Beschlagnahme besteht (vgl. ME. vom 6. 3. 1880 Nr. 1560). Das Forstamt ist verpflichtet, auf die Verfügung der Forstpolizeibehörde die Maßnahmen ersatzweise durchzuführen, wenn sie nicht der Pflichtige noch selbst ausführt. Die Kosten sind im Wege der Vollstreckung der forstpolizeilichen Verfügung nach Abs. III wie die Verfahrenskosten von dem Säumigen beizutreiben; sie werden als Auslagen im Sinne des Art. 163 Abs. I Ziff. 6 des KostG. vom 16. 2. 1921 (GVBl. S. 134) anzusehen sein; in Betracht kommen ferner aus dem Kostengesetz u. a. Art. 167 (Fälligkeit), 181 (Verjährung), 184 f. mit der VO. vom 28. 12. 1914, GVBl. S. 677 (Einziehung); ein gerichtliches Urteil wie im Falle des Art. 42 Abs. II FG. und 20 Abs. IV PStGB. ist nicht erforderlich (vgl. Begr. Abg. 1851/52 Beil. Bd. 1 S. 625 und Art. 49 des mit dem Forstgesetz gleichzeitigen früheren Wasserbenützungsgesetzes vom 28. 5. 1852). Die Finanzämter haben auf Antrag des Forstamts zu den Kosten Vorschüsse zu leisten; vgl. die ME. vom 11. 11. 1904 Nr. 26490 über die Auszahlung von Vorschüssen an die Forstämter (Abrechnungs- und Einhebungsverfahren). Wenn die vorgeschossenen Kosten nicht beigetrieben werden können, sind sie auf den Haushalt des StMin. des Innern („übrige Ausgaben auf den Polizeidienst") zu übernehmen.

Das Mitwirken eines Forstwartes auf Grund forstpolizeilicher Anordnung bei der Baumentrindung und Rindenverbrennung behufs Vertilgung schädlicher Forstinsekten ist Ausübung öffentlicher Gewalt (VGH. Bd. 28 S. 135).

5. Ausnahmen: Art. 46 gilt nicht für die Waldungen des Staates und der staatlich verwalteten Stiftungen; es versteht sich aber von selbst, daß auch die zuständigen Staatsforstbehörden usw. die nötigen Maßnahmen durchführen (vgl. S. 191 Ziff. 5).

Bauvornahmen in Wäldern und deren Nähe.

Artikel 47.[1] ($^{47}/_{47}$).

Wenn in Waldungen[2] oder in einer Nähe derselben von 1500 bayerischen Schuhen (437,8 m) was immer für Gebäude[3], insbesondere zum Zwecke neuer Ansiedelungen oder zur Errichtung von Ziegelbrennereien, Teeröfen oder anderen feuergefährlichen Anlagen, aufgeführt werden wollen, so ist vor Erteilung der baupolizeilichen Genehmigung das Forstamt[4] mit seiner Erinnerung zu vernehmen.

1. Geltungsbereich: Art. 47 enthält lediglich eine in Gesetzesform gekleidete Dienstanweisung an die Baupolizeibehörden. Diese haben bei bestimmten Bauführungen in Waldungen oder deren Nähe vor der Erteilung der baupolizeilichen Genehmigung das zuständige Forstamt zu hören, damit dieses Gelegenheit hat, nötigenfalls aus feuer- oder sicherheitspolizeilichen Gründen gegen den Bau Einspruch zu erheben. Der Bedeutung als Dienstvorschrift entsprechend besteht zu Art. 47 **keine** Strafbestimmung; die Nichtbeachtung durch die Baupolizeibehörde kann nur dienstaufsichtlich gewürdigt werden.

2. Waldungen: Begriff Art. 1 Anm. 7. Es ist gleichgültig, ob es sich um eine Waldung des Bauherrn oder um eine fremde handelt; das Forstamt **ist** also zu hören, auch wenn der Bauherr im eigenen

Walde bauen will. Der Waldbesitzer muß zu dem Baugesuch eines andern nur gehört werden, wenn er ein beteiligter Nachbar nach § 67 der BauO. ist.

3. Gebäude:

a) Aufführung: Nach ObLGStS. Bd. 10 S. 366 (371) soll unter der Aufführung eines Gebäudes nur die Neuerrichtung zu verstehen sein; die Vornahme einer Hauptreparatur oder Hauptänderung soll nicht darunter fallen. Damit würde übereinstimmen, daß in der Begründung zu Art. 47 von der Herstellung die Rede ist, die in § 6 der Bauordnung der Vornahme von Hauptreparaturen und Hauptänderungen gegenübergestellt ist. Nach dem Zweck der Vorschrift, den Wald vor Feuers- und anderen Gefahren zu schützen, wird man aber beim Vollzug den Begriff nicht so eng auslegen dürfen; es kann z. B. die Anlegung neuer Feuerstätten (§ 7 Ziff. 3 der BauO.) dem Wald gefährlich werden; die Anhörung des Forstamts ist in einem solchen Falle besonders geboten. Zweckmäßig wird das Forstamt bei Bauten in oder in der Nähe von Wäldern bis zu 437,80 m Entfernung von der Baupolizeibehörde stets gehört, wenn eine baupolizeiliche Genehmigung für den Bau notwendig ist; nach dem Sinn der Vorschrift muß es gehört werden (abgesehen von allen genehmigungspflichtigen Neubauten), wenn die Hauptreparatur oder Hauptänderung im Hinblick auf den Wald sicherheits- oder feuerpolizeilich von Bedeutung ist. Art. 47 enthält keine Strafvorschrift, sondern eine Dienstanweisung und braucht daher nicht eng ausgelegt zu werden. Für die hier vertretene Ansicht spricht auch Art. 37 Satz 3 des pf. Forststrafgesetzes, wonach Gebäude, die zur Zeit der Einführung des Gesetzes schon bestanden, ohne die besondere Genehmigung des Art. 37 repariert, wieder aufgebaut und erweitert werden dürfen; andere Gebäude bedürfen offenbar dieser Genehmigung für Reparaturen usw., obwohl in Satz 1 die Genehmigung nur für die „Errichtung" vorgeschrieben ist. Übrigens ist nach dem Sinn des Gesetzes zweifellos auch bei der Verlegung von Gebäuden (vgl. die Gegenüberstellung von Verlegung und Herstellung in § 6 Abs. I BauO.) nach Art. 47 FG. zu verfahren.

b) Notwendigkeit baupolizeilicher Genehmigung: Ob die Gebäude Feuerstätten besitzen oder nicht, ist gleichgültig, soferne überhaupt baupolizeiliche Genehmigung nötig ist. Soweit keine baupolizeiliche Genehmigung vorgeschrieben ist, entfällt auch die Anhörung des Forstamts, z. B. bei der Errichtung von Holzhütten, Alpen-, Jagd- und Waldhütten ohne Feuerungsanlage (§ 6 Abs. IIb Ziff. 1 und 2 BauO.). Staatliche Bauführungen fallen nicht unter Art. 47; zweckmäßig werden aber die Forstbehörden, sofern die übrigen Voraussetzungen des Art. 47 gegeben sind, von der den Bau ausführenden Behörde auch zu hören sein. Die in Art. 47 aufgezählten Gebäude sind als besonders wichtig hervorgehoben, aber es sind nur Beispiele; die Aufzählung ist keineswegs erschöpfend.

c) Stellungnahme des Forstamts: Nach der Begr. ist das Forstamt nicht bloß aus feuerpolizeilichen, sondern auch aus sicherheitspolizeilichen (Gelegenheit zur Begehung von Forst- und Jagdfreveln u. dgl.) Gründen zu hören; das Forstamt hat sein Gutachten unter diesen beiden Gesichtspunkten abzugeben.

Die Baupolizeibehörde ist zur Beachtung der Erinnerung nicht unbedingt verbunden, wird ihnen aber regelmäßig stattgeben; das Baugesuch kann auf Grund der Erinnerungen entweder abgewiesen oder unter Auflagen genehmigt werden (vgl. Forstl. M. Bd. 17 S. 228 und Bl. Bd. 20 S. 82). Wird das Baugesuch auf Grund der Erinnerungen des Forstamts abgewiesen oder unter Auflagen genehmigt, so kann gegen die Erinnerungen des Forstamts nur im Wege der Beschwerde gegen die baupolizeiliche Entscheidung vorgegangen werden; die Beschwerdestellen werden dann die höheren Forstbehörden hören. Entspricht die Baupolizeibehörde den forstamtlichen Erinnerungen nicht oder nicht ganz, so hat sie den baupolizeilichen Beschluß auch dem Forstamt zuzustellen; dieses kann ihn innerhalb vierzehn Tagen mit der Beschwerde zur Regierung, K. d. J., anfechten (§§ 68 Abs. II, 77 BauO.).

4. Forstamt: Zuständig ist das Forstamt, in dessen Dienstbezirk der Wald liegt; gemeint sind nur die staatlichen, nicht auch die privaten, Stiftungs- oder gemeindlichen Forstämter; doch ist es nicht verwehrt, auch diese einzuvernehmen. Inhalt des forstamtlichen Gutachtens s. Anm. 3c.

Tagegelder und Reisekosten der Forstbeamten für örtliche Einsichtnahme in Bauangelegenheiten können den Gesuchstellern nicht aufgerechnet werden; diese Besichtigungen zählen zu den forstamtlichen Dienstgeschäften, für die die Dienstaufwandsentschädigungen bestimmt sind (FME. vom 22. 10. 1891 Nr. 17286).

Wenn der Bauherr sich unter Vorlage der Pläne selbst an das Forstamt wendet, kann dieses das Gutachten auch dem Bauherrn gegenüber abgeben; wenn der Bauherr nicht selbst das forstamtliche Gutachten erholt hat, muß es die Baupolizeibehörde erholen (§ 68 BauO. Eing.).

5. Bauordnung: Eine dem Art. 47 FG. entsprechende Vorschrift enthält auch § 68 Abs. I Ziff. 7 der BauO. vom 17. 2. 1901 (GVBl. S. 87), worin bestimmt ist, daß im rechtsrheinischen Bayern bei

Bauten in Waldungen oder weniger als 437,8 m von solchen entfernt, das zuständige staatliche Forstamt unter Mitteilung der Pläne mit seinen Erinnerungen zu hören ist, wenn nicht schon die Zustimmung des Forstamts vom Gesuchsteller beigebracht wurde. Inhaltlich bestimmen Art. 47 FG. und § 68 Ziff. 7 der BauO. dasselbe.

Ist in einem Wald oder in seiner Nähe ein genehmigungspflichtiges Gebäude ohne baupolizeiliche Erlaubnis errichtet worden, so ist hiegegen im baupolizeilichen Verfahren vorzugehen (§ 367 Ziff. 15 StGB., Art. 105 PStGB.).

Vierte Abteilung. (Art. 48—108).

Forstpolizeiübertretungen und Forstfrevel.

1. Einteilung: Die Abteilung zerfällt in zwei Teile: in einen allgemeinen Teil „Allgemeine Bestimmungen" (Art. 48—74) und einen besonderen Teil „Besondere Bestimmungen" (Art. 75—108). Sie regelt den materiellen Teil des Forststrafrechts, das den größeren Teil des ganzen Forstgesetzes ausmacht (137 von den 198 Artikeln des Gesetzes). Der verfahrensrechtliche Teil des Forststrafrechts ist geregelt in der fünften Abteilung (in den Art. 116—188).

2. Wald und allgemeines Strafrecht: Der Wald wird auch durch die Vorschriften des allgemeinen Strafrechts geschützt; diese sind aber nur anzuwenden, soweit nicht das Forstgesetz selbst einschlägige Bestimmungen enthält (vgl. Art. 42 pf. FStG.). Das Forstgesetz regelt in seinen strafrechtlichen Bestimmungen grundsätzlich die Gegenstände erschöpfend; wenn also ein die Waldungen betreffender Gegenstand im strafrechtlichen Teil des Forstgesetzes geregelt ist, können auf ihn die etwa vorhandenen Bestimmungen des allgemeinen Strafrechts nicht angewendet werden und zwar weder ergänzend noch gleichzeitig (daneben); Beispiele finden sich bei einzelnen Artikeln. Wenn das Forstgesetz einen Gegenstand nicht regelt, finden die Bestimmungen des allgemeinen Strafrechts auf den Wald in gleicher Weise wie auf eine andere Sache Anwendung.

3. Verhältnis des Forstgesetzes zum Reichsstrafgesetzbuch insbesondere:

a) Gegenseitige Beziehung: Das materielle Strafrecht des Forstgesetzes (dieses ist älter als das RStGB.) ist aufrechterhalten durch § 2 Abs. II EG.StGB. („In Kraft bleiben die besonderen Vorschriften des Bundes- und Landesstrafrechts, namentlich über strafbare Verletzungen der . . . Forstpolizeigesetze und über den Holz-(Forst-)diebstahl"). Die strafrechtlichen Bestimmungen des Forstgesetzes gehen dem StGB. vor; dies gilt für den allgemeinen wie den besonderen Teil. Hier bricht also (in der Wirkung) Landesrecht Reichsrecht. „Die strafrechtlichen Bestimmungen des Forstgesetzes sind gegenüber dem StGB. selbständig" (ObLG. Bd. 20 S. 273). Dies gilt auch von Änderungen und Ergänzungen des Forstgesetzes nach dem 1. 1. 1872 (Einführung des StGB. in Bayern); Bayern hat auf den in § 2 Abs. II EG.StGB. bezeichneten Gebieten nach wie vor freies Gesetzgebungsrecht (vgl. Art. 7 Ziff. 2 und Art. 12 der neuen RV.). Eingeschränkt ist die Landesgesetzgebung durch §§ 5 und 6 EG.StGB.: Das Forstgesetz darf nur Gefängnis bis zu 2 Jahren, Haft, Geldstrafe, Einziehung einzelner Gegenstände und die Entziehung öffentlicher Ämter androhen; von den beiden letzten Strafen hat das Forstgesetz keinen Gebrauch gemacht. S. auch Art. 1 u. 3 Ziff. 5 AGStPO.

Der allgemeine Teil des StGB. (§§ 1—79) ist auf die Forstpolizeiübertretungen und Forstfrevel ergänzend anzuwenden; dies bestimmt Art. 4 Abs. I AG.StPO. (der an die Stelle des gleichlautenden Art. 4 bayr. EG.StGB. vom 26. 12. 1871 getreten ist):

„Auf diejenigen Handlungen, welche nach besonderen, neben dem Strafgesetzbuche für das Deutsche Reich bestehenden Landesgesetzen mit Strafe bedroht sind, kommen die in der Einleitung (d. i. §§ 1—12) und dem ersten Teil (d. i. §§ 13—79) dieses Gesetzbuches enthaltenen Vorschriften insoweit zur Anwendung, als nicht nach dem Inhalte der einschlägigen Landesgesetze anders bestimmt ist." Damit gilt insbesondere der Schuldbegriff des StGB. (Vorsatz, Fahrlässigkeit) auch für das Forstgesetz, dagegen nicht der Teilnahmebegriff. S. auch Vorbem. vor Art. 48 B.

Wenn das Forstgesetz — im allgemeinen oder im besonderen Teil — einen Gegenstand erschöpfend regeln will, kann die entsprechende Bestimmung des StGB. nicht, auch nicht ergänzend angewendet werden (vgl. RGSt. Bd. 51 S. 257); dies gilt auch dann, wenn bei ergänzender Anwendung des StGB. eine Handlung strafbar wäre, für die die Bestimmungen des Forstgesetzes keine Strafe vorsehen; in diesem Falle ist die Handlung straflos zu belassen; aus dem Schweigen des Forstgesetzes ist

— stets die erschöpfende Regelung des Gegenstandes vorausgesetzt — sein Wille zu entnehmen, die Handlung unverfolgt zu lassen; eine bewußte Lücke innerhalb einer erschöpfend gedachten Regelung ist gleichbedeutend mit der ausdrücklichen Erklärung der Straflosigkeit.

Ob ein Gebiet durch das Forstgesetz erschöpfend geregelt werden sollte, ist aus dem Zusammenhang zu entnehmen (vgl. § 2 EG.StGB.). Es darf z. B. angenommen werden, daß das FG. die Entwendung von Walderzeugnissen in den Art. 79—87 erschöpfend regeln wollte. Ist dort die Entwendung eines bestimmten Walderzeugnisses nicht mit Strafe bedroht (z. B. von Waldbeeren), so ist sie straflos.

b) Vorschriften des Strafgesetzbuches zum Schutze des Waldes: Im Strafgesetzbuch finden sich folgende Vorschriften zum besonderen Schutze des Waldes:

§§ 308, 309 StGB. (Brandstiftung): Vorsätzliche oder fahrlässige Brandstiftung begeht, wer einen Wald in Brand setzt, wenn dieser entweder fremdes Eigentum ist oder zwar dem Brandstifter eigentümlich gehört, jedoch seiner Beschaffenheit und Lage nach geeignet ist, das Feuer auf bestimmte andere wichtige Gegenstände (Gebäude, andere Waldungen usw.) zu übertragen.

§§ 117—119 StGB. (Forstwiderstand): Strafbaren Forstwiderstand begeht, wer einem Forst- oder Jagdbeamten, einem Waldeigentümer oder Jagdberechtigten oder einem von diesen bestellten Aufseher in der rechtmäßigen Ausübung seines Amtes oder Rechtes durch Gewalt oder durch Bedrohung mit Gewalt Widerstand leistet oder wer eine dieser Personen während der Ausübung ihres Amtes oder Rechtes tätlich angreift. Erschwerte Fälle sind gegeben bei Anwendung von gefährlichen Werkzeugen oder wenn Körperverletzungen begangen werden oder wenn mehrere Täter zusammenwirken.

§ 361 Ziff. 9 StGB. (mangelnde Aufsicht): Eine Übertretung begeht, wer Kinder oder andere unter seiner Gewalt stehende Personen, die seiner Aufsicht unterstehen und zu seiner Hausgenossenschaft gehören, von der Begehung strafbarer Verletzungen des Forstgesetzes abzuhalten unterläßt. Diese Übertretung ist eine Forstrügesache (Art. 50 FG.); vgl. Art. 69 Abs. III (Verhältnis zur Zivilverantwortlichkeit).

§ 368 Ziff. 6 StGB. (gefährliches Feueranzünden): Eine Übertretung begeht, wer an gefährlichen Stellen in Wäldern oder Heiden oder in gefährlicher Nähe von Gebäuden oder feuerfangenden Sachen Feuer anzündet.

§ 368 Ziff. 9 StGB. ist durch Gesetzeskonkurrenz ausgeschlossen; s. S. 38 Anm. 2b.

Neben diesen Strafbestimmungen, die sich ausdrücklich und im besonderen auf den Wald beziehen, kommen im wesentlichen noch in Betracht:

§ 125 StGB. (Landfriedensbruch): Wenn sich eine Menschenmenge öffentlich zusammenrottet und mit vereinten Kräften gegen Personen oder Sachen Gewalttätigkeiten begeht, z. B. Forstfrevel durch Entwendung; mit den einschlägigen Bestimmungen des Forstgesetzes besteht regelmäßig Idealkonkurrenz.

§ 243 Ziff. 2 StGB. (Diebstahl aus einem verschlossenen Raum mittels Einbruchs oder Einsteigens) kann nur bei umfriedeten Waldungen und nur in den Fällen der Art. 81 und 83 Abs. III in Betracht kommen.

§§ 249ff. (Raub): Wer mit Gewalt gegen eine Person oder unter Anwendung von Drohungen mit gegenwärtiger Gefahr für Leib oder Leben eine fremde bewegliche Sache einem Andern in der Absicht wegnimmt, sie sich rechtswidrig zuzueignen, z. B. einen Forstfrevel durch Entwendung begeht; mit den einschlägigen Bestimmungen des Forstgesetzes besteht regelmäßig Idealkonkurrenz. §§ 250 und 251 enthalten erschwerte Fälle. § 252 StGB. (räuberischer Diebstahl) ist bei Forstfreveln durch Entwendung nicht anwendbar (anders bei Art. 81 und 83 Abs. III FG.).

§ 274 Ziff. 1 StGB. (Urkundenbeseitigung) ist durch Gesetzeskonkurrenz (Art. 93 Ziff. 2 FG.) ausgeschlossen, soweit es sich um das Waldhammerzeichen handelt.

§ 274 Ziff. 2 StGB. (vorsätzliche Grenzsteinveränderung); die fahrlässige ist Forstfrevel nach Art. 92 Ziff. 3 FG.

§ 303 StGB. (einfache Sachbeschädigung) ist durch Gesetzeskonkurrenz ausgeschlossen.

§ 304 StGB. (gemeinschädliche Sachbeschädigung) ist anwendbar und schließt seinerseits die entsprechenden Bestimmungen des Forstgesetzes als das besondere Gesetz aus (Olshausen Anm. 6e zu § 304), wenn Bäume oder sonstige Bestandteile eines Waldes, die zur Verschönerung öffentlicher Wege, Plätze oder Anlagen dienen, vorsätzlich und rechtswidrig beschädigt oder zerstört werden.

4. Forststrafrecht und Polizeistrafgesetzbuch: Die Strafbestimmungen des bayer. Polizeistrafgesetzbuches befassen sich in keinem Falle mit dem Schutz des Waldes im besonderen; soweit aus polizeilichen Gründen zum Schutze des Waldes eine Strafdrohung erforderlich schien, wurde sie in das Forstgesetz aufgenommen; vgl. Anm. 3 vor Art. 34.

5. Arten der Strafbestimmungen: Das Forstgesetz enthält drei Arten von Strafbestimmungen: die Forstpolizeiübertretungen, die Forstfrevel und die Zuwiderhandlungen gegen die besonderen Bestimmungen des Art. 106 (107). Außerdem sind die Übertretungen nach § 361 Ziff. 9 StGB. erwähnt (Art. 50); für sie gelten aber nur die verfahrensrechtlichen Bestimmungen des Forstgesetzes; für die erstgenannten drei Arten gelten die materiellrechtlichen und die verfahrensrechtlichen Vorschriften.

I. Allgemeine Bestimmungen (Art. 48—74)

(d. i. der im Forstgesetz geregelte allgemeine Teil des Forststrafrechts).

A. Einteilung:

1. Grundbegriffe (Art. 48—50):
   Forstpolizeiübertretungen Art. 48,
   Forstfrevel Art. 49,
   Forstrügesachen Art. 50.
2. Strafen (Art. 51—54):
   Strafarten Art. 51,
   Mindestbetrag der Geldstrafe Art. 52,
   Ersatzhaftstrafe Art. 54.
3. Zusammenwirken (Art. 56 f.):
   Gemeinschaftliche Frevel Art. 56,
   Gemeinschaftliche Forstpolizeiübertretungen Art. 57.
4. Strafschärfungsgründe bei Freveln (Art. 59 f.):
   Inhalt Art. 59,
   Wirkung Art. 60.
5. Notfälle (Art. 61 f.):
   Notstand Art. 61,
   Notfrevel Art. 61 a.
6. Wert- und Schadenersatz (Art. 62—67):
   Grundsatz der Haftung Art. 62,
   Normierung bei den Forstfreveln Art. 63,
   Geltendmachung Art. 64, 67,
   Bemessung Art. 65, 66.
7. Gerichtskosten Art. 68.
8. Drittverantwortlichkeit (Art. 69—71):
   bei Forstfreveln Art. 69,
   bei Forstpolizeiübertretungen Art. 70,
   beim Tod des Schuldigen Art. 71.
9. Verjährung (Art. 72—74):
   Strafverfolgungsverjährung Art. 72,
   Strafvollstreckungsverjährung: Dauer Art. 73, Unterbrechung Art. 74.

B. Inhalt des allgemeinen Teils des rechtsrheinischen Forstgesetzes:

Das Forststrafrecht enthält einen eigenen allgemeinen Teil (Art. 48—74); ergänzend gilt der allgemeine Teil des Reichsstrafgesetzbuches (§§ 1—79) und zwar in seiner jeweiligen Fassung (Art. 4 AG.StPO.; vgl. ObLG. Bd. 27 S. 187); nunmehr sind also auch die materiellrechtlichen Vorschriften des Jugendgerichtsgesetzes (nicht dagegen die verfahrensrechtlichen) auf Forstrügesachen anzuwenden (vgl. MB. vom 7. 5. 1923, JMBl. S. 21, Anm. zu §§ 1 ff. und zu § 17). S. auch S. 245 Ziff. 3 a.

Nachstehend folgt ein Überblick über die wichtigsten Bestimmungen des rechtsrheinischen allgemeinen Forststrafrechts unter Berücksichtigung der ergänzend anzuwendenden Bestimmungen des Strafgesetzbuchs.

1. Rechtsnatur der Forstpolizeiübertretungen und Forstfrevel: Sämtliche Forstpolizeiübertretungen und Forstfrevel mit Ausnahme der zu Vergehen erhobenen Gewohnheitsfrevel (Art. 101 Abs. III) sind in materiellrechtlicher Hinsicht ohne Rücksicht auf die Höhe der angedrohten Strafe Übertretungen im Sinne des StGB. (Art. 5 AG.StPO.; ObLG. 26. 3. 1924, StAnz. Nr. 87—91).

2. Örtlicher Geltungsbereich: Unter das Forstgesetz fallen alle im rechtsrheinischen Bayern begangenen Forstpolizeiübertretungen und Forstfrevel, gleichgültig, wer der Täter ist (§ 3 StGB., Art. 4 AG.StPO.) — Territorialitätsprinzip —; außerdem können bayerische Staatsangehörige wegen Forstfrevel (nicht wegen Forstpolizeiübertretungen) auch bestraft werden, wenn er außerhalb des rechtsrheinischen Bayerns verübt wurde (Art. 49 Abs. IV) — Personalitätsprinzip —. In der Pfalz gilt das Forststrafgesetz.

3. Strafen:

a) Arten: Gefängnis von 1 Tag bis zu 6 Monaten nur im Falle des Art. 101 Abs. III; Haft von 1 Tag bis zu 6 Wochen nur bei den Forstfreveln (und im Falle des § 361 Ziff. 9 StGB.); Geldstrafe bei allen Forstrügesachen (Art. 50); die Höhe ist bei den einzelnen Artikeln angegeben.

Soweit sich die heute geltenden Geldstrafen nicht nach dem Wert einer Sache bemessen, beruhen sie auf dem bayer. Gesetz vom 9. 2. 1924 (GVBl. S. 27) und der Reichsverordnung über Vermögensstrafen und Bußen vom 6. 2. 1924 (RGBl. I S. 44; Art. VIII Abs. I) mit § 1 Abs. III der bayer. VO. vom 25. 11. 1925 (GVBl. S. 265) und § 2 der Reichsverordnung vom 12. 12. 1924 (RGBl. I S. 775) — Ersetzung der Goldmark durch Reichsmark —. § 1 Abs. I der bayer. VO. vom 25. 11. 1925 (GVBl. S. 265) kommt nicht zur Anwendung. Soweit das Gesetz einen Spielraum läßt, sind bei der Bemessung der Geldstrafe die wirtschaftlichen Verhältnisse des Täters zu berücksichtigen; es ist davon auszugehen, daß die Geldstrafe das Entgelt, das der Täter für die Tat empfangen und den Gewinn, den er aus der Tat gezogen hat, übersteigen soll (§ 27c Abs. I und II StGB.). Reicht das gesetzliche Höchstmaß nicht aus, um diesem Grundsatz Geltung zu verschaffen, so darf es überschritten werden, gleichgültig, ob die Strafdrohung absolut bestimmt ist oder nicht (vgl. § 27c Abs. III StGB.).

Im Vollzuge des Forstgesetzes brauchen auch Geldstrafen über einer Reichsmark nicht stets in vollen Markbeträgen erkannt werden (ObLG. Bd. 26 S. 53).

b) **Nebenstrafen:** Die Einziehung ist anders als in den meisten anderen deutschen Ländern nicht möglich, wohl auch nicht bei den Gewohnheitsfreveln; die vorsorgliche Beschlagnahme der Art. 131 und 138 ist eine prozessuale Maßnahme.

Stellung unter Polizeiaufsicht, Einschaffung ins Arbeitshaus und Aberkennung der bürgerlichen Ehrenrechte sind nicht zulässig. Die Verurteilung zu Wert- und Schadenersatz (Art. 62ff.) ist keine Nebenstrafe.

c) **Absolute und relative Strafen:** Das Forstgesetz wendet in weitem Maße das System der sog. absoluten Strafen an, die dem Richter keinen Spielraum lassen; so z. B. durchwegs bei den Forstfreveln durch Entwendung Art. 79ff. Dieses System wurde eingeführt, um der bis dahin bestehenden (auch mit der Verschiedenheit der Gesetze zusammenhängenden) Ungleichheit der Bestrafungen zu steuern. Bei den Forstpolizeiübertretungen gibt es dagegen ausschließlich relative Strafdrohungen (Strafrahmen), die dem richterlichen Ermessen einen Spielraum lassen.

4. **Versuch:** Der Versuch ist in keinem der Fälle des Forstgesetzes strafbar (§ 43 StGB.). Bloße Vorbereitungshandlungen sind im Forstgesetz nirgends zu einer selbständig strafbaren Handlung erhoben.

5. **Teilnahme:** Das Forstgesetz hat die Teilnahme an Forstpolizeiübertretungen und Forstfreveln in Art. 56 und 57 selbständig geordnet; die Bestimmungen des StGB. über Mittäterschaft, Anstiftung und Beihilfe (§§ 47—49) können auch nicht hilfsweise angewendet werden; ObLG. Bd. 20 S. 279; näheres bei Art. 56f. Mittelbare Täterschaft ist auch auf dem Gebiete des Forststrafrechts möglich, z. B. wenn sich jemand eines Gutgläubigen zur Verübung eines Frevels bedient. § 50 StGB. findet auch auf die Forstrügesachen Anwendung.

6. **Jugendliche:** Für Jugendliche gelten seit der Aufhebung des Art. 53 Abs. II FG. die materiellrechtlichen Vorschriften des Jugendgerichtsgesetzes vom 16. 3. 1923 (RGBl. I S. 135). Die verfahrensrechtlichen Bestimmungen des JugGG. dagegen sind im Hinblick auf § 3 Abs. III EG.StPO. auf Forstrügesachen nicht anwendbar; das Verfahren in Forstrügesachen bestimmt sich auch gegenüber Jugendlichen ausschließlich nach dem Forstgesetz und den dazu ergangenen Vollzugsvorschriften; insbesondere sind die Jugendgerichte für Forstrügesachen nicht zuständig (JMB. vom 17. 5. 23, JMBl. S. 25). näheres bei Art. 53.

7. **Schuld:**

a) **Allgemeines:** Wie im allgemeinen Strafrecht ist auch bei den Forstrügesachen für die Bestrafung Voraussetzung, daß sämtliche objektiven und subjektiven Tatbestandsmerkmale erfüllt sind. § 59 StGB. gilt auch für Forstrügesachen (Art. 4 AG.StPO.; ObLG. 9. 1. 1929 RR. I 886/1928). Ein Verschulden erfordern Forstpolizeiübertretungen und Forstfrevel. Bei den Forstpolizeiübertretungen genügt durchwegs Fahrlässigkeit (ObLG. Bd. 12 S. 1). Bei den Forstfreveln erfordern die Frevel durch Entwendung (Art. 79—87) Vorsatz, bei allen andern Freveln (Art. 88—100) genügt Fahrlässigkeit (nur Art. 95 Abs. V und 98 verlangen auch Vorsatz); vgl. ObLG. Bd. 6 S. 339. Der Begriff des Vorsatzes und der Fahrlässigkeit bestimmen sich nach ihrem durch die Wissenschaft und Rechtsprechung zum Reichsstrafgesetzbuch festgestellten Inhalt. Vgl. zum Schuldbegriff ObLG. Bd. 17 S. 5f. und Bd. 21 S. 304.

b) **Schuldausschließungsgründe u.ä.:** Irrtum über ein Tatbestandsmerkmal schließt die Schuld und Bestrafung aus (§ 59 Abs. I StGB.); bei der Begehung von Handlungen, zu deren Bestrafung Fahrlässigkeit genügt, entschuldigt ein solcher Irrtum aber nur, wenn der Irrtum nicht selbst auf Fahrlässigkeit beruht (§ 59 Abs. II StGB.); dies ist für das Forststrafrecht von besonderer Bedeutung, weil die meisten Zuwiderhandlungen auch fahrlässig begangen werden können. Der sog. gute Glaube ist nach den vorstehenden Irrtumsgrundsätzen zu werten; denn ein irriger guter Glaube ist ein Irrtum. Die Kenntnis der Strafbarkeit ist für die Bestrafung nicht Voraussetzung. Der sog. strafrechtliche Irrtum entschuldigt nie.

Einen weiteren Schuldausschließungsgrund bildet die Unzurechnungsfähigkeit (§ 51 StGB.).

Einen persönlichen Strafausschließungsgrund bildet die Strafunmündigkeit; unbedingt strafunmündig sind Kinder unter vierzehn Jahren (§ 2 JugGG.); bedingt unmündig Jugendliche zwischen vierzehn und achtzehn Jahren, die zur Zeit der Tat nach ihrer geistigen oder sittlichen Entwicklung unfähig waren, das Ungesetzliche der Tat einzusehen oder ihren Willen dieser Einsicht gemäß zu bestimmen (§§ 1, 3 JugGG.).

8. Rechtswidrigkeit: Strafbar sind auch nach dem Forstgesetz nur objektiv rechtswidrige Handlungen oder Unterlassungen. An Rechtfertigungsgründen, die eine Strafbarkeit ausschließen, kommen in Betracht:

a) Notwehr und Notwehrhilfe §§ 53 StGB., 227 BGB.;
b) Notstand Art. 61 FG., §§ 52, 54 StGB., 228, 904 BGB.;
c) Selbsthilfe §§ 229ff., 910, 962, 997 BGB.;
d) Amtshandlungen; Befolgung des dienstlichen rechtmäßigen Befehls des Vorgesetzten, soweit seine verbindliche Kraft reicht (Militär!);
e) die Einwilligung des Geschädigten; diese bildet jedoch keinen Rechtfertigungsgrund, wenn die Handlung im öffentlichen (polizeilichen) Interesse verboten ist. Hiezu sei bemerkt: Ein bürgerlichrechtlich erlaubtes Handeln kann niemals einen Forstfrevel durch Entwendung (Art. 79 bis 87) begründen; auf die Forstfrevel durch Beschädigung, die Übertretung forstpocherlizeili Bestimmungen und andere Gefährden (Art. 88—100) kann dieser Grundsatz nur da angewendet werden, wo der Mangel einer Befugnis zum Tatbestand des Frevels gehört; dies ergibt sich jeweils aus der Gesetzesnorm selbst (z. B. Art. 88, 90 Abs. I und II, 93 Ziff. 3, 94 Ziff. 1 und 5); wo dagegen die Gefährdung der Waldwirtschaft bekämpft werden soll, unterscheidet das Gesetz nicht zwischen bürgerlichrechtlich erlaubten und verbotenen Handlungen, z. B. in Art. 93 Ziff. 1, 2, 4 teilweise, 6, Art. 94 Ziff. 3, Art. 96 Abs. I). So ObLG. Bd. 14 S. 168. Gegenüber den forstpolizeilichen Bestimmungen im engeren Sinn (Art. 34—47) müssen bürgerlichrechtliche Befugnisse zurücktreten; der Waldbesitzer, Waldeigentümer und Forstberechtigte z. B. ist ihnen unterworfen.

9. Offizialdelikte: Antragsdelikte gibt es im Forststrafrecht nicht; die Handlungen sind alle von Amts wegen zu verfolgen. § 153 StPO. in der Fassung vom 22. 3. 1924 (RGBl. I S. 299) gilt indes auch für das Forstgesetz: Übertretungen (im prozessualen Sinn, s. unten) werden nicht verfolgt, wenn die Schuld des Täters gering ist und die Folgen der Tat unbedeutend sind, es sei denn, daß ein öffentliches Interesse an einer gerichtlichen Entscheidung besteht. Ist bei einem Vergehen (im prozessualen Sinn) die Schuld des Täters gering und sind die Folgen der Tat unbedeutend, so kann das Forstamt mit Zustimmung des Amtsrichters von der Erhebung der öffentlichen Klage absehen. Ist die Klage bereits erhoben, so kann das Gericht mit Zustimmung des Vertreters der Forstbehörde bzw., soweit zuständig, der Staatsanwaltschaft das Verfahren einstellen; dieser Beschluß ist nicht anfechtbar; das Revisionsgericht kann nicht mehr nach § 153 StPO. einstellen (ObLG. RR. I 886/1928 vom 9. 1. 1929). Die Schuld wird u. a. dann nicht als gering anzusehen sein, wenn der Verfehlung eine Warnung der zuständigen Behörde vorausgegangen ist (vgl. § 47 der Dienstvorschriften für Strafsachen vom 13. 1. 1926, JMBl. S. 1).

Die Gewohnheitsfrevel (Art. 101 Abs. III) sind Vergehen in sachlichrechtlicher und verfahrensrechtlicher Beziehung; alle anderen Forstfrevel und die Forstpolizeiübertretungen sind Übertretungen in sachlichrechtlichem, dagegen nicht durchwegs in verfahrensrechtlichem Sinn; Übertretungen im letzteren Sinn sind nur jene Forstfrevel und Forstpolizeiübertretungen, deren Strafdrohung sich (wie bei den Übertretungen des Reichsstrafgesetzbuchs) im Rahmen des § 1 Abs. III StGB. hält, auf deren Begehung also Haft oder Geldstrafe bis zu 150 Reichsmark angedroht ist; diese Frevel und Forstpolizeiübertretungen sind auch in prozessualer Hinsicht wie die Übertretungen des Reichsstrafgesetzbuches zu behandeln; alle anderen aber sind in prozessualer Hinsicht wie die Vergehen des Reichsstrafgesetzbuches und nur in materieller Hinsicht als Übertretungen zu behandeln (Art. 5 AG.StPO.). Wenn für eine Straftat die Geldstrafe in der Weise angedroht ist, daß sie sich, sei es unter Gewährung eines Spielraumes, sei es in völlig bestimmter Weise nach der Höhe eines Grundwertes oder nach dem Werte eines Gegenstandes bemißt oder in einem gewissen Vielfachen dieses Wertes besteht, so entscheidet nach der herrschenden Meinung der Höchstbetrag der im einzelnen Fall angedrohten Strafe darüber, ob die Tat Übertretung oder Vergehen im strafprozessualen Sinn ist (ObLG. Bd. 26 S. 97); die Forstpolizeiübertretung nach Art. 75 z. B. kann je nach der Größe der in Betracht kommenden Waldfläche eine Übertretung oder ein Vergehen im verfahrensrechtlichen Sinn sein; der Frevel nach Art. 79 Abs. I ist eine Übertretung in diesem Sinne, wenn die Summe des Wert- und Schadenersatzes den Betrag von 150 Reichsmark nicht überschreitet, sonst ein Vergehen. Hiernach ergibt sich:

a) stets als **Übertretungen** zu behandeln bei der Anwendung materiellrechtlicher wie prozessualer Bestimmungen sind:

die Forstpolizeiübertretungen der Art. 76, 76a, 77,
die Forstfrevel der Art. 88—94, 95 (mit Ausnahme der mit der Beschädigung verbundenen Entwendungsfrevel in Abs. III und IV), 96,
und die Verfehlungen nach Art. 107;

b) als **Übertretungen oder als Vergehen** sind — je nach der sich aus den Verhältnissen des einzelnen Falles errechnenden Strafdrohung (s. oben) — bei der Anwendung prozessualer Vorschriften zu behandeln:

die Forstpolizeiübertretungen der Art. 75 und 78,
die Forstfrevel der Art. 79—87 (Art. 81 und 83 Abs. III betreffen keine Forstfrevel), Art. 95 Abs. III und IV (soweit es sich um Entwendungsfrevel handelt), 97—100, 101 Abs. I und II; im materiellrechtlichen Sinn handelt es sich hier stets um Übertretungen;

c) stets als **Vergehen** im materiellrechtlichen wie prozessualen Sinn zu behandeln sind die Gewohnheitsfrevel des Art. 101 Abs. III.

Bei den Fällen unter a und b können in prozessualer Hinsicht Verschiebungen eintreten, wenn allgemeine Strafschärfungsgründe oder Rückfall gegeben sind (Art. 60 und 101 Abs. I und II; vgl. BayZfR. 1927 S. 85).

10. Verjährung: Die Strafverfolgungs- wie Strafvollstreckungsverjährung ist im Forstgesetz (Art. 72—74) abweichend vom StGB. geregelt. Der Anspruch auf Schaden- und Werterersatz verjährt nach bürgerlichem Recht (§ 852 BGB.).

11. Zusammentreffen:

a) Ideal- und Realkonkurrenz: Das rechtliche und das sachliche Zusammentreffen im Forststrafrecht (Ideal- und Realkonkurrenz) bestimmt sich seit der Aufhebung des Art. 58 ausschließlich nach dem StGB. (§§ 73, 74, 77—79).

α) **Rechtliches Zusammentreffen** (Idealkonkurrenz, § 73 StGB.): Wenn eine und dieselbe Handlung (Tateinheit) mehrere Strafgesetze verletzt, so kommt nur dasjenige Gesetz, welches die schwerste Strafe, und bei ungleichen Strafarten dasjenige Gesetz, welches die schwerste Strafart androht, zur Anwendung.

Rechtliches Zusammentreffen (Idealkonkurrenz) ist möglich zwischen einzelnen Forstfreveln, zwischen einzelnen Forstpolizeiübertretungen wie auch zwischen ihnen und allgemeinen Delikten; dagegen ist Idealkonkurrenz zwischen Forstpolizeiübertretungen und Forstfreveln grundsätzlich ausgeschlossen, da jene grundsätzlich nur vom Waldbesitzer, diese nur von Dritten begangen werden können. Eine Ausnahme von der Regelung der Idealkonkurrenz enthält Art. 95 Abs. III; näheres dort. Bei Idealkonkurrenz zwischen Forstrüge- und anderen Strafsachen ist nicht das Forstrüge-, sondern das ordentliche, allgemeine Strafverfahren anzuwenden.

β) **Sachliches Zusammentreffen** (Realkonkurrenz): § 74 StGB. kann unmittelbar nicht angewendet werden, da er nur von Verbrechen und Vergehen handelt; die Forstpolizeiübertretungen und Forstfrevel sind aber (mit Ausnahme der Gewohnheitsfrevel) in materiellrechtlicher Beziehung Übertretungen. Beim sachlichen Zusammentreffen sind im Forststrafrecht die einzelnen strafbaren Handlungen selbständig zu bestrafen (Kumulationsprinzip; ObLG. RR. I Nr. 429/1929 vom 3. 7. 1929); nur ist für die Haftstrafe (nicht für die Geldstrafe), und zwar für die ursprüngliche Haftstrafe wie für die Ersatzfreiheitsstrafe, ein Höchstbetrag festgesetzt: drei Monate (§§ 77 Abs. II, 78 Abs. II StGB.). Auch § 79 StGB. ist anwendbar; bei Verstößen hiergegen ist nach § 492 StPO. zu verfahren. Die Gebühr berechnet sich, auch im Falle des § 79 StGB. nach Art. 25 des KostG.

b) Gesetzeskonkurrenz: Wenn ein Gegenstand vom Forstgesetz erschöpfend geregelt ist, können die sich mit dem gleichen Gegenstand befassenden Vorschriften des Reichs- und des Polizeistrafgesetzbuches nicht angewendet werden; die Regelung im Forstgesetz geht ihnen als Sonderregelung vor: vgl. S. 245 ff. Ziff. 3a und 4.

c) **Fortsetzungszusammenhang:** Die Frage, ob das Forstgesetz den Begriff des fortgesetzten Delikts kennt, wird nach der Aufhebung des Art. 58, der in erster Linie für die Ablehnung ins Feld geführt wurde, zu bejahen sein. Die Rechtsprechung lehnte früher im Gegensatz zur überwiegenden Meinung des Schrifttums die Annahme des fortgesetzten Delikts ab; aber bereits in Bd. 18 S. 22 ließ das Oberste Landesgericht unentschieden, ob es berechtigt sei zu sagen, das Forstgesetz kenne ein fortgesetztes Delikt überhaupt nicht. Der Begriff des fortgesetzten Delikts ist heute noch in den Fällen abzulehnen, in denen das Gesetz eine festbestimmte Strafe androht (z. B. Art. 88; vgl. ObLG. Bd. 18 S. 22).

12. **Begünstigung und Hehlerei** nach §§ 257 ff. StGB. sind in Beziehung auf Forstpolizeiübertretungen und Forstfrevel nicht möglich und zwar wohl auch nicht beim Gewohnheitsfrevel nach Art. 101 Abs. III; die Hehlerei ist im Forstgesetz selbständig geregelt (Art. 94 Ziff. 4, 98, 100). Vgl. Anm. 4 zu Art. 56.

13. **Rückfall und Gewohnheitsfrevel:** Eine besondere Rückfallsbestimmung enthält das Forstgesetz nur für die Forstfrevel (Art. 101 Abs. I und II). Außerdem kennt es den Begriff des Gewohnheitsfrevels (Art. 101 Abs. III); dieser ist jedoch kein Kollektivdelikt wie etwa die Gewohnheitshehlerei des § 260 StGB., sondern eine erschwerte Form des Rückfalls.

14. **Ort der Begehung:** Nach dem Wortlaut des Gesetzes (Art. 48 und 49) gehört zum Begriff der Forstpolizeiübertretungen sowohl wie der Forstfrevel, daß sie „im Wald" begangen werden. Der Ausdruck „im Wald" will aber nicht den Ort der Begehung bezeichnen, sondern den Gegenstand, gegen den sich die Zuwiderhandlung richtet (ObLG. Bd. 17 S. 98). Der Ausdruck ist nicht anders zu verstehen, als wenn es hieße, „an eigenem" oder „an fremdem Walde" oder „in bezug auf den eigenen oder fremden Wald". Wollte man unter dem Ausdruck stets den Ort der Begehung verstehen, so käme man zu unhaltbaren Ergebnissen (z. B. im Falle der Art. 76a, 97); vgl. auch Art. 45 mit 77 Abs. II. Auch die Gesetzesbegründung spricht für die hier vertretene Ansicht.

15. **Täter:** Bestraft können nur natürliche Personen werden, nicht juristische Personen (Rechtspersönlichkeiten) oder offene Handelsgesellschaften oder Firmen als solche (OLGMSt. Bd. 6 S. 637; OGHSt. Bd. 3 S. 240 u. a.); in diesen Fällen sind die verantwortlichen Einzelpersonen zu bestrafen. Auch ein Gemeinderat kann nicht bestraft werden; es sind vielmehr die Mitglieder des Gemeinderats zur Verantwortung zu ziehen. Die Geldstrafen usw. sind von diesen Vertretern selbst zu büßen, sie dürfen nicht der Gemeinde- oder Stiftungs- usw. Kasse entnommen werden.

Begriff der Forstpolizeiübertretung.

Artikel 48. ($^{48}/_{48}$).

Zuwiderhandlungen gegen die forstpolizeilichen Bestimmungen des gegenwärtigen Gesetzes, welche von dem Waldbesitzer[2] oder von Personen, deren Handlungen derselbe nach Art. 69 zu vertreten hat, in seinem eigenen Walde begangen werden, sind als Forstpolizeiübertretungen[1] nach Maßgabe der Art. 75 bis 78 zu bestrafen.

1. **Begriff:** Art. 48 umschreibt den Begriff der Forstpolizeiübertretung. Forstpolizeiübertretungen sind nur die in Art. 75—78 aufgeführten Straftaten, aber auch diese nur, wenn sie von einem Waldbesitzer (oder von Personen, deren Handlungen er nach Art. 70 [69] zu vertreten hat) in oder in Beziehung auf seinen eigenen Wald begangen werden. Damit eine Forstpolizeiübertretung vorliege, muß also jeweils einer der in den Art. 75—78 enthaltenen Einzeltatbestände sowie der für jede Forstpolizeiübertretung geltende allgemeine Tatbestand des Art. 48 gegeben sein; ferner muß die Handlung oder Unterlassung auf Vorsatz oder Fahrlässigkeit beruhen. Die Forstpolizeiübertretung setzt sich also aus folgenden Elementen zusammen:

a) Täter kann nur sein ein Waldbesitzer oder eine Person, deren Handlung er nach Art. 70 (69) zu vertreten hat (einzige Ausnahme Art. 75 Abs. II: bezüglich der Forstpolizeiübertretung des Art. 75 Abs. I kann auch der Holzgewinnungsberechtigte Täter sein),
b) die Tat muß im eigenen oder in bezug auf den eigenen Wald des Waldbesitzers geschehen,
c) es muß einer der Sondertatbestände der Art. 75—78 gegeben sein,
d) dem Täter muß Vorsatz oder Fahrlässigkeit zur Last fallen.

Fehlt eines dieser Elemente, so ist keine Forstpolizeiübertretung gegeben. Nur Zuwiderhandlungen gegen die forstpolizeilichen Bestimmungen im engeren Sinn d. i. der Art. 34—47 sind in den Art. 75 bis 78 mit Strafe bedroht. Unterschied der Forstpolizeiübertretungen von den Forstfreveln s. Anm. 2 zu Art. 49. Die Forstpolizeiübertretungen sind als Sonderdelikte im Sinne des allgemeinen Strafrechts anzusehen (s. Frank, IV, 1 vor § 47).

2. **Waldbesitzer:**

a) Begriff: Der Begriff ist der gleiche wie in Art. 1 Anm. 2. Da es nur auf die tatsächliche Herrschaft über den Wald ankommt, kann der Eigentümer des Waldes, der nicht zugleich den Besitz inne hat, Forstpolizeiübertretungen nicht begehen; vgl. Art. 49 Abs. III (OLGMSt. Bd. 3 S. 35). Der Forstberechtigte ist kraft seiner Berechtigung allein grundsätzlich nicht Waldbesitzer; vgl. Art. 49 Abs. II. Erforderlich ist der Besitz am Walde einschließlich des Waldbodens; der Besitz am Holze allein genügt nicht (s. Anm. 2 zu Art. 1); doch können ausnahmsweise nach Art. 75 Abs. II die Forstpolizeiübertretungen des Art. 75 Abs. I auch von dem begangen werden, dem nur die Holzgewinnung überlassen wurde. Der Käufer eines Waldes kann auch dann schon Waldbesitzer sein, wenn die notarielle Verbriefung noch nicht stattgefunden hat, soferne ihm der Besitz am Walde schon übertragen worden ist (vgl. OLGM. 29. 9. 1887 Bd. 4 S. 499). Wer vom Waldbesitzer Streu kauft und etwas begeht, was für den Verkäufer Übertretung wäre, macht sich eines Frevels schuldig; denn der Käufer ist nicht etwa als Stellvertreter des Verkäufers anzusehen; mit der Überlassung der Streu geht nicht auch die persönliche Eigenschaft als Waldbesitzer über (vgl. ObLG. 23. 6. 1911).

Der Waldbesitz muß bei der Begehung der Straftat bestehen. Die allgemeinen strafrechtlichen Grundsätze von der mittelbaren Täterschaft gelten auch für den Waldbesitzer; er kann deshalb auch unter Umständen für Handlungen gestraft werden, die unmittelbar von Dritten vorgenommen werden (vgl. Stenglein Z. 1868 S. 5 und oben S. 248 Z. 5). Unter dem eigenen Wald des Waldbesitzers ist der Wald zu verstehen, an dem der Waldbesitzer den alleinigen Besitz hat; auf das Eigentum kommt es nicht an; freilich ist Eigentum und Besitz meist vereinigt. Wenn eine Gemeinde, Körperschaft u. dgl. Waldbesitzer ist, ist der Wald für die Mitglieder der Gemeinde usw. regelmäßig ein fremder Wald; denn den Besitz, den die juristischen Personen innehaben, haben grundsätzlich nicht die natürlichen Personen, die zu der juristischen Person gehören; näheres Anm. 4c zu Art. 49. Ein Mitbesitzer kann am gemeinschaftlichen Wald Forstfrevel begehen.

b) Drittverantwortlichkeit nach Art. 69: Art. 69 zählt die Personen auf, die in Frage kommen, bezieht sich aber an sich auf Forstfrevel; die Haftung für diese Personen bei Forstpolizeiübertretungen ist in Art. 70 geregelt. In den dort geregelten Fällen wird eine Art mittelbare Täterschaft des Waldbesitzers angenommen. Auch die Handlungen der fraglichen Personen müssen nach dem klaren Wortlaut des Gesetzes im Walde des Waldbesitzers oder in bezug auf ihn begangen werden.

c) Umgrenzung der Täterschaft: Forstpolizeiübertretungen können also nur begangen werden vom Waldbesitzer und den Personen, die zu ihm in einem Verhältnis nach Art. 69 stehen; gestraft werden kann für eine Forstpolizeiübertretung stets nur der Waldbesitzer, nicht auch die Personen des Art. 69; für deren Handlung wird der Waldbesitzer verantwortlich gemacht; er ist von der Verantwortung nur frei, wenn er nachweist, daß die Handlung der Personen des Art. 69 ohne sein Vorwissen geschah (Art. 70). Andere Personen können keine Forstpolizeiübertretungen begehen; ihre Zuwiderhandlungen gegen die forstpolizeilichen Bestimmungen (Art. 34—47) sind nach den Bestimmungen über die Forstfrevel und nach den allgemeinen Strafgesetzen zu beurteilen. Es gibt nur eine Ausnahme: nach Art. 75 Abs. II kann wegen Forstpolizeiübertretung (auf Grund der in Abs. I bezeichneten Handlungen) auch gestraft werden derjenige, dem die Holzgewinnung am Wald überlassen wurde, selbst wenn er weder Waldbesitzer ist noch zu ihm in einem Verhältnis nach Art. 69 steht.

Begriff des Forstfrevels.

Artikel 49. ($^{49}/_{49}$).

[I] Alle durch das gegenwärtige Gesetz in den Artikeln 79 bis 105[3] bezeichneten Entwendungen, Beschädigungen, Zuwiderhandlungen gegen die forstpolizeilichen Bestimmungen und andere Gefährden, welche in fremdem Walde[4] begangen werden, sind, ohne Rücksicht auf den Wert des entwendeten Gegenstandes und den Betrag des verursachten Schadens, als Forstfrevel[1] [2] zu betrachten, und nach Maßgabe obiger Artikel zu bestrafen.

[II 5] Die Bestimmung des Absatzes 1 gilt insbesondere auch von Handlungen der bezeichneten Art, welche ein Forstberechtigter durch Überschreitung seiner Berechtigung oder bei Ausübung derselben begeht.

III[6] Wenn die Bewirtschaftung und wirtschaftliche Ausnützung eines Waldes ausschließlich dritten Personen zusteht, sind auch Handlungen der in den Artikeln 79—105 bezeichneten Art, welche der Eigentümer des Grund und Bodens unter Verletzung jenes Rechtes vornimmt, als Forstfrevel nach den Bestimmungen der erwähnten Artikel zu bestrafen.

IV[7] Bayerische Staatsangehörige können auch wegen der außerhalb des bayerischen Staatsgebietes von ihnen verübten Forstfrevel nach den in Abs. 1 erwähnten Artikeln bestraft werden.

Allg. VollzB. 1879.

§ 16.

(Art. 48 und 49.) Die k. Forstmeister und Forstamtsassessoren haben nach Tunlichkeit die sämtlichen Forstschutzdiener über die Unterscheidung von Forstpolizeiübertretungen und Forstfreveln, sowie über den Tatbestand der nunmehr zu den Forstrügesachen gehörigen Übertretungen des § 361 Ziff. 9 des Reichsstrafgesetzbuches geeignet zu verständigen, und in den Landes-Grenzbezirken sie darauf hinzuweisen, daß bezüglich der Forstrügesachen (mit Ausnahme der Forstpolizeiübertretungen) auch dann Bestrafung der bayerischen Staatsangehörigen erfolgen kann, wenn die Verfehlung außerhalb des bayerischen Staatsgebietes begangen wurde.

1. Begriff: Art. 49 Abs. I—III gibt den Begriff des Forstfrevels und zwar umschreibt Abs. I den Begriff allgemein, die Abs. II und III stellen klar, daß auch die Forstberechtigten und Waldeigentümer, denen der Waldbesitz nicht zusteht, Forstfrevel begehen können. Abs. IV erstreckt den Geltungsbereich der Bestimmungen über Forstfrevel auf Handlungen, die bayerische Staatsangehörige außerhalb Bayerns begehen.

Forstfrevel sind nur die in den Art. 79—101 (ohne Art. 81 und 83 Abs. III; die Art. 102—105 sind aufgehoben) aufgeführten Straftaten, aber auch diese nur, wenn sie an einem Wald begangen werden und zwar an einem Wald, an dem der Täter nicht den alleinigen Besitz hat. Damit ein Forstfrevel vorliegt, muß also jeweils einer der in den Art. 79—101 enthaltenen Einzeltatbestände sowie die allgemeine Voraussetzung der Begehung an einem fremden Walde (Art. 49 Abs. I) erfüllt sein; außerdem muß der innere Tatbestand (Vorsatz, Fahrlässigkeit s. Anm. 7 vor Art. 48) gegeben sein.

Der Forstfrevel setzt sich also aus folgenden Elementen zusammen:

a) Täter kann nur ein anderer als der (alleinige) Waldbesitzer sein,
b) die Tat muß in einem fremden Wald oder in Beziehung auf einen solchen geschehen,
c) es muß einer der Sondertatbestände der Art. 79—101 gegeben sein,
d) dem Täter muß je nach der Handlung Vorsatz oder Fahrlässigkeit zur Last fallen.

Fehlt eines dieser Elemente, so ist kein Forstfrevel gegeben.

2. Unterschied der Forstfrevel von den Forstpolizeiübertretungen: Der innere Unterschied ist nach der Begr. folgender: „Die Forstpolizeiübertretungen gefährden zunächst nur das Interesse, das die Staatsgemeinschaft an der Erhaltung und dem Gedeihen der Waldungen hat (Angriff auf das öffentliche Interesse); die Forstfrevel bedeuten außerdem noch einen unmittelbaren Eingriff in eine fremde Rechtssphäre oder doch eine Gefährdung fremder Rechte; sie greifen daher ein sowohl in das öffentliche wie das private Interesse." Die Forstpolizeiübertretungen (Art. 75—78) rechnen daher zum sog. polizeilichen Unrecht, die Forstfrevel durch Entwendung (Art. 79—87) vorwiegend zum sog. kriminellen Unrecht, vom Rest der Forstfrevel (Art. 89—100) gehören die einen dem kriminellen, die andern dem polizeilichen Unrecht oder beiden an.

Äußerlich unterscheidet das Gesetz die Forstpolizeiübertretungen von den Forstfreveln genau; der besondere Teil ist vollkommen getrennt (Art. 75—78 und Art. 79—101); in dem gemeinsamen allgemeinen Teil (Art. 48—74) ist ebenfalls durchwegs zwischen Forstpolizeiübertretungen und Forstfreveln unterschieden; soweit ausnahmsweise keine Unterscheidung gemacht wird (Art. 61, 65, 71, 74), gelten die Bestimmungen für Forstpolizeiübertretungen und Forstfrevel.

In der rechtlichen Behandlung der Forstpolizeiübertretungen und Forstfrevel bestehen im wesentlichen folgende Unterschiede:

a) Strafen: Bei den Forstpolizeiübertretungen ist unmittelbar nur Geldstrafe möglich, bei den Forstfreveln Geldstrafe, in einzelnen Fällen auch Haft und Gefängnis (Art. 51 und 101); ersatzweise tritt an die Stelle der uneinbringlichen Geldstrafen bei Forstpolizeiübertretungen und Forstfreveln Haft (Art. 54);

b) **Wert- und Schadenersatz:** Bei den Forstpolizeiübertretungen gibt es nur Schadenersatz, bei den Forstfreveln Schaden- und Wertersatz (Art. 62); Schaden- und Wertersatz kommt bei den Forstfreveln nur in den Fällen und in dem Umfang in Betracht, wie in den Art. 79—101 vorgesehen (Art. 63); bei den Forstpolizeiübertretungen dagegen richtet sich der Schadenersatzanspruch nach Grund und Höhe nach dem wirklich entstandenen Schaden; der Entschädigungsanspruch kann bei den Forstpolizeiübertretungen nur beim Zivilgericht, bei den Forstfreveln entweder beim Zivil- oder beim Forstrügegericht verfolgt werden (Art. 64);

c) **Zivilverantwortlichkeit:** Bei den Forstpolizeiübertretungen ist der Vater, Dienstherr usw. für die Handlungen der Kinder, Dienstboten usw. unmittelbar verantwortlich („drittverantwortlich", Art. 70), bei den Forstfreveln haftet er nur (Art. 69); auch die Voraussetzungen für die Befreiung von der Verantwortlichkeit und Haftung sind verschieden (Art. 69 Abs. II, 70);

d) **Strafschärfungs- und Strafmilderungsgründe:** Bei den Forstfreveln gibt es allgemeine Strafschärfungs- und Strafmilderungsgründe (Art. 59, 61a), bei den Forstpolizeiübertretungen dagegen nicht;

e) **Rückfall:** Bei den Forstfreveln gibt es besondere Rückfallsbestimmungen (Art. 101), bei den Forstpolizeiübertretungen nicht.

3. Art. 79—105: Seit der Gesetzesänderung des Jahres 1923 muß es richtig heißen: Art. 79—101. Die Tatbestände der Art. 81 und 83 Abs. III enthalten keine Forstfrevel; daß sie nicht ausgenommen sind, beruht ebenfalls auf einem Versehen (OAG. Z. Bd. 1 S. 246; vgl. OAG. 28. 6. 1854, RegBl. S. 531).

4. Begehung im fremden Walde:

a) Begriff: d. h. in einem Wald oder in Beziehung auf einen Wald (Anm. 14 vor Art. 48), an dem der Täter nicht den alleinigen Besitz hat; auf das Eigentum kommt es im allgemeinen nicht an; dieser Grundsatz beherrscht das ganze Forstgesetz. Der fremde Wald in Art. 49 ist dem eigenen in Art. 48 gegenübergestellt; in Art. 48 ist aber nach dem klaren Wortlaut des Gesetzes der eigene Waldbesitz gemeint. Der (alleinige) Waldbesitzer kann in bezug auf seinen Wald keinen Forstfrevel begehen; wenn er in seinem Walde Holz, das ein anderer dort mit seiner Erlaubnis geschlagen und mit der Besitzergreifung eigentümlich erworben hat (§ 956 BGB.), sich widerrechtlich aneignet, so begeht er Forstdiebstahl (Art. 81, 83 Abs. III) nur, wenn das Holz bereits aufgearbeitet oder verbracht ist; befindet sich das Holz noch nicht in diesem Zustand, so kommt weder Entwendungsfrevel noch Diebstahl, sondern, soferne die Voraussetzungen gegeben sind, nur z. B. Betrug, Unterschlagung oder Untreue in Betracht (s. Anm. 6). Ob der Täter ein Angehöriger des Waldbesitzers ist oder nicht, ist grundsätzlich gleichgültig. Der Grundsatz, daß es auf den Waldbesitz ankommt, ist im Gesetz nicht rein durchgeführt (vgl. Anm. 2 zu Art. 1). Bei den Forstfreveln durch Entwendung (Art. 79ff.) kommt es nach dem Begriffe der Entwendung auf das Eigentum, allerdings nicht am Walde, sondern an dem Gegenstande der Entwendung an; daraus ergibt sich aber, daß bei den Forstfreveln durch Entwendung u. U. unter dem fremden Walde fremdes Waldeigentum zu verstehen ist; näheres vor Art. 79. Dies ist aber eine Ausnahme, die nur bei den Forstfreveln durch Entwendung (Art. 79—87) vorkommt.

b) Mitbesitz: Ein eigener Wald (Art. 48) ist nur gegeben, wenn der Waldbesitzer den alleinigen Besitz innehat; vom eigenen Wald kann ein Besitzer nicht mehr sprechen, dem noch andere Besitzer (Mitbesitzer) an der Seite sind; er hat die Besitzrechte der Mitbesitzer zu achten; sie sind für ihn fremde Rechte am Walde; da sie sich auf den ganzen Wald erstrecken, ist für ihn der ganze Wald ein fremder im Sinne des Art. 49; ein Mitbesitzer kann also am Wald, an dem er Mitbesitz hat, einen Forstfrevel begehen (vgl. OLGMSt. Bd. 2 S. 67).

c) Waldbesitz von Rechtspersönlichkeiten: Wenn eine Rechtspersönlichkeit (juristische Person einen Wald besitzt, so besitzen ihn nicht die Mitglieder des Personenkreises, den die Rechtspersönlichkeit umfaßt; das gleiche gilt vom Eigentum. Die Rechte und Pflichten des Waldbesitzers üben in diesem Falle nur die Vertreter der Rechtspersönlichkeit aus. Ein Wald, der sich im Besitze einer Gemeinde oder Ortschaft befindet ist für die Gemeindeglieder ein fremder; denn die Gemeinde (Ortschaft) ist eine von den Gemeindeangehörigen zu unterscheidende Rechtspersönlichkeit; die Rechte und Pflichten der waldbesitzenden Gemeinde (Ortschaft) übt der Gemeinderat (Ortsausschuß) oder der von ihm Bevollmächtigte, insbesondere der erste Bürgermeister (Ortspfleger) aus. Auch nicht der Gesamtheit der Nutzungsberechtigten steht der Besitz am Gemeindewald zu, gleichgültig, ob die Nutzungsrechte auf öffentlichem oder privatem (vgl. Art. 49 Abs. II) Recht beruhen, und zwar grundsätzlich auch dann nicht, wenn die betreffenden Gemeindeangehörigen allein am Walde nutzungsberechtigt sind (Plen.E. 23. 10. 1858, Z. Bd. 5 S. 222, 451; OLGMSt. Bd. 2 S. 436; ObLGSt. Bd. 4 S. 62 u. a.). Anwesensbesitzer einer Gemeinde oder Ortschaft begehen daher Forstfrevel, wenn sie im Gemeinde- oder Ortschaftswald unbefugt Holz fällen. Die am Gemeindevermögen nutzungsberechtigten Gemeindeglieder stehen zum Gemeindewald grundsätzlich im gleichen Verhältnis wie die Forstberechtigten nach Art. 23ff. (vgl. ObLG. Bd. 4 S. 62). Wenn die allein nutzungsberechtigten Gemeindeglieder den Gemeindewald zur Nutzung unter sich tatsächlich aufteilen, so ist der Wald für jeden Berechtigten nach wie vor im vollen Umfang ein fremder Wald (ObLG. Bd. 7 S. 344); anders wäre es, wenn der Gemeindewald rechtmäßig (Art. 30 Abs. III GemO.) verteilt würde. Die Gemeinde kann grundsätzlich den Besitz am Gemeindewald zugunsten der Rechtler schon deshalb nicht aufgeben, weil sie nach Art. 6ff. verpflichtet ist, ihn forstordnungsmäßig zu bewirtschaften.

Wie für die Gemeindeangehörigen der Gemeindewald, so ist für die Mitglieder einer Körperschaft (Art. 18) der Körperschaftswald ein fremder Wald.

Aus der Rechtsprechung: Auch in Körperschaftswaldungen darf von den Körperschaftsgenossen nur nach Anweisung des zur Ausführung des Wirtschaftsbetriebes aufgestellten Sachverständigen Streu gerecht werden; Zuwiderhandelnde sind wegen Forstfrevels nach Art. 85 zu bestrafen; OAG. 28. 6. 1858 (Z. Bd. 5 S. 284). Ähnlich OLGM. 11. 12. 1883 Bd. 2 S. 533.

Dagegen kann der Nutznießer eines Pfarrpfründestiftungswaldes (Pfründeinhaber), der dem Wirtschaftsplan zuwider Forsterzeugnisse aus ihm entnimmt, nicht wegen Forstfrevels bestraft werden; es steht ihm nicht eine bloße Streuberechtigung oder ein sonstiges auf Einzelnutzung beschränktes Forstrecht nach Art. 23—33 FG. zu (in diesem Falle würde Art. 49 Abs. II gelten); er hat als Pfründeinhaber vielmehr den vollen Nutzgenuß des Waldes und demgemäß nicht nur das Recht, ihn zu verwalten, sondern auch alle Nutzung zu beziehen, die der Wald gewährt; OAG. 27. 10. 1876 Bd. 5 S. 500. Der Pfründebesitzer ist grundsätzlich Besitzer des Pfründewaldes (vgl. § 1036 BGB.) und zwar gewöhnlich Alleinbesitzer. Für Überschreitungen seiner Nutzungsrechte haftet er der Pfründestiftung vermögensrechtlich; auch kann dienstaufsichtlich eingeschritten werden.

5. Abs. II: Abs. II stellt klar, daß auch Forstberechtigte (Art. 23ff.) im Berechtigungswalde freveln können; er stellt für die Forstberechtigten keine besondere Strafbestimmung auf, er stellt nur klar, daß die allgemeine Bestimmung des Abs. I auch für die Forstberechtigten gilt, soferne bei ihnen die Voraussetzungen erfüllt sind (Abs. II hat keine konstitutive, sondern deklaratorische Bedeutung). „Die Forstberechtigten stehen nur innerhalb der Grenzen ihrer rechtlichen Befugnisse in einem besonderen Verhältnis zum Wald und Waldeigentümer; außerhalb derselben sind sie aber jedem Dritten gleichzuachten und bei Überschreitung ihrer Befugnisse als Forstfrevler zu behandeln und zu bestrafen" (Abg. 1851/52 Beil. Bd. 3 S. 68; ähnlich ObLGSt. Bd. 14 S. 111; vgl. auch Art. 9 des pfälz.ForststrafG.). Die Forstberechtigten können auf zweifache Weise Forstfrevel begehen: einmal, indem sie die ihnen kraft der Berechtigung zustehenden Befugnisse nach Maß, Gegenstand oder Art der Ausübung überschreiten (Begehung in Ausübung der Berechtigung), ferner in der Weise, daß sie bei Gelegenheit der Ausübung Forstfrevel begehen, d. h. die Gelegenheit der Anwesenheit im Walde benutzen, um frevlerische Handlungen zu begehen, die innerlich mit ihrer Berechtigung nicht zusammenhängen. In beiden Fällen bildet die Eigenschaft als Forstberechtigter für den Frevler einen allgemeinen Strafschärfungsgrund (Art. 59 Ziff. 10). Wer z. B. berechtigt ist, zwanzig Stück Vieh in einem fremden Walde weiden zu lassen, in Wirklichkeit aber zwei Stück mehr weiden läßt, begeht bezüglich der zwei Stück mehr einen Forstfrevel nach Art. 88, 59 Ziff. 10; ein Streuberechtigter, dem zulässigerweise ein bestimmter Haufen Streu angewiesen wurde, der aber absichtlich einen andern nach Hause fährt, begeht bezüglich des ganzen Haufens einen Forstfrevel durch Entwendung nach Art. 85, 59 Ziff. 10. Ein Weideberechtigter, der sein Vieh ohne Aufsicht eines Hirten weiden läßt, begeht einen Forstfrevel nach Art. 89 Abs. I Ziff. 1, 59 Ziff. 10. Ein Streuberechtigter, der beim Holen seiner Streu unbefugt einige grüne Stangen aus dem fremden Walde mitnimmt, begeht einen Forstfrevel durch Entwendung nach Art. 79, 59 Ziff. 10.

Auch der Forstberechtigte begeht einen Forstfrevel nur, wenn bei ihm die Voraussetzungen der Anm. 1 erfüllt sind. Unter den Forstberechtigten des Abs. II sind nur die Inhaber von (dinglichen) Berechtigungen des bürgerlichen Rechts nach Art. 23ff. gemeint. Aber auch die persönlich oder kraft öffentlichen Rechts Berechtigten, z. B. die Gemeinderechtler, können Forstfrevel begehen; für sie gelten — wie für die Berechtigten nach Art. 23ff. — die allgemeinen Bestimmungen des Abs. I. Wenn der Berechtigte aber zugleich alleiniger unmittelbarer Besitzer des Waldes ist, kann er an ihm keinen Forstfrevel begehen, z. B. der Pächter des Waldes (ObLG. RR. I Nr. 429/1929 vom 3. 7. 1929; ObLG. Bd. 3 S. 302).

Überschreitung der Befugnisse, auch in der Art der Ausübung, ist Frevel; eine Unterscheidung zwischen solchen Befugnissen, die durch Privatrechtsnormen und solchen, die durch Normen des öffentlichen Rechts begrenzt sind, ist nicht angängig (ObLGSt. Bd. 14 S. 119).

Der innere Tatbestand des Täters muß sich auch auf die Überschreitung der Berechtigung erstrecken; je nach dem Frevel ist Vorsatz erfordert oder genügt Fahrlässigkeit; die sämtlichen Entwendungsfrevel verlangen Vorsatz, d. h. der Frevler muß hier wissen, daß er die Berechtigung überschreitet (vgl. ObLG. Bd. 4 S. 67); Eventualdolus genügt.

6. Abs. III: Abs. III wurde i. J. 1896 auf Antrag der Kammer in das Gesetz aufgenommen, weil ein unteres Gericht in einem ähnlichen Falle den Waldeigentümer von der Anklage des Forstfrevels freigesprochen hatte. Bei richtiger Gesetzesanwendung hätte der Waldeigentümer aber verurteilt werden müssen und des Abs. III hätte es nicht bedurft; denn wenn die Bewirtschaftung und wirtschaftliche Ausnutzung (Begriff Anm. 3 zu Art. 1) des Waldes ausschließlich dritten Personen zusteht, so sind sie Besitzer, wenigstens Mitbesitzer des Waldes; der Wald ist daher für den Waldeigentümer ein fremder im Sinne des Art. 49 Abs. I, er kann in ihm Forstfrevel begehen. Abs. III hat daher wie Abs. II nur die Bedeutung, einen Rechtszustand klarzustellen, der nach der allgemeinen Regel des Abs. I schon besteht; er enthält keine Ausnahmebestimmung. Ob die Bewirtschaftung und Benutzung — wenn Abs. III anwendbar sein soll, muß beides zusammen gegeben sein — dem Dritten auf Grund eines persönlichen oder eines dinglichen Rechtes zusteht, ist gleichgültig (so auch ObLG. RR. I 549/1929), sofern er nur als Besitzer oder Mitbesitzer anzusehen ist. ObLGSt. Bd. 21 S. 206 verlangt ohne nähere Begründung ein dingliches Recht; auf den der E. (wie übrigens auch in RR. I 549/1929) zugrundeliegenden Fall (der Waldeigentümer hatte das Holz auf dem Stamm zur Fällung an einen Dritten verkauft, worauf er aus dem verkauften Bestand unter Täuschungshandlungen heimlich Bäume fällte und wegnahm) kann Abs. III aus dem Grund nicht angewendet werden, weil dem Käufer wohl die Abholzung, aber nicht die Bewirtschaftung und ausschließliche Benutzung zustand, nicht deshalb, weil es sich nur um ein persönliches Recht handelte; das Oberste Landesgericht erblickte in der Handlung Betrug bzw. Betrugsversuch nach § 363 StGB.; wenn der Holzkäufer (wie im Falle der E. ObLG. RR. I 549/1929) am gefällten Holz bereits das Eigentum erlangt hat, so kommt neben Betrug (wohl in Realkonkurrenz) Forstdiebstahl nach Art. 81 in Frage, sofern es sich um aufgearbeitetes oder verbrachtes Holz handelt. Keinesfalls will Abs. III den Kreis der Personen, die nach Abs. I einen Frevel begehen können, einschränken.

7. Abs. IV: Er wurde durch Art. 23 AG.StPO. angefügt; die Ausdehnung (vgl. § 6 StGB.) ist hauptsächlich für die Grenzfrevel gedacht unter dem Gesichtspunkt der Gegenseitigkeit. Die Geltung ist aber nicht auf die Grenzfrevel beschränkt. Örtliche Zuständigkeit für die Aburteilung Art. 117. Für Forstpolizeiübertretungen fehlt eine entsprechende Bestimmung, desgleichen für die Übertretungen nach § 361 Ziff. 9 StGB. Wenn der Frevel vom fremden Staat abgeurteilt ist, kann er in Bayern nicht mehr verfolgt werden; umgekehrt gilt das gleiche. Die Verfolgung nach Abs. IV ist nicht vorgeschrieben, sie steht im Ermessen der Strafverfolgungsbehörde. Der Staatsvertrag zwischen dem Deutschen Reich und Belgien vom 29. 4. 1885 (RGBl. S. 251, Weber Bd. 17 S. 133) schreibt in Art. 1 die gegenseitige Verfolgung der durch die eigenen Untertanen im Gebiete des anderen Staates begangenen Forstfrevel zwingend vor. Er beschränkt sich nicht auf die in den Grenzwaldungen verübten Frevel.

Auf Grund des Abs. IV kann nur die Strafe (Geld-, Haft-, Gefängnisstrafe) verhängt werden; auf die sonstigen mit der Begehung eines Frevels verbundenen Folgen (Wert- u. Schadensersatz, Zivilverantwortlichkeit) kann nicht erkannt werden, da diese nicht Strafe sind; als Ausnahmebestimmung ist Abs. IV eng auszulegen (a. A. Hümmer, BayZfR. 1911 S. 130). Unter dem bayerischen Staatsgebiet des Abs. IV ist das rechtsrheinische Bayern zu verstehen; in der Pfalz gilt das pfälzische Forststrafgesetz. Beide Landesteile sind forststrafrechtlich selbständig; näheres BayZfR. 1911 S. 130. Art. 2 Abs. III des pfälz. ForststrafG. bestimmt für die Pfalz das gleiche wie Abs. IV für das rechtsrheinische Bayern. Frevelt ein Nichtbayer in Bayern, so wird er nach bayerischem Recht vom bayerischen Forstrügegericht abgeurteilt; Zuständigkeit Art. 117.

Eine Ausnahme erleidet die Bestimmung des Abs. IV durch die im Jahre 1839 abgeschlossene, 1844 erneuerte Übereinkunft zwischen Bayern und Österreich zur wirksamen Verhinderung der Jagd-, Fisch-, Forst- und Feldfrevel an der Landesgrenze (RegBl. 1839 S. 825; 1844 S. 308, abgedruckt im Anhang, Ziff. 3). Nach diesem noch geltenden Staatsvertrag darf ein in Österreich wohnender Bayer, der in Österreich einen Forstfrevel begeht, hierwegen von den bayerischen Behörden nicht verfolgt werden. Dagegen ist Abs. IV wieder anwendbar, wenn der auf österreichischem Gebiete frevelnde Bayer in Bayern wohnt. Besitzt jemand neben der bayerischen noch eine andere deutsche oder außerdeutsche Staatsangehörigkeit, so schließt das die Anwendbarkeit des Abs. IV nicht aus. Wer etwa gleichzeitig Bayer und Österreicher wäre, würde nach der Absicht des vorerwähnten Staatsvertrages von jenem Staate zu bestrafen sein, in dem er wohnt, nicht aber von demjenigen, in dessen Gebiet er frevelt und nicht wohnt (Hümmer, BayZfR. 1911 S. 129). S. die VollzBek. vom 31. 3. 1880 (FMBl. S. 85 FMBl. S. 95, Weber 14 S. 397, im Anhang abgedruckt).

Begriff der Forstrügesachen. **Artikel 50.** (*/50).

Die Forstpolizeiübertretungen, die Forstfrevel, sowie die auf Forstfrevel bezüglichen Zuwiderhandlungen gegen § 361 Ziff. 9 des Strafgesetzbuches für das Deutsche Reich[2] bilden die Forstrügesachen[1].

1. **Begriff der Forstrügesachen:** Art. 50 gibt den Begriff der Forstrügesachen; er wurde eingeschaltet durch Art. 34 AG.StPO. Nach § 3 Abs. III EG.StPO. können die Landesgesetze die Forstrügesachen einem eigenen Verfahren unterstellen. Der Begriff Forstrügesachen mußte daher in das Forstgesetz aufgenommen und umgrenzt werden; aus den Verhandlungen über die StPO. im Reichstag ergibt sich, daß die Abgrenzung des Begriffs Forstrügesachen der Landesgesetzgebung überlassen ist.

Zu den Forstrügesachen gehören nur

a) die Forstpolizeiübertretungen Art. 75—78,

b) die Forstfrevel der Art. 79—101 (einschließlich der Gewohnheitsfrevel nach Art. 101 Abs. III),

c) die Übertretung nach § 361 Ziff. 9 StGB., soweit sie durch Duldung von Forstfreveln begangen wird.

Zur Frage der prozessualen Behandlung der Zuwiderhandlungen gegen die besonderen Bestimmungen des Art. 106, 107 s. Anm. 12 zu Art. 107.

Der Begriff der Forstrügesachen hat nur eine prozessuale Bedeutung (Art. 116).

2. **Zuwiderhandlungen gegen § 361 Ziff. 9 StGB.:** Diese sind weder Forstfrevel noch Forstpolizeiübertretungen; sie sind dem Forstgesetz lediglich in prozessualer Hinsicht unterstellt; die materielle Seite ist ganz nach dem StGB. zu beurteilen (Abg. 1878/79, Beil. Bd. 5 S. 375). Hinsichtlich der Verjährung gelten also die Bestimmungen des StGB. (OLGMSt. Bd. 2 S. 102). Die Strafschärfungsgründe des Forstgesetzes (auch Rückfall) können sich nur im Strafmaß auswirken. Als Ursache für die Einreihung unter die Forstrügesachen führt die Begründung an: „Der enge Zusammenhang zwischen den von Kindern verübten Forstfreveln und den durch Nichtabhaltung vom Frevel seitens der Eltern begangenen Übertretungen läßt eine gleichzeitige Verhandlung und Aburteilung im hohen Grade wünschenswert erscheinen, damit sich nicht der Tatbestand in zwei Verhandlungen zersplittere, von welchen in der Regel die eine für die andere präjudiziell ist."

§ 361 Ziff. 9 des Reichsstrafgesetzbuches lautet, soweit hier einschlägig:

„Mit Haft wird bestraft, wer Kinder oder andere unter seiner Gewalt stehende Personen, welche seiner Aufsicht untergeben sind und zu seiner Hausgenossenschaft gehören, von der Begehung strafbarer Verletzungen der Gesetze zum Schutze der Forsten abzuhalten unterläßt. Die Vorschriften dieser Gesetze über die Haftbarkeit für die den Täter treffenden Geldstrafen oder anderen Geldleistungen werden hierdurch nicht berührt."

Unter § 361 Ziff. 9 StGB. fallen an sich auch die Forstpolizeiübertretungen (Art. 75—78) der gewaltunterworfenen Hausgenossen; z. B. wenn ein waldbesitzendes Kind eine Verfehlung nach Art. 75ff. begeht und vom Vater nicht abgehalten wird; zu den Forstrügesachen zählen die auf Forstpolizeiübertretungen bezüglichen Zuwiderhandlungen der Aufsichtspflichtigen nach § 361 Ziff. 9 StGB. aber nicht; diese sind vielmehr im gewöhnlichen Strafverfahren abzuurteilen. Forstrügesachen sind nur die auf Forstfrevel bezüglichen Übertretungen nach § 361 Ziff. 9 StGB. (Art. 50 FG.).

a) Kinder: d. h. Personen im Kindesalter; die Kinder können eigene oder fremde sein. Ob eine jugendliche Person zu den Kindern gehört, ist Tatfrage; eine feste Altersgrenze besteht nicht; ObLG. DJZ. 1918 S. 362.

b) Gewalt, Aufsicht: Es muß Gewalt und Aufsicht (und Hausgenossenschaft) kumulativ gegeben sein. Unter Gewalt ist die Befugnis zu verstehen, der Person Befehle zu erteilen, die ihr Gesamtverhalten betreffen; die Befugnis zu körperlicher Züchtigung ist nicht Voraussetzung (Olsh.). Die elterliche Gewalt (§§ 1626 BGB.) gehört hieher; nicht sind dagegen gewaltunterworfen die Dienstboten, Gesellen, Gehilfen, wohl aber die Lehrlinge gegenüber dem Lehrherrn (§ 127a GewO.; vgl. OLGM. Bd. 7 S. 238; ObLG. Bd. 2 S. 31). Unter Aufsicht ist das Recht und die Pflicht zu verstehen, das Gesamtverhalten eines andern zu überwachen. Die Gewalt und Aufsicht muß eine rechtlich anerkannte sein; ein rein tatsächliches Gewaltverhältnis genügt nicht; ObLG. DJZ. 1918 S. 262. Eine solche rechtliche Gewalt fehlt gegenüber der Ehefrau und den volljährigen Kindern. Auf die Dauer des Verhältnisses kommt es nicht an. Die Mutter kann neben dem Vater sowie ohne diesen strafbar sein; ObLG. Bd. 4 S. 343. Minderjährige Söhne und Töchter, die bereits einem selbständigen Erwerb nachgehen, aber noch zur Hausgenossenschaft ihrer Eltern gehören, zählen zu den „andern Personen" (ObLG. BayZfR. 1917 S. 15).

c) Hausgenossenschaft: Hausgenossenschaft ist gleichbedeutend mit häuslicher Gemeinschaft; ob eine solche vorliegt, ist im wesentlichen Tatfrage; es wird eine Gemeinschaftlichkeit des Haushalts zu erfordern sein; das Wohnen unter dem gleichen Dache ist nicht notwendig entscheidend (so die Rechtsprechung zu § 247 StGB.). Zur Hausgenossenschaft können auch Personen gehören, die sich ihr freiwillig angeschlossen haben; ObLGSt. Bd. 17 S. 14.

d) Verhältnis zwischen der Übertretung nach § 361 Ziff. 9 StGB. und dem Frevel des Gewaltunterworfenen: § 361 Ziff. 9 StGB. hat zur Voraussetzung, daß der Gewaltunterworfene einen vollendeten Forstfrevel begangen, d. h. den objektiven und subjektiven Tatbestand eines Forstfrevels erfüllt hat; daß der Gewaltunterworfene wegen Strafunmündigkeit selbst nicht als Frevler bestraft werden kann, ist ohne Bedeutung, da es sich nur um einen persönlichen Strafausschließungsgrund handelt. Wenn eine nicht zurechnungsfähige Person frevelt, kann, den ursächlichen Zusammenhang vorausgesetzt, der Aufsichtsverpflichtete u. U. als mittelbarer Täter des Frevels bestraft werden. § 361 Ziff. 9 StGB. ist nicht anwendbar, wenn der Aufsichtspflichtige am Frevel selbst teilnimmt (als Anstifter, Mittäter oder mittelbarer Täter); OLGM. Bd. 2 S. 220. § 361 Ziff. 9 StGB. ist selbstverständlich auch anwendbar, wenn die gewaltunterworfene Person wegen des Frevels bestraft wird; der Aufsichtsverpflichtete ist in diesem Falle von der Zivilverantwortlichkeit für die Geldstrafe, zu der der Frevler verurteilt wird, frei (Art. 69 Abs. III). Wenn der Aufsichtspflichtige mit den gewaltunterworfenen Hausgenossen gemeinschaftlich frevelt (Art. 56), so kann § 361 Ziff. 9 StGB. nie angewendet werden; sind die Hausgenossen strafmündig, so sind sie und der Aufsichtspflichtige wegen des Frevels nach Art. 56 zu strafen; der Aufsichtspflichtige ist für die dem Hausgenossen auferlegte Geldstrafe, Wert- und Schadenersatz zivilverantwortlich (Art. 69); sind die Hausgenossen strafunmündig, so können sie selbst nicht bestraft werden, regelmäßig aber werden ihre Handlungen dem Frevel des Aufsichtspflichtigen zugerechnet werden können (mittelbare Täterschaft, doloses Werkzeug). Die Zivilverantwortlichkeit des Aufsichtspflichtigen nach Art. 69 tritt nur ein, wenn der gewaltunterworfene Hausgenosse wegen des Forstfrevels verurteilt worden ist; OLGM. Bd. 8 S. 22.

Wenn der Vater am Frevel der Hausgenossen nicht beteiligt ist und die frevelnden Hausgenossen strafunmündig sind, so kann der Vater nur nach § 361 Ziff. 9 StGB. bestraft werden; Zivilverantwortlichkeit tritt nicht ein. Wenn die frevelnden Hausgenossen strafunmündig sind, so können sie selbst nicht bestraft werden; wenn sie der Vater zum Frevel angestiftet hat, ist er als mittelbarer Täter wegen des Forstfrevels so zu bestrafen, als hätte er den Frevel selbst begangen; seine Bestrafung nach § 361 Ziff. 9 StGB. ist in diesem Falle ausgeschlossen; vgl. OLGM. Bd. 2 S. 220.

e) Unterläßt: § 361 Ziff. 9 StGB. stellt das Gebot auf, die darin aufgeführten Personen von der Begehung von Forstfreveln abzuhalten; wer das Gebot verletzt, ist strafbar. Ursächlicher Zusammenhang zwischen der Begehung des Frevels und dem Nichtabhalten ist nicht erforderlich. Zur Strafbarkeit der Unterlassung genügt Fahrlässigkeit; ObLG. Bd. 4 S. 343. Hat die zur Aufsicht verpflichtete Person sich der Teilnahme am Forstfrevel schuldig gemacht, so ist sie nur wegen des Forstfrevels zu bestrafen; die Strafdrohung des § 361 Ziff. 9 StGB. gegen die Unterlassung hat nur subsidiäre Bedeutung; OLGMSt. Bd. 2 S. 224 (226). Der Umstand allein, daß durch Kinder Forstfrevel verübt worden sind, reicht für den Schuldbeweis nicht aus; ObLG. Bd. 4 S. 343; BayZfR. 1917 S. 19; OLGMSt. Bd. 7 S. 72. Eine gesetzliche Vermutung für die Schuld des Gewaltinhabers besteht nicht; anders bei der Zivilverantwortlichkeit (Art. 69 Abs. II).

f) Haftbarkeit: Der zweite Satz des § 361 Ziff. 9 StGB. hält die Bestimmung des Art. 69 über Zivilverantwortlichkeit aufrecht; vgl. die dortigen Anm., insbes. zu Abs. III.

Zulässige Strafarten.

Artikel 51. $(^{50}/_{51})^1$.

I Wegen Forstpolizeiübertretungen[2] kann nur auf Geldstrafe erkannt werden.

II Die wegen Forstfrevel[3] zulässigen Strafen sind:

1. Geldstrafe;
2. Haft.

1. **Geltungsbereich**: Die Art. 51, 52 und 54 behandeln die Strafen für Forstpolizeiübertretungen und Forstfrevel. (Art. 53 und 55 sind aufgehoben.) Art. 51 zählt die für Forstpolizeiübertretungen und Forstfrevel zulässigen Strafen auf; die Aufzählung ist nicht erschöpfend, da für die Gewohnheitsfrevel (Art. 101 Abs. III) auch Gefängnis zulässig ist. Welche Strafe im einzelnen Fall zulässig ist, ergibt sich aus der Strafdrohung des einschlägigen Artikels (Forstpolizeiübertretungen Art. 75—78, Forstfrevel Art. 79—101). Auf die Übertretungen nach § 361 Ziff. 9 StGB. und die Verfehlungen nach Art. 106, 107 bezieht sich Art. 51 nicht. Die Bedeutung des Art. 51 ist gering, da der darin aufgestellte Grundsatz bereits vom Gesetzgeber in allen einzelnen Strafbestimmungen des Forstgesetzes durchgeführt ist.

2. **Forstpolizeiübertretungen (Abs. I)**: Die Höhe ergibt sich aus den einzelnen Strafbestimmungen der Art. 75—78. Zunächst kann nur auf Geldstrafe erkannt werden; wenn sie nicht eingebracht werden kann, tritt an ihre Stelle Haft nach § 29 StGB. (Art. 54; näheres dort).

3. **Forstfrevel (Abs. II)**: Wann die Geld- oder Haftstrafe allein oder beide nebeneinander zulässig sind, ergibt sich aus den einzelnen Strafbestimmungen; Haftstrafe ist selten angedroht: bei den Forstfreveln durch Entwendung überhaupt nicht, im übrigen nur in den Art. 95 Abs. V (böswillige Beschädigung), Art. 96 Abs. II (Feueranmachen, um Bäume anzubrennen oder Asche zu gewinnen), Art. 101 Abs. II und III (Rückfallsfrevel); unbedingt vorgeschrieben ist sie überhaupt nicht mehr.

Die Höhe der Geldstrafe ergibt sich aus den einzelnen Strafbestimmungen, der Mindestbetrag bei den Entwendungsfreveln aus Art. 52; an die Stelle einer uneinbringlichen Geldstrafe tritt Haft (Art. 54).

Die Dauer der Haftstrafe bestimmt sich seit der Aufhebung des Art. 53 ausschließlich nach dem Reichsstrafgesetzbuch (Art. 4 AG.StPO.); der Höchstbetrag ist sechs Wochen, der Mindestbetrag ein Tag (§ 18 StGB.); die Haftstrafe besteht in einfacher Freiheitsentziehung. Da die Strafbestimmungen des Forstgesetzes, die Haft zulassen, keine Bestimmung über die Dauer enthalten, ist stets der ganze Strafrahmen des § 18 StGB. zugelassen.

Der frühere Abs. III des Art. 51, wonach bei einem und demselben Frevel gegen dieselbe Person Geld- und Haftstrafe nicht miteinander verbunden werden durften, wurde i. J. 1923 aufgehoben; gleichzeitig wurde in den Art. 95 Abs. V, 96 Abs. II und 101 Abs. II die Häufung beider Strafen zugelassen.

Mindestgeldstrafe bei Entwendungsfreveln.

Artikel 52. ($^{51}/_{52}$).

Die Geldstrafe darf bei Forstfreveln durch Entwendung, auch wenn der einfache Wert des Entwendeten geringer ist, nicht unter dreißig Reichspfennig[2] betragen.

1. **Geltungsbereich**: Art. 52 bestimmt eine Mindeststrafe, aber nur für die Forstfrevel durch Entwendung (Art. 79—87); für die Forstpolizeiübertretungen und die Frevel nach Art. 88—100 stellt das Forstgesetz keine allgemeine Mindeststrafe auf; in diesen Fällen ergibt sich die jeweilige Mindeststrafe aus den einzelnen Strafbestimmungen u. U. in Verbindung mit der Reichsverordnung über Vermögensstrafen und Bußen vom 6. 2. 1924 (RGBl. I S. 44); nur für die Notfrevel gilt noch eine allgemeine Mindeststrafe: 50 Reichspfennig bei andern als Entwendungsfreveln (Art. 61 a). Die Mindeststrafe des Art. 52 gilt auch für Notentwendungsfrevel (Art. 61a). Sie ist festgesetzt, damit nicht in denjenigen Fällen, in denen sich die Geldstrafe nach dem Werte des Entwendeten richtet, auf allzu geringfügige und deshalb wirkungslose Strafen erkannt werde (Begr.). An der Mindeststrafe des Art. 52 hat die erwähnte VO. über Vermögensstrafen und Bußen nichts geändert (ObLG. Bd. 20 S. 68); in diesem Urteil ist ausgeführt, daß durch die vorgenannte Reichsverordnung die Novelle zum Forstgesetz vom 9. 2. 1924 (GVBl. S. 27) überhaupt nicht berührt worden sei. Bei Jugendlichen beträgt die Mindeststrafe ebenfalls 30 Reichspfennige; bei den Entwendungsfreveln mit absoluter Strafdrohung besteht also ein Strafrahmen von 30 Reichspfennigen bis zur Hälfte der absolut bestimmten Strafe (§ 9 Abs. III JugGG.; vgl. ObLG. Bd. 24 S. 42 und BayZfR. 1927 S. 58; Anm. 2 zu Art. 53).

2. **Gerichtsgebühr** bei Strafen unter 1 Reichsmark s. Art. 27 des bayer. KostG. vom 16. 2. 1921 (s. nach Art. 68).

Strafbestimmungen für Jugendliche. **Artikel 53.**[1 2]

1. **Allgemeines:** Art. 53 wurde i. J. 1923 aufgehoben. Abs. I regelte die Dauer der Haftstrafe allgemein, Abs. II bestimmte ihren Höchstbetrag für Jugendliche. An die Stelle des Art. 53 sind nun die entsprechenden Bestimmungen des Strafgesetzbuches (vgl. Anm. 3 zu Art. 51) und, soweit diese durch die materiellen Vorschriften des Jugendgerichtsgesetzes vom 16. 2. 1923 (RGBl. I S. 135) ersetzt sind, die Vorschriften dieses Gesetzes getreten, nämlich §§ 1—16 (Art. 4 AG.StPO.). Die Vorschriften des Jugendgerichtsgesetzes, die nur das Verfahren regeln (§§ 17—42), sind auf Forstrügesachen nicht anwendbar (s. Anm. 6 vor Art. 48).

2. **Jugendgerichtsgesetz:** Die wichtigsten der anwendbaren (§§ 1—16) Vorschriften des Jugendgerichtsgesetzes lauten:

„§ 1. Ein Jugendlicher im Sinne dieses Gesetzes ist, wer über vierzehn, aber noch nicht achtzehn Jahre alt ist.

§ 2. Wer eine mit Strafe bedrohte Handlung begeht, ehe er vierzehn Jahre alt geworden ist, ist nicht strafbar.

§ 3. Ein Jugendlicher, der eine mit Strafe bedrohte Handlung begeht, ist nicht strafbar, wenn er zur Zeit der Tat nach seiner geistigen oder sittlichen Entwicklung unfähig war, das Ungesetzliche der Tat einzusehen oder seinen Willen dieser Einsicht gemäß zu bestimmen.

§ 4. Die Strafbarkeit des Anstifters und Gehilfen, des Begünstigers und Hehlers wird durch die Vorschriften der §§ 2, 3 nicht berührt.

§ 5. [I]Hat ein Jugendlicher eine mit Strafe bedrohte Handlung begangen, so hat das Gericht zu prüfen, ob Erziehungsmaßregeln erforderlich sind.

[II]Hält das Gericht die Erziehungsmaßregeln für erforderlich, so hat es entweder selbst Erziehungsmaßregel anzuordnen oder auszusprechen, daß Erziehungsmaßregeln erforderlich sind, ihre Auswahl und Anordnung aber dem Vormundschaftsgericht überlassen bleibt. Das Vormundschaftsgericht muß alsdann eine Erziehungsmaßregel anordnen. Die Fürsorgeerziehung soll das Gericht nur dann selbst anordnen, wenn in erster Instanz die Zuständigkeit dafür auch außerhalb des Strafverfahrens begründet ist.

[III]Die vorstehenden Bestimmungen finden auch Anwendung, wenn das Gericht den Täter nach § 3 freispricht.

§ 6. Hält das Gericht Erziehungsmaßregeln für ausreichend, so ist von Strafe abzusehen.

§ 7. [I]Als Erziehungsmaßregeln sind zulässig:

1. Verwarnung,
2. Überweisung in die Zucht der Erziehungsberechtigten oder der Schule,
3. Auferlegung besonderer Verpflichtungen,
4. Unterbringung,
5. Schutzaufsicht,
6. Fürsorgeerziehung.

[II]Die Reichsregierung kann mit Zustimmung des Reichsrats auch andere Erziehungsmaßregeln für zulässig erklären.

[III]Die Voraussetzungen, die Ausführung und Aufhebung sowie das Erlöschen der Schutzaufsicht und der Fürsorgeerziehung bestimmen sich nach dem Reichsgesetze für Jugendwohlfahrt. Für die anderen Erziehungsmaßregeln bestimmt das Erforderliche die Reichsregierung mit Zustimmung des Reichsrats; sie dürfen auch nach Vollendung des achtzehnten Lebensjahrs bis zum Eintritt der Volljährigkeit ausgeführt werden.

§ 8. [I]Vor dem Urteil kann das Gericht vorläufige Anordnungen über die Erziehung und Unterbringung treffen. Vor der Entscheidung ist das Jugendamt zu hören. Von der Anhörung kann abgesehen werden, wenn sie wegen Gefahr im Verzug untunlich ist; in diesem Falle ist das Jugendgericht nachträglich zu hören.

[II]Im Urteil hat sich das Gericht darüber auszusprechen, ob die vorläufige Anordnung wegfallen oder bis zur endgültigen Entscheidung über die Anordnung einer Erziehungsmaßregel bestehen bleiben soll.

§ 9. [I]Hat ein Jugendlicher eine mit Strafe bedrohte Handlung begangen, so gelten für die Strafbemessung folgende Vorschriften:

[II]Statt auf Todesstrafe oder auf lebenslanges Zuchthaus ist auf Gefängnis von einem bis zu zehn Jahren, statt auf lebenslange Festungshaft ist auf Festungshaft von einem bis zu zehn Jahren zu erkennen.

III Sind andere Strafen angedroht, so ist die Strafe zwischen dem gesetzlichen Mindestbetrage der anzuwendenden Strafart und der Hälfte des Höchstbetrags der angedrohten Strafe zu bestimmen. Ist Zuchthausstrafe angedroht, so tritt an ihre Stelle Gefängnisstrafe.

IV Ist die Tat ein Vergehen oder eine Übertretung, so kann in besonders leichten Fällen von Strafe abgesehen werden.

V Auf Verlust der bürgerlichen Ehrenrechte überhaupt oder einzelner bürgerlicher Ehrenrechte, auf Überweisung an die Landespolizeibehörde sowie auf Zulässigkeit von Polizeiaufsicht darf nicht erkannt werden.

§ 10. I Das Gericht kann die Vollstreckung einer Freiheitsstrafe im Urteil aussetzen, damit der Verurteilte sich durch gute Führung während einer Probezeit Straferlaß verdienen kann. Dies soll insbesondere dann geschehen, wenn der sofortige Strafvollzug eine Erziehungsmaßregel gefährden würde.

II Wird die Vollstreckung der Strafe nicht ausgesetzt, so müssen die Urteilsgründe sich darüber aussprechen, ob die Strafe vollstreckt oder die Entscheidung über die Aussetzung vorbehalten werden soll."

Dazu ist zu bemerken: Die unbedingte Strafunmündigkeit dauert nunmehr bis zur Vollendung des 14. Lebensjahres (§ 2). Die Jugendlichkeit im Sinne des Gesetzes dauert von der Vollendung des 14. bis zur Vollendung des 18. Lebensjahres (§ 1). Die Strafbarkeit des Jugendlichen ist abhängig von der geistigen und sittlichen Reife (§ 3). Die unbedingte und bedingte Strafunmündigkeit (§§ 2, 3) sind persönliche Strafausschließungsgründe (RG. Bd. 57 S. 206). Die Anstifter, Gehilfen, Begünstiger und Hehler von Strafunmündigen und Jugendlichen sind so zu bestrafen, als sei die Haupttat nicht von einem Strafunmündigen oder Jugendlichen verübt (§ 4). Es sind Erziehungsmaßregeln (§ 7) zulässig neben der Strafe, statt der Strafe und bei Freisprechung wegen mangelnder Reife (§§ 5 f.). Auch Verwarnung ist möglich. In besonders leichten Fällen einer Forstpolizeiübertretung oder eines Forstfrevels oder auch eines Holzdiebstahls (Art. 81, 83 Abs. III) kann von Strafe ganz abgesehen werden (§ 9 Abs. IV). Für die Strafbemessung bei Jugendlichen gilt § 9 Abs. III. Da die Mindeststrafe sich nach der Mindeststrafe der angedrohten Strafart, nicht nach der tatsächlich angedrohten Höhe der Mindeststrafe des angedrohten Strafrahmens richtet, so kommt diese auch für absolute Strafen, insbesondere auch für solche, die nach einem Vielfachen des Wertes zu bilden sind, in Betracht. Die hienach zu berechnende absolute Höhe ist dann zur Findung der Höchststrafe stets auf die Hälfte zu ermäßigen, während sich die Mindeststrafe aus der für die Art der angedrohten Strafe zulässigen Mindeststrafe ergibt. Der Mindestbetrag der im Forstgesetz fast ausschließlich vorkommenden Geldstrafe beträgt nach dem Reichsstrafgesetzbuch 1 Reichsmark (§ 27 Abs. I Ziff. 2 StGB.); im Forstgesetz ist aber teilweise eine niedrigere Mindeststrafe festgesetzt (z. B. Art. 52); wo Mindeststrafen unter 1 Reichsmark zugelassen sind, müssen diese nach dem Sinne des Gesetzes auch für Jugendliche gelten; sie können für diese aber nicht weiter ermäßigt werden. Ist sonach z. B. nach Art. 79 Abs. I FG. eine Geldstrafe in Höhe von 1⅓ des Wertes des entwendeten Holzes verwirkt, so beträgt der in Betracht kommende gemilderte relative Strafrahmen, der an Stelle der absoluten 1⅓ fachen Strafe tritt, in seinem Mindestbetrag 30 Reichspfennig (Art. 52), der Höchstbetrag ½ des angedrohten 1⅓ fachen Wertes; die wirkliche Strafe ist innerhalb dieses Strafrahmens zu bestimmen. Im Falle des Art. 75 Abs. I bewegt sich für den Jugendlichen der Strafrahmen von 1 Reichsmark im ganzen als Mindestbetrag der Strafe bis zu 1500 Reichsmark für das Hektar der Waldfläche als Höchstbetrag.

Ersatzhaftstrafe.

Artikel 54. (53/54).

An die Stelle einer uneinbringlichen Geldstrafe tritt, gleichgültig, ob es sich um Forstpolizeiübertretungen oder um Forstfrevel handelt, Haft nach Maßgabe des Strafgesetzbuchs für das Deutsche Reich.

1. Sachliches: Art. 54 behandelt die Umwandlung einer wegen einer Forstpolizeiübertretung oder eines Forstfrevels verwirkten, nicht einbringlichen Geldstrafe in eine Ersatzfreiheitsstrafe; er ist an die Stelle der i. J. 1923 aufgehobenen früheren Art. 54 und 55 getreten, die die Umwandlung anders und für die Forstpolizeiübertretungen verschieden von den Forstfreveln geregelt hatten. Jetzt ist die Umwandlung bei den Forstpolizeiübertretungen und den Forstfreveln gleichmäßig geordnet; in beiden Fällen tritt an die Stelle einer nicht einbringlichen Geldstrafe Haft nach den Vorschriften des § 29 StGB. und zwar auch beim Gewohnheitsfrevel des Art. 101 Abs. III, der ein Vergehen ist. Die Dauer der Ersatzhaftstrafe beträgt hienach mindestens einen Tag und höchstens sechs Wochen; sie darf nur nach vollen Tagen bemessen werden: im übrigen wird ihr Maß vom Gericht nach freiem

Ermessen bestimmt. Der Verurteilte kann die Vollstreckung der Ersatzhaft jederzeit dadurch abwenden, daß er den noch zu zahlenden Betrag der Geldstrafe entrichtet. Kann die Geldstrafe ohne Verschulden des Verurteilten nicht eingebracht werden, so kann das Gericht anordnen, daß die Vollstreckung der Ersatzhaft unterbleibt; § 462 StPO. findet hiebei Anwendung. Beim sachlichen Zusammentreffen (Realkonkurrenz §§ 74ff., 78 StGB.) mehrerer Forstpolizeiübertretungen oder Forstfrevel sind nicht nur die dadurch verwirkten einzelnen Geldstrafen, sondern im Falle ihrer Uneinbringlichkeit auch die an ihre Stelle tretenden einzelnen Ersatzhaftstrafen ungekürzt (kumulativ) festzusetzen; jedoch darf die Gesamtdauer mehrerer zusammentreffender Haftstrafen drei Monate nicht übersteigen (§ 78 Abs. II StGB.). Die Vollstreckungsbehörde kann auch dem Verurteilten gestatten, eine nicht einbringliche Geldstrafe durch freie Arbeit zu tilgen (§ 28b StGB.). Bei gemeinschaftlichen Freveln mehrerer zur nämlichen Familie gehöriger Personen gilt für die Umwandlung eine Besonderheit (Art. 56 Abs. III Satz 3); desgleichen für gemeinschaftlich begangene Forstpolizeiübertretungen (Art. 57 Satz 2 und 3). Gegen die zivilverantwortlichen Personen nach Art. 69 ist Umwandlung nicht möglich (JustME. vom 2. 6. 1860, Z. Bd. 7 S. 168), wohl aber gegen die nach Art. 70 Verantwortlichen.

Die Umwandlung ist bei jeder durch eine Forstpolizeiübertretung oder einen Forstfrevel verwirkten Geldstrafe zulässig und — soweit nicht eine gesetzliche Ausnahme vorliegt — geboten, auch bei Geldstrafen unter 1 Reichsmark (ObLG. Bd. 25 S. 68).

2. Verfahren: Die Ersatzhaftstrafe ist bereits im Tenor des Urteils oder Strafbefehls für den Fall der Uneinbringlichkeit der zunächst verhängten Geldstrafe festzusetzen (Begr. zur Novelle 1923); ist dies unterlassen worden, so ist die Geldstrafe nachträglich umzuwandeln (§ 459 StPO.). Vgl. zur Vollstreckung der Geldstrafen und zur Umwandlung auch Art. 178ff. und §§ 54ff. Allg. VollzV. 1879. Der Ausspruch des Urteils (Strafbefehls) über die Umwandlung kann wie das Urteil überhaupt angefochten werden. Stellt sich heraus, daß die Geldstrafe vom Verurteilten oder Zivilverantwortlichen nicht erhoben werden kann, so hat der Amtsrichter oder der dazu ermächtigte Urkundsbeamte (Art. 179) die Umwandlung zu beschließen. Die Umwandlung der Geldstrafen in Haft soll möglichst eingeschränkt werden (§ 54 Allg. VollzV. 1879); es wird daher vor der Umwandlung stets zu versuchen sein, die Haftung des Zivilverantwortlichen in Anspruch zu nehmen. Bei der Umwandlung gegen Jugendliche ist § 14 JugGG. zu beachten.

Artikel 55

wurde i. J. 1923 aufgehoben und ersetzt durch Art. 54 in der heutigen Fassung.

Gemeinschaftliche Forstfrevel. Artikel 56[1]. ($^{55}/_{56}$).

I Wird ein Forstfrevel durch das Zusammenwirken[2] mehrerer Personen verübt, diese mögen als Miturheber[3] oder als Gehilfen[4] erscheinen, so ist die volle Strafe[5] gegen jeden derselben auszusprechen.

II Für Wert- und Schadenersatz[6], sowie für Auslagen haften sie samtverbindlich.

III[7] Die Bestimmung des Abs. 1 findet keine Anwendung auf mehrere zur nämlichen Familie gehörige Personen (Art. 69 Ziff. 1 bis 5), welche gemeinschaftlich einen Forstfrevel nach Art. 80, 84 oder 85 begehen. Solche Personen werden mit einander, jedoch samtverbindlich in die treffende Geldstrafe verurteilt. In demselben Urteile ist auszusprechen, gegen welchen oder welche Frevler die Umwandlung der Geldstrafe in Haftstrafe einzutreten hat, wenn erstere nicht beigetrieben werden kann. Geschieht die Umwandlung gleichzeitig gegen mehrere dieser Frevler, so darf dennoch die von den Einzelnen zu erstehende Haft zusammengerechnet die gesetzlich festgesetzte höchste Dauer der Haftstrafe nicht überschreiten.

IV[8] Ist gegen einen oder mehrere Familienangehörige wegen ausgezeichneten Rückfalls oder Gewohnheitsfrevels Haft- oder Gefängnisstrafe auszusprechen (Art. 101 bis 105), so sind die übrigen zur Familie gehörigen Personen dennoch samtverbindlich in die Geldstrafe zu verurteilen.

Auszug aus dem bayer. Strafgesetzbuch vom Jahre 1813.

III. Von den **Urhebern** eines Verbrechens.

Art. 45. Nicht bloß I. derjenige, welcher das Verbrechen durch eigene körperliche Kraft und Tat unmittelbar bewirkt, sondern auch II. wer dem Vollbringer vor oder bei der Ausführung in der Absicht, damit das Verbrechen entstehe, eine solche Hilfe geleistet hat, ohne welche diesem die Tat nicht möglich gewesen wäre; endlich III. alle diejenigen, welche mit rechtswidriger Absicht andere zur Begehung und Ausführung des Verbrechens bewogen haben, sollen als die Urheber desselben bestraft werden.

Von den mittelbaren Urhebern durch Rat, Auftrag usw.

Art. 46. [I]Unter den zuletzt genannten Urhebern (Art. 45 Nr. III) ist begriffen: wer durch ausdrückliche Raterteilung, durch Auftrag, durch Versprechen oder Geben eines Lohnes, durch Gewalt, Drohung oder Befehl, oder endlich durch absichtliche Erregung oder Benutzung eines Irrtums den Vollbringer der Tat zur Ausführung derselben bestimmt hat.

[II]Wer aber durch Reden oder Handlungen unabsichtlich eines anderen gesetzwidrigen Entschluß veranlaßt, soll nach den Gesetzen über Fahrlässigkeit, und wer den von einem anderen schon gefaßten Entschluß zur Begehung eines Verbrechens durch Rat, Auftrag und dergleichen bestärkt hat, nach dem Gesetze wider Gehilfen beurteilt werden.

Wie weit einem mittelbaren Urheber die Handlungen des Vollbringers zugerechnet werden.

Art. 47. Einem Urheber durch Befehl, Auftrag und dergleichen ist nicht nur diejenige Tat zuzurechnen, worauf dessen Willenserklärung ausdrücklich und namentlich gerichtet war, sondern auch I. jedes nicht ausdrücklich ausgenommene Verbrechen, welches der Vollbringer als Mittel zur Ausführung des ihm übertragenen Verbrechens begangen hat; desgleichen II. jedes Verbrechen, welches als Folge aus der übertragenen Handlung entstanden ist, soweit es dem Übertragenden zuzurechnen wäre, wenn er selbst diese Handlung ausgeführt hätte.

Von den Miturhebern durch **Komplott**.

Art. 50. [I]Wenn zwei oder mehrere aus gemeinschaftlichem Interesse ein Verbrechen miteinander beschließen, und sich zu dessen gemeinschaftlicher Ausführung durch Verabredung eines gegenseitigen Beistandes verpflichten, so ist diese Vereinigung ein Komplott, unter dessen Voraussetzung jeder Teilnehmer des Komplotts, welcher auf was immer für eine Weise vor, bei, oder nach der Ausführung mitgewirkt, oder sich zur Mitwirkung bereitwillig gezeigt, oder seine Mitverbündeten bei der Überzeugung der von ihm zu erwartenden Beihilfe erhalten hat, nach Vollendung des Verbrechens als ein Miturheber desselben zu betrachten ist.

[II]Diejenigen, welche, ohne an der Hauptverabredung und den Beratschlagungen eines Komplotts teilzunehmen, gleichwohl zur Beförderung der Absicht desselben Beihilfe versprochen oder geleistet haben, sind bloß als Gehilfen zu bestrafen, sofern die Art. 45 Nr. II bestimmte Voraussetzung nicht zur Anwendung kommt.

Art. 53. [I]Ein Teilnehmer des Komplotts, welcher bei der Ausführung nicht mitgewirkt (Art. 50), ist nur dann von der Strafe frei, wenn derselbe vor der Ausführung der Tat das Komplott der Obrigkeit angezeigt hat.

[II]Wenn aber derselbe das Komplott zwar nicht der Obrigkeit angezeigt, jedoch den übrigen Teilnehmern oder dem Oberhaupte des Komplotts durch Worte oder Handlungen deutlich erklärt hat, daß er an der Verbindung nicht mehr teilhaben wolle, und demungeachtet das Verbrechen von den übrigen vollzogen worden ist, so soll derselbe bloß als Gehilfe, nach Unterschied der Fälle, bestraft werden.

Von **Banden**.

Art. 54. Die Gesetze wider das Komplott überhaupt (Art. 50—53) sind auch auf Banden anzuwenden, worunter solche Komplotte verstanden werden, welche zur Verübung mehrerer, einzeln noch ganz unbestimmter Verbrechen einer gewissen Art oder Gattung eingegangen sind.

C. Von **Gehilfen**.

Art. 73. Wer die Ausführung des von einem andern schon beschlossenen Verbrechens wissentlich und vorsätzlich befördert, durch Worte oder Werke, durch Tun oder pflichtwidriges Unterlassen, ist Gehilfe, wenn nicht der von ihm geleistete Beistand so wesentlich notwendig war, daß ohne diese Mitwirkung das Verbrechen nicht hätte vollführt werden können (Art. 45 Nr. II).

1. Allgemeines: Art. 56 regelt erschöpfend die Teilnahme bei Forstfreveln (Art. 57 nur in gewissem Umfang die Teilnahme bei Forstpolizeiübertretungen). Die Teilnahme bei Forstfreveln ist im Forstgesetz selbständig geregelt und zwar im Anschluß an das bayerische Strafgesetzbuch vom Jahre 1813, das bei der Einführung des Forstgesetzes galt. Die Regelung weicht von den Vorschriften des Reichsstrafgesetzbuchs über die Teilnahme (§§ 47ff.) wesentlich ab; diese können bei den Forstfreveln nicht, auch nicht ergänzend angewandt werden (ObLG. Bd. 20 S. 279ff.). Der Teilnahmebegriff des Forstgesetzes (Art. 56, 57) ist dem bayerischen Strafgesetzbuch von 1813 entnommen und nach diesem auszulegen. Das Zusammenwirken ist der Oberbegriff für die beiden Teilnahmearten Miturheberschaft und Gehilfenschaft. Voraussetzung für die Anwendung des Art. 56 ist die gemeinschaftliche Begehung frevlerischer Handlungen.

2. Schuld: Gemeint ist nur ein bewußtes und gewolltes Zusammenwirken; nach der im Vollzuge des Reichsstrafgesetzbuches herrschenden Lehre ist Teilnahme bei fahrlässig begangenen Delikten ausgeschlossen (richtig aber braucht sich hier das Wissen und Wollen nur auf das gemeinsame Handeln, nicht auf den strafbaren Erfolg zu erstrecken; bezüglich des strafbaren Erfolgs genügt bei Fahrlässigkeitsdelikten gemeinsame Fahrlässigkeit; wenn z. B. mehrere gemeinsam in einem fremden Wald eine Arbeit verrichten und dabei gemeinsam fahrlässig ein Grenzzeichen beschädigen, so sind sie Miturheber des Forstfrevels nach Art. 92 Ziff. 3; das gleiche wie für die Miturheberschaft gilt für die Gehilfenschaft; vgl. Frank, 16. Aufl. S. 103 Anm. IV, 2). Die sog. Nebentäterschaft (zufällige Mittäterschaft zufolge Nähe von Ort und Zeit) fällt nicht unter Art. 56 FG. Ebensowenig fällt die auch bei den Forstfreveln mögliche mittelbare Täterschaft (Täterschaft durch eine unzurechnungsfähige, gutgläubige oder willenlose andere Person) unter Art. 56. Wer einen anderen beauftragt hat, eine Handlung zu begehen, die einen Forstfrevel durch Entwendung begründet, ist selbst als Täter, nicht als Anstifter des Forstfrevels zu bestrafen, wenn der andere seinen Auftraggeber und sich selbst für berechtigt hielt, die Handlung vorzunehmen (OAG. 3. 8. 1868, S.w.E. Bd. 3 S. 370). Anstiftung setzt stets eine von einem anderen begangene strafbare Handlung voraus.

3. Miturheber: Zu den Miturhebern gehören (nach der uns geläufigen Sprache des Reichsstrafgesetzbuchs) die Mittäter, die Anstifter und ein Teil der Gehilfen, nämlich diejenigen, die eine solche Hilfe geleistet haben, daß ohne sie die Haupttat nicht möglich gewesen wäre (Art. 45 des bayer. StGB. von 1813). (Der übrige Teil der Gehilfen gehört zur Gehilfenschaft im Sinne des bayer. StGB. von 1813, s. Anm. 4.) Außer diesen Beteiligten zählen zu den Miturhebern die Teilnehmer an einem Komplott und an einer Bande (Art. 50, 54 des bayer. StGB. von 1813). Unter Komplott versteht man die Verabredung von zwei oder mehr Personen zur Begehung bestimmter Forstfrevel, unter Bande die Verabredung zur Begehung unbestimmter Forstfrevel (vgl. Frank, 16. Aufl. S. 97, Teilnahme I, 3). Wenn auf Grund der Verabredung ein Forstfrevel begangen wurde, ist jeder Teilnehmer des Komplotts oder der Bande als Miturheber strafbar, auch wenn er sich an der Ausführung des Forstfrevels nicht weiter beteiligt hat; er kann sich von der Strafe nur befreien, wenn er vor der Ausführung des Forstfrevels das Komplott oder die Bande der Obrigkeit angezeigt hat (Art. 53 des bayer. StGB. von 1813); wird auf Grund der Verabredung kein Forstfrevel begangen, so tritt keine Strafbarkeit ein. Zu bestrafen sind alle Miturheber (Mittäter, Anstifter, Gehilfen, Komplottbeteiligte, Bandenteilnehmer) gleich: jeden trifft nach Art. 56 Abs. I FG. die volle Strafe; für Wert- und Schadenersatz sowie für Auslagen haften sie samtverbindlich (Abs. II).

Wenn mehrere Streuberechtigte gemeinschaftlich beschließen, die der Berechtigung jedes einzelnen entsprechende Streumenge aus einem nicht angewiesenen Waldorte zu holen und wenn sodann in Ausführung dieses Beschlusses jeder Berechtigte einzeln die ihm gebührende Streu holt, liegt kein durch Zusammenwirken mehrerer Personen verübter Forstfrevel vor; jeder der Beteiligten kann daher nur in den auf seinen Frevel treffenden Wert- und Schadenersatz und in die hienach sich bemessende Geldstrafe und ebenso bloß in die treffenden Kosten des Verfahrens verurteilt werden (OAG. 30. 3. 1875, St. Bd. 5 S. 95). Hier ist auch kein Komplott gegeben, da gemeinsame Ausführung unter gegenseitigem Beistand nicht verabredet ist.

4. Gehilfen: Dazu rechnet jede Beihilfe, die nicht so notwendig war, daß ohne sie der Frevel nicht hätte ausgeführt werden können (Art. 73 des bayer. StGB. von 1813). Die Unterscheidung zwischen der zur Urheberschaft und der zur Gehilfenschaft gehörenden Beihilfe ist übrigens ohne Bedeutung, da beide gleich zu bestrafen sind. Die Art. 74, 76 und 78 des bayer. StGB. von 1813 teilen die Gehilfen nach der Art ihrer Mitwirkung in drei Grade ein; diese Ausscheidung ist für das Forstgesetz bedeutungslos, da die Strafe für alle Gehilfen gleich ist. Der dritte Grad der Gehilfenschaft (Unterlassung der Anzeige oder Verhinderung von Straftaten, die andere beabsichtigen, Art. 78 des bayer. StGB. von 1813) dürfte nur bei den zu Vergehen erhobenen Gewohnheitsfreveln in Betracht kommen. Bemerkt sei, daß als Gehilfe auch gilt, wer dem Täter vor der Vollendung oder im Zeitpunkt der Vollendung der Tat die Verheimlichung oder eine andere nach begangener Tat zu leistende Hilfe verspricht (Art. 76 Ziff. V des bayer. StGB. von 1813). Unterstützung nach dem Delikt, die nicht vor dessen Vollendung zugesagt wurde, ist Begünstigung; diese ist bei Forstrügesachen nicht strafbar (wohl auch nicht bei den Gewohnheitsfreveln; vgl. Anm. 12 vor Art. 48). Gehilfe ist auch, wer den von einem andern schon gefaßten Entschluß zur Begehung eines Forstfrevels durch Rat, Auftrag u. dgl. bestärkt hat

(Art. 46 Abs. II des bayer. StGB. von 1813). Wenn ein Entwendungsfrevel vollendet ist, so ist die nachträgliche, nicht vorher verabredete Unterstützung des Frevlers, z. B. durch Abfuhr des gefrevelten Holzes, eine nicht strafbare Begünstigung, OAG. 19. 10. 1867 (S. w. E. Bd. 1 S. 406). Wer dagegen in Kenntnis des ohne seine Mitwirkung begangenen Frevels zur Veräußerung des gefrevelten Holzes durch dessen Abfuhr Beihilfe leistet, ist strafbar nach Art. 99, 56 Abs. I FG. (ObLG. Bd. 20 S. 295).

5. Bestrafung: Für die Mittäter, Anstifter, Gehilfen, Komplottsbeteiligte und Bandenmitglieder gilt die gleiche Strafdrohung wie für die Alleintäter des betreffenden Forstfrevels; bei absolut bestimmten Strafen (z. B. Art. 79 Abs. I) muß dem Gehilfen also genau die gleiche Strafe auferlegt werden wie dem Täter; bei Strafbestimmungen mit Strafrahmen (z. B. Art. 91) gilt für alle Teilnehmer nur der gleiche Strafrahmen wie für den Alleintäter; innerhalb des Strafrahmens können die Strafen für die einzelnen Teilnehmer abgestuft werden, es kann z. B. dem Gehilfen wegen seiner geringeren Beteiligung eine niedrigere Strafe auferlegt werden als dem Täter. Kein Teilnehmer haftet, sofern er nicht nach Art. 69 zivilverantwortlich ist, für die Geldstrafe des andern. Täter und Teilnehmer sind stets nur strafbar, wenn der Forstfrevel vollendet worden ist. Eine Ausnahme von dem Grundsatz des Art. 56 Abs. I bestimmt Art. 88 Abs. III für gemeinsame Waldfrevel. Wenn sich die Strafe nach dem Wert der entwendeten Walderzeugnisse bemißt (z. B. Art. 80), ist der Strafe jedes einzelnen Teilnehmers der Wert des von allen Teilnehmern gemeinsam gefrevelten Gutes, nicht bloß des auf ihn treffenden Teils, zugrunde zu legen. Der Grundsatz der Nichtverantwortlichkeit für den Exzeß der andern gilt auch hier, d. h. ein Teilnehmer kann für die Überschreitung der Grenzen des gemeinsamen Einverständnisses durch andere nicht verantwortlich gemacht werden. Auch § 50 StGB. ist zu beachten; wenn z. B. ein Teilnehmer rückfällig ist, so trifft die Strafschärfung des Art. 101 nur ihn; vgl. auch Anm. 1 zu Art. 59.

Es besteht keine Beschwer für den Beschuldigten, wenn er als Anstifter anstatt als Täter wegen Forstfrevels durch Entwendung verurteilt wurde, da für beide Fälle die gleiche Strafe angedroht ist (OAGSt. Bd. 8 S. 579).

Der Anstifter (intellektuelle Urheber) eines Forstfrevels ist mit der vollen Strafe des Forstfrevels zu belegen und nicht bloß, sofern er zu den in Art. 69 bezeichneten Personen gehört, für die von dem physischen Urheber des Forstfrevels verwirkte Geldstrafe haftbar (OAG. 23. 2. 1856, Z. III S. 55). Vgl. auch die Anm. zu Art. 69.

Wenn die Frevler, die bei einem Frevel nach Art. 79 Abs. I FG. zusammenwirkten, das Entwendete unter sich verteilt haben, so ist nicht etwa der Wert des einzelnen Beuteanteils der Strafe zugrunde zu legen, sondern der gesamte Wert des im Zusammenwirken Gefrevelten (ObLG. Bd. 5 S. 535).

6. Wert- und Schadenersatz (Abs. II): Durch Ersatz des Wertes und Schadens soll der durch den Forstfrevel betroffene fremde Waldbesitzer für den erlittenen Vermögensnachteil entschädigt werden; diesem Zweck ist genügt, wenn der Wert- und Schadenersatz einmal geleistet wird; es ist daher samtverbindliche Haftung der Teilnehmer bestimmt d. h. jeder Teilnehmer ist verpflichtet, den ganzen Wert- und Schadenersatz zu leisten, der Geschädigte kann ihn aber nur einmal fordern; er kann ihn innerhalb dieser Grenze nach seinem Belieben von jedem Schuldner ganz oder zu einem Teile fordern; bis zur Tilgung des ganzen Wert- und Schadenersatzbetrages bleiben sämtliche Schuldner haftbar (§ 421 BGB.); die Begleichung durch einen der Gesamtschuldner wirkt auch für die übrigen Schuldner (§ 422 BGB.); im Verhältnis untereinander sind die Teilnehmer zu gleichen Anteilen am Wert- und Schadenersatz verpflichtet, d. h. wenn ein Teilnehmer dem geschädigten Waldbesitzer den gesamten Wert- und Schadenersatz entrichtet hat, kann er das, was er über seinen Anteil gezahlt hat, von den übrigen Teilnehmern zurückverlangen (§ 426; vgl. § 840 BGB.). Die Vorschrift des Abs. II ist aufrechterhalten durch Art. 107 EG.BGB. Der Wert- und Schadenersatz ist allgemein in Art. 62 FG. geregelt.

Die samtverbindliche Haftung erstreckt sich auch auf die Auslagen d. h. die im Verfahren zur Aburteilung des gemeinschaftlichen Frevels entstandenen Auslagen nach §§ 71—73 des Reichsgerichtskostengesetzes. Die Gerichtsgebühren sind von jedem Verurteilten nach Maßgabe der gegen ihn ausgesprochenen Strafe besonders zu erheben, auch wenn es sich um Teilnehmer handelt (§ 51 RGKG.); hinsichtlich der Gebühren besteht also keine samtverbindliche Haftung; vgl. OLGMSt. Bd. 5 S. 199.

Die gesamtschuldnerische Haftung für Auslagen gilt für alle Rechtszüge; das Gesetz macht keinen Unterschied (a. A. ObLG. Bd. 1 S. 149, wonach Abs. II nur für das Verfahren im ersten Rechtszug gelte; für die höheren Instanzen sei § 473 Abs. I StPO. anzuwenden).

7. Abs. III: Die Abs. III und IV enthalten Sonderbestimmungen für den Fall, daß Familienangehörige gemeinschaftlich gewisse leichtere Frevel begehen; in diesem Fall soll eine Strafmilderung eintreten; es soll nicht jeder beteiligte Familienangehörige gesondert mit der vollen Geldstrafe des Abs. I belegt werden können, alle zusammen sind vielmehr in die auf den gemeinschaftlichen Frevel treffende Geldstrafe als Gesamtschuldner (Anm. 6) zu verurteilen; die Geldstrafe ist also nur einmal zu entrichten. In den hier allein einschlägigen Fällen der Art. 80, 84 und 85 berechnet sich die Geldstrafe nach dem Werte der entwendeten Walderzeugnisse; es ist also der Wert der von allen Angehörigen gemeinsam gefrevelten Erzeugnisse zusammenzurechnen; in der Höhe des Gesamtwerts ist die Geldstrafe festzusetzen; in diese Geldstrafe sind alle Angehörigen samtverbindlich zu verurteilen. Samtverbindlich darf nur soweit verurteilt werden, als die Gemeinschaftlichkeit der Tat reicht; liegt bei einem der Angehörigen ein Erschwerungsgrund vor (z. B. nach Art. 59), so ist dieser nur ihm zuzurechnen (§ 50 StGB.); die Gesamthaftung der übrigen erstreckt sich nur auf den Betrag der Geldstrafe, der alle trifft. Die Geldstrafe muß nicht gegen alle verurteilten Angehörigen in Ersatzhaftstrafe umgewandelt werden; es liegt im Ermessen des Gerichts, im Urteil (Strafbefehl) zu bestimmen, gegen welchen oder welche Frevler umgewandelt werden soll; mindestens gegen eine Person muß umgewandelt werden; die Ersatzstrafe darf, auch wenn gegen mehrere umgewandelt wird, bei einem einzelnen Frevel sechs Wochen, bei sachlichem Zusammentreffen (Realkonkurrenz) drei Monate nicht überschreiten (§§ 29, 78 StGB.); vgl. Art. 54.

Abs. III und IV sind nur anwendbar, wenn von Personen, die in Art. 69 Ziff. 1—5 einschließlich aufgezählt sind und die zum gleichen Hausstand gehören müssen, gemeinschaftlich (als Miturheber oder Gehilfen, Abs. I) nach Art. 80, 84 oder 85 gefrevelt wird. In diesen Fällen handelt es sich um unbedeutendere Frevel, die oft aus Not begangen werden (geringeres Holz, Streuwerk). Welche Transportmittel dabei verwendet werden, ist seit der Gesetzesänderung des Jahres 1896 gleichgültig. Wenn die Familienangehörigen gemeinsam andere Frevel begehen z. B. nach Art. 79 oder 90, dann ist Abs. III und IV nicht anwendbar; es ist dann gegen jede Person die volle Strafe des Abs. I auszusprechen. Im Falle des Abs. III und IV haften die beteiligten Familienangehörigen auf Grund des Abs. II auch für den Wert- und Schadenersatz sowie für die Auslagen samtverbindlich; auch in die Gerichtsgebühr sind sie als Gesamtschuldner zu verurteilen (Art. 26 des KostG. vom 16. 2. 1921, s. unten S. 285 ff.).

Wenn die nach Art. 69 Ziff. 1—5 zivilverantwortlichen Personen (Ehemänner, Väter usw.) zusammen mit ihren Angehörigen nach Art. 80, 84 oder 85 freveln, so erübrigt sich ihre Verurteilung zur Zivilverantwortlichkeit, da sie ohnehin gesamtverbindlich mithaften; bei anderen Freveln dagegen ist die Zivilverantwortlichkeit bezüglich der Geldstrafe und der Gerichtsgebühr von Bedeutung wie auch im Falle des Abs. IV, wenn die zivilverantwortliche Person zu einer Freiheitsstrafe verurteilt wird. Wenn Strafunmündige mitfreveln, so fällt ihre Tat den andern zur Last; ist der Vater usw. selbst beteiligt, so kann er nicht auch noch nach § 361 Ziff. 9 StGB. bestraft werden.

8. Abs. IV: Abs. IV regelt einen Sonderfall des Abs. III; er ist eigentlich ein Unterabsatz des Abs. III. Abs. IV hätte i. J. 1923 mit der Änderung der Art. 101—105 ebenfalls geändert werden sollen; die Änderung ist offenbar versehentlich unterblieben. Der Absatz ist wie folgt zu lesen: „Wird gegen einen oder mehrere Familienangehörige wegen Rückfalls oder Gewohnheitsfrevels nur Haft oder Gefängnisstrafe ausgesprochen (Art. 101), so sind . . . ". Wenn gegen den Rückfälligen oder Gewohnheitsfrevler nur auf Freiheitsstrafe erkannt ist, so sind in die sich errechnende Geldstrafe die anderen Beteiligten und zwar samtverbindlich wie in Abs. III zu verurteilen. Wenn neben der Freiheitsstrafe auf Geldstrafe erkannt ist, was Art. 101 zuläßt, so ist Abs. III anzuwenden; die auf den Rückfall und Gewohnheitsfrevel gesetzte Straferhöhung trifft nur den Rückfälligen und Gewohnheitsfrevler. Abs. IV kann, wie sich aus Art. 101 ergibt, nur bei Freveln nach Art. 85 in Betracht kommen. Die samtverbindliche Haftung für Wert- und Schadenersatz sowie für Auslagen nach Abs. II gilt auch im Falle des Abs. IV; die Gerichtsgebühren sind für den Rückfälligen und Gewohnheitsfrevler einerseits und für die Gesamtheit der samtverbindlich zur Geldstrafe Verurteilten anderseits gesondert festzusetzen.

Vgl. auch Anm. 7.

Gemeinschaftliche Forstpolizeiübertretungen.

Artikel 57. ($^{56}/_{57}$).

Waldbesitzer, welche gemeinschaftlich im gemeinschaftlichen Walde eine Forstpolizeiübertretung begehen, sind samtverbindlich in die treffende Geldstrafe zu verurteilen. In demselben Urteile ist auszusprechen, gegen welchen oder welche Waldbesitzer die Umwandlung der Geldstrafe in Haftstrafe einzutreten hat, wenn erstere nicht beigetrieben werden kann. Geschieht die Umwandlung gleichzeitig gegen mehrere Waldbesitzer, so darf dennoch die von den Einzelnen zu erstehende Haft zusammengerechnet die gesetzlich festgesetzte höchste Dauer der Haftstrafe nicht überschreiten.

1. **Grundsatz:** Art. 57 regelt einen Ausschnitt der Teilnahme bei den Forstpolizeiübertretungen (Art. 75—78). Unter der gemeinschaftlichen Begehung nach Art. 57 ist, wie sich aus der Begr. ergibt, die Begehung im Zusammenwirken (Miturheberschaft, Gehilfenschaft) wie in Art. 56 Abs. I zu verstehen. Es kommt daher wie bei Art. 56 Mittäterschaft, Anstiftung, Beihilfe, Komplott und Bande in Betracht (näheres Anm. 3—5 zu Art. 56). Art. 57 enthält jedoch eine große Einschränkung; er regelt nur die Teilnahme von Waldbesitzern im gemeinschaftlichen Walde (s. aber Anm. 2); gemeinschaftlicher Waldbesitz (Mitbesitz) ist z. B. gegeben bei Eheleuten, die einen Wald in Gütergemeinschaft besitzen, Miterben, Geschwistern, die gemeinsam einen Wald besitzen; ein Gemeinde- oder Ortschaftswald steht nicht im Besitze der Gemeinde- und Ortschaftsangehörigen (vgl. Anm. 4 c zu Art. 49). Wenn Waldbesitzer im gemeinschaftlichen Wald eine Forstpolizeiübertretung in Mittäterschaft begehen oder ein Mitbesitzer dem andern Beihilfe leistet oder ein Mitbesitzer den andern anstiftet, so ist die Geldstrafe der Art. 75ff. nach der ganzen gemeinschaftlich vollbrachten Tat zu berechnen; wenn also mehrere Mitbesitzer gemeinsam abschwenden, berechnet sich die Geldstrafe des Art. 75 Abs. I nach der ganzen abgeschwendeten Fläche; in die so errechnete Geldstrafe ist jeder Teilnehmer ganz, aber nur in samtverbindlicher Haftung mit den übrigen Teilnehmern zu verurteilen.

Vgl. zur Samtverbindlichkeit Anm. 6 zu Art. 56; vor der Gesetzesänderung des Jahres 1896 mußte wie in Art. 56 Abs. I gegen jeden Teilnehmer auf die volle Strafe erkannt werden.

Art. 57 bestimmt nur die samtverbindliche Haftung für die Geldstrafe; für den Schadenersatz (Art. 62) haften die Teilnehmer ebenfalls samtverbindlich auf Grund §§ 830, 840 BGB. Für die Gerichtsgebühr besteht in gleicher Weise gesamtschuldnerische Haftung (Art. 26 KostG.); ebenso für die Auslagen (Art. 188 Abs. I FG.; § 466 Abs. II StPO.).

Zur Schuld und Umwandlung vgl. Anm. 2 und 7 zu Art. 56; vgl. auch im übrigen die Anm. zu diesem Artikel.

Mitbesitzer eines Schutzwaldes, die ohne forstpolizeiliche Genehmigung einem Dritten gestatten, ihn kahl abzutreiben, machen sich einer gemeinschaftlichen Forstpolizeiübertretung nach Art. 75 Abs. I, 57 schuldig (ОLGSt. Bd. 9 S. 500).

2. **Ausdehnung:** a) Die nur für gemeinsame Forstpolizeiübertretungen von Waldbesitzern im gemeinschaftlichen Wald geltende Regelung des Art. 57 ist durch Art. 75 Abs. IV im wesentlichen ausgedehnt auf gemeinschaftliche Forstpolizeiübertretungen nach Art. 75 Abs. I, die vom Waldbesitzer und demjenigen, dem die Holzgewinnung überlassen wurde, gemeinschaftlich begangen werden. In Art. 75 Abs. IV ist auch die samtverbindliche Verurteilung in die Kosten (Gebühren und Auslagen) vorgeschrieben; die Bestimmung über die Höchstdauer der Ersatzstrafe fehlt.

b) Art. 57 ist auch anzuwenden, wenn mehrere Waldbesitzer für Handlungen der Personen des Art. 69 im gemeinschaftlichen Wald nach Art. 70 drittverantwortlich sind, ferner entsprechend, wenn ein Waldbesitzer für die gemeinschaftliche Handlung mehrerer ihm gewaltunterworfenen Personen des Art. 69 in seinem Walde drittverantwortlich ist (Näheres Anm. 1 a. E. zu Art. 70; s. auch unten Anm. 3).

3. **Teilnahme dritter Personen:** An Forstpolizeiübertretungen ist auch die Teilnahme anderer Personen als der Waldbesitzer möglich; es kann z. B. ein Dritter einen Waldbesitzer anstiften, eine Forstpolizeiübertretung zu begehen. Die Teilnahme dritter Personen ist nach den Vorschriften des Reichsstrafgesetzbuchs über die Teilnahme (§§ 47ff.) zu beurteilen. Denn Art. 57 regelt, wie dargestellt, nur einen Ausschnitt aus der Teilnahme bei der Begehung von Forstpolizeiübertretungen; im übrigen gelten die allgemeinen Vorschriften, d. s. mangels besonderer Vorschriften des Forstgesetzes die Bestimmungen des Reichsstrafgesetzbuchs (Art. 4 AG.StPO.). Darnach gilt: der Anstifter einer Forstpolizeiübertretung, der den Wald nicht mitbesitzt, ist zu bestrafen wie der Waldbesitzer (§ 48 StGB.). Beihilfe ist straflos (§§ 49, 43 StGB.). Was bei einem Mitbesitzer Mittäterschaft wäre, ist bei einem Dritten als Beihilfe zu werten und daher straflos (vgl. Frank, 16. Aufl. Anm. VI, 1 zu § 47).

Gehört der Teilnehmer zu den Personen, die zum Waldbesitzer in einem Verhältnis nach Art. 69 stehen, so haftet der Waldbesitzer nach Art. 70 für die Tat des Teilnehmers, gleich als hätte er sie selbst begangen. Unter Art. 57 fallen nicht bloß die Taten, die die Waldbesitzer selbst begehen, sondern auch jene, die von den Personen des Art. 69 mit ihrem Vorwissen ausgeführt werden; im letzteren Fall ist es beim Vollzug des Art. 57 gleichgültig, ob die Waldbesitzer sich selbst an der Begehung beteiligen oder nicht (s. auch oben Anm. 2b und Anm. 2 zu Art. 70).

Art. 58.

Art. 58 wurde i. J. 1923 aufgehoben. Das Zusammentreffen mehrerer strafbaren Handlungen bestimmt sich jetzt ausschließlich nach dem Reichsstrafgesetzbuch: Näheres Anm. 11 vor Art. 48. Art. 25 des KostG., der sich zunächst auf Art. 58 FG. bezog, wurde nicht geändert.

Allgemeine Strafschärfungsgründe bei Forstfreveln.

Artikel 59. ($^{58}/_{59}$).

Bei Forstfreveln ist es, vorbehaltlich der in den einzelnen Artikeln bezeichneten besonderen Strafschärfungsgründe, als allgemeiner Schärfungsgrund[1] anzusehen[2]:

1. wenn der Frevel vor Sonnen-Aufgang oder nach Sonnen-Untergang,
2. wenn er an Sonn- oder gesetzlichen Feiertagen,
3. wenn er mit Unkenntlichmachung des Frevlers verübt wird;
4. wenn der Frevler Feuerwaffen mit sich führt;
5. wenn der Frevler sich der Säge statt der Axt bedient, oder stehendes Holz ausgräbt;
6. wenn der von den im Art. 115 Nr. 1—3 erwähnten Personen zum Stehenbleiben aufgeforderte Frevler sich gleichwohl entfernt;
7. wenn der Frevler die Angabe des Namens oder Wohnortes verweigert, oder hierüber eine falsche Angabe macht;
8. wenn der Frevler mit vorsorglichem Beschlage belegte Gegenstände hinwegnimmt;
9. wenn der betroffene Frevler den angefangenen Frevel trotz der Warnung fortsetzt;
10. wenn der Frevler zur Zeit, da er den Frevel verübt, als Holzhauer, Holzsetzer, Köhler, Kulturarbeiter, oder mit einer sonstigen Waldarbeit, oder auch in Ausübung einer Forstberechtigung im Walde beschäftigt war;
11. wenn eine Entwendung in Verbindung mit dem Aushauen des Waldhammerzeichens, Waldeisens oder eines vom Käufer am stehenden Stamme angebrachten Zeichens begangen wird;
12. (im Jahre 1923 aufgehoben).
13. wenn der Frevel in der Absicht verübt wird, um die Walderzeugnisse in Natur oder verarbeitet ganz oder teilweise zu veräußern; diese Absicht wird gesetzlich vermutet, wenn nach Beschaffenheit der entwendeten Walderzeugnisse und der persönlichen oder häuslichen Verhältnisse des Frevlers jene Gegenstände nicht wohl zur eigenen Verwendung bestimmt sein konnten.

1. **Allgemeines:** Auf die meisten Forstfrevel sind absolute Strafen gesetzt, die sich regelmäßig nach dem Wert der entwendeten Walderzeugnisse oder der Höhe des verursachten Schadens bestimmen. Die Begr. sagt, die enge Anlehnung der Strafsätze an den äußeren Tatbestand gewähre dem Richter Erleichterung und Sicherung gegen willkürliche Ungleichheit; auch könne bei dieser Regelung die objektive Strafwürdigkeit, die mit dem Werte des Entwendeten und der Größe des Schadens ansteige, genau berücksichtigt werden; die subjektive Strafwürdigkeit sei meist nicht sehr verschieden, da bei fast allen Frevlern die gleiche Triebfeder zugrundeliege, auch die feineren Abstufungen in dem summarischen Forstrügeverfahren nicht genügend ermittelt werden könnten. In Ergänzung dieses absoluten Strafensystems stellt Art. 59 zum Ausgleich der hier vorhandenen größeren Schuld einen Katalog von Fällen auf, in denen die auf den Frevel ohne diese erschwerenden Umstände gesetzte absolute Strafe jeweils erhöht werden muß (Art. 60). Diese in Art. 59 (abgesehen von Art. 101) erschöpfend aufgezählten Er-

schwerungsgründe werden vom Gesetz allgemeine Strafschärfungsgründe genannt; sie gelten grundsätzlich für sämtliche Forstfrevel. Davon zu unterscheiden sind die in einzelnen Strafbestimmungen des Abschnitts Forstfrevel (Art. 79—101) enthaltenen, nur für die betreffende Bestimmung geltenden besonderen Strafschärfungsgründe, z. B. Art. 79 Abs. III, Art. 95 Abs. V usw. Die allgemeinen und die besonderen Strafschärfungsgründe sind, wenn die Voraussetzungen für beide erfüllt sind, beide nebeneinander zu berücksichtigen. Zu Strafschärfungsgründen sind bestimmte erschwerende Umstände erhoben, die liegen: in der Zeit der Verübung (Ziff. 1, 2), in der Ausrüstung des Frevlers (Ziff. 3—5), im Benehmen des Frevlers (Ziff. 6—9), in den näheren Verhältnissen (Ziff. 10, 11) und in der Absicht (Ziff. 13).

Das Forstgesetz hat vereinzelt im besonderen Teil zu Forstfreveln straflose Handlungen erklärt, wenn sie beim Vorliegen des einen oder anderen der in Art. 59 aufgeführten Umstände vorgenommen werden, so z. B. das Weiden an sich Berechtigter zur Nachtzeit (Art. 89 Abs. I, 2 oder Art. 93 Ziff. 2, 4). In diesen Fällen kann der Umstand, durch den die Handlung erst zum Delikt wird, nicht außerdem als Strafschärfungsgrund gewertet werden.

Unter Frevler ist auch der Teilnehmer (Art. 56) an einem Forstfrevel zu verstehen. Die allgemeinen Strafschärfungsgründe des Art. 59 sind nur teilweise zu den Tatumständen des § 50 StGB. zu rechnen (a. A. Hümmer, BayZfR. 1911 S. 154), nämlich wohl: Ziff. 6, 7, 9, 10; nicht dagegen die übrigen Ziffern; vgl. Ebermayer Anm. II 5c zu § 243 StGB. Zur Schuld genügt grundsätzlich Fahrlässigkeit (§ 59 Abs. II StGB.).

Einen allgemeinen Strafschärfungsgrund wie die in Art. 59 aufgezählten enthält auch Art. 101 Abs. I (Rückfall); die erschwerten Rückfälle und Gewohnheitsfrevel (Art. 101 Abs. II und III) liegen in der Mitte zwischen allgemeinen und besonderen Strafschärfungsgründen.

Den Gegensatz zu Art. 59 bildet Art. 61a, der für sämtliche Forstfrevel (ausgenommen ist nur der Rückfalls- und Gewohnheitsfrevel nach Art. 101), wenn sie aus dringender Not begangen werden oder wenn andere besonders erhebliche Milderungsgründe vorliegen, eine Strafmilderung vorsieht.

Auf die Forstpolizeiübertretungen sind keine absoluten Strafen wie auf die meisten Forstfrevel gesetzt, da die einzelnen Fälle zu verschieden sind (Begr.). Für die Forstpolizeiübertretungen stellt das Gesetz auch keine allgemeinen Strafschärfungs- und Strafmilderungsgründe auf; die Strafbestimmungen der Art. 75—78 enthalten so weite Strafrahmen, daß der Richter die dem einzelnen Fall nach den objektiven und subjektiven Umständen angemessene Strafe festsetzen kann (Begr.). Eine Ausnahme enthält Art. 78 Abs. I Satz 2 für die in Satz 1 aufgeführten Forstpolizeiübertretungen, wenn die Forstpolizeibehörde die unerlaubte Handlung eingestellt hat, der Täter sie aber trotzdem fortsetzt (vgl. die ähnliche Vorschrift für Forstfrevel in Art. 59 Ziff. 9); die Strafschärfung des Art. 78 ist aber anders geregelt als die des Art. 60.

2. Im einzelnen:

Ziff. 1 (Frevel zur Nachtzeit): Unter Sonnenaufgang ist der wirkliche jeweilige Sonnenaufgang zu verstehen d. h. der Eintritt der Sonne in den Horizont des Tatortes; daß die Sonne wegen Bewölkung nicht sichtbar ist, ist ohne Bedeutung; vgl. Begr. 1846, ObLG. Bd. 7 S. 349 und BayZfR. 1917 S. 48; entsprechendes gilt für den Sonnenuntergang. Die Strafschärfung ist begründet, weil in der Nachtzeit die Entdeckung des Frevels und die Ausübung des Forstschutzes erschwert ist, die Verübung auch eine größere Intensität und Geflissenheit des ungesetzlichen Willens bekundet (Begr.).

Eine frevlerische Handlung, die vor Sonnenaufgang begonnen und nach Sonnenaufgang beendet, oder vor Sonnenuntergang begonnen und nach Sonnenuntergang beendet wird, fällt unter Ziff. 1; es kommt auf die Verübung des Frevels an; ObLG. Bd. 7 S. 348. Wenn ein Frevel vor Sonnenuntergang vollendet wurde, der Frevler aber erst nach Sonnenuntergang bei Wegschaffung der Beute betroffen wird, so ist der Strafschärfungsgrund der Ziff. 1 nicht gegeben (ebenda).

Ziff. 2 (Frevel an Feiertagen): Unter die gesetzlichen Feiertage fallen alle staatlich geschützten Feiertage kirchlicher und nichtkirchlicher Art. Von den kirchlichen Feiertagen gehören hieher nicht bloß die Feiertage im Sinne des § 105a Abs. II der Gewerbeordnung, sondern auch die Feiertage nach der Verordnung vom 21. 5. 1897/14. 3. 1924 (GVBl. S. 197 und 76), also:

a) an allen Orten: der erste Weihnachtstag, der zweite Weihnachtstag (St. Stephanstag), das Neujahrsfest, der Ostermontag, der Christi-Himmelfahrtstag, der Pfingstmontag;

b) an Orten, an denen die bayerischen Vorschriften auf Grund der örtlichen und Bekenntnisverhältnisse die Feier vorschreiben: das Fest der hl. drei Könige (ausschließlich des ehemals coburgischen Gebietes), der St. Josefstag, der Karfreitag, das Fronleichnamsfest (ausschließlich des ehemals coburgischen Gebiets), das Fest Mariä Himmelfahrt (ausschließlich des ehemals coburgischen Gebiets), das Fest Allerheiligen (ausschließlich des ehemals coburgischen Gebiets), der Bußtag im ehemals coburgischen Gebiet;

c) an Orten mit überwiegend (d. h. mindestens 3/4) katholischer Bevölkerung mit Ausnahme des ehemals coburgischen Gebiets, sowie dort, wo unter den christlichen Bekenntnissen vereinbart: der St. Peter und Paulstag, das Fest Mariä Empfängnis;

d) an einzelnen Orten mit überwiegend (d. h. mindestens 3/4) evangelischer Bevölkerung sowie dort, wo unter den christlichen Bekenntnissen vereinbart: verschiedene hergebrachte oder gelobte Festtage.

Diese Feiertage sind aufgezählt in der ME. vom 17. 6. 1926 (MABl. S. 71). Maßgebend ist der Tatort des Frevels.

Grund für die Strafschärfung der Ziff. 2 (nach der Begr.): Schwierigkeit der Entdeckung; das Forstpersonal muß auch Ruhe haben; Mißbrauch der der religiösen Erbauung geweihten Tage zur Verübung ungesetzlicher Handlungen.

Ziff. 3 (Maskierung): Zur Unkenntlichmachung genügt jede Veränderung oder Verhüllung des Äußern des Frevlers, die bezweckt, die Feststellung seiner Persönlichkeit unmöglich zu machen oder erheblich zu erschweren; ob das Mittel objektiv geeignet ist oder nicht, ist gleichgültig. Grund für die Strafschärfung: größere Schlauheit und Geflissenheit; Erschwerung der Entdeckung und Ermutigung zu gefährlicher Widersetzlichkeit durch das Vertrauen auf die Nichterkennbarkeit (Begr.). Auch die Maskierung beim Wegschaffen der Beute gehört hieher, s. Anm. zu Ziff. 4.

Ziff. 4 (Bewaffnung): Nur Schußwaffen kommen in Betracht; eine einzige genügt; die Absicht, von der Waffe allenfalls Gebrauch zu machen, ist nicht erforderlich, es genügt der bewußte Besitz. (Die Begr. sagt: „Die Absicht der Verübung einer Gewalttat kann dabei nicht zweifelhaft sein.") Der Frevler braucht die Waffe nicht am Körper zu tragen; es genügt, daß er sie griffbereit in der Nähe hat; vgl. RGSt. Bd. 55 S. 17. Auch das Mitsichführen beim Wegschaffen der gefrevelten Erzeugnisse gehört hieher; daß der Forstfrevel schon vorher vollendet war, ist gleichgültig (so RGSt. Bd. 54 S. 43 zu § 243 Ziff. 5 StGB.). Rechtliches Zusammentreffen (Idealkonkurrenz) mit Art. 39 PStGB. und § 368 Ziff. 10 StGB. ist möglich. Macht der Frevler von der Schußwaffe Gebrauch, so tritt Bestrafung nach dem Reichsstrafgesetzbuch ein, u. U. in Realkonkurrenz zum Frevel.

Das Mitführen anderer Waffen, z. B. von Äxten, ist nicht als Strafschärfungsgrund aufgenommen, weil diese regelmäßig nur zur Verübung der Frevel, nicht zur Begehung einer Gewalttat an Personen mit sich geführt werden (Begr.). Auch das Mitführen von Hunden ist kein Strafschärfungsgrund; wer aber bei der Begehung eines Entwendungsfrevels den mitgebrachten Hund auf das dazwischenkommende Forstschutzorgan hetzt, begeht regelmäßig ein Verbrechen des Raubes nach § 249 StGB.

Ziff. 5 (Benutzung von Sägen; Ausgraben): Grund für die Strafschärfung: schwierigere Entdeckung wegen des geringen Geräusches; größere List des Frevlers (Begr.). Es besteht kein Unterschied, ob die Säge am liegenden oder stehenden Holz angewendet wird; auch wenn bei der Entwendung eines vom Wind gefällten Baumes die Säge angewendet wird, schlägt Ziff. 5 ein (Z. Bd. 11 S. 253). Das Umlegen fauler Stangen mit der Hand ist kein Ausgraben. Der Strafschärfungsgrund nach der Ziff. 1 ist beim Gebrauch der Säge bei einem Entwendungsfrevel nur gegeben, wenn die Aneignungsabsicht schon beim Absägen vorhanden war (ObLG. Bd. 17 S. 27). Ziff. 5 schlägt auch ein, wenn der Frevler einen vom Waldbesitzer gefällten Stamm entwendet und bei der im Zurichten des Stammes bestehenden Entwendungshandlung die Säge gebraucht (ObLG. RR. I Nr. 429/1929 vom 3. 7. 1929).

Ziff. 6 (Flucht des Frevlers): Der Frevler muß einen vollendeten Forstfrevel begehen oder begangen haben, da der Versuch straflos ist; die Aufforderung zum Stehenbleiben kann während oder nach der Ausführung des Frevels ergehen; die in Art. 115 Abs. I Ziff. 1—3 aufgeführten Hilfspersonen zur Handhabung der Forstpolizei können die Aufforderung mit der Wirkung der Ziff. 6 grundsätzlich nur innerhalb ihres Dienstbezirkes, bei Nacheile auch außerhalb, erlassen. Unter welchen Voraussetzungen dem Forstpersonal die Befugnis zum Waffengebrauch zusteht, s. Anm. 5 zu Art. 115. Die Mißachtung der Aufforderung anderer Personen ist kein Strafschärfungsgrund.

Grund für die Strafschärfung: Widerspenstigkeit und Bestreben des Frevlers, sich der Strafe zu entziehen; Erschwerung der Aufgaben des Aufsichtspersonals (Begr.).

Ziff. 7 (falsche Namensangabe u. ä.): In Betracht kommt nur die Verweigerung und falsche Angabe gegenüber den Personen des Art. 115 Abs. I Ziff. 1—3; dieser Zusammenhang mit der vorausgehenden Ziff. 6 ergibt sich deutlich aus der Begr. Der Frevler muß zur Angabe aufgefordert worden sein. Satz 1 der Anm. zu Ziff. 6 gilt auch hier. Unter einer unrichtigen Angabe des Wohnorts im Sinne dieser Bestimmung ist jede unrichtige Angabe über die näheren Wohnungsverhältnisse, Straße, Hausnummer usw. zu verstehen, wenn die genaue Angabe der Wohnung ein notwendiger Behelf zur Feststellung der Persönlichkeit des Frevlers ist (ObLG. Bd. 12 S. 271). Welche näheren Angaben erforderlich sind, um die Persönlichkeit des Frevlers zu ermitteln, bemißt sich nach den besonderen Verhältnissen des einzelnen Falles und ist zunächst vom Forstbeamten zu beurteilen (ebenda). § 360 Ziff. 8 StGB. ist durch Art. 59 Ziff. 7 wegen Gesetzeskonkurrenz ausgeschlossen (so Frank, Ebermayer; a. A. mit ausführlicher Begründung RGSt. Bd. 48 S. 177, das zur gleichartigen Bestimmung des braunschweig. Forststrafgesetzbuchs Realkonkurrenz annahm). Der Grund für die Strafschärfung ist nach der Begr. der gleiche wie bei Ziff. 6.

Ziff. 8 (Bruch der Beschlagnahme): Gemeint ist die Beschlagnahme nach Art. 131 ff., 138 FG. (Begr.). Die Beschlagnahme muß von der zuständigen Stelle in der vorgeschriebenen Form vorgenommen sein. § 137 StGB. (Verstrickungsbruch) ist, soweit es sich um Forstfrevel handelt, durch Gesetzeskonkurrenz ausgeschlossen (vgl. Begr.; OLGM. Bd. 2 S. 397 gegen OLGMSt. Bd. 5 S. 184; das Reichsgericht würde im Anschluß an Bd. 48 S. 177 wohl Realkonkurrenz annehmen). Ob der Frevler die nach Art. 131 oder die nach Art. 138 beschlagnahmten Gegenstände wegnimmt, ist gleichgültig. Versuch der Wegnahme genügt nicht. Auf den Zeitpunkt der Wegnahme kommt es nicht an; die Wegnahme kann lange nach Vollendung des Frevels geschehen; sie ist auch dann nur als Strafschärfungsgrund, nicht selbständig zu ahnden. Wer aber wegen des Entwendungsfrevels bereits rechtskräftig bestraft wurde und die beschlagnahmten gefrevelten Walderzeugnisse nachträglich wegnimmt, begeht Verstrickungsbruch nach § 137 StGB. (ObLG. Bd. 5 S. 184).

Ein nach Art. 51 Abs. V GemO. aufgestellter Ortsführer, der Holz, das ihm durch einen Forstfrevel entwendet zu sein scheint, vorsorglich mit Beschlag belegt, handelt hiebei nicht als Hilfsbeamter der Staatsanwaltschaft, sondern als Hilfsperson der Forststrafgerichtsbarkeit. Das Beiseiteschaffen des von dem Ortsführer mit Beschlag belegten Holzes durch den der Verübung des Frevels Beschuldigten bildet nicht ein Vergehen nach § 137 StGB., sondern nur einen Strafschärfungsgrund nach Art. 59 Ziff. 8 FG. (OLGM. Bd. 8 S. 186).

Ist mit der Wegnahme Gewalt verbunden, so ist diese nach den allgemeinen Bestimmungen (z. B. §§ 113, 117 StGB.) zu bestrafen; mit dem nach Ziff. 8 geschärften Forstfrevel wird regelmäßig Realkonkurrenz bestehen (vgl. Begr. 1846).

Grund für die Verschärfung: Widerstreben gegen die gesetzliche Ordnung (Begr.).

Ziff. 9 (Fortsetzung trotz Warnung): Die Warnung muß von einer mit dem Forstschutz befaßten Person oder Behörde (z. B. dem Forstamt) ausgehen (vgl. Begr. 1846; ObLGSt. Bd. 18 S. 24). In welcher Form gewarnt wurde, ist gleichgültig (OLGMSt. Bd. 2 S. 175); zum Inhalt der Warnung gehört die Aufforderung, den Frevel zu lassen, verbunden mit dem Hinweis auf die sonst eintretenden Nachteile. Der Täter muß über dem Frevel selbst d. h. bei seiner Ausübung betroffen und verwarnt worden sein; dies gilt auch für den fortgesetzten Forstfrevel (ObLGSt. Bd. 18 S. 24). Die Warnung muß zeitlich nach dem rechtlichen Beginn des Frevels liegen; dagegen kann mit der Folge der Ziff. 9 auch noch verwarnt werden, wenn der Frevel rechtlich schon vollendet ist; die Warnung muß nur während der natürlichen Handlungsweise, die den rechtlichen Tatbestand des Frevels enthält, ergehen; wenn ein Entwendungsfrevler z. B. bei der Wegbeförderung der Beute aus dem Walde betroffen und aufgefordert wird, die Beute abzulegen, sie aber trotzdem mitnimmt, so ist Ziff. 9 anwendbar, auch wenn die Aneignung schon vor der Aufforderung vollendet war; vgl. RGSt. Bd. 55 S. 17.

Grund für die Strafschärfung: ein Zeichen besonderer Dreistigkeit und hartnäckigen Trotzes (Begr.).

Vgl. den ähnlichen Strafschärfungsgrund für Forstpolizeiübertretungen in Art. 78 Abs. I Satz 2.

Ziff. 10 (Frevel von Waldarbeitern u. ä.): Personen, die die Gelegenheit einer rechtmäßigen Beschäftigung im Walde zur Verübung von Forstfreveln mißbrauchen, müssen strenger bestraft werden, da ihre Frevel nicht so leicht zu entdecken sind wie die anderer Frevler; auch ist anzunehmen, daß sie schon öfter unentdeckt geblieben und der verdienten Strafe entgangen sind; bei den Arbeitern des Waldbesitzers kommt noch die Täuschung des in sie gesetzten Vertrauens und die Verletzung des Treueverhältnisses hinzu (Begr.). Für die Anwendung der Ziffer ist stets Voraussetzung, daß der Frevler sich in Ausführung einer der aufgezählten Arbeiten rechtlich erlaubterweise im Walde befand; daß der Frevel gerade in dem Waldteil geschah, wo sich die rechtmäßige Tätigkeit abspielte, ist nicht nötig; es muß auch nicht der Dienstherr der Besitzer des geschädigten Waldes sein; der Frevel kann örtlich und zeitlich auch auf dem Wege von und zum Arbeitsplatz verübt werden. Die Beschäftigung muß im Walde (Begriff Art. 1 Anm. 7) stattfinden; ob es eine Holz- oder andere Arbeit ist, ist gleichgültig. Wenn ein Steinbruch Bestandteil eines Waldes ist, gehört auch die Arbeit im Steinbruch hieher; vgl. OLGMSt. Bd. 4 S. 48.

Der Forstberechtigte (Art. 23ff.) muß sich gerade in Ausübung der Berechtigung im Walde befunden haben; Stenglein Z. B. 1862 S. 60. Auch hier ist nicht Voraussetzung, daß der Frevel in dem Walde geschieht, an dem die Berechtigung besteht.

Vgl. den Personenkreis in Art. 93 Ziff. 6.

Ziff. 11 (Beseitigung von Zeichen): Ziff. 11 bezieht sich nur auf die Forstfrevel durch Entwendung (Art. 79—87). Die Verbindung der Entwendung mit dem Aushauen ist dann gegeben, wenn der Frevler die an dem entwendeten Gegenstand angebrachten Zeichen vor, während oder nach der Verübung des Frevels entfernt oder entfernen läßt; wo und in welcher Absicht die Entfernung geschieht, ist gleichgültig. Die Entfernung in Verbindung mit einem Entwendungsfrevel ist stets nur ein Strafschärfungsgrund nach Ziff. 11; Art. 93 Ziff. 2 und § 274 Ziff. 1 StGB. (Urkundenvernichtung) scheiden, soweit der Tatbestand der Ziff. 11 reicht, wegen Gesetzeskonkurrenz aus; im übrigen ist die Entfernung, Änderung usw. ein selbständiger Forstfrevel (Art. 93 Ziff. 2). Unter Aushauen ist jede Vertilgung zu verstehen (vgl. Begr.); auch das teilweise Aushauen gehört hieher.

Ob sich das Waldhammerzeichen und Waldeisen am liegenden oder stehenden Holz oder an Stöcken befindet, ist gleichgültig. Es macht keinen Unterschied, ob die Zeichen einer Staatsforstbehörde, einer Gemeinde, Stiftung oder Körperschaft oder einem Privaten angehören (Begr.).

Grund für die Strafschärfung: geflissentliche Vertilgung eines Beweismittels (Begr.).

Ziff. 12 (Rückfall) wurde i. J. 1923 aufgehoben; sie wurde mit Änderungen inhaltlich in Art. 101 aufgenommen, in dem nunmehr sämtliche Rückfallsbestimmungen zusammengefaßt sind.

Ziff. 13 (Absicht der Weiterveräußerung): a) Wer zur unmittelbaren Befriedigung seiner eigenen Bedürfnisse einen Forstfrevel verübt, ist weniger strafwürdig als derjenige, der aus gewinnsüchtiger Absicht, um die gefrevelten Walderzeugnisse zu veräußern, frevelt; eine solche Triebfeder führt überdies sehr leicht zur gewerbs- und gewohnheitsmäßigen Begehung von Forstfreveln (Begr.). Ziff. 13 ist nur auf die Forstfrevel durch Entwendung (Art. 79—87) anwendbar. Nach der Ziffer bildet die bloße Absicht der Weiterveräußerung den Strafschärfungsgrund; wenn die gefrevelten Erzeugnisse dann tatsächlich weiterveräußert werden, so bildet diese Weiterveräußerung einen selbständigen Forstfrevel (Art. 99); ist der Frevler wegen der Entwendung auf Grund der Ziff. 13 mit einer erhöhten Strafe belegt worden, so ist bei der neuerlichen Bestrafung für die nachfolgende Veräußerung der gefrevelten Erzeugnisse die Straferhöhung anzurechnen (Art. 99 Abs. II).

Wenn der Täter wegen des Frevels durch Entwendung und wegen des Frevels durch Veräußerung des Entwendeten gleichzeitig verurteilt wird, so bildet die Absicht, den gefrevelten Gegenstand zu veräußern, keinen Strafschärfungsgrund für den Frevel durch Entwendung (OLGM. Bd. 3 S. 208).

Der Frevler hat die Absicht der Weiterveräußerung, wenn ihm als Ziel vorschwebt, die gefrevelten Walderzeugnisse wenigstens teilweise wieder zu veräußern; die Wiederveräußerung muß nicht notwendig der Beweggrund zum Frevel sein. Die Absicht muß bei der Verübung des Frevels bestehen; wenn sie erst nach der Ausführung des Frevels hinzukommt, trifft Ziff. 13 nicht zu. Zum Begriff Veräußerung s. Anm. 11 zu Art. 97 und Anm. 3 zu Art. 99. Wer in der Absicht der Weiterveräußerung frevelt, handelt gewerbsmäßig, wenn er durch Wiederholung der Frevel sich einen fortgesetzten Erwerb schaffen will; für den gewerbsmäßigen Frevel enthält das Forstgesetz keine besondere Strafbestimmung; die Gewerbsmäßigkeit bildet nur einen allgemeinen Strafschärfungsgrund nach Art. 59 Ziff. 13. Die Ziffer ist aber auch anwendbar, wenn zu dem Zwecke der Veräußerung ohne Wiederholungsabsicht, also nicht gewerbsmäßig, gefrevelt wird.

Nach Art. 59 Ziff. 13 verschärfte Entwendungsfrevel können den erschwerten Rückfall nach Art. 101 Abs. II begründen.

b) Die Begr. sagt: „Da die Absicht der Veräußerung als etwas Inneres unmittelbar nicht erkannt werden kann, mußte ihre Annahme an gewisse äußere Anhaltspunkte geknüpft werden; als solche stellen sich die Beschaffenheit der gefrevelten Gegenstände und die persönlichen oder häuslichen Verhältnisse des Frevlers in ihrer gegenseitigen Beziehung dar." Die gesetzliche Vermutung hat folgende Bedeutung: Das Gericht hat an sich wie sonst im Forstrügeverfahren auch hier von Amts wegen zu untersuchen, ob der Frevler die Absicht der Veräußerung hatte oder nicht; kommt es zu keinem bestimmten Ergebnis nach der einen oder andern Richtung, so hat es von dem im Gesetz gegebenen Anhaltspunkt Gebrauch zu machen, d. h. wenn die gefrevelten Gegenstände nach der Überzeugung des Gerichts nicht zur eigenen Verwendung bestimmt sein konnten, muß es die Absicht der Veräußerung als gegeben annehmen; konnten sie nach der Überzeugung des Gerichts zur eigenen Verwendung bestimmt sein, so wird das Gericht die Absicht regelmäßig verneinen; eine negative gesetzliche Vermutung besteht jedoch nicht. Dem Frevler wird durch Ziff. 13 keine förmliche Beweislast zur Entkräftung der Vermutung auferlegt.

Zu einer Strafschärfung wegen der Absicht, das gefrevelte Holz zu veräußern, genügt es nicht, diesen Strafschärfungsgrund mit den Worten des Gesetzes festzustellen; es ist vielmehr zu prüfen, ob die dort aufgestellte gesetzliche Vermutung nach den Verhältnissen des einzelnen Falles zutrifft (ObLG. Bd. 18 S. 24). Aus den Gründen: Die in Art. 59 Ziff. 13 bezeichnete Vermutung als eine solche anzusehen, die ein für allemal gesetzlich aufgestellt und erst durch einen Gegenbeweis des Frevlers zu widerlegen ist, wäre irrig.

Zur eigenen Verwendung gehört auch der Verbrauch im eigenen Haushalt oder Anwesen; der Gegensatz ist die Veräußerung. Verwendung im eigenen Gewerbebetrieb, um das Erzeugnis nach Verarbeitung weiterzuveräußern, ist nicht eigene Verwendung.

Allg. VollzB. 1879.

§ 33.

I Besonders gefährlich und strafbar sind diejenigen Frevler, welche Gewohnheit aus dem Frevel machen oder denselben als Erwerbsmittel benützen. (Art. 99 und 101 Abs. II).

II Die sämtlichen Forstschutzdiener und k. Forstdienstbeamten haben daher dieser Klasse der Forstfrevler ihre ganze Aufmerksamkeit zuzuwenden und alle jene Umstände genau zu erheben, welche die Vermutung begründen, daß die gefrevelten Gegenstände nicht wohl zur Verwendung im eigenen Gebrauche des Frevlers dienen können, sondern von demselben ganz oder teilweise zur Veräußerung oder zum Gewerbsbetriebe bestimmt seien.

III Diese Vermutung kann auf mancherlei Sach- und Personalverhältnisse gestützt werden, die aus dem Mangel an Grundbesitz und Viehstand, und einer der Landwirtschaft fremden Kultur und Gewerbsart, wozu die gefrevelten Gegenstände in der ihnen gegebenen Zurichtung ausschließend dienen, aus dem Betrieb von Handwerken und Industriezweigen usw. fließen. Solche Umstände sollen daher vorkommendenfalls sorgfältig erhoben und in den Forstrügeverzeichnissen sogleich oder in den Spalten für die Nachträge verlässig angegeben werden. Ebenso sind die Zeugen namhaft zu machen, welche über die angegebenen Verhältnisse Auskunft geben können, und ist dabei zu bemerken, was einem jeden derselben bekannt sein soll.

Wirkung der allgemeinen Strafschärfungsgründe des Art. 59.

Artikel 60. (59/60).

I Die Wirkung eines oder mehrerer bei einem Forstfrevel zusammentreffender Strafschärfungsgründe besteht darin, daß die einfache Strafe[2] um die Hälfte erhöht werden muß, und bis zu ihrem dreifachen Betrage erhöht werden kann.

II Hiebei darf jedoch die gesetzlich festgesetzte höchste Dauer der Haftstrafe und in denjenigen Fällen, in welchen für die Geldstrafe ein niedrigstes und höchstes Maß festgesetzt ist, auch nicht das höchste Maß der Geldstrafe überschritten werden.

1. Inhalt: Art. 60 bestimmt, worin die durch die Strafschärfungsgründe des Art. 59 bewirkte Strafschärfung besteht. Der angedrohte Strafrahmen ist (anders als bei Art. 11 pf. FStG.) derselbe, gleichgültig, ob beim nämlichen Forstfrevel einer oder mehrere der Strafschärfungsgründe des Art. 59 gegeben sind. Innerhalb des Strafrahmens kann vom Gericht jedoch das Strafmaß nach der Ein- oder Mehrzahl der Erschwerungsgründe abgestuft werden.

2. Strafe: Für Wert- und Schadenersatz gilt Art. 60 nicht; diese richten sich ausschließlich nach Art. 62ff.; die Strafschärfungsgründe sind auf sie grundsätzlich ohne Einfluß. Bei der Ermittlung der Strafe nach Art. 60 hat das Gericht zunächst die Strafe anzusetzen, die es ohne Berücksichtigung der Strafschärfungsgründe auf den abzuurteilenden Frevel erkennen würde und zwar gleichgültig, ob es sich um fest bestimmte (absolute) Strafen oder um einen Strafrahmen handelt (Begr.); ist in einzelnen Strafbestimmungen für besondere Fälle eine erhöhte Strafe angedroht (z. B. Art. 79 Abs. III), so ist zunächst diese erhöhte Strafe anzusetzen. Die so gewonnene Strafe muß dann mindestens um die Hälfte ihres Maßes erhöht werden (Mindestbetrag); sie kann vorbehaltlich der Grenzen des Abs. II bis zum dreifachen Betrag erhöht werden (Höchstbetrag). Der Mindestbetrag der Haftstrafe ist im Falle des Art. 60 zwei Tage, weil sie nur nach vollen Tagen bemessen werden darf (§ 19 Abs. II StGB.). Die Reichsverordnung über Vermögensstrafen und Bußen vom 6. 2. 1924 hindert nicht, auch heute noch bei Strafen nach dem Forstgesetz auf Zwischenstufen von Markbeträgen zu erkennen (§ 2 EG. StGB.); ObLG. RR. I 710/1925, BayZfR. 1926 S. 156. Beim Zusammentreffen von Strafschärfungsgründen und Rückfall ist zunächst die Strafe nach Art. 60 festzusetzen und dann nach Art. 101 zu erhöhen; die Höchststrafe beträgt aber auch bei Rückfall, wenn eine Geldstrafe in dem Mehrfachen, Einfachen oder Bruchteil eines bestimmten Betrags angeordnet ist, das dreifache der Grundstrafe (ohne Berücksichtigung des Strafschärfungsgrundes); ObLG. Bd. 26 S. 129.

3. Abs. II: Die gesetzliche Höchstdauer der Haftstrafe beträgt sechs Wochen, bei Realkonkurrenz drei Monate (§§ 18, 77 StGB.). An Geldstrafen fallen unter Abs. II nur jene, für die ein Strafrahmen aufgestellt ist; in Betracht kommen also nur die Art. 90—98. Die Art. 88, 89, 99 und 100 enthalten keine Strafrahmen (zu Art. 88 vgl. ObLGSt. Bd. 2 S. 170 und OLGM. Bd. 5 S. 280, dagegen OAG. 28. 5. 1859 Z. Bd. 6 S. 202); ein Strafrahmen liegt dann vor, wenn der Richter innerhalb des Spielraums zwischen einer unteren und oberen Grenze die Strafe nach freiem richterlichen Ermessen festsetzen kann, nicht aber, wenn die Strafe wie in den Art. 88, 89, 99 und 100 nach der Stückzahl oder nach dem Wert gesetzlich festgelegt und nur ein absoluter Höchst- oder Mindestbetrag bestimmt ist. Wenn also nach Art. 88 Abs. II und III ohne Strafschärfungsgründe die dort vorgesehene Höchststrafe von 22,50 (45) Reichsmark festzusetzen wäre, so ist dieser Betrag die einfache Strafe im Sinne des Art. 60 Abs. I, die beim Vorliegen von Strafschärfungsgründen mindestens um die Hälfte erhöht werden muß. Bei Realkonkurrenz erschwerter Frevel sind zunächst die einzelnen Strafen gemäß Art. 60 zu erhöhen; die verschärften Haft- und Geldstrafen sind sodann ohne weitere Kürzung zusammenzuzählen; die Haftstrafe darf jedoch insgesamt drei Monate nicht übersteigen (§ 77 StGB.); für Geldstrafen gibt es keine obere Grenze; die Schranke des Abs. II gilt nur für die Bestrafung des einzelnen Frevels. Bei den Freveln, deren Strafbestimmungen keine Strafrahmen enthalten (Art. 79—89, 99, 100), bestimmt sich der Höchstbetrag der Geldstrafe nach Art. 60 Abs. I, der Höchstbetrag der Haftstrafe und Ersatzhaftstrafe nach §§ 18, 29, 77, 78 StGB.

4. Umwandlung der Geldstrafe in Ersatzhaftstrafe: Der Umwandlung ist bei der Aburteilung eines einzelnen erschwerten Frevels die nach Art. 60 verschärfte Strafe zugrundezulegen. Die Dauer der Ersatzhaftstrafe beträgt auch im Falle des Art. 60 mindestens einen Tag und höchstens sechs Wochen (§ 29 StGB.). Bei Realkonkurrenz erschwerter Frevel ist die Ersatzhaftstrafe zunächst für jeden einzelnen erschwerten Frevel festzusetzen; sodann sind die Ersatzhaftstrafen ungekürzt zusammenzuzählen; jedoch dürfen sie insgesamt die Dauer von drei Monaten nicht übersteigen (§ 78 StGB.).

Notstand.

Artikel 61. (60/61).

Ist jemand im Walde oder in dessen Nähe durch einen Unfall oder durch ein Naturereignis erweislich in die Notwendigkeit versetzt, eine durch das gegenwärtige Gesetz mit Strafe bedrohte Handlung zu begehen, so ist er zwar zum Ersatze des Wertes und des Schadens[3] verpflichtet, unterliegt jedoch keiner Bestrafung, wenn er den Vorfall innerhalb 24 Stunden einer der im Art. 115 bezeichneten Personen oder dem Waldbesitzer anzeigt[4].

1. Allgemeines: Art. 61 behandelt den forststrafrechtlichen Notstand; er bezieht sich auf Forstpolizeiübertretungen und Forstfrevel; wenn seine Voraussetzungen erfüllt sind, tritt Straflosigkeit, nicht aber Befreiung von der Wert- und Schadenersatzpflicht ein. Der Notstand ist ein Rechtfertigungsgrund; auch der Teilnehmer an einer Notstandshandlung kann nicht gestraft werden (vgl. RGSt. Bd. 57 S. 268). Der Notstand des Art. 61 befreit nur von der Strafbarkeit nach dem Forstgesetz. Die Notstandsbestimmungen des BGB. und StGB. andrerseits entschuldigen auch gegenüber den Strafbestimmungen des Forstgesetzes; vgl. Anm. 8 vor Art. 48.

2. Begriff: Der strafrechtliche Notstand des Art. 61 besteht darin, daß jemand durch einen Unfall oder ein Naturereignis im Wald oder in dessen Nähe genötigt wird, eine nach dem Forstgesetz verbotene Handlung zu begehen. Sein Begriff ist erheblich weiter als der Notstandsbegriff des StGB. (§54).

a) Unter einem Unfall ist ein rasch eintretendes, vom Betroffenen nicht vorhergesehenes Ereignis zu verstehen, durch das ein Schaden erwächst. Daß der Unfall vom Täter fahrlässig verschuldet worden ist, schließt Notstand nicht aus; anders nach dem Sinn des Gesetzes, wenn er von ihm vorsätzlich herbeigeführt wurde. Einen Notstand verneinte ObLGSt. Bd. 7 S. 92 bei folgendem Sachverhalt:

Die Täter hatten Stöcke abzufahren; da sie diese ohne Riegel, die sie nicht bei sich hatten, nicht auf den Wagen bringen konnten, fällten sie eine Stange; außerdem fällten sie eine Stange, die das Fahren außerhalb des erlaubten Waldweges behinderte; in beiden Fällen wurde Forstfrevel angenommen.

Für die eines Forstfrevels durch unbefugtes Hüten des Viehes im Walde angeschuldigten Hirten wird ein ihre Strafbarkeit ausschließender Notstand nicht dadurch begründet, daß sie lediglich wegen der vorhandenen örtlichen Verhältnisse und wegen ihrer geringen Anzahl gegenüber der großen Menge das unbefugte Weiden geschehen ließen (OLG. 27. 5. 1876 St. Bd. 6 S. 244).

b) Auf Naturereignisse wurde der Notstandsbegriff erst i. J. 1896 ausgedehnt; hierher gehört z. B. das Fahren außerhalb der erlaubten Waldwege infolge von Schneeverwehungen oder Hochwasser.

c) Die Notwendigkeit, eine verbotene Handlung zu begehen, ist schon gegeben, wenn durch ihre Verübung ein erheblich größerer Schaden abgewendet werden kann als durch die verbotene Handlung angerichtet wird (Begr., Grundsatz der Gefahrenabwägung). Die Notwendigkeit muß erweislich bestanden haben, d. h. wenn das Gericht von der Notwendigkeit nicht überzeugt ist, muß es bestrafen; dem Täter ist keine förmliche Beweislast auferlegt; das Gericht hat den Sachverhalt von Amts wegen zu untersuchen.

d) Der Notstand muß im Walde oder in seiner Nähe auftreten; dies ist nicht der Fall, wenn z. B. jemand bei großer Kälte in den Wald geht, um das zu Hause dringend benötigte Brennholz zu holen (hier kann u. U. der Notstand nach § 54 StGB. gegeben sein; vgl. auch den nicht straflosen Notfrevel Art. 61a). Wenn jemand in der Nähe des Waldes mit seinem Wagen verunglückt und sich nur mit einer Stange aus dem benachbarten fremden Walde helfen kann, so liegt ein Notstand nach Art. 61 vor (RR. 1851/52 3. Prot. Bd. S. 584).

3. Wert- und Schadenersatz: Die Verpflichtung bemißt sich nach den allgemeinen Bestimmungen der Art. 62ff. Der Schadenersatzanspruch bei Forstpolizeiübertretungen kann nur im Wege des Zivilprozesses geltend gemacht werden (Art. 64 Abs. I); bei den Forstfreveln ist zu unterscheiden, ob das Forstrügegericht wegen des Frevels ein Strafverfahren eröffnet hat oder nicht; im ersteren Fall ist der Frevler von der Strafe freizusprechen, aber zum Wert- und Schadenersatz zu verurteilen, sofern sich nicht der Geschädigte vor der Aburteilung für die zivilgerichtliche Verfolgung erklärt hat (Art. 64 Abs. II); im letzteren Fall kann der Anspruch nur vor dem Zivilgericht verfolgt werden.

4. Anzeigepflicht: Unter den 24 Stunden wird ein Tag zu verstehen sein (vgl. Abg. 1895/96 StenBer. Bd. 8 S. 375), so daß die Auslegungsvorschriften der §§ 187ff. BGB. anwendbar sind. Die Frist ist daher gewahrt, wenn die Anzeige im Laufe des auf den Vorfall folgenden Werktags erstattet wird (§§ 187, 188, 193 BGB.). Die von der Abgeordnetenkammer i. J. 1896 vorgeschlagene Verlängerung der Anzeigefrist auf drei Tage wurde von der Reichsratskammer mit dem Hinweis abgelehnt, daß das Gericht bei unverschuldeter Überschreitung der Frist ohnehin kaum strafen werde; diese Möglichkeit hat das Gericht auf Grund § 153 StPO. mit Art. 188 FG.

Die Anzeige muß innerhalb der Frist eingelaufen sein; sie kann in jeder Form geschehen.

5. Strafanzeige: Die Hilfspersonen zur Handhabung der Forstpolizei haben auch die Notstandsübertretungen und -frevel anzuzeigen; die näheren Umstände sind zu vermerken (Art. 121). Das Forstamt kann, wenn es einen Notstand für gegeben erachtet, von der Erhebung der Klage absehen; vgl. auch § 153 StPO.

Notfrevel; mildernde Umstände.

Artikel 61a.[1]

Ist ein Forstfrevel aus dringender Not[2] begangen oder liegen andere besonders erhebliche Milderungsgründe[3] vor, so kann mit Ausnahme der Fälle des Art. 101 die gesetzlich bestimmte Strafe[4] bis zur Hälfte, jedoch abgesehen von den Fällen der Art. 88 und 89 nicht unter 50 Reichspfennig, bei Forstfreveln durch Entwendung nicht unter 30 Reichspfennig herabgesetzt werden.

1. Allgemeines: Art. 61a behandelt die Strafmilderungsgründe bei den Forstfreveln, nämlich den Notfrevel sowie die allgemeinen mildernden Umstände. Er wurde i. J. 1923 in Nachbildung des Art. 41 pf. FStG. ins Gesetz aufgenommen und i. J. 1924 bereits wieder geändert. Er bezieht sich nur auf die Forstfrevel; für die Forstpolizeiübertretungen fehlt eine ähnliche Bestimmung; mildernde Umstände lassen sich bei den Forstpolizeiübertretungen durch Abstufung der Strafen innerhalb der weiten Strafrahmen berücksichtigen. Die strafmildernde Bestimmung des Art. 61a steht den straferhöhenden Bestimmungen der Art. 59, 60 gegenüber. Art. 61a gilt für sämtliche Forstfrevel (Art. 79

bis 100); ausgenommen sind lediglich die Rückfälle und Gewohnheitsfrevel des Art. 101. § 370 Ziff. 5 (Abs. I und II) StGB. ist auf Forstfrevel nicht anwendbar (ObLG. Bd. 28 S. 141); anders beim Holz- und Rindendiebstahl nach Art. 81 und 83 Abs. III.

2. **Notfrevel:** Die Forstfrevel werden meist von der ärmeren Bevölkerung aus Mangel an Mitteln, also aus einer gewissen Notlage heraus, begangen; dieser allgemeine Zustand des Mangels genügt nicht, um den Frevel zum Notfrevel nach Art. 61a zu machen; es muß eine besondere Notlage sein. Sie muß dringend d. h. von solcher Stärke sein, daß die Gegenstände zur Erhaltung der Gesundheit des Täters oder seiner Angehörigen beschafft werden müssen. Not ist ernste wirtschaftliche Bedrängnis. Daß diese gegenwärtig ist, ist nicht unbedingt erforderlich; auch eine unmittelbar bevorstehende kann u. U. hinreichen. Art. 61a ist auch anwendbar, wenn durch den Frevel nur mittelbar die Beseitigung der Not erstrebt wird, z. B. durch Verkauf der gefrevelten Erzeugnisse, um sich Geldmittel für den Ankauf der Bedarfsgegenstände zu verschaffen, die auf andere Weise nicht zu erhalten sind. Die Not muß eine eigene des Täters sein; das ist sie auch, wenn unterhaltsbedürftige Angehörige in Not sind. Die dringende Not muß den Antrieb zur Tat gebildet haben. Unverschuldet braucht die Notlage nicht zu sein. Nur die Deckung des Notbedarfs wird der milderen Strafe teilhaftig; Art. 61a ist nicht anwendbar, wenn der Gegenstand über das hiezu notwendige Maß hinausgeht (vgl. RGSt. Bd. 46 S. 408; 48 S. 52); im übrigen ist Menge und Wert des Gefrevelten ohne Bedeutung.

3. **Allgemeine mildernde Umstände:** Milderungsgründe liegen bei den meisten Forstfreveln vor, da sie, wie in Anm. 2 bemerkt, gewöhnlich aus einer gewissen wirtschaftlichen Notlage begangen werden; diese gewöhnlichen Milderungsgründe reichen für die Anwendung des Art. 61a nicht aus; es müssen besondere und zwar sehr erhebliche Gründe sein; hieher kann z. B. gehören Unkenntnis des Verbotes, geringes Maß von Fahrlässigkeit, erstmalige Begehung u. a. Besondere Strafmilderungsgründe (entsprechend den besonderen Strafschärfungsgründen) sind in keiner der einzelnen Strafbestimmungen für Forstfrevel (Art. 79ff.) enthalten.

4. **Strafe:** Die Wirkung eines oder mehrerer Strafmilderungsgründe nach Art. 61a besteht darin, daß bei allen Strafbestimmungen für Forstfrevel, die einen Strafrahmen enthalten (Art. 90 bis 98), das Mindestmaß auf die Hälfte herabgesetzt wird; die Strafe kann also zwischen der Hälfte des in der einzelnen Strafbestimmung angedrohten Mindestbetrages und dem Höchstbetrag des Strafrahmens festgesetzt werden. Bei den Strafbestimmungen mit absoluten Strafen (Art. 79—89, 99, 100) wird bei der Anwendung des Art. 61a ein Strafrahmen geschaffen, dessen obere Grenze die absolut bestimmte Strafe, dessen untere Grenze die Hälfte dieser absoluten Strafe bildet. Unter 30 Reichspfennige kann jedoch bei den Entwendungsfreveln (Art. 79—87) nicht herabgegangen werden, bei den Freveln der Art. 90—100 nicht unter 50 Reichspfennige. Für die Weidefrevel (Art. 88, 89) gilt diese untere Grenze nicht, weil nach der Strafdrohung schon die ungemilderte Strafe weniger als 50 Reichspfennige betragen kann (Begr.). Liegen bei einem nach Art. 59 erschwerten Frevel Strafmilderungsgründe vor, so ist zunächst die für den einfachen Frevel angedrohte Strafe nach Art. 60 zu erhöhen; diese erhöhte Strafe kann sodann nach Art. 61a ermäßigt werden; bei absoluten Strafen beträgt das Mindestmaß der gemilderten Strafe $\frac{1\frac{1}{2}\ (\text{Art. }60)}{2\ (\text{Art. }61\,a)} = \frac{3}{4}$ der für den einfachen Frevel angedrohten Strafe. Die Ermäßigung der Strafe nach Art. 61a ist (anders als bei der Strafschärfung nach Art. 60) nicht bindend vorgeschrieben, sondern in das Ermessen des Gerichts gestellt. Es ist so als ob jede der einzelnen Strafbestimmungen der Art. 79—100 über Forstfrevel einen Schlußabsatz über mildernde Umstände mit dem Inhalte des Art. 61a enthielte. Einem Teilnehmer am Frevel (Mittäter, Anstifter, Gehilfen) kommt seine Milderung nur zugute, wenn die mildernden Umstände bei ihm selbst zutreffen. § 50 StGB. allerdings ist mit Ausnahme wohl der Notfrevel auf Art. 61a unmittelbar nicht anwendbar (vgl. Olshausen Anm. 2b zu § 50).

5. **Verfahren:** Das Gericht hat die etwaigen Strafmilderungsgründe von Amts wegen festzustellen. Die Hilfspersonen zur Handhabung der Forstpolizei haben sie in das Forstrügeverzeichnis aufzunehmen (Art. 121; §§ 27, 28 Allg. VollzB. 1879).

Haftung für Wert- und Schadenersatz.

Artikel 62. ($^{61}/_{62}$).

Der Straffällige haftet[3], außer der Strafe, für den Schaden[4], welchen er durch die Übertretung oder den Frevel verursacht hat, und bei Forstfreveln auch für den Ersatz des Wertes[4].

1. Übersicht über die Wert- und Schadenersatzbestimmungen des Forstgesetzes: Die Art. 62 bis 67 regeln den Wert- und Schadenersatz bei Forstfreveln und Forstpolizeiübertretungen nach der sachlichen und der verfahrensrechtlichen Seite.

a) Sachlich: Der Forstfrevler ist grundsätzlich verpflichtet, dem Geschädigten den Wert und den Schaden zu ersetzen (Art. 62); wenn der Geschädigte den Anspruch in Verbindung mit dem Strafverfahren verfolgt, bestimmt sich vor dem Strafrichter der Anspruch nach Grund und Höhe ausschließlich nach den Einzelbestimmungen des Forstgesetzes über Forstfrevel; der Bemessung sind die amtlichen Wertbestimmungstabellen zugrundezulegen (Art. 63, 65). Wenn der Geschädigte dagegen den Weg des Zivilprozesses beschreitet, sind für den Anspruch nach Grund und Höhe außer Art. 62 auch und zwar in erster Linie die Bestimmungen des bürgerlichen Rechts (§§ 823ff. BGB.) maßgebend. Hat der Geschädigte seinen Anspruch im Forstrügestrafverfahren verfolgt und gibt er sich mit dem ihm auf Grund des Forstgesetzes zugesprochenen Wert- und Schadenersatz nicht zufrieden, so kann er nachträglich den ihm vermeintlich nach den Bestimmungen des bürgerlichen Rechts zustehenden Mehranspruch im Wege des Zivilprozesses geltend machen (Art. 67).

Wer eine Forstpolizeiübertretung begangen hat, ist grundsätzlich ebenfalls verpflichtet, den dadurch verursachten Schaden zu ersetzen (Art. 62); Werterſatz kommt bei den Forstpolizeiübertretungen nicht in Betracht. Der Schadenersatzanspruch des Geschädigten richtet sich bei den Forstpolizeiübertretungen nach Grund und Höhe abgesehen von Art. 62 ausschließlich nach dem bürgerlichen Recht (§§ 823 ff. BGB.).

Die sachlichen Bestimmungen des FG. über den Wert- und Schadenersatz sind durch Art. 107 EG.BGB. aufrechterhalten.

b) Verfahren: Bei den Forstfreveln kann der Wert- und Schadenersatzanspruch entweder in Verbindung mit dem Strafverfahren geltend gemacht werden (sog. Adhäsionsprozeß) oder im Zivilprozeßweg (Art. 64). Hat der Geschädigte vom Adhäsionsprozeß Gebrauch gemacht und dabei vermeintlich nicht genug erhalten, so kann er nachträglich noch auf den ihm vermeintlich zustehenden Mehrbetrag im Wege des Zivilprozesses klagen (Art. 67). Bei den Forstpolizeiübertretungen kann der Schadenersatzanspruch nur im Zivilprozeßweg verfolgt werden (Art. 64).

c) Einteilung: Art. 62 stellt den Grundsatz der Haftung auf; Art. 63 bestimmt die Rechtsgrundlage für den im Adhäsionsprozeß verfolgten Wert- und Schadenersatzanspruch bei Forstfreveln; Art. 64 regelt das Verfahren; Art. 65 behandelt die Wertbestimmungstabellen; Art. 66 schreibt die Anrechnung des Zurückempfangenen vor; Art. 67 läßt nach dem Adhäsionsprozeß die Zivilklage auf den Mehrbetrag zu. Ergänzende Bestimmungen enthalten Art. 56 Abs. II (Haftung bei gemeinschaftlichen Forstfreveln), 61 (Haftung bei Notstand), 69 (Zivilverantwortlichkeit bei Forstfreveln), 70 (Drittverantwortlichkeit bei Forstpolizeiübertretungen), 71 (Vererblichkeit der Haftung), 138 ff. (Beschlagnahme), 143ff. (Strafbefehlsverfahren), 181ff. (Vollstreckung).

2. Bedeutung des Art. 62: Art. 62 bildet einen selbständigen Rechtsgrund für die Verpflichtung zum Wert- und Schadenersatz bei Forstfreveln und für Schadenersatz bei Forstpolizeiübertretungen; an dieser Bedeutung hat das neue bürgerliche Recht nichts geändert (Art. 107 EG.BGB.). Auf Art. 62 kann der Geschädigte seinen Anspruch nicht bloß stützen, wenn er ihn im Adhäsionsprozeß verfolgt, sondern auch, wenn er im Zivilprozeßweg vorgeht; im letzteren Fall ist der Rechtsgrund allerdings regelmäßig nicht der einzige, da die Forstfrevel und Forstpolizeiübertretungen regelmäßig auch unerlaubte Handlungen im Sinne des § 823 BGB. sind und zum Schadenersatz nach dieser Bestimmung verpflichten; für den Strafrichter ist Art. 62 der einzige Haftungsgrund. Nach Art. 62 besteht die Verpflichtung zum Wert- und Schadenersatz nur für den Straffälligen d. h. nur für denjenigen, der wegen eines Forstfrevels oder einer Forstpolizeiübertretung zu Strafe verurteilt wird und zwar gleichgültig, ob als Täter oder als Teilnehmer; zur Haftung gemeinschaftlicher Frevler s. Art. 56 Abs. II; bei Forstpolizeiübertretungen Anm. 1 zu Art. 57. Ist die Bestrafung eines Forstfrevels oder einer Forstpolizeiübertretung wegen Verjährung nicht mehr möglich, so kann auf Grund des Art. 62 Wert- und Schadenersatz nicht verlangt werden; es bleibt nur mehr die Haftung auf Grund unerlaubter Handlung übrig, sofern dieser Anspruch nach den Vorschriften des bürgerlichen Rechts nicht auch verjährt ist. Die Bestimmung des Art. 62, daß der straffällige Frevler stets für den Wert- und den verursachten Schaden haftet, erleidet in Art. 63 eine gewisse Einschränkung; näheres dort. Der wegen einer Forstpolizeiübertretung Strafbare haftet stets für den verursachten Schaden, wobei Voraussetzung ist, daß ein Schaden entstanden ist.

3. Haftung: Der Straffällige haftet d. h. der Straffällige ist schuldig, den Wert und Schaden zu ersetzen; der Geschädigte ist berechtigt, von ihm den Ersatz zu beanspruchen. Im Adhäsionsprozeß muß das Gericht den straffälligen Frevler von Amts wegen zum Ersatz verurteilen; im Zivilprozeß muß der Geschädigte seinen Ersatzanspruch selbst betreiben. Von der Haftung des Täters und Teilnehmers nach Art. 62 ist zu unterscheiden die Haftung des Zivilverantwortlichen nach Art. 69.

4. Wert- und Schadenersatz: Unter dem Wert ist lediglich der objektive Sachwert der entwendeten Walderzeugnisse zu verstehen (Wertersatz kommt nur bei den Forstfreveln durch Entwendung, Art. 79—87, 95 Abs. III und IV, 96 Abs. II, in Betracht). Schaden ist der Vermögensnachteil, der dem Geschädigten bei den Entwendungsfreveln über den Entgang des Wertes hinaus, bei den übrigen Forstfreveln und den Forstpolizeiübertretungen durch die strafbare Handlung überhaupt zugeht. Bei den Entwendungsfreveln ist die Umschreibung des Schadensbegriffes ohne praktische Bedeutung, da sämtliche Strafbestimmungen den Betrag des Schadenersatzes in Bruchteilen des Wertes festsetzen; bei den übrigen Freveln und bei den Forstpolizeiübertretungen dagegen gewinnt die Begriffsbestimmung Bedeutung; im Sinne dieser Bestimmungen (bei denen, wie bemerkt, zwischen Wert und Schaden nicht unterschieden wird) ist der Begriff des Schadens und des Schadenersatzes der gleiche wie nach dem bürgerlichen Recht (§§ 249ff. BGB.); der Verpflichtete hat den Geschädigten wirtschaftlich in den Zustand zu versetzen, in dem sich dieser befinden würde, wenn der Forstfrevel oder die Forstpolizeiübertretung nicht geschehen wäre. Der Schadenersatz ist, wenn nicht der Geschädigte mit einer anderen Regelung einverstanden ist, stets in Geld zu leisten, wie sich aus Art. 65 und den einzelnen Strafbestimmungen (vgl. insbesondere Art. 92 und 94 Eingang) ergibt. Der zu ersetzende Schaden umfaßt auch den entgangenen Gewinn (§ 252 BGB.). Bei den Forstpolizeiübertretungen wird regelmäßig ein zu vergütender Schaden nicht gegeben sein, da der straffällige Übertreter und der Beschädigte meist in einer Person zusammenfallen; immerhin kann der Beschädigte u. U. auch eine dritte Person sein, z. B. wenn ohne Einwilligung der Forstberechtigten und ohne forstpolizeiliche Genehmigung zum Schaden der Forstberechtigten gerodet wurde (Begr.); oder wenn der Nachbar durch einen unerlaubten Kahlhieb in einem Schutzwald geschädigt wurde oder durch Unterlassung der vorgeschriebenen Insektenbekämpfung usw. Zwischen dem Forstfrevel (Forstpolizeiübertretung) und dem Schaden muß ein ursächlicher Zusammenhang bestehen. Der Berechnung der Wert- und Schadenersatzverpflichtung von Frevlern hat der Strafrichter im Adhäsionsprozeß (nicht dagegen der Zivilrichter) die Sätze der Wertbestimmungstabellen nach Art. 65 zugrunde zu legen. Vgl. zur Begriffsbestimmung von Wert- und Schadenersatz auch Art. 77 Abs. II des Entwurfes 1846.

Der Wert- und Schadenersatz ist keine Nebenstrafe und keine Buße im Sinne des Reichsstrafgesetzbuches; die Verordnung über Vermögensstrafen und Bußen vom 6. 2. 1924 (RGBl. I S. 44) findet auf ihn keine Anwendung (vgl. Hellwig, Geldstrafengesetz, 3. Aufl. S. 43).

Der Anspruch auf Wert- und Schadenersatz ist der bürgerlichrechtliche Anspruch des Waldbesitzers auf Ersatz des Schadens, den Forstfrevel und Forstpolizeiübertretungen gewöhnlich zur Folge haben. Zur Vereinfachung des Verfahrens gestattet das Gesetz dem Waldbesitzer, die am häufigsten anfallenden Ansprüche, nämlich die gegen Forstfrevler, im Strafverfahren zu verfolgen, das zunächst dazu bestimmt ist, den öffentlichrechtlichen Anspruch des Staates auf Sühne des Frevels durch Strafe zu verwirklichen. Der gnadenweise Erlaß der Strafe bezieht sich nicht auf die ausgesprochene Verpflichtung zum Wert- und Schadenersatz; diese kann nur der Entschädigungsberechtigte erlassen.

Wert- und Schadenersatz bei Forstfreveln insbesondere.

Artikel 63. (62/63).

In Bezug auf Forstfrevel richtet sich der Ersatz des Wertes, sowie des Schadens nach den Bestimmungen des gegenwärtigen Gesetzes.

1. Bedeutung des Art. 63: Art. 63 bestimmt, daß dann, wenn über die Wert- und Schadenersatzverpflichtung eines Frevlers im Strafverfahren (Adhäsionsprozeß) entschieden wird, die Möglichkeit der Verurteilung zu Wert- und Schadenersatz nach Grund und Höhe sich grundsätzlich nach den Vorschriften des Forstgesetzes bemißt.

a) Statthaftigkeit der Verurteilung zu Wert- und Schadenersatz (Grund): Zu Wertersatz und Schadenersatz kann hienach der Frevler im Adhäsionsprozeß nur verurteilt werden, wenn die einschlägige besondere Strafbestimmung den Wert- oder Schadenersatz oder beides vorschreibt; die Verpflichtung zum Wertersatz ist vorgeschrieben bei allen Entwendungsfreveln; bei den andern Freveln ist die Verurteilung zum Wertersatz nicht zulässig. Die Verpflichtung zum Schadenersatz ist vorgeschrieben in den Fällen der Art. 79, 82, 83 Abs. I, 84 Abs. II, 85 Abs. I, II (teilweise), III, 86 Abs. II, 87—89, 92—96; dagegen ist die Verurteilung zum Schadenersatz nicht zulässig in den Fällen der Art. 80, 83 Abs. II, 84 Abs. I, 85 Abs. II (teilweise), 86 Abs. I, 90, 91, 97—100, selbst wenn ein Schaden oder, wo Werterfatz vorgeschrieben ist, ein über den Wert hinausgehender Schaden verursacht worden ist; in diesem Falle kann der Ersatzanspruch nur im Zivilprozeßweg und nur auf Grund der Vorschriften des bürgerlichen Rechts (§§ 823 ff. BGB.) verfolgt werden. Der Grundsatz des Art. 62, daß der Frevler zum Ersatze des Wertes und Schadens verpflichtet ist, erleidet also in der Ausführungsbestimmung des Art. 63 eine gewisse Einschränkung.

b) Höhe des Wert- und Schadenersatzes: Der Wert bestimmt sich bei der Aburteilung im Adhäsionsprozeß nach dem in der Wertbestimmungstabelle für den entwendeten Gegenstand angesetzten Betrag; ist der Gegenstand dort nicht aufgeführt, so schätzt ihn das Forstamt; maßgebend ist der objektive Wert. Der Schaden ist vielfach in Einheiten oder Bruchteilen des Wertes festgesetzt; in diesen Fällen ist der Berechnung im Adhäsionsprozeß der Wert im vorbeschriebenen Sinn zugrunde zu legen. Ist der Schaden nicht nach Einheiten oder Bruchteilen des Wertes bestimmt (z. B. in Art. 88 Abs. V, 92), so ist auch im Adhäsionsprozeß die Frage, was zum Schaden gehört, nach den Vorschriften des bürgerlichen Rechts (§§ 249 ff. BGB.) zu entscheiden; bei der zahlenmäßigen Berechnung des Schadens sind die Ansätze der Wertbestimmungstabellen, soweit diese fehlen, die Schätzung des Forstamts maßgebend (Art. 65). In den Fällen, in denen sich der Schaden nach Einheiten oder Bruchteilen des Wertes bemißt, muß im Adhäsionsprozeß auf den Schadenersatz in der gesetzlichen Höhe auch erkannt werden, wenn kein Schaden entstanden sein sollte. Vereinzelt ist für die Bemessung des Schadenersatzes ein Rahmen aufgestellt (z. B. in Art. 86 Abs. II); die weitverbreitete Übung der Forstbehörden und Forststrafgerichte, in solchen Fällen den Schadensbetrag stets auf das gesetzliche Mindestmaß einzuschränken, hat keine innere Berechtigung (ObLG. 11. 7. 1914).

2. Geltungsbereich: Die Vorschriften des Art. 63 gelten nur für die Forstfrevel. Bei den Forstpolizeiübertretungen bemißt sich die Frage des Schadenersatzes nach Grund und Höhe des Anspruchs mit Ausnahme des Grundsatzes der Ersatzpflicht in Art. 62 ausschließlich nach den Bestimmungen des bürgerlichen Rechts. Auch bei den Forstfreveln gilt Art. 63 nur, wenn und soweit über den Wert und Schadenersatz im Strafverfahren (Adhäsionsprozeß) verhandelt wird (Begr.); wenn er ganz im Wege des Zivilprozesses verfolgt wird, sind (außer dem Grundsatz der Ersatzpflicht in Art. 62) ausschließlich die Bestimmungen des bürgerlichen Rechts maßgebend; das gleiche gilt für den Anspruch auf den Mehrbetrag nach Art. 67. Da der Geschädigte die Möglichkeit hat, von vornherein den Weg der Zivilklage zu beschreiten oder nach Durchführung des Adhäsionsprozesses um den Mehrbetrag das Zivilgericht anzurufen, ist es ihm auch möglich, von dem ihm günstigeren materiellen Wert- und Schadenersatzrecht Gebrauch zu machen; nicht dagegen dem Frevler, der dem Geschädigten in der Anwendung des formellen wie des materiellen Rechtes folgen muß (Begr.).

Feststellung des Wert- und Schadenersatzes.

Artikel 64. (63/64).

I Der durch eine Forstpolizeiübertretung[2] begründete Entschädigungsanspruch kann nur bei dem Zivilgerichte[4], — der durch einen Forstfrevel[3] begründete Entschädigungsanspruch dagegen entweder bei dem Zivilgerichte oder bei dem Forstrügegerichte verfolgt werden.

II Erklärt sich der durch einen Forstfrevel Beschädigte für die zivilgerichtliche Verfolgung seines Anspruches nicht schon vor der Aburteilung des Frevels, so wird über die Entschädigung von dem Forstrügegerichte in dem Strafurteile erkannt, unbeschadet jedoch der durch Art. 67 vorbehaltenen Zivilklage auf den etwaigen Mehrbetrag.

1. Allgemeines: Art. 64 regelt das Verfahren zur Feststellung der Verpflichtung zum (Wert-) und Schadenersatz bei Forstfreveln und Forstpolizeiübertretungen. Er gilt auch für die Verurteilung der Zivilverantwortlichen nach Art. 69 und der Drittverantwortlichen nach Art. 70. Für das forststrafgerichtliche Verfahren sind weiter von Bedeutung die Vorschriften der Art. 138 ff. über Beschlagnahme, der Art. 143 ff. über das Strafbefehlsverfahren und der Art. 181 ff. über die Vollstreckung.

2. Forstpolizeiübertretungen: Bei den Forstpolizeiübertretungen kann der Schadenersatzanspruch nicht in Verbindung mit dem Forstrügeverfahren, sondern nur vor den Zivilgerichten im Verfahren nach der Zivilprozeßordnung geltend gemacht werden. Der Forstrügerichter darf, auch wenn beide

Parteien einverstanden sind, über den Schadenersatzanspruch nicht befinden. Der Geschädigte muß also gegen den Übertreter, wenn er sich mit ihm nicht gütlich einigen kann, Klage stellen. Örtlich zuständig ist das Gericht, in dessen Bezirke die Forstpolizeiübertretung begangen wurde (§ 32 ZPO.). Der Schaden wird vom Zivilgericht nicht von Amts wegen festgestellt; der Kläger hat ihn nachzuweisen. Bei den Forstpolizeiübertretungen hat das Gesetz den Adhäsionsprozeß deshalb überhaupt nicht zugelassen, weil die in diesen Fällen meist sehr schwierige Frage des Grundes und der Größe der Entschädigung nicht von so kurzer Hand untersucht und entschieden werden kann, als es durch die summarische Art des forststrafgerichtlichen Verfahrens bedingt wäre (Begr.).

3. Forstfrevel: Der durch einen Forstfrevel Geschädigte hat die Wahl, seinen Wert- oder Schadenersatzanspruch (der Begriff Entschädigungsanspruch in Art. 64 umfaßt Wert- und Schadenersatz) vom Strafrichter im Strafverfahren oder vom Zivilrichter im zivilprozessualen Verfahren feststellen zu lassen; ob er das eine oder das andere Verfahren wählen will, steht in seinem freien Ermessen; wählt er das zivilprozessuale Verfahren, so muß er diesen Entschluß noch vor der Verkündung des Strafurteils oder der Zustellung des Strafbefehls dem Forstrügerichter mitteilen; gibt er keine oder eine verspätete Erklärung ab, so hat das Forstrügegericht von Amts wegen auch über den Wert- und Schadenersatzanspruch des Geschädigten zu erkennen (Abs. II). Der Ausspruch über die Verpflichtung des Frevlers zum Wert- oder Schadenersatz ist in den Urteilssatz (Tenor) aufzunehmen wie der Ausspruch über die Buße im allgemeinen Strafrecht. Das Forstrügeverfahren ist das gleiche, ob nur über die Strafe oder zugleich auch über Wert- und Schadenersatz entschieden wird; es wird also auch über den Wert- und Schadenersatz im Forstrügeverfahren entschieden; und zwar wird in einem einzigen Verfahren über Strafe, Wert- und Schadenersatz geurteilt, stets vorausgesetzt, daß sie sich auf denselben Frevel beziehen. Diese Verbindung der Entscheidung über Wert- und Schadenersatz mit der Entscheidung über die Strafe wird zuweilen Adhäsionsprozeß genannt. Sachlich sind für den Forstrügerichter bei der Entscheidung über den Wert- und Schadenersatz im Adhäsionsprozeß die Vorschriften des Forstgesetzes maßgebend (Art. 63). Die Erklärung des Geschädigten, seinen Anspruch im Zivilrechtsweg verfolgen zu wollen, ist widerruflich bis zur Verkündung des Urteils oder zur Zustellung des Strafbefehls. Bei einer Mehrheit von Geschädigten darf der Forstrügerichter nur eine übereinstimmende Erklärung aller, den Anspruch im Zivilrechtsweg zu verfolgen, beachten (§ 744 BGB.). Der Frevler seinerseits hat weder die Wahl zwischen den beiden Verfahren, noch kann er gegen die von dem Geschädigten getroffene Wahl Einspruch erheben. Die Aburteilung im Adhäsionsprozeß bildet praktisch die Regel. Die Verpflichtung des Frevlers zu Wert- und Schadenersatz ist bürgerlichrechtlicher Natur; daran ändert sich durch die Aburteilung im Adhäsionsprozeß nichts. Der Geschädigte kann rechtswirksam auf den Wert- und Schadenersatz verzichten. Dem Geschädigten kommt im Adhäsionsprozeß keine Parteistellung zu; er braucht nicht gehört zu werden. Das Forstrügegericht hat auch nach Maßgabe der besonderen Bestimmungen über Forstfrevel zu Wert- und Schadenersatz zu verurteilen, wenn der Geschädigte nicht bekannt ist (OLGM. 24. 2. 1898, Bd. 10 S. 21); in solchen Fällen wird der festgesetzte Betrag zunächst für die Staatskasse eingezogen; meldet sich der Geschädigte, so hat er Anspruch auf Auszahlung bis zur Verjährung dieses Anspruches. Wenn umgekehrt der Frevler nicht bekannt ist, s. Art. 186. Der Ausspruch über Wert- und Schadenersatz kann vom Frevler und dem Vertreter der Anklage mit den gegenüber dem Urteil (Strafbefehl) zustehenden Rechtsmitteln angefochten werden; der Geschädigte hat kein Anfechtungsrecht; er kann nur unter Umständen Zivilklage erheben (Art. 67). Zu Wert- und Schadenersatz kann der Frevler stets nur verurteilt werden, wenn er wegen des Frevels bestraft wird (Art. 62). Wird der angeklagte Frevler von Strafe freigesprochen, weil er des Frevels nicht schuldig befunden wurde, so ist er auch im Tenor des Urteils der Verpflichtung zum Wert- und Schadenersatz für ledig zu erklären, um auf diese Weise die im Sinne des Art. 64 liegende Rechtskraftwirkung hinsichtlich des Entschädigungsanspruches herbeizuführen und die sonst mögliche nachfolgende Zivilklage zu unterbinden; in allen Fällen aber, in denen der Strafrichter über den Entschädigungsanspruch nicht sachlich entscheidet, hat er sich eines Ausspruches über den Anspruch im Urteilssatz zu enthalten, um dem Geschädigten die Möglichkeit der Zivilklage nicht zu nehmen; vgl. Anm. 1 zu Art. 67.

4. Zivilrechtsweg: Bei den Forstpolizeiübertretungen kann der Schadenersatzanspruch überhaupt nur im Zivilrechtsweg verfolgt werden. Bei den Forstfreveln kommt der Zivilrechtsweg in Frage: a) wenn der Geschädigte sich von Anfang an für die Verfolgung im Zivilrechtsweg statt im Adhäsionsprozeß erklärt (Art. 64), b) zur Klage auf den Mehrbetrag nach Durchführung des Adhäsionsprozesses (Art. 67), c) zur neuerlichen Verfolgung des Anspruchs, wenn im Adhäsionsprozeß über den Wert- und Schadenersatzanspruch überhaupt nicht erkannt wurde (s. Anm. 1 zu Art. 67). Solange über den im **Adhäsionsprozeß** anhängig gemachten Wert- oder Schadenersatzanspruch vom Strafrichter nicht entschieden ist, darf der Zivilrichter über den gleichen Anspruch nicht erkennen. Die Vollstreckung des im Zivilrechtsweg rechtskräftig festgestellten Anspruchs richtet sich nach den Bestimmungen der ZPO., nicht nach Art. 181 ff. FG.

Sachlich ist zu bemerken: Schädigungen anderer durch Forstpolizeiübertretungen oder Forstfrevel sind unerlaubte Handlungen nach § 823 Abs. I und vielfach auch Abs. II BGB.; die vorsätzlichen oder fahrlässigen unerlaubten Handlungen verpflichten nach der angeführten Bestimmung zum Schadenersatz; einen weiteren Rechtsgrund für die Verpflichtung zum Schadenersatz, der auch für das Zivilrechtsverfahren gilt, bildet für sämtliche Forstfrevel und Forstpolizeiübertretungen Art. 62 FG. Wird die Zivilklage auf Art. 62 gestützt, so muß die Bestrafung des Täters wegen eines Forstfrevels oder einer Forstpolizeiübertretung nachgewiesen werden. Im übrigen ist über den Schadenersatzanspruch (im bürgerlichen Recht umfaßt der Schadenersatz auch den Wertersatz des Forstgesetzes) im Zivilrechtsweg ausschließlich nach den Vorschriften des bürgerlichen Rechts (§§ 823 ff., 249 ff. BGB.) zu entscheiden. Die Sätze der Wertbestimmungstabellen (Art. 65) sind nicht maßgebend; auch nicht die Vorschriften der einzelnen Strafbestimmungen über den Wert- und Schadenersatz (Begr.).

Der Zivilrichter ist grundsätzlich an die etwa vorausgehende Entscheidung des Strafrichters nicht gebunden; er kann auch zu einem andern Ergebnis kommen als jener; umgekehrt ist auch der Strafrichter gegenüber dem Zivilrichter frei. Es ist auch z. B. für den Entschädigungsanspruch wegen einer angeblichen Forstpolizeiübertretung nach den Vorschriften des bürgerlichen Rechts nicht Voraussetzung, daß der Übertreter vom Forstrügegericht zu Strafe verurteilt worden ist; wohl aber kann die Klage auf Art. 62 FG. nur unter dieser Voraussetzung gestützt werden. Der forststrafrechtliche Notstand des Art. 61 befreit von der Verpflichtung zum Wert- und Schadenersatz nicht.

Verurteilung der Zivil- und Drittverantwortlichen zum Wert- und Schadenersatz s. Anm. 4e zu Art. 69 und Anm. 2 zu Art. 70.

Auch gegen eine zivilverantwortliche Person kann der Entschädigungsanspruch vor dem Zivilgerichte geltend gemacht werden, ohne daß eine Verurteilung im Forstrügeverfahren vorausgegangen ist (S. Ziv. Bd. 5 S. 526).

5. Verjährung: Der Anspruch auf Wert- und Schadenersatz bei Forstpolizeiübertretungen und Forstfreveln verjährt in drei Jahren vor dem Zeitpunkt an, in dem der Verletzte von dem Schaden und der Person des Ersatzpflichtigen Kenntnis erlangt, spätestens in dreißig Jahren nach der unerlaubten Handlung (§ 852 BGB.). Diese Verjährungsfrist gilt, gleichgültig ob über den Anspruch vom Strafrichter oder vom Zivilrichter entschieden wird; nur hat der Strafrichter (wenn der Fall überhaupt praktisch werden kann) die Verjährung von Amts wegen zu beachten, der Zivilrichter nur auf Einrede. Hemmung und Unterbrechung der Verjährung §§ 202 ff., 208 ff. BGB. Die Verjährung des Wert- und Schadenersatzanspruches ist also wesentlich anders geregelt als die der Strafverfolgung (Art. 72); die letztere ist erheblich kürzer; sie beginnt außerdem mit der Begehung der Handlung zu laufen.

Wertbestimmungstabellen.

Artikel 65. ($^{64}/_{65}$).

I Zur strafgerichtlichen Bemessung:

1. des Wert- und Schadenersatzes, insoferne derselbe nicht schon durch das Gesetz bestimmt ist;
2. der Geldstrafe in denjenigen Fällen, in welchen der Betrag derselben durch den Wert des Gegenstandes der Übertretung oder des Frevels bestimmt wird,

sind für jeden Distrikt, in welchem die Preise der zu taxierenden Gegenstände merklich verschieden sind, nach den Lokalpreisen bemessene Wertbestimmungstabellen[3] ohne Anschlag der Fabrikations- und Transportkosten von der betreffenden Regierungs-Finanzkammer gemeinschaftlich mit der Kammer des Innern alle drei Jahre aufzustellen und bekannt zu machen.

II Ist ein gegebener Fall in der Wertbestimmungstabelle nicht vorgesehen, so wird dem Strafurteile die Taxierung des betreffenden Forstamts[4] zu Grunde gelegt.

Allg. VollzB. 1879.

§ 17.

(Art. 65.) [I] Bevor das Forstgesetz in Vollzug tritt und nachher alle drei Jahre, hat die **Kreisregierung, Kammer der Finanzen**[1]), gemeinschaftlich mit der Kammer des Innern, **Wertbestimmungstabellen nach Art. 65** des Forstgesetzes aufzustellen und gehörig bekannt machen zu lassen. Jedem Forstschutzdiener ist eine solche Tabelle zuzustellen.

[II] Die zu bestimmenden Werte haben sich auf die Markt- und Lokalpreise, weniger auf die Forsttaxen zu gründen.

[III] Die Werte aller vorkommenden Kleinnutzhölzer sind per Stück, Bund oder Hundert, jene der Kommerzial-, Bau-, Nutz- und Werkhölzer in Kubikmetern und die der Brennhölzer in Steren (Raummetern) und Wellenhunderten, aber auch in Traglasten anzugeben.

[IV] Die Forstnebennutzungen werden nach Fuhren, Lasten, Kubik- bzw. Raummetern, Hektolitern oder Litern, Kilogrammen, Pfunden usw. veranschlagt.

[V] Wo größere zusammenhängende Waldmassen mit gleichen Absatzlagen in verschiedene Regierungsbezirke einschlagen, haben die betreffenden Regierungen die Wertbestimmungstabellen gegenseitig sich mitzuteilen und vor deren Veröffentlichung eine Übereinstimmung zu erzielen.

1. Bedeutung des Art. 65: Art. 65 behandelt die sog. Wertbestimmungstabellen d. s. Verzeichnisse derjenigen Walderzeugnisse, die am häufigsten Gegenstand von Forstfreveln sind, unter jeweiliger Angabe des Geldwertes. Diese Wertbestimmungstabellen haben den Zweck, sonst notwendige umständliche Schätzungen durch Sachverständige zu vermeiden; sie dienen also im Einklang mit dem auch sonst summarischen Forstrügeverfahren der Vereinfachung und Beschleunigung und sollen auch die Rechtsprechung vor Ungleichheit sichern (Begr.). Wenn das gefrevelte Erzeugnis in der Wertbestimmungstabelle enthalten ist, ist das Forststrafgericht an den Wertansatz gebunden; die Einvernahme weiterer Sachverständigen ist ausgeschlossen. Das Gericht ist aber nur an den Wertansatz gebunden; die Entscheidung, welches in der Tabelle aufgeführte Erzeugnis Gegenstand des Frevels war, um welche Art und Menge es sich handelt, wird vom Gerichte unabhängig getroffen. Maßgebend für die Einreihung des gefrevelten Gegenstandes unter die Vorträge der Wertbestimmungstabelle ist der Zustand des Gegenstandes im Zeitpunkt des Frevels; dies ist insbesondere von Bedeutung bei nachfolgender Bearbeitung; maßgebend ist weiter der Ort, an dem sich der Gegenstand bei der Begehung des Frevels befand.

2. Geltungsbereich: Die Wertbestimmungstabellen gelten nur für die Forstfrevel und auch für diese nur innerhalb des Forstrügeverfahrens; sie gelten nicht für Forstpolizeiübertretungen (Abs. 1 Ziff. 2 ist insoweit gegenstandslos) und niemals für den Zivilrichter; dieser kann sie nur als Anhaltspunkt werten. Bei den Forstfreveln, die im Forstrügeverfahren abgeurteilt werden, kommen die Wertbestimmungstabellen in Betracht:

a) stets für die Bemessung des Wert- und Schadenersatzes; in den Fällen der Art. 81, 88 und 89 darf jedoch der Wert- und Schadenersatz nicht unter den dort angegebenen Mindestbeträgen zuerkannt werden;

b) für die Bemessung der Geldstrafe bei allen Entwendungsfreveln (Art. 79ff.), ferner in den Art. 97—100; in diesen Fällen berechnet sich nämlich die Geldstrafe in Einheiten oder Bruchteilen des Wertes der gefrevelten Walderzeugnisse; da für die Festsetzung des Wertes die Wertbestimmungstabellen maßgebend sind, müssen sie es auch mittelbar für die Geldstrafen sein.

Seit 1896 kommen die Wertbestimmungstabellen für Forstpolizeiübertretungen nicht mehr in Betracht, da im Falle des Art. 75 (dem einzigen bis dahin einschlägigen Fall) die Strafe sich jetzt nicht mehr nach dem Holzwert bestimmt.

3. Aufstellung der Wertbestimmungstabellen: Die Tabellen sind gemeinschaftlich von der Regierung, Kammer der Forsten, und der Regierung, Kammer des Innern, aufzustellen; sie müssen mindestens alle drei Jahre neu aufgestellt werden. Ein stillschweigendes Fortbestehenlassen der Wertbestimmungstabellen würde mit dem Wortlaut des Art. 65 offenbar in Widerspruch stehen. Dagegen kann es keinem Anstand unterliegen, eine Verlängerung der Wirksamkeit durch ausdrückliche Regierungsentschließung dann eintreten zu lassen, wenn die bisher angenommenen Werte auch in Zukunft noch entsprechen. Ferner ist kein Anhaltspunkt dafür gegeben, daß die Wertbestimmungstabellen für die dreijährige Periode die gleichen sein müssen, daß, wenn genügende Gründe dafür vorliegen, etwa innerhalb des dreijährigen Zeitabschnittes erhebliche Wertsänderungen eintreten oder

[1]) jetzt Kammer der Forsten.

sonstige Schwierigkeiten für die Aufstellung gleichheitlicher Tabellen für den ganzen Zeitabschnitt vorkommen, die Feststellung nicht eine verschiedenartige sein könnte (FME. vom 11. 12. 1870 Nr. 13576).

Die Wertbestimmungstabellen brauchen nicht für den ganzen Regierungsbezirk einheitlich aufgestellt zu werden; nach der Örtlichkeit sind die Preise vielfach mehr oder minder verschieden; geringere Verschiedenheiten können nicht beachtet werden, weshalb zur Begründung besonderer Tabellen für einen Distrikt eine merkliche Preisverschiedenheit gefordert ist (Begr. 1846). Unter Distrikten sind nicht die Bezirke nach der Bezirksordnung zu verstehen, sondern örtliche Abgrenzungen, die von den Regierungen, Kammern der Forsten und des Innern, nach sachlichen Gesichtspunkten gebildet werden können. Die benachbarten Regierungen haben sich die Wertbestimmungstabellen gegenseitig mitzuteilen; wenn größere Waldungen sich über die Grenzen eines Regierungsbezirkes hinaus erstrecken, haben die beteiligten Regierungen für diese gleichmäßige Werte anzusetzen (§ 17 Abs. V Allg. VollzV. 1879 S. 282). Welche Gegenstände in die Tabelle aufzunehmen sind, bestimmen die Regierungen, Kammern der Forsten und des Innern, nach dem Bedürfnis. Die Werte sind kraft gesetzlicher Vorschrift auf Grund der wirklichen örtlichen Preise festzusetzen; die Forsttaxen sind nicht ausschlaggebend (§ 17 Abs. II Allg. VollzV. 1879 S. 282). § 17 Abs. III und IV Allg. VollzV. 1879 bestimmen, nach welchen Maßeinheiten die Werte festzusetzen sind.

Die Wertbestimmungstabellen sind nunmehr in der Weise bekanntzumachen, daß ein Abdruck bei den Behörden der inneren und der Forstverwaltung sowie bei den Amtsgerichten vier Wochen lang ausgehängt wird (MB. vom 25. 2. 1922, GVBl. S. 197). Die Bekanntmachung ist als ein wesentlicher Bestandteil der Strafandrohung bei den Freveln, auf die eine sich nach dem Wert bemessende Strafe gesetzt ist, unerläßlich (Begr. 1846). Jedem Forstschutzbediensteten ist eine Tabelle auszuhändigen (§ 17 Abs. I Allg. VollzV. 1879 S. 282).

4. Abs. II: Der Schätzung des zuständigen Forstamts nach Abs. II kommt dieselbe Bedeutung zu wie dem Vortrag in der Wertbestimmungstabelle nach Abs. I; das Strafgericht ist daran gebunden; die Vernehmung weiterer Sachverständiger ist ausgeschlossen; dies gilt auch, wenn der Frevel im Staatswald begangen wurde (vgl. Art. 114; OLGM. Bd. 3 S. 216). Das Forstamt hat zu schätzen, nicht der anzeigende Forstschutzbedienstete. Wenn eine stehende grüne Birke entwendet wurde und die Wertbestimmungstabelle nur den Wert des als Nutzholz betrachteten Stammes angibt, so ist zu diesem Betrag auf Grund forstamtlicher Schätzung noch der Wert des mitentwendeten Astholzes und Reisigs zuzuschlagen (OLGM. 14. 7. 1981, Bd. 6 S. 517).

Wert- und Schadenersatzberechnung bei Rückgabe des entwendeten Gegenstandes.

Artikel 66. (65/66).

Bei Forstfreveln durch Entwendung ist der Beschädigte verpflichtet, sich den Wert des zurückempfangenen Gegenstandes entsprechend anrechnen zu lassen.

1. Bedeutung. Bei Entwendungsfreveln (Art. 79 ff., 95 Abs. III, IV, 96 Abs. II) ist der Frevler, soferne nicht der Geschädigte den Zivilrechtsweg beschreitet, vom Strafrichter zum Ersatze des Sachwertes des entwendeten Gegenstandes (Werterſatz) und zum Ersatze des etwa sonst entstandenen Schadens (Schadensersatz) zu verurteilen. Der Wert des entwendeten Gegenstandes ist vom Strafrichter nach der Wertbestimmungstabelle festzusetzen; erhält der Geschädigte den entwendeten Gegenstand vor der Aburteilung des Frevels nicht mehr zurück, so ist der Frevler zum Ersatze des vollen Wertes zu verurteilen; erhält der Geschädigte den Gegenstand noch vor der Aburteilung ganz oder teilweise zurück oder wird im Falle der Beschlagnahme seine Herausgabe an den Geschädigten im Urteil angeordnet, so hat das Gericht von Amts wegen den Wert des zurückempfangenen von dem Wert des entwendeten Gegenstandes abzurechnen und den Frevler nur zum Restbetrag zu verurteilen. Auch der Wert des zurückempfangenen Gegenstands ist nach Möglichkeit auf Grund der Wertbestimmungstabelle festzustellen (Art. 65; ObLG. Bd. 1 S. 319, Stengl. Z. Bd. 4 S. 349). Der Wert des zurückempfangenen Gegenstands kann aus mehrfachen Gründen vom Wert des entwendeten verschieden sein: nur teilweise Rückgabe; eingetretene Verschlechterung; es kann z. B. ein Nutzholzstamm zerkleinert worden sein, so daß das Holz nur mehr als Brennholz verwendbar ist usw.; nach der Begr. kommt auch der Fall in Betracht, daß der Gegenstand zur Zeit des Rückempfangs nicht entsprechend benutzt oder verwertet werden kann. Maßgebend ist der Wert im Zeitpunkt der Rückgabe und der Zustand bei der Rückgabe. Soweit der Wert des entwendeten oder des zurückempfangenen Gegenstandes nicht auf Grund der Wertbestimmungstabelle zu ermitteln ist, hat ihn das Forstamt zu schätzen

(Art. 65 Abs. II). Wenn der Geschädigte mit dem Abzug nicht zufrieden ist, kann er auf den beanspruchten Mehrbetrag nur vor dem Zivilrichter klagen (Art. 67); ist der Frevler nicht zufrieden, so kann er gegen das strafrichterliche Erkenntnis das zulässige Rechtsmittel einlegen.

2. Geltungsbereich: Art. 66 gilt nur für die Forstfrevel durch Entwendung und zwar nur im Forstrügeverfahren. Wenn der Entschädigungsanspruch im Zivilrechtsweg verfolgt wird, ist Art. 66 unmittelbar nicht anwendbar; die für die Schadensfeststellung geltenden Grundsätze des bürgerlichen Rechts schreiben aber die Abrechnung des Wertes zurückempfangener Gegenstände ebenfalls vor. Die Vorschrift des Art. 66 entspricht einem allgemeingültigen Rechtsgrundsatz; dieser ist auch bei der Feststellung des Schadenersatzes (nicht bloß des Werterſatzes) im Adhäsionsprozeß zu beachten, z. B. im Falle des Art. 94 Ziff. 5.

Auf welche Weise der Geschädigte den entwendeten Gegenstand zurückerhalten hat, ist gleichgültig (Rückgabe durch den Frevler, Rücknahme durch den Geschädigten, Beschlagnahme usw.). Aus Art. 66 darf wohl abgeleitet werden, daß der Geschädigte grundsätzlich verpflichtet ist, den entwendeten Gegenstand zurückzunehmen.

Wenn ein Streufrevler nach unbefugtem Zusammenrechen des Laubes, sohin nach Vollendung des Frevels, vom Waldbesitzer die Erlaubnis erhält, die entwendete Streu abzufahren, so ist hierin kein rechtswirksamer Rückempfang des Wertes zu erblicken (OLGM. 30. 10. 1885 Bd. 3 S. 537).

Die Anrechnung hat nur Bedeutung für die Höhe der Verpflichtung zum Werterſatz, nicht für die Höhe der Strafe, wenn sich diese nach dem Wert der entwendeten Walderzeugnisse bemißt; die Strafe ist stets nach dem vollen Wert der entwendeten Erzeugnisse ohne Abzug des Zurückempfangenen festzusetzen.

Von dem Fall des Art. 66 abgesehen kann der Frevler im Forstrügeverfahren, um die Verurteilung zum Schadenersatz abzuwenden, bürgerlichrechtliche Einwendungen wie Verzicht des Berechtigten, Vergleich nicht bringen; nötigenfalls müßte er im Zivilprozeßweg auf Rückersatz klagen (Knoch S. 125).

Zivilklage auf den Mehrbetrag. **Artikel 67.** ($^{66}/_{67}$).

Glaubt sich der durch einen Forstfrevel Beschädigte mit dem gemäß den Bestimmungen des gegenwärtigen Gesetzes oder den Wertbestimmungstabellen ihm zuerkannten Wert- und Schadenersatze nicht zufrieden stellen zu können, so kann er seinen Anspruch auf den Mehrbetrag im Zivilrechtswege[3] verfolgen.

1. Bedeutung: Art. 67 stellt in Ergänzung des Art. 64 den Grundsatz auf, daß der durch einen Forstfrevel Geschädigte, über dessen Anspruch auf Wert- oder Schadenersatz oder beide im summarischen Adhäsionsprozeß entschieden wurde, seinen Entschädigungsanspruch nachträglich noch vor dem Zivilgericht einklagen kann, wenn er glaubt, vom Strafrichter auf Grund der Vorschriften des Forstgesetzes weniger erhalten zu haben, als ihm nach den Vorschriften des bürgerlichen Rechts an Entschädigung zusteht. Die Klage ist aber nur zulässig, wenn dem Geschädigten im Adhäsionsprozeß — vorausgesetzt, daß über den Anspruch überhaupt sachlich entschieden wurde — ein Wert- oder Schadenersatzanspruch zuerkannt worden ist; es kann nur auf den beanspruchten Mehrbetrag geklagt werden. Ist der Anspruch auf Wert- und Schadenersatz vom Strafgericht aus sachlichen Gründen abgewiesen worden, so kann der Geschädigte nicht mehr vor dem Zivilrichter klagen; vgl. die Begr. 1846: „Wenn einmal das Urteil des Forststrafgerichts auch hinsichtlich des Zivilpunktes ausgesprochen und rechtskräftig geworden ist, kann auf den Gegenstand desselben nicht mehr zurückgekommen werden"; die einzige Ausnahme ist die gesetzlich vorgesehene Klage auf den Mehrbetrag; im übrigen tritt die Rechtskraft des Strafurteils auch gegen den Geschädigten ein, obwohl er sich am Strafverfahren nicht beteiligen kann. Rechtskraft tritt aber nur ein, wenn über den Wert- und Schadenersatzanspruch im Urteilssatz entschieden ist; die bloße Erwähnung der Folgen eines Freispruchs von Strafe für den Wert- und Schadenersatzanspruch in den Urteilsgründen schafft keine Rechtskraft hinsichtlich dieses Anspruchs; im letzteren Fall kann vor dem Zivilgericht nachträglich neuerdings der gesamte Anspruch eingeklagt werden, auch wenn der Frevler aus sachlichen Gründen freigesprochen wurde. Hat der Strafrichter über den Entschädigungsanspruch nicht sachlich entschieden, z. B. weil der Frevler wegen Verjährung der Strafklage oder wegen Notstands (Art. 61) freigesprochen werden mußte oder wegen Todes nicht mehr bestraft werden kann, so darf er im Urteilssatz über den Entschädigungsanspruch nicht entscheiden; in diesem Falle ist auch nachträglich Zivilklage auf die ganze Entschädigung möglich; vgl. Anm. 3 u. 4 zu Art. 64.

2. Geltungsbereich: Art. 67 kommt bei Forstfreveln dann nicht in Betracht, wenn der Geschädigte von Anfang an den Zivilrechtsweg eingeschlagen hat, sowie niemals bei den Forstpolizeiübertretungen (Art. 64). Zur Möglichkeit der Zivilklage gegen die Zivilverantwortlichen s. Anm. 4e zu Art. 69.

3. Zivilrechtsweg: d. h. der Geschädigte muß Klage vor dem Amtsgericht oder Landgericht (je nach Streitwert) erheben; die Klage ist erst möglich, wenn der Ausspruch des Strafrichters rechtskräftig geworden ist; eine Frist ist nicht vorgeschrieben; er kann bis zur Verjährung des Entschädigungsanspruchs klagen; die Verfolgung des Entschädigungsanspruches im Adhäsionsprozeß wird die Verjährung des Anspruchs unterbrechen (vgl. § 209 BGB.). Wenn nur ein höherer Wert- und Schadenersatzbetrag als vom Forstrügerichter zuerkannt beansprucht wird, so braucht nur der Unterschied zwischen dem beanspruchten Gesamtbetrag und dem zuerkannten Betrag eingeklagt zu werden. Der Zivilrichter entscheidet nach den Vorschriften des bürgerlichen Rechts; er ist weder an die Wertbestimmungstabellen noch an die sonstigen Bestimmungen des Forstgesetzes über die Höhe der Entschädigung, z. B. an das Verhältnis des Schadenersatzbetrages zum Wert in Art. 79, gebunden. Der Zivilrichter unterscheidet regelmäßig nicht zwischen Wert- und Schadenersatz; er setzt die Entschädigung fest, die beides umfaßt.

Beim Zivilgericht kann auch geklagt werden, ohne daß ein Strafverfahren vorausgegangen ist (Art. 64 Abs. II).

Kostenpflicht.

Artikel 68. (67/68).

Der Straffällige[1] ist in die Kosten[2 3], welche auf die Verfolgung und Aburteilung der Übertretung oder des Frevels sowie auf die Strafvollstreckung erlaufen, zu verurteilen.

1. Bedeutung: Art. 68 bestimmt, wer die Kosten des Strafverfahrens und der Strafvollstreckung bei Forstfreveln und Forstpolizeiübertretungen zu tragen hat. Welche Kosten entstehen, ist im Forstgesetz nicht geregelt; dafür bestehen besondere Vorschriften; die Regelung der Kosten des Forstrügeverfahrens findet sich im bayerischen Kostengesetz und Reichsgerichtskostengesetz (s. nach Art. 68). Ergänzend gelten für Forstpolizeiübertretungen und Forstfrevel auf Grund Art. 188 die Bestimmungen der Strafprozeßordnung (§§ 464ff.; Begr.). Art. 68 bezieht sich nicht auf die zu den Forstrügesachen gehörenden Zuwiderhandlungen gegen § 361 Ziff. 9 StGB.; für diese gelten ausschließlich die Bestimmungen der StPO. (§§ 465ff.); die Höhe der Kosten bestimmt sich jedoch wie bei den Forstfreveln und Forstpolizeiübertretungen nach Art. 24ff. des bayer. KostG. Neben den allgemeinen Bestimmungen des Art. 68 enthält das Forstgesetz noch einige besondere Bestimmungen über die Kosten: Art. 56 Abs. II, 57 (Mehrheit von Verurteilten), 69 und 70 (Zivil- und Drittverantwortlichkeit), 71 (Haftung des Nachlasses), 178ff. (Vollstreckung). Auch diese Bestimmungen gehen, und zwar in allen Rechtszügen, den Vorschriften der StPO. vor (Art. 188 Abs. I).

Jeder, der wegen eines Forstfrevels oder einer Forstpolizeiübertretung zu Strafe verurteilt wird — und nur dieser — ist auch zu verurteilen, die Kosten des Verfahrens und der Strafvollstreckung zu tragen; ob er leistungsfähig ist oder nicht, ist gleichgültig. Wenn mehrere gemeinschaftlich einen Forstfrevel oder eine Forstpolizeiübertretung begehen, s. Art. 56 Anm. 6 und 7 und Art. 57 Anm. 1. Wenn das Verfahren gegen mehrere Frevler, bei denen die Voraussetzungen des Art. 56 nicht gegeben sind, verbunden wird, so gilt § 51 RGKG. (vgl. OGH. Bd. 9 S. 513). Wer aus irgendeinem Grunde nicht zu Strafe verurteilt wird, kann nicht in die Kosten verfällt werden; diese sind dann vielmehr der Staatskasse aufzuerlegen; jedoch sind einem Freigesprochenen oder außer Verfolgung gesetzten Angeschuldigten solche Kosten aufzuerlegen, die er durch eine schuldbare Versäumnis verursacht hat (§ 467 StPO.).

Art. 68 ist entbehrlich, seitdem er durch Aufnahme der Strafvollstreckungskosten ergänzt wurde. Nach der Begr. zur ursprünglichen Fassung soll sich die Kostenfrage im Forstrügeverfahren nach den heutigen §§ 464—473 StPO. regeln; die Bestimmung des Art. 68 wurde nur in das Gesetz aufgenommen, weil der Ausschluß der Strafvollstreckungskosten eine Abweichung von der Regelung im allgemeinen Strafprozeß bedeutete. Hieraus ergibt sich auch, daß für die Rechtsmittelkosten § 473 StPO. maßgebend ist.

2. Zivilverantwortliche: Zu den Kosten des Verfahrens gehören auch die in Richtung gegen einen Zivilverantwortlichen entstandenen; diese sind auch dann dem zu Strafe verurteilten Frevler aufzuerlegen, wenn gegen den Zivilverantwortlichen ein besonderes Verfahren stattgefunden hat (z. B. wenn er allein Einspruch gegen den Strafbefehl einlegte; vgl. OLGM. Bd. 10 S. 37; ObLG.

Bd. 26 S. 270); dagegen ist es nach der Rechtsprechung des Obersten Landesgerichts (Bd. 26 S. 274) möglich, dem Zivilverantwortlichen die Kosten eines erfolglosen oder zurückgenommenen Rechtsmittels (Berufung, Revision) aufzuerlegen, wenn er es allein eingelegt hat (§ 473 StPO.). Mit dieser einzigen Ausnahme kann der Zivilverantwortliche nicht unmittelbar zur Kostentragung verurteilt werden; er ist vielmehr nur für haftbar zu erklären. ObLG. Bd. 26 S. 270 sagt: „Die Kosten des Forststrafverfahrens umfassen auch die auf die Feststellung der Zivilverantwortlichkeit treffenden Kosten. Der straffällige Forstfrevler ist auch mit diesen Kosten zu belasten. Der Zivilverantwortliche ist für die Gesamtkosten haftbar zu erklären. Dies gilt auch für den Fall, daß über die Zivilverantwortlichkeit in einem gesonderten Verfahren zu entscheiden ist. Dagegen hat der Zivilverantwortliche die Kosten erfolgloser Rechtsmittel selbst und allein zu tragen."

3. Rechtsmittel: Die Tragung der Kosten eines Rechtsmittels regelt sich nach § 473 StPO., der bestimmt: „Die Kosten eines zurückgenommenen oder erfolglos eingelegten Rechtsmittels treffen den, der es eingelegt hat. War das Rechtsmittel vom Staatsanwalt (Forstmeister) eingelegt, so können die dem Beschuldigten erwachsenen notwendigen Auslagen der Staatskasse auferlegt werden. Hatte das Rechtsmittel teilweisen Erfolg, so kann das Gericht die Gebühr ermäßigen und die entstandenen Auslagen angemessen verteilen."

4. Strafvollstreckung: Die Kosten der Strafvollstreckung wurden erst i. J. 1923 in Art. 68 aufgenommen.

Gerichtskosten in Forstrügesachen.

Art. 68 FG. bestimmt, wer die Gerichtskosten bei der Aburteilung von Forstpolizeiübertretungen und Forstfreveln zu tragen hat; wie sich die Gerichtskosten zusammensetzen und wie hoch sie sind, ist im bayerischen Kostengesetz vom 16. 2. 1921 (Art. 24ff., die auf die heutigen Verhältnisse nicht mehr passen und daher zu Zweifeln Anlaß geben) und im Reichsgerichtskostengesetz (in der Fassung vom 5. 7. 1927, RGBl. I S. 152, §§ 49ff.) geregelt; diese Regelung gilt für sämtliche Forstrügesachen, also auch für die Zuwiderhandlungen gegen § 361 Ziff. 9 StGB. (Art. 50 FG.). Die Kosten der Verfolgung und Aburteilung des Art. 68 FG. d. s. die Gerichtskosten, setzen sich zusammen aus den Gebühren und Auslagen.

A. Gerichtsgebühren.

Die wichtigsten einschlägigen Bestimmungen lauten:

§ 49 RGKG.

I In Strafsachen gibt die rechtskräftig erkannte Strafe den Maßstab für die Höhe der Gerichtsgebühren aller Instanzen.

II Ist auf Geldstrafe und für den Fall, daß sie nicht beigetrieben werden kann, auf Freiheitsstrafe erkannt, so bestimmt sich die Gebühr nach der Höhe der ersteren. Ist in Anwendung des § 27b des Strafgesetzbuchs (Reichsgesetzbl. 1924 I S. 44) auf Geldstrafe an Stelle der verwirkten Freiheitsstrafe erkannt, so bestimmt sich die Gebühr nach der Geldstrafe.

III Ist neben einer Freiheitsstrafe auf Geldstrafe erkannt, so wird die Gebühr von jeder Strafe besonders berechnet.

(Abs. IV ist hier entbehrlich).

Anmerkung:

Im Falle der Realkonkurrenz nach §§ 74 u. 79 StGB. ist auch Art. 25 des bayer. Kostengesetzes anzuwenden, der lautet: „Wenn jemand wegen mehrerer Forstpolizeiübertretungen oder Forstfrevel bestraft wird, so bestimmt sich die Gebühr durch den Betrag der Gesamtstrafe, wenn auch die Aburteilung in verschiedenen Sitzungen erfolgt ist." Art. 25 des KostG. bezog sich auf Art. 58 des Forstgesetzes und hätte mit dessen Aufhebung beseitigt werden können; nachdem er aber geblieben ist, ist er anzuwenden; er geht dem Reichsgerichtskostengesetz vor. Für den Fall der Realkonkurrenz nach Art. 74 StGB. ergibt sich aus Art. 25 des Kostengesetzes das gleiche wie aus § 49 Abs. I RGKG. allein; im Falle der Realkonkurrenz nach § 79 StGB. dagegen ist auf Grund Art. 25 die Gebühr nach der neuzubildenden Gesamtstrafe festzusetzen; die im vorausgehenden Verfahren angesetzte Gebühr fällt weg (anders wäre zu verfahren, wenn § 50 Abs. I RGKG. anzuwenden wäre). Art. 25 ist nach dem Sinne des Gesetzes auch im Strafbefehls-, nicht nur im Sitzungsverfahren anzuwenden.

§ 50 RGKG.

An die Stelle des Abs. I tritt Art. 25 des bayer. Kostengesetzes; s. Anm. zu § 49 RGKG.

Abs. II: Im Falle des § 460 der Strafprozeßordnung ist eine besondere Gebühr nicht zu erheben.

§ 51 RGKG.

Betrifft eine Strafsache mehrere Angeschuldigte, so ist die Gebühr von jedem Verurteilten besonders nach Maßgabe der gegen ihn erkannten Strafe zu erheben.

Anmerkung:

Jeder Verurteilte schuldet demnach für sich die Gebühr; es besteht keine Gesamthaftung. Eine Ausnahme von dieser Regel gilt nach Art. 26 des bayer. Kostengesetzes im Falle des Art. 56 Abs. III Satz 1 u. 2 des Forstgesetzes: wenn mehrere zur nämlichen Familie gehörige Personen gemeinschaftlich einen Forstfrevel nach Art. 80, 84 oder 85 begehen, sind sie samtverbindlich in die auf den Frevel treffende Geldstrafe zu verurteilen; in diesem Falle ist auch die Gebühr nach Maßgabe der Geldstrafe (§ 49 Abs. I RGKG.) nur einmal festzusetzen; sie aufzubringen sind die genannten Personen gesamtverbindlich zu verurteilen. (Art. 26 des Kostengesetzes lautet: „Werden mehrere Personen samtverbindlich in eine Geldstrafe verurteilt, so haften sie in gleicher Weise auch für die Gebühr"); das gleiche gilt im Falle des Art. 57 FG. (gemeinschaftliche Begehung von Forstpolizeiübertretungen im gemeinschaftlichen Walde).

Auf Grund § 51 RGKG. ist dann, wenn der Täter eines Forstfrevels und der Teilnehmer — im gleichen oder in verschiedenen Urteilen — zur Strafe verurteilt wird, die Gebühr (nach Maßgabe des § 49 Abs. I) von jedem Verurteilten zu erheben (OLGMStS. Bd. 5 S. 199); eine Ausnahme gilt, wie vorstehend ausgeführt, im Falle des Art. 56 Abs. III und des Art. 57.

§ 52 RGKG.

I Für das Verfahren in erster Instanz werden erhoben:

im Falle einer Freiheitsstrafe bis zu einer Woche einschließlich . .	5 Reichsmark,
von mehr als einer Woche bis zu zwei Wochen einschließlich . . .	10 Reichsmark,
von mehr als zwei Wochen bis zu einem Monat einschließlich . .	20 Reichsmark,
von mehr als einem Monat bis zu sechs Monaten einschließlich . .	50 Reichsmark,
von mehr als sechs Monaten bis zu einem Jahre einschließlich . .	80 Reichsmark,
von mehr als einem Jahre bis zu zwei Jahren einschließlich . . .	100 Reichsmark,
von mehr als zwei Jahren bis zu fünf Jahren einschließlich . . .	200 Reichsmark,
im Falle einer schwereren Strafe	300 Reichsmark.

II Ist auf eine Geldstrafe erkannt, so werden 10 vom Hundert des Betrags der erkannten Strafe mindestens 5 Reichsmark, erhoben; die Gebühr darf jedoch die Summe von 10000 Reichsmark und den Betrag der erkannten Strafe nicht übersteigen.

III Ist der zur Kostentragung verurteilte Beschuldigte für straffrei erklärt, so beträgt die Gebühr 5 Reichsmark, und ist ausschließlich auf Verlust der bürgerlichen Ehrenrechte überhaupt oder einzelner bürgerlicher Ehrenrechte erkannt, so beträgt die Gebühr 75 Reichsmark.

Art. 28 des bayer. Kostenges.

Für das Verfahren vor dem Amtsgerichte können die Sätze des § 62 Abs. 1 (jetzt zu lesen: des § 52 Abs. 1 u. 2) des Reichs-Gerichtskostengesetzes vom Gerichte bis auf fünf Zehnteile ermäßigt werden.

Anmerkung: Im Strafbefehlsverfahren ist Art. 28 nicht anwendbar (Begr.).

Darnach gilt für das Verfahren im ersten Rechtszug: Die Gebühr in Forstrügesachen bemißt sich bei der Verurteilung zu einer Freiheitsstrafe nach § 52 Abs. I RGKG. (im Strafbefehlsverfahren nach § 53 Abs. I Satz 1 RGKG.), bei der Verurteilung zu einer Geldstrafe grundsätzlich nach § 52 Abs. II RGKG. (im Strafbefehlsverfahren nach § 53 Abs. I RGKG.); im amtsgerichtlichen Verfahren können die Sätze des § 52 Abs. I u. II RGKG. bis auf $^5/_{10}$ ermäßigt werden (Art. 28 KG.); innerhalb des Rahmens von $^{10}/_{10}$ bis $^5/_{10}$ kann sie das Gericht nach freiem Ermessen festsetzen; die Abstufung braucht innerhalb des Rahmens nicht durch 10 teilbar zu sein. Die Mindestgebühr wird im Sitzungs- wie Strafbefehlsverfahren stets 1,20 RM. betragen; diese Mindestgebühr ist in Art. 27 Abs. I des bayer. Kostengesetzes (mit Art. 2 Abs. I KostG. u. Art. 1 des Ges. v. 24. 6. 1930, GVBl. S. 203) bei Geldstrafen unter 1 RM. ausdrücklich vorgeschrieben; vernünftigerweise darf der Gebührenbetrag auch bei höheren Geldstrafen nicht unterschritten werden. Art. 27 Abs. I ist nur historisch zu erklären u. gehört gestrichen. Pfennigbeträge sind auf volle 10 Reichspfennige aufzurunden (§ 7 Abs. II RGKG.); die Aufrundung unterbleibt, wenn sie die Gebühr über den Betrag der erkannten Geldstrafe erhöhen würde (FMB. vom 31. 7. 1880, JMBl. S. 285). Ist auf Geldstrafe und für den Fall, daß sie nicht beigetrieben werden kann, auf Freiheitsstrafe erkannt, so bestimmt sich die Gebühr nach der Höhe der ersteren (§ 49 Abs. II Satz 1 RGKG.). Mehrere Geldstrafen werden zum Zwecke der Gebührenberechnung zusammengezählt; das gleiche gilt für Freiheitsstrafen, selbst wenn sie ungleichartig sind. Wert- und Schadenersatz bleiben bei der Gebührenberechnung außer Betracht. Der jugendliche Angeschuldigte, von dessen Bestrafung gemäß §§ 6 oder 9 Abs. IV JugGG. abgesehen wurde, hat nur die Auslagen, keine Gebühr zu entrichten.

§ 53 **RGKG.**

I In dem Verfahren bei amtsrichterlichen Strafbefehlen wird die Hälfte der Sätze des § 52 erhoben. Im Falle einer Geldstrafe wird mindestens ein Betrag von 2,50 Reichsmark erhoben; die Gebühr darf jedoch den Betrag der erkannten Strafe nicht übersteigen.

II Hat gemäß § 411 Abs. 1 der Strafprozeßordnung eine Hauptverhandlung stattgefunden oder wird der gegen den Strafbefehl erhobene Einspruch wegen Ausbleibens des Angeklagten in der Hauptverhandlung durch Urteil verworfen (Strafprozeßordnung § 412), so erhöht sich die Gebühr auf die vollen Sätze des § 52.

§ 55 **RGKG.**

I Die Sätze des § 52 werden für die Berufungsinstanz sowie für die Revisionsinstanz erhoben, wenn in der Instanz eine Hauptverhandlung stattgefunden hat.

II Wird das Rechtsmittel vor Beginn der Hauptverhandlung zurückgenommen oder durch Beschluß verworfen (Strafprozeßordnung §§ 319, 322, 346, 349), so wird ein Viertel der Gebühr erhoben.

III Wird das Rechtsmittel nach Beginn der Hauptverhandlung zurückgenommen, oder wird die Berufung wegen Ausbleibens des Angeklagten in der Hauptverhandlung verworfen (Strafprozeßordnung § 329), so wird die Hälfte der Gebühr erhoben.

Soweit nicht nach den vorstehenden Bestimmungen eine Gebühr anzusetzen ist, besteht Gebührenfreiheit.

B. **Auslagen:**

§ 71 **RGKG.**

I Schreibgebühren werden für solche Ausfertigungen und Abschriften erhoben, die nur auf Antrag erteilt werden, oder die angefertigt werden, weil die Partei es unterläßt, einem von Amts wegen zuzustellenden Schriftsatz die erforderliche Zahl von Abschriften beizufügen, sowie für Ausfertigungen und Abschriften aller Art in den Fällen der persönlichen oder sachlichen Gebührenfreiheit.

II Die Schreibgebühren bleiben jedoch außer Ansatz bei Erteilung von

1. Ausfertigungen von Urteilen, die unter Weglassung des Tatbestandes und der Entscheidungsgründe erfolgen, sowie solchen, die gemäß § 317 Abs. 4 der Zivilprozeßordnung unter Benutzung einer dem Gerichte vorgelegten beglaubigten Abschrift der Klage oder des Zahlungsbefehls gefertigt werden;
2. Ausfertigungen vor Gericht abgeschlossener Vergleiche.

III Der Abs. 2 kommt bei Erteilung einer zweiten oder weiteren von derselben Partei beantragten Ausfertigung oder Abschrift nicht zur Anwendung.

IV Die Schreibgebühr beträgt für die Seite, welche zweiunddreißig Zeilen von durchschnittlich fünfzehn Silben enthält, 0,30 Reichsmark, auch wenn die Herstellung auf mechanischem Wege stattgefunden hat. Jede angefangene Seite wird als voll berechnet. Für Schriftstücke, die in fremden Sprachen abgefaßt sind, für Schriftstücke in tabellarischer Form sowie für Verzeichnisse, Listen, Rechnungen, Handzeichnungen und dergleichen kann die Höhe der Schreibgebühr von der Landesjustizverwaltung anderweit bestimmt werden.

§ 72 **RGKG.**

An baren Auslagen werden ferner erhoben:

1. Postgebühren:
   a) für die Übersendung der auf Antrag erteilten Ausfertigungen und Abschriften,
   b) für Ladungen von Zeugen und Sachverständigen;
2. Telegraphengebühren und die im Fernverkehre zu entrichtenden Fernsprechgebühren;
3. die durch Einrückung einer Bekanntmachung in öffentliche Blätter entstehenden Kosten;
4. die an Zeugen und Sachverständige zu zahlenden Gebühren;
5. die bei Geschäften außerhalb der Gerichtsstelle den Gerichtsbeamten und den nicht beamteten Beisitzern zustehenden Tagegelder und Reisekosten sowie die Kosten für die Bereitstellung von Geschäftsräumen;
6. die an andere Behörden oder Beamte oder an Rechtsanwälte für deren Tätigkeit zu zahlenden Beträge;
7. die Kosten eines Transports von Personen sowie die Beträge, die mittellosen Beschuldigten für die Reise zum Orte der Vernehmung oder Hauptverhandlung und für die Rückreise gewährt werden, ferner die Kosten eines Transports von Tieren und Sachen sowie der Verwahrungen von Sachen und der Verwahrung und Fütterung von Tieren;
8. die Haftkosten nach Maßgabe der für die Strafhaft geltenden landesgesetzlichen Vorschriften.

§ 73 RGKG.

I Für die von Amts wegen bewirkten Zustellungen werden unbeschadet der Vorschrift im § 72 Nr. 1b nur diejenigen baren Auslagen erhoben, welche durch die Zustellung im Ausland oder bei der öffentlichen Zustellung durch Bekanntmachung in öffentlichen Blättern entstehen.

II Wird ein Zeuge oder Sachverständiger ohne Inanspruchnahme der Post geladen, so wird als Auslagen der Betrag der Postgebühren erhoben, der entstanden sein würde, wenn durch die Post zugestellt worden wäre.

Anmerkung:

Für die Auslagen haften Mitangeklagte, die in bezug auf dieselbe Tat zu Strafe verurteilt sind, stets als Gesamtschuldner (Art. 56 Abs. II FG., § 466 Abs. II StPO. mit Art. 188 FG.), auch wenn ein Teil der Auslagen nicht in dem gemeinsamen Vorgehen gegen alle begründet war und auch dann, wenn die Verurteilung zeitlich auseinanderfällt. Handelt es sich nicht um dieselbe Tat, so schuldet jeder Verurteilte nur die gegen ihn erwachsenen Auslagen; für gemeinsame Auslagen besteht Gesamthaftung.

Zivilverantwortlichkeit bei Forstfreveln.

Artikel 69. (68/69).

I Als zivilverantwortlich[1] sind außer dem Forstfrevler vorzuladen und als haftbar für Geldstrafe, Wert- und Schadenersatz, dann für die Kosten — vorbehaltlich des Rückgriffes, wo ein solcher statt hat, mit zu verurteilen[4]:

1. die Ehemänner wegen der Frevel ihrer bei ihnen wohnenden Ehefrauen;
2. die Väter und nach ihrem Tode die Mütter wegen der Frevel ihrer bei ihnen wohnenden und noch unverheirateten Kinder (leibliche Kinder, Stief-, Adoptiv- und Pflegekinder);
3. die Vormünder und Kuratoren, sowie überhaupt diejenigen, welchen Minderjährige in Pflege gegeben sind, wegen der Frevel der bei ihnen wohnenden Pflegebefohlenen;
4. die Dienstherrschaften wegen der Frevel ihrer bei ihnen wohnenden Dienstboten;
5. die Lehrmeister und Gewerbsleute wegen der Frevel ihrer Zöglinge, Gesellen und Gehilfen, solange diese Personen unter ihrer Aufsicht stehen;
6. die Geschäftsgeber wegen der Frevel ihrer Arbeiter und Geschäftsträger, wenn der Frevel in oder bei der Ausführung der aufgetragenen oder anvertrauten Verrichtungen geschah;
7. die Dienstherrschaften wegen der Frevel der aufgestellten Hirten oder Hüter, insoferne der Frevel bei deren Dienstverrichtung geschah.

II Wenn die in den vorhergehenden Bestimmungen als zivilverantwortlich erklärten Personen beweisen, daß sie nicht im Stande waren, den Frevel zu verhindern, so sind sie von jeder Haftung frei[3].

III Von der Haftung für die erkannten Geldstrafen sind die als zivilverantwortlich erklärten Personen frei, wenn sie aus Anlaß des betreffenden Frevels selbst auf Grund des § 361 Ziff. 9 des Strafgesetzbuches bestraft werden[2].

1. **Begriff der Zivilverantwortlichkeit:** Die Zivilverantwortlichkeit des Forstgesetzes ist die bürgerlichrechtliche Haftung bestimmter aufsichtspflichtiger Personen für die vermögensrechtlichen Folgen der von den aufsichtsunterworfenen Personen begangenen Forstfrevel. Es handelt sich um eine ähnliche Haftung wie im Falle des § 832 BGB. und Art. 122 Abs. II PStGB. Wie schon das Wort sagt, ist die Zivilverantwortlichkeit keine Strafe, sondern eine Haftung bürgerlichrechtlicher Natur für fremde Verbindlichkeiten, die aus bestimmten verbotenen Handlungen entstanden sind; vgl. ObLG. Bd. 26 S. 270, wo eine Mischung zivilrechtlicher und strafrechtlicher Gesichtspunkte angenommen wird. Die Zivilverantwortlichkeit des Forstgesetzes trifft nur die in Art. 69 Abs. I Ziff. 1—7 aufgezählten

Aufsichtspersonen bezüglich der Frevel der ebenda aufgezählten Aufsichtsunterworfenen. Die Aufzählung ist erschöpfend. Als Ausnahmebestimmung ist Art. 69 Abs. I einschränkend auszulegen.

Voraussetzung für die Zivilverantwortlichkeit ist, daß der Aufsichtsunterworfene als Täter oder Teilnehmer (Art. 56) den vollen objektiven und subjektiven Tatbestand eines Forstfrevels erfüllt hat und deswegen verurteilt wird (Grundsatz der Akzessorietät). Wird der Aufsichtsunterworfene aus irgendeinem Grunde nicht wegen Forstfrevels verurteilt, so kann auch keine Zivilverantwortlichkeit eintreten. Läßt der Dienstherr durch seinen gutgläubigen Knecht unbefugterweise Streu aus einem fremden Wald heimfahren, so ist der Dienstherr als Frevler (mittelbarer Täter) nach Art. 85 zu strafen (ObLG. Bd. 5 S. 32). Bei einem Notstandsfrevel (Art. 61) genügt die strafrichterliche Verurteilung des Frevlers zu Wert- oder Schadenersatz; in diesem Fall haftet der Zivilverantwortliche nur für Wert- und Schadenersatz und die Kosten. Der aufsichtsunterworfene Frevler ist wegen des Frevels selbständig ohne Rücksicht auf eine bestehende Zivilverantwortlichkeit als schuldig zu verurteilen; der Zivilverantwortliche ist nicht als schuldig, sondern nur als haftbar für Geldstrafe, Wert- und Schadenersatz und Kosten zu verurteilen, d. h. er steht mit seinem Vermögen dem anspruchsberechtigten Staat und Geschädigten für die Begleichung der Geldstrafe, des Wert- und Schadenersatzes und der Kosten durch den verurteilten Frevler ein; es handelt sich um eine Art gesetzlicher Zwangsbürgschaft; im Sinne des Gesetzes liegt es, die Beträge zunächst vom Frevler einzuziehen; jedoch ist es rechtlich zulässig, sie auch sofort vom Zivilverantwortlichen zu erheben; soweit der Frevler die Beträge erlegt hat, verringert sich die Haftung des Zivilverantwortlichen und umgekehrt; es besteht insoweit gesamtschuldnerische Haftung. Der Zivilverantwortliche ist zur Haftung auch zu verurteilen, wenn in seiner Person, falls er selbst den Frevel begangen hätte, die Strafbarkeit ausschließende Umstände vorlägen (ObLG. Bd. 1 S. 330). Der Anspruch gegen den Zivilverantwortlichen verjährt mit dem Anspruch gegen den Frevler. Zivilverantwortlichkeit tritt grundsätzlich auch ein, wenn der Aufsichtsunterworfene im Walde des Aufsichtspflichtigen frevelt; vgl. Anm. 4 zu Art. 70.

Die Zivilverantwortlichkeit des Art. 69 ist auf die Forstfrevel (Art. 79—101) beschränkt. In bezug auf die Forstpolizeiübertretungen gibt es eine verwandte, aber doch wesentlich verschiedene Einrichtung: die Drittverantwortlichkeit des Art. 70; Unterschied der beiden s. Anm. 1 zu Art. 70. Da die Haftbarkeit für fremde Handlungen nach Art. 69 aus einem bürgerlichrechtlichen Verhältnis entspringt, erstreckt sie sich nur auf das Vermögen (Begr. 1846); der Zivilverantwortliche kann also weder ursprünglich zu Haft verurteilt, noch kann die Geldstrafe gegen ihn ersatzweise in Haftstrafe umgewandelt werden. In einem Sonderfall gibt es eine dem Art. 69 ähnliche Zivilverantwortlichkeit bei Forstpolizeiübertretungen (Art. 75 Abs. III).

Die Einführung der Zivilverantwortlichkeit, die schon fremden älteren Forstgesetzen bekannt war, rechtfertigt die Begr. 1846 so: „Infolge verschiedener bürgerlicher und Familienverhältnisse steht gewissen Personen über andere eine rechtliche Gewalt zu, vermöge deren sie einerseits befugt sind, die Handlungen derselben zu überwachen und zu leiten, dagegen auch die Pflicht haben, durch diese Aufsicht die ihnen Anbefohlenen in den Schranken der Ordnung zu erhalten. Sie können wegen dieser Verhältnisse, die in Art. 69 einzeln aufgeführt sind, für die Handlungen ihrer Familienglieder, Untergebenen usw. verantwortlich erklärt werden, da angenommen werden muß, daß sie vermöge ihrer Aufsicht dieselben hätten verhindern können. Diese Möglichkeit darf in der Regel vorausgesetzt werden, weshalb die Strafbarkeit insolange geltend gemacht werden muß, als nicht der Beweis der Unmöglichkeit geliefert ist, die fragliche Übertretung zu verhindern." Die Einrichtung ist aufrecht erhalten durch § 361 Ziff. 9 Satz 2 StGB. und Art. 107 EG.BGB.

Aus der Rechtsprechung: Die Verurteilung zur Zivilverantwortlichkeit setzt die primäre Verurteilung des oder der unmittelbar Verantwortlichen voraus (vgl. Zeitschrift für Gesetzgebung und Rechtspflege Bd. 2 S. 178, 300); es ist daher gesetzlich unzulässig, mit Überspringung des letzteren sofort die zivilverantwortliche Person als die verurteilte in das Forstrügeverzeichnis einzusetzen (JustME. vom 2. 6. 1860, Weber Bd. 5 S. 180).

Der Zivilverantwortliche darf nicht zur Tragung der Kosten des Verfahrens verurteilt werden, er ist nur für haftbar zu erklären (OLGM. Bd. 3 S. 569); vgl. Anm. 2 zu Art. 68.

2. Beteiligung des Zivilverantwortlichen am Frevel:

a) Miturheberschaft (Art. 56): Die Aufsichtspflichtigen des Art. 69 sind bezüglich der Frevel der Aufsichtsbefohlenen auch zivilverantwortlich, wenn sie an dem Frevel selbst teilgenommen haben, sei es als Anstifter, Mittäter oder Gehilfen (Art. 56). In diesem Fall sind sie wegen der Teilnahme selbst als Frevler zu bestrafen und außerdem grundsätzlich als zivilverantwortlich bezüglich der den aufsichtsunterworfenen Frevler treffenden Geldstrafe, desgleichen bezüglich des Wert- und Schadenersatzes sowie der Kosten zu erklären; bezüglich des Wert- und Schadenersatzes sowie der Auslagen verliert die Haftung auf Grund der Zivilverantwortlichkeit allerdings an Bedeutung, da der Aufsichtspflichtige und -unterworfene insoweit schon nach Art. 56 Abs. II zur samtverbindlichen Haftung zu verurteilen sind; die Haftung für die Geldstrafe und die Gerichtsgebühren aber gründet sich nur auf Art. 69; zu dem Sonderfall gemeinschaftlicher Frevel durch Familienangehörige (Art. 56 Abs. III u. IV) s. Anm. 7 zu Art. 56.

Die JustME. vom 2. 6. 1860 (Weber Bd. 5 S. 180) bestimmt: „Ist ein Mitschuldiger aus einem der in Art. 69 aufgeführten Gründe zugleich als zivilverantwortlich für einen oder mehrere der Miturheber zu erklären, so ist seine Verurteilung in die von ihm primär verwirkte Strafe von dem Ausspruche seiner Zivilverantwortlichkeit zu trennen und hiebei genau anzuführen, für welche der Mitbeteiligten seine Haftbarkeit ausgesprochen werde."

b) Verstoß gegen die Aufsichtspflicht nach § 361 Ziff. 9 StGB. (Abs. III): Ein Teil der Aufsichtsverhältnisse des Art. 69 fällt auch unter § 361 Ziff. 9 StGB.; nicht alle Verhältnisse des Art. 69 Abs. I erfüllen die Voraussetzungen des § 361 Ziff. 9 StGB.; der Kreis nach der letzteren Bestimmung ist enger als der erstere. Wenn die Voraussetzungen beider Vorschriften erfüllt sind, sind beide Bestimmungen nebeneinander anzuwenden; wenn also z. B. strafmündige, der Aufsicht des Vaters unterstehende und seiner Hausgenossenschaft angehörende Kinder einen Forstfrevel begangen haben, so ist der Vater wegen einer Übertretung nach § 361 Ziff. 9 StGB. zu bestrafen und außerdem nach Art. 69 für zivilverantwortlich zu erklären; jedoch mildert sich in diesem Falle die Zivilverantwortlichkeit dahin, daß die Haftung für die Geldstrafe des Frevlers entfällt (Abs. III, eingefügt i. J. 1896); die Haftung für Wert- und Schadenersatz und die Kosten bleibt. Diese Beschränkung der Zivilverantwortlichkeit gilt aber nur für den Fall des Abs. III, nicht für den Fall, daß der Aufsichtspflichtige wegen Teilnahme am Frevel selbst verurteilt wird (Art. 56). Bestrafung nach § 361 Ziff. 9 StGB. kann niemals eintreten, wenn der Aufsichtspflichtige am Frevel selbst beteiligt ist. Vgl. auch Anm. 2d zu Art 50.

3. Befreiung von der Zivilverantwortlichkeit (Abs. II):

a) Beweislast: Das Gesetz geht davon aus, daß die Aufsichtspflichtigen, die ihrer Aufsichtspflicht genügen, regelmäßig imstande sind, ihre Aufsichtsbefohlenen von der Begehung von Freveln abzuhalten; es zieht die Schlußfolgerung, daß die Begehung eines Frevels durch den Aufsichtsbefohlenen auf die Vernachlässigung der Pflichten des Aufsichtspflichtigen zurückzuführen ist, und belastet dafür diesen mit der Zivilverantwortlichkeit. Nun sind aber Fälle möglich daß Aufsichtsbefohlene Frevel begehen, obwohl die Aufsichtspflichtigen ihrer Pflicht vollauf nachkommen, m. a. W., daß die Aufsichtspflichtigen trotz aller Vorsicht die Verübung der Frevel nicht verhindern konnten; für diesen Fall sollen die Aufsichtspflichtigen aus Billigkeitsgründen von der Haftung ganz befreit sein. Da aber diese Unmöglichkeit der Verhinderung nach der Erfahrung die Ausnahme ist, haben die Aufsichtspflichtigen den Nachweis der subjektiven Unmöglichkeit zu erbringen; hier handelt es sich um eine Beweislast im eigentlichen Sinn, da der Anspruch, von dem der Aufsichtspflichtige sich befreien will, bürgerlichrechtlicher Natur ist. Der Beweis ist erbracht, wenn das Gericht von der subjektiven Unmöglichkeit der Verhinderung überzeugt ist: das Gericht darf die Möglichkeit oder Unmöglichkeit der Verhinderung nicht von sich aus untersuchen: es hat sich darauf zu beschränken die zu Beweis gestellten Umstände zu würdigen. Wird der Beweis nicht erbracht, so ist der Aufsichtspflichtige zu verurteilen (Art. 13 des pf. FStG. spricht nur von „dartun"). Eidesleistung durch den Zivilverantwortlichen kommt als Beweismittel nicht in Betracht.

b) Inhalt des Entlastungsbeweises: Inhaltlich hat der Aufsichtspflichtige zu seiner Entlastung den Beweis zu erbringen, daß er alle nach den gegebenen Umständen vernünftigerweise zu treffenden Maßnahmen zur Verhinderung des betreffenden Frevels getroffen und durchgeführt hatte; führt er diesen Beweis, dann ist die subjektive Unmöglichkeit der Verhinderung des Frevels dargetan (vgl. Begr. 1846 in Anm. 1). Welche Maßnahmen zu treffen sind, hängt von den objektiven Umständen des Falles und den subjektiven Verhältnissen des Aufsichtspflichtigen ab; gefordert ist nur die subjektive, nicht die objektive Unmöglichkeit. Über das dem Aufsichtspflichtigen Mögliche hinaus dürfen die Anforderungen bezüglich der Beaufsichtigung und Überwachung auf keinen Fall gestellt werden. Auch die Verkehrssitte (nicht -unsitte) ist von Bedeutung (vgl. ObLG. RR. I 381/30, BayZfR. 1930 S. 377). Nach dem Willen des Gesetzgebers soll der Maßstab kein sehr strenger sein, da nach seiner Absicht (s. Begr. zu Art. 70, Anm. 1 zu Art. 70) der Entlastungsbeweis nach Art. 69 leichter zu führen sein soll als nach Art. 70. Im Wortlaut des Gesetzes ist diese Absicht freilich nicht ganz verwirklicht; je nach Lage des Falles kann der Entlastungsbeweis nach Art. 69 oder nach Art. 70 schwieriger zu erbringen sein.

Der Entlastungsbeweis braucht nur bezüglich des Frevels, nicht auch bezüglich der etwa vorliegenden Strafschärfungsgründe geführt zu werden; wenn der Entlastungsbeweis nur bezüglich der Strafschärfungsgründe gelingt, so ist dies wertlos (s. unten d).

Die Rechtsprechung stellt für den Entlastungsbeweis im allgemeinen strenge Anforderungen. Das ObLG. führt in seinem Urteil vom 1. 2. 1913 aus: „Den Gegenbeweis wider die Vermutung der Schuld jener Personen hat das Gesetz dahin eingeschränkt, daß er sich nur auf die Unmöglichkeit des hindernden Einschreitens, auf das Außerstandesein der Hinderungspflicht zu genügen, stützen darf. Es handelt sich hier nicht um ein Nichtverschulden oder um eine unverschuldete Unmöglichkeit, sondern um die Unmöglichkeit schlechthin. Schwierigkeiten oder Bedenken genügen nicht. Auch bloßes Gebot oder Verbot genügt nicht." Bei Vernachlässigung der schuldigen Beaufsichtigung oder Überwachung ist der Beweis von vorneherein mißlungen (OLGM. Bd. 4 S. 41). Es ist der Nachweis von Umständen erforderlich, die die Möglichkeit der Überwachung ausschließen (OLGM. Bd. 5 S. 280). Die Feststellung, daß der Dienstherr seinem Hirten das Betreten fremder Waldungen verboten hatte und ihm mehrmals zur Überwachung nachging, genügt zur Befreiung noch nicht (ObLG. Bd. 2 S. 170).

In ObLG. Bd. 18 S. 2 wurde die Revision des Zivilverantwortlichen in folgendem Falle verworfen: „Die Strafkammer hatte festgestellt, daß der Angeklagte seinen 15 Jahre alten Sohn mitarbeiten ließ und diesem die Aufsicht übergab. Er selbst ließ sich auf dem Arbeitsplatze nicht blicken. Diese Maßnahme hielt die Strafkammer für ungenügend, da dem jungen Sohne das erforderliche Ansehen gegenüber den älteren Arbeitern gefehlt habe. Sein Fußleiden könne ihn nicht entschuldigen, da er in der Lage gewesen sei, den Hiebplatz ohne Schädigung seiner Gesundheit zu besuchen; andernfalls hätte er durch eine geeignete Person hie und da nachschauen lassen müssen. Die Aufsichtspflicht ist der in § 831 BGB. vorgeschriebenen ähnlich. Es muß mit der je nach der Ortslage leichteren Möglichkeit der Forstfrevel und mit der je nach der Gegend stärkeren Neigung der Bevölkerung hiezu gerechnet werden. Erstreckt sich die Holzfällung auf einen längeren Zeitraum, so daß eine dauernde Beaufsichtigung nicht ausführbar ist, so muß die Überwachung wenigstens zeitweise geübt werden. Die Strafkammer hat die an den Arbeitgeber zu stellenden Anforderungen nicht überspannt. Wenn das Gericht die Beaufsichtigung der Arbeiten durch den 15jährigen Sohn für unzureichend erachtet hat, so läßt sich dies aus Rechtsgründen nicht beanstanden, zumal da er selbst nicht behauptet hat, daß er seinem Sohne für die Überwachung Weisungen erteilt und sich hierüber von ihm hat berichten lassen."

Ob der Aufsichtspflichtige in der Aufstellung eines Geschäftsträgers nach Ziff. 6 einen Fehler begangen hat oder nicht, ist gleichgültig (ObLG. Bd. 3 S. 274).

Ein allgemeiner und unbestimmter Hinweis an Dienstboten bezüglich dessen, was forstgesetzlich allgemein verboten ist, kann nicht genügen, um die Haftung des Dienstherrn für eine Verfehlung jener an einem Waldort auszuschließen, dessen besondere Verhältnisse eine Spezialweisung erfordern (ObLG. 2. 12. 1913). Auch Abwesenheit des Zivilverantwortlichen vom Tat- oder Wohnorte entschuldigt nicht ohne weiteres (OLGM. Bd. 2 S. 536; 4 S. 497; ObLG. Bd. 3 S. 274). Die Aufstellung einer verlässigen Person allein genügt nicht immer (ebenda). Das gleiche gilt vom Nichtwissen.

Die Beaufsichtigung und Überwachung der untergebenen Personen darf nur im Bereiche der Möglichkeit und des vernünftigen Ermessens verlangt werden. Ob die Aufsicht einen tatsächlichen Erfolg hat, ist gleichgültig. Daß jedes Fuhrwerk von zwei Knechten begleitet wird, von denen einer den andern zu überwachen hat, genügt nicht ohne weiteres. Allgemeines Sinken des Rechtsempfindens und der Autorität entlastet nicht, im Gegenteil (ObLG. Bd. 23 S. 1; eingeschränkt im BayZfR. 1930 S. 378 RR. I 381/30).

c) **Verfahren:** Das Revisionsgericht hat nachzuprüfen, ob die vom Tatrichter festgestellten Tatsachen die Schlußfolgerung rechtfertigen, daß die als zivilverantwortlich in Anspruch genommene Person „nicht imstande war", den Frevel zu verhindern; hier handelt es sich um die Auslegung eines Rechtsbegriffes (ObLG. Bd. 2 S. 170; 3 S. 274; 18 S. 1; 23 S. 1; abweichend frühere E.).

Im Falle des § 340 StPO. kann die Revision nicht auf die Behauptung gestützt werden, die Berufungsinstanz hätte positiv feststellen müssen, welche einzelnen Verpflichtungen der Dienstherr hatte und inwiefern er sie nicht erfüllte, da es sich hier um eine Verfahrensrüge handelt (ObLG. Bd. 2 S. 170). Die Befreiung von der Zivilverantwortlichkeit braucht nicht im Tenor ausgesprochen werden; bloße Feststellung in den Gründen genügt und ist zweckmäßig (anders die Verurteilung zur Zivilverantwortlichkeit, Anm. 4a).

d) **Wirkung des Entlastungsbeweises:** Gelingt der Entlastungsbeweis, so ist der Zivilverantwortliche von jeder Haftung frei; eine teilweise Befreiung z. B. von der Strafschärfung des Art. 60, wenn der Zivilverantwortliche zwar den Frevel, nicht aber die erschwerende Handlung nach Art. 59 verhindern konnte, ist nicht möglich (vgl. oben b).

4. Feststellung der Zivilverantwortlichkeit:

a) **Verurteilung:** Die Haftbarkeit des Zivilverantwortlichen für Geldstrafe, Wert- und Schadenersatz sowie die Kosten ist im Urteilssatz (Tenor) des Strafurteils ausdrücklich auszusprechen, da sonst die Vollstreckung nicht möglich ist (vgl. JustME. vom 5. 8. 1856, Pr. Erl. 1856 S. 175; Weber Bd. 5 S. 180, Bd. 4 S. 769 Fußnote; s. dagegen die vorstehende Anm. 3c). Der Zivilverantwortliche ist vom Forstrügerichter von Amts wegen zu laden und zu verurteilen.

Bei der Anwendung der einzelnen Ziffern des Art. 69, insbesondere in den Fällen der Ziff. 6 und 7, ist das Vorliegen der besonderen Voraussetzungen zu prüfen und festzustellen (ME. vom 2. 6. 1860, JMBl. S. 210; Weber Bd. 5 S. 180; vgl. auch JME. vom 19. 7. 1866, JMBl. S. 205).

Die mit der Antragstellung befaßten Forstbehörden sind angewiesen, in allen gesetzlich zulässigen Fällen beim Forstrügegericht die Verurteilung zur Zivilverantwortlichkeit zu beantragen. Den Finanzämtern ist untersagt, Forststrafen usw. von Personen einzutreiben, die nicht ausdrücklich im betreffenden Falle vom Gericht als zivilverantwortlich erklärt sind; FME. vom 30. 7. 1856 (Weber Bd. 4 S. 769). Eine ähnliche Anweisung ging an die Gerichte in der JME. vom 5. 8. 1856 (Pr. Erl. 1856 S. 175, Weber Bd. 5 S. 180).

b) **Parteistellung des Zivilverantwortlichen:** Der Zivilverantwortliche genießt im Forstrügeprozeß Parteistellung als Hauptpartei wie der Angeklagte (ObLG. Bd. 26 S. 270); er ist daher kraft ausdrücklicher gesetzlicher Vorschrift zu laden (vgl. Art. 154), sofern der Frevel nicht im Strafbefehlsverfahren abgeurteilt wird. In der Verhandlung kommen ihm grundsätzlich die gleichen Rechte und Pflichten zu wie dem angeklagten Frevler (Vertretung Art. 157, Verteidigung 161, Zustellung 162, Behauptung des Rechtes 165, Ausbleiben und Teilnahmezwang 169, Wiedereinsetzung 170).

c) **Rechtsmittelbefugnis des Zivilverantwortlichen:** Auch Rechtsmittel kann der verurteilte Zivilverantwortliche einlegen wie der verurteilte Frevler (vgl. Art. 176 Abs. IV). Vollstreckt wird auch gegen den Zivilverantwortlichen von Amts wegen nach Art. 178ff. Der Zivilverantwortliche ist trotz seiner Parteistellung aber kein Angeklagter. Die Kosten eines vom Zivilverantwortlichen eingelegten erfolglosen Rechtsmittels treffen nach der Rechtsprechung des Obersten Landesgerichts den Zivilverantwortlichen unmittelbar selbst und allein (ObLG. Bd. 26 S. 276); er haftet nicht bloß für sie, sondern ist zu verurteilen, sie zu tragen (§ 473 StPO. mit Art. 188 FG.); dies gilt nicht für die Kosten, die infolge eines nur vom Zivilverantwortlichen vergeblich gegen einen Strafbefehl eingelegten Einspruchs entstehen; diese sind vielmehr dem verurteilten Angeklagten aufzuerlegen; zu beachten ist hiebei, daß eine Gerichtsgebühr nicht mehr anfällt, wenn der Einspruch oder das Rechtsmittel nur wegen des Ausspruches über die Zivilverantwortlichkeit eingelegt wurde; wohl aber können Auslagen entstehen; wird ein Rechtsmittel von dem zu Strafe Verurteilten und dem Zivilverantwortlichen eingelegt, so werden die Auslagen auszuscheiden sein; die etwaige Gerichtsgebühr trifft den Bestraften allein (vgl. unten e a. E.).

Wenn der zu Strafe verurteilte Frevler gegen den Strafbefehl Einspruch oder gegen ein ergangenes Urteil ein Rechtsmittel einlegt und daraufhin freigesprochen wird, so ist nach dem Grundsatz der Akzessorietät der Zivilverantwortlichkeit auch der Ausspruch über die Zivilverantwortlichkeit zurückzunehmen, selbst wenn der Zivilverantwortliche sich bei dem Urteil beruhigt (ObLG. Bd. 21 S. 30); die Zivilverantwortlichkeit würde in diesem Falle übrigens auch ohne besonderen Ausspruch des Gerichtes entfallen. Ähnlich beschränkt sich die Haftbarkeit des mit mehreren Frevlern verurteilten Zivilverantwortlichen für Geldstrafen und Kosten dann, wenn in der höheren Instanz ein Teil der Frevler freigesprochen wurde, auch ohne ausdrücklichen Ausspruch des Gerichts und ohne daß der Zivilverantwortliche selbst Einspruch oder ein Rechtsmittel eingelegt hat, auf den Betrag, der auf die übrigen nicht Freigesprochenen treffenden Geldstrafen und Kosten (vgl. ObLG. Bd. 4 S. 205). Die Frage, ob nach der Berufungserklärung außer den wegen Forstfrevels verurteilten Personen auch die für zivilverantwortlich erklärten Personen als Berufungsführer zu gelten haben, betrifft eine Vorschrift über das Verfahren und es kann daher in den Fällen des § 340 StPO. eine Revision nicht darauf gestützt werden, daß die Vorinstanz die Berufungserklärung nicht auch auf die für zivilverantwortlich erklärten Personen bezogen habe (ObLG. Bd. 21 S. 29). Wenn der angebliche Frevler sich beim Strafbefehl oder Urteil beruhigt, der Zivilverantwortliche dagegen Einspruch oder Berufung einlegt, so ist, wenn Strafbefehl oder Urteil gegen den Frevler rechtskräftig geworden sind, bei der Verhandlung über den Einspruch oder das Rechtsmittel des Zivilverantwortlichen doch zu prüfen, ob der Frevler zu Recht verurteilt worden ist (ObLG. Bd. 1 S. 145; vgl. Bd. 2 S. 189 u. Bd 11 S. 248). Der Strafbefehl oder das Urteil gegen den Frevler bleibt jedoch bestehen. Der Rechtsmittelrichter muß für den Zivilverantwortlichen auf dessen Berufung oder Revision Geldstrafe und Wertersatz auf das gesetzliche Maß zurückführen, wenn es überschritten war (ObLG. Bd. 1 S. 145).

d) **Mehrheit von Zivilverantwortlichen:** Wenn mehrere Zivilverantwortliche vorhanden sind, so sind alle zu verurteilen; die Haftung ist dann eine samtverbindliche, d. h. wenn einer ganz gezahlt hat, sind die anderen dem Gericht gegenüber frei (§§ 421 ff. BGB.); dem Finanzamt bleibt es überlassen, an welchen der Gesamtschuldner es sich zunächst wenden will. Zur Zivilverantwortlichkeit mehrerer Vieheigentümer gegenüber dem gleichen Hirten s. Anm. zu Ziff. 7.

e) **Feststellung in Verbindung mit dem Strafverfahren:** Über die Zivilverantwortlichkeit einer Person kann nur im Zusammenhange mit der Feststellung der strafrechtlichen Verantwortlichkeit einer anderen Person entschieden werden (ObLG. Bd. 9 S. 325). Aus den Gründen: „Es ergibt sich aus der Natur der Sache, daß über die Zivilverantwortlichkeit der einen Person nur im Zusammenhange mit der strafrechtlichen Verantwortlichkeit der anderen entschieden werden kann, weil die Zivilverantwortlichkeit zur Vorbedingung hat, daß die andere Person sich einer gesetzwidrigen Handlung schuldig gemacht hat. Ein selbständiges oder ein nachträgliches Verfahren, durch das lediglich die Zivilverantwortlichkeit festgestellt werden soll, ist deshalb ausgeschlossen." (Das Urteil erging zu Art. 75 Abs. III.)

Wenn im Strafurteil gegen den Frevler nicht auf Wert- und Schadenersatz erkannt wird, weil der Geschädigte sich nach Art. 64 für die Beschreitung des Zivilrechtswegs erklärt hat, kann bezüglich des Wert- und Schadenersatzes auch nicht auf Zivilverantwortlichkeit erkannt werden; die Haftung für die Geldstrafe und die Kosten bleibt unberührt. Ausnahmsweise kann über die Zivilverantwortlichkeit unabhängig von dem Strafverfahren gegen den Frevler entschieden werden, dann nämlich, wenn der Geschädigte seinen Wert- und Schadenersatzanspruch vor dem Zivilrichter verfolgt; in diesem Falle kann der Geschädigte den Zivilverantwortlichen auf Grund des Art. 69 auf gesamtschuldnerische Haftung für den Wert- und Schadenersatz vor dem Zivilgericht, aber nur zusammen mit dem Frevler, verklagen; dies gilt für die ursprüngliche zivilgerichtliche Klage (Art. 64) wie für die dem Strafverfahren nachfolgende Klage auf den Mehrbetrag oder auf den gesamten Betrag, wenn im Strafverfahren über den Wert- und Schadenersatz nicht entschieden wurde (Art. 67; vgl. die dortige Anm. 1 und 2). Daß die Zivilverantwortlichkeit in diesen Fällen vor dem Zivilrichter geltend gemacht werden kann, ergibt sich aus der die Drittverantwortlichkeit bei Forstpolizeiübertretungen regelnden Bestimmung des Art. 70; darnach trifft bei den Forstpolizeiübertretungen den Drittverantwortlichen auch der Schadenersatz allein; da aber bei den Forstpolizeiübertretungen der Schadenersatzanspruch gegen den Übertreter nur vor dem Zivilgericht verfolgt werden kann (Art. 64 Abs. I), muß er auch gegen den Drittverantwortlichen — und zwar nur — vor dem Zivilgericht verfolgt werden können; wenn auf Art. 70 vor dem Zivilgericht ein Entschädigungsanspruch gestützt werden kann, muß dies nach dem Aufbau des Gesetzes auch von der ähnlichen Bestimmung des Art. 69 gelten. Der auf Grund Art. 69 vor dem Zivilrichter klagende Geschädigte muß den Beweis erbringen, daß z. B. im Falle der Ziff. 1 die Ehefrau den vollen subjektiven und objektiven Tatbestand eines bestimmten Forstfrevels erfüllt hat, wenn er die Verurteilung des Ehemannes zur Mithaftung erreichen will (vgl. RGZ. Bd. 51 S. 369 zu § 823 Abs. II BGB.).

Das Verfahren gegen den Zivilverantwortlichen kann gegenüber dem Strafverfahren teilweise äußerlich selbständig durchgeführt werden, wenn z. B. der Zivilverantwortliche allein Einspruch oder ein Rechtsmittel einlegt; stets muß hier aber das Strafverfahren vorausgegangen sein; das gesonderte Nachverfahren gegen den Zivilverantwortlichen kann auf besonderen tatsächlichen oder prozessualen Gründen beruhen (ObLG. Bd. 26 S. 272 f.). Zu diesem Nachverfahren gegen den Zivilverantwortlichen ist nach der eben angeführten Rechtsprechung der bestrafte Frevler als Mitbeteiligter zuzuziehen.

Soweit das bürgerliche Recht eine Haftung dritter Personen kennt (z. B. §§ 831, 832 BGB.), kann im Wege der Zivilklage auf Grund dieser Vorschriften des bürgerlichen Rechts u. U. dasselbe erreicht werden wie auf Grund des Art. 69.

Die Kosten des Forststrafverfahrens umfassen auch die auf die Feststellung der Zivilverantwortlichkeit treffenden Kosten; der straffällige Frevler ist auch mit diesen Kosten zu belasten; der Zivilverantwortliche ist für die Gesamtkosten haftbar zu erklären; dies gilt auch für den Fall, daß über die Zivilverantwortlichkeit in einem gesonderten Verfahren zu entscheiden ist; dagegen hat der Zivilverantwortliche die Kosten erfolgloser Rechtsmittel selbst und allein zu tragen (ObLG. Bd. 26 S. 270; vgl. Anm. 4c).

f) Umfang der Haftung: Der Zivilverantwortliche haftet im vollen Umfange für den den Aufsichtsunterworfenen treffenden Betrag der Geldstrafe, des Wert- und Schadenersatzes und der Kosten. Ob die Geldstrafe wegen eines in der Person des Frevlers liegenden Grundes erhöht worden ist (z. B. nach Art. 60, 101), ist gleichgültig (OLGM. Bd. 1 S. 457). Zu den Kosten zählen jetzt auch die Kosten der Strafvollstreckung.

g) Rückgriff: Die Zivilverantwortlichkeit hat den Zweck, dem Staat und dem Geschädigten eine erhöhte Sicherheit für die sich aus einem Frevel ergebenden Ansprüche zu gewähren; nicht dagegen sollen durch Art. 69 die auf den Frevel im Gesetz angedrohten Folgen endgültig von dem schuldigen Täter auf den zivilverantwortlichen Dritten abgewälzt werden. Wenn der Zivilverantwortliche auf Grund seiner Verurteilung zur Haftung eine unmittelbar dem Frevler obliegende Verpflichtung an den Staat oder an den Geschädigten abgetragen hat, so kann er seinerseits den Aufwand vom Frevler zurückverlangen, wenn ihm die Vorschriften des bürgerlichen Rechts die Möglichkeit hiezu gewähren; maßgebend sind die das jeweilige Rechtsverhältnis des Aufsichtspflichtigen zum Aufsichtsunterworfenen regelnden Vorschriften; ein Dienstbote wird z. B. durch die Begehung eines Forstfrevels regelmäßig auch seine gegen den Dienstherrn bestehenden Vertragspflichten verletzen und für den daraus entstehenden Schaden haften (§ 276 BGB.); auch die Vorschriften über die ungerechtfertigte Bereicherung (des Frevlers, §§ 812ff. BGB.) werden anwendbar sein; vgl. auch § 840 Abs. II BGB. Der Rückgriff gegen den Frevler ist durch den Zivilverantwortlichen nötigenfalls im Klagewege vor dem Zivilgericht geltend zu machen. Das Rückgriffsrecht braucht dem Zivilverantwortlichen in dem Urteil, in dem er zur Haftung verurteilt wird, nicht ausdrücklich vorbehalten zu werden; wenn überhaupt, besteht es auch ohne Vorbehalt.

5. Der Kreis der Zivilverantwortlichen: Für die Zivilverantwortlichkeit kommen drei Arten rechtlicher Beziehungen in Frage: Verwandtschaftsverhältnisse (Ziff. 1, 2 teilweise), Pflegeverhältnisse (Ziff. 2 teilweise, 3) und Dienstverhältnisse (Ziff. 4—7). Der Kreis der Zivilverantwortlichen ist in den Ziff. 1—7 erschöpfend umgrenzt. Bei den Ziff. 1—4 ist für die Zivilverantwortlichkeit häusliche Gemeinschaft des Aufsichtspflichtigen und Aufsichtsunterworfenen Voraussetzung und zwar muß sie im Zeitpunkt des Frevels bestehen. Die Personen nach Ziff. 1—5 (d. h. die Personen jeder Ziffer in sich) werden in Art. 56 Abs. III als zur nämlichen Familie gehörig bezeichnet; wenn diese gemeinschaftlich freveln, gilt für sie eine Besonderheit. Das Alter der Aufsichtsunterworfenen ist nur im Falle der Ziff. 3 von Bedeutung. Da die Zivilverantwortlichkeit keine Strafe ist, können auch juristische Personen zur Haftung verurteilt werden. Zivilverantwortlich können auch gleichzeitig mehrere Personen sein, sei es, daß die Aufsichtspflicht nach einer Ziffer mehrere Personen trifft, z. B. wenn Geschwister Dienstherrschaft nach Ziff. 4 sind oder wenn die Voraussetzungen mehrerer Ziffern erfüllt sind, wenn z. B. ein zu Hause wohnendes Kind nach Ziff. 7 frevelt; hier ist der Vater und der Dienstherr zugleich haftbar (Ziff. 2, 7). Mehrere Zivilverantwortliche sind als Gesamtschuldner zu verurteilen.

Ziff. 1 (Ehemann und Ehefrau): Ziff. 1 gilt auch unter der Herrschaft des Bürgerlichen Gesetzbuches weiter (ObLG. 7. 10. 1902; vgl. Art. 107 EG.BGB.); dagegen kann ein Ehemann, der seine Frau nicht von Forstfreveln abhält, nicht mehr nach § 361 Ziff. 9 StGB. bestraft werden. Auf getrennt lebende Ehegatten findet Ziff. 1 keine Anwendung. Auf den Güterstand kommt es nicht an. Die Ehefrau ist für die Frevel des Mannes nicht zivilverantwortlich.

Ziff. 2 (Eltern und Kinder): Das Alter der Kinder ist gleichgültig; auch volljährige gehören hieher; eheliche und uneheliche; ob die Eltern die elterliche Gewalt über die Kinder besitzen oder nicht, ist ohne Bedeutung. Zu den Pflegekindern gehören die Pflegekinder im Sinne des Jugendwohlfahrtsgesetzes nicht; diese fallen vielmehr unter Ziff. 3; unter Pflegekindern nach Ziff. 2 sind, mit Ausnahme der Pflegekinder nach dem Jugendwohlfahrtsgesetz, alle Kinder zu verstehen, die gehalten werden wie leibliche Kinder, z. B. sog. angenommene Kinder, wenn keine rechtsförmliche Adoption stattgefunden hat, Ziehkinder; bei den Pflegekindern der Ziff. 2 ist das Alter gleichgültig; anders bei den Pflegekindern nach Ziff. 3. Die Kinder müssen bei den Eltern wohnen, nicht umgekehrt; im letzteren Fall sind die Eltern nicht zivilverantwortlich; z. B. wenn die Eltern das Anwesen übergeben haben und mit dem übernehmenden Sohn in häuslicher Gemeinschaft leben.

Ein Vater, der sein Kind von der Begehung eines Forstfrevels abzuhalten unterließ, kann neben der Bestrafung wegen dieser Übertretung (nach § 361 Ziff. 9 StGB.) nur dann für Wert- und Schadenersatz wegen des Forstfrevels haftbar erklärt werden, wenn das Kind als Täter des Forstfrevels verurteilt worden ist (OLGM. Bd. 8 S. 22).

Zum gemeinschaftlichen Frevel von Eltern und Kindern vgl. Art. 50 Anm. 2d.

Ziff. 3 (Vormünder, Pfleger und Pflegebefohlene): Die Kuratoren sind die Pfleger nach §§ 1909ff. BGB. Unter Ziff. 3 fallen nur minderjährige Pflegebefohlene. Unter Pflege ist die Sorge für das leibliche, geistige und sittliche Wohl zu verstehen. Hieher gehören die Pflegekinder im Sinne des Jugendwohlfahrtsgesetzes d. s. die früheren „Kostkinder". Auch die Zöglinge einer Erziehungs- und Bildungsanstalt sind gemeint. Vgl. die Anm. zu Ziff. 2; Pflegekinder nach Ziff. 2 sind Kinder, die man (gleichsam) als eigene hält; Pflegekinder nach Ziff. 3 sind Kinder, die man als fremde hält (daß sie dabei gehalten werden wie eigene, ist ohne Bedeutung). Auch im Falle der Ziff. 3 ist häusliche Gemeinschaft Voraussetzung.

Ziff. 4 (Dienstherrschaft und Dienstboten): Zu den Dienstboten gehören nicht alle auf Dienstvertrag nach §§ 610ff. BGB. angestellten Personen, sondern nur die üblicherweise als Dienstboten (Gesinde) bezeichneten Personen. Durch die teilweise Aufhebung der Gesindeordnung (VO. vom 12. 11. 1918, RGBl. S. 1303) hat sich an der Geltung der Ziff. 4 nichts geändert; die eingetretene Lockerung des früheren patriarchalischen Verhältnisses erleichtert jedoch den Entlastungsbeweis des Abs. II (ObLG. RR. I 381/30, BayZfR. 1930 S. 377). Häusliche Gemeinschaft ist Voraussetzung; daß die Dienstboten in einem Nebengebäude wohnen, schließt diese Gemeinschaft nicht aus.

Zu beachten ist die fortschreitende Einschränkung des Personenkreises in den Ziff. 4—6:
- nach Ziff. 4 haften die Herrschaften wegen aller Frevel ihrer Dienstboten;
- nach Ziff. 5 haften die Lehrmeister usw. nur wegen der Frevel der Zöglinge usw., solange diese unter ihrer Aufsicht stehen;
- nach Ziff. 6 haften die Geschäftsgeber nur wegen der Frevel, die aus Anlaß einer aufgetragenen Arbeit geschehen.

Ziff. 5 (Meister und Gehilfen u. ä.): Unter Ziff. 5 fällt das Verhältnis von Lehrmeistern und Zöglingen sowie von Gewerbsleuten und Gesellen samt Gehilfen. Die Begriffe des Lehrmeisters und des Zöglings sind weit; dazu werden auch die Lehrer und Schüler gehören. Unter Gewerbsleuten sind selbständige Gewerbetreibende zu verstehen. Bei den Lehrmeistern wie Gewerbsleuten ist Voraussetzung, daß sie zur Aufsicht über das Gesamtverhalten der Zöglinge, Gesellen und Gehilfen berechtigt und verpflichtet sind (vgl. Anm. 2b zu Art. 50); das Recht und die Pflicht zur Beaufsichtigung kann zeitlich beschränkt sein. Ziff. 5 wird auch heute noch regelmäßig gegenüber den Gesellen und Gehilfen, nicht bloß den Lehrlingen gelten (a. A. ObLG. Bd. 7 S. 238; vgl. dagegen ObLG. RR. I 381/30, BayZfR. 1930 S. 377); die Gesellen und Gehilfen sind jetzt noch dem Meister gegenüber zu einem ordentlichen Gesamtverhalten verpflichtet; der Meister ist kraft des bestehenden Dienstvertrages grundsätzlich berechtigt und verpflichtet, sich um ihr allgemeines Verhalten (ähnlich wie bei den Dienstboten der Ziff. 4) zu kümmern (§ 242 BGB.; § 121 GewO. regelt das Dienstverhältnis nicht erschöpfend). Die Haftung beschränkt sich auf die Zeit, innerhalb deren der Lehrmeister oder Gewerbetreibende zur Aufsicht verpflichtet ist. Die gegenüber früher eingetretene Lockerung des Verhältnisses erleichtert den Entlastungsbeweis des Abs. II (vgl. ObLG. RR. I 381/30, BayZfR. 1930 S. 377). Wenn man der Ansicht folgt, daß Gesellen und Gehilfen seit der Einführung der Gewerbeordnung nicht mehr unter Ziff. 5 fallen, wird für sie und ihre Meister regelmäßig Ziff. 6 einschlagen. Häusliche Gemeinschaft ist im Falle der Ziff. 5 nicht Voraussetzung.

Ziff. 6 (Auftraggeber und Beauftragte): Die Begriffe Geschäftsgeber und Geschäftsträger (Arbeiter) sind sehr weit; unter Geschäftsgebern sind alle nicht in den anderen Ziffern des Abs. I aufgeführten Personen zu verstehen, die einer anderen Person eine Verrichtung auftragen oder anvertrauen; zu den Geschäftsträgern und Arbeitern zählen alle Personen, die die aufgetragenen oder anvertrauten Verrichtungen ausführen. Welcher Art die Verrichtung ist, ist gleichgültig; sie braucht insbesondere nicht in der Verrichtung von Waldarbeiten zu bestehen (OLGM. Bd. 2 S. 189). Ob die Arbeiter und Geschäftsträger im Akkord oder Taglohn arbeiten, ist gleichgültig (OLGM. Bd. 2 S. 189). Das ObLG. hat im Urteil vom 19. 11. 1912 auch im folgenden Fall ein Verhältnis nach Ziff. 6 angenommen: Die Ehefrau hat das Anwesen zum Alleineigentum übernommen, die Bewirtschaftung aber ihrem Mann anvertraut, der auf dem Anwesen wohnt. Sie hat dem Manne die Ausführung aller Geschäfte und Verrichtungen übertragen, die zur sachgemäßen Bewirtschaftung des Anwesens erforderlich sind, wobei die Bestimmung, was zu geschehen hat, dem Mann überlassen ist. „Sie ist also Geschäftsgeberin und ihr Mann ist Geschäftsträger, gleichviel ob er die Geschäftsführung gegen oder ohne eine vereinbarte Entlohnung ausübt. Wenn auch die Übernahme geschehen sein mag, um vermögensrechtliche Ansprüche gegen den Mann unmöglich zu machen, so ist damit noch nicht erwiesen, daß die Übernahme ein Scheingeschäft sei, in welchem Falle die Frau allerdings nicht Geschäftsgeberin wäre."

Zu den Geschäftsträgern und Arbeitern der Ziff. 6 gehören nicht bloß die unmittelbar vom Geschäftsgeber Beauftragten, sondern auch die vom Geschäftsträger selbständig eingestellten Arbeiter (ObLG. Bd. 3 S. 274).

Der Geschäftsgeber haftet nicht für jeden vom Geschäftsträger verübten Frevel; es ist vielmehr ein zeitlicher und örtlicher Zusammenhang zwischen der aufgetragenen oder anvertrauten Verrichtung und der Verübung des Frevels notwendig. Der Frevel muß in oder bei der Ausführung der aufgetragenen oder anvertrauten Verrichtung begangen worden sein, d. h. der Geschäftsgeber ist nicht bloß dann verantwortlich und haftbar, wenn das aufgetragene Geschäft selbst einen Forstfrevel darstellt oder in einer gegen die Bestimmungen des Forstgesetzes verstoßenden Weise ausgeführt wird (z. B. Holzabfuhr außerhalb der erlaubten Wege), sondern auch dann, wenn unabhängig von dem übertragenen Geschäfte, aber gelegentlich (bei Gelegenheit) seiner Ausführung ein Forstfrevel verübt wird (z. B. ein Entwendungsfrevel gelegentlich der erlaubten Holzabfuhr); vgl. ObLG. Bd. 1 S. 314; 10 S. 37.

Nicht jeder zum Zwecke der Ausführung der übertragenen Verrichtung begangene Frevel ist bei Gelegenheit der Ausführung der Verrichtung begangen; wenn z. B. ein Waldbesitzer einem andern die Anpflanzung einer abgeholzten Fläche samt Lieferung der Pflanzen überträgt und der andere sich die Pflanzen vor Beginn der übertragenen Arbeiten durch Entwendung verschafft, so ist der Entwendungsfrevel nicht in Ausübung oder bei Gelegenheit der Ausübung der übertragenen Verrichtung geschehen (OAG. 3. 5. 1867, S. v. E. Bd. 1 S. 187). Dagegen trifft Ziff. 6 zu, wenn der mit Säen beauftragte Arbeiter nach dem Säen in den benachbarten Wald geht und frevelt (ObLG. 19. 11. 1912). Gutgläubigkeit des Geschäftsgebers hinsichtlich der Person des Geschäftsträgers befreit nicht von der Zivilverantwortlichkeit; Entlastung ist nur im Wege des Abs. II möglich.

Wenn der Geschäftsgeber den Geschäftsträger beauftragt, eine frevlerische Handlung zu begehen, so ist der Geschäftsgeber nach Art. 56 zu Strafe, Wert- und Schadenersatz sowie nach Ziff. 6 zur Zivilverantwortlichkeit zu verurteilen.

Ziff. 7 (Dienstherr und Hirte): Unter die Ziff. fallen nach dem Sinn des Gesetzes auch die Frevel, die der Hirte in oder bei Ausübung (Knoch S. 172) der Dienstverrichtung begeht, insbesondere die Weidefrevel, zu deren Begehung der Dienstherr den Hirten veranlaßt hat. Außerdem gehören hieher die vom Hirten bei Gelegenheit der Dienstverrichtung begangenen Frevel. Gemeint sind Frevel jeder Art, nicht nur Weidefrevel (Art. 88, 89). Wenn ein Hirte von mehreren Personen (Dienstherrschaften) gemeinschaftlich aufgestellt worden ist, so sind die Dienstherrschaften zur samtverbindlichen Haftung (§§ 421 ff. BGB.) für Geldstrafe, Wert- und Schadenersatz und Kosten zu verurteilen ohne Rücksicht darauf, wer von ihnen Eigentümer derjenigen zur Herde gehörigen Viehstücke ist, durch die der Frevel verursacht wurde. Die Zivilverantwortlichkeit trifft nicht den Eigentümer des Viehes, sondern die Dienstherrschaft (OLGM. Bd. 2 S. 12; teilweise abweichend OAG. Bd. 3 S. 539). Bei den Gemeinde- und Ortschaftshirten ist zu prüfen, in wessen Dienst der Hirte steht, im Dienste der Gemeinde (Ortschaft) oder im Dienste der Gesamtheit der Viehbesitzer; je nachdem ist die Haftung verschieden.

Drittverantwortlichkeit bei Forstpolizeiübertretungen.

Artikel 70. (69/70).

Hinsichtlich der Forstpolizeiübertretungen hat der Waldbesitzer — vorbehaltlich des Rückgriffes, wo ein solcher statt hat, — die Handlungen der im Art. 69 genannten Personen[2] in der Art zu vertreten[1], daß ihn allein die Strafe, sowie der Schadenersatz und die Kosten treffen, ausgenommen, wenn er beweist[3], daß die Übertretung ohne sein Vorwissen geschah, in welchem Falle die Übertreter allein nach Maßgabe der einschlägigen Strafbestimmungen wider den Forstfrevel[4] zu bestrafen sind, und allein für den Schadenersatz, sowie für die Kosten haften.

1. Begriff der Drittverantwortlichkeit: Die Drittverantwortlichkeit des Art. 70 ist die ausschließliche volle strafrechtliche und bürgerlichrechtliche Verantwortlichkeit bestimmter aufsichtspflichtiger Personen für die von den aufsichtsunterworfenen Personen in den Waldungen der Ersteren verübten Forstpolizeiübertretungen. Die Drittverantwortlichkeit (ein Ausdruck, den das Gesetz nicht gebraucht, der aber der Einfachheit wegen angewendet wird), die nur bei den Forstpolizeiübertretungen vorkommt, hat Ähnlichkeit mit der Zivilverantwortlichkeit bei den Forstfreveln (Art. 69), ist von ihr aber in wesentlichen Punkten verschieden. Bei beiden handelt es sich um ein Einstehen für die Folgen der gesetzwidrigen Handlung eines andern; der Kreis der haftenden Personen ist derselbe; die Art der Haftung ist aber wesentlich verschieden: bei der Zivilverantwortlichkeit des Art. 69 hat die Folgen der Tat zunächst der Täter zu tragen; der Zivilverantwortliche steht nur für die Erfüllung der Verbindlichkeit des Täters ein; bei der Drittverantwortlichkeit des Art. 70 dagegen hat die Folgen der Tat ausschließlich, von Anfang an, unmittelbar der Drittverantwortliche zu tragen; er wird zu Strafe, Schadenersatz und Kosten so verurteilt, als hätte er selbst die Tat begangen; er haftet nicht für eine fremde Verbindlichkeit, er ist selbst der Schuldner und zwar der alleinige; den wirklichen Täter treffen überhaupt keine Nachteile aus der Tat, weder strafrechtliche, noch — wenigstens nach dem Forstgesetz — bürgerlichrechtliche; er haftet auch nicht für die Verbindlichkeiten des Drittverantwortlichen. Dieser kann sich jedoch von der Drittverantwortlichkeit befreien, wenn es ihm gelingt, den Beweis zu erbringen, daß er von der Forstpolizeiübertretung vor ihrer Begehung nichts wußte. Gelingt ihm der Beweis, so treffen umgekehrt den Aufsichtspflichtigen keinerlei Nachteile aus der Tat; für diese muß dann der Täter allein einstehen und zwar kommen für ihre Beurteilung, da für den Täter der Wald ein fremder ist, die Bestimmungen über Forstfrevel in Betracht.

Die Begründung rechtfertigt die Einrichtung der Drittverantwortlichkeit wie folgt: „Wenn Kinder, Dienstboten, Arbeiter u. dgl. eine Forstpolizeiübertretung, z. B. eine forstpolizeiwidrige Holzfällung oder Ausübung der Weide im eigenen Walde ihres Vaters, Dienstherrn oder Arbeitgebers unternehmen, so geschieht dies der Natur der Sache nach regelmäßig mit Wissen und Willen im Auftrage des Waldbesitzers. Hier muß deshalb billigerweise der Waldbesitzer allein für die Strafe sowie für den Schaden- und Kostenersatz in der Weise einstehen, daß der Beweis, der ihn von dieser Zivilverantwortlichkeit befreien kann, strenger als in dem Falle des Art. 69 zu formulieren ist. Daß aber, wenn dieser Beweis geliefert wird, die Übertreter allein und nach Maßgabe der einschlägigen Bestimmungen wider den Forstfrevel zu bestrafen sind und allein für den Schadenersatz sowie für die Kosten zu haften haben, hat seinen Grund darin, daß nun nicht mehr der Waldbesitzer als der Urheber der in Frage stehenden strafbaren Handlungen und zugleich diese letzteren nicht mehr als Forstpolizeiübertretungen im Sinne des Art. 48 betrachtet werden können. Vielmehr nehmen nunmehr jene Handlungen den Charakter einer von fremden Personen in fremdem Walde begangenen Rechtsverletzung oder Gefährdung im Sinne des Art. 49 an."

In einem Sonderfall (Art. 75 Abs. III) gibt es bei bestimmten Forstpolizeiübertretungen (Art. 75 Abs. I) eine der Zivilverantwortlichkeit des Art. 69 ähnliche, von der Drittverantwortlichkeit des Art. 70 wesentlich verschiedene Zivilverantwortlichkeit des Waldbesitzers.

Aus dem Grundsatz, daß der Waldbesitzer als Täter zu behandeln ist, folgt, daß waldbesitzende *juristische Personen* (anders als bei der Zivilverantwortlichkeit des Art. 69) als solche nicht verurteilt werden können; es sind vielmehr ihre verantwortlichen Vertreter zu verurteilen. Gegen den nach Art. 70 verantwortlichen Waldbesitzer ist die Geldstrafe nötigenfalls ersatzweise in Haft *umzuwandeln*. Im *Strafverfahren* ist der verantwortliche Waldbesitzer als *Angeklagter* zu behandeln. Die *Verjährung* tritt gegenüber dem Waldbesitzer in der gleichen Zeit ein, wie wenn er die Übertretungshandlung selbst begangen hätte. Die Verurteilung zur Strafe geschieht im Forstrüge*verfahren*, die Verurteilung zum Schadenersatz im Wege des Zivilprozesses (Art. 64).

Wenn *mehrere* Dienstboten eines Dienstherrn mit dessen Vorwissen in seinem Wald gemeinschaftlich (Anm. 1 zu Art. 57) eine Forstpolizeiübertretung begehen, so wird die Geldstrafe zunächst so zu berechnen sein, als sei die Forstpolizeiübertretung von mehreren Waldbesitzern gemeinschaftlich im gemeinschaftlichen Wald begangen (Art. 57); der Dienstherr ist zu der sich so errechnenden Geldstrafe zu verurteilen (vgl. Anm. 2b zu Art. 57).

2. **Voraussetzungen der Drittverantwortlichkeit:** Drittverantwortlicher nach Art. 70 kann stets nur ein Waldbesitzer (s. Anm. 2 zu Art. 1) sein. Weitere Voraussetzung ist, daß der Waldbesitzer dem Kreise der in Art. 69 Abs. I Ziff. 1—7 aufgezählten Aufsichtspflichtigen angehört, daß er also z. B. Ehemann, Vater, Vormund ist. Ferner ist erforderlich, daß der Täter dem Kreise der in Art. 69 Abs. I Ziff. 1—7 aufgezählten Aufsichtsbefohlenen angehört und zum Waldbesitzer in einem der in diesen Ziffern dargestellten Verhältnisse steht. Schließlich muß der Aufsichtsbefohlene im eigenen Walde des aufsichtspflichtigen Waldbesitzers eine Handlung begangen haben, die den vollen inneren und äußeren Tatbestand einer Forstpolizeiübertretung nach Art. 75ff. erfüllt, mit der einzigen Ausnahme, daß der

Täter nicht selbst der Waldbesitzer ist. Sind alle vorstehend aufgeführten Voraussetzungen erfüllt, dann ist der aufsichtspflichtige Waldbesitzer für die Tat des Aufsichtsunterworfenen drittverantwortlich, sofern es ihm nicht gelingt, den Entlastungsbeweis zu führen. Art. 70 ist nicht anwendbar, wenn die aufsichtsunterworfene Person auch Waldbesitzer ist, wenn z. B. eine Ehefrau im Walde, der im gemeinschaftlichen Besitze der Eheleute steht, eine Forstpolizeiübertretung begeht; in diesem Falle ist die Ehefrau selbständig und allein für die Forstpolizeiübertretung nach Art. 75ff. verantwortlich; der Ehemann ist nicht verantwortlich; bei gemeinschaftlicher Übertretung ist nach Art. 57 zu verfahren.

Eine Sonderregelung besteht für den Fall, daß eine Person, der die Holzgewinnung in einem Walde überlassen wurde, in dem Walde eine Forstpolizeiübertretung nach Art. 75 Abs. I begeht; in diesem Falle tritt, selbst wenn die Person zum Waldbesitzer in einem Verhältnis nach Art. 69 Abs. I steht, nicht die Drittverantwortlichkeit des Art. 70, sondern eine der Zivilverantwortlichkeit des Art. 69 ähnliche, in Art. 75 Abs. III und IV eigens geregelte besondere Zivilverantwortlichkeit ein. Derjenige, dem die Holzgewinnung überlassen wurde, ist in Art. 75 Abs. II zwar bezüglich der Forstpolizeiübertretungen des Art. 75 Abs. I dem Waldbesitzer gleichgestellt. Die Drittverantwortlichkeit des Art. 70, die nur auf den Waldbesitzer lautet, darf aber nicht auf den Holzgewinnungsberechtigten gegenüber seinen Aufsichtsunterworfenen ausgedehnt werden, da die strafrechtliche Vorschrift des Art. 70 keine entsprechende Anwendung zum Nachteile des Betroffenen zuläßt (vgl. Vorbem. vor Anm. 12 zu Art. 75).

Die Drittverantwortlichkeit des Waldbesitzers nach Art. 70 tritt nicht bloß ein, wenn der Aufsichtsunterworfene von sich aus eine Handlung im Sinne des Artikels begeht — dieser Fall wird der seltenere sein —, sondern auch, wenn der Waldbesitzer ihn zu der Handlung angestiftet z. B. ihn damit beauftragt hat (vgl. die Begr. in Anm. 1). Mittäterschaft s. Anm. 3 zu Art. 57. Wenn der Waldbesitzer den Aufsichtsunterworfenen bei der Übertretungshandlung unterstützt, so ist er ebenfalls nur nach Art. 70 drittverantwortlich.

Wenn eine Person, die zum Waldbesitzer nicht in einem Verhältnis nach Art. 69 Abs. I steht, im fremden Walde eine Übertretungshandlung begeht, so ist Art. 70 nicht anwendbar; ist an der Handlung der Waldbesitzer nicht beteiligt, so ist die Handlung nach den Bestimmungen über Forstfrevel (Art. 79ff.) zu werten. Das bloße Wissen des Waldbesitzers um die Handlung ist anders als im Falle des Art. 70 ohne Bedeutung. Ist der Waldbesitzer an der Handlung als Anstifter, Mittäter oder Gehilfe beteiligt, so wird er nach allgemeinen strafrechtlichen Grundsätzen regelmäßig als Täter, der andere nur als Gehilfe oder Werkzeug in Betracht kommen; denn bei den Forstpolizeiübertretungen hat regelmäßig nur der Waldbesitzer den animus auctoris; der andere kann dann nicht bestraft werden, da Beihilfe zu einer Forstpolizeiübertretung nur strafbar ist, wenn sie von einem Waldmitbesitzer dem andern Mitbesitzer geleistet wird (Art. 57). Eine förmliche Schuldvermutung wie in Art. 70 besteht im Falle der Verübung der Handlung durch Personen, die zum Waldbesitzer nicht in einer Beziehung nach Art. 69 Abs. I stehen, nicht.

3. Entlastungsbeweis: Der Waldbesitzer muß beim Gericht die Überzeugung wachrufen, daß er von der Übertretungshandlung vor ihrer Begehung nichts gewußt hat; gelingt ihm dies, so ist er von jeder Verantwortung frei; gelingt es ihm nicht, so ist er, wenn die übrigen Voraussetzungen erfüllt sind, zu verurteilen. Es kommt nur auf das Wissen, nicht auf das Wollen an. Die Übertretungshandlungen, die geschehen sind, ehe der Waldbesitzer von ihnen Kenntnis erhielt, können ihm nicht angerechnet werden, vorausgesetzt, daß ihm der Nachweis der Unkenntnis gelingt; erhält er während der Ausführung Kenntnis, so können ihm u. U. die Handlungen angerechnet werden, die nachher begangen werden; wenn er z. B. von der Vornahme eines Kahlhiebs in einem Schutzwald erfährt, ohne daraufhin den Abtrieb einzustellen, so ist er für den ersten Teil des Kahlhiebs nicht verantwortlich, wohl aber für den zweiten. Wenn der Waldbesitzer angeklagt ist, kann er zum Beweis seiner Unkenntnis nicht beeidigt werden. Wenn dem Forstamt auf Grund seiner Erhebungen nachgewiesen scheint, daß der Waldbesitzer von der Übertretung vor ihrer Begehung nichts wußte, braucht gegen ihn nicht Anklage erhoben zu werden; es kann sogleich der Täter wegen Forstfrevels angeklagt werden. Erbringt der angeklagte Waldbesitzer erst in der Verhandlung den Beweis der Unkenntnis, so ist er freizusprechen; sodann ist gegen den Täter Anklage zu erheben; beide gleichzeitig können nicht angeklagt werden.

4. Forstfrevel: Wenn dem Waldbesitzer der Entlastungsbeweis gelungen ist, kann die Tat nur mehr nach den Bestimmungen über die Forstfrevel (Art. 49, 79ff.) gewertet werden. Erfüllt sie den inneren und äußeren Tatbestand eines Forstfrevels, so ist der Täter wegen des Frevels wie ein anderer Frevler zu bestrafen; ist der Tatbestand eines Forstfrevels nicht gegeben, so bleibt die Tat straflos (es sei denn, daß ausnahmsweise ein Delikt nach dem allgemeinen Strafrecht vorliegt); eine Verpflichtung zum Schadenersatz kann sich aus den Bestimmungen des bürgerlichen Rechts ergeben. Wird der Täter wegen Forstfrevels bestraft, so ist der aufsichtspflichtige Waldbesitzer zivilverantwortlich, wenn es ihm nicht möglich ist, sich nach Art. 69 Abs. II zu entlasten; diese Folgerung wird daraus zu ziehen sein, daß der Frevel des Art. 70 ein gewöhnlicher Frevel ist (s. Begr. Anm. 1), für den dann auch die allgemeinen Bestimmungen über Forstfrevel gelten müssen; daß nach dem Wortlaut des Gesetzes der Täter für Geldstrafe, Schadenersatz und Kosten allein haftet, soll wohl nur klarstellen, daß auf Grund des Art. 70 der Waldbesitzer nicht haftet; daß durch Art. 70 die allgemeinen Regeln für die Forstfrevel durchbrochen werden sollten, dafür fehlt ein genügender Hinweis; im Gegenteil ist aus dem Sinn der Bestimmung und aus der Begründung zu entnehmen, daß den Forstfreveln des Art. 70 keine Besonderheit innewohnt („ist der Waldbesitzer beteiligt, so ist es eine Forstpolizeiübertretung; ist der Waldbesitzer nicht beteiligt, so ist es ein Forstfrevel"); zum Ausdruck Haftung vgl. Art. 62 Anm. 3; wie hier auch Ganghofer. Der Werterſatz ist in Art. 70 nicht erwähnt, da ein Forstfrevel durch Entwendung hier kaum denkbar ist; überdies wird Schaden- und Werterſatz für die Zivilverantwortlichkeit ohnehin gewöhnlich entfallen, da der Anspruchsberechtigte regelmäßig der Waldbesitzer selbst ist.

5. Vgl. auch die Anm. zu Art. 69.

Tod des Frevlers oder Übertreters.

Artikel 71. ($^{70}/_{71}$).

Mit dem Tode des Schuldigen geht die Verbindlichkeit zur Zahlung der rechtskräftig zuerkannten Geldstrafe[2], sowie die Verbindlichkeit zur Zahlung der Entschädigungen und Kosten[3] auf den Nachlaß über.

1. Geltungsbereich: Art. 71 regelt den Einfluß des Todes des einer Forstpolizeiübertretung oder eines Forstfrevels Schuldigen auf die Strafe und die sonstigen Folgen der genannten Verfehlungen. Art. 71 ist dem Art. 138 des bayer. Strafgesetzbuches v. J. 1813 nachgebildet mit der einen Abweichung, daß die Geldstrafe, um auf den Nachlaß überzugehen, rechtskräftig zuerkannt sein muß (Begr.). Art. 71 gilt für Forstpolizeiübertretungen und Forstfrevel. Art. 71 ist auch anzuwenden beim Tod des Drittverantwortlichen nach Art. 70. Die Haftung des Zivilverantwortlichen nach Art. 69, die bürgerlichrechtlicher Art ist, geht stets auf den Nachlaß des Zivilverantwortlichen über.

2. Geldstrafe: Die Geldstrafe geht auf den Nachlaß nur über, wenn der Verstorbene noch zu Strafe verurteilt worden und die Rechtskraft vor dem Zeitpunkt des Todes eingetreten ist; ist die Rechtskraft im Zeitpunkt des Todes noch nicht eingetreten, so kann die Geldstrafe nicht eingehoben werden; das gleiche gilt, wenn gegen den Verstorbenen das Strafverfahren noch gar nicht eingeleitet war. Haft- und Gefängnisstrafe geht nicht über. Die übergegangene Geldstrafe kann nicht in Ersatzhaftstrafe umgewandelt werden. Die übergegangenen Geldstrafen (und anderen Verbindlichkeiten nach Art. 71) sind Nachlaßverbindlichkeiten nach §§ 1967ff. BGB.; inwieweit die Erben haften, bemißt sich nach diesen Bestimmungen. Vollstreckt wird nach Art. 181ff.

3. Entschädigungen, Kosten: Unter den Entschädigungen ist der Wert- und Schadenersatz des Art. 62 zu verstehen. Die Verpflichtung zum Wert- und Schadenersatz geht auf den Nachlaß als Nachlaßverbindlichkeit auch über, wenn ein rechtskräftiges Erkenntnis noch nicht vorliegt; es braucht im Zeitpunkt des Todes überhaupt noch kein Verfahren anhängig zu sein; das gleiche gilt von den Entschädigungsansprüchen auf Grund des bürgerlichen Rechts. Der Entschädigungsanspruch kann gegen die Erben nur im Wege der Zivilklage geltend gemacht werden, auch wenn im Zeitpunkt des Todes ein noch nicht rechtskräftig abgeschlossener Adhäsionsprozeß anhängig war; das Strafverfahren und damit der Adhäsionsprozeß muß mit dem Tod des Angeklagten eingestellt werden; ist gegen den Schuldigen ein Zivilrechtsstreit anhängig, so kann er im Falle des Todes des Schuldigen gegen die Erben weitergeführt werden; die verklagten Erben sind Partei mit allen Rechten und Pflichten.

Unter den Kosten sind die Kosten (Gebühren und Auslagen) eines im Zeitpunkt des Todes des Schuldigen rechtskräftig abgeschlossenen Strafverfahrens sowie jene eines gegen ihn gerichteten anhängigen oder abgeschlossenen Zivilverfahrens zu verstehen, soferne diese Kosten nicht durch das Gericht nach den sonst bestehenden Vorschriften Anderen auferlegt werden. Die amtlichen Anmerkungen zu Art. 138 Abs. IV des bayer. Strafgesetzbuches von 1813, dem Vorbild des Art. 71, lauten: „Wiedererstattung und Schadenersatz, wozu auch die Prozeßkosten gehören, sind keine Strafe, sondern eine nach reinen privatrechtlichen Grundsätzen zu beurteilende Schuld des Straffälligen, die auf dessen Vermögen haftet und mit diesem auf die Erben übergeht." Art. 138 Abs. IV hatte gelautet:

„Wegen der Wiedererstattung, wegen Schadenersatzes und der Prozeßkosten haften die Erben ohne Einschränkung und Bedingung“ d. h. ohne die Einschränkung und Bedingung des Abs. II und III (Rechtskraft usw.).

Strafverfolgungsverjährung. **Artikel 72.** ($^{71}/_{72}$).

I Die Strafbarkeit der Forstpolizeiübertretungen und Forstfrevel erlischt durch Verjährung[1], wenn vor Ablauf eines Jahres[2], vom Tage der Begehung an gerechnet, ein erstrichterliches Endurteil nicht erfolgt.

II Ist ein solches Erkenntnis zwar binnen obiger Frist erlassen, hiegegen aber ein Rechtsmittel ergriffen worden, so läuft vom Tage der Einlegung des Rechtsmittels eine neue sechsmonatliche Verjährungsfrist, welche durch jedes weiter erfolgende Erkenntnis unterbrochen[3] wird, und vom Tage desselben von Neuem zu laufen beginnt.[4]

III[5] Wenn bei den im Art. 75 bezeichneten Forstpolizeiübertretungen in Schutzwaldungen der Aburteilung das im Art. 168 bezeichnete Verfahren vorauszugehen hat, bleibt bis zur Mitteilung der forstpolizeilichen Entscheidung an das Gericht (Art. 168 Abs. 2) die Verjährung der forststrafgerichtlichen Verfolgung unterbrochen.

1. **Geltungsbereich und Wirkung:** Die strafrechtliche Verjährung ist im Forstgesetz selbständig und erschöpfend geregelt (ObLG. Bd. 21 S. 31). Das Forstgesetz enthält folgende Vorschriften über die Verjährung:

a) Strafverfolgungsverjährung:
Frist Art. 72 Abs. I,
Unterbrechung Art. 72 Abs. II,
Ruhen (nur in besonderen Fällen) Art. 72 Abs. III, Art. 165 Abs. III Schlußsatz.

b) Strafvollstreckungsverjährung:
Frist Art. 73,
Unterbrechung Art. 74.

Die Verjährungsvorschriften des Forstgesetzes gelten gleichmäßig für Forstpolizeiübertretungen und Forstfrevel, auch für die Gewohnheitsfrevel des Art. 101, die Vergehen sind; sie beziehen sich aber nur auf die Strafe, nicht auf die bürgerlichrechtlichen Folgen der Tat (Wert- und Schadenersatz): die Verjährung der letzteren bemißt sich, wie im Entwurf 1846 ausdrücklich ausgesprochen war, nach dem bürgerlichen Recht (§ 852 BGB.); darnach verjährt der Entschädigungsanspruch bei Forstpolizeiübertretungen und Forstfreveln in drei Jahren von dem Zeitpunkt an, in dem der Geschädigte von dem Schaden und der Person des Ersatzpflichtigen Kenntnis erlangt, spätestens in dreißig Jahren von der Begehung der verbotenen Handlung an; hat der Ersatzpflichtige durch die verbotene Handlung auf Kosten des Geschädigten etwas erlangt, so ist er auch nach der Vollendung der Verjährung nach den Vorschriften über die ungerechtfertigte Bereicherung (§§ 812ff. BGB.) zur Herausgabe verpflichtet. Ist der Strafanspruch verjährt, nicht dagegen der Entschädigungsanspruch, so kann dieser nur im Zivilrechtsweg geltend gemacht werden. Die Zivilverantwortlichkeit der Art. 69 und 75 richtet sich nach dem Stande der Hauptverbindlichkeit; sie nimmt daher auch an der Verjährung der Hauptverbindlichkeit teil, d. h. wenn die Strafverfolgung oder Strafvollstreckung verjährt ist, erlischt auch die Haftung des Zivilverantwortlichen für die Geldstrafe; wenn der Anspruch auf Wert- oder Schadenersatz verjährt ist, hat der Zivilverantwortliche ebenfalls die Einrede der Verjährung gegenüber der Inanspruchnahme seiner Haftung. Die Drittverantwortlichkeit nach Art. 70 verjährt, soweit es sich um die Strafe handelt, nach Art. 72—74, bezüglich der Schadenersatzpflicht nach § 852 BGB.; denn der Drittverantwortliche ist als Täter zu behandeln. Die Übertretungen nach § 361 Ziff. 9 StGB. verjähren nach § 67 StGB. (in drei Monaten). Die Strafverfolgungsverjährung bringt den staatlichen Strafanspruch zum Erlöschen; der bürgerlichrechtliche Entschädigungsanspruch dagegen wird durch seine Verjährung nicht vernichtet, die Verjährung schafft hier vielmehr nur eine Einrede. Die Verjährungsvorschriften des Forstgesetzes sind auf die Forstpolizeiübertretungen und Forstfrevel auch anzuwenden, wenn diese mit allgemeinen Delikten in Idealkonkurrenz stehen. Ist die Strafverfolgungsverjährung eingetreten, darf der staatliche Strafanspruch nicht mehr geltend gemacht werden; auf den Wert- und Schadenersatzanspruch ist die Verjährung des Strafanspruchs ohne Einfluß. Die Strafverfolgungsverjährung ist von Amts wegen zu berücksichtigen; bei Verjährung hat das Gericht das Verfahren in jeder Lage einzustellen.

2. Verjährungsfrist: Die Frist ist für Forstpolizeiübertretungen und Forstfrevel (auch die Gewohnheitsfrevel) dieselbe wie überhaupt die Verjährung bei beiden ganz gleich geregelt ist. Die Verjährungsfristen nach dem Forstgesetz sind (mit Ausnahme der Gewohnheitsfrevel) im allgemeinen erheblich länger als bei den Übertretungen nach dem Reichsstrafgesetzbuch (§§ 67 ff.). Die Verjährung nach dem Forstgesetz unterscheidet sich weiter dadurch wesentlich von der Verjährung nach dem Strafgesetzbuch, daß sie nicht wie die letztere durch jede in der Sache gegen den Täter gerichtete richterliche Handlung (§ 68 StGB.), sondern nur durch (End-)Urteile unterbrochen wird. Eine weitere Besonderheit zeigt die forststrafrechtliche Verjährung darin, daß nach der ersten Unterbrechung nicht wieder die ursprüngliche Verjährungsfrist zu laufen beginnt, sondern eine kürzere von der halben Dauer (Art. 72 Abs. II), die dann auch nach weiteren Unterbrechungen gilt; vgl. auch Anm. 3 und 4.

Die ursprüngliche Verjährungsfrist beträgt ein Jahr. Für die Berechnung gelten die §§ 187, 188 BGB. Die Verjährung beginnt zu laufen mit dem Tage, nach dem die Tat vollendet wurde; der Tag, an dem die Handlung vollendet wurde, wird nicht mitgerechnet. Beim fortgesetzten Delikt ist der Abschluß der letzten Teilhandlung maßgebend, bei mehreren aufeinanderfolgenden Fällungen zum Zwecke des verbotenen kahlen Abtriebs einer Schutzwaldung z. B. die letzte Fällung (OLGMSt. Bd. 4 S. 260). Bei Unterlassungsdelikten beginnt die Verjährung zu laufen, sobald die Handlungspflicht wegfällt. Wenn die Forstpolizeipolizeibehörde eine Frist für die Aufforstung gesetzt und auf Ansuchen verlängert hat, so beginnt im Falle der Zuwiderhandlung die Verjährung erst mit dem Ablaufe der verlängerten Frist (ObLG. 1. 12. 1913). Wann die Tat entdeckt wurde, ist gleichgültig.

3. Unterbrechung: Nur ein strafrichterliches Urteil unterbricht die Strafverfolgungsverjährung; ein zivilrechtliches Urteil hat diese Wirkung nicht; umgekehrt unterbricht die Verfolgung des Wert- und Schadenersatzanspruches im Adhäsionsprozeß seine bürgerlichrechtliche Verjährung (vgl. Anm. 3 zu Art. 67). Dem heutigen Strafprozeß ist der Begriff Endurteil fremd; jedes Urteil der ersten Instanz gleichviel welchen Inhalts, auch der Strafbefehl, unterbricht die Verjährung. Maßgebend ist der Zeitpunkt, in dem der Strafbefehl zugestellt, das Urteil in Gegenwart des Angeklagten verkündet, in seiner Abwesenheit ihm zugestellt wird. Beschlüsse, z. B. ein Vertagungsbeschluß, unterbrechen nicht (OLGMSt. Bd. 6 S. 209); s. aber Anm. 4 b. Die Verjährung bleibt durch das Urteil unterbrochen, auch wenn dieses in der höheren Instanz aufgehoben wird. Die Unterbrechung gilt nur für die Handlung und die Person, auf die sich das Urteil bezieht. Vgl. auch Anm. 2 und 4.

Von dem Grundsatz, daß nur Urteile die Strafverfolgungsverjährung unterbrechen, gibt es zwei Ausnahmen: Hat der Angeklagte ein Recht zu seiner Handlung behauptet und in der dafür angesetzten strafrichterlichen Sitzung nachgewiesen, daß er Zivilklage auf Anerkennung des Rechtes erhoben hat, so unterbricht der Beschluß des Gerichts, die Aburteilung auszusetzen, die Strafverfolgungsverjährung (Art. 165 Abs. III Schlußsatz); in gleicher Weise unterbricht im Falle des Art. 168 (Bestreitung der Schutzwaldeigenschaft durch den der Verletzung der Vorschriften zur Erhaltung der Schutzwälder Beschuldigten) der Beschluß des Gerichts, die Aburteilung bis zur Entscheidung der Forstpolizeibehörde über die Schutzwaldeigenschaft auszusetzen, die Verjährung (Art. 72 Abs. III; vgl. Anm. 5; in diesen beiden Fällen handelt es sich allerdings nicht um eine Unterbrechung der Verjährung im Sinne des Art. 72 Abs. II, sondern um die Hemmung, das Ruhen der Verjährung.

4. Wirkung der Unterbrechung:

a) **Grundsatz:** Ist die Strafverfolgungsverjährung durch ein erstrichterliches Urteil unterbrochen worden, so ist zu unterscheiden, ob gegen das Urteil ein Rechtsmittel eingelegt wird oder nicht; im letzteren Falle erwächst das Urteil in Rechtskraft; es kommt daher nur mehr die Strafvollstreckungsverjährung in Betracht, die mit dem Tag nach der Erlassung (s. Anm. 3) des Urteils zu laufen beginnt (Art. 73). Wird gegen das Urteil ein Rechtsmittel eingelegt, so ist weiterhin die Strafverfolgungsverjährung von Bedeutung; für diese beginnt vom Tage der Einlegung des Rechtsmittels (nicht von Tage der Erlassung des Urteils) an eine neue, aber nur sechsmonatliche Frist zu laufen, die wiederum nur durch ein Urteil (s. b) unterbrochen werden kann; tritt diese neuerliche Unterbrechung ein, so beginnt mit dem Tage nach dem unterbrechenden Urteil (Anm. 3, nicht nach der Einlegung eines Rechtsmittels gegen dieses Urteil) eine neue sechsmonatliche Verjährungsfrist zu laufen; dieser Vorgang kann sich wiederholen. Der Tag der Einlegung des Rechtsmittels oder der Erlassung des Urteils wird nicht mitgezählt. Die späteren neuen Verjährungsfristen sind von den vorausgehenden unabhängig; die mit der Einlegung eines Rechtsmittels gegen ein erstrichterliches Urteil beginnende sechsmonatliche Verjährungsfrist kann z. B. vor Ablauf eines Jahres seit Begehung der Tat ihr Ende erreichen, so daß in diesem Falle die Unterbrechung der Verjährung eine Verkürzung der Verjährung bewirkt; daß das Urteil der zweiten Instanz noch innerhalb Jahresfrist seit Begehung der Tat erlassen wird, ist dabei ohne Bedeutung (OLGZ. Bd. 3 S. 378; 6 S. 455; ObLG. Bd. 21 S. 32). Zu den Rechtsmitteln des Abs. II wird auch der Einspruch gegen einen Strafbefehl gehören.

b) Begriff des Erkenntnisses in Abs. II: Unter dem Ausdruck Erkenntnis in Abs. II sind ebenfalls nur (End-)urteile zu verstehen. Dies ergibt sich schon aus sprachlichen Gründen; unter einem „solchen Erkenntnis" im Eingange des Abs. II kann wegen der Bezugnahme auf das unmittelbar vorhergehende „Endurteil" nur auch wieder ein (End)urteil verstanden werden; wenn aber der Ausdruck Erkenntnis bei der ersten Anführung Urteil bedeutet, so muß er innerhalb desselben Satzes diese Bedeutung auch bei der zweiten Anführung haben, es sei denn, daß sich aus bestimmten Anhaltspunkten eine andere Auslegung ergibt; solche Anhaltspunkte fehlen; im Gegenteil ist in der Fassung „jedes weiter erfolgende Erkenntnis" die Bezugnahme auf den vorhergehenden Ausdruck „Erkenntnis" enthalten, unter dem, wie ausgeführt, nur ein Urteil zu verstehen ist; gemeint sind in Abs. I und II aber Endurteile im Sinne der bayer. Strafprozeßordnung von 1813/48; der Urteilsbegriff im Sinne dieser Prozeßordnung und damit der Urteilsbegriff des Art. 72 deckt sich nicht immer mit dem Urteilsbegriff der geltenden Reichsstrafprozeßordnung; als Endurteile im Sinne des Art. 72 sind z. B. auch die Verwerfungsbeschlüsse nach Art. 174 Abs. I und nach §§ 322 Abs. I und 346 Abs. I StPO. anzusehen (ObLG. Bd. 27 S. 185 und JW. 1929 S. 1486); stets aber wird es sich um Erkenntnisse handeln müssen, die das Verfahren der Instanz abschließen wollen („Endurteile"; teilweise abweichend die letztangeführte Entscheidung, gegen die sich a. a. O. auch Kern wendet). Vgl. auch Knoch S. 207 ff. Nach ObLG. Bd. 27 S. 185 und Bd. 28 S. 251 unterbrechen auch solche Erkenntnisse im Sinne des Art. 72 Abs. II die Verjährung, die das Verfahren der Instanz nicht abschließen, sondern fortsetzen; so wurde als unterbrechendes Erkenntnis angesehen ein Beschluß des Revisionsgerichts, wonach der amtsgerichtliche Beschluß auf Verwerfung der Revision (§ 346 Abs. I StPO.) aufgehoben und verfügt wurde, das Rechtsmittel des Angeklagten sei als Berufung zu behandeln; ferner der Beschluß des Berufungsgerichts, in dem der Antrag des Staatsanwalts, die Berufung des Angeklagten als unzulässig zu verwerfen (§ 322 Abs. I StPO.), zurückgewiesen wird. Ob die Beschlüsse oder Urteile in öffentlicher Sitzung und auf Grund mündlicher Verhandlung ergehen oder nicht, ist gleichgültig. Auch der erst- und zweitinstanzielle Beschluß auf Verwerfung der verspäteten Berufung (Art. 174, §§ 319 Abs. I und 322 Abs. I StPO.) unterbricht die Verjährung (ObLG. RR. I Nr. 739/1928 vom 21. 11. 1928).

Grundsätzlich ist zu bemerken: Die Verjährung ist zum Vorteile des Täters; schon nach allgemeinen Regeln dürfen daher die Verjährungsvorschriften nicht zu seinem Nachteile ausdehnend ausgelegt werden. Ferner: das Forstrügeverfahren ist vom Gesetzgeber als kurzes gedacht, das möglichst rasch zum Abschluß gebracht werden soll; daher die kurzen Verjährungsfristen in den höheren Instanzen, die gewiß auch dazu bestimmt sind, deren Verfahren zu beschleunigen; auch dieser Grundzug des ganzen Verfahrens nötigt zu einer engen Auslegung der Unterbrechungsgründe.

Die Nachprüfung, ob ein die Verjährung unterbrechendes Erkenntnis vorliegt, ist nach ständiger Rechtsprechung als nicht ausschließlich verfahrensrechtlicher, sondern wesentlich auch sachlichrechtlicher Natur auch in der Revisionsinstanz möglich.

5. Abs. III: Vgl. Anm. 3 a. E. Abs. III bezieht sich nur auf den Fall, daß ein Waldbesitzer beschuldigt ist, in seiner nach der Anklage Schutzwaldeigenschaft besitzenden Waldung ohne forstpolizeiliche Genehmigung einen Kahlhieb oder eine in der Wirkung gleichkommende Lichthauung unternommen oder dabei die Genehmigungsbedingungen nicht beachtet zu haben; bestreitet der Angeschuldigte die Schutzwaldeigenschaft, so muß das Gericht, wenn die Forstpolizeibehörde die Schutzwaldeigenschaft nicht bereits rechtskräftig festgestellt hat, das Strafverfahren aussetzen, bis die Forstpolizeibehörde über die Vorfrage der Schutzwaldeigenschaft entschieden hat (Art. 168). In diesem Falle ruht die Strafverfolgungsverjährung vom Aussetzungsbeschluß an bis zum Eingang der rechtskräftigen Entscheidung der Forstpolizeibehörde oder -stelle beim Gericht; von diesem Zeitpunkt an läuft die bereits begonnene Verjährung weiter; es beginnt nicht etwa eine neue Verjährung wie nach Abs. I und II; im Falle des Abs. III handelt es sich um keine eigentliche Unterbrechung, sondern um eine Hemmung der Verjährung. Ähnlich ist es im Falle des Art. 165 Abs. III (Schlußsatz). In welcher Instanz das Strafverfahren begriffen ist, ist gleichgültig. Auch die Hemmung der Verjährung nach Abs. III und Art. 165 Abs. III bezieht sich nur auf den Strafanspruch. Die Verjährung des vor den Zivilgerichten zu verfolgenden etwaigen Entschädigungsanspruches wird auf Grund des Abs. III nicht gehemmt; Abs. III bezieht sich nur auf die „forststrafgerichtliche" Verfolgung.

Frist der Strafvollstreckungsverjährung.

Artikel 73. ($^{72}/_{73}$).

Die Verjährung der wegen einer Forstpolizeiübertretung oder wegen eines Forstfrevels erkannten Strafe[1] tritt ein nach Ablauf von 2 Jahren[2] vom Tage des Straferkenntnisses, oder wenn ein Rechtsmittel ausgeführt wurde, vom Tage des hierüber erlassenen Erkenntnisses.

1. **Geltungsbereich:** Art. 73 und 74 regeln die Verjährung der Strafvollstreckung und zwar Art. 73 die Verjährungsfrist, Art. 74 die Unterbrechung der Verjährung. Beide gelten gleichmäßig für Forstpolizeiübertretungen und Forstfrevel; gleichgültig ist, welche Strafe verhängt wurde; ob Geld- oder Haftstrafe, macht nur einen Unterschied bei der Unterbrechung. Art. 73 und 74 beziehen sich nur auf die Strafe selbst, nicht auf die Kostenpflicht und nicht auf den Wert- und Schadenersatz; die Vollstreckung des letzteren verjährt in dreißig Jahren nach Rechtskraft des Urteils (§ 218 BGB.). Die Vollstreckungsverjährung hindert die Vollstreckung der bereits rechtskräftig erkannten Strafe. Ist die Strafvollstreckung gegen den Schuldigen verjährt, so kann auch der Zivilverantwortliche für die Strafe nicht mehr haftbar gemacht werden; vgl. Anm. 1 zu Art. 72. Auch die Vollstreckungsverjährung ist von Amts wegen zu berücksichtigen.

2. **Verjährungsfrist:** Die Strafvollstreckung verjährt in zwei Jahren nach dem Straferkenntnis (Urteil oder Strafbefehl) der ersten Instanz; wurden Rechtsmittel eingelegt, beginnt die Verjährung nach dem abschließenden Erkenntnis (Urteil, Verwerfungsbeschluß usw.) der letzten in der Sache entscheidenden Instanz. Maßgebend ist der Zeitpunkt der Erlassung des Erkenntnisses (Verkündung bei Anwesenheit, Zustellung bei Abwesenheit, Zustellung des Strafbefehls), nicht der Rechtskraft. Der Tag, an dem das Erkenntnis erlassen wurde, wird nicht mitgezählt. Zu den Rechtsmitteln gehört hier auch der Einspruch gegen einen Strafbefehl. Im Hinblick auf Art. VIII der VO. vom 6. 2. 1924 (RGBl. I S. 44) wird dann, wenn auf Gefängnis erkannt ist, die Verjährungsfrist fünf Jahre betragen (§ 70 Abs. I Ziff. 5 StGB.). Die Strafvollstreckungsverjährung beginnt nach Art. 73, auch wenn ein unzulässiges Rechtsmittel eingelegt wurde, erst von der Entscheidung hierüber zu laufen (teilweise abweichend im allgemeinen Strafrecht § 70 Abs. II StGB. mit § 316 Abs. I StPO.).

Unterbrechung der Vollstreckungsverjährung.

Artikel 74. ($^{73}/_{74}$).

Die Verjährung der Strafe[1] wird unterbrochen[2]:

1. bei Haftstrafen durch Verhaftung des Verurteilten zum Zwecke des Strafvollzuges;
2. bei Geldstrafen durch die vorgesetzte oder verlängerte Zahlungsfrist.

1. Art. 74 regelt die Unterbrechung der Vollstreckungsverjährung bezüglich der erkannten Strafe. Die Regelung ist erschöpfend. Die Unterbrechung hat zur Folge, daß mit dem Tag nach ihrem Eintritt eine neue zweijährige Verjährung zu laufen beginnt, die wieder unterbrochen werden kann. Ein Ruhen der Strafvollstreckungsverjährung gibt es nicht.

2. **Unterbrechungsgründe:** Die Unterbrechungsgründe sind verschieden bei Freiheits- und Geldstrafen. Bei *Freiheitsstrafen* unterbricht nur die tatsächliche Festnahme des Verurteilten zum Zwecke des Strafvollzugs die Verjährung; der Versuch der Festnahme genügt nicht; daß sich der Festgenommene nach vollendeter Festnahme wieder befreit, hebt die Unterbrechung nicht auf (Abg. 1851/52, 2. StenB. S. 493). Die Unterbrechung wirkt nur auf die Strafe, zu deren Vollzug der Verurteilte festgenommen wird. Die Festnahme muß von der zuständigen Vollstreckungsbehörde ausgehen. Der Unterbrechungsgrund der Ziff. 1 muß auch auf die Gefängnisstrafe des Art. 101 angewendet werden, da nach dem Sinne des Gesetzes unter den Haftstrafen der Ziff. 1 offenbar die Freiheitsstrafen des Forstgesetzes zu verstehen sind. Bei ersatzweiser Verurteilung zu Haftstrafe an Stelle einer uneinbringlichen Geldstrafe ist bis zur Rechtskraft des Umwandlungsbeschlusses der Vollstreckungsbehörde die Unterbrechung nach Ziff. 2, von da an nach Ziff. 1 zu beurteilen.

Bei *Geldstrafen* unterbricht nur die Aufforderung des mit der Einhebung der Geldstrafe befaßten Finanzamts an den Verurteilten, innerhalb einer bestimmten Frist zu zahlen, sowie die Verlängerung der Zahlungsfrist durch das Finanzamt die Verjährung; versuchte Zwangsvollstreckung z. B. ist kein Unterbrechungsgrund.

II. Besondere Bestimmungen.

D. i. die zweite Unterabteilung der über Forstpolizeiübertretungen und Forstfrevel handelnden vierten Abteilung (Art. 48—108); sie umfaßt die Artikel 75—108 und enthält den besonderen Teil der materiellrechtlichen Bestimmungen über Forstpolizeiübertretungen und Forstfrevel nach dem vorausgegangenen allgemeinen Teil (Art. 48—74). Von diesen „Besonderen Bestimmungen" sind zu unterscheiden die zur gleichen Unterabteilung gehörenden „Besonderen Bestimmungen" der Art. 106—108, die Ausnahmevorschriften für außergewöhnliche Fälle enthalten. Die vorstehende Unterabteilung zerfällt wieder in zwei Hauptteile: „A. Forstpolizeiübertretungen" (Art. 75—78) und den viel umfangreicheren „B. Forstfrevel" (Art. 79—108).

A. Forstpolizeiübertretungen.

1. **Geltungsbereich:** Die Art. 75—78 enthalten die Strafdrohungen zu den forstpolizeilichen Bestimmungen der dritten Abteilung (Art. 34—47); sie haben den Zweck, die Einhaltung der in den Art. 34—47 enthaltenen Gebote und Verbote zu sichern. Inhaltlich wesentlich verschieden von den Bestimmungen über Forstpolizeiübertretungen sind grundsätzlich die Bestimmungen über Forstfrevel (Art. 79—108); diese letzteren enthalten nämlich regelmäßig nicht bloß Strafdrohungen, stellen vielmehr grundsätzlich die Gebote und Verbote erst selbst auf. Wie die forstpolizeilichen Gebote und Verbote der Art. 34—46 für die Staatsbehörden, denen die Verwaltung der Waldungen des Staates und der staatlich verwalteten Stiftungen obliegt, nicht gelten, so kommen für sie auch die dazugehörigen Strafbestimmungen der Art. 75—78 nicht in Betracht (vgl. S. 191 Ziff. 5).

2. **Andere Vorschriften über Forstpolizeiübertretungen:** Die Art. 75—78 sind keineswegs die einzigen Vorschriften über die Forstpolizeiübertretungen. In Betracht kommt weiter der umfangreiche strafrechtliche allgemeine Teil (Art. 48—79), der im wesentlichen materiellrechtliche, aber auch einige verfahrensrechtliche Vorschriften enthält; die Bestimmungen des allgemeinen Teils gelten teils zugleich für Forstpolizeiübertretungen und Forstfrevel (nämlich die Art. 50, 51, 54, 58, 61, 62, 64, 65, 68, 71—74), teils nur für die Forstpolizeiübertretungen (nämlich Art. 48, 57, 70); die restigen Artikel gelten nur für die Forstfrevel. An besonders wichtigen Vorschriften seien aus dem allgemeinen Teil hervorgehoben Art. 48 (Begriff der Forstpolizeiübertretungen) und Art. 70 (Drittverantwortlichkeit). Auch zur Bestrafung nach Art. 75—78 ist Schuld Voraussetzung; Fahrlässigkeit genügt in allen Fällen. Näheres, auch über das Verhältnis zum Reichs- und anderen Landesstrafrecht, vor Art. 48.

Ferner kommen in Betracht die sehr umfangreichen Bestimmungen über das Forstrügeverfahren (Art. 116—188), die das Verfahren zur Ermittlung und Aburteilung der Forstpolizeiübertretungen einschließlich der Vollstreckung regeln; die meisten Verfahrensbestimmungen gelten für alle Forstrügesachen (Art. 50) gemeinsam, einige nur für gewisse Forstrügesachen, nur für die Forstpolizeiübertretungen z. B. Art. 125, 168.

Schließlich sind für die Forstpolizeiübertretungen von grundlegender Bedeutung die Art. 34 bis 46 (Forstpolizeiliche Bestimmungen); denn diese enthalten die forstpolizeilichen Gebote und Verbote, deren Ergänzung die Strafdrohungen der Art. 75—78 bilden.

3. **Rechtliche Natur:** Die Forstpolizeiübertretungen (Art. 75—78) sind im materiellrechtlichen Sinn alle Übertretungen im verfahrensrechtlichen Sinn teils Übertretungen, teils Vergehen (näheres S. 248 Ziff. 9a und b).

Verbotene Rodungen, Abholzungen und Abschwendungen.

Artikel 75. ($^{74}/_{75}$).

[1] Wer[2] ohne forstpolizeiliche Genehmigung[3] eine Rodung[5] oder eine Erweiterung von Alpenängern oder Alpenlichtungen[6] oder in einem Schutzwalde[4] einen Kahlhieb oder eine diesem in der Wirkung gleichkommende Lichthauung unternimmt[4], oder wer den bei Erteilung der forstpolizeilichen Genehmigung gemäß Art. 39 festgesetzten Bedingungen, oder wer dem Verbote der Abschwendung[8] zuwiderhandelt, oder wer ohne die nach dem Art. 42b[9] oder 42c[10] erforderliche Genehmigung mit der Abholzung oder einer der Abholzung in der Wirkung gleichkommenden Lichthauung beginnt oder bei der Abholzung oder Lichthauung den auferlegten Bedingungen zu-

widerhandelt, wird mit einer Geldstrafe belegt,[11] welche mit 200 Reichsmark bis 3000 Reichsmark für das Hektar der in Betracht kommenden Waldfläche zu bemessen ist, in keinem Falle aber weniger als 10 Reichsmark beträgt. Hat der Täter durch die Straftat einen Vermögensvorteil erlangt, so kann der Höchstbetrag überschritten und auf eine Geldstrafe bis zum zehnfachen Werte des Vermögensvorteils erkannt werden.

II[12] Die Bestimmungen in Abs. 1 gelten gleichmäßig gegenüber demjenigen, welchem die Holzgewinnung an dem betreffenden Waldteil überlassen wurde, auch wenn er nicht als Waldbesitzer im Sinne des Art. 48 zu erachten ist.

III[13] Erfolgt eine Verurteilung auf Grund des vorstehenden Abs. 2, so ist der Waldbesitzer als zivilverantwortlich haftbar für die Geldstrafe mit zu verurteilen, soferne er nicht nachweist, daß er außer Stande war, die Forstpolizeiübertretung zu verhindern. Von dem für haftbar erklärten Waldbesitzer ist jedoch die Geldstrafe nur dann einzuheben, wenn sie nicht von dem auf Grund des Abs. 2 Verurteilten beigetrieben werden kann. Die Geldstrafe ist gegen letzteren in Haftstrafe umzuwandeln, wenn sie weder von diesem noch von dem für haftbar erklärten Waldbesitzer beigetrieben werden kann.

IV[14] Die Bestimmungen des Abs. 3 finden keine Anwendung, wenn wegen der betreffenden Forstpolizeiübertretung auch der Waldbesitzer als Miturheber oder als Gehilfe bestraft wird. In diesem Falle sind der Waldbesitzer und der auf Grund des Abs. 2 zu Verurteilende samtverbindlich in Strafe und Kosten zu verfällen und ist im Urteile auszusprechen, gegen wen die Umwandlung der Geldstrafe in Haftstrafe einzutreten hat, wenn erstere nicht beigetrieben werden kann.

1. **Allgemeines:** Art. 75 enthält die Strafbestimmungen zu Art. 34—36, 39, 41, 42b und c und 44 Abs. III. Es ist mit Strafe bedroht:

a) das Unternehmen einer nicht genehmigten Rodung (Art. 34—36);

b) das Unternehmen einer nicht genehmigten Erweiterung von Alpenängern oder Alpenlichtungen (Art. 44 Abs. III mit Art. 34—36);

c) das Unternehmen eines nicht genehmigten Kahlhiebs oder einer diesem gleichkommenden nicht genehmigten Lichthauung in einem Schutzwalde; die Zuwiderhandlung gegen die Genehmigungsbedingungen (Art. 39);

d) die Abschwendung (Art. 41);

e) der Beginn der nicht genehmigten Abholzung oder einer dieser gleichkommenden Lichthauung, wenn ein Güterhändlergeschäft inmitte liegt; die Zuwiderhandlung gegen die Genehmigungsbedingungen (Art. 42b und c).

Die Ergänzung zu Art. 75 bildet Art. 78.

Täter kann sein:

a) der Waldbesitzer (Art. 48);

b) regelmäßig auch Personen, die zum Waldbesitzer in einem Verhältnis nach Art. 69 stehen; für deren Tat haftet der Waldbesitzer, außer er hat von der Tat nichts gewußt; im letzteren Fall ist die Tat keine Forstpolizeiübertretung nach Art. 75, sondern ein Forstfrevel, sofern der Tatbestand eines solchen erfüllt ist (Art. 48, 70);

c) derjenige, dem die Holzgewinnung überlassen ist (Abs. II).

Wenn andere Personen Handlungen nach Art. 75 Abs. I begehen, sind es keine Forstpolizeiübertretungen nach Art. 75; die Handlungen sind, soweit sie von seiten anderer Personen überhaupt begangen werden können, nach den einschlägigen Bestimmungen über Forstfrevel zu würdigen; Abschwendung eines fremden Waldes durch Wegführen erheblicher Mengen Walderde ist z. B. ein Forstfrevel nach Art. 94 Ziff. 5.

Die Handlungen des Art. 75 müssen sich auf einen **Wald** (Begriff Art. 1 Anm. 7) beziehen und zwar auf den eigenen Wald des in den vorstehenden Fällen a—c in Betracht kommenden Waldbesitzers. Der Täter braucht zur Bestrafung nicht zu wissen, daß es sich um einen Wald im Rechtssinne handelt; es genügt die Kenntnis oder fahrlässige Unkenntnis der tatsächlichen Verhältnisse, die das Grundstück zum Waldgrundstück erheben (§ 59 StGB.).

Die Forstpolizeiübertretungen des Art. 75 sind keine sogenannten Formaldelikte, bei denen das Vorliegen des objektiven Tatbestandes zur Bestrafung genügt; Voraussetzung für diese ist vielmehr **schuldhaftes** d. h. vorsätzliches oder fahrlässiges Begehen; bei Rodung ist sogar eine bestimmte Absicht notwendig (ObLGSt. Bd. 12 S. 4ff. unter ausdrücklicher Aufgabe der entgegenstehenden Erkenntnisse OLGM. Bd. 8 S. 200 und Bd. 10 S. 167). Art. 75 ist wiederholt geändert und erweitert worden. Die letzten wichtigsten Änderungen stammen aus den Jahren 1896 und 1908. Die Fälle der Übertretung des Artikels durch **Unterlassung** sind häufiger als die durch eine positive Handlung.

Abs. I: Vgl. dazu auch die Anm. zu den einschlägigen Gebots- und Verbotsbestimmungen der Art. 34—46.

2. Wer: Wer Täter sein kann, s. Anm. 1. Die Strafvorschriften des Art. 75 Abs. I sind nicht auf den Unternehmer im Rechtssinn beschränkt; wenn z. B. ein „Waldmeister" einer Holzhandelsfirma für das Schlagen des Holzes persönlich verantwortlich ist, ist er nach Art. 75 Abs. I strafbar, wenn der Firma die Abholzung nach Abs. II überlassen war, soferne er ohne die erforderliche Genehmigung mit der Abholzung beginnt (ObLG. 20. 5. 1927 RR. I 204/27, Bl. 76 S. 176).

3. Ohne forstpolizeiliche Genehmigung: Die forstpolizeiliche Genehmigung muß an sich vor der Rodung usw. erteilt sein; wenn sie nachträglich erteilt wird, wird sie regelmäßig auch ohne dahingehende ausdrückliche Bemerkung rückwirkend erteilt werden, so daß die bereits durchgeführte Rodung usw. nicht strafbar ist.

Die forstpolizeiliche Genehmigung ist für die aufgeführten Handlungen vorgeschrieben in der dritten Abteilung (Forstpolizeiliche Bestimmungen) und zwar für die Rodung in Art. 34—36, für die Erweiterung von Alpenängern und Alpenlichtungen in Art. 44 Abs. III mit Art. 34—36, für Kahlhiebe und gleichkommende Lichthauungen in Schutzwaldungen in Art. 39, für die Abholzung und gleichkommende Lichthauungen, wenn ein Güterhändlergeschäft inmitte liegt, in Art. 42b und c. Wenn die Forstpolizeibehörde die beantragte Genehmigung versagt hat, darf der Strafrichter nur nachprüfen, ob die Versagung gesetzlich zulässig war, nicht dagegen, ob sie veranlaßt war.

4. Unternehmen: d. h. hier vornehmen, ausführen; die Rechtsprechung zum Begriff Unternehmen nach dem Strafgesetzbuch (z. B. §§ 81ff.) kann nicht herangezogen werden. Wer eine Rodung, Erweiterung usw. unternimmt, bedeutet: wer rodet, erweitert usw. Bestraft werden kann also nur die Vollendung der Rodung, Erweiterung usw.

5. Rodung: Begriff Anm. 2 zu Art. 34. Die Absicht (vgl. Frank, 16. Aufl. S. 177), den Waldboden künftig der Holzzucht zu entziehen, ist Tatbestandsmerkmal. Vielfach werden Ausstockungen vorgenommen, auch wo die Wiederaufforstung beabsichtigt ist; in diesem Falle liegt keine Rodung vor. Strafbar ist nur die vollendete Übertretung; der Versuch ist straflos. Vollendet ist die Rodung erst, sobald die in der Absicht, den Waldboden künftig der Holzzucht zu entziehen, vorgenommene Ausstockung durchgeführt ist; es braucht aber nicht die ganze in Aussicht genommene Fläche ausgestockt zu sein, es genügt bereits die Ausstockung eines kleinen Teils. Die bloße Abholzung ist niemals vollendete Rodung, auch wenn die Absicht besteht, den Waldboden der Holzzucht zu entziehen. Die Umwandlung in Ackerland usw. gehört an sich nicht mehr zum Tatbestand der Rodung; wenn aber jemand ohne Rodungsabsicht das Waldgrundstück ausgestockt hat und sich nachträglich zur Rodung entschließt, so muß der Beginn der Umwandlung in Ackerland als erste Rodungshandlung angesehen werden (s. unten). Die sämtlichen zur Rodung einer bestimmten Waldfläche erforderlichen, wenn auch zeitweise getrennten Handlungen stellen sich mit Rücksicht auf den einheitlichen Zweck und Erfolg als eine strafbare Handlung dar (OLGM. Bd. 4 S. 260); die Verjährung beginnt also erst mit dem Abschluß der letzten Teilhandlung zu laufen. Wenn die Waldfläche ausgestockt und in Ackerland umgewandelt ist, so ist mit der Ausstockung auch die unerlaubte Rodung vollendet, selbst wenn vereinzelte Bäume stehen geblieben sind; wenn später diese Bäume gefällt und ausgestockt werden, ist Bestrafung nicht mehr möglich, wenn die in der früheren Rodung liegende Übertretung bereits verjährt ist (OAG. 8. 7. 1871, S. Bd. 1 S. 125).

Ob die ausgestockte Fläche wieder aufgeforstet werden kann, ist für den Rodungsbegriff ohne Bedeutung. Wer in Wiederaufforstungsabsicht ausgestockt hat und nach vollendeter Ausstockung den Waldboden der Holzzucht zu entziehen beschließt, kann wegen unerlaubter Rodung erst gestraft werden, wenn er seine Absicht durch Handlungen an dem Grundstück nach außen kundgibt. Der Strafrichter muß aus den Umständen die Überzeugung gewinnen, daß die Absicht, den ausgestockten Waldgrund der forstwirtschaftlichen Benutzung zu entziehen bestanden hat; es gibt keine Schuldvermutung. Aus dem Begriff der Rodung (Ausstockung in der Absicht, den Waldboden der Holzzucht zu entziehen) ergibt sich, daß bei einem Besitzwechsel zwischen Abtrieb und Ausstockung der Vorbesitzer, der abgetrieben hat, nicht gestraft werden kann, wohl aber der Käufer, der in der angegebenen Absicht die Ausstockung vornimmt (OAG. 1. 12. 1854 Z. Bd. 1 S. 508). Der Vorbesitzer, der das forstpolizeiliche Aufforstungsgebot seinem Nachfolger fahrlässig verschweigt, kann wegen des verbotwidrigen Rodens des letzteren nicht nach Art. 75 gestraft werden (OLGM. 26. 2. 1884, S. Bd. 3 S. 35). Wenn jemand einen Waldgrund unter Vorbehalt des Holzbestandes verkauft und sich dabei verpflichtet, ihn dem Käufer ausgestockt zu übergeben, so muß nicht der Käufer, sondern der Verkäufer um die forstpolizeiliche Bewilligung zur Rodung nachsuchen; der letztere ist wegen der von ihm ohne Bewilligung ausgeführten Rodung nach Art. 75 zu bestrafen (OAG. 22. 9. 57, Z. Bd. 4 S. 422). Stockt der Käufer aus, so kann dieser gestraft werden, wenn ihn ein Verschulden trifft.

6. Erweiterung von Alpenängern oder Alpenlichtungen: Strafbestimmung zu Art. 44 Abs. III. Dort heißt es statt Alpenlichtungen nur „Lichtungen". In Art. 75 ist im Jahre 1896 an Stelle des früheren „Lichtungen", um einer mißverständlichen Auslegung des Begriffes entgegenzutreten, „Alpenlichtungen" getreten. Gemeint ist auch in Art. 44 Abs. III nur Alpenlichtungen. Begriff s. Anm. 5 zu Art. 44. Die Erweiterung von Alpenängern und Alpenlichtungen ist nur strafbar, wenn sie ohne forstpolizeiliche Genehmigung geschieht. Vgl. des näheren Anm. 5 zu Art. 44.

7. Schutzwaldungen:

a) Schutzwaldeigenschaft: Schutzwaldbegriff Art. 35 mit Anm. Zum inneren Tatbestand genügt das Kennen oder fahrlässige Nichtkennen der tatsächlichen Verhältnisse, die den Wald nach dem Gesetze zum Schutzwald erheben. Ob die Schutzwaldeigenschaft bei Ausführung der mit Strafe bedrohten Handlung schon (nach Art. 40) festgestellt war oder nicht, ist für die Strafbarkeit gleichgültig. Ob ein Schutzwald gegeben ist oder nicht, ist der richterlichen Entscheidung in jedem Fall entzogen; das Gericht kann darüber auch nicht als Zwischenpunkt entscheiden. Entweder ist darüber schon vor Einleitung des Strafverfahrens nach Art. 40 entschieden oder es ist, wenn der Angeschuldigte die Schutzwaldeigenschaft bestreitet, die Entscheidung der Forstpolizeibehörde nach Art. 168 herbeizuführen; näheres s. Anm. zu Art. 39, 40 und 168. Der ungenehmigte Kahlhieb ist in Hochwald, Mittelwald und Niederwald strafbar, wenn es sich um Schutzwaldungen handelt.

b) Kahlhiebe: Kahlhieb und kahler Abtrieb (Art. 39) sowie Abholzung (Art. 42b) sind die gleichen Begriffe. Strafbar ist der kahle Abtrieb oder eine gleichkommende Lichthauung nur, wenn sie in einem Schutzwald (oder in einem durch ein Güterhändlergeschäft gegangenen Wald, s. unten Anm. 9) ohne forstpolizeiliche Genehmigung vorgenommen werden. Ob der Kahlhieb einen Schaden zur Folge gehabt hat oder nicht, ist gleichgültig (Z. Bd. 13 S. 477). Auch wenn der Holzbestand vom Borkenkäfer ergriffen war, ist der forstpolizeilich nicht genehmigte Kahlhieb in einem Schutzwalde strafbar (S. St. Bd. 3 S. 367 alt).

Kahlhieb ist eine auf den ganzen Holzbestand einer Waldfläche sich erstreckende Abholzung dieser Fläche (OLGMSt. Bd. 7 S. 194). Ausstockung verlangt der Begriff nicht. Daß einige Stämme stehen bleiben, schließt die Annahme eines Kahlhiebs nicht aus (OLGMSt. Bd. 8 S. 242; hier acht Bäume auf $3\frac{1}{2}$ Tagwerk), auch wenn diese als Samenbäume gedacht sind; das gleiche gilt, wenn geringwertiges Gestänge, Neben- und Unterbestand belassen wird; es ist jeweils die im Schutzwald vorgenommene Veränderung im ganzen zu betrachten; der Zweck des Gesetzes ist, den Schutzwald als Bestandswald zu erhalten.

Ob der kahle Abtrieb durch eine einzige Fällung oder durch mehrere nacheinander geschieht, ist für die Strafbarkeit gleichgültig; die mehreren in ihrer Gesamtheit die Vernichtung des Holzbestandes einer Schutzwaldfläche bewirkenden Fällungen bilden zusammen das Unternehmen eines verbotenen Kahlhiebs (OLGM. Bd. 3 S. 271; Bd. 4 S. 260). Der in mehreren Abschnitten vorgenommene Kahlhieb eines Schutzwaldes bildet nicht eine Reihe von Einzelhandlungen, deren jede den vollen Tatbestand einer Forstpolizeiübertretung erschöpft, sondern eine Übertretung, die zu ihrer Vollendung einer Reihe von einzelnen Handlungen bedarf; es ist daher unmöglich, die einzelnen Handlungen, die in ihrer Gesamtheit den vorschriftswidrigen und gemeingefährlichen Zustand verursacht haben, voneinander zu trennen (Z. 8 S. 479 und OLGM. 10. 12. 84 Bd. 3 S. 271); deshalb beginnt auch der Lauf der Verjährungsfrist für alle einzelnen Akte der Holzfällung erst mit der Vollendung des Kahlhiebes (OLGM. 17. 12. 1886, Bd. 2 S. 260).

Es braucht nicht der ganze Schutzwald vollständig abgetrieben sein; ein kahler Abtrieb ist schon gegeben, wenn eine Fläche von einiger Ausdehnung abgetrieben ist (vgl. Allg. VollzV. 1896 § 5 Abs. IV bei Art. 39). Die Verjährung mehrerer abschnittsweise vorgenommenen Abholzungen, die zusammen einen Kahlhieb ergeben, beginnt mit der Vollendung des Kahlhiebes (OLGM. Bd. 4 S. 260). Daß der Besitzer der Nachbarwaldung, zu deren Schutz der Schutzwald besteht, den Kahlhieb gestattet, ist auf die Strafbarkeit ohne Einfluß (OLGM. Bd. 10 S. 162). Wer im ersten Rechtszug wegen eines unerlaubten Kahlhiebes in Schutzwaldungen verurteilt wurde, kann im zweiten Rechtszug wegen unerlaubter Rodung verurteilt werden, sofern sich die Tat als solche herausstellt; denn abgeurteilt wird die Tat (a. A. OAG. 22. 10. 1866, Z. Bd. 13 S. 565). Zur Strafbarkeit wegen der Ausführung eines Kahlhiebes auf Grund Art. 39 und 75 ist nicht eine aktive Mitwirkung erforderlich; sie trifft im Rahmen des Art. 75 auch den, auf dessen Fahrlässigkeit es zurückzuführen ist, daß die Hiebführung unternommen oder ausgeführt wurde; Art. 75 erklärt nicht diejenigen für strafrechtlich verantwortlich, die die unerlaubte Fällung ausführen oder leiten, also weder die Holzhauer noch deren Vorarbeiter, sondern diejenigen, für die die Fällung geschieht, d. h. den Käufer des Holzes oder den Waldbesitzer (diesen Begriff im weitesten Sinne genommen; ObLG. Bd. 12 S. 6). Daß dem Waldbesitzer der kahle Abtrieb ausdrücklich untersagt worden ist, ist nicht erforderlich.

c) **Gleichkommende Lichthauungen:** Art. 75 wurde, um Gesetzesumgehungen zu verhindern, im Jahre 1896 auf die einem Kahlhieb gleichkommenden Lichthauungen erstreckt. Unter Lichthauung ist im Gegensatz zum kahlen Abtrieb, der einen ganzen Waldbestand gewöhnlich auf einmal niederlegt, das Ausnehmen einzelner Stämme aus dem Waldbestand zu verstehen. Strafbar ist ohne forstpolizeiliche Genehmigung nur eine dem Kahlhiebe in der Wirkung gleichkommende Lichthauung; eine solche ist anzunehmen, wenn durch mehrere, bald aufeinanderfolgende Hiebe eine Waldfläche in einen dem Ergebnis eines kahlen Abtriebs ähnlichen Zustand versetzt worden ist (vgl. auch Anm. 8 zu Art. 42b).

d) **Genehmigungsfreie Handlungen:** Ohne forstpolizeiliche Genehmigung ist in einem Schutzwald erlaubt (Allg. VollzV. 1896 § 5 Abs. IV bei Art. 39):

α) die fehmelmäßige (pläntermäßige) Benutzung d. i. eine Bewirtschaftung, bei der von Zeit zu Zeit ein Teil des älteren Bestandes unter Verschonung des jüngeren, also unter Erhaltung der Bewaldung, herausgezogen wird;

β) eine allmähliche schlagweise Verjüngung unter Schirmstand; dabei muß aber der früher geschlagene Teil schon wieder nachgewachsen sein, so daß von Bewaldung gesprochen werden kann; bloße Aufforstung genügt nicht;

γ) langsame Absäumung (Abrändelung); bei dieser darf der Holzbestand nur in solcher Zeitfolge abgetrieben werden, daß die Fläche fortgesetzt in bewaldetem Zustande erhalten bleibt und bei Beendigung des Schlages mit jungem Holz bestockt ist (Z. Bd. 4 S. 497).

Ob ein unerlaubter Kahlhieb oder eine erlaubte langsame Absäumung oder eine erlaubte allmähliche schlagweise Verjüngung vorliegt, ist von Fall zu Fall zu würdigen; die forsttechnischen Gutachten werden dabei ausschlaggebend sein.

e) **Verstoß gegen die auferlegten Bedingungen:** Strafbar ist nach Art. 75 auch, wer den bei der Erteilung der forstpolizeilichen Genehmigung zur Vornahme eines Kahlhiebes oder einer diesem gleichkommenden Lichthauung in einem Schutzwalde zulässigerweise auferlegten Bedingungen zuwiderhandelt. Diese Bedingungen brauchen sich nicht auf die Abholzungsarbeiten zu beschränken (Allg. VollzV. 1896 § 5 Abs. VI—VIII bei Art. 39), es kann im Wege der Bedingungen z. B. auch die Wiederaufforstung verlangt werden; auch die Nichtbeachtung solcher sich nicht auf die Abholzung beziehenden Bedingungen ist nach Art. 75, nicht etwa nach Art. 77 strafbar (ObLG. Bd. 12 S. 229). Die Strafandrohung des Art. 75 richtet sich allgemein gegen denjenigen, der den bei der Genehmigung der Abholzung auferlegten Bedingungen zuwiderhandelt (ObLG. Bd. 12 S. 229). Zur Strafbarkeit genügt es, wenn nur einer einzigen Bedingung ganz oder teilweise vorsätzlich oder fahrlässig nicht entsprochen ist.

8. **Abschwendung:** Begriff Art. 41 Anm. 3. Wer dem Verbot der Abschwendung zuwiderhandelt bedeutet: wer abschwendet, eine der Handlungen begeht, die unter den Begriff Abschwendung fallen. Strafbar ist nicht bloß die Abschwendung eines Waldes im ganzen, sondern auch die eines Teiles der Waldfläche (Art. 41 Abs. II) und zwar ohne Rücksicht auf die Größe dieses Teiles.

9. **Verstöße gegen Art. 42b:**

a) **Täter; Schuld:** Strafbar ist jeweils derjenige, der die Genehmigung einzuholen gehabt hätte (Art. 42b Anm. 7). Zum Tatbestand des Art. 75 Abs. I mit Art. 42b und c gehört die bezeichnete Beteiligung eines gewerbsmäßigen Güterhändlers; nach dem auch hier anwendbaren § 59 StGB.

braucht der Täter zur Bestrafung aber nur die tatsächlichen Vorgänge zu kennen oder fahrlässigerweise nicht zu kennen, die den Beteiligten zum gewerbsmäßigen Güterhändler machen; auf die rechtliche Eigenschaft des Beteiligten als Güterhändler braucht sich die Kenntnis nicht zu erstrecken (vgl. ObLG. Bd. 12 S. 4).

Wenn erwiesen ist, daß auf die Zentraldarlehensgenossenschaft mit Rücksicht auf die Gewerbsmäßigkeit ihres Güterhandels Art. 42a—c anzuwenden sind, so stellt sich die behauptete Ansicht des Angeklagten, die Zentraldarlehensgenossenschaft falle nicht unter jene gesetzlichen Bestimmungen, nicht als Irrtum über Tatsachen oder tatsächliche Verhältnisse, sondern als solcher über den Inhalt und die Bedeutung der Art. 42a—c und 75, demnach als Irrtum auf dem Gebiete des Strafrechts dar, der den Angeklagten nicht zu entlasten vermag (ObLG. Bd. 12 S. 42; Bd. 7 S. 22).

b) Beginn der Abholzung oder Lichthauung: Wer die Abholzung fortsetzt, die ein anderer begonnen hat, ist nicht strafbar; strafbar ist nur, wer beginnt (ObLG. Bd. 9 S. 585). Unter der Abholzung ist ein Kahlhieb zu verstehen; s. hiezu und zum Begriff der gleichkommenden Lichthauung Anm. 7b und c.

c) Verstoß gegen die auferlegten Bedingungen: In Art. 75 Abs. I hat das auf Art. 39 bezügliche und das auf Art. 42b und c bezügliche Satzglied trotz redaktioneller Verschiedenheit ganz dieselbe Bedeutung: es soll gleichmäßig gestraft werden, wer den bei Erteilung der forstpolizeilichen Genehmigung nach Art. 39 festgesetzten Bedingungen und wer den bei Erteilung dieser Genehmigung nach Art. 42b und c auferlegten Bedingungen zuwiderhandelt (s. Anm. 7e; ObLG. Bd. 12 S. 238). Zur Strafbarkeit genügt es, wenn auch nur einer Bedingung ganz oder teilweise vorsätzlich oder fahrlässig nicht entsprochen ist.

10. Verstöße gegen Art. 42c: Art. 42c erklärt Art. 42a und b auch für anwendbar, wenn ein gewerbsmäßiger Händler mit ländlichen Grundstücken lediglich den Holzbestand eines Waldgrundstücks erwirbt oder veräußert. Soweit der dem Art. 42b entsprechende Tatbestand in Frage kommt, gilt die vorstehende Anm. 9 entsprechend; die Strafdrohung für die Verletzung der Anzeigepflicht (Art. 42a, c) enthält Art. 76a.

Der gewerbsmäßige Händler mit ländlichen Grundstücken, der den Holzbestand eines Waldgrundstücks veräußert hat, ist für die ohne forstpolizeiliche Genehmigung durchgeführte Abholzung nur dann strafrechtlich verantwortlich, wenn er sich selbst an der Abholzung irgendwie beteiligt hat; die bloße Tatsache, daß der Erwerber des Holzbestands die Abholzung ohne forstpolizeiliche Genehmigung begonnen oder vorgenommen hat, genügt nicht, um ein strafrechtliches Verschulden des Güterhändlers, der den Holzbestand veräußert hat, zu begründen (ObLG. Bd. 9 S. 325). Die Beteiligung kann auch in einer pflichtwidrigen vorsätzlichen oder fahrlässigen Unterlassung bestehen (Nebentäterschaft); der Güterhändler, der den Erwerber angestiftet hat, ist zu strafen wie dieser (§ 48 StGB.).

Die Bedingung der Wiederaufforstung kann auch dem gewerbsmäßigen Güterhändler auferlegt werden, der das Holz auf dem Stamm zur Abholzung gekauft hat (ObLG. Bd. 12 S. 229).

11. Geldstrafe: Für das Hektar mindestens 200, höchstens 3000 Reichsmark, für das Ar also mindestens 2 und höchstens 30 Reichsmark, für das Quadratmeter mindestens 2 und höchstens 30 Reichspfennig (Abg. 1896/96 StenB. Bd. 8 S. 377). Welche Höhe innerhalb der Mindest- und Höchstgrenze der Richter für die Einheit ansetzen will, ist seinem freien Ermessen überlassen; es wird vom Maße der Schuld (Vorsatz oder Fahrlässigkeit) u. a. abhängen. Die Mindeststrafe ist in allen Fällen 10 Reichsmark. Eine Verschärfung der Strafe ist in Art. 78 (Zuwiderhandlung gegen die Einstellungsanordnung der Forstpolizeibehörde) vorgesehen. Die Strafen des Art. 75 sind die strengsten der Art. 75—77; sie sind empfindlich, damit ihnen die nötige Wirkung innewohnt; im Falle des Art. 78 können sie weiterhin erhöht werden.

Unter der *in Betracht kommenden Waldfläche* ist die Waldfläche zu verstehen, auf die sich die Forstpolizeiübertretung erstreckt hat, so weit also die unerlaubte Rodung, Erweiterung von Alpenängern oder Alpenlichtungen, der Kahlhieb (Abholzung) oder die gleichkommende Lichthauung, die Abschwendung reicht; die Fläche, auf die sich die nichtbeachtete Bedingung bezieht. Auf den Wert des Holzes kommt es nicht an; dieser kann nur bei der Festsetzung der Strafhöhe für die Einheit innerhalb des Strafrahmens Berücksichtigung finden. Vor 1896 war die Strafe nach dem Werte des vorschriftswidrig gefällten Holzes zu bestimmen. Waldabschwendung durch Wegführen von Erde z. B. konnte daher nicht gestraft werden. Deshalb wurde das Gesetz geändert.

Außer der Strafe ist auch Einstellung der unerlaubten Arbeiten und, soweit möglich, Wiederherstellung des früheren Zustandes auf Kosten des Schuldigen zulässig (Art. 78).

Haben Personen nach Art. 69 im Walde ihres Herrn usw. eine der in Art. 75 Abs. I aufgezählten unerlaubten Handlungen begangen, so bleiben sie straflos; die Strafe trifft den Herrn, außer er beweist, daß sie ohne sein Vorwissen gehandelt haben; im letzteren Falle sind sie wegen Forstfrevels nach Maßgabe der Bestimmungen der Art. 79—100 zu bestrafen (Art. 70, Drittverantwortlichkeit; näheres dort).

Abs. I Satz 2 wurde eingefügt durch das Gesetz vom 10. 8. 1923 (GVBl. S. 253); vgl. § 27c Abs. II und III StGB.

Wenn der Täter durch die Straftat einen Vermögensvorteil erlangt hat und der Richter glaubt, die Tat sei mit der Strafe im Rahmen nach Satz 1 nicht hinreichend gesühnt, so kann er die Grenze von 3000 Reichsmark für das Hektar überschreiten; die Grenze darf aber nicht unbeschränkt überschritten werden: die gesamte Geldstrafe darf den 10fachen Wert des Vermögensvorteils nicht übersteigen. Innerhalb des Rahmens des Satz 1 gilt die Schranke, daß die Geldstrafe den 10fachen Wert des Vermögensvorteils nicht überschreiten darf, jedoch nicht.

Abs. II—IV: Die Absätze II—IV (1896 eingefügt) gehören zusammen. Abs. II bestimmt, entgegen dem Grundsatze des Art. 48, daß derjenige, dem die Holzgewinnung überlassen ist, für unerlaubte Handlungen nach Abs. I so zu strafen ist, als ob er der Waldbesitzer wäre, auch wenn er es tatsächlich nicht ist. Macht sich derjenige, dem die Holzgewinnung überlassen wurde, nach Abs. II, I strafbar, ohne tatsächlich Waldbesitzer zu sein, so ist der die Holzgewinnung vergebende Waldbesitzer grundsätzlich als zivilverantwortlich mitzuverurteilen (Abs. III); er kann sich entschuldigen mit der subjektiven Unmöglichkeit der Verhinderung der unerlaubten Handlung. Haben aber der Waldbesitzer und derjenige, dem die Holzgewinnung überlassen wurde, zusammen als Miturheber oder hat der Waldbesitzer als Gehilfe des andern gehandelt, so sind beide samtverbindlich zu verurteilen (Abs. IV). Die Bestimmungen der Abs. II—IV gelten nur für die in Abs. I aufgezählten, nicht für die sonstigen Forstpolizeiübertretungen. Im einzelnen sei noch bemerkt:

12. Abs. II: Die Holzgewinnung ist im Sinne des Gesetzes nur demjenigen überlassen, der das Holz für sich gewinnen will; insbesondere gehört derjenige hieher, der das Holz auf dem Stamm zur Fällung erworben hat; nicht fallen darunter die Holzarbeiter, auch wenn sie die Fällung im Akkord übernommen haben.

Der Holzgewinnungsberechtigte ist für die Handlungen seiner Aufsichtsunterworfenen nicht drittverantwortlich wie der Waldbesitzer. Art. 70 kann auf den Holzgewinnungsberechtigten nicht entsprechend angewendet werden (vgl. die dortige Anm. 2). Jedoch wird der Holzgewinnungsberechtigte, der einen Holzhieb vornehmen läßt, nach den allgemeinen strafrechtlichen Grundsätzen regelmäßig als Täter in Frage kommen, auch wenn er die Fällungsarbeiten nicht selbst ausführt; die Holzarbeiter usw. sind rechtlich gewöhnlich entweder als Werkzeuge oder als Gehilfen der Forstpolizeiübertretung des Holzgewinnungsberechtigten anzusehen und als solche selbst straflos.

Wer sich bei der Vornahme von Handlungen, die eine strafrechtliche Verantwortung nach sich ziehen können, der Mitwirkung dritter Personen bedient, muß nach Möglichkeit dafür Sorge tragen, daß hiebei Gesetzesverletzungen nicht vorkommen; unterläßt er dieses, so handelt er fahrlässig und macht sich, wenn sonst der Tatbestand erfüllt ist, strafbar (ObLG. Bd. 12 S. 1).

Aus Art. 75 Abs. II folgt nicht, daß neben demjenigen, dem die Holzgewinnung überlassen war, nicht auch der Waldbesitzer zur strafrechtlichen Verantwortung gezogen werden kann; Abs. IV sieht vielmehr ausdrücklich die Möglichkeit vor, daß der Waldbesitzer als Miturheber oder als Gehilfe verfolgt wird. Tatbestand: X verkaufte das stehende Holz auf einem ihm und seiner Frau gehörenden Waldgrundstück zum Zwecke des Abtriebs an Y. Dieser machte einen Kahlhieb ohne forstpolizeiliche Genehmigung, obwohl der Wald Schutzwald war. Hier bestand der strafbare Erfolg in dem durch Y betätigten Kahlhieb; da aber sowohl Y wie X diesen Erfolg für sich unter Mitwirkung des anderen herbeiführen wollte, muß X als Mittäter angesehen werden, wenn auch seine Tätigkeit nur darin bestand, daß er Y die Holzgewinnung überließ. Auch die subjektiven Tatbestandsmerkmale der Übertretung nach Art. 75 Abs. I sind in der Person des X gegeben, da er gleich Y die tatsächlichen Verhältnisse, aus denen sich die Schutzwaldeigenschaft ergab, kannte und wußte, daß sich der Abtrieb auf den ganzen Holzbestand erstrecken und ohne forstpolizeiliche Genehmigung geschehen werde (ObLG. Bd. 8 S. 192).

Zur persönlichen Verantwortlichkeit des Waldmeisters einer Großhandelsfirma s. oben Anm. 2.

13. Abs. III (Zivilverantwortlichkeit des Waldbesitzers):

a) Grundsätze: Wenn der Holzgewinnungsberechtigte auf Grund Art. 75 Abs. II und I verurteilt wird, so ist der Waldbesitzer vom Forststrafgericht als zivilverantwortlich, aber nur für die Geldstrafe, mit zu verurteilen; wenn es ihm gelingt, den Entlastungsbeweis zu führen, ist er von der Zivilverantwortlichkeit frei. Bei der Zivilverantwortlichkeit des Abs. II handelt es sich um eine Ausnahmebestimmung, die sich nur auf die Fälle bezieht, in denen ein Holzgewinnungsberechtigter auf Grund des Art. 75 Abs. II wegen einer Forstpolizeiübertretung nach Art. 75 Abs. I bestraft wird; eine weitere Einschränkung enthält Abs. III. Sonst gibt es bei den Forstpolizeiübertretungen keine Zivilverantwortlichkeit wie bei den Forstfreveln (Art. 69), sondern nur die davon wesentlich verschiedene Drittverantwortlichkeit des Art. 70. Die Zivilverantwortlichkeit des Art. 75 Abs. III stimmt mit der bei den Forstfreveln bestehenden Zivilverantwortlichkeit des Art. 69 in der Hauptsache überein, erstreckt sich jedoch nicht auf die Kosten und den Schadenersatz; von der Drittverantwortlichkeit des Art. 70 ist sie wesentlich verschieden.

Die Zivilverantwortlichkeit liegt bei Art. 75 genau so wie bei den Forstfreveln (Art. 69). Die Haftung und Beweislast des Zivilverantwortlichen sind in Art. 75 in derselben Art und Weise und mit dem Sinn nach völlig gleichlautenden Worten geregelt wie in Art. 69 bezüglich der Forstfrevler. Hier wie dort begründet jene Haftung die bloße Tatsache der Verurteilung des Hauptschuldigen einerseits, die Eigenschaft des andern als Gewalthaber, Dienstherr, Waldbesitzer anderseits. Hier wie dort befreit von der Verantwortung nur der Nachweis, daß die Nebenperson nicht imstande war, den Frevel (Art. 69 Abs. II) oder die Forstpolizeiübertretung des Art. 75 Abs. II mit I zu verhindern. Die letztere Übertretung ist in der hier fraglichen Beziehung aus der Reihe der Übertretung forstpolizeilicher Bestimmungen herausgehoben, sie ist insoweit den Forstfreveln gleichgestellt (ObLG. 1. 2. 1913).

Bei den anderen Forstpolizeiübertretungen ist der Waldbesitzer von der Drittverantwortlichkeit frei, wenn er beweist, daß die Übertretung ohne sein Vorwissen geschah (Art. 70).

Derjenige, dem nach Abs. II die Holzgewinnung überlassen wurde, ist, wenn er den Wald nicht besitzt, seinerseits nicht drittverantwortlich für unerlaubte Handlungen nach Art. 75 Abs. I die von Personen begangen werden, zu denen er in einem Verhältnis nach Art. 69 steht; denn die Drittverantwortlichkeit trifft nur den Waldbesitzer (Art. 70).

Wohl aber ist der Waldbesitzer drittverantwortlich, wenn eine der in Art. 69 genannten, seiner Aufsicht anbefohlenen Personen eine unerlaubte Handlung nach Art. 75 Abs. I begeht (Art. 70).

Verurteilung zur Zivilverantwortlichkeit s. Anm. 4 zu Art. 69. Für die Haftung des Waldbesitzers ist nicht Voraussetzung, daß er selbst unmittelbar dem nach Abs. II Schuldigen die Holzgewinnung überlassen hat; wenn er z. B. den Holzbestand seines Waldes an einen gewerbsmäßigen Güterhändler verkauft hat und dieser ihn weiterveräußert und der Dritterwerber ohne forstpolizeiliche Genehmigung den Wald abholzt, so ist der Dritterwerber nach Abs. II zu verurteilen und der Waldbesitzer für zivilverantwortlich zu erklären; der Güterhändler ist, soferne er an der unerlaubten Fällung nicht beteiligt ist, weder strafbar noch zivilverantwortlich (vgl. ObLG. Bd. 9 S. 325).

Art. 75 Abs. II—IV gelten selbstverständlich auch, wenn einer der in Abs. I angeführten Verstöße gegen Art. 42c begangen wird (ObLG. Bd. 12 S. 240).

b) Entlastungsbeweis: Vgl. Art. 69 Anm. 3. Der Verkäufer (Waldbesitzer) darf die Holzgewinnung durch einen anderen nicht außer acht lassen; bemerkt er eine Forstpolizeiübertretung nach Abs. I, so muß er sich, um sich vor Schaden zu schützen, an die Forstpolizeibehörde wenden (ObLG. Bd. 12 S. 239).

c) Einhebung der Geldstrafe: Abs. III enthält eine Ausnahme von der nach Art. 69 (s. dort Anm. 1) bestehenden Möglichkeit, die Strafe usw. nach freier Wahl vom Schuldigen oder Zivilverantwortlichen einzuheben. Für den Verkäufer ist die Zahlungsunfähigkeit des Käufers also auch auf Grund dieser Bestimmung von Bedeutung.

d) Umwandlung in Haft: Die Reihenfolge ist:

α) Versuch der Beitreibung von dem nach Abs. II Verurteilten; hat sich der Beitreibungsversuch als erfolglos erwiesen,

β) Beitreibung vom Waldbesitzer; bleibt auch diese erfolglos,

γ) Umwandlung der Geldstrafe in Haft nach den Bestimmungen des StGB. (Art. 54), die aber nur gegen den nach Abs. II Verurteilten zulässig ist.

Der Versuch der Beitreibung gegen den Holzgewinnungsberechtigten des Art. 75 Abs. II wird unterbleiben können, wenn die Beitreibung aus dem beweglichen Vermögen aussichtslos ist (vgl. § 28a StGB. mit Art. 4 AG.StPO.).

14. Abs. IV (Zusammenwirken des Waldbesitzers mit dem Holzgewinnungsberechtigten): Abs. IV behandelt den Fall, daß der Waldbesitzer zusammen mit dem Holzgewinnungsberechtigten des Abs. II eine der unerlaubten Handlungen des Abs. I begeht; in diesem Falle ist der Waldbesitzer nicht bloß zivilverantwortlich wie nach Abs. III, sondern mitzubestrafen; die Strafbarkeit und Umwandlung ist ganz ähnlich geregelt, wie wenn mehrere Waldbesitzer gemeinschaftlich im gemeinsamen Wald eine Forstpolizeiübertretung begehen (Art. 57; vgl. die dortige Anm. 2a). Der Fall des Abs. IV ist auch gegeben, wenn der Waldbesitzer nicht wegen eigener Täterschaft, sondern als drittverantwortlich nach Art. 70 für die Handlungen seiner Aufsichtsunterworfenen bestraft wird (vgl. Anm. 3 a. E. zu Art. 57). Wenn ein Miturheber unter Überschreitung des gemeinsamen Einverständnisses sich eines Strafschärfungsgrundes nach Art. 78 Abs. I schuldig macht, so können die andern Miturheber nicht verantwortlich gemacht werden (vgl. Anm. 5 zu Art. 56). Eine Bestimmung wie in Art. 57 Satz 3 fehlt zwar; diese im allgemeinen Teil stehende, für alle Forstpolizeiübertretungen (für Forstfrevel s. Art. 56 Abs. III Satz 4) geltende Bestimmung wird aber entsprechend auch hier anzuwenden sein. Umwandlung Art. 54. Ein Ausspruch nach Art. 75 Abs. IV ist dann nicht veranlaßt, wenn nur gegen einen der Mittäter eine Geldstrafe ausgesprochen wurde, gegen die übrigen Mittäter aber wegen Verjährung nicht vorgegangen werden kann (ObLG. Bd. 8 S. 193).

Im Falle der Begehung durch Unterlassung soll der Waldbesitzer nach ObLG. Bd. 12 S. 241 nicht als Teilnehmer oder dergl. denkbar sein; dies ist jedoch strittig (vgl. Ebermayer Anm. 3 zu § 47 und oben Anm. 2 zu Art. 56). Begriff des Miturhebers und Gehilfen s. Art. 56 Anm. 3 und 4.

Unterlassung der aufgetragenen Kulturen nach Vornahme einer genehmigten Rodung.

Artikel 76[1]. (75/76).

Wer[2] die im Art. 37 angeordneten Kulturen innerhalb der von der Forstpolizeibehörde bestimmten Frist auszuführen unterläßt[3], verfällt in eine Geldstrafe[4] von *neun bis hundertachtzig Mark.*

1. **Geltungsbereich:** Art. 76 enthält die Strafdrohung zu dem im Interesse der Landeskultur erlassenen forstpolizeilichen Gebot des Art. 37 Abs. I. Nach Art. 76 ist der Waldbesitzer strafbar, der nach der Rodung seines Waldes
   a) die gerodete Fläche der in der Rodungsgenehmigung (Art. 36) vorgesehenen Benutzung überhaupt nicht oder
   b) einer anderen als der im Genehmigungsbeschluß vorgesehenen zuführt,
   c) oder die für die Umwandlung gesetzte Frist nicht einhält.

Wenn der Waldbesitzer innerhalb der für die Umwandlung gesetzten Frist den gerodeten Wald wiederaufforstet, entfällt nach dem Sinne des Gesetzes die Strafbarkeit nach Art. 76. Unter die Strafbestimmung des Art. 76 fällt nicht die Unterlassung der Rodung. Die Übertretungen nach a und c sind Unterlassungsdelikte. Der Waldbesitzer kann nachträglich bei der Forstpolizeibehörde um Verlängerung der Umwandlungsfrist oder um die Erlaubnis zu einer anderen als der genehmigten Benutzung nachsuchen; wird dem Gesuch stattgegeben, so bemißt sich die Verpflichtung nach dem neuerlichen Beschluß.

2. **Besitzwechsel:** Strafbar ist der Waldbesitzer, der den Wald bei Ablauf der gesetzten Frist (Anm. 1a und c) oder im Zeitpunkt der nicht genehmigten Umwandlung (Anm. 1b) besitzt. Bei Besitzwechseln geht die Verpflichtung des Art. 37 jeweils auf den Besitznachfolger über; zu seiner Strafbarkeit ist aber jeweils ein Verschulden (Vorsatz oder Fahrlässigkeit) Voraussetzung. Der Vorbesitzer scheidet grundsätzlich aus der Verantwortung aus; dies jedoch nicht, wenn ihn an der Zuwiderhandlung ein Verschulden trifft, wenn er z. B. die gerodete Fläche, ohne etwas getan zu haben, kurz vor Ablauf der Umwandlungsfrist veräußert (vgl. OAG. 28. 9. 1877, S. Bd. 7 S. 427 und ObLG. Bd. 4 S. 213). Die Drittverantwortlichkeit nach Art. 70 gilt auch hier.

3. **Folgen der Unterlassung:** Ist der Waldbesitzer nach Art. 76 bestraft, so ist die Zuwiderhandlung gegen das Gebot des Art. 37 abgegolten; er kann nicht nochmals bestraft werden, auch wenn ihm etwa von der Forstpolizeibehörde eine neuerliche Frist gesetzt würde. Die Wiederaufforstung wird von der Forstpolizeibehörde (auf Grund Art. 42, 77) nicht verlangt werden können, da von ihr die Rodung d. h. die Aufhebung der Waldeigenschaft genehmigt worden ist. Man wird nicht sagen können, daß die Rodungsgenehmigung unter der Bedingung der vorgesehenen Umwandlung erteilt und durch Unterlassung der Umwandlung hinfällig geworden sei; wäre dies richtig, dann müßte man eine nach Art. 75 strafbare unerlaubte Rodung annehmen; das Gesetz setzt aber auf die Unterlassung der Umwandlung eine besondere Strafe (Art. 76) und zeigt dadurch, daß die Annahme der Aufhebung der Rodungsgenehmigung nicht in seinem Sinne liegt; damit stimmt auch die Vorschrift des Art. 37 überein, der die Umwandlung als selbständiges gesetzliches Gebot vorschreibt und sie nicht nur als Genehmigungs-

bedingung behandelt wissen will. In den Fällen der Art. 39, 42b und c hat übrigens die Nichtbeachtung der Genehmigungsbedingungen nicht Hinfälligkeit der Genehmigung, sondern nur Strafbarkeit zur Folge (Art. 75).

Vor Einleitung des Strafverfahrens nach Art. 76 oder solange dieses im Gange ist, kann die Forstpolizeibehörde auf Grund Art. 20 Abs. IV PStGB. nötigenfalls an Stelle des Waldbesitzers auf dessen Kosten die Waldfläche zu der besseren Benutzung umwandeln lassen; nach der rechtskräftigen Verurteilung des Säumigen kann die Forstpolizeibehörde für die Umwandlung eine neue Frist setzen und nach deren fruchtlosem Ablauf die Umwandlung auf Kosten des Säumigen vornehmen lassen (Art. 16 PStGB.). Art. 78 ist nicht anwendbar.

4. Geldstrafe: Der Strafrahmen beträgt jetzt 1 bis 150 Reichsmark (Art. 5 Abs. I AGStPO., Art. I [§ 27 Abs. II Ziff. 2], VIII, XIV Abs. II der VO. vom 6. 2. 1924, RGBl. I S. 44; so auch Begr. z. Ges. vom 10. 8. 1923, GVBl. S. 253). Wenn durch die Zuwiderhandlung ein Schaden entstanden ist, hat ihn der schuldige Waldbesitzer zu ersetzen (Art. 62). Die Verjährung beginnt in den Fällen der Anm. 1a und c mit dem Ablauf der gesetzten Frist, im Falle der Anm. 1b mit der anderweitigen Umwandlung zu laufen. Der Forstrügerichter hat nachzuprüfen, ob die gesetzlichen materiellen und formellen Voraussetzungen der Verpflichtung des Art. 37 gegeben sind, nicht aber, ob die von der Forstpolizeibehörde gesetzte Frist angemessen war.

Verstöße von Güterhändlern gegen die Anzeigepflicht.

Artikel 76a[1].

Wer[2] die im Art. 42a oder 42c vorgeschriebene Anzeige unterläßt,[3] verfällt in eine Geldstrafe[4] *bis zu einhundertfünfzig Mark.*

1. Geltungsbereich: Art. 42a schreibt vor, daß gewerbsmäßige Händler mit ländlichen Grundstücken, wenn sie im eigenen Namen oder als Vertreter eines andern Waldgrundstücke erwerben oder veräußern, hievon spätestens acht Tage nach dem Vertragsschluß der zuständigen Bezirkspolizeibehörde Anzeige erstatten müssen. Art. 42c erstreckt diese Anzeigepflicht auf den Fall, daß ein gewerbsmäßiger Händler mit ländlichen Grundstücken nicht das Waldgrundstück selbst, sondern lediglich den Holzbestand erwirbt oder veräußert.

2. Täter: Täter können nur die nach Art. 42a und c anzeigepflichtigen Güterhändler sein.

3. Unterlassung: Strafbar ist, wer die Anzeige überhaupt unterläßt oder sie nicht mit dem vorgeschriebenen Inhalt oder nicht innerhalb der achttägigen Frist erstattet; wenn die Anzeige verspätet oder mit mangelhaften Inhaltsangaben erstattet wird, ist nicht die vorgeschriebene erstattet, diese also „unterlassen"; doch wird bei mangelhaftem Inhalt die Forstpolizeibehörde die Mängel gewöhnlich durch Rückfragen beheben. Die Zuwiderhandlungen nach Art. 76a sind reine Unterlassungsdelikte. Fahrlässigkeit ist auch hier für eine Bestrafung Voraussetzung.

Dem Güterhändler, der bei dem Erwerb eines Anwesens die in Art. 42a vorgeschriebene Anzeige für eines der erworbenen Waldgrundstücke nicht erstattet hat, wird in der Regel ein Verschulden nicht zur Last gelegt werden können, wenn er sich dabei auf die unrichtige Angabe verlassen hat, die in dem kurz vorher erteilten amtlichen Behelfe (Grundsteuerkatasterauszug und Lageplan) über die Bewirtschaftungsart des Grundstückes enthalten war (ObLG. Bd. 18 S. 106; der Güterhändler nahm an, daß es sich um kein Waldgrundstück handle). Aus den Gründen: „Der gewerbsmäßige Güterhändler, der ein ländliches Anwesen zum Weiterverkauf oder zur Zertrümmerung erwirbt, hat die unabweisbare Pflicht, bei der Beschaffung der Grundlagen für die der Bezirksverwaltungsbehörde zu erstattende Anzeige über den Erwerb von Waldgrundstücken mit großer Sorgfalt und Genauigkeit zu Werke zu gehen, damit die in der VollzB. vom 4. 4. 1908 besonders hervorgehobenen Absichten der Novelle von 1908 erreicht werden; unter Umständen wird sich der Güterhändler nicht mit den Angaben begnügen dürfen, die sich in dem Grundsteuerkatasterauszug und dem Lageplan befinden. Im vorliegenden Falle liegen aber keinerlei Umstände vor, aus denen der Angeklagte hätte Anlaß nehmen müssen, den Vorträgen in den amtlichen Verzeichnissen zu mißtrauen und von sich aus über den Inhalt jener Behelfe neue Erhebungen über die Bewirtschaftungsart der einzelnen Grundstücke anzustellen."

4. Geldstrafe: Der Strafrahmen beträgt jetzt 1 bis 150 Reichsmark. Wird der Wald ohne forstpolizeiliche Genehmigung abgeholzt, so tritt außerdem Strafbarkeit nach Art. 75 in sachlichem Zusammentreffen (§ 74 StGB.) ein.

5. Vgl. auch die Anm. zu Art. 42a und c.

Verstöße gegen die Aufforstungs- u. Insektenbekämpfungspflicht, gegen feuerpolizeiliche Vorschriften und die Vorschriften über Wald- und Alpenweide.

Artikel 77[1]. (76/77).

I Wer es unterläßt, innerhalb der von der Forstpolizeibehörde vorgesetzten Frist die kulturfähigen Waldblößen aufzuforsten[2], oder da, wo nach erfolgtem Holzschlage die natürliche Wiederbestockung unvollständig bleibt, nachzuhelfen[2], ebenso, wer den auf Art. 46 gestützten Anordnungen der Forstpolizeibehörde über die Vertilgungs- und Sicherheitsmaßregeln gegen schädliche Insekten[3] nicht Folge leistet, wird mit einer Geldstrafe *von einer Mark achtzig Pfennig bis neunzig Mark* bestraft.

II Einer Strafe *von neunzig Pfennig bis fünfundvierzig Mark* unterliegt derjenige, welcher den Vorschriften des Art. 43[4], 44 Abs. 1 und 2[5], dann Art. 45[6] oder den darauf gestützten Anordnungen der Forstpolizeibehörde über die Weide[4],[5], über das Anmachen oder Auslöschen von Feuer oder über das Holzverkohlen[6] zuwiderhandelt.

III [7] Wer einen Wald ganz oder teilweise abgeholzt oder eine der Abholzung in der Wirkung gleichkommende Lichthauung vorgenommen hat, so daß eine nach Art. 42 aufzuforstende Waldblöße entsteht, haftet dem Staate für die Kosten der vom Forstamte bewirkten Wiederaufforstung auch dann, wenn er nach dem Abs. 1 nicht strafbar ist; der Anspruch des Staates verjährt in fünf Jahren von der Entstehung der Waldblöße an. Die gleiche Haftung trifft denjenigen, welcher eine nach Art. 42 aufzuforstende Waldblöße erwirbt; die Verjährungsfrist berechnet sich vom Erwerbe an.

Vollz.B. 1908.

III. Zu § 4.

1. Das Forstgesetz verpflichtet den Waldbesitzer zur Aufforstung kulturfähiger Waldblößen und verfügt gemäß Art. 42 und 77 Abs. 1 die Ausführung der Kulturarbeiten durch das Forstamt auf Kosten des Säumigen, wenn dieser die Arbeiten binnen festgesetzter Frist unterlassen und gerichtliche Strafe verwirkt hat.

2. Der von der Novelle (1908) dem Art. 77 beigefügte Zusatz erweitert den Kreis der für die Kosten der Wiederaufforstung Haftpflichtigen auf jeden, der einen Wald abholzt oder eine nach Art. 42 aufzuforstende Waldblöße erwirbt. Die durch die Novelle eingeführte Haftung ist zeitlich auf fünf Jahre beschränkt, setzt jedoch nicht voraus, daß ein Güterhandelsgeschäft in Mitte liegt. Wer den Wald abholzt, haftet ohne Rücksicht darauf, ob ihm das Waldgrundstück gehört, also auch dann, wenn er nur das Holz auf dem Stamme gekauft hat; der Erwerber einer aufzuforstenden Waldblöße haftet ferner auch dann, wenn die Waldblöße schon lange Zeit, bevor er das Grundstück erworben hat, entstanden ist.

3. Die gemäß Art. 77 Abs. 3 Verpflichteten haften als Gesamtschuldner im Sinne des § 421 des BGB.

Ziff. 4 S. 213 bei Art. 42.

1. Geltungsbereich: Die Abs. I und II enthalten die Strafdrohungen zu den forstpolizeilichen Geboten und Verboten der Art. 42 und 43—46; Abs. III regelt die Haftung für die Kosten einer vom Forstamt gemäß Art. 42 Abs. II ersatzweise durchgeführten Aufforstung. Bestraft kann nach Art. 77 Abs. I und II nur werden, wen ein Verschulden (Vorsatz oder Fahrlässigkeit) trifft.

Abs. I:

2. Zuwiderhandlungen gegen die Wiederaufforstungspflicht des Art. 42:

a) Strafrechtliche Seite: Hier handelt es sich um ein reines Unterlassungsdelikt. Verpflichtet zur Aufforstung oder Nachhilfe ist der jeweilige Waldbesitzer; wenn ein Güterhändler das Holz auf dem Stamm zum Abtrieb gekauft hat, kann die Forstpolizeibehörde auch diesen zur Aufforstung verpflichten (s. unten). Bei einem Besitzwechsel wirkt der nach Art. 42 Abs. II ergangene Auftrag der Forstpolizeibehörde gegen jeden Besitznachfolger, ohne daß er ihm neu zugestellt werden braucht. Wer eine Waldblöße erwirbt, muß damit rechnen, daß schon ein Aufforstungsgebot erlassen ist; unterläßt er, ohne sich nötigenfalls bei der Forstpolizeibehörde zu erkundigen, die Aufforstung, so handelt er schuldhaft (ObLG. Bd. 4 S. 213). Der Vorbesitzer scheidet mit der Aufgabe des Waldbesitzes grundsätzlich aus der Verantwortlichkeit für die Aufforstung aus; wenn ihn aber an der Unterlassung der fristgemäßen Aufforstung ein ursächliches Verschulden trifft, wenn er z. B. die Waldblöße kurz vor Ablauf der Frist veräußert, so kann er sich auch nach Art. 77 strafbar machen, allein oder neben dem Besitznachfolger (vgl. ObLG. Bd. 2 S. 312). Diese Schuld kann u. U. auch in der Verschweigung des Aufforstungsauftrags gegenüber dem Besitznachfolger erblickt werden (Nebentäterschaft der Unterlassung). Vgl. auch OAG. 28. 9. 1877 (Bd. 7 S. 427) und ObLG. Bd. 12 S. 234. Auch wer eine Waldblöße als Bauplatz erworben hat, unterliegt dem Aufforstungsgebot der Forstpolizeibehörde; er kann sich nur durch Antrag auf Rodungsgenehmigung davon befreien (ObLG. Bd. 13 S. 211); einen entschuldbaren Irrtum über die Eigenschaft des Grundstücks als Waldgrundstück kann nicht mehr vorschützen, wer einen forstpolizeilichen Aufforstungsauftrag erhalten hat; ihm fällt mindestens Fahrlässigkeit zur Last (ebenda).

Die Fristsetzung muß rechtskräftig sein (Art. 109, 112). Der Auftrag muß dem Waldbesitzer zugegangen sein. Der Strafrichter hat die gesetzliche Zulässigkeit des Auftrags d. s. die in Art. 42 Abs. I aufgeführten Voraussetzungen sowie die Gesetzmäßigkeit des Verfahrens (Eröffnung des Auftrags) nachzuprüfen, nicht aber die Angemessenheit der Frist (ObLG. Bd. 5 S. 257). Der Verpflichtete muß, um sich vor Strafe zu schützen, die Aufforstung oder Nachhilfe innerhalb der gesetzten Frist vollendet haben; nötigenfalls muß er bei der Forstpolizeibehörde um Verlängerung der Frist nachsuchen. Der Verpflichtete kann wegen der Unterlassung der Aufforstung oder Nachhilfe nur einmal bestraft werden; nach der Bestrafung hat das Forstamt an Stelle des Pflichtigen zu handeln (Art. 42 Abs. II). Die Verpflichtung zur Aufforstung oder Nachhilfe besteht auf Grund des Art. 42 Abs. I zwar auch ohne Aufforderung der Forstpolizeibehörde, aber strafbar ist nur die Nichteinhaltung der von der Forstpolizeibehörde für die Aufforstung oder Nachhilfe gesetzten Frist. Wenn ein Güterhändlergeschäft nach Art. 42a—c inmitte liegt, kann der Aufforstungsauftrag auch in die Form einer Genehmigungsbedingung nach Art. 42b Abs. II gekleidet werden. Die Bedingung der Wiederaufforstung kann in diesem Falle nicht nur dem Waldbesitzer, sondern auch dem gewerbsmäßigen Güterhändler auferlegt werden, der das Holz auf dem Stamm zur Abholzung gekauft hat; kommt der Güterhändler dem in die Form einer Genehmigungsbedingung gekleideten Aufforstungsgebot nicht rechtzeitig nach, so ist er nach dem viel strengeren Art. 75, nicht nach Art. 77 Abs. I zu strafen (ObLG. Bd. 12 S. 229); die Ersatzaufforstung ist hier in Art. 78 Abs. II geregelt.

Eine privatrechtliche Abmachung zwischen Käufer und Verkäufer über die Aufforstungspflicht kann an der im öffentlichen Recht wurzelnden und strafrechtlich gesicherten Aufforstungspflicht des abholzenden Güterhändlers nichts ändern; ein Irrtum des letzteren in dieser Hinsicht würde das Forstpolizeirecht betreffen, also einen Strafrechtsirrtum darstellen (ObLG. 1. 2. 1913).

Vgl. auch die Anm. zu Art. 42. Der Strafrahmen beträgt jetzt 1 bis 150 Reichsmark.

b) Forstpolizeiliche Seite: Der Forstrügerichter (wenn Rechtsmittel eingelegt werden auch die höheren Instanzen) hat im Urteilssatz auch zu bestimmen, daß das Forstamt die zur Wiederaufforstung oder Nachhilfe nötigen Kulturen auf Kosten des zu Strafe verurteilten Säumigen auszuführen hat (Art. 42 Abs. II). Die Kosten der ersatzweisen Aufforstung oder Nachhilfe durch das Forstamt hat der Verurteilte aufzubringen; für die vollständige Zahlung haften aber u. U. auch noch andere Personen (Art. 77 Abs. III; näheres Anm. 7).

3. Unterlassung der angeordneten Bekämpfung schädlicher Insekten (Art. 46): Nach dieser Bestimmung kann nur der Waldbesitzer für Zuwiderhandlungen im eigenen oder in bezug auf seinen eigenen Wald bestraft werden (OAG. 12. 1. 1877, Bd. 7 S. 17; vgl. auch ObLG. Bd. 17 S. 98). Die Drittverantwortlichkeit des Art. 70 gilt auch hier. Zur strafrechtlichen Verantwortlichkeit anderer Personen s. Anm. 2c zu Art. 46. Die Anordnungen der Forstpolizeibehörde (Art. 109) können allgemeiner oder besonderer Art sein, s. Anm. 2a zu Art. 46; ihre Nichtbeachtung ist an sich strafbar, auch wenn sie noch nicht rechtskräftig sind (Art. 46 Abs. II); werden sie jedoch aufgehoben, so entfällt auch die Strafbarkeit; zweckmäßig ist also vor der Durchführung des Strafverfahrens der Ausgang des Verwaltungsverfahrens abzuwarten. Wegen des gleichen Falles kann auch bei andauernder Säumigkeit nur einmal gestraft werden, auch wenn die Forstpolizeibehörde die Aufforderung wiederholt; dafür ist die Ersatzvornahme nach Art. 46 Abs. III möglich (OAG. 7. 12. 1866, Forstl. M. Bd. 14 S. 51, FMBl. S. 327). Der Forstpolizeibehörde ist damit nicht verwehrt, dem Säumigen noch eine zweite kurze Frist vorzustrecken zu dem Zwecke, ihm Gelegenheit zu geben, die Maßnahmen selbst auszuführen, um das Eingreifen des Forstamts zu vermeiden; eine Grundlage für eine neuerliche Bestrafung wird dadurch aber nicht geschaffen. Den Anordnungen muß im vollen Umfange entsprochen werden; jede auch nur teilweise Zuwiderhandlung ist strafbar. Der Strafrichter hat nur die gesetzliche Zulässigkeit der Anordnungen und die Gesetzmäßigkeit des Verfahrens nachzuprüfen, nicht auch die Zweckmäßigkeit der Anordnungen. Der Strafrahmen beträgt jetzt 1 bis 150 Reichsmark. Die Verjährung beginnt mit dem Ablauf der Zeit, innerhalb deren hätte gehandelt werden sollen.

Vgl. auch die Anm. zu Art. 46.

Abs. II: Abs. II enthält die Strafdrohungen zu den forstpolizeilichen Geboten und Verboten der Art. 43—45 über die Wald- und Alpenweide und den Schutz der Waldungen vor Feuersgefahr. Der Strafrahmen beträgt jetzt 1 bis 150 Reichsmark.

4. Verstöße gegen Art. 43 (Waldweide): Strafbar sind schuldhafte Zuwiderhandlungen gegen das Verbot:

a) der Waldweide ohne genügende Aufsicht (Art. 43 Abs. I),

b) der Weide in verhängten Orten (Art. 43 Abs. II),

c) der Überschreitung der forstpolizeilich zugelassenen Höchstzahl des Weideviehs bei Plenterbetrieb (Art. 43 Abs. III),

d) der Nachtweide (Art. 43 Abs. IV).

Unter Art. 77 fallen diese Zuwiderhandlungen aber nur, wenn sie vom Waldbesitzer im eigenen Walde begangen werden; die Zuwiderhandlungen Weideberechtigter im fremden Wald sind Forstfrevel nach Art. 88, 89; näheres dort. Unbefugte Weide ist Forstfrevel nach Art. 88. Als Anordnung der Forstpolizeibehörde über die Weide, die auf Art. 43 gestützt ist, kommt nur die Bestimmung der höchsten Zahl des Weideviehs beim Fehmelbetrieb nach Art. 43 Abs. III in Betracht.

Vgl. auch die Anm. zu Art. 43. Mit der Waldweide in besonderen Fällen befaßt sich auch Art. 44 Abs. II (s. unten Anm. 5).

5. Verstöße gegen Art. 44 Abs. I und II (Alpenweide und Waldweide mit besonderen Ordnungen): Strafbar sind schuldhafte Zuwiderhandlungen gegen:

a) die Alpenordnungen bei der Alpenweide (Abs. I),

b) gegen die Weideordnungen bei der Weide in Waldungen mit althergebrachten besonderen Weideordnungen (Abs. II).

Hier sind vom Strafrichter zunächst die bestehenden Ordnungen zu ermitteln. Als Behelf können die von den Forstämtern zu führenden Aufzeichnungen dienen. Unter Art. 77 fallen nur die Zuwiderhandlungen des Alm- und Waldbesitzers auf der eigenen Alm und im eigenen Wald; die Zuwiderhandlungen weideberechtigter Dritter sind Forstfrevel nach Art. 89 Abs. I Ziff. 4. Unbefugte Weide ist Weidefrevel nach Art. 88. In den Fällen des Art. 44 Abs. I und II kommen forstpolizeiliche Anordnungen, deren Übertretung nach Art. 77 Abs. II strafbar wäre, nur in Frage, wenn die Alpen- und Weideordnungen sie ausdrücklich vorsehen.

Vgl. auch die Anm. zu Art. 44 Abs. I und II.

6. Verstöße gegen die feuerpolizeilichen Vorschriften des Art. 45:

a) Geltungsbereich: Strafbar sind schuldhafte Zuwiderhandlungen des Waldbesitzers gegen:

a) die Vorschrift der Anwendung der nötigen Vorsicht beim Feueranmachen und Holzverkohlen (Art. 45 Abs. I und IV),

b) die Vorschrift des Auslöschens eines entzündeten Feuers beim Verlassen der Feuerstätte (Art. 45 Abs. III),

c) ein forstpolizeiliches Verbot des Feueranzündens überhaupt (Art. 45 Abs. II).

Unter Art. 77 fallen nur die Zuwiderhandlungen des Waldbesitzers in bezug auf seinen eigenen Wald; die Zuwiderhandlungen anderer Personen sind Forstfrevel nach Art. 96. Als forstpolizeiliche Anordnung, deren Übertretung unter Art. 77 Abs. II fällt, kommt nur das gänzliche oder beschränkte Verbot des Feueranmachens nach Art. 45 Abs. II in Betracht; der Zusatz in Art. 77 Abs. II „oder Auslöschen von Feuer oder über das Holzverkohlen" bezieht sich nur auf die „Vorschriften des Art. 45".

b) Zusammentreffen: Wenn der Tatbestand des Art. 77 Abs. II mit 45 gegeben ist, dürfte § 368 Ziff. 6 StGB. durch Gesetzeskonkurrenz ausgeschlossen sein; Idealkonkurrenz mit feuerpolizeilichen Anordnungen nach § 368 Ziff. 8 StGB. mit Art. 2 Ziff. 14 PStGB. ist je nach dem Inhalt der Anordnungen möglich; handelt es sich um Brandstiftung (§§ 308, 309 StGB.), so ist umgekehrt Art. 77 Abs. II durch Gesetzeskonkurrenz ausgeschlossen (vgl. des näheren Anm. 2 zu Art. 96).

7. Abs. III (Haftung für die Aufforstungskosten): Abs. III wurde (unter Berufung auf die Ermächtigung des Art. 107 EG.BGB.) i. J. 1908 in das Gesetz aufgenommen; er bildet eine Ergänzung zu Art. 42 Abs. II und wäre richtiger, da er keinen strafrechtlichen Inhalt hat, als Abs. III dem Art. 42 angefügt worden; er bestimmt, daß dann, wenn gemäß Art. 42 Abs. II ein staatliches Forstamt an Stelle des Pflichtigen ein Waldgrundstück wiederaufgeforstet hat, für die entstandenen Kosten, die der verurteilte Aufforstungspflichtige zu tragen hat, auch der Abholzende sowie der Erwerber der aufzuforstenden Waldblöße haftet, sofern diese vom Aufforstungspflichtigen verschiedene Personen sind; die mehreren Verpflichteten haften als Gesamtschuldner (Begr.); der Staat wird sich regelmäßig zunächst an den Verurteilten halten, er kann aber auch sofort die Mithaftenden in Anspruch nehmen. Auf Verlangen werden die Mithaftenden auch zur Leistung von Kostenvorschüssen verpflichtet sein. Eine Aufforstungspflicht und Strafbarkeit wird für die Mithaftenden in Abs. III nicht begründet, nur ein bürgerlichrechtliches Einstehen für eine fremde Verbindlichkeit. Mit der Zivil- oder Drittverantwortlichkeit der Art. 69, 70 hat diese Haftung nur wenig gemein; die Mithaftenden sind nicht Partei im Forstrügeprozeß gegen den Aufforstungspflichtigen.

Die Haftung nach Abs. III tritt nur ein, wenn der Aufforstungspflichtige wegen der Unterlassung der ordnungsmäßigen Aufforstung zu Strafe verurteilt worden ist, da nur dann das Forstamt zur Ersatzaufforstung ermächtigt werden kann (Anm. 14 zu Art. 42). Abs. III hat im wesentlichen einen bürgerlichrechtlichen Inhalt.

Die Haftung nach Art. 77 Abs. III verjährt, um Härten zu vermeiden (Begr.), bereits in fünf Jahren, die Verpflichtung des verurteilten Aufforstungspflichtigen auf Grund Art. 42 Abs. II dagegen erst in dreißig Jahren (§ 195 BGB.). Auf die Verjährung finden §§ 202ff. BGB. Anwendung. Für den Abholzenden beginnt die fünfjährige Verjährungsfrist mit der Entstehung der Waldblöße, für den Erwerber der Waldblöße mit ihrem Erwerb; wann die Waldblöße entstanden ist, ist für die Haftung des Erwerbers gleichgültig. Die Haftung nach Art. 77 Abs. III besteht kraft Gesetzes; sie ist vom Staate durch die Landesfinanzamtszweigstelle, nötigenfalls im Wege der Klage vor den ordentlichen (Zivil-)Gerichten, geltend zu machen (anders gegenüber dem nach Art. 42, 77 Abs. I zur Strafe Verurteilten; VollzB. 1908, III, 4 und § 13 Abs. IV Allg.VollzB. 1879 S. 213).

Die Haftung des Art. 77 Abs. III bezieht sich, wie sich aus seiner Stellung, dem Wortlaut und der Begr. ergibt, nur auf den Fall der forstamtlichen Ersatzaufforstung nach Art. 42 Abs. II, nicht auch nach Art. 78 Abs. II; Art. 77 Abs. III darf nicht erweiternd ausgelegt werden. Daß ein Güterhändlergeschäft inmitte liegt, ist für seine Anwendung nicht Voraussetzung. Die Begr. führt als Beispiel für den Kreis der haftenden Personen den Waldbesitzer an, der seinen Wald abgeholzt und dann vor Ablauf der ihm von der Forstpolizeibehörde gemäß Art. 42 Abs. II gesetzten Aufforstungsfrist (oder schon vor der Fristbestimmung) veräußert hat, so daß er wegen der Nichteinhaltung der Aufforstungsfrist nicht bestraft werden kann (vgl. ObLG. Bd. 4 S. 213; OGHSt. Bd. 7 S. 427); er haftet jetzt wenigstens bis zum Ablauf von fünf Jahren nach der Entstehung der Waldblöße für die Kosten der Aufforstung, wenn einer seiner Nachfolger wegen unterlassener Aufforstung bestraft wird und das Forstamt ersatzweise aufforstet.

Unter dem Abholzenden ist nur der und jeder zu verstehen, der kraft eigener Verfügungsberechtigung (Abg. 1907/08 StenB. Bd. 2 S. 142) auf seine Rechnung abholzt, nicht also die Waldarbeiter, auch wenn sie im Akkord arbeiten; ob dem Abholzenden das Waldgrundstück gehört oder nicht, ist gleichgültig. Der Begriff Abholzung und Lichthauung ist derselbe wie in Art. 42b. Der Abholzende haftet nur für die Kosten der Aufforstung des Teils, den er abgeholzt hat. Der Nachsatz „so daß eine nach Art. 42 aufzuforstende Waldblöße entsteht", bezieht sich auf die Lichthauung sowohl wie die Abholzung. Unter dem Erwerb einer Waldblöße ist der rechtsgeschäftliche Erwerb zu Eigentum (auch im Wege der Zwangsversteigerung) zu verstehen; der bloße Besitzerwerb genügt nicht (vgl. Anm. 6 zu Art. 42a). Nur wer die Waldfläche erwirbt, solange sie Waldblöße ist, haftet. Wenn die Waldblöße den Eigentümer mehrfach wechselt, wird nur der letzte Erwerber haften.

Vgl. auch die VollzB. 1908 Ziff. III S. 213 u. 314.

Forstpolizeiliche Vorschriften und Strafschärfungsgrund zu den Forstpolizeiübertretungen des Art. 75.

Artikel 78[1]. (77/78).

[1]In den Fällen der unerlaubten Rodung oder Erweiterung von Alpenängern und Alpenlichtungen oder des unerlaubten Kahlhiebes oder einer diesem in der Wirkung gleichkommenden Lichthauung in Schutzwaldungen, ferner in den Fällen

der Abschwendung oder einer nach Art. 42b oder 42c unerlaubten Abholzung oder ihr in der Wirkung gleichkommenden Lichthauung kann von der Forstpolizeibehörde[2] das weitere verbotwidrige Verfahren sofort eingestellt[3] werden. Im Falle der Zuwiderhandlung gegen eine solche Anordnung der Forstpolizeibehörde kann die nach Art. 75 auszusprechende Strafe[4] bis zu 6000 Reichsmark für das Hektar der ganzen in Betracht kommenden Waldfläche bemessen werden; Art. 75 Abs. 1 Satz 2 gilt auch in diesem Falle.

II[5] Außerdem kann die Forstpolizeibehörde[2] für die Erhaltung und beziehungsweise Wiederherstellung des Waldes auf Kosten des Beteiligten Fürsorge treffen.

Vollz.B. 1908

IV.

Die Erstreckung des Art. 78 Abs. I auf die angeführten Fälle der Art. 42b u. c soll der Forstpolizeibehörde ein rechtzeitiges wirksames Einschreiten ermöglichen, wenn der Verfügungsberechtigte, um den durch das Gesetz geschaffenen Beschränkungen zu entgehen, ein Waldgrundstück durch Teilhiebe auszuplentern unternimmt.

1. Geltungsbereich: Art. 78 bildet eine Ergänzung des Art. 75; Abs. I Satz 1 und Abs. II sind forstpolizeilicher Natur, Abs. I Satz 2 ist strafrechtlicher Natur. Art. 78 umfaßt sämtliche Fälle des Art. 75:

a) die unerlaubte Rodung,
b) die unerlaubte Erweiterung von Alpenängern oder Alpenlichtungen,
c) den unerlaubten Kahlhieb und die unerlaubte, in der Wirkung gleichkommende Lichthauung in Schutzwaldungen sowie die Zuwiderhandlung gegen die gemäß Art. 39 auferlegten Bedingungen,
d) die Abschwendung,
e) die unerlaubte Abholzung und gleichkommende Lichthauung im Falle der Art. 42b und c (Güterhändlergeschäfte) sowie die Zuwiderhandlung gegen die auferlegten forstpolizeilichen Bedingungen.

Daß in den Fällen c und e auch die Zuwiderhandlungen gegen die auferlegten Bedingungen unter Art. 78 fallen, ist in der Begr. 1908 ausdrücklich ausgesprochen; auch die Mißachtung der auferlegten Bedingungen macht ja den Kahlhieb und die Lichthauung unerlaubt. Art. 78 bestimmt dreierlei:

1. in den bezeichneten Fällen kann die Forstpolizeibehörde die Fortsetzung der verbotenen Handlung sofort einstellen;
2. die Forstpolizeibehörde kann weiter zur Erhaltung oder Wiederherstellung des Waldes auf Kosten des Übertreters vorsorgliche Maßregeln treffen;
3. wenn trotz der ergangenen Einstellungsverfügung nach Ziff. 1 die verbotene Handlung früher oder später fortgesetzt wird, erhöht sich die obere Strafgrenze des Art. 75 Abs. I auf das Doppelte; die untere Grenze (200 Reichsmark für das Hektar, Mindestbetrag 10 Reichsmark) bleibt wie in Art. 75.

Die forstpolizeilichen und strafrechtlichen Bestimmungen des Art. 78 gelten auch gegenüber dem Holzgewinnungsberechtigten des Art. 75 Abs. II. Die Zivilverantwortlichkeit des Waldbesitzers nach Art. 75 Abs. III besteht auch gegenüber der gemäß Art. 78 erhöhten Strafe; der Entlastungsbeweis ist aber nur gegenüber der Handlung nach Art. 75 Abs. I möglich; gelingt dieser nicht, so erstreckt sich die Haftung stets auch auf die nach Art. 78 etwa verwirkte Straferhöhung (vgl. Anm. 3b und d zu Art. 69). Die Strafschärfung des Art. 78 Abs. I Satz 2 trifft die Miturheber des Art. 75 Abs. IV nur, wenn diese auch an der Zuwiderhandlung gegen die Einstellungsverfügung der Forstpolizeibehörde schuldhaft beteiligt sind (vgl. Anm. 14 zu Art. 75).

Art. 78 Abs. I ist (ähnlich wie Art. 20 PStGB.) nur anwendbar, solange das Strafverfahren wegen der unerlaubten Handlung noch nicht rechtskräftig abgeschlossen ist; Abs. II dagegen ist sowohl vor der rechtskräftigen Bestrafung wegen der unerlaubten Handlung wie nachher anwendbar (vgl. Art. 57 des Entwurfes 1846). Abs. I gestattet nur, (negativ) die Fortsetzung der strafbaren Handlung zu verhindern; Abs. II ermächtigt zu positiven Handlungen zum Zwecke der Erhaltung oder Wiederherstellung des Waldes. Besteht die strafbare Handlung in einer Unterlassung, so wird die ersatzweise

Vornahme der gebotenen Handlung nur auf Grund Abs. II, nicht auch auf Grund Abs. I möglich sein. Abs. I und II sind nur anwendbar, wenn die objektiven und subjektiven Merkmale einer der strafbaren Handlungen des Art. 75 gegeben sind. Solange die Forststrafgerichte noch nicht entschieden haben, hat hierüber die Forstpolizeibehörde in den Beschlüssen nach Abs. I und II als Zwischenpunkt zu befinden; wird der Täter dann freigesprochen, so hat die Forstpolizeibehörde die Einstellungsverfügung und die Anordnungen nach Abs. II zurückzunehmen. Der Freigesprochene ist nicht verpflichtet, die nach Abs. II entstandenen Kosten zu tragen, soweit nicht ungerechtfertigte Bereicherung (§§ 812ff. BGB.) vorliegt. Die Einstellung nach Abs. I ist rein vorsorglicher Natur; die Maßnahmen nach Abs. II gehen über das vorsorgliche hinaus, indem sie bezwecken, den gesetzmäßigen Zustand endgültig wiederherzustellen. Durch die Sondervorschrift des Abs. II wird die ähnliche allgemeine Vorschrift des Art. 16 PStGB. ausgeschlossen sein. Die Maßnahmen nach Abs. II können alles umfassen, was zur Erhaltung oder Wiederherstellung des Waldes nach sachverständigem Ermessen notwendig ist. Die Forstpolizeibehörde wird die Durchführung regelmäßig dem Forstamt überlassen. Die Zuwiderhandlung gegen die Einstellungsverfügung des Abs. I ist nicht besonders strafbar; sie kann vom Strafrichter nur bei der Bestrafung der zugrunde liegenden Forstpolizeiübertretung nach Art. 75 berücksichtigt werden und ist daher als ein Strafschärfungsgrund anzusehen, der einzige, der für Forstpolizeiübertretungen besteht (vgl. für die Forstfrevel Art. 59 Ziff. 9); die Strafe für die zugrunde liegende Übertretung kann, muß aber nicht erhöht werden; die Höchststrafe des Art. 75 ist für diesen Fall auf den doppelten Betrag festgesetzt; wenn durch die Straftat ein Vermögensvorteil erlangt wurde, kann auch der doppelte Betrag überschritten werden.

Im einzelnen ist noch zu bemerken:

2. Forstpolizeibehörde — Art. 109 (vor 1896 war der Forstrügerichter zuständig).

3. Einstellung: Durch mündliche oder schriftliche Verfügung; die Einstellung kann nötigenfalls mit den Mitteln des polizeilichen Zwanges durchgesetzt werden. Gegen die Einstellungsverfügung ist Beschwerde zur Forstpolizeistelle möglich nach Art. 112 Abs. II, 109, der jedoch nach dem Sinn und Wortlaut („sofort") der Bestimmung keine aufschiebende Wirkung zukommt. Der Verwaltungsrechtsweg ist in keinem Falle eröffnet. Die Zuwiderhandlungen gegen Art. 42b und c sind nach der Begr. und VollzB. 1908 Ziff. IV (vor allem) deswegen in Art. 78 aufgenommen werden, um der Forstpolizeibehörde ein rechtzeitiges wirksames Einschreiten zu ermöglichen, wenn der Verfügungsberechtigte zur Umgehung der durch das Gesetz geschaffenen Beschränkungen ein Waldgrundstück durch Teilhiebe auszuplentern unternimmt. Die Einstellungsverfügung und die Maßnahmen nach Abs. II können auch zusammen ergehen. Ob die Forstpolizeibehörde von den Befugnissen nach Abs. I und II Gebrauch machen will, steht in ihrem pflichtgemäßen Ermessen. Hat der Übertreter der Einstellungsanordnung gehorcht, so ist die Strafe für die Zuwiderhandlung nach dem Strafrahmen des Art. 75 Abs. I festzusetzen, hält er sich an die Einstellungsanordnung nicht, nach dem Strafrahmen des Art. 78. Auch die neuerliche Zuwiderhandlung kann wieder eingestellt werden.

Die Polizeibehörden und -organe können und müssen auf Grund der allgemeinen Polizeigesetze (Anm. 2 und 3 vor Art. 34) auch alle anderen strafbaren Handlungen einstellen.

4. Straferhöhung: Unter der ganzen in Betracht kommenden Waldfläche ist die Waldfläche zu verstehen, die nach Art. 75 Abs. I für die Bemessung der Strafe zugrunde zu legen ist; es ist nicht bloß die Fläche zugrunde zu legen, die nach der Einstellung noch unerlaubt gerodet wurde usw., sondern die ganze unerlaubterweise gerodete Fläche einschließlich des vor der Einstellung gerodeten Teils.

5. Abs. II:

a) Geltungsbereich: Abs. II ist rein forstpolizeilicher Natur. Die in ihm vorgesehenen Maßnahmen sind nur in den Fällen des Art. 78 Abs. I zulässig; Abs. II ermächtigt, abgesehen von den Fällen des Abs. I, nicht etwa die Forstpolizeibehörden, auf Kosten der Beteiligten allgemein die Maßnahmen zu treffen, die zur Erhaltung und Wiederherstellung der Wälder nötig sind.

Die Forstpolizeibehörde kann jedoch grundsätzlich auch sonst gegenüber strafbaren Handlungen die zur Erhaltung und Wiederherstellung des Waldes nötigen Maßnahmen auf Kosten des Täters treffen; Rechtsgrundlage ist dann aber nicht Art. 78 Abs. II, sondern die einschlägigen besonderen Vorschriften des Forstgesetzes (z. B. Art. 46 Abs. III) und die allgemeinen polizeilichen Bestimmungen (s. Anm. 2 und 3 vor Art. 34).

b) Forstpolizeiliche Maßnahmen: s. Anm. 1. Am häufigsten wird die Wiederaufforstung in Frage kommen; hiezu wird die Forstpolizeibehörde den Pflichtigen zunächst auffordern, den Wald innerhalb einer bestimmten Frist wiederaufzuforsten, widrigenfalls das Forstamt die Aufforstung auf seine Kosten besorgen würde; versäumt der Pflichtige die Frist, so kann das Forstamt (anders als nach Art. 42) auf Ersuchen der Forstpolizeibehörde auch ohne gerichtliches Urteil die Ersatzaufforstung durchführen; daneben ist wegen der Nichtbefolgung des Aufforstungsauftrags Bestrafung nach Art. 77 Abs. I möglich; der Frevel nach Art. 78 Abs. I mit 75 Abs. I (unerlaubte Kahlhiebe usw.) steht dann zu dem Frevel nach Art. 77 Abs. I (Unterlassung der aufgetragenen Wiederaufforstung) in Realkonkurrenz: für die ersatzweise Aufforstung durch das Forstamt bestehen dann zwei Rechtsgrundlagen: der Beschluß der Forstpolizeibehörde nach Art. 78 Abs. II und die Ermächtigung durch das Forstrügegericht nach Art. 42 Abs. II; die Aufforstungskosten auf Grund Art. 78 Abs. II sind im Wege der Zivilklage, die auf Grund Art. 42 Abs. II wie die Kosten des Strafverfahrens einzuziehen.

Die Forstpolizeibehörde hat auch im Falle des Abs. II einen Beschluß zu erlassen, der dem Beteiligten bekanntzugeben ist und von ihm nach Art. 109, 112 mit Beschwerde angefochten werden kann; der Beschwerde kann nach dem Sinn des Abs. II keine aufschiebende Wirkung zukommen. Der Verwaltungsrechtsweg ist nicht eröffnet.

c) Kosten: Unter dem Beteiligten ist derjenige zu verstehen, der wegen der unerlaubten Rodung usw. bestraft wird. Die Kosten sind nötigenfalls im Wege des Zivilprozesses wie nach Art. 77 Abs. III durch die Landesfinanzamtszweigstelle einzuklagen; der Staat wird vom Pflichtigen die Leistungen von Vorschüssen verlangen können; für den Erfolg der Klage ist Voraussetzung, daß der Beklagte eine strafbare Handlung nach Art. 75 Abs. I oder II begangen hat; daß die forstpolizeiliche Maßnahme geboten oder zweckmäßig war, ist nicht erforderlich, sie muß nur gesetzlich zulässig gewesen sein. Wenn das Forststrafgericht den Beteiligten von dem Frevel freispricht, s. Anm. 1.

Sicherheitsleistung kann im Falle des Art. 78 Abs. II nicht verlangt werden (Abg. 1895/96 StenB. Bd. 8 S. 377).

B. Forstfrevel.

Der Abschnitt B (Art. 79—108) der „Besonderen Bestimmungen" (Art. 75—108) zählt die einzelnen Tatbestände auf, die als Forstfrevel zu bestrafen sind. Der allgemeine Teil des Forststrafrechts ist enthalten in den Art. 48—74 (Ziff. I der vierten Abteilung). Der Begriff des Forstfrevels insbesondere ist umschrieben in Art. 49. Der Abschnitt B zerfällt in vier Unterabschnitte:

1. die Forstfrevel durch Entwendung (Art. 79—87),
2. die Forstfrevel durch Beschädigung, Übertretung forstpolizeilicher Bestimmungen und andere Gefährden (Art. 88—100),
3. Rückfälle und Gewohnheitsfrevel (Art. 101),
4. Besondere Bestimmungen (Art. 106—108).

Vgl. auch die Vorbemerkung zu den Forstpolizeiübertretungen vor Art. 75. Rechtsnatur der Forstfrevel im materiellrechtlichen und verfahrensrechtlichen Sinn s. S. 249 f.

1. Forstfrevel durch Entwendung.

Der praktisch besonders wichtige Unterabschnitt Ziff. 1 (Art. 79—87) enthält in acht Artikeln die Tatbestände der Forstfrevel, die durch Entwendung von Walderzeugnissen begangen werden; Art. 81 und 83 Abs. III bestimmen, daß die Entwendung von Holz und Rinde, an denen bereits eine gewisse Arbeit geschehen ist, als gemeiner Diebstahl zu bestrafen sei.

1. Begriff der Entwendung:

a) Begriffsbestimmung: Der Begriff Entwendung im Sinne der Art. 79ff. wurde bis in die neueste Zeit von Schrifttum und Rechtsprechung übereinstimmend als gleichbedeutend mit Diebstahl nach § 242 StGB. behandelt. Das Urteil des Obersten Landesgerichts Bd. 20 S. 274 hat eine grundlegende Änderung gebracht. (Der Verwaltungsgerichtshof hatte für das Jagdgesetz — Art. 19 Ziff. 4 — bereits in der Entscheidung Bd. 7 S. 255 und später wiederholt einen ähnlichen Standpunkt eingenommen.) Das Urteil führt aus:

„Die Strafkammer ist allerdings davon ausgegangen, daß eine Entwendung im Sinne des Art. 79 nur dann vorliegt, wenn alle Voraussetzungen eines Diebstahls nach § 242 StGB. gegeben sind. Diese Auffassung steht zwar im Einklang mit der ständigen sich bis in die jüngste Zeit fortsetzenden Rechtsprechung des Obersten Gerichtshofes, des Oberlandesgerichts München und des Obersten Landesgerichts. Es kann aber an ihr bei erneuter rechtlicher Prüfung nicht uneingeschränkt festgehalten werden. Der strafrechtliche Begriff des Forstfrevels durch Entwendung im Sinne des Art. 79 ist dem § 242 StGB. gegenüber selbständig. Bei seiner Auslegung sind nicht die zur Zeit der Begehung der abzuurteilenden Tat geltenden Bestimmungen des allgemeinen Strafgesetzes über den Diebstahl, sondern diejenigen des zur Zeit der Entstehung des Forstgesetzes in Geltung stehenden allgemeinen Strafgesetzes, des Strafgesetzbuches für das Königreich Bayern vom 16. Mai 1813 heranzuziehen. Schon aus der Begründung zum Entwurfe des Forstgesetzes (KammerVerh. Beil.Bd. I 1851 S. 630) ergibt sich, daß sich der Begriff der Entwendung im Sinne des Forstgesetzes mit demjenigen des Diebstahls nach § 242 StGB. nicht deckt. Nach der Begründung zu Art. 70 des Entwurfs besteht das Charakteristische der in dem Forstgesetze behandelten Entwendungen in dem besonderen Schaden, der außer dem Verlust des entwendeten Gegenstandes durch die Entwendung zugefügt wird und der bei Freveln am grünen Holz namentlich in der durch die Störung des Wachstums und Bestandes bedingten Beeinträchtigung des Waldertrages besteht. Der Begriff der Entwendung im Sinne des Forstgesetzes ist also, insoweit Frevel am grünen Holz in Frage stehen, ein inhaltsreicherer als nach dem gewöhnlichen Sprachgebrauch und auch nach dem Strafgesetzbuch vom 16. Mai 1813. In letzterem wird in Art. 209 der Diebstahl als die wissentliche eigenmächtige Besitznahme eines fremden beweglichen Gutes ohne Einwilligung des Berechtigten, jedoch ohne Gewalt an einer Person, um dasselbe rechtswidrig als Eigentum zu haben, umschrieben. In dem den Strafrahmen zu Art. 209 enthaltenden Art. 215 wird der in Art. 209 umschriebene Tatbestand als Entwendung bezeichnet; ebenso in der Überschrift dieses Abschnittes des Strafgesetzbuches (2. Buch, 3. Kap.). Wenn das Forstgesetz sich im Art. 79 des gleichen Ausdruckes bedient, so ist anzunehmen, daß es sich der Ausdrucksweise des allgemeinen Strafgesetzes anschließen wollte. Auch in Art. 80 findet sich hinsichtlich der Wegnahme von liegendem, durch den Wind oder ein sonstiges Naturereignis zur Erde niedergeworfenem, noch nicht verarbeitetem Holz und von völlig abgestorbenen, noch stehenden Stämmen oder Ästen die Bezeichnung „Entwendung". In der Begründung zu dem dem Art. 80 FG. entsprechenden Art. 71 des Entwurfs ist bemerkt, daß sich die in diesem Artikel behandelte Kategorie von Forstentwendungen von der in dem vorhergehenden Artikel (70 des Entwurfs, 79 des Ges.) behandelten dadurch unterscheidet, daß dabei eine besondere Beschädigung nicht vorkommt, also ausdrücklich hervorgehoben, daß der Tatbestand dieser Vorschrift dem gewöhnlichen Begriffe der Entwendung gegenüber keine Besonderheit darbietet. Es ist nun darauf hinzuweisen, daß der Art. 209 des Strafgesetzbuches vom 16. Mai 1813 das Tatbestandsmerkmal der Entwendung aus fremdem Gewahrsam nicht enthält. Erst in dem Strafgesetzbuch vom 10. November 1861 tritt es in dem den Diebstahl behandelnden Art. 271 hervor. Auch das Forstgesetz läßt im ganzen Zusammenhange seiner Vorschriften nirgends ersehen, daß es eine Bestrafung von Forstfreveln nur dann eintreten lassen will, wenn die Entwendung aus dem Gewahrsam eines Anderen vorgenommen wird. Es betrachtet vielmehr in Art. 49 als Forstfrevel alle in den Art. 79 bis 105 bezeichneten Entwendungen, Beschädigungen, Zuwiderhandlungen gegen die forstpolizeilichen Bestimmungen und anderen Gefährden, welche im fremden Walde begangen werden. Es macht also die Bestrafung lediglich davon abhängig, daß der Forstfrevel in einem fremden, dem Täter nicht gehörigen Walde begangen wird, ohne daß ein fremder Gewahrsam an diesem und das Bewußtsein des Täters von dem Bestehen eines solchen erfordert wird. Es kennt dementsprechend auch keine Begehung eines Forstfrevels durch Unterschlagung. Die Aufstellung des Erfordernisses der Entwendung aus fremdem Gewahrsam würde auch mit dem Zwecke des Forstgesetzes, nicht nur Beeinträchtigungen des Eigentumsrechtes an Waldgrundstücken und Walderzeugnissen hintanzuhalten, sondern auch den Bestand der Waldungen im öffentlichen Interesse und aus volkswirtschaftlichen Erwägungen zu schützen, nicht im Einklang stehen. Auch die Begründung zu dem Entwurfe des Forstgesetzes (S. 625) bezeichnet als das verletzte Rechtsgut bei Forstfreveln zunächst das forstpolizeiliche Interesse, welches die Staatsgemeinschaft an der Erhaltung und dem Gedeihen der Waldungen hat, und daneben die in Frage kommenden fremden Rechte. Daß diesem Grundgedanken durch eine Einengung des Tatbestandes des Forstfrevels durch Einführung des Erfordernisses des Bestehens eines Gewahrsams an der fremden Waldung nicht entsprochen würde, ist nicht zu verkennen. Auch an dem Schutze eines vorübergehend besitzrechtlich herrenlosen Waldes ist die Staatsgemeinschaft interessiert. Es kann nicht die Absicht des Gesetzgebers sein, solche Wälder Eingriffen Unberechtigter ohne strafgesetzliche Hemmung auszusetzen. Es ist vielmehr ohne weiteres klar, daß solche Waldungen des strafrechtlichen Schutzes noch in erhöhtem Maße bedürfen.

Es ist nun aber weiter auch nicht einzusehen, in welcher Weise die bedingungslose Heranziehung des § 242 StGB. bei der Anwendung des Art. 79 FG. begründet werden kann. Nach Art. 4 des Gesetzes, den Vollzug der Einführung des Strafgesetzbuchs für das Deutsche Reich betr., vom 26. 12. 1871, kommen auf diejenigen Handlungen, welche nach besonderen, neben dem Strafgesetzbuch für das Deutsche Reich bestehenden Landesgesetzen mit Strafe bedroht sind, die in der Einleitung aus dem ersten Teile des Reichsstrafgesetzbuches enthaltenen Vorschriften insoweit zur Anwendung, als nicht nach dem Inhalte der einschlägigen Landesgesetze anderes bestimmt ist. Die Anwendung der in dem 2. Teile, welchem der § 242 angehört, enthaltenen Vorschriften kann also nicht ohne weiteres in Frage kommen. Es ist auch nach allgemeinen Auslegungsgrundsätzen nicht angängig, zur Auslegung von älteren strafrechtlichen Vorschriften jüngere auf wesentlich anderen Grundlagen beruhende zu verwenden. Wenn das Bedürfnis der Auslegung die Heranziehung des allgemeinen Strafgesetzes bei der Anwendung eines Einzelgesetzes erfordert, dann kann nur das zur Zeit der Entstehung des letzteren in Geltung stehende allgemeine Strafgesetz in Frage kommen. Es kann naturgemäß immer nur Gegenstand der Untersuchung sein, ob eine Vorschrift des Einzelgesetzes gegenüber dem zur Zeit seiner Erlassung in Kraft stehenden allgemeinen Strafgesetz eine Besonderheit enthält, nicht aber, ob sich das Einzelgesetz von einem zur Zeit seiner Entstehung noch gar nicht vorhandenen Gesetz in seinen Grundlagen entfernt hat und entfernen wollte. Anderseits kann aber auch, wenn ein Einzelgesetz der Ergänzung bedürftige Tatbestandsmerkmale darbietet, diese Ergänzung folgerichtig nur dem zur Zeit seiner Entstehung vorhandenen allgemeinen Strafgesetz entnommen werden. § 242 StGB. kann also bei der Anwendung des Art. 79 FG. nicht ausschlaggebend sein; als hilfsweise heranzuziehendes Gesetz kann in erster Linie nur das Strafgesetzbuch vom 16. Mai 1813 in Betracht kommen." Ähnlich neuerdings ObLG. Bd. 21 S. 268 und die folgende ständige Rechtsprechung.

Entwendung ist auf Grund des StGB. von 1813 und damit des Forstgesetzes die wissentliche eigenmächtige Inbesitznahme eines fremden beweglichen Gutes ohne Einwilligung des Berechtigten, jedoch ohne Gewalt an einer Person, um dasselbe rechtswidrig als Eigentum zu haben. Hiernach entspricht der Begriff Entwendung im Sinne des Forstgesetzes dem Begriff des Diebstahls im Sinne des § 242 StGB. mit der einzigen Ausnahme, daß der für diesen Begriff geforderte Bruch eines fremden Gewahrsams für den Entwendungsbegriff nicht erforderlich ist. Im übrigen kann aber die Rechtsprechung zum Diebstahlsbegriff auch für die Auslegung des Entwendungsbegriffs herangezogen werden.

Eines Forstfrevels durch Entwendung macht sich also schuldig, wer die vorstehend beschriebenen Entwendungshandlungen in einem fremden Walde an den in den Art. 79 ff. aufgezählten Forsterzeugnissen begeht in der Absicht, sie sich rechtswidrig anzueignen.

b) Die Entwendungshandlung: Die äußere Handlung besteht in der Besitznahme des Forsterzeugnisses, d. h. der Täter muß das Erzeugnis in seine Verfügungsgewalt („körperliche, physische Detention", amtliche Erläuterungen zum Strafgesetzbuch 1813, Bd. 2 S. 99) bringen. Der Täter muß wie beim Diebstahl nach dem StGB. einen eigenen Gewahrsam begründen. Nicht erforderlich ist der Bruch eines fremden Gewahrsams; dadurch unterscheidet sich, wie unter a näher ausgeführt, die Entwendung des Forstgesetzes vom Diebstahl des StGB.; die Entwendung verlangt keine Wegnahme, nur ein Ansichnehmen.

Dies gilt für alle Entwendungsfrevel, auch z. B. das Holen von Dürrholz nach Art. 84. Es muß ein äußerlich erkennbares, tatsächliches Herrschaftsverhältnis begründet sein; das ist z. B. anzunehmen, wenn stehendes Holz gefällt (Art. 79), eine Pflanze ausgehoben (Art. 82), liegendes Holz vom Boden aufgenommen (Art. 80), Streu gerecht (Art. 85), Harz vom Stamm abgenommen ist (Art. 87). Mit dem Wegfahren braucht regelmäßig noch nicht begonnen zu sein (vgl. ObLG. Bd. 4 S. 205, Bd. 5 S. 307; ObLG. Bd. 3 S. 299; OLGM. Bd. 4 S. 544, Bd. 2 S. 458, Bd. 3 S. 208, Bd. 6 S. 555). Wenn ein Baum vom Frevler abgesägt und nur ein Teil nach Hause geschafft, der andere im Wald versteckt worden ist, so ist der Frevel hinsichtlich des ganzen Baumes mit der Vollendung der Fällung beendigt und der Strafberechnung daher der ganze Stamm zugrunde zu legen.

Vollendet ist (beim Vorliegen des inneren Tatbestandes) die Entwendung, wenn die Besitzergreifung vollendet ist (vgl. StGB. von 1813 Art. 210: „sobald der Täter die Sache von ihrer Stelle hinweg zu sich genommen oder sonst in seine Gewalt gebracht hat").

Wenn die Fällung begonnen, aber nicht vollendet wurde, so liegt kein vollendeter Forstfrevel durch Entwendung vor; der Versuch eines Forstfrevels ist nicht strafbar; wohl aber kann in diesem Falle ein anderes Delikt, z. B. ein Forstfrevel begangen durch Beschädigung (Art. 95) vorliegen.

Die Entwendung des vom Waldbesitzer gefällten Stammes (Art. 79) ist regelmäßig vollendet, wenn der Frevler mit der Zurichtung begonnen hat, selbst wenn die Lage des Stammes nicht verändert worden ist (ObLG. RR. I Nr. 429/1929 vom 3. 7. 1929).

c) Absicht rechtswidriger Zueignung: Der Frevler muß das fremde Forsterzeugnis in seinen Besitz nehmen, um es rechtswidrig als Eigentum zu haben (Art. 209 des StGB. von 1813); diese Voraussetzung ist gleichbedeutend mit der Absicht der rechtswidrigen Zueignung nach § 242 StGB.

(ObLG. Bd. 24 S. 88). Die Absicht der rechtswidrigen Aneignung ist ein Tatbestandsmerkmal der Entwendungsfrevel. Rechtswidrig ist die Aneignung, wenn sie ohne rechtliche Befugnis geschieht. Die bedingt unbefugte Zueignung ist der unbedingt unbefugten gleichgestellt (ObLG. Bd. 4 S. 62).

α) Aneignung: Unter Aneignung ist die Gewinnung der Sache ihrem wirtschaftlichen Werte nach in der Absicht, andere davon auszuschließen, zu verstehen. Fällung eines Baumes, um das Holz zu verbrennen, ist regelmäßig Aneignung, auch wenn das Verbrennen an Ort und Stelle geschieht. Zueignung ist auch die Veräußerung und jedes andere Weitergeben der Sache, das sie dem Berechtigten entzieht, gleichgültig, ob dieses entgeltlich oder unentgeltlich geschieht (vgl. RGSt. Bd. 47 S. 324, Bd. 48 S. 58). Voraussetzung ist aber, daß der Täter zunächst für sich selbst ein eigentumsähnliches Verhältnis an den Forsterzeugnissen begründen und sodann das angemaßte Eigentum gleichsam dem Dritten übertragen wollte. Hat der Täter dagegen die Absicht, unmittelbar für den Dritten das eigentumsähnliche Verhältnis zu begründen, so begeht er keinen Forstfrevel durch Entwendung (ObLG. Bd. 21 S. 269; hier hatte ein Bediensteter ohne Wissen seines Herrn für diesen andere als die von der Forstbehörde angewiesenen Stämme gefällt; die Verurteilung der Vorinstanzen wegen eines Forstfrevels durch Entwendung wurde nicht gebilligt; Freisprechung trat nicht ein, es wurde vielmehr ein Forstfrevel nach Art. 93 Ziff. 6 angenommen; ähnlich ObLG. Bd. 24 S. 84; hier wurde ein Beschädigungsfrevel nach Art. 95 Abs. I angenommen). Wenn der Täter in Ausführung eines vom Geschäftsherrn erteilten Auftrages bei der Begehung eines Forstfrevels durch Entwendung nur für diesen, nicht für sich handeln wollte und handelte, so kann er nur als Gehilfe nach Art. 56 gestraft werden, vorausgesetzt, daß der Auftraggeber seinerseits den Tatbestand eines Forstfrevels durch Entwendung verwirklicht hat (durch Miturheberschaft); ist letzteres nicht der Fall, so ist zu prüfen, ob jener nicht nach Art. 93 Ziff. 6 oder Art. 95 Abs. I zu strafen ist (ObLG. Bd. 24 S. 88). Wegnahme zu vorübergehendem Gebrauch (vgl. furtum usus) ist keine Entwendung und kann nicht nach Art. 79—87 bestraft werden; wohl aber kann z. B. Art. 95 einschlagen (teilweise abweichend ältere Erkenntnisse des Bayerischen Obersten Gerichtshofs). Liegt kein Forstfrevel vor, so kann u. U. Betrug oder Untreue in Betracht kommen.

β) Rechtswidrigkeit: s. Eingang der Anm. c. Auch die Fällung eines Maibaumes in einem fremden Walde ohne Einwilligung des Waldbesitzers ist rechtswidrig; dem steht ein etwaiger Volksbrauch nicht entgegen (vgl. Art. 190); ObLG. Bd. 21 S. 304. Wenn aber der Täter auf Grund der allgemeinen Volkssitte bei der Wegnahme des Baumes angenommen hat, der Waldbesitzer habe gegen die Wegnahme des Maibaumes aus seinem Walde nichts einzuwenden, er sei vielmehr damit einverstanden, so ist der für den Tatbestand eines Forstfrevels erforderliche Vorsatz bezüglich der Rechtswidrigkeit der Zueignung nicht gegeben; hat der Täter mit der Möglichkeit gerechnet, der Waldbesitzer werde vielleicht mit der Wegnahme des Maibaumes nicht einverstanden sein, diese Möglichkeit aber in der Erwartung, der Waldeigentümer werde die Entwendung nicht entdecken oder im Falle der Entdeckung durch eine Entschädigung sich beschwichtigen und abfinden lassen, in Kauf genommen, so kommt bedingter Vorsatz in Betracht, der zur Bestrafung ausreicht (ObLG. RR. I 352/1928).

Wenn der Waldbesitzer nach der widerrechtlichen Besitzergreifung zum Zwecke der unerlaubten Aneignung, z. B. nach dem Zusammenrechen des Laubes (Art. 85), die Erlaubnis zur Abfuhr erteilt, bleibt es nach wie vor ein Forstfrevel durch Entwendung (OLGM. Bd. 3 S. 537). Ähnlich ObLG. Bd. 21 S. 304: Nachträgliche Einwilligung oder Verzeihung des Waldbesitzers ist auf die Strafbarkeit des vorher begangenen Forstfrevels ohne Einfluß. Die Annahme des Täters, der Eigentümer werde die Zueignung nachträglich genehmigen, kann daher das Bewußtsein der Rechtswidrigkeit nicht ausschließen (ObLG. RR. I 352/1928).

Wer auf Grund eines mit der Gemeinde abgeschlossenen Pachtvertrags innerhalb der Pachtzeit Streu im Gemeindewald zusammengerecht hat und sie nach Ablauf der Pachtzeit aus dem Walde wegführt, begeht keinen Forstfrevel durch Entwendung (Art. 85), da er durch das Zusammenrechen an der Streu Besitz und Eigentum erworben hatte (OAG. 23. 5. 1868; S. w. E. II 238).

Rechtswidrige Aneignung liegt auch bei einem Forstberechtigten, dessen Berechtigung durch das Erfordernis der vorherigen Anweisung beschränkt ist, vor, wenn er sein Holzbezugsrecht usw. ausübt, ohne die Anweisung abzuwarten oder soweit er sie überschreitet (vgl. Art. 49 Abs. II und S. 139 Anmerkung c).

Zur Rechtswidrigkeit der Entwendung sei auch kurz auf das sog. Überfallsrecht eingegangen: Früchte, die von einem Baume oder einem Strauche auf ein Nachbargrundstück hinüberfallen, gelten als Früchte dieses Grundstücks. Diese Vorschrift findet keine Anwendung, wenn das Nachbargrundstück dem öffentlichen Gebrauche dient (§ 911 BGB.). Zu den Früchten zählen z. B. Tannzapfen, Eicheln, auch Baumblätter, die als Streu oder Dünger dienen können (OLGMSt. Bd. 3 S. 380), nicht aber die Äste. Das Eigentum an den hinübergefallenen Früchten erwirbt mit dem Fall der Eigentümer des Nachbargrundstücks (§ 953 BGB.) bzw. der Nießbrauchberechtigte oder Pächter (§§ 954, 956 BGB.). Wodurch die Früchte zu Fall gekommen sind, ist gleichgültig. Als hinübergefallen sind nur jene Früchte anzusehen, die unmittelbar nach ihrer Trennung vom Baum auf das Nachbargrundstück gefallen sind; letzteres ist auch noch anzunehmen, wenn sie zunächst auf den Boden des Baumeigentümers aufgeschlagen und dann erst über die Grenze gerollt sind. Dagegen sind Früchte, die schon ruhig auf dem Grundstück des Baumeigentümers gelegen sind und dann von einem Sturmwind über die Grenze geweht wurden, nicht hieher zu rechnen (z. B. das aus einem Wald auf eine benachbarte Wiese gewehte Laub (OLGMSt. Bd. 3 S. 380). Dient das Nachbargrundstück dem öffentlichen Gebrauch, ist es z. B. ein öffentlicher Weg, so bleiben die darauf gefallenen Früchte im Eigentum des Baumeigentümers, bis er das Eigentum daran aufgibt (§ 959 BGB.). Das letztere wird bei den Waldfrüchten, die auf einen öffentlichen Weg fallen, nach der Erfahrung regelmäßig anzunehmen sein. Der Nachbar, der das Eigentum an den herübergefallenen Früchten erworben hat, kann an ihnen keine Entwendung begehen. S. auch den Abriß „Forstgesetz und bürgerliches Recht" Ziff. 4d S. 42.

d) Innerer Tatbestand (Schuld): Die Forstfrevel überhaupt können sowohl vorsätzlich wie fahrlässig begangen werden, soweit sich nicht aus einer besonderen Vorschrift oder aus der Natur des einzelnen Frevels etwas anderes ergibt (ObLG. Bd. 6 S. 339). Die Forstfrevel durch Entwendung können nur vorsätzlich begangen werden. Dies ergibt sich aus dem Begriff der Entwendung. Der Vorsatz verlangt bewußtes und gewolltes Handeln; er muß insbesondere umfassen:

a) das Bewußtsein, daß die Tat in einem fremden Walde geschieht,
b) das Bewußtsein, daß zu der Handlung kein Recht besteht,
c) die Absicht, sich das Forsterzeugnis anzueignen.

Dolus eventualis (bedingter Vorsatz) genügt (ObLG. Bd. 21 S. 304), d. h. als vorsätzlich handelnd wird auch angesehen, wer zwar nicht alle zum gesetzlichen Tatbestand gehörenden Tatumstände kennt, sie aber für möglich hält und die Tat trotzdem will. Wenn der Täter ein Tatbestandsmerkmal nicht kennt und auch nicht bedingten Vorsatz hat, kann er wegen Forstfrevels durch Entwendung nicht bestraft werden, gleichgültig, worauf die Unkenntnis beruht (Fahrlässigkeit, Irrtum, sog. guter Glaube).

Im einzelnen sei hiezu bemerkt:

Wenn für eine Holzfällung in einem Gemeindewalde auf Grund Art. 7 FG. forstpolizeiliche Genehmigung notwendig ist und die Gemeindeangehörigen in der Meinung, schon durch die Erlaubniserteilung des aufgestellten Forsttechnikers zur Fällung berechtigt zu sein, die Fällung vornehmen, so ist darin kein Forstfrevel durch Entwendung zu erblicken (OAG. 27. 1. 1868 S. w. E. II 54; ähnlich OAG. 1. 4. 1876 Bd. 6 S. 167 für Streu, Art. 85).

Ein Holzarbeiter, der bei der Ausführung eines ihm aufgetragenen Holzhiebes die Grenze des Waldes des Auftraggebers überschritten und in einem fremden Walde Holz gefällt hat, kann nur dann wegen eines Forstfrevels durch Entwendung bestraft werden, wenn er die Grenzüberschreitung gekannt hat; hat er sie nicht gekannt, so kann der Auftraggeber auch nicht für zivilverantwortlich erklärt werden (Art. 69); den Geschädigten stehen aber die bürgerlichrechtlichen Ansprüche zu, z. B. Schadenersatzanspruch § 831 BGB.; Bereicherungsanspruch §§ 812ff.; Herausgabeanspruch §§ 985ff. (OAG. 3. 1. 1868, S. w. E. Bd. 2 S. 1). Wird ein gutgläubiger Bediensteter von einem bösgläubigen Dienstherrn beauftragt, in einem fremden Walde für den Dienstherrn Holz zu fällen, so begeht der Dienstherr einen Forstfrevel durch Entwendung in mittelbarer Täterschaft; der Bedienstete ist straffrei. Sind Dienstherr und Bediensteter in diesem Falle bösgläubig, so sind beide wegen Forstfrevels durch Entwendung im Zusammenwirken zu verurteilen (Art. 56).

Der innere Tatbestand muß bei der Begehung des äußeren gegeben sein. Glaubt der Täter infolge eines aus der Unkenntnis der Zivilgesetze hervorgegangenen Irrtums an dem von ihm weggenommenen Gegenstand schon vor der Wegnahme Eigentum erworben zu haben, so kann er nicht wegen eines Entwendungsfrevels bestraft werden (vgl. ObLG. Bd. 5 S. 184).

Ein Forstberechtigter befindet sich in keinem ihn befreienden Irrtum (guten Glauben), wenn der Waldbesitzer ein Verbot oder einen Widerspruch gegen die beanspruchte Berechtigung oder deren Umfang erlassen hatte und dieser Umstand dem Forstberechtigten zur Zeit der Tat bekannt war (ObLG. Bd. 12 S. 162).

e) Geltungsbereich: Wie aus der Überschrift des Abschnittes hervorgeht, handelt es sich bei allen Artikeln des Abschnittes (mit Ausnahme der Art. 81 und 83 Abs. III) um Forstfrevel begangen durch Entwendung, gleichgültig, ob dieser Ausdruck oder ein anderer gebraucht ist (Schälen und Zueignen in Art. 83; Holen in Art. 84 und 85 Abs. I; unerlaubte Zueignung in Art. 85 Abs. II; Pecheln in Art. 87); auch in den letzteren Fällen müssen zur Bestrafung alle Entwendungsmerkmale gegeben sein.

Nicht zu den Forstfreveln durch Entwendung zählt kraft ausdrücklicher gesetzlicher Bestimmung die unbefugte Wegnahme von Bodenbestandteilen nach Art. 94 Ziff. 5. Das Gesetz geht davon aus, daß bei diesem Delikt der Gesichtspunkt der Beschädigung vorherrsche; näheres dort.

2. Gegenstand der Entwendung:

a) Fremdes, bewegliches Gut: Ein Entwendungsfrevel kann nur an einem beweglichen Gut begangen werden; es genügt, wenn das Gut erst durch den Täter zu einem beweglichen gemacht wird, z. B. durch Fällung eines stehenden Baumes. Das Gut muß weiter ein fremdes sein, d. h. im Eigentum einer andern natürlichen oder juristischen Person stehen. An herrenlosen Sachen kann kein Entwendungsfrevel begangen werden; herrenlos wird eine bewegliche Sache dann, wenn der Eigentümer in der Absicht auf das Eigentum zu verzichten, den Besitz der Sache aufgibt (§ 959 BGB.); im Walde abgefallenes Dürrholz ist regelmäßig nicht herrenlos, auch wenn es der Waldbesitzer liegen läßt. An Sachen, die im Eigentum des Täters stehen, kann kein Entwendungsfrevel begangen werden; damit ist aber nicht gesagt, daß der Waldeigentümer an den Erzeugnissen seines Waldes niemals einen Entwendungsfrevel begehen kann; steht der Besitz am Walde einem anderen als dem Waldeigentümer zu (auf Grund eines dinglichen oder persönlichen Rechtes), so sind regelmäßig die Erzeugnisse des Waldes von der Trennung vom Waldboden an für den Waldeigentümer fremde; denn mit der Trennung erwirbt regelmäßig der Waldbesitzer, nicht der Waldeigentümer das Eigentum an den Erzeugnissen (§§ 953 ff., 954, 956 BGB.); diese Folge ist in Art. 49 Abs. III ausdrücklich ausgesprochen. Weiter kann der Waldeigentümer Entwendungsfrevel begehen, auch wenn er Waldbesitzer ist, soferne ihm nicht der alleinige Besitz zusteht, er also nur Mitbesitzer ist. Anderseits kann ein Waldbesitzer (Alleinbesitzer) an den Erzeugnissen seines Waldes keinen Entwendungsfrevel begehen, auch wenn er nicht Waldeigentümer ist. Der Waldbesitzer kann an einer in seiner Verfügungsmacht befindlichen Sache keine Entwendung begehen (ObLG. RR. I 429/1929).

Wenn jemand das Holz seines Waldes auf dem Stamm zur Abholzung verkauft und vor Beginn der Abholzung das Waldgrundstück an einen andern veräußert, dem er vom Verkauf des Holzes Kenntnis gibt, so erwirbt der Holzkäufer mit der Fällung des Holzes das Eigentum hieran (RGZ. Bd. 78 S. 35; § 956 BGB.). Vgl. auch S. 33 Anm. 2 und S. 138 Anm. b (Eigentumserwerb der Forstberechtigten); an den Walderzeugnissen, an denen der Forstberechtigte bereits das Eigentum erworben hat, kann er keinen Entwendungsfrevel mehr, wohl aber einen anderen Frevel (z. B. nach Art. 90—92, 93 Ziff. 6) begehen.

Fremdes Gut (nämlich Eigentum der Gemeinde als Rechtspersönlichkeit) ist insbesondere für die Gemeindeverwaltung und Gemeindeangehörigen der Gemeindewald (näheres S. 254 Anm. 4c); wenn die Gemeinderechtler den Holzbestand eines Waldes ohne die nach Art. 7 erforderliche Genehmigung der Abweichung vom Wirtschaftsplan und ohne die nach Art. 6ff. FG. mit §§ 21ff. d. B. VollzB. 1896 erforderliche Anweisung zum Abtrieb verkaufen und das Holz dann tatsächlich abgetrieben wird, so können, je nach der Gutgläubigkeit des Holzkäufers, verschiedene strafbare Handlungen auf Seite der Rechtler und des Holzkäufers in Frage kommen (Entwendungsfrevel der Rechtler oder des Holzkäufers oder beider Teile im Zusammenwirken, u. U. auch Betrug, s. ObLG. Bd. 4 S. 59ff.). Ähnlich ObLG. Bd. 6 S. 343 von einem Gemeinderechtler, der Rechtholz im Widerspruch mit dem Wirtschaftsplan und ohne Anweisung des mit der Betriebsleitung betrauten Forstamts zum sofortigen Abtrieb verkaufte; hier bestand noch die Besonderheit, daß der Gemeindewald auf die Rechtler zur Nutzung tatsächlich (nicht rechtlich) aufgeteilt war. Daß jemand geschädigt wurde, ist für die Annahme eines Entwendungsfrevels nicht Voraussetzung (ebenda). Der alleinige Waldbesitzer (Waldeigentümer) kann (eine Ausnahme für den Waldeigentümer enthält z. B. Art. 49 Abs. III, s. auch oben) an den Erzeugnissen seines Waldes keinen Entwendungsfrevel begehen; an den Erzeugnissen des Gemeindewaldes kann also der zur Vertretung der Gemeinde berufene Gemeinderat keinen Entwendungsfrevel begehen, wenn er für die Gemeinde handelt; das gleiche gilt von den Personen, die lediglich im Auftrage des Gemeinderats und im Rahmen des Auftrags für die Gemeinde handeln; denn ihre Handlungen sind rechtlich als Handlungen des Waldbesitzers (Waldeigentümers) anzusehen (ObLG. Bd. 5 S. 211). Dies gilt aber nur, sofern der Gemeinderat als solcher handelt, nicht z. B. als Rechtlerausschuß, wenn die Gemeinderatsmitglieder zugleich nutzungsberechtigt sind; für den Rechtlerausschuß ist der Gemeindewald ein fremder Wald (ObLG. Bd. 3 S. 300f.; Bd. 4 S. 64f.).

Daß es bei den Entwendungsfreveln auf das fremde Eigentum am entwendeten Erzeugnis ankommt, ergibt sich aus der Begriffsbestimmung der Entwendung; daraus folgt aber, wie gezeigt,

nicht, daß bei den Entwendungsfreveln stets das **Waldeigentum**, nicht der Waldbesitz entscheidet; **maßgebend** ist vielmehr wie sonst im Forstgesetz auch hier regelmäßig der Grundsatz des Waldbesitzes.

Wer sich nach der Fällung eines Baumes durch einen Frevler den von diesem in einem fremden Walde als wertlos zurückgelassenen Gipfel unbefugt aneignet, kann wegen Forstfrevel, begangen durch Entwendung, bestraft werden (ObLG. Bd. 4 S. 112); Besitzaufgabe durch den Frevler macht den aufgegebenen gefrevelten Gegenstand nicht herrenlos (ObLG. RR. I 48/1930). Der Waldbesitzer, der sich die von einem Andern in einem fremden Walde gefrevelten und in seinem (des erstgenannten Waldbesitzers) Walde niedergelegten Gegenstände aneignet, begeht nach der letztgenannten Entscheidung Unterschlagung (§ 246 StGB.), keinen Forstfrevel nach Art. 100, 80 oder sonstigen Vorschriften. Daß der entwendete Gegenstand einem Angehörigen des Täters gehörte, ist für die Strafbarkeit grundsätzlich ohne Bedeutung; der Frevel wird nicht etwa (wie der Angehörigendiebstahl nach § 247 StGB.) zum Antragsdelikt (ObLG. Bd. 28 S. 141); anders beim Holz- und Rindendiebstahl nach Art. 81 und 83 Abs. III. Auch § 370 Ziff. 5 Abs. II StGB. ist nicht anwendbar (ebenda).

b) Walderzeugnisse:

α) Gegenstände, an denen Entwendungsfrevel begangen werden können: Forstfrevel durch Entwendung können nur an den in den Art. 79—87 aufgezählten Walderzeugnissen begangen werden, also nur an Pflanzengewächsen und ihren Teilen. In Betracht kommt in erster Linie Holz (Art. 79, 80, 82 und 84), dann Rinde (Art. 83), Laub, Nadeln, Moos, Gras, Heide, Sumpfmoos, Heidelbeerstauden, Besenpfriemen, Farnkräuter und ähnliches Streuwerk (Art. 85), Waldsamen, z. B. Eicheln, Bücheln (Art. 86) und Harz (Art. 87); Holz ist in eine Reihe von Unterarten gegliedert. An anderen als den in den Art. 79—87 ausdrücklich genannten Gegenständen können keine Entwendungsfrevel begangen werden; die entsprechende Anwendung der Vorschriften der Art. 79ff. ist ausgeschlossen (ObLG. Bd. 6 S. 81). Einen Forstfrevel nach Art. 94 Ziff. 5 (aber keinen Entwendungsfrevel) begeht, wer unbefugt Bestandteile des Waldbodens wie Erde, Erz, Ton, Mergel, Gips, Lehm, Kies, Steine, Rasen usw. wegnimmt.

β) Andere Gegenstände: Im Walde gibt es auch noch andere Gegenstände als die in den Art. 79—87 und 94 Ziff. 5 genannten, z. B. Waldbeeren, Schwämme; wie ist die Wegnahme dieser Gegenstände zu beurteilen? Das Forstgesetz will, wie sich aus der ins einzelne gehenden Regelung ergibt, die Strafbarkeit der Aneignung der natürlichen Walderzeugnisse und der natürlichen Bestandteile erschöpfend regeln; dies gilt aber nur für die gewöhnlichen, natürlichen Erzeugnisse und Bestandteile; ist die Aneignung eines dieser Erzeugnisse oder Bestandteile im Forstgesetz nicht mit Strafe bedroht, so ist sie nicht strafbar, auch nicht nach den Bestimmungen des Strafgesetzbuchs, da diese ausgeschlossen sind, wenn das Forstgesetz einen Gegenstand erschöpfend regelt; es ist dann anzunehmen, daß der Gesetzgeber die Aneignung wegen ihrer geringen Bedeutung straflos lassen wollte. Zu den natürlichen, gewöhnlichen Erzeugnissen des Waldes zählen z. B. die Waldbeeren und Schwämme, nicht dagegen das Obst eines im Walde stehenden Obstbaumes, es sei denn, daß er dem forstwirtschaftlichen Betriebe dient.

Für die Richtigkeit der vorstehend vertretenen Ansicht spricht auch der Umstand, daß sonst die unbefugte Aneignung geringerer Gegenstände schwerer zu bestrafen wäre (nämlich regelmäßig mit Gefängnis, § 242 StGB.) als die Entwendung der wichtigsten, die im Forstgesetz geregelt ist. Dem steht Art. 42 des pf. FStG. nicht entgegen; dessen Inhalt gilt vielmehr ohne ausdrückliche gleichartige Bestimmung auch für das rechtsrheinische Bayern (vgl. S. 245 Anm. 2); denn wenn das Forstgesetz einen Gegenstand erschöpfend regelt, enthält es bezüglich des ganzen Gegenstandes eine besondere Regelung, die die Anwendung des StGB. auf den Gegenstand ausschließt.

Im einzelnen sei bemerkt:

Waldbeeren: Die Waldbeeren fallen nicht unter Art. 85 (Streuwerk), wohl aber die sie hervorbringenden Kräuter; unter Art. 86 (Waldsamen) sind nur solche Waldbeeren begriffen, die sich im Wege der Samenbildung in Beeren fortpflanzen; abgesehen von dieser Art können Waldbeeren nicht den Gegenstand einer Entwendung bilden; ihre Wegnahme ist nicht strafbar; an der bürgerlichrechtlichen Befugnis des Waldbesitzers, Beerensammlern den Zutritt zu seinem Wald zu sperren, wird dadurch nichts geändert (s. „Wald und Gemeingebrauch" S. 38f.). An eine ausdrückliche Erlaubnis des Waldbesitzers oder einer Behörde ist in Bayern das Sammeln von Waldbeeren grundsätzlich nicht gebunden; doch müssen hiebei die forstpolizeilichen Vorschriften (z. B. das Verbot des Betretens künstlicher Ansaaten oder Pflanzungen unter sechs Jahren, Art. 92 Ziff. 1) sowie die besonderen auf Grund Art. 22b PStGB. zum **Schutze einheimischer** Pflanzenarten gegen Ausrottung erlassenen **ober-, bezirks- oder ortspolizeilichen Vorschriften beachtet** werden. Die ME. vom 20. 7. 1925 Nr. 2515 hb 7 (StAnz. Nr. 165) legt den Waldbesitzern nahe, den Beerensammlern, die auf diesen Verdienst angewiesen sind, keine Schwierigkeiten zu bereiten; anderseits wird von den Sammlern erwartet, daß sie auf das Interesse der Waldbesitzer gebührend Rücksicht nehmen; die Polizeibehörden werden angewiesen, soweit nötig, in den Hauptsammelgebieten die erforderlichen Maßnahmen zu treffen.

Vgl. hieher die zum Schutze der Heidel- und Preißelbeeren erlassenen, auch für die Waldbesitzer geltenden Oberpolizeilichen Vorschriften über die Waldfrüchtenernte vom 5. 5. 1926 (GVBl. S. 315), die lauten:

„Auf Grund der Art. 22b und 7 des PStGB. wird zum Schutze gegen die Ausrottung der Heidelbeer- und Preißelbeersträucher folgende oberpolizeiliche Vorschrift erlassen:

§ 1. Es ist verboten, Heidel- und Preißelbeeren gewerbsmäßig oder für den eigenen Verbrauch vor dem durch die zuständige Bezirksverwaltungsbehörde festgesetzten Zeitpunkt des Erntebeginns zu sammeln oder in den Verkehr zu bringen.

§ 2. [I]Das Verwenden oder Mitführen von Beerenrechen, Kämmen und Riffeln ist beim Pflücken und Einsammeln von Heidel- und Preißelbeeren verboten.

[II]Die Bezirksverwaltungsbehörden können das Verwenden oder Mitführen von Kämmen und Riffeln beim Pflücken und Einsammeln von Heidelbeeren ausnahmsweise gestatten. (Dies soll nach ME. vom 17. 7. 1929 Nr. 2515 hb 4 wegen der Gefährdung der Beerensträucher nur mehr ganz selten erlaubt werden.)

§ 3. [I]Mit Geldstrafe bis zu 150 Reichsmark oder mit Haft wird bestraft, wer dieser Vorschrift zuwiderhandelt.

[II]Die Bezirkspolizeibehörden haben den Vollzug dieser oberpolizeilichen Vorschrift strengstens zu überwachen. Sie werden besonders darauf achten, daß der Pflückbeginn nicht auf einen zu frühen Zeitpunkt, also nicht vor Beginn der Durchschnittsreife festgesetzt und nicht zu früh bekanntgegeben wird. Die Festsetzung der Pflückzeit soll im Benehmen mit den Forstämtern und mit dem Beerengroßhandel erfolgen.

[III]Es ist dafür Sorge zu tragen, daß die Bestimmungen über die Waldfrüchtenernte besonders in den im Haupterntegebiet liegenden Gemeinden durch öffentlichen Anschlag zur allgemeinen Kenntnis gebracht werden."

Soweit nicht besondere Vorschriften entgegenstehen, dürfen Waldbeeren auch mittels Gerätes, auch gewerbsmäßig gesammelt werden. Beschädigungen des stehenden grünen Holzes im fremden Wald sind Forstfrevel (Art. 95).

Schwämme: Für Schwämme gilt ähnliches wie für die Waldbeeren, auch für die Buchenschwämme.

Brunnenkresse in Wasserläufen innerhalb von Wäldern ist Streuwerk nach Art. 85 Abs. II.

Obst und ähnliche Früchte fallen unter den Waldsamen des Art. 86, wenn die Bäume ausnahmsweise der Waldwirtschaft dienen; regelmäßig haben sie diesen Zweck nicht; im letzteren Fall ist ihre Entwendung nach den allgemeinen Vorschriften (außerhalb des Forstgesetzes) zu bestrafen.

Ameiseneier: Ihr Sammeln ist kein Forstfrevel, auch kein Diebstahl, fällt vielmehr unter die Bestimmungen des Art. 125 Abs. IV PStGB., wonach bestraft wird, wer den Verordnungen oder oberpolizeilichen Vorschriften über das Einsammeln oder den Verkauf von Ameiseneiern zuwiderhandelt. Nunmehr sind in sämtlichen Regierungsbezirken solche oberpolizeilichen Vorschriften erlassen, wonach das Einsammeln von Ameiseneiern auf fremdem Grund und Boden ohne schriftliche Bewilligung des Eigentümers (in der Pfalz ohne bezirkspolizeiliche Erlaubnis) untersagt ist. In Oberbayern und der Oberpfalz dürfen die Eier außerdem nur vom 1. Juni bis Jahresschluß gesammelt werden; dort müssen auch nach beendigter Sammlung die Ameisenhügel möglichst wieder hergestellt werden (KrABl. f. ObB. 1874, NB. 1873, Pf. 1872 usw.).

Eis: Die unbefugte Entnahme von Eis aus Wasseransammlungen in Wäldern ist nach den allgemeinen Strafbestimmungen außerhalb des Forstgesetzes zu beurteilen; ein Forstfrevel durch Entwendung kommt nicht in Frage (OGH. Bd. 1 S. 105).

3. Begehung im fremden Walde:

a) Fremder Wald: Nach Art. 49 ist für die Annahme eines Entwendungsfrevels Voraussetzung, daß die Entwendung in einem fremden Walde begangen **wird**, d. h. daß die Walderzeugnisse aus einem fremden Wald entwendet werden. Fremd ist für den Täter jeder Wald, an dem er nicht den alleinigen unmittelbaren Besitz hat; s. auch S. 254 Anm. 4 und S. 326 f. Anm. 2a.

Angestellte des Waldeigentümers sind regelmäßig nicht Besitzer des Waldes ihres Dienstherrn, noch seltener Alleinbesitzer; sie können daher regelmäßig Forstfrevel im Walde des Dienstherrn begehen; Bestrafung wegen Unterschlagung kommt nicht in Frage, wenn ein Entwendungsfrevel gegeben ist; wohl aber wird Idealkonkurrenz des Frevels mit Untreue nach § 266 StGB. möglich sein. Ist dagegen ausnahmsweise ein Angestellter Alleinbesitzer des Waldes des Dienstherrn, steht ihm also unter Ausschluß der tatsächlichen Herrschaft des Dienstherrn die alleinige tatsächliche Herrschaft über den Wald zu, so kann er am Walde keine Forstfrevel begehen; eignet er sich unbefugt Holz aus dem Walde an, so ist dies regelmäßig Unterschlagung nach §§ 246ff. StGB. Ein Waldwärter, der nur mit der Aufsicht über den Wald beauftragt, aber nicht zur Ausführung von Rechtsgeschäften ermächtigt ist, kann nicht wegen Untreue nach § 266 Abs. I Ziff. 2 StGB. bestraft werden (RG. Bd. 7 S. 377).

Wieder anders liegt der Fall bei den **Beamten** des Staates, der Gemeinden usw. Wenn der Tatbestand des § 350 StGB. gegeben ist, wenn also ein Beamter Sachen, die er in amtlicher Eigenschaft empfangen oder in Gewahrsam hat, unterschlägt, so ist er stets nach der angeführten Bestimmung zu bestrafen, auch wenn es sich um Forsterzeugnisse handelt.

Amtsunterschlagung ist aber nur gegeben, wenn der Beamte die Gegenstände in amtlicher Eigenschaft empfangen oder im alleinigen Gewahrsam hat, d. h. allein die tatsächliche Herrschaft darüber ausübt. Alleiniger Gewahrsam am Walde im Sinne des § 350 StGB. ist gleichbedeutend mit dem Alleinbesitz am Walde im Sinne des Forstgesetzes. Ob ein Beamter die veruntreuten Gegenstände in amtlicher Eigenschaft empfangen oder im alleinigen Gewahrsam hatte, ist nach Lage des Falles zu entscheiden. Das Reichsgericht hat in Bd. 5 S. 180 entschieden, daß einem städtischen Förster, auch wenn er keinem weiteren Forstbeamten mehr unterstellt sei, regelmäßig der Gewahrsam im Sinne des § 350 StGB. am Walde und seinen Erzeugnissen nicht zustehe; die Anstellung eines Försters entziehe dem Dienstherrn nicht die physische Möglichkeit, über den Wald und seine Erzeugnisse mit Ausschluß anderer zu verfügen, sie gewähre also dem Förster zwar die Obhut, aber weder den Besitz noch den Gewahrsam des Waldes oder seiner Bestandteile; an diesem Verhältnis werde durch das Fällen der Bäume und die Zurichtung des Holzes nichts geändert. Ähnlich sagt das preußische Obertrib. vom 12. 4. 1855 (Goltd. Bd. 3 S. 840), daß der Kommunalförster einer Gemeinde weder Besitz noch Gewahrsam des Waldes oder seiner Bäume habe. Auf dem gleichen Standpunkt steht RG. Bd. 14 S. 305 gegenüber einem preußischen staatlichen Förster bezüglich der Waldungen seines Dienstbezirks. Das bayer. OAG. (15. 11. 1861 Z. Bd. 8 S. 435 und 10. 1. 1862, Z. Bd. 9 S. 18) sagt: Ein gemeindlicher, auch mit der Waldaufsicht betrauter Flurschütze, der sich im Gemeindewald rechtswidrig einen Baum aneignet, begeht nur einen Forstfrevel durch Entwendung. Durch OAG. 26. 11. 1856 wurde dagegen ein staatlicher Forstwart, der sich in dem ihm unterstellten Staatswald stehendes und gefälltes Holz unbefugt angeeignet hatte, wegen Amtsunterschlagung verurteilt.

Forstfrevel — allein oder in Idealkonkurrenz mit §§ 350, 351 (Amtsunterschlagung) oder 266 StGB. (Untreue) — kann der Beamte an dem ihm anvertrauten Walde begehen, wenn ihm nicht der alleinige Besitz am Walde zusteht; ist er Alleinbesitzer, so sind seine unbefugten Handlungen nicht nach dem Forstgesetz, sondern nach dem Strafgesetzbuch zu ahnden. Die unbefugte Aneignung der in Art. 81 und 83 Abs. III aufgeführten Walderzeugnisse ist stets nur nach dem Strafgesetzbuch (§§ 243ff. oder §§ 350f.) zu verfolgen.

Der einzelne **Miteigentümer** eines für immer als unteilbar erklärten Waldes, dem nur ein mit dem Eigentume seines Anwesens verbundener ideeller Anteil am Walde zusteht, kann über den Wald selbst und über dessen nach forstpolizeilichen Grundsätzen nutzbaren ungeteilten Erzeugnisse nicht frei verfügen. Ein solcher Wald ist für ihn jedenfalls hinsichtlich des Eigentums der übrigen Mitberechtigten als eine fremde Sache zu betrachten; er kann daher bei Wegnahme von Streu und anderen Walderzeugnissen aus diesem Walde eine rechtswidrige Entwendung begehen (OLGM. 27. 4. 1882 Bd. 2 S. 47).

Daß der **Gemeindewald** für die Gemeindeangehörigen ein fremder Wald ist, s. oben Anm. 2a.

b) Begehung im Walde: Nur an Walderzeugnissen, die sich noch im Walde befinden, können Entwendungsfrevel begangen werden.

Wer Bäume, die außerhalb eines Waldes stehen, abhaut und fortnimmt, macht sich keines Forstfrevels, sondern allenfalls einer Übertretung nach Art. 112 PStGB. schuldig (ObLG. Bd. 20 S. 322).

Entwendung von Laub, das von den Bäumen eines Waldes auf eine anstoßende Wiese geweht wurde, ist nicht Forstfrevel, sondern — je nach Wert und Menge — Feldfrevel oder Diebstahl (OLGM. Bd. 3 S. 380); näheres bei Art. 85 und oben Anm. 1c β.

Vgl. auch Anm. 14 vor Art. 48 und 4 zu Art. 49.

4. Geltungsbereich: Die Art. 79ff. sind nur anwendbar, wenn der Tatbestand der einfachen Entwendung gegeben ist. Wird die Entwendung mit Gewalt gegen eine Person begangen, so liegt kein Forstfrevel, sondern Raub vor (§ 249 StGB.). Ist der Täter ein Beamter (§ 359 StGB.), so kommen grundsätzlich §§ 350, 351 StGB. in Betracht; näheres oben Anm. 3a.

Wenn ein Wald beschlagnahmt ist, so ist unberechtigtes Holzfällen vollendeter Pfandbruch (§ 137 StGB.; OLGM. Bd. 8 S. 386). Wer von dem Eigentümer eines beschlagnahmten Waldes Bäume zum Abtrieb kauft und aus dem Walde wegbringt, begeht nicht Forstfrevel, sondern Teilnahme am Pfandbruch (OAG. 4. 12. 1868, S. w. E. II S. 477). Auch wenn ein Gläubiger mit Einwilligung des Waldeigentümers, lediglich um sein Guthaben zu sichern, nicht um das Holz der Zwangsversteigerung zu entziehen, im beschlagnahmten Wald Holz fällt, liegt nicht ein strafloser Versuch, sondern ein vollendeter Pfandbruch vor, da schon im Fällen des Holzes eine strafbare te lweise Zerstörung des beschlagnahmten Gegenstandes gegeben ist (ObLG. Bd. 3 S. 192).

Entwendung stehenden grünen oder gefällten, noch nicht zugerichteten Holzes.

Artikel 79. ($^{78}/_{79}$).

I [1] Die Entwendung von gefälltem [2], aber noch nicht zum Verkaufe oder Verbrauche zugerichtetem Holze, oder von stehendem grünen [3] Holze wird neben dem Ersatze des Wertes und eines Dritteiles desselben für Schaden mit einer der Summe beider Beträge gleichkommenden Geldstrafe belegt [4].

II [5] Für Reifstangen, Hopfenstangen, Bohnenstangen, Erbsenreiser, Bindwieden, Besenreiser, Floßwieden, Flechtgerten oder Korbwieden soll, wenn die Entwendung an stehendem grünen Holze stattfand, außer der im Absatz 1 bestimmten Geldstrafe der Ersatz des Wertes und dessen voller Betrag für Schaden zuerkannt werden.

III [6] Waren Samenbäume, Hegenreiser, grüne Laubholzstöcke in Niederwaldungen oder stehende grüne Eichen, Eschen, Ahorne, Ulmen oder Lärchen unter vierzig Jahren Gegenstand der Entwendung, so besteht die Geldstrafe in dem doppelten Werte, und nebstdem ist auf Ersatz des Wertes und auf einen demselben gleichkommenden Betrag für Schaden zu erkennen.

1. Übersicht:

a) Die Art. 79—84 behandeln die Entwendung von Holz; im einzelnen gliedern sich die Vorschriften wie folgt:

stehendes grünes Holz Art. 79 Abs. I—III (Holzpflänzlinge Art. 82),
stehendes dürres Holz Art. 80,
gefälltes Holz, noch nicht zugerichtet, Art. 79 Abs. I,
geworfenes Holz, noch nicht zugerichtet, Art. 80,
zugerichtetes oder weggebrachtes Holz Art. 81,
Lese- und Stockholz Art. 84,
Holzpflänzlinge Art. 82,
Rinde Art. 83.

b) Art. 79 im besonderen regelt die Entwendung des im Forstbetriebe bereits gefällten Holzes, soferne es noch nicht zugerichtet ist, und des stehenden Holzes, das der Frevler selbst fällt. Die Entwendung des gefällten Holzes ist in Abs. I geregelt, die des stehenden grünen Holzes in Abs. I bis III; bezüglich des letzteren ist die Strafbarkeit, Wert- und Schadenersatzpflicht nach der Schädlichkeit des Frevels abgestuft; die besonders schädlichen Entwendungen sind in Abs. II und III behandelt; alle übrigen fallen unter Abs. I. Die Begr. zu Art. 79 sagt: „Das Charakteristische der in diesem Artikel behandelten Entwendungen besteht in dem besonderen Schaden, der außer dem Verluste des entwendeten Gegenstandes durch sie zugefügt wird. Bei Freveln an grünem Holze besteht der Schaden in der durch die Störung des Wachstums und Bestandes bedingten Beeinträchtigung des Waldertrags. Im einzelnen tritt diese Beschädigung weniger hervor; sie wird jedoch augenfälliger, wenn die Frevel in einem Waldorte häufiger vorkommen; die nachteiligen Folgen stellen sich in der Durchlöcherung der

Holzbestände, in einer lichten, unregelmäßigen und unvollkommenen Bestockung sowie in einem mangelhaften Schlusse dar; die weiteren Wirkungen sind Zuwachsverlust und Bodenverschlechterung. Der besondere Schaden der Entwendungen gefällten Holzes (außer dem Verluste der entwendeten Sache) besteht in dem vergeblichen Aufwand von Mühe und Kosten auf die Fällung des Holzes."

Abs. I:

2. Gefälltes Holz: d. h. von Menschenhand niedergelegtes, im Gegensatz zu dem natürlich geworfenen oder gefallenen Holz (Art. 80, 84); auf welche Weise das Holz niedergelegt wurde, durch Absägen, Abhauen, Ausgraben usw., ist gleichgültig; das Holz muß aber im Forstbetrieb niedergelegt, d. h. vom Verfügungsberechtigten oder für den Berechtigten gefällt sein; die Entwendung des nicht im Forstbetrieb, z. B. von einem Frevler gefällten Holzes, ist nach Art. 80 zu beurteilen (ObLG. Bd. 26 S. 169; s. dagegen aber die zu Art. 81 ergangene E. des Reichsgerichts Bd. 39 S. 248 — Anm. 2 zu Art. 81 —). Ob das gefällte Holz grün oder dürr ist, ist gleichgültig (Begr.); auch auf die Art kommt es nicht an. Was zum Begriff Holz gehört, ist nach dem allgemeinen Sprachgebrauch zu entscheiden; es fallen darunter nicht bloß die Stämme, sondern auch die Äste und Zweige; Laub, Nadeln, Eicheln, Bücheln u. ä. für sich allein sind nicht Holz; ihre Entwendung ist besonders geregelt (Art. 85, 86); mit dem Holz verbundenes Laub usw. aber rechnet als Bestandteil des Holzes d. h. als Holz; vgl. auch Anm. 3 zu Art. 85. Wenn das gefällte Holz bereits zugerichtet war, ist die Entwendung Diebstahl; desgleichen wenn es bereits an die Floßbäche oder Abladeplätze verbracht ist oder gerade getriftet wird (Art. 81).

3. Stehendes grünes Holz: Das „grüne" Holz des Art. 79 ist dem „völlig abgestorbenen" des Art. 80 gegenübergestellt; nach dem Sinn der Vorschrift (vgl. Begr.) gehört zum grünen Holz alles Holz, das noch lebensfähig ist, zum völlig abgestorbenen des Art. 80 alles Holz, das nicht mehr lebt oder nicht mehr lebensfähig ist. Ob grün oder nicht, ist jeweils für das entwendete Stück zu untersuchen; ist ein ganzer Baum entwendet, so ist der Baum als Ganzes zu betrachten, ist nur ein Ast entwendet, nur dieser (vgl. Art. 80). Als grün gilt auch ein Baum, der, obgleich teilweise dürr, doch noch lebensfähig ist (OAG. 23. 5. 1866, Z. XIII S. 60). Zum grünen Holz ist auch solches Holz zu rechnen, dessen Lebensfähigkeit wenigstens zu einem erheblichen Teil aufrechterhalten ist, kann auch damit zu rechnen sein, daß Lebensfähigkeit und Wachstum in kurzer Zeit erlöschen (ObLG. Bd. 21 S. 346); hier war die gefrevelte Buche von einem Insekt befallen, erkrankt und im Absterben begriffen; ein Teil des Stammes war in der Längsrichtung noch nicht abgestorben und fähig, den Saft von den Wurzeln in die Krone zu leiten; Krone und Zweige waren zum größten Teil begrünt; auch hatten sich noch entwicklungsfähige Knospen gebildet; diese Buche wurde im Sinne des Art. 79 als grün befunden. Dabei wurde ausgesprochen, daß die Feststellung, ob ein Baum dem grünen oder dürren Holze angehört, zunächst und in der Hauptsache dem Tatrichter zukomme; das Revisionsgericht sei aber zur Nachprüfung verpflichtet, ob der Begriff richtig aufgefaßt worden sei (vgl. Anm. 2 zu Art. 81).

4. Bestrafung: Der Strafrichter hat im Falle des Abs. I den Frevler zu verurteilen:

a) zum Werterſatz = W,
b) Schadenersatz = $^1/_3$ W,
c) Geldstrafe = $1\,^1/_3$ W,

zusammen $2\,^2/_3$ W.

Den Wert- und Schadenersatz erhält der Geschädigte, die Geldstrafe fließt in die Staatskasse; Berechnung und Feststellung des Wert- und Schadenersatzes Art. 62ff. Der Wert der zurückempfangenen Forsterzeugnisse ist anzurechnen (Art. 66); bei der Berechnung der Geldstrafe darf diese Anrechnung aber nicht berücksichtigt werden (OLGM. Bd. 2 S. 458; 3 S. 208; 4 S. 544). Ebenso darf bei der Berechnung der Geldstrafe nicht berücksichtigt werden, daß der Geschädigte auf Wert- und Schadenersatz verzichtet hat (OAG. 22. 7. 1866, Z. Bd. 13 S. 372). Mindestbetrag der Geldstrafe 30 Reichspfennig (Art. 52, 61a). Der Wert ist nach dem Zeitpunkt der Tat festzustellen (ObLG. RR. I 229/1924, BayZfR. 1924 S. 276).

5. Abs. II: Abs. II regelt einen Sonderfall der Entwendung stehenden grünen Holzes; die darin aufgeführten Holzarten können nur aus jungen Hölzern genommen werden, in denen der Frevel viel nachteiliger wirkt (Begr.); auf ihre Entwendung ist daher eine höhere Schadenersatzpflicht als nach Abs. I gesetzt. Wenn die Holzarten des Abs. II bereits gefällt, aber noch nicht zugerichtet waren und dann entwendet wurden, ist die Entwendung nach Abs. I zu beurteilen; wenn sie vom Wind geworfen waren, nach Art. 80; ebenso, wenn es sich um stehendes dürres Holz handelt. Die Entwendung von Holzpflanzen fällt unter Art. 82.

Die in Abs. II aufgeführten Holzarten sind mehr oder minder örtliche Bezeichnungen; mit der Aufzählung sollten die Stangen- und Reisigsortimente erfaßt werden.

Reifstangen, Hopfenstangen, Bohnenstangen sind stärkere und schwächere Laub- und Nadelholzstangen, die in der Regel zu Bauzwecken, im landwirtschaftlichen und Gartenbetrieb, im Floßbetriebe usw. Verwendung finden.

Erbsenreiser, Bindwieden, Besenreiser, Floßwieden, Flechtgerten, Korbweiden sind Äste oder Triebe beliebiger Holzarten mit verschiedenem Verwendungszweck.

Das Urteil hat zu lauten auf:

a) vollen Wertersatz	= W
b) Schadenersatz im gleichen Betrag	= W
c) Geldstrafe wie in Abs. I	= $1\frac{1}{3}$ W
zusammen:	$3\frac{1}{3}$ W.

Mindestbetrag der Geldstrafe 30 Reichspfennige (Art. 52, 61a).

6. Abs. III: Auch Abs. III regelt einen Sonderfall der Entwendung stehenden grünen Holzes; daß es sich um stehendes grünes Holz handeln muß, ist für die Samenbäume, Hegereiser und Laubholzstöcke nicht ausdrücklich ausgesprochen, ergibt sich aber aus ihrer Natur. Samenbäume sind jene Stämme im Mittel- und Niederwald, die bei Stellung des Besamungsschlages zum Zwecke der Besamung der betreffenden Fläche in bemessener Zahl stehen bleiben. Hegereiser sind jüngere, wertvollere Holzarten des Mittel- und Niederwaldes. In Abs. III wird die gleiche Schaden- und Wertersatzpflicht wie in Abs. II, aber eine höhere Geldstrafe angedroht; die Begr. sagt hiezu: „Durch die in Abs. III erwähnten Samenbäume und Hegereiser wird die Wiederbestockung sowie die Erziehung von besonders schönen und wertvollen Holzarten bedingt. Die Entwendung grüner Laubholzstöcke aus Niederwaldungen benachteiligt den Waldertrag auf längere Zeit um so erheblicher als der Nachwuchs auf dem Ausschlagen dieser Stöcke beruht. Eiche, Eschen, Ahorn, Ulmen und Lärchen sind die wertvollsten Holzarten, deren jugendliches Alter sich erst mit dem 40. Jahre schließt." Die Altersgrenze gilt nicht für die Samenbäume, Hegereiser und Laubholzstöcke. Handelt es sich um Pflänzlinge unter 10 Jahren, Art. 82. Die erhöhte Strafe des Abs. III tritt auch ein, wenn sich von den Samenbäumen bereits Anflug gebildet hat (OAG. 24. 5. 1861 und Pl. Erk. 24. 10. 1861, Z. VIII 110, 412); auch dann, wenn die Samenbäume im betreffenden Jahr keinen Samen tragen. Begriff Niederwald S. 37 Anm. d. Das Urteil hat zu lauten auf:

a) den Ersatz des Wertes	= W
b) Schadenersatz im gleichen Betrag	= W
c) Geldstrafe im doppelten Betrag	= 2 W
zusammen:	4 W.

Mindeststrafe 30 Reichspfennig (Art. 52, 61a).

Wenn mit der Entwendung eine Beschädigung verbunden ist, Art. 95 Abs. III.

Entwendung stehenden dürren oder niedergeworfenen, noch nicht zugerichteten Holzes.

Artikel 80. ($^{79}/_{80}$).

Die Entwendung von solchem liegendem Holze, welches der Windoderein sonstiges Naturereignis zur Erde niedergeworfen hat, und welches noch nicht verarbeitet ist, ebenso die Entwendung von völlig abgestorbenen noch stehenden Stämmen oder Ästen wird neben dem Ersatze des Wertes mit einer demselben gleichkommenden Geldstrafe belegt[2].

1. Geltungsbereich: Art. 80 behandelt die Entwendung des vom Wind oder anderen Naturereignissen zu Boden geworfenen grünen oder dürren Holzes, soferne es noch nicht verarbeitet ist, sowie die Entwendung stehenden dürren Holzes. An Naturereignissen kommen außer dem Wind in Betracht Blitzschlag, Unterspülung, Schnee, Lawinen usw. Im Gegensatz zu dem geworfenen Holz des Art. 80 steht das im Forstbetrieb von Menschenhand gefällte Holz des Art. 79. Nach ObLG. Bd. 26 S. 169 ist Art. 80 auch auf die Entwendung jenes gefällten Holzes anzuwenden, das nicht im Forstbetrieb von berufener Seite, sondern z. B. von einem anderen Frevler niedergelegt wurde; diese über den Wortlaut des Gesetzes hinausgehende Auslegung stützt das Urteil auf die Gesetzesbegründung, den Sinn und Zweck des Gesetzes, die Gerechtigkeit und Billigkeit. Weiter steht dem liegenden Holz des Art. 80 das liegende (Lese-)Holz des Art. 84 gegenüber; der Unterschied ist folgender: das Holz nach Art. 80 muß von einem Naturereignis zu Boden geworfen, es muß also infolge einer äußeren Gewalteinwirkung zu Boden gekommen sein; das Holz nach Art. 84 dagegen ist auf die Erde gefallen d. h. im wesentlichen ohne äußere Einwirkung, infolge der eigenen Schwerkraft, weil verdorrt oder verfault, zur Erde gekommen. Damit hängt zusammen, daß die Entwendung grünen Holzes niemals nach Art. 84 bestraft werden kann; liegendes größeres Holz ist regelmäßig durch äußere Gewalt niedergelegt worden, seine Entwendung also regelmäßig nach Art. 80 zu beurteilen; Art. 84 regelt vornehmlich die Entwendung des geringwertigen sog. Leseholzes. Die Unterscheidung des geworfenen Holzes nach Art. 80 und des gefallenen Holzes nach Art. 84 ist übrigens praktisch nicht wichtig, da beide Entwendungen gleich geahndet werden.

Unter Art. 80 fällt auch die Entwendung stehenden dürren Holzes; vgl. dazu Anm. 3 zu Art. 79. Das zu Boden geworfene Holz darf noch nicht verarbeitet d. h. zum Verkauf oder Verbrauch zugerichtet und noch nicht an die Floßbäche oder Abladeplätze verbracht und nicht in der Triftung begriffen sein; sonst ist seine Entwendung Diebstahl (Art. 81).

2. Bestrafung: Der Täter ist zu verurteilen:

a)	zum vollen Werterſatz	= W
b)	zu Geldstrafe in gleicher Höhe	= W
		zusammen: 2 W.

Mindestbetrag der Geldstrafe 30 Reichspfennige (Art. 52, 61a).

Schadenersatz darf der Forstrügerichter nicht zusprechen (Art. 63 und Begr. 1846); die Begr. rechtfertigt dies damit, daß bei dem Frevel nach Art. 80 im Gegensatz zu dem nach Art. 79 außer der Entwendung keine besondere Beschädigung vorkommt.

Holzdiebstahl.

Artikel 81. (80/81).

Die Entwendung an aufgearbeitetem[2], zum Verkaufe oder Verbrauche bereits zugerichtetem Holze, auch wenn es sich noch im Walde befindet, — ebenso die Entwendung des an die Floßbäche oder Abladeplätze verbrachten Holzes, oder des Holzes, welches eben getriftet wird[3], ist nach den allgemeinen gesetzlichen Bestimmungen über den Diebstahl[4] zu bestrafen[5].

Allg. VollzB. 1879.

§ 18.

(Art. 81 und 83.) Auf die Bestimmungen der Artikel 81 und 83, letzter Absatz, ist durch besondere Hinweisung in den Intelligenzblättern (Kreisamtsblättern[1])) und Verkündigung in den Gemeinden aufmerksam zu machen.

1. Geltungsbereich: Art. 81 behandelt die Entwendung des zugerichteten Holzes sowie des Holzes, das bereits an die Floßbäche oder Abladeplätze verbracht ist oder das eben getriftet wird. Die Entwendung solchen Holzes ist kein Forstfrevel, sondern ein Diebstahl nach den Bestimmungen des Reichsstrafgesetzbuches. Unter Art. 81 fällt alles zugerichtete, verbrachte und in der Triftung befindliche Holz, grünes und dürres, gefälltes, geworfenes und gefallenes, Stammholz und anderes, auch Stockholz, Daxen und Pflänzlinge, ohne Rücksicht auf den Wert; für Rinde enthält Art. 83 Abs. III noch eine besondere ähnliche Vorschrift. Art. 81 ist eine Ausnahmevorschrift und darf nicht ausdehnend ausgelegt werden; auf andere Walderzeugnisse als Holz kann sie auch nicht entsprechend angewendet werden; die Entwendung anderer Walderzeugnisse, z. B. von Streu, ist in gleicher Weise als Forstfrevel zu bestrafen, ob es sich um aufgearbeitete oder nicht aufgearbeitete Mengen handelt.

2. Aufgearbeitetes Holz: Es ist zu lesen „aufgearbeitet d. h. zum Verkauf oder Verbrauch bereits zugerichtet"; der Begriff ist derselbe wie in Art. 79 Abs. I und in Art. 80 („verarbeitet"); gemeint ist Holz, das soweit bearbeitet ist, daß es im Walde vor dem Verkauf oder Verbrauch nicht mehr bearbeitet zu werden pflegt. Über die Zweckbestimmung entscheidet der Waldbesitzer. Daß das Holz schon gemessen oder in Klafter gesetzt ist, wird nicht gefordert; diese Handlungen ändern am Zustand des

[1]) Diese sind jetzt aufgehoben.

Holzes nichts mehr (OAG. 25. 5. 1866, Z. Bd. 13 S. 323 und 8. 8. 70, S. w. E. Bd. 4 S. 297). Ob es sich um aufgearbeitetes Holz handelt, ist mit Rücksicht auf den Zweck des Holzes von Fall zu Fall zu prüfen. Ist das Holz noch nicht aufgearbeitet, so kann nicht wegen Diebstahls, sondern nur wegen Forstfrevels verurteilt werden. Daß das Holz bereits verkauft ist, ist nicht Voraussetzung.

Nach RG. Bd. 13 S. 383 und Bd. 39 S. 248 ist das Holz im Walde dann zum Verkaufe zugerichtet, wenn es so hergerichtet ist, wie es, je nach seiner Bestimmung als Nutz- oder Brennholz, verkauft werden soll, ohne zu diesem Zweck einer weiteren Bearbeitung im Walde mehr zu bedürfen; zum Verbrauche hergerichtet ist es dann, wenn es ohne weitere im Walde vorzunehmende Bearbeitung der beabsichtigten Verwendung zugeführt werden kann; dies ist nach der Rechtsprechung des OGH. bei Brennholz regelmäßig dann anzunehmen, wenn das Holz zu Scheiter- oder Prügelholz verarbeitet ist; Aufarbeitung für Brennzwecke ist daher nach RG. Bd. 13 S. 383 nicht anzunehmen, wenn ein in Stücken von 3—4 m Länge zersägter Föhrenstamm entwendet wird. Verlangt ist nicht, daß das Holz vor seiner Verwendung als Nutz- oder Brennholz überhaupt keiner weiteren Bearbeitung mehr bedarf; die Verarbeitung (Zurichtung) muß nur eine derartige sein, daß das Holz von seinem Lagerplatz im Walde weg seiner bestimmungsgemäßen Verwendung zugeführt werden kann und soll, ohne zuvor im Walde noch einer weiteren Bearbeitung zu unterliegen. Das Reichsgericht legt in Bd. 39 S. 248 den Begriff der Aufarbeitung weit aus: Ein Angrenzer hatte aus dem Nachbarwald einen stehenden Stamm gefrevelt, auf sein Grundstück verbracht und dort in drei Teile zersägt (Erdstamm 6 m, Mittelstamm 6 m, Gipfelstamm 3—4 m), auch den Wurzelstock aus der Erde gehoben, die Wurzeln sowie die Äste des Gipfelstammes abgehauen und alle diese Teile auf sein Grundstück geschafft. Der Eigentümer, der hievon erfuhr, holte den Stock und die drei Hauptteile des Stammes in seinen Wald zurück, bezeichnete sie mit seinem Namen und begründete so wieder seinen Gewahrsam; er beabsichtigte, die vier Teile ohne weitere Bearbeitung im Walde bei nächster Gelegenheit heimzufahren, um den Stock, wie allgemein üblich, als Brennholz, die beiden 6 m langen Stücke als Bauholz und den Gipfel je nach Bedarf als Bau- oder Brennholz zu verwenden. Der Angrenzer entwendete die vier Stücke neuerdings im Bewußtsein, daß der Stock aufgearbeitetes Brennholz, der Erd- und Mittelstamm aufgearbeitetes Bauholz waren und vor ihrer Verwendung einer weiteren Verarbeitung im Walde nicht bedurften; diese zweite Entwendung wurde vom Reichsgericht als Holzdiebstahl nach Art. 81 FG., nicht als Forstfrevel angesehen.

Nach diesem Urteil ist es auch gleichgültig, wer das Holz aufgearbeitet hat; es kann sogar vom Täter selbst aufgearbeitet worden sein; insbesondere ist hienach nicht notwendig, daß es der Waldbesitzer selbst zugerichtet hat. Diesen Standpunkt vertritt das Reichsgericht trotz des in Bd. 13 S. 385 angeführten Wortlautes der Gesetzesbegründung zu Art. 81, in der die besondere Bestrafung dieser Handlungen damit gerechtfertigt wird, daß sie „leichter zu vollbringen und schwerer zu entdecken seien und der Besitzer für die Aufarbeitung bereits einen Aufwand an Zeit und Kosten bestritten habe“. Den gleichen Standpunkt scheint ObLG. RR. I 429/1929 vom 3. 7. 1929 zu vertreten: Holzdiebstahl nach Art. 81 begeht, wer für einen Andern Holz zum Verkauf oder Verbrauch zugerichtet hat und nachträglich den Entschluß faßt und ausführt, sich das von ihm zugerichtete Holz widerrechtlich anzueignen.

Auch die Entwendung ausgegrabener, zur Abfuhr aus dem Wald bereitliegender Stöcke, selbst wenn sie nicht in Klafter gesetzt und nicht gespalten waren, fällt unter Art. 81, nicht 84 (OAG. 21. 3. 1857, Z. Bd. 4 S. 95).

Um als Dieb bestraft werden zu können, muß der Täter die äußeren Merkmale kennen, die das Holz zum aufgearbeiteten machen; wenn das Holz äußerlich als noch nicht aufgearbeitet erscheint, tatsächlich aber schon aufgearbeitet ist, ohne daß es der Täter wußte, so kann er nicht wegen Diebstahls, sondern nur wegen Forstfrevels verurteilt werden (S. w. E. Bd. 4 S. 39; Bd. 2 S. 287; vgl. BayZfR. 1911 S. 158).

Ein Forstberechtigter, der das Rechtholz nach Anweisung durch die Forstbehörde selbst zu fällen und aufzuarbeiten hat, es aber erst an sich nehmen darf, wenn ihm das aufgearbeitete Holz von der Forstbehörde überwiesen ist, begeht Diebstahl nach Art. 81, wenn er das aufgearbeitete Holz vor der Überweisung in rechtswidriger Absicht an sich nimmt. (Im zugrundeliegenden Fall war nicht das ganze aufgearbeitete Holz, sondern nur ein Teil für ihn bestimmt. Der Täter hatte vor der Überweisung einige Scheiter in seinem Asthaufen versteckt.) OLGM. 9. 7. 1891 (Bd. 6 S. 512).

Auch an bereits gefreveltem Holz kann Diebstahl nach Art. 81 begangen werden. Die Entscheidung darüber, ob Holz bereits zum Verkauf zugerichtet ist, ist (grundsätzlich) rein tatsächlicher

Natur und deshalb der Prüfung der Revisionsinstanz entzogen (OAG. 31. 1. 1870, S. w. E. Bd. 4 S. 39, RG. Bd. 13 S. 384). Das Revisionsgericht kann dagegen nachprüfen, ob der Begriff „zugerichtet" richtig aufgefaßt wurde (vgl. Anm. 3 zu Art. 79).

Wer den vom Waldbesitzer aufgestellten Holzarbeitern fälschlich Bäume als von jenem zur Fällung bestimmt bezeichnet und nach deren Fällung und Aufarbeitung das gewonnene Holz für sich wegführt, begeht Forstfrevel nach Art. 79 in mittelbarer Täterschaft, da seine Handlung als Ganzes eine Entwendung stehenden grünen Holzes darstellt (OAG. 12. 6. 7181, Bd. 1 S. 101); Betrug wurde verneint.

Wenn sich Holz noch im Walde (der Waldrand gehört noch zum Wald, RG. Bd. 13 S. 383) befindet, kommt ein Diebstahl nur im Falle des Art. 81 in Frage; die Entwendung von Holz außerhalb des Waldes ist nach den hier anzuwendenden allgemeinen Bestimmungen stets Diebstahl. Der Holzberechtigte, der das von einem andern Holzberechtigten gesammelte, zum Verbrauch bereits zugerichtete, aber nicht innerhalb der mit dem Waldbesitzer vereinbarten Frist aus dem Walde abgeführte Holz widerrechtlich für sich abführt, ist wegen Holzdiebstahls (§ 242 StGB.) zu bestrafen (ObLG. Bd. 3 S. 168).

3. Verbrachtes und in der Triftung befindliches Holz: Dieses Holz braucht noch nicht aufgearbeitet zu sein; um welche Art von Holz es sich handelt, ist gleichgültig. Die Entwendung des an die Triftgewässer verbrachten Holzes ist (anders als bei den Floßbächen) nur Diebstahl, wenn das Holz aufgearbeitet ist; die Entwendung des in der Triftung befindlichen Holzes ist stets Diebstahl, gleichgültig, ob das Holz aufgearbeitet ist oder nicht. Abladeplatz ist der Platz, auf dem das Holz verkaufsbereit gelagert wird.

4. Bestrafung wegen Diebstahls: Wer eine Entwendung nach Art. 81 begeht, ist als gemeiner Dieb zu bestrafen (Abg. 1851/52, 3. Beil. Bd. S. 70); anzuwenden sind also die Bestimmungen des jeweils geltenden Strafrechts über den Diebstahl, jetzt §§ 242ff. StGB. (§ 242 einfacher, § 243 erschwerter Diebstahl, §§ 244, 245 Rückfall, § 247 Angehörigendiebstahl, § 248a Notdiebstahl, § 370 Ziff. 5 Diebstahl von Holz in geringer Menge oder von unbedeutendem Wert zum alsbaldigen Verbrauch — sog. Mundraub, möglich bei Brennholz, nicht dagegen bei Bau- und Nutzholz —). Wegen Diebstahls kann nur gestraft werden, wenn der volle äußere und innere Tatbestand der Diebstahlsbestimmungen gegeben ist; es muß insbesondere ein fremder Gewahrsam gebrochen worden sein. In den Fällen der §§ 242—245 StGB. ist auch der Versuch strafbar.

Der vom Waldbesitzer zum Schutze des gefällten Holzes bestellte Aufseher hat nicht dessen Gewahrsam (nur die Obhut) und begeht daher durch rechtswidrige Zueignung nicht Unterschlagung, sondern Diebstahl (OLGM. 10. 5. 1890, Bd. 6 S. 100).

Im Strafverfahren wegen Diebstahls kann nicht auf Wert- und Schadenersatz erkannt werden; hierauf ist notfalls im Zivilprozeßwege zu klagen.

5. Verfahren:

a) Gerichtliches: Der Diebstahl nach Art. 81 und 83 Abs. III ist im allgemeinen Strafverfahren, nicht im Forstrügeverfahren abzuurteilen (Art. 50); in Art. 49 Abs. I und III sind Art. 81 und 83 Abs. III infolge eines Versehens nicht ausgenommen worden (sie waren im Regierungsentwurf auch als Forstfrevel behandelt); OAG. 5. 5. 1854, Z. Bd. 1 S. 246. Wenn der Forstrügerichter die Überzeugung gewinnt, daß es sich nicht um einen Entwendungsfrevel, sondern um einen Forstdiebstahl handelt, so hat er sich für unzuständig zu erklären und die Sache an das Amtsgericht (oder sonst zuständige Gericht) zur Verhandlung im gewöhnlichen Strafverfahren zu verweisen (§ 270 StPO., Art. 188 Abs. I FG.; ObLG. RR. I 48/1930).

Wenn die Strafkammer bei der Beschlußfassung über den Antrag der Staatsanwaltschaft auf Eröffnung des Hauptverfahrens wegen Diebstahls in der den Gegenstand der Anklage bildenden Tat einen Forstfrevel erblickt, so hat sie nicht die Eröffnung des Hauptverfahrens abzulehnen, sondern bei sonstiger Zuständigkeit die Eröffnung des Hauptverfahrens vor dem als Forstrügegericht zuständigen Amtsgericht zu beschließen (StPO. §§ 155, 203, 206; OLGM. 9. 6. 82, Bd. 2 S. 141).

Ist das Hauptverfahren wegen Diebstahls eröffnet und stellt sich die Tat nach dem Ergebnis der Hauptverhandlung als Forstfrevel dar, so darf die Strafkammer sich nicht als unzuständig erklären, vielmehr hat sie den Forstfrevel selbst abzuurteilen (RG. Bd. 13 S. 383).

b) Forstpolizeiliches: Die Hilfspersonen zur Handhabung der Forstpolizei sind auch zur Verhütung, Entdeckung und Anzeige von Holzdiebstählen nach Art. 81 verpflichtet (s. die Dienstanweisungen). Auch in Holzdiebstahlsfällen kann daher gegen sie das Verbrechen nach § 113 StGB. begangen werden (FME. vom 17. 8. 1859, Pr. Erl. S. 216, Weber 5 S. 151). In der Eidesformel des Art. 121 ist der

Holzdiebstahl nicht enthalten; dies ist jedoch ohne Bedeutung; vgl. die Anm. zu Art. 121. Über Holzdiebstähle sind von den Hilfspersonen zur Handhabung der Forstpolizei außerhalb der Forstrügeverzeichnisse besondere Anzeigeprotokolle aufzunehmen und der vorgesetzten Dienststelle vorzulegen; vgl. die vorerwähnte FME., die Dienstanweisungen und Art. 151.

Diese Anzeigeprotokolle über Holzdiebstähle haben aber nicht die Beweiskraft des Art. 158; es gelten vielmehr die allgemeinen Bestimmungen der Reichsstrafprozeßordnung. Der Staats- (oder Amts-)anwalt hat von rechtskräftigen Verurteilungen nach Art. 81 (oder 83 Abs. III) das Forstamt, in dessen Bezirk der Diebstahl geschah, zu benachrichtigen (JMB. vom 29. 11. 1913 B 6, JMBl. S. 694, Weber Bd. 42 S. 76).

Entwendung von Holzpflänzlingen.

Artikel 82. ($^{81}/_{82}$).

I Ist die Entwendung an Holzpflänzlingen von was immer für einer Art in natürlichen Besamungen unter zehn Jahren begangen worden, so ist der Wert, wenn derselbe nicht mehr beträgt, mit 1½ Reichspfennig für jede Pflanze zu ersetzen, und ebensoviel als Schadenersatz zuzuerkennen[2].

II [3] Diese Ansätze werden verdoppelt, wenn die Entwendung in künstlichen Ansaaten oder Pflanzungen unter zehn Jahren geschehen ist.

III In dem einen, wie in dem anderen Falle soll die Geldstrafe dem doppelten Betrage des Wertes gleich sein.

1. **Geltungsbereich:** Art. 82 behandelt (wie die Abs. II und III des Art. 79) einen Sonderfall der Entwendung stehenden grünen Holzes (Art. 79 Abs. I). Art. 82 ist nur auf stehende grüne Pflänzlinge anwendbar; die Entwendung stehender dürrer Pflänzlinge beurteilt sich nach Art. 80, die Entwendung ausgezogener, zum Verkauf oder zur Umpflanzung bereitliegender Pflanzen nach Art. 81. Pflänzlinge sind junge Holzgewächse, die zur Versetzung bestimmt sind. Nur Holzpflänzlinge fallen unter Art. 82 d. h. Pflanzen, die bereits als Holz anzusprechen sind oder die Holz werden; die Art des Holzes ist gleichgültig. Die natürlich angeflogenen Pflanzen wie die künstlich gesäten oder gesetzten gehören hieher; die Entwendung der letzteren wird schwerer geahndet (Abs. II). Die Pflänzlinge müssen einem ganzen — natürlich angeflogenen oder künstlich angelegten — Pflanzenbestand angehören; die Entwendung einzelstehender Pflanzen beurteilt sich nach Art. 79. Das Alter von zehn Jahren bezieht sich auf den Bestand, aus dem der Pflänzling entwendet wird, nicht auf den entwendeten Pflänzling; stets aber muß es sich um einen Pflänzling handeln. Ist der Pflanzenbestand älter als zehn Jahre, so ist die Entwendung nach Art. 79 zu beurteilen, auch wenn die entwendete einzelne Pflanze jünger sein sollte.

2. **Strafe, Wert- und Schadenersatz:** Die Entwendung von Pflänzlingen aus natürlichen Besamungen wird vom Gesetz genau so bedroht, wie die Entwendung von Samenbäumen usw., ferner von Eichen usw. unter 40 Jahren (Art. 79 Abs. III), nämlich mit:

Werterſatz	= W
Schadenersatz in gleicher Höhe	= W
Geldstrafe in doppelter Höhe des Wertes	= 2 W
zusammen:	4 W.

Jedoch setzt Art. 82 für den Wert einen Mindestbetrag fest (der einzige Fall im FG., Art. 65 Abs. I Ziff. 1); im übrigen ist der Wert nach der Wertbestimmungstabelle festzustellen. Bei der Herstellung der Wertbestimmungstabelle ist davon auszugehen, daß sich der Wert von Holzpflänzlingen nicht nach ihrem Gebrauchswert zur Feuerung, Streu u. dgl. bemißt, sondern nach ihrer Bestimmung für die Wiederbestockung und Erziehung eines Holzbestandes (Begr.). Der Mindestbetrag der gesamten Geldstrafe ist 30 Reichspfennige (Art. 52, 61a). Der gesetzliche Mindestbetrag des Wertes ist auch für die Geldstrafe und den Schadenersatz maßgebend.

3. **Abs. II:** Im Falle des Abs. II ist zu verurteilen zu:

Werterſatz	= 2 W
Schadenersatz	= 2 W
Geldstrafe (OLGM. 20. 10. 1898, Bd. 10 S. 109)	= 2 W
zusammen:	6 W.

Für jede Pflanze ist mindestens ein Wert von 3 Reichspfennigen anzusetzen (OLG. 11. 12. 1857, Z. Bd. 4 S. 543 und § 1 der VO. vom 25. 11. 1925, GVBl. S. 265). Mindestbetrag der gesamten Geldstrafe 30 Reichspfennig (Art. 52, 61a). In der Wertbestimmungstabelle kann für die Pflänzlinge in künstlichen Ansaaten und Pflanzungen ein höherer Wert als für die Pflanzen in natürlichen Besamungen festgesetzt werden; geschieht dies, so ist der Wertberechnung in Abs. II der höhere Wert zugrunde zu legen.

4. **Beschädigungen**: s. Art. 95 Abs. III—V.

Rindenentwendung; Rindendiebstahl.

Artikel 83. ($^{82}/_{83}$).

I 2 Wer zur Gewinnung von Lohrinde stehende Stämme schält, und sich die Rinde zueignet, wird mit einer Geldstrafe belegt, welche dem Werte des geschälten Holzes und der Rinde gleich ist. Derselbe Betrag wird als Ersatz des Schadens und nebstbei der Wert der Rinde zuerkannt.

II 3 Wer liegende Stämme schält, und sich die Rinde zueignet, unterliegt außerdem Ersatze des Wertes der Lohrinde einer diesem Betrage gleichen Geldstrafe.

III 4 Wer bereits geschälte Lohrinde entwendet, wird nach Art. 81 behandelt.

1. **Geltungsbereich**: Art. 83 behandelt die Rindenentwendung und zwar sowohl die Entwendung bereits geschälter Rinde wie auch solcher Rinde, die der Täter selbst zum Zwecke der Aneignung schält. Im ersteren Falle liegt Diebstahl vor (Abs. III), im letzteren Falle ein Forstfrevel begangen durch Entwendung. Das Schälen zur Gewinnung zusammen mit der Zueignung in Abs. I und das Schälen und Zueignen in Abs. II bedeuten dasselbe wie Entwenden in den Art. 79ff.; der Begriff mußte im Falle des Art. 83 zerlegt werden. Die Entwendung muß im Falle des Abs. I und II in einem Walde geschehen. Unter Art. 83 fällt jede Rindenentwendung, gleichgültig zu welchem Zwecke sie begangen wird, nicht bloß die Entwendung zum Zwecke der Verwendung als Lohrinde im heutigen engeren Sinn[1]); das Gesetz versteht unter Lohrinde geschälte Baumrinde überhaupt (vgl. Abs. II, die Begr. und den Entwurf 1846, auch Knoch S. 199f. und Art. 20 pf. FStG. mit Überschrift). Wer ohne Entwendungsabsicht Bäume schält, ist nach Art. 95 strafbar.

2. **Abs. I** (Schälen und Aneignung von Rinde **stehender Bäume**): Wer zum Zwecke der Aneignung der Rinde stehende grüne Stämme oder Stangen schält, ist nach Abs. I zu verurteilen, gleichgültig, ob er die Stämme und Stangen zum Entrinden fällt oder nicht (Begr.). Nach der Absicht des Gesetzgebers ist Abs. I nur auf stehendes grünes Holz anzuwenden; die gegenüber Abs. II höhere Strafe ist angedroht, weil durch das Schälen das Absterben des Baumes veranlaßt und die Hoffnung des Eigentümers auf einen künftigen größeren Gewinn vernichtet wird (Begr.). Das Schälen stehender dürrer Bäume muß nach dem Sinn des Gesetzes wohl nach Abs. II beurteilt werden; dies kommt freilich, anders als in Art. 80, im Wortlaut des Gesetzes nicht zum Ausdruck. Wer stehendes grünes Holz fällt, um sich das Holz anzueignen, ist nur nach Art. 79 zu bestrafen, auch wenn er noch das Holz schält, um die Rinde zu gewinnen. Wer einen stehenden grünen Baum schält, ohne sich die Rinde aneignen zu wollen, ist nach Art. 95 zu bestrafen.

Der Täter ist nach Abs. I zu verurteilen zu:

Ersatz des Wertes der entwendeten Rinde	=	RW
Schadenersatz in Höhe des Wertes des geschälten Holzes u. der entwendeten Rinde	=	RW + HW
Geldstrafe in gleicher Höhe	=	RW + HW
zusammen:		3 RW + 2 HW.

Unter dem Wert des geschälten Holzes ist der Verkaufs- oder Gebrauchswert des Holzes zu verstehen, an dem der Frevel begangen wurde, nicht der Wert, der sich ergibt unter dem Gesichtspunkt des möglichen ferneren Wachstums. Es ist der Wert des ganzen beschädigten Stammes gemeint, gleichgültig, ob viel oder wenig geschält wurde, nicht der Wert des abgeschälten Teiles des Stammes. Der Stamm verbleibt dem Waldbesitzer. Mindestbetrag der Geldstrafe 30 Reichspfennige (Art. 52, 61a).

---

[1]) Unter Lohrinde im heutigen technischen Sinne versteht man jene Baumrinde, die vermöge ihres Gerbsäuregehaltes zur Verwendung in der Lohgerberei geeignet ist, vor allem Eichen- und Fichtenrinde, auch Lärchen-, Birken- und Weidenrinde.

3. Abs. II (Entwendung der Rinde **liegender Stämme**): Wie die Stämme zu Boden gekommen sind, ist gleichgültig (durch Fällung seitens Dritter, Wind usw.); wenn sie aber der Täter gefällt hat, um sich die Rinde anzueignen, schlägt Abs. I ein; wenn sie der Täter gefällt hat, um sich das Holz anzueignen, ist Art. 79 anzuwenden (s. Anm. 2). Gleichgültig ist, ob die liegenden Stämme bereits aufgearbeitet waren oder nicht. Wer liegende Stämme schält, ohne sich die Rinde aneignen zu wollen, ist straflos, wenn nicht ein Fall des Art. 95 Abs. V vorliegt.

Der Täter ist nach Abs. II zu verurteilen:

a) zum Ersatze des Wertes der entwendeten Rinde	=	RW
b) zu Geldstrafe in gleicher Höhe	=	RW
	zusammen:	2 RW.

Das Gesetz bedroht den Frevel nach Abs. II also erheblich weniger als den nach Abs. I, weil mit der Entwendung des Abs. II kein besonderer Schaden außer der Entwendung verbunden ist (Begr.); der Täter kann daher auch nicht zu Schadenersatz verurteilt werden (Art. 63). Mindestbetrag der Geldstrafe 30 Reichspfennig (Art. 52, 61a).

4. Abs. III (Rindendiebstahl): Von wem die Rinde geschält wurde, ist gleichgültig; hat sie der Täter in Aneignungsabsicht selbst geschält, so liegt nicht Diebstahl, sondern ein Forstfrevel nach Abs. I oder II vor. Gleichgültig ist auch, ob die geschälte Rinde von stehenden oder liegenden Stämmen herrührt. Die Rinde braucht nicht gesammelt oder sonst aufgearbeitet zu sein; es genügt, daß sie geschält ist. Abs. III bezieht sich nur auf die Rinde, die sich noch im Walde befindet; die Entwendung von Rinde außerhalb des Waldes ist schon nach den allgemeinen Bestimmungen Diebstahl. Ein Holzarbeiter, der im Auftrage des rechtmäßigen Besitzers Stämme abgeschält hat und auf Grund später entstandenen Vorsatzes die Rinde sich rechtswidrig aneignet, ist nach Abs. III zu bestrafen (vgl. ObLG. RR. I 429/29 in Anm. 2 zu Art. 81).

Vgl. im übrigen die Anm. zu Art. 81.

Entwendung von Lese- und Stockholz.

Artikel 84. (83/84).

I Wer unbefugter Weise oder in den hiezu nicht angewiesenen Waldorten dürres oder angefaultes zur Erde liegendes Holz, oder Stockholz holt[2], wird, neben dem Ersatze des Wertes, mit einer demselben gleichen Geldstrafe belegt[3].

II[4] Ist das Stockholz aus jungen oder frischbesamten Schlägen geholt worden, so wird neben der bezeichneten Strafe und neben dem Ersatze des Wertes, ein Schadenersatz von einem Dritteile des Wertes zuerkannt.

1. Geltungsbereich: Art. 54 behandelt die Entwendung des sog. Lese(Raff-) und des Stockholzes. Zum Begriff des Leseholzes im Sinne des Art. 84 vgl. Anm. 1 zu Art. 80 und Anm. 2 zu Art. 90. Schlagabraum, der vom Waldbesitzer ungenützt zurückgelassen wird, fällt unter Art. 84 nur, soweit es sich um dürres oder angefaultes Holz handelt; im übrigen ist seine unbefugte Aneignung nach Art. 79 Abs. I zu beurteilen. Hat der Berechtigte den Besitz an den Resten des Schlagabraums aufgegeben in der Absicht auf das Eigentum zu verzichten, so sind die Reste herrenlos geworden (§ 959 BGB.); die Aneignung ist in diesem Falle jedermann gestattet; regelmäßig sind aber die Voraussetzungen des § 959 BGB. nicht gegeben. Die Entwendung entsamter Tannenzapfen beurteilt sich ebenfalls nach Art. 84 (ObLG. Bd. 6 S. 80); noch nicht entsamte Zapfen gehören zum Waldsamen des Art. 86. Die Entwendung des zum Verkauf oder Verbrauch (gleichgültig von wem) zugerichteten Leseholzes ist Holzdiebstahl (Art. 81); z. B. die unbefugte Aneignung des von andern gesammelten Leseholzes.

Beim Stockholz ist es gleichgültig, ob es sich um grünes oder dürres Holz handelt. Zum Stockholz gehören auch die Wurzeln; werden die Wurzeln stehender grüner Bäume entwendet, so ist Art. 95 Abs. III zu beachten. Die Entwendung bereits ausgegrabener Stöcke ist Diebstahl (Art. 81); die Entwendung grüner Laubholzstöcke aus Niederwaldungen ist in Art. 79 Abs. III besonders geregelt.

2. Entwendung: Auch in den Fällen des Art. 84 muß der volle äußere und innere Tatbestand der Entwendung (s. Ziff. 1 vor Art. 79) gegeben sein; das „Holen in unbefugter Weise oder in den hiezu nicht angewiesenen Waldorten bedeutet dasselbe wie Entwenden in den Art. 79ff.; die Voraussetzungen der Rechtswidrigkeit der Entwendung sind näher ausgeführt: rechtswidrig ist die unbedingt unbefugte und die bedingt unbefugte Aneignung (dies wäre übrigens auch ohne ausdrückliche Bestimmung rechtens); dieselbe Erläuterung der Rechtswidrigkeit findet sich in den nachfolgenden Art. 85 und 87 (Entwendung von Streuwerk usw. und Pech).

Unbefugterweise (unbedingt unbefugt) handelt, wer kein dingliches oder ein anderes Recht oder eine Erlaubnis besitzt; unbefugt handelt auch ein an sich Berechtigter, der seine Berechtigung (bewußt) überschreitet, hinsichtlich der Überschreitung (vgl. Art. 49 Abs. II). Die Erteilung der Erlaubnis zum Sammeln von Leseholz steht, soweit sich nicht aus besonderen Rechtsverhältnissen etwas anderes ergibt, dem verfügungsberechtigten Waldbesitzer zu; sie ist grundsätzlich freiwillig. Für die Staatswaldungen gibt es in den einzelnen Regierungsbezirken Leseholzordnungen. Die Erlaubnis Leseholz zu sammeln, schließt, wenn nicht ausdrücklich gestattet, die Befugnis dürre Äste von stehenden Bäumen abzunehmen und sich anzueignen, nicht in sich (vgl. OAG. 23. 1. 1874, Bd. 4 S. 46); deren unbefugte Aneignung ist ein Forstfrevel nach Art. 80. Die Art. 84 und 85 sind nicht bloß auf Forstberechtigte nach Art. 23ff. anwendbar (ObLG. Bd. 5 S. 28).

An nicht angewiesenen Waldorten (bedingt unbefugt) holt derjenige, der zwar zu holen befugt ist (auf Grund einer dinglichen oder anderen Berechtigung oder einer Vergünstigung, OLGM. 21. 5. 1896, Bd. 9 S. 54), aber nicht an diesem Waldort; oder wer zwar die Befugnis für diesen Waldort besitzt, aber die notwendige Anweisung nicht abwartet oder, wenn sie stattgefunden hat, an einem andern als dem angewiesenen Orte von der Erlaubnis Gebrauch macht. Zur Notwendigkeit der Anweisung vgl. S. 139 Anm. c; Art. 84 setzt die Notwendigkeit der Anweisung nicht fest; ein bedingt unbefugter Frevel nach Art. 84 ist vielmehr nur gegeben, wenn auf Grund der einschlägigen sonstigen Vorschriften oder besonderen Verhältnisse (z. B. des Inhalts der Berechtigung) die örtliche Anweisung erforderlich ist; es ist also zu lesen: „wer in den hiezu nicht angewiesenen Waldorten, soweit eine solche Anweisung erforderlich ist, ..." Der Waldort muß ein Bestandteil des Waldes sein (Begriff Anm. 7 zu Art. 1).

Der Frevel nach Art. 84 kann wie jeder Entwendungsfrevel nur in einem fremden Wald begangen werden. In Gemeinde- und Stiftungswaldungen kann die staatliche Forstbehörde, der die Betriebsausführung übertragen ist (Art. 9), den Gemeinde- und Stiftungsorganen eine Anweisung mit der Wirkung des Art. 84 nicht geben (OGH. Bd. 3 S. 42; s. auch Anm. 2a vor Art. 79). Ein Pfründebesitzer, der in seinem von der staatlichen Forstbehörde bewirtschafteten Pfründewald ohne oder wider die Anweisung der Forstbehörde Holz schlägt, begeht keinen Forstfrevel (ObLG. Bd. 6 S. 500); die Handlungsweise unterliegt der dienstaufsichtlichen Würdigung. Angestellte des Waldbesitzers, die von diesem beauftragt sind, in seinem Walde für ihn Leseholz zu sammeln, begehen keinen Frevel nach Art. 84, wenn sie an anderen als den angewiesenen Orten im Walde ihres Herrn für diesen lesen; wohl aber begehen sie einen Frevel nach Art. 93 Ziff. 6.

Wer zwar am angewiesenen Orte, aber außerhalb der festgesetzten Zeit Lese- oder Stockholz holt, begeht einen Forstfrevel nach Art. 90. Wer anderes als Lese- oder Stockholz zwar befugt, aber außerhalb der festgesetzten Tage aus dem Walde holt, begeht einen Forstfrevel nach Art. 91.

3. Verurteilung nach Abs. I: Gegen den Frevler ist im Falle des Abs. I zu erkennen auf:

a) vollen Ersatz des Wertes der entwendeten Walderzeugnisse	= W
b) Geldstrafe im gleichen Betrage	= W
insgesamt:	2 W.

Auf Schadenersatz kann nicht erkannt werden (Art. 63). Das Gesetz geht davon aus, daß im Falle des Abs. I außer der Entwendung ein besonderer Schaden nicht entsteht (Begr.). Mindestbetrag der Geldstrafe 30 Reichspfennige (Art. 52, 61a). Der Stockholzfrevel wird deshalb milder bestraft als der Frevel nach Art. 79 Abs. I, weil er eine mühsamere Frevelgattung ist, die nicht die Ausdehnung und Gefährlichkeit erlangt wie der Stangen- und Stammholzfrevel (Begr.).

4. Abs. II (Entwendung von Stockholz aus jungen Schlägen): Abs. II, der sich nur auf Stockholz bezieht, geht davon aus, daß durch das Ausgraben des Stockholzes in jungen oder frischbesamten Schlägen die jungen Pflänzchen beschädigt werden (Begr.); daher setzt er auch eine Verpflichtung zum Schadenersatz fest. Auch im Falle des Abs. II ist unbedingt oder bedingt unbefugte Aneignung Voraussetzung. Die Entwendung bereits ausgegrabener Stöcke aus jungen Schlägen ist Diebstahl (Art. 81), u. U. in Realkonkurrenz verbunden mit einem Beschädigungsfrevel nach Art. 95. Eine bestimmte Altersgrenze ist für die Schläge des Art. 84 Abs. II nicht festgesetzt; maßgebend ist, ob der in Betracht kommende Schlag nach forstwirtschaftlichen Begriffen noch als jung oder frischbesamt zu gelten hat.

Im Falle des Abs. II ist zu erkennen auf:

a) Ersatz des Wertes der entwendeten Walderzeugnisse	=	W
b) Schadenersatz in Höhe von $^1/_3$ des Wertes	=	$^1/_3$ W
c) Geldstrafe in Höhe des Wertes	=	W
	insgesamt:	$2^1/_3$ W.

Entwendung von Futter- und Streuwerk.

Artikel 85. ($^{84}/_{85}$).

I [3] Wer unbefugter Weise oder in den hiezu nicht angewiesenen Waldorten grünes oder trockenes Laub, Nadeln oder Moos holt[2], wird neben dem Ersatze des Wertes und eines Dritteils desselben für Schaden, mit einer dem Werte gleichen Geldstrafe belegt.

II [4] Besteht der Gegenstand dieser unerlaubten Zueignung in Gras oder anderem Streuwerke, als: Heide, Sumpfmoos, Heidelbeerstauden, Besenpfriemen, Farrenkräutern und dergleichen, so tritt dieselbe Strafe nebst Werterſatz ein, — der Schadenersatz von einem Dritteile weiter aber nur dann, wenn der Frevel in jungen, in Schonung befindlichen oder in verhängten haubaren Waldungen geschah.

III [5] Wurden die in den Absätzen 1 und 2 erwähnten Frevel unter Anwendung von Hau- oder Schneidewerkzeugen, eisernen Rechen oder Steigeisen verübt, so soll außer der Strafe und dem Werterſatze auch der Schadenersatz in dem vollen Betrage des Wertes zuerkannt werden.

1. **Geltungsbereich:** Art. 85 behandelt die Entwendung von Futter- und Streuwerk aus einem Walde, insbesondere also die häufigen Streufrevel. Die bedingt unbefugte Aneignung ist wie in Art. 84 und 87 der unbedingt unbefugten gleichgestellt; vgl. Anm. 2 zu Art. 84. Mit Rücksicht auf die geringere oder größere Schädlichkeit stuft das Gesetz nach der Art des Futter- und Streuwerks, den Orten der Entnahme und der Anwendung von Gerät Strafe, Wert- und Schadenersatz vierfach ab: Abs. I regelt die Entwendung von drei bestimmten Arten von Waldstreu, deren Entnahme besonders schädlich ist; Abs. II regelt die Entwendung der gesamten übrigen Waldstreu sowie des Futterwerks, zwiefach abgestuft nach dem Ort der Entnahme; Abs. III enthält einen erschwerten Fall der Entwendungen nach Abs. I und II (Gebrauch gewisser Werkzeuge). Der Begriff Streuwerk (Waldstreu) ist weit zu fassen; man versteht darunter die aus abgefallenem Laub, Nadeln, aus Moos und lebenden Unkräutern bestehende Waldbodendecke; die Anführungen in Abs. I und II sind nur Beispiele; sie erschöpfen den Begriff nicht. Auch der Begriff Gras in Abs. II ist weit zu fassen; es fällt darunter alles im Walde wachsende Futterwerk (vgl. Begr.), auch Brunnenkresse (OAG. 24. 5. 1875, Bd. 5 S. 525).

2. **Entwendung:** Auch im Falle des Art. 85 muß der volle äußere und innere Tatbestand einer Entwendung gegeben sein, s. Anm. 2 zu Art. 84. Zur Frage der Rechtswidrigkeit sei angeführt:

Wer auf Grund eines Pachtvertrags befugt innerhalb der Pachtzeit Streu zusammengerecht hat und sie nach beendeter Pachtzeit abführt, begeht keinen Forstfrevel nach Art. 85, da er schon durch das Zusammenrechen Eigentümer der Streu geworden ist (OAG. 23. 5. 1868, S. w. E. Bd. 2 S. 238); auch Frevel nach Art. 90 und 91 sind nicht gegeben. Wenn die im Staatswalde zu einem ungemessenen Streubezuge nach Bedarf Berechtigten in dem ihnen angewiesenen Waldorte, ohne ihren Bedarf zu überschreiten, eine größere Menge Streu rechen, als das Forstamt angeordnet hat, so liegt nach OAG. 24. 10. 1872 (S. Str. Bd. 2 S. 257) keine unbefugte Aneignung im Sinne des Art. 85 vor. Regelung des Streubezuges (nach Art. 23 Abs. II) oder Ermäßigung (Art. 25) oder Umwandlung (Art. 27) hatte nicht stattgefunden. Zu einem anderen Ergebnis muß man in dem Falle kommen, daß nach dem Inhalt der Berechtigung die Anweisung sich auch auf die Menge zu erstrecken hat. Wird in diesem Falle mehr als die angewiesene Menge Streu geholt, so liegt insoweit eine unbefugte Aneignung vor; wenn weniger angewiesen wurde als der Berechtigung nach zusteht, müssen die Berechtigten zu erreichen suchen (im Wege der Verhandlung oder Klage nach Art. 23 Abs. II), daß ihnen die zustehende Menge angewiesen wird; eigenmächtige Überschreitung der Anweisung ist — stets unter vem Vorbehalt, daß sich nach dem Inhalt der Berechtigung die Anweisung auch auf die Menge zu erstrecken hat — unbefugt im Sinne des Art. 85 (vgl. Anm. 5c vor Art. 23 und OLG. Z. Bd. 3 S. 281 und Bd. 5 S. 533).

Wenn in einem Gemeindewald die Streuberechtigten in einem nicht angewiesenen Waldort Streu nicht für sich, sondern für die Gemeinde auf Haufen zusammenrechen, die sodann übungsgemäß vom Bürgermeister unter die Berechtigten nach dem Lose verteilt werden, so begehen die Streuberechtigten keinen Forstfrevel nach Art. 85 (ObLG. Bd. 5 S. 210). Strafrechtliche Beurteilung, wenn der Rechtlerausschuß im Gemeindewald an forstamtlich verbotenen Waldorten Streuplätze aussteckt und die ausgelosten Rechtler gutgläubig die Streu gewinnen: ObLG. Bd. 3 S. 299.

Zur Notwendigkeit der Begehung des Frevels im Walde: Das unbefugte Aneignen von Laub, das von den Bäumen eines Waldes auf eine anstoßende Wiese geweht wurde (nicht gefallen ist; in diesem Falle würde § 911 BGB. gelten), ist nicht Forstfrevel, sondern je nach Wert oder Menge Feldfrevel nach Art. 112 PStGB. oder Diebstahl nach § 242 StGB. (OLGM. 6. 5. 1885, S. Bd. 3 S. 380). Im zugrunde liegenden Falle hatte der Waldbesitzer das dingliche Recht der Laubstreunutzung an dem Laube, das von den auf der angrenzenden Wiese stehenden Bäumen abgefallen war; an dem Laub erwirbt er (nach dem heutigen Recht gemäß § 954 BGB.) das Eigentum mit der Trennung vom Baume; wenn der Wieseneigentümer sich das Laub aneignet, fällt seine Handlung ebenfalls unter Art. 112 PStGB. oder § 242 StGB. (so das Erk.); vgl. Anm. 1c vor Art. 79.

3. **Abs. I (Entwendung von Laub, Nadeln oder Moos)**: Beim Laub, Moos und den Nadeln ist es gleichgültig, ob sie grün oder trocken sind; gleichgültig ist auch, ob Laub, Nadeln und Moos vom Erdboden (Bodenstreu) oder von stehenden oder liegenden Stämmen genommen werden. Ohne Bedeutung ist weiter, ob das Laub usw. vom Frevler selbst erst gewonnen werden muß oder schon von anderen gesammelt und aufgearbeitet ist; es gibt keinen Streudiebstahl im Walde nach Art des Holz- und Rindendiebstahls (Art. 81, 83 Abs. III); OLGM. 2. 7. 1898 Bd. 10 S. 75. Die Entwendung von Streu außerhalb des Waldes beurteilt sich nach dem allgemeinen Strafrecht. Wenn Laub und Nadeln mit den dazugehörigen Zweigen entwendet werden, so kommt es darauf an, ob der objektive Wert des Holzes oder des Laubes und der Nadeln überwiegt; im ersteren Fall ist ein Holzfrevel (Art. 79, 80, 84), im letzteren ein Streufrevel gegeben; auch die Absicht des Täters ist von Bedeutung (vgl. Anm. 2 zu Art. 79). Ist mit der Entwendung eine Beschädigung verbunden, so gilt Art. 95 Abs. III. Unter Abs. I fällt alles Moos mit Ausnahme des Sumpfmooses (Abs. II). Die Entwendung von Waldstreu, die in Abs. I nicht ausdrücklich genannt ist, beurteilt sich nach Abs. II.

Im Falle des Abs. I ist der Täter zu verurteilen:

a) zum Ersatz des vollen Wertes des entwendeten Laubes	=	W
b) zum Ersatz des Schadens in Höhe von $^1/_3$ des Wertes	=	$^1/_3$ W
c) zu einer Geldstrafe in Höhe des Wertes	=	W
	insgesamt:	$2^1/_3$ W.

Mindestbetrag der Geldstrafe 30 Reichspfennige (Art. 52, 61a). Eine Erhöhung des Schadenersatzes tritt im Falle der Anwendung gewisser Werkzeuge ein (Abs. III).

Die Schadenersatzpflicht in Abs. I rechtfertigt die Begr. wie folgt: „Durch die Wegnahme von Laub oder Nadeln wird dem Waldboden sein natürlicher Dünger entzogen; mit der Entwendung des Mooses verliert er seine Frische und den nötigen Schutz gegen elementare Einwirkungen. Bei der Entwendung grünen Laubes tritt noch der weitere Umstand ein, daß dadurch die beraubten Bäume in ihrem Wachstum beeinträchtigt werden. Durch diese Entwendungen wird hienach die Bodenkraft und der Waldertrag gemindert, außer dem Verluste der entwendeten Sache also ein weiterer Schaden verursacht."

4. **Abs. II (Entwendung anderer Streu und von Futterwerk)**: Abs. II regelt die Entwendung der gesamten Waldstreu mit Ausnahme der in Abs. I aufgezählten Arten (Laub, Nadeln, Moos); Heide usw. sind nur Beispiele. Unter Abs. II fällt auch die Entwendung des gesamten im Walde wachsenden Futterwerkes („Gras"). Unter Heide fällt vor allem die erica vulgaris, insbesondere auf Sandböden und auf heruntergekommenem Waldboden, ferner die erica caruca, besonders in trockenen, sonnigen Lagen des Gebirges. Besenpfriemen: spartium scoparium.

Kleine Aststücke und Reisigteile können als Bestandteile von Streu angesehen werden. Sie auszuscheiden wäre viel zu umständlich, ist auch nicht notwendig, weil das Vieh auf einer Streu, unter die solche Holzteilchen gemischt sind, gut liegen kann. Wenn die Holzstücke aber von solcher Stärke und Größe sind, daß das Vieh dadurch geschädigt würde, können sie nicht unter Streuwerk im Sinne des Art. 85 gerechnet werden (ObLG. 23. 6. 1911).

Zur Strafdrohung in Abs. II bemerkt die Begr.: „Mit der Wegnahme von Gras- und Forstunkräutern ist an sich ein besonderer Schaden nicht verbunden; ein solcher tritt nur in den Fällen ein, wenn jene Gegenstände aus jungen, in Schonung befindlichen Orten oder aus verhängten haubaren Beständen entwendet werden, weil hier zugleich aufkeimende oder schon aufgeschossene Pflanzen zerstört zu werden pflegen. Aus diesen Gründen wird bei Entwendung von Futter- und Streuwerk im Sinne des Abs. II die Aufrechnung eines Dritteils des Wertes als Schadenersatz auf die Verübung des Frevels in den zuletzt erwähnten Orten und Beständen beschränkt." Zum Begriff verhängt s. Art. 88 Anm. 7a. Unter verhängten haubaren Waldungen sind hier solche gemeint, die in Verjüngung stehen. Wer nur befugt ist, das von ihm zu mähende Gras als Heu sich anzueignen, begeht einen Forstfrevel nach Art. 85, wenn er das grüne Gras heimfährt; das Eigentum erwirbt er noch nicht mit dem Grasschnitt (ObLG. Bd. 5 S. 31).

Der Frevler ist im Falle des Abs. II zu verurteilen zu:

a) Ersatz des Wertes des entwendeten Streu- oder Futterwerks	= W
b) Geldstrafe in gleicher Höhe	= W
insgesamt:	2 W.

Wenn die Entwendung des unter Abs. II fallenden Streu- oder Futterwerks in jungen oder in Schonung befindlichen oder verhängten haubaren Wäldern geschah, ist außerdem auf Schadenersatz in Höhe von einem Drittel des Wertes des entwendeten Streu- oder Futterwerks (= $^1/_3$W) zu erkennen; in diesem Falle wird der Frevel also geahndet wie im Falle des Abs. I. Geschah die Entwendung teils in solchen Wäldern, teils in anderen, so berechnet sich das Drittel des Schadenersatzes nur aus dem Wert des aus den ersteren stammenden Streu- und Futterwerks. Mindestbetrag der Geldstrafe 30 Reichspfennige (Art. 52, 61a).

5. Abs. III (Anwendung schädlicher Werkzeuge): Die Begr. sagt: „Durch die Anwendung von eisernen Rechen werden die seicht unter der Oberfläche des Bodens hinstreichenden Wurzeln verletzt, durch den Gebrauch von Steigeisen zum Abstreifen des Laubes wird die Rinde beschädigt. Besonders erheblich und augenscheinlich stellt sich die Beschädigung in geschonten Orten dar; während beim Ausraufen mit der bloßen Hand eine Schonung der einzelnen gerade sichtbaren Pflanzen möglich ist, nimmt die Sense oder Hacke schonungslos alles hinweg und überdies greift die Hacke auch die Substanz des Bodens selber an." Zu den Schneidewerkzeugen gehört insbesondere die Säge.

Im Falle des Abs. III ist stets (die in Abs. II getroffene Unterscheidung ist hier also ohne Bedeutung) zu erkennen auf:

a) den Ersatz des Wertes des entwendeten Streu- oder Futterwerks	= W
b) den Ersatz des Schadens in gleicher Höhe	= W
c) Geldstrafe in gleicher Höhe	= W
insgesamt:	3 W.

Kommen noch Strafschärfungsgründe nach Art. 59 dazu, so sind diese gemäß Art. 60 zu berücksichtigen. Der allgemeine Strafschärfungsgrund des Art. 59 Ziff. 5 kann nicht weiter berücksichtigt werden. Mindestbetrag der Geldstrafe 30 Reichspfennige (Art. 52, 61a).

Entwendung von Waldsamen. **Artikel 86.** ($^{85}/_{86}$).

I[2] Die Entwendung von Eicheln, Bücheln oder anderen Waldsamen wird neben dem Ersatze des Wertes mit einer dem Werte gleichkommenden Geldstrafe belegt.

II[3] Wenn der Same abgeschlagen, abgerissen oder zusammengekehrt wurde, oder die Entwendung in eingehegten Orten geschah, so soll überdies auf Schadenersatz in dem einfachen bis zu dem doppelten Betrage des Wertes erkannt werden.

1. Geltungsbereich: Art. 86 behandelt die Entwendung von Waldsamen und zwar in Abs. I den Regelfall, in Abs. II eine Entwendung unter erschwerenden Umständen.

Waldsamen ist Samen von Waldgewächsen des forstlichen Betriebs; hieher gehören z. B. noch nicht entsamte Tannenzapfen (entsamte fallen unter Holz; vgl. Anm. 1 zu Art. 84); auch Waldbeeren, die sich im Wege der Samenbildung in Beeren fortpflanzen. Die Früchte eines im Walde stehenden Obstbaumes rechnen nicht zum Waldsamen, es sei denn, daß der Obstbaum Gegenstand des forstwirtschaftlichen Betriebes ist, wie das z. B. bei Kirschbäumen der Fall sein kann, die mitunter im Mittelwald als Oberholz übergehalten werden (OAG. 30. 6. 1856, Z. Bd. 3 S. 279). Wenn der Obstbaum nicht Gegenstand des forstwirtschaftlichen Betriebes ist, so ist die Entwendung seines Obstes nach den allgemeinen Strafgesetzen zu beurteilen. Die Eicheln und Bücheln sind nur Beispiele. Nur die Entwendung aus einem Walde fällt unter Art. 86.

2. Abs. I (einfache Entwendung von Waldsamen): Der Frevler ist im Falle des Abs. I zu verurteilen:

a) zum Ersatz des Wertes des entwendeten Waldsamens	=	W
b) zu einer Geldstrafe im gleichen Betrage	=	W
	insgesamt:	2 W.

Zu Schadenersatz kann er im Falle des Abs. I nicht verurteilt werden (Art. 63). Mindestbetrag der Geldstrafe 30 Reichspfennige (Art. 52, 61a).

3. Abs. II (erschwerte Entwendung von Waldsamen): Für die Anwendung des Abs. II ist eine Entwendung von Waldsamen Voraussetzung; die Erschwerung liegt darin, daß durch die hier beschriebene Ausführung der Entwendung außer dem Verluste des entwendeten Waldsamens noch ein weiterer Schaden verursacht wird; durch das Herabschlagen und Herabreißen werden nämlich die Äste beschädigt; durch das Zusammenkehren des Samens wird der Boden seiner Laubdecke beraubt und bloßgelegt; durch die Entwendung in eingehegten Orten wird deren Besamung beeinträchtigt (Begr.). Die Verschärfung der Ahndung im Falle des Abs. II besteht darin, daß der Täter außer zu Geldstrafe und Werterſatz wie in Abs. I auch zu Schadenersatz zu verurteilen ist. Wenn durch das Herabschlagen und Herabreißen stehendes grünes Holz beschädigt wird, so ist nach Art. 95 Abs. III zu verfahren, d. h. der Täter ist zu Strafe und Schadenersatz wegen der Beschädigung (Art. 95 Abs. I und II) und außerdem zu Strafe und Werterſatz wegen der Entwendung des Waldsamens (Art. 86 Abs. I) zu verurteilen; dies wird aber nur gelten, wenn noch andere Äste des gleichen Baumes als die den Waldsamen tragenden beschädigt werden; werden nur die den entwendeten Samen tragenden Äste beschädigt, so wird lediglich Art. 86 Abs. II anzuwenden sein, da die Gefährdung dieser Äste durch die höhere Ahndung nach Abs. II ausgeglichen ist. Das Zusammenrechen fällt nicht unter Abs. II. Unter den eingehegten Orten sind in Hege gelegte, zur Verjüngung bestimmte Waldorte zu verstehen (vgl. die Hegezeichen in Art. 92 Ziff. 2). Jede Art von Waldsamenentwendung, die nicht ausdrücklich in Abs. II angeführt ist, ist nach Abs. I zu behandeln.

Im Falle des Abs. II ist für den Schadenersatz ein Rahmen aufgestellt, innerhalb dessen der Richter freie Hand hat; der wirklich entstandene Schaden wird die Festsetzung der Höhe innerhalb des Rahmens beeinflussen, ist aber nicht maßgebend. Der Frevler ist nach Abs. II also zu verurteilen:

a) zum Ersatz des Wertes des entwendeten Samens	=	W
b) zum Schadenersatz in Höhe mindestens des einfachen, höchstens aber des zweifachen Wertes	=	1 bis 2 W
c) zu einer Geldstrafe in Höhe des einfachen Wertes	=	W
	insgesamt:	3 bis 4 W.

Mindestbetrag der Geldstrafe 30 Reichspfennige (Art. 52, 61a).

Artikel 87. ($^{86}/_{87}$).

Entwendung von Harz.

I Wer unbefugter Weise, oder in den hiezu nicht angewiesenen Waldorten pechelt, verfällt neben dem Ersatze des Wertes in eine dem doppelten Werte des Harzes gleichkommende Geldstrafe, und ist überdies zum Ersatze des Schadens nach dem einfachen Werte des entwendeten Harzes zu verurteilen.

II Das Anreißen neuer oder die Vergrößerung alter Lacken (Pechrisse) wird nach Art. 95 bestraft.

1. Geltungsbereich: Art. 87 behandelt die Entwendung von Harz im Walde. Pecheln heißt Pech (Harz) sammeln. Die bedingt unbefugte Entwendung ist der unbedingt unbefugten gleichgestellt (vgl. Anm. 2 zu Art. 84). Regelmäßig wird das Harz stehenden grünen Bäumen entnommen; unter Art. 87 fällt aber auch die Entwendung anderen Harzes (von dürren oder gefällten Bäumen), auch des von anderen gesammelten Harzes, da hier eine dem Art. 81 oder 83 Abs. III ähnliche Bestimmung fehlt. Stets muß sich aber das Harz noch im Walde befinden.

Wird das Harz stehenden grünen Bäumen entnommen, so ist zu unterscheiden, ob zum Zwecke der Entnahme neue Harzrisse (Pechrisse, Lacken) geöffnet (angerissen) bzw. alte aufgerissen oder erweitert (vergrößert) werden oder nicht. Im letzteren Fall ist lediglich Art. 87 Abs. I anzuwenden, im ersteren Art. 95 und 87 nebeneinander nach näherer Maßgabe des Art. 95 Abs. III; dies ist in Art. 87 Abs. II ausdrücklich bestimmt (das „Anreißen neuer und das Vergrößern alter Pechrisse" in Abs. II ist gleichbedeutend mit dem „Öffnen neuer und Aufreißen und Erweitern alter Harzrisse" in Art. 95 Abs. I).

Wer einen neuen Harzriß öffnet, um später das austretende Harz zu entwenden, begeht, wenn die Entwendung nicht nachfolgt, lediglich einen Forstfrevel nach Art. 95 Abs. I; folgt die Entwendung nach, so ist wegen der Beschädigung durch das Anreißen nach Art. 95 Abs. I zu strafen, wegen der Entwendung gemäß Art. 95 Abs. III zu der Geldstrafe und dem Werterſatze, nicht aber zu dem Schadenersatz des Art. 87 Abs. I zu verurteilen.

Nur nach Art. 87 zu strafen ist das bloße Ausscharren der Lacken (Pechrisse), mögen sie künstlich angebracht oder durch zufällige Verletzung entstanden sein (Begr.). Wer aus einem schon vorhandenen Harzriß ohne Aufreißen oder Erweitern Harz entwendet und vor oder nachher am gleichen Baum einen neuen Harzriß eröffnet, begeht zwei selbständige, in sachlichem Zusammenhang stehende Handlungen.

2. Ahndung: Im Falle des Abs. I ist der Täter zu verurteilen:

a) zum Ersatz des Wertes des entwendeten Harzes	=	W
b) zum Schadenersatz in gleicher Höhe	=	W
c) zu einer Geldstrafe in doppelter Höhe	=	2 W
insgesamt:		4 W.

Mindestbetrag der Geldstrafe 30 Reichspfennige (Art. 52, 61a).

Die strenge Ahndung rechtfertigt die Begr. damit, daß das Pecheln eine der schädlichsten Nebennutzungen ist, weil sie (im Regelfalle der Entnahme von stehenden grünen Bäumen) den Holzbeständen die Lebenssäfte entziehe, ihre Gesundheit und ihr Wachstum untergrabe; auch würden häufig neue schwer entdeckbare Pechrisse angelegt.

2. Forstfrevel durch Beschädigung, Übertretung forstpolizeilicher Bestimmungen und andere Gefährden.

Vorbemerkungen.

Dieser Teil bildet den 2. Unterabschnitt des die Forstfrevel behandelnden Abschnittes B (Art. 79—108) innerhalb des II. Teiles „Besondere Bestimmungen" (Art. 75—108) der vierten Abteilung (Art. 48—108); s. die Übersicht über die vierte Abteilung vor Art. 48.

1. Rechtliche Natur: Auch die Art. 88—100 enthalten Tatbestände von Forstfreveln im Sinne des Art. 49. Ein Forstfrevel nach den Art. 88—100 liegt also nur vor, wenn der besondere Tatbestand eines der angeführten Artikel und der allgemeine des Art. 49 gegeben ist; es muß sich also insbesondere um eine Schädigung oder Gefährdung eines fremden Waldes handeln. Schädigungen und Gefährdungen des eigenen Waldes fallen niemals unter die Art. 88ff.

2. Arten: Während die Art. 79—87 eine einheitliche Art von Forstfreveln, nämlich die Forstfrevel durch Entwendung, behandeln, enthalten die Art. 88—100 verschiedene Frevelarten:

a) Forstfrevel durch Beschädigung: Art. 88, 92, 93 Ziff. 1—3; 94 Ziff. 1, 3, 5; 95; 96 Abs. II;
b) Forstfrevel durch Übertretung forstpolizeilicher Bestimmungen: Art. 89; 96 Abs. I;
c) Forstfrevel durch andere Gefährden: Art. 90; 91; 93 Ziff. 4—6; 94 Ziff. 2, 4, 97—100.

Die erste Art (Forstfrevel durch Beschädigung, Buchst. a) umfaßt Frevel, in denen wie bei den Forstfreveln durch Entwendung (Art. 79—87) eine Rechtsverletzung enthalten ist; sie stellen sog. kriminelles Unrecht dar. Die anderen beiden Arten (durch Übertretung forstpolizeilicher Bestimmungen und andere Gefährden, Buchst. b und c) sind Forstfrevel, die nur die Gefährdung eines fremden Rechtes zur Folge haben, also sog. polizeiliches Unrecht darstellen. Sie sind trotzdem aber nicht etwa Forstpolizeiübertretungen nach Art. 48 und 75—78, sondern wirkliche Forstfrevel.

3. Tatbestände: Die meisten Artikel des Unterabschnittes stellen die strafbaren Tatbestände selbst auf; einige wenige (Art. 89 und 96 Abs. I) bilden die Strafbestimmungen für Anordnungen, die das Forstgesetz an anderer Stelle trifft (in der dritten Abteilung „Forstpolizeiliche Bestimmungen" Art. 43 bis 45). Art. 93 Ziff. 6 enthält ein Blankettstrafgesetz.

4. Schuld: Die Forstfrevel nach Art. 88—97, 99 und 100 können sowohl vorsätzlich wie fahrlässig begangen werden (die Forstfrevel, begangen durch Entwendung, dagegen sowie die Frevel nach Art. 95 Abs. V und 98 nur vorsätzlich, s. vor Art. 79 Anm. 1d und Anm. 7 zu Art. 98).

5. Verhältnis zum allgemeinen Strafrecht: Strafbar sind nach dem Forstgesetz nur jene Beschädigungen und Gefährdungen des Waldes, seines Bodens, seiner Einrichtungen und Erzeugnisse, die in den Art. 88—100 ausdrücklich angeführt sind. Soweit das Forstgesetz einen Gegenstand erschöpfend regeln will, ist die Anwendung anderer Strafgesetze ausgeschlossen. Das Gebiet der Beschädigungen ist erschöpfend geregelt mit Ausnahme der vorsätzlichen Beschädigung und sonstigen Veränderung von Grenzzeichen (vgl. Art. 92 Ziff. 3 mit Anmerkungen) und der vorsätzlichen und fahrlässigen Inbrandsetzung von Waldungen (§§ 308, 309 StGB.). Die Vorschriften des Strafgesetzbuchs (§§ 303ff.) über Sachbeschädigung sind durch Gesetzeskonkurrenz ausgeschlossen. Dies gilt aber nur, soweit es sich um den Wald, Walderzeugnisse und die Waldeinrichtung handelt (Begriff Anm. 7 zu Art. 1); wer z. B. ein in einem Walde stehendes Haus oder eine Waldhütte beschädigt, ist zu behandeln nach §§ 303ff. StGB., da Gebäulichkeiten vom Standpunkt des Forstgesetzes nicht Bestandteile des Waldes sind. Vgl. auch Ziff. 2 vor Art. 79.

6. Übersicht: Im zweiten Unterabschnitt (Art. 88—100) sind behandelt:

in Art. 88 und 89 die Weidefrevel;

in Art. 90 und 91 Verstöße gegen die Ordnung beim erlaubten Bezug von Walderzeugnissen; die Anwendung verbotener Werkzeuge;

in Art. 92—95 Beschädigungen und Gefährdungen des Waldes und seiner Einrichtung;

in Art. 96 die Übertretung feuerpolizeilicher Vorschriften;

in Art. 97—100 die verbotene Veräußerung und der verbotene Erwerb von Walderzeugnissen:

Veräußerung durch Forstberechtigte u.ä. Art. 97,
Erwerb durch Dritte Art. 98,
Veräußerung des Frevlers Art. 99,
Forsthehlerei Art. 100.

Unbefugte Wald- und Alpenweide.

Artikel 88. (87/88).

I Derjenige, welcher unbefugt[2] Vieh[3] im Walde[4] hütet[5] oder weiden läßt, erleidet, vorbehaltlich des Rückgriffes gegen den Hirten oder Hüter, je nach Beschaffenheit des Frevels folgende Strafen[6]:

für ein Pferd, ein Stück Rindvieh, einen Esel oder eine Ziege sechzig Reichspfennig für dergleichen junges Vieh unter einem Jahre oder für ein Schaf die Hälfte, für ein Schwein in der Mastzeit fünfundvierzig Reichspfennig und außer der Mastzeit dreißig Reichspfennig.

II Wurden mehrere Stücke Vieh oder eine ganze Herde betreten, so dürfen die erwähnten Strafen den Betrag von zweiundzwanzig Reichsmark fünfzig Reichspfennig nicht übersteigen.

III Hatte die Weide in verhängten Orten[7] statt, so beträgt die Strafe das Doppelte; jedoch darf sie den Betrag von fünfundvierzig Reichsmark nicht übersteigen.

IV [8] Werden wegen eines und desselben Weidefrevels mehrere Personen gleichzeitig verurteilt, so sind dieselben nur einmal, aber samtverbindlich in die Strafe zu verfällen. Dies gilt im Besonderen auch dann, wenn Vieh von einer verschiedenen Eigentümern gehörigen Herde unbefugt zur Weide gekommen ist. Hiebei finden die Bestimmungen des Art. 56 Abs. 3 Satz 3 und 4 gleichmäßige Anwendung.

V [9] Das Weiden von Gänsen in verhängten Orten wird mit einer Strafe von drei Reichspfennig für jedes Stück belegt; jedoch darf die Strafe in keinem Falle den Betrag von drei Reichsmark sechzig Reichspfennig überschreiten. Gegebenen Falls haben die Bestimmungen des Abs. 4 gleichmäßige Anwendung zu finden.

VI[10] In allen vorhin bezeichneten Fällen sind die Eigentümer des Viehes, und zwar in den Fällen des Abs. 4 und 5 samtverbindlich, in den Ersatz des verursachten Schadens zu verurteilen, welcher nicht unter der Hälfte des Strafbetrages zuerkannt werden darf.

Allg. VollzB. 1879.

§ 34.

I Der Art. 88 verfügt die Bestrafung derjenigen, welche rechtswidrig Vieh im Walde hüten oder weiden lassen, und es finden die Bestimmungen dieses Artikels nach Art. 89 auch Anwendung auf die Eigentümer solchen Viehes, das ohne Hirten oder Hüter im Walde weidend betroffen wird.

II Die Namen der Hirten und Hüter sind daher, erforderlichen Falles unter Anwendung des Art. 127 des Forstgesetzes, welcher das Anhalten unbekannter Personen und deren Vorführung vor den zunächst wohnenden Gemeindevorstand anordnet, jedesmal auszumitteln. Auch können nötigenfalls die zu Schaden gehenden Tiere hinweggeführt oder bis zu jener Ortschaft verfolgt werden, wo sie zu Stall gehen, um solche dem Gemeindevorstand zu überliefern, wenn sich die Hirten oder Eigentümer inzwischen nicht melden.

§ 35.

Da der Art. 69 Ziff. 7 des Forstgesetzes die Zivilverantwortlichkeit der Dienstherren wegen der Frevel ihrer Hirten oder Hüter ausspricht, so ist es erforderlich, neben den Letzteren jedesmal auch die Ersteren auszumitteln, in den Forstrügeverzeichnissen zu bezeichnen und dadurch deren Vorladung vor Gericht zu veranlassen.

1. **Geltungsbereich**: Die Art. 88 und 89 regeln die Weidefrevel und zwar erschöpfend. Art. 88 behandelt die Weide Unbefugter in fremdem Walde oder auf fremder Alpe (Abs. I—VI) und die Weide Befugter in verhängten Orten im fremden Walde (Abs. III—VI). Art. 89 behandelt die gegen forstpolizeiliche Vorschriften verstoßende Weide Befugter im fremden Walde und auf fremden Alpen; näheres Anm. 1 zu Art. 89. Die Frevel nach Art. 88 sind Rechtsverletzungen (Schädigungen), die Frevel nach Art. 89 im wesentlichen Rechtsgefährdungen. Strafbestimmungen für die Weide im eigenen Wald enthält Art. 77 Abs. II mit Art. 43 und 44 (Forstpolizeiübertretung). Art. 88 erhielt die heutige Fassung i. J. 1896. Abs. I und II behandeln den einfachen Weidefrevel, Abs. III und V den erschwerten Weidefrevel (in verhängten Orten); Abs. IV regelt den Fall der Beteiligung mehrerer Personen am Weidefrevel, Abs. VI die Schadenersatzpflicht.

Abs. I und II:

2. **Unbefugte Weideausübung**: d. h. Ausübung der Wald- oder Alpenweide ohne Erlaubnis des Waldbesitzers und ohne dingliche oder obligatorische Berechtigung oder in verhängten Orten. Nach ObLGSt. Bd. 18 S. 21 handelt unbefugt, wer ohne Ermächtigung des Waldeigentümers oder ohne im Gesetz begründete Berechtigung hütet oder weiden läßt.

Der Täter kann nur gestraft werden, wenn er entweder gewußt hat, daß er zu der Weide in dem Wald nicht berechtigt ist oder es aus Fahrlässigkeit nicht gewußt hat, sich also fahrlässigerweise in einem Irrtum befand; fahrlässiger Irrtum liegt vor, wenn der Täter sich die richtige Kenntnis hätte verschaffen können und (pflichtgemäß) sollen. Wer zwar berechtigt ist, aber seine Berechtigung überschreitet, handelt insoweit unbefugt. Wenn nach dem Inhalt des Berechtigungstitels zur Ausübung die vorausgehende örtliche oder zeitliche Anweisung vorgeschrieben ist, so ist die Weide an nicht angewiesenen Waldorten oder vor der Anweisung unbefugt im Sinne des Art. 88; vgl. Anm. 2 zu Art. 84. Wer in verhängten Orten weidet, handelt stets unbefugt im Sinne des Art. 88, auch wenn er nach bürgerlichem Recht zur Weide in dem Wald befugt ist; daß auch der Verstoß der Weideberechtigten gegen das in Art. 43 Abs. II aufgestellte Verbot der Weide in verhängten Waldorten unter Art. 88 fällt, war durch die bis zum Jahre 1896 geltende Fassung, in der es statt unbefugt rechtswidrig hieß, deutlicher zum Ausdruck gebracht; sachlich sollte durch die Änderung der Fassung nichts geändert werden (Abg. 1896 StenB. Bd. 8 S. 378). Art. 89 bestimmt, daß auch Verstöße gegen andere forstpolizeiliche Vorschriften wie die unbefugte Weideausübung behandelt werden sollen.

Aus der Rechtsprechung über die Forstfrevel Weideberechtigter sei angeführt (die Entscheidungen a und d sind zu Art. 88 in Verbindung mit Art. 89 zu verstehen):

a) Art. 88 findet auch auf Weideberechtigte Anwendung, die bei der Ausübung ihrer Berechtigung die durch das Gesetz gezogenen Schranken überschreiten; hier ist zwar nicht die Ausübung der Weide an sich, wohl aber die ungesetzliche Art der Ausübung (rechtswidrig, heute) unbefugt (OAG. 27. 10. 1854, Z. Bd. 1 S. 473).

b) Art. 88 findet auch Anwendung auf Weideberechtigte, die die Weide in Junghölzern, Schlägen oder Holzanflügen, deren Beweidung dem Nachwuchs schädlich ist, ausüben (OAG. 29. 3. 1856, Z. III, 102; ähnlich OAG. 27. 9. 1859, Z. VI, 344).

c) Die Beweidung von Holzanflügen ist, bis sie ohne Schaden für den Nachwuchs geschehen kann, auch für den Weideberechtigten unbedingt verboten (OAG. 21. 9. 1879, S. St. Bd. 9 S. 464).

d) Ein unbefugtes Weiden liegt auf seiten eines Weideberechtigten dann vor, wenn die Ausübung seines Rechts die gesetzlichen, insbesondere die forstpolizeilichen Schranken überschreitet (die Schranke bildete hier Art. 43 Abs. IV; ObLG. 2. 12. 1913).

e) Wer nur dazu berechtigt ist, sein Vieh mit dem eines anderen im Walde des letzteren weiden zu lassen, ist wegen Forstfrevels strafbar, wenn er sein Vieh allein dort weiden läßt. Diese Weide ist auch dann unbefugt, wenn der andere sein Vieh überhaupt nicht zur Weide bringt (OLGM. 20. 4. 1886, S. Bd. 4 S. 71). In dieser Entscheidung ist das Weiden des Berechtigten selbst dann für unbefugt erklärt, wenn der Waldbesitzer ihm das Weiden seines Viehes verheimlicht; einem solchen Verhalten gegenüber wird indes der Berechtigte jedenfalls bürgerlichrechtlich die Einrede der Arglist gebrauchen können.

3. Vieh: Unter die Strafbestimmung der Art. 88 und 89 fallen nur die in Art. 88 Abs. I und V aufgezählten Tiergattungen: Pferde, Rindvieh, Esel, Ziegen, Schafe, Schweine und Gänse. Die unbefugte Waldweide der letzteren ist nur strafbar, wenn sie in verhängten Orten geschieht (Art. 88 Abs. V). Das unbefugte Weiden anderer Tiere in Waldungen oder auf Alpen ist nicht strafbar.

4. Im Walde: Die Weide muß im Walde oder auf einer Alpe ausgeübt werden (vgl. Anm. 3 vor Art. 79). Waldbegriff s. Art. 1 Anm. 7.

Das unbefugte Beweiden eines durch einen Wald führenden, einen Teil des Waldes bildenden Weges ist als Forstfrevel strafbar (OAG. 10. 2. 1860, Z. Bd. 7 S. 38). Wer unbefugt Vieh auf anderen als Wald- (und Alpen)grundstücken weidet, ist strafbar nach Art. 115 PStGB.; die bürgerlichrechtliche Seite solcher Verfehlungen ist geregelt in dem Feldschadengesetz vom 6. 3. 1902 (GVBl. S. 99); dieses Gesetz hält in Art. 21 für den Fall des Übertretens von Haustieren auf Waldgrundstücke das Forstgesetz ausdrücklich aufrecht.

5. Hüten oder Weidenlassen:

a) Begriff: Hüten oder Weidenlassen im Walde bedeuten beide das Dulden des Verweilens des Viehes auf einem Waldgrundstück, um Futter zu suchen; Hüten ist eine aktive Tätigkeit (Eintreiben), Weidenlassenein passives Verhalten; beim Weiden lassen kann auch ein Hüter beteiligtsein (Knoch S. 171).

Das bloße Treiben des Viehes durch eine fremde Waldung begründet an sich (abgesehen von besonderen Strafbestimmungen, z. B. Art. 92, 95) keinen Forstfrevel nach Art. 88, es sei denn, daß das Treiben des Viehes dazu mißbraucht wird — wenn auch nur vorübergehend —, Futter suchen zu lassen (OAG. 17. 3. 1854, Z. Bd. 1 S. 377; ähnlich 4. 6. 1859, Z. Bd. 6 S. 207 und 7. 10. 1876, S. Str. Bd. 6 S. 487). Die Begriffe Hirte und Hüter besagen im wesentlichen dasselbe; gemeint sind Personen, denen die Aufsicht über das Vieh anvertraut ist; unter einem Hirten wird jemand zu verstehen sein, der seine Tätigkeit berufsmäßig ausübt; unter einem Hüter, wer sie mehr ausnahmsweise und nebenher versieht.

b) Täter: Als Täter des Weidefrevels nach Art. 88 kommen je nach Lage des Falles in Frage der Hirte oder der Viehbesitzer oder beide zusammen. Wenn der Viehbesitzer das Vieh ohne Aufsicht im fremden Walde weiden läßt, ist er stets gleich strafbar, ob er zur Weide befugt ist oder nicht (Art. 88, 89 Abs. I Ziff. 1). Wird das Vieh von einem Hirten beaufsichtigt, so kann der Hirte oder der Dienstherr oder beide (Abs. IV), je nach Beteiligung an der Handlung und nach der Schuld, als Täter in Betracht kommen. Regelmäßig ist der Dienstherr, ob er selbst am Frevel des Hirten beteiligt ist oder nicht, für den Frevel des Hirten zivilverantwortlich (Art. 69 Ziff. 7). Der Hirte weidet das Vieh des Dienstherrn in einem fremden Wald, wenn er es in einem andern Wald als dem des Dienstherrn weidet. Wenn Hirte und Dienstherr gemeinsam schuldig sind, ist Abs. IV anzuwenden; vgl. dagegen ObLG.-St. Bd. 18 S. 21 und ObLG. 18. 10. 1910 RR. 449/10, wonach in diesem Fall nach Art. 56 Abs. I jeden die volle Strafe treffen soll. Ob dem Dienstherrn gegen den Hirten der Rückgriff zusteht, bemißt sich nach dem bürgerlichen Recht; vgl. Anm. 4g zu Art. 69.

c) Rechtsprechung: Der einem Hirten vom Vieheigentümer erteilte Auftrag zur Ausübung der Weide an einem verbotenen Waldorte befreit den Hirten nicht ohne weiteres von Strafbarkeit (OAG. 5. 5. 1854, Z. Bd. 1 S. 243).

Das Hüten und Weidenlassen ist nur dann strafbar, wenn es vorsätzlich oder fahrlässig geschieht. Die Feststellung, es sei nach den örtlichen Verhältnissen dem Hirten die Abhaltung des Weideviehes vom Eindringen in verhängte Orte nicht möglich gewesen, kann eine Freisprechung von der Anschuldigung des Weidefrevels nicht ohne weiteres rechtfertigen (OAG. 27. 1. 1871, S. Str. Bd. 1 S. 1).

Ein die Strafbarkeit der Hirten ausschließender Notstand wird nicht dadurch begründet, daß die Hirten wegen der örtlichen Verhältnisse und wegen ihrer geringen Zahl gegenüber der großen Menge des Viehes das widerrechtliche Weiden geschehen ließen (OAG. 27. 5. 1876, St. Bd. 6 S. 244). Immerhin kann in solchen Fällen die Schuldfrage gegenüber dem Hirten (nicht gegenüber den Dienstherren) verneint werden müssen.

6. Ahndung der einfachen Weidefrevel (Abs. I und II):

a) Bei Weidefreveln ist zu verurteilen zu Geldstrafe und Schadenersatz, nicht zu Werterſatz. Zur Geldstrafe sind die Täter, die Miturheber und die Gehilfen (Art. 56) zu verurteilen, zur Schadenersatzpflicht stets nur die Vieheigentümer (Abs. I und VI).

Die Geldstrafe berechnet sich nach der Stückzahl des unbefugt geweideten Viehes; sie ist bei den Pferden, Rindvieh, Eseln und Ziegen nach dem Alter, bei den Schweinen danach abgestuft, ob sie in oder außer der Mastzeit geweidet werden; bei den Schafen gibt es keine Abstufung; ebenso nicht bei den Gänsen (Abs. V).

Die Geldstrafe beträgt für jedes unbefugt geweidete Stück:

bei Pferden, Rindvieh, Eseln und Ziegen unter einem Jahr	30	Reichspfennige,
bei Pferden, Rindvieh, Eseln und Ziegen über einem Jahr	60	"
für Schweine in der Mastzeit	45	"
für Schweine außer der Mastzeit	30	"
für Schafe stets	30	"
für Gänse (nur strafbar bei Weide in verhängten Orten) stets	3	"

Diese Strafen gelten für das einmalige Weiden ohne Rücksicht auf die Dauer der unbefugten Weide. Für das wiederholte unbefugte Weiden ist die Geldstrafe von neuem festzusetzen. Die Grundsätze über das fortgesetzte Delikt sind auf die Weidefrevel nach Art. 88, 89 nicht anwendbar (ObLGSt. Bd. 18 S. 19 unter ausführlicher Begründung und Aufgabe einer früheren teilweise abweichenden Entsch.). Bei Notfreveln oder wenn sonst besonders erhebliche Milderungsgründe vorliegen, können die einzelnen Strafansätze bis zur Hälfte herabgesetzt werden (Art. 61a). Eine Mindeststrafe ist nicht festgesetzt; sie ergibt sich aus den Ansätzen für die einzelnen Tierarten (Art. 61a).

b) Der Höchstbetrag von 22,50 Reichsmark beim einfachen Weidefrevel (der nicht in verhängten Orten begangen wird, Abs. II), kann beim Vorliegen von Strafschärfungsgründen bis auf das $1\frac{1}{2}$ fache, also bis auf 33,75 Reichsmark erhöht werden (Art. 60 Abs. I; vgl. Anm. 3 zu Art. 60). Die obere Grenze des Art. 88 Abs. II ist stets zu beachten, wenn Vieh zusammen unbefugt geweidet wird, gleichgültig, ob es demselben oder mehreren Eigentümern gehört (Begr.); es sollen beim nämlichen Frevel unverhältnismäßig hohe Strafen vermieden werden. Beim erschwerten Weidefrevel d. i. bei Weide in verhängten Orten beträgt die Höchststrafe das Doppelte, 45 Reichsmark; beim Vorliegen von Strafschärfungsgründen nach Art. 59 beträgt die obere Grenze 67,50 Reichsmark. Die Höchstbeträge des Art. 88 Abs. II und III können auch beim Rückfall überschritten werden (Art. 101).

c) Wenn wegen des gleichen (einfachen oder erschwerten) Weidefrevels mehrere Personen gleichzeitig verurteilt werden, s. Abs. IV.

d) Die Schadenersatzpflicht ist in Abs. VI geregelt.

7. Übertretungen des Verbots der Waldweide in verhängten Orten (erschwerte Weidefrevel):

a) Geltungsbereich: Unter den verhängten Orten des Abs. III sind die Waldorte zu verstehen, die nach Art. 43 Abs. II mit dem Eintreiben von Weidevieh zu verschonen sind. Art. 88 Abs. III bildet die Strafvorschrift für die Übertretungen des in Art. 43 Abs. II aufgestellten Gebotes, soweit es sich um fremde Waldungen handelt; die Weide in verhängten Waldorten ist auch für den Waldbesitzer verboten; die Übertretung des Waldbesitzers ist eine Forstpolizeiübertretung nach Art. 77 Abs. II. Nach Art. 88 Abs. III ist auch die in verhängten Waldorten ausgeübte Weide der im Walde Weideberechtigten zu bestrafen. Die Strafe des Abs. III ist zu verhängen, ohne daß ein wirklich entstandener Schaden nachgewiesen werden braucht (OLGM. 10. 4. 1883; Bd. 2 S. 38).

Verhängte Orte sind Junghölzer, Schläge, Holzanflüge und in Verjüngung stehende Altholzbestände und zwar solange, bis sie ohne Schaden für den Nachwuchs beweidet werden können (Art. 43 Abs. II). Ob der Waldbesitzer den Waldort als schonungsbedürftig gekennzeichnet hat oder nicht, ist für seine Eigenschaft als verhängter Ort ohne Bedeutung; es kommt lediglich darauf an, ob objektiv ein im Sinne des Art. 43 Abs. II schonungsbedürftiger Waldort gegeben ist; so auch in ständiger Rechtsprechung das Oberste Landesgericht. Auch eine Benachrichtigung seitens des Waldbesitzers ist nicht erforderlich. Die Kennzeichnung kann jedoch für die Schuldfrage erheblich sein. Die Größe des Waldteiles ist ohne Bedeutung (OLGM. 20. 4. 1886, Bd. 4 S. 71). Die Erhöhung der Strafe bei der Waldweide in verhängten Orten rechtfertigt die Begr. damit, daß hier durch das Abbeißen und Zertreten der nachwachsenden Holzpflanzen ein viel größerer Schaden als sonst verursacht werde.

Andere als die in Art. 43 Abs. II bezeichneten Waldorte (Junghölzer, Schläge und Holzanflüge, deren Beweidung dem Nachwuchs schädlich ist) können auch nicht durch Sperrung seitens des Waldbesitzers zu verhängten Orten im Sinne des Forstgesetzes gestaltet werden. Will ein Waldbesitzer Weideberechtigte von der Beweidung eines Waldteiles ausschließen, um den Wald vor dauerndem Schaden zu bewahren, so hat er den Weg des Art. 25 einzuschlagen; sperrt die Forstpolizeibehörde darauf einen Waldteil für die Weideberechtigten, so ist ein Verstoß der Weideberechtigten gegen diese Sperre ein unbefugtes Weiden nach Art. 88 Abs. I, nicht ein Weiden in verhängten Orten; vgl. OLGM. 7. 12. 1886, Bd. 4 S. 253.

Das Weiden von Gänsen in verhängten Orten ist in Abs. V besonders geregelt.

Aus der Rechtsprechung: Auch ein mit Vorwuchs versehener Dunkelschlag zählt zu den verhängten Orten; denn ein solcher Hieb ist keine bloße Vorbereitungshandlung, sondern der Beginn der Kulturanlage, weshalb dem zur Wiederaufforstung angehauenen Waldorte die Eigenschaft eines Schlages und dem Vorwuchs die eines Holzanflugs zukommt (OLGM. 6. 11. 1888, Bd. 5 S. 199).

Ob eine Fläche noch Ödung oder bereits Holzanflug im Sinne des Art. 43 Abs. II ist, ist Tatfrage (ObLG. 2. 12. 1913); die Auslegung des Begriffes „Holzanflug" kann jedoch vom Revisionsgericht nachgeprüft werden (vgl. Anm. 2 zu Art. 80).

b) Schuld: Der Täter muß gewußt oder fahrlässigerweise nicht gewußt haben, daß es sich um ein schonungsbedürftiges Jungholz (Schlag, Holzanflug) handelt. Das Gesetz verlangt von jenen, die die Waldweide ausüben, Aufmerksamkeit auch auf natürliche Vorgänge, z. B. die Selbstverjüngung des Waldes; schon der erkennbare Holzanflug schafft einen verhängten Ort.

Wenn der Täter weiß oder fahrlässigerweise nicht weiß, daß es ein verhängter Ort ist, so befreit ihn die irrige Annahme, er dürfe kraft seiner Weideberechtignug den Ort doch beweiden, nicht vor Strafe (OLGM. 10. 4. 1883, Bd. 2 S. 338; ObLG. Bd. 8 S. 181).

Die Weide in verhängten Orten ist für den Weideberechtigten auch strafbar, wenn er geltend macht, der Waldbesitzer habe keine Befugnis gehabt, das weidebelastete Grundstück zum Nachteil des Weideberechtigten als Wald anzupflanzen (OAG. 29. 11. 1873; S. Str. Bd. 3 S. 539). Ein Weiderecht kann übrigens die Aufforstung von Ödungen und überhaupt die Verbesserung der Kultur eines Grundstückes nicht hindern (KompGH. 26. 3. 1860, RegBl. S. 362; vgl. Art. 24, 26 FG. und Art. 5 WeideG.).

Wenn der Weideberechtigte behaupten will, der Waldbesitzer habe mit der Anpflanzung unbefugt gehandelt, so steht ihm die Anrufung der Forstpolizeibehörde zur Entscheidung offen (Art. 25, 26; OAG. 7. 6. 1866, Z. Bd. 13 S. 299). Die Beweidung verhängter Orte ist aber strafbar, auch wenn der Waldbesitzer unbefugt gehandelt hat und die Forstpolizeibehörde entgegen der Vorschrift des Art. 26 nicht in Kenntnis gesetzt hat (OLGM. 7. 11. 1882; S. Bd. 2 S. 203). Der Weideberechtigte hat in diesem Falle nur u. U. einen bürgerlichrechtlichen Entschädigungsanspruch (OAG. 19. 11. 1859, Z. Bd. 6 S. 430). Nach dieser Entscheidung verpflichtet übrigens nur die Veränderung des ganzen wirtschaftlichen Betriebes in einem Walde, nicht jede Aufforstung abgetriebener oder öder Waldstellen den Waldbesitzer zum Versuche eines Abkommens mit den Weideberechtigten oder zur Einholung forstpolizeilicher Genehmigung.

c) Strafe: Die auf den einfachen Weidefrevel gesetzten Strafbeträge (s. Anm. 6a) sind bei dem erschwerten Weidefrevel des Abs. III zu verdoppeln; die Strafe beträgt z. B. für ein einjähriges Pferd 1,20 Reichsmark. Der Höchstbetrag von 45 Reichsmark kann beim Vorliegen von Strafschärfungsgründen auf das $1\frac{1}{2}$fache d. i. bis zu 67,50 Reichsmark erhöht werden (Art. 60 Abs. I; die Schranke des Art. 60 Abs. II gilt für Art. 88 nicht). Nach Abs. III ist der Weideberechtigte, der in verhängten Orten weidet, ebenso zu strafen wie derjenige, der es tut, ohne eine Weidebefugnis zu besitzen. Wenn mehrere Personen beteiligt sind, Abs. IV; Verpflichtung zum Schadenersatz Abs. VI. Zum Werterfatz kann nicht verurteilt werden (Art. 63). Wenn mit einem Frevel nach Abs. III ein allgemeiner Strafschärfungsgrund zusammentrifft, so ist zunächst die Strafe nach Abs. III zu berechnen, die des Abs. I also zu verdoppeln, und sodann nach Art. 60 zu erhöhen (vgl. OAG. 26. 11. 1859, Z. Bd. 6 S. 439).

Im Falle des Art. 101 Abs. I Satz 2 ist die doppelte Strafe des Art. 88 Abs. III als Grundstrafe anzusehen, die bis zu ihrem dreifachen Betrag erhöht werden kann (vgl. ObLG. Bd. 26 S. 133).

8. Abs. IV (Beteiligung mehrerer Personen am gleichen Weidefrevel): Abs. IV wurde i. J. 1896 in das Gesetz aufgenommen, um aufgetretene Härten zu beseitigen; sein Inhalt bildet eine Ausnahme von der Bestimmung des Art. 56 Abs. I, die sonst hier regelmäßig anzuwenden wäre, wonach bei einem von mehreren im Zusammenwirken begangenen Forstfrevel jeder Beteiligte mit der vollen Strafe zu belegen wäre; so wurde vor der Gesetzesänderung auch verfahren. Völlig decken sich jedoch die Voraussetzungen des Art. 88 Abs. IV und des Art. 56 Abs. I nicht; für die Anwendung des Abs. IV genügt es, wenn mehrere Personen wegen des nämlichen Frevels zu verurteilen sind; der Frevel braucht nicht im Zusammenwirken begangen worden zu sein; auch Nebentäterschaft gehört hieher, z. B. der Fall, daß Dienstherren und Hüter beide durch Fahrlässigkeit das unbefugte Weiden im fremden Wald verursacht haben, ohne daß irgendein bewußtes Zusammenwirken inmitte liegt. Gegenüber Art. 56 Abs. I zeigt Abs. IV andrerseits eine Beschränkung darin, daß seine Milderung nur zur Anwendung kommt, wenn und soweit die am Frevel beteiligten Personen gleichzeitig abgeurteilt werden; bei nicht gleichzeitiger Verurteilung ist nach den allgemeinen Vorschriften, insbesondere Art. 56, zu verfahren; wenn mehrere Viehbesitzer gemeinschaftlich unbefugt weiden, muß in diesem Fall grundsätzlich jeder Viehbesitzer die nach der ganzen gemeinsamen Herde sich berechnende Geldstrafe tragen; werden von drei Beteiligten zwei gleichzeitig abgeurteilt, einer später, so sind die beiden gemeinsam Abgeurteilten nur einmal samtverbindlich in die Geldstrafe zu verfällen, der Dritte nochmals allein in die ganze. Die im Falle des Abs. IV anzuwendenden Vorschriften des Art. 56 betreffen die Umwandlung der Geldstrafe in Haft; bei nicht gleichzeitiger Verurteilung mehrerer Personen ist nach den allgemeinen Vorschriften d. h. gegen jeden gesondert umzuwandeln.

9. Abs. V (Weiden von Gänsen in verhängten Orten): Das unbefugte Weiden von Gänsen in nicht verhängten Waldorten ist wegen der geringeren Schädlichkeit straflos (Begr.); die bürgerlichrechtliche Haftung wird dadurch nicht berührt. Auch das Weiden von Gänsen ohne Aufsicht und zur Nachtzeit oder in zu großer Zahl (Art. 89 Ziff. 1—3) wird nicht strafbar sein, sofern es nicht in verhängten Orten geschieht. Wenn Strafschärfungsgründe vorliegen, kann auch der Höchstbetrag der Geldstrafe des Abs. V überschritten werden (s. oben Anm. 6 b).

10. Abs. VI (Schadenersatzpflicht der Vieheigentümer):

a) Voraussetzungen: Abs. VI regelt die Schadenersatzpflicht bei den Weidefreveln. Zum Ersatze des verursachten Schadens ist im Forstrügeverfahren bei Weidefreveln nach Art. 88 und 89 in jedem Falle der Eigentümer des am Frevel beteiligten Viehes und nur dieser zu verurteilen. Voraussetzung ist, daß jemand wegen eines Weidefrevels auf Grund Art. 88 Ab. I—V oder Art. 89 zu einer Geldstrafe verurteilt wird (OGH. Bd. 6 S. 244); wer verurteilt wird, der Hirte, der Vieheigentümer selbst oder ein anderer oder mehrere zugleich, ist gleichgültig. Zu verurteilen ist nur der Vieheigentümer, nicht z. B. der Viehhalter, der nicht auch Eigentümer ist; der Hirte oder andere Personen können im Forstrügeverfahren nicht zum Schadenersatz verurteilt werden, weil das Gesetz dies nicht vorsieht (Art. 63); ihre Inanspruchnahme im Zivilprozeßweg wird dadurch nicht ausgeschlossen; dem Vieheigentümer bleibt der Rückgriff gegenüber dem Hirten usw. auf Grund der Vorschriften des bürgerlichen Rechts vorbehalten (vgl. Anm. 4g zu Art. 69). Der Vieheigentümer kann sich von der Schadenersatzpflicht durch den Einwand, er sei nicht imstande gewesen, den Frevel zu verhindern, nicht befreien; die Schadenersatzpfli des Abs. VI unterscheidet sich nach der vom Gesetze getroffenen Regelung so wesentlich von der Zivilverantwortlichkeit des Art. 69, daß dessen Abs. II auch nicht entsprechend angewendet werden kann; den Erkenntnissen OLGM. 16. 1. 1885, 26. 1. 1886 und 25. 10. 1898, S. Bd. 3 S. 317, 4 S. 26 und 10 S. 114, die sich auf die Begr. 1846 berufen, kann mit Schiedermair nicht beigetreten werden. Die Verpflichtung der Vieheigentümer zum Schadenersatz setzt insbesondere kein Verschulden der Vieheigentümer voraus; sie tritt aber auch ein, wenn ein Verschulden vorliegt. Neben der Verpflichtung zum Schadenersatz kann Zivilverantwortlichkeit für die Geldstrafe und die Kosten bestehen (Art. 69 Abs. I Ziff. 7); die Zivilverantwortlichkeit beruht aber nicht auf dem Vieheigentum, sondern auf dem Dienstverhältnis. Der Vieheigentümer ist nach Abs. VI im Strafurteil als (primär) schuldig zu verurteilen, den Schaden zu ersetzen, nicht wie nach Art. 69 nur als (sekundär) haftbar; denn bei den Weidefreveln nach Art. 88 und 89 gibt es keinen anderen Schuldner des Schadenersatzes als den Eigentümer des den Frevel verursachenden Viehes.

b) Umfang der Schadenersatzpflicht: Der Strafrichter hat die Vieheigentümer von Amts wegen in jedem Falle zum Schadenersatz zu verurteilen. Der Betrag ist nach der Wertbestimmungstabelle zu ermitteln; wenn diese keinen Ansatz enthält, ist er vom Forstamt zu schätzen (Art. 65); der Mindestsatz, den der Strafrichter zuerkennen muß, selbst wenn kein Schaden erwiesen ist, beträgt die Hälfte der auf den Weidefrevel erkannten Geldstrafe. Art. 67 gilt auch hier. Den Schadenersatz erhält der geschädigte Waldbesitzer. Auf Wertersatz darf nicht erkannt werden (Art. 63); auch zu den Kosten kann der Vieheigentümer auf Grund des Abs. VI nicht verurteilt werden (anders, wenn er selbst gefrevelt hat oder zivilverantwortlich ist; Art. 68, 69). Zugrundezulegen ist der Berechnung des Schadensbetrages der von sämtlichen an dem Frevel beteiligten Tieren verursachte Schaden, nicht bloß der Schaden der Tiere des einzelnen Eigentümers; die mehreren Eigentümer sind samtverbindlich zu verurteilen.

11. **Verfahren:** Bei jedem Weidefrevel sind die Namen der Hüter und der Dienstherren festzustellen; wenn nötig, können die bei dem Frevel betroffenen Tiere beschlagnahmt werden (§§ 34, 35 Allg. VollzB. 1879 S. 346 und Art. 131 ff.).

12. **Weidefrevel und Alpenweide:**

a) Regelung: Auf die unbefugte Weide von Vieh auf den Alpen (Begriff Art. 44 Anm. 2) wird ebenfalls Art. 88 anwendbar sein; Art. 88 ist anzuwenden, wenn Weideberechtigte auf fremder Alpe sich gegen die Weideordnung verstoßen (Art. 89 Abs. I Ziff. 4); um so mehr muß dies gelten, wenn Dritte auf der Alpe unbefugt weiden; Art. 115 PStGB. wird ausscheiden müssen, da die öffentlichrechtliche Seite der Alpenweide im Forstgesetz geregelt ist (vgl. Art. 18 des AblösungsG. vom 4. 6. 1848 und Anm. zu Art. 44). Das Beweiden verhängter Alpenorte ist den Weidebesitzern und Weideberechtigten nur untersagt, wenn es nach den bestehenden Rechtsverhältnissen und Alpenordnungen verboten ist (OAG. 24. 3. 1868 und 21. 12. 1869, S. w. E. Bd. 2 S. 147; Bd. 3 S. 454); Art. 43 Abs. II ist auf die Alpenweide nicht anwendbar.

Vgl. auch die Anm. vor Art. 43, zu Art. 44, 77 Abs. II und 89.

b) Aus der Rechtsprechung:

α) Wenn der Weideberechtigte durch Verordnung und Herkommen befugt ist, sein Vieh zur Nachtzeit und ohne Hirten weiden zu lassen, ist jede Verantwortung des Berechtigten für das Eindringen des Viehes in verhängte Orte, die sich im Weidebezirk befinden, von selbst ausgeschlossen. Bei dieser Art Weide besteht das einzige Schutzmittel in einer Umzäunung oder ähnlichen Vorrichtung. Ein Fernhalten des Viehes auf irgendeine Weise und die Umzäunung der in Hege gelegten Waldteile obliegt dem Weideberechtigten nur, wenn die Alpenordnung oder die bestehenden besonderen Rechtsverhältnisse eine solche Verpflichtung vorschreiben (OAG. 21. 12. 1869, S. w. E. Bd. 3 S. 454).

Unter den gleichen tatsächlichen Voraussetzungen war das verhängte Waldgrundstück umzäunt; das Vieh des Weideberechtigten drang aber trotzdem ein. Dem Weideberechtigten oblag die Unterhaltung des Zaunes nicht, sondern der Forstbehörde. Da dem Weideberechtigten auch eine vorsätzliche Beschädigung des Zaunes, um seinem Vieh den Eintritt zu ermöglichen, nicht nachgewiesen werden konnte, so konnte er auch nicht wegen unbefugter Weideausübung bestraft werden (OAG. 24. 3. 1868, S. w. E. Bd. 2 S. 147).

β) Bei der Alpenweide genießt der Weideberechtigte regelmäßig (nach den bestehenden Rechtsverhältnissen und Alpenordnungen) die Vergünstigung, daß sein Vieh ohne Hirten, auch bei Nacht und selbst an verhängten Orten weiden darf; berechtigt ist er aber nur innerhalb seines Weidegebietes, außerhalb dagegen nicht. Er ist also auch nach den Bestimmungen über die Alpenweide strafbar, wenn er sein Vieh (schuldhaft d. h. vorsätzlich oder fahrlässig) in einer angrenzenden fremden Waldung, in der ihm eine Weideberechtigung überhaupt nicht zusteht, weiden läßt (S. Str. Bd. 4 S. 4; Stengl. Z. B. 1870 S. 135). Er macht sich in diesem Falle strafbar nach Art. 88. Zur Frage der Schuldhaftigkeit in diesem Falle sei noch angeführt:

Wer verpflichtet ist, fremdes, an sein Eigentum angrenzendes Eigentum zu achten und jeden ungebührlichen Angriff hierauf, insbesondere durch Weide, zu vermeiden, hat auch die nötigen Vorkehrungen zu treffen, um seiner Pflicht zu genügen. Der angrenzende Eigentümer ist nicht verbunden, Schutzmittel zur Bewachung seines Grundbesitzes gegen schädliche Einwirkungen unberechtigter Dritter herzustellen (S. Str. Bd. 4 S. 5). Zwischen dem Versäumnis des Frevlers und dem tatsächlichen Hinüberweiden des Viehes muß auch ein ursächlicher Zusammenhang gegeben sein. Dazu ist aber nicht erfordert, daß die Unterlassung die einzige Ursache des Erfolges war; es genügt, daß sie eine der Bedingungen für den Erfolg war (Rechtsprechung Bd. 10 S. 270).

Forstpolizeiwidrige Wald- und Alpenweide.

Artikel 89. ($^{88}/_{89}$).

I Die Bestimmungen des Art. 88 finden auch alsdann Anwendung[2], die wenn Weide entweder:

1. ohne Aufsicht eines Hirten oder Hüters (Art. 43 Abs. 1)[3]; oder
2. zur Nachtzeit (Art. 43 Abs. 4)[4]; oder
3. bei plänterweisem Waldbetriebe mit einer die festgesetzte höchste Anzahl des einzutreibenden Weideviehes überschreitenden Menge (Art. 43 Abs. 3); oder
4. den im Art. 44 Abs. 1 und 2 erwähnten Ordnungen zuwider ausgeübt wird.

II In dem unter Ziffer 3 bezeichneten Falle kommt jedoch die Vorschrift des Art. 88 Abs. 1 nur hinsichtlich der überzähligen Stücke zur Anwendung.

1. **Geltungsbereich:** Art. 89 enthält die Strafbestimmungen zu den forstpolizeilichen Ge- und Verboten in Art. 43 Abs. I, III, IV und Art. 44 Abs. I und II und zwar für solche Verfehlungen gegen diese Vorschriften, die im fremden Wald begangen wurden; Verfehlungen des Waldbesitzers gegen die Vorschriften im eigenen Walde sind als Forstpolizeiübertretungen strafbar nach Art. 77 Abs. II. Art. 89 gilt nur für die Fälle, in denen an sich eine Befugnis zur Ausübung der Wald- oder Alpenweide besteht; fehlt die Befugnis zur Ausübung der Wald- und Alpenweide, so ist die verbotene Weideausübung als selbständiger Frevel nach Art. 88 strafbar; liegt dann noch einer der Fälle des Art. 89 vor (z. B. Weide ohne Aufsicht), so kann dies nur berücksichtigt werden, wenn damit der Tatbestand eines allgemeinen Strafschärfungsgrundes nach Art. 59 erfüllt ist; ein solcher allgemeiner Strafschärfungsgrund ist nach Art. 59 Ziff. 1 die Nachtweide, nicht aber die Weide ohne Aufsicht; die unbefugte Weideausübung ohne Aufsicht ist daher nur nach Art. 88 zu ahnden. Ebenso ist derjenige, der unbefugt die Alpenweide ausübt und dabei auch noch gegen die für die Berechtigten bestehende Alpenordnung verstößt, nur nach Art. 88 zu bestrafen.

Die Weide in verhängten Orten (Art. 43 Abs. II) — in fremden Wäldern; für den eigenen Wald gilt Art. 77 Abs. II — fällt kraft ausdrücklicher gesetzlicher Vorschrift (Art. 88 Abs. III und V) stets unter Art. 88, gleichgültig, ob sie ausgeübt wird von an sich Weideberechtigten oder Nichtberechtigten (s. Anm. 7 zu Art. 88 und Begr.). Die Strafen nach Art. 89 sind dieselben wie nach Art. 88.

2. **Anwendung des Art. 88:** Gemeint ist „entsprechende Anwendung". Die Strafbestimmung des Art. 89 gilt also nur für die in Art. 88 aufgezählten Tiere; wenn andere Tiere (z. B. Gänse in nicht verhängten Orten) ohne Aufsicht usw. geweidet werden, ist dies straflos. Ferner gelten auch für Art. 89 die Strafen des Art. 88 Abs. I, der Höchstbetrag des Abs. II, die Regelung des Abs. IV, wenn mehrere Personen beteiligt sind, sowie die Schadenersatzpflicht nach Abs. VI. Abs. III und V sind nicht entsprechend anzuwenden, sondern unmittelbar, da das Weiden in verhängten Waldorten stets unmittelbar unter Art. 88 fällt (s. Anm. 1). Die vorgeschriebene Anwendung des Abs. VI hat zur Folge, daß dem Waldbesitzer stets in der bestimmten Mindesthöhe ein Schadenersatz geleistet werden muß, auch wenn er einen solchen nicht erlitten hat.

3. **Zu den Tatbeständen der Weidefrevel des Art. 89:** Die Weide ohne Aufsicht im fremden Wald ist wegen der damit verbundenen Gefahren für Eigentum und öffentliche Sicherheit zum Frevel erklärt (Begr. 1846).

Unter der Nachtzeit ist die Zeit vor Sonnenaufgang und nach Sonnenuntergang (Art. 43 Abs. IV) zu verstehen; der Begriff ist der gleiche wie bei dem allgemeinen Strafschärfungsgrund des Art. 59 Ziff. 1; im Falle des Art. 89 Abs. I Ziff. 2 kann aber die Strafe nach Art. 59 Ziff. 1, Art. 60 nicht erhöht werden, da die nächtliche Begehung zum Tatbestand des Frevels gehört.

Vgl. auch die Anm. zu Art. 43, 44 und 88. §§ 34 und 35 Allg. VollzB. 1879 S. 346 sind auch hier zu beachten.

Holen von Lese- u. Stockholz u. Streuwerk außer der festgesetzten Zeit; verbotene Werkzeuge.

Artikel 90. ($^{89}/_{90}$).

I Mit einer Geldstrafe von *fünfundvierzig bis neunzig Pfennig* wird bestraft, wer Leseholz[2] oder Stockholz, Gras- oder Streuwerk[3], welches ihm zu beziehen erlaubt ist[4], außer der dafür festgesetzten Zeit[5] aus den angewiesenen Waldorten[6] holt[7].

II Geschieht dies mittelst [8] eines bespannten Fuhrwerkes [9], so trifft ihn eine Geldstrafe von *neunzig Pfennig bis neun Mark.*

III Gleicher Strafe [10] unterliegt, wer bei dem Leseholz- oder Streusammeln [11] eiserne Rechen, Hacken, Hau- oder Schneide-Werkzeuge anwendet [12], sowie derjenige, welcher den ihm ausgestellten Leseholz-, Gras- oder Streuzettel [13], oder das betreffende Zeichen einem Andern zur Benützung überläßt.

1. **Geltungsbereich:** Die Art. 90 und 91 erklären gewisse Ordnungswidrigkeiten beim erlaubten Bezug von Walderzeugnissen wegen der damit verbundenen Gefährdungen des Waldeigentums als Forstfrevel; sie sind forstpolizeilicher Natur.

Art. 90 und 91 enthalten:

a) Bestimmungen, die mit den Art. 84 und 85 in näherer Beziehung stehen: Nach Art. 84 und 85 ist wegen Forstfrevels durch Entwendung strafbar, wer dürres oder angefaultes zur Erde liegendes oder Stockholz oder Gras- oder Streuwerk unbefugt oder in nicht angewiesenen Waldorten holt; nach Art. 90 und 91 ist wegen eines Forstfrevels durch Übertretung forstpolizeilicher Bestimmungen strafbar, wer (im wesentlichen; näheres s. Anm. 2) die gleichen Erzeugnisse zwar an sich befugt, aber außerhalb der festgesetzten Zeit holt oder bei der Gewinnung von Leseholz und Streu verbotene Werkzeuge benutzt (Art. 90 Abs. I, II, III 1. Halbsatz);

b) Bestimmungen, die andere als den Art. 84 und 85 entsprechende, neue Tatbestände enthalten:

α) die Überlassung von Berechtigungsscheinen an Andere (Art. 90 Abs. III 2. Halbsatz),

β) das Holen von anderem Holz als Lese- und Stockholz außerhalb der festgesetzten Tage (Art. 91),

γ) die Unterlassung der Abfuhr gekauften oder angewiesenen Holzes innerhalb der festgesetzten Zeit (Art. 91),

δ) die Abfuhr gekauften oder angewiesenen Holzes ohne Abfuhrschein (Art. 91).

Art. 90 und 91 gelten für Waldungen jeder Art, auch für die Privatwaldungen.

Abs. I:

2. **Leseholz:** Zum Leseholz gehört das Holz, das die betreffende Vergünstigung oder Berechtigung dazu zählt; regelmäßig rechnen diese Vergünstigungen und Berechtigungen nur das „dürre oder angefaulte, zur Erde liegende Holz" des Art. 84 Abs. I dazu, manchmal auch außerdem solches dürres Ast- und Reisholz, das vom Boden aus mit der Hand von stehenden Stämmen abgebrochen werden kann; mitunter weiterhin dürre Stangen bis zu einer gewissen Stärke (vgl. ObLG. Bd. 15 S. 174); dieses Recht wird dann oft „Lese- und Brechholzrecht" genannt. Der Begriff Leseholz ist also regelmäßig derselbe wie der angeführte des Art. 84 Abs. I, manchmal weiter, kaum einmal enger. Ob das Holz bereits zum Verkauf oder Verbrauch zugerichtet ist oder nicht, ist in den Fällen der Art. 90 und 91 gleichgültig.

3. **Gras- und Streuwerk:** Beispiele für Gras- und Streuwerk sind in Art. 85 Abs. I und II aufgeführt.

4. **Zu beziehen erlaubt:** Der unbefugte (überhaupt unbefugte oder an nicht angewiesenen Waldorten) Bezug ist Forstfrevel durch Entwendung nach Art. 84, 85, u. U. 80.

5. **Festgesetzte Zeit:** d. h. festgesetzt in den Fällen, in denen nach dem Inhalt der Berechtigung eine Zeitbestimmung (regelmäßig durch den Waldbesitzer) für die Ausübung vorgesehen ist. Wenn nach dem Inhalt der Berechtigung die Ausübung jederzeit möglich ist, so braucht sich der Berechtigte an eine Zeitbestimmung durch den verfügungsberechtigten Waldbesitzer nicht zu halten; eine Zuwiderhandlung gegen die Zeitbestimmung wäre in diesem Fall nicht strafbar; vgl. ObLG. Bd. 26 S. 78; denn der Berechtigte würde nur sein Recht ausüben; zu einer Beschränkung durch Zeitbestimmung würde dem Waldbesitzer die gesetzliche Ermächtigung fehlen. Die Bestimmung einer Zeit für die Ausübung ist ebenso zu beurteilen wie die Bestimmung des Ortes und die Notwendigkeit der Anweisung überhaupt (s. hiezu S. 139 Anm. c; a. A. OLGM. 18. 7. 1885, S. Bd. 3 S. 480). Die Nichtbeachtung der festgesetzten Zeit erschwert die Aufsicht und erweckt den Verdacht, es wollten bei Gelegenheit Übergriffe begangen werden (Begr.). Wo nach dem Inhalt der Berechtigung eine zeitliche Abgrenzung der Ausübung zulässig ist, ist nur die Bestimmung durch den verfügungsberechtigten Waldbesitzer maßgebend (vgl. ObLG. Bd. 7 S. 33).

Wenn es sich um eine Vergünstigung (nicht eine Berechtigung) handelt, ist eine Zeitbestimmung mit der Straffolge des Art. 90 stets zulässig, weil Vergünstigungen jederzeit widerrufliche, einseitige Akte des Waldbesitzers sind, die er nach Belieben mit Bedingungen versehen kann.

In Art. 90 ist im Gegensatz zu Art. 91 von der festgesetzten „Zeit" die Rede; es können also mit der Straffolge des Artikels auch bestimmte Tagesstunden festgesetzt werden. Wird das Leseholz usw. nachts (unter Verfehlung gegen die festgesetzte Zeit) geholt, so ist stets die Strafe des Art. 90 nach Art. 59 Ziff. 1 mit Art. 60 zu verschärfen. Art. 93 Ziff. 6 ist im Falle des Art. 90 Abs. I und II durch Gesetzeskonkurrenz ausgeschlossen (ObLGM. Bd. 6 S. 647).

6. Angewiesenen Waldorten: Wenn an nicht angewiesenen Waldorten, so ist Art. 84, 85 anzuwenden; wenn an nicht angewiesenen Waldorten und außerhalb der festgesetzten Zeit, so sind doch nur die ebengenannten Bestimmungen anzuwenden, gegebenenfalls nach Art. 59, 60 verschärft.

7. Holt: Der Begriff ist der gleiche wie in Art. 84; vgl. die dortige Anm. 2. Auch der ist nach Art. 90 strafbar, der Streuwerk usw. außer der dafür festgesetzten Zeit in den angewiesenen Waldorten sammelt in der Absicht, sie erst an dem für den Bezug bestimmten Tage nach Hause zu verbringen (vgl. KassH., Amts- und IntBl. 1848 S. 356).

Die **Abs. II und III** behandeln erschwerte Fälle (Benutzung bespannter Fuhrwerke oder schädlicher Werkzeuge).

8. Dies: d. h. das an sich erlaubte Holen von Leseholz usw. aus den angewiesenen Waldorten außer der festgesetzten Zeit.

9. Bespannten Fuhrwerken: Auch Kraftwagen werden als bespannte Fuhrwerke anzusehen sein. Handkarren sind keine Fuhrwerke. Die Erschwerung des Abs. II liegt in der größeren Gefährdung, da mit bespanntem Fuhrwerk sehr beträchtliche Eingriffe in fremdes Waldeigentum verübt werden können (Begr.).

Abs. III ist nur anwendbar auf Personen, die an sich zum Sammeln von Leseholz, Gras und Streu befugt sind. Wer unbefugt sammelt und dabei verbotene Werkzeuge anwendet, ist strafbar nach Art. 85 Abs. III. Wenn das Sammeln mit verbotenen Werkzeugen außerhalb der festgesetzten Zeit geschieht, so sind Abs. I und Abs. III, regelmäßig in Idealkonkurrenz, anzuwenden.

10. Gleicher Strafe: Wie in Abs. II; dies ergibt sich aus dem Wortlaut, der Stellung und der Begr. (OLGM. 5. 2. 1884, S. Bd. 3 S. 21).

11. Leseholz- oder Streusammeln: Die Werkzeuge sind nur verboten beim Sammeln von Leseholz und Streu, nicht also von Stockholz und Gras, offenbar, weil hiefür von Natur aus Werkzeuge notwendig und üblich sind; hier wird also die Unterscheidung von Gras und Streu von Bedeutung. Zur Streu gehört (vgl. Art. 85 Abs. I und II): grünes oder trockenes Laub, Nadeln, Moos, Heide, Sumpfmoos, Heidelbeerstauden, Besenpfriemen, Farnkräuter u. dgl. Zum Gras wird zu rechnen sein, was man im allgemeinen Sprachgebrauch Gras nennt, gleichgültig zu welchem Zwecke es dient, ob zu Futter-, Streu- oder anderen Zwecken.

Die Werkzeuge sind kraft der forstpolizeilichen Bestimmung des Art. 90 verboten; ihre Anwendung ist strafbar, auch wenn sie der Waldbesitzer oder der Inhalt der Berechtigung etwa gestatten sollten; das öffentlichrechtliche Verbot geht der privatrechtlichen Ermächtigung vor. Die Werkzeuge sind die gleichen wie in Art. 85 Abs. III. Ihr Gebrauch veranlaßt Übergriffe und beschädigt den Waldstand durch Verletzung der Wurzeln oder Entblößung der Bodenoberfläche (Begr.).

12. Anwendet: Das bloße Mitsichführen ist (anders als im pfälzischen Forststrafgesetz) nicht strafbar. Wenn mit den verbotenen Werkzeugen der Wald beschädigt wird, so kann ein (regelmäßig rechtliches) Zusammentreffen mit Art. 95 in Betracht kommen.

13. Zettel: Derjenige, der den Zettel erhält und das Leseholz usw. holt, obgleich er nicht berechtigt ist, macht sich strafbar nach Art. 84 f. Wer Zettel usw. überläßt, begünstigt eine widerrechtliche Ausdehnung des nur ihm zugedachten Bezuges auf dritte Personen und gibt diesen zugleich Gelegenheit zur Verübung von Forstfreveln (Begr.). Ob der Zettel auf Namen lautet oder nicht, ist gleichgültig; die Vergünstigungen sind nicht übertragbar. Unter den Zeichen ist jeder dem Berechtigten vom Waldbesitzer oder dessen Vertretern überlassene Ausweis über seine Berechtigung zu verstehen, soweit er nicht schon unter den Begriff Zettel fällt. Daß der Berechtigte sein Recht selbst nicht ausgenutzt hat, ist gleichgültig.

14. Strafe: Neben der Strafe kann hier vom Forstrügerichter nicht auf Schaden- und Wertersatz erkannt werden, weil das Gesetz dies nicht vorsieht (Art. 63). Der Strafrahmen beträgt jetzt bei allen Absätzen des Art. 1 bis 150 Reichsmark; ausnahmsweise ist die Mindeststrafe 50 Reichspfennige (Art. 61a; ObLG. Bd. 26 S. 53). Die schwereren Fälle der Abs. II und III können durch Festsetzung einer höheren Strafe innerhalb des Rahmens berücksichtigt werden.

Holen höherwertigen Holzes außerhalb der festgesetzten Tage; verspätete Abfuhr; Abfuhr ohne Zettel.

Artikel 91. ($^{90}/_{91}$).

Mit einer Geldstrafe[10] von *neunzig Pfennig bis neun Mark* wird bestraft, wer[1] anderes Holz[2] als Lese- oder Stockholz[3], obgleich zum Bezuge befugt[4], außer den hiezu festgesetzten Tagen[5] aus dem Walde holt[6], ebenso wer erkauftes[7] oder angewiesenes[8] Holz nicht innerhalb der hiefür festgesetzten Zeit abführt, oder ohne Abfuhrzettel[9] oder Zeichen aus dem Walde bringt.

Vgl. Anm. 1 zu Art. 90. Auch Art. 91 gilt, da es sich um Forstfrevel handelt, nur für das Holen von Holz usw. aus fremdem Walde. Eine ähnliche Bestimmung für die Waldbesitzer fehlt; doch kann die Forstpolizeibehörde auch dem Waldbesitzer auf Grund des Art. 46 zum Schutz vor schädlichen Insekten Aufträge erteilen, deren Übertretung nach Art. 77 Abs. I als Forstpolizeiübertretung strafbar ist.

1. **Personen:** Da nur physische Personen bestraft werden können, kann wegen Versäumnis der Abfuhrfrist nicht ein Stadtrat als Körperschaft verurteilt werden; es sind vielmehr die verantwortlichen Einzelpersonen oder die verantwortliche Einzelperson zu verurteilen (vgl. OAG. 4. 2. 1873, S. Str. Bd. 3 S. 42).

2. **Anderes Holz:** Also grundsätzlich das höherwertige Holz. Für Walderzeugnisse, die in Art. 90 und 91 nicht aufgeführt sind (z. B. Waldsamen, Harz), fehlt eine entsprechende Strafbestimmung.

3. **Leseholz und Stockholz:** Begriff s. Art. 90 Anm. 2 und Art. 84 Anm. 1.

4. **Befugt:** Art. 91 gilt wie Art. 90 auch für Forstberechtigte. Beide Artikel enthalten forstpolizeiliche Bestimmungen (gleicher Natur wie die Art. 34—47, von ihnen nur dadurch verschieden, daß mit den Geboten und Verboten die Strafdrohungen unmittelbar verbunden sind), die auch für die Forstberechtigten gelten (Art. 23 Abs. I, Art. 49 Abs. II); etwaiges abweichendes Herkommen ist mit der Einführung des Forstgesetzes außer Kraft getreten (Art. 190; OLGM. 22. 5. 1890, S. Bd. 6 S. 112; vgl. auch ObLG. Bd. 12 S. 218). Soweit die Berechtigung überschritten wird, wird regelmäßig Forstfrevel durch Entwendung nach Art. 79ff. vorliegen (Art. 49 Abs. II).

5. **Festgesetzten Tagen:** Nach Art. 91 ist nur die Nichtbeachtung der festgesetzten Tage, nicht Stunden strafbar. Vgl. zur Befugnis zur Festsetzung Anm. 5 zu Art. 90.

Art. 91 enthält zwei verschiedene forstpolizeiliche Bestimmungen über die Abfuhrzeit:

a) **erkauftes oder angewiesenes Holz:** muß innerhalb der vom Waldbesitzer bestimmten Frist abgefahren werden;

b) **anderes Holz:** muß an den festgesetzten Tagen abgefahren werden.

6. **Holt:** Aus dem Walde „holt", „abführt" und aus dem Walde „bringt" sind gleichbedeutende Begriffe; s. auch Art. 90 Anm. 7.

7. **Erkauftes Holz:** Beim Verkauf des Holzes kann vom Waldbesitzer im Wege der Vertragsbedingung eine Abfuhrfrist mit der Straffolge des Art. 91 festgesetzt werden. Die Festsetzung hat aber nur die Straffolge des Art. 91, wenn der Käufer bürgerlichrechtlich verpflichtet ist, sie zu beachten; die Unverbindlichkeit kann er im Verfahren nach Art. 165 erweisen; auf einem anderen Standpunkt steht OAG. 3. 12. 1859 (Z. 6 S. 441): „Bürgerlichrechtliche Einwendungen gegen das Kaufgeschäft befreien den Käufer nicht von der öffentlichrechtlichen Verpflichtung des Art. 91, das Holz innerhalb der ihm gesetzten Frist abzuführen; es bleibt ihm unbenommen, die bürgerlichrechtlichen Einwendungen vor den ordentlichen Gerichten geltend zu machen"; die beantragte Anwendung des Art. 165 wurde abgelehnt. Vgl. auch Anm. 8.

8. **Angewiesenes Holz:** d. h. auf Grund einer Forstberechtigung oder Vergünstigung angewiesen. Zur Frage der Notwendigkeit der Anweisung s. S. 139 Anm. c. Vorausgesetzt ist, daß der Waldbesitzer nach dem Inhalt der Berechtigung zur Festsetzung der Abfuhrzeit überhaupt befugt war; die Strafdrohung des Art. 91 gilt nur für diesen Fall (vgl. ObLG. Bd. 12 S. 220). Ist strittig, ob sich der Forstberechtigte die Festsetzung der Abfuhrzeit gefallen lassen muß, so ist im Strafverfahren nach Art. 165 vorzugehen (ObLG. Bd. 12 S. 220). Ist der Forstberechtigte nur mit der Fristdauer nicht einverstanden, so ist nötigenfalls die Forstpolizeibehörde zur Entscheidung nach Art. 23 Abs. II anzurufen (ebenda S. 218).

Ist der Waldbesitzer nach dem Inhalt der Berechtigung zur Festlegung einer Abfuhrfrist befugt, so ist der Berechtigte verpflichtet, das angewiesene Holz innerhalb der gesetzten Frist abzuführen, auch wenn das Holz nach Art, Güte usw. dem Inhalt der Berechtigung nicht entspricht; dem Berechtigten bleibt anheimgegeben, sein vermeintliches Recht bezüglich der Art, Güte usw. im Verfahren nach Art. 23 Abs. II bei der Forstpolizeibehörde oder beim ordentlichen Gericht, wenn der Umfang im Streit ist, zu suchen; der Strafrichter braucht die Entscheidung der Forstpolizeibehörde (nach Art. 23 Abs. II) oder des bürgerlichen Gerichtes darüber, ob das Holz entspricht, nicht abzuwarten (Art. 165), auch wenn die Forstpolizeibehörde oder das Gericht schon vor Abschluß des Strafverfahrens angerufen worden ist (a. A. OAG. 5. 7. 1879, S. Str. Bd. 9 S. 359 und OLGM. 20. 9. 1883, S. Bd. 2 S. 492, wie hier Stengl. Z. Bd. 6 S. 28); anders, wenn die Forstpolizeibehörde oder das Gericht entscheiden soll, ob der Berechtigte sich die Festsetzung einer Abfuhrfrist gefallen lassen muß (s. oben). Wenn die Forstberechtigten nach dem Inhalt ihrer Berechtigung von der Einhaltung einer Abfuhrfrist nicht befreit sind, kann sie auch der Nachweis einer ständigen gleichmäßigen Übung nicht von der Verpflichtung befreien, die vom Waldbesitzer für die Holzabfuhr bestimmten Fristen einzuhalten (ObLG. Bd. 12 S. 215).

9. Abfuhrzettel: Bezieht sich nur auf die Abfuhr gekauften oder angewiesenen Holzes. Die Strafvorschrift gilt nur für die Fälle, in denen Abfuhrscheine nach dem Inhalt des Geschäfts oder der Berechtigung vorgeschrieben oder üblich sind (ObLG. 30. 3. 1928, RR. I 144/1928), nicht für die Fälle z. B., in denen der Waldbesitzer auf die Ausstellung von Abfuhrscheinen verzichtet. Art. 91 schreibt nicht selbständig Abfuhrscheine für alle Fälle vor; er bildet vielmehr nur die Strafbestimmung für die Fälle, in denen nach anderen Bestimmungen Abfuhrscheine notwendig sind; auch die Abfuhr aus Gemeinde- (Stiftungs- und Körperschafts-)Waldungen ohne Abfuhrschein ist nicht immer strafbar; in § 32 der BVollzV. 1896 ist den Gemeinden usw. als Waldbesitzern zwar aufgegeben, den Käufern oder sonstigen Bezugsberechtigten bei der Überweisung Abfuhrscheine zu Händen zu stellen; diese Anweisung richtet sich aber nur an die Gemeinden usw., nicht an die Käufer und sonstigen Bezugsberechtigten. Wenn die Gemeinden usw. auf die Ausstellung von Abfuhrscheinen verzichten und den Käufern die freie Abfuhr gewähren, so kann der Käufer wegen der Abfuhr ohne Abfuhrschein nicht nach Art. 91 gestraft werden.

Wenn für die Abfuhr an sich Abfuhrscheine notwendig sind, dem Käufer aber vom Waldbesitzer aus einem bestimmten Grunde der Abfuhrschein verweigert wird, ist die Abfuhr ohne Schein auch dann nach Art. 91 strafbar, wenn die Verweigerung unberechtigt war; der Käufer muß sich erst den Abfuhrschein auf dem hiefür vorgesehenen Wege (bei Staatswaldungen z. B. durch Beschwerde an die vorgesetzte Forstbehörde, sonst im Klageweg) erholen (ähnlich OLGM. 31. 8. 1881, S. Bd. 1 S. 334).

Wenn der Waldbesitzer (hier das Forstamt für die Staatsforstverwaltung) über das verkaufte Holz einen Abfuhrzettel in einfacher Fertigung ausgestellt hat, vom Holzkäufer aber mehrere Fuhrleute mit der Abfuhr des gekauften Holzes beauftragt sind und diese zu gleicher Zeit in verschiedene Waldorte geschickt werden, so genügt nach der allgemeinen Übung (für Staatswaldungen vgl. § 18 Ziff. V der allgemeinen Bedingungen für die Holzverkäufe aus bayerischen Staatswaldungen vom 27. 11. 1924, FMBl. S. 148) als Zeichen im Sinne des Art. 91 für die Fuhrleute auch ein sog. „Vorweis". Nach dem Sinne der gesetzlichen Bestimmung und der Gesetzesbegründung genügt aber dem Gesetz ein Vorweis nicht, der nur eine flüchtige Angabe des ungefähren Lageorts enthält; er muß vielmehr den wesentlichsten Inhalt zur Feststellung der Identität, um Verwechslungen zu vermeiden und die sichere Überwachung zu ermöglichen, enthalten; dazu gehört mindestens die Losnummer. Wenn der Fuhrmann irrtümlich glaubt, sein Vorweis genüge den gesetzlichen Vorschriften, so ist dieser Irrtum, weil sog. strafrechtlicher Art, auf die Bestrafung ohne Einfluß (ObLG. Bd. 27 S. 179); jedoch wird in solchen Fällen u. U. die Schuld (Fahrlässigkeit) verneint werden müssen.

10. Strafe: Der Strafrahmen beträgt jetzt 1 bis 150 Reichsmark; ausnahmsweise kann bis auf 50 Reichspfennige herabgegangen werden (Art. 61a).

Verbotenes Fahren und Holzschleifen; Betreten von Schonungen; Veränderungen an Zeichen.

Artikel 92. ($^{91}/_{92}$).

Mit einer Geldstrafe[1] von *neunzig Pfennig bis neun Mark* wird, neben[2] dem Ersatze des etwa verursachten Schadens oder neben der auf Kosten des Täters zu bewirkenden Wiederherstellung des früheren Zustandes[3], bestraft:

1. das Fahren[4] außer[5] den erlaubten Waldwegen oder den in den Schlägen angewiesenen[6] Holzabfuhrwegen, — das unerlaubte[7] Holzschleifen oder Holz-

stürzen, — das unbefugte Betreten[8] künstlicher[9] Ansaaten oder Pflanzungen[10] unter sechs Jahren und besonders das Betreten derselben mit Pferden[11] oder anderem Viehe;

2. das Abreißen oder Beschädigen, das Hinwegnehmen oder Zerstören eines Hege- oder Wehrzeichens oder einer Einfriedigung, welche nicht zugleich Grenzzeichen[13] ist;

3. die Beschädigung oder sonstige Veränderung von Grenzzeichen oder irgend einer anderen Grenzeinfriedigung aus Fahrlässigkeit.

Die Art. 92—95 behandeln im wesentlichen Beschädigungen des Waldes und seiner Einrichtungen, also Rechtsverletzungen, vereinzelt auch Gefährdungen und Ordnungswidrigkeiten polizeilicher Natur.

1. Geldstrafe: Der Strafrahmen beträgt nunmehr 1 bis 150 Reichsmark, ausnahmsweise kann bis auf 50 Reichspfennig herabgegangen werden (Art. 61a).

2. Neben: Wenn ein Schaden entstanden ist, ist der Täter zu verurteilen:

a) zu einer Geldstrafe nach Anm. 1,

b) zum Schadenersatz in Geld oder zur Deckung der Kosten der Herstellung des früheren Zustandes.

Verurteilung zum Wertersatz — sachlich ohnehin gewöhnlich nicht denkbar — ist im Falle des Art. 92 ausgeschlossen (Art. 63). Wenn kein Schaden entstanden ist, kann der Täter zu Schadenersatz nicht verurteilt werden, wohl aber stets zur Deckung der Kosten der etwaigen Wiederherstellung. Die Höhe des Schadenersatzes wird ermittelt nach Art. 65 (Wertbestimmungstabellen; wenn nicht in der Tabelle vorgetragen, Schätzung durch das Forstamt).

Kann die Beschädigung durch Wiederherstellung wieder aufgehoben werden, so ist der Täter nach der Begr. 1846 in die Kosten der Wiederherstellung zu verurteilen; ist ein durch die Herstellung nicht (oder nicht vollständig) zu beseitigender Schaden entstanden, so ist der Täter nach dieser Begr. zum Schadenersatz zu verurteilen. Verurteilung zu den Kosten der Herstellung und außerdem zu Schadenersatz ist nicht möglich.

3. Urteil: Der Täter ist nicht zur Herstellung des früheren Zustandes zu verurteilen; der Urteilssatz hat vielmehr auf Herstellung des früheren Zustandes auf Kosten des Täters zu lauten. Für die Kosten der Herstellung haftet der Zivilverantwortliche auch; denn die Herstellung ist eine Art Schadenersatz (Art. 69). Wer den früheren Zustand auf Kosten des Täters herzustellen hat, ist im Gegensatz zu Art. 42 Abs. II nicht ausgesprochen; da es sich um eine Maßnahme mit forstpolizeilichem Einschlag handelt, wird die Regel des Art. 179 zu gelten haben, wonach der Vollzug der forstpolizeilichen Anordnungen des Forstrügegerichts den Forstpolizeibehörden im Benehmen mit den Forstämtern zusteht; diese beiden Behörden haben dafür zu sorgen, daß der frühere Zustand ordnungsmäßig wieder hergestellt wird; daß die Arbeiten vom Waldbesitzer selbst ausgeführt werden, ist dabei nicht ausgeschlossen; die entstandenen Kosten sind dem Amtsgericht mitzuteilen, das sie in das Einzugsverzeichnis nach Art. 181 einsetzt.

Ziff. 1:

4. Fahren: Das Fahren außerhalb von Waldwegen oder außerhalb der angewiesenen Holzabfuhrwege ist in fremden Waldungen stets bei der Strafe nach Art. 92 verboten, nicht bloß in Pflanzungen unter 6 Jahren; das gleiche gilt für unerlaubtes Holzschleifen und Holzstürzen. Für den Waldbesitzer ist das Fahren außerhalb der Wege im eigenen Walde straflos, da die Art. 75—78 keine entsprechende Strafbestimmung enthalten. Art. 92 Ziff. 1 enthält eine forstpolizeiliche Bestimmung im Sinne der Überschrift vor Art. 88; die Strafdrohung soll den fremden Wald vor Gefährdungen schützen. Unter Fahren wird nach dem Sprachgebrauch auch das Fahren mit einem Schlitten oder einem Schubkarren zu verstehen sein; dies entspricht auch dem Sinne des Gesetzes, das die Gefahren für den Nachwuchs, die Wurzeln und die Rinde im Auge hat. Tierbespannung ist nicht Voraussetzung. Auch das Radfahren wird hieher gehören.

Nicht strafbar nach Art. 92 wegen fehlender Rechtswidrigkeit der Handlung ist, wer deshalb in einem fremden Wald außer den Waldwegen fährt, weil er von dem Notwegerecht des BGB. (§§ 917ff., s. S. 42, e) Gebrauch macht.

5. Außer: Es genügt schon teilweise Überschreitung des Weges, z. B. mit einer Wagenseite.

Wer auf einem Waldweg unbefugt fährt, ist nicht nach Art. 92 zu verurteilen, sondern nach § 368 Ziff. 9 StGB.; hiernach ist er nur strafbar, wenn es sich um einen durch Warnungszeichen geschlossenen Privatweg handelt; die Verfolgung nach § 368 Ziff. 9 StGB. ist im Forstrügeverfahren nicht möglich (Art. 116, OAG. 7. 7. 1876 und 5. 1. 1878, S. Str. Bd. 6 S. 369 und Bd. 8 S. 6; ObLG. 4. 6. 1910).

6. Angewiesenen: Vom Waldbesitzer unmittelbar oder mittelbar durch seine Beauftragten. Wenn kein Abfuhrweg angewiesen ist, muß, sofern nicht etwa ein ordentlicher Waldweg benützt werden kann, die Anweisung abgewartet oder herbeigeführt werden; eigenmächtiges Fahren außerhalb eines ordentlichen Waldweges oder angewiesenen Abfuhrweges ist nach Art. 92 strafbar.

7. Unerlaubte: d. h. vom Waldbesitzer oder kraft eines Rechtes nicht ausdrücklich erlaubte. Schleifen = Herausschleifen; Stürzen = Herabwerfen oder -schießenlassen (z. B. über einen steilen Hang); Fällen ist nicht gemeint; letzteres ist nach Art. 79ff. zu beurteilen. Die Überschreitung einer Erlaubnis ist auch unerlaubt.

8. Betreten: d. h. durch Menschen. Das Betreten eines fremden Waldes durch Personen ist nur dann als Forstfrevel strafbar, wenn künstliche Ansaaten oder Pflanzungen unter 6 Jahren betreten werden und wenn hiezu keine ausdrückliche Befugnis besteht; eine Befugnis kann kraft bürgerlichen oder öffentlichen Rechts bestehen, z. B. Erlaubnis seitens des Waldbesitzers. Auch die bewaffnete Macht unterliegt dem Verbot (vgl. §§ 11ff. NaturalleistungsG. und ObLG. Bd. 6 S. 332). §§ 123, 124 und 368 Ziff. 9 StGB. sind durch Gesetzeskonkurrenz ausgeschlossen. S. auch S. 38 f.

9. Künstlich: Nur das Betreten künstlicher Anlagen ist nach Art. 92 strafbar; das unbefugte Betreten natürlich entstandener Anlagen ist kein Forstfrevel, es sei denn, daß eine Beschädigung nach Art. 95 wirklich verursacht worden ist.

10. Pflanzungen: Wenn innerhalb einer mit noch nicht sechsjährigen Waldpflanzen bestockten Fläche ab und zu stellen- und zeitweise Pflanzen durch Naturereignisse oder durch unberechtigte Eingriffe Dritter verschwinden, so behält die Fläche als Ganzes ihre Eigenschaft als Pflanzung. Wenn durch eine Pflanzung ein Viehtriebweg führt und der Rand der Pflanzung außerhalb des Weges wegen der schlechten Wegbeschaffenheit niedergetreten ist, so bleibt das Betreten des Randes doch strafbar nach Art. 92 Ziff. 1; Irrtum über den Begriff Pflanzung entschuldigt nicht (ObLG. Bd. 23 S. 69).

11. Pferden: Das Betreten künstlicher Ansaaten oder Pflanzungen unter 6 Jahren durch Personen, die Pferde oder anderes Vieh mit sich führen, ist strafbar, auch wenn der Waldbesitzer hiezu die Erlaubnis eingeräumt hat oder wenn sonst hiezu eine bürgerlichrechtliche Befugnis besteht z. B. kraft eines Fahrtrechtes; es ist unbedingt verboten; so zahlreiche Entscheidungen, zuletzt eingehend ObLG. Bd. 14 S. 168. Die öffentlichrechtlichen Rechtfertigunggründe wie z. B. Art. 61 befreien auch hier von Strafe. Das Betreten künstlicher Ansaaten oder Pflanzungen unter 6 Jahren durch den Waldbesitzer im eigenen Wald ist nicht strafbar, auch wenn er Pferde oder Vieh mit sich führt; die Weide darf er jedoch nicht ausüben (Art. 43 Abs. II mit 77 Abs. II). Unbefugtes Hüten oder Weiden in fremden Pflanzungen u. ä. Art. 88 Abs. III, V. Wenn der kraft eines Forstrechts Wege-(Fahrt)berechtigte glaubt, der Waldbesitzer hätte den Weg nicht anpflanzen dürfen, so darf er nicht ohne weiteres über den früheren, jetzt angepflanzten Weg fahren; tut er es, so macht er sich nach Art. 92 Ziff. 1 strafbar; sein behauptetes Recht hat er vielmehr im zuständigen Verfahren zu verfechten (ObLG. 4. 6. 1910); der Strafrichter hat sich damit nicht zu befassen (OAG. 30. 11. 1877, S. Str. Bd. 7 S. 501). Dasselbe gilt für ein behauptetes Triebrecht. Mit der Anlegung der Pflanzung ist für sie der gesetzliche Schutz des Art. 92 Ziff. 1 eingetreten; diese gesetzliche Bestimmung geht dem etwa abweichenden Inhalt der Berechtigungsurkunden und dem bisherigen Herkommen vor; für solche Fälle kommt daher auch die Einleitung des Verfahrens nach Art. 165 nicht in Betracht (OLGM. 28. 5. 1886, S. Bd. 4 S. 89). Aus der Strafbestimmung des Art. 92 Ziff. 1 ergibt sich, daß es nicht Sache des Waldbesitzers, sondern des Triebberechtigten ist, Vorkehrungen zu treffen, daß das Vieh während des Treibens durch den Wald von dem Betreten geschützter Pflanzungen abgehalten wird (OLGM. 12. 1. 1882, S. Bd. 2 S. 12); der Berechtigungstitel kann aber auch etwas anderes bestimmen.

Alle künstlichen Saaten und Pflanzungen sind geschützt, gleichviel ob sie vorher Wald, Weg, Ödung, Feld oder etwas anderes gewesen sind (OLGM. 28. 7. 1885, S. Bd. 3 S. 492 und 2. 1. 1890, S. Bd. 6 S. 1). Vgl. die Entscheidung des KompGH. vom 26. 3. 1860 (RegBl. S. 361): Wenn jemand ein Weiderecht auf einer Ödung zusteht und der Eigentümer die Ödung aufforstet und vom Weideberechtigten die Einstellung der Weide verlangt, bis die angelegte Kultur aufgewachsen sei, so haben den Streit darüber, ob das Weiderecht der Kultur zu weichen habe, die Verwaltungsbehörden zu entscheiden (Art. 47 des Weideges.).

Wenn bei dem Betreten durch Personen oder das mitgeführte Vieh eine Beschädigung nach Art. 95 verursacht wird, so sind Art. 92 Ziff. 1 und Art. 95 nebeneinander (regelmäßig in Id. Kz.) anzuwenden.

12. Schuld: Für die Annahme eines Forstfrevels nach Ziff. 1 genügt fahrlässige Begehung.

Ziff. 2 und 3: In Ziff. 2 sind Verfehlungen an Hege- und Wehrzeichen und solchen Einfriedungen behandelt, die nicht zugleich Grenzzeichen sind; in Ziff. 3 dagegen Verfehlungen an Einfriedungen, die Grenzzeichen sind. Die Verfehlung nach Ziff. 2 kann vorsätzlich oder fahrlässig begangen werden, die nach Ziff. 3 nur fahrlässig; ist hier Vorsatz gegeben, so beurteilt sich die Handlung nach dem RStGB. (§§ 274 Ziff. 2, 370 Ziff. 1, 303, 304) und Art. 28 AbmarkG. Im Falle der Ziff. 3 ist jede Veränderung der Grenzzeichen strafbar, im Falle der Ziff. 2 sind es nur die dort aufgeführten Handlungen.

Ein Forstfrevel nach Ziff. 2 und 3 kann nur begangen werden in einem fremden Wald; der Waldbesitzer begeht die Tat in einem fremden Wald, wenn das Grenzzeichen auf der Grenze seines und des Nachbarwaldes steht.

13. Grenzzeichen: Zu den Grenzzeichen gehören nicht nur die Zeichen, die die Grenzen von zwei verschiedenen Eigentümern gehörenden Grundstücken zu bezeichnen bestimmt sind, sondern auch Zeichen, die die Grenze und den Umfang einer Dienstbarkeit (Forstgerechtigkeit) zu bezeichnen haben (OAG. 28. 1. 1859, Z. Bd. 6 S. 41).

Das ObLG. nimmt in seinem Urteil vom 19. 10. 1926 RR. I Nr. 439/26 (VerwBl. Bd. 75 S. 125) an, daß unter Einfriedung (Grenzzeichen) im Sinne des Art. 92 Ziff. 2 und 3 nur ein von Menschenhand geschaffenes Werk zu verstehen sei; eine rein natürliche Grenze genüge nicht; dem ist nicht beizutreten; als Grenzzeichen im Sinne des Art. 92 kommen auch natürliche Merkmale in Betracht, die nach dem Willen der Beteiligten die Grenze bezeichnen sollen; vgl. die Malbäume und Feldraine in Art. 386 des B. Strafgesetzbuches von 1813 und das Schrifttum zu § 274 StGB. Nach dem angeführten Urteil könne ein Bach eine Grenzeinfriedigung darstellen, aber nur dann, wenn er zur Bezeichnung der Grenze eigens angelegt oder wenn wenigstens sein natürlicher Lauf zu diesem Zweck entsprechend geändert sei; nicht aber würde es genügen, daß er von Natur aus die Grenze bilde; Id. Kz. mit Art. 202 Ziff. 2 oder 203 Ziff. 5 WassG. in Verbindung mit Art. 56, 42 daselbst wird als möglich erklärt.

Die Befriedung des Besitztums nach § 123 StGB. ist etwas anderes, als die Einfriedung nach Art. 92 FG.; der erstere Begriff ist enger, z. B. würden bloße Grenzsteine nicht ausreichen. Hege- und Wehrzeichen sind Warnungssignale, zum Schutze einzelner Waldobjekte angebracht (Begr. 1846).

Verfehlungen an anderen Zeichen als Grenz-, Hege- und Wehrzeichen: Art. 93 Ziff. 1 und 2; dort ist auch eine besondere Art von Hege- und Wehrzeichen behandelt, nämlich die Hege- und Wehrgräben. Vgl. die FME. über die Abmarkung der Staatsforstgrundstücke vom 24. 3. 1901 (FMBl. S. 261).

14. Wenn ein Vermessungsbeamter wegen Forstfrevels angeklagt ist, weil er angeblich widerrechtlich einen Grenzpfahl entfernt habe, so hat die dem Messungsbeamten vorgesetzte Verwaltungsbehörde zu untersuchen und zu entscheiden, ob er seiner Dienstanweisung zuwidergehandelt hat (KGH. 25. 6. 1858, RegBl. S. 930, Forstl. M. Bd. 12 S. 242); nach den heute herrschenden Grundsätzen dürfte jedoch über diese Frage der Forstrügerichter zu entscheiden haben; der Stellungnahme der vorgesetzten Dienstbehörde wird nur gutachtliche Bedeutung zukommen.

Wald und Wegerecht.

Wälder können von verschiedenen Verkehrswegen durchschnitten werden: von Eisenbahnen, Straßen, Fahr- und Fußwegen. Die wichtigsten rechtlichen Verhältnisse dieser Verkehrswege seien kurz dargestellt:

1. Eisenbahnen: Für die Herstellung, Erweiterung und Instandsetzung öffentlicher und gemeinnütziger Eisenbahnen besteht das Enteignungsrecht; es erstreckt sich auf alle zum Bau und Betrieb nötigen Anlagen (z. B. Unterführungen, Wasserabzugsgräben, Ersatzwege). Dies gilt u. U. auch für Holzabfuhrbahnen sowie Straßenbahnen (Art. I A Ziff. 11 des Zwangsabtretungsgesetzes vom $\frac{\text{17. 11. 1837, GVBl. S. 109}}{\text{9. 5. 1918, GVBl. S. 289}}$). Auf dem Wege der Enteignung kann der Eisenbahnunternehmer so viel Grund erwerben als er für den Bau und Betrieb benötigt; er kann in diesen Grenzen den Anliegern auch Beschränkungen in der Benützung ihres Eigentums auferlegen (Beschwerung mit einer Dienstbarkeit); wenn es die Betriebssicherheit der Eisenbahn, insbesondere der elektrisch betriebenen

Bahnen, erfordert kann im Enteignungsverfahren auch Auslichtung der Waldungen der Bahn entlang gefordert werden; im übrigen fehlt ein allgemeiner Auslichtungszwang (anders als für Staatsstraßen); jedoch müssen gemäß § 6 der Oberpoliz. Vorschriften vom 9. 10. 1911 (GVBl. S. 1068; s. Anhang, Ziff. 4) Bäume, die offensichtlich oder nach dem Gutachten des örtlich zuständigen Forstamts nicht mehr standsicher sind und bei Sturm auf die Bahnanlagen geworfen werden könnten, auf Verlangen der Bahnverwaltung beseitigt werden; bei der Baumfällung in der Nähe von Eisenbahnen ist mit besonderer Vorsicht zu verfahren (§§ 1ff. a. a. O.). Die Rücksicht auf die Feuersicherheit der Waldungen gibt dem Eisenbahnunternehmer kein Recht, die Auslichtung zu verlangen. Die Schaffung von Feuerschutzanlagen durch die Waldbesitzer ist empfohlen in der FMB. vom 7. 2. 1906 (FMBl. S. 41); die Reichsbahnverwaltung gewährt u. U. eine Entschädigung. Grundsätzlich ist es, jedenfalls bei Waldungen, die bereits vor dem Bahnbau bestanden, Sache des Eisenbahnunternehmers, den Wald vor Gefährdungen durch die Eisenbahn zu schützen; für Schäden durch Funkenflug haftet er auch ohne besonderes Verschulden. S. auch S. 240 Anm. 7.

2. **Staatsstraßen:** Für die Anlage neuer und die Änderung (Erweiterung, Abkürzung, Ebnung) bestehender Staatsstraßen besteht das Enteignungsrecht (Art. I A Ziff. 5 des ZwangsabtrG.). Dieses erstreckt sich auch auf das Zubehör wie Böschungen, Gräben, Durchlässe usw. Nach der VO. vom 3. 7. 1812 (Weber Bd. 1 S. 395) können in den Landesteilen, die damals zu Bayern gehörten, auch Kiesgruben und Steinbrüche zum Bau und zur Unterhaltung von Staatsstraßen enteignet werden. Gehölze an den Staatsstraßen sind je sieben Meter auf beiden Seiten der Straße auszulichten; die Flächen sollen vom Staat möglichst zu Eigentum erworben werden; geschieht dies nicht, so ist Entschädigung zu gewähren (ME. vom 26. 10. 1876, MABl. S. 428, Weber Bd. 11 S. 659 mit Anführungen). Die Staatsstraßen und ihr Zubehör sind vom Staat zu unterhalten; die zuständigen äußeren Behörden sind die Straßen- und Flußbauämter; ihnen vorgesetzt sind die Regierungen, K. d. J.; die oberste Aufsicht führt das Staatsministerium des Innern (Oberste Baubehörde).

3. **Bezirksstraßen:** Für sie besteht das Enteignungsrecht in gleicher Weise wie für die Staatsstraßen, Kiesgruben und Steinbrüche ausgenommen; auch fehlt der Auslichtungszwang (ME. vom 26. 10. 1876, MABl. S. 425; Weber Bd. 11 S. 659). Die Bezirksstraßen sind von dem Bezirke zu unterhalten, in dessen Markung sie liegen; dies gilt auch für Schneeräumen und die Aufstellung von Schneezeichen; letztere Aufgaben kann der Bezirk auf die anliegenden Gemeinden übertragen. Zuständige Behörde ist das Bezirksamt, dem der Bezirksbaumeister als technisches Organ zur Verfügung steht. Wird durch Führung eines Betriebes oder durch Bewirtschaftung oder Ausbeutung eines Grundstücks eine Bezirksstraße in außergewöhnlicher Weise abgenutzt, so kann der Bezirk den Inhaber des Betriebes oder den Eigentümer oder Besitzer des Grundstücks zu besonderen Vorausleistungen heranziehen (Art. 29 Abs. II BezO.). Das Staatsministerium des Innern kann hierüber Vorschriften erlassen; bis jetzt sind solche nicht erschienen (s. ME. vom 19. 11. 1929 Nr. 3805c6 und vom 10. 2. 1930 Nr. 3002h 3). Wenn z. B. durch die Holzabfuhr aus einer Waldung (sei es im laufenden Betrieb oder infolge eines außergewöhnlichen Holzhiebes) eine Bezirksstraße erheblich mehr als von den gewöhnlich auf dem Weg verkehrenden anderen Fuhrwerken (anderer Betriebe) abgenützt und dadurch verschlechtert wird, sei es wegen der besonderen Schwere der Fuhrwerke oder wegen der größeren Häufigkeit gegenüber dem Verkehre anderer Betriebe oder wegen des Verkehrs zu einer Zeit, wo er der Straße mehr als sonst schadet (z. B. beim Auftauen im Frühjahr), kann der Bezirk den Waldbesitzer (oder Waldeigentümer) zu besonderen Leistungen für die Wegunterhaltung heranziehen (Geld-, Sach- oder Dienstleistungen). Die Höhe bestimmt der Bezirk; die obere Grenze wird bestimmt durch die Kosten der Behebung der besonderen Schäden; nach der ME. vom 10. 2. 1930 Nr. 3002h 3 soll mit Rücksicht darauf, daß steuerpflichtige Kraftfahrzeuge von den Vorausleistungen kraft Gesetzes befreit sind, aus Billigkeitsgründen als obere Grenze der Vorausleistung ungefähr der Betrag angenommen werden, den der Abgabepflichtige bei Verwendung eines steuerpflichtigen Kraftfahrzeuges als Zuschlag zur Kraftfahrzeugsteuer entrichten müßte. Die Vorausleistungen sind zwar keine örtlichen Gebühren wie die Gebühren für die Benützung des Bezirkseigentums oder der Bezirksanstalten (Art. 29 BezO.).; ähnlich wie die letzteren können aber die Vorausleistungen nach der Rechtsprechung des VGH. (Bd. 51 S. 70f.) erst von dem Zeitpunkt an erhoben werden, in dem die Erhebung einer Vorausleistung vom Bezirk beschlossen und entweder öffentlich oder den Beteiligten persönlich bekanntgegeben wurde; für die Zeit vor der Bekanntgabe des Erhebungsbeschlusses kann die Abgabe nicht beansprucht werden. Streitigkeiten entscheidet im ersten Rechtszug der Regierungssenat, im zweiten Rechtszug der Verwaltungsgerichtshof (Art. 29 Abs. VII BezO.). Wer Waldbesitzer oder -eigentümer ist, ist gleichgültig; auch der Staat, Stiftungen usw. sind verpflichtet;

auch ausmärkische und außerbayerische[1]) Waldungen fallen unter die Vorschrift. Daß der Waldbesitzer oder -eigentümer das Holz selbst abfährt, ist nicht Voraussetzung (VGH. Bd. 51 S. 68 f., s. aber Fußn. 1). Auch diejenigen, die das Holz abfahren, können u. U. zu den Vorausleistungen herangezogen werden, z. B. gewerbsmäßige Fuhrunternehmen oder Sägewerke, die Holz gekauft haben und es selbst abfahren; denn hier wird die Straße auch durch deren Betriebsführung abgenutzt.

Soweit für die Holzabfuhr (steuerpflichtige) Kraftfahrzeuge benutzt werden, können für die Abnutzung der Wege durch diese Vorausleistungen nicht erhoben werden; für Kraftfahrzeuge werden nämlich die Beiträge durch einen allgemeinen Zuschlag zur Kraftfahrzeugsteuer abgegolten (§ 13 Abs. II des Finanzausgleichsgesetzes in der Fassung vom 15. 5. 1926 (RGBl. I S. 223); die Schuldner der Kraftfahrzeugsteuer und der Vorausleistung decken sich zwar nicht; aber aus der angeführten reichsrechtlichen Gesetzesstelle ergibt sich deutlich, daß Doppelleistungen vermieden werden sollen (VGH. Bd. 50 S. 151); steuerfreie Kraftfahrzeuge dürften dagegen von den Vorausleistungen nicht befreit sein (a. A. Koch, Finanzausgleichsgesetz § 13 Bem. 6; auch der VGH. unterscheidet nicht).

4. Gemeindeverbindungswege: Für sie besteht kein Enteignungsrecht und kein Auslichtungszwang. Zu unterhalten sind sie von der Gemeinde innerhalb der Gemeindegrenze, gleichgültig, ob die Gemeinde von dem Weg einen Nutzen hat oder nicht. Werden sie nicht ordnungsmäßig instandgehalten, so kann das Bezirksamt (bei unmittelbaren Städten die Regierung, K. d. J.) die Gemeinde dazu von aufsichtswegen anhalten.

Die Gemeinde kann zur Unterhaltung der Wege Hand- und Spanndienste anordnen; dazu verpflichtet sind grundsätzlich nur die Einwohner, die in der Gemeinde einen eigenen Haushalt führen (Art. 41 GemO.). Für die Gemeindeverbindungswege können im Falle außergewöhnlicher Abnutzung in gleicher Weise wie für die Bezirksstraßen Vorausleistungen verlangt werden (Art. 29 Abs. II GemO.). Die Höhe bestimmt der Gemeinderat; eingehoben werden sie wie Gemeindeumlagen; Streitigkeiten entscheidet im ersten Rechtszug bei mittelbaren Gemeinden das Bezirksamt, bei unmittelbaren Städten der Regierungssenat, im zweiten Rechtszug der Verwaltungsgerichtshof (Art. 29 Abs. IV GemO.); im übrigen s. Anm. 3. Die Ortschaften sind nach dem neuen Gemeinderecht grundsätzlich nicht mehr gesetzlich verpflichtet, Gemeindeverbindungswege zu unterhalten; doch verteilen die Gemeinden häufig auch jetzt noch die Unterhaltungslast auf die Ortschaften; verantwortlich bleibt aber die Gemeinde.

5. Öffentliche Waldwege: d. s. die Wege, die die Gemeinde zur Bewirtschaftung von Waldgrundstücken ausdrücklich oder stillschweigend dem Gemeingebrauch gewidmet hat. Für sie gibt es ebenfalls kein Enteignungsrecht und keinen Auslichtungszwang. Sie sind einschließlich der ihrer Instandhaltung dienenden Abzugsgräben zunächst von den Eigentümern der Grundstücke zu unterhalten, deren Bewirtschaftung sie dienen. Kommen diese ihrer Verpflichtung nicht ordnungsmäßig nach, so hat die Gemeinde für die Instandhaltung zu sorgen; der Aufwand der Gemeinde ist auf die Eigentümer der beteiligten (land- und) forstwirtschaftlichen Grundstücke umzulegen und zwar nach dem Verhältnis, in dem diese Grundstücke zur Grundsteuer veranlagt sind; als beteiligt gelten die Grundstücke, deren Bewirtschaftung die Wege dienen. Die Heranziehung der Grundstückseigentümer kann unterbleiben, wenn der Pachtschilling für die Gemeindejagd in der Gemeindekasse verbleibt (Art. 29 Abs. I GemO.).

Die Herstellung notwendiger öffentlicher Waldwege einschließlich der ihrer Instandhaltung dienenden Abzugsgräben obliegt ebenfalls zunächst den Eigentümern der Grundstücke, deren Bewirtschaftung sie dienen, soweit die Herstellung und Unterhaltung nicht in den besonderen Aufgabenkreis einer öffentlichen Wasser-, Ödland- oder Flurbereinigungsgenossenschaft fällt. Kommen die beteiligten Grundstückseigentümer ihrer Verpflichtung nicht ordnungsmäßig nach, so hat die Gemeinde, vorausgesetzt, daß sie über die benötigte Grundfläche verfügen kann, die Waldwege und die dazu gehörigen Abzugsgräben herzustellen und den Aufwand in gleicher Weise wie bei der Unterhaltung der öffentlichen Waldwege und der dazu gehörigen Abzugsgräben (s. oben) umzulegen. Art. 29 Abs. V GemO. (Abs. V spricht im Gegensatz zu Abs. I und II zwar nur von Feldwegen; im früheren Gemeinderecht waren unter Feldwegen stets auch die Waldwege zu verstehen [vgl. Kahr I S. 387]; in Art. 41 Abs. II der neuen Gemeindeordnung sind mit den Feldwegen offenbar auch die Waldwege gemeint; es ist

[1]) Der Besitzer außerbayerischer Waldungen kann aber in Bayern zu Vorausleistungen nur dann herangezogen werden, wenn er selbst durch eigene oder von ihm eingestellte und entlohnte fremde Fuhrwerke das Holz über bayerische Wege abführt, nicht dagegen, wenn er das Holz verkauft hat und die Käufer das Holz selbst abfahren (VGH. Bd. 51 S. 67); wo der Waldbesitzer wohnt und welche Staatsangehörigkeit er besitzt, ist hier gleichgültig. U. U. können aber die das Holz abfahrenden Käufer herangezogen werden (s. oben).

auch nicht recht verständlich, warum in Art. 29 Abs. V die Waldwege ausgenommen sein sollten, zumal Feld- und Waldwege in der Natur oft ineinander übergehen; daß in Abs. V die Waldwege nicht genannt sind, dürfte auf einem redaktionellen Versehen beruhen; vgl. Laforet Anm. 2a zu Art. 29).

Die öffentlichen Waldwege dürfen von den Eigentümern der Grundstücke benutzt werden, deren Bewirtschaftung sie dienen, wie auch von allen, die jene Grundstücke zu benutzen berechtigt sind, z. B. von den Holzkäufern. Die öffentlichen Waldwege dürfen grundsätzlich mit Fahrzeugen jeder Art, auch Lastkraftwagen und Zugmaschinen befahren werden; auf Grund Art. 90 PStGB. können durch ortspolizeiliche Vorschriften Beschränkungen eingeführt werden; wenn ein Fahrzeug oder eine Belastung für einen Weg oder sein Zubehör (z. B. Brücken, Durchlässe) offensichtlich zu schwer ist, so kann die Gemeinde (als Subjekt des Wegerechts bezüglich der öffentlichen Waldwege) auch mit bürgerlichrechtlichen Mitteln die mißbräuchliche Benutzung des Weges durch das Fahrzeug verhindern: wenn die Gemeinde Eigentümerin der Wegfläche ist, nach §§ 903, 227 BGB. nötigenfalls auch unter Anwendung körperlicher Gewalt; wenn der Gemeinde nur kraft einer Dienstbarkeit das Verfügungsrecht über die Wegfläche zusteht, kann sie als Besitzerin der Wegfläche wohl nach §§ 858, 859 BGB. vorgehen; sie kann auch auf Grund § 823 BGB. auf Unterlassung klagen und eine einstweilige Verfügung erwirken. Wer infolge zu großer Belastung einen Waldweg fahrlässigerweise über das übliche Maß beschädigt, ist auch zum Schadenersatz nach § 823 BGB. verpflichtet. Die Unterhaltungspflicht geht nicht soweit, daß die öffentlichen Waldwege jetzt auch für den modernen Kraftwagenverkehr eingerichtet werden müßten; es genügt grundsätzlich die Eignung für den gewöhnlichen Fuhrwerksverkehr. Die Rechte und Pflichten der Gemeinden bezüglich der öffentlichen Waldwege beginnen und enden an den Grenzen der Gemeindemarkung; nicht dagegen die Rechte und Pflichten der beteiligten Grundstückseigentümer; für sie kommt es nur darauf an, wie weit die Wege der Bewirtschaftung der Grundstücke dienen.

Werden öffentliche Waldwege in außergewöhnlicher Weise abgenutzt, so können ebenso wie für Bezirksstraßen und Gemeindeverbindungswege Vorausleistungen verlangt werden; berechtigt ist die Gemeinde, nicht sind es die unterhaltungspflichtigen beteiligten Grundbesitzer; diese können aber bei der Gemeinde die Erhebung von Vorausleistungen beantragen; die Gemeinde hat die Vorausleistungen für die Unterhaltung der öffentlichen (Feld- und) Waldwege zu verwenden (Art. 29 Abs. II GemO.). Daß ein (Feld- oder) Waldweg außer der Bewirtschaftung von Grundstücken noch anderen Zwecken, z. B. der Verbindung einzelner Anwesen mit einer Mühle oder einer Bezirksstraße dient, schließt seine Eigenschaft als (Feld- oder) Waldweg nicht aus (VGH. Bd. 3 S. 30).

6. Private Waldwege: Zu unterscheiden von den öffentlichen Waldwegen sind die privaten. Die Unterscheidungsmerkmale sind: ein öffentlicher Waldweg ist nur gegeben, wenn die Gemeinde den Weg ausdrücklich oder stillschweigend innerhalb seiner Zweckbestimmung (z. B. als Waldweg) dem Gemeingebrauch gewidmet hat; letzteres kann sie nur, wenn ihr das Verfügungsrecht über die Wegfläche zusteht (kraft Eigentums oder einer Dienstbarkeit; letztere beruhen oft auf unvordenklicher Verjährung). Öffentliche Waldwege sind grundsteuerfrei; sie sind als grundsteuerfrei gewöhnlich in den Grundsteuerkatastern der Gemeinden verzeichnet; auf Grund des Art. 153 Abs. III Satz 1 der alten Gemeindeordnung in der Fassung des Art. 28 des SelbstverwG. sind sie alle von den Ortschaften auf die Gemeinden übergegangen; diese Rechtsänderung ist in den Grundsteuerkatastern und Grundbüchern (soweit die Wege gebucht sind) häufig noch nicht berücksichtigt. Die öffentlichen Waldwege dienen (oder dienten wenigstens einmal) der Bewirtschaftung einer Mehrheit von Grundstücken verschiedener Eigentümer; die privaten Waldwege dienen gewöhnlich den Zwecken nur eines oder weniger Grundstücke. Nach VGH. 28. 3. 1928 Nr. 74 I/27 S. 9 soll die Vermutung für einen Privatweg sprechen, wenn ein Weg ausschließlich der Bewirtschaftung eines Gutes oder eines großen Waldstückes dient, auch wenn diese im Eigentum der Gemeinde stehen. Nicht selten sind die Hauptholzabfuhrwege öffentliche Waldwege, die Anschlußstücke von ihnen zu den einzelnen Waldgrundstücken Privatwege.

Die Rechtsverhältnisse der privaten Waldwege bestimmen sich ausschließlich nach dem bürgerlichen Recht. Soweit nicht ein Dritter einen besonderen Rechtsanspruch besitzt, den Weg allein oder mit dem Grundeigentümer oder mit bestimmten Anderen zu benutzen, kann ihn der Wegeigentümer von der Benutzung des Weges jederzeit ausschließen; er kann, soweit nicht Rechte Dritter entgegenstehen, den Weg nach Belieben sperren; wer auf einem durch Warnungszeichen geschlossenen Privatwege geht, fährt, reitet oder Vieh treibt, ist strafbar nach § 366 Ziff. 9 StGB. Die Begangsteige, Kieswege u. ä. werden gewöhnlich Privatwege eines oder mehrerer Waldbesitzer sein. Die privaten Waldwege können Fahr- und Fußwege sein.

7. Fußwege im besonderen: Die Fußwege in Waldungen können sein:

a) entweder öffentliche Gemeindewege, wenn sie kraft gemeindlicher Verfügungsmacht und Widmung dazu dienen, den Verkehr mehrerer Gemeinden oder Ortschaften untereinander oder mit anderen Verkehrswegen zu vermitteln (vgl. Kahr I S. 365); in diesem Falle sind sie von den Gemeinden zu unterhalten und überhaupt zu behandeln wie die Gemeindeverbindungswege (oben Ziff. 4); als öffentliche Gemeindewege zählen sie auch, wenn sie neben öffentlichen Gemeindefahrwegen als deren Zubehör verlaufen; oder

b) öffentliche sog. Feld- oder Waldwege, dann nämlich, wenn sie kraft gemeindlicher Verfügungsmacht und Widmung dem Gemeingebrauch zur Bewirtschaftung von Feld- oder Waldgrundstücken dienen, z. B. dem Zugang von Feld- oder Waldarbeitern. Für die öffentlichen (Feld- und) Waldfußwege gilt das gleiche wie für die öffentlichen (Feld- und) Waldfahrwege (oben Ziff. 5); oder

c) private Fußwege d. s. Fußwege, über die ein oder mehrere Private verfügen können; zur Unterscheidung von den öffentlichen Fußwegen vgl. Ziff. 6. Die privaten Fußwege dürfen nur von den privaten Berechtigten begangen werden und von den Personen, denen es jene gestatten. Die Rechtsverhältnisse der privaten Fußwege bestimmen sich wie die der privaten Fahrwege ausschließlich nach dem bürgerlichen Recht.

9. Brücken und andere Einrichtungen: Die Brücken und Stege sind Bestandteile der Wege, in deren Zug sie liegen; sie sind, soweit nicht ausnahmsweise Verpflichtungen Dritter bestehen, von dem Wegunterhaltungspflichtigen zu unterhalten. Bei Grenzbrücken reicht die Unterhaltungspflicht der Gemeinde (des Bezirks) bis zur Gemeinde-(Bezirks-)grenze. S. auch S. 378 Z. 5. Die Wegunterhaltungspflicht erstreckt sich auch auf die Einrichtungen, die zur Sicherung des Verkehrs nötig sind, wie Wegweiser, Warnungstafeln, Geländer u. dgl. Straßengräben s. S. 377 Ziff. 3.

10. Abgesonderte Markungen (ausmärkische Forsten):

a) Wege: Für die Verkehrswege in den ausmärkischen Forsten gilt das gleiche wie für die andern Wege; nur treffen die sonst den Gemeinden obliegenden Verpflichtungen im ausmärkischen Bezirk die Eigentümer der in ihm gelegenen Grundstücke. Für die Staats- und Bezirksstraßen gilt daher in den ausmärkischen Forsten keine Besonderheit. Alle andern öffentlichen Verbindungs- und Waldwege einschließlich der dazu gehörigen Brücken, Stege, Sicherheitsvorrichtungen, Wegweiser und Warnungstafeln sind von den Grundstückseigentümern der abgesonderten Markungen ordnungsmäßig zu unterhalten und, wenn nötig, neu herzustellen (Art. 4 GemO.). Der Forstärar ist als Eigentümer ausmärkischen Grundes verpflichtet, nötigenfalls einen neuen Gemeindeverbindungsweg über den ausmärkischen Grund herzustellen, wenn der bisherige Verbindungsweg nach seiner Lage und Beschaffenheit für den Verkehr nicht geeignet ist (VGH. Bd. 50 S. 53). Wenn ein durch eine abgesonderte Markung führender Verbindungsweg bestimmt oder geeignet ist, einen über die nachbarliche Verbindung einzelner Gemeinden erheblich hinausgehenden Verkehr zu vermitteln, so ist der örtlich zuständige Bezirk gesetzlich verpflichtet, den Weg als Bezirksstraße zu übernehmen oder herzustellen (Art. 2 Ziff. 2 BezO.); nötigenfalls haben die Staatsaufsichtsbehörden (Regierung, K. d. J., und Staatsministerium des Innern) den Bezirk anzuhalten, seiner gesetzlichen Verpflichtung zu entsprechen; der Forstärar als Eigentümer ausmärkischen Grundes kann die Staatsaufsichtsbehörden anrufen, gegen den Bezirk vorzugehen; ein verwaltungsrechtlich verfolgbarer Anspruch auf Übernahme einer Straße durch den Bezirk steht dem Forstärar dagegen nicht zu. Kommen innerhalb des ausmärkischen Bezirkes mehrere Grundstückseigentümer in Frage, so sind die Wegelasten wohl nach der auf die einzelnen Grundstücke treffenden Grundsteuer zu verteilen (Kahr I S. 87); eine gesetzliche Vorschrift hierüber fehlt.

Begründet werden öffentliche Verbindungs- und Waldwege in abgesonderten Markungen durch ausdrückliche oder stillschweigende Widmung der Wege für den bezeichneten öffentlichen Verkehr durch die verfügungsberechtigten Grundeigentümer; dem öffentlichen Verkehr entzogen (aufgelassen) werden sie durch Rücknahme der Widmung seitens der verfügungsberechtigten Grundeigentümer. Die Widmung und ihre Rücknahme steht aber grundsätzlich nicht im freien Ermessen der Grundeigentümer; wenn für die Wege ein öffentliches Verkehrsbedürfnis besteht, sind die Grundeigentümer gesetzlich verpflichtet, sie als öffentliche Wege herzustellen und zu erhalten; nötigenfalls sind die Grundeigentümer der abgesonderten Markungen vom Bezirksamt dazu von aufsichtswegen anzuhalten; das staatsaufsichtliche Zwangsverfahren ist in gleicher Weise möglich wie gegenüber den Gemeinden; die Grundeigentümer können gegen die staatsaufsichtlichen Verfügungen Beschwerde ergreifen, in letzter Instanz auch zum Verwaltungsgerichtshof (Art. 10 Ziff. 4 VGG.).

Grundsätzlich wird in den abgesonderten Markungen für die gleichen Verbindungswege ein öffentliches Bedürfnis bestehen wie außerhalb dieser Markungen: für eine möglichst günstige Verbindung von Gemeinden und Ortschaften untereinander und mit anderen Verkehrswegen z. B. Staats- und Bezirksstraßen, Bahnstationen (Gemeindeverbindungswege); für möglichst günstige Verbindungen zur Bewirtschaftung der Wälder und anderer Grundstücke (öffentliche Feld- und Waldwege). Das öffentliche Verkehrsbedürfnis kann für Fahr- und Fußwege bestehen. Ein Kirchen- und Leichenweg, der durch einen ausmärkischen Bezirk führt, ist ein auf die genannten Zwecke beschränkter öffentlicher Gemeindeverbindungsweg (VGH. Bd. 8 S. 306).

Für einen zu schweren Verkehr können die ausmärkischen öffentlichen Wege (durch bezirkspolizeiliche Vorschriften) in gleicher Weise gesperrt werden wie die inmärkischen. Über private ausmärkische Wege kann der Berechtigte ebenso frei verfügen wie über inmärkische (oben Ziff. 6).

b) Sonstige Rechtsverhältnisse: Die Staatsaufsicht in den abgesonderten Markungen kommt dem Bezirksamt zu, in dessen Sprengel die Markung liegt; auch die Ortspolizei steht dem Bezirksamt zu. Der Gesamtheit der Grundeigentümer obliegen alle Verpflichtungen, die die Gemeinde hätte, wenn die Grundstücke einer Gemeindemarkung zugehören würden. Die Grundstücke sind gemeindeumlagenfrei, aber bezirksumlagenpflichtig. Das Jagdrecht im ausmärkischen Bezirk steht dem Grundeigentümer zu; er kann es selbst grundsätzlich aber auch nur ausüben, wenn der Besitz im Zusammenhang (in der Ebene) mindestens 240 Tagwerk umfaßt (vgl. VGH. Bd. 28 S. 203). Werden in ausmärkischen Bezirken bleibende Niederlassungen d. h. für die Dauer bestimmte Wohnstätten, gleichgültig ob sie das ganze Jahr über bewohnt werden oder nicht, errichtet, so sind sie samt den Grundstücken, die mit ihnen eine wirtschaftliche Einheit bilden, in eine der nächstgelegenen Gemeinden einzugemeinden (Art. 5 Abs. III GemO.); das Eingemeindungsverfahren ist von den Behörden (Messungsamt, Finanzamt oder Bezirksamt) von Amts wegen einzuleiten.

11. Verpflichtungen Dritter: Zuweilen sind auf Grund besonderer Rechtsverhältnisse (häufig auf Grund Herkommens) Dritte zur Herstellung und Unterhaltung von öffentlichen Wegen oder Wegteilen (z. B. Brücken, Gräben) verpflichtet. Diese Verpflichtungen sind durch die neuen Gemeindegesetze nicht berührt worden (für die Gemeindewege ausdrücklich ausgesprochen in Art. 28 Abs. II GemO.). Neben diesen besonderen Verpflichtungen Dritter bestehen aber die dargestellten öffentlichrechtlichen Verpflichtungen der Gemeinden, Bezirke usw. Die Staatsaufsichtsbehörden können sich grundsätzlich zunächst an die letzteren wenden; diese werden sich wieder an die Drittverpflichteten halten.

12. Fahrt-, Geh- und Triebrechte: Häufig sind Berechtigungen, auf einem fremden Grundstück außerhalb öffentlicher oder privater Wege zu fahren, zu gehen oder Vieh zu treiben. Hier handelt es sich gewöhnlich um Grunddienstbarkeiten (§§ 1018ff. BGB.), meist altrechtlicher Natur. Diese können auch bestehen, ohne daß sie im Grundbuch eingetragen sind (Art. 184, 187 EG.BGB.; Art. 10ff. ÜbergG.; die nach Art. 10 Abs. II ÜbergG. vorgesehene Verordnung, die den Beginn des Eintragungszwanges vorschreiben soll, ist noch nicht ergangen); sie erlöschen, wenn sie 10 Jahre nicht ausgeübt werden (Art. 13 ÜbergG.). Bloße Fahrt-, Geh- und Triebrechte sind keine Forstberechtigungen nach Art. 23 ff. FG. (S. 130 d β). Vgl. hieher auch das Notwegerecht der §§ 917f. BGB. (s. S. 42e).

13. Öffentliche Wege im Sinne des Strafrechts: Vorstehend wurde von den öffentlichen Wegen im Sinne des Verwaltungsrechts gehandelt; die Eigenschaft der Öffentlichkeit eines Weges im Sinne des Verwaltungsrechts ist die praktisch wichtigste. Daneben gibt es noch einen anderen Begriff der Öffentlichkeit eines Weges, nämlich die Öffentlichkeit im Sinne des Strafrechts (z. B. des § 368 Ziff. 10 StGB. — unbefugtes Betreten eines fremden Jagdgebietes in Jagdausrüstung außerhalb der öffentlichen Wege —). Dieser letztere Begriff ist weiter; bei ihm kommt es auf die tatsächliche, nicht wie beim verwaltungsrechtlichen Begriff auf die rechtliche Öffentlichkeit an. Ein Weg ist öffentlich im strafrechtlichen Sinn, wenn er vom Verfügungsberechtigten zum allgemeinen Verkehr für jedermann bestimmt ist. Öffentliche Wege im verwaltungsrechtlichen Sinn sind stets auch öffentliche Wege im strafrechtlichen Sinn; die Umkehrung gilt nicht. Die bloße Duldung der Benutzung von Forstwegen, die sich vielfach aus Holzabfuhrstrecken herausgebildet haben und deren Kennzeichnung als reine Privatwege für die Forstbehörde kaum völlig durchführbar ist, vermag diese Wege nach der ständigen Rechtsprechung des Obersten Landesgerichts auch nicht zu öffentlichen im strafrechtlichen Sinne zu stempeln (ObLG. RR. I 429/28, Bl. Bd. 77 S. 76). Ähnlich ObLG. Bd. 14 S. 41: „Die Art der Anlage eines Weges ist für das Merkmal der Öffentlichkeit bedeutungslos; der Gebrauch des Weges durch die Allgemeinheit, der nur auf der Duldung beruht, trägt nicht die Eigenschaft eines gemeinen, jedermann gestatteten Gebrauchs an sich; hat der Forstärar eine Straße in dem ihm gehörigen Staatswald nur zum Zwecke der Holzabfuhr aus diesem Wald, also zur leichteren und besseren Bewirtschaftung des Staatswalds angelegt, so mangelt die Bestimmung und Widmung des Weges durch den Forstärar zum gemeinen Gebrauch. Den Mangel dieser Bestimmung läßt auch die Tatsache der Einräumung eines besonderen Zu- und Ausfahrtsrechtes an die Besitzer der angrenzenden Wiesen erkennen; wäre die Straße vom Forstärar dem allgemeinen Verkehr gewidmet worden, so hätte es der Einräumung eines solchen Rechtes für diese Angrenzer nicht bedurft. Ist aber die Straße vom Forstärar nicht zum gemeinen Gebrauche bestimmt, so war zur Erhaltung der Eigenschaft der Straße als eines nicht öffentlichen, nicht zum gemeinen Gebrauche bestimmten Weges eine besondere Entschließung der zuständigen Forstbehörde dahin, daß ein Verkehr auf ihr nur geduldet werde, nicht notwendig."

14. Haftung aus der Unterhaltungspflicht: Wer auf dem ihm gehörigen oder seiner Verfügung unterstehenden Grund und Boden einen Verkehr eröffnet, muß auch für die Verkehrssicherheit sorgen. Schuldhafte Versäumnisse erzeugen bei den dadurch verursachten Schadensfällen bürgerlichrechtliche (Schadenersatz) und strafrechtliche Verantwortlichkeit. Vgl. hieher die FEM. vom 10. 10. 1929 Nr. 54031 (FMBl. S. 61) über die Sicherung des Verkehrs im Staatswalde: „Nach den einschlägigen Dienstanweisungen sind die Betriebsbeamten für die Sicherung der Wege, Brücken, Stege, Schutzgeländer u. dgl. in ihrem Bezirk verantwortlich. Wie die Erfahrung zeigt, ist es bei Entschädigungsforderungen, die von Privaten bei Verkehrsunfällen gegen die Staatsforstverwaltung erhoben werden, häufig von entscheidender Bedeutung, ob und wann die genannten Verkehrseinrichtungen vom zuständigen Forstbeamten auf ihre Tauglichkeit zuletzt untersucht wurden. Zur vorsorglichen Sicherung dieses Nachweises wird daher angeordnet, daß alle Betriebsvollzugsbeamten ein Verzeichnis über sämtliche in ihrem Bezirk vorhandenen und von der Staatsforstverwaltung zu unterhaltenden Brücken, Stege, Schutzgeländer und sonstigen Sicherheitsvorkehrungen anlegen und darin jeweils den Tag der stattgehabten Untersuchung, des Ergebnisses der Untersuchung sowie der vorgenommenen Erneuerungen oder Reparaturen vormerken. Der Vollzug ist von den Forstämtern sowie im Inspektionswege zu überwachen. Gleichzeitig werden die bezüglichen Vorschriften der Dienstanweisungen zur genauen Beachtung in Erinnerung gebracht." S. auch die FME. vom 16. 10. 1930 (FMBl. S. 63) über einen besonderen Fall; hier wurde ein früherer Forstbegehpfad mit Duldung der Staatsforstverwaltung wegen seiner landschaftlichen Schönheit allgemein als Spazierweg benutzt. Der Weg besitzt eine gefährliche Stelle. Die Staatsforstverwaltung, die auf diese nicht hinweist, muß dort Vorkehrungen gegen Unfälle treffen (hier ein Geländer gegen herabstürzende Felsen unterhalten); bei einem solchen Waldweg kann aber nicht wie bei einem Gemeindeverbindungsweg oder einer Straße eine regelmäßige Nachschau in kurzen Zeitabständen verlangt werden. Begehungen in längeren Zwischenräumen und sofortige Abhilfe, wenn sonst eine Beschädigung (des Geländers) bekannt wird, genügen (ObLGSt. 4. 9. 1930, BR. I Nr. 260/1930). Versäumnisse der Unterhaltungspflichtigen gegen die Anforderungen der öffentlichen Sicherheit sind an sich schon strafbar (§ 6 der ME. vom 4. 1. 1872, RegBl. S. 73 mit § 366 Ziff. 10 StGB.).

Beschädigungen und Gefährdungen des Waldes und seiner Einrichtungen; Zuwiderhandlungen gegen die Anweisungen für Waldarbeiter.

Artikel 93. (92/93).

Die Strafbestimmungen[1] des Art. 92 finden auch Anwendung:

1[2]. gegen diejenigen, welche einen Schlagstock[3], Schlagstein, Kultur- oder Bestandspfahl, Signale, Stations- oder Distanzmarken, oder Wegweiser umhauen, auswerfen, einen Entwässerungs-, Hege- oder Wehrgraben[4] zuwerfen oder sonst beschädigen oder zerstören;

2[2]. gegen diejenigen, welche das Zeichen des Waldhammers[5] an stehendem oder gefälltem Holze oder an frischen Stöcken in den Jahresschlägen aushauen, oder die Nummern, Namen oder Zeichen auf einem abgegebenen oder zur Abgabe bestimmten Gegenstande[6] ändern, auslöschen oder in anderer Weise vertilgen;

3. gegen diejenigen, welche in Waldungen unbefugt[7] Wasser einleiten;

4. gegen diejenigen, welche zur Nachtzeit[8] Holz hauen[9] oder verarbeiten, oder ohne Erlaubnis[10] oder außerhalb der angewiesenen Plätze Bau- oder Nutzholz

im Walde beschlagen oder verarbeiten[11], — außerhalb der angewiesenen Plätze Kohlen oder Kienruß brennen[13], Pech aussieden[13], Teer schwelen, Schneid- oder andere Gruben[14], Holzlager, Zimmerplätze u. dgl. anlegen; — die zu solchen Unternehmungen[15] getroffenen Vor- und Einrichtungen, Öfen und dergleichen sollen[16] auf Kosten des Schuldigen niedergerissen oder zugeworfen werden;

5. gegen Hut- und Weideberechtigte[17], welche ihr Vieh nicht in ganzen Herden, wo solche bestehen oder gebildet werden können[18], sondern einzeln in die ihnen angewiesenen Walddistrikte[19] eintreiben;

6[20]. gegen Holz- oder Rottmeister, Holzhauer, Köhlermeister, Kohlenbrenner, Fuhrleute, Flößer und andere Waldarbeiter[21], welche bei Ausführung eines Holzhiebes, bei der Köhlerei, bei der Holzverbringung oder bei anderen Waldarbeiten den erteilten besonderen Vorschriften[22] zuwiderhandeln.

Vgl. die Vorbemerkung zu Art. 92.

1. **Strafbestimmungen:** Hierunter ist nicht bloß die Bestimmung über die Geldstrafe, sondern auch die über den Schadenersatz und die Wiederherstellung des früheren Zustandes zu verstehen (Entstehungsgeschichte). Fahrlässige Begehung genügt. Die Ziff. 1—3 enthalten im wesentlichen Forstfrevel begangen durch Beschädigung, die Ziff. 4—6 Forstfrevel begangen durch Übertretung forstpolizeilicher Bestimmungen. Für den Strafrahmen gilt das gleiche wie zu Art. 92 (Anm. 1).

2. **Ziff. 1 und 2** behandeln Verfehlungen an Waldzeichen ähnlich wie Art. 92 Ziff. 2 und 3. Soweit ein Fall des Art. 93 gegeben ist, sind die einschlägigen Bestimmungen des StGB. §§ 303, 304, 274 durch Gesetzeskonkurrenz ausgeschlossen. Auch für die Anwendung des Art. 93 ist Voraussetzung, daß die Handlungen in bezug auf einen fremden Wald geschehen. Ein Wegweiser, der an der Kreuzung größerer Straßen, die durch den Wald führen, steht, gehört samt den Straßen nicht zum Wald und ist daher nach § 304 StGB. geschützt, der eine viel strengere Strafe vorsieht als Art. 93, allerdings Vorsatz erfordert.

3. **Schlagstöcke usw.:** Strafbar nach der Ziffer ist auch, wer nur einen einzigen dieser Gegenstände umhaut usw. Die Schlagstöcke, Schlagsteine, Kultur- und Bestandspfähle dienen zur Begrenzung von Wirtschaftsteilen innerhalb der Waldungen.

4. **Die Hege- und Wehrgräben** zählen zu den Hege- und Wehrzeichen des Art. 92 Ziff. 2; Art. 93 bildet für sie die maßgebende lex specialis.

5. **Waldhammerzeichen:** Wenn eine Entwendung in Verbindung mit dem Aushauen des Waldhammerzeichens oder Waldeisens oder eines vom Käufer am stehenden Stamm angebrachten Zeichens begangen wurde, so liegt ein Forstfrevel durch Entwendung nach Art. 79 ff., verschärft durch den Strafschärfungsgrund des Art. 59 Ziff. 11 vor; Art. 93 Ziff. 2 ist in diesem Falle nicht anwendbar, sondern durch Gesetzeskonkurrenz ausgeschlossen.

Nach § 33 der Geschäftsanweisung für die Forstämter vom 13. 10. 1925 (FMBl. S. 79) sollen die zum Einschlag bestimmten Stämme am Wurzelanlauf mit dem Waldhammer gekennzeichnet werden; bei Kahlhieben genügt die Bezeichnung der Schlaggrenzen.

Amtliche Waldhämmer werden von den Vorständen der staatlichen Forstämter und den Leitern der Forstamtsaußenstellen geführt; die staatlichen Bezirksbeamten führen Waldhämmer, die die Anfangsbuchstaben des Forstamts und die Nummer des Bezirks enthalten; diese Waldhämmer sind ständig unter Verschluß zu halten; für jeden Mißbrauch ist der Inhaber verantwortlich erklärt; dem Regierungsforstrat am Amtssitz wird für Hiebsauszeichnungen und Prüfung der Hiebsaufnahmen der amtliche Waldhammer zum jeweiligen Gebrauch überlassen.

Im Staatsforstbetrieb haben gemäß FME. vom 22. 3. 1886 Nr. 17295 die Forstamtsvorstände Hämmer mit ganzen Rändern von eckiger, die Leiter der Forstamtsaußenstellen solche von runder Form um die Buchstaben des Namens des Forstamts zu führen. Die zum Dienstgebrauche der Bezirksbeamten bestellten Waldhämmer sind ohne Rand herzustellen; sie tragen gemäß § 33 Abs. III der GeschAnw. f. d. Forstämter vom 23. 10. 1925 die Anfangsbuchstaben des Forstamts und die Nummern des Bezirkes.

Die andern Waldbesitzer (Gemeinden, Private usw.) können Form und Inhalt ihres Waldhammers grundsätzlich nach freiem Ermessen wählen; die staatlichen Forstbehörden und die Hilfspersonen der Forstpolizei und der Forststrafgerichtsbarkeit sind jedoch angewiesen, eine Gleichförmigkeit der Waldeisen mit den staatlichen möglichst hintanzuhalten; das Führen eines den Waldhämmern der Forstbehörden gleichen oder ähnlichen, insbesondere mit einem eckigen oder runden Rande versehenen Waldeisens müsse der Natur der Sache nach stets als ein verdächtiges Verfahren betrachtet werden und daher bei hinzutretendem weiteren Verdachtsgrund jederzeit zur Beschlagnahme der mit einem solchen Waldeisen bezeichneten Hölzer und zur forststrafgerichtlichen Untersuchung führen (JustInnFME. vom 8. 12. 1856, FM. Bd. 12 S. 202, Weber Bd. 5 S. 14).

6. Gegenstande: d. h. einem Walderzeugnis; Voraussetzung wird anders als in den Art. 97ff. sein, daß sich die Gegenstände noch im fremden Walde befinden; vgl. Art. 49 Abs. I.

Ziff. 3:

7. Unbefugt: d. h. ohne gesetzliche, obligatorische oder dingliche Berechtigung; auch freiwilliges Gestatten des Waldbesitzers macht die Handlung befugt. Die allgemeine Vorschrift des Art. 204 Ziff. 1 des Wassergesetzes ist durch Gesetzeskonkurrenz ausgeschlossen; dagegen können bei Verstößen gegen die Art. 42ff. WasserG. die dazu gehörigen Strafbestimmungen neben Art. 93 Ziff. 3 angewendet werden.

Ziff. 4:

8. Nachtzeit: d. h. nach Sonnenuntergang und vor Sonnenaufgang (Art. 43 Abs. IV; vgl. Art. 59 Ziff. 1; ein Strafschärfungsgrund nach dieser Bestimmung kann beim Holzhauen zur Nachtzeit nicht angenommen werden).

9. Holzhauen: d. h. in einem fremden Wald (Art. 49 Abs. I) und zwar an sich befugt; geschieht es unbefugt, so sind Art. 79ff. anzuwenden. Verarbeiten ist so viel wie Bearbeiten für den Endzweck oder zur Erleichterung der Abfuhr (vgl. OLGMSt. Bd. 8 S. 142).

10. Ohne Erlaubnis: Wenn das Beschlagen oder die Verarbeitung nicht vom Waldbesitzer ausdrücklich oder stillschweigend, z. B. durch längeres Dulden gegenüber Anderen (vgl. hiezu ObLGMSt. Bd. 10 S. 220), gestattet oder kraft Herkommens erlaubt ist, muß es als unerlaubt im Sinne der Ziffer angesehen werden; stets unerlaubt ist es, wenn es vom Waldbesitzer oder dessen Vertreter befugterweise ausdrücklich verboten ist.

Wer lediglich bei der Holzverladung tätig ist, macht sich nicht nach der Bestimmung strafbar, wohl aber, wenn der Fuhrmann bei der verbotenen Verarbeitung mitwirkt (OLGM. 13. 11. 1894, S. Bd. 8 S. 142).

Zur Erlaubnis und Anweisung ist nur der Waldbesitzer und sein bevollmächtigter Vertreter befugt; sind mehrere Personen Waldbesitzer, so können sie grundsätzlich nur gemeinsam handeln (vgl. § 744 Abs. I BGB.); sie können auch Bevollmächtigte aufstellen. Die Anweisung von Plätzen zur Lagerung von Holz kann auch stillschweigend durch längere Duldung der Benutzung eines Platzes geschehen (ObLG. Bd. 10 S. 220). Beim Beschlagen und Verarbeiten von Bau- oder Nutzholz kann der Irrtum oder der gute Glaube des Beschuldigten wesentlich werden und dessen Schuld ausschließen, weil hier die mangelnde Befugnis einen zum gesetzlichen Tatbestand gehörenden Tatumstand bildet (ObLG. Bd. 10 S. 220 und Bd. 18 S. 110); wenn der Irrtum oder gute Glaube aber auf Fahrlässigkeit beruht, so ist der Zuwiderhandelnde doch nach der Ziff. zu bestrafen, da Fahrlässigkeit genügt.

Wenn das Kohlenbrennen usw. unbefugt geschieht, so kommen neben Art. 93 Ziff. 4 außerdem die etwa einschlägigen weiteren Vorschriften zur Anwendung (Art. 79 ff., 95 usw.); Art. 93 Ziff. 4 wird trotz des Wortlauts des Gesetzes stets auch anwendbar sein, wenn die Handlungen unbefugt, nicht bloß, wenn sie befugt, aber nicht an den angewiesenen Orten geschehen (vgl. OLG. Bd. 9 S. 71).

Die Vorschrift des Art. 93 Ziff. 4 richtet sich ausschließlich gegen solche Personen, die im Wald eine mit der Gewinnung, Bearbeitung und Verarbeitung von Walderzeugnissen zusammenhängende Tätigkeit ausüben oder Anlagen, die einer solchen dienen, errichten. Die Aufstellung einer Bierbude für Bahnarbeiter in einem Walde gegen den Willen des Waldbesitzers fällt daher nicht unter die Strafbestimmung der Ziffer; sie ist, wenn nicht andere Strafbestimmungen verletzt sind, überhaupt nicht strafbar, sondern nur mit den Mitteln des bürgerlichen Rechts abzuwehren (ObLGSt. Bd. 9 S. 71).

11. Beschlagen und Verarbeiten: Hierher gehört nur das Beschlagen und die Verarbeitung von Bau- und Nutzholz, nicht von Brennholz.

12. Brennen: Vgl. auch Art. 96. Das Brennen, Aussieden, Schwelen und Anlegen muß außerhalb der angewiesenen Plätze stattfinden.

13. Pechaussieden: Davon ist zu unterscheiden das Pecheln in Art. 87.

14. Andere Gruben: Dazu gehören auch solche, mittels deren nach Wild gegraben wird.

15. Solchen Unternehmungen: Diese Anordnung zur Beseitigung bezieht sich auf alle Fälle der Ziff. 4 (vgl. Entwurf 1846).

16. Sollen: Schon nach dem auch für Art. 93 geltenden Eingang des Art. 92 kann der Forstrügerichter den Täter zur Deckung der Kosten der Herstellung des früheren Zustandes verurteilen. Auch das Niederreißen und Zuwerfen der Einrichtungen usw. gehört an sich zur Herstellung des früheren Zustandes; mit ihrer Beseitigung wird aber der frühere Zustand häufig nicht vollständig wiederhergestellt sein; neben der Beseitigung nach Ziff. 4 kommen in diesem Falle die Möglichkeiten des Art. 92 (Verurteilung zum Schadenersatz oder völlige Wiederherstellung des ursprünglichen Zustandes) in Betracht.

Für die Fassung des Urteilssatzes und die Vollstreckung, soweit es sich um das Niederreißen und Zuwerfen der Einrichtungen handelt, gilt dasselbe wie für die Herstellung des früheren Zustandes nach Art. 92 (Anm. 3).

Ziff. 5:

17. Weideberechtigte: Wer in einem fremden Walde unbefugt weiden läßt, macht sich strafbar nach Art. 88. Das Verbot ist erlassen, weil die Prüfung, ob die Weideberechtigung in zulässiger Weise ausgeübt wird, erschwert ist (Begr.). Auch wenn mehreren Weideberechtigten im gleichen Waldbezirk Weiderechte zustehen, sind sie bei der Strafdrohung der Ziff. 5 verpflichtet, aus ihrem Vieh, soweit möglich, Herden zu bilden (Begr. 1846).

18. Gebildet werden können: Die Prüfung der Voraussetzung, ob tatsächlich aus dem Vieh mehrerer Weideberechtigter eine Herde gebildet werden kann, ist dem Forstrügerichter nicht entzogen (OAG. 7. 9. 1874, S. Str. Bd. 4 S. 379); ebenda: Das Verbot der Ziff. 5 gilt auch gegenüber einem etwaigen anderen, bis zur Einführung des Forstgesetzes bestehenden Herkommen (Art. 190). Vgl. auch Art. 119 PStGB.

19. Angewiesene Walddistrikte: Wer Vieh in Waldbezirke eintreibt, in denen ihm kein Weiderecht zusteht, verfehlt sich nach Art. 88. Zur Notwendigkeit der Anweisung s. S. 139 f.

Ziff. 6:

20. Bedeutung: Die Ziffer enthält ein Blankettstrafgesetz; mit Strafe bedroht ist die Zuwiderhandlung gegen Vorschriften, die nicht im Forstgesetz selbst, sondern von dritter Seite aufgestellt sind. Im vorliegenden Falle besteht die große Besonderheit, daß diese Vorschriften nicht, wie sonst regelmäßig, von einer Behörde oder öffentlichen Körperschaft ausgehen müssen, sondern auch von Privatpersonen aufgestellt werden können. Der Sinn der Ziff. 6 ist der, mit Rücksicht auf die wichtigen Interessen, die auf dem Spiele stehen, und deren große Gefährdung den Anordnungen der berufenen Personen bezüglich der Waldarbeiten auch einen strafrechtlichen Schutz zu verleihen; die nach den allgemeinen Vorschriften bestehenden Mittel bürgerlichrechtlicher Art zur Sicherung des Vollzuges der Anordnungen werden hiedurch nicht berührt (vgl. Anm. 2b zu Art. 23). Die Vorschriften sind forstpolizeilicher Natur (ObLG. Bd. 26 S. 78); sie bezwecken nach der Begr. und den Gesetzgebungsverhandlungen den Schutz der Waldungen im Interesse der Öffentlichkeit und des Waldbesitzers.

Soweit das Forstgesetz die Übertretung von Vorschriften im Sinne der Ziff. 6 in besonderen Bestimmungen mit Strafe bedroht, ist die allgemeine Strafdrohung der Ziff. 6 durch Gesetzeskonkurrenz ausgeschlossen; wer z. B. Holz außerhalb der festgesetzten Zeit abführt, ist nur nach Art. 90 oder 91, nicht auch nach Art. 93 Ziff. 6 strafbar (OLGM. 3. 12. 1891; Bd. 6 S. 647). Wenn ein Waldbesitzer verböte, Entwendungsfrevel zu begehen, so wäre eine trotzdem begangene Entwendung gleichwohl nur nach Art. 79ff., nicht auch nach Art. 93 Ziff. 6 zu strafen.

Die Strafschärfung des Art. 59 Ziff. 10 mit Art. 60 kommt im Falle des Art. 93 Ziff. 6 nicht in Betracht, da die Beschäftigung als Waldarbeiter hier zum gesetzlichen Tatbestand gehört.

21. Begrenzung des Personenkreises:

a) Wer ist befugt, Vorschriften nach Ziff. 6 zu erteilen: Dies ist im Gesetz nicht ausdrücklich ausgesprochen; nach dem Sinn der Bestimmung (Anm. 20) fallen unter Ziff. 6 die Vorschriften aller Personen und Stellen, die kraft bürgerlichen oder öffentlichen Rechts befugt sind, den Beauftragten bezüglich der einschlägigen Handlungen in dem betreffenden Walde die fraglichen Vorschriften zu erteilen; Ziff. 6 setzt also die Befugnis zur Erteilung der Vorschriften voraus, sie schafft sie nicht erst. Meistens werden die Anordnungen vom Waldbesitzer oder einem seiner Organe (vgl. hiezu ObLG. Bd. 11 S. 307) ausgehen; sie können aber u. U. auch von anderer Seite stammen; hat z. B. der Waldbesitzer das Holz auf dem Stamm verkauft und dem Käufer gegenüber sich für den Holzhieb und die Abfuhr keine Rechte vorbehalten, so ist er nicht befugt, den Holzarbeitern des Käufers Vorschriften zu erteilen, deren Übertretung nach der Ziffer mit Strafe bedroht wäre; hiezu befugt ist in diesem Falle vielmehr der Holzkäufer. Die Rechtsprechung (z. B. ObLG. Bd. 21 S. 179, Bd. 11 S. 305) und das Schrifttum nehmen überwiegend an, daß die Anordnungen in der Regel nur vom Waldbesitzer (Waldeigentümer) ausgehen können; wie hier Schiedermair.

Allgemein anerkannt ist, daß die Forstpolizeibehörde nicht befugt ist, Vorschriften im Sinne der Ziffer zu erteilen. Im Regierungsentwurf sollte auf Ziff. 6 noch eine Ziff. 7 folgen, die den Forstpolizeibehörden eine Generalklausel vorbehielt des Inhalts: „Die Strafdrohung gilt auch für die Übertreter jeder anderen im Verwaltungswege erlassenen oder noch zu erlassenden Vorschrift gegen Waldbeschädigungen oder Gefährden, hinsichtlich deren eine besondere Strafe im gegenwärtigen Gesetz nicht festgesetzt ist"; darauf ging jedoch der Landtag nicht ein; wenn das Forstgesetz in der beschlossenen Fassung nicht ausreiche, solle die Nachhilfe der Gesetzgebung überlassen werden.

Soweit der Staat (Forstärar) in Staatswaldungen zur Erteilung von Vorschriften im Sinne der Ziff. 6 befugt ist, ist zuständig zu Anordnungen:

a) für das ganze Land das Staatsministerium der Finanzen, Ministerialforstabteilung,
b) für einen Regierungsbezirk die Kreisregierung, Kammer der Forsten,
c) für einen Forstamtssprengel das Forstamt (ObLG. Bd. 11 S. 307 und Bd. 21 S. 179; Bd. 26 S. 79; §§ 5, 6 und 12 der VO. vom 15. 12. 1908, GVBl. S. 1087).

Von Waldmitbesitzern können Vorschriften im Sinne der Ziff. 6 grundsätzlich nur gemeinschaftlich erteilt werden, sofern nicht einer von den anderen allgemein oder besonders ermächtigt ist (§ 744 BGB.).

b) Wer kann sich gegen Ziff. 6 verfehlen?

α) **Waldarbeiter:** Die Aufzählung in Ziff. 6 ist erschöpfend. Der Begriff Waldarbeiter ist weit zu fassen; darunter sind alle Personen zu verstehen, die im Wald oder in unmittelbarer Nähe eine Arbeit der Waldwirtschaft verrichten; die Dauer der Arbeit ist gleichgültig; desgleichen, ob die Waldarbeiter die Arbeiten berufsmäßig ausführen oder nicht (a. A. ObLG. Bd. 24 S. 89). Nur solche Waldarbeiter usw. können bestraft werden, die auf Grund anderer Bestimmungen rechtlich verpflichtet sind, die Anordnungen zu befolgen; unter diesem Gesichtspunkt kann erheblich werden, ob ein Waldarbeiter rechtswirksam eingestellt wurde.

Etwas abweichend hievon sagt OLGM. 13. 12. 1890 (Bd. 6 S. 316): „Auf die Ordnungsmäßigkeit der Anstellung des Waldarbeiters kommt es nicht an; es genügt die tatsächliche Beschäftigung als Waldarbeiter." Nach diesem Urteil ist ferner ein staatlicher Holzarbeiter, der sich an den Holzarbeiten im Staatswalde beteiligt, ohne jedoch das Akkordprotokoll zu unterzeichnen, nach der Ziff. 6 strafbar, wenn er entgegen der Dienstanweisung für die staatlichen Holzarbeiter vor Beendigung der Fällungen des laufenden Betriebsjahres wegen zu geringen Verdienstes die Arbeit niederlegt; diese Auslegung dürfte indes zu weit gehen, da durch den Austritt der Wald weder geschädigt noch gefährdet werden dürfte (vgl. Anm. 22a). Ein Dienstverhältnis konnte wohl auch ohne die Unterzeichnung des Protokolls angenommen werden.

Vgl. auch OLGM. 4. 2. 1885 (Bd. 3 S. 325) in nachstehender Anm. *β*. Art. 93 Ziff. 6 bezieht sich auf alle Waldungen (Staats-, Gemeinde-, Privatwaldungen usw.) und alle Waldarbeiter, gleichgültig, ob sie auf Grund des bürgerlichen oder des öffentlichen Rechtes tätig sind.

β) **Forstberechtigte insbesondere:** Auch Forstberechtigte, die im Walde arbeiten (aber nur solche, OLGM. Bd. 6 S. 400), zählen zu den Waldarbeitern der Ziff. 6 (ObLG. Bd. 21 S. 176 und Bd. 26 S. 78; vgl. Art. 23 Abs. I und 49 Abs. II).

Das Urteil des OLGM. 4. 2. 1885 (S. Bd. 3 S. 325) spricht sich über den Kreis der unter die Ziff. 6 fallenden Personen und Arbeiten wie folgt aus: „Unter die Ziffer fallen alle Waldarbeiter und alle Waldarbeiten; das Gesetz unterscheidet nicht zwischen Waldarbeitern die in einem Dienst- oder Abhängigkeitsverhältnis zum Waldbesitzer stehen, und Arbeitern, bei denen dies nicht der Fall ist; es unterscheidet nicht zwischen Waldarbeitern, die das Holz für den Waldbesitzer, und solchen, die es für sich oder einen Dritten aufarbeiten, und ebensowenig unterscheidet es, ob das Holz von den Aufarbeitenden durch Kauf oder anderen Vertrag oder auf Grund einer selbständigen Berechtigung oder nur vergünstigungsweise erworben worden ist. Es steht daher dem Richter nicht zu, in dieser Beziehung einen Unterschied zu machen und dadurch der Bestimmung der Ziff. einen einschränkenden Sinn beizulegen . . . Daß die Forstberechtigten anders als in Art. 59 Ziff. 10 nicht ausdrücklich genannt sind, ist ohne Bedeutung." Vgl. auch OLGM. 15. 2. 1890, Bd. 6 S. 30.

Wenn mit den Forstberechtigten deren Angehörige und Dienstboten im Wald arbeiten, so zählen auch diese zu den Waldarbeitern (OLGM. 9. 11. 1889, Bd. 3 S. 421).

Wie weit der Forstberechtigte Vorschriften im Sinne der Ziff. 6 zu beachten hat, bestimmt sich nach dem Inhalte der Berechtigung. Auch das Erfordernis, die Anweisung des Rechtsbezuges abzuwarten und zu beachten, ist eine Vorschrift im Sinne der Ziff. 6. Wer aber eigenmächtig seine Berechtigung ausübt, ohne die nach dem Berechtigungstitel vorgeschriebene Anweisung abzuwarten, begeht außerdem grundsätzlich einen Forstfrevel durch Entwendung nach Art. 79ff. (vgl. S. 140 γ vor Art. 23); der Entwendungsfrevel und der Frevel nach Art. 93 Ziff. 6 stehen in rechtlichem Zusammenhang (§ 73 StGB.). Der Forstberechtigte, der widerrechtlich andere oder mehr als die angewiesenen Bäume holt, begeht ebenfalls einen Entwendungsfrevel nach Art. 79 im rechtlichen Zusammenhang mit einem Frevel nach Art. 93 Ziff. 6. Nach OAG. 12. 4. 1862 (Z. Bd. 9 S. 164) und 3. 5. 1867 (S. w. E. Bd. 1 S. 190) soll die Ausübung der Berechtigung, ohne die in einer Holzhauordnung vorgeschriebene Anweisung abzuwarten, nur nach Art. 93 Ziff. 6 strafbar sein; ähnlich bezüglich eines im Gemeindewald holzbezugsberechtigten Gemeindeangehörigen OAG. 31. 12. 1875 (St. Bd. 5 S. 585).

Wenn der Forstberechtigte das Eigentum am Rechtsbezug erworben hat (vgl. S. 138 f. vor Art. 23), kann er daran keinen Entwendungsfrevel mehr begehen; wohl aber kann er sich auch dann noch nach Art. 93 Ziff. 6 strafbar machen, indem er bei der Abfuhr usw. die besonderen Vorschriften übertritt; vgl. Anm. 18 zu Art. 94.

Die Forstberechtigten können sich gegen Vorschriften über die Ausübung ihrer Berechtigung im Verfahren nach Art. 23 Abs. II wenden (ObLG. Bd. 26 S. 78); grundsätzlich können sie aber auch noch in einem eingeleiteten Strafverfahren den Einwand bringen, daß sie an die Vorschriften nicht gebunden waren (Art. 165; s. Anm. 4c zu Art. 23). Die irrige Meinung, infolge der Berechtigung zur Beachtung der besonderen Vorschriften des Waldbesitzers nicht verpflichtet zu sein, ist ein unbeachtlicher strafrechtlicher Irrtum (ObLG. Bd. 12 S. 162f.).

Das vom Staat in bestimmten unterfränkischen Staatswaldungen als Waldbesitzer schon in der fürstbischöflichen und großherzoglich Würzburgschen Zeit an die Forstberechtigten erlassene und seitdem aufrechterhaltene Verbot, das von ihnen gesammelte Lese- und Brechholz mittels Fuhrwerks aus dem Wald zu schaffen, ist eine besondere Vorschrift im Sinne der Ziff. 6 (ObLG. Bd. 8 S. 168).

γ) Unmittelbarer Täter nach der Ziff. 6 kann nur sein, wer selbst an den Waldarbeiten mitwirkt. Wenn ein Forstberechtigter einen Holzhieb zwar übernommen, die Ausführung aber einem Anderen übertragen hat, so ist er nicht unmittelbarer Täter; für ihn kann nur Teilnahme (oder u. U. mittelbare Täterschaft) nach den allgemeinen Regeln über die Teilnahme in Frage kommen (vgl. S. 248 Ziff. 5; OLGM. 12. 2. 1891, S. Bd. 6 S. 400).

Die Bestimmungen über Zivilverantwortlichkeit (Art. 69) gelten auch hier.

Wer die Ausführung noch nicht begonnen hat, kann nicht nach der Ziff. 6 bestraft werden, weil Voraussetzung ist, daß die Zuwiderhandlung „bei der Ausführung" begangen wird (OLGM. 22. 5. 1890, S. Bd. 6 S. 110); entsprechendes gilt, wenn die Ausführung beendigt ist.

22. Die besonderen Vorschriften der Ziff. 6:

a) Inhalt: Nach dem Zweck der Ziff. 6 (s. Begr.) kommen nur Vorschriften zum Schutze des Waldes vor Schädigungen und Gefährdungen sowie Vorschriften zum Schutze der Interessen des Waldbesitzers in Betracht (ObLG. Bd. 29 S. 194). Es müssen weiter besondere Anordnungen sein; die Verfehlungen gegen die allgemeinen im Forstgesetz und anderen Gesetzen enthaltenen Vorschriften zum Schutze des Waldes können nicht auch noch nach der Ziffer bestraft werden (vgl. ObLG. Bd. 21 S. 149); dagegen brauchen die Anordnungen nicht für den einzelnen Fall besonders getroffen zu werden (s. unten b). Die Anordnungen müssen einen bestimmten Inhalt haben; die allgemeine Einschärfung ordentlicher Arbeit ist keine Vorschrift nach der Ziffer 6 (ObLG. Bd. 29 S. 194). Insbesondere kommen Vorschriften in Betracht, die sich auf die Art und Weise der Holzarbeiten beziehen (vgl. ObLG. Bd. 8 S. 168).

Der Waldbesitzer kann bestimmen, daß der zum Bezuge von zweispännigen Fuhren Streuberechtigte bei der Abfuhr der Streu den Wagen mit nicht mehr als zwei Zugtieren bespannen darf und zu der aus besonderen Gründen etwa nötigen Bespannung mit mehr als zwei Zugtieren in jedem einzelnen Falle des Waldbesitzers Erlaubnis einholen muß; diese Bestimmung bildet eine besondere Vorschrift nach der Ziffer (OLGM. 13. 2. 1892, S. Bd. 7 S. 41). Der Waldbesitzer ist befugt, dem Forstberechtigten, der im Walde das Rechtholz aufarbeitet oder aufarbeiten läßt, Vorschriften zu erteilen, die die Einhaltung der Berechtigung zu überwachen bestimmt sind; an diese Vorschriften ist der Forstberechtigte zunächst bei der Strafdrohung des Art. 93 Ziff. 6 gebunden; er kann sie nur im Verfahren nach Art. 23 Abs. II angreifen (OLGM. 9. 11. 1889, S. Bd. 5 S. 421; das Forstamt hatte bestimmt, daß nach Beendigung des Hiebes vor Abzählung, Markierung und vor Überweisung des Rechtholzes an den Gemeinderat nichts abgefahren werden dürfe).

Die Vorschriften müssen nicht bloß von befugter Seite ausgehen, sondern sich auch innerhalb der Grenzen der Befugnis halten. Nach ObLG. Bd. 26 S. 78 sind Vorschriften gegenüber Forstberechtigten insoweit nicht durch die Strafdrohung der Ziff. 6 geschützt, als sie in den Bestand oder Umfang der Forstberechtigung eingreifen. Wenn eine Leseholzordnung nur für Personen gilt, die auf Grund einer Vergünstigung zum Leseholzsammeln berechtigt sind, sind Personen, die kraft einer Forstberechtigung ihr Holz sammeln, nicht an sie gebunden; sie kann für diese nicht als Vorschrift nach der Ziffer angesehen werden (ebenda).

Ziff. 6 stellt, wie schon bemerkt, keine Befugnis auf, sondern setzt eine solche voraus. Sie ermächtigt insbesondere den Waldbesitzer nicht, dem Forstberechtigten die Ausübung seines Rechtes ganz oder teilweise zu untersagen (Pl. E. des OGH. v. 24. 10. 1872). Unter diesem Gesichtspunkt ist auch das Verbot des Waldbesitzers an die Forstberechtigten, das von ihnen gesammelte Lese- und Brechholz mittels Fuhrwerkes aus dem Wald zu schaffen, zu beurteilen (vgl. ObLG. Bd. 8 S. 168). Daß der Waldbesitzer seine Anordnungen gegenüber dem Forstberechtigten nicht auf Art. 24 stützen kann, s. Anm. 2b zu Art. 23 S. 151 f.

Daß die Anordnung notwendig oder zweckmäßig war, ist nicht nötig, wenn sie nur gesetzmäßig (zulässig) war; der Strafrichter darf nur das letztere nachprüfen (vgl. Art. 15 PStGB.). Es muß sich immer um Anordnungen handeln; die bloß allgemein anerkannten Regeln der Holzfällung zählen nicht von selbst zu den Vorschriften der Ziff. 6; zur Bestrafung nach der Ziffer reicht es demnach nicht, daß ein Holzfäller gegen die allenthalben geübten Grundsätze ordnungsmäßiger Holzfällung verstoßen hat; ein Forstfrevel nach Ziff. 6 ist auch dann noch nicht gegeben, wenn etwa bei Fällungen im Gemeindewald gewohnheitsmäßig nach den gleichen Grundsätzen verfahren wird, wie sie vom Staate in der für die Staatsforstarbeiter erlassenen Arbeits- und Fällungsordnung zur Vorschrift erhoben sind, ohne daß die Gemeinde als Waldbesitzerin diese staatliche Regelung auch für ihren Waldbetrieb übernommen und den Arbeitern entsprechend bekanntgegeben hat (ObLG. Bd. 29 S. 194).

Wenn Waldarbeiter, die vertragsmäßig das anfallende Brockholz (Splitter- und Abfallholz) als Teil ihrer Entlohnung erhalten, durch absichtliches Zerschlagen wertvoller Nutzholzstücke einen übermäßigen Anfall von Brockholz herbeiführen, so kommt u. U. Betrug in Frage; Unterschlagung und Holzdiebstahl scheiden jedenfalls dann aus, wenn den Waldarbeitern das Brockholz nach der Zerkleinerung noch besonders übereignet wird; ob Untreue vorliegt, hängt von der Stellung der Waldarbeiter zum Auftraggeber ab; ein Frevel nach Art. 93 Ziff. 6 käme nur in Frage, wenn das absichtliche Zerschlagen vom Auftraggeber besonders verboten worden ist; vgl. § 19 der Allg. Fällungsvorschriften der bayer. Staatsforstverwaltung (ObLG. Bd. 29 S. 194).

Grundsätzlich hat der Forstrügerichter von Amts wegen zu prüfen, ob die besonderen Vorschriften für den Waldarbeiter rechtlich verbindlich waren; bringt der Waldarbeiter im Strafverfahren den Einwand, daß er nicht verpflichtet war, die Vorschriften zu befolgen, so kommt Art. 165 in Betracht.

b) Form: Eine bestimmte Form ist für die Erteilung der Vorschriften durch das Forstgesetz nicht vorgeschrieben; wenn nicht ausnahmsweise sonstige Bestimmungen ein anderes besagen, können die Anordnungen nach Ziff. 6 in jeder Form erlassen werden, auch mündlich. Es ist möglich, sie von Fall zu Fall zu erteilen, sie können aber auch allgemein niedergelegt werden z. B. in sog. Holzhauer- und Leseholzordnungen, Forst- und Weideordnungen (ObLG. Bd. 11 S. 306; davon zu unterscheiden sind die Ordnungen nach Art. 44). Bezüglich der Staatsforsten sind die Vorschriften für das ganze Land in der Arbeitsordnung für die Betriebe der Bayer. Staatsforstverwaltung vom 7. 12. 1921 (FMBl. S. 195) und den einschlägigen Tarifverträgen für reine Forstbetriebe in Bayern niedergelegt. Auch die nach §§ 3 und 4 der Arbeitsordnung von den Forstämtern und Forstamtsaußenstellen erlassenen besonderen Vorschriften fallen, wenn die sonstigen Voraussetzungen gegeben sind, unter die „besonderen Vorschriften" der Ziff. 6.

Bei Verstößen gegen die Arbeitsordnung der Staatsforstverwaltung ist aber jedesmal zu prüfen, ob die nach der Ziff. 6 für die Bestrafung verlangten, vorstehend erörterten Voraussetzungen sämtliche gegeben sind; insbesondere ist zu untersuchen, ob die Forstbehörde dem Zuwiderhandelnden gegenüber zur Erteilung der Vorschriften befugt war, oder umgekehrt, ob der Zuwiderhandelnde dem Forstärar gegenüber kraft öffentlichen oder bürgerlichen Dienstrechts zur Beachtung der Arbeitsordnung verpflichtet war. Dies wird regelmäßig der Fall sein, aber nicht immer.

Nicht hieher gehören die Oberpolizeilichen Vorschriften über die Ausführung von Holzfällungsarbeiten usw. in der Umgebung von Eisenbahnanlagen vom 9. 10. 1911 (GVBl. S. 1068, s. Anhang), die auf Grund Art. 88 PStGB. zum Schutze der Eisenbahnen und des Bahnbetriebs erlassen wurden. Nach FME. vom 21. 10. 1911 (FMBl. S. 584) sind die Vorschriften bei der Vornahme der Arbeiten im Regiebetrieb der Staatsforstverwaltung gleichmäßig anzuwenden. Die allgemeinen Bedingungen für die Holzverkäufe aus bayerischen Staatswaldungen vom 27. 11. 1924 (FMBl. S. 139) enthalten für die Käufer Vorschriften im Sinne der Ziff. 6.

Es muß sich um eine ausdrückliche Anordnung des dazu Berufenen handeln. Eine solche verbindliche Vorschrift kann auch in einem Vertrag enthalten sein. Als Vorschrift im Sinne der Ziff. 6 kann auch ein Urteil gelten, das auf eine Bestreitung der Rechtmäßigkeit der Anordnung hin ergangen ist; so hat ObLG. Bd. 21 S. 180 als verbindliche besondere Vorschrift die Feststellung in dem Urteil über den Umfang eines Forstrechtsanspruches anerkannt, daß die Rechtler sich bei der Holzgewinnung der Säge nicht bedienen dürfen; wenn ein Berechtigter daraufhin doch die Säge benutzt, so ist er strafbar nach Art. 93 Ziff. 6; „ist den Berechtigten nämlich in jedem Einzelfalle, soweit er sich innerhalb des Waldes abspielt, der Gebrauch der Säge verboten, so bedarf es eines besonderen Verbotes seitens des Waldbesitzers nicht mehr; ein solches wäre überflüssig und zwecklos".

Auch die ein Forstrecht umgrenzenden sog. Definitivbeschlüsse (z. B. der Benediktbeurer Forstverhältnisse vom 26. 8. 1835) können besondere Vorschriften im Sinne der Ziffer sein (ObLG. Bd. 3 S. 274); Voraussetzung ist aber, daß die Definitivbeschlüsse für die Forstberechtigten verbindlich sind (S. 133 Z. 2 vor Art. 23). Auch der Berechtigungstitel selbst kann besondere Vorschriften im Sinne der Ziff. 6 enthalten; dazu gehört z. B. die Vorschrift, die Anweisung des Rechtsbezuges abzuwarten und zu beachten. Häufig finden sich die besonderen Vorschriften für Forstberechtigte in sog. Forst- oder Weideordnungen; Verfehlungen gegen die Ordnungen des Art. 44 Abs. II fallen aber nicht unter Art. 93 Ziff. 6, sondern unter Art. 89 Abs. I Ziff. 4.

Die Frage der Empfangsbedürftigkeit der Anordnungen ist nach den Umständen des Falles zu entscheiden. Da den strafrechtlichen Schutz der Ziffer nur solche Vorschriften genießen, die nach anderen, regelmäßig bürgerlichrechtlichen Bestimmungen verbindlich sind, ist auf Grund dieser Bestimmungen auch die Frage der Empfangsbedürftigkeit zu beantworten. Darnach werden Einzelanordnungen gewöhnlich empfangsbedürftig sein; nicht empfangsbedürftig dagegen werden regelmäßig sein allgemeine Anordnungen wie Leseholzordnungen u. ä. Zu unterscheiden von der Empfangsbedürftigkeit als Voraussetzung der Rechtsverbindlichkeit der Anordnung ist die Notwendigkeit ihrer Kenntnis vom Standpunkt der Schuldfrage aus; fahrlässige Unkenntnis genügt zur Bestrafung.

ObLG. Bd. 11 S. 306 sagt hiezu: „Die Forstberechtigten haben sich darum zu kümmern, ob nicht besondere Vorschriften hinsichtlich der Ausübung ihrer Forstrechte bestehen; kümmern sie sich um das Bestehen und den Inhalt solcher Vorschriften nicht, so ist ihnen diese Unterlassung als Fahrlässigkeit zuzurechnen." Aus den Gründen: „Die Forstberechtigten und zwar auch die im Gebirge haben sich bei der Ausübung ihrer Befugnisse namentlich auch nach den Forstordnungen und den verwandten sonstigen Vorschriften zu richten. Diese eigentlich selbstverständliche Forderung bestätigt schon Kreitmayr in den Anm. 2 und 6 zu Teil II Kap. 8 § 15 des Landrechts von 1756. Nach der allgemein menschlichen Erfahrung ist anzunehmen, daß dies in den Gegenden, wo Forstrechte bestehen, gemeinkundig ist und daß dort jeder Beteiligte weiß, daß er sich darum kümmern muß, ob und welche Bestimmungen in dieser Richtung bestehen . . . Daß die Wegnahme von Holz zur Zaunausbesserung entgegen der Weideordnung ohne vorherige Befragung des Forstamts lange Zeit ohne Strafanzeige geduldet wurde, konnte den Bestand der Weideordnung, die Verpflichtung der Berechtigten zu ihrer Beachtung und die Strafbarkeit der Zuwiderhandlungen dagegen nicht beseitigen."

Der öffentlichen Bekanntgabe bedürfen die Vorschriften der Ziff. 6 grundsätzlich nicht; auch brauchen sie von der Forstpolizeibehörde nicht genehmigt zu werden. Das ObLG. sagt in Bd. 29 S. 194: „Die Anordnungen der Ziff. 6 müssen vom Waldbesitzer (Waldeigentümer) auf irgendeine Weise bekanntgegeben sein, wozu es allerdings weder ihrer Veröffentlichung noch ihrer persönlichen (schriftlichen oder mündlichen) Bekanntmachung an den einzelnen bedarf, sondern genügt, daß der Waldarbeiter sie erweislich kannte."

Weitere Beschädigungen und Gefährdungen des Waldes, seiner Einrichtungen und seines Betriebes; Wegnahme von Bodenbestandteilen.

Artikel 94.[1]) ([93]/[94]).

Einer Geldstrafe[23] von *neunzig Pfennig bis fünfundvierzig Mark* unterliegen, neben dem etwa eintretenden Schadenersatze[2] oder der auf Kosten des Trägers zu bewirkenden Wiederherstellung des frühern Zustandes:

1. diejenigen, welche aus Trift-[3] oder Floßbächen[4] während[5] des Triftens oder Flößens, ohne dazu berechtigt zu sein[6], ihr Eigentum bewässern, ebenso diejenigen, welche aus solchen Bächen mittelst unbefugt[7] angelegter[8] Gräben wässern, oder welche die Ufer oder Dämme[9] dieser Bäche auf irgend eine Weise beschädigen;
2.[10] diejenigen, welche sich irgend eine Zuwiderhandlung gegen Bach-, Trift- oder Floßordnungen zu Schulden kommen lassen;
3. diejenigen, welche in den Waldungen oder an Trift- oder Floßbächen[11] bestehende Brücken, Stege, Leit-, Zieh- oder Schlittwege, Holz- oder Wasser-Riesen, Wasserstuben oder Klausen, Schleusen, Holzrechen oder andere Holzbring- oder Triftanstalten[12] beschädigen[13];
4. die Besitzer[14] von Säg- oder Schneidmühlen, welche Sägblöcke[15] ohne das Zeichen des Waldhammers[16] oder ein anderes Zeichen des Waldbesitzers annehmen[17];
5.[20] diejenigen, welche unbefugt[18] Erde, Erz, Ton, Mergel, Gyps, Lehm, Kies, Steine, Rasen oder andere Bodenbestandteile[19] hinwegnehmen[20] oder darnach graben, oder Steine oder Schutt in die Waldungen führen[22], oder Torf stechen.

1. Aufbau des Artikels:

Ziff. 1 verbietet unerlaubte Handlungen an Trift- oder Floßbächen,
Ziff. 3 verbietet Beschädigungen an bestimmten Einrichtungen, die der Holzbeförderung dienen,
Ziff. 5 verbietet bestimmte Beschädigungen des Waldbodens,
(Ziff. 2 verbietet Zuwiderhandlungen gegen Ordnungen, die die Holzbeförderung auf dem Wasser regeln; jetzt gegenstandslos, weil durch das Wassergesetz ersetzt;)
Ziff. 4 verbietet die Annahme von ungezeichneten Sägeblöcken durch Säger.

Ziff. 1, 3 und 5 behandeln im wesentlichen Forstfrevel durch Beschädigungen, Ziff. 4 Forstfrevel, begangen durch Gefährdung; vgl. die Überschrift vor Art. 88. Die Ziff. 1—3 werden teilweise von dem am 1. 1. 1908 in Wirksamkeit getretenen Wassergesetz vom 23. 3. 1907 (GVBl. S. 157) berührt; näheres bei den einzelnen Ziffern.

Die Handlungen der Ziff. 1 und teilweise der Ziff. 3 können auch außerhalb des Waldes begangen werden.

2. Schadenersatz: Für die Pflicht zum Schadenersatz und zur Wiederherstellung gilt trotz des etwas abweichenden Wortlautes das gleiche wie bei Art. 92 Anm. 2, 3 ausgeführt; insbesondere hat Schadenersatz immer und nur dann einzutreten, wenn ein Schaden verursacht worden ist.

Ziff. 1:

3. Triftbäche: Hierunter werden die Triftgewässer des Wassergesetzes (Art. 31) zu verstehen sein, d. h. diejenigen Flüsse und Bäche, die der Flößerei mit unverbundenem Holze dienen. Nach Art. 33 Ziff. 1 WassG. sind die Ufereigentümer verpflichtet, sich jeden Gebrauches des Wassers zu enthalten, der die Trift gefährdet oder hemmt; gegen Zuwiderhandlungen dieser Vorschrift enthält das Wassergesetz keine Strafvorschrift; eine Konkurrenz des Art. 94 mit dem Wassergesetz ist insoweit nicht gegeben. Weiter kommen für die Wässerung in Betracht Art. 45 und 47 sowie Art. 46 mit 42 WassG. mit den Strafdrohungen der Art. 203 Ziff. 5 und 202 Ziff. 2; eine Konkurrenz hiemit wird selten sein.

ist aber nicht ausgeschlossen; die Strafbestimmungen des Forstgesetzes und Wassergesetzes bestehen nebeneinander; je nach Lage des Falles kann Ideal- und Realkonkurrenz in Frage kommen.

4. Floßbäche: Die Floßbäche sind stets öffentliche Gewässer im Sinne des Wassergesetzes (Art. 1 Abs. I). Für die Wässerung aus Floßbächen ist auch Art. 42 WassG. mit der Strafbestimmung in Art. 202 Ziff. 2 zu beachten; eine Konkurrenz (Ideal- oder Real-) ist möglich; beide Bestimmungen des Forstgesetzes und Wassergesetzes gelten nebeneinander.

5. Während: Weil die Zeit genügenden Wasserstandes ohnehin meist kurz ist (Begr.). Aus der Begr. und dem Zweck der Bestimmung ergibt sich auch, daß „während des Triftens oder Flößens" gleichbedeutend ist mit dem Ausdruck „in der Trift- oder Floßzeit"; es ist nicht z. B. nur die Zeit gemeint, in der etwa ein Floß gerade auf dem Floßbach liegt.

6. Ohne dazu berechtigt zu sein: Das Wässern mittels unbefugt angelegter Gräben aus Trift- und Floßbächen sowie die Beschädigung ihrer Ufer oder Dämme ist stets strafbar; das Wässern aus den Trift- und Floßbächen mittels befugt angelegter Gräben oder ohne Benutzung von Gräben ist nur strafbar, wenn es während des Triftens oder Flößens geschieht. Wer (kraft bürgerlichen oder öffentlichen Rechts) oder auf Grund der Erlaubnis sämtlicher über das Trift- und Floßgewässer Verfügungsberechtigten befugt ist, auch in der Trift- und Floßzeit zu wässern, kann nicht nach der Ziff. 1 bestraft werden, es sei denn, daß der zur Wässerung Berechtigte unbefugterweise einen Wässerungsgraben angelegt hat und benutzt.

7. Unbefugt bedeutet dasselbe wie ohne berechtigt zu sein.

8. Angelegter: Noch nicht strafbar ist, wie sich aus dem klaren Wortlaut des Gesetzes ergibt, das bloße unbefugte Anlegen von Wässerungsgräben, wenn nicht eine Beschädigung der Ufer oder Dämme damit verbunden ist, was gewöhnlich der Fall sein wird; strafbar ist erst die Wässerung (so auch Schwaiger gegen Brater und Ganghofer). Zur Frage, wie weit das Wassergesetz einschlägt, s. Anm. 3 und 4.

9. Ufer oder Dämme: §§ 304, 305 StGB. sind durch Gesetzeskonkurrenz ausgeschlossen. Idealkonkurrenz der Ziff. 1 mit § 321 StGB. ist möglich. Auf das Eigentum an den Ufern und Dämmen kommt es nicht an.

Ziff. 2:

10. Die Ziffer ist gegenstandslos geworden; an ihre Stelle ist, soweit es sich um die Übertretung der Trift- und Floßordnungen handelt, Art. 206 Abs. I WassG. (in Verbindung mit Art. 29 Abs. I und II und Art. 32 Abs. I, § 7 der Vollzugsverordnung und §§ 68, 77—79 der Vollzugsvorschriften zum Wassergesetz) getreten. Bachordnungen sind nicht mehr möglich, soweit es sich nicht um Vorschriften nach Art. 206 Abs. II WassG. handelt; die rechtlichen Verhältnisse der Bäche sind jetzt im Wassergesetz erschöpfend geregelt; die Vorschriften des Wassergesetzes sind auch anzuwenden, wenn die Gewinnung, Beförderung, Verwahrung und Verwaltung von Walderzeugnissen in Frage steht (vgl. OLGM. Bd. 3 S. 375). Die in der Ziff. 2 umschriebenen Verfehlungen sind keine Forstfrevel mehr, sie sind daher auch nicht im Forstrügeverfahren, sondern im gewöhnlichen Strafverfahren abzuurteilen; es gibt hier keine Zivilverantwortlichkeit nach Art. 69 FG.

Ziff. 3:

11. In den Waldungen oder an Trift- oder Floßbächen: Die Beschädigung der Holzbring- und Triftanstalten ist nur dann Forstfrevel, wenn die Anstalten sich entweder in einem fremden Walde befinden oder an Trift- und Floßbächen bestehen, auch wenn diese außerhalb des Waldes verlaufen. Der Frevel ist auch außerhalb der Trift- und Floßzeit möglich.

12. Begriff der angeführten Holzbring- und Triftanstalten:

Leit-, Zieh- oder Schlittwege sind Wege im Walde, auf denen das eingeschlagene Holz mittels Handzugs oder Gespanns zum Lagerplatz oder an die Hauptabfuhrstraßen gebracht wird.

Holz- oder Wasserriesen dienen dem Holztransport im Gebirge und sind aus Holz gebaute, teils im Boden, teils über dem Boden laufende, mehr oder weniger geneigte Rinnen, auf denen das Holz durch seine eigene Schwere vielfach unter Zugabe von Wasser (Wasserriese) abwärts gleitet.

Wasserstuben oder Klausen sind quer durch ein Triftwasser errichtete Dammbauten, die das Wasser in dem sog. Klaushof anstauen und durch ein Wassertor zur Abtriftung des Holzes abgeben.

Schleusen sind Wasserablaßvorrichtungen.

Holzrechen sind Fangvorrichtungen zum Auffangen des Triftholzes.

Die besonders angeführten Einrichtungen sind nur Beispiele; unter Ziff. 3 fallen auch alle anderen, in Waldungen oder den Trift- oder Floßbächen bestehenden Holzbring- und Triftanstalten.

13. Beschädigen: Vorsätzlich oder fahrlässig. Die Abnutzung im ordnungsmäßigen, erlaubten Gebrauch fällt nicht unter den Begriff beschädigen. Auch Forstberechtigte können nach der Ziffer bestraft werden, z. B. die forstberechtigten Vieheigentümer, wenn das in der Waldung auf Grund einer Berechtigung weidende Vieh eine Brücke beschädigt (OAG. 28. 5. 1859, Z. Bd. 6 S. 200). Zu den Beschädigungen eines Waldweges zählt auch die Beschädigung der zu ihm gehörenden Straßengräben und Böschungen.

Ziff. 4: Die Begr. rechtfertigt die Strafvorschrift wie folgt: „Säge- und Schneidemühlen sind bei Entwendungen von Schrot- und Blochholz oder von Stämmen, die dazu tauglich sind, ein sehr gewöhnlicher Zufluchtsort, weil durch das Zersägen alsbald der Nachweis über die Identität des gefrevelten Holzes und hiemit die Feststellung des Frevels selbst unmöglich gemacht wird."

14. Besitzer: Ob ihnen auch das Eigentum zusteht, ist gleichgültig. Angestellte des Sägmühlbesitzers können nicht wegen Täterschaft, sondern nur wegen Teilnahme (Art. 56) bestraft werden (vgl. Anm. 17).

15. Sägblöcke: Dies ist ein Sammelausdruck; darunter ist alles Holz zu verstehen, das zum Zersägen auf der Sägmühle bestimmt ist, auch Langholz; es muß sich aber, wie der Wortlaut der Ziffer ergibt, um Holz handeln, das aus einem fremden Walde stammt.

16. Waldhammer: Vgl. Anm. 5 zu Art. 93.

17. Annehmen: Vorsätzlich oder fahrlässig. Ob sie das Holz selbst in Empfang nehmen oder durch ihre Angestellten annehmen lassen, ist gleichgültig. Im letzteren Falle liegt schon Fahrlässigkeit vor, wenn der Sägmühlbesitzer einen entsprechenden Auftrag an die Bediensteten unterlassen hat oder es an der geeigneten Überwachung fehlen ließ (OLGM. 19. 10. 1889, S. Bd. 5 S. 401). Die Annahme ist strafbar, auch wenn sie außerhalb des Waldes geschieht; die nach Art. 49 für Forstfrevel geforderte Beziehung zum Walde ist durch die in der Zuwiderhandlung liegende Gefährdung des fremden Waldes gegeben. Unter Annehmen ist die körperliche Inempfangnahme zur Ver- oder Bearbeitung in der Sägmühle zu verstehen. Nach dem Wortlaut und Zweck der Bestimmung wird die Ziff. 4 auch anzuwenden sein, wenn der Sägmüller ungezeichnetes Sägholz zu Eigentum erwirbt; hat er dabei gewußt, daß es gefreveltes Holz ist, so ist die Ziffer neben Art. 100 anzuwenden, regelmäßig wohl in Realkonkurrenz. Wenn der Sägmühlbesitzer gewußt hat, daß es gefreveltes Holz ist und er es trotzdem zur Ver- oder Bearbeitung in der Sägmühle annimmt, so kann er auch nur nach Ziff. 4 bestraft werden, nicht etwa wegen Teilnahme an dem Entwendungsfrevel des andern; Begünstigung ist nach dem Forstgesetz nicht strafbar (vgl. Anm. 4 zu Art. 56); nach der Begr. wäre der Sägmühlbesitzer in diesem Falle wegen Teilnahme zu bestrafen; nach dem Gesetze ist dies aber nicht möglich. Idealkonkurrenz mit Art. 99 (Veräußerungsfrevel), 56 dagegen ist denkbar (vgl. ObLG. Bd. 20 S. 295). S. auch Art. 100.

Ziff. 5: In der Ziffer ist dreierlei mit Strafe bedroht:

a) das Hinwegnehmen von Bodenbestandteilen aus einem fremden Walde und das Graben danach,
b) das Führen von Steinen oder Schutt in fremde Waldungen,
c) das Torfstechen in fremden Waldungen (was eigentlich schon unter a fällt),

jeweils vorausgesetzt, daß es unbefugt geschieht. Sämtliche Handlungen können vorsätzlich oder fahrlässig begangen werden.

18. Unbefugt: d. h. ohne eine dem Waldbesitzer (Waldeigentümer) gegenüber bestehende bürgerlich- oder öffentlichrechtliche Berechtigung und ohne Erlaubnis des Waldbesitzers oder sonstigen Berechtigten (ähnlich OLGM. 27. 9. 1887, S. Bd. 4 S. 494 und ObLG. Bd. 27 S. 214). Wer vom Forstärar einen Steinbruch im Walde gepachtet hat und die gebrochenen Steine erst nach Messung und Zeichnung durch die Forstbehörde abfahren darf, sie aber vorher abfährt, handelt nicht unbefugt nach Art. 94 Ziff. 5, sondern nur ordnungswidrig nach Art. 93 Ziff. 6 (ObLGSt. Bd. 27 S. 214); das Urteil nimmt mit Recht an, daß es sich bei der angegebenen Bedingung nur um eine Ordnungsvorschrift handelt, die bei der Ausübung der befugten Ausbeutung zu beachten ist, nicht aber um eine inhaltliche Beschränkung der Befugnis selbst; die Nichtbeachtung solcher Bedingungen macht die Gewinnung von Steinen zur ordnungswidrigen (Art. 93 Ziff. 6), nicht aber zur unberechtigten; anders beim Erfordernis der Anweisung des Forstrechtsbezugs (vgl. S. 140 und Anm. 21 b β zu Art. 93). Wenn der Pächter den Steinbruch unbefugterweise weiterverpachtet, so ist die Entnahme der Steine durch den Unterpächter unbefugt im Sinne des Art. 94 Ziff. 5 (ObLGSt. Bd. 27 S. 215).

19. Bodenbestandteile: Erde, Erz usw. sind nur als Beispiele angeführt; als Bodenbestandteile können sie nur solange angesehen werden, als sie mit dem Waldboden natürlich verbunden sind; Kies z. B., der bereits vom Waldboden getrennt, geworfen und zur Abfuhr hergerichtet ist, ist kein Bodenbestandteil mehr; wer ihn wegnimmt in der Absicht rechtswidriger Zueignung, begeht keinen Forstfrevel nach der Ziffer, sondern einen Diebstahl (OAG. 22. 9. 1876, S. Str. Bd. 6 S. 462 und ObLGSt. Bd. 27 S. 214). Ähnlich für bereits gegrabenen, in Ballen geformten und abfuhrbereiten Ton (OAG. 12. 6. 1858, Z. 250), für gestochenen Torf die Begr. 1846. Wer aber unbefugt aus dem Boden Steine bricht, um sie für sich wegzuschaffen, und die gebrochenen Steine dann tatsächlich wegschafft, kann nur nach Art. 94 Ziff. 5 bestraft werden; das Wegschaffen in Aneignungsabsicht ist hier nicht Diebstahl, da Brechen und Wegschaffen als eine Tat, als Hinwegnehmen im Sinne der Ziff. 5 anzusehen ist (ObLGSt. Bd. 27 S. 214). Wer sich Steine aneignet, die ein anderer gebrochen hat, begeht Diebstahl (§ 242 StGB.); u. U. kann jemand Diebstahl an Steinen begehen, die er selbst gebrochen hat, wenn nämlich die Aneignungsabsicht erst nach dem Brechen gefaßt wird (vgl. Anm. 2 zu Art. 81). Es muß sich um Bodenbestandteile eines fremden Waldes handeln (Art. 49). Wasser und Eis zählt nicht zu den Bodenbestandteilen; soweit überhaupt eine Bestrafung möglich ist, kommen für die Entwendung die Diebstahlsbestimmungen in Frage (OAG. 12. 6. 1871, S. Bd. 1 S. 105); ebensowenig gehören zu den Bodenbestandteilen Ameiseneier (s. hierüber oben S. 328). Bei Ziff. 5 ist besonders zu prüfen, was Bestandteil des Waldes ist und was nicht (z. B. ein Steinbruch innerhalb eines Waldes, S. 35 ff.). Ob die Bodenbestandteile sich an oder unter der Oberfläche des Waldbodens befinden, ist gleichgültig (ObLG. Bd. 1 S. 145). Die Entwendung von Gras und Moos ist Forstfrevel durch Entwendung nach Art. 85.

20. Hinwegnehmen: d. h. vom Boden wegnehmen, gleichgültig zu welchem Zweck. Aneignungsabsicht ist nicht Voraussetzung; ist sie gegeben, so tritt gleichwohl nur Bestrafung nach der Ziff. 5 ein (so auch bei § 370 Ziff. 2 StGB.; Frank). Die Bestimmung des Art. 94 Ziff. 5 ist nicht unter die Forstfrevel durch Entwendung (Art. 79ff.) aufgenommen, sondern unter die Forstfrevel durch Beschädigung und Gefährden (Art. 88ff.); sie hat daher polizeiliche Natur; im Gegensatz zu den Forstfreveln durch Entwendung kann sie vorsätzlich und fahrlässig begangen werden (OAG. 1. 2. 1868, S. w. E. Bd. 2 S. 68; OAG. 22. 9. 1876, S. Str. Bd. 6 S. 462). Fahrlässig handelt auch, wer sich fahrlässigerweise für befugt hält (OLGM. 3. 3. 1881, S. Bd. 1 S. 306). Wenn Arbeiter im Auftrage ihres Dienstherrn im fremden Walde Steine brechen, so ist der Dienstherr, der den Mangel der Befugnis kannte, wegen mittelbarer Täterschaft nach der Ziffer zu bestrafen, wenn die Arbeiter gutgläubig waren; die Arbeiter können in diesem Falle nicht bestraft werden (vgl. OAG. 1. 2. 1868, S. w. E. Bd. 2 S. 68). Der Täter kann im Forstrügeverfahren zu Schadenersatz oder zur Wiederherstellung des früheren Zustandes verurteilt werden, nicht aber zum Werterſatz (Art. 63); der Wert der abgeführten Bodenbestandteile ist bei der Berechnung des Schadenersatzes zu berücksichtigen.

21. Verwandte Strafbestimmungen: Gegenüber § 370 Ziff. 2 StGB. bildet die Ziffer 5 für die Wegnahme von Bodenbestandteilen in fremden Wäldern und das Graben darnach eine Sonderbestimmung; insoweit geht sie der ersteren Vorschrift vor; § 370 Ziff. 2 StGB. ist anzuwenden auf die unbefugte Wegnahme usw. von Bodenbestandteilen anderer als Waldgrundstücke (vgl. ObLG. Bd. 1 S. 147).

Auch der Bergwerkseigentümer unterliegt grundsätzlich den Bestimmungen des Forstgesetzes. Er verfehlt sich (nur) nach der Ziffer, wenn er ohne Einwilligung des Waldbesitzers und ohne Zwangsentscheid nach Art. 178ff., 191 des Berggesetzes vom 13. 8. 1910 (GVBl. S. 815) Abraumerde aus dem Walde wegschafft, auch wenn sie innerhalb des Bezirks des Bergwerkseigentums gewonnen ist (so für das alte Berggesetz OLGM. 16. 10. 1890, S. Bd. 6 S. 226).

Wer im Bergwerksbetrieb innerhalb eines fremden Waldes unbefugt Bodenbestandteile wegnimmt, auf die sich sein Bergwerkseigentum nicht bezieht (Art. 1 BergG.), ist strafbar nur nach der Ziff. 5, nicht etwa nach Art. 253 oder 272 BergG. (so für Quarzsand, den ein Bergwerkseigentümer im bergmäßigen Betriebe aus der Tiefe eines fremden Waldes wegnahm — Quarz gehört nicht zu den Mineralien, an denen ein Bergwerkseigentum bestehen kann — ObLG. Bd. 1 S. 145). Wenn es sich um Mineralien handelt, die in Art. 1 BergG. aufgezählt sind, sind Überschreitungen der Befugnis usw. zunächst nach dem Berggesetz (z. B. Art. 264 Ziff. 1, 271, 272) zu bestrafen; daneben aber finden grundsätzlich die Strafbestimmungen des Forstgesetzes Anwendung, wenn ihr Tatbestand gegeben ist; gewöhnlich wird Idealkonkurrenz gegeben sein.

22. Führen: Der Begriff verlangt, daß ein Fahrzeug, gleichgültig ob von Menschen-, Tier- oder Maschinenkraft bewegt, benützt wird; das Fahrzeug muß nicht selbst in den Wald gefahren werden;

es genügt, wenn es am Waldrande hält und die Steine oder der Schutt in den Wald abgeladen werden. Auch wenn von einem Walde in den angrenzenden Nachbarwald unbefugterweise Schutt gefahren wird, ist der Tatbestand der Ziffer gegeben. Das Verbot ist aufgestellt, weil das Abladen von Steinen und Schutt die Waldvegetation hindert (Begr.).

Auch ein Bergwerkseigentümer darf nicht ohne Erlaubnis des Waldbesitzers oder behördlichen Beschluß nach Art. 178 ff., 191 BergG. den Abraum in einen fremden Wald führen; tut er es doch, so ist er strafbar nach der Ziffer, da der Abraum unter „Schutt" fällt (OLGM. 27. 9. 1887, S. Bd. 4 S. 494).

23. Der **Strafrahmen** beträgt jetzt 1 bis 150 Reichsmark; ausnahmsweise kann bis auf 50 Reichspfennige herabgegangen werden (Art. 61a).

Wald und Wasserrecht.

Hier seien nur einige praktisch wichtigen Punkte angeführt. In der rechtlichen Behandlung besteht für die Gewässer in- und außerhalb von Waldungen kein Unterschied.

1. Eigentum: Die öffentlichen Gewässer (d. s. die Flüsse, Flußteile und Kanäle), die zur Schiff- oder Floßfahrt dienen, samt den Nebenarmen, selbst wenn diese nicht zur Schiff- oder Floßfahrt dienen, nebst bestimmten geschlossenen Gewässern (Seen) stehen sämtliche im Eigentum des Staates; die Ufer gehören den Anliegern (Art. 1, 2, 5 WassG.). Bei den Privatgewässern (d. s. alle Gewässer, die nicht öffentlich sind) ist zu unterscheiden: die Privatflüsse und Bäche können im Eigentum der Ufereigentümer (so die Regel), des Staates (Staatsprivatflüsse) oder Dritter stehen; ob das eine oder das andere der Fall ist, ist regelmäßig aus den öffentlichen Büchern zu ersehen; die geschlossenen Gewässer (Seen, Weiher, Grundwasser, Quellen und künstlich angelegte Gräben und Kanäle) gehören, soweit nicht ausnahmsweise besondere Rechtsverhältnisse bestehen, dem Grundstückseigentümer (Art. 16, 21, 23, 24 WassG.). Die Eigentumsverhältnisse sind nicht entscheidend für die Frage, ob das Gewässer im Sinne des Forstgesetzes ein Bestandteil des umgebenden Waldes ist oder nicht.

2. Benutzung: In den öffentlichen Gewässern sowie in den Privatflüssen und Bächen ist der Gebrauch des Wassers durch Schöpfen mit Handgefäßen, zum Baden, Waschen, Tränken, Schwemmen sowie zur Eisbahn jedem gestattet, aber nur soweit es ohne rechtswidrige (d. h. unbefugte) Benutzung fremder Grundstücke möglich ist (Gemeingebrauch). Zur Entnahme von Eis, Sand, Kies, Steinen, Schlamm, Erde und Pflanzen aus dem Flußbett öffentlicher Gewässer sowie der Staatsprivatflüsse ist die Erlaubnis des Straßen- und Flußbauamts (wenn das Flußbett zu dem der Forstverwaltung unterstehenden Staatsgut gehört, des Forstamts) erforderlich. In den nichtstaatlichen Privatflüssen und Bächen ist zur Entnahme, soweit nicht besondere Rechte bestehen, nur der Eigentümer des Flußbettes befugt und auch dieser nur, soweit es ohne Nachteil für Andere, besonders in bezug auf die Tiefe des Flusses und die Sicherheit der Ufer geschehen kann; Art. 26 WassG. Der Floßverkehr in öffentlichen Gewässern steht nach Maßgabe der geltenden Floßordnungen grundsätzlich jedermann frei. Art. 29, 30 WassG. Zur Trift können nur die Gewässer benutzt werden, die schon bisher als Triftgewässer dienten oder von der Staatsregierung künftig als solche erklärt werden. Soweit nicht besondere Rechtsverhältnisse bestehen, ist die Trift nach Maßgabe der Triftordnung, regelmäßig gegen Entrichtung einer Gebühr, jedem gestattet. Die Ufereigentümer an Triftgewässern sind grundsätzlich verpflichtet, die Triftarbeiten ohne Entschädigung zu dulden; durch die Trift verursachte Beschädigungen sind durch die Ausübenden zu ersetzen; Art. 31—36 WassG.

Der Grundeigentümer muß leiden, daß das auf dem höher gelegenen Nachbargrundstück entspringende oder darauf sich natürlich (z. B. durch Regen) sammelnde Wasser auf sein Grundstück abfließt; er muß aber grundsätzlich, außer gegen Entschädigung, nur den Abfluß in der natürlichen Richtung und Stärke dulden; Art. 17, 161 WassG.

3. Instandhaltung: Alle nichtgeschlossenen Gewässer müssen kraft Gesetzes ordnungsmäßig instandgehalten werden; dazu gehört: Reinigung und Räumung des Flußschlauches, Freihaltung, Schutz und Unterhaltung der Ufer, ferner, soweit das Gemeinwohl es verlangt, die Ausführung und Unterhaltung von Regulierungen, Dammbauten und Wildbachverbauungen; Art. 74 ff. WassG. Die Instandhaltung obliegt:

a) bei den öffentlichen Gewässern grundsätzlich dem Staat; Uferschutz und -unterhaltung dem **Kreis**; Art. 91 ff. WassG.;

b) bei den Privatflüssen und Bächen, bei denen das Staatsministerium des Innern eine erhebliche Hochwassergefahr festgestellt hat, dem Kreis unter Beteiligung der Interessenten (c); Art. 97 ff.;

c) bei den sonstigen **Privatflüssen und Bächen** den Anliegern, Hinterliegern, den Besitzern von Triebwerken und andern Wasserbenützungsanlagen, den Besitzern von Brücken, Überfahrtsanstalten, Trifteinrichtungen, Wasserein- und -ausleitungen sowie dem Eigentümer des Flußbetts; bei Dammbauten nur den An- und Hinterliegern. Unter diese Verpflichteten ist der Aufwand nötigenfalls durch die Bezirksverwaltungsbehörde nach dem Maße der Nutzens der einzelnen Beteiligten aus der Instandhaltungsmaßnahme zu verteilen; Art. 100ff., 88, 89 WassG. Zur Instandhaltung können auch öffentliche Wassergenossenschaften gebildet werden; Art. 110 Ziff. 2 WassG. Wenn Genossenschaften nicht gebildet sind und die Beteiligten ihrer Verpflichtung nicht genügend nachkommen, kann die Gemeinde innerhalb der Gemeindemarkung die Arbeiten auf Kosten der Beteiligten ausführen; auf Anordnung der Staatsaufsichtsbehörde muß sie es; Art. 104 WassG.

Wenn Wege oder Eisenbahnen an Gewässern verlaufen, sind die zur Sicherung der Wege und Eisenbahnen nötigen Uferschutzvorkehrungen von den zur Unterhaltung der Wege und Eisenbahnen Verpflichteten herzustellen und zu unterhalten; Art. 84 WassG. Die Straßengräben, d. s. alle Gräben, die zur Instandhaltung des Weges erforderlich sind, sind nach den Vorschriften des öffentlichen Wegerechts vom Wegeunterhaltspflichtigen herzustellen und zu unterhalten. Waldungen an Gehängen von Wildbächen sind gewöhnlich Schutzwaldungen (Art. 35 Ziff. 3 FG.).

Geschlossene Gewässer müssen nach dem Wassergesetz (Art. 107) nur instandgehalten werden, soweit es das Gemeinwohl erfordert. Die gewöhnlichen Abzugsgräben aber sind (soweit nicht eine Genossenschaft zuständig ist) von den Interessenten stets ordnungsmäßig zu unterhalten, auch wenn sie zu den geschlossenen Gewässern zählen; nötigenfalls hat die Gemeinde auf Kosten der Pflichtigen einzutreten (Art. 29 Abs. V GemO.).

4. Zur Errichtung von Entwässerungsanlagen, nicht aber grundsätzlich zur Instandsetzung der einmal geschaffenen Anlagen, ist die Erlaubnis der Bezirksverwaltungsbehörde notwendig; Art. 19 WassG. Das zuständige Kulturbauamt stellt hier wie in den meisten anderen Wassersachen (soweit nicht die Straßen- und Flußbauämter oder die Sektionen für Wildbachverbauung zuständig sind, Ziff. 6) auf Ansuchen seinen fachmännischen Rat kostenlos zur Verfügung.

5. Zwangsrechte: Grundstücke, auch Waldgrundstücke, können, soweit nötig, enteignet oder mit Dienstbarkeiten, z. B. einem Rodungsverbot, oder Erbbaurechten belastet werden grundsätzlich für alle Maßnahmen an Gewässern, die im öffentlichen Interesse gelegen sind; das nähere ist bestimmt in Art. I des Zwangsabtretungsgesetzes und in Art. 153—165 WassG.; zwangsweise Eingriffe sind z. B. zulässig zur Ausführung genossenschaftlicher Bewässerungs- und Entwässerungsanlagen, genossenschaftlicher Trink- und Nutzwasserleitungen, notwendiger Flußregelungen; Grund- und Quellwasser kann enteignet werden, wenn es für öffentliche Zwecke z. B. für eine Gemeinde oder Ortschaft notwendig ist usw.

Zur Verhütung der Beschädigung von Uferschutz-, Regelungs- und Dammbauten sowie von Wildbachverbauungen können die Kreisregierungen oberpolizeiliche Vorschriften und die Bezirkspolizeibehörden einzelne Anordnungen erlassen; es kann z. B. bei Strafe das Abschneiden von Weiden an den Wasserbauten, das Bepflanzen mit Bäumen und Sträuchern, das Lagern von Holz verboten werden; die hochwassergefährdete Lagerung von Holz ist z. B. verboten durch die oberpolizeilichen Vorschriften der Regierungen von Oberbayern vom 16. 3. 1926 (MABl. S. 50), von Niederbayern vom 4. 9. 1930 (MABl. S. 59), von Oberfranken vom 28. 9. 1916 (KrABl. S. 133) und von Schwaben vom 17. 7. 1913 (KrABl. S. 103).

6. Zuständige Behörden:

a) Die **Wasserpolizei** steht in erster Instanz grundsätzlich den Bezirksverwaltungsbehörden (d. i. den Bezirksämtern und Stadträten unmittelbarer Städte) zu, in zweiter Instanz den Regierungen, K. d. J.; die oberste Aufsicht führt das Staatsministerium des Innern im Benehmen mit den etwa sonst beteiligten Ministerien. Die **technischen** äußeren Behörden sind die **Straßen- und Flußbauämter** (für die öffentlichen Flüsse und die meisten Privatflüsse und Bäche mit erheblicher Hochwassergefahr), die **Sektionen für Wildbachverbauungen** (für einige Privatflüsse und Bäche mit erheblicher Hochwassergefahr) und die **Kulturbauämter** (für die anderen Gewässer). Das Verhältnis der technischen Behörden zu den Wasserpolizeibehörden ist ähnlich wie das der Forstbehörden zu den Forstpolizeibehörden. Auch der Forstärar untersteht grundsätzlich der Wasserpolizei (vgl. VGH. Bd. 49 S. 25ff.).

b) Auch die **Forstbehörden** sind beim Vollzuge des Wassergesetzes mehrfach beteiligt und zwar:

α) das **Forstamt** z. B. bei Verlandungen an öffentlichen Gewässern mit forstnutzbarem Bestand (§ 27 VollzV. z. WassG.); bei Materialentnahme aus Flüssen, die zu dem der Forstverwaltung unterstehenden Staatsgut gehören (§§ 62, 64—66, 174 VollzV.); bei der Genehmigung zum Befahren von Seen, die der Staatsforstverwaltung unterstehen, durch Private (§§ 69, 72 VollzV.); bei der Erklärung als Triftgewässer (§ 76 VollzV.); bei der Benützung von Gewässern, die dem Forstärar gehören oder der ärarialischen Trift dienen (§ 108 VollzV.); bei der Uferbesichtigung der öffentlichen Flüsse, wenn der Forstärar Anlieger ist (§ 178 VollzV.);

β) die **Regierungsforstkammer** z. B. bei der Genehmigung zur Benutzung von Seen, die der Staatsforstverwaltung unterstehen, zum öffentlichen Verkehr (§ 71 VollzV.); bei der Erklärung von Grenzflüssen zu Triftgewässern (§ 76 VollzV.); u. U. bei der Benutzung der öffentlichen Flüsse und der Staatsprivatflüsse (§§ 109, 116, 122 VollzV.) und bei Bauten im Überschwemmungsgebiet (§ 213 VollzV.) und bei der Erlaubnis für die Errichtung von Brücken u. ä. (§§ 222, 223 VollzV.); beim Erlaß von Triftordnungen (§§ 77, 79 VollzV.).

7. S. auch Art. 93 Ziff. 1 u. 3 sowie Art. 94 Ziff. 1—3 mit Anm.

Beschädigung stehenden und gefällten Holzes.

Artikel 95. (94/95).

I Gleichfalls einer Geldstrafe[1] von *neunzig Pfennig bis fünfundvierzig Mark* unterliegen Beschädigungen[2] an grünem stehenden Holze durch An- oder Abhauen, Sägen, Schneiden oder Reißen, Abschälen, Ringeln, Anspänen, Anbohren, Abästen, Entgipfeln, Kienholzaushauen, Öffnen neuer oder Aufreißen und Erweitern alter Harzrisse, An- oder Abhauen von Wurzeln oder auf irgend eine andere Weise.

II Der Ersatz des Schadens[4] soll nach dem Werte der beschädigten Stangen oder Stämme[5] ausgesprochen werden, und zwar von dem vollen Betrage dieses Wertes bis zu dem zwanzigsten Teile herab, je nachdem die Stangen oder Stämme mehr oder weniger in ihrem Wachstume gestört oder ganz zu Grunde gerichtet wurden.

III Ist mit der Beschädigung eine Entwendung verbunden[6], so ist außerdem auf die durch die letztere verwirkte Strafe und auf den Ersatz des Wertes des entwendeten Gegenstandes zu erkennen.

IV Geschah die Beschädigung an Holzpflanzen in natürlichen Besamungen oder in künstlichen Ansaaten oder Pflanzungen unter zehn Jahren[7], so sind, außer der wegen dieser Beschädigung auszusprechenden Strafe von *neunzig Pfennig bis fünfundvierzig Mark*, die Bestimmungen des Art. 82 über den Ersatz des Schadens[8], und wenn mit der Beschädigung eine Entwendung verbunden ist, für diese auch in Ansehung der Strafe und des Werterſatzes anzuwenden.

V Wer aber solche junge Holzpflanzen oder anderes stehendes grünes oder gefälltes[9] Holz, um dieses für seine Bestimmung ganz oder teilweise untauglich zu machen[10], aus Mutwillen oder Bosheit[11] beschädigt, kann außer dem Schadenersatze[12] statt der Geldstrafe oder neben ihr mit Haft[13] bestraft werden.

Allg. VollzV. 1879.

§ 36.

I Die richtige Anwendung des Art. 95 ist von besonderer Bedeutung, teils weil dieselbe für Erhaltung der Waldungen und zum Schutze gegen Entästung und Verstümmelung, wodurch dieselben in einigen Gegenden besonders viel zu leiden hatten, wichtig ist, teils weil dieser Artikel empfindliche Schadenersatzleistungen und Strafen verhängt, welche notwendig dem Maße des Frevels genau entsprechen müssen.

II Wenn daher nach Art. 95 gegen solche Beschädigungsfrevel Anzeigen gemacht werden, so muß von dem Anzeiger der **Wert** der ganzen Stämme oder Stangen pflichtmäßig angegeben werden, und ebenso, ob die Entschädigung mit einem oder mehreren Zehnteilen[1]) oder mit dem ganzen Betrage des Geldwertes der Stämme oder Stangen veranschlagt werden müsse.

III Bei dieser Veranschlagung ist nach der ausdrücklichen Bestimmung des Gesetzes darauf Rücksicht zu nehmen, ob die Stämme in ihrem Wachstum mehr oder weniger gestört worden, oder ob sie ganz zugrunde gehen müssen.

IV Die k. Forstämter haben bei Fassung der Strafanträge die Schadenveranschlagungen der Forstschutzdiener einer besonderen Aufmerksamkeit zu unterstellen und erforderlichen Falles deren Berichtigung zu bewirken, überhaupt aber die sämtlichen Forstdiener wegen Veranschlagung von Schadenersatz bei Beschädigungsfreveln wohl zu instruieren.

V Wenn mit der Beschädigung zugleich auch eine Entwendung, z. B. an Astholz, an Kien usw. verbunden ist, so hat der Anzeiger auch noch den Materialbetrag dieser entwendeten Objekte anzugeben, damit in den Anträgen Strafe und Ersatz besonders berechnet werden können.

VI Glaubt der Anzeiger, daß die Beschädigung aus Mutwillen oder Bosheit geschehen, so sind die Gründe, welche ihn zu dieser Annahme veranlassen, genau anzugeben, ebenso auch die etwaigen Zeugen und das, wovon jeder Zeuge Kenntnis haben soll.

a) In Art. 95 ist zunächst die Beschädigung stehenden grünen Holzes mit Strafe bedroht. Abs. I und II enthalten den Regelfall; Abs. IV und V behandeln Sonderfälle: Die Beschädigung von (stehenden, grünen) Holzpflanzen (Abs. IV) und die mut- oder böswillige Beschädigung stehenden grünen Holzes oder solcher Holzpflanzen (Abs. V). Weiter ist noch der Fall geregelt, daß mit der Beschädigung eine Entwendung verbunden ist (für stehendes grünes Holz in Abs. III, für Holzpflanzen in Abs. IV).

b) Ferner ist mit Strafe bedroht die mut- oder böswillige Beschädigung gefällten Holzes in Zerstörungsabsicht (Abs. V).

Abs. I:

1. Geldstrafe: Der Strafrahmen beträgt jetzt 1 bis 150 Reichsmark; ausnahmsweise kann bis auf 50 Reichspfennige herabgegangen werden (Art. 61a).

2. Beschädigungen: Gleichgültig, ob vorsätzlich oder fahrlässig begangen; die Geringfügigkeit einer Beschädigung befreit nicht von Strafe; sie kann beim Strafausmaß berücksichtigt werden (OLGM. 15. 11. 1890, S. Bd. 6 S. 273). Jede Art von Beschädigung fällt unter die Bestimmung, gleichgültig, auf welche Weise sie herbeigeführt wurde; nicht bloß solche Beschädigungen gehören hieher, die unmittelbar von Menschenhand (mittels eines Werkzeuges) ausgeführt werden, sondern auch durch Tiere verübte, wenn nur ein Mensch die Beschädigung verursacht d. h. eine Bedingung für den Erfolg gesetzt hat und ihn ein Verschulden (Vorsatz oder Fahrlässigkeit) trifft (ObLG. Bd. 7 S. 94; deutlich wie hier ObLG. Bd. 17 S. 29). Die in Abs. I aufgezählten Werkzeuge und Beschädigungsarten sind nur Beispiele, die häufig vorkommen. Auch Beschädigung durch Feuer gehört hieher; einen Sonderfall enthält Art. 96 Abs. II (vgl. die dortige Anm. 3).

Wenn die Beschädigung Teilhandlung einer Entwendung ist, z. B. Aufreißen und Erweitern alter Harzrisse (vgl. Art. 87 Abs. II mit Anmerkung), s. unten Anm. 6. Wer einen Forstfrevel durch Entwendung versucht, aber nicht vollendet, kann, wenn er dabei grünes stehendes Holz beschädigt hat, zwar nicht wegen eines versuchten Forstfrevels durch Entwendung (weil der Versuch eines Forstfrevels nicht strafbar ist), wohl aber wegen eines vollendeten Forstfrevels nach Art. 95 bestraft werden. Beschädigungen stehenden grünen Holzes zum vorübergehenden Gebrauch — z. B. das Fällen von Stämmen zur vorübergehenden Benutzung im Walde — sind Beschädigungen nach Art. 95, nicht Forstfrevel durch Entwendung; Voraussetzung ist, daß aus dem Gebrauch kein Verbrauch oder sonst eine Aneignung wird (ObLG. Bd. 7 S. 94).

Die allgemeinen Vorschriften des StGB. über Sachbeschädigung (§§ 303ff.) können auch nicht subsidiär angewendet werden, weil anzunehmen ist, daß das Forstgesetz das Gebiet der unerlaubten Beschädigungen in fremden Wäldern erschöpfend regeln wollte und weil hierin das Landesrecht dem Reichsrecht vorgeht (EG.StGB. § 2; vgl. RGSt. Bd. 48 S. 212 und ObLG. 1. 10. 1908 RR. I 702/1908, BayZfR. 1908 S. 438).

3. Grünes stehendes Holz: Begriff s. Art. 79 Anm. 3. Die Beschädigung anderen Holzes ist nicht strafbar; nur die Beschädigung gefällten Holzes ist noch strafbar, sofern sie aus Mutwillen oder Bosheit geschieht, um es für seine Bestimmung ganz oder teilweise untauglich zu machen (Abs. V). Nicht strafbar ist also z. B. die (vorsätzliche oder fahrlässige) Beschädigung stehenden dürren Holzes und von selbst gefallenen grünen oder dürren Holzes. Auch Beschädigungen der Wurzeln eines grünen

---

[1]) Jetzt richtiger Zwanzigstel (Art. 95 Abs. II).

stehenden Baumes fallen, wie ausdrücklich in den gesetzlichen Beispielen aufgeführt, unter die Bestimmung. Eine strafbare Beschädigung (oder Aneignung) begeht ein Grundstückseigentümer nicht, der die vom angrenzenden fremden Walde eingedrungenen Wurzeln eines Baumes oder Strauches, die die Benutzung seines Grundstückes beeinträchtigen, abschneidet oder abhaut und behält; das gleiche gilt von herüberhängenden Zweigen, wenn der Grundstückseigentümer dem Besitzer des angrenzenden Waldgrundstücks eine angemessene Frist zur Beseitigung bestimmt hat und die Zweige nicht innerhalb der Frist beseitigt werden (§ 910 BGB.); eine Ausnahme von diesen beiden Sätzen besteht in gewissem Umfange bei Waldgrundstücken, die schon am 1. 1. 1900 mit Wald bestanden waren, bis zur nächsten Verjüngung: Art. 183 EG.BGB. mit Art. 9 ÜbergG. (vgl. „Wald und bürgerliches Recht" S. 41). In ObLG. Bd. 17 S. 27 wurde Fahrlässigkeit des Täters verneint in einem Falle, wo er in vermeintlicher Ausübung des Selbsthilferechts nach § 910 BGB. (also in der Annahme eines Rechtfertigungsgrundes) und in Unkenntnis der dieses einschränkenden Bestimmung des Art. 9 ÜbergG., von fremden Waldbäumen Äste abgeschnitten hat; es ist als unzulässige Überspannung der nach den Umständen des Falles gebotenen Sorgfalt bezeichnet, zu verlangen, daß der Täter noch besondere Erkundigungen über die Rechtslage hätte einziehen sollen; diese Entschuldigung darf aber nicht verallgemeinert werden. Daß die Beschädigung aus Rache verübt wurde, ist im vorliegenden Falle noch kein Beweis dafür, daß sie vorsätzlich begangen worden ist (ebenda). Es muß sich um grünes stehendes Holz in einem fremden Walde handeln.

Abs. II:

4. Schaden: Der Täter ist stets zu Schadenersatz, nie zu Werterersatz zu verurteilen. Der Schadenersatz berechnet sich nach dem Wert des ganzen beschädigten Baumes usw., und zwar nach dem Wert im Zeitpunkt des Frevels (ObLG. Bd. 28 S. 259); es ist aber nicht stets der volle Wert als Betrag des zu ersetzenden Schadens anzunehmen; der Forstrügerichter hat vielmehr einen Spielraum vom vollen Wert als Höchstbetrag bis zum 20. Teil des Wertes als Mindestbetrag (bis zur Gesetzesänderung im Jahre 1896 war Mindestbetrag der 10. Teil); der zuerkannte Betrag braucht nicht etwa auf Zwanzigstel zu lauten. Für die Entscheidung welcher Betrag innerhalb dieses Spielraumes anzusetzen ist, ist der Grad der Schädigung des Wachstums maßgebend; wenn der Baum usw. ganz zugrunde gerichtet d. h. seine Lebensfähigkeit ganz zerstört wurde, ist der volle Wert als Schaden anzusetzen. Der Wert ist nach den Wertbestimmungstabellen zu ermitteln, wenn diese nicht ausreichen, vom Forstamt zu schätzen (Art. 65); das Maß der Schädigung stellt das Gericht nach freier richterlicher Überzeugung, nötigenfalls mit Hilfe des forstamtlichen Gutachtens fest. Auch wenn noch nicht ausgewachsene Stämme beschädigt werden, darf trotzdem nur der Wert der Stämme im Zeitpunkt des Frevels der Berechnung nach Abs. II zugrunde gelegt werden; daß der Waldbesitzer dabei u. U. nicht voll entschädigt wird, kann nicht entgegenstehen; er hat die Möglichkeit, gemäß Art. 67 im Zivilrechtsweg auf den Mehrbetrag zu klagen; Art. 66 ist im Falle des Abs. II nicht anwendbar (ObLG. Bd. 28 S. 261).

In den Anzeigen ist der Wert der ganzen Stämme oder Stangen möglichst genau anzugeben, desgleichen, wie viel Zwanzigstel des Wertes nach dem Maß der Beschädigung als Entschädigung angemessen sind; die Forstämter haben die Angaben nachzuprüfen (§ 36 Allg. VollzB. 1879 Abs. I—IV). Besondere Schadenersatzbestimmungen enthalten die Abs. III und IV.

5. Stangen oder Stämme: Stangen und Stämme sind hier aufgeführt, weil ihre Beschädigung die häufigste ist; es fällt aber jedes stehende grüne „Holz" unter die Bestimmung; dies ergibt sich deutlich aus Abs. I, IV und V.

Abs. III:

6. Verbindung von Beschädigung und Entwendung: Abs. III bezieht sich sowohl auf den Fall, daß mit der Beschädigung eine Entwendung verbunden ist, wie auf den umgekehrten Fall, daß mit der Entwendung eine Beschädigung verbunden ist.

Unter einer Entwendung ist zu verstehen ein Forstfrevel durch Entwendung (Art. 79—87); es muß jeweils der allgemeine Tatbestand der Entwendung (s. vor Art. 79) und ein besonderer der Art. 79—87 gegeben sein (ObLG. Bd. 17 S. 27). Handelt es sich um einen Forstdiebstahl (Art. 81, 83 Abs. III), so ist der Fall des Art. 95 Abs. III nicht gegeben; es gelten dann die allgemeinen Regeln (§§ 73 ff. StGB.).

Eine Verbindung von Beschädigung und Entwendung oder von Entwendung und Beschädigung im Sinne des Abs. III ist in zwei Fällen gegeben:

a) Fall der Idealkonkurrenz: Mit der Beschädigung ist eine Entwendung im Sinne der Bestimmung einmal dann verbunden, wenn die Beschädigungshandlung zugleich Teilhandlung eines Forstfrevels durch Entwendung am gleichen Baume usw. ist; wenn also ein Forstfrevel begangen durch Beschädigung nach Art. 95 ideell konkurriert mit einem Forstfrevel begangen durch Entwendung (Art. 79ff.) am gleichen Baume. Weitere Voraussetzung ist, daß die Beschädigung, die zum Zwecke der Entwendung verübt wird, noch einen von den Folgen der Entwendung verschiedenen Nachteil in sich schließt (Ritzmann S. 131); eine Entwendung ist mit einer Beschädigung z. B. dann im Sinne des Abs. III verbunden, wenn jemand im fremden Walde unbefugt von einem stehenden grünen Baum einen Ast abhaut, um ihn sich anzueignen; das Abhauen ist eine Teilhandlung des Forstfrevels durch Entwendung, nämlich ein Teil der Besitzergreifung; durch die gleiche Handlung aber wird der Baum beschädigt; es ist also der Fall der Idealkonkurrenz nach § 73 StGB. gegeben zwischen einem Forstfrevel, begangen durch Beschädigung nach Art. 95 und einem Forstfrevel durch Entwendung nach Art. 79 FG. Das Abhauen hat außer dem Nachteil der Entwendung noch einen anderen für den stehengebliebenen Teil des Baumes zur Folge. Wenn zur Gewinnung von Rinde stehende grüne Bäume geschält werden, so ist die darin enthaltene Beschädigung und Entwendung mit der Strafe und dem Wert- und Schadenersatz des Art. 83 Abs. I abgegolten; ebenso im Falle des Art. 87 Abs. I (Pecheln); anders im Falle des Art. 87 Abs. II.

Wenn ein Baum zum Zwecke der Aneignung vollständig gefällt wird, so ist dies nur eine Entwendung nach Art. 79, da für den übrigbleibenden Teil des Baumes (den Stock) in der Fällung zum Zwecke der Entwendung keine Beschädigung enthalten ist.

Wenn das Abschneiden von Birkenreis von stehenden grünen Birken zum Zwecke der Aneignung auch einen Schaden für das Bäumchen mit sich bringt, so ist Abs. III anzuwenden; wenn ein solcher Schaden nicht gegeben ist, so ist nur Art. 79 anzuwenden.

Nicht gemeint ist der Fall, daß die Beschädigung eines Baumes mit der Entwendung an einem anderen Baum in Verbindung steht; z. B. wenn bei der Fällung eines Baumes in Aneignungsabsicht ein danebenstehender Baum beschädigt wird; dies ergibt sich aus dem Zwecke der Bestimmung, für einen Schaden nur einen einmaligen Schadenersatzanspruch zuzubilligen; im vorliegenden Falle ist aber mehr als ein Schaden entstanden; in diesem Falle ist vielmehr § 73 StGB. (Idealkonkurrenz) anzuwenden, d. h. die Geldstrafe ist nach der strengeren Bestimmung d. i. Art. 79 festzusetzen; Wert- und Schadenersatzbeträge, die sich nach Art. 79 und 95 ergeben, sind nebeneinander (kumulativ) auszusprechen.

b) Fall der Realkonkurrenz: Die Verbindung von Beschädigung und Entwendung oder von Entwendung und Beschädigung im Sinne des Abs. III wird auch anzunehmen sein, wenn beide Handlungen am gleichen Walderzeugnis zeitlich zusammenhängend in Realkonkurrenz begangen werden (vgl. Knoch S. 193ff.). Wer Birkenstämmchen entgipfelt oder umhaut, um leichter zu dem Reisig zu gelangen, das er sich dann widerrechtlich aneignet, ist nach Abs. III zu behandeln (vgl. OAG. 30. 12. 1871, S. Str. Bd. 1 S. 260). Die Verbindung des Abs. III ist dagegen nicht gegeben, wenn Beschädigung und Entwendung, sei es auch in einem gewissen zeitlichen und örtlichen Zusammenhang, an verschiedenen Walderzeugnissen begangen werden, wenn z. B. der Frevler bei der Abfuhr des rechtswidrig an sich genommenen Holzes das am Wege stehende grüne Holz beschädigt; hier sind der Beschädigungsfrevel und der Entwendungsfrevel je gesondert zu ahnden (s. a. a. E. und c).

c) Bedeutung des Abs. III:

α) Fall der Idealkonkurrenz: An sich steht die Entwendung eines Teiles eines stehenden grünen Baumes, der durch das Abhauen des Teiles beschädigt wird, mit dieser Beschädigung in Idealkonkurrenz. Nach dem hier anzuwendenden § 73 StGB. wäre für die Festsetzung der Strafe nur die strengere Strafbestimmung anzuwenden. Zum Schaden- und Werterstz des Art. 79 und zum Schadenersatz des Art. 95 wäre der Täter nebeneinander (kumulativ) zu verurteilen (RGStS. Bd. 53 S. 206). Letzteres widerspricht dem in der Natur der Sache liegenden Grundsatz, daß ein Schaden nur einmal vergütet zu werden braucht; daher bestimmt Art. 95 Abs. III, daß nur einmal Schadenersatz zu leisten (und zwar nach Art. 95 Abs. II) und der Wert des entwendeten Gegenstandes zu vergüten ist. Da aber eine Entwendung, die zugleich eine Beschädigung zur Folge hat, eine schwerere Ahndung verdient als eine einfache Entwendung, so bestimmt Abs. III, daß außer der Strafe für die Beschädigung dem Täter auch noch entgegen dem Grundsatz des § 73 StGB. die Strafe für die Entwendung aufzuerlegen ist. Abs. III hat also im Falle der Idealkonkurrenz eine Milderung der Schadenersatzbestimmungen, dagegen eine Verschärfung der Strafbestimmungen zur Folge.

β) Fall der Realkonkurrenz: Hier ist es ähnlich. Bei der Realkonkurrenz wären an sich für die Beschädigung und für die Entwendung Strafe, Wert- und Schadenersatz je gesondert auszusprechen; der Frevler hätte sie kumulativ zu tragen (§§ 74 ff. StGB.). Um eine Schadensvergütung über den entstandenen Schaden hinaus zu vermeiden, ist nach Abs. III die Verurteilung zum Schadenersatz wegen der Entwendung ausgeschlossen. Im Falle der Realkonkurrenz hat Abs. III nur eine Milderung, nämlich hinsichtlich der Schadenersatzbestimmungen, zur Folge.

γ) Verurteilung: Der Täter ist im Falle des Abs. III zu verurteilen und zwar bei Ideal- wie bei Realkonkurrenz: wegen der Beschädigung zu einer Geldstrafe von 1 bis 150 Reichsmark und zum Schadenersatz im Betrage von $^1/_{20}$ bis $^{20}/_{20}$ des Wertes des beschädigten Stammes, außerdem wegen der Entwendung zu einer Geldstrafe und zum Wertersatz nach den einschlägigen Bestimmungen der Art. 79—87.

d) Abs. IV enthält einen Sonderfall der Verbindung von Beschädigung und Entwendung.

Wenn mit der Beschädigung eine Entwendung verbunden ist, haben die Forstschutzdiener den Wert der entwendeten Gegenstände mit anzugeben (Allg. VollzV. § 36 Abs. V S. 379).

Abs. IV und V behandeln erschwerte Fälle der Beschädigung; Abs. IV regelt die Beschädigung von Holzpflanzen, Abs. V die bös- oder mutwillige Beschädigung.

7. Unter 10 Jahren: Bezieht sich auf die natürlichen Besamungen und die künstlichen Ansaaten und Pflanzungen. Die Besamungen, Ansaaten und Pflanzungen müssen unter 10 Jahren sein, nicht die beschädigte Pflanze (vgl. Anm. 1 zu Art. 82). Abgestorbene Holzpflanzen fallen nicht unter Abs. IV; die Holzpflanzen des Abs. IV sind nur eine Unterart des stehenden grünen Holzes in Abs. I.

8. Schaden: Zur Berechnung des Schadenersatzes ist also nicht Art. 95 Abs. II anzuwenden, sondern Art. 82, d. h. bei der Beschädigung von Pflanzen in natürlichen Besamungen unter 10 Jahren ist für jede beschädigte Pflanze ihr voller Wert ohne Rücksicht auf das Maß der Beschädigung, mindestens 1½ Reichspfennige für jede Pflanze als Schadenersatz festzusetzen; bei der Beschädigung von Pflanzen in künstlichen Ansaaten oder Pflanzungen unter 10 Jahren beträgt der Schadenersatz für jede beschädigte Pflanze das doppelte ihres vollen Wertes, mindestens 3 Reichspfennige für jede Pflanze. Diese strengeren Bestimmungen über Schadenersatz sind in der Gesetzesbegr. damit gerechtfertigt, daß junge Holzpflanzen der Beschädigung in höherem Maße ausgesetzt seien; ihre Beschädigung sei auch von nachteiligerer Wirkung.

Ist mit der Beschädigung der in Abs. IV bezeichneten Pflanzen eine Entwendung in Ansehung dieser Pflanzen verbunden, so ist der Täter zu verurteilen:

a) wegen der Beschädigung zu einer Geldstrafe von 1 bis 150 Reichsmark und zum Schadenersatz im Betrag von mindestens 1½ bzw. 3 Reichspfennigen für jede beschädigte Pflanze außerdem

b) wegen der Entwendung zum Wertersatz im Betrag von mindestens 1½ bzw. 3 Reichspfennigen für jede entwendete Pflanze sowie zu einer Geldstrafe in doppelter Höhe des gesamten Wertes.

Der Wert- und Schadenersatzberechnung sind die amtlichen Wertbestimmungstabellen, hilfsweise das Gutachten des Forstamts zugrunde zu legen (Art. 65).

Wenn die Beschädigung aus Mutwillen oder Bosheit geschah, s. Abs. V. An die Stelle des Strafrahmens von 90 Pfennig bis 45 Mark ist jetzt der Rahmen von 1 bis 150 Reichsmark getreten; ausnahmsweise beträgt der Mindestbetrag 50 Reichspfennige (Art. 61a).

Abs. V: Beschädigung aus Mutwillen oder Bosheit:

9. Gefälltes Holz: d. h. durch menschliches Zutun niedergelegtes (näheres Anm. 2 zu Art. 79); ob Brenn- oder Nutzholz, ist gleichgültig. Natürlich, z. B. infolge von Wind gefallenes Holz gehört nicht hierher; seine Beschädigung ist überhaupt nicht strafbar. Auch gefälltes dürres Holz ist in Abs. V getroffen. Ob das Holz schon zum Verkauf oder Verbrauch zugerichtet ist oder nicht, ist gleichgültig; das Gesetz unterscheidet nicht; anders in Art. 79, 81. Wollte das Gesetz auf die bös- oder mutwillige Beschädigung zugerichteten Holzes in Zerstörungsabsicht die Bestimmungen des allgemeinen Strafrechts über Sachbeschädigung (jetzt § 303 StGB.) angewendet wissen, so hätte diese Ausnahme entsprechend Art. 79—81 ausdrücklich bestimmt werden müssen (wie hier Schiedermair; a. A. Ganghofer und Schwaiger).

10. Um untauglich zu machen: Diese Bestimmung über die Absicht bezieht sich lediglich auf die Beschädigung gefällten Holzes, nicht auf die stehenden grünen Holzes oder von Holzpflanzen. Haftstrafe ist für die Beschädigung stehenden grünen Holzes (wozu auch die Holzpflanzen gehören) schon dann zulässig, wenn diese aus Mutwillen oder Bosheit geschah. Die Beschädigung gefällten

Holzes ist überhaupt nur strafbar, wenn sie mutwillig oder aus Bosheit geschah und zwar in der Absicht, das Holz für seine Bestimmung ganz oder teilweise untauglich zu machen; dieser Erfolg muß das Ziel der Beschädigung sein (vgl. Begr. 1846).

11. **Mutwillen, Bosheit**: Aus Bosheit beschädigt, wer das von ihm als unrecht Erkannte gerade zu dem Zweck will, dadurch zu schädigen, verbunden mit einer gewissen Genugtuung und Freude an dem schädigenden Erfolg der Handlung (vgl. RGKomm. Anm. 5 zu § 134 StGB.). Mutwillig bezeichnet eine besondere Art des Vorsatzes, die in der Mitte zwischen vorsätzlich und böswillig steht; der Täter muß an dem Erfolge seiner Handlung Freude haben; ein anderer Beweggrund, der die Handlung rechtfertigen oder entschuldigen könnte, darf nicht vorliegen (RG. DJZ. 30 S. 1042); das Bewußtsein der Rechtswidrigkeit ist nicht notwendig (RGKomm. Anm. zu § 366 Ziff. 3 StGB.). Inhalt der Anzeige bei Mutwillen oder Bosheit s. Abs. VI Allg. VollzV. 1879 § 36 (S. 379). Die Begr. 1846 stellt der Handlung aus Mutwillen oder Bosheit die Handlung aus Eigennutz oder Fahrlässigkeit gegenüber. Auch Handlung aus Rachsucht fällt unter Bosheit (ObLG. 1. 10. 1908, BayZfR. 1908 S. 438).

12. **Schadenersatz**: Dieser berechnet sich je nach dem Gegenstand der Beschädigung nach Abs. II oder IV. Beim gefällten Holz ist der wirklich entstandene Schaden anzusetzen; Berechnung Art. 65. Abs. V enthält außer der Strafdrohung für die Beschädigungen gefällten Holzes nur eine Besonderheit hinsichtlich der Strafe; alles übrige ist nach Abs. I—IV zu beurteilen, insbesondere auch der Fall, daß mit der Beschädigung eine Entwendung verbunden ist. Auf Schadenersatz muß stets erkannt werden.

13. **Haft**: Die Haftstrafe war bis zur Gesetzesänderung vom Jahre 1924 zwingend vorgeschrieben. Höchstdauer der Haftstrafe 6 Wochen, Mindestbetrag 1 Tag (§ 18 StGB.; vgl. Anm. 3 zu Art. 51 und Anm. 1 zu Art. 53).

Wald und Jagd.

1. **Befugnisse des Jagdpächters**: Für die Waldjagd gilt im rechtsrheinischen Bayern heutzutage grundsätzlich das gleiche Recht wie für die Feldjagd. Die Befugnisse des Jagdpächters im Walde sind, abgesehen von den gesetzlichen und verordnungsmäßigen Vorschriften, aus dem Pachtvertrag abzuleiten; soweit dieser keine Bestimmungen enthält, ist die in der Gegend hergebrachte Sitte maßgebend (§§ 157, 242 BGB.). Der Jagdpächter ist hienach befugt, mit seinen Hunden die Waldgrundstücke des Jagdbezirkes zu betreten und auf ihnen in der üblichen Weise die Jagd auszuüben; der Waldbesitzer muß dies auch gegenüber den Jagdbediensteten und Jagdgästen dulden. Der Jagdpächter ist grundsätzlich befugt, im Jagdbetrieb in den Waldungen Vorrichtungen anzubringen und Arbeiten vorzunehmen, wenn sie den Waldbesitzer nicht schädigen oder belästigen; dazu werden z. B. Hochsitze gehören, die nur an die Bäume angelehnt oder angebunden werden, ferner die Wildfütterung, die Aufstellung von Eisen; dagegen wird der Jagdpächter ohne besondere Erlaubnis des Waldbesitzers im allgemeinen z. B. nicht befugt sein, Hochstände an Bäume anzunageln, nach Füchsen zu graben (vgl. hiezu Art. 93 Ziff. 4 FG.), Kanzeln aufzustellen oder gar Jagdhütten zu erbauen. Der Jagdpächter hat die Waldungen wie die übrigen Grundstücke seines Jagdgebietes pfleglich zu behandeln. Den Waldbesitzer kann die Rücksicht auf die Jagd in der Bewirtschaftung und Benutzung seines Waldes nicht behindern. Der Pächter einer Waldjagd ist als solcher nicht Besitzer des Waldes im Sinne des Forstgesetzes.

2. **Forstpolizeiliche Schranken**: Der Jagdpächter ist in den Waldungen seines Jagdgebietes wie jedermann bei Strafe zur Beachtung der forstpolizeilichen Vorschriften verpflichtet (Art. 13 JagdG. mit § 11 VollzV.). Es ist ihm z. B. untersagt, künstliche Ansaaten und Pflanzungen unter sechs Jahren zu betreten (Art. 92 Ziff. 1 FG.); Zuwiderhandlung wäre Forstfrevel; aus dem Pachtvertrag kann die Befugnis zum Betreten nicht abgeleitet werden. Er ist an die Bestimmungen über Feuermachen gebunden (Art. 45, 96); er darf ohne Einwilligung des Waldbesitzers keine grünen Zweige abbrechen, auch nicht um Hochsitze u. dgl. zu errichten; er darf sich auch ohne Erlaubnis keine Walderzeugnisse aneignen; Verstöße hiegegen wären Forstfrevel (Art. 95, 79ff. FG.). Treibjagden dürfen in den Waldungen während der Monate April, Mai und Juni nicht abgehalten werden; für Schwarzwild kann die Bezirksverwaltungsbehörde eine Ausnahme gestatten oder anordnen (§ 12 der Jagdpolizeil. Vorschr.).

In den Pachtvertrag darf nichts aufgenommen werden, was mit dem Forstgesetz in Widerspruch steht (vgl. § 11 Ziff. 2 VollzBV. z. JagdG.).

Der Jagd- und Forstschutz kann in einer Person vereinigt werden; für den Jagd- und Forstschutzdienst werden Schutzgewehrscheine ausgestellt (Art. 15 JagdG.; näheres bei Art. 115 FG.). Der Jagdpächter kann im Pachtvertrag den Forstschutz übernehmen (Anm. 4 d zu Art. 115).

3. Schädigungen:

a) Durch den Jagdpächter: Der Jagdausübende hat dem Waldbesitzer jeden von ihm an kultivierten Waldgründen angerichteten Schaden zu ersetzen, auch wenn ihn kein Verschulden trifft (Art. 13 Abs. II JagdG.); der Schadenersatzanspruch auf Grund dieser Bestimmung ist vor den ordentlichen Gerichten zu verfolgen; trifft den Jagdausübenden ein Verschulden (Vorsatz oder Fahrlässigkeit), so kommen außerdem die Vorschriften des Forstgesetzes über Strafbarkeit, Wert- und Schadenersatz und das hiefür geltende besondere Verfahren in Betracht.

b) Durch das Wild: Werden Waldungen durch das Wild geschädigt, so hat der Waldbesitzer grundsätzlich Anspruch auf Ersatz des angerichteten Schadens. Das nähere bestimmt § 835 BGB. und das Bayer. Wildschadengesetz vom 15. Juni 1850 (GVBl. S. 185). Nur Schaden, der von jagdbarem Haarwild und von Fasanen zugefügt wird, rechnet zum gesetzlichen Wildschaden; Eichhörnchenverbiß ist kein gesetzlicher Wildschaden. Wenn die Jagd von der Gemeinde verpachtet wird, hat nach dem Gesetz die Gemeinde den Wildschaden zu ersetzen; die Gemeinde kann im Jagdpachtvertrag die Jagdpächter zur Übernahme des Wildschadens verpflichten. Der vom Wild in Baumschulen oder an einzeln stehenden jungen Bäumen — auch wenn sich die Baumschulen oder Bäume in Wäldern befinden — verursachte Schaden wird nicht vergütet, wenn die Herstellung von Schutzvorrichtungen unterblieben ist, die unter gewöhnlichen Umständen zur Abwendung des Schadens ausreichen (Art. 5 WildschG.). Der Anspruch auf Wildschaden ist binnen sechs Tagen, nachdem der Beschädigte von ihm Kenntnis erlangt hat, bei der Ortspolizeibehörde, in deren Bezirk der Schaden entstanden ist, anzumelden; sonst geht der Anspruch verloren; zur Wahrung der Frist genügt die Absendung der Anmeldung (Art. 8a WildschG.). Der Wildstand darf in keinem Jagdbezirk eine der Forstwirtschaft schädliche Ausdehnung gewinnen (§ 1 Abs. II der jagdpolizeil. Vorschr. vom 6. 6. 1909, GVBl. S. 409). Auf Antrag des zur Jagdausübung Berechtigten kann die Bezirksverwaltungsbehörde aus Rücksichten der Landeskultur, also auch der Forstwirtschaft, den Abschuß von Rehgeisen, Rehkitzen, Auer- und Birkhennen sowie von Rot- und Damwild während der Hegezeit gestatten (§ 4 a. a. O.). Wenn sich in einem Jagdbezirk ein der Forstwirtschaft nachteiliger übermäßiger Wildstand ergibt, ist der Jagdausübungsberechtigte auf Anordnung der Bezirksverwaltungsbehörde verpflichtet, den Wildstand in der Zeit und dem Umfange, wie es die Behörde vorschreibt, abzumindern; das gleiche gilt bei der Überhandnahme von Raubtieren und Eichhörnchen.

Wenn Vögel in Baumpflanzungen, Saatkämpen und Schonungen Schaden anrichten, kann die Bezirksverwaltungsbehörde den Eigentümern und den Nutzungsberechtigten der Grundstücke sowie ihren Beauftragten oder den öffentlichen Schutzbeamten (Forst- und Feldhütern u. dgl.), soweit es zur Abwendung des Schadens nötig ist, das Töten solcher Vögel mit Feuerwaffen innerhalb der betroffenen Örtlichkeiten jederzeit gestatten (§ 5 des Vogelschutzgesetzes vom 30. 5. 1908, RGBl. S. 317, mit VO. vom 19. 10. 1908, GVBl. S. 965).

Gefährdungen und Beschädigungen durch Feuer.

Artikel 96[1]. ($^{95}/_{96}$).

I[2] Mit einer Geldstrafe[4] von *neunzig Pfennig bis fünfundvierzig Mark* werden, neben dem Ersatze des etwa verursachten Schadens, diejenigen bestraft, welche den Bestimmungen des Art. 45 oder den darauf gestützten Anordnungen der Forstpolizeibehörde über das Anmachen oder Auslöschen von Feuer oder über das Verkohlen von Holz zuwiderhandeln.

II Ist das Feuer angemacht worden, um Bäume anzubrennen oder um unerlaubter Weise Holz, Laub oder anderes Streuwerk zur Gewinnung von Asche zu verbrennen, so kann der Frevler, außer dem Schadenersatze und außer dem Ersatze des Wertes bei unbefugter Zueignung, anstatt der Geldstrafe[4] oder neben ihr zu Haft verurteilt werden.

1. Geltungsbereich: Abs. I enthält die Strafvorschrift zu den feuerpolizeilichen Geboten des Art. 45, soferne die Zuwiderhandlung in einem fremden Walde begangen wird (Zuwiderhandlungen des Waldbesitzers im eigenen Walde sind Forstpolizeiübertretungen nach Art. 77 Abs. II). Abs. II regelt den Fall, daß jemand in einem fremden Wald ein Feuer entzündet (s. Anm. 2 zu Art. 45), um Bäume anzubrennen oder unerlaubterweise Asche zu brennen; Abs. II behandelt nicht einen erschwerten Fall des Abs. I, stellt vielmehr einen selbständigen strafbaren Tatbestand auf (vgl. Begr.).

2. Abs. I: Die Zuwiderhandlungen gegen die Vorschriften des Art. 45 sind nach Abs. I auch strafbar, wenn kein Schaden entstanden ist; Art. 45 ist forstpolizeilicher Natur und dient dem Schutze des Waldes vor Feuersgefahr; aus Art. 96 Abs. I ergibt sich aber, daß er auch anzuwenden ist, wenn die Zuwiderhandlung gegen die Vorschriften des Art. 45 Schäden für den Wald (auch solche nach Art. 95) zur Folge hatte; in diesem Falle ist Art. 95 durch Gesetzeskonkurrenz ausgeschlossen; Idealkonkurrenz kommt nicht in Frage, da der Gesetzgeber nicht, wie sich bei der Anwendung des § 73 StGB. ergäbe, für einen einfachen Schaden die Verpflichtung zum Ersatze des doppelten Schadens festgesetzt haben kann. Der Schaden ist nach Art. 65 zu berechnen. § 368 Ziff. 6 StGB., wonach strafbar ist, wer an gefährlichen Stellen in Wäldern oder Heiden oder in gefährlicher Nähe von Gebäuden oder feuerfangenden Sachen Feuer anzündet, dürfte durch Art. 96 wegen Gesetzeskonkurrenz ausgeschlossen sein. Entsteht aus vorsätzlicher oder fahrlässiger Handlung ein Waldbrand, so fällt die Tat unter §§ 308, 309 StGB.; Art. 95 und 96 sind durch Gesetzeskonkurrenz ausgeschlossen (Begr.) und werden auch im Falle des § 310 StGB. nicht anwendbar. Wird durch ein nicht mit der Absicht des Art. 96 Abs. II angemachtes Feuer eine Beschädigung nach Art. 95 verursacht, ohne daß gegen Art. 45 verstoßen wurde und ohne daß ein Waldbrand nach §§ 308, 309 StGB. vorliegt, so ist die Beschädigung nur nach Art. 95 strafbar; diese negativen Voraussetzungen werden aber selten gegeben sein. Mit den feuerpolizeilichen Vorschriften nach § 368 Ziff. 8 StGB. dürfte Art. 96 Abs. I und II je nach dem Inhalt der Vorschriften in Idealkonkurrenz treten können; die Verordnung zur Verhütung von Waldbränden vom 12. 2. 1914 (GVBl. S. 65) bezieht sich nicht auf das Anmachen und Auslöschen von Feuer und auf das Holzverkohlen wie Art. 96; Idealkonkurrenz ist daher nicht möglich (vgl. Anm. 3 zu Art. 45).

Wenn Arbeiter in einem fremden Wald gegen Art. 96 Abs. I verstoßen, kann u. U. außer den Arbeitern auch der Dienstherr wegen ungenügender Beaufsichtigung nach Abs. I bestraft werden (Nebentäterschaft).

3. Abs. II: Geltungsbereich s. Anm. 1. Abs. II ist, soferne seine sonstigen Voraussetzungen gegeben sind, anzuwenden, gleichgültig, ob die Entzündung und Unterhaltung des Feuers auch gegen Art. 45 verstößt oder nicht; die Erschwerung des ersteren Falles kann durch eine Erhöhung der Geldstrafe innerhalb des Strafrahmens abgegolten werden. Wenn die verlangte Absicht gegeben ist, ist der Frevel des Abs. II mit der Entzündung des Feuers vollendet; daß tatsächlich ein Baum angebrannt oder Asche bereitet wird, ist nicht nötig; andrerseits ist das tatsächliche Anbrennen der Bäume und die Aschebereitung nicht noch eigens strafbar; die verschieden schweren Folgen können im Strafmaß berücksichtigt werden; Art. 95 ist durch Gesetzeskonkurrenz ausgeschlossen. Entsteht ein Waldbrand, so beurteilt sich die Tat nur nach §§ 308, 309 StGB.; Art. 95, 96 sind dann durch Gesetzeskonkurrenz ausgeschlossen. Vgl. auch Art. 93 Ziff. 4 (Kohlenbrennen usw. außerhalb der angewiesenen Plätze).

Abs. II gilt nur für Handlungen in einem fremden Wald; eine entsprechende Vorschrift für Handlungen des Waldbesitzers im eigenen Walde fehlt; wenn der Waldbesitzer beim Aschenbrennen im eigenen Wald oder bei sonstiger Entzündung von Feuer gegen Art. 45 verstößt, ist er nach Art. 77 Abs. II strafbar; das Anbrennen der Bäume an sich ist ihm nicht untersagt. In Abs. II ist vorausgesetzt, daß das Feuer im Wald oder in seiner nächsten Nähe entzündet wird (Art. 49); wird das Holz usw. nach Hause gebracht, um es dort zu Asche zu brennen, so sind Art. 79ff. anzuwenden.

Unter den Bäumen sind nur stehende grüne oder dürre zu verstehen (vgl. Begr.); das Anbrennen des gefällten oder sonst zu Boden gekommenen Holzes kann je nach Sachlage und innerem Tatbestand nach Art. 96 Abs. II (Aschenbrennen), 95 Abs. V (mut- oder böswillige Beschädigung gefällten Holzes, um es untauglich zu machen), 79ff. (Verbrauch zum Zwecke der Erwärmung) strafbar oder auch straflos sein (vgl. Anm. 3, 9--11 zu Art. 95).

Unter dem Holz, das zu Asche gebrannt werden soll, ist jede Art von Holz zu verstehen, gleichgültig, ob stehend, liegend, gefällt, ob Bäume oder anderes Holz. Die unbefugte Aneignung bereits aufgearbeiteten usw. Holzes (Art. 81) und geschälter Rinde (Art. 83 Abs. III) wird jedoch als Diebstahl (§§ 242ff. StGB.) zu bestrafen sein, auch wenn sie zum Zwecke der Aschenbrennung im Walde geschieht. Zum Begriffe des Laubes und anderen Streuwerks s. Art. 85. Wer Feuer anmacht, um unbefugterweise Asche zu brennen, kann sich nach Abs. I schuldig machen.

Die unbefugte Aneignung des Holzes oder Streuwerks zur Aschenbereitung im Walde kann (anders als nach Art. 95 Abs. III) nicht noch eigens nach Art. 79ff. gestraft werden; bei unbefugter

Zueignung kommt zu den Folgen der sonstigen Handlungen des Abs. II nur noch der Ersatz des Wertes des entwendeten Holzes oder Streuwerks hinzu; anders bei Holz- und Rindendiebstahl (Art. 81 und 83 Abs. III, s. oben).

Der Täter ist also im Falle des Abs. II zu verurteilen:

a) ohne unbefugte Zueignung: zu einer Geldstrafe von 1 bis 150 Reichsmark oder zu Haft von 1 Tag bis 6 Wochen (§ 18 StGB.) oder zu beiden Strafen nebeneinander sowie zum Ersatze des verursachten Schadens;

b) bei unbefugter Zueignung: zu Strafe und Schadenersatz wie unter Buchst. a und außerdem zum Ersatze des Wertes des unbefugt zur Aschengewinnung verwendeten Holzes und Streuwerks.

Gemeint ist der volle entstandene Schaden und der volle Wert des unbefugt verwendeten Holzes oder Streuwerks; Berechnung nach Art. 65.

4. Geldstrafe: Die Geldstrafe beträgt im Falle des Abs. I und II jetzt 1 bis 150 Reichsmark; ausnahmsweise kann bis auf 50 Reichspfennige herabgegangen werden (Art. 61a).

5. Vgl. auch die Anm. zu Art. 45 und 77 Abs. II.

Verbotene Veräußerung von Berechtigungs- u. Vergünstigungsbezügen.

Artikel 97[1]. ($^{96}/_{97}$).

[I] Wer[2] Holz- oder sonstige Walderzeugnisse[3], in deren Besitz[4] er zu seinem Bedarfe[5] infolge[6] Berechtigung[7], Verteilung[8] oder Vergünstigung[9] gekommen ist, ohne Genehmigung[10] der Forstpolizeibehörde[11] veräußert[12], unterliegt einer Geldstrafe[13] von *fünfzig Pfennig* bis zum vollen Betrage des Wertes[14] der veräußerten Gegenstände.

[II15] Diese Bestimmung findet auf die in ein jährliches Maß umgewandelten Forstberechtigungen keine Anwendung.

Allg. VollzB. 1879.

§ 19.

(Art. 97—100.) [I] Bei der Anwendung der Artikel 97 bis 100, welche die Käufer oder Erwerber von Holz oder Forstprodukten bestraft wissen wollen, insoferne die rechtliche Überzeugung begründet wäre, daß dieselben bei der Erwerbung gewußt haben, diese Gegenstände seien mittels auf Bedarf beschränkter Berechtigung, Vergabung oder Vergünstigung oder mittels Frevels in den Besitz der Veräußerer gekommen, wird erfordert, daß von dem Anzeiger zunächst diejenigen Verhältnisse der Verkäufer ausdrücklich angegeben werden, welche dieselben als Berechtigte, Gabholzempfänger, Begünstigte oder Frevler bezeichnen, so wie die Umstände, aus welchen erhellt, daß die eine oder die andere dieser Eigenschaften dem Käufer bekannt sein mußte oder mit aller Wahrscheinlichkeit bekannt sein konnte, wie dies bei Mitgliedern aus den eigenen oder benachbarten Gemeinden bezüglich des Berechtigungs- und Gabholzes oder des Streuwerks der Fall ist, — insbesondere, wenn berüchtigte wohlbekannte Frevler mit dergleichen Material handeln.

[II] Nicht minder sind jene persönlichen Verhältnisse herauszuheben, welche die Beziehungen des Käufers zu dem Verkäufer klar machen und dartun, daß er denselben gekannt haben müsse, was bei Taglöhnern und deren Verwandten, bei Personen, die im Orte selbst ansässig sind, bei Verwandten oder sonst hinlänglich Bekannten aus anderen Ortschaften usw. angenommen werden kann.

[III] Endlich sind auch alle übrigen Umstände anzugeben, welche die vom Gesetze geforderte rechtliche Überzeugung gewähren oder verstärken konnten, wie dies der Fall ist, wenn Berechtigungs- oder Gabhölzer im Schlage oder im Wohnorte des Verkäufers von dem Käufer erworben werden, oder wenn andere Gründe bestehen, aus welchen der Käufer wissen konnte oder wissen mußte, woher die Forstprodukte zum Verkaufe gebracht wurden.

[IV] Ebenso sind die Zeugen namhaft zu machen, welche über die angegebenen Verhältnisse Auskunft geben können, und ist dabei zu bemerken, was einem Jeden derselben bekannt sein soll.

1. Geltungsbereich: Art. 97 Abs. I schreibt für die Veräußerung der zur Deckung des Bedarfs erlangten Berechtigungs- und Vergünstigungsbezüge unter Strafe forstpolizeiliche Genehmigung vor; Abs. II nimmt hievon die Bezüge auf Grund fixierter Forstberechtigungen aus. Art. 98 verbietet unter Strafe den Erwerb von Bezügen, deren Veräußerung gemäß Art. 97 Abs. I genehmigungspflichtig war, für die aber die Genehmigung nicht erholt wurde. Die Art. 97 und 98 enthalten die forstpolizeilichen Gebote und Verbote und die Strafdrohungen zugleich (vgl. S. 188 f. Ziff. 1).

Vgl. die in einem ähnlichen Verhältnis zueinander stehenden Art. 99 und 100. Wer die zu seinem Bedarf erlangten Walderzeugnisse veräußert, muß sich regelmäßig wieder Ersatz schaffen; darin liegt eine Gefährdung des gewährenden Waldbesitzers wie des Waldes überhaupt; deshalb ist das Verbot des Art. 97 erlassen (Begr.). Das verbotswidrige Handeln des Art. 97 besteht darin, daß das einer bestimmten Person zu einem bestimmten Bedarf gewährte Holz diesem seinem Zwecke entfremdet wird (ObLG. Bd. 17 S. 102). Die Bestimmungen der Art. 97 und 98 sind forstpolizeilicher Natur; Fahrlässigkeit genügt zur Bestrafung. Das etwa in der Verleihungsurkunde oder in einem sonstigen Rechtstitel eingeräumte, dem Art. 97 entgegenstehende freie Verfügungsrecht ist mit der Einführung des Forstgesetzes hinfällig geworden; daher braucht das Verfahren nach Art. 165 nicht durchgeführt werden (Art. 190; vgl. ObLG. Bd. 26 S. 3 f.). Art. 153 RV. steht nicht entgegen (ObLG. Bd. 26 S. 4). Eine Anweisung für die Anzeigeerstattung in den Fällen der Art. 97—100 enthält § 19 Allg. VollzV. 1879 (s. oben).

2. Wer: Täter kann jede natürliche Person sein, auch eine beamtete Person, die als Bestandteil der Besoldung z. B. Holz bezieht; diese Bezüge sind allerdings regelmäßig in ein festes jährliches Maß umgewandelt und fallen dann nicht unter das Veräußerungsverbot (Abs. II). Straffällig macht sich (außer dem Erwerber, Art. 98) nur derjenige, der das Holz usw. selbst kraft einer Berechtigung, Verteilung oder Vergünstigung erhalten hat, nicht jemand, der die Walderzeugnisse aus dritter Hand empfangen hat. Auch die Vertreter juristischer Personen können sich strafbar machen (OGHSt. Bd. 4 S. 94).

3. Walderzeugnisse: Darunter ist alles und nur das zu verstehen, was der Wald(boden) hervorbringt, z. B. Gras, Streu, Moos; entscheidend ist die Auffassung des Lebens; der Begriff Erzeugnisse ist derselbe wie in §§ 94, 98 BGB. Die Bestandteile des Waldbodens selbst (Steine u. ä., vgl. Art. 94 Ziff. 5) gehören daher nicht zu den Walderzeugnissen; so auch Begr. 1846 zum heutigen Art. 94 Ziff. 5; ähnlich wie hier Schiedermair; a. A. Ganghofer und Schwaiger unter Berufung auf die zu Art. 99 ergangenen Entscheidungen. Auch die GeschAnw. f. Forstämter vom 13. 10. 1925 (§§ 40 ff., 54) zählt die Bestandteile des Waldbodens zu den Forsterzeugnissen. Tiere sind keine Walderzeugnisse. Gemeint sind Holz und andere Walderzeugnisse aus einem fremden Walde (Art. 49). Ob die Erzeugnisse ohne menschliches Zutun oder hauptsächlich durch menschliche Arbeit entstanden sind, ist gleichgültig; desgleichen, ob sie im Wege ordnungsmäßiger Wirtschaft oder durch Raubbau gewonnen sind, ebenso, ob die Gewinnung der Bestimmung der Sache entspricht. Die Veräußerung der Forstberechtigung selbst fällt nicht unter Art. 97.

4. Besitz: Regelmäßig wird er auch das Eigentum an den Walderzeugnissen erworben haben, nicht bloß den Besitz. Hat er nur den Besitz erworben, so kann außer dem Forstfrevel nach Art. 97 noch eine weitere Straftat nach dem allgemeinen Strafrecht in Betracht kommen. Ein Streuberechtigter erwirbt den Besitz an der Rechtstreu mit der Anweisung der Streufläche durch den Waldbesitzer (ObLG. Bd. 28 S. 193; vgl. oben S. 140 f.).

5. Zu seinem Bedarf: d. h. zur Befriedigung seines Bedarfes (z. B. an Streu), zur eigenen Verwendung in natura in seinem Anwesen, Haushalt, Gewerbebetrieb usw. (ObLG. Bd. 11 S. 124; vgl. Anm. 2b α zu Art. 27). Das Holz, das der Berechtigte kraft seiner Berechtigung über seinen Bedarf erhalten hat, fällt nicht unter das Veräußerungsverbot des Art. 97 (ObLG. Bd. 26 S. 1; Bd. 2 S. 48; vgl. Entwurf 1846). Wenn die Menge der Walderzeugnisse hinter dem Bedarf zurückbleibt, so ändert sich deswegen an dem Veräußerungsverbot nichts. Unter Bedarf wird nur der wirtschaftliche, der sog. Naturalbedarf zu verstehen sein (so auch Ritzmann), nicht auch der rechtliche Bedarf, der darin besteht, daß jemand rechtlich verpflichtet ist, für jemand Holz usw. zu liefern; in ObLG. Bd. 21 S. 201 ist dies dahingestellt gelassen; es muß nach dem Gesetz ja der Bedarf des Täters sein. Wenn ein Stadtrat billiges Holz zur Deckung des Bedarfes der Stadtbewohner erhält und es anderweitig veräußert, so können die Mitglieder des Stadtrats deswegen nicht nach Art. 97 verurteilt werden, weil das Holz nicht zur Deckung des Bedarfes des Stadtrats oder der vom Stadtrat vertretenen Stadtgemeinde als Rechtspersönlichkeit abgegeben worden ist (ObLG. Bd. 21 S. 199). Wer Holz zur Deckung seines Bedarfs bezieht, es aber dann nicht benötigt, weil er z. B. mit Kohlen heizt, darf es nur mit forstpolizeilicher Genehmigung veräußern.

Unter das bedingte Veräußerungsverbot des Art. 97 Abs. I fallen nur die Bezüge der auf die Befriedigung des jeweiligen Bedarfs lautenden Berechtigungen, Vergünstigungen und Verteilungen, nicht dagegen die Bezüge der auf ein bestimmtes jährliches Maß lautenden Berechtigungen usw.;

lauteten diese schon bei der Begründung auf ein bestimmtes jährliches Maß, so handelt es sich von Anfang an um keine Bedarfsberechtigung im Sinne des Forstgesetzes (s. Anm. 2b zu Art. 27; vgl. Roth, Handbuch des Forstrechts S. 278; Dernburg, Preuß. Privatrecht 3. Aufl. Bd. I S. 748; bezweifelnd ObLGSt. Bd. 26 S. 9f.), Art. 97 kann auf sie daher überhaupt nicht angewendet werden; wurden sie später in ein bestimmtes jährliches Maß umgewandelt, so ist die Veräußerung auf Grund Abs. II genehmigungsfrei (vgl. Anm. 15a).

Vgl. auch Art. 4 Abs. II der VO. über die Abgabe und Verwertung der Forsterzeugnisse aus Staatswaldungen vom 19. 8. 1849 (RBl. S. 961), der bestimmt: „Ist das Brennholzrecht auf ein bestimmtes Quantum fixiert, so darf der Berechtigte, wo gesetzliche Bestimmungen nicht entgegentreten, frei über dieses Rechtholzquantum disponieren" (s. dazu ObLGSt. Bd. 26 S. 8f.).

6. Infolge: Nur wenn er durch Berechtigung, Verteilung oder Vergünstigung zu dem Holz usw. gekommen ist, unterliegt es dem Veräußerungsverbot.

7. Berechtigung: Gemeint sind nicht nur die dinglichen Forstberechtigungen nach Art. 23ff. — Art. 97 Abs. I spricht auch nicht von Forstberechtigungen, sondern von Berechtigungen —, sondern auch alle anderen rechtlichen Befugnisse des bürgerlichen und des öffentlichen Rechts, selbst solche obligatorischer Art, die einen Anspruch auf Deckung des Bedarfes gewähren; auch die öffentlich-rechtlichen Gemeindenutzungsrechte kommen in Betracht, obwohl deren Verhältnisse sonst nicht im Forstgesetz geregelt sind (vgl. ObLGSt. Bd. 26 S. 1ff. und Art. 39 pf. ForststrafG. sowie die Begr. 1846 und 1851). Wer zu seinem Bedarfe kraft einer Berechtigung Holz um eine niedrigere Taxe erhalten hat, unterliegt der Beschränkung des Art. 97 Abs. I. Aus welcher Art von Wäldern (Staats-, Gemeinde-, Privatwaldungen usw.) die Walderzeugnisse bezogen wurden, ist gleichgültig (ObLG. Bd. 26 S. 1).

8. Verteilung: Nach der Begr. ist hier zunächst an die Gemeinde- und Ortschaftswaldungen gedacht, an das sog. Gabholz; auch Körperschaftswaldungen können in Betracht kommen. Voraussetzung für die Anwendung des Artikels ist aber auch hier, daß die Verteilung nach dem Bedarf geschah.

9. Vergünstigung: Unterschied von Berechtigung s. S. 131f. Jede Art von Begünstigung gehört hieher (OLGM. 19. 5. 1881, S. Bd. 1 S. 375). Die Vergünstigung kann darin bestehen, daß jemand Holz geschenkt bekommt oder Erlaubnis erhält, Leseholz zu seinem Bedarf zu sammeln oder daß jemand für seinen Bedarf Holz zum Taxpreis (entweder für den Haushalt oder den Gewerbebetrieb, z. B. ortsansässige Handwerker, auch Bauholz für einen Hausbau) oder zu einem niedrigeren Preis erhält (vgl. OAG. 28. 1. 1854, Z. Bd. 1 S. 75). Auch in der Abgabeform kann eine hieher gehörende Vergünstigung liegen; wenn z. B. die Forstbehörde Holz in der Art öffentlich versteigert, daß ausschließlich solche Personen als Steigerer zugelassen werden, die das zu ersteigernde Holz selbst verarbeiten; die Frage des Preises gegenüber der Aufwurftaxe ist hiebei ohne Einfluß (OLGM. 19. 5. 1881, S. Bd. 1 S. 375). Eine Vergünstigung wird auch vorliegen, wenn bei einer Versteigerung zuerst die Einheimischen zur Deckung ihres Bedarfes zur Steigerung zugelassen werden. Aus welcher Art von Wald (Privat-, Staatswaldung usw.) das Holz kraft Vergünstigung bezogen worden ist, ist gleichgültig (vgl. ObLG. Bd. 26 S. 1). Daß ein Vertragsverhältnis besteht, schließt Vergünstigung nicht aus. Weitere Rechtsprechung: Wer in einem Gemeindewald zum Bezuge von Bau- oder Brennholz berechtigt ist und ausnahmsweise kraft Entgegenkommens der Gemeinde aus dem Walde wegen eines Notstandes zur Deckung seines Bedarfs Streu erhält, fällt hinsichtlich der Streu unter das Veräußerungsverbot des Art. 97 (OLGM. 18. 4. 1882, S. Bd. 2 S. 55). Als Holz, das im Sinne des Artikels durch Vergünstigung erlangt ist, kann auch gekauftes Holz gelten, wenn dem Käufer besondere Vorteile eingeräumt sind (ObLG. Bd. 17 S. 97: Abgabe um die jeweilige Forsttaxe ist eine Vergünstigung gegenüber anderen, die auf den regelmäßigen Weg des Erwerbes durch Ersteigerung angewiesen sind); auch Gewährung eines günstigeren Zahlungszieles, Gestattung der unentgeltlichen Benutzung der Triftbäche und -anstalten kann Vergünstigung sein (ebenda).

10. Genehmigung: d. h. ohne vorherige Genehmigung; nachträgliches Erlegen des Wertes befreit nicht (FME. vom 8. 9. 1862, Forstl. Mitt. Bd. 12 S. 126). Die Erteilung der Genehmigung steht im freien Ermessen der Forstpolizeibehörde; neben der gesetzlich vorgeschriebenen Anhörung des Forstamts (Art. 114) wird auch die Einvernahme des Waldbesitzers zweckmäßig sein, von dem die Walderzeugnisse stammen. Die Genehmigung ist gebührenpflichtig. Das Verfahren ist das reine Verwaltungsverfahren. Beschwerdeweg Art. 109, 112 Abs. II. Ein verwaltungsrechtlich verfolgbarer Anspruch auf Erteilung der Genehmigung besteht nicht.

11. Forstpolizeibehörde: Art. 109 Abs. I Ziff. 1. Die örtliche Zuständigkeit ist im Schrifttum strittig; zuständig wird die Forstpolizeibehörde des Wohnortes des Veräußerers sein, da die Ge-

nehmigung zunächst mit Rücksicht auf dessen Verhältnisse erteilt oder versagt wird (so auch Reinhard und Brater); liegt das forstberechtigte Anwesen in einem Bezirk einer anderen Forstpolizeibehörde, so wird diese zuständig sein.

Das Einverständnis des Waldbesitzers (von dem die Walderzeugnisse empfangen sind) mit der Veräußerung macht die Genehmigung der Forstpolizeibehörde zur Veräußerung nicht entbehrlich, da die Vorschrift des Art. 97 nicht nur zum Schutze des Waldbesitzers, sondern zum Schutze des Waldes überhaupt erlassen ist (vgl. Begr.). Einer anderen Auslegung würde auch der Wortlaut des Gesetzes entgegenstehen.

12. Veräußert:

a) Begriff: Veräußern heißt: einem andern das Eigentum übertragen (vgl. S. 225 Z. 6); gleichgültig ist, in welcher Weise und ob entgeltlich oder unentgeltlich z. B. durch Verkauf, Schenkung, Überlassung an Zahlungsstatt für Dienstleistungen u. a. (ObLG. Bd. 17 S. 102; Bd. 28 S. 196); vgl. auch die dem Veräußerer gegenüberstehenden Begriffe Käufer und sonstigen Erwerber in Art. 98. Der Begriff darf nach allgemeinen strafrechtlichen Grundsätzen nicht erweiternd ausgelegt werden; Verpfändung ist keine Veräußerung (RGZS. Bd. 84 S. 410 f. d. bürgerliche Recht; a. A. ObLG. Bd. 3 S. 241 zu Art. 39 Ziff. 1 und 3 pf. ForststrafG.; wie hier Schiedermair). Auch Leihe ist keine Veräußerung, es sei denn, daß es sich um ein Scheingeschäft handelt, das eine wirkliche Eigentumsübertragung verdecken soll; strafbar ist aber die Überlassung zur „Leihe", wenn nicht das gleiche Holz, sondern Holz in gleicher Art und Menge zurückgegeben werden soll, selbst wenn es in ähnlicher Weise erworben wird (weil hier Eigentumsübertragung gegeben ist, OAG. 6. 10. 1871, S. Str. Bd. 1 S. 191). Gleichgültig ist (bei der Veräußerung von Rechtstreu), ob der Forstberechtigte selbst die Streu abräumt, wegführt und dann veräußert, oder ob die Veräußerung schon vorher stattfindet und der Erwerber die Arbeiten vorzunehmen hat (ObLG. Bd. 28 S. 192). Eigentumsaufgabe (§ 959 BGB.), z. B. Wegwerfen des Holzes, ist keine Veräußerung.

Ob bei der Veräußerung ein Gewinn erzielt wurde oder nicht, ist ohne Bedeutung (OAG. 6. 10. 1871, S. Str. Bd. 1 S. 191 und OLGM. 1. 6. 1889, S. Bd. 5 S. 312).

Die Veräußerung muß vollendet sein (OGH. Bd. 6 S. 61, Stenglein Z. B. 1877 S. 12), d. h. es muß der dingliche Eigentumsübergang stattgefunden haben (s. aber unten c); der schuldrechtliche Vertrag allein genügt nicht zur Bestrafung; der Versuch des Frevels ist nicht strafbar.

Zum Veräußerungsbegriff vgl. auch Anm. 6 zu Art. 42 a, 2 zu 42 c u. 2 zu Art. 98.

Die Verjährung des Frevels nach Art. 97 beginnt mit der Vollendung der Veräußerung, nicht etwa mit dem Bezug des Rechtsholzes usw. Aus der Rechtsprechung:

Wenn eine Gemeinde das zu einem Brückenbau benötigte Holz von der Forstbehörde um die Taxe erhalten hat, der Gemeinderat aber nachträglich dieses Holz einem Anderen gegen Bezahlung des Taxpreises und gegen die Verpflichtung, das zum Brückenbau nötige Holz gegen einen bestimmten Preis selbst zu liefern, überläßt, ohne vorher die Genehmigung der Forstpolizeibehörde einzuholen, so machen sich die an der Beschlußfassung beteiligten Gemeinderatsmitglieder eines Forstfrevels nach Art. 97, der Käufer eines Forstfrevels nach Art. 98 schuldig (OAG. 20. 2. 1874, S. Str. Bd. 4 S. 94).

Daß die Veräußerung in einem fremden Walde geschah, ist für die Anwendung des Artikels nicht Voraussetzung; die nach Art. 49 geforderte Beziehung zu einem fremden Wald ist dann gegeben, wenn das Holz aus einem fremden Walde stammt (ObLG. Bd. 17 S. 101; vgl. oben Anm. 3).

Wenn Holz usw. kraft Vergünstigung an einen Gewerbebetrieb zur Deckung seines gewerblichen Bedarfs unter Einräumung eines Vorzugs zur Verarbeitung mit der Bestimmung abgegeben wird, daß es nach der Verarbeitung weiterveräußert wird (z. B. an eine Schreinerei, Wagnerei, auch an Sägewerke), dann fällt zwar die Weiterveräußerung des nicht verarbeiteten Holzes, nicht aber die Weiterveräußerung des verarbeiteten Holzes unter die Strafbestimmung des Art. 97 (OAG. 18. 7. 1873, S. Str. Bd. 3 S. 313). Verkauf von Dünger, der durch Berechtigungswaldstreu gewonnen, wurde fällt nicht unter Art. 97 (KassH. 3. 5. 1859).

Wenn ein Berechtigter das zu seinem Bedarf abgegebene Bauholz, ohne es zu veräußern, nicht innerhalb zweier Jahre nach der Abgabe, oder zu Zwecken verwendet, für die es nicht abgegeben war, so kann er deswegen nicht nach Art. 97 bestraft werden; er ist nur zum Werterfsatz verpflichtet (Art. 28 Abs. III und IV; anders im pfälz. Forststrafgesetz Art. 34 Ziff. 1).

b) Schuld: Der Forstfrevel des Art. 97 kann vorsätzlich oder fahrlässig begangen werden (ObLG. Bd. 17 S. 102; Bd. 28 S. 196). Fahrlässigkeit kann auch in einem auf Fahrlässigkeit beruhenden

Irrtum über das Vorliegen einer Vergünstigung usw. oder über die Veräußerungsbefugnis bestehen (OAG. 4. 1. 1877, S. Str. Bd. 7 S. 1; OLGM. 11. 7. 1889, S. Bd. 5 S. 365; ObLG. Bd. 17 S. 120). Fahrlässigkeit hat ObLG. Bd. 22 S. 138 in folgendem erblickt: Jemand hatte von der Regierung Holz zu einem kleinen Wohnungsbau vergünstigungsweise erhalten und es wieder veräußert, weil ihm der Käufer versicherte, der zuständige Regierungsreferent habe den Verkauf mündlich erlaubt; hier konnte und mußte (nach den Ausführungen des Urteils) der Angeklagte mit der Möglichkeit rechnen, daß die ihm von dem Käufer gemachte Mitteilung nicht der Wahrheit entspreche; pflichtgemäß hätte er sich erkundigen müssen.

c) Rechtswirksamkeit der Veräußerung: Auf die bürgerlichrechtliche Gültigkeit des Veräußerungsgeschäftes ist die Strafbestimmung des Art. 97 ohne Einfluß; Art. 97ff. stellen keine gesetzlichen Veräußerungsverbote nach §§ 134, 135 BGB. auf. In das zur Deckung des Bedarfs auf Grund einer Berechtigung usw. abgegebene Holz kann auch die Zwangsvollstreckung ausgeübt werden; der Waldbesitzer, der das Holz abgegeben hat, hat keinen Anspruch mehr auf das Holz (ME. vom 17. 2. 1866 Nr. 4838). Umgekehrt ist für die Anwendung der öffentlichrechtlichen Vorschrift des Art. 97 die bürgerlichrechtliche Wirksamkeit des Veräußerungsgeschäftes nicht unbedingt Voraussetzung; liegt tatsächlich und wirtschaftlich ein Veräußerungsvertrag vor, so ist Art. 97 anzuwenden, auch wenn das Veräußerungsgeschäft rechtsunwirksam oder nichtig ist (vgl. Anm. 2g β zu Art. 42a).

13. Geldstrafe: Der Mindestbetrag beträgt jetzt 1 Reichsmark, ausnahmsweise (Art. 61a) 50 Reichspfennige. Innerhalb des Strafrahmens hat der Richter die Strafe nach freier richterlicher Überzeugung festzusetzen; für die Höhe der Strafe wird insbesondere auch der Beweggrund der Veräußerung von Bedeutung sein. Zu Schaden- oder Werterſatz kann nicht verurteilt werden (Art. 63).

14. Wert: Unter den Gegenständen sind das Holz und die sonstigen Walderzeugnisse (Eingang des Art. 97) zu verstehen; dies ergibt sich deutlich aus dem Wortlaut des Art. 98 (OLGM. 27. 12. 1881, S. Bd. 1 S. 526). Der Wert ist auf Grund der amtlichen Wertbestimmungstabellen (Art. 65 Abs. I Ziff. 2) zu ermitteln, nicht etwa nach dem beim Verkauf erzielten Kaufpreis zu bemessen (OLGM. 18. 4. 1882, S. Bd. 2 S. 55). Maßgebend ist der Wert der Gegenstände im Zeitpunkt der Veräußerung nach den in diesem Zeitpunkt geltenden Wertbestimmungstabellen (Art. 65); für diese Annahme spricht der Wortlaut und Sinn des Gesetzes (ObLG. Bd. 20 S. 293). Eine Ausnahme besteht nur für Bauholz, da die Bestimmung des Art. 28 Abs. IV der Einheitlichkeit wegen wohl auch auf den Fall des Art. 97 angewendet werden muß; bei Bauholz ist anzusetzen der Wert im Zeitpunkt der Abgabe des Holzes und zu rechnen nach den in diesem Zeitpunkt geltenden Wertbestimmungstabellen (vgl. OLGM. 27. 12. 1881, S. Bd. 1 S. 526). Maßgebend ist der Zustand der Walderzeugnisse bei der Abgabe, nicht bei der Veräußerung; wenn z. B. Rundholz abgegeben wurde, das der Berechtigte in Bretter schneiden ließ, so ist der Wert des Rundholzes, nicht der der unbefugt veräußerten Bretter zugrunde zu legen. Es kommt auf den allgemeinen, objektiven, den Handelswert an, nicht auf den mit Rücksicht auf die persönlichen Verhältnisse des Empfängers besonderen höheren oder geringeren Wert. Auch auf den Zweck, zu dem die Walderzeugnisse abgegeben wurden, kommt es nicht unbedingt an; wenn z. B. Holz für Bauzwecke abgegeben wird und es so gut ist, daß es als Werkholz, z. B. zu Faßdauben, verwendet werden kann, so ist der Wertermittlung diese letztere Eignung zugrunde zu legen (OAG. 18. 1. 1861, Z. Bd. 8 S. 7).

15. Abs. II:

a) Geltungsbereich: Die Ausnahme des Abs. II gilt nur für Bezüge auf Grund einer Berechtigung, nicht auf Grund einer Verteilung oder Vergünstigung. Nach dem Wortlaut fallen unter Abs. II nur die Forstberechtigungen des bürgerlichen Rechts nach Art. 23ff.; nach dem Sinn der Bestimmung (vgl. Anm. 1) müssen unter Abs. II jedoch alle Berechtigungen (Anm. 7) gebracht werden, die auf ein jährliches bestimmtes Maß lauten; diese erweiternde Auslegung im Wege der entsprechenden Anwendung ist zulässig, da sie zugunsten des Täters wirkt; Abs. II kam erst auf Grund eines Beschlusses der Abgeordnetenkammer in das Gesetz (Abg. 1851 Beil. Bd. 3 S. 72; St. Bd. 2 S. 509); in der Pfalz fehlt eine entsprechende Bestimmung; auch der Rechtsgedanke des Abs. II kann dort nicht Anwendung finden (ObLGSt. Bd. 26 S. 7ff.).

An sich fallen unter Abs. II wohl nur die Berechtigungen (Anm. 7), die nachträglich nach Art. 27 auf Grund freier Übereinkunft oder auf andere Weise fixiert worden sind (vgl. ObLGSt. Bd. 17 S. 101; Bd. 26 S. 9; Bd. 28 S. 194); die Berechtigungen, die von Anfang an auf ein bestimmtes jährliches

Maß lauteten, fallen aber überhaupt nicht unter Art. 97, da sie keine Bedarfsberechtigungen sind (Anm. 5; vgl. Abg. 1851/52 Beil. Bd. 3 S. 54ff., 71).

Die Ausnahme des Abs. II gilt im Falle der Umwandlung nach Art. 27 nur für die nach Abs. III Ziff. 1, nicht für die nach Abs. III Ziff. 2 umgewandelten Rechte. Es muß sich ferner um jährlich wiederkehrende Bezüge handeln. Wenn mit Rücksicht auf die Nachhaltigkeit (vgl. Art. 25) das jährlich zustehende bestimmte Maß nicht voll gewährt wird, so ändert dies nichts am Wesen der Berechtigung; diese fällt nach wie vor unter Abs. II.

b) Unterscheidung der gemessenen Rechte von den ungemessenen: Ob es sich um Berechtigungen nach Bedarf oder um gemessene Rechte handelt, ist häufig nicht leicht festzustellen. In Zweifelsfällen wird von folgender Grundlage auszugehen sein: Die Forstrechte (nach Art. 23ff.) haben bei ihrer Entstehung, soweit nicht ausnahmsweise besondere Rechtstitel ein anderes bestimmen, regelmäßig auf den Bedarf des Berechtigten gelautet (ObLGSt. Bd. 26 S. 9). Wenn keine Änderung eingetreten ist, lauten sie heute noch auf den Bedarf. Im Zweifel wird man sich daher auf Grund der geschichtlichen Entwicklung der Forstberechtigungen für deren Bedarfsnatur zu entscheiden haben, wenn auch keine förmliche Rechtsvermutung dafür spricht. Vgl. auch Anm. 2 zu Art. 27.

Aus der Rechtsprechung:

α) Als fixierte Rechte nach Art. 97 Abs. II wurden folgende Berechtigungen angesehen: Eine Streuberechtigung, inhaltlich deren der Berechtigte die Streu von einer nach Tagwerken bestimmten, jährlich anzuweisenden Fläche zu beziehen hat, auch wenn wegen unzureichenden Waldbestandes in Wirklichkeit eine kleinere Fläche eingeräumt wird (OAG. 27. 3. 1858, Z. Bd. 5 S. 87). Ähnlich OLGM. 15. 10. 1891 (Bd. 6 S. 577) für eine gleichbemessene Streuberechtigung, deren Bezüge mit Rücksicht auf die Nachhaltigkeit von Jahr zu Jahr ermäßigt wurden. Ähnlich OLGM. 9. 4. 1892 (Bd. 7 S. 88); dort ist folgender Fall nach Art. 97 Abs. II beurteilt worden: Eine einer Mehrheit von Berechtigten zustehende Berechtigung war in ein jährliches Maß umgewandelt; die der Mehrheit insgesamt zugewiesene Streu wurde auf die einzelnen Berechtigten nach Maßgabe ihres Bedarfes verteilt; das Urteil nahm an, daß hier jeder einzelne seine Berechtigungsstreu frei veräußern dürfe. In ein bestimmtes jährliches Maß umgewandelte Forstberechtigungen (Abs. II) hat ObLG. Bd. 11 S. 124ff. auch in folgendem Falle angenommen: es war festgestellt, daß seit dem Jahr 1873 bis in die neueste Zeit den Streuberechtigten sämtlicher beteiligten Gemeinden jedes Jahr nur eine bestimmte, im ganzen, abgesehen von besonderen Ausnahmefällen, stets annähernd gleiche Anzahl von Tagwerken zum Streubezug angewiesen wurde, daß in dieser ganzen Zeit niemals Erhebungen über die Höhe des Bedarfs der einzelnen Berechtigten oder ihrer Gesamtheit stattgefunden hatten, vielmehr für die Verteilung der angewiesenen Flächen unter die Gemeinden neben der Zahl der Tagwerke des Grundbesitzes auch die Größe der Holzbezugsrechte, nicht aber ihr Bedarf an Streu maßgebend war und daß endlich für die Verteilung des Streubezugs an die Berechtigten innerhalb der einzelnen Ortschaften je gleiche Anteile ausgeschieden und durch das Los zugeteilt wurden, teilweise an Personen, die kein Vieh mehr hielten und daher keine Streu brauchten; demzufolge traf auf die einzelnen Gemeinden und auch auf die einzelnen Berechtigten seit 1873 immer ein annähernd gleiches Maß von Streu.

β) Nicht fixierte Rechte nach Bedarf (Art. 97 Abs. I): Dagegen hat ObLG. Bd. 28 S. 192 die Streurechte einer Nachbargemeinde (s. vor) unter Art. 97 Abs. I gerechnet; hier stand fest, daß den Anwesensbesitzern in der Zeit, in der sie kein Vieh hielten und daher keine Streu brauchten, das Streurecht gesperrt wurde; die für die Rechtlergenossenschaft zur Verfügung gestellte Gesamtfläche wurde jeweils durch einen Teilabzug, der sich nach den ruhenden Berechtigungen bemaß, verringert; im Protokoll über die Liquidation der Forstrechte von 1846 war vorgetragen „Rechtstreu nach Bedarf". Die Forstbehörden hatten schon früher wiederholt ohne Widerspruch der Rechtler das Bestehen fixierter Rechte als unrichtig bezeichnet. Die zur Streunutzung überwiesene Grundfläche schwankte nicht unerheblich in ihrem Umfang. Ein Rechtstitel über Fixierung lag nicht vor und wurde nicht behauptet. Der Eintrag im Grundbuch läßt nicht erkennen, ob es ein gemessenes oder ungemessenes Recht ist. Daß die der Rechtlergenossenschaft überwiesene Gesamtfläche unter die einzelnen Mitglieder nach der Größe des Holzbezugsrechtes, also nicht ausdrücklich nach dem Streubedarf verteilt zu werden pflegte, wurde unter den angegebenen Umständen für nicht wesentlich erachtet.

Nicht in ein bestimmtes jährliches Maß umgewandelt ist eine auf den Bedarf abgestellte Streuberechtigung, wenn der Streubezug mit Rücksicht auf die Nachhaltigkeit des Waldes herabgesetzt wurde und sich deshalb mehrere Jahre hindurch gleichbleibt; der Umstand, daß die Streu, deren Bezugsmenge herabgesetzt worden ist, nach der Viehzahl verteilt wird, ändert hierin nichts (OLGM. 11. 6. 1892, S. Bd. 7 S. 184).

Verbotener Erwerb von Berechtigungs- oder Vergünstigungsgut.

Artikel 98[1]. (97/98).

Die im vorhergehenden Artikel auf die Veräußerung gesetzten Strafen[2] treffen ebenso den Käufer oder sonstigen Erwerber[3] von Holz oder anderen Walderzeugnissen der bezeichneten Art[4], wenn aus den Umständen die Überzeugung begründet wird[5], der Käufer oder sonstige Erwerber habe bei der Erwerbung[6] gewußt[7], daß die Veräußerung jener Gegenstände nicht erlaubt[8] war.

1. **Geltungsbereich**: s. Anm. 1 zu Art. 97.

2. **Strafen**: Also eine Geldstrafe von 1 Reichsmark — ausnahmsweise (Art. 61a) 50 Reichspfennigen — bis zum vollen Betrage des Wertes (Anm. 14 zu Art. 97) der veräußerten Gegenstände. Zu Wert- und Schadenersatz kann der Frevler auf Grund des Forstgesetzes nicht verurteilt werden (Art. 63).

3. **Erwerber**: Unter Erwerb ist der rechtsgeschäftliche Erwerb des Eigentums oder einer eigentumsgleichen tatsächlichen Herrschaft zu verstehen (Anm. 12a und c zu Art. 97); der Begriff ist enger als der des Ansichbringens bei der Sachhehlerei des § 259 StGB. Der Erwerber muß die tatsächliche Verfügungsgewalt erlangt haben; der Abschluß eines schuldrechtlichen Vertrags genügt noch nicht. Gemeint sind nur diejenigen Käufer und sonstigen Erwerber, die unmittelbar von dem nach Art. 97 strafbaren Veräußerer erwerben, nicht Erwerber zweiter und dritter Hand (Schiedermair). Auch Holzhändler fallen unter die Strafbestimmung des Art. 98 (OLGM. 11. 7. 1888, S. Bd. 5 S. 143). Das Inpfandnehmen genügt nicht. Der Erwerb muß ein abgeleiteter (derivativer) sein; wer sich der Walderzeugnisse gegen den Willen des Berechtigten bemächtigt, ist nach den allgemeinen Bestimmungen zu bestrafen (wegen Diebstahls usw.). Entlehnen und in Verwahrung nehmen genügt nicht. Auch nicht Fund oder Aneignung aufgegebener (derelinquierter) Sachen (§ 959 BGB.). Wenn mehrere zusammen die Walderzeugnisse erwerben, ist jeder als Täter strafbar, sofern die sonstigen Voraussetzungen gegeben sind; die Höchststrafe ist, es sei denn, daß es sich um Nebentäterschaft handelt, für jeden nach dem Wert der sämtlichen Walderzeugnisse zu bestimmen (Art. 56 Abs. I). Auch die Annahme als Geschenk oder zu Tausch gehört hieher. Auf die zivilrechtliche Gültigkeit des Vertrags, der den Übergang des Eigentums vermitteln soll, kommt es nicht unbedingt an (Anm. 12c zu Art. 97). Wenn jemand für einen Dritten mit dessen Einverständnis oder nachträglicher Billigung erwirbt, so ist regelmäßig der Dritte der Täter, der andere Gehilfe (RGStS. Bd. 56 S. 335 zu § 259 StGB.; a. A. anscheinend OLGMStS. Bd. 9 S. 50); für die Bestrafung ist dies jedoch gleichgültig (Art. 56 Abs. I). Vollendet ist der Frevel nach Art. 98 mit der Vollendung des Erwerbs; der Erwerb braucht nicht in einem fremden Walde zu geschehen; vgl. Anm. 12a zu Art. 97.

4. **Der bezeichneten Art**: d. h. die Walderzeugnisse, in deren Besitz der Veräußerer zu seinem Bedarf infolge Berechtigung, Verteilung oder Vergünstigung gekommen ist.

5. **Überzeugung begründet wird**: Der Richter muß aus den Umständen auf Grund freier richterlicher Beurteilung die Überzeugung gewinnen, der Erwerber habe beim Erwerb gewußt, daß der Veräußerer die Walderzeugnisse zu seinem Bedarf infolge Berechtigung, Verteilung oder Vergünstigung erlangt hatte; es ist damit nichts anderes bestimmt, als was auch sonst rechtens ist, daß nämlich der Richter nur verurteilen darf, wenn er von der Schuld des Täters überzeugt ist; der Gesetzgeber wollte die Zulänglichkeit des Indizienbeweises, der im Falle des Art. 98 die Regel bildet, ausdrücklich aussprechen (Begr. 1846); welche Umstände hauptsächlich für die Bildung der Überzeugung in Frage kommen können, ist in § 19 Allg. VollzV. 1879 S. 387 ausgeführt.

6. **Bei der Erwerbung**: Der innere Tatbestand muß in dem Augenblick vorhanden gewesen sein, in dem der Erwerb sich vollendet hat.

7. **Gewußt**: Es ist also Vorsatz verlangt; wissen können (Fahrlässigkeit wie in Art. 100) genügt nicht zur Bestrafung; der Richter muß die Überzeugung gewinnen, daß der Täter das positive Bewußtsein gehabt hat; das Fehlen von Tatsachen, aus denen das Nichtwissen gefolgert werden könnte, reicht zur Bestrafung nicht aus (OAG. 4. 1. 1877, S. Str. Bd. 7 S. 1). Bedingter Vorsatz (dolus eventualis) genügt, d. h. es reicht zur Bestrafung, wenn der Erwerber es auch nur für möglich hält, daß die Veräußerung nicht erlaubt ist, in den Erwerb aber trotzdem einwilligt (ObLG. Bd. 24 S. 7).

8. **Nicht erlaubt:** Nicht erlaubt ist die Veräußerung der Gegenstände nach Art. 97 dann, wenn
a) der Veräußerer die aus einem fremden Walde stammenden Gegenstände zufolge einer Berechtigung, Verteilung oder Vergünstigung zu seinem Bedarf erhalten hat und
b) die Berechtigung, auf Grund deren die Gegenstände empfangen wurden, nicht in ein jährliches Maß umgewandelt war, und ferner
c) die forstpolizeiliche Genehmigung fehlte.

Der Täter muß alle diese Umstände gekannt (OLG. 4. 1. 1877, S. Str. Bd. 7 S. 1) oder für möglich gehalten und trotzdem in den Erwerb eingewilligt haben; vgl. auch Art. 39 Ziff. 3 des pf. ForststrafG. (die negative Voraussetzung b kommt nur in Betracht, wenn es sich um einen Empfang auf Grund einer Berechtigung — Anm. 7 zu Art. 97 — handelt). Da die Verurteilung nach Art. 98 an viele Voraussetzungen geknüpft ist, weist § 19 Allg. VollzB. 1879 (S. 387) an, die Anzeigen besonders genau und ausführlich aufzunehmen; sie müssen alle beweispflichtigen Angaben enthalten.

Veräußerung gefrevelter Walderzeugnisse.

Artikel 99[1]. (98/99).

I Wer Holz oder andere Walderzeugnisse[3], welche er durch Frevel erlangte[3], veräußert[4], unterliegt — unbeschadet[7] der Strafe, welche er durch den Frevel selbst verwirkte — einer Geldstrafe[8], welche dem doppelten Werte[9] der veräußerten Gegenstände gleich ist, und in keinem Falle[3] weniger als *eine Mark achtzig Pfennig* betragen darf.

II Hat der Frevler wegen des Frevels selbst in Anwendung des Art. 59 Ziff. 13 und des Art. 60 bereits früher[10] einen Strafzusatz erlitten, so soll[11] dieser Zusatz von der nach Abs. 1 des gegenwärtigen Artikels verwirkten Strafe in Abzug gebracht werden.

1. **Geltungsbereich:** Art. 99 Abs. I erklärt die Veräußerung gefrevelter Walderzeugnisse durch den Frevler zu einem selbständigen Forstfrevel; an der selbständigen Strafbarkeit des vorausgegangenen Frevels, mittels dessen die veräußerten Gegenstände erlangt worden sind, ändert sich nichts. Wurde der vorausgegangene Frevel in der Absicht verübt, die gefrevelten Walderzeugnisse in Natur oder verarbeitet ganz oder teilweise zu veräußern, so bildete diese Absicht einen Strafschärfungsgrund für den vorausgegangenen Frevel (Art. 59 Ziff. 13); veräußert der Frevler dann die gefrevelten Walderzeugnisse wirklich, so ist er hiewegen nach Art. 99 Abs. I zu strafen; von dieser Strafe ist aber der für die Veräußerungsabsicht beim vorausgegangenen Frevel erlittene Strafzusatz abzuziehen (Art. 99 Abs. II).

Art. 100 erhebt den Erwerb gefrevelter Walderzeugnisse, die Forsthehlerei, zu einem eigenen Forstfrevel. Art. 99 und 100 stehen zusammen in einem ähnlichen Verhältnis wie Art. 97 und 98.

Abs. I:

2. **Walderzeugnisse:** Begriff Anm. 3 zu Art. 97. Gleichgültig ist, ob die gefrevelten Walderzeugnisse verarbeitet (z. B. im Gewerbebetrieb) oder unverarbeitet veräußert werden, ob alle oder ob nur ein Teil veräußert wird (vgl. Art. 59 Ziff. 13); letzteres ist nur für das Strafmaß von Bedeutung.

3. **Durch Frevel erlangt:** d. h. die von ihm als Täter des Frevels oder, wenn der Erwerb für ihn bestimmt war, auch als Teilnehmer in seine tatsächliche Verfügungsgewalt, in seinen Besitz gebrachten Walderzeugnisse. Wer Walderzeugnisse erwirbt und weiterveräußert, die von einem anderen ohne seine Teilnahme gefrevelt sind, kann sich nach Art. 99 nur strafbar machen, wenn er mit dem Frevler bei der Veräußerung zusammenwirkt (Art. 56); unter Umständen kann er auch als Forsthehler nach Art. 100 in Frage kommen. Nach Art. 99 wird auch derjenige bestraft, der in Kenntnis des ohne seine Mitwirkung begangenen Frevels gemeinsam mit dem Frevler die Veräußerung ausführt oder hiezu anstiftet oder Beihilfe leistet (ObLG. Bd. 20 S. 293).

Ob der Veräußerer wegen des ersten Frevels abgeurteilt worden ist oder nicht, ist gleichgültig. Verjährung des ersten Frevels ist ohne Bedeutung. Die Walderzeugnisse müssen durch Frevel erlangt worden sein, d. h. der Frevel muß das Mittel zu ihrer Besitzergreifung gewesen sein; in erster Linie kommen die Entwendungsfrevel (Art. 79—87) in Betracht; ferner z. B. nach der Rechtsprechung des Obersten Landesgerichts Art. 94 Ziff. 5; nicht dagegen sind solche Walderzeugnisse durch Frevel erlangt, deren Aneignung erlaubt war, bei deren Gewinnung aber z. B. ein Ordnungsfrevel nach Art. 90 oder 91 begangen wurde.

Zu Wert- und Schadenersatz kann im Falle des Art. 99 im Forstrügeprozeß nicht verurteilt werden (ObLG. Bd. 1 S. 145; Anm. 1a zu Art. 63).

Der Veräußerer wird nicht auch noch wegen Teilnahme an dem Frevel des Erwerbers (Art. 100) bestraft werden können; wohl aber können Dritte an der Forsthehlerei des Art. 100 in strafbarer Weise (Art. 56) teilnehmen, z. B. durch Anstiftung oder Beihilfe.

4. Veräußert: s. Art. 97 Anm. 12a und c. Hieher gehört insbesondere auch die unentgeltliche Veräußerung. Veräußerung an einen Teilnehmer des ersten Frevels fällt nicht unter den Artikel; dies ergibt sich aus dem Zweck des Gesetzes (OAG. 12. 6. 1868, StengleinZ. 1868 S. 409; S. w. E. Bd. 2 S. 265); nur die Veräußerung an Dritte ist gemeint. Wenn Kinder ohne Teilnahme der Eltern freveln und die gefrevelten Erzeugnisse zur Verwendung im gemeinschaftlichen Haushalt nach Hause bringen, ist regelmäßig hierin keine Veräußerung zu erblicken; die Eltern können sich unter Umständen nach Art. 100 strafbar machen (vgl. auch Anm. 2d zu Art. 50, 7 a. E. zu Art. 56 u. 4 zu Art. 100). Bestrafung ist nur bei vollendeter Veräußerung möglich; der Versuch bleibt straflos.

5. Schuld: Auch im Falle des Art. 99 ist Schuld (Vorsatz oder Fahrlässigkeit) Voraussetzung für die Bestrafung; der Veräußerer muß auch die Tatumstände kennen, die den ersten Frevel als solchen begründet haben; fahrlässiges Nichtkennen genügt. Daß schon bei Begehung des ersten Frevels die Absicht der Weiterveräußerung bestanden hat, ist nicht erforderlich; es genügt, wenn die Veräußerung nach der Entwendung beschlossen wurde (ObLG. Bd. 1 S. 145, 148; Bd. 20 S. 295).

6. Ort der Begehung: Daß die Veräußerung in einem fremden Walde geschah, ist nicht Voraussetzung für die Bestrafung; die nach Art. 49 vorgeschriebene Beziehung zu einem fremden Walde ist dadurch gegeben, daß die Walderzeugnisse von einem Forstfrevel herrühren, also aus einem fremden Walde stammen müssen. Der Forstfrevel nach Art. 99 kann auch durch das Zusammenwirken mehrerer Personen nach Art. 56 verübt werden (ObLG. Bd. 20 S. 293).

7. Unbeschadet: Die Strafe des Art. 99 ist lediglich auf die Veräußerung gesetzt; diese ist zum selbständigen Forstfrevel erklärt. Der Erlangungsfrevel und der Veräußerungsfrevel können auch gleichzeitig abgeurteilt werden; sie stehen dann in Realkonkurrenz (ObLG. I 429/1929 vom 3. 7. 1929). S. auch Anm. 10.

8. Geldstrafe: Zu Schaden- und Werterſatz kann der Veräußerer nicht verurteilt werden (Art. 63). Die Mindeststrafe beträgt jetzt 1 Reichsmark, ausnahmsweise (Art. 61a) 50 Reichspfennige.

9. Wert: Der Wert ist zu bestimmen wie bei Art. 97 (Anm. 14; OLM. 24. 9. 1884, S. Bd. 3 S. 208). Maßgebend für die Wertbestimmung ist der Zeitpunkt der Veräußerung (ObLG. Bd. 20 S. 293).

Abs. II:

10. Früher: Wenn der Erlangungsfrevel und der Veräußerungsfrevel gleichzeitig abgeurteilt werden, so erfordert die vernünftige Anwendung des Gesetzes, daß bei der Bestrafung des ersten Frevels der Strafschärfungsgrund des Art. 59 Ziff. 13, Art. 60 überhaupt nicht in Ansatz gebracht wird (OLGM. 24. 9. 84, S. Bd. 3 S. 208).

11. Soll: d. h. muß; die Nichtbeachtung ist Revisionsgrund.

12. Vollzugsanweisung: Die Frevler, die die gefrevelten Walderzeugnisse weiterveräußern, sind besonders gefährlich; Allg. VollzV. 1879 § 33 (S. 273) schreibt daher vor, auf diese Frevler besonders zu achten und die Umstände, die die Absicht der Weiterveräußerung vermuten lassen (Art. 59 Ziff. 13), in den Forstrügeverzeichnissen genau aufzuführen; s. auch Allg. VollzV. 1879 § 19 S. 387.

Forsthehlerei.

Artikel 100[1]. (99/100).

Der Käufer oder sonstige Erwerber[2] solcher Walderzeugnisse, von welchen er wußte oder nach Beschaffenheit der Umstände wissen konnte[3], daß sie durch Frevel erlangt[4] wurden, wird mit einer dem doppelten Werte[5] jener Gegenstände gleichen Geldstrafe[6] belegt, welche in keinem Falle weniger als *eine Mark achtzig Pfennig* betragen darf.

1. Geltungsbereich: Art. 100 verbietet unter Strafe den Erwerb gefrevelter Walderzeugnisse d. i. die Forsthehlerei. S. auch Anm. 1 zu Art. 99. Für Gegenstände, die durch Forstpolizeiübertretungen erlangt wurden, fehlt eine dem Art. 100 entsprechende Bestimmung; § 259 StGB. ist nicht anwendbar. Der äußere und innere Tatbestand der Forsthehlerei ist verschieden von der Sachhehlerei des § 259 StGB. (s. Anm. 3 und 4).

2. Erwerber: s. Art. 98 Anm. 3. Wer im ersten Rechtszug wegen Forstfrevels durch Entwendung verurteilt wurde, kann im zweiten u. U. wegen Forstfrevels nach Art. 100 verurteilt werden, wenn es sich nur um die gleiche Tat handelt (vgl. OAG. 27. 4. 1866, Z. Bd. 13 S. 201). Auf die Rechtswirksamkeit des Eigentumserwerbs kann es im Falle des Art. 100 um so weniger ankommen, als ein wirklicher Eigentumserwerb selbst bei Gutgläubigkeit des Erwerbers regelmäßig nicht möglich sein wird (§ 935 BGB.; vgl. Anm. 12c zu Art. 97). ObLG. RR. I Nr. 48/1930 sagt: „Der Tatbestand des Art. 100 setzt zwar keinen zivilrechtlich gültigen Übertragungsakt, jedoch einen vom Frevler abgeleiteten Erwerb voraus und wird durch einen eigenmächtigen Erwerbsakt des Täters nicht erfüllt. Systematisch schließt sich Art. 100 an Art. 85 des bayer. Strafgesetzb. von 1813 an; wie § 259 RStGB. hat er die Aufrechterhaltung der vom Vortäter geschaffenen rechtswidrigen Vermögenslage zum Gegenstand. Wenn ein Waldbesitzer die von einem Anderen in einem fremden Walde gefrevelten und in seinem (des erstgenannten Waldbesitzers) Walde niedergelegten Gegenstände eigenmächtig an sich nimmt, so begeht er keine Forsthehlerei nach Art. 100, sondern Unterschlagung nach § 246 RStGB."

3. Wußte oder wissen konnte: Der Frevel nach Art. 100 kann also vorsätzlich oder fahrlässig begangen werden; dies entspricht der im Forstgesetz geltenden Regel. Dadurch unterscheidet sich die Forsthehlerei wesentlich von der Sachhehlerei des § 259 StGB., die Vorsatz verlangt. Das Verhältnis der beiden Bestimmungen ist klargestellt in ObLG. Bd. 14 S. 153: „Der Erwerber gefrevelter Walderzeugnisse wird nicht nur bei vorsätzlicher Begehung, sondern auch gestraft, wenn er bei pflichtmäßiger und verständiger Würdigung der Umstände hätte zu der Erkenntnis kommen können, daß die erworbenen Walderzeugnisse durch Forstfrevel erlangt sein könnten, diese pflichtmäßige Würdigung aber unterlassen hat. Der gesetzliche Tatbestand des Art. 100 unterscheidet sich wesentlich von dem des § 259 StGB. Das Tatbestandsmerkmal des § 259 StGB. ist nur gegeben, wenn sich der Täter der Überzeugung, die sich aus den ihm bekannten Umständen aufdrängt, absichtlich verschließt, obwohl er sich infolge der zwingenden Beweiskraft der Umstände der Möglichkeit des strafbaren Erwerbs der Sache bewußt worden ist, nicht auch dann, wenn der Täter zwar bei der gebotenen Würdigung der obwaltenden Umstände zu der Überzeugung hätte kommen müssen, daß die Sache durch eine strafbare Handlung erlangt sein könnte, wenn er es aber aus Fahrlässigkeit unterlassen hat, die ihm bekannt gewordenen Tatsachen pflichtgemäß zu prüfen. Die Hehlerei kann somit nur vorsätzlich begangen werden. Zur Verurteilung wegen Forsthehlerei genügt jedoch die vorbezeichnete Fahrlässigkeit; denn der Art. 100 macht jedem Käufer von Walderzeugnissen Vorsicht zur Pflicht und erklärt den für strafbar, der bei gehöriger Achtsamkeit aus der Beschaffenheit der Umstände die widerrechtliche Zueignung des Veräußerers folgern kann." Die Fahrlässigkeit des Käufers kann auch darin bestehen, daß er aus Fahrlässigkeit zu prüfen unterlassen hat, ob es sich nicht um gefrevelte Walderzeugnisse handelt (ObLG. Bd. 14 S. 153; ähnlich ObLG. Bd. 24 S. 6). Unter Umständen kann die Fahrlässigkeit darin erblickt werden, daß jemand Walderzeugnisse, für die ein Ursprungszeugnis (Art. 106) vorgeschrieben ist, erwirbt, ohne sich um das Zeugnis zu kümmern; es kommt auf die Lage des Falles an; eine Rechtspflicht, sich das Ursprungszeugnis vorlegen zu lassen, besteht nicht (vgl. ObLG. RR. I 628/29 vom 8. 10. 1929).

4. Durch Frevel erlangt: Es muß der objektive und subjektive Tatbestand eines Forstfrevels im Sinne der Anm. 3 zu Art. 99 gegeben sein. Persönliche Strafausschließungsgründe ändern nichts daran, daß die Walderzeugnisse durch einen Forstfrevel erlangt sind, wenn sonst dessen Tatbestand erfüllt ist; es genügt daher auch ein von einem Kinde unter 14 Jahren oder einem ohne Unterscheidungsvermögen handelnden Jugendlichen begangener Forstfrevel als Vortat (§ 4 JugGG.); wenn also strafunmündige Kinder ohne Zutun des Vaters gefrevelt haben und der Vater im Einverständnis der Kinder die gefrevelten Walderzeugnisse an sich nimmt, so begeht er Forsthehlerei nach Art. 100; die Kinder selbst können wegen ihrer Strafunmündigkeit nicht wegen der Veräußerung nach Art. 99 bestraft werden (vgl. Anm. 4 zu Art. 99). Die FME. vom 3. 9. 1873 Nr. 10847 weist die Regierungen, Kammern der Forsten, an, dafür zu sorgen, daß bei Kinderfreveln die in § 19 Allg. VollzV. 1879 angeführten Angaben, die zur Bestrafung der Forsthehlerei nach Art. 100 führen können, sorgfältig erhoben und in die Forstrügeverzeichnisse eingetragen werden. Auch Verjährung des vorausgegangenen Frevels schließt Forsthehlerei nach Art. 100 nicht aus. Daß der unmittelbare Vormann des Erwerbers den Frevel begangen hat, ist nicht Voraussetzung; dieser kann gutgläubig und straflos sein; es genügt, wenn ihn ein Vormann durch Frevel erlangt hat. Die gefrevelten Walderzeugnisse und die erworbenen müssen dieselben sein; wenn der Frevler die gefrevelten Walderzeugnisse so verarbeitet, daß er nach bürgerlichem Recht daran Eigentum erwirbt, so ist der Ankauf der verarbeiteten Walderzeugnisse keine Forsthehlerei; aber nicht jede Verarbeitung schafft Eigentum; es muß eine nach der Verkehrsauffassung neue bewegliche Sache hergestellt worden sein und der Wert der Verarbeitung darf nicht erheblich unter dem Wert der verarbeiteten Walderzeugnisse liegen (BGB. § 950). Erwerb von Miteigentum seitens des Vortäters (Frevlers) durch Verbindung oder Vermischung (BGB. §§ 947, 948) wird die Möglichkeit der Forsthehlerei an den Walderzeugnissen nicht ausschließen (vgl. RGSt. Bd. 29 S. 155). Der Teilnehmer an der Vortat kann grundsätzlich Forsthehlerei an den gefrevelten Walderzeugnissen begehen, es sei denn, daß die gefrevelten Walderzeugnisse von Anfang an für ihn mitbestimmt waren; die Rechtsprechung zu § 259 StGB. kann zu dieser Frage weitgehend verwendet werden; zu beachten ist aber, daß im Gegensatz zum allgemeinen Strafrecht die Veräußerung des gefrevelten Gutes durch den Frevler ein selbständiges Delikt, keine straflose Nachtat ist.

5. **Wert:** Die Berechnung ist die gleiche wie in Art. 99 Anm. 9 und Art. 97 Anm. 14. Begriff Walderzeugnisse s. Anm. 3 zu Art. 97.

6. **Geldstrafe:** Zu Schaden- und Werterſatz kann im Forstrügeprozeß nicht verurteilt werden (Art. 63). Die Mindeststrafe beträgt jetzt regelmäßig 1 Reichsmark, ausnahmsweise (Art. 61a) 50 Reichspfennige.

7. **Vollzugsanweisung:** Allg. VollzV. 1879 § 19 (S. 387) gibt eine ausführliche Anleitung, wie bei der Anzeige zu verfahren ist, um Forsthehler überführen zu können.

Rückfälle u. Gewohnheitsfrevel.

Artikel 101[1].

I Auf erhöhte Strafe[2] ist zu erkennen, wenn jemand wegen Forstfrevels[3] rechtskräftig zu einer Strafe verurteilt[4] worden ist und innerhalb eines Jahres[5] seit der Verurteilung[6] abermals einen Forstfrevel begeht. Zu diesem Zwecke kann[7] die Geldstrafe[8], soweit sie in dem Mehrfachen, dem Einfachen oder dem Bruchteil eines bestimmten Betrages besteht[9], bis zu ihrem dreifachen Betrag erhöht werden. Art. 60 Abs. 2 gilt auch für diese Fälle.

II Statt[10] der Geldstrafe oder neben ihr kann auf Haft[11] erkannt werden[12], wenn jemand im Laufe eines Jahres[13] dreimal[14] rechtskräftig auf Grund der Art. 79[15], 83, 85, 87, des Art. 59 Ziff. 13 oder des Art. 99 verurteilt worden ist und sich binnen Jahresfrist[16] vom Tage der letzten Verurteilung an abermals nach einer dieser Vorschriften[17] strafbar macht[18].

III Statt[20] der Haft kann auf Gefängnisstrafe[21] bis zu sechs Monaten erkannt werden, wenn jemand auf Grund des Abs. 2 bereits dreimal[22] rechtskräftig zu Haftstrafe verurteilt worden ist und binnen Jahresfrist[23] vom Tage der letzten dieser Verurteilungen an sich abermals gegen die im Abs. 2 bezeichneten Vorschriften[24] verfehlt[25].

Allg. VollzV. 1879.

§ 20.

(Art. 101.) Die Forstämter haben bei der Antragstellung auf die unter Artikel 101 zu subsumierenden Frevel entsprechende Rücksicht zu nehmen und deshalb mit Beachtung der Bestimmung im letzten Absatz des Art. 163 ihre Vormerkungen in Ordnung zu halten.

1. **Allgemeines:** Art. 101, der den dritten Unterabschnitt des Abschnittes Forstfrevel bildet, enthält jetzt die gesamten Rückfallsbestimmungen des Forstgesetzes. Bis zum Jahre 1923 waren die Rückfallsbestimmungen enthalten in Art. 59 Ziff. 12 und den Art. 101—105; die neuen Bestimmungen sind erheblich einfacher und übersichtlicher. Abs. I behandelt den einfachen Rückfall (früher Art. 59 Ziff. 12 mit Art. 60), Abs. II den erschwerten Rückfall, den es nur bei zwei bestimmten Frevelgruppen gibt (früher Art. 101—103, ausgezeichnete Rückfälle genannt), Abs. III die Gewohnheitsfrevel (früher Art. 104, 105); die früheren Bestimmungen sind durchwegs auch sachlich geändert. Die jetzigen Bestimmungen sind teils milder, teils strenger als die aufgehobenen (ObLG. Bd. 26 S. 129).

Besondere Rückfallsbestimmungen enthält das Forstgesetz nur für die Forstfrevel, nicht für die Forstpolizeiübertretungen; bei diesen kann die Rückfälligkeit nur im Strafmaß innerhalb des allgemeinen Strafrahmens berücksichtigt werden.

Die Rückfälle des Art. 101 (einschließlich der Gewohnheitsfrevel) sind ihrer rechtlichen Natur nach Strafschärfungsgründe und zwar die einfachen Rückfälle allgemeine, d. h. für alle Frevel geltende, die erschwerten Rückfälle und die Gewohnheitsfrevel (Abs. II und III) liegen in der Mitte zwischen allgemeinen und besonderen, da sie nur für bestimmte Arten von Freveln gelten. Kollektivdelikte wie die früheren ausgezeichneten Rückfälle und Gewohnheitsfrevel sind sie seit der Änderung der Fassung des Gesetzes nicht mehr.

Vgl. ObLG. Bd. 26 S. 129 und BayZfR. 1927 S. 204ff. Die MB. vom 1. 5. 1924 (GVBl. S. 164) über die Feststellung des Rückfalls gilt für Forstrügesachen nicht. Die den Rückfall (Gewohnheitsfrevel) begründenden Tatumstände müssen im Urteile selbst, mindestens im Urteil der ersten Instanz festgestellt werden (vgl. ObLG. Bd. 25 S. 169).

Abs. I (einfacher Rückfall):

2. Erhöhte Strafe: Der einfache Rückfall ist kein allgemeiner Strafschärfungsgrund nach Art. 59, 60 mehr, sondern ein selbständiger allgemeiner Strafschärfungsgrund. Die Bestimmungen über die Geldstrafe sind bei allen drei Rückfallsarten (Abs. I, II und III) dieselben. Ist für den einfachen Frevel eine bestimmte Geldstrafe angedroht, so muß diese Strafe beim Rückfall (und zwar beim einfachen und erschwerten Rückfall und beim Gewohnheitsfrevel) um mindestens einen Reichspfennig erhöht werden; dasselbe gilt von der Mindestgeldstrafe, wenn ein Strafrahmen festgesetzt ist. Die obere Grenze der Geldstrafe bei Rückfall wird, wenn ein Strafrahmen festgesetzt ist, durch die Höchststrafe des Strafrahmens bestimmt (Art. 60 Abs. II), sonst beträgt sie das Dreifache des gewöhnlichen Betrages. Die Haftstrafe muß jeweils um mindestens einen Tag erhöht werden; ihre Höchstdauer beträgt in allen Fällen des Art. 101 sechs Wochen.

Bei Rückfall kann nur die Strafe erhöht werden, nicht der W e r t - u n d S c h a d e n e r s a t z.

Bei der Bestrafung nach Art. 101 ist zunächst die Strafe ohne Rücksicht auf die Bestimmungen des Art. 101 zu ermitteln und sodann nach diesen Bestimmungen zu erhöhen; der Erhöhung nach Art. 101 ist also z. B. die nach Art. 60 bereits erhöhte Strafe zugrunde zu legen, wenn Strafschärfungsgründe nach Art. 59 vorliegen; die Höchststrafe beträgt aber in diesem Fall nur das Dreifache der einfachen, nicht der nach Art. 60 bereits erhöhten Strafe (ObLG. Bd. 26 S. 129); vgl. Anm. 7. Art. 61a ist bei Rückfall grundsätzlich nicht anwendbar.

3. Forstfrevel: Also wegen einer Verfehlung gegen einen oder mehrere der Art. 79—100, wenn auch nur in Idealkonkurrenz oder wegen einer Teilnahme (Art. 56) am Frevel. Bei den Forstpolizeiübertretungen gibt es keinen Rückfall; auch nicht bei den Verfehlungen nach § 361 Ziff. 9 StGB.; diese Übertretung kann weder selbst im Rückfalle begangen werden, noch kann sie bei einem nachfolgenden Forstfrevel Rückfall begründen; Wiederholungen der Übertretung können im Strafmaß berücksichtigt werden. Auch die Verurteilung wegen Forstfrevels durch das Gericht eines anderen deutschen Landes auf Grund eines außerbayerischen Forststrafgesetzes genügt; auch die Verurteilung auf Grund des pfälzischen Forststrafgesetzes; vgl. Art. 49 Abs. IV.

4. Zu Strafe verurteilt: Ob die Strafe verbüßt oder entrichtet ist, ist ohne Bedeutung; auch Erlaß der Strafe ist unerheblich. Ein rechtskräftiger Strafbefehl steht einem Urteil gleich. Verurteilung zur Zivilverantwortlichkeit (Art. 69) genügt nicht.

5. Jahres: Die Frist berechnet sich nach §§ 187 Abs. I, 188 Abs. II, 186 BGB. Der Tag der Verurteilung wird nicht mitgerechnet.

6. Seit der Verurteilung: Maßgebend ist der Tag der Urteilsverkündung oder der Tag der Zustellung des Strafbefehls (s. Anm. 2 zu Art. 146). Wenn ein Rückfall in Frage steht, haben die Forstrügegerichte stets den Tag der letzten Verurteilung, die die Rückfallsstrafe begründet, anzuführen (JustME. 2. 6. 1860, Z. Bd. 7 S. 171; Weber Bd. 5 S. 180).

Die Verurteilung kann auch in einem Urteil der höheren Instanzen enthalten sein. Hiezu sagt ObLG. Bd. 9 S. 112: „Als ein Urteil, von dessen Erlassung an die Jahresfristen der Art. 101 Abs. I—III zu laufen beginnen, kann auch ein zweitinstanzielles z. B. dann in Betracht kommen, wenn durch dieses unter Aufhebung der erstrichterlichen freisprechenden Entscheidung eine Verurteilung ausgesprochen wird und dieses zweitinstanzielle Urteil die Rechtskraft erlangt. Dagegen kann nicht in Betracht kommen ein Urteil des zweiten Rechtszugs, durch das die Berufung des Angeklagten gegen eine verurteilende erstrichterliche Entscheidung verworfen wird; denn dieses Urteil des Berufungsgerichts enthält keine Verurteilung, sondern lediglich eine Billigung der in erster Instanz bereits erfolgten Verurteilung des Angeklagten." Im letzteren Fall läuft auch bei vergeblich eingelegter Revision die Jahresfrist vom erstinstanziellen Urteil an. Wird das erstinstanzielle Urteil in der höheren Instanz aufgehoben und die Sache zurückverwiesen, so läuft die Jahresfrist von dem nunmehr zu erlassenden neuen Urteil an (so RG. Bd. 33 S. 231 und Bd. 53 S. 145 zu § 79 StGB.).

Wenn der neue Frevel begangen wird, noch ehe die Verurteilung wegen des ersten Frevels rechtskräftig ist, liegt kein Rückfall vor (OLGM. 29. 10. 1896, S. Bd. 9 S. 152); wegen des ersten Frevels war Strafbefehl am 17. Januar erlassen und am 11. Februar zugestellt worden; rechtskräftig wurde er am 18. Februar; der neuerliche Frevel war am 4. Februar begangen. Die erste Verurteilung muß rechtskräftig geworden sein; die Jahresfrist wird dann aber nicht nach dem Zeitpunkt der Rechtskraft, sondern der Verurteilung berechnet (vgl. OLGM. 29. 10. 1896, S. Bd. 9 S. 152 und ObLG. Bd. 9 S. 111); manchmal freilich wird Rechtskraft und Verurteilung zeitlich zusammenfallen. Gleichartigkeit des neuen Frevels mit dem früheren ist nicht Voraussetzung. Auch bei wiederholten Rückfällen ist nach Abs. I zu verfahren; neuerliche Rückfälle können in den Grenzen des Abs. I im Strafmaß berücksichtigt werden; unter gewissen Voraussetzungen ist bei bestimmten Freveln bei wiederholten Rückfällen auch Haft und Gefängnisstrafe möglich (Abs. II). Auch die Teilnahme (Art. 56) an einem Forstfrevel gehört hieher; es genügt, wenn die Teilnahmehandlung noch in die Jahresfrist fällt; die Haupttat kann auch später liegen.

7. Kann: Erhöht werden muß sie; sie kann bis zum Dreifachen erhöht werden d. h. dem Dreifachen der in den einschlägigen Artikeln (79ff.) angedrohten Strafen; liegt auch ein Strafschärfungsgrund nach Art. 59 vor, so ist die Höchststrafe nach Art. 101 das Dreifache der einfachen (Grund-)strafe nicht der nach Art. 60 bereits erhöhten Strafe (ObLG. Bd. 26 S. 129); s. aber Anm. 2.

8. Geldstrafe: Die Haftstrafe kann bis zur gesetzlichen Höchstdauer d. i. sechs Wochen verlängert werden.

9. Soweit sie in dem Mehrfachen: In dem Mehrfachen, Einfachen oder dem Bruchteil eines bestimmten Betrages besteht die Geldstrafe bei allen Freveln durch Entwendung (Art. 79, 80, 82, 83 Abs. I und II, 84—86, 87 Abs. I) und den Weidefreveln (Art. 88, 89), ferner in Art. 99 und 100. Die Wendung „dem Mehrfachen, Einfachen usw." ist aus § 27 Abs. II StGB. übernommen. Bei den Weidefreveln nach Art. 88 Abs. II, III und V betragen die Höchststrafen 67,50 und 135 und 10,80 Reichsmark (vgl. ObLG. Bd. 26 S. 133).

Geldstrafen, die nicht im Mehrfachen, Einfachen oder im Bruchteil eines bestimmten Betrages bestehen, sind angedroht in den Art. 90—98; diese Artikel stellen Strafrahmen auf; die Geldstrafe ist innerhalb dieses Rahmens zu erhöhen; die obere Grenze des einzelnen Strafrahmens darf auch beim Rückfalle nicht überschritten werden (Art. 60 Abs. II; vgl. ObLG. Bd. 26 S. 133).

Abs. II (erschwerter Rückfall): Abs. II behandelt den erschwerten Rückfall. Ihn gibt es nur bei zwei Gruppen von Freveln, den Entwendungsfreveln nach Art. 79, 83 Abs. I und II, 85 und 87 und den Veräußerungsfreveln nach Art. 99 und 59 Ziff. 13. Die Strafdrohung ist die gleiche wie in Abs. I, nur ist Haftstrafe möglich, allein statt oder neben der Geldstrafe nach Abs. I.

10. Statt: Im Falle des Abs. II ist möglich Verurteilung zur Geldstrafe allein oder zur Haftstrafe allein oder zu beiden Strafen zusammen (kumulativ). Die Entscheidung steht im freien richterlichen Ermessen. Wenn Geldstrafe festgesetzt wird, allein oder neben der Haftstrafe, ist sie in der in Abs. I bestimmten Höhe festzusetzen.

11. Haft: Mindestdauer 1 Tag, Höchstdauer 6 Wochen (§ 18 StGB.; oben S. 259 Z. 3).

12. Erkannt werden: Im Urteil muß zum Nachweise der gesetzlichen Voraussetzungen genau angegeben werden, unter welche Artikel vom Gericht die vorausgegangenen Frevel gebracht werden (OAG. 9. 6. 1877, S. Str. Bd. 7 S. 229). Eine lediglich der Mitteilung des Forstamts entnommene frühere Verurteilung, worüber gerichtliche Aktenstücke nicht aufzufinden sind, kann nicht berücksichtigt werden (S. w. E. Bd. 3 S. 468, StengleinZ. Bd. 9 S. 147).

13. Im Laufe eines Jahres: Die Jahresfrist berechnet sich nach §§ 187 Abs. II, 188 Abs. II, 186 BGB.; sie beginnt also mit dem Tag (einschließlich), in dessen Laufe die erste Verurteilung der ersten Instanz stattfand (nicht das Urteil rechtskräftig geworden ist), und endigt mit dem Ablaufe desjenigen Tages des letzten Monats, der dem Tage vorhergeht, der durch seine Zahl dem Anfangstag der Frist entspricht; entsprechend Abs. I (s. Anm. 6) müssen nur die drei Verurteilungen in die Jahresfrist fallen; es braucht nicht auch die Rechtskraft innerhalb dieser Frist eingetreten zu sein. Wenn also jemand am 30. April das erstemal verurteilt worden ist, so muß die dritte Verurteilung spätestens am 29. April des folgenden Jahres stattfinden. Daß die drei Verurteilungen erst später rechtskräftig geworden sind, ist gleichgültig, wenn sie nur vor der Verurteilung wegen des Rückfallfrevels die Rechtskraft erlangt haben. Die Frevel brauchen nicht in der Jahresfrist begangen zu sein.

14. Dreimal: Es sind drei selbständige Verurteilungen wegen selbständiger Forstfrevel nach Abs. II verlangt; diese können aber auch in der gleichen Sitzung stattfinden und im gleichen Urteil ausgesprochen sein, wenn mindestens drei Forstfrevel in Realkonkurrenz zueinander stehen; eine ein- oder zweimalige Verurteilung wegen je dreier Forstfrevel, die zueinander in Idealkonkurrenz stehen, genügt nicht. Im Falle des § 79 StGB. wird die Selbständigkeit der Verurteilungen nicht aufgehoben. Nicht ist Voraussetzung, daß Frevel und Urteil dreimal in ununterbrochener Reihe aufeinander folgen oder daß jede spätere Verurteilung einen nach der früheren verübten Frevel betrifft (OLGM. 5. 2. 1895, S. Bd. 8 S. 231); im Gegenteil, es können sogar die Frevel, wegen deren die zwei weiteren, den erschwerten Rückfall begründenden Verurteilungen stattfanden, vor der ersten Verurteilung begangen sein (ObLG. Bd. 6 S. 89).

15. Art. 79 usw.: Bei anderen als den hier aufgezählten Freveln gibt es keine erschwerten Rückfälle und auch keine Gewohnheitsfrevel (Abs. III). Art. 59 Ziff. 13 enthält einen allgemeinen Strafschärfungsgrund: Verübung des Frevels in der Absicht, die gefrevelten Walderzeugnisse ganz oder teilweise zu veräußern. Wenn diese Absicht vorliegt, fällt, wenn sonst die Voraussetzungen erfüllt sind, jeder Frevel unter Abs. II. Gleichartigkeit der drei vorausgegangenen Frevel ist nicht Voraussetzung; es genügt, wenn der Frevler einmal nach Art. 79, das andere Mal nach Art. 83 und das dritte Mal nach Art. 99 verurteilt worden ist.

16. Jahresfrist: Diese berechnet sich nach Anm. 5, nicht nach Anm. 13. Der Tag der Verurteilung wird nicht gerechnet. Es kommt nicht etwa auf den Tag an, an dem die Rechtskraft eingetreten ist, sondern an dem die Verurteilung stattfand.

17. Dieser Vorschriften: Der Art. 79, 83 usw.

18. Strafbar macht: d. h. sich so gegen eine dieser Vorschriften verfehlt, daß er deswegen gestraft werden kann; Zivilverantwortlichkeit genügt nicht; auch Begehung in Idealkonkurrenz gehört hieher. Der Tag der Vollendung des Frevels muß noch in die Jahresfrist fallen, nicht etwa der Tag der neuerlichen Aburteilung. Beim fortgesetzten Frevel genügt es, wenn eine Teilhandlung in die Jahresfrist fällt. Wer nach Abs. II wegen erschwerten Rückfalls verurteilt ist und neuerdings einen der in Abs. II aufgezählten Frevel begeht, ist auch weiterhin wegen erschwerten Rückfalls zu verurteilen, so oft die in Abs. II enthaltenen Voraussetzungen gegeben sind; dabei zählt auch die vorausgehende Verurteilung wegen erschwerten Rückfalls als Verurteilung. Häufen sich die Verurteilungen wegen erschwerten Rückfalls, so entsteht unter gewissen Voraussetzungen Gewohnheitsfrevel (Abs. III). Auch beim erschwerten Rückfall genügt Fahrlässigkeit. Die Schuld muß sich auch auf die tatsächlichen Voraussetzungen des Rückfalls erstrecken (vgl. RGSt. Bd. 54 S. 274). Wenn mehrere Frevel auf einmal abgeurteilt werden (Realkonkurrenz), so ist bei jedem zu prüfen, ob die Voraussetzungen des erschwerten Rückfalls gegeben sind; auch mehrere Frevel im erschwerten Rückfall können in Realkonkurrenz stehen.

19. Vollzugsanweisung: Nach § 20 Allg. VollzV. 1879 haben die Forstämter auf die erschwerten Rückfälle besonders zu achten und entsprechende Vormerkungen zu machen. Auch den Forstschutzbediensteten ist besondere Aufmerksamkeit und Genauigkeit der Anzeigen eingeschärft (§ 33 Allg. VollzV. 1879). Erschwerte Rückfälle sind in besonderen Niederschriften anzuzeigen (Art. 151 Abs. I, in dem der Begriff „ausgezeichnete Rückfälle" versehentlich stehengeblieben ist. Für die Aburteilung erschwerter Rückfälle kann eine außerordentliche Sitzung anberaumt werden; §§ 46 Abs. IV, 47 Abs. III Allg. VollV. 1879.

Abs. III (Gewohnheitsfrevel): Der Gewohnheitsfrevel ist ein besonders hartnäckiger Rückfall, kein Kollektivdelikt mehr. Er ist ein Vergehen (§ 1 Abs. II StGB.), zählt aber zu den Forstrügesachen (Art. 50) und ist daher im ersten Rechtszug vom Forstrügerichter abzuurteilen (Art. 116).

Der Versuch eines Gewohnheitsfrevels ist straflos (§ 43 Abs. II StGB.). Auch ein Frevel, der zum Gewohnheitsfrevel wird, kann, obwohl Vergehen, vorsätzlich oder fahrlässig begangen werden, da die Tat ein gewöhnlicher Frevel ist, für dessen Begehung unzweifelhaft Fahrlässigkeit genügt, und die höhere Strafe und der Vergehenscharakter nur als Folge bereits vorausgegangener Verurteilungen hinzutritt (vgl. Hümmer, BayZfR. 1911 S. 131); nach der Entscheidung des RGSt. Bd. 54 S. 274 wird aber verlangt werden müssen, daß der Gewohnheitsfrevler die den Gewohnheitsfrevel begründenden Tatumstände gekannt haben muß; Fahrlässigkeit genügt insoweit nicht, da es sich insoweit gerade um die Voraussetzungen handelt, die die Tat zum Vergehen erheben. Anm. 19 gilt auch für den Gewohnheitsfrevel.

20. Staat: Der Gewohnheitsfrevler kann verurteilt werden zu Geldstrafe allein, zu Haftstrafe allein, zu Gefängnisstrafe allein oder zu Haft- und Geldstrafe oder zu Gefängnis- und Geldstrafe.

Abs. III hebt die Vorschrift des Abs. II nicht auf, sondern ergänzt sie dahin, daß dann, wenn nach Abs. II auf Haftstrafe allein oder neben der Geldstrafe erkannt werden könnte, an Stelle der Haftstrafe Gefängnisstrafe ausgesprochen werden kann.

21. **Gefängnisstrafe:** Die Mindestdauer ist ein Tag (§ 16 Abs. I StGB.). Innerhalb des Strafrahmens hat der Richter freie Hand.

22. **Dreimal: Die Voraussetzungen des Gewohnheitsfrevels sind:** 1. mindestens dreimalige vorausgehende rechtskräftige Verurteilung wegen eines erschwerten Rückfalls nach Abs. II und zwar mindestens dreimalige rechtskräftige Verurteilung zur Haftstrafe (allein oder neben Geldstrafe) und 2. neuerliche Begehung eines der in Abs. II aufgezählten Forstfrevel (Art. 79 usw.) innerhalb eines Jahres gerechnet von der letzten dieser drei Verurteilungen wegen erschwerten Rückfalls. Innerhalb welchen Zeitraumes die drei vorausgehenden Verurteilungen stattfanden, ist gleichgültig; die zwei ersten können schon sehr weit zurückliegen; es kann sich dabei auch um eine entsprechende Verurteilung auf Grund der früheren Rückfallsbestimmungen handeln. Ob die Strafe verbüßt oder erlassen ist, ist gleichgültig.

23. **Jahresfrist:** Diese berechnet sich nach §§ 187 Abs. I, 188 Abs. II BGB.; der Tag der letzten Verurteilung wird nicht mitgerechnet. Maßgebend ist der Tag der Verkündung des Urteils, der Zustellung des Strafbefehls, nicht der Tag des Eintritts der Rechtskraft.

24. **Die im Abs. II bezeichneten Vorschriften:** d. h. Art. 79 usw.

25. **Verfehlt:** Sich verfehlen und sich strafbar machen in Abs. II bedeuten das gleiche. Die Verurteilung nach Abs. III ist durchzuführen, so oft seine Voraussetzungen erfüllt sind. Da der Tatbestand des Abs. II im Tatbestande des Abs. III enthalten ist, ist dabei auch eine Verurteilung nach Abs. III wegen Gewohnheitsfrevels als Verurteilung nach Abs. II anzusehen; auch eine vorausgehende Verurteilung zur Gefängnisstrafe muß als dem Erfordernis des Gesetzes genügend erachtet werden (vgl. OLGM. 23. 4. 1884, S. Bd. 3 S. 67).

26. **Wert- und Schadenersatz:** Verurteilung zu Wert- und Schadenersatz ist in den Fällen des Art. 101 nur möglich, soweit es die verletzten Art. 79ff. zulassen (Art. 63). Eine Erhöhung des Wert- und Schadenersatzes ist auf Grund Art. 101 nicht möglich. Art. 64 gilt auch für Gewohnheitsfrevel.

27. **Teilnahme; Zivilverantwortlichkeit:** Der Rückfall nach Art. 101 Abs. I—III zählt zu den Tatumständen, die nach § 50 StGB. mit Art. 4 AG.StPO. nur demjenigen zuzurechnen sind, bei dem sie vorliegen, nicht den Teilnehmern, bei denen sie nicht vorliegen. Die Zivilverantwortlichkeit erstreckt sich auch auf die erhöhten Geld- (nicht aber die Freiheits-)strafen der Rückfälle und Gewohnheitsfrevel.

29. **Vollzug des Fischereigesetzes:** Den Personen, die innerhalb der letzten drei Jahre wegen eines Forstfrevels nach Art. 101 rechtskräftig verurteilt worden sind, können Fischerkarten verweigert werden (Art. 66 Abs. I Ziff. 3 FischG.). Um den Vollzug dieser Bestimmung zu ermöglichen, hat die Staatsanwaltschaft Verurteilungen wegen Rückfall- oder Gewohnheitsfrevels, soweit diese nicht an das Strafregister mitgeteilt und nicht in das Verzeichnis der bestraften Forstfrevler eingetragen werden, sofort nach Eintritt der Rechtskraft der für den Wohnort des Verurteilten zuständigen Bezirksverwaltungsbehörde (Bezirksamt oder Stadtrat einer unmittelbaren Stadt) mitzuteilen (MB. vom 30. 10. 1929, GVBl. S. 138; JMBl. S. 89).

4. Besondere Bestimmungen.

Die Art. 106—108 bilden den 4. Unterabschnitt des Abschnittes B Forstfrevel. Er trägt die Überschrift „Besondere Bestimmungen" wie die II. Unterabteilung der 4. Abteilung (Art. 75—108), bildet aber nur einen kleinen Ausschnitt jener Unterabteilung. Die besonderen Bestimmungen der Art. 106—108 sind Ausnahmebestimmungen für Gegenden, in denen Forstfrevel durch Entwendung in außergewöhnlicher Weise überhandnehmen. Als außerordentliche Maßnahme kann für diese Fälle ein Ursprungszeugnis eingeführt werden. Art. 106 regelt die Einführung des Zeugnisses, Art. 107 bedroht Zuwiderhandlungen mit Strafe, Art. 108 sieht für die mit der Ausstellung befaßten Gemeindebeamten bei mangelnder Vorsicht dienststrafrechtliche Ahndung vor. Von den drei Artikeln enthält nur Art. 107 Strafbestimmungen; die Bestimmungen des Art. 106 sind polizeilich-organisatorischer, die des Art. 108 dienststrafrechtlicher Art. Daß der Unterabschnitt unter den Abschnitt Forstfrevel eingereiht ist, erklärt sich daraus, daß er Ausnahmebestimmungen für die Orte enthält, in denen Forstfrevel (durch Entwendung) besonders überhandnehmen; nicht sind etwa die Verfehlungen nach Art. 107 selbst Forstfrevel; näheres hierüber bei Art. 107. Die Regelung folgt einem württembergischen Vorbild.

Ursprungszeugnisse. **Artikel 106.** ($^{105}/_{106}$).

I Wenn in einem Bezirke[1] die Verübung von Forstfreveln durch Entwendung[2] in außergewöhnlicher Weise[3] überhand nimmt[4], so kann durch königliche Verordnung[5] für einen bestimmten Zeitraum[6] verfügt werden, daß sowohl innerhalb derjenigen Bezirke, in welchen die Forstfrevel vorfallen, als auch innerhalb derjenigen, in welchen die gefrevelten Gegenstände verkauft zu werden pflegen, jeder Verkäufer[7] von Walderzeugnissen[8] mit einem von dem Gemeindevorstande[9] seines Wohn- oder Aufenthaltsortes[10] ausgestellten[11], auf fünf Tage giltigen[12] und bei dem Verkaufe[13] an die Ortspolizeibehörde[14] abzuliefernden Zeugnisse über den rechtmäßigen Erwerb[15] der nach Art und Größe, Zahl oder Maß bestimmten[16] Verkaufsgegenstände versehen sein müsse.

II Eine solche Anordnung ist durch das Gesetz- und Verordnungsblatt, durch das betreffende Kreis-Amtsblatt und auf sonstige geeignete Art in den betreffenden Bezirken, sowie in deren Nachbarschaft allgemein bekannt zu machen.[17]

Allg. VollzV. 1879.

§ 21.

(Art. 106.) Im Falle der Anwendung des Artikel 106 haben die Anträge auf Erlassung der erforderlichen Verordnung von beiden Regierungskammern gemeinschaftlich auszugehen und sind an das Staatsministerium des Innern zu richten.

Zum Geltungsbereich s. Vorbemerkung vor Art. 106.

Abs. I:

1. **Bezirke:** d. i. in einem bestimmten räumlichen Umkreis; nicht ist der Bezirk im Sinne der Bezirksordnung (übereinstimmend mit dem Bezirksamtssprengel) gemeint; auch Regierungsbezirke, Gemeindemarkungen, auch das ganze rechtsrheinische Bayern z. B. oder andere Abgrenzungen fallen darunter.

2. **Forstfrevel durch Entwendung:** Nur Forstfrevel und zwar nur solche durch Entwendung (Art. 79, 80, 82—87) kommen in Betracht.

3. **In außergewöhnlicher Weise:** d. h. über das in normalen Bezirken und normalen Zeiten nach der Erfahrung übliche Maß hinaus. Ob es sich um ein außergewöhnliches Maß handelt, haben die Stellen, die die Verordnung erlassen, nach eigenem Ermessen zu entscheiden; der Richter wird es nicht nachprüfen dürfen (vgl. ObLG. 6. 11. 1929, BR. V Nr. 10/29 in Bl. 1930 S. 223).

4. **Überhand nimmt:** Die ungewöhnliche Entwicklung muß schon begonnen haben; die Besorgnis, sie könnte eintreten, genügt nicht.

5. **Verordnung:** Jetzt wird die Verordnung regelmäßig von den drei beteiligten Staatsministerien der Justiz, des Innern und der Finanzen (Ministerial-Forstabteilung) erlassen. Die Anträge zum Erlaß einer Verordnung nach Art. 106 sind von den Kammern des Innern und der Forsten der zuständigen Regierung gemeinsam beim Staatsministerium des Innern zu stellen (§ 21 Allg. VollzV. 1879); doch kann die Verordnung auch von den beteiligten Ministerien ohne solchen Antrag erlassen werden; zweckmäßig aber sind die beteiligten Regierungen mindestens zu hören. Auch das Gesamtministerium hat sie schon erlassen; doch genügt der erstere Weg (vgl. § 61 BVU.). Die Verordnung bedarf zu ihrer Gültigkeit der Bekanntgabe nach Abs. II (s. Anm. 17). Die Ermächtigung zum Erlaß von Verordnungen nach Art. 106 mit der Straffolge des Art. 107 im Übertretungsfalle erstreckt sich nur auf die in Art. 106, 107 aufgeführten Punkte. Wenn die Verordnung mehr vorschreibt, so ist das Mehr nur als Sollvorschrift des Ministeriums oder als Dienstanweisung für die unterstellten Behörden zu werten; die Strafdrohung des Art. 107 deckt es nicht. Das gleiche gilt für alle weiteren Ausführungsvorschriften der Kreisregierungen, zu denen diese zuweilen in den Verordnungen nach Art. 106 ermächtigt werden; nachdem das Forstgesetz eine Verordnung vorschreibt, können die beteiligten Ministerien die Befugnis zum Erlaß von Vorschriften nach Art. 106 nicht weiter übertragen. Vgl. hieher z. B. die Bek. der Regg. von Oberbayern vom 5. 12. 1911 und vom 20. 11. 1919 (KrABl. S. 167 und 154).

Für den Marktverkehr können von den zuständigen Behörden nach §§ 69, 70, 149 RGO. in gewissen Grenzen auch für den Verkauf von Walderzeugnissen weitere Anordnungen getroffen werden.

6. Bestimmten Zeitraum: Für dauernd wäre unzulässig; einer bis auf weiteres von unbegrenzter Dauer erlassenen Verordnung würde die notwendige gesetzliche Grundlage fehlen; sie wäre unverbindlich (vgl. ObLG. 6. 11. 1929, BR. V Nr. 10/29 in Bl. 1930 S. 223). Der Zeitraum soll nicht zu weit gefaßt werden, weil sich die Verhältnisse ändern können.

7. Verkäufer: Nur für den, der Walderzeugnisse verkauft oder zum Verkaufe anbietet (Art. 107), kann ein Ursprungszeugnis rechtsverbindlich vorgeschrieben werden, nicht etwa für den Käufer. Unter Verkäufer ist jeder Verkäufer, auch der zweiter und weiterer Hand (Wiederverkäufer) zu verstehen, auch juristische Personen fallen darunter. Nur die Veräußerung im Wege des Verkaufes gehört hieher, nicht jede Veräußerung, nicht z. B. Tausch, Schenkung; wohl aber ein verschleierter Verkauf. Das Ursprungszeugnis nach Art. 106 ist nur notwendig für Verkäufe, die innerhalb der in der Verordnung bezeichneten Bezirke stattfinden, gleichgültig, wer der Verkäufer ist; nur für staatliche Behörden, die Erzeugnisse aus den Staatswaldungen oder den staatlich verwalteten Stiftungswaldungen verkaufen, besteht eine Ausnahme (vgl. S. 191 Ziff. 5); auch Nichtbayern, die Walderzeugnisse von anderen Ländern eingeführt haben, unterliegen beim Weiterverkauf dem Zeugniszwang. Der Verkäufer muß das Zeugnis während der Verkaufsverhandlungen und des Anbietens zum Verkauf (Art. 107) in Besitz haben und auf Verlangen der Polizeibehörde vorzeigen; ist die Gültigkeit des Zeugnisses abgelaufen, muß er es erneuern lassen. Nach dem Zweck der Vorschrift, die Überwachung des Marktes für Walderzeugnisse zu erleichtern, muß unter dem Verkäufer jeder verstanden werden, der selbständig Verkaufshandlungen vornimmt, gleichgültig, ob für eigene oder fremde Rechnung. Gehilfen des Verkäufers, z. B. auf dem Christbaummarkt, sind nicht als Verkäufer anzusehen. Das Ursprungszeugnis kann auch auf mehrere Personen lauten, z. B. wenn mehrere Personen gleichzeitig oder abwechselnd vom gleichen Lager verkaufen. Unter dem Verkäufer ist nicht nur der zu verstehen, der die Ware an Ort und Stelle dem Käufer körperlich übergibt, sondern auch der, der einen Verkauf schriftlich abschließt und die Ware versendet.

8. Walderzeugnisse: Das Ursprungszeugnis kann für Walderzeugnisse aller Art vorgeschrieben werden, bezüglich deren Entwendungsfrevel ungewöhnlich überhandnehmen. Gewöhnlich werden sie aber nur vorgeschrieben für Christbäume u. ä. Möglichste Einschränkung der Ursprungszeugnisse, die den Holzhandel stark belasten und zur Gesetzesübertretung verleiten, wenn zu viel verlangt wird, ist anzustreben. Zum Begriff Walderzeugnisse s. Anm. 3 zu Art. 97. Nur wirkliche Walderzeugnisse, *die aus einem Walde stammen*, fallen unter die Vorschrift, nicht etwa alle Gegenstände, die auch im Walde, dort vielleicht sogar regelmäßig vorkommen; die letztere Auslegung würde der Gesetzesumgehung zwar keinen Raum lassen, der Begriff kann aber in Art. 106 nicht abweichend vom übrigen Forstgesetz, dazu noch ausdehnend ausgelegt werden; übrigens wird die Überführung eines Verkäufers von Walderzeugnissen, der wahrheitswidrig behauptet, die Gegenstände stammten nicht aus einem Walde, nicht schwer fallen; in der einzigen, heute noch geltenden Verordnung nach Art. 106 vom 25. 11. 1911 (s. Anm. 18) ist auch ausdrücklich ausgeführt, daß die Gegenstände aus Waldungen stammen müssen; dieser gesetzliche Vorbehalt fehlte in den jetzt außer Wirksamkeit getretenen VO. vom 22. 1. 1923 und 22. 2. 1923.

9. Gemeindevorstände: Oder seinem gesetzmäßigen Vertreter, d. i. der erste Bürgermeister oder sein Vertreter. Die Aussteller müssen vorsichtig verfahren und sich über die Person des Verkäufers und die Richtigkeit seiner Angaben über den Erwerb, ferner über die Art, Größe, Zahl und das Maß der Verkaufsgegenstände vergewissern. Welche Beweise sie verlangen wollen, steht in ihrem pflichtgemäßen Ermessen.

10. Wohn- oder Aufenthaltsort: Der Verkäufer hat die Wahl. Der Wohnsitz ist nicht gemeint. Die Möglichkeit, das Ursprungszeugnis am Aufenthaltsort zu erhalten, ist für die Verkäufer, die längere Zeit von ihrem Wohnort abwesend sind, von Bedeutung. Zeugnisse des Bürgermeisters des Ursprungsorts der Walderzeugnisse genügen nach dem Gesetz nur dann, wenn der Verkäufer bei der Ausstellung des Zeugnisses am Ursprungsort wohnt oder sich dort aufhält; nach InnMB. vom 25. 1. 1912 (MABl. S. 150) aber sind die Polizeibehörden aus Zweckmäßigkeitsgründen angewiesen, die vom Bürgermeister des Ursprungsorts der Walderzeugnisse ausgefertigten forstamtlichen Holzabfolgescheine und Bestätigungen bis auf weiteres dann nicht zu beanstanden, wenn sie nach ihrem Inhalt dem § 1 Abs. I der VO. vom 25. 11. 1911 (GVBl. S. 1153, s. Anm. 18) genügen und nicht älter als 5 Tage sind, da der rechtmäßige Erwerb hiedurch gleichfalls dargetan werden könne.

11. **Ausgestellten**: In das Zeugnis ist, wie sich aus Art. 106 unmittelbar und mittelbar ergibt, aufzunehmen:

a) die deutliche Bezeichnung der Person des Verkäufers,

b) die Bezeichnung der zum Verkauf bestimmten Walderzeugnisse nach Art, Größe, Zahl oder Maß,

c) die Bestätigung des rechtmäßigen Erwerbs dieser Gegenstände durch den Verkäufer,

d) Ort und Tag der Ausstellung des Zeugnisses,

e) die Frist für die Gültigkeit des Zeugnisses, am besten unter Bezeichnung des Tages, an dem die Gültigkeit abläuft,

f) die Unterschrift des Bürgermeisters und das Siegel der Gemeinde.

Die Ausstellung des Zeugnisses ist gebührenpflichtig. Das Zeugnis ist nicht übertragbar. Es ist eine öffentliche Urkunde (OLGM. 8. 6. 1897, S. Bd. 9 S. 292); Fälschungen sind Urkundenfälschungen nach §§ 267, 268 StGB.

12. **Auf 5 Tage gültig**: Der Tag der Ausstellung ist nicht mitzurechnen.

13. **Bei dem Verkaufe**: d. h. nach dem Verkaufe. Die Eisenbahngüterstationen sind angewiesen, soweit Ursprungszeugnisse vorgeschrieben sind, bei der Aufgabe einbezogener Walderzeugnisse zur Beförderung die Ursprungszeugnisse abzufordern; nicht dagegen die Post (wegen des Postgeheimnisses).

14. **Ortspolizeibehörde**: Gemeint ist die Ortspolizeibehörde des Verkaufsortes; unter Ortspolizeibehörde ist der 1. Bürgermeister zu verstehen (GemO. Art. 51). Die Ablieferung ist nur Sollvorschrift; ihre Übertretung ist nicht mit Strafe bedroht (Art. 107); Zweck der Vorschrift ist, den Mißbrauch abgelaufener Zeugnisse zu verhindern. Die Ablieferung kann nach Art. 21 PStGB. erzwungen werden.

15. **Rechtmäßigen Erwerb**: Nicht bloß der Eigentumserwerb kommt in Betracht; es kann auch zu bestätigen sein, daß der Verkäufer rechtmäßig in den B e s i t z der Ware gekommen ist; vgl. Anm. 7. Auch wer die Walderzeugnisse aus dem eigenen Walde bezogen hat, muß sich ein Zeugnis ausstellen lassen.

16. **Bestimmten**: Die Ware soll genau bezeichnet werden, um Unterschleife hintanzuhalten; vgl. Anm. 11.

Abs. II:

17. **Bekanntzumachen**: Die Kreisamtsblätter sind aufgehoben worden (MB. vom 14. 11. 1922, GVBl. S. 657); diese auf gesetzlicher Ermächtigung vom 7. 7. 1922 (GVBl. S. 655) beruhende MB. bestimmt in Ziff. IV, daß die Verordnungen nach Art. 106 künftig nur mehr im GVBl. oder auf sonstige geeignete Weise, nicht im Staatsanzeiger zu veröffentlichen sind; die Bekanntgabe im GVBl. kann aber wegen § 75 BVU. nicht unterbleiben. Auch muß zu der Veröffentlichung im GVBl. kraft der gesetzlichen Vorschrift des Art. 106 Abs. II FG. eine weitere Bekanntgabe, z. B. in den Tageszeitungen, dem Bezirksamtsblatt oder die ortsübliche Bekanntgabe hinzutreten; das oben erwähnte Gesetz vom 7. 7. 1922 ermächtigte das Staatsmin. d. Innern nur, zu bestimmen, welche Bekanntgabe an die Stelle der Bekanntgabe in den aufgehobenen Kreisamtsblättern zu treten hat.

18. **Heute gilt nur mehr eine einzige auf Grund des Art. 106 erlassene Verordnung**: die V e r o r d n u n g v o m 25. 11. 1911 (G V B l. S. 1153), deren Geltung durch Verordnung vom 7. 8. 1930 (GVBl. S. 271) bis 31. 12. 1940 verlängert wurde (abgedruckt im Anhang). In der letztgenannten Verlängerungsverordnung sind auch die Bezirke und Zeiträume, innerhalb deren ein Erwerbszeugnis erforderlich ist, neu zusammengestellt worden. Die Verordnung bezieht sich auf den Verkauf von Nadelholzbüschen und Gipfeln, die aus Waldungen stammen, wozu insbesondere die Christbäume zählen.

Strafvorschrift.

Artikel 107. ($^{106}/_{107}$).

[I] Wer innerhalb der bestimmten Bezirke[1] Walderzeugnisse[2] ohne[3] das durch Art. 106 vorgeschriebene Zeugnis, oder mit einem durch Zeitablauf[4] wirkungslos gewordenen Zeugnisse verkauft oder zum Verkaufe anbietet[5], ist von dem Amtsgerichte[6] zu einer Geldstrafe[7] von *einer Mark achtzig Pfennig bis neun Mark* zu verurteilen, vorbehaltlich[8] der weiteren Bestrafung wegen Forstfrevels, wenn sich ergibt, daß die verkauften oder feilgebotenen Walderzeugnisse gefrevelt wurden.

II Die bezeichneten Walderzeugnisse selbst sind bis auf weitere Verfügung des Amtsgerichtes[9] mit vorsorglichem Beschlage zu belegen, und von dem dem Betretungsorte zunächst wohnenden Gemeindevorstande[10] in Verwahrung zu nehmen.

III Hiebei[13] finden die allgemeinen Bestimmungen über Forstpolizeiübertretungen und Forstfrevel (Abteilung IV des gegenwärtigen Gesetzes) Anwendung[11] [12].

Abs. I bedroht die Zuwiderhandlungen gegen die nach **Art.** 106 erlassenen Verordnungen mit Strafe; Abs. II regelt die Beschlagnahme; Abs. III bestimmt, wie die Zuwiderhandlungen nach Abs. I strafrechtlich zu behandeln sind. Vgl. auch Vorbemerkung vor Art. 106.

Abs. I:

1. **Bestimmte Bezirke**: d. h. der in der Verordnung aufgezählten Bezirke. Nur für Verkaufsverhandlungen, die innerhalb der in der Verordnung aufgeführten Bezirke vorgenommen werden, ist das Ursprungszeugnis vorgeschrieben.

2. **Walderzeugnisse**: s. Anm. 8 zu Art. 106.

3. **Ohne**: Strafbar ist, wer sich überhaupt kein Zeugnis hat ausstellen lassen oder wer das ausgestellte beim Verkauf nicht bei sich führt.

4. **Zeitablauf**: Wenn also das Zeugnis beim Verkauf schon älter als 5 Tage ist, den Ausstellungstag nicht eingerechnet (Art. 106).

5. **Verkauft oder zum Verkauf anbietet**: Jede Verkaufshandlung, auch der Versuch eines Verkaufes fällt hierunter. Verkaufshandlungen wie ein zum Verkauf Anbieten sind erst gegeben, wenn der Verkäufer mit anderen Personen des Verkaufes wegen in Verbindung tritt; hiezu genügt auch das Zurschaustellen, um zu verkaufen. Das Verbringen von einem Ort zum andern des Absatzes wegen, ist nicht immer eine Verkaufshandlung. Auch Verkaufshandlungen des Wiederverkäufers gehören hieher. Jeder, der selbständig Verkaufshandlungen vornimmt, ist als Täter zu strafen; vgl. Anm. 7 zu Art. 106. Beihilfe zu der Übertretung des Art. 107 ist straflos (vgl. Anm. 11). Der Käufer ist nicht strafbar, es sei denn, daß der Tatbestand des Art. 100 (Forsthehlerei) gegeben ist.

6. **Amtsgerichte**: s. Anm. 12.

7. **Geldstrafe**: Jetzt 1 bis 150 Reichsmark (VO. über Vermögensstrafen und Bußen vom 6. 2. 1924).

8. **Vorbehaltlich**: Wer ohne Ursprungszeugnis widerrechtlich Berechtigungs- usw. Holz oder gefreveltes Holz verkauft, begeht die Übertretung nach Art. 107 mit dem Forstfrevel nach Art. 97 oder 99 in Idealkonkurrenz; der vorausgegangene Entwendungsfrevel steht zu der Übertretung nach Art. 107 in Realkonkurrenz.

Abs. II:

9. **Weitere Verfügung des Amtsgerichts**: Nach Art. 133ff.; s. auch Anm. 12.

10. **Gemeindevorstand**: d. i. dem I. Bürgermeister; vgl. Art. 132.

Abs. III:

11. **Rechtliche Natur**: Die Verfehlungen nach Art. 107 Abs. I sind weder Forstpolizeiübertretungen noch Forstfrevel, sondern Delikte besonderer Art., für die einige (Anm. 13) materiellrechtlichen Bestimmungen des allgemeinen Teils des Forststrafrechts sowie das Forstrügeverfahren (Anm. 12) gelten; im übrigen sind auf sie die für Übertretungen geltenden Vorschriften des Reichsstrafgesetzbuchs anzuwenden; denn die Delikte des Art. 107 sind Übertretungen im sachlichrechtlichen (wie auch verfahrensrechtlichen) Sinn (vgl. S. 249 f.).

12. **Verfahren**: Streit besteht über die Frage, in welchem Verfahren die Verfehlungen nach Art. 107 Abs. I abzuurteilen sind, ob im Forstrügeverfahren oder im Verfahren nach der Reichsstrafprozeßordnung. Aus folgenden Gründen wird das erstere das richtige sein: Nach dem Forstgesetz in der ursprünglichen Fassung waren die Verfehlungen zweifellos im Forstrügeverfahren zu verfolgen; im Regierungsentwurf war ausdrücklich ausgeführt (Art. 95 des Entwurfs), daß die Verfehlungen vom Forststrafgerichte „im forststrafgerichtlichen Verfahren" (d. i. nach der heutigen Gesetzessprache „im Forstrügeverfahren") abzuurteilen seien (Abg. 1851/52, Beil. Bd. I S. 613); im Laufe der Kammerverhandlungen wurde der Zusatz „im forststrafgerichtlichen Verfahren" als überflüssig gestrichen (Beil. Bd. 3 S. 73). So blieb es bis zur Änderung des Forstgesetzes im Jahre 1879. Durch das Ausführungsgesetz zur Reichsstrafprozeßordnung vom 18. 8. 1879 (GVBl. S. 781) wurden in das Forstgesetz die „Forstrügesachen" eingeführt und abgegrenzt (Art. 50, 116). Die Verfehlungen nach Art. 107 sind unter

ihnen nicht aufgeführt. Hat dies nun zur Folge, daß sie seitdem nicht mehr im Forstrügeverfahren, sondern im Verfahren nach der Reichsstrafprozeßordnung abzuurteilen sind? Dies wird zu verneinen sein. Die Novelle des Jahres 1879 war als vorübergehende Regelung gedacht (Abg. 1878/79 Beil. Bd. 5 S. 19, 23, 374 f.); ein neues Forstgesetz war in Vorbereitung. Bei dieser als vorübergehend gedachten Regelung wurde es offenbar als überflüssig erachtet, die Verfehlungen nach Art. 107 zu behandeln, da damals eine Verordnung auf Grund Art. 106 noch nicht erlassen war (die erste erging im Jahre 1887), eine Verfehlung nach Art. 107 also nicht begangen werden konnte. In den Verhandlungen über die Gesetzesänderung des Jahres 1879 war daher auch von den Verfehlungen nach Art. 107 und ihrer verfahrensrechtlichen Behandlung mit keiner Silbe die Rede. Wenn der Gesetzgeber mit der Abgrenzung der Forstrügesachen in Art. 50 die genannten Verfehlungen von dem bisher für sie geltenden Forstrügeverfahren hätte ausnehmen und der Behandlung nach der Reichsstrafprozeßordnung zuführen wollen, so wäre diese bedeutsame Veränderung jedenfalls besprochen worden; über die neue Einbeziehung der Übertretungen nach § 361 Ziff. 9 StGB. z. B. in die Forstrügesachen wurde sehr ausführlich verhandelt. Da sich der Gesetzgeber mit der prozessualen Regelung der Verfehlungen nach Art. 107 gar nicht befaßt und die verfahrensrechtliche Seite daher auch nicht geändert hat, ist anzunehmen, daß das Verfahren das gleiche wie bis dahin geblieben ist, nämlich das frühere forststrafgerichtliche, das heutige Forstrügeverfahren (s. die Überschrift des Abschnittes II der fünften Abteilung vor Art. 116). Das Wort „Forststrafgericht" in Art. 107 wurde durch „Amtsgericht" ersetzt, weil dies im ganzen Forstgesetz einheitlich durchgeführt ist, um den Eindruck zu vermeiden, als handle es sich bei den Forststrafgerichten um Sondergerichte; eine weitergehende Bedeutung sollte der Änderung der Bezeichnung nicht zukommen; auch die Amtsgerichte sollten nach wie vor als Forststrafgerichte d. h. im forststrafgerichtlichen Verfahren (Forstrügeverfahren) tätig werden (Abg. 1878/79 Beil. Bd. 1 S. 200; vgl. Art. 72 a. E.). Daß die für eine kurze Übergangszeit gedachte Regelung tatsächlich dauernd bestehen blieb, kann hieran nichts ändern. Auch die Abgrenzung des Kreises der Forstfrevel in Art. 49 ist nicht genau. So im Ergebnis auch Ganghofer und BayZfR. 1917 S. 352; a. A. mit Rücksicht auf den Wortlaut des Art. 50 Hümmer. Die hier vertretene Ansicht dürfte mit Rücksicht auf die enge Verbindung zwischen den Forstfreveln und Verfehlungen nach Art. 107 auch die natürlichere und praktischere Lösung bilden. Zum gleichen Ergebnis wie mit der historischen Erklärung gelangt man auch bei strenger, formaljuristischer Auslegung: nach Art. 107 Abs. III sind auf die Verfehlungen nach Art. 107 jene Bestimmungen der Art. 48—74 anzuwenden, die für Forstpolizeiübertretungen und Forstfrevel zugleich gelten; dazu gehört auch Art. 50. Deshalb sind auch die Verfehlungen nach Art. 107 zu den Forstrügesachen zu rechnen. Die Anwendung des Forstrügeverfahrens ist anscheinend vom Obersten Landesgericht gebilligt in St. Bd. 25 S. 110.

13. **Hiebei**: d. h. bei den Verfehlungen des Art. 107. Abs. III bildete im Regierungsentwurf einen besonderen Artikel; in ihm war ausgesprochen, daß Abteilung IV des Forstgesetzes auf den ganzen jetzigen Art. 107 anwendbar sein solle (Abg. 1851/52, Beil. Bd. 1 S. 613). Anwendbar sind nur die Vorschriften, die sowohl für Forstfrevel wie für Forstpolizeiübertretungen gelten; das Anwendungsgebiet ist daher beschränkt: es kommen nur in Frage: Art. 50, 68 und 71—74.

Pflichtwidrigkeiten bei der Ausstellung d. Ursprungszeugnisse.

Artikel 108. (107/108).

Gemeindevorstände[1] oder deren Stellvertreter[2], welche bei Ausstellung des im Art. 106 bezeichneten Zeugnisses nicht mit der notwendigen Vorsicht[3] verfahren, sind auf dem Disziplinarwege[4] zu verfolgen.

1. **Gemeindevorstände**: d. i. der erste Bürgermeister. Er übernimmt mit der Unterschrift die Verantwortung für die Richtigkeit des Zeugnisinhaltes.

2. **Stellvertreter**: Auch die mit der Vorbereitung des Zeugnisses betrauten Unterbeamten können wegen Nachlässigkeit zur Verantwortung gezogen werden.

3. **Notwendige Vorsicht**: d. h. mit der Vorsicht, die nach der Sachlage mit Rücksicht auf den Zweck des Zeugnisses von dem betreffenden Bürgermeister billigerweise erwartet werden darf. Ein Bürgermeister, der ein falsches Zeugnis vorsätzlich ausstellt, macht sich auch kriminell strafbar (§ 348 StGB.); tut er es, um sich oder einem Anderen einen Vermögensvorteil zu verschaffen, so ist es ein Verbrechen nach § 349 StGB., das mit Zuchthaus bestraft wird; die dienststrafrechtliche Ahndung folgt in allen Fällen; vgl. OLGM. 8. 6. 1897 (S. Bd. 9 S. 292).

4. Disziplinarwege: d. h. im Wege des Dienststrafverfahrens mit einer Ordnungsstrafe oder Disziplinarstrafe (Art. 102ff. GemO.).

Art. 108 bestimmt nichts Neues. Dienstliche Verfehlungen der Bürgermeister und ihrer Stellvertreter müssen auch sonst von Amts wegen verfolgt werden. Die Bedeutung des Art. 108 liegt darin, daß den mit der Ausstellung der Zeugnisse nach Art. 106 befaßten Personen besondere Vorsicht eingeschärft wird; dies ist im Dienststrafverfahren im Sinne einer gewissen strengen Anforderung an die Sorgfaltspflicht zu beachten.

V. Abteilung.

Zuständigkeit und Verfahren.

Die fünfte Abteilung (Art. 109—188) zerfällt dem Aufbau des ganzen Forstgesetzes als Forstpolizei- und Forststrafgesetz entsprechend in zwei Abschnitte: 1. über die Zuständigkeit und das Verfahren auf dem Gebiete der Forstpolizei (Art. 109—115), 2. über die Zuständigkeit und das Verfahren der Forststrafgerichte (Art. 116—188).

I. In Ansehung der Forstpolizeibehörden.

1. Allgemeines: Die Art. 109—111 behandeln die Zuständigkeit auf dem Gebiete der Forstpolizei, die Art. 112—114 enthalten Verfahrensbestimmungen, Art. 115 zählt die Hilfspersonen zur Handhabung der Forstpolizei auf. Die Verfahrensbestimmungen der Art. 109ff. sind für die Verwaltungsbehörden maßgebend grundsätzlich in allen Fällen, in denen sie zum Vollzuge der Bestimmungen des Forstgesetzes tätig werden.

Die Art. 109ff. regeln das Verfahren der Forstpolizeibehörden nicht erschöpfend. Es sind weiter zu beachten das sog. Verwaltungsgerichtsgesetz vom 8. 8. 1879 (GVBl. S. 369, seitdem wiederholt geändert) nebst den dazu gehörigen Vollzugsvorschriften sowie die Regeln für das Verfahren der Behörden der inneren Verwaltung überhaupt. Nach den hienach einschlägigen Vorschriften kommen für die Forstpolizeibehörden beim Vollzug des Forstgesetzes folgende Verfahrensarten in Betracht:

a) regelmäßig das reine Verwaltungsverfahren (immer anzuwenden, wenn nicht ausnahmsweise das Verfahren unter b einzutreten hat),
b) ausnahmsweise das Verwaltungsstreitverfahren und zwar entweder in der Form des Verwaltungsrechtsverfahrens (auch Verwaltungsstreitverfahren I. Ordnung genannt, Art. 8, 16—44 VGG.) oder des Verwaltungsstreitverfahrens II. Ordnung (Art. 10, 45 VGG.).

Bei allen Verfahrensarten gilt der Grundsatz des Amtsbetriebs (Offizialprinzip) und zwar auch, wenn es sich um Parteistreitigkeiten handelt. Vgl. zum forstpolizeilichen Verfahren insbesondere auch die Anm. zu Art. 109 u. 112 u. die Vorbemerkung vor Art. 34 S. 188ff.

2. Im einzelnen ist zu bemerken:

a) Reines Verwaltungsverfahren: Für dieses gelten zunächst die Vorschriften des Forstgesetzes (Art. 109—115 und die vorhandenen Sonderbestimmungen); ergänzend sind die allgemeinen Vorschriften und Regeln über das Verfahren der Behörden der inneren Verwaltung (vgl. Handbuch der inneren Verwaltung von Krais-Henle-Brettreich S. 49ff.) anzuwenden. Die Begr. sagt: „Ausführlichere Bestimmungen über das Verfahren der Forstpolizeibehörden konnten nicht aufgestellt werden, da dieses nach Verschiedenheit der Fälle ein verschiedenes sein muß; es versteht sich von selbst, daß es sich an die Formen des allgemeinen Verwaltungsverfahrens anzuschließen hat." Der Grundsatz des rechtlichen Gehörs gilt im allgemeinen auch für das Verwaltungsverfahren; da es sich jedoch beim Vollzug des Forstgesetzes durch die Forstpolizeibehörden gewöhnlich um bloße Aufforderungen handelt, dem Gesetze zu entsprechen, kann zur Vereinfachung des Verfahrens regelmäßig davon abgesehen werden, die Partei vor der Entscheidung zu hören; sie wird dann etwaige Einwendungen gegen die Entscheidung im Wege der Gegenvorstellung vorbringen. Bleibt die Behörde auf ihrer Entscheidung bestehen, so ist die Möglichkeit der Beschwerde zur höheren Stelle gegeben.

b) Verwaltungsrechtsverfahren (= Verwaltungsstreitverfahren I. Ordnung):

α) Anwendungsbereich: Dies ist nur anzuwenden, wenn ein Gesetz es ausdrücklich vorschreibt.

Im Vollzuge des Forstgesetzes ist der Verwaltungsrechtsweg auf Grund Art. 8 Ziff. 11 VGG., wonach Verwaltungsrechtssachen sind alle bestrittenen Rechtsansprüche und Verbindlichkeiten auf dem Gebiete der Fixierung, Sicherung, Veränderung und Sicherung von Grundlasten und Forstberechtigungen, nur für die auf Seite 148 unter c aufgeführten Forstrechtsstreitigkeiten eröffnet. In den Fällen der Art. 29 und 30 des Forstgesetzes werden wegen der Umwandlung und Ablösung kaum Streitigkeiten entstehen können; zu entscheiden wären sie ebenfalls im Verwaltungsrechtsverfahren. Wenn die Forstberechtigungen in Weiderechten bestehen, so ist gleichwohl Art. 8 Ziff. 11, nicht 12 VGG. anzuwenden. Art. 8 Ziff. 28, 35 und 38 VGG. sind auf Forstberechtigungen niemals anwendbar.

β) **Zuständigkeit:** In Verwaltungsrechtssachen bestimmt sich die Zuständigkeit im ersten Rechtszug nach dem Forstgesetz, insbesondere Art. 109, 110 (Art. 17 VGG.). Den Forstämtern steht auch im verwaltungsrechtlichen Verfahren die Antragstellung und das amtliche Gutachten zu (Art. 114 FG.); der begutachtende Forstbeamte ist regelmäßig zu beeidigen (Art. 20 VGG.; ist er für die Erstattung von Gutachten der betreffenden Art im allgemeinen beeidigt, so genügt die Berufung auf den geleisteten Eid, § 5 Abs. III VollzV. zum VGG.). In allen vorangeführten Verwaltungsrechtssachen nach Art. 8 Ziff. 11 VGG. entscheidet im ersten Rechtszug die Forstpolizeibehörde (Art. 109, 110 FG.), im zweiten die Forstpolizeistelle (und zwar im verwaltungsrechtlichen Senat, Art. 9 Abs. II, 31 VGG.); die Forstpolizeistelle ist, vorbehaltlich der Betretung des Rechtswegs, in Rechtsfragen letzte verwaltungsrechtliche Instanz in den Fällen des Art. 25 und 26 FG., im letzteren Fall aber nur in der Entschädigungsfrage; in der Frage der Abänderung der Holz- oder Betriebsart und in den Fällen der Art. 27 (29, 30) und 31 FG. entscheidet in dritter und letzter verwaltungsrechtlicher Instanz über Rechtsfragen der Verwaltungsgerichtshof (Art. 7, 9, 13 Abs. I Ziff. 2 VGG.). In Ermessensfragen ist in Verwaltungsrechtssachen der Regierungssenat letzte Instanz (Art. 109 Abs. I Ziff. 2 FG.); die unbefristete Oberaufsichtsbeschwerde zum Staatsministerium des Innern ist nicht ausgeschlossen. Das Staatsministerium des Innern kann in Verwaltungsrechtssachen niemals über Rechtsfragen entscheiden wie anderseits der Verwaltungsgerichtshof nicht über Ermessensfragen befinden darf (Art. 13 Abs. I Ziff. 3, 15 VGG.); vgl. Anm. 3 zu Art. 111.

γ) **Verfahren:** Das verwaltungsrechtliche Verfahren bestimmt sich zunächst nach dem Verwaltungsgerichtsgesetz (Art. 16—44) und dessen Vollzugsvorschriften, nur hilfsweise nach den Vorschriften des Forstgesetzes (Art. 16 Abs. I—III VGG.). Die Beschwerdefrist beträgt daher in allen Verwaltungsrechtssachen vierzehn Tage, beginnend mit der Zustellung des schriftlichen Bescheides (Art. 22 VGG., abweichend von Art. 112 Abs. II und III FG.). Die Beschwerden sind stets bei der ersten Instanz einzulegen (Art. 22 Abs. II VGG.); sie haben aufschiebende Wirkung; die Forstpolizeibehörden und -stellen können aber nötigenfalls vorsorgliche Anordnungen treffen (Art. 24 VGG.). Vor der Forstpolizeibehörde kann, vor der Forstpolizeistelle und dem Verwaltungsgerichtshof muß grundsätzlich mündlich verhandelt werden (Art. 27, 33, 41VGG.).

c) **Verwaltungsstreitverfahren II. Ordnung:**

α) **Anwendungsbereich:** Auch dieses ist nur anzuwenden, wenn ein Gesetz es ausdrücklich vorschreibt. Im Vollzuge des Forstgesetzes kommt das Verwaltungsstreitverfahren II. Ordnung in folgenden Fällen zur Anwendung:

nach Art. 10 Ziff. 8 VGG. bei der Verteilung gemeinschaftlicher Privatwaldungen auf gesondertes Eigentum (Art. 20 FG.);

nach Art. 35 Abs. VI KreisO., 33 Abs. VI BezO., 60 Abs. VI, 62 GemO. und 10 Ziff. 3 VGG., wenn ein Kreis, Bezirk, eine Gemeinde, Ortschaft oder kirchliche Stiftung behauptet, eine Verfügung in Gegenständen der Staatsaufsicht[1]) (z. B. nach Art. 6 bis 18 FG., VGH. Bd. 1 S. 30, Bd. 2 S. 301, Bd. 5 S. 151, Bd. 10 S. 312) verletze ihr gesetzliches Selbstverwaltungsrecht oder belaste sie mit einer gesetzlich nicht begründeten Leistung.

β) **Zuständigkeit und Verfahren:** Zuständigkeit und Verfahren der Forstpolizeibehörden und -stellen ist in Verwaltungsstreitsachen II. Ordnung grundsätzlich das gleiche wie in reinen Verwaltungssachen (Art. 45 Abs. I und II VGG.); als letzte Instanz für Rechtsfragen tritt der Verwaltungsgerichtshof hinzu (Art. 10, 45 Abs. III VGG.). Im staatsaufsichtlichen Verfahren in den Fällen der Art. 6—18 FG. ist den Kreisen, Bezirken, Gemeinden und Ortschaften der Weg zum

[1]) Nicht staatsaufsichtliche, sondern forstpolizeiliche Tätigkeit entfalten die Forstpolizeibehörden und -stellen im Vollzuge der Art. 34—47, 78; die Beschwerde zum Verwaltungsgerichtshof nach Art. 10 Ziff. 3 VGG. und 60 Abs. VI GemO. usw. ist hier daher ausgeschlossen, auch wenn es sich um Gemeindewaldungen usw. handelt; daß die Forstpolizeibehörden und -stellen vielfach zugleich die Staatsaufsichtsbehörden sind, ist ohne Bedeutung (vgl. oben S. 189).

Verwaltungsgerichtshof bereits gegen die Entscheidung der unmittelbar vorgesetzten Staatsaufsichtsbehörde eröffnet, wobei die Beschwerdefrist auf vier Wochen erweitert ist (Art. 35 Abs. VI KrO., 33 Abs. VI BezO., 60 Abs. VI, 62 GemO.). Im Falle des Art. 10 Ziff. 8 VGG. ist im ersten Rechtszug die Regierung, K. d. J. (im Büroweg), zuständig (Art. 20 FG., 45 VGG.).

Forstpolizeibehörde und Forstpolizeistelle; Begriff und Zuständigkeit.

Artikel 109. ($^{108}/_{109}$).

I Insoweit nicht das gegenwärtige Gesetz besondere Bestimmungen[2] enthält, wird die Forstpolizei[3] ausgeübt:

1. in erster Instanz[4] durch die Distriktspolizeibehörden und in den Bezirken jener größeren Städte, welche einer Kreisregierung unmittelbar untergeordnet sind, durch den Magistrat (Forstpolizeibehörden);
2. in zweiter und letzter Instanz[5] durch die Kreisregierungen, Kammern des Innern (Forstpolizeistellen).

II In denjenigen Fällen, wo die Kreisregierungen als Forstpolizeistellen in erster Instanz entscheiden, geht die Berufung an das Staatsministerium des Innern.

1. Geltungsbereich:

a) Art. 109 bildet eine Begriffs- und Zuständigkeitsbestimmung. Er umschreibt den Begriff der Forstpolizeibehörde und der Forstpolizeistelle. Zusammen mit Art. 110 — dieser für einige Sonderfälle — regelt er die Zuständigkeit der ersten und zweiten Instanz im reinen Verwaltungsverfahren und im Verwaltungsrechtsverfahren auf dem Gebiete der Forstpolizei (s. dazu unten b). Die Anwendung der Zuständigkeitsbestimmungen der Art. 109 Abs. I und 110 auch im Verwaltungsrechtsverfahren ergibt sich aus Art. 17 und 9 VGG. Art. 109 regelt auch die Zulässigkeit von Beschwerden; Beschwerdefrist Art. 112 Abs. II und III. Die Fiskale der Landesfinanzamtszweigstellen haben die Kammern des Innern und der Forsten in Rechtsangelegenheiten zu unterstützen (MB. vom 20. 4. 1920, GVBl. S. 144).

b) Art. 109 ist nur teilweise **anwendbar im Vollzuge der Art. 6—18 FG.**: hier handelt es sich nicht um Forstpolizei, sondern um die allgemeine Staatsaufsicht über die Gemeinden, Ortschaften, Stiftungen und Körperschaften; im ersten Rechtszug ist hier jeweils die unmittelbar vorgesetzte Staatsaufsichtsbehörde zuständig, soweit nicht das Gesetz immer die Regierung, K. d. J. (unter dem Namen Forstpolizeistelle, z. B. in Art. 7 Abs. II) für zuständig erklärt; in den Art. 6—18 ist unter der Bezeichnung Forstpolizeibehörde stets die unmittelbar vorgesetzte Staatsaufsichtsbehörde (Bezirksamt oder Regierung, K. d. J., niemals der Stadtrat einer unmittelbaren Stadt) zu verstehen, unter Forstpolizeistelle aber stets die Regierung, K. d. J. Nicht anwendbar ist hier also die Regelung der Zuständigkeit, nur teilweise anwendbar die gesetzliche Umschreibung der Begriffe „Forstpolizeibehörde" und „Forstpolizeistelle"; wohl aber wird aus Art. 109 gefolgert werden müssen, daß auch im staatsaufsichtlichen Verfahren zum Vollzuge der Art. 6—18 nur zwei eigentliche Instanzen gegeben sein sollen, wie hier auch die vierzehntägige Beschwerdefrist des Art. 112 Abs. II gilt. Vgl. des näheren S. 100 ff.

c) Art. 109 (und 110) regeln nur den Instanzenzug, nicht jedoch den Inhalt der Tätigkeit, die den einzelnen Behörden zukommt, und nicht die örtliche Zuständigkeit.

Der Inhalt der den mit Forstpolizei befaßten Behörden zukommenden Tätigkeit, d. h. die Rechte und Pflichten der Forstpolizeibehörden und -stellen, ist im Gesetz nicht zusammenfassend geregelt; er ergibt sich aus den Einzelbestimmungen des Forstgesetzes und der allgemeinen Stellung der Polizeibehörden (vgl. S. 189 f. und Anm. 2a zu Art. 115). Träger der forstpolizeilichen Gewalt sind ausschließlich die Forstpolizeibehörden als forstpolizeiliche Außenbehörden, die Regierungen, K. d. J., als Mittelbehörden und das Staatsmin. d. Inn. als oberste Behörde.

Die **örtliche Zuständigkeit** der Forstpolizeibehörden und -stellen ist im Forstgesetz überhaupt nicht geregelt; sie muß aus allgemeinen Grundsätzen abgeleitet werden. Örtlich zuständig ist die Forstpolizeibehörde (-stelle), in deren Amtsbezirk der Wald, um den es sich handelt, gelegen ist (forum rei sitae); der Wohnort des Waldbesitzers ist grundsätzlich ohne Bedeutung. Wenn sich aus diesem Grundsatz die Zuständigkeit mehrerer Behörden ergibt (wenn z. B. das zu rodende Waldgrundstück die Grenze eines

Amtsbezirks überschreitet), so wird die vorgesetzte Behörde die zuständige Behörde zu bestimmen haben (vgl. §§ 35ff. ZPO.); im Verwaltungsrechtsverfahren ist dies ausdrücklich bestimmt (Art. 17 Abs. II VGG.); vgl. ME. vom 26. 8. 1857 Nr. 18208. Eine Ausnahme von der Zuständigkeit nach der Lage des Waldes gilt für die Staatsaufsichtsbehörden im Vollzuge der Art. 6—18; da es sich hier nicht um Forstpolizei, sondern um Staatsaufsicht handelt, richtet sich die örtliche Zuständigkeit der Aufsichtsbehörden, den allgemeinen Regeln folgend, nach dem Sitze der waldbesitzenden Gemeinde, Stiftung, Körperschaft (vgl. S. 101).

2. Besondere Bestimmungen: Abgesehen von den in Anm. 1 aufgeführten Ausnahmen sind Sonderbestimmungen nur noch enthalten in:

Art. 20 Abs. I für die Zustimmung zur Verteilung gemeinschaftlicher Privatwaldungen,
Art. 21 Abs. II für die Prüfung des Nachhaltigkeitsbetriebs bei Lehenwaldungen,
Art. 42 Abs. II für die Anordnung der zwangsweisen Aufforstung.

Im letzten Fall ist die Zuständigkeit des Amtsgerichts begründet, in den beiden ersteren Fällen bereits im ersten Rechtszug die Zuständigkeit der Forstpolizeistellen.

3. Forstpolizei: Begriff s. S. 188 f. Zur Verwaltung der Staatsforsten, z. B. zur Abgabe von Holz aus den Staatswaldungen, sind nur die Forst-, nicht die Forstpolizeibehörden zuständig. Daß gegenüber den Staatsbehörden in der Verwaltung der Forsten des Staates und der staatlich verwalteten Stiftungen keine Forstpolizei ausgeübt wird, s. S. 191 f.

4. In erster Instanz:

a) Das forstpolizeiliche Verfahren (nicht das Verwaltungsrechtsverfahren) sieht nur zwei Rechtszüge vor. Die Begr. sagt: „Entsprechend den neuen Einrichtungen in der Rechtspflege stellt Art. 109 auch in Ansehung der Forstpolizei nur zwei Instanzen auf, so daß den betreffenden Staatsministerien nur die oberste Aufsicht und Leitung der Forstpolizei zukommt, vermöge deren sie allerdings auch die Stellung eines Kassationshofes einnehmen, so daß sie forstpolizeiliche Beschlüsse zweiter Instanz, die klaren Bestimmungen des Gesetzes widersprechen oder mit einer Nichtigkeit des Verfahrens behaftet sind, auf erhobene Beschwerde aufzuheben ermächtigt wären." Die Beschränkung des Instanzenzuges im reinen Verwaltungsverfahren auf zwei Instanzen hat folgende Bedeutung: nur gegen die Entscheidung des ersten Rechtszugs ist die förmliche Beschwerde („Berufung") mit der Frist des Art. 112 Abs. II und III eingeräumt; die zweite Instanz ist verbunden, auf rechtzeitig erhobene Berufung die Richtigkeit der Entscheidung der ersten Instanz von Amts wegen im vollen Umfange nachzuprüfen, nötigenfalls auch die Erhebungen zu ergänzen; der Berufung zur zweiten Instanz kommt, soweit nicht ausdrücklich (z. B. Art. 46 Abs. II) etwas anderes bestimmt, aufschiebende Wirkung zu (vgl. Anm. 6 c zu Art. 112). Gegen die Entscheidung der zweiten Instanz steht (soferne nicht das Staatsmin. d. Innern selbst zweite Instanz ist, s. Abs. II) nur die sog. Oberaufsichtsbeschwerde zum Staatsmin. d. Innern offen; diese ist an keine Frist gebunden; sie hat keine aufschiebende Wirkung, wenn nicht die unteren Instanzen den Vollzug der Entscheidung der zweiten Instanz von sich aus aussetzen oder dazu vom Staatsmin. d. Innern angewiesen werden. Das Staatsmin. d. Innern ist nicht verpflichtet, die Entscheidung der zweiten Instanz nachzuprüfen; näheres Anm. 3 zu Art. 111. Beschwerden sind gegen forstpolizeiliche Entscheidungen und Verfügungen jeder Art (Anordnungen, Verbote usw.) zulässig.

b) Soweit das Forstgesetz nichts anderes bestimmt, ist auf dem Gebiete der Forstpolizei erste Instanz das Bezirksamt für alle in dessen Bezirk gelegenen Waldungen und der Stadtrat einer kreisunmittelbaren Stadt für alle in der Stadtmarkung gelegenen Waldungen, auch der stadteigenen; dies gilt auch für das Verwaltungsrechtsverfahren und zwar auch, wenn die Stadtgemeinde selbst streitbeteiligt ist. Ausnahmsweise ist als erste Instanz die Regierung, K. d. J., bestimmt (Anm. 2). Zum staatsaufsichtlichen Verfahren im Vollzuge der Art. 6—18 FG. s. oben Anm. 1 b. Auch wenn der Stadtrat einer unmittelbaren Stadt Forstpolizeibehörde ist, steht die Antragstellung und das amtliche Gutachten dem staatlichen Forstamte zu (Art. 14). Die Hilfspersonen zur Handhabung der Forstpolizei sind zu forstpolizeilichen Entscheidungen nicht berechtigt; näheres über ihr Verhältnis zur Forstpolizei s. Anm. 2 zu Art. 115.

Wenn nicht ein Fall des Art. 110 gegeben ist, verfügt und entscheidet das Bezirksamt stets im Büroweg. Der Stadtrat einer unmittelbaren Stadt versieht die Geschäfte der Forstpolizeibehörde entweder in der Vollversammlung (Plenum) oder in einem beschließenden Ausschuß (Senat); er verfügt und entscheidet im Wege der Beschlußfassung. In dringenden Fällen ist der erste Bürgermeister berechtigt und verpflichtet, die forstpolizeilichen Geschäfte allein zu erledigen; nachfolgende Beschlußfassung des Stadtrats ist nicht erforderlich; Art. 54 Abs. IV GemO. Die Forstpolizei gehört zum über-

tragenen, nicht zum eigenen Wirkungskreis der unmittelbaren Städte (Art. 50 GemO.); sie ist ein **Teil der ihnen übertragenen Bezirkspolizei**; sie haben gemäß Art. 54 Abs. V für die aus der **Ausübung der Forstpolizei erwachsenden Kosten** aufzukommen.

5. In zweiter und letzter Instanz: Die Regierung, K. d. J., entscheidet in reinen Verwaltungssachen und in Verwaltungsstreitsachen II. Ordnung im Büroweg, in Verwaltungsrechtssachen im Senat, stets unter Mitwirkung der Regierungsforstkammer als technischem Organ, nie mit den Beisitzern des Art. 110. Wenn die Forstpolizeistelle im ersten Rechtszug entscheidet (Anm. 2), ist im reinen Verwaltungssachen zweite und letzte Instanz das Staatsministerium des Innern; gegen die Entscheidung der Forstpolizeistelle ist in diesem Fall die Berufung mit der Frist des Art. 112 Abs. II und III eröffnet wie sonst gegen die Entscheidung der Forstpolizeibehörde. Die Beschränkung auf zwei Rechtszüge gilt nicht für das Verwaltungsrechtsverfahren; eine Ausnahme besteht nur für die Entscheidung in Rechtsfragen in den Fällen, in denen nach dem Forstgesetz der Rechtsweg vorbehalten ist (z. B. in Art. 25; s. Anm. 2b β vor Art. 109). Im Falle des Art. 10 Ziff. 8 VGG. ist in Rechtsfragen der Verwaltungsgerichtshof zweite Instanz. Im Vollzuge der Art. 6—18 FG. ist Art. 109 nur teilweise anwendbar (s. oben Anm. 1b). Oberaufsichtsbeschwerde s. oben Anm. 4a.

6. Abs. II: Zuständigkeit der Forstpolizeistellen im ersten Rechtszug Anm. 2. Berufungsfrist Art. 112; vgl. auch Anm. 5. Wenn die Berufungsfrist versäumt ist, steht noch die unbefristete Oberaufsichtsbeschwerde zum Staatsministerium des Innern offen.

Forstpolizeikommission. **Artikel 110.** (*/*).

I In den Fällen[2] der Art. 23, 25—28, 31 und 40 Abs. 4 erfolgt die Entscheidung[5] der Forstpolizeibehörde durch eine Kommission[3], welche aus dem Vorstande der Forstpolizeibehörde oder dessen Stellvertreter als Vorsitzenden und zwei Beisitzern besteht. Den Beisitzern steht das gleiche Stimmrecht wie dem Vorsitzenden zu. Die Entscheidungen werden mit Stimmenmehrheit getroffen. Beisitzer, welche bei dem Gegenstande der forstpolizeilichen Verhandlung beteiligt sind, können bei der Entscheidung nicht mitwirken.

II Von jedem der in einem Distriktspolizeibezirk bestehenden Distriktsräte, erstmals von den betreffenden Distriktsratsausschüssen, werden und zwar vorzugsweise aus den im Distrikte mit land- und forstwirtschaftlichem Grundbesitz ansässigen Personen mehrere Beisitzer und die entsprechende Anzahl von Ersatzmännern gewählt[6]. Die gewählten Beisitzer und Ersatzmänner gelten für den ganzen Distriktspolizeibezirk bestellt.

III Die Wahlen erfolgen erstmals auf die Dauer der Funktion der beim Inkrafttreten des gegenwärtigen Gesetzes gewählten Distriktsausschüsse und sodann je auf die Dauer von drei Jahren. Wenn erforderlich, haben für die Dauer der betreffenden Wahlperiode Ersatzwahlen stattzufinden.

IV Die Wahl zum Amte eines Beisitzers darf nur von den in § 35 des Reichs-Gerichtsverfassungsgesetzes vom 27. Januar 1877 aufgeführten Personen abgelehnt werden. Die Bestimmungen in den §§ 32, 33 und 52 Abs. 2 des angeführten Gesetzes finden auf die Beisitzer sinngemäße Anwendung.

V Aus der Mitte der gewählten Beisitzer werden in einer auf die Dauer der Wahlperiode von der Forstpolizeibehörde im voraus festzusetzenden Reihenfolge jeweils zwei Beisitzer zur Mitwirkung bei der Entscheidung der im Abs. 1 bezeichneten Fälle berufen.

VI Die Beisitzer werden bei ihrer ersten Dienstleistung vereidigt. Dieselben erhalten Vergütung der Reisekosten[7]. Im Falle des unentschuldigten Ausbleibens von einer Sitzung der Kommission können die Beisitzer von der Forstpolizeibehörde in eine Ordnungsstrafe bis zu *hundert Mark* und in die Kosten der durch das Ausbleiben vereitelten Tagfahrt verurteilt werden. Gegen die Verurteilung steht dem Verurteilten innerhalb 14 Tagen die Beschwerde zur Forstpolizeistelle offen.

VII Alle sonstigen zum Vollzuge dieses Artikels erforderlichen Bestimmungen, insbesondere über die Zahl der in jedem Distrikte zu wählenden Beisitzer, über das bei der Wahl zu beobachtende Verfahren, über die Einberufung der Beisitzer zur Dienstleistung, über die Art der Vereidigung und über die Höhe der Vergütungssätze, sowie über das Verfahren in Fällen, in denen die Mitwirkung von Beisitzern vorgeschrieben ist, werden im Verordnungswege getroffen.

Allerhöchste Verordnung vom 5. 7. 1896 (GVBl. S. 319, in der heutigen Fassung).

§ 1.

I Die Zahl der von jedem Distriktsrate, erstmals von jedem Distriktsratsausschusse, zu wählenden Beisitzer (Art. 110 Abs. II) wird auf vier festgesetzt.

II Die k. Staatsministerien des Innern und der Finanzen werden ermächtigt, für Bezirke, in welchen eine häufigere Beiziehung von Beisitzern zu Entscheidungen der Forstpolizeibehörden zu erwarten ist, die Zahl der von jedem Distriktsrate und beziehungsweise Distriktsratsausschusse zu wählenden Beisitzer bis zu acht zu erhöhen.

III Ersatzmänner sind in gleicher Anzahl, wie Beisitzer zu wählen.

§ 2.

I Die Wahl der Beisitzer und der Ersatzmänner erfolgt in gesonderten Wahlgängen schriftlich nach absoluter Stimmenmehrheit. Bei Stimmengleichheit entscheidet das Los.

II Über die Wahl ist ein Protokoll zu errichten. In demselben ist insbesondere die Zahl der auf jeden Gewählten gefallenen Stimmen zu verzeichnen.

§ 3.

I Sobald die Wahl in sämtlichen zu einem Distriktspolizeibezirke gehörigen Distrikten vollzogen ist, hat die Forstpolizeibehörde die Reihenfolge der Beisitzer für die Einberufung zur Dienstleistung in alphabetischer Ordnung der Namen der Gewählten festzusetzen und jedem Beisitzer und Ersatzmann von der auf ihn gefallenen Wahl Kenntnis zu geben.

II Die festgesetzte Reihenfolge ist in dem der betreffenden Distriktsverwaltungsbehörde zu amtlichen Kundmachungen dienenden Blatte zu veröffentlichen.

§ 4.

Die Einberufung der Beisitzer zur Dienstleistung erfolgt durch die Forstpolizeibehörde und ist den Einzuberufenden in der Regel mindestens drei Tage vor dem Tage, auf welchen die Einberufung lautet, zuzustellen.

§ 5.

I Die Forstpolizeibehörde kann einen Beisitzer auf dessen Antrag wegen eingetretener Hinderungsgründe von der Dienstleistung an einem bestimmten Tage entbinden.

II Der Antrag und die Bewilligung sind aktenkundig zu machen.

§ 6.

I Hat ein Beisitzer die Wahl in rechtsgültiger Weise abgelehnt (Art. 110 Abs. IV), oder ist im Laufe einer Wahlperiode ein Beisitzer gestorben oder unfähig geworden, das Amt eines Beisitzers zu bekleiden, so tritt an dessen Stelle der in dem betreffenden Distrikte gewählte Ersatzmann, auf welchen bei der Wahl die meisten Stimmen gefallen sind. Bei Stimmengleichheit entscheidet das Los.

II Der Eintritt eines Ersatzmannes in die Zahl der Beisitzer ist unter Bezeichnung desjenigen Beisitzers, an dessen Stelle der Ersatzmann tritt, in dem der betreffenden Distriktsverwaltungsbehörde zu amtlichen Kundmachungen dienenden Blatte bekannt zu geben.

§ 7.

I Außer in dem Falle des § 6 kann die Einberufung eines Ersatzmannes zur Dienstleistung nur dann stattfinden, wenn

a) die für die Verhandlung eines Gegenstandes erforderliche Zahl von Beisitzern wegen Beteiligung (Art. 110 Abs. I) oder Krankheit einzelner Beisitzer nicht vorhanden ist, oder

b) einer der zur Dienstleistung einberufenen Beisitzer am Erscheinen verhindert oder ausgeblieben ist und die Einberufung des in der Reihenfolge nächsten Beisitzers sich bis zum Zeitpunkte der Verhandlung nicht mehr ermöglichen läßt.

II In solchen Fällen kann die Forstpolizeibehörde einen der zunächst wohnhaften Ersatzmänner zur Dienstleistung einberufen.

§ 8.

I Die Beeidigung der Beisitzer erfolgt bei ihrer ersten Dienstleistung. Sie gilt für die Zeit, auf welche der Beisitzer gewählt ist.

II Der Vorsitzende richtet an die zu Beeidigenden die Worte:

Sie schwören bei Gott dem Allmächtigen und Allwissenden, die Pflichten eines Beisitzers getreulich zu erfüllen und Ihre Stimme nach bestem Wissen und Gewissen abzugeben.

III Die Beisitzer leisten den Eid, indem jeder einzeln die Worte spricht:

ich schwöre es, so wahr mir Gott helfe.

IV Der Schwörende soll bei der Eidesleistung die rechte Hand erheben.

V Ist ein Beisitzer Mitglied einer Religionsgesellschaft, welcher das Gesetz den Gebrauch gewisser Beteuerungsformeln an Stelle des Eides gestattet, so wird die Abgabe einer Erklärung unter der Beteuerungsformel dieser Religionsgesellschaft der Eidesleistung gleichgeachtet.

VI Über die Beeidigung ist ein Protokoll aufzunehmen.

VII In der gleichen Weise hat die Beeidigung der zur Dienstleistung einberufenen Ersatzmänner stattzufinden.

§ 9.

Die Vorbereitung von Gegenständen, welche von der Forstpolizeibehörde unter Beiziehung von Beisitzern zu entscheiden sind, für die mündliche Verhandlung erfolgt durch die Forstpolizeibehörde. Erachtet dieselbe vor der Verhandlung die Einnahme eines Augenscheins für erforderlich, so hat sie diejenigen Beisitzer, welche zur Entscheidung des Gegenstandes beizuziehen sind, zur Beteiligung an der Augenscheins-Einnahme einzuladen.

§ 10.

Die Beisitzer sind berechtigt, von den Akten der Forstpolizeibehörde über den Gegenstand, bei dessen Entscheidung sie mitzuwirken haben, Einsicht zu nehmen und bei der Verhandlung an die Parteien, sowie an die etwa vorhandenen Zeugen, Sachverständigen und Auskunftspersonen Fragen zu richten.

§ 11.

Über den Gang der Verhandlung ist ein Protokoll aufzunehmen, welches von dem Vorsitzenden und den Beisitzern zu unterzeichnen ist. Die Ausfertigung des Beschlusses erfolgt durch die Forstpolizeibehörde.

§ 12.

Sind zur Erledigung eines Gegenstandes mehrere Verhandlungen erforderlich, so sind diejenigen Beisitzer, welche zu der ersten Verhandlung zugezogen waren, soweit als möglich auch zu den späteren Verhandlungen beizuziehen. Ein im Laufe des Verfahrens eintretender Wechsel in der Person der Beisitzer ist auf den Gang des Verfahrens ohne Einfluß.

§ 13.

Die Forstpolizeibehörden sind befugt, mehreren im gleichen Interesse Beteiligten die Bestellung eines oder mehrerer Bevollmächtigten aufzutragen und im Weigerungsfalle diese Bestellung von Amts wegen auf Kosten der Säumigen vorzunehmen.

§ 14.

Die Beisitzer erhalten für ihre Dienstleistung aus der Staatskasse eine Vergütung, deren Höhe durch die Aufwandsentschädigung der Beamten der Stufe I (§ 4 der Verordnung über die Entschädigung der Beamten bei auswärtigen Dienstgeschäften vom 20. Mai 1922, GVBl. S. 297, zuletzt in der Fassung der Bekanntmachung des Staatsministeriums der Finanzen vom 6. März 1923, StAnz. Nr. 55) begrenzt ist; erfordert die Dienstleistung der Beisitzer einen Zeitaufwand von weniger als acht Stunden, so ist die Hälfte dieses Betrags die Höchstgrenze. Außerdem kann ihnen in besonderen Fällen der Ersatz der baren Reiseauslagen gewährt werden.

§ 15.

Hinsichtlich des Ansatzes von Gebühren für die unter Zuziehung von Beisitzern getroffenen Entscheidungen der Forstpolizeibehörden hat es bei der Bestimmung in Art. 3 Ziff. 1 des Kostengesetzes sein Bewenden. Die auf die Beiziehung von Beisitzern zu den mündlichen Verhandlungen erwachsenden Kosten fallen stets der Staatskasse zur Last.

§ 16.

Alle sonstigen zum Vollzuge des Art. 110 erforderlichen Anordnungen werden von den k. Staatsministerien des Innern und der Finanzen getroffen.

§ 17.

Gegenwärtige Verordnung tritt gleichzeitig mit Art. 110 in Wirksamkeit.

Allg. Vollzugsvorschriften 1896.

Sachinstruktion § 13.

(Art. 110.) I Die Fälle, in welchen die Entscheidung der Forstpolizeibehörde unter Mitwirkung von Beisitzern zu treffen ist, sind im Art. 110 Abs. 1 erschöpfend aufgezählt. In allen hier nicht ausdrücklich aufgezählten Fällen erfolgt die Entscheidung der Forstpolizeibehörde ohne Mitwirkung von Beisitzern.

II Die Sachinstruktion ist auch in denjenigen Fällen, in welchen bei der Entscheidung der Forstpolizeibehörde Beisitzer mitzuwirken haben, Aufgabe der Forstpolizeibehörde. Dieselbe hat die Gegenstände, über welche Entscheidung zu treffen ist, vor der mündlichen Verhandlung so eingehend zu instruieren, daß in der Regel auf Grund der mündlichen Verhandlung sofort Entscheidung getroffen werden kann.

III Zu diesem Behufe sind die bei der Forstpolizeibehörde einkommenden Anträge zunächst dem einschlägigen Forstamte zur Antragstellung und zur Abgabe des amtlichen Gutachtens zu übermitteln. (Art. 114.)

IV Anträge, welche von in Staatswaldungen Nutzungsberechtigten ausgegangen und dem Forstamte zugeleitet worden sind, sind von letzterem sofort unter eingehender Darlegung des Sachverhaltes mit entsprechendem Antrage an die vorgesetzte Regierungsfinanzkammer, Forstabteilung[1]), zu bringen, welche, falls ein gütlicher Ausgleich mit den beteiligten Berechtigten nicht herbeigeführt werden kann, das Forstamt mit den erforderlichen Weisungen zu versehen hat.

V Sind für die bei der Forstpolizeibehörde eingekommenen Anträge mehrere Forstämter einschlägig, so obliegt die Antragstellung und das amtliche Gutachten dem von der Forstpolizeibehörde angegangenen Forstamte, wenn der Gegenstand der Entscheidung sich auf Verhältnisse in nicht ärarialischen Waldungen bezieht — z. B. im Falle der Ermäßigung einer Forstberechtigung, welche auf einem über den Bezirk mehrerer Forstämter sich erstreckenden Privatwaldkomplexe lastet. Handelt es sich dagegen um Forstberechtigungen in Staatswaldungen — wie etwa bei Streitigkeiten über die Art und Weise der Ausübung einer über die Bezirke mehrerer Forstämter sich erstreckenden Berechtigung — so sind die bezüglichen Anträge von der Forstpolizeibehörde sogleich der Regierungsfinanzkammer, Forstabteilung[1]), in Vorlage zu bringen. Dieselbe hat alsdann einem der einschlägigen Forstämter die Antragstellung und das amtliche Gutachten zu übertragen, sowie der Forstpolizeibehörde hierüber Mitteilung zu machen.

VI Soweit die Antragstellung und das amtliche Gutachten des Forstamtes auf Gegenstände sich bezieht, welche Verhältnisse in nichtärarialischen Waldungen betreffen, hat dasselbe die für eine erschöpfende Sachinstruktion etwa noch erforderlichen Erhebungen bei der Forstpolizeibehörde zu beantragen, veranlaßtenfalls örtliche Augenscheinseinnahme zu pflegen und, wenn möglich und zur Aufklärung der Sachlage erforderlich, mit den Parteien sich in mündliches Benehmen zu setzen.

VII Nach Eintreffen des forstamtlichen Gutachtens und beziehungsweise Antrages hat die Forstpolizeibehörde die etwa vom Forstamte oder den Parteien beantragten, dann die ihm selbst erforderlich scheinenden weiteren Erhebungen zu pflegen. Die hierüber erlaufenden Akten sind dem treffenden Forstamte vor der mündlichen Verhandlung zur Einsichtnahme und allenfallsigen Abänderung seines Antrages mitzuteilen. Zu einer Augenscheinseinnahme, zu welcher gemäß § 9 der Allerhöchsten Verordnung vom 5. Juli 1896 (s. oben) die zur Mitwirkung bei der Entscheidung zu berufenden Beisitzer eingeladen worden sind, ist auch das treffende Forstamt einzuladen, welches der Augenscheinseinnahme beizuwohnen hat.

---

[1]) Jetzt Regierungsforstkammer.

Vorbereitung der mündlichen Verhandlung. § 14.

(Art. 110.) I Nach beendigter Sachinstruktion hat die Forstpolizeibehörde Termin zur mündlichen Verhandlung anzuberaumen. Zu diesem Termine sind das treffende Forstamt, die Parteien, veranlaßtenfalls die vorgeschlagenen Zeugen, Sachverständigen und Auskunftspersonen, dann die zur Mitwirkung bei der Entscheidung berufenen Beisitzer zu laden.

II Für die Berufung der Beisitzer ist die nach Maßgabe des § 3 der Allerhöchsten Verordnung vom 5. Juli 1896 (s. oben) festgesetzte Reihenfolge maßgebend. Erscheint indessen einer der hienach einzuberufenden Beisitzer bei dem Gegenstande der Sache beteiligt, d. h. ist mit Grund anzunehmen, daß derselbe an der Art der Entscheidung unmittelbar interessiert ist, so ist an seiner Stelle der in der Reihenfolge nächste Beisitzer und, wenn wegen Beteiligung oder Erkrankung oder bei sonstigen Verhinderungsursachen nicht mehr die erforderliche Anzahl von Beisitzern vorhanden wäre, einer der Ersatzmänner einzuberufen.

III Die Prüfung der Frage, ob ein Beisitzer als beteiligt zu erachten ist, hat die Forstpolizeibehörde von Amts wegen vorzunehmen.

Teilnahme des Forstamts. § 15.

(Art. 110.) I Die Forstamtsvorstände haben den Verhandlungen bei der Forstpolizeibehörde in der Regel selbst beizuwohnen.

II Im Falle der Verhinderung haben sie den für sie aufgestellten Vertreter unter Angabe des Grundes der Verhinderung und Übersendung des gesamten für die betreffende Verhandlung erforderlichen Aktenmateriales rechtzeitig zu verständigen.

III Die Regierungsfinanzkammern, Forstabteilungen[1]), haben gemeinschaftlich mit den Regierungen, Kammern des Innern, sofort ein Verzeichnis derjenigen Stellvertreter aufzustellen und den Forstpolizeibehörden bekannt zu geben, welche im Falle der Verhinderung der zuständigen Forstamtsvorstände die Funktionen derselben in der öffentlichen Verhandlung wahrzunehmen haben.

IV Als Stellvertreter sind tunlichst die dem Sitze der Forstpolizeibehörde zunächst wohnenden Forstmeister oder Forstamtsassessoren zu bestellen. Die Verzeichnisse sind nach Bedarf einer Revision zu unterstellen.

Mündliche Verhandlung; Entscheidung. § 16.

(Art. 110.) I Die Leitung der mündlichen Verhandlungen obliegt dem Vorstande der Forstpolizeibehörde oder dessen Stellvertreter als Vorsitzenden. Im übrigen haben die Beisitzer in der mündlichen Verhandlung die gleichen Rechte, wie der Vorsitzende und nehmen auch an allen im Laufe der mündlichen Verhandlung zu treffenden Entscheidungen teil, wie z. B. bei Entscheidungen über die im Laufe einer mündlichen Verhandlung gestellten Anträge auf Vernehmung von Zeugen oder Sachverständigen, auf Vornahme eines Augenscheines usw.

II Nach Schluß der mündlichen Verhandlung hat der Vorsitzende mit den beiden Beisitzern über die zu treffende Entscheidung Beratung zu pflegen.

III Die getroffene Entscheidung kann sofort den Parteien mündlich eröffnet werden, ist denselben jedoch unter allen Umständen schriftlich zuzustellen.

IV Die Entscheidung ist mit Gründen zu versehen und hat auch einen Ausspruch im Kostenpunkte zu enthalten.

V Bezüglich des Ansatzes von Gebühren ist zu beachten, daß für Amtshandlungen, welche unabhängig von dem Verschulden einer Partei im öffentlichen Interesse von Amts wegen gepflogen werden, Gebühren nicht erhoben werden.

VI Im übrigen finden für die Verpflichtung zur Tragung und beziehungsweise zur Erstattung der der Gegenpartei erwachsenden Kosten die allgemeinen gesetzlichen Normen mit der Maßgabe Anwendung, daß die Kosten für die Beiziehung von Beisitzern zur mündlichen Verhandlung stets von der Staatskasse getragen werden.

§ 19.

I Die auf die Beiziehung von Beisitzern zu den mündlichen Verhandlungen der Forstpolizeibehörde erwachsenen Kosten (§§ 14 und 15 der Allerhöchsten Verordnung vom 5. Juli 1896, s. oben) sind auf den Etat des Staatsministeriums des Innern, Ziff. XI Kap. 6 „Übrige Ausgaben auf die innere Verwaltung" unter dem neu zu eröffnenden § 7 „Kosten auf den Vollzug des Art. 110 des Forstgesetzes vom 28. März 1852 bzw. 17. Juni 1896" zu verrechnen.

II Die Festsetzung der liquidierten Beträge hat durch das Bezirksamt zu erfolgen.

III Bezüglich der Ausbezahlung, der Verrechnung und Einweisung derselben haben die einschlägigen Bestimmungen der Bekanntmachung vom 24. September 1879 Nr. 13760, das Kostenwesen in richterlichen Strafsachen betreffend[1]), sinngemäße Anwendung zu finden.

---

[1]) Jetzt Bek. vom 20. Juni 1915, GVBl. S. 156 (Ziff. 72ff.).

1. Forstpolizeikommission: Art. 110 wurde i. J. 1896 ins Gesetz aufgenommen. Er schreibt vor, daß das Bezirksamt zur Entscheidung in bestimmten Forstrechts- und Schutzwaldfragen zwei Laienbeisitzer beizuziehen hat. Der Beamte des Bezirksamts und die beiden Laienbeisitzer bilden in den einschlägigen Fällen zusammen die Forstpolizeibehörde; das Kollegium wird Forstpolizeikommission genannt. Der Gesetzgeber ging bei der Einführung des Laienelements davon aus, daß die Beisitzer den einschlägigen Verhältnissen und beteiligten Personen nach Wohnort, Besitz oder Beruf näherstünden und ihre Mitwirkung daher geeignet sei, die gütliche Einigung der Parteien zu erleichtern und den Entscheidungen bei den in diesen Angelegenheiten oft empfindlichen Beteiligten eine vorurteilsfreiere Aufnahme zu bereiten.

2. Kreis der Kommissionssachen: Für die Entscheidung der Forstpolizeibehörde in den in Art. 110 aufgeführten Forstrechtsangelegenheiten ist stets nur die Forstpolizeikommission zuständig; zur Entscheidung über die Schutzwaldeigenschaft und die Anträge auf Genehmigung von Kahlhieben und gleichkommenden Lichthauungen in Schutzwäldern ist grundsätzlich das Bezirksamt allein (im Büroweg) berufen; nur, wenn die Voraussetzungen des Art. 40 Abs. IV gegeben sind, ist die Kommission zuständig.

In allen Fällen kommt die Bildung der Forstpolizeikommission nur in Frage, wenn ein Bezirksamt zur Entscheidung berufen ist; der Stadrat einer unmittelbaren Stadt entscheidet stets ohne die Laienbeisitzer des Art. 110 (Begr.), desgleichen die Forstpolizeistelle, das Staatsministerium des Innern usw. Wie der ganze Art. 110, so gelten auch die Vollzugsverordnung und Vollzugsbestimmungen hiezu nur für den Fall, daß ein Bezirksamt zuständig ist. Der Stadtrat einer unmittelbaren Stadt entscheidet auch über die in Abs. I aufgezählten Angelegenheiten im allgemeinen Verfahren. Art. 112 Abs. I aber ist troß der Verweisung auf Art. 110 nicht auf das Verfahren vor der bezirksamtlichen Forstpolizeikommission beschränkt (vgl. Anm. 1 zu Art. 112 und unten Anm. 5).

Soweit die Forstpolizeikommission nach Art. 110 zur Entscheidung berufen ist, ist sie zuständig sowohl im reinen Verwaltungsverfahren wie im Verwaltungsrechtsverfahren, für Rechts- und Ermessensfragen. Die Aufzählung des Art. 110 Abs. I ist erschöpfend; in anderen Fällen ist niemals die Forstpolizeikommission zuständig. In den aufgeführten Fällen ist die Forstpolizeikommission aber stets nur zu der jeweils für die Forstpolizeibehörde vorgesehenen Entscheidung zuständig. Die Entscheidung der Forstpolizeikommission kommt in Frage im Falle des Art. 23 Abs. II, 25 Abs. IV, 26 Abs. I, 27 Abs. III und IV, 28 Abs. II, 31 Abs. I und II, 40 Abs. IV. Zu forstpolizeilichen Weisungen und vorsorglichen Anordnungen ist die Kommission nicht zuständig.

3. Tätigkeit der Mitglieder der Forstpolizeikommission: Vom Bezirksamt hat entweder der Amtsvorstand oder ein Bezirksamtmann mitzuwirken; es muß nicht der dienstälteste sein. Die Forstpolizeikommission tritt grundsätzlich nur zur mündlichen Verhandlung zusammen; das Bezirksamt hat die Verhandlungen vorzubereiten und zwar so vollständig, daß möglichst auf Grund einmaliger mündlicher Verhandlung sofort Entscheidung getroffen werden kann. Wenn das Bezirksamt vor der mündlichen Verhandlung eine örtliche Besichtigung für zweckmäßig hält, hat es die Beisitzer zur Teilnahme einzuladen; diese müssen jedoch nicht teilnehmen. Im übrigen werden die Beisitzer erst zur mündlichen Verhandlung zugezogen; sie können vor der Verhandlung die bezirksamtlichen Akten einsehen. In der mündlichen Verhandlung führt der Vertreter des Bezirksamts den Vorsitz; er leitet die Verhandlung. Die Beisitzer sind befugt, an die Parteien, Zeugen, Sachverständigen und Auskunftspersonen unmittelbar Fragen zu stellen. Bei allen im Laufe der mündlichen Verhandlung zu treffenden Entscheidungen sachlicher oder prozessualer Natur haben die Beisitzer und der Vorsitzende gleiches Stimmrecht; eine Entscheidung kann nur mit Stimmenmehrheit getroffen werden, d. h. es müssen mindestens zwei Stimmen vereinigt sein; der Vorsitzende kann von den Beisitzern überstimmt werden. Über jede Entscheidung hat sich der Vorsitzende mit den Beisitzern zu beraten; die Beratung wird gewöhnlich geheim sein; eine Vorschrift fehlt. Die endgültige Entscheidung ist vom Vorsitzenden schriftlich abzufassen; sie ist vom Bezirksamt (Amtsvorstand oder dem gesetzlichen Stellvertreter) auszufertigen. Über den Gang der mündlichen Verhandlung ist eine Niederschrift aufzunehmen; diese ist von dem Vorsitzenden und den Beisitzern zu unterzeichnen. Die Forstpolizeikommission wird zur mündlichen Verhandlung regelmäßig einen Schriftführer beiziehen; gesetzlich vorgeschrieben ist dies nicht.

4. Parteien, Sachverständige: In den Fällen des Art. 110 Abs. I können die Parteien in der mündlichen Verhandlung mit Rechtsanwälten erscheinen oder sich durch Rechtsanwälte vertreten lassen (Art. 112 Abs. I). Wenn in einem vor die Forstpolizeikommission gehörenden Streite mehrere im gleichen Interesse Beteiligte vorhanden sind, kann ihnen das Bezirksamt auftragen, einen oder mehrere gemeinsame Bevollmächtige aufzustellen; im Falle der Weigerung kann das Bezirksamt die Aufstellung auf Kosten der Säumigen selbst vornehmen (§ 13 der VO. vom 5. 7. 1896 S. 413). Schriftwechsel unter den Parteien ist nicht zulässig (Art. 112); dagegen sind schriftliche Eingaben und Anträge an das Bezirksamt gestattet. Für Verwaltungsrechtssachen ist dies in Art. 19 Abs. III und 27 Abs. II VGG. vorgeschrieben.

Das Forstamt ist kraft Gesetzes (Art. 114) der amtliche Sachverständige auch in den Fällen des Art. 110 Abs. I und zwar auch, wenn der Staat streitbeteiligt ist; das Forstamt muß in der mündlichen Verhandlung vertreten sein und zwar regelmäßig durch den Forstamtsvorstand selbst (§ 15 Allg. VollzB. 1896 S. 415). Die Forstpolizeikommission hat, wenn sachdienlich, von sich aus oder auf Antrag der Parteien weitere Sachverständige und Auskunftspersonen zuzuziehen. Das Bezirksamt hat die einkommenden Anträge zunächst dem Forstamt zur gutachtlichen Äußerung und Antragstellung zuzuleiten; das Forstamt ist gehalten, die für die Entscheidung erforderlichen Erhebungen selbst anzustellen oder beim Bezirksamt zu beantragen; vor Anberaumung der mündlichen Verhandlung hat das Bezirksamt die Akten nochmals dem Forstamt zuzuleiten; u. U. wird dieses nunmehr seinen Antrag abzuändern haben (Allg. VollzB. 1896 § 13 Abs. III, VI, VII S. 414). Wenn das Bezirksamt eine Ortsbesichtigung vornimmt, ist außer den Beisitzern auch das Forstamt zu laden; dieses ist zur Teilnahme verpflichtet (§ 13 Abs. VII Allg. VollzB. 1896); zweckmäßig sind auch die Parteien zu laden.

Besondere Weisungen für die Forstämter enthalten die Allg. VollzB. 1896 § 13 Abs. IV und V S. 414 für Streitigkeiten wegen Nutzungsrechten in Staatswaldungen und für den Fall, daß mehrere Forstämter beteiligt sind.

5. Verfahren: Von den der Forstpolizeikommission zur Entscheidung überwiesenen Angelegenheiten sind im reinen Verwaltungsverfahren zu behandeln die Fälle des Art. 40 Abs. IV; die übrigen Angelegenheiten sind Verwaltungsrechtssachen (vgl. S. 148).

Das reine Verwaltungsverfahren ist in den Fällen des Art. 110 dasselbe wie sonst in Forstpolizeisachen (s. Anm. 2a vor Art. 109), soweit nicht Art. 110 und die dazu ergangenen Vollzugsvorschriften (VO. vom 5. 7. 1896 und Allg. VollzB. 1896 § 13 S. 412 ff.) etwas anderes vorschreiben. Die wichtigste Besonderheit des Verwaltungsverfahrens nach Art. 110 ist die Notwendigkeit einer mündlichen Verhandlung; diese ist nicht öffentlich.

Das Verwaltungsrechtsverfahren bestimmt sich zunächst nach dem Verwaltungsgerichtsgesetz (Art. 16 VGG.) und dessen Vollzugsvorschriften, ergänzend nach Art. 110 und den dazu ergangenen Vollzugsvorschriften und den sonstigen Bestimmungen des Forstgesetzes; s. Anm. 2b γ vor Art. 109. Mündliche Verhandlung ist auch hier notwendig (Art. 27 Abs. III VGG.); die Öffentlichkeit kann regelmäßig zugelassen werden, ist aber nicht vorgeschrieben (Art. 28 VGG.).

6. Bestellung der Beisitzer: Die Beisitzer werden jeweils auf die Dauer von drei Jahren vom Bezirkstag gewählt; sie sollen im Zeitpunkt der Wahl im Bezirk ansässig sein und land- und forstwirtschaftlichen Grund besitzen. Die Bezirksbauernkammer kann um Vorschläge angegangen werden. Regelmäßig sind vier Beisitzer und ebensoviele Ersatzmänner zu wählen. Wenn ein Beisitzer nach dem pflichtgemäßen Ermessen des Bezirksamts von dem Ausgange des Verfahrens aus einem privaten Interesse persönlich unmittelbar berührt wird (nach der Begr.: selbst Partei ist), so hat das Bezirksamt den nächsten Beisitzer einzuberufen (§ 14 Allg. VollzB. 1896 S. 415). Die Beteiligung von Verwandten ist kein Ausschließungsgrund. Die Teilnahme eines beteiligten Beisitzers macht den Beschluß nichtig. Ablehnung ist nicht zulässig; doch kann eine Partei das Bezirksamt auf Ausschließungsgründe aufmerksam machen. Die angebliche Mitwirkung eines beteiligten Beisitzers kann nur zusammen mit der Entscheidung angefochten werden. Die Beisitzer sind bei der ersten Dienstleistung zu beeidigen. Die Bestellung der Beisitzer ist ausführlich geregelt in Art. 110, ferner in der Vollzugsverordnung S. 412 ff. und in § 14 Allg. VollzB. 1896 S. 415. Der Strafrahmen für die vom Bezirksamt zu verhängende Ordnungsstrafe nach Abs. VI beträgt nunmehr 1 bis 1000 Reichsmark (Art. II und VIII der VO. vom 6. 2. 1924, RGBl. I S. 44).

7. Kosten u. ä.: Die Kosten des Verfahrens sind nach den allgemein in Verwaltungssachen bzw. Verwaltungsrechtssachen geltenden Grundsätzen zu verteilen. Die Entscheidung der Forstpolizeikommission ist grundsätzlich nach Art. 142 ff. KostG. gebührenpflichtig (§ 15 VollzVO. und § 16 Abs. IV bis VI Allg. VollzB. 1896). Die Beisitzer haben Anspruch auf Vergütung ihrer Reisekosten nach § 14 der VollzVO. in der Fassung vom 10. 5. 1923, GVBl. S. 185; diese Vergütung der Beisitzer wird stets endgültig von der Staatskasse getragen. Festsetzung, Auszahlung, Verrechnung § 19 Allg. VollzB. 1896 S. 415.

Über die **Tagegelder und Reisekosten der Forstamtsvorstände** und ihrer Stellvertreter bestimmt die InnME. vom 18. 3. 1897 Nr. 5236 (FME. vom 7. 3. 1897):

„a) Eine Befugnis zur Aufrechnung von Tagegeldern und Reisekosten ist nicht als gegeben zu erachten, wenn die Forstmeister oder deren Stellvertreter zur Wahrung unmittelbarer Interessen der Staatsforstverwaltung tätig werden. In solchen Fällen ist die Anteilnahme an der Verhandlung, falls diese an einem innerhalb des Forstamtsbezirkes gelegenen Orte stattfindet, oder an einer Ortsbesichtigung, die etwa von der Forstpolizeibehörde vorgenommen wird, jenen äußeren Forstverwaltungsgeschäften zuzuzählen, für welche die Dienstaufwandsentschädigungen bestimmt sind.

b) In allen übrigen Fällen ist die Aufrechnung von Tagegeldern und Reisekosten (nach den hiefür bestehenden allgemeinen Vorschriften) zulässig, da es sich um Dienstgeschäfte handelt, für welche die dermaligen Dienstaufwandsentschädigungen weder bestimmt noch bemessen sind. Dabei ist jedoch den Forstämtern zur Pflicht gemacht, auf Minderung der Kosten möglichst Bedacht zu nehmen, die Dienstreisen zu einer Augenscheinseinnahme auf das notwendigste zu beschränken, und wo nur immer die Verhältnisse es gestatten und ohne Verzögerung der Sachentscheidung zum Nachteile der Parteien es geschehen kann, eine nicht zu umgehende Ortsbesichtigung möglichst gelegentlich anderer in der Gegend vorzunehmender Dienstgeschäfte zu betätigen.

c) Soweit die nach vorstehendem Buchstaben b liquidierten Kosten sich auf die Teilnahme an den förmlichen forstpolizeilichen Verhandlungen (Art. 40 Abs. 4 und Art. 110 FG.) beziehen, fallen sie stets zu Lasten der Staatskasse, dagegen Kosten für Ortsbesichtigungen nur dann, wenn letztere von Amts wegen vorgenommen worden sind, gleichviel, ob vom Forstmeister oder dessen Stellvertreter allein zum Zwecke der Antragstellung und der Abgabe des amtlichen Gutachtens oder von der Forstpolizeibehörde zum Zwecke der Vorbereitung des Verhandlungsgegenstandes unter Anteilnahme eines Vertreters des Forstamts. Ist eine Augenscheinseinnahme auf ausdrücklichen Antrag von Parteien — vor oder im Verlaufe der Verhandlungen — oder aus sonstiger Veranlassung ausgeführt worden wie z. B. des Art. 168 FG. oder jener Fälle, die im § 7 Abs. IX der Allg. VollzV. 1896 (S. 207) bezeichnet sind, so fallen die Kosten den Parteien bzw. den Veranlassern der Augenscheinseinnahme zur Last; für ihre Erstattung sind die allgemeinen gesetzlichen Normen maßgebend.

d) Die auf die Staatskasse fallenden Kosten sind vorläufig auf den Haushalt des Staatsministeriums des Innern und zwar bei Ziff. XI cap. 6 „Übrige Ausgaben auf die innere Verwaltung", „§ 7 Kosten auf den Vollzug des Art. 110 FG." zu verrechnen.

e) Alle Aufrechnungen über Tagegelder und Reisekosten in Schutzwaldsachen werden von den Aufrechnern der Forstpolizeibehörde übergeben, die die Beträge festzusetzen hat."

8. Zu unterscheiden von der Forstpolizeikommission nach dem Forstgesetz ist der Ausschuß zur Entscheidung über die Anträge auf Erlaubnis zur Aufforstung (**Aufforstungsausschuß**) nach dem Aufforstungsgesetz vom 22. 12. 1921 (GVBl. S. 609, s. Anhang) — Art. 12 —. Der Aufforstungsausschuß wird von der Bezirksbauernkammer gewählt.

Zuständigkeit der Ministerien. **Artikel 111.** ($^{109}/_{110}$).

Die oberste Aufsicht und Leitung der Forstpolizei steht den einschlägigen Staatsministerien[2] zu.

1. **Zuständigkeit der Ministerialinstanz; Inhalt der Oberaufsicht:** Art. 111 regelt zusammen mit Art. 109 Abs. II die Zuständigkeit des Ministeriums. Instanz und zwar Beschwerdeinstanz ist das Ministerium nur in den seltenen Fällen (Art. 20 Abs. I und 21 Abs. II), in denen die Forstpolizeistelle d. i. die Regierung, K. d. J., erste Instanz ist (Art. 109 Abs. II); sonst kommt das Ministerium nur für die Ausübung der sog. Oberaufsicht in Betracht. Diese Oberaufsicht und Leitung umfaßt:

a) die Befugnis, die untergeordneten mit Forstpolizei befaßten Behörden mit allgemeinen oder besonderen Weisungen zu versehen,
b) die Befugnis, soweit nicht in Verwaltungsrechtssachen Art. 15 VGG. entgegensteht, auf Anrufung oder von Amts wegen Beschlüsse der Forstpolizeistellen, die gegen sachliche Bestimmungen verstoßen oder unter schweren Verfahrensmängeln zustande gekommen sind, aufzuheben,
c) die verfassungsmäßige Mitwirkung bei der forstpolizeilichen Gesetzgebung und bei der Erlassung der Vollzugsverordnungen und sonstigen Vollzugsvorschriften.

2. **Das Staatsministerium des Innern als Forstpolizeiministerium; staatliche Fürsorge für die Waldwirtschaft:** Die oberste Aufsicht und Leitung der Forstpolizei (Oberaufsicht) steht lediglich dem Staatsministerium des Innern als dem allgemeinen Polizeiministerium zu (§ 81 a der VO. vom 9. 12. 1825, Weber Bd. 2 S. 261). Wie das Forstamt der Forstpolizeibehörde, so steht die Ministerial-

forstabteilung des Staatsministeriums der Finanzen dem Staatsministerium des Innern als oberste forsttechnische Stelle zur Gutachtensabgabe und Antragstellung zur Seite (§ 4 der VO. vom 15. 12. 1908, GVBl. 1087). Das Staatsministerium des Innern ist nicht bloß federführend auf dem Gebiete der Forstpolizei im engeren Sinn, sondern auch in dem im Zeitpunkt der Begründung seiner Zuständigkeit (§ 81 a der VO. vom 9. 12. 1825, Weber Bd. 2 S. 261) und bei der Erlassung des Forstgesetzes verstandenen weiteren Sinn, wonach zur Forstpolizei auch die positive staatliche Fürsorge zur Pflege der Waldungen gehört (s. oben S. 188 ff., 117 f.). Hierin hat sich mit der Errichtung des Landwirtschaftsministeriums (VO. v. 1. 4. 1919, GVBl. S. 125) nichts geändert. Dieses sollte lediglich die bisher dem Finanzministerium auf dem Gebiete des Forstwesens zukommende Tätigkeit (m. a. W. die Ministerialforstabteilung) übernehmen; aber auch dies unterblieb, da die erforderliche besondere Verordnung nicht erging; das neue Ministerium nahm daher auch nicht die vorgesehene Bezeichnung „St.-M. für Land- und Forstwirtschaft“, sondern nur „für Landwirtschaft“ an. Die Pflege der nichtstaatlichen Forstwirtschaft gehört daher nach wie vor zunächst zum Geschäftsbereich des Staatsministeriums des Innern. Die Vereinigung der gesamten staatlichen Tätigkeit auf dem Gebiete der nichtstaatlichen Waldwirtschaft bei einer Stelle ist auch zweckmäßig; sie stimmt mit dem Aufbau des Forstgesetzes überein, das nicht bloß forstpolizeiliche Bestimmungen im engeren Sinn, sondern gleich in seiner ersten Abteilung auch forstwirtschaftliche Bestimmungen enthält. Das Innenministerium ist auch auf dem Gebiete der Pflege der nichtstaatlichen Waldwirtschaft auf die sachliche Beratung der Ministerialforstabteilung angewiesen.

In den unteren Instanzen gehört die staatliche Fürsorge für die nichtstaatliche Waldwirtschaft zum Geschäftsbereich der Forstpolizeistellen und Forstpolizeibehörden, d. i. der Regierungen, K. d. J., und der Bezirksverwaltungsbehörden, nicht der Landwirtschaftsstellen; sie bedienen sich dabei des sachlichen Rates der Regierungsforstkammern und Forstämter, die ihrerseits in der Pflege der nichtstaatlichen Waldwirtschaft auch unmittelbar tätig werden; s. oben S. 117 f. Dagegen gehört zur Landwirtschaft im Sinne des Bauernkammerngesetzes vom 20. 3. 1920 (GVBl. S. 67) auch die Forstwirtschaft mit Ausnahme der Staats- und Reichsforsten. Die Landes-, Kreis- und Bezirksbauernkammern sind daher auch die gesetzlichen Berufsvertretungen für die nichtstaatliche Forstwirtschaft. Die zuständigen Ministerien, Regierungen und Bezirksverwaltungsbehörden müssen vor der Regelung wichtiger die Forstwirtschaft berührenden Angelegenheiten die Landes- bzw. Kreis- und Bezirksbauernkammern hören.

Die Staatswaldungen gehören ausschließlich zum Geschäftsbereich des Staatsministeriums der Finanzen (Ministerialforstabteilung), was schon in § 90 der VO. v. 9. 12. 1825 (Weber Bd. 2 S. 261) bestimmt war und in § 1 der heute geltenden VO. v. 15. 12. 1908 (GVBl. S. 1087) wiederholt ist. Die bei der Errichtung des Landwirtschaftsministeriums vorgesehene Übernahme der Ministerialforstabteilung auf das neue Ministerium unterblieb.

Die Vollzugsvorschriften zum Forstgesetz werden gewöhnlich von den sachlich beteiligten Staatsministerien (z. B. des Innern und der Finanzen oder der Justiz, des Innern und der Finanzen) gemeinschaftlich erlassen; die Ministerien, die sie erlassen haben, können sie auch wieder ändern.

3. Stellung des Innenministeriums:

In den Verwaltungsrechtssachen des Forstgesetzes ist das Staatsministerium des Innern niemals Instanz (Anm. 2 b β vor Art. 109). Entscheidungen des Verwaltungsgerichtshofs kann das Ministerium niemals aufheben (Art. 15 VGG.), wie auch umgekehrt grundsätzlich gegen eine Entscheidung des Ministeriums der Verwaltungsgerichtshof nicht angerufen werden kann (Ausnahme Art. 35 Abs. VI KrO.). Entscheidungen des Ministeriums können grundsätzlich überhaupt mit keinem Rechtsmittel angefochten werden; es ist nur Gegenvorstellung beim gleichen Ministerium möglich.

In reinen Verwaltungssachen kann das Staatsministerium des Innern ausnahmsweise Instanz sein (Art. 109 Abs. II FG., s. Anm. 1); dann gilt für die Berufung die Frist des Art. 112 Abs. II und III. Ist es nicht Instanz, so kann zu ihm die fristlose Oberaufsichtsbeschwerde erhoben werden. Die gesetzliche Einschränkung des Instanzenzugs in reinen Verwaltungssachen auf zwei Instanzen verlangt, daß das Ministerium auf erhobene Oberaufsichtsbeschwerde die Akten nur einfordert und prüft, wenn sich aus der Beschwerde ergibt, daß das materielle Recht verletzt oder wichtige Verfahrensbestimmungen nicht eingehalten wurden oder daß die Anwendung des Verwaltungsermessens durch die untere Instanz gegen das öffentliche Interesse verstößt. Das Ministerium entscheidet stets selbst, wenn es die Beschwerde für unzulässig oder unbegründet erklärt; wenn der Beschwerde ganz oder teilweise stattgegeben wird, entscheidet das Ministerium regelmäßig auch selbst; es kann aber auch die angefochtene Entscheidung — soweit nicht Art. 15 VGG. für Verwaltungsrechtssachen eine Grenze zieht — aufheben und die Sache zur neuerlichen Entscheidung an die Forstpolizeistelle zurückverweisen; letzteres ist angezeigt, wenn der von der Forstpolizeistelle der Entscheidung zugrunde gelegte Sachverhalt in wesentlichen die Entscheidung beeinflussenden Punkten unvollständig oder unrichtig festgestellt ist oder wenn wichtige Verfahrensvorschriften zum Nachteil einer Partei verletzt wurden. Die in der Begr. vorgesehene Verweisung an eine andere Forstpolizeistelle ist nicht mehr üblich.

4. Zuständigkeit der Ministerialinstanz bei der Aufsicht über die Gemeinde-, Stiftungs- und Körperschaftswaldungen: Bei der Aufsicht über die Bewirtschaftung der Gemeinde-, Stiftungs- und Körperschaftswaldungen (Art. 6—18) handelt es sich um Staatsaufsicht, nicht um Polizei. Die Zuständigkeit der Ministerien auf diesem Gebiet regelt sich nach den allgemeinen Bestimmungen über die Staatsaufsicht, für die Gemeindeverwaltungen z. B. nach Art. 59 f. GemO.; näheres S. 100 f., insbesondere 102 Anm. 4; vgl. Anm. 1 b zu Art. 109.

Forstpolizeiliches Verfahren

Artikel 112. ($^{110}/_{111}$).

I Die Verhandlungen[2] sind mit Ausschluß jeden Schriftenwechsels und in den in Art. 110 Abs. 1 aufgeführten Fällen unter Zulassung von Rechtsanwälten zu führen. In diesen Fällen sind die Parteien berechtigt, die Zuziehung von Auskunftspersonen[3] sowie die Einvernahme von Sachverständigen[4] auch dann zu beantragen, wenn nach den Bestimmungen des gegenwärtigen Gesetzes die Entscheidung sich nicht auf das Gutachten von Sachverständigen zu gründen hat. Die Bestimmung der Zahl der Auskunftspersonen und der Sachverständigen und die Beeidigung der letzteren erfolgt durch die Forstpolizeibehörde.

II Für die Berufung[6] gegen Beschlüsse[5] der Forstpolizeibehörden, beziehungsweise Stellen erster Instanz, läuft eine unerstreckliche Frist von vierzehn Tagen, — von der Eröffnung des Beschlusses an gerechnet.

III Eine Ausnahme findet in den durch Art. 25 bis 28 und 31 bezeichneten Fällen statt, in welchen für die Berufung eine Frist von 30 Tagen festgesetzt wird.

Allg. VollzB. 1896.

§ 17.

(Art. 112 Abs. 1.) I Hat sich nach den Bestimmungen des Forstgesetzes eine Entscheidung auf das Gutachten von Sachverständigen zu gründen, so bemißt sich deren Zahl und Wahl nach den Bestimmungen des Art. 113.

II Wird dagegen von den Parteien in den im Art. 112 Abs. 1 bezeichneten Fällen die Einvernahme von Sachverständigen auch dann beantragt, wenn im Forstgesetze die Vernehmung von Sachverständigen nicht ausdrücklich vorgeschrieben ist, so ist deren Zahl von der Forstpolizeibehörde zu bestimmen (Art. 112 Abs. 1), während die Wahl ganz den Parteien überlassen ist.

III In diesem Falle wird für die Regel genügen, wenn für jede Partei die Wahl je eines Sachverständigen zugelassen wird.

IV Erscheint die Staatsforstverwaltung als Partei, so hat die Aufstellung des Sachverständigen für das Ärar, sofern ein solcher für notwendig erachtet wird, durch die Regierungsfinanzkammer, Forstabteilung[1]), zu erfolgen.

V Im Art. 112 Abs. 1 ist den Parteien das Recht eingeräumt, die Zuziehung von Auskunftspersonen zu beantragen, deren Zahl von der Forstpolizeibehörde bestimmt wird.

VI Diese Vorschrift gründet sich auf die Erwägung, daß es für die Parteien wünschenswert sein kann, wenn außer den von ihnen vorgeschlagenen Sachverständigen und Zeugen eine Persönlichkeit bei den Verhandlungen gehört wird, welche vermöge ihrer besonderen Kenntnis der örtlichen Verhältnisse zur Klärung des Sachverhaltes beitragen kann.

VII Da diese Auskunftspersonen weder Sachverständige, noch Zeugen sind, so hat auch eine Beeidigung derselben zu unterbleiben.

---

[1]) Jetzt Regierungsforstkammer.

VIII Bei der Beratung des Gesetzes wurde namentlich darauf Gewicht gelegt, daß Vertreter jener Gemeinden, von welchen Angehörige als Forstberechtigte oder Schutzwaldbesitzer bei den den Gegenstand der forstpolizeilichen Entscheidung bildenden Verhandlungen beteiligt sind, zugezogen werden können.

IX Es wird in der Regel die Zulassung einer solchen Auskunftsperson genügen; in besonders wichtigen Fällen, wenn Berechtigte mehrerer Gemeinden beteiligt sind, kann die Zahl der Auskunftspersonen entsprechend erhöht werden.

§ 18.

(Art. 112 Abs. 2 und 3.) I Gegen die Entscheidungen der Forstpolizeibehörde steht den Beteiligten das Recht der Berufung an die Regierung, Kammer des Innern, innerhalb der im Art. 112 Abs. 2 und 3 bezeichneten Fristen zu.

II Dieselbe hat über die eingekommenen Berufungen nach den Bestimmungen des § 9 der gegenwärtigen Vollzugsvorschriften Beschluß zu fassen.

1. **Geltungsbereich:** Die Art. 112—114 enthalten Verfahrensbestimmungen; diese sind im reinen Verwaltungsverfahren (sowie im Verwaltungsstreitverfahren II. Ordnung vor den Bezirksverwaltungsbehörden und der Regierung, K. d. J., die Beschwerdefrist ausgenommen, Anm. 6 zu Art. 112) im vollen Umfang, im Verwaltungsrechtsverfahren (und im Verwaltungsstreitverfahren II. Ordnung vor dem Verwaltungsgerichtshof) dagegen nur ergänzend anzuwenden; im reinen Verwaltungsverfahren usw. sind also zunächst die Art. 112—114 FG. und ergänzend die sonst geltenden Vorschriften und Grundsätze anzuwenden, im Verwaltungsrechtsverfahren (und stets vor dem VGH.) dagegen sind umgekehrt zunächst die Vorschriften des Verwaltungsgerichtsgesetzes maßgebend (Art. 16, 45 VGG.). Die Art. 112ff. FG. enthalten Bestimmungen über das Verfahren im allgemeinen (Ausschluß jeden Schriftwechsels, Art. 112 Abs. I Satz 1), über die Zulassung von Rechtsanwälten (Art. 112 Abs. I Satz 1), die Zuziehung von Auskunftspersonen (Art. 112 Abs. I Satz 2 und 3), die Einvernahme von Sachverständigen (Art. 112 Abs. I Satz 2 und 3, 113, 114) und über die Beschwerdefrist (Art. 112 Abs. II und III). Vgl. auch die Vorbemerkung vor Art. 109. Die Verweisung in Art. 112 Abs. I auf Art. 110 hat nicht zur Folge, daß Abs. I etwa nur für das Verfahren vor den Bezirksämtern gilt (vgl. Anm. 2 zu Art. 110); Abs. I gilt vielmehr in den Fällen der Art. 23, 25—28, 31 u. 40 Abs. IV für das Verfahren vor dem Bezirksamt, dem Stadtrat unmittelbarer Städte wie auch vor den höheren Instanzen. Art. 112 (Abs. II und III und das Verbot des Schriftwechsels) gilt auch im Vollzuge der Art. 6—18 FG. (vgl. S. 102 Anm. 4 und Anm. 1 b zu Art. 109).

2. **Verfahren im allgemeinen:** s. vor Art. 109. Ausgeschlossen ist nur der Schriftwechsel unmittelbar zwischen den Parteien, sobald die zuständige Behörde mit der Angelegenheit befaßt ist; vorher können die Parteien Schriftsätze austauschen; die Parteien können auch schriftliche Eingaben an die Behörde richten; diese kann, wenn zweckmäßig, eine solche Eingabe u. U. ganz oder auszugsweise der andern Partei zur Gegenäußerung mitteilen. Der Sinn der Bestimmung ist möglichste Vereinfachung und Abkürzung des Verfahrens; dazu dient die unmittelbare Verhandlung mit den Parteien; vgl. für das verwaltungsrechtliche Verfahren im ersten Rechtszug Art. 27 Abs. II VGG. Der Ausschluß des Schriftwechsels gilt für alle Forstpolizeisachen, der übrige Teil des Abs. I nur in den Fällen der Art. 23, 25—28, 31 und 40 Abs. IV. Rechtsanwälte müssen in den Fällen des Art. 110 Abs. I, soweit es sich um reine Verwaltungssachen handelt, auf grund Art. 112 als Beistände oder Vertreter der Parteien zugelassen werden; soweit es sich um Verwaltungsrechtssachen handelt, ist die Zulassung von Rechtsanwälten und anderen Bevollmächtigten in Art. 19 VGG. vorgeschrieben. Aber auch in den in Art. 110 Abs. I nicht aufgeführten Fällen wird den Parteien regelmäßig gestattet, sich der Unterstützung von Rechtsanwälten und anderen Vertrauenspersonen zu bedienen (vgl. ME. vom 3. 4. 1869, Weber Bd. 6 S. 261 f.); doch steht den Parteien kein Rechtsanspruch hierauf zu; die das Verfahren leitende Behörde kann aus besonderen Gründen die Vertreter und Beistände zurückweisen.

3. **Auskunftspersonen:** Zu den Auskunftspersonen im Sinne des Art. 112 gehören nicht die Zeugen, die Sachverständigen und die Parteien. Bei der Einführung der Forstpolizeikommission des Art. 110 war vorgeschlagen worden, in die Kommission, ähnlich wie in die Steuerausschüsse, einen Vertreter der Gemeinde ohne Stimmrecht aufzunehmen, der über die örtlichen Verhältnisse unparteiische Auskunft geben könne. Dieser Vorschlag wurde abgelehnt. Dafür wurde die Einrichtung der Auskunftspersonen geschaffen. Die Parteien können in den in Art. 110 Abs. I aufgezählten Forstrechts- und Schutzwaldangelegenheiten und zwar in allen Instanzen und in jedem Verfahren (auch im

Verwaltungsrechtsverfahren), nicht bloß im Verfahren vor der Forstpolizeikommission des Art. 110, außer der Einvernahme von Zeugen und Sachverständigen die Zuziehung einer oder mehrerer mit den Verhältnissen vertrauten Personen beantragen. Die Zahl bestimmt die entscheidende Behörde. Die Auskunftspersonen sind nicht Mitglied der entscheidenden Behörde. Die Bedeutung der Bestimmung ist gering, da in den hier einschlägigen Fällen regelmäßig förmlich verhandelt und durch die Einvernahme der Parteien, Zeugen und Sachverständigen der Sachverhalt gewöhnlich genügend geklärt wird; dies ist bei den Steuerausschüssen anders, was die Urheber der Bestimmung übersahen. Die Auskunftspersonen dürfen als solche nicht vereidigt werden; eine Auskunftsperson kann aber Zeuge werden; dann ist Vereidigung möglich. Die Beiziehung der Auskunftspersonen wird sich gewöhnlich auf die mündliche Verhandlung beschränken; diese Grenze ist aber vom Gesetz nicht gezogen. Vgl. auch Allg. VollzV. 1896 § 17 Abs. V—IX (s. oben).

4. Sachverständige: Im Vollzuge des Forstgesetzes kommen verschiedene Arten von Sachverständigen vor:

a) der amtliche Sachverständige, der in jeder einzelnen Sache gehört werden muß, ist kraft Gesetzes das örtlich zuständige Forstamt (in den höheren Instanzen die Regierungsforstkammer und die Ministerialforstabteilung) Art. 114;

b) neben dem Forstamt müssen oder können noch weitere Sachverständige gehört werden; hier ist zu unterscheiden:

α) weitere Sachverständige müssen kraft Gesetzes stets gehört werden nur in den Fällen des Art. 27 Abs. III Ziff. 1 Unterabsatz III und des Art. 31 Abs. I mit Abs. II, soferne es an entsprechenden Nachweisungen fehlt; die Zahl, Wahl und Beeidigung dieser Sachverständigen ist in Art. 113 geregelt;

β) in den Fällen der Art. 23, 25—28, 31 (mit der unter Buchst. *α* aufgeführten Ausnahme) und 40 Abs. IV müssen weitere Sachverständige dann einvernommen werden, wenn eine Partei es beantragt; die Zahl bestimmt die Forstpolizeibehörde, in der Berufungsinstanz die Forstpolizeistelle usw. (Art. 112 Abs. I Satz 2 und 3), die Wahl ist den Parteien überlassen;

γ) in allen anderen Fällen steht es im freien Ermessen der entscheidenden Forstpolizeibehörde, Forstpolizeistelle usw., auf Antrag einer Partei oder von sich aus, das amtliche Gutachten des Forstamts, der Regierungsforstkammer usw. durch die Einvernahme anderer Sachverständiger zu ergänzen; für Verwaltungsrechtssachen s. Art. 27 Abs. I VGG.

Vgl. hiezu auch Allg. VollzV. 1896 § 17 Abs. I—III (s. oben); ist der staatliche Forstärar Partei, so werden die Sachverständigen für den Ärar von der Regierungsforstkammer benannt (§ 17 Abs. IV a. a. O.).

Die Sachverständigen unter Buchst. *α* und *β* sind, wie sich aus Art. 112 Abs. I Schlußsatz und Art. 113 Abs. III ergibt, regelmäßig eidlich zu vernehmen; für alle Verwaltungsrechtssachen schreibt dies Art. 20 Abs. II und III VGG. vor. Die eidliche Vernehmung bildet auch in allen anderen Fällen die Regel. Die in Art. 20 Abs. III VGG. für Streitigkeiten von geringerem Werte vorgesehene Ausnahme von der Beeidigung wird auch in anderen als Verwaltungsrechtssachen zulässig sein. In Verwaltungsrechtssachen und den unter Buchst. *α* und *β* aufgeführten Fällen ist auch der Vertreter des Forstamts, der Regierungsforstkammer usw. eidlich zu vernehmen; im übrigen, insbesondere wenn keine mündliche Verhandlung stattfindet, wird von seiner Beeidigung gewöhnlich abgesehen. Die für das Verwaltungsrechtsverfahren vorgeschriebene Form der Beeidigung (§§ 5, 12 VollzV. z. VGG.) ist auch im reinen Verwaltungsverfahren anzuwenden; das gleiche gilt für die Beeidigung der Zeugen. Sind die Sachverständigen für die Erstattung von Gutachten der betreffenden Art im allgemeinen beeidigt, so genügt im Verwaltungsrechtsverfahren die Berufung auf den geleisteten Eid (§ 5 Abs. III VollzV. z. VGG.); hiernach wird auch außerhalb des Verwaltungsrechtsverfahrens verfahren werden dürfen.

Die entscheidende Forstpolizeibehörde, Forstpolizeistelle usw. ist an die Gutachten der amtlichen und nichtamtlichen Sachverständigen nicht unbedingt gebunden. Auch die von den Parteien benannten Sachverständigen haben ihr Gutachten objektiv, nach bestem Wissen und Gewissen abzugeben, da sie hierauf vereidigt werden; sie sind nicht Beistand der Partei.

5. Entscheidung der Forstpolizeibehörde; mündliche Verhandlung:

a) Die Forstpolizeibehörde wie die höheren Instanzen haben die Entscheidung zu treffen, wenn der Sachverhalt vollständig erhoben ist. Eine mündliche Verhandlung ist in Verwaltungsrechtssachen vor dem Regierungssenat und dem Verwaltungsgerichtshof regelmäßig (Art. 32, 33, 41 VGG.), vor der Forstpolizeibehörde unter gewissen Voraussetzungen (Art. 27 Abs. II und III VGG.) notwendig; in Verwaltungsstreitsachen II. Ordnung ist sie nur vor dem Verwaltungsgerichtshof und nur für die Regel vorgeschrieben (Art. 45 VGG.). In den Fällen, in denen zur Entscheidung die Forstpolizeikommission des Art. 110 Abs. I zusammenzutreten hat, muß im ersten Rechtszug stets mündlich verhandelt werden, gleichgültig, ob es sich um Verwaltungsrechtssachen oder reine Verwaltungssachen handelt (dies gilt nicht für die Stadträte der unmittelbaren Städte, da diese nicht unter Art. 110 fallen). In allen anderen Fällen, insbesondere in allen reinen Verwaltungssachen (soweit sie nicht vorstehend ausgenommen sind), kann die forstpolizeiliche Entscheidung auch ohne mündliche Verhandlung gefällt werden; ob eine mündliche Verhandlung stattfinden soll, entscheidet in diesem Falle die Forstpolizeibehörde, Forstpolizeistelle usw. nach freiem Ermessen. Zulässig ist eine mündliche Verhandlung stets, in Verwaltungsrechts- und anderen Sachen; in gewissen (den oben erwähnten) Fällen ist sie vorgeschrieben. Zu der mündlichen Verhandlung sind, soweit in Betracht kommend, die Beisitzer, die Parteien oder ihre Vertreter, das Forstamt, die anderen Sachverständigen, die Zeugen und die Auskunftspersonen zu laden; s. für Verwaltungsrechtssachen Art. 27 Abs. IV, 35, 41 VGG.; für Kommissionssachen § 14 Allg. VollzB. 1896 S. 415.

b) Über den Gang der mündlichen Verhandlung enthält das Verwaltungsgerichtsgesetz nebst Vollzugsvorschriften für die Verwaltungsrechtssachen und Verwaltungsstreitsachen II. Ordnung einzelne Vorschriften (Art. 27—30, 33—38, 40—42, 45 VGG., §§ 9—12, 17—27, 35—38, 42 VollzB.); für die mündliche Verhandlung vor der Forstpolizeikommission des Art. 110 FG. finden sich einige Vorschriften in §§ 9—13 VollzBO. zu Art. 110 und in §§ 14—16 Allg. VollzB. 1896 S. 413 ff.; im übrigen fehlen Vorschriften. Die für die mündliche Verhandlung im verwaltungsrechtlichen Verfahren geltenden Grundsätze können auch im reinen Verwaltungsverfahren ergänzungsweise entsprechend angewendet werden; letzten Endes kann im Verwaltungsverfahren, im Verwaltungsstreitverfahren II. Ordnung und im reinen Verwaltungsverfahren auf die Grundsätze des Zivilprozesses zurückgegriffen werden; vgl. Dyroff S. 528 ff. Stets ist über den Gang der Verhandlung eine Niederschrift aufzunehmen.

c) Die mündliche Verhandlung ist so vorzubereiten, daß möglichst im Anschluß an sie die Entscheidung gefällt werden kann. Dies ist für das verwaltungsrechtliche Verfahren vorgeschrieben in Art. 36 Abs. V, 41 Abs. III und 45 Abs. I VGG., für das Verfahren vor der Forstpolizeikommission des Art. 110 FG. in § 13 Abs. II Allg. VollzB. 1896 S. 413. Der Zweck der mündlichen Verhandlung verlangt, daß in ihr alle Gegenstände erörtert werden, die für die Entscheidung von Bedeutung sind; insbesondere muß nach dem Grundsatz des rechtlichen Gehörs den Parteien Gelegenheit gegeben werden, zu allen für die Entscheidung wesentlichen Tatumständen Stellung zu nehmen. Wenn eine mündliche Verhandlung vorgeschrieben ist, ist die Entscheidung ausschließlich auf Grund des Ergebnisses der mündlichen Verhandlung zu fällen; veranstaltet die entscheidende Behörde eine mündliche Verhandlung aus freiem Ermessen, so können für die Entscheidung — unbeschadet des stets geltenden Grundsatzes des rechtlichen Gehörs — auch Umstände herangezogen werden, über die nicht mündlich verhandelt wurde. Die zur Entscheidung berufene Behörde entscheidet auf Grund freier Beweiswürdigung nach eigener, pflichtgemäß über die Sach- und Rechtslage gebildeter Überzeugung. Sie ist auch an die erstatteten amtlichen und nichtamtlichen Gutachten nicht gebunden. Der Parteieid ist ausgeschlossen.

6. Beschwerdefrist (Abs. II und III):

a) Geltungsbereich: Art. 112 Abs. II und III befassen sich nur mit der Beschwerdefrist; die Zulässigkeit der Beschwerde (Berufung), den Instanzenzug regelt Art. 109. Die Abs. II und III regeln die Beschwerdefrist nur für reine Verwaltungssachen; die Beschwerdefrist in Verwaltungsrechtssachen und Verwaltungsstreitsachen II. Ordnung bemißt sich ausschließlich nach dem Verwaltungsgerichtsgesetz (Art. 16, 22—25, 45 VGG.) und seinen Ergänzungen (Art. 35 Abs. VI KreisO., 33 Abs. VI BezO. und 60 Abs. VI, 62 GemO.). Zur Beschwerde in den Angelegenheiten der Art. 6—18 vgl. S. 102 Anm. 4 und 2 c γ vor und Anm. 1 b zu Art. 109.

Die Abs. II und III regeln nur die Frist für die förmliche Verwaltungsbeschwerde (Berufung genannt) vom ersten zum zweiten Rechtszug. Die förmliche Beschwerde mit der Eigenschaft eines Rechtsmittels ist im reinen Verwaltungsverfahren nur gegen die Entscheidung der ersten Instanz eröffnet, weil es gemäß Art. 109 im Vollzuge des Forstgesetzes im reinen Verwaltungsverfahren nur zwei Rechtszüge gibt.

b) Beschwerdefrist im Regelfalle: Die Beschwerdefrist beträgt im reinen Verwaltungsverfahren mit Ausnahme der Fälle der Art. 25, 26, 27, 28 und 31 stets vierzehn Tage; sie beginnt mit der Eröffnung der Entscheidung der ersten Instanz; der Tag der Eröffnung wird nicht mitgezählt (§ 187

Abs. I BGB.). Unter Eröffnung ist die amtliche Bekanntgabe des Beschlusses an den Beteiligten zu verstehen; wenn der Beschluß einem Beteiligten mündlich bekanntgegeben wurde, beginnt von dieser Bekanntgabe an (der Tag der Bekanntgabe wird nicht mitgezählt) die Beschwerdefrist zu laufen, auch wenn der Beschluß nachträglich noch schriftlich zugestellt wird, so z. B. in den Kommissionssachen nach § 16 Abs. III Allg. VollzV. 1896 S. 415. Die Beschwerdefrist endigt mit dem Ablaufe des vierzehnten Tages; ist der letzte Tag ein Sonntag oder ein am Einlegungsorte staatlich anerkannter allgemeiner Feiertag, so läuft die Frist erst am nächstfolgenden Werktag ab. Bei unverschuldeter Fristversäumung kann Wiedereinsetzung in den vorigen Stand beantragt werden; die Grundsätze der Regelung in der ZPO. (§§ 233ff.) sind entsprechend anzuwenden; vgl. für Verwaltungsrechtssachen Art. 22 Abs. VI VGG. Wenn die Berufungsfrist versäumt ist, kann trotzdem noch die vorgesetzte Stelle angerufen werden, von Aufsichts wegen einzuschreiten (Aufsichtsbeschwerde). Die Aufsichtsbeschwerde verleiht dem Beschwerdeführer jedoch keinen Rechtsanspruch auf Nachprüfung (vgl. Anm. 4a zu Art. 109). Innerhalb der Berufungsfrist braucht nur Beschwerde erhoben zu werden; die etwaige Begründung kann nach Ablauf der Frist nachgebracht werden. Die Beschwerde ist an sich bei der ersten Instanz einzulegen; es ist jedoch unschädlich, wenn sie innerhalb der Beschwerdefrist bei der zweiten Instanz eingereicht wird. Sie kann schriftlich oder mündlich zur Niederschrift eingelegt werden. Eine Begründung ist nicht unbedingt geboten, aber zweckmäßig.

c) **Wirkung der Beschwerde:** Die zweite Instanz hat, soweit die Beschwerde reicht, die Richtigkeit der Entscheidung der ersten Instanz von Amts wegen nachzuprüfen; soweit die Beschwerde reicht, soweit also der Beschluß der ersten Instanz nicht rechtskräftig geworden ist, kann er auch zuungunsten des Beschwerdeführers abgeändert werden. In der Beschwerde können auch neue Tatsachen vorgebracht werden; haben diese eine Abänderung der Entscheidung zur Folge, so kann Zurückverweisung zur neuerlichen Entscheidung am Platze sein (vgl. Anm. 3 zu Art. 111). Auf das Beschwerderecht kann nach der Eröffnung des erstinstanziellen Beschlusses von dem Beteiligten rechtswirksam verzichtet werden.

Soweit das Forstgesetz im einzelnen nichts anderes bestimmt (z. B. in Art. 46 Abs. II), hat die förmliche Verwaltungsbeschwerde des Art. 112 Abs. II und III aufschiebende Wirkung. Keine aufschiebende Wirkung kommt der bloßen Aufsichts- und Oberaufsichtsbeschwerde zu (vgl. Anm. 4a zu Art. 109). Sowohl im reinen Verwaltungsverfahren wie im Verwaltungsstreitverfahren kann die Verwaltungsbehörde, die den mit Beschwerde angefochtenen Beschluß erlassen hat, bei Gefahr im Verzug im öffentlichen Interesse vorbehaltlich der im Beschwerdeverfahren ergehenden Entscheidung vorsorgliche Anordnungen treffen (vgl. Art. 24 VGG., VGH. Bd. 3 S. 418).

d) **Verfahren in der Beschwerdeinstanz:** In der Berufungsinstanz ist im reinen Verwaltungsverfahren eine mündliche Verhandlung in keinem Falle vorgeschrieben; die zur Entscheidung über die Berufung zuständige Forstpolizeistelle oder das Staatsministerium des Innern kann jedoch nach freiem Ermessen eine mündliche Verhandlung veranstalten. Gewöhnlich wird nicht mündlich verhandelt. Die Forstpolizeistelle hat die Regierungsforstkammer, das Staatsministerium des Innern die Ministerialforstabteilung einzuvernehmen; u. U. können diese Beamte an Ort und Stelle zur Einsichtnahme und Besprechung mit den Beteiligten entsenden; die Entscheidung der höheren Stelle ist stets auch dem Forstamt mitzuteilen (Allg. VollzV. 1896 §§ 9, 18 Abs. II S. 208 und 421).

e) **Beschwerdefrist nach Abs. III:** Die nach Abs. III für die Fälle der Art. 25—28 und 31 vorgesehene Beschwerdefrist von dreißig Tagen gilt nur für das reine Verwaltungsverfahren. In den meisten dieser Fälle ist im verwaltungsrechtlichen Verfahren zu entscheiden; in diesem Verfahren beträgt die Beschwerdefrist stets nur vierzehn Tage (Art. 22 Abs. IV VGG.) und zwar beginnend mit der Zustellung des schriftlichen Bescheides (VGH. Bd. 30 S. 53). Jedoch sind auch im Vollzuge der Art. 25—28 und 31 Entscheidungen möglich, die im reinen Verwaltungsverfahren ergehen und für die daher die dreißigtägige Beschwerdefrist gilt, z. B. vorsorgliche Verfügungen nach Art. 24 VGG. Im Verwaltungsstreitverfahren II. Ordnung gilt für alle Beschwerden die vierzehntägige Frist des Art. 45 Abs. II, beginnend mit der Eröffnung der angefochtenen Verfügung; die Beschwerde ist einzulegen bei der Behörde, die den beschwerenden Beschluß erlassen hat; im staatsaufsichtlichen Verfahren nach Art. 6—18 gegenüber Gemeinden, Ortschaften, Bezirken und Kreisen beträgt die Frist für die Beschwerde zum Verwaltungsgerichtshof vier Wochen (Art. 60 Abs. VI GemO., 33 Abs. VI BezO., 35 Abs. VI KreisO.; vgl. S. 102 Anm. 4 und Anm. 2c β vor und Anm. 1b zu Art. 109).

f) **Beschwerdebelehrung:** Eine Beschwerdebelehrung ist nur in Verwaltungsrechtssachen und Verwaltungsstreitsachen II. Ordnung vorgeschrieben (§§ 7, 42 VollzV. z. VGG.), nicht dagegen im reinen Verwaltungsverfahren.

7. Kosten, Gebühren usw.:

a) Die Niederschriften, Beschlüsse, Verfügungen und Bescheide der Behörden der inneren Verwaltung sind auch beim Vollzuge des Forstgesetzes grundsätzlich gebührenpflichtig, gleichgültig, ob sie im reinen Verwaltungsverfahren oder im Verwaltungsstreitverfahren ergehen (Art. 142ff. des Kostengesetzes vom 16. 2. 1921, GVBl. S. 35). Gebührenfreiheit besteht nur, wenn sie im Kostengesetz ausdrücklich vorgeschrieben ist z. B. in Art. 3 Ziff. 1, wenn die Amtshandlung unabhängig vom Verschulden einer Partei im öffentlichen Interesse von Amts wegen gepflogen wird, oder in Rodungs- und den Schutzwaldangelegenheiten des Art. 40 (Art. 170 Ziff. 26 KostG.). Gebührenpflichtig sind grundsätzlich auch die Staatshoheitshandlungen der Forstämter; näheres Anm. 5 zu Art. 114.

b) Rechtsanwälte: Soferne die Rechtsanwälte mit der Partei nicht eine besondere Vereinbarung getroffen haben, richtet sich der Gebührenanspruch für die Vertretung in Forstpolizeisachen und zwar im reinen Verwaltungsverfahren wie im Verwaltungsstreitverfahren nach der VO. vom 26. 3. 1902 (GVBl. S. 144) und der VO. vom 29. 12. 1923 (GVBl. S. 415).

Die Vorschrift des Art. 112, wonach die Zuziehung von Rechtsanwälten gestattet ist, gibt dem obsiegenden Auftraggeber des Rechtsanwalts keinen unbedingten Rechtsanspruch auf Ersatz der erwachsenen anwaltschaftlichen Vertretungskosten; die Entscheidung hierüber ist vielmehr nach den allgemeinen Grundsätzen über die Verpflichtung zur Kostentragung im Verwaltungsverfahren von der mit der Sachentscheidung befaßten Instanz nach billigem Ermessen zu treffen (ME. vom 27. 3. 1911 Nr. 2195 a 6).

c) Sachverständige und Zeugen haben gemäß VO. vom 22. 9. 1879 (GVBl. S. 1283) in den Gegenständen der Verwaltung und der Verwaltungsrechtspflege Anspruch auf Gebühren nach der Reichsgebührenordnung für Zeugen und Sachverständige in der Fassung vom 21. 12. 1925 (RGBl. I S. 471). Staatliche Forstbeamte wie überhaupt alle öffentlichen im unmittelbaren oder mittelbaren Dienste des Reichs oder Staates stehenden Beamte erhalten an Stelle der Zeugen- und Sachverständigengebühren Tagegelder und die Reisekosten nach Maßgabe der für Dienstreisen geltenden Vorschriften (§ 17 der ReichsgebO.). Die Gebühren werden nur auf Antrag gewährt. Sie werden von der mit der Sachentscheidung befaßten Behörde festgesetzt.

d) Auskunftspersonen sollen nach der bei der Entstehung der Vorschrift abgegebenen Erklärung der Staatsregierung Ersatz ihrer baren Auslagen erhalten; die in Aussicht gestellte Verordnung hierüber ist bis jetzt nicht ergangen. Die baren Auslagen (für Reise, Verpflegung usw.) werden ihnen auf Antrag auch ohne ausdrückliche Regelung zu ersetzen sein; der Betrag rechnet nach Maßgabe der allgemeinen Vorschriften zu den Kosten des Verfahrens.

e) Kostenentscheidung: Jede Entscheidung hat grundsätzlich auch einen Ausspruch über die Kostentragung zu enthalten. Die Kosten des Verfahrens (Gebühr zur Staatskasse, Auslagen der entscheidenden Behörde, Gebühren der Zeugen und Sachverständigen, notwendiger Aufwand der etwaigen Gegenpartei für die Wahrung ihrer Rechte, wozu auch die Kosten eines nach der Lage des Falles notwendigen anwaltschaftlichen Vertreters gehören, u. a.) sind grundsätzlich in entsprechender Anwendung der §§ 91ff. ZPO. der im Streite unterlegenen Partei, wenn der Staatsgewalt nur eine Partei gegenübersteht, dieser als dem veranlassenden Teil aufzuerlegen. Die Kosten werden auf Antrag von der Stelle festgesetzt, die die Entscheidung in der Hauptsache erlassen hat. Vgl. Dyroff S. 579ff.

Besondere Sachverständige. **Artikel 113.** ($^{111}/_{112}$).

I Hat sich nach den Bestimmungen des gegenwärtigen Gesetzes eine Entscheidung auf das Gutachten von Sachverständigen zu gründen, so sind deren drei zu wählen, falls die Beteiligten sich nicht über eine geringere Zahl vereinigen.

II Die Wahl der Sachverständigen ist zunächst der Übereinkunft der Beteiligten überlassen. Kommt eine solche innerhalb einer von der Forstpolizeibehörde zu bestimmenden Frist nicht oder nur teilweise zu Stande, so ernennt die Forstpolizeibehörde die sämtlichen oder die noch fehlenden Sachverständigen.

III Die Beeidigung geschieht durch die Forstpolizeibehörde.

1. Geltungsbereich: Art. 113 regelt die Zahl, Ernennung und Beeidigung der Sachverständigen in den seltenen Fällen, in denen das Forstgesetz die Einvernahme von Sachverständigen neben dem

Forstamt vorschreibt; dies sind nur zwei Fälle; näheres Anm. 4b α zu Art. 112; in beiden Fällen handelt es sich um Verwaltungsrechtssachen. Auf das amtliche Gutachten des Forstamts nach Art. 114 bezieht sich Art. 113 nicht. Vgl. auch § 17 Abs. I Allg. VollzB. 1896 S. 420 und Anm. 4 zu Art. 112.

2. Beeidigung und Gebühren s. Anm. 4 und 7c zu Art. 112.

Stellung des Forstamts innerhalb der Forstpolizei.

Artikel 114. ($^{112}/_{113}$).

Den königlichen Forstämtern steht die Antragstellung und das amtliche Gutachten bei den Forstpolizeibehörden zu, ohne Unterschied, ob es sich hierbei um Staats- oder andere Waldungen handelt.

Allg. VollzB. 1879.

§ 22.

(Art. 114.) I Die Antragstellung und das amtliche Gutachten bei den Forstpolizeibehörden steht nur den königlichen Forstämtern zu. Die von den Gemeinden, Stiftungen oder größeren Privatwaldbesitzern zur Leitung ihres Forstbetriebes und zur Überwachung ihrer Forstbediensteten etwa aufgestellten höheren Forstbediensteten sind jedoch berechtigt, zu jeder Zeit Einsicht von den Forstrügeverzeichnissen ihrer Untergebenen zu nehmen. Letztere haben ihnen zu dem Behufe die gedachten Verzeichnisse vorzulegen, welche sie sodann, mit ihren Erinnerungen und Anträgen begleitet, in der festgesetzten Zeit an die königlichen Forstämter zu übersenden haben.

II Es ist diesen höheren Forstbediensteten von den k. Forstämtern jede verlangte Aufklärung alsbald zu geben und die nötige Unterstützung ohne Verzug zu gewähren.

Geschäftsanweisung für die Regierungsforstkammern vom 2. 5. 1885 (FMBl. S. 282).

§ 38.

I Die von der Regierungsforstabteilung[1]) aus besonderen Veranlassungen an die Kammer des Innern abzugebenden forstpolizeilichen Gutachten werden in der Regel im Bureauwege behandelt.

II Die Kammer des Innern ist jedoch befugt, in wichtigen Fällen die Abgabe eines auf Grund kollegialer Beratung der Regierungsforstabteilung[1]) ausgefertigten Gutachtens zu verlangen.

III Der Vorsitz bei diesen Beratungen wird vom Oberforstrat[2]) geführt.

IV Dem Regierungspräsidenten bleibt vorbehalten, anzuordnen, daß in den Fällen, welche sich auf Genehmigung besonderer Nutzungen in Gemeinde-, Stiftungs- und Körperschaftswaldungen beziehen, ferner in allen jenen Angelegenheiten mit Ausnahme der Entscheidungen nach Art. 13 Abs. 2 und Art. 20 des Forstgesetzes vom 28. März 1852, welche nach den Bestimmungen dieses Gesetzes den Kammern des Innern zur Entscheidung in I. Instanz zugewiesen sind, anstatt der Abgabe eines Gutachtens sogleich die Konzepte der bezüglichen Entschließungen für die Kammer des Innern bei der Regierungsforstabteilung[1]) entworfen werden.

1. Geltungsbereich: Art. 114 umschreibt die Stellung der staatlichen Forstämter bei der Ausübung der Forstpolizei (vgl. dazu S. 188 ff.). Art. 114 erstreckt sich auch auf den Vollzug der Art. 6—18, bei dem es sich um eine staatsaufsichtliche, nicht um eine polizeiliche Tätigkeit handelt. Die gleiche Stellung wie innerhalb der Forstpolizei nimmt das Forstamt innerhalb der Forststrafgerichtsbarkeit ein (Art. 118). Was Art. 114 für das Forstamt im Verhältnis zur Forstpolizeibehörde bestimmt, gilt in gleicher Weise für die Regierungsforstkammer im Verhältnis zur Regierung, K. d. J., und für die Ministerialforstabteilung im Verhältnis zum Staatsministerium des Innern (§§ 4, 8, 12 der VO. vom 15. 12. 1908, GVBl. S. 1087).

2. Rechte und Pflichten des Forstamts auf dem Gebiete der Forstpolizei; Verhältnis zu den Forstpolizeibehörden:

a) Stellung des Forstamts: Die Forstämter üben selbst keine Forstpolizei aus (die einzige Ausnahme besteht in ihrer Befugnis, im Vollzuge der Art. 6—18 in dringenden Fällen vorsorgliche Anordnungen zu treffen — Art. 14 —; jedoch handelt es sich beim Vollzug der Art. 6—18 nicht um Forstpolizei, sondern um Staatsaufsicht); d. h. sie treffen auf dem Gebiete der Forstpolizei den Waldbesitzern und sonstigen Beteiligten gegenüber keine diese unmittelbar verpflichtenden Anordnungen und Entscheidungen; es steht ihnen mit der erwähnten einzigen Ausnahme auch nicht die Befugnis

---

[1]) Jetzt Regierungsforstkammer.

[2]) Jetzt Direktor der Regierungsforstkammer.

zu vorläufigen Maßnahmen zu; ausgeübt wird die Forstpolizei ausschließlich von den Forstpolizeibehörden, Forstpolizeistellen usw. der Art. 109 und 111. Wenn ein Forstamt eine forstpolizeiliche Maßnahme für angebracht oder nötig hält, hat es bei der Forstpolizeibehörde entsprechenden Antrag zu stellen. Den Forstämtern ist aber eine sehr wichtige Mitwirkung bei der Ausübung der Forstpolizei zugewiesen; ihnen steht in jedem Falle, den die Forstpolizeibehörde zu entscheiden hat, die Antragstellung und das amtliche Gutachten zu. Und zwar ist dies einerseits eine gesetzliche Befugnis des Forstamts — die Forstpolizeibehörden müssen dem Forstamt Gelegenheit zur Stellungnahme geben —, andrerseits auch eine gesetzliche Verpflichtung. Als Behörde ist das Forstamt der Forstpolizeibehörde gleichgeordnet.

b) Inhalt der Zuständigkeit zur Antragstellung und Gutachtensabgabe:

Die Antragstellung umfaßt ein Dreifaches:

α) das Forstamt ist berechtigt und verpflichtet, in Angelegenheiten, die ein Einschreiten der Forstpolizeibehörde zweckmäßig oder notwendig erscheinen lassen, von sich aus bei der Forstpolizeibehörde das Einschreiten zu beantragen;

β) das Forstamt ist berechtigt und verpflichtet, in forstpolizeilichen Angelegenheiten, die ihm von der Forstpolizeibehörde zur Stellungnahme zugeleitet wurden, die von ihm für richtig und zweckmäßig erachtete forstpolizeiliche Entscheidung oder Verfügung vorzuschlagen;

γ) dem Forstamt steht die Befugnis zu, in allen forstpolizeilichen Angelegenheiten und zwar im reinen Verwaltungs- wie im Verwaltungsstreitverfahren, wie auch in den staatsaufsichtlichen Angelegenheiten der Art. 6—18 gegen die Entscheidung oder Verfügung der Forstpolizeibehörde zur Wahrung der öffentlichen Interessen wie ein Beteiligter innerhalb der gesetzlichen Frist Beschwerde (Berufung) zur Forstpolizeistelle einzulegen (ME. vom 4. 12. 1855 Nr. 2109, Weber Bd. 4 S. 730; S. pr. Erl. Bd. 3 S. 121); aus dieser Befugnis ergibt sich für die Forstpolizeibehörde die Notwendigkeit, wenigstens in allen Fällen, in denen sie gegen den Antrag des Forstamts entschieden hat, von der Entscheidung oder Verfügung auch dem Forstamt Kenntnis zu geben.

Das amtliche Gutachten hat sich auf die Sach- und die Rechtslage zu erstrecken. Dem Forstamt kommt also auf dem Gebiete der Forstpolizei (wie der Forststrafgerichtsbarkeit) eine doppelte Stellung zu: die eines Staatsanwaltes zur Vertretung der öffentlichen Interessen (ähnlich der Einrichtung des Staatsanwaltes am Verwaltungsgerichtshof, Art. 4 VGG.) und die des amtlichen Sachverständigen. Die Forstpolizeibehörde ist an den forstamtlichen Antrag und das Gutachten nicht unbedingt gebunden; sie hat vielmehr auf Grund der eigenen pflichtgemäß über die Sach- und Rechtslage gebildeten Überzeugung zu entscheiden. Zur Einvernahme der Beteiligten zum forstamtlichen Antrag und Gutachten vgl. Forstl. Mitt. Bd. 17 S. 229.

c) Sonstige Tätigkeit auf forstpolizeilichem Gebiet: Wenn die Forstämter auch nicht selbst Forstpolizei ausüben, der Forstamtsvorstand und sein Vertreter auch nicht zu den Hilfspersonen zur Handhabung der Forstpolizei (Art. 115) zählt, so kommt ihnen doch kraft ihrer Stellung außer der Antragstellung und Gutachtensabgabe das Recht und die Pflicht zu, die Einhaltung der forstpolizeilichen Bestimmungen in jeder Weise, insbesondere durch Beobachtung des Zustandes der Wälder und der Vorgänge in ihnen, durch Überwachung der Ausführung forstpolizeilicher Vorschriften, durch Belehrung, Ermahnung und Warnung der Beteiligten sowie durch Beaufsichtigung und Leitung (vgl. dazu Anm. 2 a zu Art. 115) der Hilfspersonen zur Handhabung der Forstpolizei zu fördern.

d) Zuständigkeit: Die in Art. 114 dem Forstamt zugewiesenen Rechte und Pflichten kommen dem Vorstand des Forstamts oder seinem Stellvertreter zu; dieser kann sich nach Maßgabe der Dienstvorschriften der Unterstützung seines Personals bedienen; mit der Forstpolizeibehörde hat stets der Forstamtsvorstand oder sein Vertreter zu verkehren. Für den Außenbezirk handelt der Leiter der Forstamtsaußenstelle in Vertretung des Forstamts (§ 15 der GeschAnw. vom 22. 7. 1927, FMBl. S. 29); vgl. auch § 15 der DAnw. für den Regierungsforstrat am Amtssitz vom 10. 8. 1921 (FMBl. S. 176).

Die Rechte und Pflichten des Art. 114 kommen nur den staatlichen Forstämtern zu; ihnen ist Entgegenkommen gegenüber den höheren Forstbediensteten der Gemeinden, Stiftungen, Körperschaften und Privaten zur Pflicht gemacht (§ 22 Allg. VollzV. 1879 S. 426). Der selbständige Forstamtsbezirk Grafrath in Oberbayern ist den Forstämtern im Sinne der VO. v. 2. 5. 1885 (GVBl. S. 267) gleichgestellt (VO. vom 2. 7. 1924, GVBl. S. 177): ebenso das Universitätsforstamt Sailershausen (Ufr.) (VO. vom 12. 3. 1925, GVBl. S. 95); ähnlich nach § 1 Abs. II der VO. v. 2. 5. 1885, GVBl. S. 267 die pfälzischen Kommunalforstämter. Dem örtlich zuständigen staatlichen Forstamt kommt die Antragstellung und das amtliche Gutachten nach dem klaren Wortlaut des Gesetzes auch zu, wenn es sich um eine dem Forstamt unterstellte staatliche Waldung handelt, wenn also der Forstärar Partei ist (z. B. in einem Forstrechtsstreit). Wenn der Forstärar streitsbeteiligt ist, kann er wie ein anderer Beteiligter im Falle des Art. 112 Abs. I oder 113 weitere Sachverständige benennen (vgl. § 17 Abs. IV Allg. VollzV. 1896).

Örtlich zuständig ist das Forstamt, in dessen Dienstbezirk der Wald gelegen ist; erstreckt sich der Wald über mehrere Forstamtsbezirke, so wird nach den in § 13 Abs. V Allg. VollzV. 1896 (S. 414) für die Angelegenheiten des Art. 110 Abs. I gegebenen Richtlinien allgemein verfahren werden können.

e) Andere Bestimmungen: Dem Forstamt ist die Mitwirkung bei der Handhabung der Forstpolizei im ganzen Forstamtsbezirk auch zur Pflicht gemacht in §§ 80—82 der GeschAnw. vom 13. 10. 1925 (FMBl. S. 79); dem Leiter der Forstamtsaußenstelle in § 5 der GeschAnw. vom 22. 7. 1927 (FMBl. S. 29), dem Regierungsforstrat am Amtssitz in §§ 2, 3, 6—8, 13 der GeschAnw. vom 10. 8. 1921 (FMBl. S. 176).

3. Verhältnis des Forstamts zu den Hilfspersonen zur Handhabung der Forstpolizei: s. Anm. 2 zu Art. 115.

4. Ausübung öffentlicher Gewalt: Die dem Forstmeister obliegenden Amtshandlungen in Handhabung des Forstschutzes unterstehen insoweit einer Vorentscheidung des Verwaltungsgerichtshofes (nach Art. 7 Abs. II VGG.), als sie nicht seine amtsanwaltschaftliche Tätigkeit im Forstrügeverfahren zum Gegenstande haben. Die Würdigung der Frage, ob von Amts wegen das Einschreiten der Forststrafgerichte überhaupt veranlaßt werden soll, ist eine forstpolizeiliche Tätigkeit im Interesse des (Staats-)Forstschutzes, noch nicht eine Tätigkeit im Verfahren in Ansehung der Forststrafgerichte (VGH. Bd. 27 S. 16).

5. Gebühren:

a) Amtsgebühren: Durch die FMB. vom 19. 5. 1924 (GVBl. S. 165) sind die Forstämter hinsichtlich der Gebührenerhebung in Staatshoheitshandlungen den Bezirksverwaltungsbehörden gleichgestellt worden. Die Bek. lautet:

„Auf Grund des Art. 145 des Kostengesetzes vom $\frac{\text{16. Februar 1921}}{\text{18. März 1922}}$ (GVBl. 1921 S. 134 und 1922 S. 209) und der Bekanntmachung vom 4. Januar 1924 (GVBl. S. 7) werden die Forstämter hinsichtlich der Gebührenerhebung den Bezirksverwaltungsbehörden gleichgestellt. Niederschriften, Zeugnisse, Beschlüsse, Bescheide und Verfügungen oder Beglaubigungen der Forstämter sind daher gemäß Art. 143 des Kostengesetzes künftighin gebührenpflichtig. Hiezu wird folgendes bestimmt:

1. Einer Verwaltungsgebühr unterliegen nur Staatshoheitshandlungen.

2. Gebührenfrei sind alle Amtshandlungen, welche zur ordnungsmäßigen Verwertung der Forstprodukte oder zur Nutzbarmachung der Forstflächen, Forstgebäude usw. nach kaufmännischen Grundsätzen notwendig sind (z. B. Verkaufsbekanntmachungen, Losverzeichnisse, Verkaufsabschlüsse, Vertragsausfertigungen für die Gegenpartei, Zustellung der Mitteilungen über Zuschlagserteilung, Mitteilungen über Höhe der Kaufsummen bei Vorverkäufen, Übersendung der Holzabfolgescheine, Auskünfte über das Kaufobjekt und Anträge auf Kaufgeldstundung).

3. Ferner sind gebührenfrei diejenigen einfachen Auskünfte und Bescheide, die mit der Verwertung der Forstprodukte usw. im Zusammenhange stehen und nach kaufmännischem Brauche unentgeltlich erteilt zu werden pflegen (z. B. Erledigung von Anfragen über Freihandverkäufe, Verpachtungen, Arbeitsgelegenheit usw.), auch wenn das Interesse der Antragsteller überwiegt.

4. Gebührenpflichtig sind solche Auskünfte und Bescheide, die über das im kaufmännischen Verkehr übliche Maß hinausgehen oder im ausschließlichen Interesse der Antragsteller erfolgen, insbesondere ablehnende Bescheide über Beschwerden und Gesuche, die bereits einmal behandelt oder von der zuständigen Behörde oder Stelle bereits verbeschieden worden sind (vgl. Art. 172 des Kostengesetzes).

5. Die gebührenfreie Behandlung schließt die Belastung des Empfängers mit den anfallenden Postgebühren oder den Herstellungskosten für Loseinteilungsverzeichnisse u. dgl. nicht aus (vgl. § 23 der allgemeinen Holzverkaufsbedingungen vom 1. November 1923).

6. Für die Verrechnung usw. der Gebühren sind die für die Bezirksämter geltenden Bestimmungen der Verordnung vom 23. Dezember 1914 (GVBl. S. 677) und der Bekanntmachung vom 20. Juni 1915 zum Vollzuge des Reichsgerichtskostengesetzes und des Kostengesetzes (GVBl. S. 156) maßgebend."

Die Gebühren der Art. 143, 144 und die Auslagen des Art. 163 KostG. sind auch von den Regierungsforstkammern (§ 11 der VO. vom 28. 12. 1914, GVBl. S. 677) und der Ministerialforstabteilung zu erheben.

b) **Tagegelder und Reisekosten:** Wenn die Mitwirkung bei der Handhabung der Forstpolizei (und der Forststrafgerichtsbarkeit) eine Ortsbesichtigung oder die Beteiligung an einer solchen erfordert, so gehört diese zur ordentlichen Dienstaufgabe des Forstamts (§ 80 der GeschAnw.). Eine besondere Regelung besteht für die Fälle des Art. 110 Abs. I FG. (s. Anm. 7 zu Art. 110).

Die Entschädigungen der Beamten der Forstämter und der Regierungsforstkammern bei auswärtigen Dienstgeschäften sind näher geregelt in der FME. vom 22. 12. 1925 Nr. 25069.

Hilfspersonen zur Handhabung der Forstpolizei.

Artikel 115. (113/114).

I Hilfspersonen zur Handhabung der Forstpolizei[1,2] sind:

1. alle im niederen Forstdienste[3] überhaupt oder zum Forstschutze[4] insbesondere aufgestellten Diener des Staates, der Gemeinden, Stiftungen, Körperschaften und Privatpersonen;
2. das gemeindliche Polizeipersonal[6] mit Inbegriff der Flurwächter;
3. die Gendarmen[7].

II Die von der Staatsregierung aufgestellten Bezirksgeometer[9] werden bei Ausübung der Forstpolizei (Art. 34 bis 42 und 75 bis 78) zur Aushilfe verwendet.

1. **Begriff der Hilfspersonen zur Handhabung der Forstpolizei:**

a) **Personenkreis:** Die leitenden und entscheidenden äußeren Behörden im Vollzuge der Forstpolizei sind die Bezirksämter und die Stadträte der unmittelbaren Städte; darüber stehen die Forstpolizeistellen und das Staatsministerium des Innern (Art. 109, 111). Diese Träger der Forstpolizei sind naturgemäß nicht in der Lage, die gesamte forstpolizeiliche Tätigkeit selbst auszuüben; sie sind auf die Unterstützung von Außenorganen angewiesen; der Kreis dieser forstpolizeilichen Hilfsorgane, genannt Hilfspersonen zur Handhabung der Forstpolizei, ist in Art. 115 Abs. I gesetzlich umschrieben; dazu zählt das gesamte niedere Forst- oder Forstschutzpersonal, gleichgültig in wessen Diensten es steht, das gesamte Polizeipersonal der Gemeinden und die Gendarmerie; zur Mitwirkung sind in beschränktem Maße auch die staatlichen Bezirksgeometer und ihre Vertreter verpflichtet. Die Aufzählung des Art. 115 ist nicht erschöpfend; s. Anm. 4e und 8. Auch die Forstdiener der Ortschaften fallen unter Art. 115. Begriff der Körperschaft Anm. 1 zu Art. 18. Inbegriff der forstpolizeilichen Tätigkeit s. S. 188 ff.

b) **Hilfsbeamte der Forststrafgerichtsbarkeit und Staatsanwaltschaft:** Die in Art. 115 aufgezählten Hilfspersonen (nicht aber die Messungsbeamten) sind zugleich Hilfspersonen der Forststrafgerichtsbarkeit (Art. 119). Die Tätigkeit als Hilfsperson zur Handhabung der Forstpolizei und als Hilfsperson der Forststrafgerichtsbarkeit fällt wegen des engen Zusammenhangs der Strafbestimmungen und der polizeilichen Vorschriften des Forstgesetzes oft zusammen. Bezüglich der Forstrügesachen, der Jagdvergehen und der Übertretungen jagdpolizeilicher Vorschriften sind neben den Forstmeistern und Regierungsforsträten im Außendienst alle in Art. 115 Abs. I (nicht dagegen die Messungsbeamten des Abs. II) aufgeführten Personen auch Hilfsbeamte der Staatsanwaltschaft (§ 4 der VO. vom 23. 2. 1879, GVBl. S. 1057). Örtliche Zuständigkeit s. unten Anm. 2c.

Vgl. die ähnliche Einrichtung der „Vollzugs- und Beaufsichtigungsorgane" beim Vollzuge des Jagdgesetzes nach § 12 A Ziff. 9 der VollzV. z. JagdG. Die Personen des Art. 115 Abs. I haben in Forstrügesachen neben den Rechten und Pflichten des Forstgesetzes auch die insbesondere in der Strafprozeßordnung geregelten der Hilfsbeamten der Staatsanwaltschaft (vgl. ObLGSt. Bd. 17 S. 3). Eidliche Verpflichtung der Personen des Art. 115 s. Art. 121.

c) **Abzeichen:** Für die Ausübung des äußeren Dienstes als Hilfsperson der Forstpolizei ist in den einschlägigen Dienstvorschriften mehrfach das Tragen einer Dienstkleidung oder eines Dienstabzeichens vorgeschrieben (z. B. DienstAnw. f. Forstverwalter, Amtsförster und Forstaufseher je §§ 38 Abs. V); zur Rechtmäßigkeit der Amtshandlungen im Sinne der §§ 113 und 117 StGB. ist die Beachtung dieser Formvorschriften aber regelmäßig nicht erforderlich (Frank § 113 Ziff. IV, 3); vgl. auch D Ziff. 6 der Dienstbekleidungsvorschriften für die bayer. Staatsforstbeamten vom 24. 12. 1925 (FMBl. 1926 S. 1).

2. **Stellung und Tätigkeit der Hilfspersonen:**

a) **Rechte und Pflichten:** Die Begründung zu Art. 109 des Entwurfes 1846, der im wesentlichen mit dem heutigen Art. 115 übereinstimmt, sagt: „Da die Handhabung der Forstpolizei eine möglichst allseitige Wahrnehmung aller forstordnungswidrigen Vorkommnisse und Übertretungen voraussetzt, und überhaupt die für den Dienst der örtlichen Polizei verpflichteten Organe zur Mitwirkung im Vollzuge polizeilicher und strafrechtlicher Gesetze insgesamt berufen sind, so muß diese Verpflichtung auch bei der Forstpolizei als eines Teiles der allgemeinen Polizei in Anspruch genommen werden." Die Hilfspersonen des Abs. I sind kraft der Vorschrift des Art. 115 gesetzlich verpflichtet, die Forstpolizeibehörden, Forstpolizeistellen und das Staatsministerium des Innern in der Ausübung der Forstpolizei zu unterstützen („Hilfspersonen"). Zu dieser gesetzlichen Verpflichtung tritt häufig noch die dem Dienstherrn gegenüber bestehende Verpflichtung auf Grund der Dienstanweisungen. Eine Gehorsamspflicht wird für die Hilfspersonen gegenüber den Forstpolizeibehörden und -stellen und dem Ministerium des Innern durch Art. 115 nicht begründet, wenn sie nicht nach dem Dienstverhältnis bereits besteht; die Forstpolizeibehörden usw. haben sich nötigenfalls an die der Hilfsperson vorgesetzte Stelle zu wenden. Die Dienstaufsicht über die Hilfspersonen zur Handhabung der Forstpolizei steht auch bezüglich ihrer forstpolizeilichen Tätigkeit der ihnen vorgesetzten Stelle zu. Die Hilfspersonen des Art. 115 Abs. I sind als solche auch nicht den staatlichen Forstverwaltungsbehörden (Forstämtern usw.) untergeordnet, soweit es sich nicht um Angestellte oder Beamte der Staatsforstverwaltung handelt.

Art. 115 stellt für die Hilfspersonen zunächst Pflichten auf, nämlich die Verpflichtung, zur Einhaltung der forstpolizeilichen Vorschriften mitzuwirken; damit ist ihnen aber auch das Recht zugesprochen, von den nötigen Mitteln Gebrauch zu machen, z. B. Verwarnungen zu erteilen, eine Zuwiderhandlung, wenn nötig, mit Gewalt einzustellen (Art. 102 Abs. I AG.StPO. oben S. 189 Fußnote 1) u. a.

Die in Art. 115 aufgeführten Personen haben aber stets zu beachten, daß sie nur Hilfspersonen und nicht befugt sind, selbst Entscheidungen und Anordnungen zu treffen; diese kommen nach dem Gesetz nur den Forstpolizeibehörden und -stellen und dem Staatsministerium des Innern zu. Die Hilfspersonen haben jene nur zu unterstützen, also im wesentlichen — hauptsächlich durch Beobachtung und Überwachung des Zustandes und der Vorgänge in den Waldungen — die forstpolizeilichen Entscheidungen vorzubereiten oder auszuführen und die Verübung strafbarer Handlungen zu verhindern oder zu ermitteln und zur Anzeige zu bringen.

Im einzelnen ergeben sich die Rechte und Pflichten der Hilfspersonen aus dem Inhalt der Forstpolizei, wie er im Forstgesetz und den dazu ergangenen Vollzugsvorschriften niedergelegt ist, aus den etwaigen Dienstanweisungen und den von der zuständigen Stelle ergangenen einzelnen Aufträgen (vgl. oben S. 188 ff.).

b) Strafrechtlicher Schutz: In ihrer Eigenschaft als Hilfspersonen zur Handhabung der Forstpolizei genießen alle in Art. 115 Abs. I aufgeführten Personen, auch die Diener der Privatpersonen nach Ziff. 1, die Stellung von Beamten im Sinne des § 117 StGB. (oben S. 246) und den darin umschriebenen strafrechtlichen Schutz gegen Widerstand und Angriffe bei rechtmäßiger Ausübung des Dienstes.

Der strafrechtliche Schutz nach § 117 StGB. gegen Widerstand und tätliche Angriffe reicht gegenüber dem Forstschutzpersonal mit Beamteneigenschaft weiter als gegenüber dem nichtbeamteten Personal; das letztere muß sich, um den Schutz des § 117 zu genießen, stets in objektiv rechtmäßiger Rechtausübung befinden; das erstere ist bereits geschützt, wenn es nur sein Ermessen pflichtgemäß hat walten lassen; wenn es sich bei dieser pflichtgemäßen Erwägung in tatsächlicher Hinsicht geirrt hat, so daß die Amtsausübung nicht rechtmäßig war, so ist dies unschädlich. Dies ist von Bedeutung für den inneren Tatbestand des Täters: während der Tatbestand des Widerstandes gegen Forst- und Jagdbeamte das Bewußtsein des Täters von der Rechtmäßigkeit der Amtsausübung nicht verlangt, muß bei dem Tatbestande des Widerstands gegen Waldeigentümer, Forst- oder Jagdberechtigte und die von diesen bestellten Aufseher der Vorsatz des Täters dessen Bewußtsein von der Rechtmäßigkeit der Rechtausübung des Berechtigten umfassen (ObLG. Bd. 25 S. 134). Stellung der bayer. Forstreferendare s. Anm. 3 zu Art. 121.

c) Örtliche Zuständigkeit: Die in Art. 115 Abs. I aufgezählten Personen sind bezüglich der Forstrügesachen (Art. 50) alle auch Hilfsbeamte der Staatsanwaltschaft (s. oben Anm. 1 b und Anm. 3 zu Art. 119); in dieser Eigenschaft reicht ihre örtliche Zuständigkeit grundsätzlich so weit als die des vorgesetzten Staatsanwalts, also regelmäßig über den ganzen Landgerichtsbezirk (§ 144 GVG.; RG. Bd. 37 S. 32; vgl. jeweils § 38 Abs. IV der DienstAnw. f. Forstverwalter, Amtsförster und Forstaufseher vom 13. 10. 1925, FMBl. S. 139, 185 und 212).

Die örtliche Zuständigkeit der Hilfspersonen zur Handhabung der Forstpolizei in dieser Eigenschaft bestimmt sich grundsätzlich nach der für die einzelne Hilfsperson geltenden Dienstvorschrift. Stets zuständig sind sie innerhalb ihres Dienstbezirkes; zuweilen ist der Bezirk für die Ausübung der Forstpolizei gegenüber dem sonstigen Dienstbezirk erweitert; so haben z. B. die staatlichen Forstverwalter, Amtsförster und Forstaufseher die Forstpolizei gemäß §§ 38 Abs. IV ihrer Dienstanweisungen stets im ganzen Forstamtsbezirk auszuüben. Sie können und müssen u. U. aber auch außerhalb ihres Forstpolizeibezirkes tätig werden z. B. bei der Nacheile des Art. 138. Nach Ebermayer Anm. 3 zu § 117 StGB. sind die Hilfspersonen der Forstpolizei als solche nicht nur zuständig, wenn sie die forstpolizeilichen Handlungen im zugewiesenen Bezirke selbst vornehmen oder dort beginnen und aus ihm heraus unmittelbar fortsetzen, sondern auch dann, wenn sie die Handlungen außerhalb vornehmen, sofern diese nur in räumlicher Beziehung zu dem zugewiesenen Polizeibezirk stehen. Vgl. ObLG.St. Bd. 16 S. 56 und RG. Bd. 41 S. 431 sowie Bd. 29 S. 142, Bd. 24 S. 344.

Als Hilfspersonen der Forststrafgerichtsbarkeit (Art. 119) werden die Personen des Art. 115 Abs. I entsprechend der bei den Hilfsbeamten der Staatsanwaltschaft geltenden Regelung grundsätzlich örtlich überall zuständig sein, wo die Organe der Forststrafgerichtsbarkeit, für die sie sich zu betätigen haben (Anm. 1 zu Art. 119), in Forstrügesachen zuständig sind.

Wenn die örtliche Zuständigkeit der Hilfspersonen der Forststrafgerichtsbarkeit und der Staatsanwaltschaft hienach regelmäßig weiter reicht als die der Hilfspersonen der Forstpolizei, so wird sich ihre Tätigkeit doch praktisch gewöhnlich auf den engeren örtlichen Bereich der letzteren beschränken; rechtmäßig z. B. im Sinne der §§ 113 und 117 StGB. handeln sie aber in den beiden erstgenannten Eigenschaften auch im angegebenen weiteren Bezirk.

Ziff. 1:

3. Niederes Forstpersonal: d. h. alles Forstpersonal mit Ausnahme des höheren; nach der hier maßgebenden Begriffsbestimmung zur Zeit der Einführung des Forstgesetzes muß auch das heutige mittlere äußere Personal zum niederen im Sinne der Ziff. 1 gerechnet werden; Eigenschaften, Art. 120 Abs. I; Hilfspersonen zur Handhabung der Forstpolizei sind die Forstbediensteten nur, wenn sie rechtmäßig aufgestellt wurden; dazu gehört auch die Bestätigung nach Art. 13 und 120 Abs. II. Zu den Forstbediensteten der Ziff. 1 zählen auch die staatlichen Forstverwalter, Amtsförster und Forstaufseher (vgl. jeweils §§ 38ff. der Dienstanweisungen vom 13. 10. 1925, FMBl. S. 139, 185 und 212). Die Eigenschaft als Hilfsperson ist auf das Personal beschränkt, das wenigstens teilweise im äußeren Dienste beschäftigt ist.

Die Vorschriften über die Besetzung von Dienststellen mit Versorgungsanwärtern finden auf die Stellen des technischen Forstdienstes (d. s. die Stellen im Forstbetriebs- oder gemischten Dienste, von deren Inhabern eine besondere forsttechnische Vorbildung verlangt wird) keine Anwendung (§ 4 der Anstellungsgrundsätze mit Ausführungsanweisung, beide i. d. F. vom 16. 7. 1930, RGBl. I S. 234 und 245).

Die Personen des Art. 115 Ziff. 1 brauchen nicht Beamteneigenschaft zu besitzen; sie brauchen überhaupt in keinem öffentlichrechtlichen Verhältnis zu ihrem Dienstherrn zu stehen; ein bürgerlichrechtliches Verhältnis genügt; das gleiche gilt für den Forstschutzdienst.

Die Forstbediensteten der Ziff. 1 haben unter gewissen Voraussetzungen Anspruch auf Ermäßigung des Jagdkartenstempels; näheres Anm. 4b.

Die Rottmeister sind nicht Beamte im Sinne des Art. 7 Abs. II VGG. (VGH. Bd. 28 S. 135), wohl aber die Waldwärter (VGH. Bd. 26 S. 282).

4. Forstschutzbedienstete:

a) Allgemeines: Begriff des Forstschutzes und Unterschied von der Forstpolizei s. Anm. 1 zu Art. 10. Unter Art. 115 fallen alle Forstschutzbediensteten, die rechtmäßig aufgestellt sind (vgl. z. B. Art. 13, 120), mit Ausnahme des höheren Personals. Eigenschaften, Art. 120 Abs. I. Die Privaten sind zur Aufstellung von Forstschutzbediensteten nicht verbunden; wenn sie aber zulässigerweise (s. Anm. 3c zu Art. 10) eigenes Forstschutzpersonal bestellen, so fällt es unter die Vorschriften der Art. 115, 120, 121. Forstschutzbedienstete (und Forstschutzbeamte) dürfen Bahnkörper nur betreten, soweit es zur Ausübung ihres Dienstes nach vernünftigem objektivem Ermessen notwendig ist (vgl. ObLGSt. Bd. 7 S. 378). Die Forstschutzbediensteten sind gewöhnlich von der Feuerwehrpflicht befreit.

Die staatlichen Forstlehrlinge dürfen in der Lehrlingszeit zum Forst- und Jagdschutz nicht verwendet werden, wohl aber haben sich die staatlichen Forstanwärter am Forst- und Jagdschutz zu beteiligen; die staatlichen Hilfsförster sollen zum Forst- und Jagdschutz aushilfsweise verwendet werden (MB. über die Ausbildung zum unteren und mittleren Dienst der Staatsforstverwaltung v. 14. 4. 1930, FMBl. S. 29 §§ 18 Abs. III, 21 Abs. III und 38). Vereidigung der staatlichen Forstanwärter auf den Forst- und Jagdschutz nach Beendigung der Lehrlingszeit durch den Forstamtsvorstand, in der Pfalz auf den Forstschutz allein durch das Gericht: § 10 der vorgenannten MB. i. d. F. vom 19. 12. 1930 (FMBl. 1931 S. 1).

b) Schutzgewehrscheine und ermäßigte Jagdkarten: Die rechtmäßig aufgestellten Forstschutzbediensteten der Ziff. 1 haben Anspruch auf Schutzgewehrscheine, soferne nicht Hinderungsgründe nach Art. 18 und 19 JagdG. vorliegen. Die Ausstellung ist unentgeltlich; die Karte berechtigt aber nicht zur Jagdausübung (Art. 15 Abs. II JagdG.). Raubzeug zu erlegen ist mittels des bloßen Schutzgewehrscheins — Notwehr ausgenommen — nur das zum Jagdschutz, nicht auch das allein zum Forstschutz bestellte Personal befugt (§ 12 Allg. VollzV. z. JagdG. B Ziff. 6).

Der Schutzgewehrschein beschränkt sich in seiner Wirksamkeit grundsätzlich auf den Forstschutzbezirk. Hiedurch ist aber das verpflichtete Forstschutzpersonal unter den Voraussetzungen des Art. 138 FG. nicht behindert, Forstfrevler über die Grenze des besonderen Schutzbezirkes zu verfolgen und Haussuchungen vorzunehmen. Ebensowenig ist es ausgeschlossen, das Forstschutzpersonal zweier oder mehrerer Reviere zur Ausübung des Forstschutzes in besonderen Fällen zusammenzuziehen, sowie überhaupt, es zu dienstlichen Verrichtungen außerhalb des Aufsichtsbezirkes zu verwenden (§ 12 Allg. VollzV. z. JagdG. A Ziff. 5). Die Schutzgewehrscheine sind von der Bezirksverwaltungsbehörde auszustellen, in deren Bezirk der Aufsichtssprengel ganz oder zum größten Teil gelegen ist; hat der Forstschutzbedienstete seinen Wohnsitz im Bezirk einer anderen Bezirkspolizeibehörde, so hat die Bezirksverwaltungsbehörde des Aufsichtssprengels jene vor der Ausstellung des Schutzgewehrscheins zu hören (ME. v. 11. 11. 1925 Nr. 2528 b 44). Der Schutzgewehrschein (auch Forstschutzkarte genannt) gilt für ein Kalenderjahr; wird dem Inhaber der Forstschutz abgenommen, so hat er den Schein an die Bezirksverwaltungsbehörde einzuliefern (§ 12 B Ziff. 8, 11 Allg. VollzV. z. JagdG.). Vorstehendes gilt für den Forstschutz in Waldungen jeder Art (Staats-, Gemeinde-, Privat- usw. Waldungen).

Wenn der Forstschutzbezirk sich über den Sprengel der Bezirkspolizeibehörde hinaus erstreckt, so ist zweckmäßig vor Ausstellung des Schutzgewehrscheins der andern Bezirkspolizeibehörde Gelegenheit zur Äußerung zu geben; jedenfalls ist sie von der Ausstellung des Schutzgewehrscheins zu verständigen (E. d. Regg. von Oberbayern vom 18. 2. 1925 Nr. e 675 A I).

(Irrtümlich nimmt die ME. vom 11. 11. 1925 Nr. 2528 b 44 an, daß zur Ausstellung des Schutzgewehrscheins die Bezirkspolizeibehörde des Wohnsitzes des Nachsuchenden zunächst zuständig sei; nach dieser E. hätten die Bezirkspolizeibehörden an Personen, die in einem anderen bayerischen Verwaltungsbezirk ihren ständigen Wohnsitz haben, Schutzgewehrscheine nur ausnahmsweise und nur nach Benehmen mit der Bezirkspolizeibehörde des Wohnsitzes auszustellen. Dieser ME. wohnt nach Zweck und Fassung nicht die Kraft inne, die Vollzugsvorschriften zum Jagdgesetz abzuändern.)

Der Schutzgewehrschein ist grundsätzlich erst nach der Verpflichtung (Art. 121 Anm. 1) des Forstschutzbediensteten auszustellen; gleiches gilt für den Jagdschutz (s. Buchst. d).

Alle Forstbeamten des Staates, der Gemeinden, Stiftungen, Körperschaften und Privaten, ferner die Personen des Art. 115 Ziff. 1, sofern diese von der zuständigen Behörde bestätigt (Art. 13, 120) und verpflichtet (Art. 121 Anm. 1) sind, haben Anspruch auf Ermäßigung des Jagdkartenstempels auf die Hälfte, wenn die Jagdkarte im dienstlichen Interesse ausgestellt wird (Tarif Nr. 24 Abs. II des StempelG. und Ziff. 5 der VollzV. vom 2. 4. 1921, GVBl. S. 334; dort ist auch eingehend ausgeführt, wann ein dienstliches Interesse anzunehmen ist).

Forst- oder Jagdschutzbedienstete dürfen bei Ausübung des Forst- oder Jagdschutzes in dem ihrer Aufsicht unterstellten Bezirk Schießgewehr und Schießbedarf trotz der Bestimmung des § 368 Ziff. 10 StGB. in einem fremden Jagdgebiet auch abseits der öffentlichen Wege mit sich führen (ObLG. Bd. 16 S. 56). Die Inhaber von Schutzgewehrscheinen bedürfen zum Erwerb und zum Führen der zum Jagd- und Forstschutz benötigten Schußwaffen samt Munition keiner besonderen Erlaubnis nach dem Schußwaffengesetz vom 12. 4. 1928 (MB. vom 31. 8. 1928 Nr. 2501 f 106, StAnz. Nr. 202); sie brauchen also weder einen Erwerbs- noch einen Waffenschein (vgl. dazu Bl. 1930 S. 293 ff.).

c) Forstschutzhunde: Hunde, die von den Forstschutzbediensteten der Ziff. 1, gleichgültig in wessen Dienst sie stehen, ausschließlich oder überwiegend zum Zwecke des Forstschutzes gehalten werden, genießen von Gesetzes wegen eine Ermäßigung der Hundeabgabe; die Ermäßigung gilt aber nur für einen Hund des abgabepflichtigen Hundebesitzers (Art. 8 Abs. II, IV des HundeabgabenG. i. d. F. vom 6. 7. 1926, GVBl. S. 327). Unter die Ermäßigung fällt auch das höhere Personal, das im Forstschutz tätig ist.

d) Forstschutz in Verbindung mit Jagdschutz: Nicht selten werden Personen zum Forst- und Jagdschutz zugleich aufgestellt. Auch die Personen des Jagdschutzes, mit Ausnahme des im öffentlichen

Dienst angestellten und kraft der Dienstanweisung zum Jagdschutz verpflichteten Personals, bedürfen der Verpflichtung, wenn sie die im Gesetze für das Jagdschutzpersonal vorgesehenen Vorteile (z. B. Schutzgewehrscheine) genießen wollen. Über die Form der Verpflichtung für den Jagdschutzdienst enthält das Jagdgesetz und die Vollzugsvorschriften hiezu keine Bestimmung. Zuständig zur Verpflichtung ist die Bezirkspolizeibehörde und zwar wohl diejenige, in deren Sprengel der Aufsichtsbezirk ganz oder zum größten Teil gelegen ist (wie für die Ausstellung von Schutzgewehrscheinen nach Allg. VollzB. z. JagdG. § 12 B Ziff. 8). Die Zuständigkeit der Bezirkspolizeibehörde ergibt sich aus der grundsätzlichen Regelung der Zuständigkeit im Jagdgesetz; sie ist ausdrücklich ausgesprochen in der ME. vom 30. 1. 1868 (FMBl. S. 25; Weber Bd. 7 S. 188); in dieser ME. werden die Bezirkspolizeibehörden angewiesen, die Jagdschutzbediensteten Privater in Pflicht zu nehmen, wenn die Voraussetzungen für die Ausstellung eines Schutzgewehrscheins gegeben sind. Der Schutzgewehrschein ist grundsätzlich erst nach der Verpflichtung des Jagdschutzbediensteten auszustellen; gleiches gilt für den Forstschutz.

Die Verpflichtung setzt stets einen Antrag voraus. In Ermangelung einer besonderen Vorschrift wird die Verpflichtung wie üblich eidlich vorzunehmen sein, etwa mit der Formel: „Ich schwöre, daß ich meine Pflichten als Jagdschutzbediensteter stets treu und gewissenhaft erfüllen werde. So wahr mir Gott helfe!"

Die Verpflichtung gleichzeitig zum Jagd- und Forstschutzdienst wird üblicherweise (aber nicht ganz einwandfrei, s. Anm. 2 zu Art. 121) zur Vereinfachung vom Amtsgericht im Verfahren nach Art. 121 FG. vorgenommen in der Form, daß der dort vorgeschriebenen Eidesformel ein Zusatz angefügt wird, etwa: „Auch schwöre ich, daß ich meine Pflichten als Jagdschutzbediensteter stets treu und gewissenhaft erfüllen werde." Vgl. Bl. f. RA. Bd. 65 S. 36. In der zunächst für die ersten Jahre nach dem Krieg mit ihrer Verwilderung der Sitten bestimmten ME. vom 4. 11. 1919 Nr. 2115a 49 wurden die Bezirksverwaltungsbehörden angewiesen, dahinzuwirken, daß nach Möglichkeit das Forstschutzpersonal auch für den Jagdschutz aufgestellt werde. Umgekehrt werden nicht selten Jagdberechtigte, z. B. die Pächter einer Gemeindejagd, für den Forstschutz innerhalb des Jagdbezirks aufgestellt; manchmal verpflichten die Gemeinden ihre Jagdpächter vertraglich zur Übernahme des Forstschutzes, sei es in eigener Person oder in der Person der vom Pächter aufzustellenden Jagdaufseher; auch diese Forstschutzpersonen müssen die Voraussetzungen des Art. 120 Abs. I FG. erfüllen und bedürfen der Bestätigung der Forstpolizeibehörde (Art. 13, 120 Abs. II) und der Verpflichtung seitens des Amtsgerichts. Die gelernten Jäger nach Art. 10 Abs. II JagdG. sind nicht ohne weiteres Forst- und Jagdschutzbedienstete; sie sind in bezug auf Forst- und Jagdschutz zu behandeln wie andere Personen.

e) Landespolizei: Nach der MB. vom 4. 4. 1922 (StAnz. Nr. 81) sind die zum Forstschutzdienst abgestellten Angehörigen der kas. Landespolizei als verpflichtete Hilfsorgane der Forstpolizei und der Forststrafgerichtsbarkeit im Sinne des Forstgesetzes zu erachten; sie haben für die Dauer ihrer Tätigkeit im Forstschutzdienst alle Befugnisse, die das Forstgesetz den Hilfsorganen der Forstpolizei und der Forststrafgerichtsbarkeit zuweist.

5. Waffengebrauch und Festnahmerecht des Forst- und Jagdpersonals:

Hierüber bestimmt die VO. vom 20. 9. 1920 (GVBl. S. 431):

„A. Waffengebrauch.

I. Die im Forst- und Jagddienste verwendeten Beamten und Angestellten des Staates, der Gemeinden, Stiftungen und Körperschaften sowie von Privatpersonen, die entweder einen Diensteid geleistet haben oder auf Grund der gesetzlichen Vorschriften als Forst- oder Jagdschutzbedienstete eidlich verpflichtet sind, sind befugt, in Ausübung ihres Dienstes zum Schutze der Forsten und Jagden gegen Personen, die sie in ihrem Dienstbezirke bei einer Zuwiderhandlung gegen die Forst- und Jagdgesetze oder gegen die auf Grund dieser Gesetze erlassenen polizeilichen Vorschriften auf frischer Tat oder unter Umständen betreffen, die den Verdacht einer solchen, sei es verübten, sei es beabsichtigten, Zuwiderhandlung begründen, von ihren Waffen Gebrauch zu machen,

1. wenn sie bei ihrer Dienstleistung angegriffen oder mit einem Angriffe gefährlich bedroht werden oder wenn ihnen durch Tätlichkeit oder gefährliche Drohung Widerstand geleistet wird — um den Angriff abzuwehren oder den Widerstand zu brechen,
2. wenn sie bei einer solchen Dienstleistung zur Ablegung der Waffen oder anderer zum Angriff oder Widerstand geeigneter Werkzeuge auffordern und der Aufforderung nicht sofort Folge ge-

leistet wird oder die abgelegten Waffen oder Werkzeuge wieder aufgenommen werden — um den Gehorsam zu erzwingen,

3. wenn nach einer vorläufigen Festnahme der Festgenommene entspringt oder auch nur den Versuch dazu macht — um die Flucht zu verhindern.

II. Der Waffengebrauch darf nicht weiter ausgedehnt werden, als zur Erreichung des hienach erlaubten Zweckes erforderlich ist.

III. Von einer Schußwaffe darf nur Gebrauch gemacht werden, wenn ein Angriff oder ein Widerstand mit Waffen, Äxten, Knütteln oder anderen gefährlichen Werkzeugen oder von mehreren Personen gemeinschaftlich unternommen oder angedroht wird oder wenn die anderen Waffen unzureichend erscheinen. Der unmittelbaren Androhung eines Angriffs ist es gleichzuachten, wenn der Betroffene die Waffen oder Werkzeuge auf Anruf nicht sofort ablegt oder wieder aufnimmt. Von der Schußwaffe ist mit möglichster Schonung Gebrauch zu machen.

IV. Wenn irgend möglich, hat dem Waffengebrauch seine ausdrückliche Androhung vorauszugehen.

B. Festnahme.

Verhaftungen sind nur auf Grund eines richterlichen Haftbefehls zulässig. Im übrigen kann nur eine vorläufige Festnahme erfolgen und zwar dann,

wenn eine Person bei Verübung einer strafbaren Handlung auf frischer Tat betroffen oder verfolgt wird und sie der Flucht verdächtig ist oder ihre Persönlichkeit nicht sofort festgestellt werden kann."

6. Ziff. 2 (Gemeindliches Polizeipersonal): Darunter ist alles im äußeren Dienst tätige Polizeipersonal der Gemeinden (Städte und Landgemeinden) zu verstehen, das nicht besonders für den Forstschutz aufgestellt ist; das Forstschutzpersonal fällt unter Ziff. 1; auch die im äußeren Dienst tätigen höheren Polizeibeamten zählen zu den Hilfspersonen der Ziff. 2, nicht dagegen die Bürgermeister, wie sich klar aus der Unterscheidung in Art. 127 Abs. I wie auch aus dem Sprachgebrauch des bei der Einführung des Forstgesetzes geltenden Gemeindeedikts ergibt (im Entwurf 1846 waren außer dem gemeindlichen Polizeipersonal ausdrücklich auch die Gemeindevorsteher und deren Stellvertreter als Hilfsorgane vorgesehen). Auch die Gemeinderatsmitglieder gehören als solche nicht zu den Hilfspersonen; desgleichen nicht die Ortspfleger nach Art. 62 Abs. IV GemO.; wohl aber können die nach Art. 51 Abs. V GemO. zur Unterstützung des Bürgermeisters in polizeilichen Angelegenheiten bestellten Ortsführer Hilfspersonen sein (vgl. OLGM. Bd. 8 S. 186). Den Bürgermeistern sind im Vollzuge des Forstgesetzes insbesondere im Forstrügeverfahren mehrfach Aufgaben zugewiesen, die Ausstellung von Ursprungszeugnissen, ferner bei Verhaftungen, Haussuchungen und Beschlagnahmen (Art. 128ff.). Der Bürgermeister hat im Rahmen der Dienstaufsicht über das gemeindliche Polizeipersonal auch auf die Erfüllung der Pflichten seiner Bediensteten als Hilfspersonen der Forstpolizei zu achten. Das gemeindliche Polizeipersonal bleibt auf dem Gebiete der Forstpolizei wie auf dem der anderen Polizei seinen gemeindlichen Vorgesetzten untergeordnet (Art. 50ff. GemO.).

7. Ziff. 3 (die Gendarmen): Vgl. die DienstAnw. vom 18. 7. 1922 (MABl. S. 223), insbesondere §§ 18 Abs. II, 61 Abs. IV, 65 Abs. II Ziff. 3, 81 Ziff. 9, 88 Ziff. 10.

In der ME. vom 10. 8. 1898 (MABl. S. 491, Weber Bd. 26 S. 169) ist angeordnet, zur Handhabung der Forstpolizei außer den Forstdienern und dem gemeindlichen Forstpersonal auch die Gendarmerie ausgiebig heranzuziehen; sie könne bei Gelegenheit ihrer Dienstgänge unschwer größere Abholzungen, Kahlhiebe usw. beobachten und zur Anzeige bringen sowie die Befolgung von Aufforstungsaufträgen im allgemeinen überwachen.

8. Zollschutzbedienstete: Auch die Zollschutzbediensteten sind verpflichtet, alle bei Ausübung ihres Dienstes zu ihrer Kenntnis gelangenden Forstpolizeiübertretungen, Forst- und Jagdfrevel anzuzeigen und das, was sie über die Tatumstände der Übertretung und über deren Täter durch eigene Wahrnehmung oder fremde Mitteilung erfahren, genau anzugeben. Dies gilt für Staats- und andere Waldungen. Diese Zollgrenzwachbediensteten sind auch Hilfspersonen zur Handhabung der Forst- (und Jagd-)polizei. Anderseits sind die staatlichen Forstschutzbediensteten der Grenzstationen verpflichtet, alle Übertretungen der Zollvorschriften, die bei Ausübung ihres Dienstes zu ihrer Kenntnis gelangen, möglichst zu verhindern und auf jeden Fall zur näheren Untersuchung sofort anzuzeigen. Diese Mitwirkung zum Zollschutz darf jedoch nur gelegentlich und unbeschadet des Forstschutzdienstes stattfinden; das gleiche gilt für die Mitwirkung der Zollaufsichtsbediensteten zum Forstschutz. Beide Behörden bleiben dienstlich voneinander unabhängig. (ME. vom 29. 1. 1862; E. der Generalzolladministration vom 7. 1. 1862; MB. vom 4. 2. 1862; Weber Bd. 5 S. 565 und 572; RBl. S. 313; vgl. auch §§ 20, 130 des VereinszollG.).

9. Abs. II (Bezirksgeometer): Die Bezirksgeometer sind nicht Hilfspersonen zur Handhabung der Forstpolizei; sie sind aber verpflichtet, bei der Überwachung der forstpolizeilichen Bestimmungen der Art. 34—42c (diese Ausdehnung liegt in der Absicht des Gesetzes) und der Entdeckung der Forstpolizeiübertretungen (Art. 75—78) mitzuhelfen (Abg. 1851/52 Beil. Bd. S. 460). Von der Einreihung unter die Hilfspersonen des Abs. I, wie im Regierungsentwurf vorgesehen, hat sie der Landtag auf Antrag der Standesvereinigung ausgenommen. Ihre Mitwirkung bei der Ausübung der Forstpolizei erschien dem Gesetzgeber wertvoll, da ihr Beruf und ihr Aufenthalt in den Wäldern dazu mannigfach Gelegenheit gebe. In Wirklichkeit ist die Bestimmung des Abs. II bedeutungslos.

II. In Ansehung der Forststrafgerichte.

1. Allgemeines: Der Abschnitt (Art. 116—188) bildet den zweiten Teil der fünften Abteilung „Zuständigkeit und Verfahren"; der erste Teil (Art. 109—115) regelt das Verwaltungsverfahren. Der Abschnitt Art. 116ff. behandelt die Zuständigkeit und das Verfahren der Forststrafgerichte; Forststrafgerichte sind die ordentlichen Gerichte (Amtsgericht, Landgericht, Oberstes Landesgericht), wenn sie in Forstrügesachen tätig werden (s. die Überschrift vor Art. 116). Forststrafgerichtsbarkeit (s. Art. 119 Abs. I) ist die Gerichtsbarkeit in Forstrügesachen. Die Forststrafgerichte werden im Gesetz auch als Forstrügegerichte bezeichnet (Art. 64). Das Strafverfahren in Forstrügesachen wird vielfach Forstrügeverfahren genannt; das Gesetz selbst gebraucht diesen Ausdruck nicht. Der Begriff „Forstrügesachen" ist gesetzlich umschrieben (Art. 50). Im Sprachgebrauch wird manchmal unter dem Forstrügerichter nur der Forststrafrichter der ersten Instanz, d. i. der Amtsrichter, verstanden.

In den Art. 116—188 ist das Forstrügeverfahren nicht erschöpfend geregelt; Vorschriften hierüber finden sich auch in anderen Abteilungen (z. B. Art. 42 Abs. II, 64, 68, 69).

Die Forstrügegerichte behandeln die Forstrügesachen im allgemeinen Verfahren nach dem Gerichtsverfassungsgesetz und der Strafprozeßordnung, soweit nicht die Art. 116ff. etwas besonderes bestimmen (Art. 188). Die besonderen Vorschriften der Art. 116ff. sind erlassen auf Grund § 3 Abs. III EG.StPO., der bestimmt: „Die Landesgesetze können anordnen, daß Forst- und Feldrügesachen durch die Amtsgerichte in einem besonderen Verfahren, sowie ohne Zuziehung von Schöffen verhandelt und entschieden werden." Die landesrechtlichen Bestimmungen der Art. 116ff. gehen den reichsrechtlichen des Gerichtsverfassungsgesetzes und der Strafprozeßordnung vor; die letzteren sind nur ergänzend (subsidiär) anwendbar. Die abweichenden Vorschriften des Landesrechts sind zum Zwecke der Vereinfachung und Beschleunigung des Verfahrens erlassen worden, die mit Rücksicht auf die Art der Verfehlungen geboten ist; mit der inzwischen durchgeführten Vereinfachung des allgemeinen Strafverfahrens hat sich der Abstand allerdings wesentlich verringert. Die Bestimmungen des Forstgesetzes über das Forstrügeverfahren haben auch gegenüber den einschlägigen späteren Änderungen der Strafprozeßordnung und des Gerichtsverfassungsgesetzes den Vorrang; dies ist z. B. von Bedeutung gegenüber den Änderungen des Gerichtsverfassungsgesetzes und der Strafprozeßordnung durch die VO. vom 4. 1. 1924, RGBl. I S. 15, 299 (hiezu näheres zu Art. 172); die Jugendgerichte sind für die Forstrügesachen nicht zuständig, da die Zuständigkeitsregelung des Forstgesetzes für alle Forstrügesachen ohne Rücksicht auf das Alter des Täters gilt (§ 3 Abs. III EG.StPO.; MB. vom 7. 5. 1923, JMBl. S. 25); überhaupt können die verfahrensrechtlichen Bestimmungen des JGG. (§§ 17ff.) auf die Forstrügesachen nicht angewendet werden (anders in Preußen auf Grund ausdrücklicher gesetzlicher Vorschrift); s. auch oben S. 248 Ziff. 6 und S. 260f. Die Dienstvorschriften für Strafsachen vom 13. 1. 1926 (JMBl. S. 1) gelten für die Forstrügesachen nicht unmittelbar (§ 98); soweit aber auf das Forstrügeverfahren gemäß Art. 188 die Bestimmungen der StPO. und des GVG. anwendbar sind, sind die dazu ergangenen Dienstvorschriften vom 13. 1. 1926 ebenfalls zu beachten.

2. Übersicht über die besonderen Verfahrensvorschriften des Forstgesetzes:

Das Forstgesetz regelt:

a) die Besetzung des Forstrügegerichts (im ersten Rechtszug, Art. 116);
b) die örtliche Zuständigkeit (Art. 117);

c) die Mitwirkung des Forstamts (Art. 118, 142 ff.);
d) den Kreis und die Bestellung der Hilfspersonen der Forststrafgerichtsbarkeit (Art. 119—121);

e—i Ermittelungsverfahren:

e) die Anzeigen der Forstfrevel und Forstpolizeiübertretungen (Art. 122—126; 142, 151);
f) die vorläufige Festnahme (Art. 127—130);
g) die Pfändung (Art. 131—137);
h) die Nacheile und Nachsuchung (Art. 138—141);
i) die Erhebung der öffentlichen Klage durch das Forstamt (Art. 142, 151);

k—n Hauptverfahren:

k) das Strafbefehlsverfahren (Art. 143—149);
l) die Hauptverhandlung:
 α) Vorbereitung (Art. 150—155),
 β) Verlauf (Art. 152, 157, 160—162, 164),
 γ) Beweismittel (Art. 158, 159),
 δ) Vorfragen der Berechtigung und der Schutzwaldeigenschaft (Art. 165—168),
 ε) Ausbleiben des Angeklagten oder Zivilverantwortlichen (Art. 169—171),
 ζ) Anlegung von Forstfrevlerverzeichnissen (Art. 163);
m) Berufung (Art. 172—176);
n) Revision (Art. 177);
o) Vollzug (Art. 178—187);
p) objektives Verfahren (Art. 186).

3. Zuständigkeit:

a) Rechtsmittelzug: Im Forstrügeverfahren gibt es drei Rechtszüge. Im ersten Rechtszug entscheidet über Forstrügesachen, soferne nicht ausnahmsweise eine Verbindung nach § 2 StPO. gegeben ist, stets das Amtsgericht, im zweiten Rechtszug die kleine Strafkammer des Landgerichts, im dritten Rechtszug ein Strafsenat des Obersten Landesgerichts; die Sprungrevision vom Amtsgericht zum Obersten Landesgericht (§ 335 StPO.) ist im Forstrügeverfahren ausgeschlossen (teilweise a. A. das Oberste Landesgericht, s. Anm. 1 zu Art. 177).

b) Keine Sondergerichtsbarkeit: Die Gerichte, die über Forstrügesachen entscheiden, sind ordentliche Gerichte, keine Sondergerichte (RG. Bd. 3 S. 157; Bd. 13 S. 383); sie haben nur ein teilweise von dem allgemeinen Strafverfahren abweichendes Verfahren anzuwenden; dies gilt insbesondere auch von den Forstrügegerichten des ersten Rechtszugs, den Amtsgerichten. § 269 StPO. findet Anwendung. Forstrügesachen können gemäß § 2 StPO. mit anderen, vor ein Gericht höherer Ordnung gehörigen Strafsachen verbunden werden, sofern sie mit ihnen in Realkonkurrenz stehen (RGSt. Bd. 3 S. 157; Rechtspr. Bd. 3 S. 424); auch das Schöffengericht beim Amtsgericht kommt jetzt wohl als höheres Gericht gegenüber dem Amtsgericht als Forstrügegericht in Betracht. Für die Dauer der Verbindung gelten auch für die Forstrügesachen die Vorschriften des allgemeinen Strafverfahrens (§ 5 StPO.); die prozessualen Vorschriften des Forstgesetzes können dann auch nicht ergänzend angewendet werden; Verurteilung zu Wert- und Schadenersatz im Strafverfahren wird daher nicht möglich sein, wohl aber die Verurteilung zur Zivilverantwortlichkeit (Art. 69), weil es sich hier (anders als im Falle des Art. 64) zunächst um eine materiellrechtliche Bestimmung handelt (die materiellrechtlichen Vorschriften des Forstgesetzes sind selbstverständlich auch bei der Aburteilung von Forstfreveln und FPÜ. im gewöhnlichen Strafverfahren anzuwenden); die Verbindung wird sich jedoch im allgemeinen nicht empfehlen. Steht eine Forstrügesache mit einem allgemeinen Delikt in Idealkonkurrenz, so ist für beide das ordentliche Strafverfahren anzuwenden, in dem dann ebenfalls nicht auf Wert- und Schadenersatz, wohl aber Zivilverantwortlichkeit wird erkannt werden können.

c) Militärgerichtsbarkeit: Die Militärgerichte können in Forstrügesachen nur mehr in Kriegszeiten, im Frieden nur mehr gegenüber den eingeschifften Angehörigen der Reichsmarine tätig werden (§ 434 Abs. I StPO.) und auch dann nur, wenn die auf die Handlung im Forstgesetz angedrohte Strafe die Grenze des § 2 Satz 1 der Militärstrafgerichtsordnung überschreitet (das ganze Forstgesetz ist ein Polizeigesetz im Sinne dieser Bestimmung, vgl. ObLG. Bd. 6 S. 332). Sonst urteilen auch über die Forstrügesachen der Angehörigen der Reichswehr und der Reichsmarine die Forstrügegerichte; dabei sind jedoch die besonderen Vorschriften der §§ 438—448 StPO. zu beachten. Gegenüber den Angehörigen der Landespolizei besteht keine Abweichung vom gewöhnlichen Forstrügeverfahren.

4. Parteien: Im Forstrügeverfahren kommen folgende Parteien in Betracht: als **Anklagevertreter** der Forstmeister (Vertreter der Forstbehörde) und der Staatsanwalt (näheres Anm. 5); als **verfolgte Partei** der Angeklagte (wozu im Falle des Art. 70 auch der drittverantwortliche Waldbesitzer zählt) und der Zivilverantwortliche (Art. 69).

Keine Parteirolle kommt dagegen dem Wert- und Schadenersatzberechtigten zu.

5. Stellung des Forstamts und der Staatsanwaltschaft:

Dem Forstamt kommt im Forstrügeverfahren eine doppelte Stellung zu:

a) es vertritt die Anklage, allein vor dem Amtsgericht (Art. 118),
zusammen mit dem Staatsanwalt vor der Strafkammer des Landgerichts (Art. 176),

b) es ist der amtliche Sachverständige vor dem Amtsgericht (Art. 118) und dem Landgericht (Art. 176).

In beiden Fällen ist das Forstamt zur Mitwirkung nicht bloß berechtigt, sondern auch verpflichtet. Für das Forstamt tritt jetzt regelmäßig der sog. „Vertreter der Forstbehörde“ auf; das Forstamt selbst wird nur im Strafbefehlsverfahren tätig; außerdem hat es noch gemäß Art. 149 die Hauptverhandlung selbst zu beantragen; sonst werden die nach dem Gesetz dem Forstamt im Forstrügeverfahren zugewiesenen Rechte und Pflichten vom „Vertreter der Forstbehörde wahrgenommen; näheres Anm. 4 b zu Art. 118.

Die Staatsanwaltschaft ist an dem Verfahren vor dem Amtsgericht überhaupt nicht beteiligt, vor der Strafkammer des Landgerichts tritt sie zusammen mit dem Forstamt, vor dem Obersten Landesgericht allein auf.

6. Verteidiger, Beistände, Bevollmächtigte: Der Angeklagte kann sich in jeder Lage des Verfahrens eines Verteidigers bedienen (Art. 188 mit § 137 StPO.). Dies wird auch vom Zivilverantwortlichen gelten, da auch er auf Grund einer Schuldvermutung verfolgt wird. Der Ehemann und der gesetzliche Vertreter der Angeklagten und wohl auch der Zivilverantwortliche müssen in der Hauptverhandlung als Beistand zugelassen werden; im Vorverfahren können sie zugelassen werden (Art. 188 mit § 149 StPO.). Außer dem Verteidiger und dem Beistand kennt das Forstrügeverfahren abweichend vom allgemeinen Strafverfahren noch den Bevollmächtigten, durch den sich der Angeklagte und der Zivilverantwortliche in der Hauptverhandlung vor dem Amtsgericht vertreten lassen können (Art. 157; näheres dort).

7. Der sog. Adhäsionsprozeß: Das Forstrügeverfahren hat die Besonderheit, daß in ihm nicht bloß über den öffentlichrechtlichen Strafanspruch, sondern, soweit es sich um Forstfrevel handelt, auch über den bürgerlichrechtlichen Wert- und Schadenersatzanspruch des Geschädigten entschieden werden kann. Über die auf Forstpolizeiübertretungen gegründeten Entschädigungsansprüche kann nicht im Forstrügeverfahren entschieden werden. Geregelt ist der Adhäsionsprozeß in Art. 62—67; s. die dortigen Anmerkungen. Besondere Verfahrensvorschriften für den Adhäsionsprozeß enthält das Forstgesetz nicht; über den Wert- und Schadenersatz und den Strafanspruch wird in einem und demselben Verfahren entschieden; maßgebend sind also auch für die Verhandlung und Entscheidung über den Wert- und Schadenersatz die Vorschriften für das Forstrügeverfahren; ein selbständiger Adhäsionsprozeß wird nicht durchgeführt; es handelt sich rechtlich um dasselbe wie bei der Zuerkennung einer Buße im allgemeinen Strafprozeß. Dem Wert- und Schadenersatzberechtigten kommen im Adhäsionsprozeß weder die Rechte noch die Pflichten einer Partei zu.

Nicht zum Adhäsionsprozeß gehört das Verfahren gegen den Zivilverantwortlichen (Art. 69). Der Zivilverantwortliche ist Partei im Strafverfahren gegen den Forstfrevler; der Frevler ist samt dem Zivilverantwortlichen in einem und demselben Verfahren abzuurteilen. Der Drittverantwortliche bei FPÜ. (Art. 70) ist Angeklagter.

8. Rechtshilfe: Auch in Forstrügesachen haben sich die deutschen Gerichte gegenseitig Rechtshilfe zu leisten (§§ 156 ff. GVG., Art. 188 FG.).

Forstrügegericht erster Instanz. **Artikel 116.** (114/115).

Über sämtliche Forstrügesachen (Art. 50) verhandeln und entscheiden die Amtsgerichte ohne Zuziehung von Schöffen.

1. Geltungsbereich: Art. 116 bestimmt ein dreifaches:

a) den Kreis der Gegenstände, für die das Forstrügeverfahren gilt,

b) die sachliche Zuständigkeit im Forstrügeverfahren erster Instanz,

c) die Besetzung des Gerichtes der ersten Instanz.

Im Forstrügeverfahren nach Art. 116—188 abzuurteilen sind alle Forstrügesachen und nur diese: den **Kreis** der Forstrügesachen umschreibt Art. 50 mit Art. 107 Abs. III; hienach sind auch die Verfehlungen nach Art. 107 Abs. I im Forstrügeverfahren abzuurteilen; näheres bei Art. 107. Zu den Forstrügesachen zählen auch die Rückfälle und Gewohnheitsfrevel nach Art. 101.

Zuständig im ersten Rechtszug sind, soferne nicht ausnahmsweise im Wege der Verbindung nach § 2 StPO. eine andere Zuständigkeit eintritt (Anm. 3 b vor Art. 116), die Amtsgerichte und zwar in der Besetzung mit einem Einzelrichter, ohne Schöffen.

Das Amtsgericht wird tätig als Forstrügegericht; es ist daher nicht richtig, vom „Forstrügegericht beim Amtsgericht" zu sprechen, sondern vom „Amtsgericht als Forstrügegericht" (so ObLG. RR. I Nr. 48/1930).

2. Abgrenzung der sachlichen Zuständigkeit:

a) Das Forstrügegericht der ersten Instanz darf über andere als Forstrügesachen nicht entscheiden, auch dann nicht, wenn sie mit einer Forstrügesache real oder ideell konkurrieren. Erachtet der Forstrügerichter sich vor der Hauptverhandlung oder vor Erlassung des Strafbefehls für unzuständig, so hat er das Forstamt zur Rücknahme des Antrags zu veranlassen oder den Antrag abzulehnen; stellt sich in der Hauptverhandlung vor dem Forstrügegericht heraus, daß es sich nicht um eine Forstrügesache handelt, so hat der Forstrügerichter nach § 270 StPO. zu verfahren. Findet das Berufungsgericht, daß die vom Forstrügegericht erster Instanz abgeurteilte Tat keine Forstrügesache ist, so hat es je nach der Tat gemäß § 328 Abs. III StPO. die Sache an das zuständige Amtsgericht (nicht Forstrügegericht), Schöffengericht usw. zu verweisen. S. des näheren Hümmer S. 14f. Vgl. hieher auch ObLG. RR. I Nr. 48/1930: Das Amtsgericht hatte als Forstrügegericht wegen Forsthehlerei nach Art. 100, 59 Ziff. 10 verurteilt; auf eingelegte Sprungrevision fand das Oberste Landesgericht, daß nicht ein Forstfrevel, sondern Unterschlagung nach § 246 StGB. gegeben sei. Das Revisionsgericht hob das Urteil des Amtsgerichts nebst den ihm zugrundeliegenden Feststellungen auf, verwies die Sache aber trotzdem zur anderweiten Verhandlung und Entscheidung wieder an das gleiche Amtsgericht als Forstrügegericht, da die Anklage auf Forstfrevel laute und immerhin die Möglichkeit bestehe, daß das Forstrügegericht bei erneuter Sachverhandlung die Überzeugung gewinne, daß in Wirklichkeit ein Entwendungsfrevel verübt worden sei. Wenn das Forstrügegericht bei der neuen Verhandlung den gleichen Sachverhalt feststelle und so zur Verneinung einer Zuwiderhandlung gegen das Forstgesetz komme, habe es nach § 270 StPO., Art. 188 Abs. I FG. sich für unzuständig zu erklären und die Sache an das Amtsgericht zur Verhandlung im gewöhnlichen Strafverfahren zu verweisen; im Endurteil werde auch über die Kosten des Rechtsmittels zu befinden sein.

b) Umgekehrt sind andere Gerichte als die Forstrügegerichte grundsätzlich nicht zuständig zur Entscheidung über Forstrügesachen. Erachtet der Amtsrichter vor der Hauptverhandlung oder vor Erlassung eines Strafbefehls eine Forstrügesache für gegeben, so hat er den Amtsanwalt zur Rücknahme des Antrags zu veranlassen oder den Antrag abzulehnen; stellt sich in der Hauptverhandlung heraus, daß es sich um eine Forstrügesache handelt, so hat der Amtsrichter nach § 270 StPO. zu verfahren. Findet das Berufungsgericht, daß die vom Amtsrichter oder Schöffengericht anders beurteilte Tat eine Forstrügesache ist, so hat es die Sache gemäß § 328 Abs. III StPO. an das Forstrügegericht zu verweisen.

Gänzlich ausgeschlossen ist jedoch die Aburteilung von Forstrügesachen durch andere als die Forstrügegerichte nicht (Verbindung, Idealkonkurrenz von Forstrügesachen mit anderen Straftaten, Fall des § 269 StPO.; s. Anm. 3 b vor Art. 116). Vgl. Hümmer S. 15ff.

Wenn das Schöffengericht bei der Entscheidung über den Antrag des Staatsanwalts auf Eröffnung des Hauptverfahrens wegen Diebstahls in der Tat einen Forstfrevel erblickt, so hat es nicht die Eröffnung des Hauptverfahrens abzulehnen, sondern bei sonstiger Zuständigkeit die Eröffnung des Hauptverfahrens vor dem Forstrügegericht zu beschließen (§§ 155, 203, 206 StPO.); so OLGM. 9. 6. 1882, Bd. 2 S. 141 für die früher zuständige Strafkammer. Wenn vor dem Schöffengericht das Hauptverfahren wegen Holzdiebstahls (Art. 81) eröffnet ist, sich die Tat aber nach dem Ergebnis der Hauptverhandlung nur als Forstfrevel erweist, so darf es sich nicht für unzuständig erklären, es hat vielmehr die Forstfrevel gemäß § 269 StPO. selbst abzuurteilen (so RG. Bd. 13 S. 383 für die früher zuständige Strafkammer).

3. Die **örtliche Zuständigkeit** regelt Art. 117.

Örtliche Zuständigkeit. **Artikel 117.** ($^{115}/_{116}$).

I Bei Forstpolizeiübertretungen bestimmt der Ort der Übertretung, — bei Forstfreveln der Wohn- oder Aufenthaltsort des Frevlers die Zuständigkeit des Gerichts.

II Ist der Frevler nicht bayerischer Staatsangehöriger, oder treffen bei einem Frevel mehrere in verschiedenen Gerichtsbezirken wohnende Personen zusammen, so richtet sich die Zuständigkeit nach dem Orte des Frevels.

III In den Fällen des Abs. 2 kann die Sache auch vor das Gericht des Wohn- oder Aufenthaltsorts des Frevlers oder eines derselben gebracht werden.

1. **Geltungsbereich:** Art. 117 regelt die örtliche Zuständigkeit (den Gerichtsstand) im Forstrügeprozeß. Der Gerichtsstand ist grundsätzlich verschieden bei den Forstpolizeiübertretungen und den Forstfreveln.

a) Bei den **Forstpolizeiübertretungen:** Hier ist stets der Begehungsort maßgebend (forum delicti). Wenn die Übertretung in mehreren Gerichtsbezirken begangen wurde, sind die sämtlichen Gerichte zuständig; jedes darnach zuständige Forstamt kann die Klage erheben; der Vorzug gebührt demjenigen Gericht, das die Untersuchung zuerst eröffnet hat (Art. 188, § 12 StPO.). Bei Übertretungen durch Unterlassung ist der Ort maßgebend, wo hätte gehandelt werden sollen.

b) Bei den **Forstfreveln:** Hier ist grundsätzlich nicht der Begehungsort maßgebend, sondern der Wohn- oder Aufenthaltsort des Frevlers (forum domicilii). Hat der Frevler einen von dem Wohnort verschiedenen Aufenthaltsort, so sind die Gerichte beider Orte zuständig; der Wohnsitz (§ 7 BGB.) kommt nicht in Betracht; vgl. Art. 106 Abs. I. Ausnahmsweise begründet auch bei Forstfreveln der Tatort die Zuständigkeit, dann nämlich, wenn bei einem Frevel mehrere in verschiedenen Gerichtsbezirken wohnende Personen in Betracht kommen oder wenn der Frevler die bayerische Staatsangehörigkeit nicht besitzt; dieser Gerichtsstand des Tatortes ist aber kein ausschließlicher, er besteht neben dem Gerichtsstand des Wohn- oder Aufenthaltsortes (Abs. II und III). Maßgebend ist der Wohn- oder Aufenthaltsort zur Zeit der Klageerhebung; ein späterer Wechsel hebt den Gerichtsstand nicht auf (perpetuatio fori; vgl. § 8 Abs. I StPO.).

Das Zusammentreffen mehrerer Personen bei einem Frevel (Abs. II) ist weit auszulegen; wenn ein Frevel begangen wurde, mit dem mehrere Personen in unmittelbarer oder mittelbarer Verbindung stehen, soll aus Zweckmäßigkeitsgründen für alle Beteiligten das Gericht des Tatortes des Frevels zuständig sein; die Verbindung des Abs. II ist nicht etwa nur gegeben, wenn ein Forstfrevel im Zusammenwirken nach Art. 56 begangen wurde; das OAG. 7. 9. 1872 (Bd. 2 S. 222) hat sie z. B. auch angenommen bei dem Frevler und dem Käufer gefrevelten Holzes (Art. 100); der Bereich des Zusammenhangs nach Abs. II ist auch weiter als der nach § 3 StPO.

Maßgebend auch für die Aburteilung des Zivilverantwortlichen ist nur der Wohn- oder Aufenthaltsort des Frevlers, niemals der des Zivilverantwortlichen (Art. 69).

2. **Außerhalb Bayerns begangene Frevel:** Bayerische Staatsangehörige können von den bayerischen Forstrügegerichten der Wohn- oder Aufenthaltsorte auch wegen der außerhalb Bayerns verübten Forstfrevel nach dem Forstgesetz bestraft werden (Art. 49 Abs. IV); sie können aber wegen dieser Frevel auch von den Gerichten des Staates, in dem sie den Frevel begangen haben, nach den dortigen Gesetzen abgeurteilt werden; die bayerischen Gerichte haben in diesem Falle Rechtshilfe zu leisten (§§ 156ff. GVG.). S. auch, insbesondere bezüglich Österreichs, S. 256 Anm. 7 und Anm. 4 zu Art. 138.

3. **Die örtliche Zuständigkeit ist in Art. 117** erschöpfend geregelt; die Gerichtsstände der StPO. kommen nicht in Betracht. Der Gerichtsstand des Art. 117 ist für das gesamte Forstrügeverfahren einschließlich des Verfahrens gegen den Zivilverantwortlichen und einschließlich des Adhäsionsprozesses maßgebend. Die Zuständigkeitsbestimmungen des Art. 117 gelten auch für das beim Forstrügeverfahren mitwirkende Forstamt und die Staatsanwaltschaft (Art. 188, § 143 Abs. I GVG.).

4. Bei den **Übertretungen nach § 361 Ziff. 9 StGB.** bestimmt sich der Gerichtsstand ausschließlich nach der StPO.

5. **Prüfung der Zuständigkeit:** Das Gericht hat seine sachliche und örtliche Zuständigkeit von Amts wegen zu prüfen.

6. Vgl. Hümmer S. 18ff.

Stellung des Forstamts.

Artikel 118. ($^{116}/_{117}$).

Die Vorschrift des Art. 114 findet auch hinsichtlich der Antragstellung und des amtlichen Gutachtens bei den Amtsgerichten Anwendung.

Allg. VollzB. 1879.

§ 23.

(Art. 118.) Den k. Forstämtern steht, wie bei den Forstpolizeibehörden, so auch bei den Amtsgerichten als Forstrügegerichten, die Antragstellung und das amtliche Gutachten zu.

1. **Bedeutung:** Art. 118 umschreibt die grundsätzliche Stellung des Forstamts innerhalb des Forstrügeverfahrens. Dem Forstamt kommt hienach wie im forstpolizeilichen Verfahren auch im Forstrügeprozeß eine doppelte Stellung zu:

a) die Vertretung der Anklage vor dem Amtsgericht und Landgericht (hier zusammen mit dem Staatsanwalt),

b) die Stellung als amtlicher Sachverständiger vor den gleichen Gerichten.

Vgl. S. 436 Anm. 5.

In der Revisionsinstanz (vor dem Obersten Landesgericht) wirken die Forstbehörden von Amtswegen nicht mit; das Oberste Landesgericht kann jedoch ihr Gutachten erholen; die Ausübung staatsanwaltschaftlicher Befugnisse durch die Forstbehörden ist dort ausgeschlossen.

Die zur Mitwirkung im Forstrügeverfahren berufenen Forstbeamten bleiben ihren allgemeinen Vorgesetzten untergeordnet und haben in ihrer staatsanwaltschaftlichen Tätigkeit deren Weisungen zu befolgen; in der Gutachtensabgabe sind sie unabhängig, da sie das Gutachten nach ihrem besten Wissen und Gewissen abgeben müssen (§ 79 StPO.).

2. **Vertretung der Anklage:**

a) Vor dem **Amtsgericht** (in erster Instanz) vertritt nur das Forstamt (bzw. der Vertreter der Forstbehörde) die Anklage; der Staats(Amts)anwalt kann in Forstrügesachen vor dem Amtsgericht grundsätzlich nicht tätig werden; an seine Stelle tritt das Forstamt (bzw. der Vertreter der Forstbehörde) und zwar in wie außerhalb (vgl. § 33 StPO.) der Hauptverhandlung, insbesondere auch im Strafbefehlsverfahren.

b) Vor dem **Landgericht** (in zweiter Instanz) vertritt das Forstamt (und zwar vertreten durch den „Vertreter der Forstbehörde") zusammen mit dem Staatsanwalt die Anklage (Art. 176). Dem Forstamt kommt auch hier die volle Stellung der Staatsanwaltschaft zu. Forstamt und Staatsanwaltschaft sind in der Anklagevertretung einander rechtlich gleichgeordnet; sie werden praktisch zweckmäßig eine Teilung ihrer Tätigkeit vereinbaren, sich jedenfalls über die Antragstellung einigen; vgl. § 227 StPO. Das Forstamt kann sich in der Hauptverhandlung auch auf Bemerkungen forsttechnischer Art beschränken und die rechtlichen Ausführungen dem Staatsanwalt überlassen. Über widersprechende Anträge des Forstamts und des Staatsanwalts entscheidet das Gericht grundsätzlich nach freier richterlicher Überzeugung; die vom Forstamt eingelegte Berufung kann das Forstamt allein zurücknehmen, solange nicht die Akten der Staatsanwaltschaft beim Landgericht übersandt sind (§ 321 StPO.); nachher kann sie nur vom Forstamt und Staatsanwalt gemeinsam zurückgenommen werden; zur Rücknahme der Berufung durch den Angeklagten oder Zivilverantwortlichen nach Beginn der Berufungsverhandlung ist die Zustimmung des Forstamts und des Staatsanwalts nötig (§ 303 StPO.). Dem Forstamt (Vertreter der Forstbehörde) wird vor dem Landgericht die Stellung der Staatsanwaltschaft zusammen mit dieser auch außerhalb der Hauptverhandlung zukommen.

Die Frage, welche Rechte und Pflichten dem Forstamt in der Vertretung der Anklage zukommen, ist insbesondere bezüglich der zweiten Instanz bestritten. Ein JustizminReskr. vom 21. 1. 1857 Nr. 4225 z. B. führt aus, das Forstamt habe beim Amtsgericht eine doppelte Stellung, die staatsanwaltschaftliche und die des gesetzlichen Sachverständigen; in der Berufungsinstanz gehe die erstere auf den Staatsanwalt über, dem Forstamt bleibe nur die zweite. Die gleiche Anschauung vertritt eine oberstrichterliche Entsch. in Z. Bd. 1 S. 145. Vgl. auch Hümmer S. 26ff.

c) Anträge: Der Anklagevertreter (Forstamt [Vertreter der Forstbehörde], Staatsanwalt) hat nicht bloß die Anträge bezüglich der Strafe, sondern auch bezüglich des Wert- und Schadenersatzes und der Zivilverantwortlichkeit zu stellen.

In Forstrügesachen gilt durchwegs das sog. Legalitätsprinzip, d. h. das Forstamt ist grundsätzlich verpflichtet, wegen aller Forstrügesachen einzuschreiten, soferne zureichende tatsächliche Anhaltspunkte vorliegen; Forstrügesachen sind nur dann nicht zu verfolgen, wenn es sich um Übertretungen im prozessualen Sinn handelt (S. 249 Anm. 9) und die Schuld des Täters gering ist und die Folgen der Tat unbedeutend sind; wenn ein öffentliches Interesse an der Herbeiführung einer gerichtlichen Entscheidung besteht, sind auch diese Fälle zu verfolgen; ob diese Voraussetzungen gegeben sind, entscheidet das Forstamt nach pflichtgemäßem Ermessen. Wenn eine Warnung durch die zuständige Behörde vorausging, ist die Schuld regelmäßig nicht gering (MB. vom 13. 1. 1926 FMBl. S. 43). Hat das Forstamt in einer Forstrügesache den Rügebogen oder die besondere Anzeigeniederschrift mit seinen Anträgen bereits dem Amtsgericht übersandt, also die öffentliche Klage bereits erhoben, so kann der Amtsrichter mit Zustimmung des Forstamts (Vertreters der Forstbehörde) das Verfahren einstellen, wenn sich herausstellt, daß die Schuld des Täters gering ist und die Folgen der Tat unbedeutend sind, auch sonst kein öffentliches Interesse besteht, eine gerichtliche Entscheidung herbeizuführen. §§ 152, 153 StPO. mit Art. 188 Abs. I. Auch § 154 StPO. gilt im Forstrügeverfahren (Abstandnahme von der Verfolgung, wenn die für die Forstrügesache zu erwartende Strafe neben einer anderen Strafe, die über den Beschuldigten wegen einer anderen Tat schon rechtskräftig verhängt ist oder voraussichtlich verhängt werden wird, nicht ins Gewicht fällt). In Jugendsachen kann auch im Falle des § 32 Abs. II JugGG. von der Verfolgung abgesehen werden.

3. Sachverständigentätigkeit des Forstamts: Das Forstamt (bzw. der Vertreter der Forstbehörde) ist der gesetzliche forsttechnische Sachverständige der ersten und der Berufungsinstanz (Art. 118, 176 Abs. II, 160 Abs. I); es muß mit seinem Gutachten gehört werden; die Vernehmung weiterer forsttechnischer Sachverständigen wird wie im Verwaltungsverfahren auch im Forstrügeverfahren nicht unbedingt ausgeschlossen sein (§ 73 StPO., bestr.).

Die Bestimmungen über Sachverständige (§§ 72ff. StPO.) können auf das Forstamt nur teilweise angewendet werden; die Sachverständigengebühren stehen dem Forstamt nicht zu. Das Gericht ist an das forstamtliche Gutachten, abgesehen von dem Falle des Art. 65 Abs. II (Schätzung des Wertes eines nicht in der Wertbestimmungstabelle vorgetragenen Gegenstandes) nicht unbedingt gebunden. Der Forstbeamte hat sein Gutachten unter Eid abzugeben; ist er allgemein beeidigt, so genügt die Berufung auf den geleisteten Eid (§ 79 StPO.); die Beeidigung ist aber nur nötig, wenn es sich wirklich um die Abgabe eines Sachverständigengutachtens handelt; Erläuterungen (Art. 160) sind noch kein Gutachten.

4. Zuständigkeit:

a) Forstamt: Die den Forstämtern selbst im Rügeverfahren zugewiesene Tätigkeit wird vom Vorstand des Forstamts oder seinem ordentlichen oder sonst bestellten Stellvertreter ausgeübt; die örtliche Zuständigkeit des Forstamts bestimmt sich wie die des Gerichtes nach Art. 117 (s. die dortige Anm. 3), d. h. bei den Forstpolizeiübertretungen nach dem Tatort, bei den Forstfreveln grundsätzlich nach dem Wohn- oder Aufenthaltsort des Frevlers. Auch vor dem Landgericht wird das Forstamt (vertreten durch den „Vertreter der Forstbehörde", s. Buchst. b) tätig, nicht etwa die Regierungsforstkammer. Nur die staatlichen Forstämter sind zur Mitwirkung im Forstrügeverfahren berufen, nicht die gemeindlichen, Stiftungs- oder privaten Forstämter. Die staatlichen Forstämter sind auch zuständig, wenn es sich um Staatswaldungen handelt; sie können nicht abgelehnt werden. Im Forstrügewesen ist das Forstamt, unbeschadet der vom Leiter der Forstamtsaußenstelle zu pflegenden Vorverhandlungen und im Benehmen mit diesem, auch für den Forstamtsaußenbezirk zuständig; in jenen Fällen jedoch, in denen der Forstamtsaußenbezirk zu anderen Amtsgerichten gehört als der Vorstandsbezirk, kann der Leiter der Außenstelle mit der Behandlung des gesamten Rügewesens selbständig in Vertretung des Forstamtsvorstandes vom Forstamt betraut werden (§ 6 der GeschAnw. f. d. Leiter der Forstamtsaußenstelle vom 22. 7. 1927, FMBl. S. 29; §§ 80ff. der GeschAnw. f. d. Forstämter vom 13. 10. 1925, FMBl. S. 79).

b) Vertreter der Forstbehörde: Um die Forstämter zu entlasten und um Kosten zu sparen, treten in der Hauptverhandlung vor den Amtsgerichten und Landgerichten nicht die Vorstände der nach Art. 117 zuständigen Forstämter oder ihre Stellvertreter (Art. 152 Abs. I, 157 Abs. I) auf; zur Ausübung der forstamtlichen Tätigkeit in der Hauptverhandlung und zu ihrer Vorbereitung (Art. 150, 152, 157, 160, 161, 163, 172 und 176) ist vielmehr für jeden Amtsgerichtsbezirk sowie für jeden Landgerichtsbezirks je ein einziger Forstbeamter (Forstmeister oder Regierungsforstrat) aufgestellt, der in sämtlichen vor dem Amtsgericht oder dem Landgericht zur Hauptverhandlung kommenden Forstrügesachen mitzuwirken hat. Dieser Forstbeamte wird „Vertreter der Forstbehörde" genannt. Er wird nebst seinem Stellvertreter von der übergeordneten Regierungsforstkammer aufgestellt; die Aufstellung ist dem Generalstaatsanwalt des Oberlandesgerichts mitzuteilen; die Bekanntgabe in den Kreisamtsblättern entfällt seit deren Aufhebung; die Dauer der Aufstellung liegt im Ermessen der Regierungsforstkammer. Die Aufstellung und Tätigkeit des Vertreters der Forstbehörde ist geregelt in § 2 der VO. vom 2. 5. 1885 (GVBl. S. 267), Art. VII der MB. vom 20. 6. 1885 (FMBl. S. 539) und §§ 46—51 der Allg. VollzB. 1879/85 (FMBl. 1885 S. 544 ff.) S. 465 f. Nach diesen Bestimmungen obliegen dem Vertreter der Forstbehörde außer der Teilnahme an der Hauptverhandlung noch einige weitere im Gesetz dem Forstamt zugewiesene Aufgaben: Art. 150 (Festsetzung der Sitzungstage), 152, 157, 160, 161 (Teilnahme an der Hauptverhandlung vor dem Amtsgericht, Ladung der Hilfspersonen der Forststrafgerichtsbarkeit), 163 (Einsichtnahme in die amtsgerichtlichen Frevlerverzeichnisse), 172 (Einlegung der Berufung) und 176 (Teilnahme an der Berufungsverhandlung). Der Vertreter der Forstbehörde hat sich regelmäßig mit dem mit der Sache befaßten Forstamt zu benehmen; an dessen Stellungnahme ist er jedoch nicht unbedingt gebunden. Soweit er zuständig ist, übt er an Stelle des Forstamts die diesem im Gesetz eingeräumte staatsanwaltschaftliche und Sachverständigentätigkeit aus. Als Dienstkleidung bei den Verhandlungen im ersten Rechtszug ist vollständige Geschäftsuniform oder schwarzer Anzug (Rock) vorgeschrieben, für die Berufungsverhandlung schwarzer Anzug (Frack) (FMB. vom 21. 3. 1887, FMBl. S. 95).

Hilfspersonen der Forststrafgerichtsbarkeit.

Artikel 119. ($^{117}/_{118}$).

I Die im Art. 115 genannten Personen sind zugleich Hilfspersonen der Forststrafgerichtsbarkeit.

II Sie dürfen keinen Anteil an den Geldstrafen haben.

III Anzeige- und Pfandgebühren sind aufgehoben.

Art. 119 umschreibt den Kreis der Hilfspersonen der Forststrafgerichtsbarkeit. Außerdem wird bestimmt, daß diesen Hilfspersonen aus den Geldstrafen, Anzeigen und Pfändungen keine Einnahmen zufließen dürfen.

1. Begriff der Hilfspersonen der Forststrafgerichtsbarkeit: Ihre Einrichtung ist eine landesrechtliche Besonderheit; dem Reichsrecht ist sie fremd; sie bestand schon vor der Einführung der Hilfsbeamten der Staatsanwaltschaft und blieb daneben aufrechterhalten. Forststrafgerichtsbarkeit ist die Gerichtsbarkeit in Forstrügesachen (Art. 50; vgl. Anm. 1 vor Art. 116). Die Hilfspersonen der Forststrafgerichtsbarkeit sind kraft Gesetzes berechtigt und verpflichtet, die Behörden der Forststrafgerichtsbarkeit beim Vollzuge des Forststrafrechts zu unterstützen; Behörden der Forststrafgerichtsbarkeit sind die Gerichte (Amtsgericht, Landgericht, Oberstes Landesgericht) und die Vertreter der Anklage (Forstamt bezw. Vertreter der Forstbehörde im Verfahren vor der ersten und der Berufungsinstanz, Staatsanwalt im Verfahren vor der Berufungs- und Revisionsinstanz). Zu dieser unterstützenden Tätigkeit der Hilfspersonen gehört im wesentlichen die Überwachung der Wälder und Personen auf Einhaltung der Vorschriften des Forstgesetzes und des § 361 Ziff. 9 StGB., die Aufklärung und Anzeige der Forstpolizeiübertretungen, der Forstfrevel sowie der Übertretungen nach § 361 Ziff. 9 StGB. und der Verfehlungen nach Art. 107, die etwaige vorläufige Festnahme (Art. 127 ff.), Pfändung (Art. 131 ff.), Durchsuchung (Art. 138 ff.) und Beschlagnahme (Art. 138), die Vornahme der von der zuständigen Behörde angeordneten weiteren Erhebungen und die etwa notwendige Teilnahme an der Hauptverhandlung. Die Rechte und Pflichten der Hilfspersonen sind vornehmlich aus dem Begriff Hilfspersonen der Forststrafgerichtsbarkeit abzuleiten; teilweise sind sie auch ausdrücklich im Gesetz und in anderen Bestimmungen (Vollzugsvorschriften, Dienstanweisungen) festgesetzt (vgl. Anm. 1 und 2 zu Art. 115).

Art. 119 stellt wie Art. 115 (s. die dortige Anm. 2a) für den bezeichneten Personenkreis nur eine gesetzliche Pflicht zur Unterstützung der Behörden der Forststrafgerichtsbarkeit auf; eine Gehorsamspflicht gegenüber diesen Behörden begründet er mangels einer ausdrücklichen Bestimmung hierüber nicht, wenn sie nicht bereits sonst besteht. Darin unterscheidet sich die Einrichtung der Hilfspersonen der Forststrafgerichtsbarkeit wesentlich von der der Hilfsbeamten der Staatsanwaltschaft (s. Anm. 3); ein weiterer äußerer Unterschied besteht darin, daß die ersteren auch die Gerichte zu unterstützen haben, nicht bloß die Anklagebehörden.

Örtliche Zuständigkeit Anm. 2 c zu Art. 115.

2. **Kreis der Hilfspersonen:** Zu den Hilfspersonen der Forststrafgerichtsbarkeit zählen zunächst die in Art. 115 Abs. I aufgeführten Hilfspersonen zur Ausübung der Forstpolizei, nicht dagegen die in Art. 115 Abs. II erwähnten Messungsbeamten; letzteres ergibt sich aus der Entstehungsgeschichte (KR. 1851/52 AusschB. S. 85, 87; Pr. Bd. 3 S. 606; Abg. 1851/52 AusschB. S. 460). Auch die Forstbediensteten der Privatwaldbesitzer sind Hilfspersonen der Forststrafgerichtsbarkeit. Für die Gendarmerie vgl. § 18 Abs. II der Dienstvorschrift vom 18. 7. 1922 (MABl. S. 223). Ferner gehören zu den Hilfspersonen der Forststrafgerichtsbarkeit die Grenzwachbediensteten (FME. 29. 1. 1862, JustME. 5. 2. 1862, Weber Bd. 5 S. 565 und 572) und die zum Forstschutzdienst abgestellten Angehörigen der kaſ. Landespolizei.

Vgl. des näheren die Anm. zu Art. 115.

3. **Verhältnis zu den Hilfsbeamten der Staatsanwaltschaft:** Die Hilfspersonen der Forststrafgerichtsbarkeit sind bezüglich der Forstrügesachen sämtliche zugleich Hilfsbeamte der Staatsanwaltschaft (§ 1 Ziff. 4 der VO. vom 31. 8. 8. 1879, GVBl. S. 1057, MB. v. 31. 8. 1879, JMBl. S. 538 und MABl. S. 367, und MB. v. 25. 4. 1921, GVBl. S. 299); nach der erstgenannten VO. sind bezüglich der Forstrügesachen auch die Forstmeister (und ihre ordentlichen Stellvertreter) Hilfsbeamte der Staatsanwaltschaft (vgl. Fußn. 1 zu § 7 der Dienstvorschr. f. d. Staatsanw. v. 13. 1. 26, JMBl. S. 43). Alle Hilfsbeamten der Staatsanwaltschaft, auch jene, deren Tätigkeit sich auf die Forstrügesachen beschränkt, sind in dieser Eigenschaft verpflichtet, den Anordnungen der Staatsanwälte bei dem Landgericht ihres Bezirkes und der diesen vorgesetzten Beamten Folge zu leisten (§ 152 GVG.); dem Gerichte gegenüber sind sie nicht gehorsamspflichtig. Im übrigen sind die Rechte und Pflichten der Hilfspersonen der Forststrafgerichtsbarkeit und der Hilfsbeamten der Staatsanwaltschaft und auch der Hilfspersonen zur Handhabung der Forstpolizei (Art. 115) grundsätzlich die gleichen; es ist jedoch zu beachten, daß die Hilfsbeamten der Staatsanwaltschaft ihre Befugnis von der des Staatsanwalts ableiten und als solche nicht handeln können in Fällen, in denen der Staatsanwalt selbst nicht zuständig ist, wie dies im Forstrügeverfahren der ersten Instanz der Fall ist (ObLG. Bd. 27 S. 260); einzelne Abweichungen von den beiden anderen Tätigkeiten können sich ergeben, da für die Rechte und Pflichten der Hilfsbeamten der Staatsanwaltschaft auch die Bestimmungen außerhalb des Forstgesetzes, insbesondere der gemäß Art. 188 ergänzend anzuwendenden Reichsstrafprozeßordnung in Betracht kommen (vgl. ObLGSt. Bd. 17 S. 3). Die Bestellung auch zum Hilfsbeamten der Staatsanwaltschaft bedeutet eine Erweiterung der Rechte und Pflichten der Hilfspersonen. Örtliche Zuständigkeit Anm. 2 c zu Art. 115.

Die Hilfspersonen der Forststrafgerichtsbarkeit und der Staatsanwaltschaft stehen unter dem strafrechtlichen Schutz des § 113, u. U. des § 117 StGB.

Forstbedienstete.

Artikel 120. (118/119).

I Als Forstdiener überhaupt und Forstbedienstete insbesondere dürfen nur volljährige und unbescholtene Personen[2] aufgestellt werden.

II Auch die Forstdiener und Forstschutzbediensteten der Privatpersonen unterliegen der Bestätigung[3] durch die Forstpolizeibehörde nach erholtem Gutachten der Forstämter.

Allg. VollzB. 1879.

§ 24.

(Art. 120.) Zu Forstschutzdienern des Staates, der Gemeinden, Stiftungen und Privaten können nur Leute aufgestellt werden, welche einen ganz ungetrübten Leumund und die zur Ausübung des Forstschutzes erforderliche körperliche Beschaffenheit und, wenn sie zur Führung des Forstrügeverzeichnisses und Aufnahme von Anzeigeprotokollen verwendet werden sollen, auch die nötige Befähigung hiezu haben.

§ 39.

Jedem Forstbediensteten oder sonst zu der Waldaufsicht verpflichteten Forstaufseher oder Waldhüter ist ein Handbuch zuzustellen, welches das Forstgesetz und die dazu gehörige Vollzugs-Instruktion enthält, damit dieselben sich hiernach achten und die Erfordernisse zur vollständigen Konstatierung und Beschreibung der Frevelfälle daraus ersehen können.

§ 40.

Bei Personalveränderungen müssen diese Handbücher, sowie die Forstrügeverzeichnisse der Forstschutzdiener nebst allen noch nicht verwendeten Forstrügebogen amtlich extradiert werden.

1. **Geltungsbereich:** Art. 120 bestimmt die persönlichen Voraussetzungen für die Aufstellung als Forstbediensteter und schreibt auch für die Forstbediensteten der Privatwaldbesitzer die Bestätigung durch die Forstpolizeibehörde vor. Für das staatliche Forstpersonal ist forstpolizeiliche Bestätigung nicht vorgesehen, da die forstpolizeilichen Vorschriften für die Staatsbehörden nicht gelten (S. 191 f.).

Unter die Forstdiener des Abs. I (und II) fallen alle niederen und mittleren Forstbediensteten des Staates, der Gemeinden, Stiftungen, Körperschaften und Privaten (vgl. Anm. 3 zu Art. 138); es versteht sich von selbst, daß auch das höhere Personal den Voraussetzungen des Abs. I entsprechen soll. In Abs. I ist statt „Forstbedienstete" zu lesen „Forstschutzbedienstete"; die falsche Lesart beruht auf einem Redaktionsversehen (Ganghofer Anm. 1); gemeint sind alle Forstschutzbediensteten des Staates, der Gemeinden, Stiftungen, Körperschaften und Privaten. Begriff des Forstschutzbediensteten s. Anm. 1a zu Art. 115.

2. **Persönliche Voraussetzungen** für die Aufstellung als Forstbediensteter: Die Volljährigkeit tritt grundsätzlich mit der Vollendung des 21. Lebensjahres ein; ausnahmsweise kann die Mündigkeit früher verliehen werden (§§ 2ff. BGB.). Unbescholten heißt von gutem Leumund; welche Anforderungen zu stellen sind, liegt im Ermessen der zur Bestätigung berufenen Behörde; mit Rücksicht auf die Aufgaben der Forstbediensteten ist ein strenger Maßstab anzulegen, insbesondere gegenüber den Forstdienern, die ein Forstrügeverzeichnis zu führen und die besonderen Anzeigeprotokolle zu errichten haben (Begr.); daß der Bewerber nicht vorbestraft ist, genügt nicht immer. Die persönlichen Voraussetzungen nach Abs. I müssen bei jeder Verwendung im Forstdienste der Gemeinden, Stiftungen, Körperschaften und Privaten gegeben sein, gleichgültig in welches Dienstverhältnis die Forstbediensteten zu dem Waldbesitzer treten und wie lange es dauern soll; entsprechendes gilt für die Bestätigung nach Abs. II. § 24 Allg. VollzB. 1879 (s. oben) schreibt vor, daß für die Aufstellung als Forstschutzbediensteter ein ganz ungetrübter Leumund und körperliche Eignung notwendig sei; wenn der Bewerber ein Forstrügeverzeichnis zu führen und Anzeigeprotokolle aufzunehmen habe, müsse außerdem die nötige geistige Befähigung gegeben sein. Die Anforderungen an die körperliche Tauglichkeit zum Dienst in der bayer. Staatsforstverwaltung (Forstdiensttauglichkeit) sind genau umschrieben in der FMB. vom 1. 4. 1930 Nr. 33580 und in § 7 Abs. II der FMB. vom 14. 4. 1930 Nr. VII 16582 (FMBl. S. 21 und 29). Jedem Forstbediensteten, gleichviel in wessen Dienst er tritt, sind auf Kosten des Waldbesitzers die einschlägigen Dienstvorschriften auszuhändigen (§§ 39f. Allg. VollzB. 1879 s. oben).

Auch wer entgegen den Vorschriften des Abs. I, im übrigen aber rechtmäßig, als Forstschutzbediensteter aufgestellt worden ist, untersteht dem Schutze des § 117 StGB. (und, sofern er im übrigen Beamter nach § 359 StGB. ist, des § 196 StGB.); RG. Bd. 2 S. 82.

3. **Bestätigung:** Für die Betriebsleiter und Forstschutzbediensteten der Gemeinden, Stiftungen und Körperschaften ist die Bestätigung in Art. 13 (mit 18) vorgeschrieben. Aus dem Zusammenhang des Art. 120 Abs. II mit Art. 13 ergibt sich, daß unter den Forstdienern ebenfalls nur Förster (Betriebsleiter) u. ä. zu verstehen sind. Vgl. im übrigen Anm. 2 und 3 zu Art. 13. Forstpolizeibehörden sind die Bezirksämter und die Stadträte der unmittelbaren Städte (Art. 109 Abs. I Ziff. 1). Gegen die Versagung der Bestätigung kann der Bewerber wie der Waldbesitzer innerhalb vierzehn Tagen die Forstpolizeistelle (d. i. die Regierung, K. d. F.) anrufen; diese entscheidet endgültig (Art. 109, 112). Die Erteilung oder Versagung der Bestätigung ist eine Angelegenheit der Forstpolizei; der ganze Art. 120 wäre wohl richtiger in den Abschnitt vor Art. 116 aufgenommen worden. Das Gutachten des Forstamts ist auf Grund Art. 114 auch bei der Bestätigung der Forstbediensteten der Gemeinden, Stiftungen und Körperschaften einzuholen (Art. 13, 18).

Der private Waldbesitzer ist nicht verpflichtet, selbst für den Forstschutz zu sorgen; näheres S. 93ff.

Eidliche Verpflichtung.

Artikel 121. (119/120).

I Die im Art. 115 genannten Personen haben, wenn sie nicht schon vermöge ihres Diensteides[1] zur Anzeige der Übertretungen überhaupt oder der Forstrügesachen insbesondere verpflichtet sind, bei dem Amtsgerichte ihres Wohnorts zu schwören[2, 3]:

„daß sie alle zu ihrer Kenntnis gelangenden Forstrügesachen gewissenhaft und wahrheitsgetreu anzeigen, sowie dasjenige, was sie über die Tatumstände der

Übertretung oder des Frevels und über deren Täter durch eigene Wahrnehmung oder fremde Mitteilung erfahren werden, genau angeben wollen"

II Von dem Verpflichtungsprotokolle sind den Verpflichteten beglaubigte Abschriften zur Vorlage an diejenigen Amtsgerichte auszufertigen, in deren Bezirke sie die Forstrügesachen anzuzeigen haben.

III In dem Falle einer Versetzung ist eine beglaubigte Abschrift des Verpflichtungsprotokolls an das Amtsgericht des neuen Wohnortes zu übersenden.

1. **Geltungsbereich:** Art. 121 regelt die eidliche Verpflichtung der Hilfspersonen der Forststrafgerichtsbarkeit. Er führt zwar nur die in Art. 115 Abs. I aufgezählten Personen an (die Messungsbeamten des Abs. II kommen nicht in Betracht, da sie nicht Hilfspersonen der Forststrafgerichtsbarkeit sind), wird aber auch für diejenigen gelten, die sonst zu Hilfspersonen der Forststrafgerichtsbarkeit erklärt sind (z. Zt. nur noch die Grenzwachbediensteten und die zum Forstschutzdienst abgestellten Angehörigen der kaf. Landespolizei). Bedeutung der Verpflichtung nach Art. 121 auch für die Stellung als Hilfsperson zur Handhabung der Forstpolizei und als Hilfsbeamter der Staatsanwaltschaft s. unten Anm. 3 Abs. I.

Die eidliche Verpflichtung nach Art. 121 ist nur nötig, soweit der Bewerber nicht schon vermöge seines allgemeinen Diensteides zur Anzeige von Übertretungen der Strafgesetze überhaupt oder der Forstrügesachen insbesondere verpflichtet ist. Der Verpflichtung nach Art. 121 unterliegen daher nicht:

a) die staatlichen mittleren und unteren Forstbediensteten; diese werden im rechtsrheinischen Bayern vom Forstamt in Pflicht genommen; dabei ist der in Art. 121 vorgeschriebene Eid in die Verpflichtungsformel aufzunehmen (FME. 4. 5. 1853, Forstl. M. Bd. 12 S. 157, § 10 der FMB. vom 14. 4. 1930, FMBl. S. 29). Die zum Forst- und Jagdschutz verpflichteten Beamten der staatlichen Forstämter haben in Kriegszeiten bei Ausübung ihres Dienstes nach entwichenen Kriegsgefangenen zu fahnden und sie festzunehmen; ihnen kommt dabei die Eigenschaft von Beamten des Polizei- und Sicherheitsdienstes zu (BO. vom 1. 4. 1915 und MB. vom 6. 4. 1915, JMBl. S. 15 und 16);

b) die staatlichen Forstreferendare und Forstlehrlinge (Forstdienstanwärter, FME. 10. 8. 1894, FMBl. S. 118, § 10 der FMB. v. 14. 4. 1930, FMBl. S. 29), die aushilfsweise im Forstschutzdienst verwendet werden, sind im rechtsrheinischen Bayern[1]) vom Forstmeister ihres Dienstbezirkes nach der Formel des Art. 121 eidlich zu verpflichten; von einer späteren Wiederholung der Beeidigung ist abzusehen; wenn ausnahmsweise minderjährige Forstlehrlinge zum staatlichen Forstschutzdienst verwendet werden, so sind diese (wegen Art. 120 Abs. I) nicht eidlich zu verpflichten; diese kommen bei etwaigen Anzeigen nur als gewöhnliche Zeugen in Betracht und leisten daher den Zeugeneid (FME. vom 10. 11. 1881, FMBl. S. 437); Waldarbeiter dagegen, die zur Verwesung oder zur Unterstützung im Forstschutzdienst verwendet werden, sind vom Amtsgericht nach Art. 121 zu verpflichten;

c) die Gendarmeriebeamten;

d) die Grenzwachbediensteten, deren Diensteid auch eine Formel nach Art. 121 enthält.

2. **Eidliche Verpflichtung:** Die eidliche Verpflichtung ist in öffentlicher Sitzung vorzunehmen; sie ist in dem Register der Beeidigungen richterlicher Beamten vorzumerken (JustME. v. 28. 1. 71, FMBl. S. 19); über die Verpflichtung ist eine Niederschrift aufzunehmen; die Aushändigung der beglaubigten Abschriften an den Verpflichteten nach Abs. II und ihre Versendung an ein anderes Amtsgericht nach Abs. III ist jeweils vorzumerken (JustME. v. 24. 14. 83, JMBl. S. 370). Zuständig zur Verpflichtung ist das Amtsgericht des Wohnortes der zu verpflichtenden Hilfsperson.

Die eidliche Verpflichtung ist erst nach der gemäß Art. 13, 18, 120 erforderlichen forstpolizeilichen Bestätigung vorzunehmen. Nicht selten wird mit der Verpflichtung als Hilfsperson der Forstpolizei und der Forststrafgerichtsbarkeit die Verpflichtung für den Jagdschutz verbunden (s. Anm. 4d zu Art. 115), zuweilen auch für den Fischereischutz (Art. 86 FischG.); die eidliche Verpflichtung der Jagdschutz-

---

[1]) In der Pfalz werden die staatlichen Forstlehrlinge auf den Forstschutz vom Gericht vereidigt (Art. 46 pf. FStG., § 10 Abs. II der FMB. v. 14. 4. 1930 i. d. F. vom 19. 12. 1930 FMBl. 1931 S. 1).

bediensteten und Fischereiaufseher durch das Amtsgericht stimmt jedoch mit den bestehenden Vorschriften nicht überein, da zu deren Verpflichtung die Bezirksverwaltungsbehörden für zuständig erklärt sind.

Gemeindebeamte sind bei ihrer Anstellung außerdem vom ersten Bürgermeister auf die Verfassung und die gewissenhafte Erfüllung ihrer Obliegenheiten eidlich zu verpflichten (Art. 84 GemO., VO. vom 3. 5. 1920, GVBl. S. 191 und MB. vom 14. 6. 1920, MABl. S. 186); dieser Eid erspart jedoch die Verpflichtung nach Art. 121 FG. nicht.

Die Hilfspersonen der Forststrafgerichtsbarkeit sind verpflichtet, alle Forstrügesachen anzuzeigen, die in ihrem Dienstbezirk begangen werden. Sie haben auch die Holz- und Rindendiebstähle nach Art. 81 und 83 Abs. III anzuzeigen; dies ist zwar in der Verpflichtungsformel des Art. 121 nicht enthalten, ergibt sich aber aus der allgemeinen Stellung der Hilfspersonen der Forststrafgerichtsbarkeit (Staatsanwaltschaft) und der Forstpolizei und ist auch mehrfach in den Dienstanweisungen und besonderen Vorschriften ausgesprochen; vgl. Anm. 5 zu Art. 81.

3. Bedeutung der Verpflichtung nach Art. 121: Die eidliche Verpflichtung im Diensteid oder nach Art. 121 ist Voraussetzung für die Ausübung des Dienstes als Hilfsperson der Forststrafgerichtsbarkeit; nur einer vorschriftsmäßig in Pflicht genommenen Hilfsperson stehen die Befugnisse nach Art. 122ff. zu (vorläufige Festnahme Art. 127, Pfändung 131, Nachsuchung 138, Beweiskraft der Anzeigen 158). Da die Hilfspersonen der Forststrafgerichtsbarkeit gleichzeitig Hilfspersonen zur Handhabung der Forstpolizei sind und umgekehrt, ist die eidliche Verpflichtung zugleich Voraussetzung für die Ausübung des Dienstes als Hilfsperson zur Handhabung der Forstpolizei wie auch für die Stellung als Hilfsbeamter der Staatsanwaltschaft (ObLG. Bd. 25 S. 135).

Die rechtmäßig aufgestellten Hilfspersonen zur Handhabung der Forstpolizei und der Forststrafgerichtsbarkeit sind als solche alle Beamte im Sinne des § 359 StGB. (und damit auch des § 196 StGB. — OAG. 27. 4. 1877 Bd. 7 S. 168), gleichgültig, in wessen Dienst sie stehen; zur rechtmäßigen Aufstellung gehört auch die Verpflichtung (ObLG. Bd. 25 S. 134; vgl. Abg. 1851/52 Beil. Bd. 1 S. 635); zu unterscheiden von der Beamteneigenschaft als Hilfsperson der Forstpolizei und Forststrafgerichtsbarkeit ist die Beamteneigenschaft, die die Hilfspersonen auf Grund ihrer sonstigen Stellung haben können (z. B. die Gendarmen). Auch der strafrechtliche Schutz des § 117 StGB. hat grundsätzlich die forstpolizeiliche Bestätigung und die eidliche Verpflichtung der Forstbediensteten zur Voraussetzung, da deren forstpolizeiliche oder forststrafgerichtliche Tätigkeit nur dann rechtmäßig ist; ähnliches gilt für die Anwendung des § 113 StGB.; vgl. die Regelung für die Fischereiaufseher in Art. 86 des FischG. und § 68 der VollzB. hiezu.

Die Bestätigung und Verpflichtung braucht nicht erneuert zu werden, auch wenn sich der Dienstbezirk nachträglich erweitert; sie erstreckt sich von selbst auf die Erweiterung (OAG. 22. 1. 1859 und PlenE. 26. 5. 1859, Z. Bd. 6 S. 31 und 188).

Aus der Rechtsprechung: Bayerische Forstreferendare sind als solche nicht Forstbeamte i. S. des § 117, wenn sie nicht auf den Forstschutz beeidigt sind (RGSt. Bd. 30 S. 343; vgl. auch Bd. 38 S. 373). Nach RG. St. Bd. 27 S. 70 hat der verpflichtete Waldaufseher das Recht, den beim Frevel Ertappten gewaltsam aus dem Wald zu entfernen; auch kann er verlangen, daß er das gefrevelte Holz zurückläßt (Recht 1907 Nr. 391). Die gleichen Befugnisse stehen ihm nach RG. III 504/20 (LZ. 1920 S. 1924) gegenüber dem unberechtigten Beerensammler zu. Erwähnt sei hier auch, daß die Wegnahme der im Walde gefrevelten Pilze durch einen Forstlehrling vom RG. St. 21. 4. 1903 (GA. Bd. 50 S. 279) mit Rücksicht darauf gebilligt wird, daß der Waldeigentümer und sein Vertreter berechtigt seien, die durch verbotene Eigenmacht erlangten Sachen dem auf frischer Tat betroffenen Täter wieder abzunehmen.

Anzeige der Forstfrevel; Forstrügeverzeichnis.

Artikel 122. (120/121).

Die von den königlichen Forstämtern hiezu beauftragten und dem Amtsgerichte bekannt zu gebenden Forstdiener (Art. 115 Ziff. 1) haben, — für jeden Amtsgerichtsbezirk gesondert, — ein Forstrügeverzeichnis[2] zu führen, und in dasselbe täglich die entdeckten Forstfrevel mit eigener Hand einzutragen. — Das Verzeichnis muß enthalten:

1. die fortlaufende Ordnungszahl;
2. die Angabe der Zeit, wann der Frevel entdeckt wurde;

3. die möglichst genaue Bezeichnung des Frevlers nach Vor- und Zuname, Stand, Wohn- oder Aufenthaltsort;
4. die Beschreibung des Frevels mit allen erheblichen Umständen, insbesondere in Bezug auf den Ort und die Zeit der Begehung;
5. die Angabe, ob dem Eintrage eigene Wahrnehmung oder fremde Mitteilung zu Grunde liegt, und in letzterem Falle die Bezeichnung desjenigen, von dem die Mitteilung geschah;
6. die Benennung der etwaigen Zeugen und sonstigen Beweismittel;
7. die Benennung des Waldbesitzers;
8. eine Spalte zu besonderen Bemerkungen, z. B. zur Benennung der zivilverantwortlichen Personen, sowie zur Einzeichnung etwaiger Nachträge und Berichtigungen.

Allg. VollzB. 1879.

§ 25.

(Art. 122.) Die königlichen Forstämter, welchen nach Art. 122 die Befugnis zusteht, diejenigen Forstdiener zu bezeichnen und auszuwählen, welche ein Forstrügeverzeichnis zu führen haben, werden im Falle es sich von Dienstindividuen der Gemeinden, Stiftungen oder Privatwaldbesitzer handelt, nicht unterlassen, mit diesen oder mit den von ihnen aufgestellten höheren Forstbediensteten über die Auswahl und den zu erteilenden Auftrag das entsprechende Benehmen zu pflegen.

§ 27.

I Allen Forstbediensteten, Forstaufsehern und Waldhütern wird zur strengsten Pflicht gemacht, jede durch das Forstgesetz mit Strafe bedrohte Entwendung, Beschädigung oder Gefährdung mit allen den Tatbestand näher bezeichnenden persönlichen, örtlichen und materiellen Verhältnissen genau anzugeben, welche in das nach den Bestimmungen der Artikel 122, 124 und 126 des Forstgesetzes zu führende Forstrügeverzeichnis — Formular Anlage Nr. I — täglich einzutragen sind.

II Über die Forstpolizeiübertretungen wird ein Protokoll nach Vorschrift der Artikel 125 und 126 aufgenommen.

III In den Fällen des Art. 151 sind besondere Anzeigeprotokolle sofort aufzunehmen und mit den erforderlichen Belegen zu versehen.

§ 28.

Die Forstrügeverzeichnisse, sowie die durch das Forstgesetz vorgeschriebenen Protokolle, haben die betreffenden Forstbediensteten, Forstaufseher und Waldhüter ihrem geleisteten Eide und der Wahrheit getreu zu führen, nichts darin zu bemerken, was sie nicht auf Pflicht und Gewissen verantworten können, aber auch nichts von dem zu verschweigen und wegzulassen, was wirklich geschehen ist.

§ 30.

I In der Regel soll jeder Forstrügebogen nur eine Anzeige aufnehmen, mag diese wegen einer und derselben Forstrügesache nur gegen eine oder gegen mehrere Personen gerichtet sein. Nur wenn mehrere ganz gleichgeartete Frevel gleichzeitig oder nahezu gleichzeitig wahrgenommen werden, wie dies insbesondere bei Streu- und Weidefreveln häufig vorkommt, dürfen sie — soweit der Raum reicht — auf ein Blatt gestellt werden.

II Bei Ausfüllung der Rügebogen ist unmittelbar unter dem Tabellenkopfe ersichtlich zu machen, von wem die Anzeige ausgeht. Hiernach ist entweder beizufügen: „die Anzeige erfolgt auf Grund meiner eigenen Wahrnehmung (bzw. auf Grund der von mir gepflogenen Erhebungen)", — oder es ist bei der Aufnahme von Anzeigen einer anderen Hilfsperson der Forststrafgerichtsbarkeit der Vortrag zu überschreiben: „die Anzeige erfolgt auf Grund mündlich bei mir vorgebrachter Anzeige des N. N.", — oder es ist zu überschreiben: „die Anzeige erfolgt auf Grund schriftlich bei mir eingereichter, hier beiliegender Anzeige des N. N.". —

III Bei Beobachtung dieser Maßregel genügt die nunmehr auf dem Formulare beigedruckte kürzere Bestätigungsformel, und hat jene durch Entschließung der St. M. d. Justiz u. der Fin. vom 7. Juli 1853 aufgestellte erweiterte Schlußformel außer Kraft zu treten.

IV Der im Rügebogen beigedruckten Formel ist lediglich Datum und Unterschrift beizusetzen.

V Die mündlichen Anzeigen von Hilfspersonen der Forststrafgerichtsbarkeit an den mit Führung eines Rügeverzeichnisses Beauftragten sind durch diesen jedesmal sofort in einen Rügebogen einzutragen, und es hat der Anzeiger seine Unterschrift neben jene des Forstbediensteten, welcher das Rügeverzeichnis führt, zu setzen.

VI Vom Schluß der Anzeige bis zur Eidesformel ist ein Strich zu ziehen.

VII Die Anzeige wird selten den Raum der hiefür bestimmten zweiten Seite des Rügebogens überschreiten. Sollte dies bei einzelnen verwickelteren Fällen vorkommen, so ist die gedruckte Bestätigungsformel zu durchstreichen, der Vortrag der Anzeige selbst auf die vierte Seite des Bogens überzuführen, und am Schlusse der Anzeige die Bestätigungsformel neu zu schreiben.

VIII Die dritte Seite des Rügebogens hat unter allen Umständen für die Antragstellung und den Eintrag der richterlichen Entscheidung freizubleiben.

§ 31.

I Der Anzeiger hat den Wert des gefrevelten oder beschädigten Waldproduktes, das Sortiment, die Beschaffenheit, das Maß oder die Anzahl nach der ihm eingehändigten **Wertbestimmungstabelle** genau anzugeben, damit durch das Forstamt die Wert- und Schadenansätze gehörig bemessen und in Antrag gestellt werden können.

II Bei Beschädigungen und anderen Gefährden, welche die Wertbestimmungstabelle etwa nicht enthält, hat der Anzeiger den Wert und Schaden pflichtmäßig und bestimmt anzugeben.

§ 32.

I Anzeigen, welche sich auf Handlungen der **Berechtigten** beziehen, womit sich dieselben Überschreitungen ihrer Berechtigung oder, bei Ausübung derselben, Zuwiderhandlungen gegen die Bestimmungen des Gesetzes zuschulden kommen lassen und dadurch strafbar und ersatzpflichtig werden, erheischen eine richtige Würdigung der den Berechtigten zustehenden Befugnisse und eine genaue Darstellung derjenigen Handlungen, welche als Überschreitungen und als den Forstgesetzen zuwiderlaufend angesehen werden wollen.

II Dergleichen Anzeigen sind von seiten der k. Forstämter einer sorgfältigen Prüfung zu unterziehen, und, nachdem dieselben nötigenfalls noch ergänzt und vervollständigt oder als unstatthaft befunden worden sind, die geeigneten Anträge deshalb zu stellen.

1. Übersicht:

a) Die Art. 122—142 regeln das Ermittelungsverfahren und zwar:

die Art. 122—126, 142 das Anzeigeverfahren, ausgeschieden nach Forstfreveln (Art. 122—124) und Forstpolizeiübertretungen (Art. 125) sowie nach Hilfspersonen, die selbst Forstrügeverzeichnisse führen und Anzeigeprotokolle errichten können (Art. 122—125), und Hilfspersonen, die damit nicht betraut sind (Art. 126);

die Art. 127—130 die vorläufige Festnahme,

die Art. 131—137 die Pfändung,

die Art. 138—141 die Nacheile, Nachsuchung und Beschlagnahme. Vgl. Anm. 2 vor Art. 116.

b) Art. 122 regelt die Führung und die Einrichtung der Forstrügebogen.

2. a) Forstrügebogen: Die Forstrügebogen sind Formblätter mit einem den Erfordernissen des Art. 122 Ziff. 1—8 entsprechenden Vordruck; in diese Formblätter haben die mit ihrer Führung betrauten Hilfspersonen der Forststrafgerichtsbarkeit alle wesentlichen Umstände der Frevel einzutragen, die sie zur Anzeige bringen wollen. Für jeden Forstfrevel ist grundsätzlich ein eigener Rügebogen zu verwenden (§ 30 Allg. VollzV. 1879 s. oben). Die mit der Führung betraute Hilfsperson hat, soferne nicht das Forstamt eine häufigere Vorlage anordnet, die jeweils im Laufe eines Kalendermonats anfallenden, in den Rügebogen niedergelegten Frevelanzeigen zu sammeln und nach Ablauf des Monats dem vorgesetzten Forstamt bzw. Regierungsforstrat auszuhändigen. Das Forstamt hat auf jedem ausgefüllten Rügebogen in der dafür vorgesehenen Spalte den Antrag auf Strafe, Wert- und Schadenersatz und Zivilverantwortlichkeit einzutragen und den Bogen sodann dem Amtsgericht, wenn ein Strafbefehl erlassen werden soll, bezw. dem bestellten Vertreter der Forstbehörde, wenn eine Hauptverhandlung stattfinden soll, zu übersenden. Den in den Forstrügebogen vorschriftsmäßig niedergelegten Anzeigen ist eine besondere Beweiskraft beigelegt (Art. 158).

Die Einrichtung der Forstrügebogen dient der Vereinfachung des Verfahrens. Durch die sorgfältige Ausgestaltung der Anzeige und ihre Beweiskraft sollen weitere Erhebungen vermieden werden; der vom Forstamt eingereichte ausgefüllte Rügebogen vertritt die Anklageschrift des allgemeinen Strafprozesses; im Strafbefehlsverfahren bildet er die Grundlage der Verurteilung; findet eine Hauptverhandlung statt, so ist das Ergebnis der Verhandlung und das Urteil vom Gericht in den Forstrügebogen einzutragen (Art. 162); eine weitere Niederschrift wird nicht aufgenommen (das gleiche gilt von den Anzeigeniederschriften, b).

In die Forstrügebogen sind auch die Übertretungen nach § 361 Ziff. 9 StGB. einzutragen (vgl. Formblatt 1).

Seit dem Jahre 1896 werden nur mehr lose Bogen verwendet (Art. 123); früher waren geschlossene Hefte in Gebrauch; unter den „Forstrügeverzeichnissen" der Art. 122—124, 127, 142 sind jetzt die Forstrügebogen zu verstehen. Heute wird der Ausdruck Forstrügeverzeichnis nur mehr verwendet als Aufschrift auf dem Umschlagbogen der vom Forstamt gesammelten Rügebogen (§ 41 Allg. VollzB. 1879 S. 460).

b) Besondere Anzeigeprotokolle: Zur Anzeige der Forstpolizeiübertretungen und der besonderen Frevel nach Art. 151 sind nach dem Gesetz besondere Niederschriften zu errichten; hiefür können aber die gleichen Formblätter wie für die gewöhnlichen Forstfrevel verwendet werden. Die Unterscheidung des Gesetzes in gewöhnliche Anzeigen von Forstfreveln, die in ein Forstrügeverzeichnis einzutragen sind, und in die Anzeigen der Forstpolizeiübertretungen und der besonderen Fälle nach Art. 151, die als besondere Anzeigeniederschriften aufzunehmen sind, ist geschichtlich zu erklären, sachlich aber nicht mehr begründet. Bis zum Jahre 1896 wurden nämlich die gewöhnlichen Anzeigen von Forstfreveln in geheftete Forstrügeverzeichnisse eingetragen; diese brauchten nur in gewissen regelmäßigen Zeitabschnitten dem Forstamt vorgelegt zu werden; die Anzeigen der Forstpolizeiübertretungen aber und der Forstfrevel nach Art. 151 müssen dem Forstamt sofort vorgelegt werden; zur Vereinfachung wurde daher bestimmt, diese Anzeigen nicht in das geheftete Forstrügeverzeichnis aufzunehmen, sondern dafür besondere Niederschriften zu errichten, die „besonderen Anzeigeprotokolle". Heute aber, wo die Forstrügeverzeichnisse lose Bogen sind, besteht kein Anlaß mehr, die Anzeigen der Forstpolizeiübertretungen und der Frevel nach Art. 151 anders zu errichten als die der gewöhnlichen Frevel. Die besonderen Anzeigeniederschriften nach Art. 125 und 151 sind von der sie aufnehmenden Hilfsperson jeweils sofort an das Forstamt zu übersenden, das sie dann ähnlich behandelt wie die Forstrügebogen.

Für die Anzeige der Holz- und Rindendiebstähle und der Zuwiderhandlungen nach Art. 107 ist keine besondere Form vorgeschrieben.

c) Führung: Zur Führung der Forstrügebogen und Errichtung der Anzeigeniederschriften ist nicht jede Hilfsperson der Forststrafgerichtsbarkeit berechtigt und verpflichtet; das Forstamt beauftragt damit vielmehr bestimmte Personen aus dem in Art. 115 Abs. I Ziff. 1 umschriebenen Kreise von Forstdienern und Forstschutzbediensteten. Das Forstamt kann nicht bloß staatliche Forstbedienstete, sondern auch Forstbedienstete der Gemeinden, Stiftungen, Körperschaften oder Privatwaldbesitzer mit der Führung betrauen; im letzteren Falle hat sich das Forstamt vorher mit den Waldbesitzern ins Benehmen zu setzen (§ 25 Allg. VollzB. 1879 s. oben); mit den ausgefüllten Forstrügebogen und Anzeigeniederschriften der Forstdiener der Gemeinden usw. ist nach § 52 Allg. VollzB. 1879 S. 461 zu verfahren. Bei der Auswahl der Personen hat das Forstamt darauf zu sehen, daß die genügende Zahl aufgestellt wird, daß sie örtlich zweckmäßig verteilt sind und die nötige geistige Befähigung und Zuverlässigkeit besitzen.

Hilfspersonen der Forststrafgerichtsbarkeit, die mit der Führung von Forstrügebogen und der Aufnahme von Anzeigeniederschriften nicht betraut sind, haben ihre Anzeigen regelmäßig einer zur Führung und Aufnahme bestellten Hilfsperson mitzuteilen, die sie dann in den Forstrügebogen oder die Anzeigeniederschrift aufzunehmen hat (Art. 126).

Über die Art und Weise der Führung der Forstrügebogen und der Aufnahme der Anzeigeniederschriften durch die Hilfspersonen und die Behandlung durch das Forstamt, den Vertreter der Forstbehörde und das Gericht enthalten die Art. 122—126 und die §§ 26—33 und 41—47, 52 Allg. VollzB. 1879 genaue Bestimmungen. Die Wichtigkeit der Urkunden verlangt eine sorgfältige Behandlung. Zur genauen Bezeichnung der Person des Täters (Art. 122 Ziff. 3) ist zweckmäßig auch die Geburtszeit einzutragen. Besondere Ausführlichkeit ist für die Anzeigen gegen Forstberechtigte, Erwerbs- und Gewohnheitsfrevler vorgeschrieben (§§ 32, 33 Allg. VollzB. 1879 s. oben und S. 273). Übersicht der an die österreichischen Behörden abzugebenden Forstrügesachen s. MB. vom 31. 3. 1880 (FMBl. S. 85, FMBl. S. 95, im Anhang abgedruckt). Vgl. auch die Dienstanweisungen für Forstverwalter, Amtsförster und Forstaufseher vom 13. 10. 1925 je § 45.

d) Forstrügebuch: Von den zur Strafanzeige dienenden Forstrügebogen und Anzeigeniederschriften sind die Forstrügebücher zu unterscheiden, die von den staatlichen Forstverwaltern, Amtsförstern und Forstaufsehern auf Grund §§ 45 ihrer Dienstanweisungen zu führen sind; in den Forstrügebüchern sind die wesentlichen Umstände der vom Inhaber wahrgenommenen Forstfrevel einzutragen; auf Grund dieser Aufzeichnungen ist der Forstrügebogen auszufüllen; das Forstrügebuch verbleibt beim Inhaber.

Artikel 123. (121/122).

Jedem nach Art. 122 mit der Führung eines Rügeverzeichnisses beauftragten Forstdiener hat das betreffende Forstamt eine Anzahl nicht gehefteter Rügeverzeichnisbögen zuzustellen, welche von dem Forstamte für jeden einzelnen Forstdiener fortlaufend zu numerieren sind.

Allg. VollzV. 1879.

§ 26.

(Art. 123.) I Die k. Forstämter haben rechtzeitig und nach den Bestimmungen des Artikels 123 des Forstgesetzes jedem mit der Führung eines Rügeverzeichnisses beauftragten Forstdiener eine gehörige Anzahl nicht gehefteter Rügeverzeichnisbogen zuzustellen, welche auf die Dauer eines Etatsjahres von dem Forstamte für jeden Forstdiener fortlaufend zu numerieren und auf jedem Blatte mit dem Namenszuge[1]) des Vorstandes desjenigen Amtsgerichtes vorher versehen zu lassen sind, in dessen Bezirk der Wohnort des Forstdieners gelegen ist.

II Über die abgegebenen Forstrügeverzeichnisbogen haben die k. Forstämter eine besondere, fortlaufend evident zu haltende Vormerkung zu führen, woraus zu ersehen ist, zu welcher Zeit und in welcher Zahl Rügebogen den einzelnen Forstschutzbediensteten zugestellt wurden, und welche Nummern dieser Rügebogen, mit Anzeigen ausgefüllt, an den verschiedenen Terminen zur Einfügung in das Forstrügeverzeichnis abgegeben worden sind.

III Desgleichen hat jeder Forstschutzdiener selbst eine Vormerkung über die empfangenen und an das k. Forstamt wieder abgegebenen Rügebogen zu führen. Die aus irgend einem Grunde unbrauchbar gewordenen Rügebogen sind am Schlusse des Jahres dem Forstamte abzuliefern, welches in seiner Vormerkung entsprechenden Eintrag zu bewirken hat.

Artikel 124. (122/123).

I In den Forstrügeverzeichnissen darf nichts verändert oder unleserlich gemacht werden.

II Den besonders vorzumerkenden Nachträgen und Berichtigungen ist die Angabe der Zeit des neuen Eintrages beizufügen.

Allg. VollzV. 1879.

§ 29.

(Art. 124.) Es ist verboten, die Einträge in den Forstrügeverzeichnissen nach der Hand, es sei zum Vorteil oder Nachteil des Angeschuldigten, abzuändern oder irrtümlich niedergeschriebene Worte so zu durchstreichen, daß sie unleserlich werden, oder gar Worte und Zahlen zu radieren. Entdecken sich nach der ersten Einschreibung noch Umstände, deren Angabe dazu dienen kann, das Faktum näher zu begründen, oder den Sachverhalt mehr ins Klare zu setzen oder Irrungen zu berichtigen, so hat der Anzeiger den geeigneten Nachtrag in der hiefür bestimmten Rubrik, mit Angabe des spätern Datums, unter welchem es geschieht, anzubringen.

Vgl. die Anm. zu Art. 122.

Anzeige der Forstpolizeiübertretungen (besondere Anzeigeprotokolle).

Artikel 125. (123/124).

Die Beurkundung und Anzeige der Forstpolizeiübertretungen erfolgt durch die im Art. 122 bezeichneten Forstdiener mittelst besonderer Anzeigeprotokolle, in Ansehung welcher die Vorschriften der Art. 122 und 124, insoweit dieselben hierher anwendbar sind, gleichfalls zur Anwendung kommen.

Art. 125 regelt die Anzeige der Forstpolizeiübertretungen; vgl. des näheren die Anm. zu Art. 122.

---

[1]) Entfällt seit der Gesetzesänderung des Jahres 1896 (vgl. Anm. 2 zu Art. 122).

Anzeigen anderer Personen. **Artikel 126.** (124/125).

I Werden Forstrügesachen von Hilfspersonen der Forststrafgerichtsbarkeit, welche kein Forstrügeverzeichnis zu führen haben[1], entdeckt, so sind die hierauf bezüglichen Anzeigen[2] den im Art. 122 erwähnten Forstdienern entweder sogleich oder, wenn deren Wohnort entfernt ist, längstens innerhalb acht Tagen mündlich oder schriftlich zu erstatten.

II Der Forstdiener hat den Inhalt der Anzeige in das Rügeverzeichnis (Art. 122) einzutragen, beziehungsweise über dieselbe ein Anzeigeprotokoll (Art. 125) zu errichten und die ihm zugekommene schriftliche Anzeige dem Rügeverzeichnisse oder dem Anzeigeprotokolle beizulegen.

1. **Geltungsbereich:** Art. 126 regelt das Anzeigeverfahren in dem Falle, daß eine Hilfsperson Forstrügesachen entdeckt, die nicht mit der Führung von Forstrügebogen und der Aufnahme von Anzeigeniederschriften betraut ist. Vgl. Art. 142.

Für einzelne Fälle bestehen noch ergänzende besondere Vorschriften. Forstmeister und Regierungsforsträte, die selbst Forstrügesachen entdecken, haben eine mit der Führung von Forstrügebogen usw. betraute Hilfsperson schriftlich oder mündlich zu beauftragen, die Anzeige aufzunehmen; dies gilt auch von Anzeigen, die beim Forstamt (Regierungsforstrat) unmittelbar angebracht werden (§ 82 der GeschAnw. f. Forstämter, § 2 der GeschAnw. f. Forstamtsaußenstellen, § 11 der DienstAnw. f. d. Regierungsforstrat am Amtssitz); vgl. auch §§ 45 der DienstAnw. f. Forstverwalter, Amtsförster und Forstaufseher.

Die Gendarmerie hat ihre Anzeigen in Forstrügesachen dem Forstamt zu übersenden, das damit zu verfahren hat, wie mit den sonstigen unmittelbar bei ihm eingekommenen Anzeigen (§ 61 Abs. IV der Dienstvorschrift für die Gendarmerie).

2. **Anzeige:** Die Anzeige muß alle nach Art. 122 erforderlichen Angaben enthalten; nötigenfalls haben die verzeichnisführenden Forstdiener die Ergänzung herbeizuführen; dies gilt auch für die Wertangabe (§ 31 Allg. VollzV. 1879 S. 448).

Die staatlichen verzeichnisführenden Forstschutzbediensteten sind außerdem auf Grund ihrer Dienstanweisungen verpflichtet, wenn andere Personen als Forstschutzbedienstete bei ihnen Anzeigen anbringen, diese auf ihre Richtigkeit zu prüfen und nötigenfalls den Tatbestand selbst zu erheben.

Auch den gemäß Art. 126 vorschriftsmäßig erstatteten Anzeigen kommt die Beweiskraft des Art. 158 zu (s. die dortige Anm. 2).

Vorläufige Festnahme. **Artikel 127.** (125/126).

I Wenn[2] das in Art. 115 Ziffer 1 bis 3 bezeichnete Hilfspersonal eine ihm unbekannte Person oder einen im Deutschen Reiche nicht begüterten Ausländer auf frischer Tat betritt, so ist dasselbe befugt, den Betretenen vor den zunächst wohnenden Gemeindevorstand zu führen[3].

II Dieselbe Befugnis steht dem bezeichneten Hilfspersonale hinsichtlich derjenigen bekannten Angehörigen des Deutschen Reiches oder im Reiche begüterten Ausländer zu, welche der geschehenen Aufforderung ungeachtet, von der Fortsetzung der Übertretung oder des Frevels nicht abstehen, und sich nicht auf der Stelle aus dem Walde entfernen.

1. **Geltungsbereich:** Die Art. 127—130 behandeln die vorsorgliche Haft, die der vorläufigen Festnahme des Reichsstrafprozesses entspricht. Art. 127 bestimmt die Voraussetzungen, Art. 128 und 129 regeln die Entscheidung über die Fortdauer der vorsorglichen Haft, Art. 130 schreibt die Errichtung einer Niederschrift vor.

Die vorsorgliche Verhaftung ist in keinem Falle vorgeschrieben. Sie ist nur zulässig, wenn es sich um Forstfrevel oder Forstpolizeiübertretungen handelt, nicht bei den Übertretungen nach § 361

Ziff. 9 StGB. Ein anderes, ähnlichen Zwecken wie die Festnahme nach Art. 127 dienendes Mittel ist die Pfändung nach Art. 131; die Hilfspersonen der Forststrafgerichtsbarkeit haben, wenn die Voraussetzungen erfüllt sind, grundsätzlich zwischen beiden Mitteln die Wahl; gleichzeitige Anwendung ist nicht ausgeschlossen; grundsätzlich soll aber nicht mehr Zwang ausgeübt werden, als zur Erreichung des beabsichtigten gesetzmäßigen Zieles erforderlich ist. Die Bestimmungen der Strafprozeßordnung über die vorläufige Festnahme (§§ 127—129) sind wegen der Sonderregelung des Forstgesetzes bei den Forstpolizeiübertretungen und Forstfreveln nicht anwendbar (wohl aber bei den Übertretungen nach § 361 Ziff. 9 StGB.). Auch Art. 102 Abs. II—IV AG. StPO. sind wohl auf die Forstpolizeiübertretungen und Forstfrevel nicht anwendbar (bestr.; vgl. auch die VO. über Waffengebrauch und Festnahmerecht des Forst- und Jagdpersonals vom 20. 9. 1920, GVBl. S. 431, s. oben S. 433); Abs. I ist anwendbar (s. oben S. 189).

2. Voraussetzungen: Die vorsorgliche Haft ist in zwei Fällen zulässig:

a) zur Sicherung des Beweises und der Vollstreckung, dies aber nur gegenüber unbekannten Personen und gegenüber solchen Nichtdeutschen, die im Deutschen Reiche nicht begütert sind d. h. keinen Grundbesitz haben (Art. 127 Abs. I);

b) zur Verhütung der Fortsetzung einer Forstpolizeiübertretung oder eines Forstfrevels gegenüber jedermann (Abs. II).

Stets ist Voraussetzung, daß der Festzunehmende auf frischer Tat betreten wird. Zur frischen Tat gehört auch noch die an die Ausführung der Tat sich unmittelbar anschließende Verschleppung der Beute und Flucht (vgl. RG. 22. 9. 1898, Seuff. Bd. 54 S. 34).

Die präventivpolizeiliche Festnahme des Abs. II ist auf unbekannte Deutsche und in Deutschland nicht begüterte Nichtdeutsche deshalb nicht erstreckt, weil gegenüber diesen nach Abs. I ein viel weitergehendes, auch den Fall des Abs. II umfassendes Festnahmerecht besteht. Die in Abs. II bezeichneten Personen können der Festnahme nur entgehen, wenn sie von der strafbaren Handlung ablassen und sich sofort aus dem Walde entfernen; die Aufforderung muß sich auf beides erstrecken. Im Rechte zur Festnahme liegt zugleich das Recht, den Ergriffenen zur Brechung des Widerstandes zu entwaffnen (RG. 23. 1. 1905, III 4068/1904). Nach RG. St. Bd. 27 S. 70 darf ein Forstfrevler von jedermann zwangsweise aus dem Wald entfernt werden.

Befugt zur vorläufigen Festnahme nach Art. 127 sind alle Hilfspersonen der Forststrafgerichtsbarkeit (Art. 119).

3. Durchführung: Die Festgenommenen sind vor den zunächst wohnenden, d. h. am einfachsten zu erreichenden, ersten Bürgermeister einer bayerischen Gemeinde zu führen; einem Fluchtversuch kann nach Maßgabe der VO. vom 20. 9. 1920 (GVBl. S. 431, s. oben S. 433) mit dem Gebrauche der Waffe begegnet werden. Wie der Bürgermeister zu verfahren hat, ist in Art. 128—130 geregelt: im Falle des Art. 127 Abs. I nach Art. 129 und 130, im Falle des Art. 127 Abs. II nach Art. 128, 130. Der Festgenommene wird nach dem Sinne des Gesetzes stets auch (statt zunächst dem Bürgermeister) unmittelbar dem Amtsgericht vorgeführt werden können, das dann den Art. 128 ff. entsprechend zu verfahren hat. Die festnehmende Hilfsperson hat über die Straftat und die Festnahme eine besondere Anzeigeniederschrift aufzunehmen und dem Forstamt vorzulegen (Art. 151); ist sie mit der Führung von Forstrügebogen usw. nicht betraut, so hat sie die Anzeige an eine verzeichnisführende Hilfsperson zu erstatten, die dann eine besondere Anzeigeniederschrift aufnehmen muß. Von dieser Anzeigeniederschrift zu unterscheiden ist die Niederschrift des Bürgermeisters nach Art. 130.

Artikel 128. (126/127).

Vorsorgliche Haft.

In dem durch Art. 127 Abs. 2 bezeichneten Falle kann der Gemeindevorstand, wenn er es zur Verhinderung der Fortsetzung der Übertretung oder des Frevels für notwendig erachtet, den Vorgeführten bis zu vierundzwanzig Stunden in Haft bringen lassen.

Außerdem hat der Bürgermeister eine Niederschrift nach Art. 130 zu errichten und dem gemäß Art. 117 zur Aburteilung zuständigen Amtsgericht zu übersenden. Entstehende Kosten sind als Verfahrenskosten von dem Verurteilten zu tragen (Art. 68); wird der Festgenommene nicht verurteilt oder können die Kosten nicht beigetrieben werden, so werden die der Gemeinde erwachsenen Kosten endgültig von der Gemeinde zu tragen sein, da die Mitwirkung des Bürgermeisters nach Art. 127 ff.

zur Ausübung der Ortspolizei gehört (Art. 51 Abs. IV GemO.; vgl. die in das neue Gemeinderecht nicht übernommene teilweise abweichende Vorschrift des Art. 138 Abs. IV rrh. GemO. und dazu Kahr I S. 917).

Weitere Verfügung.

Artikel 129. ($^{127}/_{128}$).

I Geschah die Vorführung nach Abs. 1 des Art. 127, so entläßt der Gemeindevorstand den Vorgeführten, wenn er ihn als einen Angehörigen des Deutschen Reiches oder als einen im Reiche begüterten Ausländer erkennt.

II Außerdem läßt er den Vorgeführten längstens am darauffolgenden Tage an das zuständige Amtsgericht abliefern, welches die vorsorgliche Haft so lange fortbestehen lassen kann, bis sich der Vorgeführte als Angehöriger des Deutschen Reiches nach Namen, Stand, Wohn- oder Aufenthaltsort, oder als im Reiche begüterter Ausländer ausgewiesen, oder bis der im Reiche nicht begüterte Ausländer genügende Bürgschaft oder sonstige Sicherheit für die Strafe, sowie für den Ersatz des Wertes und des Schadens und für die Kosten geleistet hat.

Zuständig im Falle des Abs. II ist das zur Aburteilung zuständige Amtsgericht (Art. 117; anders im Falle des Art. 132). Der Amtsrichter hat sich beschlußmäßig für die Aufhebung oder die Aufrechterhaltung der vorsorglichen Haft zu entscheiden; gegen den Beschluß ist Beschwerde zur Strafkammer und weitere Beschwerde zum Obersten Landesgericht zulässig (§§ 304, 310 StPO., Art. 188 FG.); beschwerdeberechtigt sind der Festgenommene und das Forstamt (bei der weiteren Beschwerde der Staatsanwalt). Der Amtsrichter kann die Haft auch aufheben, wenn die Voraussetzungen des Abs. II nicht erfüllt sind. Die vorsorgliche Haft des Abs. II ist nach § 116 StPO. zu vollstrecken. Ist der Amtsrichter der Ansicht, daß nicht eine Forstpolizeiübertretung oder ein Forstfrevel, sondern eine andere Straftat gegeben ist, so hat er über die Fortdauer der Haft nach den Bestimmungen der StPO. (§§ 112ff.) zu entscheiden. Höhe und Art der Sicherheitsleistung bestimmt der Amtsrichter nach freiem Ermessen; an die Vorschrift des § 118 StPO. ist er nicht gebunden. Rückgabe Art. 187.

Verhaftungsniederschrift.

Artikel 130. ($^{128}/_{129}$).

In allen Fällen der Vorführung hat der Gemeindevorstand über die Anzeige des Vorführenden, sowie über die Erklärung des Vorgeführten und die hierauf getroffene Verfügung ein kurzes Protokoll zu errichten und dasselbe sogleich dem zuständigen Amtsgerichte zu übersenden.

Die Niederschrift nach Art. 130 ist in allen Fällen der vorläufigen Festnahme nach Art. 127—129 aufzunehmen. Zu unterscheiden davon ist die in jedem Falle einer Festnahme zu errichtende besondere Anzeigeniederschrift nach Art. 151, die beim Forstamt einzureichen ist. Die Niederschrift des Art. 130 ist dem nach Art. 117 zuständigen Amtsgericht zu übersenden.

Pfändung.

Artikel 131. ($^{129}/_{130}$).

Wenn es die Beurkundung einer Übertretung oder eines Frevels, sowie wenn es die Verhinderung der Fortsetzung derselben erfordert, so ist das im Art. 115 erwähnte Hilfspersonal befugt, die zu Schaden gehenden Tiere hinwegzuführen, sowie die Werkzeuge, Fuhrwerke und Gespanne hinwegzunehmen, welche von den auf frischer Tat betretenen Personen zum Behufe der Übertretung oder des Frevels mitgeführt werden.

Allg. VollzB. 1879.

§ 37.

(Art. 131 und 138.) Bei der gesetzlich zulässigen Beschlagnahme der gefrevelten, sowie bei der Pfändung der bei Ausübung des Frevels gebrauchten Gegenstände müssen die Forstschutzdiener mit vorzüglicher Umsicht und Besonnenheit zu Werke gehen. Insbesondere darf zur Wegnahme von Tieren, Fuhrwerken und Gespann nur alsdann geschritten werden, wenn die im Art. 127 Abs. 2 bezeichneten Zwecke solches durchaus erfordern.

1. Geltungsbereich: Die Art. 131—137 regeln die Pfändung der vom Täter benutzten Werkzeuge usw., im Gesetz „vorsorglicher Beschlag" genannt. (Von der Pfändung zu unterscheiden ist die Beschlagnahme der gefrevelten Erzeugnisse nach Art. 138, die im Gesetz ebenfalls mit vorsorglichem Beschlag bezeichnet wird)

Art. 131 behandelt die Voraussetzungen und den Inhalt der Pfändung,
Art. 132 und 133 Abs. I die Verwahrung der gepfändeten Tiere, Fuhrwerke und Gespanne,
Art. 137 Abs. I die Verwahrung der gepfändeten Werkzeuge,
Art. 133 Abs. II und 135 die Entscheidung des Amtsgerichts über die Fortdauer oder Aufhebung der Pfändung,
Art. 134, 135 und 137 Abs. II die Rückgabe der gepfändeten Gegenstände,
Art. 136 die Pfandversteigerung.

Die Pfändung ist in keinem Falle vorgeschrieben. Die Hilfsperson hat, soferne die Voraussetzungen gegeben sind, die Wahl, ob sie mit Gewalt gegen die Person (Festnahme, Art. 126 ff.) oder gegen ihre Sachen (Pfändung, Art. 131 ff.) vorgehen will; es ist auch beides nebeneinander zulässig. Bei einer Übertretung nach § 361 Ziff. 9 StGB. ist die Pfändung nach Art. 131 ff. nicht möglich. Zu beachten ist, daß die Hilfspersonen des Art. 115 Abs. I in Forstrügesachen auch Hilfsbeamte der Staatsanwaltschaft sind (Anm. 3 zu Art. 119) und daß deren Befugnisse auf Grund der ergänzend anzuwendenden Reichsstrafprozeßordnung, z. B. der §§ 98, 94 (Art. 188), weiter gehen können als die Befugnisse der Hilfspersonen nach dem Forstgesetz (vgl. ObLGSt. Bd. 17 S. 3).

2. Voraussetzungen und Inhalt der Pfändung: Die Pfändung ist zulässig, wenn sie erforderlich ist:

a) um die näheren Umstände einer Forstpolizeiübertretung oder eines Forstfrevels nach der Tat- oder Täterseite festzustellen (Beurkundung),
b) um die Fortsetzung einer begonnenen Forstpolizeiübertretung oder eines begonnenen Forstfrevels zu verhindern.

Zur Pfändung sind unter diesen Voraussetzungen befugt alle Hilfspersonen der Forststrafgerichtsbarkeit (Art. 119). Zu anderen als den beiden angegebenen Zwecken ist die Pfändung nicht zulässig, insbesondere also nicht zur Sicherung des Anspruches auf Wert- und Schadenersatz wie bei den Feldschäden (Art. 6 FeldschadenG.); bei den gesetzlichen Voraussetzungen für die Rückgabe der Pfandgegenstände (Art. 134) ist dieser Grundsatz freilich durchbrochen. Die Pfändungshandlung besteht in dem Wegführen oder Wegnehmen zum Zwecke der behördlichen Verwahrung; die Hilfsperson wird bei der Wegnahme dem anwesenden Täter gegenüber zweckmäßig eine entsprechende Erklärung abgeben. Die gepfändeten Gegenstände genießen den Schutz des § 137 StGB.; bei den Forstfreveln aber bildet ihre Wegnahme nur einen Straffschärfungsgrund (Art. 59 Ziff. 8; näheres die dortige Anm.). Sie sind zunächst amtlich zu verwahren und je nach Sachlage wieder zurückzugeben oder zu versteigern (Art. 132 ff.).

Gegenstand des Pfändungsrechtes sind einmal alle Werkzeuge, Fuhrwerke (d. h. Fahrzeuge) und Gespanne, die der Täter zur Begehung der Forstpolizeiübertretung oder des Frevels mitführt, ferner die Tiere, deren Anwesenheit im Walde den Gegenstand einer Forstpolizeiübertretung oder eines Forstfrevels bildet, gleichgültig, ob sie von Menschen begleitet sind oder nicht (z. B. im Falle der Art. 43, 44, 88, 89, 92 Ziff. 1, Ziff. 5). Wem die Werkzeuge, Tiere usw. zu Eigentum gehören, ist gleichgültig.

Stets ist für die Pfändung Voraussetzung, daß ein Forstfrevel oder eine Forstpolizeiübertretung entweder in der Ausführung begriffen ist oder unmittelbar vorher vollendet wurde. Die Forstdiener sind angewiesen (§ 37 Allg. VollzB. 1879, s. oben), bei der Pfändung besonders vorsichtig zu Werke zu gehen und Tiere, Gespanne oder Fahrzeuge nur wegzunehmen, wenn es unbedingt erforderlich ist, um die Fortsetzung eines Frevels oder einer Forstpolizeiübertretung zu verhindern.

Verwahrung der Pfänder.

Artikel 132. (130/131).

Für die Aufbewahrung der nach Art. 131 mit vorsorglichem Beschlage belegten Tiere, Fuhrwerke und Gespanne hat der dem Betretungsorte zunächst wohnende Gemeindevorstand unter Aufsicht des Amtsgerichtes, zu dessen Bezirk die Gemeinde gehört, zu sorgen.

Art. 132 regelt die Verwahrung der gepfändeten Tiere, Fahrzeuge und Gespanne; der pfändende Forstdiener hat diese zu dem am einfachsten zu erreichenden Bürgermeister zu verbringen; der Bürgermeister hat für die Verwahrung zu sorgen. Die Freigabe steht ihm nicht zu; über die Aufhebung oder die Fortdauer der amtlichen Verwahrung entscheidet allein das Amtsgericht, zu dessen Bezirk die Gemeinde gehört; der Bürgermeister hat das Amtsgericht durch Aufnahme einer Niederschrift zu verständigen (Art. 133). Die gepfändeten Werkzeuge sind von den verzeichnisführenden Forstdienern zu verwahren (Art. 137). Das in den Fällen der Art. 132—136 zuständige Amtsgericht (Art. 132) kann von dem nach Art. 117 zur Aburteilung zuständigen Amtsgericht verschieden sein. Die Strafanzeige ist von dem verzeichnisführenden Forstdiener im Falle der Pfändung, jedenfalls, wenn es sich um Tiere, Fahrzeuge oder Gespanne handelt, durch eine besondere Anzeigeniederschrift zu erstatten (Art. 151). Zur Kostenfrage vgl. Anm. zu Art. 128 und Art. 136 Abs. II.

Pfändungsniederschrift; weitere Verfügung.

Artikel 133. ($^{131}/_{132}$).

I Im Falle des Art. 132 hat der Gemeindevorstand ein kurzes Protokoll zu errichten, in welches die Beschreibung der mit Beschlag belegten Gegenstände, die Angaben des Vorführenden über die Größe der Übertretung oder des Frevels und des zu ersetzenden Wertes und Schadens, sowie die etwaige Erklärung des Übertreters oder Frevlers aufzunehmen sind.

II Dieses Protokoll ist sogleich an das Amtsgericht einzusenden, welches hierauf über den Fortbestand oder die Wiederaufhebung des vorsorglichen Beschlages unverzüglich zu erkennen hat.

Zuständig zur Entscheidung ist das in Art. 132 bezeichnete Amtsgericht, das nicht das zur Aburteilung des Frevels oder der Forstpolizeiübertretung berufene Gericht (Art. 117) zu sein braucht. Der Beschluß des Amtsrichters ist nicht anfechtbar (Art. 135). Das Gericht hat die Pfändung aufzuheben, wenn es sie für nicht zulässig oder nicht erforderlich erachtet, ebenso wenn die Voraussetzungen des Art. 134 erfüllt sind. Wenn die Pfändung aufrechterhalten wird, ist in dem Beschluß im Hinblick auf Art. 134 zweckmäßig zu bestimmen, gegen welche Sicherheit die Pfänder ausgelöst werden können.

Auslösung der Pfänder.

Artikel 134. ($^{132}/_{133}$).

In allen Fällen sind die mit vorsorglichem Beschlage belegten Tiere, Fuhrwerke und Gespanne dem Eigentümer zurückzugeben, sobald derselbe bei dem Amtsgerichte den mutmaßlichen Betrag der Strafe, sowie des Wert- und Schadenersatzes und der Kosten hinterlegt oder hiefür genügende Bürgschaft beigebracht hat.

Art. 134 behandelt die Auslösung der Pfänder (Werkzeuge ausgenommen, Art. 137). Art. 134 spricht nur von dem Eigentümer; auslösen wird aber auch der rechtmäßig besitzende Nichteigentümer können. Die Rückgabe ist durch das Amtsgericht (Art. 132) zu verfügen; die Festsetzung der Auslösungsbedingungen ist nicht anfechtbar (Art. 135). Auch Teilauslösung wird zulässig sein. Die gepfändeten Werkzeuge können nicht ausgelöst werden (Art. 137). Wenn lebende Tiere nicht innerhalb 14 Tagen nach der Pfändung ausgelöst werden, sind sie zu versteigern (Art. 136). Behandlung der nicht ausgelösten Fahrzeuge Art. 137.

Unanfechtbarkeit.

Artikel 135. ($^{133}/_{134}$).

Gegen den Ausspruch des Gerichtes über den Fortbestand oder die Wiederaufhebung des vorsorglichen Beschlages, sowie über die Größe des zu hinterlegenden Betrages oder die Annehmbarkeit der Bürgschaft findet kein Rechtsmittel statt.

Art. 135 bezieht sich auf die Beschlüsse des Amtsgerichts nach Art. 133 und 134.

Versteigerung der lebenden Pfänder.

Artikel 136. (134/135).

I Das Amtsgericht hat die Versteigerung der mit vorsorglichem Beschlage belegten Tiere und Gespanne anzuordnen, wenn dieselben nicht innerhalb vierzehn Tagen, — vom Tage des Beschlages an gerechnet, — auf die im Art. 134 bezeichnete Weise ausgelöst worden sind.

II Der durch die Versteigerung erzielte Erlös ist, nach Abzug der in Folge des Beschlages erlaufenen und von dem Gerichte festzustellenden Kosten, in amtliche Verwahrung zu nehmen.

Art. 136 schreibt die Versteigerung der gepfändeten lebenden Tiere (der sog. „fressenden Pfänder") vor, wenn sie nicht innerhalb vierzehn Tagen nach der Pfändung gemäß Art. 134 ausgelöst werden. Der Tag der Pfändung wird bei der Berechnung der Frist nicht mitgerechnet.

Zuständig zur Anordnung der Versteigerung ist das in Art. 132 bezeichnete Amtsgericht. Der Anordnungsbeschluß ist mit Beschwerde anfechtbar (Art. 188, § 304 StPO.). Die Versteigerung kann unterbleiben, wenn die Pfänder nach der Anordnung noch ausgelöst werden. Durchzuführen ist sie vom Gerichtsvollzieher. Die nicht fressenden Pfänder können erst nach der Verurteilung zum Zwecke der Urteilsvollstreckung versteigert werden (Art. 182); vgl. auch das objektive Verfahren (Art. 186).

Werkzeuge und nicht ausgelöste Fahrzeuge.

Artikel 137. (135/136).

I Die nach Art. 131 mit vorsorglichem Beschlage belegten Werkzeuge sind von den mit der Führung des Rügeverzeichnisses, beziehungsweise mit der Errichtung der Anzeigeprotokolle beauftragten Forstdienern in Verwahrung zu nehmen und gehörig zu verzeichnen. Dieses Verzeichnis ist dem Rügeverzeichnisse oder Anzeigeprotokolle beizulegen.

II Die Zurückgabe der Werkzeuge, sowie der etwa nicht ausgelösten Fuhrwerke an den Eigentümer findet erst nach erfolgter rechtskräftiger Aburteilung und nur dann statt, wenn entweder der Beschuldigte freigesprochen worden, oder das verurteilende Erkenntnis vollzogen ist.

Art. 137 regelt die Behandlung der gepfändeten Werkzeuge und die Rückgabe der gepfändeten, nicht ausgelösten Fahrzeuge. Die gepfändeten Werkzeuge sind von den verzeichnisführenden Forstdienern (Art. 122) zu verwahren; hat sie eine Hilfsperson gepfändet, die kein Rügeverzeichnis führt, so sind sie einer verzeichnisführenden Hilfsperson zu übergeben. Die gepfändeten Werkzeuge können nicht ausgelöst werden; versteigert werden können sie nur nach Art. 182, 186; letzteres gilt auch von den nicht nach Art. 136 ausgelösten Fahrzeugen; um die Möglichkeit der Versteigerung nach Art. 182 offenzuhalten, dürfen die Werkzeuge und nicht ausgelösten Fahrzeuge erst zurückgegeben werden, wenn der Beschuldigte entweder freigesprochen worden ist oder im Falle der Verurteilung alle Verbindlichkeiten erfüllt hat. Die Einziehung von Sachen (vgl. § 40 StGB.) ist im Forstrügeverfahren nicht möglich (s. oben S. 248 Anm. 3b). Wenn der Täter vor seiner rechtskräftigen Verurteilung stirbt, müssen die Pfänder zurückgegeben werden, da die Ansprüche des Art. 71 nicht im Forstrügeverfahren verfolgt werden können; anders, wenn der Täter bereits rechtskräftig verurteilt war. Vgl. auch Art. 142.

Nacheile; Beschlagnahme der entwendeten Gegenstände; Durchsuchung.

Artikel 138. (136/137).

I Aus dem Forste entwendete Gegenstände können von dem im Art. 115 erwähnten Hilfspersonale bis an den Ort ihrer Verwahrung verfolgt und mit vorsorglichem Beschlage belegt werden[2].

II Eine Nachsuchung[3] nach entwendeten Gegenständen in Wohnungen, Gebäuden und angrenzenden geschlossenen Hofräumen darf jedoch nur in Begleitung eines Polizeibeamten oder Mitgliedes der Gemeindeverwaltung vorgenommen werden.

III Ist der Ort der Nachsuchung über eine Stunde von dem Wohnsitze des nächsten Polizeibeamten oder Mitgliedes der Gemeindeverwaltung entfernt, so genügt die Beiziehung eines Forstbediensteten, Gendarmen oder Flurwächters.

IV Zur Nachsuchung sind, wenn tunlich, die Hausgenossen beizuziehen.

Allg. VollzB. 1879.

§ 38.

(Art. 138.) I Haussuchungen sollen nur dann vorgenommen werden, wenn Frevel im Walde entdeckt worden sind, und die Verfolgung der Spuren derselben oder andere Umstände bestimmte Verdachtsgründe an die Hand geben.

II Hiebei sind alle durch den Zweck nicht wesentlich bedingte Störungen des Hauswesens sorgfältig zu vermeiden.

III In allen Fällen wird den Forstschutzdienern den Frevlern gegenüber ein anständiges und ernstes Benehmen anempfohlen.

1. Geltungsbereich: Die Art. 138—141 behandeln die Beschlagnahme der gefrevelten Gegenstände und die Nacheile und Durchsuchung zum Zwecke dieser Beschlagnahme oder zur Aufklärung eines Entwendungsfrevels. Die Beschlagnahme wird im Gesetz wie die Pfändung (Art. 131 ff.) „vorsorglicher Beschlag" genannt, die Durchsuchung „Nachsuchung". Nach Art. 138 ff. können nur Walderzeugnisse beschlagnahmt werden, an denen ein Forstfrevel durch Entwendung (Art. 79—87) begangen wurde. Bei den anderen Forstfreveln (Art. 88—100) und den Forstpolizeiübertretungen ist die Beschlagnahme nach Art. 138 ff. nicht möglich; desgleichen nicht beim Holz- und Rindendiebstahl (Art. 81, 83 Abs. III); für diesen gelten ausschließlich die Vorschriften der Reichsstrafprozeßordnung (§§ 94 ff.); zur Beschlagnahme befugt sind hier nur die allgemeinen (nicht auf Forstrügesachen beschränkten) Hilfsbeamten der Staatsanwaltschaft. Befugt zur Nacheile, Durchsuchung und Beschlagnahme nach Art. 138 ff. sind lediglich die Hilfspersonen der Forststrafgerichtsbarkeit (Art. 119). Zweck der Beschlagnahme nach Art. 138 ff. ist die Sicherung der entwendeten Gegenstände als Beweismittel und zur Rückgabe an den Waldbesitzer. Verfolgung von Forstrügesachen in Grenzwaldungen s. Anm. 4.

Art. 138 Abs. I regelt die Nacheile und die Beschlagnahme,

Art. 138 Abs. II—IV, 139—141 die Durchsuchung.

Die Art. 138 ff. regeln nur die Beschlagnahme und Durchsuchung bezüglich der aus dem Forst entwendeten Walderzeugnisse; im übrigen gelten auch im Forstrügeverfahren die Vorschriften der Strafprozeßordnung (§§ 94 ff.) über die Beschlagnahme und Durchsuchung. Diese Vorschriften sind ergänzend auch auf die Beschlagnahme und Durchsuchung nach Art. 138 ff. anzuwenden (Art. 188 Abs. I; Hümmer S. 51 ff.). Eine Durchsuchung zum Zwecke der Ergreifung des Täters (§§ 102 ff. StPO.) ist bei Forstfreveln und Forstpolizeiübertretungen wohl nicht möglich, da das Festnahmerecht im Forstgesetz selbständig geregelt ist (Art. 127 ff.). Die Haussuchung nach Art. 138 muß nicht mit der unmittelbaren Nacheile im Zusammenhang stehen; sie kann vielmehr auf Grund eines später entstandenen Verdachts, insbesondere bei Personen, die der Hehlerei verdächtig sind, vorgenommen werden (ObLG. Bd. 27 S. 256). Im letzteren Fall ist die Tätigkeit des durchsuchenden Beamten als eine für sich bestehende Verfolgungshandlung mehr ein Akt der Forststrafgerichtsbarkeit als eine Forstschutzhandlung; Widerstand ist daher nach § 113, nicht nach § 117 StGB. zu bestrafen (ebenda).

2. Nacheile und Beschlagnahme: Voraussetzung für die Nacheile und Beschlagnahme nach Art. 138 ist, daß Verdacht auf Begehung eines Entwendungsfrevels (Art. 79—87) und Verwahrung der entwendeten Walderzeugnisse an dem betreffenden Orte besteht. Die Hilfspersonen der Forststrafgerichtsbarkeit sind zur Beschlagnahme der entwendeten Walderzeugnisse auch befugt, wenn sie den Frevler bei der Tat oder auf dem Heimweg antreffen oder wenn sie das gefrevelte Gut sonst finden.

Die Beschlagnahme besteht in der Erklärung der amtlichen Besitznahme der gefrevelten Walderzeugnisse und ihrer entsprechenden Kennzeichnung (vgl. § 109 StPO.). Art und Ort der Verwahrung der beschlagnahmten Walderzeugnisse bestimmt der beschlagnahmende Forstdiener nach Zweckmäßigkeitsgründen; sobald der Fall beim Amtsgericht anhängig ist, steht die Verfügung dem Gerichte zu.

Dieses hat nach § 111 StPO. zu verfahren; die Hinausgabe an den Eigentümer kann auch im Urteil angeordnet werden (OAG. 31. 10. 1874, Bd. 4 S. 502); vgl. Art. 66. Beim Zusammentreffen eines Forstfrevels mit einer Zolldefraudation ordnet die FME. vom 31. 10. 1882 im Hinblick auf § 156 des VereinszollG. an, die Ansprüche des Staates zu wahren.

Wenn der Frevler die beschlagnahmten Walderzeugnisse ohne weiteren Erschwerungsgrund widerrechtlich an sich nimmt, so bildet dies nur einen Straffschärfungsgrund für den Entwendungsfrevel (Art. 59 Ziff. 8), keinen Verstrickungsbruch nach § 137 StGB. (OLGM. 21. 8. 1894, Bd. 8 S. 186); s. auch die Anm. zu Art. 59 Ziff. 8.

§ 37 Allg. VollzV. 1879 (S. 453) schärft den Forstschutzbediensteten bei der Beschlagnahme besondere Vorsicht ein.

3. Durchsuchung: Die Durchsuchung ist auf Grund des Forstgesetzes wie die Beschlagnahme nur in bezug auf entwendete Walderzeugnisse zulässig. Sie ist grundsätzlich an keine besonderen Formen gebunden; nur die Haussuchung ist näher geregelt (Art. 138 Abs. II—IV, 139—141); diese landesrechtlichen Vorschriften gelten im Hinblick auf § 3 Abs. III EG.StPO. heute noch (RG. Bd. 12 S. 261). Zur Haussuchung befugt sind die Hilfspersonen der Forststrafgerichtsbarkeit (Art. 119), jedoch nur in Begleitung mindestens einer der in Abs. II und III aufgeführten Personen; diese sind auf rechtmäßige Aufforderung zur Teilnahme gesetzlich verpflichtet (Art. 139); wenn tunlich, sind auch die Hausgenossen beizuziehen. Werden die Vorschriften über Beiziehung einer Begleitperson oder über deren Eigenschaften nicht beachtet, so ist die Haussuchung nicht rechtmäßig; der Nachsuchende genießt in diesem Falle nicht den Schutz der §§ 113, 117 StGB. (RG. Bd. 12 S. 261); handelt er vorsätzlich, so kann er sich des Hausfriedensbruches im Amte schuldig machen (§ 342 StGB.).

Der Begriff **Polizeibeamter** in Abs. II ist im Sinne des alten bayerischen Rechts zu verstehen, das zwischen Beamten und anderen öffentlichen Dienern unterschied und unter ersteren regelmäßig nur jene Beamten verstand, denen die Verwaltung eines Zweiges der öffentlichen Gewalt unter ihrer eigenen Verantwortung selbständig übertragen war und überdies ein Anspruch auf pragmatische Rechte im Sinne der IX. Beilage zur früheren Verfassung zukam oder denen durch Gesetz die Unabsetzbarkeit verliehen war; die niederen Vollstreckungs- und Vollzugsbeamten, denen nur die Ausführung von Gesetzen, Befehlen und Anordnungen ihrer Vorgesetzten zustand, wurden immer nur als obrigkeitliche oder öffentliche Diener bezeichnet; diese zunächst für die Beamten und öffentlichen Diener des Staates festgehaltene Unterscheidung wurde auch auf die Beamten und Diener der Gemeinden übertragen; ein gemeindlicher Polizeidiener zählt daher nicht zu den Polizeibeamten des Abs. II (RG. Bd. 12 S. 261; vgl. OLGM. 20. 6. 1891, Bd. 6 S. 501); dazu gehören nur die höheren und die gehobenen mittleren Polizeibeamten im heutigen Sinne. Daß das Polizeiorgan Beamter im heutigen staatsrechtlichen Sinn oder im Sinne des § 359 StGB. ist, genügt nicht. Auch Gendarmen fallen nicht unter Abs. II; ihre Beiziehung genügt nur unter den Voraussetzungen des Abs. III.

Unter den **Forstbediensteten** des Abs. III sind alle im Forst- oder Forstschutzdienst des Staates, einer Gemeinde, Stiftung, Körperschaft oder eines Privaten stehenden höheren, mittleren und niederen Bediensteten zu verstehen. Die ersten Bürgermeister der Stadt- und Landgemeinden sind sowohl Polizeibeamte wie Mitglieder der Gemeindeverwaltung (Abs. II). Die **Entfernung** nach Abs. III beträgt eine Wegstunde für einen normalen Fußgänger. Für die Mitwirkung der **Gendarmerie** vgl. auch §§ 65 und 66 der Dienstvorschrift, ferner § 81 Abs. I Ziff. 9 daselbst, wonach die Gendarmerie auf Anforderung der staatlichen Forstbeamten diesen zum Vollzuge des Forstgesetzes allgemein Beistand zu leisten hat, wenn ihre persönliche Sicherheit bei ihren Diensthandlungen ernstlich bedroht ist. Auch für die Durchführung ist **Voraussetzung** Verdacht auf Begehung eines bestimmten Entwendungsfrevels und auf Verwahrung der entwendeten Walderzeugnisse an dem Orte der Nachsuchung; vgl. § 38 Abs. I Allg. VollzV. 1879 S. 457 und Art. 139. Daß das Gebäude usw. dem mutmaßlichen Frevler gehört, ist für die Durchsuchung nicht Voraussetzung. Die Durchsuchung bezweckt die Auffindung der entwendeten Walderzeugnisse; bei der Durchführung ist nicht weiter zu gehen als erforderlich ist, um diesen Zweck zu erreichen; vgl. § 38 Abs. II Allg. VollzV. 1879 S. 457. Die Durchsuchung nach Art. 138ff. steht im Ermessen der zuständigen Hilfsperson der Forststrafgerichtsbarkeit; sie muß die Durchsuchung nicht vornehmen und ist andrerseits nicht an die Anordnung des Gerichts (wie in § 105 StPO.) gebunden. Die rechtmäßige Durchsuchung steht unter dem Schutze des § 113 oder § 117 StGB.; nötigenfalls kann in die Gebäude usw. mit Gewalt eingedrungen werden (Art. 140). Ein Fall der Haussuchung nach Abs. II ist nicht gegeben, wenn ein Forstdiener, vor dem Hause des Verdächtigen stehend, das im Hausplatz liegende Holz besichtigt, um sich zu vergewissern, ob es das entwendete sei (OLGM. 11. 5. 1894, Bd. 8 S. 98). Das Forstamt kann zur Vorbereitung der Hauptverhandlung beim Gericht

die Beischaffung oder sofortige Erhebung der für notwendig erachteten Beweismittel und damit auch die Vornahme einer Haussuchung beantragen; es ist aber auch befugt, selbst eine Haussuchung anzuordnen (ObLG. Bd. 27 S. 261).

Bei allen Forstrügesachen ist unter den Voraussetzungen der §§ 102, 105 StPO. auch eine **Durchsuchung der Person zulässig.** Bei den Forstpolizeiübertretungen und anderen als den Entwendungsfreveln (für diese enthält das Forstgesetz in Art. 138ff. eine Sonderregelung) ist Haussuchung ebenfalls möglich (§§ 102ff. StPO.), jedoch nicht, um den Täter zu ergreifen (s. Anm. 1), und grundsätzlich nur auf Anordnung des Richters, bei Gefahr im Verzug auch auf grund eigenen Entschlusses der Hilfsbeamten der Staatsanwaltschaft (§ 105 StPO.).

4. Verfolgung von Forstrügesachen in den Grenzwaldungen: Hinsichtlich der Verfolgung von Forstrügesachen in den Grenzwaldungen gegenüber den anderen deutschen Ländern (nicht dem Ausland) werden die Beamten der Staatsanwaltschaft und deren Hilfsbeamte, insbesondere die Hilfspersonen der Forststrafgerichtsbarkeit in der MB. vom 14. 9. 1880 Nr. 12883 (JMBl. S. 329, FMBl. S. 318, Weber Bd. 14 S. 574) darauf hingewiesen:

„1. daß sich das Recht der Nacheile auch in Forstrügesachen nach § 167 des Reichsgerichtsverfassungsgesetzes bemißt, daher die treffenden Sicherheitsbeamten eines Bundesstaates ermächtigt sind, die Verfolgung eines Flüchtigen auf das Gebiet eines anderen Bundesstaates fortzusetzen und den Flüchtigen daselbst zu ergreifen, daß aber der Ergriffene unverzüglich an das nächste Gericht oder die nächste Polizeibehörde des Bundesstaates, in welchem er ergriffen wurde, abzuliefern ist,

2. daß die bayerischen Hilfsbeamten der Forststrafgerichtsbarkeit zur selbständigen Vornahme von Haussuchungen gemäß § 105 der Reichsstrafprozeßordnung auf dem Gebiete eines anderen Bundesstaates nicht befugt, dagegen bei Gelegenheit der Nacheile ermächtigt sind, die zuständigen Gerichts- und Polizeibehörden eines anderen Bundesstaates zur Vornahme von Durchsuchungen und Beschlagnahmen zu veranlassen und diesen beizuwohnen,

3. daß dagegen auch die in Bayern zur Vornahme von Beschlagnahmen und Haussuchungen befugten Behörden, Beamten und Bediensteten verpflichtet sind, bei Vorhandensein der sonstigen gesetzlichen Voraussetzungen von diesen Befugnissen auch dann Gebrauch zu machen, wenn sie von Sicherheitsbeamten anderer Bundesstaaten, welche in Verfolgung von Forstrügesachen auf der Nacheile in Bayern begriffen sind, hiezu aufgefordert werden, wobei die betreffenden Beamten des Nachbarstaates auf ihr Verlangen auch zur Vornahme der beantragten Handlung beizuziehen sind."

Die **ausländischen**, z. B. die österreichischen Grenzen, dürfen in Ausübung des Forstschutzdienstes oder der Forststrafgerichtsbarkeit von den bayerischen Beamten nicht überschritten werden, wie umgekehrt die ausländischen Beamten nicht befugt sind, in Ausübung ihres Dienstes bayerischen Boden zu betreten (vgl. bezüglich Österreichs auch oben S. 256 f.).

Pflicht zur Teilnahme an der Nachsuchung.

Artikel 139. (137/138)

Polizeibeamte und Mitglieder der Gemeindeverwaltung, sowie die im Art. 138 Abs. 3 bezeichneten Personen dürfen sich der sofortigen Begleitung nicht entschlagen, wenn sie dazu von dem zur Nachsuchung Berechtigten unter Angabe der zu verfolgenden Gegenstände, sowie der etwaigen Verdachtsgründe aufgefordert werden.

Die Teilnahme einer Begleitperson ist im Interesse der Aufrechterhaltung der Ordnung und der Beobachtung des Gesetzes vorgeschrieben.

Nötigenfalls hat die Begleitperson die Öffnung der Türen zu veranlassen (Art. 140); eine weitere Tätigkeit obliegt ihr nicht; sie hat nur bei allen Durchsuchungshandlungen gegenwärtig zu sein. Die Durchsuchung selbst nimmt die Hilfsperson der Forststrafgerichtsbarkeit allein vor. Unter den Mitgliedern der Gemeindeverwaltung im Sinne der Art. 138 ff. sind nur jene der Gemeinde verstanden, in deren Markung die Nachsuchung stattfindet.

Gewaltsame Öffnung.

Artikel 140. (139/140)

Von dem begleitenden Polizeibeamten oder Gemeindeverwaltungsmitgliede, beziehungsweise von den im Art. 138 Abs. 3 genannten Personen wird die Öffnung der **Türen verfügt,** wenn dieselbe von den Bewohnern verweigert worden ist.

Die durchsuchende Hilfsperson der Forststrafgerichtsbarkeit ist nicht befugt, die gewaltsame Öffnung anzuordnen. Wenn niemand zu Hause ist, ist der Haushaltungsvorstand oder ein Vertreter herbeizuholen; erst wenn dieser die Öffnung verweigert, darf nach Art. 140 verfahren werden. Die Anordnung der Öffnung obliegt dem Begleiter, die Ausführung kann jedermann übertragen werden; die Durchsuchenden können den Eingang auch selbst öffnen. Wenn die Hilfsperson der Forststrafgerichtsbarkeit auf der Durchsuchung besteht, muß der Begleiter die Öffnung der Türen verfügen. Wenn die Öffnung rechtmäßig angeordnet worden ist, liegt darin weder eine strafbare Sachbeschädigung, ein Hausfriedensbruch noch sonst eine strafbare Handlung; auch hat der Hausbesitzer keinen Anspruch auf Ersatz des Schadens.

Nachsuchungsniederschrift.

Artikel 141. ($^{140}/_{141}$)

I Glaubt der Nachsuchende die entwendeten Gegenstände entdeckt zu haben, so hat er ein besonderes Protokoll zu errichten und in demselben vorzutragen:

1. die nach Art. 139 geschehene Zuziehung einer der im Art. 138 Abs. 2 und 3 bezeichneten Personen,
2. das Ergebnis der Nachsuchung,
3. die Erklärungen des Beteiligten,
4. die etwaigen Bemerkungen der übrigen bei der Nachsuchung gegenwärtigen Personen.

II Das hienach errichtete Protokoll ist dem Forstrügeverzeichnisse beizulegen und in diesem vorzumerken.

Wurden die gefrevelten Walderzeugnisse bei der Durchsuchung gefunden, so können sie von der durchsuchenden Hilfsperson der Forststrafgerichtsbarkeit beschlagnahmt werden (Anm. 2 zu Art. 138). Die Niederschrift nach Art. 141 ist gesetzlich nur vorgeschrieben, wenn die Haussuchung Erfolg hatte; eine Niederschrift ist aber zweckmäßig auch aufzunehmen, wenn jene ergebnislos verlief. Die Niederschrift nach Art. 141 ist sofort nach dem Abschluß der Durchsuchung an Ort und Stelle zu errichten; in ihr ist auch zu vermerken, wie über die gefundenen Walderzeugnisse verfügt wurde. S. auch Art. 142.

Einsendung der Forstrügeverzeichnisse.

Artikel 142. ($^{140}/_{141}$)

Nach Ablauf eines jeden Monats sind die Forstrügeverzeichnisse abzuschließen und mit den in den Artikeln 126 und 141 erwähnten schriftlichen Anzeigen und Protokollen, sowie den im Art. 137 bemerkten Verzeichnissen an das vorgesetzte Forstamt zu übersenden, welches in die betreffende Spalte derselben die geeigneten Anträge einzusetzen hat.

Allg. VollzB. 1879 (1885).

§ 41.

I Sämtliche mit Führung von Forstrügeverzeichnissen (Rügebogen) betraute Forstschutzbedienstete haben mindestens am Schlusse eines jeden Monats, — wo aber die Verhältnisse es erwünscht oder geboten erscheinen lassen, nach Anordnung des Forstamts auch in kürzeren Terminen — die ausgefüllten Rügebogen mit den zugehörigen Belegen versehen dem vorgesetzten Forstamte, insoferne diese Personen aber einem Forstamtsassessor beigegeben sind, dem Letzteren abzuliefern, welcher die Rügebogen mit gutachtlicher Äußerung darüber, ob dieselben zur Erledigung mittelst Strafbefehls geeignet oder zur Hauptverhandlung zu beantragen sind, unverzüglich dem Forstamte vorzulegen hat.

II Bei sehr bedeutenden und mit besonderer Gewalt verübten Forstfreveln, dann bei Verhaftungen und ausgezeichneten Rückfällen ist dem Forstamte bzw. Forstamtsassessor unverzüglich Anzeige zu erstatten.

III Das Forstamt hat die hienach, sowie die gemäß der Bestimmungen im § 52 bei ihm einlaufenden, dann die ihm von Nachbarämtern übermittelten Rügebogen zu sammeln und nach vorgängiger Prüfung samt Beilagen — ausgeschieden nach Amtsgerichten — in das eigentliche

Forstrügeverzeichnis zusammenzufassen; Forstrügebogen, welche Anzeigen über Forstfrevel zum Gegenstande haben, die im Bezirke eines anderen Forstamts verübt wurden, sind ohne Verzug dem einschlägigen Forstamte zu übermitteln.

IV **Bei der Anlage der Forstrügeverzeichnisse sind diejenigen Fälle, welche sich nach der Ansicht des Forstamtes zur Behandlung mittelst Erlaß von Strafbefehlen eignen (Art. 143 Abs. 2 des Forstgesetzes), auszuscheiden,** mit laufenden Nummern versehen unter den Umschlagebogen „Forstrügeverzeichnis" (Formular IIa) zu bringen, und ist hiezu eine, die Fälle in der nämlichen Reihenfolge umfassende „Übersicht" (Formular IIIa) zu fertigen.

V Diejenigen Fälle, bezüglich deren das Forstamt die Anberaumung der Hauptverhandlung für erforderlich erachtet, sind unter fortlaufender Numerierung der Rügebogen unter den Umschlagebogen „Forstrügeverzeichnis" (Formular IIb) zusammenzufassen; auch hiezu ist eine Übersicht nach Formular IIIb zu fertigen.

VI Besondere Anzeigeprotokolle im Sinne des Art. 151 des Forstgesetzes sind ebenfalls mit einer nach Formular IIIa bzw. IIIb gefertigten Übersicht zu versehen.

VII Seitens des Forstamtes ist sorgfältig darauf zu achten, daß zur Hauptverhandlung nur diejenigen Forstrügesachen gelangen, bei welchen dies wegen ihrer Wichtigkeit oder bei Voraussicht von Einreden angezeigt erscheint.

VIII Die Nummernzahl der in jedem Umschlage enthaltenen Forstrügebogen und die Zahl der in ihnen enthaltenen Frevelfälle ist auf der Außenseite des Umschlagebogens zu bezeichnen.

IX Die über Forstpolizeiübertretungen aufgenommenen besonderen Anzeigeprotokolle sind unverzüglich dem Forstamte vorzulegen, welches dieselben, je nachdem sie sich zur Behandlung mittelst Erlaß von Strafbefehlen zu eignen scheinen oder zur Hauptverhandlung zu bringen sind, unter einem besonderen Umschlagebogen nach Formular IIa bzw. IIb zusammenzufassen und mit einer besonderen Übersicht nach Formular IIIa bzw. IIIb zu versehen hat. Auf letzteren ist mit roter Tinte, in leicht ersichtlicher Weise beizusetzen:

„für Forstpolizeiübertretungen".

X Es ist den Forstämtern jedoch auch gestattet, solche besondere Anzeigeprotokolle, anstatt dieselben in einem besonderen Umschlagebogen zusammenzufassen, mit einer doppelt ausgefertigten Übersicht zu versehen, von welcher sodann das eine Exemplar (Original) als Forstrügeverzeichnis zu behandeln ist; in Spalte 6 sind die besonderen Anzeigeprotokolle als Beilagen anzuführen.

§ 42.

Die Forstämter haben die Rügeverzeichnisse und in gleicher Weise auch die hiezu gehörigen Übersichten für jedes Jahr und für jedes Amtsgericht mit durch das ganze Jahr laufenden Nummern zu versehen.

Anzeigen des Forstpersonals der Gemeinden, Stiftungen und Privaten. § 52.

I Die höheren Forstbediensteten der Gemeinden, Stiftungen und Privatwaldbesitzer haben die Forstrügebogen und gesonderten Anzeigeprotokolle ihrer Untergebenen, sowie ihre eigenen Forstrügebogen und Anzeigeprotokolle, je nachdem sich dieselben nach ihrer Ansicht zur Erledigung mittelst Strafbefehls, oder zur Anberaumung der Hauptverhandlung eignen, auszuscheiden und bis längstens den 5. jeden Monats mit den entsprechenden Übersichten dem einschlägigen Forstamte zur weiteren Behandlung nach Maßgabe der in Vorstehendem enthaltenen Bestimmungen zu übersenden. Das Forstamt hat den Inhalt dieser Übersichten in die von ihm selbst hergestellten Übersichten zu übertragen und erstere bis auf weiteres zurückzubehalten.

II Wo solche höhere Forstbedienstete nicht aufgestellt sind, geschieht die Vorlage von den mit der Führung eines Rügeverzeichnisses beauftragten Forstdienern der Gemeinden, Stiftungen und Privatwaldbesitzer am Schlusse eines jeden Monats an das Forstamt. Soferne die Bewirtschaftung eines Gemeinde- oder Stiftungs-Waldes einem Forstamts-Assessor übertragen ist, haben die Forstbediensteten ihre Anzeigen zunächst bei diesem einzureichen, welcher dieselben sodann bei dem Forstamte in Vorlage zu bringen hat.

III Die Gemeinde- und Stiftungsverwaltungen sind berechtigt und verpflichtet, ihre Forstdiener zu kontrollieren.

IV Die Forstämter sind verpflichtet, nach erfolgter Erledigung die ihnen von den höheren Forstbediensteten der Gemeinden usw. zugekommenen Übersichten zu ergänzen und an dieselben zurückgelangen zu lassen.

V Von später eintreffenden Entscheidungen ist den höheren Forstbediensteten der Gemeinden usw. zum Zwecke der Ergänzung der Übersichten Kenntnis zu geben.

Forstrügeverzeichnisse s. Anm. 2 zu Art. 122. Wenn nicht das Forstamt die Vorlage der Forstrügebogen in kürzeren Zwischenräumen anordnet, sind sie am Schlusse jeden Kalendermonats, gegebenenfalls über den vorgesetzten Regierungsforstrat, dem Forstamt vorzulegen. In besonderen Fällen von Freveln sowie stets bei Forstpolizeiübertretungen ist die Anzeige mittels einer sog. besonderen Anzeigeniederschrift jeweils sofort vorzulegen (Art. 151).

Das Forstamt setzt in die Forstrügebogen und besonderen Anzeigeniederschriften seinen Antrag ein (bezüglich Strafe, Wert- und Schadenersatz, Zivilverantwortlichkeit, Kosten und bezüglich des Verfahrens — ob Strafbefehlsverfahren oder Hauptverhandlung).

Vgl. §§ 41, 42, 43, 52 Allg. VollzV. 1879 (s. vor- und nachstehend) und Art. 149.

Strafbefehl.

Artikel 143. (*/242)

I In Forstrügesachen kann durch schriftlichen Strafbefehl des Amtsrichters ohne vorgängige Verhandlung die Strafe, der Wert- und Schadenersatz sowie die Haftung zivilverantwortlicher Personen festgesetzt werden, wenn das Forstamt schriftlich hierauf anträgt[3].

II Durch einen Strafbefehl darf jedoch keine andere Strafe als Geldstrafe oder Freiheitsstrafe von höchstens sechs Wochen festgesetzt werden[4].

III Gegen einen Beschuldigten, der das 18. Lebensjahr noch nicht vollendet hat, darf durch einen Strafbefehl eine Freiheitsstrafe nicht festgesetzt werden.[5]

Allg. VollzV. 1879 (1885).

§ 43.

I Die Forstrügebogen über diejenigen Fälle, welche sich nach der Ansicht des Forstamtes zur Behandlung mittelst Strafbefehls eignen, sind von jedem Forstamt mit den entsprechenden Strafanträgen zu versehen und unter Fertigung durch das Forstamt auf jedem einzelnen Forstrügebogen und unter Beisetzung des Amtssiegels samt den hiezu gehörigen Forstrügeverzeichnissen und Übersichten (Formular IIa und IIIa) an das zuständige Amtsgericht (Art. 117) zu übergeben.

II In gleicher Weise ist auch mit den zur Behandlung mittelst Strafbefehls geeigneten besonderen Anzeigeprotokollen zu verfahren.

III Die gestellten Strafanträge sind in die Übersichten gleichfalls einzutragen, und letztere am Schlusse mit der Fertigung des Forstamts unter Beisetzung des Amtssiegels zu versehen.

1. Geltungsbereich: Die Art. 143—148 behandeln die Aburteilung der Forstrügesachen (Art. 50, 107) im Strafbefehlsverfahren. Dieses Verfahren ist im Jahre 1879 durch Art. 37 AG.StPO. eingeführt worden. Es ist sehr einfach und wird daher in den meisten Fällen angewendet. Das Forstgesetz regelt das Strafbefehlsverfahren selbständig und erschöpfend, ganz ähnlich dem allgemeinen Strafbefehlsverfahren, aber doch teilweise abweichend; die Bestimmungen der StPO. (§§ 407ff.) können auch nicht ergänzend angewendet werden. Das Strafbefehlsverfahren ist, mit Ausnahme der unten angeführten, bei allen Forstrügesachen möglich, auch bei den Gewohnheitsfreveln; für die Geldstrafe besteht keine obere Grenze, wohl aber für die Freiheitsstrafe (Art. 143 Abs. II); gegen Jugendliche darf im Strafbefehlsverfahren überhaupt keine Freiheitsstrafe ausgesprochen werden, auch nicht im Wege der Umwandlung (Begr., § 39 JugGG. ist nicht anwendbar; vgl. S. 248 Anm. 6). Das Strafbefehlsverfahren ist nicht möglich im Falle des Art. 42 Abs. II mit 77, da die Anordnung nach Art. 42 Abs. II nicht im Strafbefehl getroffen werden kann; es ist ferner aus dem gleichen Grunde nicht möglich im Falle des Art. 93 Ziff. 4, wenn eine Anordnung nach dem zweiten Halbsatz zu erlassen ist, ebenso nicht in den Fällen der Art. 92 und 94, soferne der Täter zur Wiederherstellung des früheren Zustandes verurteilt werden soll. Im übrigen liegt es im Ermessen des Forstamts, ob es die Anwendung des Strafbefehlsverfahrens oder die Durchführung der Hauptverhandlung beantragen will; zur Hauptverhandlung sollen nur die Sachen gebracht werden, bei denen es wegen ihrer Wichtigkeit oder der zu erwartenden Einreden angezeigt erscheint (§ 41 Abs. VII Allg. VollzV. 1879 S. 460). Bei den Forstfreveln kann auch der Entschädigungsanspruch im Strafbefehlsverfahren verfolgt werden (Adhäsionsprozeß, Art. 64); auch Verurteilung zur Zivilverantwortlichkeit (Art. 69) ist möglich. Der Drittverantwortliche bei den Forstpolizeiübertretungen (Art. 70) ist der wegen der FPÜ. Angeklagte und kann daher ebenfalls im Strafbefehlsverfahren abgeurteilt werden (vgl. Anm. 1 zu Art. 70).

Wenn das Forstamt die Durchführung der Hauptverhandlung beantragt, kann das Gericht nicht im Strafbefehlsverfahren entscheiden; die Umkehrung gilt nicht ohne weiteres (Art. 144).

Art. 143 regelt die Voraussetzungen und die Grenzen des Strafbefehlsverfahrens,
Art. 144 die Stellung des Amtsgerichts,
Art. 145 den Inhalt des Strafbefehls,
Art. 146 die Bedeutung des nicht angefochtenen Strafbefehls,
Art. 147 die Wirkung des Einspruchs,
Art. 148 die Wirkung des Ausbleibens in der Hauptverhandlung nach eingelegtem Einspruch,
Art. 149 Abs. II die Behandlung der forstamtlichen Verzeichnisse nach erhobenem Einspruch.

2. Gang des Strafbefehlverfahrens: Das Forstamt hat im Rügebogen oder in der besonderen Anzeigeniederschrift seinen Antrag bezüglich der Strafe usw. einzusetzen und den Rügebogen oder die Anzeigeniederschrift dem zuständigen Amtsgericht zu übersenden; das Amtsgericht setzt sodann unter Benutzung von Formblättern die Strafe usw. fest (Strafbefehl); den Strafbefehl stellt es, wieder nach Formblatt, dem Verurteilten zu. Der Verurteilte kann den Strafbefehl mittels Einspruches anfechten; ficht er ihn an, so ist das Strafbefehlsverfahren beendet und es findet Hauptverhandlung statt wie im gewöhnlichen Verfahren. Wird der Strafbefehl nicht rechtzeitig angefochten, so wird er rechtskräftig; das Strafverfahren ist damit beendet wie durch ein rechtskräftiges Urteil. Das wesentliche am Strafbefehlsverfahren ist, daß nicht mündlich verhandelt wird; der Beschuldigte kommt, wenn er nicht gegen den Strafbefehl Einspruch einlegt, regelmäßig überhaupt nicht oder nur bei der Aufnahme der Strafanzeige zu Wort.

Dies sind die Grundzüge des Strafbefehlsverfahrens; das nähere bestimmen die Art. 143—149 und §§ 41, 43—46, 52 Allg. VollzV. 1879 S. 460ff.

3. Antrag des Forstamts: Das Forstamt hat wie in § 408 StPO. eine bestimmte Strafe usw. zu beantragen; für den Fall der Nichteinbringlichkeit der Geldstrafe ist eine Ersatzfreiheitsstrafe zu beantragen. Im Antrag des Forstamts ist die öffentliche Klage enthalten. Dem Forstamt kommt im Strafbefehlsverfahren des Forstgesetzes die Stellung des Amtsanwaltes im allgemeinen Strafbefehlsverfahren zu. Der Antrag geht vom Forstamt selbst, nicht vom Vertreter der Forstbehörde aus.

4. Abs. II: Im Forstrügeverfahren sind die Grenzen für den Strafbefehl enger gezogen als im allgemeinen Strafverfahren (§ 407 StPO.; die Änderungen dieser Bestimmung sind im Hinblick auf § 3 Abs. III EG.StPO. auf das Forstrügeverfahren ohne Einfluß).

5. Abs. III: Abs. III wurde i. J. 1920 in das Gesetz aufgenommen; sein Inhalt deckt sich nicht ganz mit § 39 JugGG.; im Forstrügeverfahren darf im Strafbefehl gegen einen Jugendlichen Freiheitsstrafe auch nicht als Ersatzstrafe für eine nicht einbringliche Geldstrafe angedroht werden. S. auch Anm. 1.

Abweichung vom forstamtlichen Antrag.

Artikel 144. (*/143).

I Der Amtsrichter hat dem Antrage des Forstamts zu entsprechen, wenn der Erlassung des Strafbefehls Bedenken nicht entgegenstehen.

II Findet der Amtsrichter Bedenken, den Anträgen des Forstamts ohne Hauptverhandlung stattzugeben, so ist die Sache zur Hauptverhandlung zu bringen. Dasselbe gilt, wenn der Amtsrichter bezüglich der Höhe der Strafe, des Wert- und Schadenersatzes oder des Betrages, für welchen Zivilverantwortlichkeit einzutreten hat, von den Anträgen des Forstamts abweichen will und das Forstamt bei seinen Anträgen beharrt.

Allg. VollzV. 1879 (1885).

§ 45.

I Findet das Amtsgericht Bedenken, den Anträgen des Forstamtes ohne Hauptverhandlung stattzugeben, so hat das Amtsgericht hievon in der Übersicht geeignete Vormerkung zu machen.

II Will das Amtsgericht bezüglich der Höhe der Strafe, des Werts- und Schadensersatzes oder des Betrages, für welche die Zivilverantwortung einzutreten hat, von den Anträgen des Forstamtes abweichen (Art. 144 Abs. 2), so ist hievon das Forstamt unter Rückgabe der Übersicht zu verständigen. Schließt sich das Forstamt der Ansicht des Amtsgerichts an, so hat das Forstamt die berichtigte Übersicht unverweilt dem Amtsgerichte zurückzustellen. Beharrt das Forstamt auf seinen Anträgen, so ist die Sache zur Hauptverhandlung zu bringen. Das Forstamt hat die desfallsigen Anträge in der dem Amtsgerichte zurückzustellenden Übersicht vorzumerken und bezüglich der weiteren Verfolgung der Sache nach den Bestimmungen in § 46 zu verfahren.

Vgl. § 408 StPO. und §§ 44f. Allg. VollzB. 1879 (s. vorstehend und bei Art. 145) sowie die MB. vom 19. 7. 1896 (FMBl. S. 189) über Verwendung besonderer Formblätter für den Fall, daß ein Zivilverantwortlicher aus Anlaß des Frevels selbst nach § 361 Ziff. 9 StGB. verurteilt wird (Art. 69 Abs. III). Die Zahl der im § 44 Allg. VollzB. 1879 angeführten Formblätter wurde durch MB. vom 9. 11. 1923 (FMBl. S. 50) auf die Hälfte verringert. Im Falle des Abs. II wird die Sache in der Weise zur Hauptverhandlung gebracht, daß der Amtsrichter Termin zur Hauptverhandlung ansetzt; Voraussetzung hiefür ist, daß der Beschuldigte der Tat hinreichend verdächtig ist. Das Gericht muß hiebei wie bei der Erlassung eines Strafbefehls die vorschriftsmäßigen Anzeigen der Hilfspersonen der Forststrafgerichtsbarkeit für wahr unterstellen, solange nicht ihre Unrichtigkeit dargetan ist (Art. 158).

Inhalt des Strafbefehls.

Artikel 145. (*/$_{144}$).

I Der Strafbefehl muß außer der Festsetzung der Strafe sowie des Wert- und Schadenersatzes die strafbare Handlung, das angewendete Strafgesetz, die zivilverantwortlich erklärte Person und die Beweismittel bezeichnen, auch die Eröffnung enthalten, daß er vollstreckbar werde, wenn der Beschuldigte, beziehungsweise die zivilverantwortlich erklärte Person nicht binnen einer Woche nach der Zustellung bei dem Amtsgerichte schriftlich oder zu Protokoll des Gerichtsschreibers[1]) Einspruch erhebt.

II Der Strafbefehl hat auch Bestimmung darüber zu treffen, von wem die Kosten des Verfahrens zu tragen sind.

III Auf den Einspruch kann vor Ablauf der Frist verzichtet werden.

Allg. VollzB. 1879 (1885).

§ 44.[2])

I Bezüglich Erlassung von Strafbefehlen hat das Amtsgericht nach Maßgabe der Bestimmungen in Art. 144 und 145 des Forstgesetzes vom 28. März 1852 unter Verwendung der Formulare IVa bei Haftstrafen, IVb bei Geldstrafen, IVc für die Festsetzung der Zivilverantwortlichkeit, ferner IVcc für Geldstrafen in Verbindung mit Festsetzung der Zivilverantwortlichkeit zu verfahren.

II Die Verfügung des Amtsgerichts ist durch den Gerichtsschreiber in den Forstrügeverzeichnissen und Übersichten einzutragen und die Richtigkeit der Einträge zu bescheinigen. Hiebei ist in dem Forstrügeverzeichnisbogen die im Tabellenkopfe enthaltene Alternative „Urteil" zu durchstreichen.

III Für Zustellung des Strafbefehls bzw. dessen Abschrift dienen je nach Art der Zustellung bei Haftstrafen die Formulare Va und Vb, bei Geldstrafen die Formulare VIa und VIb, ferner für die Zustellung an die zivilverantwortlichen Personen die Formulare VIIa und b, dann VIIaa und VIIbb für die Zustellung an letztere, wenn gleichzeitig gegen sie selbst Strafe festgesetzt wird.

IV Sämtliche Übersichten bleiben bis zum Ablauf der Einspruchsfrist (Art. 145) bei dem Amtsgerichte aufbewahrt, welches die eingelegten Einsprüche in den Übersichten vorzumerken und letztere binnen 3 Tagen nach Ablauf jener Frist unter Beisetzung des Tages der erfolgten Zustellung der Strafbefehle in Spalte XI den Forstämtern zurückzustellen hat.

V Die Forstrügeverzeichnisse und deren Beilagen, sowie die besonderen Anzeigeprotokolle verbleiben beim Amtsgerichte.

Art. 145 regelt den Inhalt des Strafbefehls und das Einspruchsrecht. Vgl. §§ 409, 464 StPO. Die amtlichen Formblätter enthalten den entsprechenden Vordruck.

Den Strafbefehl hat das Amtsgericht dem Beschuldigten zuzustellen. Wenn dieser sich bei dem Strafbefehl nicht beruhigen will, muß er gegen ihn innerhalb einer Woche Einspruch einlegen. Die

---

[1]) Jetzt „Urkundsbeamten der Geschäftsstelle des Amtsgerichts".

[2]) An die Stelle der in § 44 angeführten Formblätter sind andere getreten (MB. vom 9. 11. 23, FMBl. S. 50); s. auch MB. vom 19. 7. 1896 (FMBl. S. 189).

Frist endigt mit Ablauf des Tages, der durch seine Benennung dem Tag entspricht, an dem die Frist begonnen hat; fällt das Ende der Frist auf einen Sonntag oder allgemeinen Feiertag, so endigt die Frist mit dem Ablauf des nächsten Werktags (§ 43 StPO.); wenn der Strafbefehl also am Dienstag zugestellt wurde, endet die Einspruchsfrist mit Ablauf des darauffolgenden Dienstags, sofern dies kein allgemeiner Feiertag ist. Der Einspruch kann auch von einem Vertreter des Beschuldigten eingelegt werden; daß die Vollmacht erst nach Ablauf der Einspruchsfrist beigebracht wird, ist unschädlich. Wiedereinsetzung in den vorigen Stand gegen Versäumung der Frist §§ 44ff. StPO.; vgl. dazu Art. 148 Abs. II. Für das Zustellungsverfahren gelten grundsätzlich die gleichen Vorschriften wie für den Strafbefehl im allgemeinen Strafverfahren (§§ 59ff. der MB. vom 22. 3. 1910 u. vom 25. 5. 1929, JMBl. S. 195 u. 21; s. auch Art. 188 Abs. II und III).

Artikel 146. (*/145).

Ein Strafbefehl, gegen welchen nicht rechtzeitig Einspruch erhoben worden ist, erlangt die Wirkung eines rechtskräftigen Urteils.

1. Vgl. § 410 StPO. Rechtzeitig, Art. 145 Abs. I. Wenn rechtzeitig Einspruch erhoben wird, s. Art. 147. Eine nochmalige Strafverfolgung wegen derselben Tat ist nach der herrschenden Meinung auch nach der Rechtskraft des Strafbefehls zulässig, wenn die Tat unter einem anderen rechtlichen Gesichtspunkt gewürdigt werden soll, der eine erhöhte Strafbarkeit begründet; wenn sich z. B. eine Tat als Holzdiebstahl herausstellt, die im Strafbefehl als Entwendungsfrevel abgeurteilt wurde. Ein rechtskräftiger Strafbefehl im Forstrügeverfahren gilt auch als rechtskräftige Verurteilung im Sinne des § 190 StGB. (ObLG. Bd. 17 S. 112).

2. Inkrafttreten des Strafbefehls: Solange der Strafbefehl noch nicht durch Zustellung bekannt gemacht ist, kann er vom Gericht wieder zurückgenommen werden (ObLG. Bd. 1 S. 245). Erst mit der Zustellung tritt er nach außen in Wirksamkeit. Die Verurteilung durch einen Strafbefehl (z. B. im Sinne des Art. 72, 101) tritt erst mit der Zustellung des Strafbefehls ein, nicht schon mit seiner Unterzeichnung durch den Amtsrichter (ObLG. Bd. 1 S. 245; s. auch Rechtsprechung und Schrifttum zu § 79 StGB.).

Einspruch.

Artikel 147. (*/146).

I Bei rechtzeitigem Einspruche wird zur Hauptverhandlung vor dem Amtsgerichte geschritten, soferne nicht bis zum Beginne derselben das Forstamt die Klage fallen läßt oder der Einspruch zurückgenommen wird.

II Bei der Urteilsfällung ist das Amtsgericht an den in dem Strafbefehle enthaltenen Ausspruch nicht gebunden.

Vgl. § 411 StPO. und Art. 149 mit § 46 Abs. II Allg. VollzB. 1879. Wenn rechtzeitig Einspruch erhoben wurde, hat das Amtsgericht die Akten dem Forstamt zuzuleiten, das sich zu entscheiden hat, ob es die Klage fallen lassen oder die Anberaumung der Hauptverhandlung beantragen will (Art. 149); läßt das Forstamt die Klage fallen, wozu eine ausdrückliche Erklärung dem Gericht gegenüber erforderlich ist, so ist das Verfahren erledigt; im andern Falle beraumt das Amtsgericht Termin zur Hauptverhandlung an; in dieser tritt nicht mehr das Forstamt, sondern der „Vertreter der Forstbehörde" auf (Anm. 4b zu Art. 118). Wird der Einspruch vor der Hauptverhandlung zurückgenommen, so wird der Strafbefehl rechtskräftig; nach Beginn der Hauptverhandlung kann der Einspruch nicht mehr zurückgenommen werden. Die Hauptverhandlung beginnt mit dem Aufruf der etwa geladenen Zeugen und Sachverständigen (§ 243 StPO. und ObLG. Bd. 24 S. 51), sonst mit der Vernehmung des Angeklagten über seine persönlichen Verhältnisse, in dessen Abwesenheit mit dem Verlesen des Forstrügebogens oder der besonderen Anzeigeniederschrift.

Weder der Vertreter der Forstbehörde (§ 49 Abs. II Allg. VollzB. 1879 S. 475) noch das Gericht ist bei der Urteilsfällung an den Ausspruch im Strafbefehl gebunden; es gilt insbesondere auch das Verbot der reformatio in peius nicht. Die Urteilsformel ist so zu fassen, als wäre das Strafbefehlsverfahren nicht vorausgegangen; von dem Strafbefehl und dem Einspruch ist nichts zu erwähnen: anders im Falle des Art. 148 Abs. I.

Wenn nur der Frevler oder nur der Zivilverantwortliche Einspruch einlegt, s. Anm. 4 c zu Art. 69.

Wegbleiben von der Einspruchsverhandlung.

Artikel 148. (*/147).

I Bleibt der Angeklagte oder die zivilverantwortlich erklärte Person ohne genügende Entschuldigung in der Hauptverhandlung aus, und werden sie auch nicht durch einen Bevollmächtigten vertreten, so wird der Einspruch ohne Beweisaufnahme durch Urteil verworfen.

II Ein Angeklagter oder eine zivilverantwortlich erklärte Person, welchen gegen den Ablauf der Einspruchsfrist Wiedereinsetzung in den vorigen Stand (§§ 44 ff. der Reichsstrafprozeßordnung) gewährt worden war, kann die letztere nicht mehr gegen das Urteil beanspruchen.

Vgl. §§ 412 StPO. Der Begriff des Bevollmächtigten in Abs. I ist derselbe wie nach Art. 157; näheres dort; der Verteidiger ist nicht ohne weiteres Bevollmächtigter. Gegen das Verwerfungsurteil nach Abs. I gibt es Berufung nur mit der Behauptung, daß der Einspruch zu Unrecht verworfen sei; im übrigen gibt es kein Rechtsmittel, nur die Wiedereinsetzung in den vorigen Stand (Art. 170) und auch diese nicht mehr im Falle des Abs. II. Ausbleiben des Angeklagten oder Zivilverantwortlichen, ohne daß ein Strafbefehlsverfahren vorherging, Art. 169; auf die Einspruchsverhandlung ist Art. 169 nicht anwendbar (ObLG. Bd. 25 S. 167).

Verhandlungssachen.

Artikel 149. (141/148).

I Diejenigen Forstrügesachen, bezüglich deren das Forstamt die Anberaumung der Hauptverhandlung beantragt, sind aus den Rügeverzeichnissen auszuscheiden und in gesonderten Verzeichnissen zusammenzufassen. Die gesonderten Verzeichnisse samt Beilagen sind mindestens vierzehn Tage vor der Forstrügesitzung an das zuständige Amtsgericht zu übersenden.

II In diese Verzeichnisse sind auch diejenigen Fälle aufzunehmen, in welchen gegen einen Strafbefehl Einspruch erhoben wurde und das Forstamt, nachdem ihm dies vom Amtsgerichte mitgeteilt wurde, die Anberaumung der Hauptverhandlung beantragen will.

III Gleichzeitig beantragt das Forstamt die Vorladung der Zeugen und die Beischaffung oder sofortige Erhebung der übrigen Beweismittel, wenn es dieselbe für notwendig erachtet.

Allg. VollzB. 1879 (1885).

Tätigkeit des Forstamts. § 46.

I Die Forstrügebogen über diejenigen Fälle, bezüglich deren das Forstamt die Anberaumung der Hauptverhandlung für erforderlich erachtet, sind nebst der hiezu gehörigen Übersicht mit den entsprechenden Strafanträgen versehen und unter Bezeichnung etwaiger besonderer Beweismittel gefertigt und gesiegelt in der Regel bis zum 10. eines jeden Monats demjenigen Forstmeister oder Forstamtsassessor zu übersenden, welchem gemäß § 2 der Allerhöchsten Verordnung vom 2. Mai 1885, den Vollzug des § 17 des Finanzgesetzes vom 21. April 1884, betr. die Wahrnehmung der dortselbst bezeichneten Geschäfte, übertragen ist (Vertreter der Forstbehörde).

II Über diejenigen Fälle, in welchen dem Antrage des Forstamtes auf Erlassung eines Strafbefehls nicht stattgegeben worden ist (§ 45), oder in welchen gegen den Strafbefehl Einspruch erhoben worden ist, sind von den Forstämtern besondere Übersichten nach Formular III b in duplo zu fertigen und in der in Abs. 1 vorgeschriebenen Weise gleichfalls an den Vertreter der Forstbehörde zu übersenden. Diese Übersichten sind in roter Tinte mit der Überschrift zu versehen: „Unerledigte Fälle aus dem Forstrügeverzeichnis Nr. . . . vom Monat . . . . . .“.

III Sind im Laufe eines Monats bei einem Forstamte keine Fälle angefallen, bezüglich deren die Anberaumung der Hauptverhandlung erforderlich ist, so hat das Forstamt den Vertreter der Forstbehörde geeignet zu verständigen.

IV Selbstverständlich ist es den Forstämtern unbenommen, besonders wichtige oder dringende Fälle auch außerhalb des in Abs. 1 bezeichneten regelmäßigen Termines dem Vertreter der Forstbehörde mitzuteilen.

Tätigkeit des Vertreters der Forstbehörde. § 47.

I Der Vertreter der Forstbehörde hat sämtliche bei ihm eingelaufenen Forstrügeverzeichnisse, besondere Anzeigeprotokolle und Übersichten einer nochmaligen Durchsicht zu unterziehen, etwaige Unrichtigkeiten oder Irrtümer soweit tunlich im Benehmen mit dem veranlassenden Forstamte zu berichtigen und dieselben sodann dem Amtsgerichte zu übergeben.

II Hinsichtlich der Anberaumung der Sitzungstage hat der Vertreter der Forstbehörde mit dem Amtsgerichte in das geeignete Benehmen zu treten (Art. 150). Insoweit erforderlich, sind für die Hauptverhandlungen regelmäßige Sitzungstage anzuberaumen, welche der Vertreter der Forstbehörde den Forstämtern bekannt zu geben hat. Der Vertreter der Forstbehörde hat die in Abs. 1 vorgesehene Übergabe der Forstrügeverzeichnisse usw. mindestens 14 Tage vor der regelmäßigen Forstrügesitzung zu betätigen.

III In besonders wichtigen oder dringenden Fällen, namentlich wenn eine Verschiebung der Hauptverhandlung bis zum nächsten regelmäßigen Sitzungstage die Anwendung des Art. 101 ausschließen würde, dann bei sehr bedeutenden oder mit Gewalt verübten Forstfreveln, ferner bei exzessiven Forstpolizeiübertretungen, bei welchen Gefahr auf Verzug besteht, wird der Vertreter der Forstbehörde die Anberaumung einer außerordentlichen Sitzung beantragen. Das Amtsgericht ist verbunden, diesen Anträgen zu entsprechen. Die Amtsgerichte haben die Übersichten an den Vertreter der Forstbehörde rechtzeitig zurückzuleiten (Formular IIIb).

Ladungen. § 48.

I Die Vorladung der Angeklagten, sowie der zivilverantwortlichen Personen und der Zeugen erfolgt nach Maßgabe der Bestimmungen in Art. 154 des Forstgesetzes vom 28. März 1852 unter Anwendung von Formular VIII und IX.

II Die Vorladung der Hilfspersonen der Forststrafgerichtsbarkeit nach Art. 152 Abs. 3 des Forstgesetzes geschieht bei Staatsforstbediensteten auf Requisition des Vertreters der Forstbehörde mittelst schriftlichen Auftrages durch das einschlägige Forstamt, bei Forstbediensteten von Gemeinden, Stiftungen und Privatwaldbesitzern unmittelbar durch den Vertreter der Forstbehörde, welcher gegebenen Falles der vorgesetzten Dienstbehörde des Vorzuladenden nach Maßgabe der Bestimmung in § 1[1]) der Allerhöchsten Verordnung vom 25. September 1879 (Ges.- u. V.-Bl. S. 1293) Mitteilung zu machen hat.

III Von der Befugnis, die Vorladung von Zeugen und die Beischaffung oder Erhebung sonstiger Beweismittel zu beantragen, ist übrigens nur insoweit Gebrauch zu machen, als dies zur Überführung des Angeklagten unbedingt erforderlich ist.

Beweiserhebung außerhalb der Sitzung.

IV Ist über einen Frevel außer der Forstrügesitzung eine Erhebung von Beweismitteln von dem Amtsgerichte als Forstrügegericht gepflogen worden, so hat dieses nach Vollendung derselben die Akten dem Vertreter der Forstbehörde mitzuteilen, welcher dieselben dem einschlägigen Forstamte zur Stellung etwaiger Anträge zu übersenden hat. Nach Rückempfang der Akten seitens des Forstamts hat der Vertreter der Forstbehörde dieselben zeitig vor der zur Aburteilung bestimmten Sitzung dem Gerichte zurückzustellen.

1. Übersicht: Die Art. 149—171 behandeln das ordentliche Hauptverfahren im ersten Rechtszug und zwar:

Art. 149—155 die Vorbereitung der Hauptverhandlung,
Art. 157—171 die Hauptverhandlung selbst.

Zur Vorbereitung der Hauptverhandlung gehört:
der Antrag des Forstamts, Art. 149;
die Festsetzung der Sitzungstage, Art. 150, 151;
die Feststellung der teilnehmenden Amtspersonen, Art. 152, 153;
die Ladung der Angeklagten und Zivilverantwortlichen, Art. 154, 155.

2. Tätigkeit des Forstamts zur Vorbereitung der Hauptverhandlung:

a) Zur Hauptverhandlung kann es auf zweifache Weise kommen: entweder beantragt das Forstamt von Anfang an die Anberaumung einer Hauptverhandlung oder erst, nachdem gegen einen Straf-

---

[1]) Dieser lautet: „Soll ein öffentlicher Beamter oder Bediensteter in einer Zivil- oder Strafsache als Zeuge oder Sachverständiger, oder in einer Strafsache als Beschuldigter geladen werden, so ist der vorgesetzten Dienstbehörde von Amts wegen von der Ladung Mitteilung zu machen."

befehl Einspruch eingelegt wurde. Im ersteren Fall hat das Forstamt nach § 46 Abs. I, im letzteren nach § 46 Abs. II Allg. VollzB. 1879 S. 467 zu verfahren. (Die VollzB. weichen mit dieser Unterscheidung vom Wortlaut des Gesetzes und des Vordruckes der Formblätter etwas ab.) Nach diesen Vorschriften hat das Forstamt die für die Hauptverhandlung bestimmten Anzeigen von Forstrügesachen dem zur Teilnahme an den Hauptverhandlungen allgemein aufgestellten „Vertreter der Forstbehörde" zu übersenden; dieser hat nach § 47 Allg. VollzB. 1879 S. 467 zu verfahren. Die Anberaumung der Hauptverhandlung ist stets vom Forstamt, nicht vom Vertreter der Forstbehörde zu beantragen (FME. vom 2. 6. 1902 Nr. 13194).

Die Ausscheidung nach Art. 149 Abs. I ist jetzt sehr erleichtert, da nur mehr lose Bogen geführt werden und jeder Bogen regelmäßig nur mehr eine Anzeige enthält (§ 30 Allg. VollzB. 1879 S. 447). Zu den Forstrügeverzeichnissen führen die Amtsgerichte im Bedarfsfall alphabetische Namensregister (§ 98 der Dienstvorschriften für Strafsachen vom 13. 1. 1926, JMBl. S. 1).

3. **Beweismittel:** Das Forstamt übersendet auch die Anträge nach Abs. III zusammen mit der Anzeige dem Vertreter der Forstbehörde, der sie an das Gericht weiterleitet; er kann sie ergänzen oder abändern, tunlichst im Benehmen mit dem veranlassenden Forstamt (§ 47 Abs. I Allg. VollzB. 1879 S. 467). Der Amtsrichter kann auch von Amts wegen oder auf Antrag des Angeklagten oder Zivilverantwortlichen Zeugen laden oder sonstige Beweismittel beibringen lassen (§§ 219, 221 StPO., Art. 188 Abs. I). Der Angeklagte oder Zivilverantwortliche kann ferner selbst (mit der Beschränkung des Art. 152 Abs. II) Zeugen und Sachverständige laden oder mitbringen (§ 220 StPO., Art. 188 Abs. I). Der Amtsrichter kann auch vor der Hauptverhandlung von Amts wegen oder auf Antrag Beweise erheben (z. B. Augenschein, Haussuchung); vgl. § 48 Abs. IV Allg. VollzB. 1879 S. 467. Von der Antragstellung nach Art. 149 Abs. III soll das Forstamt und der Vertreter der Forstbehörde nur Gebrauch machen, wenn und soweit es zur Überführung des Angeklagten unbedingt erforderlich ist (Allg. VollB. 1879 § 48 Abs. III). Ladungsverfahren Art. 154 f.; näheres dort; vgl. § 48 Abs. I Allg. VollzB. 1879 S. 467.

Sitzungstage.

Artikel 150. ($^{142}/_{149}$).

Von dem Amtsgerichte sind im Benehmen mit dem Forstamte in angemessenen Zwischenräumen, welche in der Regel nicht mehr als einen Monat betragen sollen, Sitzungstage für die Hauptverhandlungen festzusetzen.

Art. 150 handelt von den ordentlichen Sitzungstagen für die Hauptverhandlungen in Forstrügesachen; vgl. dazu § 47 Abs. II Allg. VollzB. 1879 S. 467. Diese können für das ganze Geschäftsjahr im voraus bestimmt werden; vgl. auch Art. 164 Abs. II. Wenn es sich im einzelnen Falle nicht empfiehlt, die ordentlichen Sitzungstage abzuwarten, können für die Verhandlung von Forstrügesachen vom Amtsgericht auf Antrag des Vertreters der Forstbehörde oder von Amts wegen außerordentliche Sitzungen anberaumt werden (Art. 151 Abs. III; Allg. VollzB. 1879 § 47 Abs. III S. 467).

Besondere Fälle (besondere Anzeigeprotokolle).

Artikel 151. ($^{143}/_{150}$).

I In besonderen Fällen, namentlich in dem Falle einer Verhaftung, sowie bei **ausgezeichneten Rückfällen und bei Gewohnheitsfreveln**, geschieht die Anzeige der Forstfrevel von den in Art. 122 bezeichneten Forstdienern **durch** besondere, nach Maßgabe des Art. 122 Ziff. 2—8 und Art. 124 abzufassende Anzeigeprotokolle.

II Sowohl bei Forstpolizeiübertretungen als auch bei Forstfreveln sind die besonderen Anzeigeprotokolle samt den Beilagen an das vorgesetzte Forstamt und von diesem nach Beifügung der geeigneten Anträge an das zuständige Amtsgericht zu übersenden.

III In den Fällen der Absätze 1 und 2 kann die Hauptverhandlung außerhalb der in Art. 150 erwähnten Forstrügesitzung anberaumt werden.

Art. 151 regelt das Anzeigeverfahren und die Behandlung der Anzeigen in besonderen Fällen. Die Bestimmungen über das Anzeigeverfahren gehören sachlich in die Reihe der Vorschriften der Art. 122 ff., 142. Den Begriff „ausgezeichnete“ Rückfälle kennt das Gesetz seit der Änderung des Jahres 1923 nicht mehr; Art. 151 wurde versehentlich nicht richtiggestellt; gemeint sind die erschwerten Rückfälle des Art. 101 Abs. II. Die Anzeigeniederschriften nach Art. 151 brauchen sich wie die Anzeigen der Forstpolizeiübertretungen (Art. 125) von den gewöhnlichen Anzeigen äußerlich nicht zu unterscheiden; es können insbesondere die gleichen Formblätter verwendet werden. Der wesentliche Unterschied zwischen den gewöhnlichen Anzeigen von Forstfreveln einerseits und den Anzeigen von Forstpolizeiübertretungen und den besonderen Anzeigen nach Art. 151 andrerseits besteht darin, daß der verzeichnisführende Forstdiener die letzteren Anzeigen (besondere Anzeigeprotokolle genannt) jeweils sofort nach der Aufnahme, die ersteren dagegen nur am Schlusse jeden Monats oder in den etwa vom Forstamt angeordneten kürzeren Zwischenräumen dem Forstamt vorzulegen hat. Vgl. Anm. 2 zu Art. 122. Anweisungen für das Verfahren des Forstamts mit den besonderen Anzeigeniederschriften enthalten §§ 41 Abs. IX und X, 43, 47 Abs. I, 44 Abs. V, 49 Abs. V Allg. VollzV. 1879 S. 460 ff.; vgl. auch Art. 162 Abs. I. Abgesehen von der sofortigen Vorlage an das Forstamt sind die besonderen Anzeigeniederschriften nach Art. 125 und 151 grundsätzlich in gleicher Weise zu behandeln wie die in den Forstrügebogen niedergelegten Anzeigen der gewöhnlichen Forstfrevel.

In den außerordentlichen Sitzungen nach Abs. III können Forstrügesachen jeder Art verhandelt werden; es können in diesen Sitzungen auch gewöhnliche Frevel abgeurteilt werden, wie es auch möglich ist, Forstpolizeiübertretungen und die besonderen Fälle des Art. 151, wenn es sich trifft, in den ordentlichen Sitzungen abzuurteilen.

Teilnahme der Forstbehörden an der Forstrügesitzung.

Artikel 152. ($^{144}/_{151}$).

I Der Verhandlung und Aburteilung der Forstrügesachen wohnt ein Forstmeister oder ein von demselben abgeordneter Forstamtsassessor oder Forstamtsassistent bei.

II Die im Art. 115 erwähnten Personen erscheinen nur dann zur Forstrügesitzung, wenn das Gericht oder die im Abs. 1 genannten Forstbediensteten ihr Erscheinen für notwendig erachten.

III In den zuletzt erwähnten Fällen geschieht die Vorladung[2] durch die genannten Forstbediensteten.

IV Wird die zeugschaftliche Vernehmung einer der in Art. 115 genannten Personen in derselben Sitzung bezüglich mehrerer getrennt zu verhandelnder Straffälle erforderlich, so genügt eine einmalige Beeidigung des Zeugen, welcher in den nachfolgenden Fällen nur an den geleisteten Eid zu erinnern ist.

Allg. VollzV. 1879 (1885).

§ 49 Abs. I.

I Der Vertreter der Forstbehörde hat den Forstrügesitzungen selbst beizuwohnen. Im Falle seiner Verhinderung hat er den für ihn aufgestellten Vertreter unter Angabe des Grundes der Verhinderung und Übersendung des gesamten für die betreffende Sitzung erforderlichen Materials rechtzeitig zu verständigen.

1. Geltungsbereich: Art. 152 umschreibt den Kreis der Personen des Forstdienstes und Forstschutzdienstes, die in Forstrügesachen an der Hauptverhandlung vor dem Amtsgericht teilzunehmen haben; stets teilzunehmen hat der „Vertreter der Forstbehörde“ (Art. 118 Anm. 4) oder sein Stellvertreter als Anklagevertreter und als amtlicher Sachverständiger; die Hilfspersonen der Forststrafgerichtsbarkeit kommen als Zeugen in Betracht; sie treten aber nicht in jeder Sache auf, bei deren Anzeige sie mitgewirkt haben, vielmehr nur ausnahmsweise, wenn ihr persönliches Erscheinen vom Vertreter der Forstbehörde (regelmäßig auf Grund des forstamtlichen Antrags — Art. 149 Abs. III —) oder vom Amtsrichter für notwendig erachtet wird. Die Notwendigkeit der Anwesenheit des Vertreters der Forstbehörde in jeder Hauptverhandlung schreibt auch noch der i. J. 1879 in Anlehnung an die

Reichsstrafprozeßordnung in das Gesetz aufgenommene Art. 157 Abs. I vor; vgl. auch § 49 Abs. I Allg. VollzV. 1879 (s. oben). Die Hilfspersonen der Forststrafgerichtsbarkeit sollen nur in dringenden Fällen zur Sitzung geladen werden; dies gilt im besonderen von den Gendarmen; wenn mehrere Gendarmen derselben Station gleichzeitig nicht abkömmlich sind, sollen, soweit nötig und möglich, die einschlägigen Frevel auf die folgende Sitzung verwiesen werden (§ 48 Abs. III Allg. VollzV. 1879 S. 467 und JME. vom 30. 5. 1853, S. pr. E. S. 150).

Der sitzungspolizeilichen Gewalt des Amtsrichters in der Hauptverhandlung unterliegt auch der Vertreter der Forstbehörde (§ 176 VGG.); Maßnahmen nach §§ 177ff. VGG. können gegen ihn jedoch nicht ergriffen werden.

2. Ladung: Das Verfahren zur Ladung der Hilfspersonen der Forststrafgerichtsbarkeit ist geregelt in § 48 Abs. II Allg. VollzV. 1879 S. 467. Jede Ladung eines öffentlichen Beamten oder Bediensteten als Zeugen oder Sachverständigen ist der vorgesetzten Dienstbehörde mitzuteilen; eine Ausnahme besteht nur, wenn die Abgabe des Gutachtens zu den Amtspflichten des als Sachverständigen zu ladenden öffentlichen Beamten oder Bediensteten gehört (VO. vom 25. 9. 1879, GVBl. S. 1293). Im Falle des Art. 152 Abs. II, III ist die Ladung durch das Forstamt oder den Vertreter der Forstbehörde vorgeschrieben, um die Abwesenheit der Hilfspersonen vom Aufsichtsbezirk nicht vorzeitig bekannt werden zu lassen; das Forstamt oder der Vertreter der Forstbehörde kann auch für anderweitige Aufsicht sorgen oder den Waldbesitzer entsprechend verständigen (Begr. 1846).

Zeugengebühren der Forstbediensteten.

Artikel 153. (145/152).

Auch die nach Art. 152 Abs. 2 vorgeladenen und erschienenen Personen empfangen Zeugengebühren, wenn sie ihre Vorladung nicht durch eigenes Verschulden veranlaßt haben.

Die Zeugengebühren (wie die Gebühren der Sachverständigen) im Forstrügeverfahren bemessen sich nach der Reichsgebührenordnung für Zeugen und Sachverständige vom 21. 12. 1925, RGBl. I S. 471 (Art. 5 des bayer. KostG. und VO. vom 22. 9. 1879, GVBl. S. 1283). Öffentliche Beamte erhalten hienach (§ 17) für ihre Tätigkeit als Zeugen oder Sachverständige an Stelle der Zeugen- und Sachverständigengebühren ihre amtlichen Tagegelder und Reisekosten.

Die Vorladung als Zeuge ist z. B. selbst verschuldet, wenn sie infolge unvollständiger oder unrichtiger Angaben in der Anzeige veranlaßt ist. Ob die Vorladung selbstverschuldet ist, entscheidet das in der Forstrügesache zuständige Gericht (§ 2 der VO. vom 22. 9. 1879, GVBl. 1283).

Inhalt der Ladung zur Hauptverhandlung.

Artikel 154. (146/153).

Die Vorladung des Angeklagten sowie der zivilverantwortlichen Person muß enthalten:[2]

1. Namen, Stand, Wohn- oder Aufenthaltsort des Vorzuladenden;
2. eine kurze Bezeichnung der Forstrügesache;
3. die beantragte Strafe und Entschädigung;
4. Tag und Stunde der Verhandlung;
5. den Hinweis darauf, daß gegen den Angeklagten und gegen die zivilverantwortliche Person auch dann, wenn weder sie noch Bevollmächtigte erscheinen, zur Hauptverhandlung geschritten würde.

1. Geltungsbereich: Art. 154 und 155 regeln die Ladung des Angeklagten und der zivilverantwortlichen Personen (Art. 69) und zwar ist in Art. 154 der Inhalt der Ladung, in Art. 155 die Ladungsfrist bestimmt. Die Form der Ladung ist geregelt in Art. 188 Abs. II und III und §§ 3, 59—60 der MB. vom $\frac{\text{2. 3. 1910 (JMBl. S. 195)}}{\text{22. 5. 1924 (JMBl. S. 21)}}$ und in § 37 StPO. Für die Ladung des Verteidigers gilt § 218

StPO.; auch der Bevollmächtigte (Art. 157 Abs. II) wird vom Gericht zu laden sein, wenn seine Aufstellung dem Gerichte angezeigt worden ist (vgl. § 218 StPO.). Vgl. auch § 48 Abs. I und II Allg. VollzB. 1879 S. 467. Der Drittverantwortliche bei FPÜ. (Art. 70) ist Angeklagter.

Die Art. 154, 155 und 188 erhielten ihre heutige Fassung durch Art. 146 AG.BGB.; gleichzeitig wurde Art. 156 aufgehoben.

2. Inhalt der Ladung nach Art. 154: In Forstrügesachen wird keine besondere Anklageschrift erstellt; sie wird ersetzt durch die in die Forstrügebogen oder besonderen Anzeigeniederschriften aufgenommene Strafanzeige, verbunden mit dem dort niedergelegten Antrage des Forstamts. Als Ersatz für die im allgemeinen Strafprozeß vorgeschriebene Zustellung der Anklageschrift an den Angeklagten ist im Forstrügeprozeß eine ausführlich gehaltene Ladung zur Hauptverhandlung angeordnet; vgl. die ähnliche Vorschrift für das abgekürzte Verfahren des § 212 StPO. Die Ladung muß den Vorschriften des Art. 154 entsprechen, gleichgültig, ob die Hauptverhandlung auf erhobenen Einspruch oder ohne vorausgegangenes Strafbefehlsverfahren stattfindet. Auch wenn der Angeklagte oder Zivilverantwortliche (bei diesem ist es nur möglich wegen einer anderen Sache) verhaftet ist, muß er nach Art. 154 geladen werden; der verhaftete Angeklagte und der verhaftete Zivilverantwortliche können sich zur Verhandlung vorführen lassen; der verhaftete Angeklagte, nicht aber der Zivilverantwortliche, kann auch gegen seinen Willen vorgeführt werden (Art. 169 Abs. II).

3. Ausführung der Ladungen in Forstrügesachen:

a) Ladung des Angeklagten und des Zivilverantwortlichen zur Hauptverhandlung vor dem Amtsgerichte: Diese sind vom Amtsgericht nach Art. 154 von Amts wegen zu laden; der Amtsrichter ordnet die Ladung an; der geschäftsführende Urkundsbeamte hat sie zustellen zu lassen; die Zustellung kann ausgeführt werden durch den Gerichtsdiener, durch die Post und durch Aufgabe zur Post; welcher Weg zu wählen ist, bestimmt nach Maßgabe der Vorschriften der geschäftsführende Urkundsbeamte; durch die Post sollen nach der Vorschrift (§ 66 der unten erwähnten MB. vom 2. 3. 1910/22. 5. 1924) die Angeklagten und die Zivilverantwortlichen zur Hauptverhandlung nur in besonderen Fällen geladen werden; die Regel soll die Zustellung durch den Gerichtsdiener sein; diesem ist für jede Gemeinde ein Verzeichnis der zu ladenden Personen zu übergeben; er hat dann jeder zu ladenden Person den sie betreffenden Auszug aus diesem Verzeichnis auszuhändigen. Die Zustellung durch den Gerichtsdiener wird praktisch aber nur zu wählen sein, wenn eine größere Zahl Personen in der gleichen Gemeinde zu laden sind. Für die Zustellung an Untersuchungs- und Strafgefangene gelten besondere Vorschriften.

Im einzelnen ist die Zustellung der Ladungen geregelt in §§ 59—66, 54—58, 4—13, 33—41, 69—72 der MB. über die Ausführung der Zustellungen von Amts wegen vom 2. 3. 1910 (JMBl. S. 195)/22. 5. 1924 (JMBl. S. 21).

b) Ladung der Zeugen und Sachverständigen zur Hauptverhandlung vor dem Amtsgericht: Die Zeugen und Sachverständigen, die vom Gericht von sich aus oder auf Antrag des Vertreters der Forstbehörde oder des Angeklagten (Zivilverantwortlichen) geladen werden, sind im gleichen Verfahren wie die Angeklagten und Zivilverantwortlichen zu laden; der Inhalt der Ladung richtet sich jedoch nicht nach Art. 154, sondern nach § 48 StPO. Hilfspersonen der Forststrafgerichtsbarkeit sind durch das Forstamt bzw. den Vertreter der Forstbehörde zu laden (Art. 152 Abs. III, § 48 Abs. II Allg. VollzB. 1879 S. 467); wenn das Gericht von sich aus oder auf Antrag des Angeklagten oder Zivilverantwortlichen ihr Erscheinen wünscht, hat es also das Forstamt bzw. den Vertreter der Forstbehörde um die Ladung zu ersuchen.

Wenn der Angeklagte oder Zivilverantwortliche selbst Zeugen oder Sachverständige laden will, hat er nach §§ 220, 38 StPO. zu verfahren.

c) Ladung der Verteidiger und der Bevollmächtigten: Für die Ladung der Verteidiger gilt § 218 StPO.; wenn ihn hienach das Gericht von Amts wegen zu laden hat, bestimmt sich die Zustellung der Ladung nach der oben erwähnten MB. vom 2. 3. 1910/22. 5. 1924; das gleiche gilt vom Bevollmächtigten. Der Vertreter der Forstbehörde wird zur Hauptverhandlung vor dem Amtsgericht nicht geladen; er wird von den Sitzungsterminen allgemein oder nach Bedürfnis von Fall zu Fall vom Gericht verständigt.

Zustellung der Ladung zur Hauptverhandlung.

Artikel 155. ($^{147}/_{154}$).

I Die Zustellung der Vorladung hat wenigstens drei Tage vor der Sitzung zu geschehen.

II In Fällen, in denen Gefahr auf Verzug ist, kann der Richter die Abkürzung der im Abs. 1 bestimmten Frist verfügen; von der Verfügung ist in der Vorladung Mitteilung zu machen.

Zwischen dem Tage, an dem die Ladung zugestellt wurde, und dem Sitzungstag müssen mindestens drei Tage liegen; vgl. § 217 StPO.; bei Gefahr im Verzug kann der Amtsrichter die Ladungsfrist durch Beschluß, soweit nötig, verkürzen; in diesem Fall kann die Frist auch weniger als einen Tag betragen.

Vgl. auch die Anm. zu Art. 154.

Artikel 156.

Art. 156, der eine Bestimmung über Ersatzzustellung enthielt, wurde durch Art. 146 AG.-BGB. aufgehoben; für die Ersatzzustellung in Forstrügesachen gilt jetzt ausschließlich § 182 ZPO. mit der VollzBek. vom $\frac{2.\ 3.\ 1910}{22.\ 5.\ 1924}$ (JMBl. S. $\frac{195}{21}$ §§ 59 ff.).

Teilnahmepflicht; Bevollmächtigte.

Artikel 157. ($^{150}/_{156}$).

I Die Hauptverhandlung[4] erfolgt in ununterbrochener Gegenwart[2] des Amtsrichters, des Forstmeisters oder seines Stellvertreters und des Gerichtsschreibers.

II Der Angeklagte und die zivilverantwortlichen Personen können sich in der Hauptverhandlung durch Bevollmächtigte[3] vertreten lassen.

III Zur Legitimation[3] des Bevollmächtigten genügt eine vom Gemeindevorstande beglaubigte Privatvollmacht.

1. **Geltungsbereich:** Die Art. 157—171 behandeln die Hauptverhandlung in Forstrügesachen vor dem Amtsgericht. Im einzelnen regeln:

Art. 157 den Kreis der teilnahmepflichtigen Personen,
Art. 158 und 159 die Beweiskraft der Beweismittel,
Art. 160 und 161 Abs. I die Stellung des Vertreters der Forstbehörde,
Art. 161 Abs. II die Verteidigung des Angeklagten und Zivilverantwortlichen,
Art. 162 die Verkündung des Urteils,
Art. 163 die Führung eines Frevlerverzeichnisses,
Art. 164 die Fortsetzung einer abgebrochenen Verhandlung,
Art. 165—167 das Verfahren, wenn die Vorfrage einer Berechtigung auftritt,
Art. 168 das Verfahren, wenn die Vorfrage der Schutzwaldeigenschaft auftritt,
Art. 169—171 das Verfahren, wenn der Angeklagte oder Zivilverantwortliche nicht anwesend ist; Wiedereinsetzung in den vorigen Stand.

Die Art. 157—171 regeln den Gang und Inhalt der Hauptverhandlung vor dem Amtsgericht nicht erschöpfend; ergänzend sind die Vorschriften der Reichsstrafprozeßordnung über die Hauptverhandlung erster Instanz (§§ 226—275) und des Gerichtsverfassungsgesetzes über Öffentlichkeit und Sitzungspolizei (§§ 169—183) anzuwenden.

2. **Kreis der teilnahmepflichtigen Personen:** Die Bestimmung des Abs. I wurde i. J. 1879 in das Gesetz aufgenommen; sie ist § 226 StPO. nachgebildet. Für den Vertreter der Forstbehörde ist die Teilnahme auch in Art. 152 Abs. I vorgeschrieben; vgl. auch § 49 Abs. I Allg. VollzB. 1879 S. 469; zu seiner doppelten Eigenschaft als Anklagevertreter und amtlicher forsttechnischer Sachverständiger vgl. Anm. 5 vor Art. 116. Die Anwesenheit des Angeklagten und des Zivilverantwortlichen ist nicht unbedingt erforderlich (Art. 169 ff.).

3. Bevollmächtigte: Das Forstrügeverfahren erster Instanz kennt die Einrichtung eines von dem Verteidiger (Beistand) des allgemeinen Strafverfahrens verschiedenen Stellvertreters des Angeklagten oder des Zivilverantwortlichen; dieser Stellvertreter, im Gesetz Bevollmächtigter genannt, tritt in der Hauptverhandlung vor dem Amtsgericht ganz an die Stelle des Angeklagten (Zivilverantwortlichen) mit seinen Rechten und Pflichten (ObLG. Bd. 25 S. 166): er kann mit unmittelbarer Wirkung für den Vertretenen Beweisanträge stellen, auf die Erhebung von Beweisen verzichten, Geständnisse ablegen u. a.; er gehört zu den zu vernehmenden Personen des Art. 160 Abs. II; er unterliegt der Sitzungspolizei (§ 178 GVG.); wenn der Bevollmächtigte anwesend ist, gilt die Verhandlung als in Anwesenheit des Angeklagten (Zivilverantwortlichen) durchgeführt; seine Stellung ist umfassender als die des Verteidigers und Beistands. Art. 157 Abs. II spricht zwar nur von der Vertretung in der Hauptverhandlung; die Aufstellung eines Bevollmächtigten wird aber auch für das Verfahren außerhalb der Hauptverhandlung möglich sein z. B. für die Einlegung des Einspruchs oder eines Rechtsmittels (vgl. OLGM. Bd. 1 S. 540 und Anm. 2b zu Art. 172). Mehrere Angeklagte und Zivilverantwortliche können auch zusammen einen Bevollmächtigten aufstellen. Der Bevollmächtigte wird voll geschäftsfähig sein müssen (§§ 104ff. BGB.); im übrigen bestehen keine Vorschriften; es wird also insbesondere auch grundsätzlich der Angeklagte von der zivilverantwortlichen Person bevollmächtigt werden können und umgekehrt. Der Bevollmächtigte kann zugleich als Verteidiger bestellt werden und umgekehrt. Die Beschränkungen der §§ 297, 302 Abs. II StPO. beim Gebrauche von Rechtsmitteln dürften für den Bevollmächtigten nicht gelten.

Der Bevollmächtigte bedarf einer schriftlichen Vollmacht seitens des Vertretenen, die mindestens vom ersten Bürgermeister der Gemeinde, in der der Vertretene wohnt, oder von dem ordentlichen Stellvertreter des ersten Bürgermeisters auf ihre Richtigkeit beglaubigt sein muß; statt der gemeindlichen Beglaubigung entspricht auch die notarielle und die gerichtliche der Vorschrift. Schriftliche Vollmacht ohne Beglaubigung genügt für die Vertretung nach Art. 157 Abs. II nicht, auch wenn es sich um einen Rechtsanwalt oder Verteidiger handelt (ObLG. Bd. 25 S. 166); § 234 StPO. ist nicht anwendbar. Wenn der Angeklagte weder persönlich erscheint, noch durch einen Bevollmächtigten vertreten ist, kann ein nicht gehörig bevollmächtigter Verteidiger nicht zugelassen werden (OAG. 25. 9. 1854 und 22. 12. 1854, Z. Bd. 1 S. 406 und 527). Die Vollmacht nach Abs. III muß sich ausdrücklich auf die einschlägige Forstrügesache beziehen; eine allgemeine Vollmacht zur Vertretung in Forstrügesachen genügt nicht (OAG. 26. 5. 1860, Z. Bd. 7 S. 216; 4. 3. 1861, Z. Bd. 8 S. 30). Der Bevollmächtigte kann seine Vollmacht nicht weiter übertragen (Untervollmacht), außer er ist vom Auftraggeber hiezu ausdrücklich ermächtigt worden (OAG. 8. 11. 1861, Z. Bd. 8 S. 423); die Untervollmacht wird ebenfalls der Beglaubigung nach Abs. III bedürfen.

Die Einrichtung des Bevollmächtigten gibt es in der Berufungs- und Revisionsinstanz nicht; dort kann sich der Angeklagte oder Zivilverantwortliche durch einen mit schriftlicher Vollmacht versehenen Verteidiger vertreten lassen (§§ 329, 350, 234 StPO.); vgl. aber Art. 172 Anm. 2b.

4. Gang der Hauptverhandlung vor dem Amtsgericht: Das Verfahren vor dem Amtsgericht als Forstrügegericht ist grundsätzlich das gleiche wie vor dem Amtsgericht im allgemeinen Strafprozeß (§§ 226—275 StPO.). Nach dem Aufruf der Sache und der etwaigen Zeugen und Sachverständigen wird der Angeklagte und der Zivilverantwortliche über seine persönlichen Verhältnisse vernommen; sodann verliest der Amtsrichter den einschlägigen Teil des Forstrügebogens oder der Anzeigeniederschrift. Hierauf ist dem Angeklagten und nach ihm dem Zivilverantwortlichen Gelegenheit zu seiner Verteidigung zu geben. Die Verlesung und die anschließende Vernehmung des Angeklagten und Zivilverantwortlichen geschieht in Abwesenheit der Zeugen. Nach der Vernehmung des Angeklagten und Zivilverantwortlichen folgt die Beweisaufnahme. Die Strafliste des Zivilverantwortlichen darf nicht verlesen werden, wohl aber die des Angeklagten. Der Angeklagte, Verteidiger, Bevollmächtigte und Zivilverantwortliche darf mit Erlaubnis des Gerichts Fragen an die Zeugen und Sachverständigen (und damit auch an den Vertreter der Forstbehörde) richten (§ 240 Abs. II StPO.); der Vertreter der Forstbehörde kann seinerseits mit Erlaubnis des Gerichts Fragen an alle vorgenannten Personen richten; in beiden Fällen muß der Amtsrichter grundsätzlich dem Angeklagten usw. wie dem Vertreter der Forstbehörde das Wort erteilen. Für die Beweisaufnahme gelten Art. 158, 159 und 165—168, ergänzend §§ 245—262 StPO. Den Umfang der Beweisaufnahme bestimmt das Gericht, wenn es sich um Übertretungen im prozessualen Sinn handelt (§ 245 Abs. II StPO.; vgl. oben S. 249f.). Nach Beendigung der Beweisaufnahme stellt der Vertreter der Forstbehörde seine Anträge (Art. 161 Abs. I); dem Angeklagten und dem Zivilverantwortlichen ist Gelegenheit zur Erwiderung zu geben. Sodann erläßt der Amtsrichter das Urteil. Die Inzidentanklage des § 266 StPO. wird auch in dem auf möglichste Vereinfachung und Beschleunigung zielenden Forstrügeverfahren zulässig sein, vorausgesetzt, daß die andere Tat auch eine Forstrügesache ist (Art. 188 Abs. I; a. A. Hümmer S. 64). Mehrere beim gleichen Gericht anhängigen Forstrügesachen können zur Aburteilung verbunden werden (§§ 3, 237 StPO.).

Beweiskraft der Anzeigen. **Artikel 158.** ($^{152}/_{157}$).

Die auf eigene Wahrnehmung gegründeten, in den Forstrügeverzeichnissen oder in besonderen Anzeigeprotokollen vorschriftsmäßig bezeugten Angaben verpflichteter Hilfspersonen der Forststrafgerichtsbarkeit haben volle Beweiskraft[2], vorbehaltlich des Gegenbeweises.

1. Geltungsbereich: Die Art. 158 und 159 enthalten Bestimmungen über die Beweiswürdigung; ergänzt werden diese durch die Vorschriften der StPO. (§§ 244ff.). Art. 158 regelt die Beweiskraft der auf eigener Wahrnehmung beruhenden, in den Forstrügebogen oder besonderen Anzeigeniederschriften vorschriftsmäßig niedergelegten Anzeigen der verpflichteten Hilfspersonen der Forststrafgerichtsbarkeit; Art. 159 regelt die Beweiskraft der übrigen Beweismittel. Art. 158 gilt nicht bloß für die Hauptverhandlung, sondern für das ganze Forstrügeverfahren einschließlich des Strafbefehlsverfahrens, aber ausschließlich der Rechtsmittelinstanzen. Die Beweiskraft des Art. 158 erstreckt sich nur auf Forstpolizeiübertretungen und Forstfrevel, da das Gesetz (Art. 122, 125, 151) nur deren Aufnahme in die Forstrügeverzeichnisse und besonderen Anzeigeprotokolle vorsieht; die gesetzliche Beweiskraft erstreckt sich nicht auf die Übertretungen nach § 361 Ziff. 9 StGB. und die Zuwiderhandlungen des Art. 107 Abs. I; jedoch genießen die Anzeigen der Forstpolizeiübertretungen und Forstfrevel den Beweisschutz des Art. 158 auch in einem Verfahren wegen einer Übertretung nach § 361 Ziff. 9 StGB. Die Forstrügebogen und Anzeigeniederschriften werden in der Hauptverhandlung vom Amtsrichter verlesen.

2. Volle Beweiskraft: Auch im Forstrügeverfahren gilt wie im allgemeinen Strafprozeß der Grundsatz der freien richterlichen Beweiswürdigung (Art. 159); eine Ausnahme enthält Art. 158, der für die dort bezeichneten Anzeigen eine gesetzliche Beweisregel aufstellt. Der Amtsrichter muß kraft Gesetzes die in den Anzeigen enthaltenen Angaben so lange für richtig annehmen, als ihm nicht von irgendeiner Seite die Überzeugung von ihrer Unrichtigkeit beigebracht wird. Diese gesetzliche Beweisregel ist an mehrfache Voraussetzungen geknüpft:

a) es kommen nur die Anzeigen der nach Art. 121 verpflichteten Hilfspersonen der Forststrafgerichtsbarkeit in Frage (Art. 119 mit Anm.); ob sie selbst Forstrügebogen führen und Anzeigeniederschriften aufnehmen (Art. 122) oder nicht, ist gleichgültig (Art. 126);

b) es kommen nur Angaben in Betracht, die auf eigener sinnlicher Wahrnehmung der die Anzeige erstattenden Hilfsperson (Buchst. a), nicht also z. B. auf Hörensagen, Vermutung oder Schlüssen (Begr. 1846) beruhen; diese Angaben können sich auf Vorgänge oder sonstige Tatsachen wie auch auf technische Urteile z. B. die Holzart und Menge beziehen; rechtliche Urteile fallen nicht unter die Beweiskraft. Die Angaben können den äußeren wie den inneren Tatbestand (Schuld) betreffen (OAG. 30. 10. 1858, Z. Bd. 5 S. 471). Die Wahrnehmungen anderer Personen stehen niemals unter dem Schutze der Beweisregel des Art. 158. Ist ein Gegenstand nicht in der Wertbestimmungstabelle vorgetragen, so gilt kraft der ausdrücklichen Bestimmung des Art. 65 Abs. II nicht die Schätzung der anzeigenden Hilfsperson, sondern die des Forstamts. Ist aus dem Forstrügebogen nicht ersichtlich, ob die Anzeige auf eigener Wahrnehmung beruht, so hat das Amtsgericht dies aufzuklären; es darf nicht sofort von der Anwendung des Art. 158 absehen (OAG. 6. 10. 1857, Z. Bd. 4 S. 486); die Ungewißheit ist noch vor oder doch in der Hauptverhandlung zu beseitigen (JME. vom 2. 6. 1860, Z. Bd. 7 S. 171).

c) Die Angaben müssen in den Forstrügebögen oder Anzeigeniederschriften vorschriftsmäßig d. h. unter Beachtung der Art. 122, 124—126, 151 Abs. I bezeugt sein; die Nichtbeachtung einer in den Vollzugsvorschriften enthaltenen, über die gesetzlichen Erfordernisse hinausgehenden Vorschrift beeinträchtigt die Beweiskraft nicht.

Ist nur eine der Voraussetzungen (a—c) nicht voll erfüllt, so fehlt der ganzen Anzeige die Beweiskraft des Art. 158; es tritt dann freie Beweiswürdigung ein, d. h. es wird regelmäßig die Hilfsperson als Zeuge zu vernehmen sein. Nur die Anzeigen in den Forstrügebogen und besonderen Anzeigeniederschriften nehmen an der Beweiskraft teil, nicht z. B. auch die Verzeichnisse und Niederschriften nach

Art. 137 Abs. I und 141. Die Anforderungen des Art. 158 sind streng auszulegen, da es sich um eine Ausnahmebestimmung handelt. Die Beweiskraft des Art. 158 kommt nur den Anzeigen der bayerischen Hilfspersonen der Forststrafgerichtsbarkeit zu; wenn jedoch ein Bayer in Österreich gefrevelt hat und in Bayern abgeurteilt wird (Art. 49 Abs. IV), so nehmen die vorschriftsmäßig aufgenommenen Protokolle und Abschätzungen der zuständigen österreichischen Hilfspersonen an der Beweiskraft des Art. 158 teil (Ziff. 3 der MB. vom 16. 4. 1844, RBl. S. 308, Weber Bd. 3 S. 546). Wenn der Gegenbeweis auch nur gegen die Richtigkeit eines Teiles des Anzeigeinhaltes gelungen ist, entfällt die Vermutung der Richtigkeit für die ganze Anzeige.

Sonstige Beweismittel.

Artikel 159. ($^{153}/_{158}$).

Die Beurteilung der Beweiskraft, welche den übrigen Beweismitteln, insbesondere den im Art. 141 bezeichneten Protokollen zukommt, ist dem richterlichen Ermessen überlassen.

Art. 159 stellt auch für das Forstrügeverfahren den im allgemeinen Strafverfahren geltenden Grundsatz der freien richterlichen Beweiswürdigung auf (§ 261 StPO.); dieser Grundsatz gilt nicht bloß für die Hauptverhandlung im ersten Rechtszug, sondern für das gesamte Forstrügeverfahren. Eine wichtige Ausnahme enthält im Interesse der Vereinfachung des Verfahrens Art. 158.

Stellung des Vertreters der Forstbehörde in der Hauptverhandlung.

Artikel 160. ($^{154}/_{159}$).

I Der bei der Verhandlung anwesende Forstmeister oder dessen Stellvertreter (Art. 152) erteilt die etwa nötigen Erläuterungen.

II Er kann an die zu vernehmenden Personen Fragen stellen, nachdem er von dem Richter hiezu das Wort erhalten hat.

Der in der Hauptverhandlung anwesende Vertreter der Forstbehörde nimmt eine doppelte Stellung ein:

a) die Stellung, die im allgemeinen Strafverfahren vor dem Amtsgericht dem Amtsanwalt zukommt,
b) die des amtlichen Sachverständigen.

Näheres bei Art. 118. Art. 160 Abs. I umschreibt zusammen mit Art. 118 und 114 den Bereich der Sachverständigentätigkeit des Vertreters der Forstbehörde; Abs. II bezieht sich auf seine Stellung als Vertreter der Anklage (vgl. § 240 Abs. II StPO.); s. auch Anm. 4 zu Art. 157.

Antragstellung.

Artikel 161. ($^{155}/_{160}$).

I Am Schlusse der Verhandlung kann der Forstmeister oder dessen Stellvertreter die im Art. 142 erwähnten Anträge nötigenfalls näher begründen oder auch nach dem Ergebnisse der Verhandlung abändern.

II Der Angeklagte und die zivilverantwortlichen Personen sind hierauf mit ihrer Verteidigung zu hören.

Allg. VollzB. 1879 (1885).

§ 49 Abs. II.

II Bei der Stellung der S t r a f a n t r ä g e in der Hauptverhandlung wird sich der Vertreter der Forstbehörde in der Regel an die in den Übersichten niedergelegten Anträge der Forstämter halten. Es bleibt ihm jedoch unbenommen, von diesen Anträgen abzuweichen, falls das Ergebnis der Verhandlung den Fall rechtlich oder tatsächlich in einem andern Lichte erscheinen läßt.

1. **Abs. I:** Gang der Verhandlung s. Anm. 4 zu Art. 157; nach Beendigung der Beweisaufnahme hat der Amtsrichter dem Vertreter der Forstbehörde in seiner Eigenschaft als Anklagevertreter das Wort zur Antragstellung nach Art. 161 Abs. I zu erteilen. Zum Inhalt der Anträge s. § 49 Abs. II Allg. VollzB. 1879 (vorstehend); die Anträge zur Hauptsache können je nach Sach- und Rechtslage lauten auf Verurteilung zu Strafe, Wert- und Schadenersatz und zur Kostentragung, auf Freisprechung, Straffreiheit (§§ 6, 9 Abs. IV JugGG.), Aussetzung (Vertagung, Art. 164), Verweisung (§ 270 StPO.)

und Einstellung (z. B. § 153 Abs. III StPO.); daneben kommen je nach Sach- und Rechtslage in Betracht Anträge auf forstpolizeiliche Maßnahmen wie die Ausführung der Kulturen nach Art. 77, 42 Abs. II, die Wiederherstellung des früheren Zustandes (Art. 92, 94), die Beseitigung nach Art. 93 Ziff. 4; auf Hinausgabe beschlagnahmter Gegenstände an den Eigentümer: bei samtverbindlichen Verurteilungen auf Umwandlung der Geldstrafe in Haft (Art. 56 Abs. III, 57, 75 Abs. IV, 88 Abs. IV). Außerdem kommen in Frage die Anträge gegen den Zivilverantwortlichen auf Verurteilung zur Haftung für Geldstrafe, Wert- und Schadenersatz und für die Kosten vorbehaltlich des Rückgriffs, soweit gesetzlich zulässig. Kraft seiner Stellung als Anklagevertreter hat der Vertreter der Forstbehörde in der Hauptverhandlung auch bei den Entscheidungen außerhalb des Urteils die Anträge zu stellen z. B. bei der Bestrafung ausgebliebener Zeugen, der Verhängung von Ordnungsstrafen usw.

2. Abs. II: Ist ein Bevollmächtigter (Art. 157 Abs. II) erschienen, so steht diesem die Befugnis nach Abs. II zu; sind Verteidiger vorhanden, so ist stets auch diesen das Wort zu erteilen. Zur Verteidigung kann alles vorgebracht werden, was zur Entlastung dient; es können auch neue Beweisanträge gestellt werden, über die der Amtsrichter gemäß § 245 Abs. II StPO. nach freiem richterlichem Ermessen entscheidet, soweit es sich um Übertretungen im prozessualen Sinn handelt (s. S. 249 f.). Ein Recht zur Erwiderung wie im allgemeinen Strafprozeß (§ 258 Abs. II StPO.) ist dem Vertreter der Forstbehörde im Forstrügeverfahren nicht eingeräumt; doch kann ihm der Amtsrichter zur Erwiderung das Wort erteilen; stets aber gebührt auch im Forstrügeprozeß dem Angeklagten und Zivilverantwortlichen das letzte Wort.

Urteil.

Artikel 162. ($^{156}/_{161}$).

I Das Ergebnis der Verhandlung, sowie das Urteil des Amtsgerichtes wird in die betreffende Spalte des Forstrügeverzeichnisses, beziehungsweise in das besondere Anzeigeprotokoll eingetragen, und das Urteil auf der Stelle verkündet[3].

II An die bei der Verhandlung ausgebliebenen Angeklagten oder zivilverantwortlichen Personen geschieht die Verkündung durch Zustellung einer beglaubigten Abschrift des Urteils.

Allg. VollzB. 1879 (1885).

§ 49 Abs. III—VI.

III Die dem Amtsgerichte mit den Forstrügeverzeichnissen übergebenen und von demselben zurückgeleiteten Übersichten (Formular IIIb) hat der Vertreter der Forstbehörde während der Verhandlung auszufüllen und die Richtigkeit der Einträge zu bescheinigen. Beim Eintrag der richterlichen Entscheidung in den Forstrügebögen ist die im Tabellenkopfe enthaltene Alternative „Strafbefehl" zu durchstreichen.

IV Die sämtlichen Übersichten bleiben bis zum Ablaufe der Berufungsfrist (Art. 173) bei dem Amtsgerichte aufbewahrt, welches die erhobenen Berufungen darin vorzumerken und dann binnen 3 Tagen nach Ablauf jener Frist die Übersichten dem Vertreter der Forstbehörde zurückzustellen hat. Der Letztere hat dieselben sodann unverzüglich den veranlassenden Forstämtern zurückzusenden.

V Die Forstrügeverzeichnisse und deren Beilagen sowie die besonderen Anzeigeprotokolle verbleiben beim Amtsgerichte.

VI Bei Zustellung der richterlichen Entscheidung an die bei der Hauptverhandlung in ihrer Abwesenheit abgeurteilten angeklagten und zivilverantwortlichen Personen ist Formular X mit XI in Verwendung zu nehmen.

1. Geltungsbereich: Art. 162 regelt die Abfassung und die Verkündung des in der Hauptverhandlung vor dem Amtsgericht ergehenden Urteiles. Der Inhalt des Urteils bestimmt sich auch für die Forstrügesachen in der ersten Instanz nach § 267 StPO. Unbeschadet der Aufnahme der notwendigen Bestandteile ist das Urteil möglichst kurz zu fassen; es ist kraft gesetzlicher Vorschrift in den Forstrügebogen oder die Anzeigeniederschrift bzw. die Übersicht nach § 41 Abs. X Allg. VollzB. 1879 S. 460 einzutragen; reicht der Raum nicht, so kann auf der vierten Seite, nötigenfalls einem Beiblatte weitergeschrieben werden; die Anfertigung eines besonderen Urteils auf eigenem Bogen liegt nicht im Sinne des Gesetzes (vgl. Formblatt XI). Unter dem „Ergebnis der Verhandlung" ist der festgestellte Tatbestand zu verstehen (vgl. Art. 326 der StPO. von 1848); das „Urteil" im Sinne der heutigen StPO. und der zu verwendenden Formblätter umfaßt auch den Tatbestand, also auch das „Ergebnis der Verhandlung" im Sinne des Art. 162 Abs. I. Auch bei den Übertretungen nach § 361 Ziff. 9 StGB., deren Anzeige in Forstrügebogen aufgenommen wurde, ist das Urteil in den Rügebogen einzutragen (vgl. Formblatt I). Die JME. vom 2. 6. 1860 (Z. Bd. 7 S. 169) erklärt es für unerläßlich, Abweichungen bezüglich des Tatbestandes, die sich in der Sitzung gegenüber der Anzeige ergeben, festzustellen; im übrigen genüge die Bezugnahme auf die Anzeige; die Art der Überführung, ob auf Grund Art. 158 oder von Zeugenaussagen usw., sei summarisch anzugeben; bei mehreren Beteiligten sei für jeden einzelnen klar auszusprechen, was ihn treffe; die Haftbarkeit des Zivilverantwortlichen sei im Urteil selbst ausdrücklich auszusprechen; da ein solcher Ausspruch die primäre Verurteilung des Täters voraussetze, sei es unzulässig, mit Übergehung des Täters sofort den Zivilverantwortlichen als verurteilt in das Forstrügeverzeichnis einzusetzen; wenn ein Miturheber zugleich für einen oder mehrere Miturheber als zivilverantwortlich zu erklären sei, so sei der Ausspruch über die von ihm als Täter verwirkte Strafe von dem Ausspruch über seine Zivilverantwortlichkeit zu trennen und genau anzuführen, für welche Mitbeteiligten seine Haftbarkeit ausgesprochen werde; bei Rückfall seien auch die gemäß Art. 101 den Rückfall begründenden Umstände anzuführen (Daten der Verurteilungen, Angabe der Artikel; vgl. OAG. 9. 6. 1877, Bd. 7 S. 229); zur rechtlichen Begründung seien mindestens die angewendeten Gesetzesartikel einschließlich der Absätze und Ziffern einzutragen; in einfachen Fällen genüge die Bezugnahme auf den forstamtlichen Antrag, soferne dieser die gesetzlichen Bestimmungen richtig und erschöpfend enthalte. Die JME. vom 2. 6. 1860 (Z. Bd. 7 S. 171) schärft den Amtsrichtern ein, bei der Berechnung und Bemessung der Strafe sowie des Wert- und Schadenersatzes den forstamtlichen Anträgen nicht ohne vorgängige Prüfung ihrer vollen Übereinstimmung mit den gesetzlichen Bestimmungen stattzugeben.

Der Amtsrichter kann das Urteil selbst eintragen oder durch den Urkundsbeamten nach seinen Angaben eintragen lassen; stets hat es der Amtsrichter zu unterschreiben. Im Strafbefehlsverfahren wird nicht das Erkenntnis selbst, sondern nur eine Abschrift in den Rügebogen oder die Anzeigeniederschrift eingetragen (§ 44 Abs. II Allg. VollzV. 1879 S. 464).

2. Sitzungsniederschrift: Auch während der Hauptverhandlung vor dem Forstrügegericht ist eine Sitzungsniederschrift zu führen; vgl. Art. 157 Abs. I. Für sie gelten die §§ 271—274 StPO. In die Niederschrift sind auch die wesentlichen Ergebnisse der Vernehmungen aufzunehmen (§ 273 Abs. II StPO.); die verlesenen Schriftstücke, wozu auch die Rügebogen und Anzeigeniederschriften gehören, sind zu bezeichnen (§ 273 Abs. I StPO.).

3. Verkündung des Urteils: Das Urteil ist im Anschluß an die Hauptverhandlung einzutragen und sogleich zu verkünden, auch wenn Angeklagte und Zivilverantwortliche ausgeblieben sind; Vertagung der Verkündung (§ 268 StPO.) ist nicht zulässig. Die Verkündung in der Sitzung besteht in der Verlesung der Urteilsformel und der Eröffnung der Urteilsgründe (§ 268 StPO.). Die Zustellung der Urteilsabschrift nach Abs. II ist nicht erforderlich, wenn der Angeklagte (Zivilverantwortliche) durch einen Bevollmächtigten nach Art. 157 Abs. II vertreten war; vgl. Art. 169 Abs. I. Das Zustellungsverfahren ist geregelt in der MB. vom 2. 3. 1910/22. 5. 1924 (JMBl. S. 195 und 21 — s. Anm. 3a zu Art. 154 —) und § 49 Abs. VI Allg. VollzV. 1879 (s. oben) (Benutzung von Formblättern) mit §§ 35, 37 StPO. Die Hauptverhandlung schließt mit der Verkündung des Urteils (§ 260 StPO.); während der letzteren müssen die Personen des Art. 157 Abs. I noch zugegen sein. Wenn Berufung eingelegt worden ist, muß dem Beschwerdeführer, dem das Urteil mit den Gründen noch nicht zugestellt war, dieses sofort zugestellt werden (§ 316 Abs. II StPO.).

4. Vgl. auch § 49 Abs. III—V Allg. VollzV. 1879, s. oben (Behandlung der Übersichten durch den Vertreter der Forstbehörde und das Amtsgericht; Verbleib der Rügebogen und Anzeigeniederschriften) und die MB. vom 18. 6. 1889 (JMBl. S. 115) über die Aufbewahrung und Ausscheidung der Forstrügeakten; hienach sind die Forstrügebogen und sonstigen Aktenstücke fünf Jahre nach der Erledigung zur Veräußerung an das Finanzamt abzugeben; von Urteilen, die für die künftige Feststellung eines den Wald oder dessen Nutzungen betreffenden Privatrechtsverhältnisses von Belang scheinen, sind auf Anordnung des Amtsrichters jeweils sofort beglaubigte Abschriften zur dauernden Aufbewahrung anzufertigen; diese werden in einem besonderen Umschlag gesammelt.

Amtsgerichtliches Forstfrevlerverzeichnis.

Artikel 163. (157/162).

I Die Amtsgerichte haben über alle bestraften Forstfrevler in alphabetischer Ordnung ein Verzeichnis[1] nach Gemeinden anzulegen und in dasselbe die ausgesprochenen Strafen unter genauer Angabe des Tages, an welchem der Frevel verübt und das Strafurteil oder der Strafbefehl erlassen wurde, sowie unter genauer Angabe der Beschaffenheit des Frevels einzutragen.

II Hat der Frevler seinen Wohnort nicht in dem Bezirke desjenigen Amtsgerichts, bei welchem er bestraft wurde, so ist eine Abschrift des rechtskräftigen Strafurteils oder Strafbefehls an das Amtsgericht des Wohnorts zur Ergänzung des erwähnten Verzeichnisses zu übersenden.

III Zu demselben Zwecke werden durch die Staatsanwälte Abschriften der in zweiter Instanz gefällten rechtskräftigen Strafurteile an das Amtsgericht des Wohnortes des Frevlers übersendet.

IV Die Forstmeister[3] und deren Stellvertreter sind ermächtigt, die erwähnten Verzeichnisse jederzeit einzusehen und von denselben Abschriften zu nehmen.

Allg. VollzB. 1879 (1885).

§ 53.

I Die Forstämter sind gehalten, alphabetische Verzeichnisse über alle in ihrem Bezirke wohnende wegen Forstfrevels oder Forstpolizeiübertretung bestraften Personen nach Gemeinden zu führen (Formular XVII).

II Behufs Evidenthaltung dieser Verzeichnisse haben die Forstämter von allen in ihrem Bezirke verübten Forstfreveln und Forstpolizeiübertretungen, hinsichtlich deren eine Verurteilung erfolgt ist, demjenigen Forstamte, in dessen Bezirk der Verurteilte seinen Wohnsitz hat, Mitteilung zu machen.

III Bei Vorlage der Forstrügeverzeichnisse oder der besonderen Anzeigeprotokolle ist auf etwaige maßgebende Vorstrafen der in denselben zur Anzeige gebrachten Personen speziell hinzuweisen.

IV Handelt es sich um Personen, welche außerhalb des Forstamtsbezirkes ihren Wohn- oder Aufenthaltsort haben, so hat das Forstamt bezüglich dieser Personen von dem einschlägigen Forstamte — veranlaßten Falles unter Anwendung des Formulares XVII — Aufschlüsse über etwaige maßgebende Vorstrafen zu erholen.

1. **Forstfrevlerverzeichnis des Amtsgerichts:** Art. 163 schreibt die Führung eines besonderen Strafregisters für Forstfrevler vor. Dieses vom Amtsgericht zu führende Forstfrevlerverzeichnis hat den Zweck, einen Überblick über die Frevlerkreise zu gewähren, insbesondere aber die Feststellung der Rückfallsvoraussetzungen zu erleichtern. Die wegen Forstpolizeiübertretungen Verurteilten sind in das Verzeichnis nicht aufzunehmen, wohl aber die wegen einer Übertretung nach § 361 Ziff. 9 StGB. Bestraften (vgl. das Formblatt XVII). Freisprechungen sind nicht einzutragen. Für jeden Frevler ist ein eigenes loses Blatt zu führen, das mit dem Namen, Stand, Wohnort und dem Geburtsjahr des Frevlers zu überschreiben ist (Ziff. 2 der MB. vom 18. 6. 1889, JMBl. S. 125). Einzutragen sind nur die Strafen, nicht die Verurteilungen zu Wert- und Schadenersatz, auch nicht die zur Zivilverantwortlichkeit. Die Beschaffenheit der Frevel wird am besten durch Anführung des angewendeten Gesetzesartikels bezeichnet. Anzugeben, wann das Urteil oder der Strafbefehl rechtskräftig geworden ist, ist nicht vorgeschrieben, aber zweckmäßig. Einzutragen sind nur rechtskräftige Bestrafungen; wurde ein Rechtsmittel eingelegt, so hat der Staatsanwalt des Rechtsmittelgerichts dem Amtsgericht das Ergebnis mitzuteilen (Art. 163 Abs. III, § 51 Abs. IV Allg. VollzB. 1879 S. 490). Örtlich zuständig zur Führung des Frevlerverzeichnisses ist das Amtsgericht des Wohnortes des Frevlers; wenn daher ein anderes Gericht einen Forstfrevler rechtskräftig verurteilt, ist dem das Verzeichnis führenden Amtsgericht des Wohnorts des Frevlers jeweils eine Abschrift des Erkenntnisses zu übersenden (Art. 163 Abs. II und III und § 51 Abs. IV und V Allg. VollzB. 1879 S. 490). Aus den amtsgerichtlichen Frevlerverzeichnissen sind die Vermerke zu entfernen, die Personen betreffen, die nach dem Inhalt der Verzeichnisse das 80. Lebensjahr überschritten haben oder deren Tod dem Amtsgericht glaubhaft nachgewiesen ist (MB. vom 18. 6. 1889, JMBl. S. 125).

Für die Eintragung in das Forstfrevlerverzeichnis dürfen Schreibgebühren nicht angesetzt werden (FME. vom 27. 3. 1884). Die Befugnisse nach Abs. IV werden vom Vertreter der Forstbehörde ausgeübt (Anm. 4b zu Art. 118).

2. **Strafregister:** In das allgemeine, bei den Staatsanwaltschaften der Landgerichte und der Polizeidirektion München geführte Strafregister wird gemäß § 2 der Strafregisterverordnung i. d. F.

vom $\frac{\text{8. 3. 1926 (RGBl. I S. 157)}}{\text{13. 3. 1930 (RGBl. I S. 36)}}$ nur ein Teil der Verurteilungen wegen Forstrügesachen eingetragen, nämlich:

a) alle Verurteilungen wegen Gewohnheitsfrevels (Art. 101 Abs. III);
b) alle Verurteilungen zu Freiheitsstrafe (die Fälle der Umwandlung zunächst ausgesprochener Geldstrafen gehören nicht dazu);
c) alle Verurteilungen wegen solcher Forstpolizeiübertretungen und Forstfrevel, die im strafprozessualen Sinn als Vergehen zu behandeln sind (S. 249 f.; die Aufnahme in das Strafregister ist eine prozessuale Maßnahme; Art. 5 AG.StPO. wird daher nicht anwendbar sein);
d) alle Verurteilungen wegen Zuwiderhandlungen nach § 361 Ziff. 9 StGB.

Andere Verurteilungen wegen Forstrügesachen sind nur einzutragen, wenn sie mit registerpflichtigen Verurteilungen in einer Entscheidung ausgesprochen werden oder wenn eine Gesamtstrafe gebildet wird (§ 2 Abs. V und VI der Strafregisterverordnung). S. auch die bayerischen Ausführungsvorschriften vom 22. 4. 1926 (GVBl. S. 288). Die Bewilligung des bedingten Straferlasses, die Verlängerung einer Probezeit, die Anordnung der Vollstreckung der Strafe oder des Strafrestes und die Erledigung eines bedingten Straferlasses in anderer Weise als durch die Anordnung der Strafvollstreckung oder endgültigen Straferlaß sind einzutragen, auch wenn die Verurteilung nicht registerpflichtig ist (§ 53 BegnV. vom 31. 12. 1927, JMBl. S. 83).

3. Verzeichnis der Forstämter: Außer den Amtsgerichten haben auch die Forstämter Personenverzeichnisse zu führen; in diese sind aber nicht bloß die wegen Forstfrevels und Zuwiderhandlungen nach § 361 Ziff. 9 StGB., sondern auch die wegen Forstpolizeiübertretungen rechtskräftig Verurteilten einzutragen; zu verwenden ist das gleiche Formblatt wie vom Amtsgericht (Formblatt XVII der Allg. VollzV. 1879); nähere Anweisungen über die Führung und den Gebrauch der Verzeichnisse enthält § 53 Allg. VollzV. 1879 (s. oben). Die Forstämter erhalten von den Verurteilungen Kenntnis nach §§ 44 Abs. II und IV, 49 Abs. III und IV, 51 Abs. IV Allg. VollzV. 1879; auch können sie oder die Vertreter der Forstbehörde jederzeit die amtsgerichtlichen Frevlerverzeichnisse einsehen und abschreiben (Art. 163 Abs. IV). Bei Anzeigen der Forstschutzbediensteten der Gemeinden, Stiftungen und Privatwaldbesitzer haben die Forstämter das Ergebnis des Verfahrens den etwa vorhandenen höheren Forstbediensteten der Gemeinden usw. mitzuteilen (§ 52 Abs. V Allg. VollzV. 1879 [1885] S. 461).

4. Statistik: Das Forstamt hat alljährlich die Nachweisung des Forstrügewesens aufzustellen (§ 83 GeschAnw.); vgl. dazu FME. vom 29. 11. 1880 (FMBl. 1881 S. 164) und Ziff. III der MB. vom 11. 12. 1900 (JMBl. S. 1271, Weber Bd. 30 S. 741). Die Forstrügesachen sind nach Maßgabe der bestehenden Vorschriften grundsätzlich auch in die Geschäftsausweise der Gerichte und Staatsanwaltschaften einzutragen.

5. Vollzug des Fischereigesetzes: Rückfalls- und Gewohnheitsfrevel sind u. U. auch der Bezirksverwaltungsbehörde mitzuteilen (MB. vom 30. 10. 1929, GVBl. S. 138; s. Anm. 29 zu Art. 101).

Vertagung der Hauptverhandlung.

Artikel 164. (158/163).

I Die zur Hauptverhandlung verwiesenen Forstrügesachen sollen, wenn möglich, sogleich in der erstmaligen Sitzung abgeurteilt werden.

II Sind Ergänzungen nötig, so wird die Verhandlung und Aburteilung entweder auf einen hiefür besonders zu bezeichnenden Tag oder auf die nächste regelmäßige Forstrügesitzung verlegt[2].

III Den Beteiligten ist dieses sogleich mit dem Beifügen zu eröffnen,

1. daß sie die für notwendig erachteten Ergänzungen bis zu der nächsten Verhandlung beizubringen haben;
2. daß bei dieser die endliche Aburteilung auch dann erfolgen werde, wenn sie nicht dazu erschienen sind.

Allg. VollzB. 1879 (1885).

§ 50 Abs. I.

I In denjenigen Fällen, in welchen das Verfahren auf Grund des Art. 165 des Forstgesetzes ausgesetzt wird, sowie bei sonstigen Vertagungen hat der Vertreter der Forstbehörde in den betreffenden Übersichten geeignete Vormerkung zu machen. Das einschlägige Forstamt hat von solchen Fällen gesonderte Übersichten in duplo zu fertigen und dieselben dem Vertreter der Forstbehörde zur weiteren Veranlassung zu übersenden.

1. Geltungsbereich: Abs. I stellt den auch im allgemeinen Strafverfahren angewendeten Grundsatz auf, daß die Forstrügesachen möglichst in einmaliger Sitzung abgeurteilt werden sollen. Abs. II und III enthalten Vorschriften über die Aussetzung der Hauptverhandlung erster Instanz zur Ergänzung des Verhandlungsstoffes. Die Aussetzung der Hauptverhandlung erster Instanz ist nicht bloß zur Ergänzung des Verhandlungsstoffes möglich, sondern auch aus anderen Gründen (wie im allgemeinen Strafverfahren, § 228 StPO., Art. 188 Abs. I). Ferner gibt es auch im Forstrügeverfahren die Unterbrechung der Hauptverhandlung (§§ 228, 229 StPO.). Für die Fortsetzung bei einer Unterbrechung oder Aussetzung aus anderen Gründen als zur Ergänzung des Verhandlungsstoffes gilt ebenfalls Abs. II. Besondere Fälle einer Aussetzung der Hauptverhandlung behandeln die Art. 165 und 168 (Vorfragen der Berechtigung und der Schutzwaldeigenschaft). Vgl. Art. 74 Pf. ForststrafG.

2. Aussetzung der Hauptverhandlung nach Abs. II und III: Die Ergänzung des Verhandlungsstoffes kann der Forstrügerichter von sich aus oder auf Antrag der Parteien beschließen; er kann die weiteren Beweise selbst erheben z. B. durch Augenscheineinnahme, oder die Ergänzung dem Angeklagten (Zivilverantwortlichen) aufgeben. Ob eine Ergänzung nötig ist, entscheidet der Forstrügerichter nach freiem Ermessen (§ 245 Abs. II StPO.); für die Partei besteht grundsätzlich keine Beweislast; der Sachverhalt ist nach jeder Hinsicht von Amts wegen zu erforschen. Regelmäßige Forstrügesitzungen, Art. 150. Der Zeitpunkt der Fortsetzung der Hauptverhandlung kann den anwesenden Parteien und Zeugen mündlich bekanntgegeben werden; eine besondere Ladung ist dann nicht mehr nötig (vgl. § 35 StPO.). Unter den Beteiligten nach Abs. III sind, wie sich aus Ziff. 2 ergibt, nur die Angeklagten und Zivilverantwortlichen zu verstehen; vgl. Art. 154 Ziff. 5 und Art. 169. Wenn die Ergänzungen nicht rechtzeitig beigebracht werden, wird dies der Forstrügerichter entsprechend würdigen; neuerliche Aussetzung ist nicht unbedingt ausgeschlossen. Verfahren des Vertreters der Forstbehörde und des Forstamts bei Aussetzungen und Unterbrechungen der Hauptverhandlung erster Instanz § 50 Abs. I Allg. VollzB. 1879 (s. oben). Die Verjährung wird durch die Aussetzung nicht unterbrochen oder gehemmt; anders bei der Aussetzung nach Art. 165 und 168 (Art. 72 Abs. III).

Vorfrage der Berechtigung. Artikel 165. ($^{159}/_{164}$).

I Hat der Angeklagte oder eine zivilverantwortliche Person unter bestimmter Angabe des Rechtstitels oder der Besitzhandlungen eine Eigentums- oder andere Berechtigung vorgeschützt[2], vermöge welcher die Tat gar nicht oder in einer anderen Weise strafbar erscheint, so wird[3], wenn dieses Vorbringen nicht wegen offenbarer Unrichtigkeit sofort verwerflich ist, der in der Anzeige genannte Waldbesitzer (bei Gemeinde-, Stiftungs- und Körperschaftswaldungen die betreffende Verwaltung, bei Staatswaldungen das einschlägige Forstamt), und zwar, wenn dies möglich, sogleich in der Sitzung mündlich, anderen Falls schriftlich durch das Amtsgericht von diesem Vorbringen mit der Aufforderung in Kenntnis gesetzt, sich über die aufgestellten Behauptungen alsbald oder in einer bestimmten kurzen Frist zu erklären.

II Erfolgt die Erklärung nicht in derselben Sitzung, so ist die Aburteilung auf die folgende Sitzung zu verschieben.

III Erkennt der Aufgeforderte die behauptete Berechtigung an, so ist der Angeklagte freizusprechen, beziehungsweise nur die unter der Annahme der Berechtigung verwirkte Strafe gegen ihn zu verhängen. In allen anderen Fällen steht dem Angeklagten und den als zivilverantwortlich vorgeladenen Personen das Recht zu, vor dem Amtsgerichte entweder sogleich oder in einer vorgesetzten Frist darzutun, daß sie sich im Besitze des behaupteten Eigentums oder der behaupteten Berechtigung befinden. Erachtet das Amtsgericht diesen Beweis für erbracht, so hat es auch in diesem Falle den Angeklagten freizusprechen, beziehungsweise nur auf die unter Annahme der Berechtigung verwirkte Strafe zu erkennen. Erachtet es, der Besitz sei nicht nachgewiesen, so haben sich der Angeklagte und die zivilverantwortlichen Personen sogleich darüber zu erklären, ob sie ihren Anspruch bei dem zuständigen Zivilgerichte geltend machen wollen. Im verneinenden Falle ist sofort ohne weitere Rücksicht auf ihr behauptetes Recht über die ihnen zur Last gelegte Tat zu entscheiden, im bejahenden Falle aber die Aburteilung der Sache in eine spätere Sitzung zu verschieben, welche wenigstens auf drei Monate hinaus verlegt werden muß. Hierbei ist den Beteiligten ausdrücklich zu bemerken, daß sie in jener Sitzung den Nachweis liefern müssen, daß inzwischen der zivilrechtliche Anspruch von dem Waldbesitzer anerkannt, oder daß über denselben ein Streit bei dem Zivilrichter anhängig gemacht wurde, widrigenfalls auf ihr Vorbringen keine Rücksicht mehr genommen werde. Liefern sie in der festgesetzten Sitzung diesen Nachweis, so bleibt die Aburteilung so lange ausgesetzt, bis eine den Besitz oder das Recht betreffende rechtskräftige Entscheidung beigebracht wird. Bis dahin bleibt die Verjährung der forststrafrechtlichen Verfolgung unterbrochen[5].

1. **Geltungsbereich:**

a) Grundsätzlich entscheidet wie der Strafrichter im allgemeinen Strafverfahren auch der Forstrügerichter im Forstrügeverfahren über die bei der Beurteilung des Streitfalles sich ergebenden, nicht dem Strafrecht angehörenden Vor- oder Zwischenfragen selbständig (vgl. § 262 Abs. I StPO.); von dieser Regel gibt es jedoch zwei wichtige Ausnahmen: wenn im Forstrügeverfahren der Angeklagte oder Zivilverantwortliche eine ihn entlastende Berechtigung des bürgerlichen Rechts behauptet (Vorfrage der Berechtigung) oder wenn ein wegen Verletzung der Schutzwaldbestimmungen Angeschuldigter die Schutzwaldeigenschaft in Abrede stellt (Vorfrage der Schutzwaldeigenschaft), so ist die Entscheidung über die Berechtigung oder über die Schutzwaldeigenschaft dem Forstrügerichter grundsätzlich entzogen und einem besonderen Verfahren vorbehalten (Art. 165—168).

b) Die Bestimmungen der Art. 165—167 gelten nur für die Vorfrage einer Berechtigung, die sich auf das bürgerliche Recht gründet (vgl. Art. 165 Abs. III Satz 4, 6 und Art. 166 f.). Unter Berechtigung im Sinne des Art. 165 ist jede auf dem bürgerlichen Recht beruhende Befugnis zu verstehen; sie kann auf dem Eigentum, einem dinglichen Recht, insbesondere einer Forstberechtigung nach Art. 23 ff., einem obligatorischen Recht, einer Erlaubnis u. a. beruhen (vgl. ObLG. RR. I 886/1928 vom 9. 1. 1929 und St.Bd. 27 S. 278). In Betracht kommt nur eine Berechtigung, die auf die Strafbarkeit der Tat (einschließlich des Wert- und Schadenersatzes, ObLG. Bd. 1 S. 415) von Einfluß ist; dies gilt auch gegenüber den Anträgen der Zivilverantwortlichen.

Art. 165 sieht in Abs. III Satz 4 und 7 nur den Regelfall vor, daß über die behauptete bürgerlichrechtliche Befugnis das Zivilgericht zu entscheiden hat; nach Art. 165 wird aber nach dem Sinne des Gesetzes auch zu verfahren sein, wenn über die behauptete bürgerlichrechtliche Befugnis ausnahmsweise eine Verwaltungsbehörde zu befinden hat; der Grundgedanke des Art. 165 ist der: wenn der Angeklagte eine bürgerlichrechtliche Befugnis für sich in Anspruch nimmt, so ist die Entscheidung hierüber regelmäßig schwierig und umständlich, z. B. wenn es sich um eine Forstberechtigung nach Art. 23 ff. handelt; das Forstrügeverfahren soll kurz und summarisch sein; zur Prüfung langwieriger Zivilrechtsfragen ist es nicht geeignet; daher ist dem Forststrafrichter die Entscheidung über die angeführten strittigen Zivilrechtsfragen grundsätzlich entzogen; nach dem Sinne der Bestimmung muß es daher gleichgültig sein, ob über die Zivilrechtsfrage die ordentlichen Gerichte oder ausnahmsweise die Verwaltungsbehörden zu entscheiden haben; nach Art. 165 wird z. B. insbesondere auch zu verfahren sein, wenn es sich um einen Streit über die Art und Weise der Ausübung einer Forstberechtigung handelt, zumal hier die Forstpolizeibehörde regelmäßig nur mit Vorbehalt des Rechtswegs entscheidet (Art. 23 Abs. II; vgl. oben S. 153 f.).

Wenn dagegen eine auf dem öffentlichen Recht beruhende Befugnis, z. B. ein Gemeindenutzungsrecht nach Art. 33 ff. GemO. behauptet wird, so kann nicht nach Art. 165 verfahren werden, da dieser offenbar nur Berechtigungen des bürgerlichen Rechts im Auge hat (vgl. Art. 165 Abs. III Satz 4, 6 und Art. 166 f.); über Befugnisse des öffentlichen Rechts hat der Forstrügerichter inzidenter selbst zu entscheiden.

Nach Art. 165 ist auch zu verfahren, wenn der Umfang der an sich unbestrittenen Berechtigung streitig ist (ObLGSt. Bd. 1 S. 413).

c) Wenn eine Handlung in gleicher Weise strafbar ist, ob eine Berechtigung besteht oder nicht, so ist das Verfahren nach Art. 165 nicht veranlaßt; so z. B. wenn jemand, der durch künstliche Ansaaten oder Pflanzungen unter sechs Jahren gefahren ist oder Vieh getrieben hat, ein Fahrt- oder Triebrecht geltend macht (Art. 92 Ziff. 1); vgl. ObLG. Bd. 10 S. 154. Wohl aber ist das Verfahren veranlaßt, wenn die Tat beim Vorliegen der behaupteten Berechtigung zwar auch strafbar ist, jedoch nach einem milderen Gesetz als ohne die Berechtigung; nicht veranlaßt ist das Verfahren, wenn nur die Möglichkeit eines milderen Strafmaßes innerhalb des gleichen Strafrahmens in Frage kommt.

d) Die Art. 165—167 gelten für alle Forstrügesachen (Forstfrevel, Forstpolizeiübertretungen, Zuwiderhandlungen nach Art. 107 Abs. I und Übertretungen nach § 361 Ziff. 9 StGB.). Das Verfahren nach Art. 165 setzt, anders als das nach Art. 168, voraus, daß der Einwand der Berechtigung in der Hauptverhandlung (vor dem Forstrügegericht oder der Strafkammer) erhoben wird.

e) Art. 165 ist auch in der Berufungsinstanz anwendbar (ObLG. Bd. 27 S. 222; näheres Anm. 6); in der Revisionsinstanz dagegen ist das Verfahren nicht mehr möglich, da das Revisionsgericht seiner Entscheidung den von den Vorinstanzen festgestellten Sachverhalt zugrunde zu legen hat; vgl. Anm. 7.

f) Sind mehrere Angeklagte vorhanden und wird der Einwand der Berechtigung nur von einzelnen gebracht, so können die Strafverfahren getrennt werden; da der Strafrichter an die Beweisvorschriften des Art. 165 gebunden ist, können die Verfahren zu verschiedenen Ergebnissen führen; das Gericht kann jedoch auch das Verfahren gegen die Angeklagten aussetzen, die keine Berechtigung behauptet haben (§ 228 StPO.); die Verjährung wird diesen gegenüber aber nicht gehemmt.

g) Wenn der Angeklagte die beanspruchte Berechtigung auf Grund inzwischen erhaltener Aufklärung nicht mehr behauptet, sich aber auf guten Glauben im Zeitpunkt der Tat beruft, so kommt das Verfahren nach Art. 165 nicht in Betracht; der Forstrügerichter hat den Bestand und die Bedeutung des Irrtums nach den allgemeinen Grundsätzen (s. S. 248 f.) zu würdigen. Wenn der Forstrügerichter der Ansicht ist, daß der Täter sich mindestens in einem strafrechtlich belangreichen Irrtum bezüglich der Berechtigung befand, so daß es strafrechtlich ohne Bedeutung ist, ob die Berechtigung wirklich bestand oder nicht, so braucht das Verfahren nach Art. 165 nicht durchgeführt werden; vgl. Anm. 3a und b.

h) Die nach Art. 165 vom Forststrafrichter getroffenen Entscheidungen über die Berechtigung haben nur für das Strafverfahren Bedeutung (Art. 166). Wiederholungen des Verfahrens nach Art. 165 schränkt Art. 167 ein.

2. Einwand der Berechtigung: Das Verfahren nach Art. 165 findet nicht auf die bloße Behauptung einer Berechtigung hin statt, die Behauptung muß vielmehr begleitet sein von der bestimmten Angabe des Rechtstitels oder der Besitzhandlungen. Unter dem Rechtstitel ist der Erwerbsgrund der Berechtigung zu verstehen; dieser wird häufig nicht angegeben werden können; dann genügt die Angabe von Handlungen, aus denen hervorgeht, daß die Berechtigung tatsächlich schon vor der der Anklage zugrunde liegenden Tat ausgeübt wurde („Besitzhandlungen"). Die Angaben müssen bestimmt sein, d. h. der Rechtstitel oder die Besitzhandlungen müssen konkret beschrieben werden. Behauptet der Angeklagte oder Zivilverantwortliche eine Berechtigung, so wird ihn der Forstrügerichter kraft des Amtsbetriebs auf die Notwendigkeit der weiteren Angaben aufmerksam zu machen haben. Auch wenn auf eine wegen der Berechtigung bereits erhobene Klage Bezug genommen wird, müssen die näheren Angaben gebracht werden, es sei denn, daß diese in der Klage enthalten sind (OAG. 19. 2. 1866, Z. Bd. 13 S. 80). Werden die näheren Angaben nicht gemacht, so hat der Forstrügerichter davon auszugehen, daß der Einwand nicht begründet ist; das Verfahren nach Art. 165 ist dann nicht zulässig.

3. Verfahren nach rechtmäßig erhobenem Einwand:

a) Der Forstrügerichter hat zunächst zu prüfen, ob die Behauptung der Berechtigung nicht offenbar unrichtig ist, d. h. ob sich die Unrichtigkeit nicht ohne weitere Beweiserhebung aus den Umständen unzweifelhaft ergibt; in diesem Fall kann die Hauptverhandlung zu Ende geführt und die Unrichtigkeit des Einwands in den Urteilsgründen festgestellt werden; eines ausdrücklichen in der Verhandlung verkündeten Gerichtsbeschlusses bedarf es nicht (ObLG. Bd. 27 S. 278). Erachtet der Forstrügerichter den Einwand nicht für offenbar unrichtig, so hat er den zuständigen Waldbesitzer (s. Anm. 2 zu Art. 1) zur Stellungnahme zu der Behauptung aufzufordern; erklärt sich der Waldbesitzer nicht in der anhängigen Hauptverhandlung, so ist diese gemäß Art. 164 Abs. II auszusetzen (Art. 165 Abs. I, II). Bestreitet der Waldbesitzer die behauptete Berechtigung ganz oder in einem für die Beurteilung des Straffalles erheblichen Teile oder gibt er innerhalb der Frist überhaupt keine Erklärung ab, so kann der Angeklagte (Zivilverantwortliche) versuchen, den Forstrügerichter von seiner im Zeitpunkt der Tat bestehenden Berechtigung zu überzeugen (Art. 165 Abs. III Satz 2); dies kann, wenn sich der Waldbesitzer bereits erklärt hat, noch in der ersten Sitzung geschehen; der Forstrügerichter kann hiefür auch eine Frist gewähren und den Beweisversuch in der nächsten Sitzung entgegennehmen. Je nach dem Ergebnis des Beweisversuches hat der Forstrügerichter nun nach Satz 3 oder Satz 4 ff. des Abs. III zu verfahren. Im übrigen ist der Forstrügerichter an das Anerkenntnis des Waldbesitzers und an das Urteil des Zivilgerichts gebunden; auch muß der Forstrügerichter davon ausgehen, daß die Berechtigung nicht besteht, wenn der Angeklagte (Zivilverantwortliche) erklärt, Klage nicht erheben zu wollen (Abs. III Satz 4), oder den Nachweis nach Satz 6 nicht erbringt; auch wenn feststeht, daß eine Berechtigung nicht gegeben war, hat der Forstrügerichter noch von Amts wegen zu prüfen, ob dem Täter nicht guter Glaube (Irrtum) zugute gerechnet werden kann; wenn zur Bestrafung Fahrlässigkeit ausreicht, kann ein auf Fahrlässigkeit beruhender Irrtum nicht befreien (ObLG. Bd. 26 S. 179).

b) Bei der Prüfung, ob ein entschuldbarer Irrtum über die Berechtigung vorlag, ist hier streng zu verfahren; im Hinblick auf die in Art. 165 Abs. II und III getroffene Regelung ist nur derjenige für sein Tun völlig entschuldigt zu erachten, der im ungestörten Besitz der behaupteten Berechtigung ist; nur bei diesem kann grundsätzlich ohne Durchführung des Verfahrens nach Art. 165 wegen guten Glaubens an das Recht freigesprochen werden; ist der Besitz bestritten (wird z. B. ein behauptetes Fahrtrecht vom Waldbesitzer durch einen aufgeworfenen Graben gestört), so muß der Inhaber des behaupteten Rechts, um sich vor dem Vorwurf der Fahrlässigkeit zu schützen, sein Recht zunächst im Wege des Zivilprozesses klarstellen; der Tatrichter muß auf die Verteidigung des Angeklagten, er habe gutgläubig gehandelt, feststellen, ob der Angeklagte im ungestörten Besitze der behaupteten Berechtigung war; ein Zivilprozeß ist auch dann nötig, wenn schon die Vorfahren das vermeintliche Recht ausübten, soferne es vom Waldbesitzer nunmehr bestritten wird; bei Verbot oder Widerspruch des Waldbesitzers kann der gute Glaube die Strafbarkeit nicht ausschließen (ObLG. 9. 1. 1929 RR. I 886/1928). Dies gilt aber nur für Forstpolizeiübertretungen und Forstfrevel, zu deren Begehung Fahrlässigkeit genügt, nicht für solche, die Vorsatz erfordern wie z. B. die Entwendungsfrevel Art. 79 ff. (ebenda). Vgl. Anm. 1g.

c) Wenn der Angeklagte oder Zivilverantwortliche sogleich mit der Behauptung der Berechtigung vor dem Forstrügerichter erklärt, die Berechtigung in einem Rechtsstreite erweisen zu wollen und der Forstrügerichter daraufhin unter Übergehung des Verfahrens nach Abs. III Satz 2—4 die Verhandlung nach Satz 5 und 6 aussetzt, so kann der Angeklagte (Zivilverantwortliche) nicht nachträglich, statt einen Rechtsstreit zu führen, den Beweis nach Satz 2 versuchen; der Forstrügerichter hat vielmehr im letzteren Falle gemäß Satz 6 davon auszugehen, daß die Berechtigung nicht besteht (ObLG. Bd. 10 S. 426). Aus welchen Gründen kein Rechtsstreit anhängig gemacht wurde, ist für die Folge des Satz 6 gleichgültig. Ob der Angeklagte in dem Rechtsstreit Kläger oder Beklagter oder überhaupt Partei ist, ist ohne Bedeutung, wenn nur der Ausgang des Prozesses klarstellt, ob der Angeklagte das Recht besitzt (vgl. ObLG. RR. I 723/1928 vom 5. 12. 1928).

d) Wenn der Angeklagte für seine Berechtigung ein rechtskräftiges Urteil der Zivilgerichte vorlegt, kann der Forstrügerichter grundsätzlich nicht ein neuerliches Urteil verlangen (OAG. 23. 5. 1866, Z. Bd. 8 S. 60 zu Art. 75 pf. ForststrafG.). Stets genügt die Erklärung des Angeklagten oder des Zivilverantwortlichen; es müssen, um das Verfahren nach Art. 165 zu veranlassen, nicht etwa alle Beteiligten sich übereinstimmend erklären.

e) Nach Art. 165 ist sinngemäß zu verfahren, wenn wegen der Berechtigung ein Rechtsstreit bereits anhängig ist; auch in diesem Falle hemmt die Aussetzung des Strafverfahrens die Verjährung (ObLG. Bd. 27 S. 222 und Bd. 28 S. 291).

f) Ist gemäß Abs. III Satz 7 ein Rechtsstreit anhängig gemacht, so darf der Forstrügerichter das Strafurteil erst erlassen, wenn der Zivilrechtsstreit rechtskräftig entschieden oder die Klage zurückgenommen ist. Wenn der Angeklagte nach Aussetzung der Verhandlung neuerdings frevelt, so kann ihm nicht aufgetragen werden, nochmals einen Rechtsstreit anhängig zu machen, wenn der bereits anhängige Rechtsstreit auch für den neuerlichen Frevel maßgebend ist (OAG. 27. 6. und 5. 7. 1879, Bd. 9 S. 327 und 359).

g) Sich nach dem Stande des Zivilrechtsstreites zu erkundigen, obliegt dem Forstrügerichter und dem Anklagevertreter. Verfahren des Vertreters der Forstbehörde und des Forstamts, wenn nach Art. 165 ausgesetzt wird, § 50 Abs. I Allg. VollzB. 1879 (1885) S. 480.

4. Unterbrechung der Verjährung: Der Zivilrechtsstreit über die Vorfrage der Berechtigung wird regelmäßig so lange dauern, daß das Forstrügedelikt verjährte, würde die Verjährung weiterlaufen. Daher bestimmt das Gesetz (Art. 165 Abs. III Satz 8), daß die Verjährung der Strafverfolgung während der Dauer des Zivilprozesses ruht. Die Hemmung des Laufes der Verjährung tritt ein mit dem Aussetzungsbeschluß nach Abs. III Satz 7, nicht früher; auch während der Dreimonatsfrist des Satz 5 läuft die Verjährung weiter; wenn kein Zivilrechtsstreit anhängig gemacht wird, tritt überhaupt keine Hemmung der Verjährung ein (ObLG. Bd. 21 S. 11). Die Hemmung hat zur Folge, daß die Verjährungsfrist des Art. 72 Abs. I nach Wegfall des Grundes weiterläuft, nicht etwa von neuem zu laufen beginnt (ObLG. Bd. 27 S. 224; vgl. Art. 75 Abs. II pf. ForststrafG.); es handelt sich um keine Unterbrechung nach Art. 72 Abs. II. Die Verjährung ruht, bis beim Forstrügegericht das rechtskräftige Endurteil des Zivilgerichts einläuft. Die Verjährung des etwaigen Wert- und Schadenersatzanspruches wird — anders als im pfälzischen Forststrafgesetz (Art. 75 Abs. II) — nicht gehemmt; vgl. Anm. 1 zu Art. 72. Die Verjährung ruht nur, wenn die Aussetzung der Aburteilung nach Satz 7 gesetzlich zulässig war (vgl. ObLG. Bd. 1 S. 409 für das pfälzische Recht). Vgl. die in Art. 72 Abs. III aufgenommene ähnliche Bestimmung im Verfahren nach Art. 168 (Vorfrage der Schutzwaldeigenschaft).

5. In der Berufungsinstanz: Nach Art. 165 ist gegebenenfalls auch in der Berufungsinstanz zu verfahren; dies ist anders als im pfälzischen Forststrafgesetz (Art. 83 Abs. II) zwar im Gesetz (Art. 176) nicht ausdrücklich ausgesprochen, aber in der Rechtsanwendung anerkannt (vgl. ObLG. Bd. 27 S. 222). Dabei ist es gleichgültig, ob der Einwand der Berechtigung bereits im ersten Rechtszug gebracht wurde oder nicht; denn das Berufungsgericht ist eine für alle Tat- und Beweisfragen neue und selbständige Instanz, die an die Stelle des Untergerichts tritt und regelmäßig alle diesem zustehenden Verfügungen und Entscheidungen in eigener Zuständigkeit treffen kann. Wenn im Laufe des Verfahrens vor der ersten Instanz bezüglich der Berechtigung ein Zivilurteil erging, kommt wegen der gleichen Berechtigung in der Berufungsinstanz das Verfahren nach Art. 165 nicht mehr in Betracht; wohl aber, wenn der Angeklagte oder Zivilverantwortliche in der ersten Instanz es unterließ, einen Zivilrechtsstreit anzustrengen, in der Berufungsinstanz sich aber wieder auf die Berechtigung beruft; desgleichen, wenn in der ersten Instanz ungesetzlicherweise nicht nach Art. 165 verfahren wurde. Aus dem Grundsatz des sog. summarischen Verfahrens darf nicht mehr abgeleitet werden als in den Vorschriften des Gesetzes Ausdruck gefunden hat. Das Berufungsgericht hat, wenn nicht ein Fall des § 328 Abs. II StPO. gegeben ist, selbst nach Art. 165 zu verfahren (OGH. 8. 11. 1856, Z. Bd. 3 S. 487). (Nach der Rechtsprechung des Obersten Landesgerichts — z. B. ObLG. Bd. 28 S. 290 — setzt die Durchführung des Verfahrens nach Art. 165 in der Berufungsinstanz voraus, daß das Recht im amtsgerichtlichen Verfahren wenigstens behauptet wurde.) Vgl. Anm. 1e.

6. Revision: In der Revisionsinstanz kann das Verfahren nach Art. 165 nicht mehr durchgeführt werden. Die Bestimmungen des Art. 165 sind überwiegend verfahrensrechtlicher Natur; ausschließlich verfahrensrechtlich sind Abs. II und von Abs. III die Sätze 2 und 4—7; Abs. I ist ebenfalls verfahrensrechtlicher Natur bis auf die Bestimmung über die sofortige Verwerflichkeit wegen offenbarer Unrichtigkeit. Sowohl verfahrensrechtlicher wie materiellrechtlicher Natur sind die Bestimmungen des Abs. III Satz 1, 3 und 8 (vgl. ObLG. Bd. 10 S. 157 und Bd. 12 S. 160). Vgl. Anm. 1e.

7. Beschwerde: Die nach Art. 165 ergehenden Beschlüsse des Forstrügerichters sind im Hinblick auf § 305 StPO. grundsätzlich nicht selbständig mit Beschwerde, sondern nur zusammen mit dem Strafurteil anfechtbar; dem Waldbesitzer, dem gegenüber die Berechtigung bestehen soll, steht im Strafverfahren überhaupt kein Beschwerderecht zu (bestr.); vgl. Art. 166.

Vorfrage der Berechtigung und Zivilrechtsverhältnis.

Artikel 166. ([160]/[165]).

Die nach dem vorhergehenden Artikel durch die Amtsgerichte erlassenen Entscheidungen, wodurch das Vorschützen einer Berechtigung für offenbar unrichtig erklärt, oder über den Besitz erkannt wird, sind ohne Einfluß auf das Zivilrechtsverhältnis.

Die Entscheidung des Forstrügerichters über den Bestand oder Nichtbestand der behaupteten Berechtigung hat nur Bedeutung für das in der Sache ergehende Strafurteil; darüber hinaus bewirkt es keine Rechtskraft. Dieser Grundsatz gilt auch im allgemeinen Strafrecht. Vgl. auch § 14 Ziff. 1 EG.ZPO.

Keine Wiederholung des Verfahrens nach Art. 165.

Artikel 167. ([161]/[166]).

Wer ungeachtet dessen, daß er eine Eigentums- oder andere Berechtigung vorschützte, infolge einer der Bestimmungen des Art. 165 bereits einmal verurteilt worden ist, kann bei einer neuen strafbaren Handlung die Aufschiebung der Aburteilung nur alsdann verlangen, wenn er den Nachweis einer wegen des fraglichen Anspruches wirklich anhängigen Zivilklage sogleich vorlegt.

Art. 167 schränkt, um Verschleppungen vorzubeugen, die Wiederholung des Verfahrens nach Art. 165 bezüglich der gleichen Berechtigung ein. Die Beschränkung gilt sowohl gegenüber den Angeklagten wie gegenüber den Zivilverantwortlichen; sie gilt auch, wenn der zur Zivilverantwortlichkeit Verurteilte nunmehr selbst als Täter angeklagt wird und umgekehrt; stets muß es sich aber um die nämliche Berechtigung handeln. Die frühere Verurteilung kann ausgesprochen worden sein, weil entweder der Einwand nach Art. 165 Abs. I sofort verworfen wurde oder weil Klagerhebung abgelehnt (Abs. III Satz 5) oder der Rechtsstreit nicht rechtzeitig anhängig gemacht wurde (Satz 6). Wurde die Berechtigung in dem aus Anlaß des früheren Strafverfahrens anhängig gemachten Rechtsstreit aberkannt, so kommt ein neuerliches Verfahren nach Art. 165 nur in Frage, wenn der Angeklagte oder Zivilverantwortliche sogleich nachweist, daß gegen das ungünstige Zivilurteil bereits die Nichtigkeits- oder Restitutionsklage erhoben wurde.

Vorfrage der Schutzwaldeigenschaft.

Artikel 168.[1] (*/*).

I Wird in einem Strafverfahren wegen Übertretung der zum Zwecke der Erhaltung der Schutzwaldungen im gegenwärtigen Gesetze getroffenen Vorschriften von dem Angeschuldigten der Einwand erhoben, daß dem betreffenden Walde die Eigenschaft einer Schutzwaldung nicht zukommt[2], so hat das Gericht, soferne die Schutzwaldeigenschaft nicht bereits durch die Forstpolizeibehörde nach Maßgabe des Art. 40 festgestellt ist, die Akten an die zuständige Forstpolizeibehörde zur Entscheidung der angeregten Vorfrage abzugeben.

II Die Forstpolizeibehörde ist verpflichtet, die Entscheidung in Anwendung des Art. 40 Abs. 4 herbeizuführen und dieselbe nach eingetretener Rechtskraft zur Kenntnis des Gerichts zu bringen.

III Die rechtskräftigen forstpolizeilichen Entscheidungen darüber, ob einem Walde die Schutzwaldeigenschaft zukommt oder nicht, sind dem richterlichen Urteile zu Grunde zu legen.

1. **Geltungsbereich:** Art. 168 regelt das Verfahren zur Entscheidung über die Vorfrage der Schutzwaldeigenschaft. Vgl. Anm. 1a zu Art. 165. Art. 168 kommt nur bei den auf die Schutzwaldungen bezüglichen Forstpolizeiübertretungen nach Art. 75 Abs. I und II (Kahlhiebe oder gleichkommende Lichthauungen in Schutzwäldern ohne forstpolizeiliche Genehmigung oder den auferlegten

Bedingungen zuwider) in Betracht. Ist jemand wegen einer dieser Forstpolizeiübertretungen angeklagt, so darf, wenn im Laufe des Strafverfahrens der Angeschuldigte oder ein Zivilverantwortlicher (Art. 75 Abs. III) die Schutzwaldeigenschaft bestreitet, über die Richtigkeit dieses Einwands nicht der Strafrichter entscheiden; die Entscheidung hierüber steht vielmehr der Forstpolizeikommission des Art. 110 in dem für diese vorgeschriebenen Verwaltungsverfahren zu (Art. 40 Abs. IV); das Strafverfahren ist inzwischen auszusetzen; der Strafrichter ist an die ergehende positive oder negative rechtskräftige Entscheidung der Verwaltungsbehörden gebunden (Abs. III). Hat der Anklagevertreter die Anklage wegen Verletzung der Schutzwaldbestimmungen erhoben, ohne daß der Angeschuldigte oder ein Zivilverantwortlicher die Schutzwaldeigenschaft bestreitet, so muß der Forstrügerichter bei der Urteilsfindung davon ausgehen, daß es sich um einen Schutzwald handelt; er kann nicht von sich aus das Verwaltungsverfahren vor der Forstpolizeikommission einleiten oder selbst positiv oder negativ über die Schutzwaldeigenschaft befinden. Haben die Verwaltungsbehörden nach Art. 40 Abs. III, IV oder V bereits früher rechtskräftig über die Schutzwaldeigenschaft des fraglichen Waldes entschieden, so kommt das Verfahren nach Art. 168 nicht mehr in Betracht, der Strafrichter hat vielmehr seinem Urteil die frühere rechtskräftige Entscheidung der Verwaltungsbehörde zugrundezulegen. Trotz Vorliegens einer früheren rechtskräftigen Entscheidung der Verwaltungsbehörden wird das Verfahren des Art. 168 dann durchzuführen sein, wenn der Angeschuldigte (Zivilverantwortliche) glaubhaft geltend macht, daß sich die tatsächlichen Voraussetzungen der früheren Entscheidung wesentlich geändert haben (Art. 40 Abs. VI). Wie nach Art. 165 wird auch im Falle des Art. 168 der Zivilverantwortliche, obwohl das Gesetz ihn nicht erwähnt, wie der Angeschuldigte antragsberechtigt sein, da er im Strafverfahren im vollen Umfange Partei ist; die zivilverantwortlichen Personen des Art. 75 Abs. III sind in Art. 168 wohl deshalb (versehentlich) nicht aufgeführt, weil der Regierungsentwurf in den Fällen des Art. 75 keine Zivilverantwortlichkeit vorsah. Auch der Drittverantwortliche (Art. 70) ist antragsberechtigt; denn er ist Angeschuldigter (s. Anm. 1 zu Art. 70).

Das Verfahren nach Art. 168 kommt wie das nach Art. 165 auch in der Berufungsinstanz, nicht dagegen in der Revisionsinstanz in Betracht; die Anm. 6 zu Art. 165 gilt auch hier.

Art. 168 wurde i. J. 1896 in das Gesetz aufgenommen. S. auch Anm. 1 zu Art. 40 u. Anm. 7 zu Art. 75.

2. **Bestreitung der Schutzwaldeigenschaft:** Der Einwand kann auch außerhalb der Hauptverhandlung gebracht werden; wird er vor der Hauptverhandlung gebracht, so hat das Strafgericht nach Feststellung, daß nicht bereits eine rechtskräftige forstpolizeiliche Entscheidung vorliegt, sofort das Verwaltungsverfahren zu veranlassen.

3. **Verjährung:** Während des Verwaltungsverfahrens ruht die Verjährung der Strafverfolgung (Art. 72 Abs. III); die Hemmung beginnt mit dem Aussetzungsbeschluß und endet mit dem Einlauf der rechtskräftigen forstpolizeilichen Entscheidung beim Gericht (Art. 168 Abs. II).

4. **Rechtsmittel:** Beschwerderecht s. Anm. 8 zu Art. 165. Abs. I enthält nur verfahrensrechtliche Bestimmungen, Abs. III ist verfahrens- und materiellrechtlichen Inhalts; Abs. II enthält eine Anweisung für die Forstpolizeibehörde.

Ausbleiben; Abwesenheit. **Artikel 169.** ($^{162}/_{167}$).

I Wenn der Angeklagte oder die zivilverantwortliche Person ungeachtet der geschehenen Vorladung weder persönlich noch durch einen Bevollmächtigten (Art. 157) erschienen sind, so findet die Hauptverhandlung ungeachtet ihres Ausbleibens statt.

II Das Gericht ist befugt, das persönliche Erscheinen des Angeklagten, nicht aber das der zivilverantwortlichen Person, anzuordnen und dasselbe durch einen Vorführungsbefehl oder Haftbefehl zu erzwingen.

III Das Verfahren gegen abwesende Angeklagte richtet sich nach den §§ 276 bis 284 der Reichs-Strafprozeßordnung[2].

1. **Geltungsbereich:** Art. 169 Abs. I und II und Art. 170, 171 behandeln den Fall, daß der Angeklagte oder Zivilverantwortliche zur Hauptverhandlung nicht erscheint („ausbleibt"). Abs. III regelt das Verfahren gegen „Abwesende" im Sinne des § 276 StPO. d. h. gegen Angeklagte, deren Aufenthalt nicht bekannt ist oder die im Ausland leben (und deren Gestellung nicht in Betracht kommt).

Wenn das Gericht nicht von der gegenüber dem Angeklagten bestehenden Befugnis nach Abs. II Gebrauch machen will, kann und muß die Hauptverhandlung auch gegen die ausgebliebenen Angeklagten und Zivilverantwortlichen durchgeführt werden; auf diese Folge ist in der Ladung hinzuweisen (Art. 154 Ziff. 5); diese Regelung weicht vom allgemeinen Strafverfahren etwas ab (§§ 230, 232 StPO.). War der ausgebliebene Angeklagte oder Zivilverantwortliche am Erscheinen verhindert, so kann er u. U. die Wiedereinsetzung beanspruchen (Art. 170). Art. 169 gilt nicht für die Hauptverhandlung nach erhobenem Einspruch; das Ausbleiben beurteilt sich hier nach Art. 148 (s. die dortige Anm.). Sich aus der Hauptverhandlung entfernen kann der Zivilverantwortliche stets, der Angeklagte dann, wenn der Forstrügerichter nichts dagegen einwendet.

2. Abs. III: Anzuwenden sind nunmehr die §§ 276—284 StPO. Das Abwesenheitsverfahren kann nur gegenüber den Angeklagten, nicht aber gegenüber den Zivilverantwortlichen durchgeführt werden.

Wiedereinsetzung. **Artikel 170.** (163/168).

Im Falle des Art. 169 Abs. 1 kann der Verurteilte gegen das Urteil binnen einer Woche nach der Zustellung Wiedereinsetzung in den vorigen Stand unter gleichen Voraussetzungen wie gegen Versäumung einer Frist (§§ 44ff. der Reichs-Strafprozeßordnung) nachsuchen.

Ist ein ausgebliebener Angeklagter oder Zivilverantwortlicher verurteilt worden, so kann er verlangen, daß die Hauptverhandlung nochmals stattfindet, wenn er nachweist, daß er durch Naturereignisse oder andere unabwendbare Zufälle am Erscheinen verhindert worden ist; als unabwendbarer Zufall ist es auch anzusehen, wenn der Angeklagte oder Zivilverantwortliche ohne sein Verschulden von der Ladung keine Kenntnis erhielt. Um die Wiedereinsetzung muß innerhalb einer Woche nach der Zustellung des Urteils (Art. 162 Abs. II) nachgesucht werden; Form und weiteres Verfahren Art. 171. Im Falle der Hauptverhandlung auf erhobenen Einspruch gilt Art. 148.

Wiedereinsetzungsverfahren. **Artikel 171.** (*/169).

I Das Gesuch um Wiedereinsetzung in den vorigen Stand kann zu Protokoll des Gerichtsschreibers angebracht oder schriftlich eingereicht werden.

II Die Anordnung, welche der Amtsrichter bezüglich des Aufschubs der Vollstreckung (§ 47 der Reichs-Strafprozeßordnung) trifft, sowie dessen Entscheidung über das Gesuch sind von dem Gerichtsschreiber am Rande des Urteils einzutragen.

III Wird das Gesuch verworfen, so ist die Entscheidung dem Gesuchsteller gemäß § 35 der Reichs-Strafprozeßordnung bekanntzugeben.

IV Gegen die verwerfende Entscheidung findet sofortige Beschwerde (§ 46 der Reichs-Strafprozeßordnung) statt.

V Wird dem Gesuche stattgegeben, so ist unter Bezugnahme auf diese Entscheidung die Vorladung des Gesuchstellers nach Vorschrift der Art. 154 bis 156 des gegenwärtigen Gesetzes in die nächste Forstrügesitzung zu bewirken.

VI In dieser Sitzung findet wiederholte Hauptverhandlung, selbst im Falle des Ausbleibens des Gesuchstellers, statt.

Allg. VollzV. 1879 (1885).

§ 50 Abs. II—IV.

II Gesuche um Wiedereinsetzung in den vorigen Stand (Art. 171) sind durch das Amtsgericht dem Forstamte bzw. dem Vertreter der Forstbehörde zur Stellung der entsprechenden Anträge ungesäumt mitzuteilen.

III Wird seitens des Amtsgerichts einem Gesuche um Wiedereinsetzung in den vorigen Stand stattgegeben, und ist demzufolge die Vorladung des Gesuchstellers in die nächste Forstrügesitzung zu be-

wirken, so hat das einschlägige Forstamt, welches hievon durch den Vertreter der Forstbehörde rechtzeitig zu verständigen ist, den betreffenden Fall in eine Übersicht nach Formular IIIb einzutragen.
IV Diese Übersicht ist in duplo auszufertigen und an den Vertreter der Forstbehörde behufs Vorlage an das Amtsgericht zu übersenden.

Art. 171 regelt das Wiedereinsetzungsverfahren nach einem Urteil, das gemäß Art. 169 Abs. I oder 148 Abs. I gegen einen ausgebliebenen und nicht vertretenen Angeklagten oder Zivilverantwortlichen ergangen ist. Erhält nur der Angeklagte, nicht aber der beteiligte Zivilverantwortliche die Wiedereinsetzung oder umgekehrt, so wird die Verhandlung nur gegen den einen wiederholt; ein günstigeres Urteil gegenüber dem Angeklagten kommt auch dem Zivilverantwortlichen zugute (s. oben S. 293f.). Die Berufungsfrist beginnt trotz der Möglichkeit der Wiedereinsetzung zu laufen; näheres Art. 175. Beteiligung der Forstbehörden im Wiedereinsetzungsverfahren § 50 Abs. II—IV Allg. VollzB. 1879 (s. vorstehend). Vor der Entscheidung über das Wiedereinsetzungsgesuch hat der Forstrügerichter den Vertreter der Forstbehörde zu hören (§ 33 StPO.).

Zulässigkeit der Berufung. **Artikel 172.** (164/170).

I Gegen ein freisprechendes Urteil des Amtsgerichts kann von dem Forstmeister oder dessen Stellvertreter die Berufung[2] an die Strafkammer des Landgerichts ergriffen werden.

II Gegen ein Urteil des Amtsgerichts, welches eine Strafe ausspricht, steht sowohl dem Forstmeister oder dessen Stellvertreter als dem Verurteilten die Berufung zu.

1. **Rechtsmittel:** Die Art. 172—177 behandeln das Rechtsmittelverfahren gegenüber den im Forstrügeverfahren ergangenen Urteilen und zwar Art. 172—176 die Berufung, Art. 177 die Revision. Daneben gibt es auch im Forstrügeverfahren das Rechtsmittel der Beschwerde gegen andere gerichtliche Entscheidungen als Urteile; das Beschwerdeverfahren richtet sich ausschließlich nach den Bestimmungen der Reichsstrafprozeßordnung (§§ 296—303, 304, 311). Der Einspruch gegen einen Strafbefehl (Art. 143ff.) zählt nicht zu den Rechtsmitteln im gewöhnlichen Sinne; auch nicht die Wiedereinsetzung in den vorigen Stand und die Wiederaufnahme des Verfahrens. Die Wiedereinsetzung ist im Forstrügeverfahren möglich gegen die Versäumung der Hauptverhandlung (Art. 170, 148) und gegen die Versäumung von Fristen (§§ 44—47 StPO.). Die Wiederaufnahme eines durch ein rechtskräftiges Urteil abgeschlossenen Verfahrens richtet sich nach §§ 359—373 StPO.; gegen einen rechtskräftigen Strafbefehl gibt es die Wiederaufnahme nicht. Zur Zulässigkeit der Sprungrevision s. Anm. 1 zu Art. 177. Auch das Rechtsmittelverfahren konnte und kann auf Grund § 3 Abs. III EG.StPO. landesgesetzlich geregelt werden (vgl. die Gesetzesbegründung Abg. 1878/79, Beil. Bd. 5 S. 380f.).

Für die Rechtsmittel gelten ergänzend und sinngemäß §§ 296—303 StPO. Wie der Angeklagte kann von ihnen durchwegs selbständig auch der Zivilverantwortliche Gebrauch machen, da er im Forststrafverfahren im vollen Umfange Partei ist (ObLG. Bd. 24 S. 42; s. auch oben S. 293f.); der Zivilverantwortliche kann sich gegen seine Haftung wie gegen die Verurteilung des Angeklagten wenden; dieser kann nicht bloß seine Verurteilung zu Strafe, sondern auch die zu Wert- und Schadenersatz anfechten. Der Begriff „Verurteilter" in den Art. 172ff. umfaßt stets sowohl den verurteilten Angeklagten wie den verurteilten Zivilverantwortlichen. Der Drittverantwortliche bei Forstpolizeiübertretungen (Art. 70) ist Angeklagter und kann von den Rechtsmitteln wie dieser Gebrauch machen. Hat der Vertreter der Forstbehörde oder der Staatsanwalt ein Rechtsmittel eingelegt, so kann die Entscheidung auch zugunsten des Angeklagten und Zivilverantwortlichen abgeändert werden (§ 301 StPO.); der Anklagevertreter kann ein Rechtsmittel auch zugunsten des Angeklagten und Zivilverantwortlichen einlegen; im übrigen hat er auch beim Gebrauche der Rechtsmittel zunächst das Interesse der Allgemeinheit und des Geschädigten zu vertreten. Ein eingelegtes Rechtsmittel kann wieder zurückgenommen werden; dann erlischt seine Wirkung; Verständigung des Untergerichts und der Forstbehörden von der Rücknahme, Allg. VollzB. 1879 § 51 Abs. IV, V S. 490f.

2. **Berufung im besonderen:**

a) Zulässigkeit: α) **Rechtsgrundlage:** Die Zulässigkeit der Berufung ist ausschließlich in Art. 172 geregelt; die Bestimmungen der Strafprozeßordnung, insbesondere § 313, können nicht angewendet werden; denn in Art. 172 hat die Landesgesetzgebung mit der Bestimmung, daß gegen alle Urteile in Forstrügesachen die Berufung offenstehe, die Zulässigkeit des Rechtsmittels der Berufung erschöpfend geregelt; diese Regelung geht der reichsrechtlichen Regelung vor (§ 3 Abs. III EG.

StPO., Art. 188 Abs. I); da es sich im Forstgesetz offenkundig um eine erschöpfende Regelung handelt, ist auch für eine ergänzende Anwendung der StPO. kein Raum; daß die Bestimmungen der StPO. über die Zulässigkeit der Berufung, die ursprünglich im wesentlichen mit den heute noch geltenden Vorschriften des Forstgesetzes übereinstimmten, inzwischen grundlegend geändert worden sind, kann hieran nichts ändern; denn maßgebend sind ausschließlich die Bestimmungen des Forstgesetzes, die nicht geändert wurden.

Hieraus folgt, daß in Forstrügesachen nach wie vor in allen Fällen gegen die Urteile des Amtsgerichts die Berufung zulässig ist.

Auf einen anderen Standpunkt hat sich das Bayer. Oberste Landesgericht in seinen Entscheidungen Bd. 24 S. 17 und 42, Bd. 26 S. 95 und Bd. 28 S. 290 gestellt, indem es § 313 StPO. n. F. für anwendbar erklärt, wonach ein Urteil des Amtsrichters nicht mit der Berufung angefochten werden kann, wenn es ausschließlich Übertretungen (im prozessualen Sinn, S. 249 f.) zum Gegenstande hat und der Angeklagte entweder freigesprochen oder ausschließlich zu Geldstrafe verurteilt worden ist. Lediglich zu Geldstrafe verurteilt ist auch, wer daneben zur Tragung der Kosten des Verfahrens, nicht dagegen, wer außerdem zu Wert- oder Schadenersatz oder zur Tragung der Kosten forstpolizeilicher Maßnahmen (z. B. im Falle des Art. 77 Abs. I mit 42 Abs. II oder 92 ff.) verurteilt ist. Stets zulässig ist auch nach der Ansicht des Obersten Landesgerichts die Berufung bei der Verurteilung zu Freiheitsstrafe allein oder neben Geldstrafe. Die Beschränkung des § 313 StPO. gilt nach der angeführten Rechtsprechung auch für den Zivilverantwortlichen, der wegen einer Übertretung im prozessualen Sinne zur Haftung lediglich für die Geldstrafe und die Verfahrenskosten verurteilt ist (ObLG. Bd. 24 S. 42). Verurteilung ausschließlich zu Geldstrafe ist auch gegeben, wenn die Geldstrafe an die Stelle einer an sich verwirkten Freiheitsstrafe getreten ist, sowie bei Androhung einer Ersatzfreiheitsstrafe für den Fall, daß die Geldstrafe nicht bezahlt wird. Bei den Vergehen im prozessualen Sinn (s. oben S. 249 f.) ist auch nach der Rechtsprechung des Obersten Landesgerichts die Berufung stets zulässig. Die Zulässigkeit der Berufung nach § 313 StPO. ist bei jedem einzelnen Angeklagten und Zivilverantwortlichen gesondert zu prüfen.

Das Urteil des Amtsrichters als Forstrügerichters hat nach den vom Obersten Landesgericht aufgestellten Grundsätzen (vgl. Bd. 24 S. 49 und BayZfR. 1927 S. 86) eine Übertretung im Sinne des § 313 StPO. zum Gegenstand, wenn der Angeklagte einer strafbaren Handlung beschuldigt worden ist, die sich nach der Anklage d. i. nach dem Inhalt des dem Verfahren zugrunde liegenden Rügebogens, Anzeigeprotokolls (oder der Übersicht, § 41 Abs. X Allg. VollzB. 1879 S. 460 f.) als eine Übertretung im Sinne des § 1 Abs. III StGB. darstellt; damit die Voraussetzungen des § 313 StPO. erfüllt sind, ist ferner erforderlich, daß der Angeklagte wegen der durch die öffentliche Klage als Übertretung gekennzeichneten Tat entweder freigesprochen oder ausschließlich zu Geldstrafe verurteilt worden ist.

Der Begründung des Obersten Landesgerichts für die Anwendung des § 313 StPO. dürfte nicht zu folgen sein. Die Verordnung über Gerichtsverfassung und Strafrechtspflege vom 4. 1. 1924 (RGBl. I S. 15) war sachlich lediglich eine Novelle zum Gerichtsverfassungsgesetze und zur Strafprozeßordnung; sie wurde der Einfachheit wegen nur nicht in der sonst üblichen Form der Aufzählung der eintretenden Änderungen der einzelnen Bestimmungen erlassen, beschränkte sich vielmehr darauf, die neuen Grundsätze festzulegen und die Reichsjustizverwaltung zu ermächtigen, den Text des Gerichtsverfassungsgesetzes und der Strafprozeßordnung mit diesen Grundsätzen in Einklang zu bringen (§ 43); an der rechtlichen Natur der Verordnung als einer Novelle zu diesen beiden Gesetzen änderte sich dadurch nichts.

Eine Änderung der Bestimmungen des Gerichtsverfassungsgesetzes und der Strafprozeßordnung über die Zulässigkeit der Berufung konnte aber das Forstrügeverfahren nicht berühren, da sich die Zulässigkeit der Berufung in Forstrügesachen gar nicht nach der Strafprozeßordnung richtet, sondern nach den besonderen landesrechtlichen Bestimmungen des Forstgesetzes (Art. 172, 188 Abs. I, § 3 Abs. III EG.StPO.). Der Fall liegt genau so wie beim Jugendgerichtsgesetz, dessen verfahrensrechtliche Bestimmungen (§§ 17 ff.) nach der Ansicht des bayerischen Staatsministeriums der Justiz (MB. vom 7. 5. 1923, JMBl. S. 25) wie des Obersten Landesgerichts (StBd. 24 S. 43) auf Grund § 3 Abs. III EG.StPO. auf Forstrügesachen keine Anwendung finden. Soll der Rechtsmittelzug in Forstrügesachen wie im allgemeinen Strafverfahren vereinfacht werden, so müßte das Forstgesetz geändert werden.

β) **Umfang:** Nach der Rechtsprechung des Obersten Landesgerichts unterliegt auch die Berufung in Forstrügesachen der Einschränkung des § 313 StPO.; s. Anm. 2*a*. Die an das Strafprozeßgesetz vom

10. 11. 1848 sich anlehnende Ausdrucksweise des Art. 172 umfaßt nicht alle nach dem heutigen Sprachgebrauch bestehenden Möglichkeiten; es liegt offenbar im Sinne der Bestimmung, z. B. die Berufung des Forstmeisters auch gegen die auf Einstellung des Verfahrens lautenden Urteile zuzulassen. Nach dem Sinne des Art. 172 soll die Berufung gegen alle Urteile des Forstrügerichters der ersten Instanz zulässig sein. Vgl. im übrigen Anm. 1. Mit der Berufung kann das Urteil im vollen Umfange angefochten werden; die Anfechtung kann sich auch auf einen Teil, z. B. die Berechnung des Wert- und Schadenersatzes beschränken; auch gegen die Kostenverteilung des Urteils erster Instanz kann die Berufung ergriffen werden; gegen die Berechnung der Kosten und Auslagen gibt es nicht die Berufung, sondern ein besonderes Erinnerungs- und Beschwerdeverfahren (§ 464 Abs. II StPO., §§ 103ff. ZPO.). Die Berufung ist grundsätzlich auch zulässig, wenn der Hauptverhandlung ein Strafbefehlsverfahren vorausging.

b) Legitimation: Zur Einlegung der Berufung ist grundsätzlich befugt der verurteilte Angeklagte oder Zivilverantwortliche, beide selbständig, ihr Verteidiger (§ 297 StPO.), ihr gesetzlicher Vertreter und Ehemann (§ 298 StPO.), ferner der beim Amtsgericht bestellte Vertreter der Forstbehörde (§ 2 der VO. vom 2. 5. 1885, GVBl. S. 267 und § 51 Allg. VollzV. 1879 s. unten). Vgl. Anm. 1. Der lediglich dem Rückgriff unterliegende Hirte (Art. 69) kann gegen die Verurteilung seines Dienstherrn, selbst wenn in dem Urteil der Rückgriff ausdrücklich vorbehalten war, nicht Berufung einlegen (OAG. 18. 3. 1859, Z. Bd. 6 S. 80). Der Bevollmächtigte (Art. 157 Abs. II) kann für den Vertretenen die Berufung dann einlegen, wenn sich die Vollmacht ausdrücklich auf die Vertretung auch in den höheren Instanzen oder wenigstens auf die Einlegung von Rechtsmitteln erstreckt (vgl. OLGM. 20. 7. 1881, Bd. 1 S. 540 und OAG. 5. 1. 1867, S. w. E. Bd. 1 S. 5). Die Formvorschrift für die Vollmacht nach Art. 157 Abs. III gilt nicht für die Einlegung der Berufung; vielmehr genügt für einen Rechtsanwalt, der für den Angeklagten Berufung einlegt, eine einfache, nicht beglaubigte Vollmacht (ObLG. Bd. 26 S. 214).

Der Entschädigungsberechtigte, dem der Wert- und Schadenersatz zu leisten ist, hat kein Berufungsrecht, da er im Forstrügeverfahren nicht Partei ist. Zur Wechselwirkung der vom Angeklagten eingelegten Berufung auf das Urteil des Zivilverantwortlichen und umgekehrt s. Art. 69 Anm. 4.

Einlegung der Berufung; Frist. **Artikel 173.** (165/171).

I Die Berufung muß binnen einer Woche[2] nach Verkündung des Urteils zu Protokoll des Gerichtsschreibers oder schriftlich[1] eingelegt werden.

II Hat die Verkündung des Urteils nicht in Anwesenheit des Verurteilten stattgefunden, so beginnt für diesen die Frist mit der Zustellung.

III Ist die Berufung rechtzeitig eingelegt, so hat der Gerichtsschreiber längstens binnen vierzehn Tagen einen beglaubigten Auszug aus dem Forstrügeverzeichnisse, beziehungsweise das besondere Anzeigeprotokoll mit der Urkunde über die eingelegte Berufung und den etwa vorhandenen Akten an den Staatsanwalt bei dem zuständigen Landgerichte einzusenden.

Allg. VollzV. 1879 (1885).

§ 51.

I Die nach den Bestimmungen der Art. 172 und 173 des Forstgesetzes gestattete Berufung ist sowohl im Betreffe der Hauptsache, als geeigneten Falles im Betreffe des Kostenpunktes von dem Vertreter der Forstbehörde innerhalb der gesetzlichen Frist von einer Woche anzumelden. Von der erfolgten Einlegung der Berufung hat der Vertreter der Forstbehörde das einschlägige Forstamt zu verständigen.

II Der Vertreter der Forstbehörde hat die zur Begründung der Berufung erforderlichen Materialien im Benehmen mit dem einschlägigen Forstamte zu sammeln und sodann an denjenigen Forstbeamten zu übersenden, welchem gemäß § 2 der Allerhöchsten Verordnung vom 2. Mai 1885 die Vertretung der Forstbehörde vor dem Berufungsgerichte übertragen ist.

III In gleicher Weise ist auch in denjenigen Fällen, in welchen seitens des Angeklagten Berufung ergriffen worden ist, für Mitteilung des Materials an den genannten Vertreter der Forstbehörde Sorge zu tragen.

IV **In allen Forstrügesachen,** welche infolge der Einlegung eines Rechtsmittels Gegenstand der **Entscheidung durch** ein höheres Gericht werden, ist von demselben das **Endergebnis des Verfahrens in der höheren** Instanz unter Mitteilung einer Abschrift der ober- bzw. oberstrichterlichen **Entscheidung an das** Untergericht gelangen zu lassen, welches diese Abschrift dem Vertreter der **Forstbehörde mitteilt.** Letzterer hat dieselbe behufs Eintragung in die Übersicht an das einschlägige Forstamt gelangen zu lassen.

V In gleicher Weise ist die Mitteilung zu machen, wenn ein eingelegtes Rechtsmittel rechtzeitig zurückgenommen wurde.

Art. 173 regelt die Form und Frist der Berufungseinlegung (beide wie im allgemeinen Strafverfahren, § 314 StPO.) sowie das Verfahren der ersten Instanz bei rechtzeitig eingelegter Berufung.

1. Form: Die Berufung ist bei der Geschäftsstelle der ersten Instanz einzulegen (OLGM. 4. 11. 1880, Bd. 1 S. 256). Die Berufung muß nicht, kann aber begründet werden (§ 317 StPO.); wenn sie nicht auf bestimmte Beschwerdepunkte beschränkt oder nicht begründet wird, gilt der ganze Inhalt des Urteils angefochten (§ 318 StPO.).

2. Frist: Berechnung der Frist § 43 StPO. (s. Anm. zu Art. 145); Wirkung eines Wiedereinsetzungsgesuches Art. 175. Wenn mehrere samtverbindlich zu Wert- und Schadenersatz verurteilt worden sind, ist jeder an die gesetzliche Berufungsfrist gebunden; die Wahrung der Frist durch einen Gesamtschuldner ist auf das Berufungsrecht der übrigen ohne Einfluß (OLGM. 4. 11. 1880, Bd. 1 S. 256).

3. Behandlung der Berufung durch das Amtsgericht: ist die Frist gewahrt, Abs. III; ist sie versäumt, Art. 174. Seit der Einführung der losen Forstrügebogen ist nicht mehr ein Auszug, sondern es ist — wie auch die besondere Anzeigeniederschrift, Art. 125, 151 — der einschlägige Rügebogen in Urschrift vorzulegen; bei der Berufung gegen Urteile, die auf erhobenen Einspruch ergangen sind, ist die Zweitschrift der Übersicht (Allg. VollzB. 1879 § 46 Abs. II S. 466) vorzulegen. Notwendigkeit der nachträglichen Zustellung des Urteils auch an die in ihrer Anwesenheit verurteilten Angeklagten und Zivilverantwortlichen, die Berufung eingelegt haben, § 316 Abs. II StPO. Hat der Angeklagte oder Zivilverantwortliche Berufung eingelegt, so hat die Geschäftsstelle die Berufungs(nieder)schrift nebst Akten zunächst dem Vertreter der Forstbehörde beim Amtsgericht zu übersenden; hat der Vertreter der Forstbehörde Berufung eingelegt, so hat die Geschäftsstelle zunächst die Berufungs(nieder)schrift dem Angeklagten und Zivilverantwortlichen zuzustellen (vgl. § 320 StPO.). Zur Beteiligung der Forstbehörden s. auch § 51 Allg. VollzB. 1879 s. oben. Mit der Vorlage der Akten an das Landgericht ist der Vertreter der Forstbehörde nicht befaßt. Vor dem Landgericht tritt ein anderer Vertreter der Forstbehörde auf als vor dem Amtsgericht.

Verspätete Berufung.

Artikel 174. (*/172).

I Ist die Berufung verspätet eingelegt, so hat das Gericht erster Instanz das Rechtsmittel als unzulässig zu verwerfen.

II Der Beschwerdeführer kann binnen einer Woche nach Zustellung des Beschlusses auf die Entscheidung des Berufungsgerichts antragen. In diesem Falle sind die Akten an das Berufungsgericht einzusenden. Die Vollstreckung des Urteils wird jedoch hiedurch nicht gehemmt.

Art. 174 regelt das Verfahren, wenn die Berufung verspätet eingelegt wurde; die Bestimmung ist gleichlautend mit § 319 StPO. Vor der Verwerfung der Berufung ist der Vertreter der Forstbehörde, nicht aber der Beschwerdeführer zu hören (§ 33 StPO.). Gegen die Versäumung der Berufungsfrist kann unter den Voraussetzungen des § 44 StPO. Wiedereinsetzung in den vorigen Stand beantragt werden; Verfahren §§ 45ff. StPO.; davon zu unterscheiden ist die Wiedereinsetzung nach Art. 170f., 175. Im Falle des Art. 174 Abs. II sind die Akten wie nach Art. 173 Abs. III durch die Geschäftsstelle des Amtsgerichts einzusenden. Das Berufungsgericht hat vor seiner Entscheidung den landgerichtlichen Staatsanwalt und den landgerichtlichen Vertreter der Forstbehörde zu hören.

Der Verwerfungsbeschluß nach Abs. I hat die Bedeutung eines Endurteils im Sinne des Art. 72 Abs. II und ist daher geeignet, die Verjährung zu unterbrechen (ObLG. Bd. 27 S. 185).

Berufung und Wiedereinsetzung. **Artikel 175.** (*/173).

I Der Beginn der Frist zur Einlegung der Berufung wird dadurch nicht ausgeschlossen, daß gegen ein auf Ausbleiben des Verurteilten ergangenes Urteil eine Wiedereinsetzung in den vorigen Stand nachgesucht werden kann.

II Stellt der Verurteilte ein Gesuch um Wiedereinsetzung in den vorigen Stand, so wird die Berufung dadurch gewahrt, daß sie sofort für den Fall der Verwerfung jenes Gesuches rechtzeitig eingelegt wird. Die weitere Verfügung in Bezug auf die Berufung bleibt dann bis zur Erledigung des Gesuches um Wiedereinsetzung in den vorigen Stand ausgesetzt.

III Die Einlegung der Berufung ohne Verbindung mit dem Gesuche um Wiedereinsetzung in den vorigen Stand gilt als Verzicht auf die letztere.

Art. 175 behandelt das Verhältnis zwischen den Rechtsbehelfen der Wiedereinsetzung und der Berufung. Vgl. Art. 170, 171. Beginn der Berufungsfrist Art. 173 Abs. I und II. Art. 175 stimmt wörtlich mit § 315 StPO. überein; nur ist, um auch den Zivilverantwortlichen einzubeziehen, der Ausdruck Angeklagter durch den Ausdruck Verurteilter ersetzt.

Verfahren in der Berufungsinstanz. **Artikel 176.** (166/174).

I Das Verfahren bei der Strafkammer des Landgerichts als Berufungsinstanz richtet sich nach den Vorschriften der Reichs-Strafprozeßordnung.

II Die Bestimmungen der Art. 152 Abs. 1, 153, 160 und 161 finden auch bezüglich der Verhandlung und Aburteilung in zweiter Instanz Anwendung.

III Der Forstmeister oder dessen Stellvertreter nimmt seinen Platz zur Seite des Staatsanwalts.

IV Die Vorführung oder Verhaftung einer zivilverantwortlichen Person, welche Berufung eingelegt hat, aber bei der Verhandlung ausgeblieben ist, kann nicht angeordnet werden.

Art. 176 regelt das Verfahren vor dem Berufungsgericht.

1. Besetzung des Berufungsgerichts: Zuständig zur Verhandlung und Entscheidung über das Rechtsmittel der Berufung in Forstrügesachen ist die Strafkammer des dem Forstrügegericht übergeordneten Landgerichts. Außerhalb der Hauptverhandlung entscheidet die Strafkammer in der Besetzung von drei Berufsrichtern mit Einschluß des Vorsitzenden; in der Hauptverhandlung ist die Strafkammer stets besetzt mit einem Berufsrichter als Vorsitzenden und zwei Schöffen (kleine Strafkammer, §§ 74, 76 GVG.). Als Vertreter der Anklage wirkt in der Berufungsinstanz in und außer der Hauptverhandlung der landgerichtliche Staatsanwalt mit, neben ihm in der Hauptverhandlung (und zwar links von ihm, Just. und FinME. vom 19. 3. 1857, Z. Bd. 4 S. 12) wie außer der Hauptverhandlung (letzteres bestr.) der für das Landgericht bestellte Vertreter der Forstbehörde; näheres Anm. 2b zu Art. 118; der Vertreter der Forstbehörde hat wie der Staatsanwalt während der ganzen Hauptverhandlung, wozu auch die Urteilsverkündung gehört, anwesend zu sein (§§ 332, 226, 260 StPO.). Nach OGH. Bd. 1 S. 175 soll die Anwesenheit des landgerichtlichen Vertreters der Forstbehörde in der Berufungsinstanz bei der Urteilsverkündung dann nicht erforderlich sein, wenn die Urteilsverkündung vertagt war (§ 268 StPO.); vgl. ObLG. Bd. 25 S. 224. Als Dienstkleidung des landgerichtlichen Vertreters der Forstbehörde in der Sitzung ist schwarzer Anzug (Frack) vorgeschrieben (FMB. 21. 3. 1887, FMBl. S. 95). Zivilverantwortliche Personen können als solche auch im Berufungsverfahren nicht zwangsweise vorgeführt oder verhaftet werden (Abs. IV; vgl. Art. 169 Abs. II); sind sie zugleich Angeklagte, so kann gegen sie in dieser Eigenschaft u. U. Zwang ausgeübt werden (§ 329 StPO.).

2. Verfahren vor dem Berufungsgericht:

a) Rechtsgrundlage: Anzuwenden sind die §§ 316—318, 321 Abs. II, 323—332 StPO., ferner die sich auf die Beteiligung der Forstbehörden beziehenden Art. 152 Abs. I, 153, 160 und 161 sowie die Bestimmungen der Art. 165—168 über die Vorfragen der Berechtigung und der Schutzwaldeigenschaft (ObLG. Bd. 26 S. 222); daß die Art. 165—168 in Art. 176 nicht aufgeführt sind, ist wohl daraus zu erklären, daß Art. 176 nur das Berufungsverfahren im allgemeinen regelt; die Art. 165—168 behandeln aber Sonderfälle; aus der Nichterwähnung darf daher nicht der Schluß gezogen werden, daß sie nicht anwendbar sein sollen. Die Beweisregel des Art. 158 dagegen gilt seit der Gesetzesänderung des Jahres 1879 (Abg. 1878 79 GA. BeilBd. 5 S. 372) in der Berufungsinstanz nicht mehr; auch in der Revisionsinstanz gilt sie nicht; das Berufungs- und Revisionsverfahren ist ein ordentliches, kein summarisches Verfahren wie vor dem Amtsgericht; für die Erstreckung der Beweisregel besteht daher auch kein Bedürfnis. Die besondere Einrichtung des Bevollmächtigten (Art. 157 Anm. 3) gibt es im Verfahren vor den Rechtsmittelgerichten nicht (so ObLG. Bd. 26 S. 214; anders für die Berufungsinstanz vor der Gesetzesänderung des Jahres 1879, s. Brater S. 675 f.); die Aufstellung als Bevollmächtigter wird in den Rechtsmittelinstanzen aber regelmäßig in die Bestellung als Verteidiger umgedeutet werden können. Über den Wert- und Schadenersatzanspruch bei Forstfreveln ist regelmäßig auch vor den Rechtsmittelgerichten im Adhäsionsprozeß d. h. im Strafverfahren zu entscheiden (Art. 64, s. die dortige Anm. 3). Von dem Ergebnis des Rechtsmittelverfahrens ist jeweils das Untergericht und der Vertreter der Forstbehörde bei diesem zu verständigen (§ 51 Abs. IV Allg. VollzB. 1879 S. 490 f.).

b) Grundsätze: In der Berufungsinstanz wird der Fall, soferne das erstrichterliche Urteil nicht bloß teilweise angefochten ist (318 StPO.), von neuem im vollen Umfange nach der tatsächlichen und rechtlichen Seite untersucht und gewürdigt. Von der Verteidigung wie von der Anklage können neue Tatsachen vorgebracht werden. Abgeurteilt wird die gleiche Tat; diese kann in der Berufungsinstanz rechtlich anders beurteilt werden als vom Erstrichter; dabei ist § 265 StPO. zu beachten. War das Urteil nur vom Angeklagten oder Zivilverantwortlichen angefochten, so darf es von den Rechtsmittelinstanzen nicht zu seinem Nachteil abgeändert werden (Verbot der reformatio in peius, § 331 StPO.). Eine andere rechtliche Beurteilung der Tat (§ 265 StPO.) fällt nicht unter dieses Verbot. Die Person des Angeklagten oder Zivilverantwortlichen kann in der Rechtsmittelinstanz nicht wechseln; wenn z. B. vom Amtsgericht die Gemeinde verurteilt war, können in der Berufungsinstanz nicht statt der Gemeinde die einzelnen am Frevel beteiligten Gemeindeangehörigen verurteilt werden (OAG. 13. 2. 1858, Z. Bd. 5 S. 55). Durch die Berufung wird die Rechtskraft des Urteils gehemmt, soweit es angefochten ist (§ 316 Abs. I StPO.); eine Ausnahme gilt nur für die Anordnung der Ersatzaufforstung nach Art. 42 Abs. II und der Wiederherstellung des früheren Zustandes nach Art. 92, 93 Ziff. 4 und 94, die trotz der Einlegung von Berufung oder Revision sofort ausgeführt werden können (Art. 180). Kosten § 473 StPO. (s. die Anm. zu Art. 68).

Aus der Rechtsprechung: Eine vom Amtsgericht für zivilverantwortlich erklärte Person kann auf die nur von ihr eingelegte Berufung nicht wegen Frevels verurteilt werden (StengleinZ. Bd. 3 S. 16). Ohne dem Verbot der reformatio in peius entgegenzuhandeln, kann in der Berufungsinstanz neben der Strafe und dem Wertersatz auch noch (neu) auf Schadenersatz erkannt werden, wenn nur die Summe der drei Beträge sich gegenüber dem Ersturteil nicht erhöht (StengleinZ. Bd. 4 S. 309); unter der gleichen Voraussetzung kann in der Berufungsinstanz die Strafe vermindert und der Schadenersatz erhöht werden (StengleinZ. Bd. 7 S. 101).

Revision.

Artikel 177. ($^{168}/_{175}$).

Gegen die Urteile der Landgerichte[1] steht dem Verurteilten und der Staatsanwaltschaft[2] die Revision[3] nach Maßgabe der Reichs-Strafprozeßordnung zu.[4]

Art. 177 regelt die Revision in Forstrügesachen.

1. Zulässigkeit:

a) Rechtsgrundlage: Die Zulässigkeit der Revision in Forstrügesachen ist ausschließlich in Art. 177 geregelt; die Bestimmungen der Strafprozeßordnung über die Zulässigkeit der Revision (§§ 333 ff.) können nicht angewendet werden, da in der Vorschrift des Art. 177, daß gegen alle Urteile der Landgerichte (und, wie aus der Bestimmung gefolgert werden muß, nur gegen diese,) die Revision offenstehe, eine erschöpfende Regelung der Zulässigkeit des Rechtsmittels zu erblicken ist (§ 3 Abs. III EG.StPO. Art. 188 Abs. I); vgl. im übrigen Anm. 2a α zu Art. 172 S. 488 f.

Anderer Meinung ist das Oberste Landesgericht, das die VO. vom 4. 1. 1924 (RGBl. I S. 15) auf Forstrügesachen für anwendbar hält; nach dieser Meinung sind außer Art. 177 auch §§ 334 und 335 StPO. anzuwenden; vgl. hiezu die Ausführungen unter 2a α zu Art. 172 S. 488 f.

b) Umfang: Nach der Rechtsprechung des Obersten Landesgerichts ist sonach die Revision in Forstrügesachen zulässig:

α) gegenüber sämtlichen Urteilen der kleinen Strafkammer des Landgerichts in seiner Eigenschaft als Berufungsgericht; der dreifache Instanzenzug ist stets eröffnet bei den Gewohnheitsfreveln (Art. 101 Abs. III), bei denjenigen Forstpolizeiübertretungen und Forstfreveln, die in prozessualer Hinsicht als Vergehen zu behandeln sind (s. S. 249 f.) sowie bei denjenigen Übertretungen im prozessualen Sinn, derentwegen der Angeklagte oder Zivilverantwortliche vom Forstrügerichter erster Instanz nicht bloß zu einer Geldstrafe bzw. zur Haftung für eine solche verurteilt worden ist; welche Verurteilungen hier den dreifachen Instanzenzug begründen, s. oben Anm. 2a α zu Art. 172.

β) gegenüber Urteilen des Amtsrichters, soweit gegen sie nicht die Berufung ergriffen werden kann, also bei solchen Forstpolizeiübertretungen und Forstfreveln, die auch in prozessualer Hinsicht als Übertretungen behandelt werden müssen, sowie bei den Übertretungen nach § 361 Ziff. 9 StGB. und Art. 107 FG., stets vorausgesetzt, daß der Angeklagte oder Zivilverantwortliche entweder freigesprochen oder ausschließlich zu Geldstrafe bzw. zur Haftung dafür verurteilt worden ist (§§ 334, 313 StPO.);

γ) gegenüber Urteilen des Amtsrichters, die mit der Berufung angefochten werden könnten, — also bei den unter α angeführten Verfehlungen —, kann statt der Berufung die Revision ergriffen werden (**Sprungrevision,** § 335 StPO.).

Im Falle α gibt es also drei, in den Fällen β und γ zwei Instanzen; bei den Gewohnheitsfreveln und den Forstpolizeiübertretungen und Freveln mit Vergehenscharakter im prozessualen Sinn sind stets drei Instanzen zugelassen, wenn nicht der Beschwerdeführer freiwillig auf die Berufungsinstanz verzichtet, indem er die Sprungrevision ergreift; bei den übrigen Forstrügesachen (den Übertretungen im prozessualen Sinn) ist zu unterscheiden: bei einigen kommt stets Verurteilung ausschließlich zu Geldstrafe in Betracht; bei diesen gibt es immer nur zwei Rechtszüge; bei den anderen sind je nach dem Ergebnis des erstinstanziellen Verfahrens (§ 313 StPO.) zwei oder drei Instanzen eröffnet; wenn nur zwei Instanzen offenstehen, ist die zweite Instanz stets die Revisionsinstanz d. i. das Oberste Landesgericht (§ 120 Abs. II, 121 Ziff. 1a und b GVG., § 9 EG.GVG., Art. 42 Abs. III AG.GVG.); dieses entscheidet in einem mit drei Richtern einschließlich des Vorsitzenden besetzten Strafsenat (§ 122 Abs. I GVG.).

Nach der hier vertretenen Auslegung bemißt sich — abweichend von der Ansicht des Obersten Landesgerichts — der Rechtsmittelzug ausschließlich nach Art. 172 und 177 FG.: hienach ist bei allen Forstpolizeiübertretungen und Freveln sowie bei den Übertretungen nach § 361 Ziff. 9 StGB. und Art. 107 FG. der dreifache Instanzenzug (Amtsgericht, Landgericht, Oberstes Landesgericht) gegeben; Sprungrevision ist ausgeschlossen, da bei der erschöpfenden Regelung im Forstgesetz für eine auch nur ergänzende Anwendung des § 335 StPO. kein Raum ist.

2. Legitimation: Das Rechtsmittel der Revision kann eingelegt werden von dem verurteilten Angeklagten und Zivilverantwortlichen einerseits und dem landgerichtlichen Staatsanwalt andrerseits. Den amtsgerichtlichen und landgerichtlichen Vertretern der Forstbehörde steht die Befugnis nicht zu, auch dann nicht, wenn — wie es nach der Rechtsprechung des Obersten Landesgerichts möglich ist — die Revision unmittelbar gegen ein amtsgerichtliches Urteil ergriffen wird (§§ 313, 335 StPO.;) im letzteren Fall ist das Urteil vom Amtsgericht dem landgerichtlichen Staatsanwalt oder, wenn ein Amtsanwalt bei dem Amtsgericht aufgestellt ist, an diesen zuzustellen (JMB. vom 5. 11. 1924, StAnz. Nr. 258; ObLG. Bd. 24 S. 64 und 84). Für die Vertretung der Anklage können nur der Staatsanwalt oder der Amtsanwalt (dieser gegen amtsgerichtliche Urteile, ObLG. Bd. 25 S. 110 und Bd. 26 S. 130) Revision einlegen (ObLG. Bd. 24 S. 64 und 84). Wenn der Staatsanwalt oder Amtsanwalt sich weigert, die Revision zu ergreifen, kann der Vertreter der Forstbehörde die dem Staats(Amts)-anwalt vorgesetzten Stellen im Wege der Aufsichtsbeschwerde um Abhilfe anrufen. Der Forstbehörde steht in den Fällen, in denen nur die Revision zulässig ist, überhaupt kein Rechtsmittel zu. Vgl. im übrigen Anm. 2b zu Art. 172, die entsprechend auch für die Revision gilt.

3. Beschränkung der Anfechtung: Gleichgültig, ob die Revision gegen ein Urteil des Amtsgerichts oder des Landgerichts eingelegt wird, sie kann stets nur darauf gestützt werden, daß das angefochtene

Urteil auf einer Verletzung des Gesetzes beruhe; verletzt ist das Gesetz, wenn eine Rechtsnorm nicht oder nicht richtig angewendet worden ist (§ 337 StPO.); die Vollzugsvorschriften zum Forstgesetz sind als bloße Dienstanweisungen keine Rechtsnorm in diesem Sinne (s. oben S. 32 f.). Den Sachverhalt darf das Revisionsgericht (anders als das Berufungsgericht) nicht von neuem feststellen; das Revisionsgericht ist vielmehr bei seiner Entscheidung an den vom Untergericht festgestellten Sachverhalt gebunden; es hat nur zu untersuchen, ob das Untergericht das Recht richtig angewendet hat. Die Revision kann nunmehr grundsätzlich unbeschränkt auf die Verletzung des materiellen wie des prozessualen Rechtes gestützt werden; nur bei der sog. Sprungrevision (§ 335 StPO.) besteht eine Beschränkung: hier kann zwar die Verletzung des materiellen Rechts ebenfalls im vollen Umfange gerügt werden, die Rüge von Verfahrensmängeln ist aber (mit der einzigen Ausnahme der Verletzung des § 358 StPO.) ausgeschlossen (§ 340 StPO.). §§ 338 f. StPO. gilt auch hier. Wenn gegen ein Urteil des Berufungsgerichts Revision eingelegt wird, hat das Revisionsgericht grundsätzlich nur die Gesetzmäßigkeit des Berufungsurteils, nicht mehr die des amtsgerichtlichen Urteils nachzuprüfen. Kosten § 473 StPO. (s. die Anm. zu Art. 68).

Aus der Rechtsprechung: Die Frage, ob nach der Berufungserklärung außer den verurteilten Angeklagten auch die für zivilverantwortlich erklärten Personen als Berufungsführer zu gelten haben, betrifft eine Vorschrift über das Verfahren (ObLG. Bd. 21 S. 29). Bei der Frage, ob ein gerichtlicher Vorgang die Strafvollstreckungsverjährung unterbrechen konnte, handelt es sich nicht bloß um die Beurteilung einer Verfahrens-, sondern auch einer materiellrechtlichen Vorschrift (ObLG. Bd. 21 S. 31).

4. Verfahren: Das Revisionsverfahren in Forstrügesachen ist dasselbe wie im allgemeinen Strafverfahren (§§ 341—358 StPO., Art. 188 Abs. I); gegenüber dem Berufungsverfahren ist bemerkenswert, daß der Beschwerdeführer angeben muß, wie weit er das Urteil anfechte und dessen Aufhebung beantrage (Revisionsanträge), und daß die Anträge begründet werden müssen; aus der Begründung muß hervorgehen, ob das Urteil wegen Verletzung einer Rechtsnorm über das Verfahren oder wegen Verletzung einer anderen Rechtsnorm angefochten wird; ersterenfalls müssen die den Mangel enthaltenden Tatsachen angegeben werden (§ 344 StPO.). Der Angeklagte oder Zivilverantwortliche kann die Anträge und ihre Begründung nur in einer von dem Verteidiger oder einem Rechtsanwalt unterzeichneten Schrift niederlegen oder zur Niederschrift des Urkundsbeamten erklären (§ 345 StPO.).

Der Vorschrift des § 345 StPO. ist entsprochen, wenn der Staatsanwalt der vom Forstamt angefertigten und an ihn geleiteten schriftlichen Revisionsbegründung den Randvermerk beisetzt: „An das ...... gericht .. weitergeleitet als Revisionsbegründung" und diesen Vermerk mit Datum und Unterschrift versieht (ObLG. RR. I Nr. 628/1929 vom 8. 10. 1929).

Verfahren des Revisionsgerichtes, wenn unzulässigerweise Berufung eingelegt wurde und das Landgericht trotzdem sachlich entschieden hat: ObLG. Bd. 28 S. 290.

Im Verfahren vor dem Revisionsgericht tritt kein Vertreter der Forstbehörde auf wie vor dem Amts- und Landgericht; regelmäßig besteht für ein forsttechnisches Gutachten auch kein Bedürfnis mehr, da für das Revisionsgericht der vom Untergericht festgestellte Sachverhalt maßgebend ist. Auch der Adhäsionsprozeß (Art. 64) kann die Revisionsinstanz durchlaufen. Das Revisionsgericht kann je nach Sachlage den Fall selbst endgültig entscheiden oder zur neuerlichen Entscheidung zurückverweisen; das mit der neuerlichen Entscheidung beauftragte Gericht hat die Rechtsanschauung des Revisionsgerichts anzunehmen (§§ 353—358 StPO.). Durch rechtzeitige Einlegung der Revision wird die Rechtskraft des Urteils gehemmt, soweit es angefochten ist (§ 343 Abs. I StPO.); eine Ausnahme enthält Art. 180 für Anordnungen forstpolizeilicher Natur, die sofort vollzogen werden können. Das Verbot der reformatio in peius gilt auch im Revisionsverfahren, wenn das Urteil nur vom Angeklagten oder Zivilverantwortlichen oder zu ihren Gunsten vom Staatsanwalt angefochten wurde. Das Verfahren nach Art. 165—168 kann in der Revisionsinstanz nicht mehr durchgeführt werden (s. Anm. 1 c und 7 zu Art. 165). Vgl. auch Anm. 2 zu Art. 176. Zur Verbundenheit der Schicksale des Angeklagten und Zivilverantwortlichen s. Anm. 4 zu Art. 69.

Die beschlußmäßige Verwerfung der Revision nach § 346 StPO. hat die Bedeutung eines Endurteils im Sinne des Art. 72 Abs. II und ist daher geeignet die Verjährung zu unterbrechen (ObLG. Bd. 27 S. 188).

Vollstreckung; Amtsbetrieb. **Artikel 178.** ($^{169}/_{176}$).

Der Vollzug rechtskräftiger Urteile wird sowohl in Ansehung der Strafe, als auch in Ansehung des Wert- und Schadenersatzes, sowie der Kosten und der forstpolizeilichen Anordnungen von Amts wegen betrieben.

Allg. VollzV. 1879.

§ 55 Abs. I.

(Art. 179 und 181.) I Sogleich nach eingetretener Rechtskraft haben die Amtsgerichte den Vollzug der erkannten Freiheitsstrafen einzuleiten.

(Die §§ 55 Abs. II bis zum Schluß der Allg. VollzV. 1879 — ausgenommen § 60 Abs. II, IV u. V — sind ersetzt durch Ziff. 72—103 der MB. vom 20. 6. 1915, GVBl. 156, samt Formblättern.)

1. Übersicht: Die Art. 178—187 regeln die Vollstreckung der im Forstrügeverfahren ergangenen Urteile und zwar mehrfach abweichend vom allgemeinen Strafverfahren (§§ 449—463 StPO.); diese letzteren Bestimmungen sind nur anzuwenden, soweit das Forstgesetz nichts anderes bestimmt. Nach herrschender Meinung konnte und kann die Landesgesetzgebung auf Grund des § 3 Abs. III EG.StPO. in Forstrügesachen auch den Vollzug selbständig regeln, gleichgültig, um welche Instanz es sich handelt (vgl. Abg. 1878/79 Beil. Bd. 5 S. 380f.). Anwendbar sind aus der StPO. §§ 449 (aber Art. 180!), 450, 455—458, 461, 462. Die Vorschriften über die Vollstreckung gelten auch für Strafbefehle. Vollstreckt wird gegen den verurteilten Angeklagten und Zivilverantwortlichen; gegen den letzteren jedoch regelmäßig erst, wenn die Zahlungsunfähigkeit des ersteren feststeht (vgl. Anm. 1 zu Art. 69). Im einzelnen stellt Art. 178 den Grundsatz des Amtsbetriebs auf; Art. 179 regelt die Zuständigkeit, Art. 180 den Vollzug der forstpolizeilichen Anordnungen, Art. 181—187 die Einziehung von Geldbeträgen. Zur Ausführung der gesetzlichen Bestimmungen sind Anweisungen ergangen in den noch geltenden §§ 54, 55 Abs. I, 60 Abs. II, IV und V Allg. VollzV. 1879 und Ziff. 72—103 der MB. vom 20. 6. 1915, GVBl. S. 156. Zu beachten sind auch §§ 28, 28a, 28b und 29 StGB. sowie die materiellrechtlichen Vorschriften des Jugendgerichtsgesetzes (§§ 1—16 oben S. 260f.; Art. 4 AG.StPO.). Verjährung der Vollstreckungsverjährung Art. 73, 74.

2. Art. 178: Der Vollzug wird stets und im vollen Umfang von Amts wegen betrieben, auch bei den im Adhäsionsprozeß zuerkannten bürgerlichrechtlichen Wert- und Schadenersatzansprüchen. Vollstreckt werden kann erst, wenn das Urteil oder der Strafbefehl rechtskräftig ist; die einzige Ausnahme enthält Art. 180 für Anordnungen forstpolizeilicher Natur.

3. Begnadigung: Das Verfahren ist geregelt in der Begnadigungsvorschrift vom 31. 12. 1927 (JMBl. S. 83), seitdem unwesentlich wiederholt geändert.

a) Begnadigung im engeren Sinn: Begnadigungsgesuche in Forststrafsachen behandelt der Amtsrichter, der im ersten Rechtszug entschieden hat (§ 5); das Forstamt ist gutachtlich zu hören (§ 8); die Entscheidung über das Gesuch liegt beim Staatsministerium der Justiz (§ 12). Aktenbildung § 17.

b) Bedingter Straferlaß: Dieser kann in Verbindung mit dem Urteil oder Strafbefehl oder nachträglich vom Gericht (§ 37) von Amts wegen oder auf Antrag (auch des Anklagevertreters) ausgesprochen werden (§§ 25ff. der BegnVorschrift). Soweit in Forststrafsachen nach dem Forstgesetz die Staatsanwaltschaft nicht mitwirkt, ist sie auch bei der Handhabung des bedingten Straferlasses nicht beteiligt; das Gericht nimmt die erforderlichen Ermittlungen (§ 39) von Amts wegen oder auf Ersuchen des Forstamts oder des Vertreters der Forstbehörde vor; es hört das Forstamt vor der Entscheidung über den bedingten Straferlaß und wegen der Frage, ob die Vollstreckung der Strafe angeordnet werden soll, vor Ablauf der Probezeit; es gibt ihm von seinen Entscheidungen Kenntnis; das Forstamt kann gerichtliche Entscheidungen anregen; das Forstamt hat an Stelle oder neben der Staatsanwaltschaft das Beschwerderecht nach § 43 der BegnVorschr. (§ 48 a. a.). Aktenführung §§ 49, 17. Die Amtsrichter führen über die Verurteilten, denen die Strafe oder der Strafrest bedingt erlassen ist, Verzeichnisse (§ 51); in die Geldstrafenverzeichnisse nach Formblatt 35 der V. vom 20. 6. 1915 (GVBl. S. 156) ist entsprechender Vermerk aufzunehmen (§ 52); desgleichen in das Strafregister, auch wenn die Verurteilung nicht registerpflichtig (§ 53; vgl. Anm. 2 zu Art. 162).

c) Strafaufschub, Stundung, Teilzahlungen: §§ 56ff., 62 BegnVorschr. in Verbindung mit § 28 StGB. Aktenführung §§ 69, 17.

d) Zivilverantwortlichkeit, forstpolizeiliche Maßnahmen, Wert- und Schadenersatz: Die Vorschriften der BegnVorschr. gelten sinngemäß auch für Gesuche, die sich auf die Haftung für Geldstrafen (Zivilverantwortlichkeit) beziehen (§ 77). Für Gesuche, die sich auf den Wert- und Schadenersatz wegen Forstfrevels im Staatswald oder auf die Haftbarkeit für einen solchen Wert- oder Schadenersatz oder auf den Vollzug forstpolizeilicher Anordnungen beziehen, sind die Finanzbehörden zuständig; Gesuche, die sich auf den Wert- oder Schadenersatz wegen Forstfrevels in anderen Waldungen als Staatswaldungen beziehen, sind dem Antragsteller mit der Anheimgabe zurückzugeben, sich an den ersatzberechtigten Waldbesitzer zu wenden (§ 81; vgl. unten Art. 185).

Vollstreckungsbehörden.

Artikel 179. (170/177).

Hinsichtlich der Haftstrafen steht der Vollzug den Amtsgerichten, — hinsichtlich der Geldstrafen, des Wert- und Schadenersatzes, sowie der Kosten den k. Rentämtern, — hinsichtlich der forstpolizeilichen Anordnungen den Forstpolizeibehörden im Benehmen mit den k. Forstämtern zu.

Allg. VollzB. 1879.

§ 60 Abs. IV u. V.

IV Für den Vollzug der Haftstrafen überhaupt dienen die Formulare XV und XVI.

V Im übrigen sind die im VIII. Abschnitt der Dienstvorschriften für Strafsachen vom 13. 1. 1926 über den Vollzug der Freiheitsstrafen getroffenen Bestimmungen auch hier entsprechend anzuwenden und im besonderen in das Vollstreckungsregister (Formblatt 68 jener Vorschriften) auch die wegen Forstrügesachen zu vollziehenden Strafen aufzunehmen. Ebenso hat der gemäß § 97 der obigen Vorschriften zu fertigende Bericht auch die unerledigten Forstrügesachen zu enthalten. (Die Änderungen der angeführten Vorschriften sind berücksichtigt.)

Art. 179 regelt die Zuständigkeit der Behörden bei der Vollstreckung in Forstrügesachen. Drei Behörden kommen in Betracht: der Amtsrichter, das Finanzamt und die Forstpolizeibehörde mit dem Forstamt.

a) Der Vollzug der Freiheitsstrafen (Haft und Gefängnis) ist vom Amtsrichter, der das Urteil erster Instanz erlassen hat, zu veranlassen; dabei ist es gleichgültig, ob die Freiheitsstrafe ursprünglich oder im Wege der Umwandlung festgesetzt wurde (Art. 54; §§ 28a, 29 StGB.). Die Freiheitsstrafen sind grundsätzlich sogleich nach Eintritt der Rechtskraft des Urteils zu vollziehen (§ 55 Abs. I Allg. VollzB. 1879 S. 496). Die dem Amtsrichter zukommenden Geschäfte der Strafvollstreckung können auch in Forstrügesachen nach Maßgabe der MB. vom 21. 12. 1929 (JMBl. S. 94) und des § 96 der Dienstvorschriften für Strafsachen vom 13. 1. 1926 (JMBl. S. 1) dem gerichtlichen Urkundsbeamten zur Erledigung in eigener Verantwortung übertragen werden.

b) Alle Geldbeträge (Geldstrafen, Wert- und Schadenersatz, Kosten) sind vom zuständigen Finanzamt einzuziehen; das Verfahren ist in den Art. 181—187 geregelt. Die Forstämter haben die Finanzämter zu unterstützen (§ 83f. der GeschAnw.).

c) An forstpolizeilichen Anordnungen durch die Gerichte kommt nur mehr die Verfügung der Aufforstung durch das Forstamt nach Art. 42 Abs. II sowie der Wiederherstellung des früheren Zustandes nach Art. 92, 93 Ziff. 4 und Art. 94 in Betracht; für den Vollzug dieser Anordnungen hat die Forstpolizeibehörde (Art. 109 Abs. I Ziff. 1) im Benehmen mit dem Forstamt zu sorgen; die örtliche Zuständigkeit bestimmt sich nach der Lage des Waldgrundstücks.

Unterbrechung der Vollstreckungsverjährung Art. 74.

Vollzug der forstpolizeilichen Verfügungen vor Eintritt der Rechtskraft.

Artikel 180. (171/178).

In Ansehung der durch die zuständigen Gerichte getroffenen forstpolizeilichen Verfügungen wird der Vollzug im Falle einer gegen das Urteil eingelegten Berufung oder Revision nur dann aufgeschoben, wenn dieses von dem Gerichte zweiter Instanz, beziehungsweise von dem Oberlandesgerichte, angeordnet wird.

Art. 180 bestimmt, daß die forstpolizeilichen Anordnungen der strafgerichtlichen Urteile entgegen dem in Art. 178 und § 449 StPO. aufgestellten Grundsatze regelmäßig im öffentlichen Interesse schon vor Eintritt der Rechtskraft vollzogen werden können. In Betracht kommen die Anordnungen nach Art. 42 Abs. II, 92, 93 Ziff. 4 und 94. An die Stelle des Oberlandesgerichts ist das Oberste Landesgericht getreten. Die forstpolizeilichen Anordnungen werden aber nur dann vor Eintritt der Rechtskraft zu vollziehen sein, wenn dies das öffentliche Interesse dringend erfordert; wenn die Anordnungen des Untergerichts aufgehoben werden, sind die bereits angefallenen Kosten des Vollzugs endgültig von der Staatskasse zu tragen (soweit nicht etwa ungerechtfertigte Bereicherung in Frage kommt); vgl. auch Anm. 1 zu Art. 78.

Einzugsverzeichnis.

Artikel 181. (172/179).

Innerhalb vierzehn Tagen nach eingetretener Rechtskraft haben die Amtsgerichte über die rechtskräftig erkannten Geldstrafen, Wert-, Schadenersatz- und Kostenbeträge ein Einzugsverzeichnis aufzustellen und dasselbe an das betreffende Rentamt zu übersenden.

Allg. VollzB. 1879 (1885).

§ 54.

I Die Forstämter sind verpflichtet, den Rentämtern jede zulässige Unterstützung in bezug auf die Beitreibung der erkannten Forststrafen zu gewähren und haben insbesondere auf Grund der Übersichten den Rentämtern jene Personen zu bezeichnen, welchen ihre Schuldigkeit von den durch Waldarbeit verdienten Löhnen in Abzug gebracht werden kann.

II Überhaupt werden sämtliche Behörden vereint dahin zu wirken suchen, daß die Umwandlung der Geldstrafen in Haft so viel als nur immer möglich vermieden wird, und es ist deshalb der gesetzlich zulässige Abzug an Löhnen für alle öffentlichen Arbeiten den Rentämtern seitens der betreffenden Behörden möglichst zu erleichtern.

Die Art. 181—187 regeln das Verfahren zur Einziehung der Geldbeträge (d. i. der Geldstrafen, des Wert- und Schadenersatzes und der Kosten des Verfahrens und der Vollstreckung einschließlich des Vollzuges der Anordnungen forstpolizeilicher Natur, s. Anm. zu Art. 180). Nach Art. 181 hat die Geschäftsstelle des Amtsgerichts, das in erster Instanz geurteilt hat, ein Einzugsverzeichnis aufzustellen und dem Finanzamt des Wohn- oder Aufenthaltsortes des Verurteilten zu übersenden. Das Einzugsverzeichnis dient nur zur Benachrichtigung des Finanzamts; Vollstreckungstitel ist das rechtskräftige Urteil oder der Strafbefehl.

Für die Einziehung von Geldbeträgen kommen folgende Möglichkeiten in Frage: Erhebung aus hinterlegten Beträgen (Art. 183), Zahlung durch den Schuldner (Art. 182 Abs. I), Abzug von Löhnen, soweit er nach dem bürgerlichen Recht zulässig ist, Pfändung und Versteigerung schuldnerischer Habe (Art. 182 Abs. II und III), Erhebung von seiten des Zivilverantwortlichen, Umwandlung der Geldstrafe in Haft gegenüber dem verurteilten Angeklagten. Der Amtsrichter kann dem verurteilten Angeklagten auch gestatten, eine uneinbringliche Geldstrafe durch freie Arbeit zu tilgen (§ 28b StGB.). Von der Umwandlung einer Geldstrafe in Freiheitsstrafe soll möglichst wenig Gebrauch gemacht werden (§ 54 Abs. II Allg. VollzB. 1879, s. vorstehend); vor der Umwandlung ist daher stets zu versuchen, den etwa verurteilten Zivilverantwortlichen in Anspruch zu nehmen; für die Inanspruchnahme des Zivilverantwortlichen ist nicht notwendig, daß gegen den verurteilten Angeklagten vorher vergeblich die Zwangsvollstreckung versucht wurde (Anm. 1 zu Art. 69); auch gegen den Zivilverantwortlichen kann vollstreckt werden. Der Versuch, die Geldstrafe beizutreiben, kann gegenüber dem verurteilten Angeklagten wie Zivilverantwortlichen unterbleiben, wenn mit Sicherheit vorauszusehen ist, daß sie aus dem beweglichen Vermögen des Verurteilten nicht beigetrieben werden kann (§ 28a StGB.). Die Auswahl unter den mehrfachen Möglichkeiten für die Einziehung von Geldbeträgen liegt im Rahmen der Gesetze grundsätzlich im Ermessen des mit der Einziehung befaßten Finanzamts. Zur Umwandlung der Geldstrafe in die ersatzweise Freiheitsstrafe ist ein Beschluß des Amtsrichters erforderlich. Kann die Geldstrafe ohne Verschulden des Verurteilten nicht eingebracht werden, so kann der Amtsrichter anordnen, daß die Vollstreckung der Ersatzstrafe unterbleibt; dabei findet § 462 StPO. Anwendung (§ 29 Abs. VI StGB.). Die dem Amtsrichter bei der Strafvollstreckung obliegenden Entscheidungen mit Ausnahme des Begnadigungswesens, der Entscheidungen über Aufschub und Unterbrechung der Strafvollstreckung sowie der Entscheidungen nach §§ 458—462 StPO. können Urkundsbeamten als Rechtspflegern übertragen werden (MB. vom 21. 12. 1929, JMBl. S. 94).

Zur Umwandlung der Geldstrafen in Haft vgl. auch Ziff. 92ff. der MB. vom 20. 6. 1915, GVBl. S. 156 samt Formblättern; dabei ist jedoch zu beachten, daß die Umwandlung in Forstrügesachen jetzt den gleichen Vorschriften unterliegt wie im allgemeinen Strafverfahren (Art. 54); die Ersatzfreiheitsstrafe ist für den Fall der Uneinbringlichkeit der Geldstrafe bereits im Urteil oder Strafbefehl anzudrohen (Begr. zur Novelle 1923); ist dies nicht geschehen, so ist nach § 459 StPO. zu verfahren. Umgewandelt werden kann nur eine nicht einbringliche Geldstrafe, niemals ein nicht einbringlicher Wert- und Schadenersatz- oder Kostenbetrag. Zur Umwandlung s. auch Anm. 2 zu Art. 54.

Zahlungsfrist; Hilfsvollstreckung. **Artikel 182.** ($^{173}/_{180}$).

^I Der Verurteilte ist verbunden, die Beträge, zu deren Zahlung er verurteilt ist, innerhalb acht Tagen nach Empfang des rentamtlichen Zahlungsbefehls zu entrichten.

^II In Ansehung der Hilfsvollstreckung kommen die allgemeinen Bestimmungen über das Exekutionsverfahren der k. Rentämter zur Anwendung.

^III Sind mit Beschlag belegte Gegenstände vorhanden, so ist die Hilfsvollstreckung vorerst an diesen vorzunehmen.

1. Das Finanzamt hat nach Eingang des Einzugsverzeichnisses gemäß Ziff. 89ff. der MB. vom 20. 6. 1915 (GVBl. S. 156) und Art. 182—187 zu verfahren. Art. 182 stellt für den Verurteilten eine gesetzliche Zahlungsfrist auf (Abs. I); Abs. II und III regeln die Hilfsvollstreckung durch das Finanzamt d. h. die Pfändung und Versteigerung von Gegenständen des Schuldners zur Tilgung der Schuld, wenn diese nicht bar bezahlt wird. Die §§ 55 Abs. II bis 69 (außer § 60 Abs. II, IV und V) Allg. VollzB. 1879 nebst den dazu gehörigen Formblättern sind jetzt ersetzt durch Ziff. 72—103 samt Formblättern der MB. vom 20. 6. 1915 (GVBl. S. 156); vgl. Ziff. 103 a. a. O. Hinausgabe des Überschusses Art. 187.

2. Beschlagnahmte Gegenstände Art. 131; sind solche vorhanden, so muß die Vollstreckung erst an diesen und dann erst nötigenfalls an der anderen Habe des Verurteilten versucht werden. Vgl. auch Art. 183 und 186.

3. Art. 182 gilt auch in Richtung gegen den Zivilverantwortlichen (Art. 69; vgl. Anm. 1 zu Art. 172).

Artikel 183. ($^{174}/_{181}$).

In den durch Art. 134 und 136 bezeichneten Fällen sind die rechtskräftig erkannten Geldstrafen samt dem Wert- und Schadenersatze, sowie den Kosten sogleich aus dem hinterlegten Betrage, beziehungsweise aus dem in amtlicher Verwahrung befindlichen Versteigerungserlöse zu erheben.

Im Falle des Art. 183 braucht das Finanzamt nicht erst den Verurteilten zur Zahlung aufzufordern; der geschuldete Betrag ist vielmehr unmittelbar aus der Hinterlegungssumme oder dem Versteigerungserlös zu erheben; reichen diese Beträge nicht aus, so ist der Rest vom Schuldner einzuziehen.

Vgl. auch die Anm. zu Art. 181 und 182.

Teilweise Beitreibung. **Artikel 184.** ($^{175}/_{182}$).

Kann die Zahlung nur teilweise beigetrieben werden, so geht das Bezahlte zuerst auf Rechnung der Kosten, hienach des Wert-, sodann des Schadenersatzes und zuletzt der Geldstrafe.

Allg. VollzB. 1879.

§ 60 Abs. II.

^II Der Vollzug der (Ersatz-)Haftstrafen ist durch den Gerichtsvorstand alsbald einzuleiten und, wenn keine unüberwindlichen Hindernisse entgegentreten, in längstens zwei Monaten vom Tage der Mitteilung der Verzeichnisse an zu bewirken.

Art. 184 regelt die Anrechnung der eingegangenen Beträge, wenn diese zur völligen Tilgung der Schuld nicht ausreichen. Zu den Kosten zählen jetzt auch die Kosten der Vollstreckung.

Wert- und Schadenersatz. **Artikel 185.** ($^{176}/_{183}$).

^I Gebührt der Betrag des Wert- und Schadenersatzes Gemeinden, Stiftungen, Körperschaften oder Privatpersonen, so ist derselbe mit einem Verzeichnisse über die nicht einbringlichen Ersatzbeträge den Berechtigten hinauszugeben.

II Den Berechtigten ist überlassen, die als nicht einbringlich bezeichneten Ersatzbeträge selbst beizutreiben.

Art. 185 regelt die Verwendung der eingehobenen Wert- und Schadenersatzbeträge und die Beitreibung von Außenständen dieser Art, soweit nicht der bayerische Staat Gläubiger ist. Die Beitreibung nach Abs. II geschieht in der Weise, daß der Gläubiger dem Gerichtsvollzieher zum Zwecke der Zwangsvollstreckung eine Ausfertigung des rechtskräftigen Urteils oder Strafbefehls samt dem Verzeichnis über die nicht einbringlichen Ersatzbeträge übergibt; der Gerichtsvollzieher verfährt nach §§ 753ff. ZPO. Dem Gläubiger ist auf Antrag vom Gericht eine Ausfertigung des rechtskräftigen Urteils oder Strafbefehls zu erteilen. Der Gläubiger kann auch gegen den Zivilverantwortlichen (Art. 69) vollstrecken lassen.

Ist der bayerische Staat Gläubiger, so werden die eingegangenen Beträge in die Staatskasse abgeführt; die Beitreibung des Restes bleibt beim Finanzamt.

Objektives Verfahren.

Artikel 186. (177/184).

I Ist der Tatbestand eines Frevels hergestellt, der Frevler selbst aber nicht entdeckt worden, so sind die mit Beschlag belegten Gegenstände, insoferne dieselben nicht schon zufolge der Bestimmung des Art. 136 versteigert wurden, nach Verlauf von drei Monaten, — vom Tage des Beschlages an gerechnet, — der Versteigerung zu unterwerfen.

II Aus dem Erlöse werden vorerst die infolge der Beschlagnahme erlaufenen Kosten, sowie die Gerichtskosten, hienach der Wert- und zuletzt der Schadenersatz erhoben.

III Wert- und Schadenersatz sind von dem Amtsgerichte auf den Grund des Forstrügeverzeichnisses, beziehungsweise des Anzeigeprotokolls festzustellen.

Art. 186 behandelt eine Art objektives Verfahren (vgl. § 42 StGB., §§ 430—433 StPO.). Er bezieht sich nur auf Forstfrevel und nur auf die gepfändeten Gegenstände des Täters (Art. 131), nicht auf die entwendeten Walderzeugnisse (Art. 138); die letzteren sind dem Eigentümer zurückzugeben (§ 111 StPO.); auch Beweismittel nach § 94 StPO. fallen nicht unter Art. 186. Die Versteigerung ist von dem nach Art. 132 zuständigen Amtsgericht beschlußmäßig anzuordnen und vom Gerichtsvollzieher durchzuführen. Auch der Wert- und Schadenersatz wird vom gleichen Gericht beschlußmäßig, ohne vorherige mündliche Verhandlung nach Anhörung des Vertreters der Forstbehörde festgestellt; der Geschädigte ist auch hier wie im ordentlichen Verfahren nicht Partei. Wird gegen den Frevler nachträglich das Strafverfahren durchgeführt, so ist der Erlös anzurechnen. Verbleibt nach Deckung der Kosten gemäß Abs. II ein Überschuß, so verfällt er dem Staat, wenn nicht der Eigentümer dem Gericht nachträglich bekannt wird (Art. 187 Abs. II).

Vollstreckung in gepfändete Gegenstände, wenn der Frevler bekannt ist, Art. 182 Abs. III. Vgl. Hümmer S. 87ff.

Überschüsse.

Artikel 187. (178/185).

I In allen Fällen ist der nach Erhebung der Kosten, des Wert- und Schadenersatzes, sowie der Geldstrafe verbleibende Rest des Versteigerungserlöses oder des zur Sicherheit hinterlegten Betrages dem Eigentümer zurückzugeben.

II Ist der Eigentümer der mit Beschlag belegten Gegenstände unbekannt, so fällt jener Rest nach Verlauf eines Jahres, vom Tage der Versteigerung an gerechnet, der Staatskasse zu.

Art. 187 bestimmt, was mit dem beim Vollzug der Urteile in Forstrügesachen sich etwa ergebenden Barüberschuß zu geschehen hat. Ist der Eigentümer der versteigerten Gegenstände (Art. 136, 182, 186) oder des hinterlegten Betrages (Art. 129, 134) bekannt, so ist ihm der Überschuß zu erstatten; ist er nicht bekannt und wird er auch innerhalb eines Jahres nicht bekannt, so verfällt der Überschuß der Staatskasse. Das Gericht ist nicht verpflichtet, nach dem Eigentümer Ermittlungen anzustellen. Vgl. auch Art. 186.

Anwendung der Strafprozeßordnung und des Gerichtsverfassungsgesetzes.

Artikel 188. (179/186).

I Insoweit nicht das gegenwärtige Gesetz etwas Anderes bestimmt, kommen bezüglich des Verfahrens in Forstrügesachen die Vorschriften des Reichs-Gerichtsverfassungsgesetzes und der Reichs-Strafprozeßordnung zur Anwendung.

II Für die durch den Gerichtsdiener erfolgenden Zustellungen in dem Verfahren vor den Amtsgerichten kann das Staatsministerium der Justiz anordnen, daß das Schriftstück offen übergeben wird, und eine abgekürzte Beurkundung in tabellarischer Form vorschreiben.

III Das offen zu übergebende Schriftstück wird mit der Geschäftsnummer bezeichnet, unter der es in dem zur Beurkundung der Zustellung bestimmten Verzeichnis eingetragen ist. Der Tag der Zustellung ist auf dem Schriftstücke zu vermerken.

1. Abs. I: Die wichtige Bestimmung des Art. 188 Abs. I umschreibt die Rechtsgrundlagen des Forstrügeverfahrens; sie stützt sich auf § 3 Abs. III EG.StPO. Zunächst sind die Vorschriften des Forstgesetzes über die Zuständigkeit und das Verfahren der Forststrafgerichte (Art. 116—188) maßgebend; diese gehen den reichsrechtlichen Bestimmungen des Gerichtsverfassungsgesetzes und der Strafprozeßordnung vor; letztere sind nur ergänzend anzuwenden, d. h. wenn im Forstgesetz ein Gegenstand erschöpfend geregelt ist, können die einschlägigen Vorschriften des Reichsrechts überhaupt nicht angewendet werden; ist dagegen ein Gegenstand im Forstgesetz nicht oder nur teilweise geregelt, so sind die Lücken durch unmittelbare Anwendung der treffenden Vorschriften des Gerichtsverfassungsgesetzes und der Strafprozeßordnung zu füllen; vereinzelt schreibt dies — unnötigerweise — das Forstgesetz noch besonders vor, z. B. in Art. 176 und 177. Wieweit im einzelnen die Bestimmungen des Gerichtsverfassungsgesetzes und der Strafprozeßordnung anwendbar sind, ist jeweils in den vorstehenden Anmerkungen untersucht.

Ergänzend anwendbar sind auch die Einführungsgesetze zu den beiden Gesetzen, z. B. § 9 EG.GVG., § 3, § 6 Ziff. 1 und § 7 EG.StPO. Vgl. auch Anm. 1 vor Art. 116 und Art. 190.

Anzuwenden sind die genannten Gesetze in der jeweils geltenden Fassung (ObLG. Bd. 27 S. 187). Die nur verfahrensrechtlichen Bestimmungen des Jugendgerichtsgesetzes sind auf Forstrügesachen überhaupt nicht anwendbar; sollten sie anwendbar sein, so müßte dies gesetzlich bestimmt werden (vgl. § 3 Abs. III EG.StPO., Art. 188 FG., § 18 JugGG., MB. vom 17. 5. 1923 — JMBl. S. 21, 25 —; s. auch S. 260f. und Anm. 1 vor Art. 116).

2. Abs. II und III: Diese wurden durch Art. 146 AG.BGB. eingefügt; die Änderung ist bereits berücksichtigt in den §§ 59—66 der Bek. vom $\frac{2.\ 3.\ 1910}{22.\ 5.\ 1924}$ über die Ausführung der Zustellungen von Amts wegen (s. die Anm. 3 zu Art. 154).

Sechste Abteilung.

Schlußbestimmungen.

Die Schlußbestimmungen haben nur mehr teilweise Bedeutung; bedeutungslos geworden sind die Übergangsbestimmungen der Art. 191 und 192. Heute noch wichtig ist Art. 190. Art. 189 setzt den Geltungsbereich des Gesetzes und den Zeitpunkt seines Inkrafttretens fest.

Artikel 189. (180/187).

I Der Tag, an welchem das gegenwärtige, für die Landesteile diesseits des Rheines[2] bestimmte und im Gesetzblatte zu verkündende Gesetz in Wirksamkeit tritt, wird, vorbehaltlich der Bestimmungen der Art. 31 Abs. 5, Art. 33 und Art. 42 Abs. 1 durch Regierungsverordnung festgesetzt.

II Es darf jedoch dieser Tag nicht über ein Jahr nach Verkündung[2] des Gesetzes hinausgesetzt werden.

1. **Diesseits des Rheins:** Das Forstgesetz erstreckt sich nur auf das rechtsrheinische Bayern; in der Pfalz gilt das Forststrafgesetz, in seiner ersten Fassung erlassen am 28. 12. 1831 (GBl. S. 265), seitdem mehrfach geändert; der heute geltende Text ist im Anhang abgedruckt. Das pfälzische Forststrafgesetz regelt aber nur einen Teil der Gegenstände des Forstgesetzes. Der sachlichrechtliche Teil des Forststrafgesetzes behandelt nur die Forstfrevel; für die Forstpolizeiübertretungen fehlt in der Pfalz eine einheitliche Rechtsquelle; sie sind mit den dazu gehörigen forstpolizeilichen Geboten und Verboten in vielen Einzelvorschriften geregelt. Der verfahrensrechtliche Teil des Forststrafgesetzes bezieht sich auf die Forstfrevel und die Forstpolizeiübertretungen; außer dem Teil für die Forstpolizeiübertretungen fehlt im Forststrafgesetz auch ein Abschnitt über die forstpolizeilichen und die forstwirtschaftlichen Bestimmungen und die Forstberechtigungen. Auch zum pfälzischen Forststrafgesetz sind ausführliche Vollzugsvorschriften erlassen, die sich größtenteils auf das Verfahren beziehen.

Das Forstgesetz und das pfälzische Forststrafgesetz haben auf den von beiden geregelten Gebieten viele Ähnlichkeiten im Aufbau und in den einzelnen Bestimmungen. Die Entstehungsgeschichte des (älteren) Forststrafgesetzes kann nicht selten zur Auslegung des Forstgesetzes herangezogen werden, da das letztere dem ersteren teilweise nachgebildet wurde. Auch die Rechtsprechung und das Schrifttum zum einen Gesetz kann vielfach zur Auslegung des anderen dienen (vgl. ObLG. 7. 7. 1914).

Das Forstgesetz ist in Coburg an Stelle der dortigen fast durchwegs strengeren Bestimmungen eingeführt worden mit Wirkung vom 1. 4. 1922 (Gesetz vom 18. 12. 1920, GVBl. S. 498; MB. vom 15. 3. 1922, GVBl. S. 206).

2. **Verkündung:** Das Gesetz ist verkündet worden am 2. April 1852 (Tag der Ausgabe des Gesetzblattes); dieser Zeitpunkt kann noch von Bedeutung sein nach Art. 33, 42 Abs. I (und Art. 31 Abs. V); in Kraft getreten ist das Gesetz am 1. 1. 1853 (VO. vom 14. 7. 1852, GBl. S. 801). Wann die späteren Änderungen in Wirksamkeit traten, wurde jeweils bestimmt.

Verhältnis des Forstgesetzes zu den älteren Vorschriften.

Artikel 190. ($^{181}/_{188}$).

Mit dem Tage, an welchem das gegenwärtige Gesetz in Wirksamkeit tritt[2], werden die den vorstehenden Vorschriften entgegenstehenden Bestimmungen der dermaligen Gesetze über Forstberechtigungen[3], dann alle[4] früheren Gesetze, Verordnungen und Gewohnheitsrechte über die Forstpolizei, sowie über die Forstpolizeiübertretungen und Forstfrevel außer Wirksamkeit gesetzt, vorbehaltlich[5] jedoch der im Art. 44 erwähnten Alpen- und Weide-Ordnungen und der Bestimmungen der Art. 191 und 192, sowie unbeschadet der mit anderen Staaten über die Verhütung und Bestrafung der in den Grenzwaldungen verübten Forstfrevel abgeschlossenen Verträge.

1. **Geltungsbereich:**

a) Art. 190 enthält eine wichtige Bestimmung; er stellt das Forstgesetz in den Rahmen der sonstigen gleichartigen Bestimmungen und weist ihm dort seinen Platz an, der mit geringen Ausnahmen die vollständige Vorherrschaft des Forstgesetzes bedeutet (vgl. S. 40 ff., 43 ff., 190 f., 245 ff., 406 ff., 434 ff. und Art. 188 Abs. I). Art. 190 enthält zwei Hauptteile: im ersten wird ausgeführt, welche Vorschriften dem Forstgesetz weichen müssen, im zweiten, welche Vorschriften dem Forstgesetz vorgehen.

I. Teil: Mit der Einführung des Forstgesetzes sind **außer Wirksamkeit gesetzt** worden:

a) die früheren gesetzlichen Vorschriften über Forstberechtigungen, soweit sie mit dem Forstgesetz in Widerspruch stehen,

b) alle vor dem 1. 1. 1853 in Wirksamkeit getretenen Gesetze, Verordnungen und Gewohnheitsrechte über:

a) die Forstpolizei,
b) die Forstpolizeiübertretungen und
c) die Forstfrevel

ihrem vollen Umfange nach.

II. Teil: Auch nach der Einführung des Forstgesetzes **gelten weiter**:

a) die Alpen- und Weideordnungen nach Art. 44. FG.,
b) die Verträge, die Bayern vor dem 1. 1. 1853 mit anderen Staaten über die Verhütung und Bestrafung der in den Grenzwaldungen verübten Forstfrevel abgeschlossen hat (vgl. S. 256 f.);

die letzteren (b) gehen den Bestimmungen des Forstgesetzes vor, die ersteren (a) sind dem Forstgesetz eingefügt (Art. 44).

b) Verhältnis der Bestimmungen des Forstgesetzes zu den nach dem 1. 1. 1853 ins Leben getretenen Vorschriften: Dieses kann grundsätzlich nicht auf Grund des Art. 190 beurteilt werden, da in ihm nur das Verhältnis zu den am 1. 1. 1853 bereits bestehenden Vorschriften geregelt ist (s. aber unten Anm. 5); es ergibt sich vielmehr aus den später erlassenen Vorschriften und den allgemeinen Auslegungsregeln; immerhin kann u. U. für die Auslegung auch der in Art. 190 zum Ausdruck gekommene Wille des Gesetzgebers herangezogen werden; bei der Beurteilung des Verhältnisses des Forstgesetzes zu anderen Bestimmungen ist zu beachten, daß die Bestimmungen des Forstgesetzes grundsätzlich öffentliches Recht sind, das allen entgegenstehenden bürgerlichrechtlichen Bestimmungen vorgeht.

c) Wenn nach Art. 190 Vorschriften außer Wirksamkeit getreten sind, so sind es nicht nur die sachlichrechtlichen, sondern auch die entsprechenden verfahrensrechtlichen Bestimmungen. Aus der Aufzählung der Vorschriften, die außer Wirksamkeit gesetzt sind, kann andererseits gefolgert werden, welche am 1. 1. 1853 bestehenden Vorschriften durch das Forstgesetz nicht außer Wirksamkeit gesetzt worden sind und noch weiter gelten, soferne sie nicht inzwischen ihre Geltung verloren haben.

d) In Art. 190 sind von den sechs Abteilungen des Forstgesetzes vier erwähnt: die 2. (Forstberechtigungen), die 3. (Forstpolizeiliche Bestimmungen), die 4. (Forstpolizeiübertretungen und Forstfrevel) und die 5. (Zuständigkeit und Verfahren der Forstpolizeibehörden und der Forststrafgerichte; denn unter den Bestimmungen über Forstpolizei, Forstpolizeiübertretungen und Forstfrevel sind sowohl die sachlichrechtlichen wie die verfahrensrechtlichen zu verstehen); nicht erwähnt ist die letzte Abteilung (Schlußbestimmungen) und die erste Abteilung (Forstwirtschaftliche Bestimmungen). Daß die letzte Abteilung nicht erwähnt wird, versteht sich von selbst; aus dem Übergehen der ersten Abteilung ist zu folgern, daß die einschlägigen früheren Bestimmungen so weit außer Kraft gesetzt sein sollen, als sie mit der ersten Abteilung des Forstgesetzes in Widerspruch stehen; im übrigen gelten sie auch nach dem 1. 1. 1853 weiter; es gilt soweit also das gleiche, was Art. 190, um Zweifel auszuschließen, bei den Forstberechtigungen ausdrücklich hervorhebt; die zweite Abteilung (Forstberechtigungen) wurde erst auf Antrag der Kammer der Reichsräte in Art. 190 aufgenommen. Die erste Abteilung des Forstgesetzes regelt die Beschränkungen des Waldbesitzers aus forstwirtschaftlichen Gründen erschöpfend (Art. 1 FG.); Vorschriften, die bis zum 1. 1. 1853 noch weitere Beschränkungen des Waldbesitzers vorgesehen haben, treten außer Wirksamkeit; nicht dagegen solche Vorschriften, die Beschränkungen aus anderen als forstwirtschaftlichen Gründen zugelassen haben (z. B. das Zwangsabtretungsgesetz), es sei denn, daß es sich um forstpolizeiliche Bestimmungen handelt; diese letzteren sind alle außer Wirksamkeit getreten, gleichviel ob sie sich mit dem Forstgesetz vertragen oder nicht. Wenn Gesetze und Verordnungen außer Wirksamkeit getreten sind, sind es insoweit auch die dazu erlassenen Vollzugsvorschriften der Ministerien und nachgeordneten Stellen. Vgl. auch die Erkenntnisse in Anm. 4.

2. In Wirksamkeit getreten: Am 1. 1. 1853 (s. Anm. 2 zu Art. 189).

3. Forstberechtigungen: Durch das Forstgesetz wurden nicht alle in Geltung gewesenen gesetzlichen Bestimmungen über Forstberechtigungen aufgehoben, sondern nur jene, die mit den einschlägigen Bestimmungen des Forstgesetzes in Widerspruch stehen. Es ist nur von früheren Gesetzen die Rede; es gehören aber auch Bestimmungen anderer Art (Verordnungen, Gewohnheitsrechte usw.) hieher. Soweit die bis zum 1. 1. 1853 in Geltung gewesenen Bestimmungen über Forstberechtigungen mit den einschlägigen Bestimmungen des Forstgesetzes nicht in Widerspruch stehen, sind sie in Geltung geblieben, es sei denn, daß sie inzwischen anderweit außer Wirksamkeit gesetzt oder aufgehoben worden sind. Gemeint sind die sachlichrechtlichen und die verfahrensrechtlichen Bestimmungen. Diese Bestimmungen sind grundsätzlich auch bei der Einführung des BGB. aufrechterhalten worden (vgl. S. 124 f., 135 ff.).

4. Alle: Gleichgültig, ob sie sich mit den Bestimmungen des Forstgesetzes vereinbaren lassen oder nicht. Mit den „Gesetzen, Verordnungen und Gewohnheitsrechten" sind auch alle dazu ergangenen Ausführungs- und anderen Bestimmungen beseitigt; also auch solche Erlasse, die bestimmte Waldungen von der Beachtung der forstpolizeilichen Vorschriften befreit haben, gleichgültig, ob sie in Gesetzes- oder anderer Form ergangen sind; vgl. die Entscheidung des OGH. vom 23. 12. 1865, in der ausgeführt ist: „Der Satz, daß durch das spätere Gesetz nur die frühere gesetzliche Regel, nicht aber die von dieser gemachten Ausnahmen aufgehoben werden, erscheint dann nicht anwendbar, wenn das neue Gesetz gerade in einer durchgreifenden Neugestaltung des betreffenden Rechtsstoffes seine Hauptaufgabe sucht und zu diesem Behufe von bestimmten leitenden Gesichtspunkten ausgeht, die nur bei einer ausnahmslosen Durchführung den beabsichtigten Zweck herbeizuführen vermögen. Es muß daher bei der Anwendung des Forstgesetzes an dem Grundsatz festgehalten werden, daß die darin aufgestellten forstpolizeilichen Vorschriften für alle zur Zeit des Eintritts der neuen Gesetzgebung noch bestehenden Privatwaldungen ohne Rücksicht auf früher etwa bestehende Ausnahmebestimmungen Platz zu greifen haben." Von der Einhaltung der forstpolizeilichen Bestimmungen des Forstgesetzes ist heute also (außer den Staatswaldungen und den staatlich verwalteten Stiftungswaldungen, s. S. 191 f.) kein Wald mehr befreit.

Ein weiteres Erkenntnis besagt: „Nach Art. 190 sind nicht bloß alle früheren Gesetze, Verordnungen und Gewohnheitsrechte, kraft deren die Waldbesitzer berechtigt waren, ihre Waldungen ohne vorhergehende obrigkeitliche Bewilligung auszuroden und einer anderen Kulturart zuzuwenden, mit dem 1. 1. 1853 außer Kraft getreten, was namentlich von der Verordnung vom 4. 6. 1805 über die Kultur des Gemeindegrundes (RBl. S. 689) gilt, sondern es kann auch aus einer vor dem Erscheinen des Forstgesetzes erteilten besonderen obrigkeitlichen Bewilligung zur Ausrodung und Kultur einer Waldung nicht die Berechtigung abgeleitet werden, diese Waldung auch noch nach dem 1. 1. 1853 ohne Bewilligung auszuroden."

Unter Forstpolizei im Sinne des Art. 190 ist wegen der Unterscheidung in der Aufzählung des Artikels nur die Forstpolizei im engeren Sinn, also im Vollzuge der Art. 34—37 einschließlich der dazu gehörigen Verfahrensvorschriften (Art. 109—115) zu verstehen (vgl. Anm. 1 vor Art. 34 und ObLGSt. Bd. 12 S. 215 ff.). Auch die Besitzer der ehemaligen bayerischen Domänenwaldungen sind den Bestimmungen des Forstgesetzes unterworfen (a. A. Bl. Bd. 4 S. 353). Den bei der Veräußerung gegenüber den Ankäufern „rücksichtlich der freien Behandlung" gemachten Zugeständnissen ist durch Art. 1 FG. Rechnung getragen; auf die „unveräußerlichen Kronrechte der Forsthoheit und Forstpolizei konnten sich die Zugeständnisse niemals beziehen"; so die Begründung zum Entwurf 1846 (Abg. Beil. Bd. 1 S. 180).

Entscheidend ist, daß nach dem klaren Wortlaut des Art. 190 (abgesehen von den Alpen- und Weideordnungen und den Staatsverträgen) ausnahmslos alle früheren Bestimmungen über die Forstpolizei, die Forstpolizeiübertretungen und die Forstfrevel außer Wirksamkeit gesetzt sind; die Untersuchung ob und wieweit sich die angeführten früheren Bestimmungen etwa mit dem Forstgesetz vereinbaren lassen, erübrigt sich als bedeutungslos. Die Forstpolizei, die Forstpolizeiübertretungen und Forstfrevel sind jetzt ausschließlich im Forstgesetz (Abteilungen III—V) geregelt.

5. Vorbehaltlich: Die Alpen- und Weideordnungen können und werden regelmäßig auch forstpolizeiliche Bestimmungen enthalten; die genannten Staatsverträge (S. 256 f.) beschäftigten sich mit Forstpolizei und Forstfreveln; nach der vorausgehenden Grundregel wären sie daher auch außer Wirksamkeit getreten; sie sollen aber bestehen bleiben und zwar nicht nur, soweit sie sich mit den (sonstigen) Bestimmungen des Forstgesetzes vereinbaren lassen, sondern im vollen Umfang; sie gehen also ihrerseits den übrigen Bestimmungen des Forstgesetzes vor. Dem Wortlaute nach dürften unter Art. 190 zunächst nur jene Alpen- und Weideordnungen und Staatsverträge fallen, die am 1. 1. 1853 bereits bestanden; nach dem Sinn der Vorschrift wird aber auch den späteren Alpen- und Weideordnungen und Staatsverträgen wie den früheren der Vorrang vor den einschlägigen Bestimmungen des Forstgesetzes zugesprochen werden müssen (vgl. Anm. 3 c zu Art. 44).

Artikel 191. ($^{182}/_{189}$).

Insoferne die Strafbestimmungen des gegenwärtigen Gesetzes milder sind, als die der früheren Gesetze, Verordnungen und Gewohnheitsrechte, finden dieselben auch auf solche Forstpolizeiübertretungen und Forstfrevel Anwendung, welche zwar vor dem Tage, an welchem dieses Gesetz in Wirksamkeit tritt, begangen wurden, jedoch erst nach demselben zur Aburteilung gelangen.

Artikel 192. ($^{183}/_{190}$).

In Ansehung der Zuständigkeit und des Verfahrens finden die Bestimmungen des gegenwärtigen Gesetzes nur auf solche Forstpolizeiübertretungen und Forstfrevel Anwendung, welche nach dem Tage begangen wurden, an welchem das gegenwärtige Gesetz in Wirksamkeit tritt.

Die Art. 191 und 192 sind Übergangsvorschriften, die keine praktische Bedeutung mehr haben.

III. Anhang.

Weitere einschlägige Gesetze und Ausführungsbestimmungen.

1. Das pfälzische Forststrafgesetz (revidierte Forststrafgesetz für die Pfalz) in seiner gegenwärtigen Fassung.[1])

Auf die entsprechenden Artikel des Forstgesetzes für das rechtsrheinische Bayern ist jeweils verwiesen.

I. Abschnitt. Von den Forstfreveln.

I. Kapitel. Allgemeine Bestimmungen über Forstfrevel und Strafen.

Begriff der Forstfrevel und Forstrügesachen.

Art. 1. I Jede durch das gegenwärtige Gesetz mit Strafe bedrohte Entwendung, Beschädigung oder Gefährde, ist als Forstfrevel zu betrachten. *(Vgl. Art. 49 FG.)*

II Die Forstpolizeiübertretungen, die Forstfrevel sowie die auf Forstfrevel bezüglichen Zuwiderhandlungen gegen § 361 Ziff. 9 des Strafgesetzbuches für das Deutsche Reich bilden die Forstrügesachen. *(Abs. II gleichlautend mit Art. 50 FG.)*

Strafen der Forstfrevel.

Art. 2. I Die Strafen wegen Forstfrevel sind:

1. Geldstrafe und
2. Haftstrafe, vorbehaltlich der für den Gewohnheitsfrevel angedrohten Gefängnisstrafe [von einunddreißig Tagen][2]) bis zu sechs Monaten. *(Vgl. Art. 51 Abs. II FG.)*

II Bayerische Staatsangehörige können auch wegen der außerhalb des bayerischen Staatsgebiets von ihnen verübten Frostfrevel nach den Bestimmungen des gegenwärtigen Gesetzes bestraft werden. *(Vgl. Art. 49 Abs. IV FG.)*

Art. 3. I Für Bemessung der Geldstrafe da, wo der Betrag nach dem Gesetze durch den Wert der entwendeten Gegenstände bestimmt werden soll, werden alle drei Jahre Wertbestimmungstabellen nach den Lokalpreisen (ohne Anschlag der Fabrikations- und Transportkosten) für jeden Distrikt im Kreise, wo die Preise der zu taxierenden Gegenstände merklich verschieden sind, von der Kreisregierungsfinanzkammer gemeinschaftlich mit der Kammer des Innern entworfen und bekannt gemacht. *(Vgl. Art. 65 FG.)*

II Auf eine geringere Geldstrafe als dreißig Reichspfennig darf bei Entwendungen, wenn auch der einfache Wert des Entwendeten weniger beträgt, nicht erkannt werden. *(Vgl. Art. 52 FG.)*

III Bei anderen Forstfreveln soll mit Ausnahme des Art. 26 die Geldstrafe nicht unter [fünfundvierzig Pfennig][3]) und nicht über [fünfundvierzig Mark][3]) zuerkannt werden.

Art. 4. Aufgehoben mit Gesetz vom 10. 8. 23.

Art. 5. An die Stelle einer uneinbringlichen Geldstrafe tritt, gleichgültig, ob es sich um Forstpolizeiübertretungen oder um Forstfrevel handelt, Haft nach Maßgabe des Strafgesetzbuchs für das Deutsche Reich. *(Gleichlautend mit Art. 54 FG.)*

Art. 6. Aufgehoben mit Ges. v. 10. 8. 23.

---

[1]) Vgl. dazu Anm. 1 zu Art. 189.

[2]) jetzt einem Tag (Art. 40 Abs. III).

[3]) nun nicht unter 1 u. nicht über 150 Reichsmark (VO. über Vermögensstrafen u. Bußen vom 6. 2. 1924, RGBl. I S. 44).

Zusammenfluß.

Art. 7. Aufgehoben mit Ges. v. 10. 8. 23.

Frevel durch mehrere.

Art. 8. I Wird ein Forstfrevel durch das Zusammenwirken mehrerer Personen verübt, so wird die Strafe gegen jede derselben ausgesprochen; für Entschädigung und Auslagen sind sie solidarisch verbunden.

II Diese Verfügung ist jedoch in Betreff der Strafe auf Personen einer und derselben Familie (Art. 13 Abs. 1 Ziff. 1—5) nicht anwendbar, welche gemeinschaftlich einen Forstfrevel nach Art. 19, 22 oder 23 begehen; diese werden solidarisch in die Strafe verurteilt. In dem Urteil oder den Strafbefehlen ist auszusprechen, gegen welchen oder welche Frevler die Umwandlung der Geldstrafe in Haftstrafe einzutreten hat, wenn erstere nicht beigetrieben werden kann. Geschieht die Umwandlung gleichzeitig gegen mehrere dieser Frevler, so darf dennoch die von den Einzelnen zu erstehende Haft zusammengerechnet die gesetzlich festgesetzte höchste Dauer der Haftstrafe nicht überschreiten. *(Vgl. Art. 56 FG.)*

Frevel durch Berechtigte.

Art. 9. Berechtigte, welche durch Überschreitung ihrer Berechtigung oder bei Ausübung derselben den Bestimmungen der Forstgesetze zuwiderhandeln, sind gleich den Nichtberechtigten strafbar und ersatzpflichtig. *(Vgl. Art. 49 Abs. II FG.)*

Allgemeine Erschwerungsgründe.

Art. 10. Folgende Umstände sollen außer den in den einzelnen Artikeln vorkommenden besonderen Erschwerungsgründen, als allgemeine Erschwerungsgründe beim Forstfrevel gelten:

1. wenn der Frevler nach Sonnenuntergang oder vor Sonnenaufgang den Frevel im Walde verübte;
2. wenn der Frevel an Sonn- oder gesetzlichen Feiertagen begangen wird;
3. wenn er mit Unkenntlichmachung des Frevlers begangen wird;
4. wenn der Frevler sich der Säge statt der Axt bedient, oder stehendes Holz ausgräbt;
5. wenn der vom Forstdiener nicht erkannte Frevler, obwohl angerufen und zum Stehenbleiben aufgefordert, sich gleichwohl entfernt;
6. wenn der Frevler die Angabe des Namens und Wohnortes verweigert, oder eine falsche Angabe macht;
7. wenn gepfändete Gegenstände demjenigen, welcher sie gepfändet hat, ohne Gewaltanwendung hinweggenommen werden, um sie den Folgen der Pfändung zu entziehen;
8. wenn der beim Frevel betroffene Frevler den angefangenen Frevel fortsetzt, trotz der Warnung des Forstdieners;
9. Aufgehoben mit Ges. v. 10. 8. 23.
10. Als weiterer allgemeiner Erschwerungsgrund beim Forstfrevel soll auch der Umstand gelten, wenn der Frevel in der Absicht verübt wurde, um die auf solche Art gewonnenen Waldprodukte in Natur oder verarbeitet, ganz oder teilweise zu verkaufen oder zu veräußern.
    Diese Absicht wird gesetzlich vermutet, wenn nach Beschaffenheit der entwendeten Waldprodukte und der persönlichen oder häuslichen Verhältnisse des Frevlers jene Gegenstände nicht wohl zur eigenen Verwendung dienen können. *(Vgl. Art. 59 FG.)*

Art. 11. I Die Wirkung eines oder mehrerer bei einem Forstfrevel zusammentreffenden Erschwerungsgründe besteht darin, daß die einfache Strafe um die Hälfte erhöht werden muß und bei mehreren Erschwerungsgründen bis zu ihrem dreifachen Betrage erhöht werden kann.

II Das Maximum der Haftstrafe darf jedoch nie überschritten werden; ebensowenig das in Art. 3 Abs. 3 festgesetzte Maximum der Geldstrafe in den dort bestimmten Fällen. *(Vgl. Art. 60 FG.)*

Haftung für Strafen, Schaden und Kosten.

Art. 12. I Der Straffällige haftet außer der Strafe auch für allen durch seinen Frevel veranlaßten Schaden und ist in die Kosten zu verurteilen, welche auf die Verfolgung und Aburteilung der strafbaren Handlung sowie auf die Strafvollstreckung erlaufen.

II Der Ersatz für den Wert des entwendeten Gegenstandes, soweit derselbe, falls ihn der Eigentümer zurückerhielt, hiezu nicht hinreicht, und für den sonst etwa erlittenen Schaden richtet sich nach den Bestimmungen gegenwärtigen Gesetzes und nach den Wertbestimmungstabellen.

III Doch bleibt dem Beschädigten sein Recht für den etwa behaupteten Mehrbetrag zur Geltendmachung auf dem gewöhnlichen Zivilwege vorbehalten. *(Vgl. Art. 62—68 FG.)*

Zivilverantwortlichkeit.

Art. 13. I Als zivilverantwortlich sind außer dem Forstfrevler vorzuladen und als haftbar für Geldstrafe, Wert- und Schadensersatz, dann für die Kosten — vorbehaltlich des Rückgriffs, wo ein solcher statthat, — mitzuverurteilen:

1. die Ehemänner wegen der Frevel ihrer bei ihnen wohnenden Ehefrauen;
2. die Väter und nach ihrem Tode die Mütter wegen der Frevel ihrer bei ihnen wohnenden und noch unverheirateten Kinder (leibliche Kinder, Stief-, Adoptiv- und Pflegekinder);
3. die Vormünder und Pfleger sowie überhaupt diejenigen, welchen Minderjährige in Pflege gegeben sind, wegen der Frevel der bei ihnen wohnenden Pflegebefohlenen;
4. die Dienstherrschaften wegen der Frevel ihrer bei ihnen wohnenden Dienstboten;
5. die Lehrmeister und Gewerbsleute wegen der Frevel ihrer Zöglinge, Gesellen und Gehilfen, solange diese Personen unter ihrer Aufsicht stehen;
6. die Geschäftsgeber wegen der Frevel ihrer Arbeiter und Geschäftsträger, wenn der Frevel in oder bei der Ausführung der aufgetragenen oder anvertrauten Verrichtungen geschah.

II Diese dritten Personen sind von der Haftung für die Geldstrafe frei, wenn sie aus Anlaß des betreffenden Frevels selbst auf Grund des § 361 Ziff. 9 des Reichsstrafgesetzbuches bestraft werden, und von jeder Zivilverantwortlichkeit dann, wenn sie dartun, daß sie den Frevel nicht verhindern konnten. *(Vgl. Art. 69 FG.)*

Wer über die Entschädigung zu erkennen hat.

Art. 14. Der Beschädigte kann mit der Klage auf Entschädigung vor dem Zivilrichter auftreten. Erklärt er sich jedoch hierüber nicht vor Aburteilung des Frevels, so wird über die Entschädigung gleichzeitig mit der Strafe erkannt, unbeschadet der nach Art. 12 dem Beschädigten vorbehaltenen Separatklage für etwaigen Mehrbetrag der Entschädigung. *(Vgl. Art. 64 FG.)*

Vererbung der Strafe.

Art. 15. Die Verbindlichkeit zur Zahlung der erkannten Geldstrafe, sowie der Entschädigungen und Kosten, geht nach erfolgtem Ableben des Schuldigen auf seinen Nachlaß, beziehungsweise auf seine Erben und Rechtsnachfolger über. *(Vgl. Art. 71 FG.)*

Verjährung der Klagen.

Art. 16. I Die öffentliche Klage wegen Forstfrevels verjährt:
1. wenn der Täter unbekannt bleibt, binnen Jahresfrist vom Tage des begangenen Frevels an;
2. wenn der Täter bei der Tat oder binnen Jahresfrist entdeckt, und im Forstregister oder Protokoll richtig bezeichnet wurde, binnen drei Monaten vom Tage seines konstatierten Bekanntseins.

II Diese Verjährungsfristen werden durch Ladung oder Zustellung eines Strafbefehls, gegen Personen, welche nicht Angehörige des Deutschen Reiches sind, auch durch einen Vorführungsbefehl unterbrochen; von hier an läuft einjährige Verjährungsfrist, die durch weitere gerichtliche Akte unterbrochen werden kann und sich nur durch ein in Rechtskraft übergegangenes oder in letzter Instanz gesprochenes Urteil oder durch Ablauf von zwei Jahren seit dem Tage der Ladung, des Strafbefehls oder des Vorführungsbefehls schließt. *(Vgl. Art. 72 FG.)*

Verjährung der Strafen und Akzessorien.

Art. 17. I Die wegen Forstfrevels ausgesprochenen Strafen erlöschen durch Verjährung binnen zwei Jahren vom Tage der in letzter Instanz gesprochenen Urteile oder der erlangten Rechtskraft der Urteile erster Instanz.

II Diese Verjährung tritt ohne Rücksicht auf stattgehabte Verfolgungen ein.

III Die wegen Forstfrevels zuerkannten Ersatzleistungen unterliegen der Verjährung nach den Regeln der Zivilgesetzgebung. *(Vgl. Art. 73 u. 74 FG.)*

II. Kapitel. Von den einzelnen Forstfreveln und ihrer Bestrafung.

I. Entwendungen.

a) An gefälltem Holze, oder an stehendem grünen Holze oder an Holzpflanzen oder an grünen Laubholzstöcken in Niederwaldungen.

Art. 18. I Die Entwendung an gefälltem, aber noch nicht zum Verkaufe oder Verbrauche zugerichtetem Holze, oder an stehendem grünen Holze, wird belegt mit einer Geldstrafe, die dem ebenfalls zuzuerkennenden Ersatze des Wertes und eines Dritteils desselben für Schaden gleich ist. — Für Samenbäume und Hegreiser, Reifstangen, Hopfenstangen, Bohnenstangen, Erbsenreiser, Bindweiden, Besenreiser, Flechtgerten und Korbweiden soll, wenn die Entwendung an stehendem grünen Holze stattfand, statt jenes Dritteils der volle Betrag des Wertes für Schaden zuerkannt werden.

II Waren grüne Laubholzstöcke in Niederwaldungen, oder stehende grüne Eichen, Eschen, Ahorne, Ulmen oder Kastanien unter 40 Jahren Gegenstand der Entwendung, so besteht die Geldstrafe in dem doppelten Werte und nebstdem ist auf Ersatz des Wertes und auf einen demselben gleichkommenden Betrag für Schaden zu erkennen.

III Ist die Entwendung an Holzpflänzlingen jeder Art in natürlichen Besamungen unter 10 Jahren begangen worden, so wird der Ersatz des Wertes, wenn dieser nicht ein höherer ist, mit [drei Pfennig][1]) für jede Pflanze, und ebensoviel als Schadenersatz zuerkannt.

IV Diese Ansätze werden verdoppelt, wenn die Entwendung in künstlichen Ansaaten oder Pflanzungen von demselben Alter geschehen ist. In dem einen und dem anderen Falle soll die Geldstrafe dem doppelten Betrage des Wertes gleich sein. *(Vgl. Art. 79 u. 82 FG.)*

b) An Windfallholz oder an stehendem abgestorbenen Holz.

Art. 19. Die Entwendung an solchem liegenden Holze, welches der Wind oder ein sonstiges Naturereignis zur Erde gebracht hat und welches noch nicht verarbeitet ist, sowie die Entwendung an abgestorbenen noch stehenden Stämmen oder Ästen, wird belegt mit einer Geldstrafe, die dem zuzuerkennenden Ersatz des Wertes gleich ist. *(Vgl. Art. 80 FG.)*

c) An Lohrinde.

Art. 20. I Wer stehende Stämme schält und sich die Rinde zueignet, wird belegt mit einer Geldstrafe, die dem Werte des geschälten Holzes und der Rinde gleich ist; in demselben Betrage wird die Entschädigung zuerkannt.

II Wer liegende Stämme schält und sich die Rinde zueignet, unterliegt einer Geldstrafe, die dem Werte der Lohrinde gleich ist, und hat den Ersatz des Wertes zu leisten. *(Vgl. Art. 83 FG.)*

Besonderer Erschwerungsgrund.

Art. 21. Ist die Holzentwendung in Verbindung mit dem Aushauen des Waldhammerzeichens oder Waldeisens, sei es jenes der Forstbehörde, einer Gemeinde, öffentlichen Anstalt, oder eines Privaten, begangen worden, so liegt hierin ein Erschwerungsgrund. *(Vgl. Art. 59 Ziff. 11 FG.)*

d) An dürrem liegendem Holze oder an Stockholz außer den grünen Stöcken in Niederwaldungen.

Art. 22. I Wer unbefugterweise oder in den hierzu nicht angewiesenen Waldorten dürres oder angefaultes, zur Erde liegendes Holz oder Stockholz holt, wird nebst dem Ersatz des Wertes mit einer ihm gleichen Geldstrafe belegt.

II Ist das Stockholz aus jungen oder frischbesamten Schlägen geholt worden, so wird nebst dem Ersatze des Wertes ein Schadenersatz von einem Dritteile des Wertes zuerkannt. *(Vgl. Art. 84 FG.)*

e) An Laub oder Nadeln, Gras und Streuwerk.

Art. 23. I Wer unbefugterweise oder in den hierzu nicht angewiesenen Waldorten grünes oder trockenes Laub oder Nadeln holt, wird, nebst dem Ersatze des Wertes und eines Dritteils desselben für Schaden, mit einer dem Werte gleichen Geldstrafe belegt.

II Besteht der Gegenstand dieser unerlaubten Zueignung in Gras und Streuwerk, als Heide, Moos, Besenpfriemen, Farnkräutern usw., so tritt dieselbe Strafe nebst Wertersatz ein, der Schadenersatz von einem Dritteil weiter aber nur dann, wenn der Frevel in jungen in Schonung befindlichen oder in verhängten haubaren Waldungen geschah.

III Geschehen die hier erwähnten Frevel mit Hilfe von Hau- oder Schneidewerkzeugen, mittelst eiserner Rechen oder Steigeisen, so soll außer dem Wertersatze der Schadenersatz im vollen Betrage des Wertes zuerkannt werden. *(Vgl. Art. 85 FG.)*

f) An Waldsamen.

Art. 24. I Die Entwendung von Eicheln, Bücheln oder anderen Waldsamen wird neben dem Ersatze des Wertes mit einer dem Werte gleichkommenden Geldstrafe belegt.

II Wenn der Samen abgeschlagen, abgerissen oder zusammengekehrt worden oder die Entwendung in eingehegten Orten geschehen ist, soll überdies auf Schadenersatz in dem Betrage des Wertes und nicht über das Doppelte desselben gesprochen werden. *(Vgl. Art. 86 FG.)*

Rückfälle.

Art. 25. Aufgehoben mit Ges. v. 10. 8. 23.

II. Beschädigungen und andere Gefährden.

a) Rechtswidrige Weide.

Art. 26. I Derjenige, welcher unbefugt Vieh im Walde hütet oder weiden läßt, erleidet je nach Beschaffenheit des Frevels folgende Strafen:

für ein Pferd, ein Stück Rindvieh, einen Esel oder eine Ziege sechzig Reichspfennig, für dergleichen junges Vieh unter einem Jahre, oder für ein Schaf die Hälfte; für ein Schwein in der Mastzeit fünfundvierzig Reichspfennig und außer der Mastzeit dreißig Reichspfennig.

---

[1]) Jetzt drei Reichspfennig (VO. v. 25. 11. 1925, GVBl. S. 265).

II Wurden mehrere Stück Vieh, oder wurde die ganze Herde betreten, so sollen besagte Strafen die Summe von zweiundzwanzig Reichsmark fünfzig Reichspfennig nicht übersteigen.

III Hatte die Weide in verhängten Orten statt, so sind obige Beträge doppelt anzusetzen als einfache Strafe.

IV Werden wegen eines und desselben Weidefrevels mehrere Personen gleichzeitig verurteilt, so sind dieselben nur einmal, aber samtverbindlich in die Strafe zu verfällen. Dies gilt im Besonderen auch dann, wenn Vieh von einer verschiedenen Eigentümern gehörigen Herde unbefugt zur Weide gekommen ist. Hierbei finden die Bestimmungen des Art. 8 Abs. 2 Satz 2 und 3 gleichmäßige Anwendung.

V Das Weiden von Gänsen in verhängten Orten wird mit einer Strafe von drei Reichspfennig für jedes Stück belegt, jedoch darf die Strafe in keinem Falle den Betrag von drei Reichsmark sechzig Reichspfennig übersteigen. Gegebenenfalls haben die Bestimmungen des Abs. 4 gleichmäßige Anwendung zu finden.

VI Außer der Strafe ist auch auf Entschädigung, und zwar nicht unter der Hälfte des einfachen Strafbetrages zu erkennen.

VII Diese Bestimmung ist auch auf diejenigen anwendbar, deren Vieh ohne Hirten oder Hüter im Walde weidend betroffen wird.

VIII Das auf der Weide betretene Vieh kann sequestriert werden. *(Vgl. Art. 88 FG.)*

Art. 27. Die Bestimmungen des obigen Art. 13 über Zivilverantwortlichkeit finden auch gegen die Viehbesitzer wegen der von ihrem Hirten oder Hüter mit dem, demselben zur Hut anvertrauten Vieh begangenen Weidefrevel Anwendung, vorbehaltlich ihres etwaigen Rückgriffs gegen den Hirten oder Hüter. *(Vgl. Art. 69 Abs. I Ziff. 7 FG.)*

b) Leseholz- und Streusammeln außer der dafür festgesetzten Zeit.

Art. 28. I Mit [fünfundvierzig bis neunzig Pfennig][1]) wird bestraft, wer Leseholz und Stockholz, Gras oder Streuwerk, das ihm zu beziehen erlaubt ist, außer der dafür festgesetzten Zeit aus den angewiesenen Waldorten holt.

II Geschieht dieses mittelst eines Fuhrwerkes, oder werden beim Leseholz- und Streuwerkholen eiserne Rechen, Hacken oder Hau- und Schneidwerkzeuge angewendet, oder läßt sich jemand, damit versehen, im Walde betreten, oder ist der ausgestellte Leseholz-, Gras- oder Streuzettel, oder das betreffende Zeichen einem anderen überlassen worden, so tritt, und zwar im Falle dieser Überlassung gegen den überlassenden Teil, eine Strafe von [neunzig Pfennig bis zu neun Mark][1]) ein. *(Vgl. Art. 90 FG.)*

c) Holzabfuhr außer der bestimmten Zeit.

Art. 29. Mit [neunzig Pfennig bis zu neun Mark][1]) wird bestraft, wer anderes Holz außer dem Lese- und Stockholz, obgleich zum Bezuge befugt, außer den hierzu festgesetzten Tagen aus dem Walde holt, oder wer erkauftes oder angewiesenes Holz nicht innerhalb der hierzu festgesetzten Zeit abführt, oder ohne Passierschein (Abfuhrzettel) aus dem Walde bringt. *(Vgl. Art. 91 FG.)*

d) Unerlaubtes Fahren, Zerstören von Hägewischen, Beschädigung von Grenzzeichen.

Art. 30. Einer Geldstrafe von [neunzig Pfennig bis zu neun Mark][1]) neben dem etwa eintretenden Schadenersatze oder der auf Kosten des Täters zu bewirkenden Herstellung in den vorigen Stand, unterliegen folgende Handlungen in fremden Waldungen:

1. das Fahren außer den erlaubten Waldwegen oder den angewiesenen Holzabfuhrwegen in den Schlägen, dann das unerlaubte Holzschleifen oder Holzstürzen; dann das unbefugte Betreten künstlicher Ansaaten oder Pflanzungen unter sechs Jahren, besonders das Betreten mit Pferden oder anderem Vieh;
2. das Abreißen oder Beschädigen, das Hinwegnehmen oder Zerstören eines Häg- oder Wehrzeichens oder einer Einfriedung, die nicht zugleich Grenzzeichen ist;
3. die Beschädigung oder sonstige Veränderung von Grenzzeichen oder irgendeiner anderen Grenzbefriedung aus Fahrlässigkeit. *(Vgl. Art. 92 FG.)*

e) Beschädigung und Gefährden anderer Art.

Art. 31. I Ebenso wird gegen diejenigen verfahren, welche in fremden Waldungen:

1. einen Schlagstock, Schlagstein, Kultur- oder Bestandpfahl, Signale, Stations- oder Distanzmarken, oder Wegweiser umgehauen, ausgeworfen, einen Entwässerungs-, Häg- oder Wehrgraben zugeworfen oder sonst beschädigt oder zerstört haben;
2. welche das Zeichen des Waldhammers an stehendem oder gefälltem Holze, dann an frischen Stöcken in den Jahresschlägen aushauen, oder die Nummern, Namen oder Zeichen auf einem gegebenen oder zur Abgabe bestimmten Gegenstande geändert, ausgelöscht oder vertilgt haben;
3. welche in fremde Waldungen Wasser unberechtigt einleiten;
4. welche zur Nachtzeit Holz hauen oder verarbeiten, ohne Erlaubnis oder außer den ange-

[1]) Jetzt 1 bis 150 RM.

wiesenen Plätzen Bau- oder Nutzholz im Walde beschlagen oder verarbeiten, außer den angewiesenen Plätzen Kohlen brennen, Harz scharren, alte Harzrisse auffrischen, Harz brennen, Teer schwellen, Pech sammeln oder aussieden, Schneid- oder andere Gruben, Holzlagern, Zimmerplätze anlegen.

II Die zu solchen Unternehmungen getroffenen Vor- und Einrichtungen, Öfen u. dgl. sollen auf Kosten des Schuldigen niedergerissen oder zugeworfen werden.

5. Hut- und Weideberechtigte, welche ihr Vieh nicht in ganzen Herden, wo sich solche bilden können, sondern einzeln in die ihnen angewiesenen Walddistrikte eintreiben; endlich
6. Holz- und Rottmeister, Holzhauer, Köhlermeister, Kohlenbrenner, Fuhrleute, Flößer und andere Waldarbeiter, welche bei Ausführung eines Holzhiebes, bei der Köhlerei, der Holzverbringung oder anderer Waldarbeiten den erteilten besondern Vorschriften entgegenhandeln. *(Vgl. Art. 93 FG.)*

Art. 32. Mit [neunzig Pfennig bis zu fünfundvierzig Mark][1]) werden neben dem etwa eintretenden Schadenersatze oder der auf Kosten des Täters zu bewirkenden Herstellung in den vorigen Stand diejenigen bestraft, welche in den Waldungen bestehende Brücken, Stege, Leit-, Zieh- und Schlittwege, Holzriesen, Wasserstuben, Wöge und Klausen, Schleusen, Holzrechen und andere Holzbring- und Triftanstalten auf irgendeine Weise beschädigen. *(Vgl. Art. 94 Ziff. 3 FG.)*

Art. 33. I Derselben Strafe von [neunzig Pfennig bis zu fünfundvierzig Mark][1]) unterliegen Beschädigungen am grünen stehenden Holze durch An- oder Abhauen, Sägen, Schneiden oder Reißen, Abschälen, Ringeln, Anspänen, Anbohren, Abästen, Entgipfeln, Kienholz-Aushauen, neue Harzrisse, Wurzel-An- und -Abhauen oder wie immer sonst.

II Als Ersatz des Schadens soll der zwanzigste Teil des Wertes bis zum vollen Betrage des Wertes der beschädigten Stangen oder Stämme zuerkannt werden, je nachdem diese mehr oder weniger in ihrem Wachstum gestört sind oder ganz zugrunde gehen müssen. Ist mit der Beschädigung eine Entwendung verbunden, so ist nebstdem auf die durch letztere verwirkte Strafe und auf Ersatz des Werts des entwendeten Gegenstandes zu erkennen.

III Haben die Beschädigungen an Holzpflanzen in natürlichen Besamungen oder in künstlichen Ansaaten und Pflanzungen unter zehn Jahren stattgehabt, so sind außer der, wegen dieser Beschädigung zu erkennenden Strafe von [neunzig Pfennig bis fünfundvierzig Mark,][1]) die Bestimmungen des letzten Absatzes des obigen Art. 18 wegen Ersatz des Schadens, und wenn mit der Beschädigung eine Entwendung verbunden ist, für diese auch wegen der Strafe und dem Ersatze des Wertes anzuwenden.

IV Wer aber solche junge Holzpflanzen oder anderes stehendesgrünes Holz, oder gefälltes Holz, um dieses zu seiner Bestimmung ganz oder teilweise untauglich zu machen, aus Mutwille oder Bosheit beschädigt, kann außer dem Schadenersatze statt der Geldstrafe oder neben ihr mit Haft bestraft werden. *(Vgl. Art. 33 FG.)*

Art. 34. Gleicher Strafe, wie im Art. 32 festgesetzt ist, unterliegen:

1. Holzberechtigte, welche das Holz nicht auf vorschriftsmäßige Weise fällen oder welche das ihnen angewiesene Forstrecht, Bau- oder Nutzholz zu einem anderen Behufe, als wozu sie berechtigt sind, oder nicht innerhalb zwei Jahren nach der Anweisung zu der Bestimmung, wozu es ihnen abgegeben ist, oder wozu es ihnen gebührt, verwenden, vorbehaltlich des Nachweises in dem letzteren Falle, daß ihnen die Verwendung in der gesetzten Zeit unmöglich gewesen *(Vgl. Art. 28 FG.)*
2. Besitzer von Säg- oder Schneidemühlen, welche Sägblöcke ohne das Zeichen des Waldhammers annehmen. *(Vgl. Art. 94 Ziff. 4 FG.)*

Art. 35. Wer unbefugt Erde, Erz, Ton, Mergel, Gyps, Lehm oder Kies, Steine oder Rasen aus Waldungen hinwegnimmt oder darnach gräbt, oder Steine, oder Schutt in die Waldungen führt, oder Torf sticht, soll nach Art. 32 behandelt werden. *(Vgl. Art. 94 Ziff. 5 FG.)*

f) Beschädigung und Gefährde durch Feuer.

Art. 36. I Dieselbe Strafe von [neunzig Pfennig bis fünfundvierzig Mark][1]) kommt, neben dem Ersatze des etwaigen Schadens, in Anwendung:

1. gegen denjenigen, der in einer Entfernung von 100 Meter von einem Walde bei trockenem Wetter, oder in einer Entfernung von 500 Meter auf einem an den Wald stoßenden Torfmoorboden Feuer anmacht;
2. gegen denjenigen, der ohne eingeholte ausdrückliche Erlaubnis, oder an andern als den in der erteilten Erlaubnis dazu bezeichneten Stellen in den Waldungen oder in den Torfmooren, welche zu einem Waldgrunde gehören, Feuer angemacht, oder das mit oder ohne Erlaubnis angemachte Feuer unausgelöscht verlassen hat.

---

[1]) Jetzt 1 bis 150 RM.

II Ist das Feuer im Walde angemacht worden, um Bäume anzubrennen, oder unerlaubterweise Holz, Laub oder Streuwerk zur Gewinnung von Asche zu verbrennen, so kann der Frevler außer dem gegen ihn zu erkennenden Schadenersatze und außer dem Ersatze des Werts im Falle unbefugter Zueignung statt der Geldbuße oder neben ihr zu Haft verurteilt werden, auch wenn durch Feuer keine weitere Gefährde entstanden ist. *(Vgl. Art. 96 FG.)*

g) Durch Errichtung von Gebäuden im Umfange oder in der Nähe von Waldungen.

Art. 37. Keinerlei Gebäude darf isoliert in dem Umfange von Waldungen oder in einer Entfernung von weniger als 500 Meter von der Grenze derselben ohne vorgängige Genehmigung errichtet werden, bei Strafe des Niederreißens. Die Entschließungen auf Gesuche dieser Art sollen innerhalb drei Monaten vom Einlauf derselben an erfolgen, und gegenteiligen Falles die Errichtung gestattet sein. Dergleichen schon bestehende Gebäude unterliegen übrigens der Einreißung nicht; auch können sie ohne Genehmigung repariert, wiederaufgebaut und erweitert werden. *(Vgl. Art. 47 FG.)*

Art. 38. I Niemandem, welcher isolierte Gebäude innerhalb des oben festgesetzten Bereiches gegenwärtig bewohnt, oder dem nach vorstehendem Artikel die Errichtung von Gebäuden gestattet werden wird, ist es ohne besondere, von der Kreisregierung zu erholende Ermächtigung erlaubt, in den besagten Gebäuden Werkstätten zum Zurichten oder Verarbeiten von Holz, Holzhöfe oder Magazine zum Holzhandel anzulegen. Zuwiderhandlungen werden mit Geldstrafe von [300 Mark bis zu 300000 Mark][1]) bestraft; daneben kann auf Einziehung des Holzes erkannt werden.

II Die erteilte Ermächtigung kann, wenn sie zu einer Holzentwendung mißbraucht wird, von der Kreisregierung wieder aufgehoben werden. *(Vgl. Art. 47 FG.)*

h) Kauf und Verkauf von Forstprodukten.

Art. 39.

I 1. Wer Holz oder sonstige Forstprodukte, in deren Besitz er zu seinem Bedarf vermittelst Berechtigung oder Vergabung aus Gemeindewaldungen, oder sonst durch Vergünstigung kam, verkauft oder auf andere Weise veräußert, unterliegt einer Geldstrafe von [fünfzig Pfennig][2]) bis zum vollen Betrage des Wertes der verkauften oder veräußerten Gegenstände.
Nur solchen Berechtigten, welchen die Mittel abgehen, das Forstrechtholz in der festgesetzten Räumungszeit aus dem Walde zu bringen, kann die Forstbehörde auf schriftlichen Antrag des Bürgermeisters ausnahmsweise und nach genauer Erwägung der Umstände gestatten, einen gewissen Teil davon, und ehe das übrige seiner Bestimmung folgt, zur Bestreitung der Transportkosten zu veräußern. *(Vgl. Art. 97 FG.)*

2. Wer Holz oder andere Forstprodukte, die er durch Frevel erlangte, verkauft oder überhaupt veräußert, unterliegt, unbeschadet der Strafe, welche er durch den Frevel selbst verwirkte, einer Geldstrafe, die dem doppelten Werte der verkauften oder sonst veräußerten Gegenstände gleich ist, und nicht weniger als [eine Mark achtzig Pfennig][2]) betragen darf, insoferne er nicht schon wegen des Frevels selbst nach obigem Art. 10 Ziff. 10 mit einer höheren als der gewöhnlichen Strafe belegt worden ist. *(Vgl. Art. 99 FG.)*

3. Die auf den Verkauf oder sonstige Veräußerung gesetzten Strafen treffen den Käufer oder Erwerber von Holz oder Forstprodukten der ad 1 bezeichneten Art, zu deren Veräußerung keine Erlaubnis erwirkt war, sowie auch den Käufer von Holz oder Forstprodukten der ad 2 bezeichneten Art, insoferne die Verhältnisse und Umstände die rechtliche Überzeugung begründen, derselbe habe bei der Erwerbung gewußt, daß diese Gegenstände mittelst auf Bedarf beschränkter Berechtigung, Vergabung oder Vergünstigung oder mittelst Frevel in den Besitz des Veräußerers gekommen waren. *(Vgl. Art. 98 u. 100 FG.)*

II Nicht nur die Forstbeamten, sondern auch alle sonstigen Polizeibeamten und die Gendarmerie haben die Übertretungen dieses Artikels auf gesetzliche Art zu konstatieren und der Forststrafbehörde zur weiter geeigneten Einschreitung anzuzeigen.

III. Rückfälle und Gewohnheitsfrevel.

Art. 40. I Auf erhöhte Strafe ist zu erkennen, wenn jemand wegen Forstfrevels rechtskräftig zu einer Strafe verurteilt worden ist und innerhalb eines Jahres seit der Verurteilung abermals einen Forstfrevel begeht. Zu diesem Zwecke kann die Geldstrafe, soweit sie in dem Mehrfachen, dem Einfachen oder dem Bruchteil eines bestimmten Betrags besteht, bis zu ihrem dreifachen Betrag erhöht werden. Art. 11 Abs. 2 gilt auch für diese Fälle.

II Statt der Geldstrafe oder neben ihr kann auf Haft erkannt werden, wenn jemand im Laufe eines Jahres dreimal rechtskräftig auf Grund der Art. 18, 20, 23, des Art. 10 Ziff. 10 oder des Art. 39 Ziff. 2 verurteilt worden ist und sich binnen Jahresfrist vom Tage der letzten Verurteilung an abermals nach einer dieser Vorschriften strafbar macht.

---

[1]) Jetzt 1 bis 150 RM. (VO. über Vermögensstrafen und Bußen vom 6. 2. 1924, RGBl. I S. 44).
[2]) jetzt 1 RM.

III Statt der Haft kann auf Gefängnisstrafe bis zu sechs Monaten erkannt werden, wenn jemand auf Grund des Abs. 2 bereits dreimal rechtskräftig zu Haftstrafe verurteilt worden ist und binnen Jahresfrist vom Tage der letzten dieser Verurteilungen an sich abermals gegen die im Abs. 2 bezeichneten Vorschriften verfehlt. *(Vgl. Art. 101 FG.)*

IV. Allgemeine Bestimmungen.

Milderungsgründe.

Art. 41. Die gesetzlich bestimmten Strafen können mit Ausnahme der im vorigen Art. 40 vorgesehenen Fälle wegen dringender Not- oder anderer besonders erheblichen Milderungsgründe bis zur Hälfte, jedoch abgesehen von den Fällen des Art. 26 nicht unter 50 Reichspfennig, bei Entwendungen nicht unter 30 Reichspfennig, herabgesetzt werden. *(Vgl. Art. 61a FG.)*

Anwendung des Strafgesetzbuchs.

Art. 42. In allen Fällen und Punkten, für welche im gegenwärtigen Abschnitte nicht besondere Bestimmung getroffen ist, kommen die Vorschriften des Strafgesetzbuches fortan in Anwendung, insbesondere über den Diebstahl bereits verarbeiteten Holzes oder bereits geschälter Lohrinde im Walde oder außerhalb desselben, über Zuwerfen von Grenzgräben, Zerstörung, Wegschaffen, Verrückung von Grenzsteinen, Grenzbäumen oder anderen Grenzzeichen, Feuerlegung in Wäldern, Feuermachen, wodurch ein Waldbrand entstand, Unterlassung schuldiger Hilfeleistung, dann über falsche Angaben, Unterschleife, Erpressungen und Mißbrauch der Amtsgewalt von seiten der Beamten, Agenten oder Angestellten im Forstdienste, sowie über Beleidigung, Beschimpfung, Mißhandlung, Bedrohung und Bestechung derselben und Widerstand gegen dieselben.

II. Abschnitt. Verfahren.

I. Kapitel. Von den Forstdienern, von ihren Funktionen und den darauf bezüglichen Gegenständen.

Forstdiener, Beweiskraft ihrer Angabe.

Art. 43. Hilfspersonen der Forststrafgerichtsbarkeit sind:

1. alle im niederen Forstdienste überhaupt oder zum Forstschutze insbesondere aufgestellten Diener des Staates, der Gemeinden, Stiftungen, Körperschaften und Privatpersonen;
2. das gemeindliche Polizeipersonal mit Inbegriff der Flurwächter;
3. die Gendarmen. *(Vgl. Art. 119 mit 115 FG.)*

Art. 44. I Die auf eigene Wahrnehmung gegründeten, in den Forstfrevelregistern oder besonderen Protokollen vorschriftsmäßig konstatierten Angaben gehörig verpflichteter Forstdiener haben volle Beweiskraft, vorbehaltlich der Herstellung des Gegenbeweises.

II Die Anzeigeprotokolle der Forstdiener bedürfen keiner besonderen Affirmation. *(Vgl. Art. 158 FG.)*

Aufstellung und Ernennung.

Art. 45. I Zum Forstschutze sollen nur volljährige, unbescholtene Individuen aufgestellt werden.

II Werden solche Individuen von Gemeinden, öffentlichen Anstalten oder Privaten aufgestellt, so unterliegt diese Aufstellung der Bestätigung des Bezirksamts und Forstamts. Nach erfolgter Bestätigung und Verpflichtung kommen denselben in Beziehung auf Glaubwürdigkeit gleiche Eigenschaften, wie den öffentlich angestellten Forstdienern, sowie auch sonst alle nach diesem Gesetze den letzteren eingeräumten besonderen Rechte und gemachten Obliegenheiten zu. *(Vgl. Art. 120 FG.)*

Verpflichtung.

Art. 46. I Der zum Forstschutz Aufgestellte hat vor dem Landgerichte seines Wohnorts seine Anstellung oder Bestätigung nachzuweisen, sofort nebst dem Verfassungseid — wenn er die frühere Leistung desselben nicht nachweist — folgenden Eid zu schwören:

„daß er die Entwendungen von Forstprodukten und andere Übertretungen des Forststraf-
„gesetzes, welche in dem ihm anvertrauten Forstbezirke vorfallen und zu seiner Kenntnis
„kommen, mit aller Treue, Wahrheit und Gewissenhaftigkeit anzeigen, und was er über die
„Tatumstände der Übertretung und über deren Urheber, Teilnehmer usw. aus eigener Wahr-
„nehmung kenne oder durch fremde Mitteilungen erfahren habe, mit genauer Unterscheidung
„angeben wolle."

II Die zum Schutze der Waldungen von Gemeinden, öffentlichen Anstalten und Privaten aufgestellten Individuen, sowie das Schutzpersonal für die Staatswaldungen vom Förster abwärts und diesen mit eingeschlossen, können auch am Amtsgerichte ihres Wohnortes beeidigt werden. Wird ein solcher Forstdiener in gleicher Eigenschaft oder als Verweser in einen anderen Landgerichts- oder Amtsgerichtsbezirk versetzt, so soll dessen Beeidigungsakt in das Register des betreffenden Gerichts bloß eingetragen werden, was unentgeltlich zu geschehen hat.

III Von dem über die Verpflichtung aufgenommenen Protokolle werden dem zum Waldschutze verpflichteten Forstdiener Ausfertigungen für jene Amtsgerichte zugestellt, bei welchen er, als auf den Forstschutz verpflichtet, ebenfalls aufzutreten hat. *(Vgl. Art. 121 FG.)*

Aufhebung der Pfandgebühren.

Art. 47. Das zum Forstschutz aufgestellte Personal darf keinen Anteil an den Geldstrafen haben; die früher bestandenen Anzeige- und Pfandgebühren sind aufgehoben. *(Vgl. Art. 119 Abs. II u. III FG.)*

Frevel-Register.

Art. 48. Das Register, welches der Forstdiener in tabellarischer Form zu führen hat, soll enthalten:

1. die fortlaufende Ordnungsnummer;
2. das Datum der Betretung oder Entdeckung des Frevels;
3. die möglichst genaue Bezeichnung des Frevlers nach Vor- und Zunamen, Wohn- und Aufenthaltsort;
4. die Beschreibung des Frevels, der Stunde und des Ortes, wann und wo er geschah, und der Umstände, die ihn begleiteten, besonders jener, die einen Erschwerungsgrund bilden, mit Bemerkung, ob der Anzeige eigene Wahrnehmung des Forstdieners oder fremde Angabe zum Grunde liege, ferner die Beschreibung der etwa gepfändeten Gegenstände;
5. Benennung der etwaigen Zeugen und sonstigen Beweismittel;
6. Angabe des Waldeigentümers;
7. eine besondere Kolumne für Einzeichnung etwaiger Nachträge. *(Vgl. Art. 122 FG.)*

Art. 49. I Der Forstdiener hat die entdeckten Übertretungen täglich in das Register einzuschreiben. *(Vgl. Art. 122 Abs. I FG.)*

II Es darf darin nichts ausradiert oder unleserlich durchstrichen werden.

III Die Berichtigungen, die durch augenblickliches Übersehen oder Versehen, sowie durch die erst nachher entdeckten Umstände nötig gemacht werden, sind in der Rubrik für Nachträge, mit Angabe des Datums der späteren Einzeichnung vorzutragen. *(Vgl. Art. 124 FG.)*

Übergabe der Frevelregister an das Forstamt und Amtsgericht.

Art. 50. I Die Frevelregister werden von den Forstdienern im Originale gehörig unterschrieben, mit den Urschriften der nach Art. 54 etwa aufgenommenen Protokolle wenigstens monatlich einmal an den Oberförster und von diesem sofort an das Forstamt übergeben, welches sie, nachdem es in die erste der für die Urteilsfassung offenen Spalten die geeigneten Anträge auf Geld- oder Freiheitsstrafe, Werterſatz, Schadenersatz und Kosten eingetragen hat, den zuständigen Amtsgerichten entweder zur Erlassung eines Strafbefehls oder wenigstens vierzehn Tage vor der Forstrügesitzung zur Anberaumung der Hauptverhandlung übermacht.

II Diese Register müssen für jeden Amtsgerichtsbezirk nach dem Wohnorte der Frevler und in Bezug auf solche Frevler, welche nicht bayerische Staatsangehörige sind, nach dem Orte der Übertretung besonders gefertigt werden.

III Hält das Forstamt in einem oder dem andern Falle die Beiladung von Zeugen für nötig, so macht es zugleich mit Angabe derselben das Amtsgericht darauf aufmerksam. *(Vgl. Art. 142 u. 149 FG.)*

Provisorisches Anhalten und Verhaften der Frevler.

Art. 51. I Die Forstdiener sollen alle ihnen unbekannten Personen und alle im Deutschen Reiche nicht begüterten Ausländer, welche beim Frevel auf frischer Tat betreten werden, anhalten und vor den nächsten Bürgermeister oder Amtsrichter zur Feststellung der Person oder weiteren Behandlung führen.

II Der Amtsrichter kann die vorsorgliche Haft fortbestehen lassen, bis sich der Vorgeführte als Angehöriger des Deutschen Reiches nach Namen, Stand, Wohn- oder Aufenthaltsort oder als ein im Reiche begüterter Ausländer ausgewiesen oder bis der im Reiche nicht begüterte Ausländer Kaution gestellt hat. *(Vgl. Art. 127 bis 130 FG.)*

Pfändung und Haussuchung.

Art. 52. I Die Forstdiener sind befugt, sich der Tiere, der Fuhrwerke und des Gespanns, so die Frevler, die sie auf frischer Tat betreten, bei sich führen, zu bemächtigen und diese Gegenstände mit Sequester zu belegen. *(Vgl. Art. 131 FG.)*

II Sie sind ebenfalls befugt, die aus dem Forste entwendeten Gegenstände bis an die Orte zu verfolgen, wo sie hingebracht wurden, und sie gleichfalls mit Sequester zu belegen. *(Vgl. Art. 138 Abs. I FG.)*

III Den Forstdienern ist jedoch streng untersagt, Wohnungen, Gebäude und angrenzende geschlossene Hofräume zu betreten, ohne Begleitung des Bürgermeisters oder Adjunkten, oder des

Polizeikommissärs, oder bei ihrer Abwesenheit oder Verhinderung ohne Begleitung eines Mitgliedes des Gemeinderates. *(Vgl. Art. 138 Abs. II—IV FG.)*

IV Diese Beamten dürfen sich nicht weigern, die Forstdiener auf erhaltene Einladung und spezielle Angabe der Gegenstände, die sie verfolgen, und der etwaigen Verdachtsgründe sogleich zu begleiten. *(Vgl. Art. 139 FG.)*

Öffnung der Türen.

Art. 53. Wenn bei vorzunehmenden Haussuchungen die Türen verschlossen sind, oder ihre Öffnung verweigert wird, so sollen die namens der Polizei assistierenden Personen sie öffnen lassen. *(Vgl. Art. 140 FG.)*

Protokollierung.

Art. 54. I Wenn der Forstdiener bei solchen Nachsuchungen den entwendeten Gegenstand entdeckt zu haben glaubt, so soll er ein desfallsiges Protokoll errichten, enthaltend:

1. die Requisition an den polizeilichen Assistenten und die dabei gemachte Erklärung über den Gegenstand der Nachforschung und über die Verdachtsgründe;
2. das Ergebnis der Nachsuchung und die Gründe, auf welchen die Meinung des Forstdieners über die Identität des gefundenen Gegenstandes mit dem entwendeten beruhet;
3. die Erklärungen des Beschuldigten, des Besitzers und derjenigen Personen, auf die sich etwa von ihrer Seite berufen wurde, insoferne diese Individuen auf ergangene Einladung erschienen und Erklärungen machten;
4. die Bemerkungen und Ansichten, die etwa der polizeiliche Assistent äußern zu müssen glaubt.

II Das Protokoll wird von diesem Assistenten und vom Forstdiener unterzeichnet, sowie von den beteiligten Personen und Deklaranten, die unterzeichnen können und wollen.

III Von diesem Protokolle wird Erwähnung im Frevelregister getan.

IV Die Beurteilung des aus solchen Protokollen hervorgehenden Beweises über die Tat oder die Täter sowie die Notwendigkeit seiner Ergänzung, ist dem richterlichen Ermessen überlassen. *(Vgl. Art. 141 u. 159 FG.)*

Wie mit den sequestrierten Gegenständen zu verfahren.

Art. 55. I Für Aufbewahrung und Erhaltung der Tiere, Fuhrwerke, Gespanne und sonstiger Gegenstände, die nach Art. 26 und 52 sequestriert werden, ist unter Aufsicht des Amtsgerichts, dem binnen 24 Stunden mittelst Auszugs aus dem Frevelregister Kenntnis von der Sequestration gegeben werden muß, Sorge zu tragen.

II Das Amtsgericht hat davon dem betreffenden Einnehmer mit Bestimmung der Summe Nachricht zu geben, die der Eigentümer im Falle der Einlösung zur Sicherheit der auf der Übertretung haftenden Geldstrafe, Restitution und Kosten bei demselben zu deponieren, oder für welche er Bürgschaft zu stellen hat.

III Im Falle eines Streites über die Annehmbarkeit der Kaution entscheidet der Amtsrichter in erster und letzter Instanz. *(Vgl. Art. 132—135 FG.)*

Art. 56. I Wird die Einlösung des sequestrierten Viehes binnen acht Tagen vom Tage der Beschlagnahme an nicht bewirkt, so hat der Einnehmer zur Versteigerung desselben, sowie später nach erfolgtem und rechtskräftig gewordenem Straferkenntnis, oder auch ohne dasselbe im Falle des Unbekanntseins und -Bleibens des Eigentümers, nach drei Monaten zur Versteigerung der übrigen gepfändeten Gegenstände zu schreiten. Aus dem Erlöse werden vorzugsweise die Fütterungs- und sonstigen durch die Sequestration erwachsenen, von dem Strafgericht festzustellenden Kosten, dann die ausgesprochenen Entschädigungen, Geldstrafe und Gerichtskosten, soweit der Erlös reicht, bestritten.

II Der etwaige Überschuß des Erlöses aus den sequestrierten Gegenständen wird dem Eigentümer zurückgegeben, oder falls er unbekannt bleibt, nach Verlauf eines Jahres vom Tage der Versteigerung an gerechnet, zur Staatskasse eingezogen. *(Vgl. Art. 136 u. 183 ff. FG.)*

II. Kapitel. Von der Zuständigkeit der Gerichte und vom Prozesse.

Zuständigkeit.

Art. 57. Über sämtliche Forstrügesachen (Art. 1 Abs. 2) verhandeln und entscheiden die Amtsgerichte ohne Zuziehung von Schöffen. *(Vgl. Art. 116 FG.)*

Art. 58. I Bei Forstpolizeiübertretungen bestimmt der Ort der Übertretung, bei Forstfreveln der Wohn- oder Aufenthaltsort des Frevlers die Zuständigkeit des Gerichts.

II Ist der Frevler nicht bayerischer Staatsangehöriger, oder treffen bei einem Frevel mehrere in verschiedenen Gerichtsbezirken wohnende Personen zusammen, so richtet sich die Zuständigkeit nach dem Orte des Frevels.

III In den Fällen des Abs. 2 kann die Sache auch vor das Gericht des Wohn- oder Aufenthaltsorts des Frevlers oder eines derselben gebracht werden.

IV Wenn Waldungen, die zu einem und demselben Forstreviere gehören, in verschiedenen Amtsgerichtsbezirken liegen, so soll in den Fällen, wo die Kompetenz sich nach dem Orte der Übertretung reguliert, das Erkenntnis über die Übertretungen des Forststrafgesetzes in dem ganzen Revier zum Sprengel desjenigen Amtsgerichts gehören, in dessen Bezirke der größere Teil der Waldfläche gelegen ist. *(Abs. I—III gleichlautend mit Art. 117 FG.)*

Verfahren bei amtsrichterlichen Strafbefehlen.

Art. 59. I In Forstrügesachen kann durch schriftlichen Strafbefehl des Amtsrichters ohne vorgängige Verhandlung die Strafe, der Wert- und Schadenersatz, sowie die Haftung zivilverantwortlicher Personen festgesetzt werden, wenn das Forstamt schriftlich hierauf anträgt.

II Durch einen Strafbefehl darf jedoch keine andere Strafe als Geldstrafe oder Freiheitsstrafe von höchstens sechs Wochen festgesetzt werden.

III Gegen einen Beschuldigten, der das 18. Lebensjahr noch nicht vollendet hat, darf durch einen Strafbefehl eine Freiheitsstrafe nicht festgesetzt werden. *(Gleichlautend mit Art. 143 FG.)*

Art. 60. I Der Amtsrichter hat dem Antrage des Forstamts zu entsprechen, wenn der Erlassung des Strafbefehls Bedenken nicht entgegenstehen.

II Findet der Amtsrichter Bedenken, den Anträgen des Forstamts ohne Hauptverhandlung stattzugeben, so ist die Sache zur Hauptverhandlung zu bringen. Dasselbe gilt, wenn der Amtsrichter bezüglich der Höhe der Strafe, des Wert- und Schadenersatzes oder des Betrages, für welchen Zivilverantwortlichkeit einzutreten hat, von den Anträgen des Forstamts abweichen will und das Forstamt bei seinen Anträgen beharrt. *(Gleichlautend mit Art. 144 FG.)*

Art. 61. I Der Strafbefehl muß außer der Festsetzung der Strafe, sowie des Wert- und Schadenersatzes die strafbare Handlung, das angewendete Strafgesetz, die zivilverantwortlich erklärte Person und die Beweismittel bezeichnen, auch die Eröffnung enthalten, daß er vollstreckbar werde, wenn der Beschuldigte, beziehungsweise die zivilverantwortlich erklärte Person nicht binnen einer Woche nach der Zustellung bei dem Amtsgerichte schriftlich oder zu Protokoll des Gerichtsschreibers Einspruch erhebt.

II Der Strafbefehl hat auch Bestimmung darüber zu treffen, von wem die Kosten des Verfahrens zu tragen sind.

III Auf den Einspruch kann vor Ablauf der Frist verzichtet werden. *(Gleichlautend mit Art. 145 FG.)*

Art. 62. Ein Strafbefehl, gegen welchen nicht rechtzeitig Einspruch erhoben worden ist, erlangt die Wirkung eines rechtskräftigen Urteils. *(Gleichlautend mit Art. 146 FG.)*

Art. 63. I Bei rechtzeitigem Einspruche wird zur Hauptverhandlung vor dem Amtsgerichte geschritten, soferne nicht bis zum Beginne derselben das Forstamt die Klage fallen läßt oder der Einspruch zurückgenommen wird.

II Bei der Urteilsfällung ist das Amtsgericht an den in dem Strafbefehle enthaltenen Ausspruch nicht gebunden. *(Gleichlautend mit Art. 147 FG.)*

Art. 64. I Bleibt der Angeklagte oder die zivilverantwortlich erklärte Person ohne genügende Entschuldigung in der Hauptverhandlung aus, und werden sie auch nicht durch einen Bevollmächtigten vertreten, so wird der Einspruch ohne Beweisaufnahme durch Urteil verworfen.

II Ein Angeklagter oder eine zivilverantwortlich erklärte Person, welchen gegen den Ablauf der Einspruchsfrist Wiedereinsetzung in den vorigen Stand (§§ 44 ff. der Reichs-Strafprozeßordnung) gewährt worden war, kann die letztere nicht mehr gegen das Urteil beanspruchen. *(Gleichlautend mit Art. 148 FG.)*

Forstrügesitzungen.

Art. 65. Von dem Amtsgerichte sind im Benehmen mit dem Forstamte in angemessenen Zwischenräumen, welche in der Regel nicht mehr als einen Monat betragen sollen, Sitzungstage für die Hauptverhandlungen festzusetzen. *(Gleichlautend mit Art. 150 FG.)*

Art. 66. Die Vorladung des Angeklagten sowie der zivilverantwortlichen Person muß enthalten:

1. Namen, Stand, Wohn- oder Aufenthaltsort des Vorzuladenden;
2. eine kurze Bezeichnung der Forstrügesache;
3. die beantragte Strafe und Entschädigung;
4. Tag und Stunde der Verhandlung;
5. den Hinweis darauf, daß gegen den Angeklagten und gegen die zivilverantwortliche Person auch dann, wenn weder sie noch Bevollmächtigte erscheinen, zur Hauptverhandlung geschritten würde. *(Gleichlautend mit Art. 154 FG.)*

Art. 67. I Die Zustellung der Vorladung hat wenigstens drei Tage vor der Sitzung zu geschehen.

II In Fällen, in denen Gefahr auf Verzug ist, kann der Richter die Abkürzung der im Abs. 1 bestimmten Frist verfügen; von der Verfügung ist in der Vorladung Mitteilung zu machen. *(Gleichlautend mit Art. 155 FG.)*

Art. 68. Aufgehoben durch Art. 138 Abs. III AG. BGB.

Art. 69. I Der Verhandlung und Aburteilung der Forstrügesachen wohnt ein Forstmeister oder ein von demselben abgeordneter Oberförster oder Forstamtsassistent bei.

II Die im Art. 43 erwähnten Personen erscheinen nur dann zur Forstrügesitzung, wenn das Gericht oder die im Abs. 1 erwähnten Forstbediensteten ihr Erscheinen für notwendig erachten.

III In den zuletzt erwähnten Fällen geschieht die Vorladung durch die genannten Forstbediensteten.

IV Wird die zeugschaftliche Vernehmung einer der in Art. 43 genannten Personen in derselben Sitzung bezügich mehrerer, getrennt zu behandelnder Straffälle erforderlich, so genügt eine einmalige Beeidigung des Zeugen, welcher in den nachfolgenden Fällen nur an den geleisteten Eid zu erinnern ist.

V Auch die nach Abs. 2 vorgeladenen und erschienenen Personen empfangen Zeugengebühren, wenn sie ihre Vorladung nicht durch eigenes Verschulden veranlaßt haben. *(Vgl. Art. 152 und 153 FG.)*

Funktionen der Forstbeamten bei den Forstrügesitzungen.

Art. 70. I Der der Forstrügesitzung am Amtsgerichte beiwohnende Forstbeamte nimmt seinen Platz an der Seite des Amtsrichters, erteilt die etwa nötigen technischen Erläuterungen und kann durch den Amtsrichter oder auch direkt, nachdem er hierzu vom Amtsrichter das Wort begehrt und erhalten hat, den Angeklagten und die Zeugen über einzelne Punkte interpellieren.

II Am Schlusse der Verhandlungen wiederholt derselbe den bereits in der Ladung enthaltenen Antrag, oder ändert ihn ab nach Maßgabe der Ergebnisse der Verhandlungen; er entwickelt zugleich diesen Antrag und seine Begründung, insoferne eine nähere Entwicklung nötig erscheint; der Angeklagte und die verantwortlichen Personen können hierauf antworten. *(Vgl. Art. 160 u. 161 FG.)*

Aburteilung.

Art. 71. I Die Hauptverhandlung erfolgt in ununterbrochener Gegenwart des Amtsrichters, des Forstmeisters oder seines Stellvertreters und des Gerichtsschreibers.

II Der Angeklagte und die zivilverantwortlichen Personen können sich in der Hauptverhandlung durch Bevollmächtigte vertreten lassen.

III Zur Legitimation des Bevollmächtigten genügt eine vom Gemeindevorstande beglaubigte Privatvollmacht. *(Gleichlautend mit Art. 157 FG.)*

Art. 72. I Die Erkenntnisse des Amtsgerichts werden in die dazu bestimmten Spalten der vom Forstamte nach Art. 50 übergebenen Originalfrevelregister neben den Anträgen eingetragen. Der Ausspruch des Urteils gilt für den anwesenden Beteiligten als Zustellung.

II An die bei der Verhandlung ausgebliebenen Angeklagten oder zivilverantwortlichen Personen geschieht die Verkündung durch Zustellung einer beglaubigten Abschrift des Urteils. *(Vgl. Art. 162 FG.)*

Art. 73. I Die Amtsgerichte haben über alle bestraften Forstfrevler in alphabetischer Ordnung ein Verzeichnis nach Gemeinden anzulegen und in dasselbe die ausgesprochenen Strafen unter genauer Angabe des Tages, an welchem der Frevel verübt und das Strafurteil oder der Strafbefehl erlassen wurde, sowie unter genauer Angabe der Beschaffenheit des Frevels einzutragen.

II Hat der Frevler seinen Wohnort nicht in dem Bezirke desjenigen Amtsgerichts, bei welchem er bestraft wurde, so ist eine Abschrift des rechtskräftigen Strafurteils oder Strafbefehls an das Amtsgericht des Wohnorts zur Ergänzung des erwähnten Verzeichnisses zu übersenden.

III Zu demselben Zwecke werden durch die Staatsanwälte Abschriften der in zweiter Instanz gefällten rechtskräftigen Strafurteile an das Amtsgericht des Wohnortes des Frevlers übersendet.

IV Die Forstmeister und deren Stellvertreter sind ermächtigt, die erwähnten Verzeichnisse jederzeit einzusehen und von denselben Abschriften zu nehmen. *(Gleichlautend mit Art. 165 FG.)*

Vertagung.

Art. 74. Jeder Frevelfall soll, womöglich, in der ersten Sitzung abgetan werden, wesfalls Zeugen oder sonstige Beweismittel darin zu produzieren sind. Macht aber die Lage der Verhandlungen Ergänzungen notwendig, so tritt Vertagung bis auf die nächste Forstrügesitzung ein, in welcher dann in der Regel (außerordentliche Ausnahmsfälle vorbehalten) definitive Entscheidung erfolgen soll. Dabei ist dem Angeklagten und den übrigen Beteiligten an Vorladungsstatt zu bedeuten, daß sie an dem bestimmten Tage die nötigen Ergänzungen beizubringen haben, und daß auf jeden Fall alsdann, auch wenn sie nicht erscheinen, die Sache definitiv entschieden wird. *(Vgl. Art. 164 FG.)*

Art. 75. I Wenn der Angeklagte das Eigentumsrecht oder eine Berechtigung vorschützt, und wenn hiervon die Aburteilung der Forstübertretung abhängt, wird das Straferkenntnis ausgesetzt, bis der Zivilprozeß über jene Ansprüche definitiv erledigt ist.

II Solange diese Erledigung dem Forstamte nicht offiziell mitgeteilt wird, bleibt die Verjährung der Klage auf Strafe und Entschädigung suspendiert.

III Erhebt der Angeklagte als Mitglied einer Gemeinde einen solchen Anspruch, so muß er in der nächsten Forstrügesitzung eine bestätigende Erklärung des Bürgermeisters beibringen, widrigenfalls ohne Rücksicht auf die Einrede das Urteil über den Frevel erfolgt.

IV Wird vor Ablauf von drei Monaten nicht nachgewiesen, daß eine Klage wegen befraglicher Ansprüche vor dem Zivilrichter anhängig gemacht wurde, oder daß der Waldeigentümer und die etwaigen sonstigen Beteiligten sie anerkennen, so hat das Amtsgericht ohne weitere Rücksicht auf befragliche Einrede über den Frevel zu erkennen. *(Vgl. Art. 165 FG.)*

Verfahren gegen ausgebliebene und abwesende Personen.

Art. 76. I Wenn der Angeklagte oder die zivilverantwortliche Person ungeachtet der geschehenen Vorladung weder persönlich noch durch einen Bevollmächtigten (Art. 71) erschienen sind, so findet die Hauptverhandlung ungeachtet ihres Ausbleibens statt.

II Das Gericht ist befugt, das persönliche Erscheinen des Angeklagten, nicht aber das der zivilverantwortlichen Person, anzuordnen und dasselbe durch einen Vorführungsbefehl oder Haftbefehl zu erzwingen.

III Das Verfahren gegen abwesende Angeklagte richtet sich nach den §§ 276—284 der Reichsstrafprozeßordnung. *(Gleichlautend mit Art. 169 FG.)*

Art. 77. Im Falle des Art. 76 Abs. 1 kann der Verurteilte gegen das Urteil binnen einer Woche nach der Zustellung Wiedereinsetzung in den vorigen Stand unter gleichen Voraussetzungen wie gegen Versäumung einer Frist (§§ 44 ff. der Reichsstrafprozeßordnung) nachsuchen. *(Gleichlautend mit Art. 170 FG.)*

Art. 78. I Das Gesuch um Wiedereinsetzung in den vorigen Stand kann zu Protokoll des Gerichtsschreibers angebracht oder schriftlich eingereicht werden.

II Die Anordnung, welche der Amtsrichter bezüglich des Aufschubs der Vollstreckung (§ 47 der Reichsstrafprozeßordnung) trifft, sowie dessen Entscheidung über das Gesuch sind von dem Gerichtsschreiber am Rande des Urteils einzutragen.

III Wird das Gesuch verworfen, so ist die Entscheidung dem Gesuchsteller gemäß § 35 der Reichsstrafprozeßordnung bekannt zu geben.

IV Gegen die verwerfende Entscheidung findet sofortige Beschwerde (§ 46 der Reichsstrafprozeßordnung) statt.

V Wird dem Gesuche stattgegeben, so ist unter Bezugnahme auf diese Entscheidung die Vorladung des Gesuchstellers nach Vorschrift der Art. 66—68 des gegenwärtigen Gesetzes in die nächste Forstrügesitzung zu bewirken.

VI In dieser Sitzung findet wiederholte Hauptverhandlung, selbst im Falle des Ausbleibens des Gesuchstellers, statt. *(Gleichlautend mit Art. 171 FG.)*

Berufung.

Art. 79. I Gegen ein freisprechendes Urteil des Amtsgerichts kann von dem Forstmeister oder dessen Stellvertreter die Berufung an die Strafkammer des Landgerichts ergriffen werden.

II Gegen ein Urteil des Amtsgerichts, welches eine Strafe ausspricht, steht sowohl dem Forstmeister oder dessen Stellvertreter, als dem Verurteilten die Berufung zu. *(Gleichlautend mit Art. 172 FG.)*

Art. 80. I Die Berufung muß binnen einer Woche nach Verkündung des Urteils zu Protokoll des Gerichtsschreibers oder schriftlich eingelegt werden.

II Hat die Verkündung des Urteils nicht in Anwesenheit des Verurteilten stattgefunden, so beginnt für diesen die Frist mit der Zustellung.

III Ist die Berufung rechtzeitig eingelegt, so hat der Gerichtsschreiber längstens binnen vierzehn Tagen einen beglaubigten Auszug aus dem Forstrügeverzeichnisse, beziehungsweise das besondere Anzeigeprotokoll mit der Urkunde über die eingelegte Berufung und den etwa vorhandenen Akten an den Staatsanwalt bei dem zuständigen Landgerichte einzusenden. *(Gleichlautend mit Art. 173 FG.)*

Art. 81. I Ist die Berufung verspätet eingelegt, so hat das Gericht erster Instanz das Rechtsmittel als unzulässig zu verwerfen.

II Der Beschwerdeführer kann binnen einer Woche nach Zustellung des Beschlusses auf die Entscheidung des Berufungsgerichts antragen. In diesem Falle sind die Akten an das Berufungsgericht einzusenden. Die Vollstreckung des Urteils wird jedoch hierdurch nicht gehemmt. *(Gleichlautend mit Art. 174 FG.)*

Art. 82. I Der Beginn der Frist zur Einlegung der Berufung wird dadurch nicht ausgeschlossen, daß gegen ein auf Ausbleiben des Verurteilten ergangenes Urteil eine Wiedereinsetzung in den vorigen Stand nachgesucht werden kann.

II Stellt der Verurteilte ein Gesuch um Wiedereinsetzung in den vorigen Stand, so wird die Berufung dadurch gewahrt, daß sie sofort für den Fall der Verwerfung jenes Gesuches rechtzeitig eingelegt wird. Die weitere Verfügung in bezug auf die Berufung bleibt dann bis zur Erledigung des Gesuches um Wiedereinsetzung in den vorigen Stand ausgesetzt.

III Die Einlegung der Berufung ohne Verbindung mit dem Gesuche um Wiedereinsetzung in den vorigen Stand gilt als Verzicht auf die letztere. *(Gleichlautend mit Art. 175 FG.)*

Verfahren in der Berufungsinstanz.

Art. 83. I Das Verfahren bei den Strafkammern der Landgerichte als Berufungsinstanz in Forstrügesachen richtet sich nach den Vorschriften der Reichsstrafprozeßordnung.

II Die Bestimmungen der Art. 69, 70 und 75 finden auch bezüglich der Verhandlung und Aburteilung in zweiter Instanz Anwendung.

III Der Forstmeister oder dessen Stellvertreter nimmt seinen Platz zur Seite des Staatsanwalts.

IV Die Vorführung oder Verhaftung einer zivilverantwortlichen Person, welche Berufung eingelegt hat, aber bei der Verhandlung ausgeblieben ist, kann nicht angeordnet werden. *(Vgl. Art. 176 FG.)*

Revision.

Art. 84. Gegen die Urteile der Landgerichte steht dem Verurteilten und der Staatsanwaltschaft die Revision nach Maßgabe der Reichsstrafprozeßordnung zu. *(Gleichlautend mit Art. 177 FG.)*

Art. 85. In Ansehung der durch die zuständigen Gerichte getroffenen forstpolizeilichen Verfügungen wird der Vollzug im Falle einer gegen das Urteil eingelegten Berufung oder Revision nur dann aufgeschoben, wenn dieses von dem Gerichte zweiter Instanz, beziehungsweise von dem Oberlandesgerichte[1]), angeordnet wird. *(Gleichlautend mit Art. 180 FG.)*

III. Kapitel. Von der Strafvollstreckung.

Vollzug der Freiheitsstrafe.

Art. 86. I Es ist den Amtsrichtern aufgegeben, den alsbaldigen Vollzug der in Forstrügesachen bei den Amtsgerichten oder bei den Strafkammern der Landgerichte als Berufungsinstanz ergangenen Straferkenntnisse nach eingetretener Rechtskraft derselben in Bezug auf ausgesprochene Freiheitsstrafen zu veranlassen, unmittelbare Aufsicht darüber zu halten und sich vor den geeigneten Behörden desfalls gehörig auszuweisen.

II Der Vollzug der Strafurteile hat, sobald solche in Rechtskraft getreten sind, ohne Aufschub und Unterbrechung zu geschehen, wenn nicht erhebliche Gründe eine Ausnahme rechtfertigen. *(Vgl. Art. 178, 179 FG.)*

Beitreibung der Geldstrafen, Kosten und Entschädigungssummen.

Art. 87. Innerhalb vierzehn Tagen nach eingetretener Rechtskraft haben die Amtsgerichte über die rechtskräftig erkannten Geldstrafen, Wert-, Schadenersatz- und Kostenbeträge ein Einzugsverzeichnis aufzustellen und dasselbe an das betreffende Rentamt zu übersenden. *(Gleichlautend mit Art. 181 FG.)*

Art. 88. I Der Verurteilte ist verbunden, die Beträge, zu deren Zahlung er verurteilt ist, innerhalb acht Tagen nach Empfang des rentamtlichen Zahlungsbefehls zu entrichten.

II In Ansehung der Hilfsvollstreckung kommen die allgemeinen Bestimmungen über das Exekutionsverfahren der k. Rentämter zur Anwendung.

III Art und Umfang der den Gemeindeeinnehmern bei der Einziehung obliegenden Tätigkeit regelt die Staatsregierung.

IV Sind mit Beschlag belegte Gegenstände vorhanden, so ist die Hilfsvollstreckung vorerst an diesen vorzunehmen. *(Vgl. Art. 182 FG.)*

Art. 89. Kann die Zahlung nur teilweise beigetrieben werden, so geht das Bezahlte zuerst auf Rechnung der Kosten, hiernach des Wert-, sodann des Schadenersatzes und zuletzt der Geldstrafe. *(Gleichlautend mit Art. 184 FG.)*

Art. 90. I Gebührt der Betrag des Wert- und Schadenersatzes Gemeinden, Stiftungen, Körperschaften oder Privatpersonen, so ist derselbe mit einem Verzeichnisse über die nicht einbringlichen Ersatzbeträge den Berechtigten hinauszugeben.

II Den Berechtigten ist überlassen, die als nicht einbringlich bezeichneten Ersatzbeträge selbst beizutreiben. *(Gleichlautend mit Art. 185 FG.)*

---

[1]) Jetzt dem Obersten Landesgericht.

Allgemeine Bestimmungen.

Anwendung der Strafprozeßordnung und des Gerichtsverfassungsgesetzes.

Art. 91. [I]In allen Fällen und Punkten, für welche in dem gegenwärtigen Abschnitte nicht besondere Bestimmung getroffen ist, bleiben die allgemeinen gesetzlichen Vorschriften in Anwendung. *(Vgl. Art. 188 Abs. I FG.)*

[II]Für die durch den Gerichtsdiener erfolgenden Zustellungen in dem Verfahren vor den Amtsgerichten kann das Staatsministerium der Justiz anordnen, daß das Schriftstück offen übergeben wird, und eine abgekürzte Beurkundung in tabellarischer Form vorschreiben.

[III]Das offen zu übergebende Schriftstück wird mit der Geschäftsnummer bezeichnet, unter der es in dem zur Beurkundung der Zustellung bestimmten Verzeichnis eingetragen ist. Der Tag der Zustellung ist auf dem Schriftstücke zu vermerken. *(Abs. II u. III gleichlautend mit Art. 188 Abs. II u. III FG.)*

Schlußbestimmungen.

Art. 92. Gegenwärtiges Gesetz (in welchem die noch geltenden Bestimmungen des Forststrafgesetzes vom 28. Dezember 1831 und die neueren Bestimmungen des Gesetzes vom 23. Mai 1846 zu einem Ganzen verbunden sind), soll mit dem 1. Oktober 1846 in Anwendung treten.

Art. 93. Frevel, welche erst nach dem 1. Oktober 1846 in Untersuchung oder zur Entscheidung kommen, aber vor demselben begangen wurden, sollen nach gegenwärtigem Gesetze beurteilt werden, wenn hierdurch eine gleiche oder mildere Strafe eintritt. Ist aber die frühere Strafe milder, so soll diese auf jene Frevel angewendet werden.

Art. 94. Unser Justizministerium, Unser Ministerium des Innern und Unser Finanzministerium sind mit dem Vollzuge dieses Gesetzes beauftragt.

2. Gesetz über die Aufforstung landwirtschaftlicher Grundstücke vom 22. 12. 1921 (GVBl. S. 609).[1])

Der Landtag des Freistaates Bayern hat das folgende Gesetz beschlossen:

I. Abschnitt.

Allgemeine Bestimmungen.

Erlaubnispflicht.

Art. 1.

[I]Die Aufforstung eines landwirtschaftlich benützten Grundstückes bedarf der vorherigen Erlaubnis der zuständigen Bezirksverwaltungsbehörde nach Maßgabe der nachfolgenden Bestimmungen.

[II]Landwirtschaftlich benützte Grundstücke sind Äcker, Wiesen, Weiden, Weinberge, Obstpflanzungen, Hopfengärten und Gärten.

[III]Als landwirtschaftlich benützt gelten auch Grundstücke, soweit sie zeitweise brach liegen, Torfgrundstücke, die vor ihrer Abtorfung in landwirtschaftlicher Benützung standen und Streuflächen in Gebieten, deren Kultivierung bereits begonnen oder eingeleitet ist.

[IV]Auf Grundbesitz des Reiches und des Freistaates Bayern finden die Bestimmungen des Gesetzes keine Anwendung.

Erlaubnisfreiheit.

Art. 2.

[I]Der Eigentümer eines oder mehrerer zusammen bewirtschafteter Waldgrundstücke, der im Anschlusse hieran landwirtschaftlich benützte Flächen aufforsten will, bedarf hierzu dann keiner Erlaubnis, wenn die Aufforstungen in einem Zuge vorgenommen werden und wenn die gesamten aufzuforstenden Flächen kleiner als ein Tagwerk (34,07 a) sind und mindestens mit der Hälfte ihres Umfanges an Waldgrundstücke des gleichen Eigentümers angrenzen; dabei wird der Zusammenhang durch einen dazwischen liegenden Weg oder kleinen Wasserlauf nicht unterbrochen. Weitere Aufforstungen im Anschlusse an diese Waldgrundstücke sind erlaubnispflichtig.

---

[1]) Dazu ergingen auf Grund Art. 18 Abs. II des Gesetzes die (für die Forstbehörden nicht wesentlichen) ausführlichen Vollzugsvorschriften des Landwirtschaftsministeriums vom 2. Februar 1922 (MABl. S. 44—60, StAnz. Nr. 30). S. auch die Übersicht über den Inhalt des Aufforstungsgesetzes oben S. 43 f. u. S. 214 f.

II Das Staatsministerium für Landwirtschaft kann beim Vorliegen besonderer Verhältnisse für einzelne Bezirke, Gemeinden oder ausmärkische Bezirke oder Teile hievon eine andere als die in Abs. I bestimmte Flächengröße festsetzen.

III Steht ein Grundstück nach gemeindlicher Bestätigung in wechselweiser land- und forstwirtschaftlicher Benützung (Wechselwirtschaft) und wurde es innerhalb der letzten 30 Jahre vor der Neuaufforstung forstwirtschaftlich benützt, so bedarf seine Aufforstung keiner Erlaubnis. Das Gleiche gilt für die Wiederaufforstung von Grundstücken, die vorübergehend dem Waldfeldbau oder einer ähnlichen Betriebsform zugeführt waren.

Voraussetzungen für die Erlaubniserteilung. Art. 3.

I Die Erlaubnis zur Aufforstung eines landwirtschaftlich benützten Grundstücks darf grundsätzlich nur erteilt werden, wenn sich das Grundstück nach Beschaffenheit und Gestaltung des Bodens, nach Klima und Lage besser zur forstwirtschaftlichen Benützung eignet.

II Ausnahmsweise darf, auch wenn die Voraussetzungen nach Abs. I nicht vorliegen, die Erlaubnis erteilt werden, wenn

1. für die Aufforstung ein dringendes wirtschaftliches Bedürfnis vorliegt und das Bedürfnis auf andere Weise nicht befriedigt werden kann,
2. wenn und soweit ein Grundstück in waldarmen Gegenden des Flachlandes aus Rücksichten des Gemeinwohls der Errichtung eines Vogelschutzgehölzes zugeführt werden soll und dieser Zweck auf andere Weise nicht erreicht werden kann.

III Die Erlaubnis soll jedoch in den Fällen des Abs. I und II versagt werden, wenn Nachbargrundstücken ein erheblicher, durch Auflagen nicht abwendbarer Schaden zugeht und wenn dieser Schaden im Einspruchswege geltend gemacht ist.

IV Ist die Aufforstung eines Grundstücks zur Erhaltung der Bodensubstanz oder zum Schutze gegen Naturereignisse notwendig oder aus Rücksichten des Gemeinwohls für die Erhaltung einer Trink- oder Nutzwasserleitung für öffentliche oder genossenschaftliche Zwecke (Art. 153 Ziff. 5 und 6 des Wassergesetzes vom 23. März 1907) geboten, so darf die Erlaubnis nicht versagt werden.

Erlaubniserteilung. Auflagen. Art. 4.

I Die Erlaubnis kann nur von dem Eigentümer des aufzuforstenden Grundstücks beantragt und nur diesem erteilt werden.

II Bei der Erteilung der Erlaubnis sind die erforderlichen Auflagen festzusetzen; die Bestimmung des Grenzabstandes kann dabei abweichend von den Vorschriften des Ausführungsgesetzes zum Bürgerlichen Gesetzbuch vom 9. Juni 1899 erfolgen.

III Hat eine Erlaubnis zur Folge, daß einem Beteiligten durch die Aufforstung Schaden erwächst, und kann dieser Schaden durch andere Auflagen nicht abgewendet werden, so ist dem Gesuchsteller als Bedingung die angemessene Entschädigung des Beteiligten aufzuerlegen. Die Höhe der Entschädigung setzt die zuständige Behörde (Art. 12 und 14) nach billigem Ermessen unter Ausschluß des Rechtsweges fest.

Erlaubnisfrist.

IV Die Erlaubnis erlischt, wenn nicht binnen einer zu bestimmenden Frist davon Gebrauch gemacht wird.

Sicherheit. Art. 5.

I Dem Antragsteller kann die Leistung einer Sicherheit auferlegt und davon der Vollzug abhängig gemacht werden. Art und Umfang der Sicherheitsleistung bestimmt die zuständige Behörde (Art. 12 und 14) nach freiem Ermessen.

II Die Sicherheit haftet als Pfand für die vermögensrechtlichen Ansprüche, die dem Staat oder einem Beteiligten (Art. 6) aus der Nichterfüllung der Auflagen oder aus der Beseitigung einer gesetzwidrigen Anlage (Art. 17) erwachsen.

III Ist der Grund für die Sicherheitsleistung weggefallen, so hat die Bezirksverwaltungsbehörde (Art. 12) die Aufhebung der Sicherheit anzuordnen; die Beteiligten sind vor der Aufhebung zu hören. Die Verfügungen über die Sicherheit ergehen nach Art. 12 Abs. VII des Gesetzes.

Beteiligte. Art. 6.

Als beteiligt an dem Erlaubnisverfahren kommen in Betracht:

a) die Eigentümer der Grundstücke, welche an die Aufforstungsfläche des Antragstellers angrenzen;
b) die Eigentümer sonstiger Grundstücke, für welche durch eine Aufforstung (Art. 1) eine dauernde Schädigung in der wirtschaftlichen Ertragsfähigkeit zu befürchten ist.

Anzeigepflicht. Art. 7.

I Soweit für ein landwirtschaftlich benütztes Grundstück nach Art. 2 eine Erlaubnis nicht erforderlich ist, ist vor dem Beginne der Aufforstung Anzeige an die zuständige Bezirksverwaltungsbehörde unter Angabe der für die Befreiung von der Erlaubnispflicht maßgebenden Verhältnisse zu erstatten.

II Mit der Aufforstung darf erst begonnen werden, wenn die Bezirksverwaltungsbehörde bescheinigt hat, daß eine Erlaubnis nicht erforderlich ist. Diese Bescheinigung wird kosten- und stempelfrei ausgestellt.

II. Abschnitt.

Zuständigkeit und Verfahren.

Zuständigkeit. Art. 8.

I Zuständig für die Erlaubnis (Art. 1) und die Erteilung der Bescheinigung (Art. 7) ist die Bezirksverwaltungsbehörde, in deren Bezirk das aufzuforstende Grundstück liegt.

II Sollen gleichzeitig mehrere in wirtschaftlichem Zusammenhange stehende Grundstücke aufgeforstet werden, die in verschiedenen Bezirken liegen, so ist für die Erlaubnis die Bezirksverwaltungsbehörde zuständig, in deren Bezirk der größere Teil der Aufforstungsfläche gelegen ist.

Bestimmungen für das Erlaubnisverfahren.

Art. 9.

Das Erlaubnisverfahren bemißt sich nach den folgenden Bestimmungen, im übrigen nach den Vorschriften in Abschnitt II und IV des Gesetzes über die Errichtung eines Verwaltungsgerichtshofes und das Verfahren in Verwaltungsrechtssachen vom 8. August 1878 (Verwaltungsgerichtsgesetz).

Antragstellung. Art. 10.

I Der Antrag auf Erlaubniserteilung ist bei der zuständigen Bezirksverwaltungsbehörde schriftlich einzureichen oder bei ihr zu Niederschrift zu erklären. Er soll die für die Beurteilung des Sach- und Rechtsverhältnisses erforderlichen Angaben enthalten.

II Erachtet die Behörde auf eine Anzeige nach Art. 7 hin die Voraussetzungen für die Erlaubnispflicht als gegeben und wird auf Durchführung der Aufforstung bestanden, so ist das Erlaubnisverfahren durchzuführen; die Anzeige gilt als Antrag.

Art. 11.

I Die Eigentümer der an die Aufforstungsfläche angrenzenden Grundstücke sind, soweit ihr Aufenthalt bekannt ist, von dem Antrage zu verständigen; der Antrag ist ferner in den Gemeinden, in denen die Aufforstungsfläche gelegen ist, bei Grenzgrundstücken auch in den Nachbargemeinden öffentlich bekanntzumachen. Zugleich sind die beteiligten Grundeigentümer aufzufordern, Einsprüche bei Meidung des Ausschlusses innerhalb einer bestimmten Frist bei der Bezirksverwaltungsbehörde oder der von ihr zu benennenden Gemeindebehörde anzubringen.

II Die Art und Weise der Bekanntgabe sowie die Einspruchsfristen bestimmt die Bezirksverwaltungsbehörde. Die Fristen müssen mindestens 2 Wochen betragen.

Entscheidungen der ersten Rechtsstufe. Art. 12.

I Die Bezirksverwaltungsbehörden entscheiden über die Aufforstungsgesuche durch Ausschüsse. Diese bestehen:

1. aus dem Vorstande der Bezirksverwaltungsbehörde oder seinem Stellvertreter als Vorsitzenden,
2. aus zwei Landwirten, von denen einer auch Waldbesitzer sein muß, als sachverständigen Beisitzern.

II Ist in einem Fall eine besondere technische Beurteilung erforderlich oder kommen wichtige volkswirtschaftliche Interessen in Frage, soll der Vorsitzende einen Fachmann oder einen Verbraucher als weitere Beisitzer zuziehen.

III Ist gegen einen Antrag von keiner Seite ein Einspruch erhoben worden, so kann der Vorsitzende das Gesuch ohne Beisitzer und ohne Sitzung verbescheiden.

IV Die Beisitzer und Stellvertreter (Abs. I) werden von der Bezirksbauernkammer gewählt. Die Vorschriften über ihre Wahl und ihre Verwendung werden in den Ausführungsbestimmungen getroffen.

V Die Beisitzer werden, soweit sie nicht allgemein für die Ausübung öffentlicher Ämter in Pflicht genommen sind, vor ihrer ersten Dienstleistung durch Handschlag an Eides Statt verpflichtet.

Sie haben Amtsverschwiegenheit zu beobachten. Für die Teilnahme an den Verhandlungen werden sie nach den Vorschriften über die Entschädigung der Schöffen und Geschworenen entschädigt.

VI Die Vorschriften des Art. 18 des Verwaltungsgerichtsgesetzes gelten für die Mitglieder des Ausschusses mit der Maßgabe, daß Ablehnungsgesuche von der Regierung, Kammer des Innern, verbeschieden werden. Art. 14 Abs. II und VI dieses Gesetzes findet Anwendung.

VII Verfügungen, die außerhalb der Sitzung getroffen werden, erläßt der Vorsitzende allein.

Art. 13.

I Die Verhandlung und Entscheidung der Bezirksverwaltungsbehörde erfolgt in den Fällen des Art. 12 Abs. I in nichtöffentlicher Sitzung.

II Zeugen und Sachverständige können von Amts wegen oder auf Antrag eidlich oder unbeeidigt vernommen werden. Ihre Auswahl erfolgt nach freiem Ermessen der entscheidenden Behörde.

III Die Verhandlung der Bezirksverwaltungsbehörde kann an Ort und Stelle stattfinden. Auf Antrag des Gesuchstellers sowie in wichtigen Fällen soll dies geschehen.

IV Die Entscheidung erfolgt in den Fällen des Art. 12 Abs. I und II nach der absoluten Mehrheit der Stimmen; bei Stimmengleichheit gibt der Vorsitzende den Ausschlag. Die Beisitzer stimmen nach ihrem Lebensalter in der Weise ab, daß der jüngste zuerst stimmt; der Vorsitzende gibt seine Stimme zuletzt ab.

Entscheidungen der zweiten Rechtsstufe. Art. 14.

I Gegen die Bescheide (Art. 12) und die Verfügungen nach Art. 5 Abs. III und 17 Abs. I ist innerhalb einer Frist von vier Wochen, gerechnet von der Zustellung ab, Beschwerde zur Regierung, Kammer des Innern, zulässig.

II Diese entscheidet über Beschwerden gegen Bescheide (Art. 12 Abs. I—V) durch einen Senat, welcher gebildet wird

1. aus einem Mitglied der Regierung als Vorsitzenden,
2. aus zwei Landwirten, von denen einer auch Waldbesitzer sein muß, als sachverständigen Beisitzern.

III Art. 12 Abs. II, dann Art. 13 finden entsprechende Anwendung.

IV Ablehnungsgesuche gegen ein Mitglied der Regierung oder einen Beisitzer nach Abs. II werden endgültig von dem Kollegium der Kreisregierung verbeschieden; das abgelehnte Mitglied der Regierung darf nicht mitstimmen.

V Beschwerden gegen Verfügungen werden im Bürowege erledigt.

VI Die Entscheidung der Regierung ist endgültig.

Gebühren und Auslagen. Art. 15.

I Das Verfahren der ersten Rechtsstufe ist gebühren- und stempelfrei.

II Die zuständige Behörde (Art. 12 und 14) bestimmt, wer die baren Auslagen zu tragen hat. Eine Erstattung von Vertretungskosten kann den Beteiligten nur in wichtigen Fällen zugebilligt werden.

III. Abschnitt.

Schluß-, Straf- und Übergangsbestimmungen.

Strafbestimmung. Art. 16.

Mit Geldstrafe[1]) bis zu dreißigtausend Mark wird bestraft:

1. wer ein landwirtschaftlich benütztes Grundstück ohne vorherige Erlaubnis oder im Falle des Art. 7 vor Erteilung der Bescheinigung aufforstet,
2. wer den Auflagen (Art. 4) oder den zu ihrer Erfüllung gegebenen Anordnungen zuwiderhandelt,
3. wer dem Auftrage zur Beseitigung einer gesetzwidrigen Anlage (Art. 17) nicht nachkommt.

Beseitigungsbefugnis. Art. 17.

I Die Bezirksverwaltungsbehörde kann die Beseitigung gesetzwidriger Anlagen auf Kosten der Pflichtigen ausführen lassen; sie kann die von dem Pflichtigen zu erstattenden Kosten festsetzen und zwangsweise beitreiben. Die Verfügungen werden ohne Beisitzer getroffen.

II Bei Gefahr auf Verzug oder bei drohenden Nachteilen für das Eigentum kann die aufschiebende Wirkung der Beschwerde ausgeschlossen werden.

---

[1]) Jetzt von 3 bis 10000 Reichsmark.

Art. 18.

I Das Gesetz wird als dringend bezeichnet und tritt mit seiner Verkündung in Kraft.

II Die zum Vollzug des Gesetzes erforderlichen Ausführungsbestimmungen werden vom Staatsministerium für Landwirtschaft erlassen.

Übergangsbestimmung. Art. 19.

Sind Aufforstungen bei dem Inkrafttreten des Gesetzes in Ausführung begriffen und ist für diese nicht auf Grund der Bekanntmachung des Kriegsministeriums vom 2. August 1917 betreffend die Sicherung der Volksernährung eine Genehmigung erteilt worden, so kommen für die Restflächen, hinsichtlich deren die Aufforstung nicht abgeschlossen ist, die Bestimmungen des Gesetzes zur Anwendung.

3. Übereinkunft mit Österreich über die Bestrafung der Forst-, Jagd- und Fischfrevel vom Jahre 1839/1844 (RegBl. 1839 S. 825; 1844 S. 308; Weber Bd. 3 S. 546).[1]

Nachdem die Königlich Bayerische und die Kaiserlich Königlich österreichische Regierung die Erneuerung der im Jahre 1839 abgeschlossenen Übereinkunft wegen wirksamer Hintanhaltung der Forst-, Jagd-, Fisch- und Feldfrevel an der Landesgrenze (RegBl. von 1839 S. 825) beschlossen, und demzufolge durch wechselseitige am 12. und 3. d. M. ausgestellte Ministerialerklärungen die Verbindlichkeit übernommen haben, nachfolgende Bestimmungen gegenseitig genau zu beobachten und handzuhaben, nämlich:

1. Verpflichtet sich die Königlich Bayerische Regierung, die Forst-, Jagd-, Fisch- und Feldfrevel, welche ihre Untertanen auf dem Kaiserlich Königlich österreichischen Gebiete verübt haben möchten, sobald sie davon Kenntnis erhält, nach denselben Gesetzen zu untersuchen und zu bestrafen, nach welchen sie untersucht und bestraft werden würden, wenn sie im Inlande begangen worden wären.
2. Die wechselseitig berufenen Behörden oder Personen haben die Frevel, welche in ihrem Amtsbezirke durch Angehörige des anderen Staates verübt worden sind, in gesetzlicher Form zu konstatieren und die hierüber aufgenommenen Protokolle nebst den etwa gepfändeten Gegenständen derjenigen heimatlichen Behörde des Frevlers zuzustellen, welche über die Bestrafung zu erkennen kompetent ist.
3. Den Protokollen und Abschätzungen, die zur Konstatierung des von den Angehörigen des einen Staates in dem Gebiete des andern verübten Frevels von den hiezu in jedem Lande kompetenten Personen aufgenommen werden, ist jener Glaube von der zur Aburteilung geeigneten Behörde beizumessen, welchen die Gesetze den Protokollen der inländischen Beamten beilegen.
4. Die eingehobenen Geldstrafen und etwaigen Untersuchungsgebühren bleiben demjenigen Staate, wo das Erkenntnis geschöpft worden ist; nur der Betrag des Schadensersatzes und der Pfandgebühren kommt an die betreffende Kasse jenes Staates abzuführen, in welchem der Frevel stattgefunden hat.
5. Den untersuchenden und strafenden Behörden in den beiden Staaten wird zur Pflicht gemacht, die Untersuchung und Bestrafung der Frevel in jedem einzelnen Falle so schleunig vorzunehmen, als es nur immer tunlich sein wird.
6. Die aburteilenden Behörden sind verpflichtet, die in den verschiedenen Instanzen erfolgenden Erkenntnisse denjenigen Behörden mitzuteilen, in deren Amtsbezirke der Frevel verübt worden ist.
7. Dieses Übereinkommen hat auf unbestimmte Zeit in Kraft und Wirksamkeit zu verbleiben, und für den Rücktritt von demselben wird hiemit eine vorgängige dreimonatliche Aufkündigung zur Bedingung gemacht;

so wird Vorstehendes zur allgemeinen Wissenschaft und Darnachachtung hiemit öffentlich bekannt gemacht.

Dazu erging die **Vollzugsbekanntmachung vom 31. 3. 1880** (JMBl. S. 85; FMBl. S. 95, Weber Bd. 14 S. 397):

Bekanntmachung
über den Vollzug der Übereinkunft mit Österreich über die Bestrafung der Forst-, Jagd-, Fisch- und Feldfrevel.[2])

Staatsministerien der Justiz und der Finanzen.

Es ist zur Kenntnis der unterfertigten Staatsministerien gelangt, daß in neuerer Zeit mehrfach österreichische Untertanen, welche von ihren in Österreich gelegenen Wohnorten aus an der Landes-

[1]) Der Staatsvertrag vom Jahre 1839 war zunächst auf die Dauer von drei Jahren abgeschlossen; an seinem Inhalt wurde aus Anlaß der Erneuerung im Jahre 1844 nichts wesentliches geändert.

[2]) Die MB. ist im Abdruck auf den neuesten Stand gebracht.

grenze auf bayerischem Gebiete Forstfrevel verübt hatten, vor bayerische Gerichte geladen und von diesen abgeurteilt wurden.

Dieses Verfahren widerspricht der Intention der zwischen der bayerischen und der österreichischen Regierung zur wirksamen Hintanhaltung der Forst-, Jagd-, Fisch- und Feldfrevel getroffenen, unter dem 9. September 1839 (Regierungs-Blatt S. 825) veröffentlichten und nach Bekanntmachung vom 16. April 1844 (Regierungsblatt S. 308) auf unbestimmte Zeit erneuerten Übereinkunft[1]), nach welcher sich jede der beiden Regierungen verpflichtete, die Forst-, Jagd-, Fisch- und Feldfrevel, welche ihre Untertanen auf dem Gebiete des anderen Staates verübt haben möchten, im eigenen Lande nach denselben Gesetzen zu bestrafen, als wären sie auch im Inlande verübt.

Wenn die Übereinkunft in Ziffer 2 bestimmt, „daß die wechselseitig berufenen Behörden oder Personen die Frevel, welche in ihrem Amtsbezirke durch Angehörige des anderen Staates verübt worden sind, in gesetzlicher Form zu konstatieren und die hierüber aufgenommenen Protokolle nebst den etwa gepfändeten Gegenständen derjenigen heimatlichen Behörde des Frevlers zuzustellen haben, welche über die Bestrafung zu erkennen kompetent ist", so geht schon hieraus, ganz abgesehen von den weiteren, die gleiche Anschauung bekundenden Bestimmungen der Konvention zur Genüge hervor, daß die Aburteilung der Untertanen eines jeden Staates durch seine eigenen zuständigen Behörden auf Grund der Gegenseitigkeit gesichert werden sollte.

Diese vertragsmäßigen Bestimmungen sind nicht nur durch Art. 190 des Forstgesetzes vorbehalten, sondern es ist denselben nunmehr auch in der geänderten Fassung des Art. 116 Absatz 3 dieses Gesetzes ausdrücklich Rechnung getragen.

Um nun die Wiederholung von Zuwiderhandlungen gegen das mehrgedachte Übereinkommen für die Zukunft zu verhüten, wird Folgendes bestimmt:[2])

1. Die mit der Führung von Rügeverzeichnissen beauftragten Forstdiener haben auch bei den von österreichischen, in ihrem Heimatlande wohnenden Untertanen in bayerischen Grenzwaldungen verübten Forstfreveln die Einträge in die Forstrügebogen den Bestimmungen des Forstgesetzes gemäß zu bewirken. Die mit Eintrag versehenen Bogen sind gegebenen Falles im Sinne der Art. 126, 137 und 141 belegt, sofort, gegebenenfalls über den Leiter der Forstamtsaußenstelle, dem vorgesetzten Forstamt in Vorlage zu bringen, welches die Frevel in eine „Übersicht der an österreichische Behörden abzugebenden Forstrügesachen" einzutragen hat.

Das Forstamt hat die schleunige Übermittlung der Rügebogen und Belege an die zuständige österreichische Behörde zu bewirken und die Übersendung etwa gepfändeter Gegenstände einzuleiten.

Die gemäß Ziffer 6 der Bekanntmachung vom 16. April 1844 von den österreichischen Behörden mitzuteilenden Erkenntnisse hat das Forstamt nach ihrem Eintreffen in der Übersicht vorzumerken. Zur Anfertigung der Übersicht kann nach angemessener Überschreibung der Titelseite das zu § 41 der Vollzugsvorschriften 1879 (1885) gegebene Formular III a in Verwendung genommen werden.

2. Sollten gleichwohl aus Versehen oder Irrtum noch einzelne Forstfrevel, welche nach dem im Eingange Dargelegten zur Zuständigkeit der österreichischen Behörden gehören, an bayerische Gerichte gelangen und von solchen abgeurteilt werden, so haben die mit der Sache befaßten k. Forstmeister und Staatsanwälte von allen zulässigen Rechtsmitteln Gebrauch zu machen, um der Vereinbarung vom 16. April 1844 ihre volle Wirksamkeit zu sichern.

4. Oberpolizeiliche Vorschriften für die Ausführung von Holzfällungs-, Steinförderungs- und Erdarbeiten in der Umgebung von Eisenbahnanlagen vom 9. Oktober 1911 (GVBl. S. 1068).[3])

K. Staatsministerium des Innern, K. Staatsministerium für Verkehrsangelegenheiten.

Auf Grund des Art. 88 des Polizeistrafgesetzbuches vom 26. Dezember 1871 werden zum Schutz der Eisenbahnen und des Bahnbetriebs nachstehende Vorschriften erlassen:

§ 1.

I Wenn in unmittelbarer Nähe von Eisenbahnanlagen, insbesondere an steilen Hängen oberhalb der Bahn, durch Holzfällungs- oder Steinförderungsarbeiten einschließlich der Holz- oder Steinabfuhr oder durch Erdarbeiten anderer Art eine Gefahr für die Anlagen oder den Betrieb

---

[1]) Vorstehend abgedruckt.

[2]) Im folgenden ist berücksichtigt, daß die beim Erlaß der MB. noch bestehende Einrichtung der Oberförster inzwischen weggefallen ist.

[3]) Der Übergang der bayerischen Staatseisenbahnen auf das Reich hat an der Geltung dieser Vorschriften nichts geändert (§ 10 des Staatsvertrags vom 30. 3. 1920, GVBl. S. 173, 177).

der Bahn entstehen kann, hat der Unternehmer den Beginn und die Beendigung dieser Arbeiten mindestens tags vorher dem Vorstande der nächsten Eisenbahnstation anzuzeigen. Hiebei ist der verantwortliche Leiter der Arbeiten zu benennen.

II Ebenso ist jede mehr als halbtägige Unterbrechung sowie die Wiederaufnahme der unterbrochenen Arbeit anzuzeigen, falls die Bahnverwaltung die Arbeiten durch einen Bahnpolizeibeamten überwachen läßt (§ 2 Abs. 3) und dem Unternehmer hievon Mitteilung gemacht hat.

§ 2.

I Die Arbeiten sind so auszuführen, daß eine Beschädigung der Bahnanlagen oder eine Gefährdung vorüberfahrender Züge ausgeschlossen ist.

II Soweit die Arbeiten die Anlagen oder den Betrieb der Bahn zu gefährden geeignet sind, müssen sie bei Dunkelheit oder dichtem Nebel eingestellt werden. Das Gleiche gilt bei stürmischem Wetter für Holzfällung in Hochwaldungen.

III Die Bahnverwaltung kann die Arbeiten durch einen Bahnpolizeibeamten auf ihre Rechnung überwachen lassen. In diesem Falle gibt der Wächter durch ein vorher bestimmtes Signal den Zeitpunkt bekannt, von dem ab besondere Vorsicht notwendig ist, sowie durch ein zweites Signal den Zeitpunkt, wann der Zug die Arbeitsstelle passiert hat. Diese Signale sind zu beachten. Solange hienach besondere Vorsicht notwendig ist, dürfen Arbeiten, welche die Anlagen oder den Betrieb der Bahn zu gefährden geeignet sind, nicht vorgenommen werden.

§ 3.

I Bäume, die beim Fällen ganz oder teilweise auf die Bahnanlagen fallen könnten, sind womöglich nach der von der Bahn abgewendeten Seite, andernfalls mindestens gleichlaufend zur Bahnlinie umzulegen.

II Beim Bearbeiten, Lagern, Ablassen oder Verladen von Stämmen an Steilhängen oberhalb der Bahn ist durch Anhängen mit Ketten oder Seilen, durch Vorschlagen von Pfählen oder au sonstigen Weise in ausreichendem Maße Vorsorge zu treffen, daß die Hölzer nicht auf Bahnanlagen abstürzen können. Das ungehemmte Abrollen ist verboten; doch kann die Bahnverwaltung Ausnahmen zulassen, wenn die Bahnanlagen durch Waldbestände hinreichend geschützt erscheinen oder andere besondere Verhältnisse eine Gefährdung ausschließen.

III Ebenso sind bei Steinbrüchen, Wegbauten und ähnlichen Arbeiten an Steilhängen oberhalb der Bahn entsprechende Vorkehrungen gegen das Abrollen von Steinen, Bruchschutt oder sonstigen Fördermassen zu treffen.

§ 4.

Die Bahnverwaltung ist befugt, dem Unternehmer oder dessen Leuten die Herstellung einfacher, durch die augenblicklichen Betriebsarbeiten veranlaßten Sicherheitsvorkehrungen der in § 3 bezeichneten Art aufzuerlegen. Bei Gefahr auf Verzug sind die Eisenbahnpolizeibeamten berechtigt, die Arbeiten einzustellen, bis ausreichende Schutzmaßnahmen getroffen sind.

§ 5.

Wenn infolge des Arbeitsbetriebs des Unternehmers die Bahnanlagen durch Stämme, Steine, Bruchschutt oder auf andere Weise verlegt oder beschädigt werden oder der Bahnbetrieb gestört oder gefährdet wird, hat der Unternehmer oder sein Stellvertreter unverzüglich alles aufzubieten, um allenfalls gefährdete Züge zu warnen und den ordnungsmäßigen Zustand wieder herzustellen; gleichzeitig hat er die nächste Bahndienststelle (Bahnstation oder Wärterposten) auf dem schnellsten Wege zu verständigen, wenn ein Bahnorgan an der Arbeitsstelle nicht anwesend oder nicht abkömmlich ist. Bei der Räumung und Instandsetzung der Bahnanlagen ist den Anordnungen der Bahnpolizeibeamten unweigerlich Folge zu leisten.

§ 6.

Bäume, die offensichtlich oder nach dem sachverständigen Gutachten des zuständigen K. Forstamts nicht mehr standsicher sind und bei Sturm auf die Bahnanlagen geworfen werden könnten, müssen auf Verlangen der Bahnverwaltung beseitigt werden.

§ 7.

Unterläßt jemand eine nach § 3 Abs. 2 und 3, § 5 oder § 6 ihm obliegende oder nach § 4 angeordnete Handlung vorzunehmen, so ist die zuständige Distriktspolizeibehörde befugt, soweit nötig gemäß Art. 20 Abs. 4 des PStGB. die Handlung statt seiner vorläufig vornehmen zu lassen.

§ 8.

Wer den gegenwärtigen Vorschriften zuwiderhandelt oder die gemäß § 4 oder § 5 Satz 2 ergangenen Anordnungen nicht befolgt, wird gemäß Artikel 88 des PStGB. an Geld[1]) bis zu sechzig

[1]) Jetzt von 1 bis 150 Reichsmark.

Mark oder mit Haft bis zu vierzehn Tagen gestraft, sofern nicht nach den allgemeinen Strafbestimmungen eine höhere Strafe verwirkt ist.

§ 9.

Gegenwärtige Vorschriften treten am 1. November 1911 für den ganzen Umfang des Königreichs in Kraft. Von dem gleichen Tage ab werden die noch geltenden Bestimmungen der Bekanntmachung der K. Regierung von Oberfranken vom 12. Juni 1892, die Holzfällungs- und Ausbringungsarbeiten auf steilen Bergabhängen in der Nähe des Eisenbahnkörpers oder öffentlicher Straßen, hier oberpolizeiliche Vorschriften betreffend (Kreisamtsblatt von Oberfranken Nr. 18) hinsichtlich des Abschnitts I außer Wirksamkeit gesetzt.

5. Königliche Verordnung über den Verkauf von Walderzeugnissen

vom 25. November 1911 (GVBl. S. 1153), zuletzt verlängert mit VO. vom 7. August 1930 (GVBl. S. 271, s. unten).

Wir finden Uns bewogen, auf Grund der Art. 106 bis 108 des Forstgesetzes und zwar vorläufig auf den Zeitraum von acht Jahren, zu verordnen, was folgt:

§ 1.

I Jeder Verkäufer von Nadelholz-Büschen und -Gipfeln, die aus Waldungen stammen, muß innerhalb der in der Beilage bezeichneten Bezirke und Zeiträume mit einem von dem Bürgermeister seines Wohn- oder Aufenthaltsorts ausgestellten Zeugnis über den rechtmäßigen Erwerb versehen sein. Dieses Zeugnis hat Art, Größe und Zahl der Verkaufsgegenstände, sowie Namen und Wohnort des Verkäufers und den Tag des Erwerbes genau anzugeben und ist auf fünf Tage gültig. Es ist bei dem Verkaufe, sofern er innerhalb der genannten Bezirke erfolgt, an die Ortspolizeibehörde des Verkaufsorts abzuliefern.

II Abs. I gilt auch für den Fall des Wiederverkaufs. In diesem Falle ist im Zeugnisse statt des Verkäufers der Wiederverkäufer nach Namen und Wohnort anzugeben.

§ 2.

I Wer innerhalb der in der Beilage bezeichneten Bezirke und Zeiträume die genannten Walderzeugnisse ohne das im § 1 vorgeschriebene Zeugnis oder mit einem durch Zeitablauf wirkungslos gewordenen Zeugnisse verkauft, wiederverkauft oder zum Verkauf anbietet, ist von dem Amtsgerichte zu einer Geldstrafe von *einer Mark achtzig Pfennig bis neun Mark* zu verurteilen. Vorbehalten bleibt die weitere Bestrafung wegen Forstfrevels, wenn sich ergibt, daß die verkauften oder feilgebotenen Walderzeugnisse gefrevelt wurden.

II Die bezeichneten Walderzeugnisse selbst sind bis auf weitere Verfügung des Amtsgerichts mit vorsorglichem Beschlage zu belegen. Der Bürgermeister, der dem Betretungsorte zunächst wohnt, hat sie in Verwahrung zu nehmen.

III Hierbei finden die allgemeinen Bestimmungen über Forstpolizeiübertretungen und Forstfrevel (Abteilung IV des Forstgesetzes) Anwendung.

§ 3.

Bürgermeister oder deren Stellvertreter, die bei Ausstellung des im § 1 bezeichneten Zeugnisses nicht mit der notwendigen Vorsicht verfahren, sind dienststrafrechtlich zu verfolgen *und können mit einer Geldstrafe*[1]*) bis zu fünfundvierzig Mark belegt werden*.

§ 4.

Diese Verordnung tritt am 1. Dezember 1911 in Kraft. Gleichzeitig treten die Verordnungen vom 2. Oktober 1887, 13. Oktober 1907 und 19. November 1909 (GVBl. 1887 S. 611, 1907 S. 787, 1909 S. 854), vom 1. Dezember 1901 und 25. Oktober 1906 (GVBl. 1901 S. 673, 1906 S. 791) sowie vom 13. August 1910 (GVBl. S. 557) und vom 1. Dezember 1910 (GVBl. S. 1107) außer Wirksamkeit.

§ 5.

Die Regierungen, Kammern des Innern und der Forsten, haben die zum Vollzuge dieser Verordnung veranlaßten Verfügungen zu treffen.

---

[1]) Der Zusatz über die Geldstrafe hat mit der Änderung des Art. 108 FG. im Jahre 1923 die gesetzliche Grundlage verloren.

Verordnung über den Verkauf von Walderzeugnissen vom 7. August 1930 (GVBl. S. 271).

Staatsministerien der Justiz, des Innern und der Finanzen.

Die Geltung der Verordnung über den Verkauf von Walderzeugnissen vom 25. November 1911 (GVBl. S. 1153) wird auf weitere zehn Jahre bis zum 31. Dezember 1940 mit der Maßgabe verlängert, daß an Stelle des in der Beilage zu dieser Verordnung enthaltenen Verzeichnisses der Bezirke und Zeiträume, innerhalb deren ein Erwerbszeugnis erforderlich ist, nachstehendes Verzeichnis tritt.

Verzeichnis der Bezirke und Zeiträume, innerhalb deren ein Erwerbszeugnis erforderlich ist.

1. Oberbayern. Unmittelbare Städte; Bezirksämter Berchtesgaden, Dachau, Ebersberg, Erding, Fürstenfeldbruck, Mühldorf, Starnberg, Tölz, Traunstein, Wasserburg, Wolfratshausen: das ganze Jahr. Der übrige Teil des Regierungsbezirkes: Oktober, November und Dezember.
2. Niederbayern. Der ganze Regierungsbezirk: Oktober, November und Dezember.
3. Oberpfalz und Regensburg. Unmittelbare Städte Regensburg, Amberg; Bezirksämter Amberg, Kemnath, Neustadt a. W.-N., Regensburg, Roding, Stadtamhof, Sulzbach, Tirschenreuth: das ganze Jahr. Der übrige Teil des Regierungsbezirkes: Oktober, November und Dezember.
4. Oberfranken. Unmittelbare Städte: das ganze Jahr. Bezirksämter: Oktober, November und Dezember.
5. Mittelfranken. Der ganze Regierungsbezirk: das ganze Jahr.
6. Unterfranken und Aschaffenburg. Der ganze Regierungsbezirk: das ganze Jahr.
7. Schwaben und Neuburg. Unmittelbare Städte Augsburg, Günzburg, Kaufbeuren, Kempten, Memmingen, Neuburg a. D., Nördlingen; Bezirksämter Augsburg, Füssen, Günzburg, Kaufbeuren, Kempten, Krumbach, Neuburg a. D., Nördlingen, Schwabmünchen, Wertingen, Zusmarshausen: das ganze Jahr. Bezirksämter Dillingen, Memmingen: Oktober, November und Dezember.

Alphabetisches Sachverzeichnis.

C.

D.

E.

F.

T.

U.

Änderungen zu Wonhas, Forstgesetz.

Das Forstgesetz und das Aufforstungsgesetz wurden durch das Vereinfachungsgesetz vom 23. Juli 1931 (GVBl. S. 189) geändert wie folgt:

1. Forstgesetz:

Art. 7 Abs. II Halbsatz 2 erhält folgende Fassung:

„und für Waldungen, die kreisunmittelbaren Städten oder ihren Stiftungen gehören oder mehr als 100 Hektar Gesamtfläche umfassen, der Genehmigung der Forstpolizeistelle, sonst der Genehmigung der Forstpolizeibehörde zu unterwerfen".

Art. 7 Abs. IV Satz 2 erhält folgenden Wortlaut:

„Hierüber bestimmt die nach Abs. II zuständige Forstpolizeistelle oder Forstpolizeibehörde."

Art. 11 erhält folgenden Wortlaut:

„Bei kleineren Waldungen von geringerem Ertrag und bei Waldungen, die einer regelmäßigen Bewirtschaftung nach Wirtschaftsplänen nicht fähig sind, kann, soweit es sich um Waldungen von kreisunmittelbaren Städten und ihren Stiftungen handelt, mit Genehmigung der Forstpolizeistelle, sonst mit Genehmigung der Forstpolizeibehörde die Betriebsausführung mit dem Forstschutze vereinigt werden."

An Stelle des **Art. 13 Abs. I und II** tritt folgende Bestimmung:

„Die Wahl der Förster und Sachverständigen (Art. 8) sowie des Schutzpersonals unterliegt, soweit es sich um Waldungen von kreisunmittelbaren Städten und ihren Stiftungen handelt, der Bestätigung der Forstpolizeistelle, sonst der Bestätigung der Forstpolizeibehörde. Unterlassen die Gemeinden und Stiftungen das nötige Forstbetriebs- und Schutzpersonal zu wählen, so werden sie hierzu durch die nach Satz 1 zuständige Forstpolizeistelle oder Forstpolizeibehörde binnen einer Frist von zwei Monaten aufgefordert. Nach fruchtlosem Ablaufe dieser Frist trifft die Forstpolizeistelle oder Forstpolizeibehörde die Wahl."

Im **Art. 20 Abs. I** wird das Wort „Forstpolizeistelle" durch „Forstpolizeibehörde" ersetzt.

2. Aufforstungsgesetz:

Art. 14 Abs. IV erhält folgende Fassung:

„Ablehnungsgesuche gegen den Vorsitzenden oder einen Beisitzer des Senats nach Abs. II verbescheidet der Senat unter Zuziehung der erforderlichen Stellvertreter; das abgelehnte Mitglied des Senats darf nicht mitstimmen."

Die Änderungen traten am 1. September 1931 in Kraft. Die zu diesem Zeitpunkt anhängigen Verfahren sind gemäß Art. 12 des Vereinfachungsgesetzes nach den bisherigen Bestimmungen durchzuführen.

Durch die Änderungen des Forstgesetzes wird die Zuständigkeit der Forstpolizeibehörden erweitert; die Änderung des Aufforstungsgesetzes beseitigt das Erfordernis der kollegialen Entscheidung der Kreisregierung. Sachliche Änderungen waren nach der Gesetzesbegründung nicht beabsichtigt.

3. Vollzugsvorschriften:

Mit MB. vom 7. September 1931 (GVBl. S. 248) sind die Vollzugsvorschriften zum Forstgesetz den Gesetzesänderungen angepaßt worden wie folgt:

a) In § 14 Abs. VI der BesVollzB. 1897 (S. 81 des Buches) ist nach „Forstpolizeistelle" einzufügen „oder Forstpolizeibehörde";

b) in § 18 Abs. VI der BesVollzB. 1897 (S. 90 des Buches) ist an Stelle von „13 Abs. 2" zu setzen „13 Abs. I S. 3";

c) in § 3 Abs. I der AllgVollzB. 1879 (S. 120 des Buches) ist an Stelle von „Forstpolizeistelle" zu setzen „Forstpolizeibehörde".

Das in Bayern geltende Nachbarrecht

Von **Christian Meisner**, Rechtsanwalt in Würzburg.

3. neubearbeitete Auflage. Gr. 8°. 606 S. 1923. Gbd. RM. 9.50.

Zeitschrift für Rechtspflege in Bayern 1924, Nr. 9: Wissenschaftliche Vertiefung und erschöpfende Behandlung aller einschlägigen Fragen sowie Berücksichtigung der neuesten Rechtsprechung und Literatur machen dasselbe für das theoretische Studium wie insbesondere für die praktischen Bedürfnisse des Richters und Anwalts gleich wertvoll. Eine Fülle von Beispielen erläutert die einzelnen Rechtssätze.

Das Viehgewährschaftsrecht

Von **Christian Meisner**, Rechtsanwalt in Würzburg.

3. neubearbeitete Auflage. 8°. 301 S. 1927. Gbd. i. L. RM. 10.—

Blätter für Rechtspflege im Bezirk des Kammergerichts 1927, Nr. 7: Ein vorzügliches Buch. In systematischer Weise wird trotz aller Knappheit des Ausdrucks eine klare und erschöpfende Darstellung des gesamten Rechtsstoffs gegeben. Ein ganz besonderer Vorzug ist die reiche Kasuistik; es ist kaum ein Fall vorstellbar, der nicht in dieser überaus sorgfältigen Arbeit Berücksichtigung gefunden hätte.

Das Oedlandgesetz

vom 6. März 1923. Mit den Ausführungsbestimmungen

Erläutert von Oberreg.-Rat **Dr. Otto Woerner**

im Bayer. Staatsministerium für Landwirtschaft.

8°. VII, 259 S. Geb. RM. 6.60. In „Schweitzers braunen Handausgaben".

Die Kultivierung der zahlreichen Ödlandflächen in Bayern liegt im Interesse unserer durch den Versailler Vertrag bedingten wirtschaftlichen Lage. Sie zu fördern ist das Gesetz bestimmt. In dieser Handausgabe gibt der Referent die praktische Anleitung zu dessen Anwendung.

Das Bayerische Flurbereinigungsgesetz

vom 5. August 1922.

Für die Praxis erläutert von **Dr. Georg Seubelt,**

Ministerialrat im Staatsministerium für Landwirtschaft.

1923. Gr. 8°. X, 394 S. Kart. RM. 7.—

In „Schweitzers braunen Handausgaben".

Mit Nachtrag enthaltend sämtliche bisher erschienenen Aenderungen.

Das Bayerische Fischereigesetz

mit der Landesfischereiordnung

Von **Dr. Joseph Bleyer,** Ministerialrat im Bayer. Justizministerium.

3. neubearbeitete Auflage. 8°. VIII, 302 S. Gbd. in Leinen RM. 12.—

In „Schweitzers braunen Handausgaben".

Die Aenderungen, die im Zusammenhang mit der sonstigen Rechtsentwicklung durch Krieg und Staatsumwälzung auch das Fischereirecht betroffen haben, sind so zahlreich und umfassend, daß in dieser 3. Auflage der ganze Stoff umgearbeitet werden mußte. Das durch seine Gründlichkeit, Zuverlässigkeit und Vollständigkeit bekannte Werk wird der Justiz und Verwaltung sowie den Fischwasserbesitzern und Fischern in der neuen Gestalt wieder die besten Dienste leisten.

J. Schweitzer Verlag (Arthur Sellier) **München, Berlin und Leipzig.**

In Schweitzers braunen Handausgaben erschien in **4. Aufl.**

Das Bayerische Aufenthaltsgesetz

vom 21. August 1914

und das **Freizügigkeitsgesetz**

vom 1. November 1867 mit den Vollzugsvorschriften und den übrigen einschlägigen Bestimmungen

Erläutert von **Dr. Georg Ziegler,** Ministerialrat in München.

8°. XII 198 S. In Leinen geb. RM. 7.70.

Zeitschrift für Rechtspflege in Bayern Nr. 17/18, 1930: Das Buch, dem die zahlreichen Vollzugsbestimmungen in Abdruck beigegeben sind, enthält eine erschöpfende, die vorhandene Rechtsprechung und die Zeitschriftenliteratur berücksichtigende Erläuterung der beiden Gesetze und wird bei keiner bayer. Verwaltungsbehörde, aber auch bei keinem bayer. Gerichte zu entbehren sein. Die Darstellung in der neuen Auflage ist gegenüber der dritten, im Jahre 1926 erschienenen Auflage erheblich erweitert.

Die Bayerische Bauordnung

vom 17. Februar 1901 in der jetzt geltenden Fassung

Mit Erläuterungen und den wichtigsten einschlägigen Vorschriften

herausgegeben von

Dr. Georg Heilmann Oberregierungsrat. und **Dr. Karl Weinisch** Bezirksamtm. in Schweinfurt

3. verbesserte und vermehrte Auflage

1930. 8°. XII, 679 S. **Ganzleinen geb. RM. 14.—.**

Gewerbeordnung

mit Nebengesetzen und Ausführungsbestimmungen.

Mit Anm. und ausführl. Sachregister von ObRgRat **Dr. F. Steinbach.**

3. Aufl. 1930. Ausg. für Bayern geb. RM. 13.50.

(Schweitzers blaue Textausgaben).

Der neue Steinbach wird in allen Kreisen, die in Bayern Gewerberecht anzuwenden haben, hoch willkommen sein. Er bringt wieder in e i n e m Bande den ganzen Rechtsstoff; das bisherige handliche Format ist geblieben, weil wieder Kleinschrift verwendet wurde. Die Erläuterungen haben die bewährte kurze und doch umfassende, übersichtliche Darstellungsart beibehalten; der Zusammenhang der verschiedenen Vorschriften ist sorgfältig dargestellt. Die Rechtsprechung ist bis in die neueste Zeit berücksichtigt.

Das Bayerische Jagdgesetz

vom 30. März 1850.

Mit den Gesetzen über den Ersatz des Wildschadens und sämtliche einschlägige reichs- und landesrechtliche Bestimmungen

Von **Dr. jur. et rer. pol. Albert Behr,** Landesgerichtsrat in Regensburg.

2. neubearb. Aufl. (In Schweitzers braunen Handausgaben).

XI, 515 Seiten. 1928. Gebunden RM. 18.—.

Reichs- und Staatsangehörigkeitsgesetz

mit den bayerischen Vollzugsvorschriften

erläutert von **Jakob Woeber.**

Vierte Auflage bearbeitet von **Karl August Fischer,** Oberregierungsrat.

8°. 272 Seiten. Mit **Ergänzungsheft 1930.** Gebunden RM. 9.—.

Die neue Auflage ist vielfach ergänzt und auf den neuesten Stand gebracht. U. a. wurden die Abmachungen über die vom Reiche abgetrennten Deutschen berücksichtigt.

J. Schweitzer Verlag (Arthur Sellier) **München, Berlin und Leipzig.**

FSC
www.fsc.org
MIX
Papier | Fördert gute Waldnutzung
FSC® C083411

Kolibri 360 GmbH
Ferdinand-Jühlke-Straße 7
99095 Erfurt, Deutschland
produktsicherheit@kolibri360.de